南菁课程文化丛书　　杨培明　主编

寇永升◎编著

澜柯文集

（第一卷）

寇永杰 题

东方出版中心

图书在版编目（ＣＩＰ）数据

烂柯文集 / 寇永升著. -- 上海 ： 东方出版中心，
2023.4
　ISBN 978-7-5473-2178-2

　Ⅰ．①烂… Ⅱ．①寇… Ⅲ．①教育－文集 Ⅳ．
①G4-53

中国国家版本馆CIP数据核字(2023)第057412号

烂柯文集(全五卷)

编　　著　寇永升

责 任 编 辑　黄升任　钱吉苓

出 版 发 行　东方出版中心有限公司
地　　　址　上海市仙霞路345号
邮 政 编 码　200336
电　　　话　021-62417400
印　　　刷　江阴金马印刷有限公司

开　　本　710mm×1000mm　　1/16
印　　张　94.25
插　　页　21
字　　数　1580千字
版　　次　2023年4月第1版
印　　次　2023年4月第1次印刷
书　　号　ISBN 978-7-5473-2178-2
定　　价　238.00 元（全五卷）

生命中的恩师　寇宗恩、马勇

生命中的恩师　刘懋德、杨国学

生命中的恩师　蔡伟

在第二故乡张掖建成工作室

在酒泉建成工作室

在西北师大附中建成工作室

在家乡景泰建成工作室

在母校景泰二中讲课

看望小学、中学老师

永升叔：

你好！

今年是大年的春庆场面至今还历历在目，那些幼儿至未散尽，也可能永远记不完整下来。人们喜，人们情意永恒的。

去时，我所忙之事，是否全心志，未及说教！现是学不出几去。原计划送你们东西，近日又耽搁了，学上，坐在全都对了了不足之心余，至我的心中再下一个满的思考。

半间的空气还在，突如其来的仪恢复我讲话，情真中只顾来了个"工自话不带书好"，说学生，说友谊，说恩人，是否全无人味，一切却不愉及了。现在请你指点，及时不再晚呢！

你所考虑的作全都顺利，谢谢你的诚意。

我满意的还走我们评估。如果是什事我等位性，你考虑情要给我又来一批，为下来也走我生活乐趣之一页。如果没有即可了了。你若如道当我收到你平时也此作，以在我家里来了三、四天，来的友人都反反复复了又看，奇更优，赞扬我，变向们走说你走同龄学生中的的佼佼，民正我走肯走的。

马待作在啰嗦，也可惜物无自勉，请永如原谅。就白，说屋叔母及兄弟你们都好，祝合家快乐！祝你身体健康，工作顺利，

寇宗恩
2010年5月10日。

寇宗恩　书信

张 掖 师 专

学 报

ZHANGYE SHIZHUAN XUEBAO

综 合 版
ZONGHE BAN

庆祝本刊在全国高校自然科学学报系统
优秀学报评比中荣获三等奖

2

1995

第十二卷　第二期
Vol. 12　No. 2

唐人三首登高诗比较赏析

甘肃嘉峪关市第一中学　寇永升

黄 鹤 楼

昔人已乘黄鹤去，此地空余黄鹤楼。
黄鹤一去不复返，白云千载空悠悠。
晴川历历汉阳树，芳草萋萋鹦鹉洲。
日暮乡关何处是，烟波江上使人愁。

——崔颢

人一起登上南京凤凰台却诗兴勃发，摹崔诗写了这首《登金陵凤凰台》，意欲与崔颢一比。刘后村以为"可为崔颢放手"。杜甫临终前两年（768 年，时年 56 岁），漂泊荆湘一带，一叶孤舟经至岳阳。登高所见联想到身世之感，抒发出忧世之情，写下了《登岳阳楼》，为历代传诵摹写洞庭湖之名篇，被胡应麟誉为盛唐五律第一。

第一篇论文发表在《张掖师专学报》

寇永杰　书法

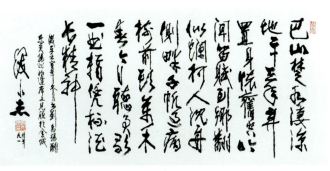

寇永杰　书法

滚滚长江东逝水　浪花淘尽英雄
是非成败转头空　青山依旧在
几度夕阳红　白发渔樵江渚上
惯看秋月春风　一壶浊酒喜相逢
古今多少事　都付笑谈中

三国演义开篇词杨慎作
甘肃景泰寇宗和书于金斯

寇宗和　书法

品茶紫砂壺飲酒夜
光盃思念贈物人間
心亦無愧 自撰俚句

三零一五年春節 羅文舉書

罗文举 书法

賢才寇永昇吳越享佳名南北育桃李東
西培俊英尊師思厚澤助學礪勤耕著述
立言日綿綿桑梓情

賀永昇學弟文集付梓 壬寅臘月坦軍盍記

宋坦军 书法

真诚若永升，成功总有时

浙江师范大学教授、博士生导师　蔡伟

　　在我认识的人中，寇永升是给我印象最深者之一，而且也是我宣传最多的名师。之所以印象深，坦率真诚应该是最重要的因素；之所以宣传最多，是因为他经常能带给我们惊喜。

　　寇永升是教育部"国培计划（2011）"示范性项目浙师大高中语文班的学员，在我最先拿到的名单的时候，根本就没注意到他，在50名学员中，他算是极普通的一员。因为当时来自全国各地的学员中有校级领导、中层干部，有各级教研员，而他连个教研组长都不是。但是，在"破冰之旅"活动中，他竟然被学员们推举为班长，这让我极为惊讶。后来十五天的培训过程中，我发现了他待人真诚坦率的特点。

　　他很豪爽，讲话也很直率。作为班长，他在面上极为维护我这个首席教师的脸面，但私底下给我提了不少的意见和建议。因此，一些可能出现的问题或纰漏能够及时得以纠正或弥补。我在培训中特别注重角色互换，注重学员潜能的发挥。因此，学员的模拟讲座、教学试水，与浙派名师同堂竞技，与师大本硕生对话等，成为我们的标准动作。而我们鲜明的培训特色，也正是从这一届开始形成的。而寇永升老师在其中扮演了重要角色。为了确保这些活动的成功，他不但不遗余力地与承担任务的学员共同研讨，而且总是直言不讳地提出一些批评意见。而他自己也邀请专家、同伴帮他的示范课与模拟讲座诊断。在游学过程中，我安排他讲了三次课，每课都十分成功，受到浙江名校师生的好评。

　　国培结束后，他成为浙师大高中语文培训团队重要的一员。应当说我们学院的课酬标准是比较低的，某所谓语文著名课程专家曾因此到处吐槽。但寇老师从不讲究待遇、课酬，只要不与他的正常教学工作相冲突，他总是招之即来，来之能战，战之必胜。原因很简单，每一次讲座、开课，他都当作一场竞赛来对待，准备得仔仔细细，讲得尽心尽力。而每次讲座或讲课结束，他总要求我向参训教师了解，看看自己的课程从内容到形式还有哪些不足。正因为如此，他的培训功力日增，参训老师对他的评价颇高；

逐渐也成为我最放心的培训师之一。在参与浙师大各类培训过程中，他的知名度也在不断提升，邀请他讲学、开课的学校和培训机构也越来越多。而他对于别人的邀请，也总是能够努力协调，安排好时间，全力以赴。

他是甘肃人，有着大西北人的豪放。但凡西北家乡有人到江浙，他总是自掏腰包，热情招待——从农民工到各级领导，他从来不厚此薄彼。他主动申请到延安支教，倾情投入工作一年，为延安的学校作出了许多贡献，被评为延安市劳动模范。支教结束后，他仍然关注着那里教师的发展，关心着延安学生的成长。抚养着两个孩子的寇永升，多年来一直资助着延安的学生。前两周，我还从他的微信里了解到，他利用到陕师大讲课的间隙，召集在西安上大学的几名资助学生座谈，又自掏腰包请这些延安学生吃饭！

寇老师与一般名师的不同点在于他非常注重提携后进。他在家乡甘肃、陕西，以及现在的工作地江苏，成立了十多个名师工作室，而其中绝大多数没有政府经费资助。但他始终无怨无悔地付出，毫无保留地指导。每次我们这里有活动，他总是恳请我能够给他的徒弟或同事参与和展示的机会。更为惊讶的是，一般的名师总是弟子请师傅，但他带徒弟来金华参加活动，结果却是他掏钱请徒弟们聚餐。正因为如此，我也千方百计为他减轻负担，我觉得助人为乐者更应该得到人们的理解和帮助。然而，每每令我棘手与尴尬的是，高校有高校的规定，课酬严格按照职称名号支付，之前，寇永升既非特级也非正高，我想多给都不可能。

真诚的永升总是以真诚的态度对待他人。他原先所在的学校，校长的知名度很高，影响力也很大，我相信只要校长肯给力，凭借寇永升的实力，早就应该评上特级教师、正高教师，获得各种荣誉。但事实上他却什么也没拿到。因此，我免不了会怀疑是他的校长在有意无意地压制他，但寇永升总是维护他们校长的声誉，他始终认为他们校长作为外地人在江苏打拼也很不容易……在与永升交往的七八年间，我从来没有从他嘴里听到过对他们校长及任何领导和老师有一句抱怨。也正因为如此，本来就喜欢直来直去的我在他面前更是口无遮拦，毫无顾忌。因为我知道寇老师是大度能容之人，绝对不会在我背后插刀。更令我肃然起敬的是，当我们这个国培班有三十余人先后或评上特级或评上正高或升为校长或调任省市教研员时，他总是第一个给我报喜……

2017年下学期，他告诉我他被引进到南菁中学了。开始我听成了"南京中学"，后来才知道是无锡下面一个县级市的学校。虽然我早觉得寇永升老师有换一个学校的必要了，但换到一个县级城市的学校，我还是比较诧异的。特别是当我了解到，调到南菁中学并没有多高的待遇的时候，我更觉得有点不值。但他告诉我，南菁中学注重以发展科研发展教师，以发展教师发展学生，以发展师生发展学校，相比原校更需要他，他在南菁也会有更多的用武之地。以前永升换过两所学校，但基本为自己而换，因此，学校一所比一所好；但现在他在为学校和学生的需要而换，他考虑的不是经济收入，而是自己能作出的贡献值。他到了南菁后，果然体现出他的价值，学校让他担任图书馆馆长之职，希望他培养更多优秀的语文教师。寇永升没有辜负校领导的期望，他带着青年骨干教师多次参与我们的活动，而且取得了很好的成绩，社会反响颇大。一方面，参与活动的青年教师不但得到了很好的锻炼，知识与能力双丰收；另一方面，学校的影响力也与日俱增。

寇永升在人际交往中有着一种自来熟的特点，这是他的性格优势，也是他易为人误解的弱点。他能把所有的人当朋友，见过面的人到他那里，他会不吝接待；反过来，他以为别人也会如此对待他。因此，他到其他相识的人那里，总显得朋友一般地随便，但这一点却容易引起误解，也令一些相识不久的老师感到难以接受。因为，不止一个人在我面前对他的这种性格吐过槽。曾经有一段时间，我也对寇永升的这方面为人产生过想法，并委婉地向他提出过校正建议。但江山易改，禀性难移。寇永升依然故我地把人人当朋友，热情待人的同时，也在"逼"着他人热情待人。而我也渐渐地适应了他的这种性格。我觉得，他的真诚总会换来真心的。

2018 年，一直不温不火的寇永升迎来了发展的喷涌期。先被评为江苏省正高级教师，随后又被评为无锡市高中语文学科带头人。2021 年，我和他的朋友们都祝贺他终于走入特级教师的行列。

在我接触过的老师中，寇永升还是以低起点而成长为名师的典型代表。他是两年制大专学历在甘肃西部边远小城市走上讲台的，也是从初中教师成长为高中名师的。他的成功源于国培中形成的科研意识和创造能力。国培之后的短短十年中，他出版了六十多万字的个人专著，在省级以上期刊发表了几十篇论文，三次承担了省级课题研究，引领带动了一批中青年教师的成长。特别是他被引进到江阴，结合南菁高中作为江苏省美育课程基地的平台，提出了"审美语文"理念并付诸实践，真正形成了自己标志性的教学成果。

2022 年底，再次传来寇永升的好消息，他即将出版自己的文集，并邀请我作序。我欣然命笔，为序如上。

我也想告诉所有的人，真诚若永升，成功总有时——正高、特级，专著文集，不过是他成功的外在标志；至于他内在的发展、素养的提升、人格魅力场的扩散等等，更是值得我们敬慕并学习的。

2023 年 2 月

引进一位骨干教师的同时

——《烂柯文集》序

江苏省南菁高级中学党委书记、校长　杨培明

2014年4月下旬，江苏省第十三批特级教师评审课堂教学展示在江苏省梅村高级中学举行，我担任了高中语文学科评委工作。寇永升老师《雨霖铃》一课让我眼前一亮：教材文本解读有深度，教学内容择定有新意，学生语文学习有活力，课堂教学改革有成效，反映出教师扎实的专业知识功底和良好的课堂驾驭能力。南菁高中中青年教师多，需要像寇老师这样钻研教材和潜心备课，需要引导教师备课过程中把时间精力花在研究教材和教学内容上。课后我主动走上前留下了他的联系方式，随后邀请他到南菁高中上示范课、作讲座，反响很好！

经过长达三年的交往和考察了解，我们决定引进寇永升老师。2017年暑假，江苏省南菁高级中学通过江阴市"暨阳英才计划"引进了寇老师。我们越来越发现，引进一位骨干教师，其作用不限于只是承担一两个教学班的课务。

引进了一粒读书火种。

南菁高中杰出校友、著名教育家顾明远先生捐赠给母校的著作《顾明远文集》，总共12卷，寇老师是第一个读者。他利用2019年整个暑假，阅读完了全书，比较准确地领会了顾先生的教育思想、教育理念，为传承百年书院菁华做了一件有意义的事情。顾先生文集第6卷《中国教育的文化基础》和第8卷《口述教育史》，给寇老师以极大的启发，他因此而下决心在有生之年编辑一部西北家乡的"口述教育史"。据悉，目前已经收集了几十万字的素材。

洪宗礼等主编的《母语教材研究》，皇皇10卷本，1000万字，寇老师在借阅之后自费购买了一套，以备随时查阅。王荣生教授的《语文科课程论基础》，他买过不少于五次，读过不少于三遍，从上海教育出版社的第一版、第二版，到教育科学出版社的修订版。扬州大学徐林祥教授主编的《百年语文教育经典名著》，15卷本、1000万字，无数个夜晚，寇老师每每一个人在学校图书馆潜心阅读。

寇老师学历起点并不高，踏上讲台是在西部落后地区薄弱学校，能在

序言

教育大省江苏评到正高级、特级教师，是读书读出来的。他不仅自己读书，也引领青年教师阅读专业理论书籍，带动了一批教师读书。

引进了一位图书馆长。

2018年，结合《普通高中语文课程标准（2017年版）》颁布实施，学校研究决定聘请寇老师担任南菁高中图书馆长。他整个暑假没有休息，带领几名工人，冒着三十七八度的高温酷暑，拆除原来电子阅读教室防静电地板等，清理打扫，设计布置，搬运书架和课桌椅；购置新课标所需文学、文化、科学名著书籍等。当时很难买到《乡土中国》，他在上海书展现场的几百家出版社中找到了一家权威出版社的最新权威版本，一次性购买100套。最终，按照学校要求在新学年开学前建成了两个专用阅读基地，可以满足两个行政教学班级同时开展阅读课。几年来，南菁高中高一高二学生每周有一节阅读课，有效地推动了新课标、新教材的整本书阅读。

在图书馆长这个位置上，寇老师发挥出自己的专业经验和专业能力。他主动承担了"江阴阅读再行动"重大课题研究，借助课题经费，在教学楼设置了读报栏等，使南菁学生的语文学习方式途径日益丰富多样，师生取得了明显的进步。

2020年春季新冠疫情紧张时期，他带领青年教师为学生们编写了几十万字的跨媒介阅读讲义。并在此基础上很快形成两本《南菁高中战疫读本》，不仅为学生们提供了良好的阅读材料，也带动学科团队建设，促进了中青年教师的专业成长。

引进了一名优秀的导师。

新竹高于旧竹枝，全凭老干为扶持。学科团队建设，需要老教师的倾心付出；百年书院薪火相传，需要寇老师这样有情怀的老教师。寇老师把青蓝工程当作正事在办，把指导青年教师当作日常工作在做，把徒弟看成自己的孩子一样关心和教导。南菁高中语文组近几年加入的新生力量，经寇老师指导帮助，大多成长为教学骨干。有参加工作一年就在国家级教学期刊上发表论文的，有一两年就能胜任班主任工作的，有第一轮循环教学就表现优异的，他带出了一批又一批青年才俊。

近年来，寇老师应聘担任多所高校的兼职教授，还在西北家乡建成了多个工作室，他甘为人梯，无私奉献，带领语文组的骨干教师去历练，去磨砺，从备课、讲课到课后教学反思，不仅为南菁中青年教师的专业发展搭建了平台，提供了舞台，也有力地推动了更大区域的语文教育发展。

寇老师兼职国内重要语文教学期刊的特约编辑，热心帮助南菁语文组青年教师专业成长，指导论文写作，我校语文组教师在省级以上期刊发表论文近百篇。南菁语文组成员这几年在职称晋升、学术称号评审方面每每有亮点，这与寇老师的指导是分不开的。

引进了一座语文资源库。

寇老师自费收藏有晚清语文独立设科至今的母语教材数千册，这其实是一部百多年来的母语教育史。他自20世纪80年代初期开始自费订阅语文教学期刊，目前收藏有近半个世纪以来的《中学语文教学参考》《语文教学通讯》《中学语文教学》《语文建设》《语文学习》等重要期刊数千册。一定意义上，几十年来的语文教学期刊，就是一部浓缩的语文教学改革史。寇老师把这部分资料无偿捐赠给南菁高中，邀请人民教育家于漪老师题写了"百年母语教材陈列馆""中国语文教学期刊陈列馆"，学校建成了上述两个陈列馆，增添了百年书院大美南菁的文化底蕴，成为学校高品质示范高中建设的一个亮点。更令人欣喜的是，于漪老师把自己使用过的几十本珍贵教材赠送给了寇永升老师，还亲自写来了两封热情洋溢的书信，我们也一并装裱珍藏陈列。

寇老师超出常人的地方，是他不仅几十年来坚持自费订阅、收藏语文教学期刊，而且动态整理有目录索引。语文教师日常备课、参加课堂教学竞赛、撰写教学论文，他常常毫无保留地分享主要教学期刊上已经发表的教学设计、教学论文等信息，这让中青年同行们少走了许多弯路，节省了大量时间精力，更加精准地开展教学研究。

从收藏百年母语教材和订阅、整理语文教学期刊的角度看，我们引进了寇老师，就是引进了一座语文教学资源库，过去、现在和未来都必将发挥重要的作用。

教书，读书，著书。语文教师，应该是一个阅读者，也应该是一个写作者。寇老师在丰富的职业生涯中热爱读书，也热爱写作，在繁重的教育教学工作之余，除公开发表了上百篇语文教学专业论文，还有数百篇写人记事散文及教育随笔等，有叙写师生情谊的，有记录自己求学和任教经历的，有反思教育教学工作的，还有表现家乡情结与亲情的，形式多样，内容丰富，真情所及，真切感人。文集中他人的文章则从另一个侧面反映了寇老师对教育、对生活的思考，互为补充，相互印证。

今值南菁高中百卌华诞之际付梓出版，令人感佩而心生羡慕。

是为序。

2023 年 2 月

序三

赤子心　语文情

——序《烂柯文集》

《语文教学通讯》（Ａ刊）主编　王建锋

结识寇永升老师，源于《语文教学通讯》（后文简称《语通》）。

20 世纪 90 年代，我初到《语通》编辑部，永升兄那时在西北嘉峪关一所学校任职。一次我们组织研讨活动，唯一自费报名者是永升，虽然会务费仅仅 40 元，但在那个年代是一个很不小的数字。

2003 年，永升兄刚刚引进到江南发达地区的无锡，《语通》联合全国中语会，开展"教改新星"评选，永升兄凭借过硬实力，脱颖而出，荣获这一称号，那时他 30 多岁，风华正茂。后续的近三十年中，凡《语通》组织的教学研讨活动，从南到北，由西到东，永升兄都没有缺席过，而且多是自费参加。

十年之后的 2014 年暑期，《语通》在无锡举行研讨活动，我们才第一次谋面。永升兄不是坐在饭桌上消磨时间的人，简单晚饭后，陪同我们游览了大运河无锡段。在惠山脚下，看着京杭大运河南北穿梭的大小船只，晚风习习，几位语文人都感觉到极其惬意。正是这次，我得知了永升兄已经坚持订阅《语通》等刊物三十多年，更重要的是竟然一本不少地装订收藏。

今读《烂柯文集》，惊叹永升兄语文情的背后怀揣一颗赤子之心。不仅仅是对专业、对工作，还有对亲人、对家族，对同事、对徒弟。

2017 年暑假，"语文报杯"中青年教师课堂教学大赛在永升兄当时任职的锡山高中举办，他临时接受任务承担了全程摄影的苦活、累活儿。三十几度高温，身背数十斤重的摄影器材，连续几天穿梭在讲台和会场上。这次我又得知了永升兄一直在整理语文教学期刊目录索引，查看了他的电子目录索引，我不禁惊呼：这得花费多少时间精力！非用心、用情难以成就也！

几十年来，永升兄由《语通》的粉丝读者、铁杆收藏者、目录整理坚守者，到重要作者、特约编辑、封面人物；近几年，他不但自己在《语通》发表文章，还积极推荐同事、工作室成员发表论文，编读往来中，我们不仅能感觉到永升兄对身边年轻同行的鼓励与帮助，更能强烈感受到他回馈西部家乡教育的一腔炽热情怀。

2022年的7月、12月，《语通》先后成功举办了两场部级精品课专题研讨活动。永升兄每次都依托其工作室组织老师们参加听课，选派优秀教师课堂展示，承担评课任务等。令人钦佩的是，组委会能够支付的费用很有限，永升兄每次都坚持不拿报酬。这需要怎样的语文情怀和赤诚之心！

2023年初，欣闻永升兄编辑出版一部文集，按出版社要求，需要延请一位中学语文教育专业人员从出版导向、专业水平、出版规范等方面对书稿进行审读。虽然手头工作繁忙、时间紧迫且任务艰巨，但我还是欣然接受了这一任务。利用好几个夜晚读完永升兄《烂柯文集》书稿，300多篇文章，100多万字，我再次惊叹于他的赤子之心与语文情怀。文集完整记录了永升兄低起点的个人专业成长经历，从西北边陲到教育大省，从初中教师再到高中名师，具有很强的励志性；特别是延安支教和对家乡的教育帮扶，更是折射了他心系语文、情系教育的深厚情怀；"国培情""青蓝情"则突出体现了他对青年教师专业发展的倾情关注。

我与多数同行的感受一样，永升兄是一个热情而真诚的人，文集中许许多多的文章记录了他的真情和赤诚。语文专业文章主要集中在第二、三、四卷，既有参加国培计划的收获与总结，又有延安支教期间的教学心得和感悟；既有执教无锡两所百年名校二十年来的语文教育教学探索、追求与收获，又有对南菁高中任教期间语文创新教学实践的深度聚焦，真的是内容丰富且灵动。

全书5卷共12辑，编辑体例专业、完备，其中学术专业类文章占比不多，让我深为感动——作为一部随笔类文集，自然更方便专业之外的读者阅读。文集中也收录了一些同事、同行和学生的文章，避免了有限视角的叙述不足和单调之嫌，不仅能与永升兄个人所述互为呼应、互为补充、互为印证，也能更好地凸显文集的纪念意义。

作为一名语文教育期刊职业编辑，由衷地为永升兄的专业情怀点赞，为永升兄的赤子之心点赞。

是为序。

2023年2月

烂柯追梦远

——序永升叔文集

复旦大学教授、博士生导师、经济学院副院长　寇宗来

2023 年 2 月的一个周末，永升叔来电，希望我为他即将出版的《烂柯文集》写个序言。

我的第一反应是不合适。首先，他是我同宗、同村的叔叔，侄子给叔老子写序言，发表任何看法，未免都会显得有些"乱序"。其次，永升叔长我一轮，相互之间的了解具有显著的不对称性，在村里面生活的共同经历中，他是看着我一点点长大的；而我对他则只有一些依稀模糊的记忆，后来我们都先后离开家乡外出求学工作，很长一段时间交集就更少了些。第三，我觉得有比我更合适写序言的，并且也提供了一些可能的人选。

永升叔显然也是"有备而来"，说是我提出的人选他都反复考虑过，但因为各种原因而难以为之。同时，他也给出了让我作序的几个理由。首先，出版计划有四个序言，现在是"三缺一"的状态。儒家讲"仁"，即处理好两个人的关系。序言一者，是永升叔在浙江师范大学的国培导师蔡伟教授，可谓亦师亦友。序言二者，是永升叔供职的江苏省南菁高级中学校长杨培明老师，既是同事更是伯乐。序言三者，是《语文教学通讯》（A 刊）主编王建锋先生，见证了永升叔笔耕不辍、穷究教学之理的不懈努力。在此基础上，永升叔作为一名具有浓厚乡土情结和家族情怀的江南游子，希望有一篇家乡人写的序言。如此则四篇序言加起来，就像古人讲命理，要有"四柱八字"，才算齐整。其次，我本人也是一名教书匠，教书匠写教书匠最是感同身受，加之我们都长期生活在长三角，他相信我可以写出一些既离乡又不离乡的特殊感悟。最后，也是最重要的，作为同宗的叔老子，他要求我必须在一周之内完成这个"命题作文"，这就没有任何可以商量辩白的余地了，只好恭敬不如从命。

我猜想，很多读者看这部《烂柯文集》，或许最吃惊的是居然有这么多姓寇的人，而且还喜好舞文弄墨。实际上，寇姓自周朝就有，算得上源远流长，历史上也有过东汉执金吾寇恂、北宋名相寇准，但在百家

姓中，只能算是排在很后面且经常被人误读为"冠"的小姓，许多人在生活圈中大概鲜有见到。按照家谱记载，我们的先祖在明代随肃王戍边，最终落脚于现在甘肃省景泰县中泉乡中泉村的地方。西北边陲，干旱少雨，环境恶劣，是以左文襄公曾有"陇中之苦甲于天下"的感慨。但正是在这种被联合国认为"不适合人类居住"的地方，我们的先祖们顽强生息繁衍下来，中泉乡竟也成为寇姓的一个聚集地。所谓缺什么便想念什么，老家各个村子的名称，几乎都与"水"有关，脑泉、中泉、尾泉，野狐水、狼抱水、喜集水，如此等等，而中泉村则因为有天然神赐的滴水崖清泉，成为先祖们最早落脚的中心之地。数百年来，村民们因水而居，日出而作，日落而息。在我童年的记忆中，这眼泉占据着很重要的地位，似乎整个世界都是以其为中心而展开的。以泉为坐标，我家在村子的北面，永升叔家在村子的最南边。按家谱排辈分，"世永宗明德，邦庭广进贤"，因而他是我的族叔。俗话说"血浓于水"，而我们则是喝着相同的泉水，有着相同的血缘，这大概就是永升叔一定要嘱我写序言的原因吧。

老家虽然落后，但寇氏一族都极其重视教育，不管有多困难，都一定要供学生读书。以现在的观念来看，"万般皆下品，唯有读书高"或许不完全正确，但对于面向黄土背朝天苦怕了的父辈们，好好读书大概是后人们能够跃出龙门的唯一跳板（老家方言里"农"和"龙"同音）。我清楚地记得孩提时代有一天，村里人纷纷谈说寇永升考上了张掖师专（即现在与复旦大学对口共建的河西学院），尽管当时我并不确知张掖师专到底是什么，只听说是在离中泉很远很远的地方，但我明白，他算是跳出龙门，能够吃国家饭了，那是所有人都很羡慕的事情。不知道这与我后来也跳出龙门是否有直接的关联，但或许有着潜意识中的示范和激励作用。

之后大家都各奔前程，缺少了原本就模糊的直接认知，而相互了解大概都是他工作以后回家探亲或者我读书放假时的一些间接听闻。但近几年相互了解一下子多了很多。主要是永升叔不辞劳顿，一次次从无锡到西北家乡传经送宝，给县里的中学传授先进的教学理念和经验。这个过程中，景泰二中任教的我的胞兄宗权一直是直接参与者和亲历者，每每谈起，胞兄都会感慨永升叔回馈家乡的深厚专业功底和拳拳赤子之心，而他自己也在耳提面命中受益良多。当然，永升叔的目光并不仅限于我们老家，他在讲台上、在课堂上示范交流的足迹遍布全国各地。赠人玫瑰，手有余香。阅读《烂柯文集》收录的其他老师或者学生写文章，对此可以有深刻的体会。

古人云，尽忠不可尽孝，尽孝不可尽忠，但永升叔在两方面都算是尽力做到了的，可谓乡人之楷模。一方面，他从西北边陲到江南繁华之地，在中学语文教学上不断探索，持之以恒，总是能够超预期地完成"立德树人"的各种工作，成为在中学语文教育领域有相当知名度的正高级和特级教师，对此，蔡伟教授、杨培明校长、王建锋主编在各自的序言中皆有述焉。此可谓忠矣。另一方面，他不光是给尕爷、尕奶提供足够的生活所需（老家话中"尕"是"小"的意思，他的父亲比我爷爷排行小，按习惯就称之为"尕爷"），还总是在百忙之中抽空回家陪伴父母，这就超越了简单的供养之义。子夏问孝，子曰色难。我看到文集收录有永升叔给尕爷、尕奶洗脚的照片，无违焉，自然焉，无论如何，这都是可以让两位老人家心满意足的了。此可谓孝矣。

自离开家乡之后，我们面对面交流的次数实际上很少。尽管同在长三角，相互间地理位置很近，他也经常到上海出差，但一直都因各种原因擦肩而过。我回看了下手机中的照片，最近的一次是在2019年8月16日，永升叔来沪参加上海书展，我们在复旦校园里面边转边聊了很长时间。此后请他吃了顿便饭，除了之前听说的非常惜时、守时之外，发现他不沾烟酒，是一位非常讲究和自律的人。自行束脩以上，我想这大概也是"永升"名副其实，永远高升的原因之一吧。

命题作文，时间紧迫。我粗粗浏览翻阅了一下，皇皇五卷本，130余万字，图文并茂，多为永升叔自作之文，他人应和之作亦多发自肺腑，全面生动地展示了永升叔不断艰苦奋斗、不断超越自我、不断奉献社会的追梦历程。是以，我开玩笑说这部《烂柯文集》，或许可以别称为"烂柯追梦录"。今年恰好是永升叔的本命年，六十年一花甲，按他的话说，总是要留下点东西。人世有代谢，往来成古今；烂柯追梦远，精神永留存。

预祝这本书能够点燃家乡、家族以及更多人不断奋斗和追梦的火种。

是为序。

2023年2月

自 序

2001年从嘉峪关引进到无锡的时候，老校长对我说："你将面临三个挑战，听不懂无锡一带的方言，不习惯这里以甜为主的饮食，不适应夏季炎热的气候……"当时我还不知道长三角一带冬季没有集中供暖。

后两者我有心理准备，但对方言，我那时年轻气盛，内心深处很不以为然，甚至暗自发笑，你们讲的总归也是人类的语言嘛，我就不信我一个语文老师会听不懂……

事实恰恰是，我们可以很快掌握一门外语，但你很难短时间内学会一种方言。

任教英语的老校长郑重地对我说："外地人能听懂无锡话，一般需要两到三年时间……"我是到两年半时勉强能听懂，两个孩子不到半学期就能听懂，妻子至今听不懂。

我的笔名、昵称"烂柯"就是从无锡方言而来的。

某日，学校来了重要客人，需拍照，校长到处找我。正好我在上课，没带那个年代刚刚流行的小灵通手机，他就电话打给我妻子："吤斯唔拉丝啊？烂柯阿贼啊？"（你是安老师吗？寇老师在你那里吗？）妻子听不懂"南蛮鸟语"，接连好几遍，就回敬校长说："我不认识你说的这个人啊！"校长放下电话，气哼哼地来问罪："你怎么会不认识烂柯？……"

"烂柯"者，实乃无锡方言之"老寇"也。

南朝梁·任昉《述异记》：

信安郡石室山，晋时王质伐木至，见童子数人棋而歌，质因听之。童子以一物与质，如枣核，质含之而不觉饥。俄顷，童子谓曰："何不去？"质起视，斧柯烂尽。既归，无复时人。

作为典故，"烂柯"的意思是离别家乡久远。我四十多前告别家乡，负笈求学一千多里之外；大学毕业工作之地距离家乡更远了，但还能每年回一两次家乡；引进江南离家数千公里之遥，回家的次数越来越少，即便是回到家乡，在家里住的时间也越来越短。

王质只是离别家乡时间久，而我是一个离别家乡既久又远的人！"烂柯"真的很配我；我也配得上称之为"烂柯"。

因之将个人文集名曰《烂柯文集》，而且书中过半的内容本来就是叙写家乡的风情人物与语文教育的。

本来我也无须急于编辑出版一本个人文集，我还没有到职业终点，亦无大的成就，完全可以等到将来退休有空闲时间时再说……但是2022年暑期我碰到了一个难得的机遇。

我和同事数人利用暑期前往西安讲课交流，离开时当地出现了疫情。我们返回当天，按照江阴疫情防控要求应该集中隔离，我就带了基本生活用品，带了笔记本电脑，安安心心住到江阴西边一个叫汇雁城的地方隔离。

七个昼夜，单人单间，足不出户，三餐专人送到门口，除了每日一次例行核酸检测，再无任何干扰。"隔友"（由"病友""驴友""发烧友"——临时模仿出这个词一用），有对电视机发牢骚的，有对网络不满的；有人嫌床板太硬，有人吵吵饭菜不好；有人要求每天多送几瓶矿泉水（竟然不愿意用隔离点配备的电热水壶烧自来水喝），还有人为难工作人员给他送饮料，有一位烟民在微信群里要求工作人员帮他买香烟……

集中隔离点的工作人员其实非常辛苦！连续多日高温炎热，气温多接近40℃。他们工作时间须穿着不透气的防护服，多数工作是在室外进行。隔离人员的卧具、洗漱用品，一包抽纸、两卷卫生纸、电蚊香以及药片，我粗略统计了一下，大小在三十多件（种），把这些东西分类打包分送到各个房间，劳动量是不小的。一日三餐，每天的饭菜不重复，把数百人的盒饭一一送到门口，实在不是一件容易事情。7天20餐，牛奶、矿泉水，数十种时令水果，采购、分装、清洗、分发，都是手工操作……

做核酸检测的多是医护人员，其他志愿者多是社区工作人员或者大学生，全仗着责任心和体力在支撑着这座城市的疫情防控……

我对这些可爱的"大白们"肃然起敬！每天做完核酸，每顿送来餐食，每次收走我门口的垃圾，尽管我看不出他们的性别、年龄，但我没有一次不虔敬地道一声"谢谢"！我没时间发牢骚，也用不着电视机。三餐按时送到门外，工作人员一敲门，我就知道了，天天美餐，顿顿美味。

除了不能下楼活动，不能外出运动，我觉得没有任何不满意。后来妻子发来一个视频，打开一看，竟然是第五套广播体操——这个我在几十年前就会做，瞬间就熟悉了。每当眼睛酸涩、腰椎劳累时，我就打开手机做一到两遍广播操，也觉得很惬意。

在新学年即将开学的这一百多个小时里，我抓住分分秒秒，加班加点，把自己这些年的文章梳理、整理、编辑到一起，简单分类，成了这部文集的雏形。

截至 2021 年年底，我在省级以上期刊刚好发表了 100 篇论文，基本都是学术性的，这本文集一般不收录，因为已经在公开刊物上发表过了；而且学术性文章放在个人文集里，让专业之外的人士读起来比较累且无趣。还有一些公文式的文章，当初只是为了完成任务而写的"材料"，并非完全是我个人的感悟和思考，也坚决不收录。这部文集主要收录我的个人写作，形式上多是纪实性的散文随笔，内容上要么是亲人、亲戚、朋友，要么是师生、同学，或者是语文专业的那些事儿，或者就我的职业阐述我的一些思考，叙述我的一些故事……

按常理，个人文集应该只选入个人文章。但是，出于以下的原因，我收了同事、同行、徒弟、学生的文章以及家庭成员的文章。第一，我在教育教学上一些实践活动，如果只是站在我个人有限视角去叙述、去论述，就是一面之词，显得比较单调，正所谓"自见者不明"也。如果以学生、同事文章作为印证，同行们可以体会得更加全面而深刻。比如叙写班级故事这种自由写作形式，历届学生的反馈更加真实，更加全面，几位已经毕业多年的学生的反馈才更能证明其意义。第二，我在工作室建设当中的一些成就，如果只是我个人说，就有点自吹和自夸——语文课正好讲到了统编教材选择性必修上册，圣人云："自伐者无功，自矜者不长。"——选各地工作室成员的文章，就更能全面地反映出工作室建设中成功做法和成效。第三，因为是编选个人文集，选入亲人、师长、同学一定数量的文章，更具有纪念意义。

别人的文章就像是一面镜子，正好与我个人写的互相照应、互为补充。好几篇文章的作者我并不认识，或者曾经见过面但没有记下联系方式；也有几篇文章是我在网络上读到后下载保存的……

我编辑成这部文集，实在没有什么目的，只是因为这次隔离有整块的时间——我总得干点什么！如果不是这七天七夜清静的隔离生活，我要干成这件事，怕是不很容易。因为这是一件不宜被中途打断的事情，是一件打断了就很难再连续起来做的事情，也是一件只有我自己亲自动手才能做的事情，任何人替代不了。只有当真正做起来的时候，才发现这项工作需要投入的劳动量是惊人的！数百篇文章，分散在电脑中的几十个文件里。我首先需要找到这些文章；再按照内容进行分类，设置单元；许多文章只是底稿，需要修改修订，一部分文章需要以后记的形式补充说明……压缩、精选了300来篇，100多万字，编好目录；在结束隔离的27日凌晨，写出序言——我要在解除隔离之前结束这项工作；回到学校，我得投入全部时间精力应对新学年的教学工作。

一定要说编辑这本书的目的，我想了想，此前就有过这样的想法，抽合适的时间，把自己平时写作中有关回忆家乡亲朋、抒写语文情结的文字进行整理，在我老母亲、岳父母有生之年编印成书（遗憾十年前老父去世时我很仓促，很被动……），他们都是八十多岁的老人了，我想把记述父辈的这些文字留下来送给亲戚朋友们看；甚至我的子侄外甥们喜庆之事我都可以当作纪念品赠送给来宾好友，也算是一份美好记忆……

这部文集成书出版的时候，正是我从教满40周年之时，也算是对自己40年教师职业和教育生活的总结，是对自己未来的一份交代。

于公而言，2022年，江苏省南菁高级中学迎来140周年华诞。在南菁的这几年，是我40年职业生涯中专业发展最快的阶段，也是专业成就最多的几年，是我在事业、家庭等方面最开心、最顺心、最美好的一段时光。我的领导和同事们最大限度地发挥了我的作用，让我施展了有限的才华；同时有效地避免了我的不足，宽容和包涵了我的缺点，是我在专业上发挥作用最多、最大、最好的几年。借此机会，我把我个人文集整理出来，我家乡的同行们千里奔波来到美丽的菁园，见证和亲历南菁140周年庆祝活动时，分享到我的成功和收获，也算是我给家乡人民的一份答卷，对我任职的这所百年名校华诞的一份献礼。

于是在领导和同事们的关心、支持和鼓励下，在数十位年轻同行的倾情相助中，我就编辑成了这部文集。

寇永升

2022年8月27日

编纂说明

一、结构体例

文集分设五卷，共 12 辑。

第一卷：第一辑"师生情"，主要收录本人与小学、中学、大学老师交往记忆的文章，由我的小学语文老师罗文举题写辑名。第二辑"桑梓情"，记录我在甘肃、陕西等地建立工作室、回馈家乡、帮扶西部教育的点滴，由高中母校景泰县第二中学现任校长罗崇岳题写辑名。

第二卷：第一辑"雄关情"，记录我在嘉峪关任教初登讲台、教书生涯起步阶段的成长与发展；酒泉中学魏强、酒泉师范附属小学程琴等文则记述了本人近些年为酒泉、嘉峪关两地教育所做实事一二；辑名题写者周哲，嘉峪关市第一中学现任校长，1983 年暑假与本人同年分配至嘉峪关任教，坚守普通教育一线四十载。第二辑"匡园情"，收入我在锡山高中任教阶段的文章，内容上以班主任工作实践与反思为主；辑名题写者刘研为锡山高中书法教师。

第三卷：第一辑"国培情"，收入三类文章：本人记述参加浙江师范大学国培计划项目的文章，国培项目负责人蔡伟教授已公开发表的有关指导性的文章，以及酒泉工作室成员参加浙师大承办的全国新语文教学"尖峰论坛"总结回忆性文章；辑名由浙江师范大学王尚文教授题写。第二辑"语文情"，回顾总结本人任教无锡地区两所百年名校二十余年在语文教学领域的探索、追求、收获和困惑，突出教师备课、订阅专业教学期刊等主题；他人文章多为各地工作室成员或南菁高中学生，以为相互印证补充；福建师范大学孙绍振先生题写了辑名。

第四卷：第一辑"延安情"，考虑到本人已有《理念：教育的制高点——延安支教日记》出版，该辑中主要收录各地教师几年来阅读此书读后感类文章，支教学校延安市第一中学老师、学生的文章，一起支教的无锡老师的文章，等等；陕西省著名书法家、延安市书法家协会副主席白世锦题写了辑名。第二辑"菁园情"，收录本人南菁高中任教时期记录校园生活的文章，南菁师生描述本人语文教育思想与教学实践的文章；辑名题写者贾晨霄（雨哲）为本人南菁同事。第三辑"青蓝情"，多为本人在南菁高中及江阴周边学校所带教的中青年同行的文章，集中反映本人在"青蓝工程"建设方面的作为与实效；甘肃省白银市著名书法家、高中学长宋坦军题写了辑名。第四辑"山中情"，全为江阴市山观高级中学师生文章，记述本人半年援教工作经历，该校王玉山老师题写辑名。第五辑"闲情"，将难以归类的文章编辑在本辑，内容上以教书育人之余的闲情逸致为主；具有相同臭味之学弟、山丹梁积功先生题写了辑名。

第五卷："亲情"篇，单独成卷，多为本人回忆叙写父母长辈、家乡亲朋好友之文，部分文章出自亲人好友，似与教育及语文教学无直接关联，实可窥见我个人丰富的精神生活与浓厚的家乡情怀；高中校长、恩师、族亲寇宗恩先生耄耋高龄倾情挥毫，相与抒写"亲情"。

二、编排顺序

大体按本人从教经历先后为序，依次为学生时代、嘉峪关任教、引进无锡先后任职于锡山高中、南菁高中，中间插入了参加教育部国培计划、延安支教，引进江阴任教后援教江阴市山观高级中学等。"亲情"卷因叙写内容贯穿我成长、工作的各个阶段，故殿后。

同一辑中的文章，参照内容、著者年龄排序；"亲情"卷，尊重家乡民风习俗，基本按照辈分先后排序。

三、署名方式

文集统一署名"寇永升编著"，文集中凡寇永升本人作品，一般不再署其本人姓名；其余人的文章，作为补充或附录，皆一一署名，以示对各位作者的尊重。作者已退休者、正在就读学生，一般不注明单位；在职人员，注明任职单位。"亲情"卷中一般不注明作者单位。

寇永升

2023 年 2 月

目　录

第二辑　桑梓情

第一辑 師生情 罗文举题

一九八〇年九月廿一日 军画于北京

风雪送馀运 无妨时
已和 梅柳夹门植一
条有佳花 我唱尔言
得酒中何 道多未能
眺多少事 如有奇歌

陶渊明 腊日 辛丑腊日书

朱卫国 书法

生命中的恩师

直到那天晚上 10 点之前，我没有思考过毕业分配的事情。

宿舍熄灯了，我刚躺下。班主任杨国学老师敲了敲窗户："寇永升睡了没有？有事情找你，请你出来一下……"

披上衣服，下床，出门，边走边系扣子。这么晚了，杨老师大老远地到学生宿舍找我，会有什么急事？

……

杨老师不说话，只管快步走路；我紧跟其后，也没敢再多问。

夜深人静，月光如水。我们穿过了这个偌大的校园，快到教师家属区了。

杨老师怎么半夜带我去他的宿舍？他有事情需要我帮忙？家里有人病了？不会的，杨老师一个人在学校，妻子孩子都还没有来呢……

到了刘老师的家门口了，哦，带我去刘老师家吗？

刘懋德老师，教过我现代文学的，当时负责毕业生分配工作。我们每年秋天帮他家打煤砖的。这个小院子，我是常客，吃过师母的手揪面片，周末和刘老师聊过天的……

刘老师书房的灯光把小院子照得通亮，他在等我吗？

刘老师用他惯常抽烟的那种姿势，烟灰色的烟灰很长了，眼看就要掉下来了，赶快掸一掸啊！真是把看的人急得……

"寇永升，我们中文系有一个名额，是分配到嘉峪关市的，我们商量决定把你分到那里去。刚才请杨老师去叫你，因为事情紧急，明天早上上班之前就要定下来……"

"怎么，我……我，我不能留校了？"

"今年省教育厅政策规定，师范院校毕业生一律分到基层学校，原则上按地区哪儿来的哪儿去，所有师范类高校都没留校名额。刘老师已经多方努力过了，现在把你分配到嘉峪关也是系里到院里对你很大的照顾了……嘉峪关毕竟是工业城市，比把你分到你家乡农业县肯定要好，想去嘉峪关的人也很多……"杨老师补充道。

"我们系里的毕业生没有从嘉峪关考来的，这是个机会……你今天晚上好好想想，明天早晨7点左右来告诉我。"刘老师的烟灰自己掉到了衣服前襟上，他习惯性地用左手扑打扑打……

熟悉的校园里，7月上旬的天气，月光明朗，寂静而安详。我独自漫步在这个生活了两年的园子里，有的角落我还没有机会送过脚步呢。从教学楼到操场，从操场到那个我们偷摘过长把梨的果园，现在树上的梨还不能吃。扯淡，就算是已经能吃了，今夜也没有那个心思了……

嘉峪关，距离家乡千里之遥啊！

宁可东走千里，不能西挪半步！我不能去那个只是听说过名字的嘉峪关！

父母眼巴巴地指望着我这个长子毕业了拿上工资养家呢，四个弟弟妹妹还要上学呢，家乡包产到户了，家里还要种田呢，化肥要买，田里浇水要收现钱的……

我不能去！回家乡县城吧，总算离家近一点，父母靠卖鸡蛋的钱供我上学不容易啊……

中文系今年毕业两个班，光我们武威地区考来的就占一半，来自我那个景泰县的有十几个人，这些人都能分到所在县吗？武威地区最需要教师的是天祝藏族县，是比我家乡自然条件还恶劣的古浪、民勤县……就算分配到县上，能把我留在县城吗？

……

拉倒吧！爸妈都是农民，整个家族里没有一个人前头的人，最大的可能性是我被分到乡下农村中学，像我的中学母校那样……

从去年开始，老师们都说希望我毕业后能够留校，说我起码能够做个好的资料员；说我可以继续深造，当个大学老师……怎么就又忽然不能留校呢……

凌晨2点了，一切都晚了，这黑灯瞎火的校园，这远在郊外的地方，哪里有商店？身上还有多少钱？除了几张牛皮纸的饭菜票，能用来交换的现金只有一块多钱了……

为什么让我去嘉峪关？就因为没有从那个城市考来的学生？别人都想去吗？那里我认识谁？谁认识我？以后回家火车票要多少钱……坐几天几夜火车才能到兰州……

——要不再去向杨老师请教一下这些问题……他家是安西的，每次回家需要经过那个城市的，他应该清楚的……

踱到教师家属区了。第一次，第二次……几点了？到校门口的大钟上看看时间再说，最好是天亮了！

杨老师是班主任，我的两年班干部工作他很满意，几次言谈中总是表示出感激之情，说我为他分担了好多事务性的工作……他应该是想照顾我的，他这个人不虚假的，这一点我有自信的！但是杨老师只是个班主任，还是青年教师，这系里到学校里的领导好多都是他的老师，他说了能算吗……刘老师，他是很喜欢我，很看得起我，就因为我的现代文学学得好，就因为他上课老找我回答问题……因为我是全校第一个得一等奖学金 100 元钱的人……是啊，那奖学金是第一次设置，全校就两个一等奖哎，我很为班级和老师争光的，当时班级里大家都缠着让我请客的，同学中还有好几个人问我借钱的……

昨晚怎么不跟刘老师多谈谈呢，真笨！多问问他，或许会好一些；多向他了解一些情况，他该不会嫌我烦的……

我这个农家子弟，在家乡黄土高原上那乡镇中学里读了几年书，好不容易考了这么个学。参加高考之前没有去过县城，上大学之前没有坐过火车，进到大学里只知道埋头读书。城市里考来的同学周末喝酒买了一瓶橘子罐头，我第一次看见橘子，人家让我吃，我还问这是什么东西……如果我能留在这个高校，能有机会再读书，有张本科文凭，该有多好啊！

今晚我怎么不困？

快要天亮了吧，怎么办呢！

……

7点了，我来到杨老师窗前，敲了敲玻璃，"杨老师，嘉峪关，我去呢！"

杨老师还没有起床，隔着窗户答应到："好，我知道了……"

几天后，走出嘉峪关车站，我身上还有 5 分钱。不够乘公交车，比我低一年级的一位女同学，英语系的，家住这个小城，用自行车把我带到市区里。

又一周后，我被分配到这个城市的第一中学，破产了我的大学本科梦，开始了我的中学老师生涯。

一个多月后，与同学联系，好多人抱怨，没有分到县中，回不了本县，被分到少数民族地区的，被分到沙漠边缘的……

过年回家，分到本县的几位同学相聚。"你是怎么分到嘉峪关去的？你怎么运气那么好？"一位同学的老爸是县教育局的，问我："谁把你弄到那里的？是不是我们家乡的某某……"

三年后，一轮初中下来，我在这个中学里已经胜任工作，决定留下来。我的同学，正在托人找关系，进县城，或调回家乡……

四年后，我成家了。昔日同窗正发愁，找个农村姑娘嘛，不甘心！找个城市有工作的，自己都在乡下……

六年后，我参加成人高考，考取脱产进修，我来到省城继续读书。两年，我毕业了，圆了本科梦。好友们多在自学考试的漫漫征途上拼搏……

八年后，我本科毕业，既有几年初中实际工作经验，又有了本科文凭，理所当然地教高中了。班主任，年级组长……老友们有人调进县城了，有人拿到自考文凭了！

该评高级职称了，贵为地级市的这个边陲小城的市一中，只有7个高级职称编制，建校几十年来，我是语文组里第一个评上高级职称的，也是当年我们那个班几十人中第一个评到高级的。

天上永远都不会掉下馅饼吗？假如真的有那么一天，上苍一时疏忽，把一块馅饼投下人间，那个第一个接住的、最幸运的人，肯定是我！——整个大市教育局有一个名额，去北京市重点中学挂职培训一年。这是一个绝好的机会！竟然落到我头上了——老同学中现在还有好多人连省城都没有去过呢，首都北京，那可是我们那个年代的人向往的地方啊！

北京回来，我的眼高了，心大了……

大市评了个位数的几个学科带头人，有我；省级荣誉，这个小城5个名额，我占了一个……

……

老校长刚下课，手里还拿着三角板，嘴角泛着白沫，"你小子，你是不是个东西？嫌我的庙小了，供不下你了？你怎么早不走？……你把我的高级职称的便宜占上了，你就抬屁股走了？……我这学校的什么好处你没得到？啊！你这种东西……什么便宜没有让你占上？啊？我哪一点对不住你了……啊？"我一会儿红着脸，一会儿又赶快努力地改成笑脸。他转到这边，我就躲到那边，我觉得他随时会抢起那块三角板……

推荐引进了我的同学来这所学校替我，我来到了江南水乡。

我记得，我们毕业 14 年时，刘老师退休的，那时他是 60 岁。又一个 14 年过去了，他早该古稀有余了！……

自举家迁居江南，十来年没有回过家乡了，很想回去一下，问问刘老师——当年怎么会把我分配到嘉峪关市？他和班主任杨老师想把我分配到嘉峪关，学校里的领导怎么想的？

我到现在还没有给刘老师敬过一支香烟呢！

杨老师呢？上次朱卫国院长到上海出差，还顺路看我，还说起杨老师——他们是老同学，在中文系共事了十几年，当助教，评教授，先后担任系领导、院领导……杨老师夫妇后来到了福建一所高校。我没有他的电话，当时怎么没有问朱院长呢？

——正在夜办公时间，同事进来发学校印制的精美新年贺卡，对，我给杨老师寄封贺卡，先联系上……推算一下，他也该退休了？有机会见面问问他："你在给我们当班主任时，学生家长给你送礼吗？有人请你吃过饭吗？你了解我们那几十个人的家庭情况吗？你知道我家很困难吗？我父母连你面都没见过，我自己一个农村娃，上学的费用都难以承担，倒是在你家吃过几次饭……你为什么那么卖力地想办法把我分配到嘉峪关市呢？到底有没有人也想分配到那里去？……杨老师是不会抽烟的，我送你两瓶好酒，补上我当年的一份心意，你肯定会非常高兴地收下！"

——生命中的恩师，我的大学班主任杨国学，当时负责毕业分配工作的刘懋德！我还在擦黑板呢，粉笔灰正在空中飞舞，你们就已站上讲台……我看见的，那些粉笔灰落在你们的头上，改变了你们头发的颜色……今天，你们拄着一根拐杖，飘扬着满头的银丝，还漫步在校园里时，我问你们这些幼稚而隐私的问题，你们能告诉我答案吧？

生命中的恩师，今天还在做班主任的我这个学生——你们永远的学生，现在更需要这些答案，比我当年问你现代文学的问题更急切，比你教的那些烦琐的古汉语知识更难搞懂，而且我还往往没处去请教，这也是百度上搜索不到的啊……

2009 年 12 月 22 日于匡园
2010 年 1 月 15 日据朱卫国老师建议修订
2022 年 8 月 23 日修订

后记：

2009 年岁尾，我所供职的江苏省锡山高级中学，布置给我们的年终总结题为"生命中的恩师"，旨在进一步提炼概括"大智大爱"的教风。一个周末，我坐在办公室里，想起了教过我的各位老师，欣然一气完成此文。后来在全校评比中获一等奖，有人上传到网络上，收入母校河西学院《校友文集》等书籍……当然教过我的老师有许许多多，这篇文章中的刘老师和杨老师只是其中的代表，我永远感谢我的各位老师！

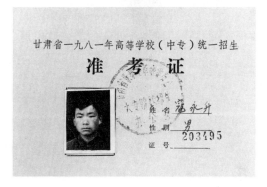

回访母校记行

近三十年的分散离别，十年前就酝酿返校聚会……今夏终于梦想成真，我们相聚在了母校的怀抱！

如果我们大家都没有一些文字记载，岂不辜负了我等半世舞文弄墨之称号？！

……

大家都走了，宾馆里剩下我一个人了，休息了一会儿，洗了个澡。下午3点多只身一人再到母校。

打上的，我不告诉的哥目的地。"往前走，路口右转……"看见了"离天只有尺八"的那个木塔，"向右拐啊！"一个十字路口，"直走！"这里就是当年我们步行进城的那条小巷子吧？寇永学在这里买西红柿的，张润文在这里抄近道被狗追的，冬天街道两旁的住户把污水泼在外面，结了冰，谁在这里滑了个屁股墩？……"左转弯！"

"过马路对面，停那个大门口上……"

把这位的哥气得不好说出口："你咋早不说，不就是师专专子嘛？眼睛闭着都来了嘛，费劲的！"

我不走你那个园中小径，我现在不累了，太阳晒着也没事儿。

我得按照三十年前的路线走。

嗯，老校门在这儿，今天下午在校史陈列馆一张图片上看见的，多亏了参观了那里，不然辨认这个校门还得回家翻箱倒柜找当年的黑白照片！

西边那家人？早就搬走了，那家的小子还在学校做过工人呢……

是这条路了，那时吃饭常走的。

这幢小楼是给美术系的家伙们修的，因为他们太脏太懒散，我们不高兴和他们为伍！

这不就是我们的宿舍楼了吗？我们住在一楼，女生住在三楼，太不合理啊！

什么东西嗡嗡嗡的？

一回头，哎呀，我的娘哎！美术小楼下有个自动取款机？学弟学妹们不用到城里邮局去取钱了？！待老夫来看过——建行、工行、农行、中行……啊呀，乖乖，拿出一张卡试试，密码？啪啪啪，查询余额——我也可以取钱的！

哼，取啊！一笔，两笔，三笔……"对不起，您的卡不能再提供服务……"什么？我还有卡！2500……2500……2500——尻子上两个口袋都装满了……大腿上的两个口袋呢？手机，捏手里！我记得出门时带了三张卡，工资的，奖金的，汽车的。再找出来，给它取！抒我前三十年与赵公元帅所结之宿愤，振咱老寇目下之天声……农垦邮局汇款柜台上那个娘们还在上班吗？大概早退休了！我兄弟们步步脚走着去取可怜兮兮的那点儿汇款，十元的，二十元的……五十元就算高额汇款哪，全班都知道了……

我把它这个取款机里的钞票给它取完！

让学弟学妹们也尝尝去邮局取钱的滋味，哼！嘚嘚，锵锵，我…………

怎么现在宿舍楼开的是西边的门？我们当年可只是走北门啊。这不是那个值班室嘛。一抬头，看见那个牌子，还是值班室。周末，才11点，那小子关了灯，我们就站在门口高喊："开灯——开灯——"

哦，楼梯！阴面这三间，110，112，114；阳面那三间，111，113，115，都住的是我们班的男生。

114，我胡汉三又回来了！甘泽芳来找薛晓玉，就坐在这儿。薛天祥的那支秃毛笔就藏在那个桌兜里……老侯，哼，那时有双黑色皮嘎子，我们没有，你把鞋油藏在床头下，今天我找出来给你扔了——让你的黑鞋变成土黄色！

除了墙上那个书架还是原物，别的都物是人非了？113和115之间那个洞呢？谁砸的，还记得吧！

九斤老太，一代不如一代啊！这宿舍怎么这么脏乱差？我记得我们那时放假离校是把卫生打扫干净的，班主任还常常带着我去检查督促呢。王兆杰那家伙一次居然挑衅我："咍，寇永升，你给我们宿舍买瓶酒喝，我们保证搞得干干净净！咋样？"——东风吹，战鼓擂，如今上了酒场谁怕谁？老寇我能把你小子用太湖水（太湖水——我们的啤酒！）淹死！

......

三句话就暴露出本性，老没个老样！正经点儿，君子慎独！还是赶紧到教学楼去看看吧。

顺着那条小路，来到教学楼东边的楼梯。这里原来是图书馆，那个眼睛大大的厉害老太太上班的地方……二楼，三楼，寇永学一上楼梯我就听见他的皮鞋声音了……往前走，这是我们2班的教室了。开我东阁门，坐我西阁床——这个座位是我的，但课桌不是我的！找找？这张课桌是我的同桌周志杰的，这个洞是他的钢笔扎的……喊个隔壁的学弟来帮我留个影，以证明我今日"到此一游"……

我们这间教室几十年间没有过什么改建，地面没变，屋顶没变，黑板都没换过吗？不对……那时还没有这样的高级黑板呢，我擦了多少次，还不知道吗？拿起板擦再试试我就知道了……嗨，这个讲桌绝对是原物，有那个洞为证！谁干的，我就不揭露了……

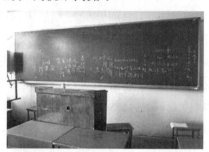

这个是1班教室，可就面目全非了！我们刚走没两年，这里被改建成了语音教室，装了离地十厘米的地板，天花板都改装成带许多窟窿眼的，说是隔音……那几年我来过一两次的。后来，哼，这间教室被祝融老儿光顾了一次……于是现在成了物理系办公室。1班的弟兄们，你们中间即使有像老寇这样的好事者，即使今天也来个胡汉三返乡，那也是没我们这份福气了！

往西边走走，就是那个小小的教师休息室了。我想喊声"报告"进门看看，门紧闭着，八成是里边没人啊……

每当课间，老师们走出教室，来到这里，记得有几张沙发的。向老师讲课老喝水，一进门就拎起热水瓶加水；喝多了，就和我们一起站在那个只能小便的厕所里对着墙往上浇……方老师不抽烟，也少喝水，进门坐下就翻报纸……刘老师，哦，赶紧掏出一支烟点上。懋德夫子抽烟的功夫很是了得！他掏烟从来用不着把烟盒拿出来，伸手就能准准地掏出一支来……尚延龄老师，面皮白白净净，就是那时"上水管"不好使，一下课就在走廊里使劲地咳嗽，老让人觉得他是不是感冒了。可是尚老师课堂上口齿可伶俐了！姜德望老师永远抽他的红金烟，一有空就点上，也不说话聊天——现在好像看不见那种"红金"烟了？……罗茂林老师永远抽的是雪茄，黑棒子啊，我是老远闻着就打喷嚏呀……最别致的是柳兴华老师，不发言，不喝水，不抽烟，一边翻着报纸，一边把他的十个手指折啊折啊……康舒泰老人家，走到哪儿，哪儿就有欢声笑语，把那个厚嘴唇一咧，牙叉骨上都带着劲儿讲笑话，不停地恶狠狠地"嗯，嗯，嗯"……教哲学的那个丁老师，笑眯眯的，满口的张掖话……

二楼，不就是那个教务处嘛！这里卢昌世最熟悉了，隔三岔五来数讲义的。那个有颗美人痣的女老师呢？她有个如雷贯耳的名字——雷桂英！那个叫于伟的学长呢，他把于连研究得咋样了？莫非他叫"于伟"才喜欢《红与黑》里的于连的？我记得，他把办公室新买的订书机放哪儿忘了，一时找不到了，急得团团转，进而赌咒发誓，惹得美人痣女老师很不高兴……

顺着楼梯往下走，哎，怎么现在这个楼梯栏杆还是这么干干净净的？我细看看，又返回去向上行，试着用手扶了两下，没错，还是当年的那个栏杆！英语系的那个老师还在吗？腿脚不方便，上课却在四楼，他就是不拄拐杖。上楼梯靠右行，左手夹着讲义，右手攀住这个栏杆，艰难地上到四楼——我当年以一个农村娃的淳朴善良几次想搀扶他一把的，但每每只是投去一种莫名的目光。以至于我都想给学校领导建议一下：就不能把英语系改在楼下吗？下课了，这位老师必是最后一个下楼。他的衣服前襟上都是粉笔灰，都让人看不出衣服原本是蓝色的。这位残疾的老师上课还自己擦黑板的？英语系的那些女生们太没人味了，看看一个个出来把自己打扮得衣冠楚楚的，咋就让一个残疾的老师自己擦黑板呢！老师伸出右手扶着栏杆，有时把栏杆夹在右胳膊下，一步一步向下挪……好几次遇着他下行，我上行，我就站着不动，看着他先走……

因为这个残疾的老师，这里的栏杆，从一楼到四楼，永远是干干净净的。那两年里，七百多个日日夜夜，我一直注意过的。

去年与朱卫国老师叙旧，在无锡几次与张志祥、赵思有老师叙旧，我们都谈到过这位英语老师。可我这臭记性，就是愣没记住这个老师的名字！

　　不知名姓的老师啊，我就是那个多次让你深情地注视过的学生呀！你能想到，一个从没有和你搭过一句话的学生对你的崇敬吗？你设想过，你对一个一节课都没教过的学生的影响吗？——他在讲台上站了28年了，同事遇到学生值日生忘记擦黑板，处置办法有多种：喝令值日生上来擦黑板，擦好黑板才上课！转身就走，等着班长或班主任来请！我上我的课，专门挑有字的地方往上写……而他呢，像您一样，自己动手，不声不响地擦了黑板……今天，我还能在这个楼梯上遇见您吗？您已经老态龙钟了，不管你认识不认识我，莫问你是否教过我，我一定上前去搀扶您一把，我再也不会觉得不好意思了！

　　噢，不知名姓的老师，您现在已经不再需要到这个楼上来了！如果我今天在校园里碰见你，我一定还能认出您来！您还能认出我吗？

　　我多么想在今天的校园里还能碰着您啊，我的不知名姓的老师！

　　我快快地走出教学楼，往去食堂的路上走。可不是吗？这就是那个报栏嘛！

　　被我们叫作小鹿纯子的那个美眉，大咧咧的，端着个饭盆子，站在这里，边吃边看报……五六年之后，她嫁男人分到的房子是三楼，我娶女人分到的房子是四楼，我在楼梯上第一眼看见她，我就认出来了，"你就是那个吃饭看报纸的！""你是中文系的……"

　　报栏里还有好多图片，我仔细瞧瞧，还有一张是"中文系举行……活动"的吗？这次是白天，如果上边还有朱卫国、唐援朝，我可是轻易就能认出来的！嗯，黄大祥老师我也能认出来的，他后来带领学弟学妹们在嘉峪关实习过的……

天已经不早了，赶紧去几位老师家了，回过头来再说吧。

先到方步和老师家看看。昨天座谈会前，老人家一见面就能叫出我名字，嘱咐我会后到他家坐坐，要送我几本著作。

方老师与我们上学时最大的变化是换了一位老伴儿，我记得以前没见过。不过这个故事听学弟学妹们说过。老两口都很开朗，争着给我说他们各自的子女的情况，"我的两个孩子都在外地，老大……老二……""我四个孩子，一个……一个……最近的在……最小的……"方老师在我们上学时就打听搜求《河西宝卷》，退休以后用了许多精力，整理出一本著作。现在还是整天足不出户，搞他的学术研究，著作已经好几本了——

老师把《河西宝卷真本校注研究》《张掖史略》《河西文化——敦煌学的摇篮》三本著作送给我，还好，我把它们都背回来，这个假期看了看，很亲切，不像读别的书那么累，感觉颇有收益。

向老师家里我昨天已经来过一次了，那是陪杨老师来的。今天算我单独来看望向老夫子。我在前许多年就有个印象，向老师书房里一副对联很有情趣，我一直想拍个照片留念。这副对联是向老师六十大寿还是七十大寿或是退休时张浩廉校长手书赠送的，联曰："乃文乃武乃寿，如竹如松如菊。"向老师也是退而不休，老有所为，还在担任一些校内外的社会职务……临了，老人家把他主编的一本文言文词典题词送给我，觉得我还在教书，希望对我有用，其心殷殷……

晚饭跟杨老师一家去他的老同事家里吃正宗的拉条子！这顿饭是我和杨老师此行一起吃的最后一顿饭了，是杨老师夫妇请我，一听是拉条子，又是在母校老师家里，我很珍惜，如约前来。吃得很美，女主人都连连赞美："你的饭量真好……"我对女主人和一起帮忙的一位女老师说："对主人劳动最好的尊重和感激就是放开肚皮吃啊……"杨老师和他的老朋友们开始喝酒了，我就闪了。

已经是晚饭后了，我得在10点前到宾馆，拿上行李去火车站。刘老师却出去吃饭了，他参加了什么民主党派，今天有活动。

师母体弱多病，拄着拐杖出来陪我说话聊天；刘老师大女儿珍珍病了，不停地呕吐；小女儿芹芹一会儿也赶来了。放假了，两个女儿轮番来照顾两位老人……

我以前就对这位师母比较熟悉，她对我也是记忆非常深刻。20世纪80年代某一次，我从兰州乘一辆便车回嘉峪关，是当时嘉峪关运输公司刚从厂家接的一辆崭新大黄海，派了一名司机把车开到嘉峪关。司机是我的朋友，整个64座的车总共乘了3个人，一路吃饭睡觉玩玩乐乐地回家。快到张掖了，我说我们把车停到我的母校门口，你们在车上休息一会儿，我去看望一两位老师，出来我们一起去甘州市场吃张掖小吃……我知道，刘老师家的师母身体不好，在家里做饭很累，进门就说，有车在校门口等着。师母问清情况，非得让我把司机一起叫来在他家吃午饭。

老太太搬出一篮子鸡蛋，大概二三十个呢——20世纪80年代中期啊，家伙们，刘老师那时挣几个钱？三个孩子上学，五个人花啊！——全都打成了荷包蛋，我们就着他们家的饼子吃啊。我记得那是我一次性吃鸡蛋最多的一次！

出去以后，一路走，那个司机一路赞不绝口，那是你老师的家属嘛，一个家庭妇女嘛，不挣钱嘛，把家里所有的鸡蛋拿出来招待你这个学生呢嘛，我看比你母亲还亲热呢嘛……

老太太是个家庭妇女没错，但是她对母校这个小社会的关注和了解你还不能小瞧了！

她就有一句没一句地跟我聊啊聊，心里也急，"老头子，你看嘛，还不回来嘛！人家寇永升多少年才来看你这么一次嘛……"说着说着，记得是从我的那篇《生命中的恩师》，又说到了朱卫国。"寇永升，你写的那篇文章，朱卫国人家打印出来，亲自送到我们家里，交给老头子的……你带的东西，我们也收到了……"那是去年春节前，我为了自己方便省事，把电子文档发给朱老师，请他打印出来交给刘老师，因为刘老师他从来不摆弄电脑。

"朱卫国，人家对这些老头子们都很尊敬的，每年过年都来拜年看望……上次调走离开了，还每家每户地来打招呼看望……人家走的那天，学校里几百人在校门口送行呢……以前调走了多少领导，就没有过这个场面嘛，有的领导还是偷偷地走的嘛……5月份嘛，还是6月份，反正是大家都知道他调走了，他的老父亲去世了……"

我打断问师母："是在学校里去世的？"

"就是嘛，他的家还在这里呢嘛……一开始有的人觉得，可能有笑话看了，他要调走了，人走茶就凉嘛……哼，学校里大大小小、老老少少——我是听说的，老头子和姑娘们去的——几乎所有的人都去吊唁了……人家老父亲的事情办得好得很嘛……"

唉，我咋坐着这难受呢？好像两腿肿胀，血液不流通了？

借机站起来，活动了一下，好多了。噢，裤子四个口袋里装满了钞票，钱鼓鼓的，难受啊！这咋整？也没有带个包包什么的……下午心太狠了，自不量力，还以为能把那个自动取款机里的钞票都取完呢，自找苦吃啊！

"老头子，固执得很嘛！姑娘们给买来电脑，闲闲地放着呢……给买上手机，说你出去时带上，寇永升，你听人家咋说着呢？——我一个老头子，我拿上个手机，谁整天给我打电话呢？谁整天有事情找我呢……你看么，还不回来嘛……"

芹芹回来了，问我吃晚饭了没有，师母开始叨落芹芹——芹芹中午就把凉面做好的，放在冰箱里，告诉师母，下午我来了让她拿出来招待我。结果老太太电话里没听清还是后来忘了，一直在自责呢。

"你看嘛，寇永升几千里路上，多少年了才来这么一次么，连我们的碗都没有端一下嘛……"

芹芹在接电话，我对师母说："刘老师在和谁一起吃饭，你知道的？把电话打给那个人，让他转告刘老师呀……"

"哦我知道的，打给李？……"

找出电话本来，得是十几年前的了！是母校印制的，先是各部门、各系教师……最后几页手写的，圆珠笔的，钢笔的，铅笔的，都是刘老师的字体，跟当年黑板上的字一样亲切，就像是他的那些头发一样……

"李老师，我老头子跟你在一起呢？……你叫他赶紧回家里来，有学生来看他来了……唉，你叫他打上个车，快些个……"

就像当年上课迟到了一样，刘老师风风火火地赶回家，上气不接下气地进门……坐下来，一会儿手就伸进了衣袋，可能是在找烟……我们又聊了几十分钟，刘老师对我们这一届学生是非常熟悉的，说起每个人几乎都能想起来，基本都知道我们在何处工作。提起王兆杰，老两口抢着发言，刘老师说他每年初一早上接到的第一个拜年电话一般都是王兆杰的，师母说，王兆杰每年秋天都给他们送一箱苹果来，即使他本人不能来，也会让驾驶员送来……

因为前天我已经和杨老师一起到刘老师家来过了，我的承诺也举行过仪式了，今晚只是叙旧聊天，就聊到哪里算是哪里。看看时间快到了，我就起身告辞。师母拉着我的手，话还没有出口，泪水就下来了，声音也带上了哭腔："寇永升，我不知道……还能不能下次再见你一面……"芹芹赶快把话岔开，制止老人家情绪继续蔓延……想起来下午与方步和老师在家门口话别，方老师却是笑着说："但愿我们还有机会相见啊！……"师母笑着制止，而方老师却又是笑呵呵地："生老病死嘛，对不对，自然规律啊……"

我是在今年上半年才读过季羡林的《留德十年》这本书的，如果你有机会看看，一定会对这些老人的心理很理解、很同情的。

一点儿浪漫都没有了，初生的月牙儿一会儿就不见了，我走过昏暗的校园，再也没有下午的那种情怀了，感到孤寂冷落凄凉失望……

轰轰烈烈的，我来了
轻轻地，静静地，我走了
……
我来时，呼朋引伴
我走了
……

我记得上次的原稿写得比这个好，现在时过境迁，怎么也想不起来了。

很快地回到宾馆，拿上行李，直奔火车站。在我印象中，距离张掖车站应该是比较远的，那时我们好像要乘半个多小时公交车的。再为张掖经济发展做一次贡献吧，打的！我准备好了一张"布达拉宫"，做好了半小时车程的心理准备。的哥把车子往一边一拐，下车帮我往下拿东西……

"到了吗？这是火车站吗？"

"是的，那不是大字写着的？"

咋这么快就到了呢！的哥才收了15元钱……

铁路张掖站在改建，临时候车室和通道都别别扭扭的。刚坐下，给王兆杰编制了一条短信："兆杰：房间退了。我已到车站，一切顺利。感谢你给我的帮助和方便。感谢你为同学聚会的劳累操心，老同学们发发牢骚，权当玩笑，骂是爱啊……"

还没来得及发出呢，兆杰的电话来了："老寇，很抱歉！不能来送你了，我下午就到单位上来了，还有些事情……祝你一路顺利，多联系啊……"
我的车票是前十天就托兆杰给我订的，麻烦他不少。此次同学聚会，他
出力不少，劳心费力，啥都不图啊！

2010 年暑假一稿，部分内容收入母校河西学院《校友文集》
2011 年暑假因笔记本电脑损坏数据丢失重写
2022 年暑假修订

善良：教师最需要的职业道德

百年大计，教育为本；教育大计，教师为本；教师大计，师德为本。作为传道授业解惑的教师，师德是我们的立身之本。在第 35 个教师节来临之际，特推出寇永升教授的《善良：教师最需要的职业道德！》一文，作为寇教授献给我校全体教师节日的一份特殊的礼物吧。让我们牢记寇教授发自肺腑的话："作为老师最需要的品质和职业道德是善良。一个教师，只要你的本性是善良的，职业之路就不会偏差太多；也只有你品行善良，才有可能培养出良善的子女和学生……"（景泰二中语文组长寇宗权 2019 年 9 月 9 日）

火毓花，1945 生于景泰县中泉乡中泉村；就读于脑泉小学、中泉中学；1963 考入靖远师范，1966 毕业后先后在中泉乡三合小学、崇华小学、脑泉小学、中庄小学任教；1975 年调入中泉中学；1983 年进城，在景泰二中、景泰县第一小学任教；2000 年退休；小学高级职称。

所有教过我的老师，从小学到两次上大学，毫无疑问，火毓花老师是我最熟悉的！倒不是因为她是我初中两年班主任、数学老师，更多的原因是：火老师娘家就在我们那个小村庄。

我到中泉中学上初中时，火老师 30 岁左右，刚刚从小学调到中学，走进她母校当了老师，工作在婆家门口，已经有三个娃娃，上有双方老人。当时的学生主要是劳动，教学受到很大影响。中泉中学有一砖瓦厂，高年级学生长年累月轮流在砖瓦厂义务劳动；我们初中学生干不了砖厂技术性强、危险性大的活，主要是在学校农场和养猪场劳动。火老师教我们数学，是全校少有的女班主任，就被分配负责养猪场；作为她班级的学生，我们就成了养猪倌。

我们几个人每天早饭后把食堂里的泔水拌猪食喂猪，每次都耽误将近半节课，老师讲到一半时，我们才进教室，渐渐造成数学课听不懂。我的办法是凭着脸皮比较厚，反正火老师是我们庄子上的人，经常晚上到她宿舍问问题。说实在的，我那时虽为初中生，但有时候连小学复杂题目都算错。一次我问数学题时，火老师上小学的儿子正在一旁做作业。她说："这是小学数学知识，你看，我的国国正在做的就是……"但是，我当时感觉的不是受到责备甚至羞辱，而是一种鼓励和鞭策。因为火老师说这句话的时候笑嘻嘻的，态度很诚恳、很和蔼。

写这篇文章的前几天，我跟火老师通过一次电话，我问："你的叫国国的那个孩子现在哪里工作生活……"火老师在电话那头扑哧一笑："天哪，你还记得我儿子叫国国……"

我从初一开始就认定，火老师是一个善良的人。

初二开始，火老师经常带领我们到当时中电工程参加劳动，农忙时节到附近生产队参加夏收、秋收，好多次工地就在我们家门口。一次中午吃饭时，我邀请火老师到我们家。我妈做的午饭是水煮红薯片——那个年代的返销粮，河南人生产的红薯，切片，晒干，有时候有发霉斑点；火车运输到附近车站，生产队的马车拉到村子里；分配到各家各户……红薯片基本都成了碎屑，整块的已经很少有；锅里煮上几十分钟，勺子搅；舀到碗里，筷子戳，基本成了糊状。我记得当时我妈很不好意思，一再说客套话：娃娃的老师来了，也没有啥好吃的，就让你吃些红薯片……火老师笑呵呵地说，能吃上红薯片已经很高兴了……边说边吃了一大碗；碗一撂，就往劳动地点走……

这个时候的火老师做国家干部已经好多年，是我们家乡里人人羡慕的，但是依然保持着农村人的质朴善良，没有一点架子，一点也不娇气。

有一段时间，可能是缺语文老师，火老师兼教了我们语文。第一节课讲的是毛主席诗词《浣溪沙·和柳亚子先生》：

长夜难明赤县天，百年魔怪舞翩跹，人民五亿不团圆。
一唱雄鸡天下白，万方乐奏有于阗，诗人兴会更无前。

她不是直接从这首词讲起，而是先给我们朗读了柳亚子的《浣溪沙》：

火树银花不夜天，　弟兄姐妹舞翩跹，　歌声唱彻月儿圆。
不是一人能领导，　那容百族共骈阗？　良宵盛会喜空前！

我在那个瞬间发现，火老师是一个朗诵非常好的老师！普通话标准，感情充沛，尤其是她读"火树银花不夜天"一句，极其带劲儿！我们几个调皮捣蛋的学生课后玩笑说：她姓火嘛！

我们上到初二时，国家政治形势发生巨大变化，标志之一是国歌从田汉原来的歌词改为特定历史时期的歌词。"起来！不愿做奴隶的人们！把我们的血肉筑成我们新的长城！中华民族到了最危险的时候，每个人被迫着发出最后的吼声……"，变成了"前进，各民族英雄的人民！伟大的共产党，领导我们继续长征！万众一心奔向共产主义明天，建设祖国保卫祖国英勇的斗争……"学校要求全体师生会唱新国歌，但是全校只有一个音乐老师，只有一架老式的风琴，还要从这个教室抬到那个教室……火老师把新歌词抄写在黑板上，教我们唱歌——我又发现：火老师唱歌非常棒！声音浑厚，吐字清晰，表情丰富，非常富有感染力！而且她竟然识谱，新歌词文字增加了的地方，她自己用简谱试唱一两遍就可以教给我们！用今天的时髦语言，火老师绝对是一个被数学耽误了的音乐老师！

我的这篇小文章写到这里时，自觉有点偏离主题，甚至有点写不下去了的感觉……代表学校参加上海书展，住在展览馆对面的一家宾馆，希望利用早晚零碎时间完成。我拨通了寇宗恩老校长的电话——他是火毓花学生时代的班主任、后来的同事加领导，我开门见山就问："老校长好！我采访你两个问题：火毓花是数学老师，怎么还会教唱歌？为什么还教过我们语文、自然……"

宗恩校长说："哎呀，你还记得这些陈年旧事？！火毓花上过靖远师范嘛，那个时候对小学老师的培养目标就是多面手嘛，担心的是学生毕业后分配到山村小学里，只有一个老师的时候，你得能够把全校的所有学科都开得起来嘛……加上火毓花学生时代就喜欢文艺……中泉中学那些年老师联欢聚会，火毓花经常能够出节目，独唱、朗读，都行呢……"

我说："我对火老师的主要印象是善良、敬业，在学校应该是一个让领导好使唤的老师，你说对不对？"

宗恩校长笑了笑说："对着呢！火毓花从小学调到中学，教初中数学一开始其实是很吃力的。但是肯钻研，能吃苦，责任心强……我记得呢，她有一个本本子，布置给学生做的题目，她先挨个在自己的本本子上都演算过的；学校安排啥工作就干啥，说带哪门课就带，从来不跟领导计较……很少跟同事有摩擦、闹矛盾……"

我再一次得到证实：火老师是一个善良、乐于奉献、责任心强的人。

我们村子距离中泉中学五六里路，主要靠步行。我上学放学，必须经过火老师娘家门口，她让我给娘家带过几次东西。有一回带的是一瓶油。装金徽酒的玻璃瓶，四两，或者半斤；火老师用木塞塞好，外边包了几层塑料，用线绳扎紧；一再叮嘱我：装你书包里，不要倾斜，你走路上用手摁住，如果洒出来，会把你的书和书包弄脏，植物油不好清洗……我按照她说的，一路上右手摸着那个小瓶瓶，到她娘家交给她老父亲——

火老师娘家爸爸是个聋哑人，不熟悉的人很难与之语言交流；但是心灵手巧，木匠、铁匠、泥瓦匠行行都通，几乎所有的农具，无论金属还是木头的，都能制作、打造和修理，从农村常用的家具到盖房子样样都行；农业生产队时代，从大型的马车，到中型的架子车，到小型的独轮手推车，全都能做出来；感情极其细腻，人情味非常足，心底十分善良；而且识文断字，能阅读一般报纸、书籍，还能看懂地图！他知道这一瓶瓶油是他的姑娘孝敬他的，他无须问我；他想表达对我的谢意，但只是在我头上摸了摸……我能从他的眼神中读出他的心思！

火老师是我们村子里第一个女中学生、女师范生、女国家干部，当时每月 28 斤粮食、4 两或者半斤食用油，42.5 元工资；她娘家是个大家庭，兄弟姊妹十来个，当时还有两三个兄弟没有成家，张嘴吃饭的基本都是青壮年劳动力……1975—1976 的年代，青黄不接的季节，4 两油，尽管是粮站供应的杂油，对一个农民家庭该是久旱甘霖啊！

而这时候火老师出嫁已经十来年，婆家也是农民，她已经有三个娃娃——是不是一个善良的人？！

我老母亲长火老师 8 岁，嫁到我们小村庄时火老师还是未出阁的闺女。老母亲是乡间针线茶饭高手，六十多年来几乎参与和亲历了村子里所有的红白喜事。有一年当着我的面教训我两个妹妹说：我们这个庄子上嫁出去的姑娘中，只有你哥的老师火毓花，在娘家的大干小事上都做得非常好，是你们的榜样……吾乡习俗，嫁出去的女儿只是个亲戚，娘家父母的后事是兄弟们的事情，作为出阁的女子，有泪无泪、真哭假哭，混上几天，场面上过得去就行了！但是，善良的火老师，每每在娘家门上给男女老少都留下了她的善良！我多次听到父母、兄弟以及乡邻友社说起火老师在娘家父母后事上的善良言行，无不流露出赞扬羡慕之情！

1983 年，我大学毕业分配到嘉峪关市工作的那一年，火老师终于举家进县城了。这个时候的火老师，每月收入 58 元钱；三个孩子上学，从小学到高中；先生是农民身份，没有固定收入；公公婆婆年事已高；农村已经包产到户好几年……火老师进了县中，孩子们都集中到了她身边上学，先生在学校食堂里帮灶；租借房屋，把公婆接到县城养老，无须一家人在几处地方开伙吃饭——那是 20 世纪 80 年代初，多数人还在温饱线上挣扎的时代！

教育越来越受到重视了，教师地位越来越高了；但是，火老师却因为没有大学文凭，不能继续在高中任教，被调往小学……为了三个娃娃上学，为了全家，为了生存，善良的火老师擦干泪痕，勇敢地面对时代潮流和命运的摆布。五十几元收入，维持三代人生活，供三个学生上学；初到县城，一把青菜都需要花钱，上有双方老人……别的且不说，单就支持先生在县城里摆个修理自行车的摊摊子谋生这一件事情，我们就有足够的理由承认，火老师是一个善良的人——我们家乡落后的观念意识中，身为国家干部的火毓花，丈夫在县城的大街上摆摊修自行车，是一件多么没面子的事情！

火老师的先生一直摆摊修自行车，从我们凑几个月的工资才能买得起一辆自行车，从自行车是普通家庭的三大件，到多数人家升级换代为摩托车、汽车，用火老师的话说就是："老头子一直修自行车到实在修不动的年岁，到实在没有多少人修自行车了的时代……"

如果读过路遥的《平凡的世界》，你认识那个支持丈夫摆摊修鞋的团地委书记田润叶，只要你相信田润叶是个善良的人，那你就有理由相信：我的火老师绝对是一个善良的人！她是一个善良的老师，一个善良的妻子，一个善良的母亲，一个善良的儿媳妇……

我写这篇小文章时年近六旬，没有任何人授意、指使、约请；我只是给老母亲电话问候时说起火老师，突发奇想；我自觉已经到了对任何事情都能够沉得住气的年龄，但是我在键盘上敲出这些文字的时候，还真的满面泪痕，突然感到返老还童般的动情……

火老师教完我已经四十多年，我离开高中母校中泉中学近四十年，记忆中只见过火老师一次。

2010 年春节，我在家乡为父母过生日，邀请了火老师，让她顺便转一趟娘家。我真的不敢相信，站在我们农家小院、穿着一件与身高相等的羽绒服、浑身包裹得严严实实、说话连嘴巴都不敢露出来的这位老人，就是几十年前那个走路生风、讲课生动、唱歌底气十足、朗读课文声音浑厚的火老师！

我的记忆中，她还是那个三十来岁的善良女老师！

我极其遗憾和伤感地感到，火老师老了，她已经不能享用我这个学生准备的美味与好酒……

那一年，我们那一批同学大多年届五旬，好几个人仅仅凭借走路姿势与身材一眼就认出了火老师。师生相逢，依然十分亲热，我们围在她身边照了几张相；我们在饭桌上说起当年火老师教我们的一些情景，大家也都认可：火老师是一个善良的人。

火老师的三个孩子，都已成家立业，有在家乡省城的，有在南方都市的，有在火老师身边的；有担任领导职务的，有国家公务员，有独立自主创业的，但是，他们也有一个共同特点，那就是他们都很善良；他们都对火老师很孝顺。火老师在电话中说到自己的孩子时很开心，很自豪："我的三个娃娃一直对我很尊重，到现在，家里的大干小事，我说怎么办就怎么办……"火老师娘家的一个侄子说："我尕娘这个老师没有白当，把三个娃娃抚养教育得学有所成而且善良本分……"

由教我到作为乡邻，火毓花让我明白和坚守，作为老师最需要的品质和职业道德是善良。一个教师，只要你的本性是善良的，职业之路就不会偏差太多；也只有你品行善良，才有可能培养出良善的子女和学生……

今天我们做教师，最缺少什么？不是学历文凭，不是专业知识；而是罗文举老师的正直、马勇老师的朴实、寇宗恩老师的人情味、火毓花老师的善良。师德何在？那就是作为知识分子的教师具有悲悯情怀，对学生、对学校、对工作具有责任心，对子女、对父母、对家庭具有浓浓的亲情与爱心……

教师职业是面对一道空旷的山谷，我们喊出了善良，山谷回应我们以善良；我们喊出了正直，山谷回应我们以正直……

谨以此文作为对火毓花老师2019年教师节的祝福！

2019 年 9 月

（经火毓花老师审阅。感谢火玉平、寇明哲等帮助我回忆有关细节、订正一些时间等。）

附一：

我的文字在景泰二中微信公众号推出后，连续多日收到认识或不认识的朋友们的留言，兹录一二，以作纪念。

寇宗和：

火毓花是我小学六年初中三年的同班同学，她毕业后上靖远师范；我因家庭遇到困难，张耀芳校长动员保送上靖师也未去，劳动后我去白银市银光厂干民工十个月，后又中庄办耕读小学一年。1965年5月考上武师，68年毕业回乡。火是中泉唯一一位中师毕业女生、学习优秀又把终身献给教育事业的女教师。

她和我同庚，属鸡，今年75岁了。自我们一年级时起，班上同学把我俩叫成一对，搞得小学六年时间不敢互相说话。寇世贵等老坏着骚人。吃饭的路上寇世贵就喊：火毓花、寇宗和，我气得追着打他，他就边跑边喊，一点拿他没办法。

六年级寇宗恩教语文兼班主任，数学没人代，耀芳校长给我们代算术课，两位老师教得都好。耀芳是定西师范中师毕业的。六年级第二学期我转学银川第四小学六年级甲班学习，教语文的是宁夏中宁人，叫尤志远，中师程度，语文教得很好。算术是一位被打成右派的四十多岁女老师教，教得也很好。我毕业于银川四小。回来以脑泉第一、全公社第六名的成绩考入白银六中，被分在乙班，火毓花甲班。这时年龄也大了，尽管初二后又合于一个班学习，我当班长，火是学习委员，但有时还可以说话了。同学们骚人很少了。上天虽最终没把我们安排在一起，但相信我们相互还是尊重或佩服的。

寇宗哲：

火老师一直都是记忆中的那个火老师，留着短发，飒爽干练。

中泉中学，分文科班前，火老师一直是我们的班主任，我虽然数学不好，但火老师也没有疏离我，而是一直非常亲和，对我非常好。当时，无论校园内，还是脑泉加工厂的墙上，火老师一直安排我去写黑板报。粉碎"四人帮"，批判"四人帮"那会儿，我还在校园外墙的大黑板上用各色粉笔画过经过变形与丑化的"四人帮"。火老师当时表扬我画得好。

……

寇明英：

寇永升、寇宗哲、寇宗惠、寇宗和等各位长辈，受你们的感染，今天有机会专门去拜访了火毓花老师。

（第一辑）师生情

给我开门的正是火老师。她拄着拐杖，先是一愣，但稍稍做了一点思考状，就喊出了我的名字。

聊天中了解到，火老师骨质疏松比较严重，需要多晒太阳，孩子们把坐落在一小楼上的房子装修一新，还买了新家具，一进门就感觉很温馨的样子。

孩子们为他们老两口雇了个保姆，脑泉车家姑娘，寇家媳妇，人挺精干，洗衣做饭收拾房子都很利索。

女儿在县审计局上班，常常过来陪伴和照顾他们。

说话间，我特意提到了寇永升朵爷和寇宗哲朵爹。她说寇永升刚工作时在嘉峪关，教书得好，被评为优秀教师到北京开会去了。后来被江苏无锡的一个校长看上了，挖到江苏去了。说寇永升不仅学教得好，人情又好。每年回家都要看望庄子上所有老人，就像女儿回娘家一样，到谁家都带着礼物……

中泉中学时，火老师没有给我带过课。后来有幸在景泰一小任教时，与火老师同事5年。和大家一样，非常敬佩火老师的为人。

今天，一是替大家看望火老师，告诉她我们中泉寇氏群里寇家人都在挂念她，对她曾经的教导和影响特别感念和敬佩；二是为了长养自己的"情谊"和"情义"去拜访她，同时也让火老师感知学生同事老乡们对她的记忆和支持！

火老师退休20年了。她说，有时候睡不着的时候就想，现在天天躺在床上，每月还拿几千块钱呢，都是共产党的好，她很知足！

寇永升：

寇宗和回忆火毓花老师的几段文字坦诚、坦荡、坦然——值得大家尊重并学习！

感谢寇明英替我们看望火毓花老师，感谢给我们分享这么多情谊！

寇明英：

寇永升朵爷，从您的文章中读出了对火老师的感念和牵挂。受您的感染，正式地去拜访了一下火老师，同时把您的感念和敬佩之情转达给火老师，让她在晚年感受到学生的牵挂的温暖和爱；再把她的基本状况转告您，让您牵挂老师的心灵得以慰藉！我自己心里也因此升起对曾经给予过教导、鼓励、帮助的长辈、老师、亲人、友人和同仁们的感激和感念之情，所以还要感恩长辈们对我的重大影响哦！

2022年8月25日修订

附二:

母亲的善良与刚强

贺德建

前段时间,看到母亲的一位学生在教师节前写了一篇文章《善良:教师最需要的职业道德》,回忆他学生时代感受到的母亲作为一名教师的善良,不禁思绪万千,想起生活中母亲善良的点点滴滴。其实母亲的善良不仅仅体现在工作中、在对待学生上,生活中更是如此。

打我能够记事以来,从没有见过母亲与爷爷奶奶、妯娌、大小姑子、邻居、同事红过脸,吵过架。不与他人争利、逞口舌之能,这是她一贯的行事作风。在我们姐弟的成长过程中,她言传身教教给我们的只是与人为善,从未教过我们怎么用不当手段为自己谋利。她挂在口头上的只是让我们如何努力学习、努力工作,通过自己的奋斗来达到目标。

母亲的善良也体现在对待同事上,20世纪70年代学校有一位家在外地的同事老婆要生孩子了,平时是住在办公室的,那个年代乡村中学是没有家属院的,带家属的老师的办公室既是办公的地方,也是住家的地方。在办公室生孩子是很不方便的,也没法取暖。母亲很同情他们,就回家跟爷爷奶奶作工作,腾出一间厢房,让同事住到我们家,便于该老师的老婆生产坐月子。这是很不容易,乡里人迷信,别人在家里坐月子是不吉利的,但母亲从不计较。

母亲的善良还体现在对待上学的子侄、亲友孩子、乡邻子弟上。我在母亲身边生活的时间长,看到的也多。在乡中学时,就常有好学的当家子哥哥、表兄们和其他亲戚在下晚自习后或周末在母亲的办公室学习,也有的家在外地的亲戚学生求学期间借住在我们家。这个亲戚没有白费时间精力,后来考上西北师范大学,毕业后分配到兰州的名校——兰州一中,后来任副校长。

记得我们刚到县城时,母亲先带着还在上学的我们姐弟三人,住在一间办公室,学校就配了一张办公桌,一把椅子,一张床。床太小,我们四人不够睡,母亲就想办法找来几块木板拼在一起,和姐弟住,我暂时就挤在学生宿舍,那是睡得迟了就得侧着身子才能挤进去的大通铺。带的全部家当就是三个纸箱,搁在用红砖支起来的木板上,一个装米、一个装面、一个用来装衣服,这是今天的孩子们没法想象的。

这间房子既是母亲的办公室,又是我们集客厅、卧室、厨房于一身的家。学校配发的一个生铁炉子冬天取暖，平时是我们做饭的灶台。夏天在房子里生火太热就移到门口，在这一间办公室我们母子生活了一年多。说起这个做饭，至今都还是让我们母子不堪回忆，那时用的煤炭是学校冬天供应教师办公室取暖的，我们节省下来一部分，再就是教室里用剩的煤沫，好多班主任同情母亲，学生放假后送给我们。我们母子一起动手，运到母亲的办公室前面，把块煤拣出来，剩下的煤沫和上黏土打成煤砖，就是我们的燃料。由于煤炭的质量差，炉子排烟也不好，往往一顿饭下来，把我们母子弄得灰头土脸。就这样，经常有当家子兄弟姐妹、亲戚家的孩子来吃饭。乡邻的孩子，甚至母亲以前在中泉中学带过的学生也来吃饭的，还有亲戚来县城办事的也来家里吃饭。曾经一个本家小叔到县城来参加高考，在我们家吃了三四天饭，还给母亲提要求，他从不吃剩菜。母亲从来都是笑脸相迎，从不假以颜色。常常是一锅面煮出来，轮不上我们姐弟吃就没有了，我们只能凑合着吃点馍馍啥的就去上课了。后来学校又给分了一间房子，上高中的堂姑、堂姐们都来借住。母亲父亲和弟弟住一间，兼作母亲的办公室，我和姐姐及借住的亲戚们五人一间，叔叔家的姐姐还在我们家吃饭。

母亲一天到晚忙忙碌碌，带班、上课，回家后还要做六个人饭。饭后又要去跟晚自习，下晚自习后还有百十本学生作业等着批改，时常还要给我们缝补衣服，但母亲从未我们姐弟面前诉过一声苦。但这些事后来给母亲不可避免带来了负面影响，当时的学校领导以此为借口之一，说母亲的带的孩子太多影响了工作，又说母亲学历低，不能教中学课程，要把母亲调到乡下去。但母亲为了我们姐弟上学吃饭，到处求情下话。后来在母亲的努力下，才留到了县城的第一小学。（后来我们才知道，学校的领导是为了安排某单位领导的家属）她只是个高中毕业生，才想方设法把没有任何背景的母亲挤出学校的。

当然，母亲身上不仅有面对亲人和朋友、同事的善良，还有面对困难和挫折的刚强。

母亲的这一生中经历的苦难太多。童年求学时，正赶上大灾荒，肚子都吃不饱，每天和大表姐早上喝完糊糊后，姑侄二人就带着一小碟炒面去到五里外的脑泉上学去了，这是她们的午饭。母亲常说，这一点炒面根本不够填肚子。有时候在去上学的路上两人就吃完了，到了中午没有吃的东西，她们就去喝一肚子泉水权当充饥。当时好多同学都受不了饥饿放弃学业了，但母亲从未想过放弃，一直咬牙坚持完成学业。这跟姥爷的支持是分不开的，姥爷一直有一个朴素的思想，上了学能当国家干部，当了国家干部就能端上铁饭碗，旱涝保收，不会饿肚子的。就这样母亲经过顽强的坚持和努力，并在姥爷的支持下完成了学业，考上了靖远师范学校。毕业后母亲如愿吃上了公家的饭，但母亲的生活压力并没有因此改善多少。工作后又面对家庭经济窘迫的生活，但母亲一直在为此努力。我们所在的乡村自然条件差，缺水少地，所以大部分家庭生活困难。在农村改革前，有好多家庭都吃不饱穿不暖。我们也是个大家庭，一家三代七口人在一起生活。虽然爷爷和父亲是壮劳力，也架不住地少人多，生产队经济收入差，又加上爷爷、奶奶还要时常照顾比我们更困难的大姑、二姑和大伯家，家里也常常面临青黄不接的困境。母亲那点微薄的工资收入基本上用来购买高价粮和生活用品，几乎没有用在自己身上的。好强的母亲把家里的艰难看在眼里急在心里，想方设法努力解决。有一年暑假母亲用自己的工资买来一些布，自己用缝纫机做了几件衬衣，带上小姑、六舅和两个亲戚娃，去到当时产粮多的武威县——今天的凉都区换粮。他们走乡串户，吃饭基本靠讨要。常常是饥一顿，饱一顿。母亲说有一个老太太同情她们，把她家剩饭送给母亲她们吃，由于天热，已经有些变质，胃本来就不好的母亲又一次吃坏了，母亲从此就落下了病根，直到现在。回来时由于没有钱买车票，就背着换来的粮食偷偷爬在运煤的火车厢里，途中还碰上下雨，火车又把他们拉过了站，他们在下一站就赶快下了车，真是饥寒交迫，人也变得像非洲人一样黑。幸运的是乞讨要饭时，遇上母亲的靖师同学，他们热情地款待了母亲她们。母亲就是这样用她弱小的身躯抗着家庭的重担。

前面说到缝纫机，也是有故事的。70年代农村已经出现缝纫机了，大队也有裁缝师傅，但是做衣服是要收钱的，多数家庭也拿不出这个钱，我们家也一样。为了省钱，有时去亲戚家求着做件衣服，她们不给好脸色。要强的母亲就省吃俭用，从牙缝里抠钱，硬是存下了一点工资，买了一台缝纫机。没人教，就自己琢磨，有空就去大队的缝纫机房里观看师傅做，终于学会了用缝纫机，但也为自己找来了苦差事，从此给姑姑家的、大伯家的人缝衣服就成了母亲的事。尤其每年春节前，除了蒸馍馍、擀长面、腌肉等活计外，母亲又多了一样为我们几家十几口人裁剪缝纫衣服的活。虽然这个活从母亲放寒假时就开始了，但经常都是一直忙到大年三十。为了我们初一出门有新衣服穿，常常凌晨一两点了，母亲还在为我们的新衣服缝扣子。

包产到户后，母亲为了让父亲能出去挣钱，暑假里就带姐姐和我，跟上爷爷去承包地里收割庄稼，辛劳一天后，晚上回到家里常常还要为一家人缝补衣服，拆洗棉衣、被褥，很少见到母亲有闲下来的时候，也没有听到母亲叫苦叫累，她一心只想着为家里改变生活条件。

到县城后，面对窘迫的经济状况，母亲没有被难倒。为了给我们改善生活，给正在长身体的我们增加营养，利用业余时间在家属院的后面搭棚养鸡，后来还养了猪，这在县城是罕见的，母亲也不怕别人笑话。于是母亲在繁忙的工作之余又多了一份劳作，每天放学后就去学校门口的林带里拔草喂养鸡和猪。我记得，有一年养的猪很大，我们就只留下头蹄和下水，其他的肉卖给县政府招待所，挣了一大笔钱。

刚强的母亲就是这样一边努力工作，一边为改变我们的生活而奋斗。

2019 年 12 月

夫君子之行，静以脩身，俭以养德。非澹泊无以明志，非宁静无以致远。夫学须静也，才须学也，淫慢则不能励精，险躁则不能治性。年与时驰，意与日去，遂成枯落，多不接世，悲守穷庐，将复何极。诸葛亮诫子书

戊戌金秋於景泰舍轩松涛

师德：教师之魂
——我与罗文举老师五十年交往的收获

罗文举，景泰中泉乡龙湾村人。1942年生，1955年进脑泉完全小学读书，1958年考入景泰一中。1961年初中毕业回乡劳动，三年后考入武威师范。先后在景泰县正路乡、中泉乡任教。2002年龙湾学校退休。

我是在中国最贫穷的黄土高原上的甘肃景泰县、极最艰苦的20世纪70年代、最贫困的农民家庭、就读最偏远落后的腰水小学时结识罗文举老师的。

一

我读了五年小学，正好是罗老师在我们家门口任教的几年。

全校只有三五个老师，多数是本村或邻村的民办老师，周末节假日参加生产队劳动，靠挣工分维持艰难的生活。罗老师是少有的公办教师，每月拿三四十元工资，养活一家数口。每逢周末，步行几十里山路回家看望老人与妻子儿女。

罗老师走路迈半步，步伐很细碎，速度不快。

周日下午回到学校，背足一周的干粮，不是干炒面，就是干馍馍。

冬天，住在学校简陋的宿舍里，自己生炉子取暖；有时候还需要自己烧火做饭。晚上，村庄外山脚下的空旷校园里往往只有罗老师孤单的身影。

1974年，或是1975年的冬天，是一个特别寒冷的冬天！连续数天大雪，寒碜的小学校教室四面透风，一台土坯砌成的炉子，烧着质量低劣的煤块甚至柴草，根本不能抵御冬日的寒冷。我们多数农家子弟虽则大都家庭贫寒，但是旧衣破絮总归能在身上裹几层。除了晚上睡在热炕上的几个小时，整天浑身是冻透的。

老师们的条件不比学生好多少。

寒假前的一个傍晚，灰暗的天空再次飘下了雪花，扬风搅雪，气温骤降……我们各个把布匹棉帽子的耳朵放下来，帽带子系得紧紧地，弯腰侧身回家……

一个叫杨天友的同学，家庭更为贫寒。整个冬天，没有帽子，一件又短又薄的破旧棉袄，长短颇似今天的中裤、仅仅能起到遮羞作用的单裤，单布鞋，没有袜子……整天将两只冻得红肿、皲裂的手屯在破棉袄的袖子里……

推测，罗老师是在晚上放学排队时看到我们一个个冻得瑟瑟发抖，突然想起了一个冬天没有穿过棉裤、棉鞋的杨天友。他先是问同学："杨天友呢？杨天友呢？"

有人说，杨天友回家了。罗老师赶紧从校园里跑出来，站在土坡坡的高处，对着杨天友回家的方向，用他的龙湾话大声地喊："杨天友——杨天友——"我们那一批学生中的好多人直到现在说起罗老师，还能模仿他喊杨天友的腔调！

喊回来了杨天友，罗老师把自己的一条裤子送给了他。让他套在自己单薄短小的单裤外面，可稍稍抵御寒冬腊月的冷空气……

我50岁的时候，在老家给父母过生日，请来了已经退休赋闲的罗老师。我们大概已有三四十年没有机会见面，村子里我的好几位小学时代伙伴，还能认出来罗老师，还能模仿他喊杨天友的声音！我们也都还记得，罗老师在最艰难的岁月里把自己一条半新的裤子送给了一位家庭极其贫寒的学生……

2011年初夏，我邀请罗老师到江南旅游一趟。从无锡站接上他，开车到我家。坐在餐桌上吃饭，我看见罗老师额头上直冒汗珠子。仔细看他身上，两三层衣服，都比较厚实，而且颜色比较深，当然不适合这个季节的长三角。我把自己一条海澜之家的浅色西裤拿出来给罗老师，建议他换上。后来的一周江南游览，罗老师一直穿着我的这条裤子，我观察到，他还是比较喜欢的。

不能说我替老同学杨天友还了一个人情，但是，我当时第一反应是给罗老师送一条裤子！

此后的几天中，善良的妻子一直唠唠叨叨数落我："哪有给人送裤子的？现在都什么年代了！还是一件旧的！你已经穿过的！……"

罗老师离开无锡后，我跟妻子讲了这个故事，她再也没有烦过我。

二

1981年离开家乡，张掖师专上学两年，毕业后分配到嘉峪关工作18年，生活压力大，我一直很少回家乡。2001年引进到江南之后，路途更加遥远，工作压力增大，生活节奏变快，两个孩子上学……我更少回家了。

有一年，最小的弟弟说亲事，打问好的女方正好是罗老师一个村的。从姓氏和辈分推算，可能是罗老师的本家。年迈的父母就希望我去找一趟罗老师帮忙——我永远没有想到，不识字的农民父母竟然对一位几十年前在我们这个小山村里当过小学老师的人记忆如此之深。

老父亲说："那个老师耿直得很……会写对子（对联）……在我们庄子上教了几年书，但凡红白喜事、上梁盖房子，不管谁家，认识不认识的，只要央求到了，都会帮着写一下……"

老母亲回忆，罗老师教过你们姊妹好几个……我们一时半会儿交不起学费，买不起课本子，没有作业本本子，缺铅笔少墨汁地，可从来没有为难过你们，也没有为难过我们……

我凭职业敏感问父母："你们有没有给罗老师送过东西，有没有请罗老师吃过饭……"

老母当时年近七十，快言快语："你真是个娃娃家！那个时候有啥送的呢！腊月里带冰碴子酸白菜挖给一碗，春上菜缸里的臭野菜抄给一疙瘩，半碗醋，一把老韭菜……"

来到罗老师家所在龙湾村，我沿街打问：罗文举老师家在哪里……第一个人指给我，远处有个小卖部，你到那里再问……碰到一位从小卖部购物出来的妇女，我就再问。

"罗文举老师家在哪里？"

"你是？"

"我是他以前的学生，中泉人……"

"在前头呢。我是罗老师的家属……"

我正准备称呼这位农家妇女"师母"呢，她却赶紧问我："你是中泉谁家？"

"寇家……"

"我是中泉寇家女子。你的辈分？"

"我叫寇永升，罗老师教过我小学……"

"啊呀，你是我尕爸嘛，我把娘家人碰到门口了……"

差点把侄女称呼为师母——这在我家乡里可就丢人丢大发啦！

走进院子，罗老师就迎出来了。小村庄里很安静，罗老师已经凭说话声判断家里来了客人。

寒暄之余，我就像一个精明、奸诈的记者一样，紧紧围绕我的主题，一步一步引诱着罗老师按照我的需要回忆、叙述……

给杨天友送一条裤子的事情，古稀之年的罗老师显然没有印象。说到我上小学时家里贫穷，没有请老师到家里吃顿饭，罗老师哈哈大笑："那个时候嘛，家家户户都吃不饱、穿不暖……谁家的妇女要是给我半碗醋就好得很嘛……"

我姓寇。寇者，贼也。我此行注定要挖几个坑，一定要把老师烟囱里招手——往黑道上引！

我问罗老师："我们家比较贫穷，但是当时我们中泉庄子上也有几家条件比较好的……"

罗老师回味着说："你们庄子上那时候的确有几家人条件比较好，赤脚医生、生产队会计、大队或公社里的干部……有几个大人经常到学校里和我寒暄，我也到大队部里（今天的村委会）看看报纸什么的……有几个人，三番五次地跟我暗示或者直接说，学校里劳动时给他们的娃娃派轻松一点的活儿；下午放学让早点回家，好多帮助家里拔猪草等，别留在学校里打扫卫生什么的；考试批卷子时多给几分……我不喜欢这样的做法，看不起这样的人……你们庄子上的×××没有成才，×××没有走上正道，与他爸的为人有直接关系的……"

此后的连续几年里，我每每回家乡或者遇着家乡里与我年龄相仿的人，都引诱人家回忆那个时代的罗老师，印象基本一致：罗文举老师是一个极其正直的老师，从来不因为学生的家庭出生、经济条件或家长职业、地位对学生区别对待；罗老师帮我们那个村子里的人写对联，往往墨汁、红纸都是他自己花钱买的，毛笔当然自不用说。

回到无锡，一次我开车去杭州，在高速公路上看到一块牌子：浙江湖州，毛笔故乡，毛笔博物馆……参观了一番，买了几支好毛笔，我就送给了罗老师。

此后，我们家的几次重要事情上，给我父母过寿，埋葬老父亲，盖房子，我都派车把罗老师接到家里，摆一张桌子，让罗老师摆开场子写对联等。看着罗老师拿起毛笔，蘸蘸墨汁，我就想起来小学时代他拿着毛笔在黑板上教我们写大字……

我觉得很亲切，很温馨。

三

我在江南腹地无锡站稳了脚跟，买了房子，有了新车，我就想做一件事情：在几位老师——小学恩师罗文举、寇永珠，中学恩师寇宗恩、马勇，大学恩师刘懋德、罗茂林、杨国学等——有生之年，邀请他们从遥远的西北家乡到江南游几天。

第一个接受了我的邀请的是罗文举老师。

2011年初夏，罗老师夫妇来了。到我家里吃了一顿饭，我就安排他们住在太湖附近的涉外星级酒店。送到房间里，我准备离开时，罗老师对我说："哎哎哎，你得教会我们使用这些设备啊！"我才反应过来，罗老师俩人都不会使用卫生间，不会开空调、电视机，甚至灯具……

领着侄女，从卫生间开始，淋浴、浴缸、马桶、换气扇；空调开关、温度调节；电视机开关、选台；智能房门开关……

我上班，罗老师夫妇在无锡、苏州、杭州一带游览了几天，临走的那天早晨，我开车去宾馆接他们，送到车站。我准备给他们买一些东西路上吃，罗老师马上对我说："咋再不买了，我们路上吃些馍馍之类就行了……"

罗老师还是像几十年前教我时一样勤俭度日，吃苦耐劳。

我在电话中对父母说了罗老师夫妇在江南游历的经过，我老母亲教训我说："罗老师是从困难时代出来的，过惯了苦日子的，从来不扣擦（在我家乡土语中是克扣的意思）学生娃们，你学着点……"

这次江南之行的几天里，我抽早晚时间与罗老师聊过几次。对他的了解更多了，而且已经不只是站在学生的视角，而是像朋友一样。

罗老师给我讲述了他的人生经历。初中毕业，考上了高中，但是上不起，家里兄弟姊妹众多，生活贫苦……回乡劳动了三年。那个时代的生产队，啥活都干。在龙湾这个小村庄，最难熬的就是给农田浇水，不分白天黑夜……但是罗老师没有丢开书本。除了教农民扫盲识字、学习毛主席著作，就是自己看书学习。一直到1964年7月，考上了武威师范。回忆报考武威师范的经历时，罗老师说过，当年景泰县70多人报考，招生了12人，中泉公社仅2人。对于一个初中毕业已经回乡劳动三年的人来说，何其难也！

吾乡有俗语云：三年可以荒废一个秀才！意即，一个人三年不翻书本，即可荒废学业。

罗老师武威师范毕业，被分配在景泰县正路公社一所偏僻的山村小学里任教。除了寒暑假，每学期中间"五一""十一"各回家一次。全程一百五十多里山路，全靠步行。

第一天，步行七八十里从正路山沟里步行到中泉公社的崇华沟里，借宿在农民家里；第二天，赶天黑能赶到龙湾家里，也是七八十里。

罗老师第一个妻子在老家里因病去世，留下了一个男娃娃。他依然在百里之外的正路公社乡村小学教书。在崇华沟里借宿次数多了，当地人对他了解也比较多了，发现他是一个能吃苦、很勤俭、正值端庄的年轻人。后来因为他借宿的房东主人的牵线，他又成了家。这个牵线搭桥的人说服自己的姐姐和姐夫，把未出阁的闺女嫁给罗老师续弦——这就是后来那个我差点呼做师母的侄女。这时候罗老师二十七八岁；我的侄女寇宗梅二十岁出头；罗老师长宗梅六七岁。罗老师丧偶，而且有一个娃娃；宗梅是未出阁的大姑娘。

我与罗老师五十来年的交往中，一直感到他是一个正直有余的人。

正直，即人品。在教师，就是德高、身正。罗老师生性耿直，一生经历过多次政治运动，并未受到冲击。教了几十年书，虽则在家乡的环境条件下没有显赫成就，但是一辈子勤俭持家、勤奋工作，能够让学生和家长记住，也就值了！

我曾经着意采访过罗老师的小学老师、后来的同事和领导，对我说："罗文举那个人，上学时就正直得很；工作以后不但没有磨平棱角，还更直了；一直直到退休……"

前十几年在嘉峪关工作时期，我们几位景泰老乡接待来自家乡的一位父母官，饭桌上知道了我是中学教师，酒后吐真言："咱们县上的教育这几年越搞越差，除了有的领导贪腐懒政，其实还有一个原因，那就是如今的老师中有些人师德不高。用家乡农民的土话说，就是个别的老师就差把手直接伸到学生娃和家长的口袋里掏钱了……"酒后之言，可能有些过激，但是，教师职业道德在今天这个时代肯定是个不小的问题，尤其在我家乡那样贫穷落后的地方。

写这篇文章时，我已经教书近四十年，担任班主任近三十年，从西北边关城市中学到江南最富裕地方的百年名校，我也担任过一些"芝麻官"，教研组长、教研员、主任、馆长……公鸡头上的一块肉——大小是个（冠）官儿。虽则因为脾气修养不好，屡屡被学生怨恨、家长抱怨、领导批评，但是，我从没有犯过什么原则错误，只有教育管理方式方法不当，没有师德污点。近四十年中，加上北京挂职培训和延安支教，我在五六所学校任过职，不可能所有的领导都欣赏我、都喜欢我，肯定有过想治治我的领导，有过想压制我的人，但是身正、学高就是教师立身处世之本，个别心术不正之人能奈我何？正直有为的领导焉能不重用我！

小学老师罗文举，中学时期的寇宗恩、马勇，张掖师专的刘懋德、罗茂林、杨国学等，他们都是正直有余的人，但是他们都受人尊敬……前几年，刘懋德老师在兰州病危住院，到运回张掖，直到后事料理，都是我们那几年的一些学生在帮忙张罗。我从微信群里判断，我们这些人感念的正是刘老师当年的正直与执着！

作为教师，师德缺损，其实就是灵魂的缺失或残疾。

从一批又一批老师身上，我学会了很多。其中最核心的大概就是罗文举等老师身上的正直。挣了近四十年钱，我一直工作在各方面条件比较好的学校，而且我一直是同事中收入比较高的老师。但是，我始终没有学会抽烟、酗酒、打麻将，小时候老家里的那些扑克牌游戏也忘了。我不讲究口舌享受，好的不多吃，赖的不少吃；我不追求衣着时髦，不喜欢穿戴新潮。最得体、最高档的服装就是学校量身定做的校服。我不与同事攀比，不慕虚荣，也不自卑……

罗老师的正直是从骨子里带来的，不是装出来、演出来的。正直的人是一条清澈的小溪，虽然也会与沿岸的山崖石块碰撞，或者碰擦出美丽的浪花，或许激起一连串漩涡，但是总比一潭浑浊莫测的水塘好——看似宁静平和，时时波澜不惊，谁知道水底是哪些污泥浊秽！

像罗文举老师一样正直的人，是没有进行过道德和人格的美容化妆的人，让人看到的是本来面目，是真面目。即使是因为小事，眼下开罪了同事和领导，但长远看，赢得的是信任和敬重。我过去的同事中，好几个被领导看好的老师和被老师看好的领导，当初我也天真地认为，他们脾气修养好、性格随和，他们会来事，人缘好，他们前途无量……但是，有的人表面上假装正直，背地里尽是些小动作……

今年暑假回到第二故乡酒泉、嘉峪关，听闻当年的领导因为个人错误和管理失职，给集体造成损失，连带了几位同事，让亲人蒙羞忍辱，我在饭桌上听着几个老朋友的言谈："真没想到，××那样正直的人都犯了错误……""难以理解，老

×那样脾气性格好的人都干出这种事情……”

我当即想到《人民的名义》里的那句经典台词，脱口而出："他们都是经过了人格美容和道德化妆的，一旦卸妆，自然原形毕露……"

教师这个职业没有敌人，只有教学对象，即学生；只有竞争对手，即同事。战胜对手，最有效的办法莫过于不断提升自己。

罗文举老师是一个正直的人。正直，即师德。师德，乃教师之魂。

感念小学恩师罗文举身上的正直！可能正是因为与罗文举老师近五十年的交往，我的身上还留着些许正直，希望保留到我职业生涯自由落体、匀速直线运动到终点。

2019 年 7 月 19 日初稿

经罗老师审阅后，7 月 25 日扬州修改补充

附：微信留言精选

米山之子：师魂铸造品格，品格锻造人格，有人文情怀的人才有干大事业的格局。向寇教授学习，向寇教授致敬！

路迈：读了永升舅舅的文章，一股清新之气扑面而来，为您感恩师恩的情怀赞叹不已。罗文举老师也是我的老师，他先在石家涝坝小学给我带过五年级语文；后来，我家迁到葫麻水，他正好调到葫麻水学校，给我带过初二、初三语文。罗老师美好的身影在舅舅的文章中如涓涓细流，我读后倍感亲切，折叠成记忆的小船，任思绪漂荡。可谓读老舅文章忆恩师，一往情深深几许！

平凡之路：尊师重教是中华民族的优良传统，寇教授的文章让我们再一次感受到他对昔日恩师的拳拳之情。

橘子芽儿：饮水思源落叶归根，寇老师作为名师还时时刻刻牵挂着他的恩师，教育就是以身示范，代代相传。

来去如如：最感人的细节：罗老师寒风中呼喊学生，把自己的裤子给学生穿。古人云：经师易得，人师难求！怀特海也说，教育就是把所学忘记后所剩下的东西，这正是师魂！教师节来临之际，向罗老师、寇教授致敬！

漠漠：在我的眼中，寇老师就是教师队伍中的人生赢家，他用自己积极的奋斗姿态成就了自己的幸福，也用自己的能力胸怀助力着更多人的梦想！正所谓"不是杰出者才善梦，而是善梦者才杰出"！正是一个个

像罗老师、寇老师这样正直而有担当的教育者，影响着一朵朵云彩，助力着国人大写的存在！真心为正直点赞，也真心希望岁月善待正直的人。

夏若清： 寇老师，不愧为大师，懂得感恩，心系家乡的教育，现场听了他的课，感触颇深。

星空： 寇老师文章读来朴实真诚，说的都是老实话，正如文章所说做一个正直的人！

云开日出： 树高千丈，不忘其根本；水流万里，不忘其渊源！先生风骨，耿然于世，傲然于俗！我辈晚生后学，当传承师德，铸造师魂，无愧"师者"之称谓！

飞车： 怀着一颗感恩的心，去看待社会，看待父母，看待亲朋，你将会发现自己是多么快乐。学会感恩，因为这会使世界更美好，使生活更加充实。为寇教授点赞！向寇教授学习！

达达： 教师不是雕塑家，却塑造着世界上最珍贵的艺术品；教师不是伟人，但凝聚着学生滚烫的目光。触摸文字，感知师德高尚，咀嚼语言，体悟尊师可贵。 笔尖耕耘桃李地，墨水浇开智慧花。透过这样的文章，总会教给你，如何更好地做人！

好菇凉： 看了这篇文章，想起来罗文举老师教我们写大楷字的身影。

KingEastNew： 其身正，不令而行。文中五十年的师生情，实证此言不虚。见贤思齐焉，向前贤致敬！

无泪天使： 师者，所以传道授业解惑也。真正让学生不能忘怀的老师，大都是为人正直，学识渊博，有个人魅力的老师！向曾经在教育战线上默默付出的老教师们致敬！

如如去来： "景泰县第二中学"这个平台，好似一股清风、一股正气，让人感受到了二中乃至景泰教育振兴的希望……

淼淼： 朴素的语言，真挚的感情，读来如汩汩清泉流淌着寇教授对罗老师的感念之情。一位是正直朴实的罗老师，一位是同样正直不忘本的寇教授，两人穿越半个世纪的师生情打动着每一位读者，两人薪火相传的师德师魂感染着每一位教育工作者。身正为师，德高为范，实乃教师之魂，师德之根本！

五彩文竹： "师也者，教之以事而喻诸德也。"唯高尚人格者可塑造出伟大的灵魂。致敬罗老师、寇教授！

阿佳： 不管是知恩感恩的寇教授，还是让学生乃至家长都赞不绝口、终生难忘的罗老师，以及所有像他们一样有情怀、有道德的先生，是身为教师的我应该学习的榜样！

燕子：身正，学高，乃教师之魂！寇教授质朴的文章中，正直善良的罗老师令人感动！不管是知恩感恩的寇教授，还是让学生乃至家长都赞不绝口、终生难忘的罗老师，以及所有像他们一样有情怀、有道德的先生，是身为教师的我们应该学习的榜样！

科仔：寇老师对待恩师之情宜，犹如乌鸟私情，读完让人动情。他的这种反哺精神值得现在的每一位学生和老师学习。我们本身既是老师，也是学生。育他人还要育自己。希望寇老师有空还来二中，常回家看看！

一切随缘：哈哈，寇老师，我看了三遍你的文章，发现罗老师是你侄女婿……寇老师的字里行间，依然流露着浓浓的中泉味儿，为天下所有正直无私的老师们点赞！在那样的年代，老师给学生送裤子，何其珍贵。看得人眼泪都下来了……

画船听雨眠 学者戴震说："讲学砥节，相语以道德，相勖以恭行。"学海无涯，教育无涯，生命虽有限，德行可长存。向罗老师、寇教授致敬！

……

后记：

罗文举老师之子，中泉初级中学教师罗崇庆电话中对我说："舅爷，我爸这几天成了景泰到白银甚至兰州的网红了……"

2022 年 8 月 25 日修订

致敬宗棠老师

感谢寇宗和贤侄，让我在"景泰中泉寇氏"群里看到这样一条兴奋的消息：

昨晚访问宗棠兄，回味中庄小学和脑泉就读时师与生。老兄谈笑风生，记忆还很清楚，只是双眼患过青光眼，到近前才能分个大概。每天做操、大声唱歌、体操健身……放声歌唱，以增强肺活量。宗棠兄年82岁，脸色红润，体魄强健。

宗和同时上传宗棠老师近照，看了十分亲切，不由想起中泉中学时代的宗棠老师！

我从腰水小学毕业进中泉中学时，分不清篮、排、足三种球类。腰水小学没有任何体育设施，我们是跳房儿、抓石头子、滚铁环、拿毛蛋和捶粮食木头棒棒子打垒球长大的。小学时代，我只见过一次真正的排球——同学寇宗忠哥哥姐姐们从城里带来一个旧排球，用针线缝过几处，我亲手摸过几次；用书本做球拍，体验过几次乒乓球；用纸盒自己制成扑克牌——寇明奎是高手——玩过几年。

小学五年，我记忆中没有上过正规的体育课。

走进中泉中学，教体育的正是寇宗棠。我才第一次见识了真正的体育课！后来我两次上大学，与高等学府的专业体育教授比较，才慢慢回味出来：寇宗棠是一个很专业的体育老师！而且宗棠那些年为中泉中学和中泉公社的体育事业是留下了划时代贡献的！

初中阶段，我就像个泥鳅，矮矮、胖胖、圆圆的，非常好动，极其顽劣。宗棠老师教我们单双杠，我第一次看到这些玩意儿，既新鲜好奇，又很惧怕。我站在沙坑里，无论怎样起跳都够不到单杠，就像上树一样，从旁边的立柱往上爬。两手紧握钢管，双腿夹紧，两脚用力蹬……爬到能够着横杠，才能试着引体向上啊，两臂用力往上卷啊，翻身上杠啊，但是每每爬到手握横杆时就已经使完了吃奶的劲儿了……

宗棠老师看我很吃力，又对单杠很感兴趣，每每抱着我从沙坑里起跳，他整个脸上，尤其是嘴唇和牙齿都使着劲儿。他让我屈身下蹲，双手拖住我的腰部，一声"起！"，我就抓住了单杠……就这样，单杠上各种动作我都学会了，一直到甘肃教育学院进修时，我都会做单杠各种动作。

省教育学院教我们公共体育课的是一位很年轻的美女体育老师，眼睛大大的，两条长辫子又黑又亮，身材丰满结实。她在教我们单杠时，还让我给大家做示范呢。

更为神奇的是，我从这位体育老师身上看到了宗棠老师的影子——

教双杠上的前滚翻，地上铺着厚厚的海绵垫子。这位年轻女老师站在双杠一侧，指导和保护我们那些都已经结婚成家做了娃他爹的人练习。陇东地区的一位仁兄，没有从双杠之间翻过去，却跑偏从外侧翻过去了，肥硕的身躯瞬间就骑压在年轻女老师的身上！

老师就是老师！

她小心地抬起学生的一条腿，赶紧把自己的身体挪移出来；让那位仁兄躺在地上，摸摸腿脚腰肢，问问感觉，扶着站起来，走了两步……直到确定没有任何受伤，那位美貌女老师才拍拍身上的黄土，长舒一口气……

初中时期，宗棠老师给学校训练一支武术队，挑选上了我。我们每天踢腿啊，压腿啊，练了一年多，学会了一套武术，在全公社运动会上表演。

我买不起一双球鞋，穿了一双那个时代很时髦的塑料底新布鞋。后下腰时脚下哧溜一滑，我就平躺在了地上，周围围观的人都笑话我。宗棠老师不紧不慢地喊着"一二三四，二二三四……"我翻身继续跟着做以后的动作。表演结束后，极其懊恼羞愧，觉得很丢人，走在回校园的路上蔫头耷脑地。宗棠老师在我肩膀上拍了拍，笑了笑，没有任何责备与批评……

宗棠老师每天步行回家吃饭。学校距离家里大约 1.5 公里。他时常穿一双蓝色运动鞋，两手揣在裤兜里，走路速度很快。他经常穿紧身短衣服，很少看见穿长衣。即使是冬天，也很少穿厚而且长的衣服。显得很干练。

中学时代是给一个人打上底色的时代。高中毕业，一个人就像出了窑的砖——定型了。

我工作将近四十年，不管是在西北，还是引进江南；无论三十多度盛夏，还是不取暖的长三角，我多数时间是步行上下班。刚参加工作时期很穷，买不起好衣服，到现在可以算是中学教师中收入最高的，我一直不喜欢穿长衣服和厚衣服。仅就喜欢步行和穿精短衣服看，的确是受宗棠老师的影响！

宗棠老师和宗恩校长一样，都很善于批评学生，幽默机智，玩笑中给予批评和鼓励，不伤害学生。我在中泉中学几年中，印象最深的几次批评都是老师中的寇家人。

高三最后一年，我和补习的朱万存同学玩耍，气急败坏地故意把他扔在我课桌上的一个排球用锥子扎破。朱万存吓坏了，我也吓坏了。

晚自习时，我找到宗棠老师的宿舍兼办公室，承认错误，接受批评；只要不让我赔偿一个排球就行。我向宗棠老师说话时吓得浑身哆嗦，前言不搭后语。他看出了我的紧张害怕，只是淡淡地批评我几句，安慰了我一番，叮嘱以后不要破坏公物，损坏的排球他尽量想办法补一下……这件事就到此为止，让我不要在老师和同学中再多说……

我能感觉到：因为一个"寇"字！

这是宗棠老师唯一一次对我的批评。

高一时的冬天，全校学生在操场上跑操，黑咕隆咚的，我们班正在跑着，弯道时一位女同学几乎擦着我的肩膀从内侧超越而去，屁股一拧一扭地，很得意，我一眼就认出她是学校田径队的"专业跑手"，"哈——噗……"一口痰就吐到人家背上。

有个老师顺着声音就把我从队伍里揪出来，扇了两个鬓耳子，拉到宗恩校长办公室里……宗恩看那位老师实在是在气头上，就很客气地宽慰那位老师，劝他去吃饭、上课，这件事情他来处理……

那位老师走了，宗恩开始批评我："你觉得他为啥要把你拉到我这里来？不会在操场上把你骂一顿，不会把你打一顿……你看嘛，我不批评你嘛，你被其他老师拉到我这里来了，我是校长；我批评你吧，我们都是寇家人，你还是个长辈……人家都等着看笑话呢……"

这是我在中泉中学接受过的最有效的批评！

宗哲，当年的宗宝，小名宝子，昨天在微信里留言说："我当年体育不好，动不动装小病不上体育，有一次把宗棠哥惹火了，当着全班的面，批评我，就像你（寇永升）擅长歇后语，宗棠哥也不是吃素的，他当时训我说，人人都跑，单单你不跑，难道你寇宗宝是骆驼群里的白骆驼……"迄今还记得。宗棠批评人，不是真的黑着脸批评，而是带着一种调侃，玩笑，戏谑。

宗哲不光是不跑操，还不会扫地，不会从井里打水，经常逃避劳动。最可笑的事情是他不会生炉子，每次轮到他在教室里生火，都是宝子他妈、我老嫂子天不亮黑灯瞎火步行到学校，帮宝子把火生好，还要在学生到教室之前离开，假装是宝子自己生的火！宗恩骂宗哲说：别人都能跑操、打扫卫生，你是老天不下的白猪娃子？！你看你就像个姑奶奶，四体不勤，jia 不知道吃饭的时候五谷分清着没……

寇明军为了早点在食堂里打上饭，从教室后墙窗户跳出去，就直接到了食堂门口！刚落地，手里还拿着饭盆子，把路过的宗恩吓了一大跳，以为是武林高手飞檐走壁；明军吓得站在地上不敢动。宗恩问："我以为从我头顶上跳下来了个神仙……你叫啥？""寇明军……""啥？寇家人有你这样的人？你怎么会姓寇？你配姓寇？……"（还有几句很经典的，前几年在省委党校明军给我说过，一时想不起来了。如果再加上一句"你敢姓寇？！"那就是活脱脱鲁迅笔下的赵太爷再生复活啊……）

中泉中学有很多老师都值得一写，希望识文断字的人都动动笔！我甚至想，教育史上的中泉中学现象，就是一个非常有趣的话题——许多现象都值得总结，希望学长们在有生之年回忆撰写，也算为家乡教育留下一些有意义的记忆……

宗棠老师，生活习惯好，生性幽默、乐观、开朗，八十多岁依然面色红润、精神矍铄、声如洪钟。人生的境界，无非年少之时为生养我们的父母争气争光，垂暮之年不拖累我们生的儿女。健健康康、快快乐乐多活几年，为儿孙积累多少财富！

致敬宗棠老师！

谨以此文作为对宗棠恩师中秋节的遥远祝福！

中泉中学 1981 届毕业生 寇永升 2019 年 9 月于敦煌

附：

　　寇宗棠，1938年9月生于景泰县中泉乡中庄村。1961年毕业于兰州师专，曾在兰州市红古区平安小学教书，1973年调回家乡到景泰县中泉中学任教。

　　在中泉中学任教的十几年间，宗棠老师为中泉中学体育教学和竞赛取得优异成绩作出了特殊的贡献。

　　1987年，宗棠老师调景泰县体委工作，为景泰县自行车运动事业的发展和壮大尽到了一份自己的责任。1998年退休，高级职称。

　　宗棠老师工作勤奋敬业、吃苦耐劳，生活俭朴节约，性格开朗，勤于学习、善于思考。退休以后依然热爱体育、喜欢运动，2004年荣获国家体育总局颁发的体育工作贡献奖章。

　　宗棠老师年少时深受家庭、叔伯们的传统文化影响，一直喜爱书法，习练楷、行、草和硬笔书法，日积月累、功底渐深，2015年，出版了《寇宗棠书法艺术作品集》，书法作品深受社会各界的称赞和好评。

黄河石林

尊重是教育的前提

——我人生的第一次握手并感念周敬阳老校长

2020 年元旦期间与寇宗惠电话联系，说起来周敬阳老校长。前段时间在我们的"景泰中泉寇氏"微信群里看到过有人发的照片，我一眼就能认出周敬阳老校长！

粗略算来，离开中泉中学以来再也没有机会见过老校长，将近 40 年。在嘉峪关工作期间，回家每每是从兰州经白银到景泰家乡；引进到江南以来很少回家乡，即使回西北，也常常是反把他乡作故乡，到第二故乡嘉峪关、酒泉的机会竟然比真正的故土家园景泰还多……

我上初中时走进中泉中学，1976 年春季，13 周岁；穿得破破烂烂，灰头土脸，身高大概是一米三、四。周敬阳是"革委会"主任，我们称周主任。

起初步行上学，每天早晨到校，中午带干粮，下午回家吃晚饭，从我家中泉小村庄到学校 5 里路左右，每天耗费一两个小时在路上。夏天好说，冬天早晨不好把握时间，我奶奶、我妈经常是凭鸡叫几遍来粗略判断。好几次，跑到腰水村喊同学结伴同行；同学的奶奶或妈妈隔着窗户对我喊道："娃娃，还早着呢，赶紧进来，在我们热炕上再趴一会儿……"多次在另一个村子的同学家里再睡一觉才去学校。后来一段时间住校，我奶奶和父母省吃俭用，让我能向学校大灶交得起每月二三十斤米面，但是实在交不起每斤 3 分钱的加工费。

正在为难之时，各村小学有了戴帽初中，父母不得已打算把我拉回到村小学上初中。意味着我需要在初一留级一年，那时觉得留级很没有面子。加之亲戚朋友们多方劝说，一定要在正规中学里读书，戴帽初中才开始尝试云云……已经办好了那个时代简单的各种手续，其实最重要、最麻烦的事情只是下学期在哪里领到新课本。临到开学报名，我自己后悔了，坚决要到中泉中学继续读书。

但是，父母都是农民，整天在生产队里劳动，不可能有时间跑到中泉中学给我找人求情……当时中泉中学学生食堂的炊事员温正德是我的隔山哥哥，我们是一个奶奶的孙子。春节期间，他来看我奶奶，我父母就嘱托他开学把我带到中泉中学找领导办理报名。

温正德也只是一个地道的农民，挣着生产队的工分，给学生做饭而已。口袋里装着烟袋锅子，领着我找到周敬阳宿舍兼办公室。周主任先跟温正德握手，让座；紧接着主动伸手跟我握手，让座——这是我从小到大第一次与人握手，那个瞬间，我觉得我自己成了一个大人，受到尊重，得到礼遇。我记得他办公室里有两张硬板沙发，我是第一次看见这东西。我和温正德分别坐在沙发上，周主任坐在木头椅子上。说明了来意，他说：这个娃娃我认得，上学的事嘛，只要娃们肯学，你开学来报名就是了……

多年以后，我在江南发达地区使用苏教版高中语文教材时，给学生教到一篇文章，现代学者摩罗写的《巨人何以成为巨人——读赫尔岑＜往事与随想＞第一册》。赫尔岑之所以成为赫尔岑（俄国哲学家、作家、革命家），与一件事情非常有关！那就是，他14岁那年，向老师倾诉自己的人生理想和精神世界时，那位平时不苟言笑的老师"以激动的拥抱，将他的革命热情和自由主义信念传导给这位14岁的少年"……

西方人的拥抱约等于我们的握手。

许多同事觉得这篇课文没意思，不喜欢给学生讲；学生们也认为这篇课文不知道该学些什么。我则情有独钟，不但在课堂上讲解，还在多次考试命题中将其作为现代文阅读材料……

这一切，多是因为心底藏了几十年的这个秘密。

被尊重，让人产生自信，产生上进心，产生自我约束力，增强成就感。

我出生在贫困家庭，生活艰难，父母一直受人歧视甚至欺负。但是，我成长过程中受到很多尊重。我在家族中有很多侄子、侄女，最大的比我长十几岁，但是从我记事起，他们从来没有人当面喊我名字，都是称呼"四爹"。我十来岁开始，侄子、侄女们的孩子一直称呼我"四爷"到如今。我的哥哥嫂子们多数情况下称呼我为"他四爹""你四爷"，很少直呼我大名小名。从小学到中学、到大学，一直有同龄人羡慕我。客观地说，我是在受尊重中成长起来的。

如果当初周敬阳老师对我大哥温正德说："这事不好办，你已经转学出去了，学校是你家厨房门啊，你想进就进，想出就出？"如果他对我说："你念啥书呢，家里这么困难，混上几年放羊去好了……"可能就没有现在的我和我现在的一切。

我印象中，周敬阳做"革委会"主任到担任校长，一直是一位温文尔雅的长者。在我上学的那两三年中，没有见闻过他大声呵斥学生、责骂学生，对学生都是客客气气，每当新学期开学之初，见到同学们都是主动伸手相握，尤其是对高年级学生。

记忆最深刻的是，他和中泉中学那些朴实的老师经常带领学生到中电工程工地参加劳动大会战，到学校砖瓦厂劳动。有位学长叫何乃久，劳动非常积极，背着背篓都是一路小跑，满头大汗……周敬阳老师多次在全校大会上表扬何乃久，语气中经常出现的词语是"娃娃""我娃"——想来在家乡土语中就算是比较亲昵的称呼。

前两年我在延安支教时，碰到过一件事情。学校德育处需要选拔一名中层干部，大家在议论人选。有人说：德育处是管学生的，要挑选嗓门大、有威严的人，才能镇得住学生嘛……殊不知，教育与管理是有区别的，教育绝不是管住就能成功的。我在一本教育学著作中看到过：管理与教育是有区别的！教育重在未来，管理关注当下；教育重在效果，管理讲求效率；教育重在育心，管理关注制度；教育讲求艺术，管理追求整齐划一；教育需要耐心与爱心，管理则要求公平与透明；教育讲究因人而异，管理讲究制度面前人人平等；教育是一种慢的艺术，管理则追求立竿见影。教育的强制性成分很少，更多具有自愿性、亲和性和适切性，用古代圣贤的话说就是，亲其师方能信其道。我个人体会，亲其师的最关键性因素是尊重教育对象、欣赏教育对象。

我不是脾气修养好的人，以低学历、低起点在西北边远地区走上讲台，几十年中虽无大成就，但也把教师职业做得风生水起，把教育事业干得有滋有味，其中之一的原因就是我从周敬阳老校长等师长身上学到了尊重学生。每当新学期开学，每每见到以前毕业的学生，我都是主动跟他们握手。走进教室，面对全班学生，来不及一一握手，我一般问候一声"小伙伴们好"，深深鞠一躬，故而我还一直受到多数学生的尊敬。

随着年龄的增长，我对管理与教育愈来愈有了自己的理解：管理的核心是维持纪律和秩序，教育的核心是发展教育对象；管理以约束为手段，教育以提升教育对象为终极目的；管理的目的是追求效率和效益，教育的目的是塑造人；管理往往具有表象性，而教育看重的是长远的习惯养成……其实不只是对学生，对我们自己的孩子也不能只是管住他们，而事实上现在的孩子也没有几个可以让父母完全管得住。我家乡人称赞某人把孩子教育培养得成才，往往认为首要条件是人家的"家法"严格。如果"家法"偏重于指能够管得住孩子，至少在今天这不是主要的。

尊重才是教育的前提。

以此作为我对周敬阳老校长 2020 年春节的祝福与感念。

2020 年 3 月 29 日

2022 年 8 月 22 日修订

業精於勤荒於嬉

行成於思毀於隨

韩愈语 壬寅年冬 松涛 书

傳家有道惟存厚

處世無奇但率員

壬寅冬月 松涛 書

当老师需要多少才能？

——从我的小学老师永珠兄说开去

寇永珠，字海波，生于 1939 年 12 月 12 日（农历十一月初二），属兔，景泰县中泉乡腰水村中泉庄子人。景泰中学（景泰一中前身）高中毕业，1962 年开始，先后在脑泉小学、三合小学、腰水小学担任民办教师二十多年。1986 年通过考试转为公办教师，小学高级职称。1994 年调入中泉中学，任教初中政治、历史、音乐等。1999 年退休，2000 年迁居景泰县城。2011 年 8 月 20 日（农历七月二十一日）因脑肿瘤去世，葬入中泉庄子南约两公里之处。

寇永珠，我的小学老师；同村，邻居；因在家族中排行第九，我从小到大一直称其为"九哥"，从来没有以老师称之。

从我在家乡读小学到张掖师专毕业，永珠兄一直是民办老师，每月挣十来元钱，与生产队社员一样靠挣工分养家糊口。上有父母双亲，下育两女二子，虽有兄长永明、姐夫马国璧年头节下孝敬老人，但我自记事到长大成人、到张掖师专毕业、到嘉峪关参加工作……记忆中，永珠兄生活一直比较艰难，从来不曾大手大脚挥霍钱粮，也没有什么不良嗜好。

包产到户以后，永珠兄一手拿粉笔，一手握锄头；既不能丢掉民办教师的半个饭碗，也不能耽误了种地务庄稼。使牲口、播种、收割、打碾加工，永珠兄基本样样胜任。

1980 年前后的那几年，对于永珠兄而言就是最为繁忙、最有压力的一段时间。我在嘉峪关参加工作的第二三年，永珠兄给我写了一封信，希望我通过张掖师专的老师给他购买一套朱东润主编的《历代文学作品选》。这套书全 6 册，全繁体字，至今还是大学中文系古代文学经典教材，当时的价格是 17 元稍多一些——永珠兄一个月的民办教师工资还不够买这套书。更难的是，面对全繁体字，全靠自学，在那个全凭纸质书面材料阅读的年代，没有任何音像辅助，以永珠兄一个高中毕业生的学历水平、一二十年小学民办教师的文化程度，要啃下来，绝非易事！

但是，永珠兄很快通过考试顺利转为公办教师！这几年中，多少个日子里，永珠兄白天上课，早晚务农，深夜苦读……当时全国有数以百万计的民办教师，通过文化课考试顺利转正的并非全部，仅此一点，中泉庄子谁人不服永珠兄？！

永珠兄的学历仅仅是高中，而中泉庄子高中毕业生多了去了！

2010年春节，我在家乡的农家小院里给父母过了一次生日，本意只是离别家乡时间久、空间距离遥远，很少有机会参加乡邻亲友们的红白喜事，借此机会偿还和弥补一下人情世故，亲朋好友尤其是姑舅们美其名曰给我父母"祝寿"。我的老同学们给我建议设置"留言簿"时，我还担心多此一举——我们家乡有几个人能作诗填词？！后来我翻看留言时，竟然发现永珠兄的一首诗：

庆永升弟为二老贺寿词

二老年将耋寿间，不远千里返故园。
寿诞设宴丰隆厚，香烟名酒羊肉鲜。
东滨西域临良师，铜城景泰执友还。
养厚祭丰俱占德，世人多学永升前。

永珠 2010 年 2 月

除了留言簿上，他还用宣纸大楷行书写了一幅，后来装裱好挂在我们家里上方墙上——一年之后我再回家时才看见的，我把这幅字画取下来，精心包装后，带回了江南，至今还收藏在我办公室里。

永珠兄的学历仅仅是高中，但是多才多艺，在文学、绘画、书法、音乐、堪舆等方面都有一定造诣。1991年白银市"铜城杯"书法比赛，永珠兄就获得了软笔一等奖、硬笔二等奖；《中泉寇氏宗谱》收录有永珠兄诗词楹联、书法、绘画多幅，尤其是那幅《四季花》堪称上品。

中泉庄子高中毕业生多了去了，还有几人能够作诗填词！

是骡子是马——拉出来遛遛？

我在本村读小学五年，永珠兄教语文、音乐、大字。大字即今天的书法，永珠兄都是自己写字帖给学生们临摹——把老师写的压在大楷本下面，透过白纸描摹，写得好的字老师用红毛笔画个圆圈。这个只要有纸、笔、墨汁就可以教学。我记得最难的是永珠兄教唱歌，一群农村娃娃，连普通话都说不标准，怎么唱歌？永珠兄教我们唱会了高难度的《国际歌》《我站在海岸上》等。民办教师转正后，调入中泉中学，永珠兄改教思想政治课。但是，我知道，他的特长不是教政治课，而是音乐，是组织文艺活动。

"文革"时期，每个生产队都要演唱革命样板戏，中泉庄子小，人口少，有音乐和表演才能的人更少。1969年，全国人民大唱样板戏，永珠兄带领着几个学生娃，如朱振武、寇永成、魏宝莲、寇宗勋等，我记得还有不识字的农村妇女蔡秀英等，春节前寒冬腊月里在生产队院子里露天底下排练，经过二十多天的紧张准备，大年初一，在临时搭建的简陋舞台上，把革命现代京剧《红灯记》选场和当时在西北一带很流行的准样板戏《血泪仇》奉献给文化生活比较落后的小村庄村民。这是我在家乡享受的第一次文化大餐，那年我7岁，刚准备上小学一年级。本家兄长寇永成主演李玉和，魏宝莲演李铁梅，我的干表兄朱振武饰演《红灯记》中的坏人王连举——可是朱振武浓眉大眼，长相英俊，一点儿也不像个坏人——几十年之后，在春晚上看朱时茂和陈佩斯表演的小品，演员演什么角色主要看他穿什么衣服，我还暗自发笑……

中泉庄子空前绝后（至少按目前还没有）的这次文娱活动，永珠兄是导演兼伴奏——其实就是乐队总指挥、队长、第一小提琴手。永珠兄唱念做打都有两下子，我印象中他还饰演过一些角色，轮到其他演员上场表演，不需要他上场时，赶紧坐下来抄起胡琴伴奏……一直到"文革"结束包产到户时，生产队的仓库里还有演唱《红灯记》用过的李玉和的信号灯和制帽。

我记忆中，永珠兄会好几样乐器，我听过他拉二胡、板胡，好像还能够弹奏琵琶和三弦。

那时候，不仅各个生产队、村庄需要组织演出，每个大队都要组建"毛泽东文艺思想宣传队"，永珠兄一直是腰水大队参加全公社文艺演出的主力，既是编导，又是演员和伴奏。

1997年庆祝香港回归，按年龄推算，永珠兄即将退休，但是当年中泉中学的一台节目非常精彩，我听说主要是花甲之年的永珠兄不辞辛劳组织排练出来的。

永珠兄在老家的一院房子，我记忆比较深刻。我第一次看见中国画，是在永珠兄的上房里。墙上挂着好几幅字画，有荷花，有牡丹，有书法作品——这些在西北偏僻的农村土房子里，该是多么具有文化氛围和文人气息！

我一直不明白，像永珠兄这个年龄的人，生在兵荒马乱年代，长在烽火连天岁月，上学读书在三年困难时期；最美好的年华消耗在阶级斗争和政治运动时代；他没有进过幼儿园，没有上过兴趣班；忍受过贫苦生活，经历了缺吃少穿。他怎么学会琴棋书画的，他是在哪里学的，他的时间从哪里来的，他哪来的钱买乐器和颜料笔砚……

我从各种资料上查阅，向好几位长者了解，20 世纪五六十年代中泉一代的人上学是很艰难的。要么向南远走靖远，要么向北翻山越岭到县城芦阳。当时的景泰中学在老县城芦阳，从中泉到学校百二十里左右，全靠步行。据说，大概路线是从陈家墩向北跋涉过几条沙河后翻越米家山，才能到达。我第一次参加高考时与火荣贵等骑自行车到芦阳，都耗费了六七个小时！从《景泰县志》看，景泰中学是在原简易师范的基础上发展起来的，学校当时的教育质量在全省都颇有名气，老校长龚大绥非常重视学生综合素质培养，永珠兄在这里接受了良好的教育。但是，以当时的家庭条件和交通条件，能够坚持上完学的人都是有顽强毅力和坚定信念的。有一年大夏天，晴空万里，永珠兄与同学相约结伴去学校，步行至魏家台子村庄北面的荒滩时，天气骤变，雷电交加，暴雨倾盆，他们几个学生娃跑到附近的一处庙里避雨……永珠兄从小体弱胆小，惊吓并淋雨致病，不得已中断学业……如果不是这次天灾，永珠兄可能与同班同学周敬阳、曾国璋、李树江、李常谦等一起考取大学。

永珠兄的学历仅仅是高中，中泉庄子高中毕业生多了去了，能拿起毛笔写一副对联的还有几人！农闲时节能操起胡琴娱乐的还有几人！生长生活在大西北黄土高原沙漠边缘穷乡僻壤，竟然能够把梅花、牡丹、荷花、菊花以及鱼虾神态描摹于笔端的还有几人！

作为一个农民，永珠兄是有文化的农民！

农业社时代，计划经济年月，挣工分，分粮食，多少人家只有等着、靠着、盼望着生产队分到那一点可怜兮兮的救命粮，多少人家大人娃娃吃不饱、穿不暖，还有多少人家无力供儿女进学堂……永珠兄能够在自家房前屋后种植各种树木，生产好几种水果，尤其是枣子，每年都能打下上百斤红枣——瓜菜半年粮啊！

做民办教师的二十多年中，是永珠兄负担最重、困难最多的时期，他能够把四个子女全都送进学校，供出两个高中生、两个大学生，谈何容易！民办教师转正了，永珠兄的工资并不高，但是，全家进县城，儿女们先后成家立业，孙辈们有的考入江南名校……

永珠兄仅仅是高中学历，半辈子只是个农民身份！

我虽然离开中泉庄子四十年有余，但凭直观判断，我能感觉到我们家乡和家族中的许多人对永珠兄颇有微词。

近寺山民不重僧。

家乡许多人不如大字不识一个、去世已经几十年的大胡子寇永书！

我读初一时，一次生产队社员晚上开大会，主持政治学习的寇宗道临时让我在煤油灯下给乡民们读了一篇《人民日报》社论——宗道是我从小到大在中泉庄子发现的极其难得的一个最为厚道、善良、正直的人，可以说对任何人没有坏心眼，在生产队担任几十年保管员，无论是分钱财、分粮食、分柴草，还是其他更细微的事情，都让多数人信服——他能准确地推测文中我可能不认识的汉字，坐在旁边悄悄告诉我……我流利顺畅地读完了！从此寇永书一见到我就喊我"夫子"！寒暑假参加生产队劳动，遇到永书兄领工还很照顾我，常常说："啊呀，你是夫子，这个活儿你干不了，让开，我来……"往自己手心里狠狠地唾上两把唾沫，甩开膀子就干。每每到傍晚收工时，永书兄大声喊我小名："珍宝夫子，来，给我们开工条子……"——把当天出工的人名字写在一张纸上，以便会计记工分。可惜，我那时还以为"夫子"是一句骂人的话。

我已经是江南名校的名教师的时候，一年暑假回到中泉庄子时正值农忙时节，我开着家里的农用"三马子"去拉粮食，到滴水崖涝坝附近熄火了，怎么都发动不着。一个人顾了扶车把掌握方向则使不上力气推车，绕到车后使劲推车方向又偏了，弄不好还会把"三马子"推到涝坝里……中午大日头底下，我急得满头大汗。恰巧本村一位农民经过，年轻力壮，我说："请搭个手，帮我把'三马子'推到公路上……"——我就可以滑行启动。"哎不成嘛，我还忙着呢……我不会动机器、车辆之类嘛……"

如此说来，如果你需要我给你写对联时，我是不是也可以说："哎不成嘛，我还忙着呢……"帮忙推一下车，举手之劳，仅需要一把臭力气；写对联，需要语文知识积累和书法艺术技能。

恕我斗胆直言，我们家乡里缺少尊师重教的风气。我从贫穷落后的中泉庄子走出来，在工业城市嘉峪关任教十几年，引进到江南人烟阜盛之地已经二十余年，我深切的体会和感受是，我们家乡至今还比较缺乏崇尚文化、虔敬儒者的氛围，许多人认为你会写对联就应该在任何时候给他写，写了才是正常的，如果一次不写，就会落个骂名！

中泉庄子的人，无论你对寇永珠有多少不满与贬损，他一手拿起锄头、一手始终握住粉笔头的精神你不能不承认；他扬起鞭杆子能使牲口，操起笔杆子能书法绘画，你不能不佩服；他握惯了铁锹的粗糙双手，能把多种乐器摆弄出乐音，吾乡还有几人欤！他学历不高、职称不高、收入不高、地位不高，老嫂子只是一个文盲，他们能把几个儿女都送进学堂而且各有所成，你能做何解释？！

今天有多少同行，你的多少业余时间耗费在牌桌酒场上，永珠兄终身没有学会打牌搓麻将！你的多少财力花在抽烟饮酒应酬上，永珠兄从教四十余年不嗜烟酒！我们拿着父母兄弟姊妹们面朝黄土地、背灼炎天光、四股子窝在泥土里劳作换来的血汗钱上学识字，我们把自己点灯耗油寒窗苦读学的一点本领，异化为在各种微信、QQ群里乱发一些无聊、无益的段子，退化为做一个键盘侠……永珠兄古稀之年，盛夏酷暑、寒冬腊月还站在县城大街小巷给人家写对联……

哲人言：一个人怎样花钱比他怎样挣钱更能体现出其精神品位与人生追求。亦有名人曾说：人的差异在于业余时间。我要说：教师的差异主要在业余时间。

我的五年小学是典型的黑屋子、土台子、泥孩子，没有学过音体美，分不清篮排足，琴棋书画全都是擀面杖吹火——一窍不通。在中泉中学读了四五年书，记忆中全校只有一个篮球、一个排球，周末老师们玩玩，我们只能在场地边上看看；如果球跑到场外，我们争着抢着去捡回来扔给老师，都是一件很值得庆幸自豪和炫耀的事情！两年制的张掖师专只顾学专业，基本无暇顾及汉语言文学以外的课程。

但是，当老师以后，我很快意识到，中小学教师其实是个万金油，需要你什么都会一点，尤其是担任班主任，如果一点儿音体美才能都没有，别说工作做不好，学生还看不起你……

人过三十天过午！

八十岁完全可以学唢呐！

我是在三十岁左右才有机会弥补上幼儿园、小学的欠债。甘肃省教育学院脱产进修时，着意拓宽知识面，有计划学习音乐、绘画——请家乡一位长我十多岁的侄子给我教会了简谱，我省吃俭用花大价钱在兰州歌舞团专业人士指导下体验式学习了一中一西两种乐器；选修了篮球、田径裁判……成家立业，女儿出生，温饱基本解决之后，学会了一样特长——摄影。接近四十岁时跟高中学生一起上课，学会了简单英语；四十岁以后，学会了电脑，现在是电脑快手，键盘输入、语音输入、拍照识别转换……全都会，而且左右手都能操作鼠标；五十岁以后又掌握了两样健身本领：游泳和羽毛球。

锡山高中任职时，有一年新高一学生军训，遇到连日阴雨，教官不得已把上千学生拉到学校大礼堂，教唱军营歌曲，随后比赛——每个班需要一个指挥。我问问学生，说都不会。我抄起两张塑料凳子，放在我班级前边，在剧场倾斜的地面上，一脚踩一个。"如果祖国遭到了侵犯，热血男儿当自强……"预备唱——我开始指挥时同事们并没有发现，可是当我班学生们唱得特别有气势、嘹亮的歌声压过全场时，几乎所有的班主任都跑过来给我拍照或录视频。晚饭桌上，好几个人赞叹："哎哎哎，我们跟你同事这么多年，怎么没发现你会唱歌还能指挥……""啊，你到底姓寇啊！寇者，贼也——你真贼啊……"

苏联教育家马卡连柯说过："学生可以原谅教师的严厉、刻板甚至吹毛求疵，但不能原谅他的不学无术。"

如此说来，我的小学老师永珠兄如果在今天这个时代做中小学老师，那他就是全才！他当班主任，各种文体活动都能自己组织——哪像今天的幼儿园、小学乃至初中、高中，小伙伴们组织文体活动，老师大多是甩手掌柜，倒是把祖国花朵们的爸爸妈妈甚至爷爷奶奶外公外婆累了个半死……我就给小孙女的班级里出过黑板报，儿子上幼儿园时参加演出时我负责化妆和道具，女儿小学时歌咏比赛我去指导排练……这些年不做班主任了，但凡学生组织文体活动，都会找我来指导朗诵等等。

我写这篇文章时正在南京参加 2021 年度新教师招考评委工作，因为保密需要，上交了手机，不能与外界有任何联系，前夜早早地睡觉；翌日凌晨 5 点起床，感觉连日出差奔波的疲劳一洗而尽，打开电脑看看距离工作时间还有两三个小时，一时兴起，权做消遣。但是，我在最近两年里脑中一直盘旋着一个念头，我要在有空时用笔记载并留下我对永珠兄的一些认识和思考。

永珠兄与我老父亲是同龄人，两人墓地相距仅仅几百米，我们每年给我奶奶、父亲上坟，必定经过永珠兄墓地，每次我都在永珠兄墓前驻足片刻，我一直在思索：当个老师需要多少才能。

2021 年 1 月初稿
2022 年 10 月修订

附： 永琇、永成悼永珠兄诗

叔伯兄永珠字海波，在同高祖十二弟兄中排行九，四哥十一，吾十二。九兄去岁得病，日前病故。曾去老家奔丧，有几句记事并追悼。

为九兄祝福

古稀九兄染病魔，兰医二院定死活。
医术先进胜前世，医生高明赛华佗。
开颅摘去脑中瘤，驱魔迎来身上妥。
大难过去是大幅，老九喜事来日多。

永成 2011 年 10 月 14 日

叹九兄罹恶疾

天算容易人算难，天命难违人命贱。
海波阳寿因瘤减，老九运气为天蚕。
手术摘瘤瘤易返，射线刺瘤瘤难痊。
科学技术再发展，难使老九迟归天。

永成 2011 年 10 月 20 日

悼九兄

九兄已经归天堂，苦海有边业已偿。
生经磨难语伤失，死留遗憾画犹藏。
少壮努力老有养，笔墨用功画留香。
应是天界母召唤，致使阿兄寿不长。

永成 2011 年 8 月 21 日

悼九兄诗

老九先生赴黄泉，季弟奔丧上条山。

曾祖曾孙十二个，唯有老九当教员。

教书种田一辈子，爱好书画天天练。

书画集册尚未出，有疾一载即成仙。

永琇 2011 年 8 月 24 日

感恩师长教诲 回馈家乡教育

——景泰学子的几句心里话

【景泰二中公众号按语】今年（2019）4 月 29 日，我们荣幸邀请到了寇永升教授莅临我校义务讲学。寇教授是景泰中泉人，现任教于江苏百年名校南菁高级中学，他是无锡市高中语文学科带头人，教授级高级教师，浙江师范大学、延安大学等高校的兼职教授。2012 年获全国中语会"教育艺术杯"课堂教学大赛第一名。2016 年获第八届全国新语文教学尖峰论坛"中国好课堂"教学大赛一等奖。出版专著 3 部，发表论文近百篇。近年在各地示范课、专题讲座 300 余次。

"我要把长三角先进的教育理念带到西北家乡去。"这是寇教授多年的夙愿。两天的讲学，在二中师生中产生了强烈反响！本次讲学后，在寇教授和罗校长的共同努力下，二中老师也实现了多年期盼的一个心愿。高考结束后，在罗校长的带领下，全体高三老师，远赴教育发达的江苏省，深入无锡三所名校的课堂，不但感受到了东西部教育的差距，也找到了自主发展的方向与动力。

心系桑梓眷眷心，感恩师长拳拳情。古人云："为学莫重于尊师""君子隆师而亲友"。今天特推出寇教授《感恩师长教诲 回馈家乡教育》一文，让我们从寇教授质朴的文字中，体会他对昔日的师长、对养育自己的黄土地的深厚之情。也希望更多的景泰学子，心怀感恩，高尚做人，学业事业有成之时，也像寇教授一样心系家乡，不忘故土，关心景泰的教育，关心景泰的发展！

1981 年中泉中学毕业考入张掖师专，1983 年分配到嘉峪关任教，2001 年引进到长三角……从初中教到高中；由一般教师到学科带头人；在一张大专毕业证书的低起点上开始拼搏，直到在江南发达地区奋斗为教授级……近 40 年来，除了前几年邀请中泉中学几位初中同行来江南考察游览几天，除了接待我的小学老师罗文举夫妇来无锡、苏州旅游一趟，我几乎没有为家乡做过什么贡献，尤其是作为工作在教育大省江苏、任职于百年名校、在学科教学专业略有建树的成熟教师，未能为家乡的教育尽绵薄之力，时时觉得有愧于生我养我的那片黄土地、那个小村庄、那一批老师……

今年"五一"，我义务到景泰二中讲课，其中一个心愿就是要看望一下几十年前的班主任马勇老师，看望一下高中时代的校长寇宗恩。

一

没有马勇老师，就没有我考进张掖师专的可能。

马老师担任班主任，对我这个家庭最贫穷的学生从来不歧视，反倒更加严格要求。记得在高三的最后一学期，被白银市前来中泉乡野营拉练的解放军电影队吸引，我和几个同学放弃了一个晚自习，偷偷步行到十几里路外的地方看了一场电影……

第二天早晨就被英明的马老师知道了！

早读时间，我们被叫到教室外面站住。马老师用他的芦阳方言大声地优先骂我："寇永升，你真是个笨驴！你现在不看电影，为了将来更多更好地看电影……"

这个故事我们那几个人一直记到现在。

马老师任教数学，而数学是我最薄弱的学科。高三补习时，我连初中知识都没有搞懂。马老师从来不嫌弃我，不放弃我。马老师叫同学上黑板做题，朱万存、陈其峰、寇明军被指定做最难的，给我做最简单的。好多同学都为我捏一把汗，猜测马老师是故意要出我的丑，要借此治治我。我做出来了！马老师在全班面前很激动地表扬我——原来他是根据我前一天作业判断，这样的题目我能做出来。

临近高考，马老师把我叫到他的宿舍。"寇永升，咋我给你猜两道题，你把它给我背会，瞎驴碰草垛去。碰着了，那是你娃的造化；碰不着嘛，欧咋你们先人没埋端……"

马老师真的猜中了！

一道解析几何证明题，20分，我真的是背写道试卷上的！还有一道排列组合题，我不会。但是，马老师骂过我："走进考场放个屁，你都替祖宗争口气呢……"我开始在草稿纸上画圈圈——一堆梯形钢管，底层156根，最上层54根，一共有多少多少层，计算钢管总数……

画完圈圈，一个一个数了好几遍，答案就有了。再用马老师骂我的话：不管会不会做，也不了管做得对不对，你先写上个"解"，然后嘛，已知……，∵……，∴……同理可得……答案……

我几乎是用写作文的方法把这道题叙述了出来，20分！

上大学之前，我去看过一次马老师，那天他正好参加生产队里分地去了……

近四十年来，我没有机会看望过马老师！

二

没有寇宗恩担任中泉中学校长，就没有我考入张掖师专的可能。

第一次参加高考，我连预选都没有过。正好包产到户了，我在家里是长子，就回家帮助父母务农。

一个暑假过去了，心有不甘。

宗恩校长与我父母是同龄人，与我父亲是儿时伙伴，一个大队，两村相隔不到1公里，也曾一起劳动过……他非常了解我们家的困难情况，很清楚：我交不起几块钱的补习费。他试探性地问我："尕爷、尕奶地里种了些啥，种瓜了没……"那年父母第一次舍得拿出自己可以做主的三分地种了瓜，希望秋后卖几个钱。

还没有完全成熟的瓜蛋子，拳头大小，死不楞等的。我用自行车驮了一（毛线）口袋，也就二三十个。上大坡，我先把瓜袋子背上去；再把自行车扛上去。到了全是松软黄沙的野柳子沙河，我用老农父亲教的办法，一根绳子拴在自行车货架上，挂在肩膀上，像牲口一样拉，两手用力推车把……

晚饭后，宗恩校长把全校二十来个教师喊到他办公室兼宿舍的那幢平房墙角边上，倒出那一口袋瓜蛋子，对老师们说："加——来，这就是寇永升的学费……"那些朴实的老师们，拇指指甲在瓜蛋子脱花儿的地方一掐，往满是黄土的地上赫楞一砸，五个手指掏进去，就送到嘴里了……

吃了一会儿，宗恩校长说："加——每人还能抱一个回去再吃。哎哎，大家都记得把瓜子给我还回来啊……"

隔了几天，宗恩校长交给我一个报纸包包，里边是老师们还回来的瓜子（宗恩校长把这些黏黏糊糊沾满泥土的瓜子在自己宿舍的窗台上晒干、用报纸包好）。

我拿回家时，年迈的父母眼角都流下了泪滴……

从张掖师专读书至今，我一直与宗恩校长保持联系。我出版了著作，第一个想到的是寄给宗恩校长；我买了汽车，当天给他打电话报喜；我评到教授，立即向他汇报……我前十几年就邀请他来江南一游，尤其是他孙女寇骄子在江苏上大学的那四年里，我几乎年年邀请一次……

宗恩校长一直家庭负担比较重，前些年不忍心把本来就不多的几个工资花在不紧要的旅游上，省吃俭用供孙女上学。孙女大学毕业参加工作了，可以自己养活自己了，我想他的艰难日子应该到头了！黄梅不落青梅落，白发人反送黑发人——老校长唯一的儿子却病逝了……

得知消息，我赶紧打电话给寇宗吉和寇明哲，代我去看望一下宗恩校长……

一段时间后，我再次邀请宗恩校长，来江南游览一趟。电话里，宗恩校长不无伤感地叹息："我已经不能出远门了……"

三

无论是在嘉峪关，还是引进无锡，我都工作在当地最好的学校。我知道，最近这些年家乡的学生们都外流到其他地方上学，家乡教育日渐式微，家乡同行们都收入微薄、工作压力大强度大……我也能感觉到，家乡的同行们理念落后，一些人没有把才华施展在工作上，课堂上面对学生发牢骚，工作时间办公室里闲谝乱扯……真有点英雄战死错路上的悲哀与惋惜！

我一直希望有机会能够回馈家乡，能够尽微薄之力反哺家乡，能够为家乡教育做一些力所能及的事情。我在多所高校担任兼职教授，我一年到头在全国各地讲课；我在延安支教一年，我为第二故乡嘉峪关、酒泉一带做过多少好事实事！——酒泉的一位教育局局长玩笑说："寇永升就是我们教育局住无锡地区办事处主任兼总干事（义务且免费）……"我给那些八竿子打不着的地方带徒弟，我把自己的著作几乎白送给了许多学校……

我通过老同学和同行，多次表达过浅薄的心愿，把我在江浙发达地区先进的教育理念和实践分享与家乡的同行们。

四

在家乡担任小小教研组长的侄子宗权，通过微信群联系到了我。多次的三言两语之后，我萌生了一个念头：给你们校长建议，我到景泰二中讲一次课。

我读初中，母校名曰景泰县第二中学；高中时，母校更名为中泉中学。单从名称而言，我可以算是景泰二中学子，虽然我没有机会在县城的中学里上过一天学！

2019年4月29日，我再次踏进景泰二中的大门。1981年从中泉老家骑自行车到二中参加高考、大热天站在毒辣辣的日头下听周敬阳老校长辅导政治……三十八年过去，真的是弹指一挥间！那时，校门向西开。凭借家乡紫外线极强的太阳光，我判断如今的校门向南开。正在脑洞大开之际，听到了多少年来外出讲课从未有过的、最为温馨的一句话，副校长卢有刚对我说："舅舅好！……我是中泉寇家外甥……"

短短的两天时间，在县城的一次饭桌上，县上的一位老干部说："唉，咱们县上的教育这几年就艰难得很……二中换了个校长，（lainie——我这个语文教师实在不知道这两个字该怎么写，希望得到家乡高人指点！）还中呢，这两年总算有了些新气象，让老百姓看到了一点希望……"

我完全能够领会家乡土话中"还中呢"这三个字的含义！（当然也不知道是不是这三个汉字）——就是家乡人民心目中的"人民教育家培养对象"，就是家乡百姓口碑中的特级教师，就是家乡同行们评选出来的教授级教师！

3节课，2场讲座，四十几个小时，我切身感受到了家乡学校的实际情况……

繁重、紧张的工作之余，我终于了却了将近四十年来的一桩心愿——看望马勇老师，拜会宗恩校长！

委托自称是羊贩子的一位远方侄子，买了两只羊羔子（我依稀觉得，羊羔肉可能还是我们家乡最为隆重的待客之道；买一只完整的羊羔子，可能最能表达我的心愿），屠宰好，包装妥；按我要求的时间送到二中门口；副校长外甥驾车，教研组长侄子开路，我来到了多灾多难的宗恩校长家里——为家乡教育奉献了一辈子的老教师，满头银丝，弯腰驼背，竟然还住在二十多年前的低矮、昏暗的平房里，还没有暖气、煤气，还没有水冲卫生间……

1995年1月，我在北京学习培训结束，着意从北线返回，携妻子女儿，看望一下举家进了县城的宗恩校长。晚饭后，宗恩校长打着手电，带着我到几百米之外的公共厕所解手。数九寒天，黑灯瞎火，高一脚低一脚……一路上还跟我开玩笑说：你要保证半夜再不出来上厕所啊，冷得很！我们两人睡在他新居的套间里，冷炕！我已经住了十几年暖气房，实在难以解衣入睡……宗恩校长劝导我："哎，睡冷炕恰恰要光着身子，一会会就暖和了；和衣而睡反倒一直冷……"

跟我第一次来这里时相比，只是周围都是高楼大厦了；但是老校长的房子越发显得破旧而不合时宜了！

——这究竟是老校长个人的悲哀，还是教育的悲哀，还是家乡的悲哀？！

论辈分，我是长辈。中泉中学时代，宗恩校长批评我时口口声声自称"老子"；这些年随着老校长年龄的增长，每每在电话中称呼我为"尕爸"；一次春节拜年，我要给他行师长礼，他马上拉住我，"你是长辈……"

寒暄片刻，老媳妇子、校长夫人进来坐下，拉拉家常；我就要求宗恩校长："你陪我去看看马勇老师！"

"加——我打个电话，你去就行了嘛？"

"你陪我去，性质不同！"

马勇老师还像四十年前那样朴实，一再挽留我和老校长吃饭，一定要到附近的饭馆里请我吃羊羔肉……

五

结束了我的家乡讲学之行，我未加考虑就爽快地答应罗崇岳校长：把今年二中高三的七八十位教师带到江南研学旅行！我负责联系学校，负责……

回到无锡，我紧锣密鼓开始运作。高考结束当天，景泰二中高三的同行们踏上了东去的列车……

借用王占才副校长微信留言的一段话：

一份比旅行社更加专业而且周到实用的研学行程安排表；二辆空调大

巴车全程随团悉心周到服务；三所不同层次、各有特色的百年名校全方位深度考察；三位专家型、特级教师、教授级、人民教育家培养对象校长，分别从特色德育、教学与科研、教师专业成长三个方面精心讲座；十多门学科、近三百节原生态真实课堂；从古老的吴文化感受，到最先进的远望号测量船登舰参观……历时四天，让家乡的同行们学习了发达地区先进的教育教学理念，也感受到了西部地区教育的差距，更找到了前进的方向与发展的动力！

我调动了我在江南教育界卧底近二十年来的所有资源，从接站人员，到联系门票；从协议酒店，到所到学校用餐；从选定学校，到物色讲座专家乃至建议讲座主题、重点；从知识、精神收获，到纸质书籍资料、实物；多年不联系的人，我都打扰了；轻易不张的嘴，我都张了……

至于实际效果，"还中呢"的罗崇岳校长的一段话或许代表了家乡同行们的心声：

不出门不知天地有多大，不比对不知差距有多远，不感悟不知理念有多浅……幸哉，站在中国最富有城市的最好的高中，方知行高望远的境界有多重要！

一位我还不知名姓的同行留言：

三所百年名校短暂的学习充实而令人震撼！
震撼于江南名校整洁优美的校园环境、完备先进的硬件设施，更震撼于他们特色鲜明的课堂教学、开放包容的办学理念！

与罗校长约定：连续三年，把奋战在高三的同行们带到教育发达的苏南地区研学旅行，让家乡一批又一批教师看到差距，但是更要能够找到自主发展成长的动力！
我终于有了一次感恩师长教诲、回馈家乡教育的机会。
——是为景泰学子的几句心里话。

中泉儿子、景泰学子、江苏省南菁高级中学教师寇永升
2019 年 6 月 16 日父亲节早晨

（第一辑）师生情

附： 景泰二中公众号留言精选

谈秋平： 边流泪边读完了，又心酸又感动。2009年我上高一，正赶上那年十月一日是个大日子，全校搞红歌比赛，我们班唱的两首其中之一是《到西部去》，我们班主任听了吐槽，你就在西部还到什么西部去，你们先去东部发展好了再来建设西部吧。寇老师从无锡反哺家乡教育不正是这样！作为远在外地从景泰二中毕业的学子，希望将来也有机会为母校做贡献。

马萍： 愿更多在外的景泰人以这种方式回报家乡！谢谢寇老师！为您点赞！

秋华忆梦： 很感动，真心希望每个二中毕业的学子都能用自己深沉的爱去回馈家长，去报答那片养育了我们的黄土地……

苦菜花： 攒劲人，为寇老师点赞！

一切随缘： 踏出景泰二中的校门17年了，依然记得在元老师才华横溢的讲课，漂亮的三分球；宗权老师严谨的授课风格，遒劲有力的板书；陈其远老师的旁征博引，坚持每节课都有的"五分钟演讲"，为学生今后的接人待物，语言表达，打下了坚实的基础。李富文，高加华，高永禄，马保元等各位老师，孜孜不倦，循循善诱，这是师之楷模，德之典范！是每一个学生的宝贵财富！深深地怀念你们！

师者，所以传道授业解惑也。

感谢老师教会了我做一个正直善良、有爱心懂感恩的人。我虽然只是一个普通劳动者，看到恩师，依然热血沸腾，依然被恩师的风采所深深地征服！

愿恩师身体健康，愿景泰二中，才俊辈出！

卷耳： 连续读了三遍，感触颇深。自古道："家贫出栋梁，国难出将相。"人活一口气，佛争一炷香。不论逆境顺境，人，总是要有一点志气，要有一点精神的。不要好高骛远。用知识充实头脑，学习借鉴好的经验，吸取前人反面教训，凡事都应脚踏实地、一步一步地去做。不要急功近利。

秋雨： 寇教授的文章显现着名师深厚文化情怀，也许就是名师与名校相互作用共同成长实现个人与学校双赢的结果。希望贵校学到先进的教学理念和先进的管理理念，一茬茬地交流学习培养，久久为功，培养出具备一流学校的理念、制度和文化底蕴。

黄河石林红富士： 寇准背靴访将帅，永不懈怠新长征。升学喜报传景泰，好学上进共筑梦。

后记：

　　侄子宗军，与我同龄，微信留言："四爹好！读到你先把瓜口袋背上红坡，再把自行车推上去……我不由自主地眼泪直流……"我们有相同的家庭背景、相同的求学经历，工作以后为各自的父母与兄弟姐妹尽了相同的义务……

　　2022年11月，本书进入校对阶段，宗军读到本文后，微信留言给我：

　　我几十年来只放声大哭过一次，当着我爸妈的面。不是我爸离世时，也不是我生活艰难时；而是看到你文中"宗恩校长砸着籽瓜说，这就是寇永升的学费"时……今天，只有我能读懂你的原汁原味。

　　表姐魏烈兰，多年不联系了，突然打电话给我："姑舅啊，我虽然念了几年书，识的几个字都忘完了……但是你的文章我读了好多遍好多遍……每读一遍我都眼泪八股子往下淌着呢……唉，舅舅和舅母辛辛苦苦，把你的学没有白供，你的书没有白念……"

2022年8月25日修订

张掖，给我打下了人生底色

——在张掖语文名师工作室揭牌仪式上的即兴演讲

2020 年 7 月 10 日，"江苏名师寇永升老师语文教学张掖工作室"揭牌暨张掖中学老师拜师仪式在崭新优美的张中新校区举行，王学舜校长亲自主持，市教育局张有朝副局长亲临讲话；张中语文同行们给了我很多的感动。

仪式开始前，走进会场，看了一眼主席台上的席卡，我把王校长和我的位置做了调换，方心安理得地接受聘书等。仪式最后一项，主持人说："现在，让我们以最热烈的掌声，欢迎寇永升老师教导徒弟……"

与我此前的预设与心理准备有所超出，我临时调整思路，即兴发表了致辞。12 日早晨离开张掖前数小时，我试着回忆那天的简短演说，整理成文，发送给教科室张勇主任，一为张掖中学校刊《木塔晨铃》添砖加瓦，二来权做我对张掖同行们的告别致谢。

尊敬的张局长、王校长，亲爱的各位同行，在场的我的老同学们：

张掖，是给我打下人生底色的地方；我的人生底色，多是在张掖打下的！

张掖师专两年负笈求学，我实现了由一位农家子弟到人民教师的华丽转身。春日晨风，夏时余晖，秋气高爽，冬季暖阳，校园外边的胡家园子每个角落都留了我的足迹，都记忆着我的声音……

勃，三尺微命，一介书生。无路请缨，等终军之弱冠；有怀投笔，慕宗悫之长风。舍簪笏于百龄，奉晨昏于万里。非谢家之宝树，接孟氏之芳邻。他日趋庭，叨陪鲤对；今兹捧袂，喜托龙门。杨意不逢，抚凌云而自惜；钟期既遇，奏流水以何惭？

呜呼！……

至今脱口而出，难以忘怀。

任教近四十年来，我的同事在文言文课文的字里行间写得密密麻麻才敢上讲台的时候，我可以不带书本，背着手滔滔不绝地对小伙伴们讲解那些文言诗文……

在嘉峪关任教六年，我已经是比较出色的初中教师。26岁，通过成人高考斩获全市唯一一个全脱产进修名额，到甘肃省教育学院进修两年。毕业后，很快我就成长为合格的高中教师。35岁晋升到副高职称，同时评到地市级学科带头人。36岁又获评省级名师，成功引进到江南。年过半百，我的同学大多退休、退居二线时，我通过"暨阳英才计划"从百年名校锡山高中引进到书院历史文化丰厚的南菁高中，第二年获评教授级高级教师资格……无锡市一位主管职称评定多年的领导对我开玩笑说：寇老师，江苏省开评中学正高职称十多年，我们每年评到十几个，你是唯一从偏远落后地区引进教师中获评的，是少见的两年制大专第一学历获评的，是以"裸教师"资格获评的——没有任何行政职务等头衔，完全作为普通教师。

教师，从事的是专业技术工作，需要有专业知识。特定时期的两年制大专，却给我打下了坚实的汉语言文学专业知识基础，实在是我人生事业的最重要底色。

张掖读书两年，我学的比较有兴趣的是古代文学；至今最拿手的公开课大多是古代诗文，发表的论文多数是研读文言诗文的个人收获。我学得最好的是刘懋德老师任教的现代文学，正式发表的第一篇论文是茅盾代表作《子夜》研究——省教育学院程金城老师感慨说：没想到张掖师专的学生能写出这样高质量的论文；几十年后我在全国赛课中获得第一名的恰巧是《祝福》。我学得最吃力、付出时间精力最多的是马良民老师教授的现代汉语；1981年走进张掖这个城市时一句普通话都不会讲的我，现在无论是普通话还是朗读，都足够应付中学教学。

离开张掖，分配到嘉峪关，我没有任何背景；引进江南，除了身边的妻子儿女，可谓举目无亲，连背影都没有。我所有的成就都是通过专业知识能力获得的，我希望自己所有的成功都是凭借个人努力。我从来不舍得把时间耗费在吃喝娱乐上，也没有精力与领导走得太近；但是我在职业生涯中一直碰到生命中的贵人。《国际歌》永远不会out——从来就没有什么救世主，要创造世界的奇迹，全靠我们自己。

感恩张掖这个地方，给我打下了作为一个中学语文教师所需的专业知识底色。

20世纪80年代的张掖师专校园里，田径场是原始的泥土地，我看见向叙典、康舒泰等老师身穿单层秋衣秋裤寒冬季节在凛冽的西北风中长跑健身，我逐渐意识到我这个农家子弟将来需要以体育运动来保证身体的健康，需要养成良好的生活习惯以保持精力之旺盛，需要有良好的心态来应对即将到来的高强度工作……

我买不起运动鞋，脚蹬妈妈一针一线纳的千层底布鞋；我没有运动衣裤，但不妨碍我体育锻炼。分不清篮、排、足各种球类的我，冬季漆黑的早晨，从校园出来，沿着那时的312国道，向东，一口气跑到张掖师范学校附近那段老城墙拐弯处，趴在泥土地上做几十个俯卧撑，拍拍手心里的黄土；返程，再一口气跑回学校。大汗淋漓，冰冷的凉水洗把脸，拿着饭盆奔向食堂……盛夏酷暑，晨风轻拂中长跑之后，我在那时简陋的洗漱间里冲个凉水澡……

三十八年过去，时光弹指一挥间，但我至今强壮的体魄底色未减；虽已年近六旬，但我依然能像张掖师专时代那样长跑、甚至翻跟头，体力、精力未减当年。现在想来，我健身锻炼的习惯正是在张掖读书的两年中养成的。无论是西北高原的冰天雪地季节，还是江南酷暑桑拿天气，我一直能够坚持上下班步行；从河西走廊固体水库祁连山的冰雪融水，到不取暖的长三角冬季冰冷刺骨的自来水，我一年四季冷水洗脸、从五一到十一冷水洗澡……叫了一辈子"永升"，没有升上任何官衔职务，甚至连身高都不升；但是，同龄人升了的那些指标，我很庆幸，至今还没有"升"。

中学老师，多数情况下是体力劳动，最繁忙的时节是强体力劳动，同行、同事之间的竞争，往往不是专业知识功底，而是体力、精力与心态。良好的生活习惯保障良好的身体；良好的身体保障良好的心态；良好的心态保障高效率工作，保障良好的周边人际关系——所谓事业，一定程度上表现为周边人际关系的和谐。

我感谢张掖这个当年满城泥土的地方给我打下了强健体魄、旺盛精力的身体素质底色！感恩张掖师专当年那些淳朴的老师濡染我这个农村娃养成了终生健身的良好习惯！

从西北边陲小城嘉峪关引进到江南腹地无锡，由落后地区薄弱学校到先后任职于两所百年名校，以两年制大专起点成长为今天中国教育最发达地区的教授级高级教师；张掖师专毕业，走出嘉峪关火车站时，我身上仅有5分钱，乘不起公交车，师专比我低一级的一位学妹用自行车将我带到嘉峪关市区……毫无疑问：现在我是中学教师中收入最高的人。但是，我没有学会抽烟、酗酒、打麻将……我没有在师德方面给喜欢我、欣赏我、帮助我的领导惹大麻烦；也没有让嫉妒我、压制我、也可能想给我穿穿小鞋的任何领导抓住什么大把柄。我一直是一个普普通通、平平常常的中学老师！

——是张掖这个地方给我打下了教师职业道德的底色！

张掖师专那一批善良朴实的老师们，给我打下了作为教师的职业道德底色。向叙典老师永远充满精力、满血复活地教学、科研、管理；刘懋德老师为养家糊口与教学工作永远忙到从来不把梳子在自己凌乱的头发上亲密接触一下下；姜德望老师永远能够在孤独寂寞的环境中清静地看书备课；我年轻的班主任杨国学老师，永远谦虚、诚实、平等、善良、友好……地对待每一位学生；那个时代张掖师专的老师们，从来不以学生的家庭背景、经济条件区别对待学生；没有老师不发自内心地欣赏、加持、鼓励、帮助勤于学业的农家子弟……山丹实习一个月，罗茂林老师每次去品尝山丹小吃，一定要带上我这个穷学生，从来不允许我掏钱。分别近三十年后师生在上海重逢，我当年英俊帅气、多才多艺的张伟德老师，还一定要请我在东方明珠塔吃一顿饭，一定要请我到上海的家中做客，并且给我往返打的券；张老师的老母亲，一定要送给我女儿一盒上海特产冠生园的大白兔奶糖……

做一个善良、正直、具有悲悯情怀的老师，这个人生底色，正是张掖读书两年中给我打下的！

亲爱的同行们，今天当我事业有成、身有余力的时候，回馈张掖教育，回报张掖这个朴实的地方对我的培育之恩，是义不容辞的，也是在所不惜的！

三十多前张掖抬举了我，今天张掖的同行们依然如此抬举我——人要识抬举！

我一定不忘、不负各位的抬爱，尽最大努力，优先建设好张掖名师工作室！

谢谢！

寇永升

2020 年 7 月 12 日

2022 年 8 月 22 修订

张掖师专中文科 1981 级同学聚会祝词

各位老师、老同学们：

三十年前的那个中秋节，我们稚嫩的肩膀上第一次背上了离别家乡的行囊，相聚在这个那时还不算美丽的校园，却结识了今天这些在座的亲爱的老师，酿造了许多美好的故事……

那个中秋节，第一次不在父母身边吃月饼，王怀发第一次乘火车……

走进校园的那天，看见女生住在楼上，男生住在楼下，我们中的许多男生不愿意进宿舍楼，领头抗议的好像是梁鸿雁！

陌生而感兴趣的名字是代茂、拉毛加。总是把乔仲良想象成《一江春水向东流》里的那个张仲良……

半夜溜进胡家园子偷长把梨，翻墙本领最高的是薛天祥！

王兆杰那双尖尖、响响的皮鞋……纪向军腼腆的神情……端着饭盆子站在教学楼下边吃饭边看报的那位美眉……

李筠一头飘逸的长发……李霞白白净净的皮肤……苟秀云婀娜的步履……

刘在元、倪文余没有赶上好时候——那时还没有帅哥这个桂冠……

刘俊国更是生不逢时，尽管能把二胡锯得像拉大锯、扯大锯一样有声高，但那时不时兴素质教育……

贺春丽带有乳臭味的声音，侯国庆老成持重的身影，周志杰山丹酒醉的狼狈……

往事越卅载，挥之难去也！

农垦电影院二角五分的电影票，食堂里一角钱的土豆丝……

冬天每顿必不可少的红烧萝卜，夏天时时见面的黄瓜白菜；为了五角钱的红烧肉，付出了五磅肉的体力；周末张掖街上啃西红柿的浪漫……

……

1981 年的那个秋天，第一次听到学术讲座。《你们身上寄托着人类和中国的未来——纪念鲁迅先生诞辰 100 周年》，向叙典老师慷慨激昂。

三十年过去了，我们一百零几位兄弟姐妹，由孩子变成了爸爸、妈妈，从学生转变成老师、领导，无论你是主政一方如代茂、马国荣者，还是你单枪匹马开辟出一条生活之路如尚可臻、陕海青者，不羡慕你已经坐享成功人士的生活之蜜，更不会无视你人生之路上的不如意——树欲静而风不止，子欲养而亲不待！也许你在双方父母身上留下了些许遗憾，或许你在子女抚养教育上还有可为；或者你已经在发达地区得意，也可能你还在僻远的乡村中学拼搏……但我们都有一个共同的名字：81 级中文科——这是曾经的，也是永远的！

老同学们，各位尊敬的老师，今年聚会，对我们这一批人来说，意义非凡！现在，我们这些人早过不惑之年，即近"奔五"之列，在事业上是最顶峰、最辉煌时期。从政的，三两年也许就边缘化了；执教的，三五载，自然就力不从心了。教过我们的各位老师，也已经早过古稀，年届耄耋。第一学期爬在讲桌上"关关雎鸠"的钟毓俊老师早已离世，1 班班主任李健老师前些年见背与我等，老同学王建平英年早逝……既有生老病死的不可抗拒，但也不乏白发人送黑发人的悲哀——今天在这样一个喜庆欢乐的场合，我们能不能不合时宜一次？

——让我们全体起立，为我们 81 级中文 1 班的老班李健老师，为了我们那位课堂上只顾了关关雎鸠，而把粉笔头当香烟去点燃的钟毓俊老师，为了再也不可能参加我们聚会的老同学王建平，为我们已经逝去的亲人、爱人……默默地祈祷，奉献我们的一份发自内心的悲悯情怀！（起立，肃穆，默哀——请老同学们斟酌，我意：我们不能把这次聚会搞成纯粹的嘻嘻哈哈、吃吃喝喝……请各位老师同学斟酌）

曾记否？

向老师讲课到一半时，师母曹允中把药片送到教室门口。透过门缝，老师一边还在讲着"春蚕到死丝方尽"，一边接过药片和水杯，他们只用眼神交流！向老师服下药片，继续讲课。

第二天，向老师走进教室门，班长超出寻常分贝的一声"起立"，同桌吓得浑身一哆嗦，把钢笔尖都扎进了课桌，向老师会心一笑……那节课，是向老师最为精彩的一节课……

时常回想起，刘懋德老师的现代文学课上，他那些似乎从来不与梳子结缘的黑发飞扬，带动着他的激情飞扬，他的板书唰唰唰，他的唾沫星子能抵达最后一排座位……

常回味——

每每令人发笑，康舒泰老师的课堂就是让人无限量活动面部肌肉的最佳时光……

方步和老师为了让我们尽快适应写作课，想尽了各种办法，请来了作家李田夫讲座，拉来了杂志编辑座谈……

姜德望老师讲柳永，用他的四川口音读："念去去，千里烟波，暮霭沉沉楚天阔——"别有风味。

山丹实习，一个月中，与几位老师吃、住、行、学习、工作在一起的师生情谊。留给山丹中学纪念品上罗茂林老师的那副对联：山丹负笈恩情深，永远难忘一月师，我们不解"负笈"二字，罗老师叼着他永远的雪茄烟给我们解释……

不思量，总难忘！

李健老师明光闪亮的额头，班主任张伟德老师的多才多艺。在整整一年中，与我们这些新来乍到的农村娃一起摸爬滚打。隆冬时节，黑灯瞎火，一辆自行车，张老师从张掖城里颠簸而来；盛夏酷暑，头顶烈日，他又准时地出现在我们篮球比赛的现场……

在我们毕业离校前夕，几位同学前去跟班主任杨国学老师告别，杨老师把唯一的一只黄河蜜瓜拿出来招待我们，那是他安西老家的亲人带给他的乡情、亲情！杨老师颔首数了数，我们一共八人，他竟能非常准确地把那只瓜分成均衡的八份，而他自己没有尝一口！

还记得吗，体育老师姓什么？骄阳似火，大操场上，下午第一节课，大声呵斥体育委员："应该让大家背对阳光，你和我面向太阳晒着！"

想想我们开玩笑学舌的情景——老校长主持会议；"于杰教授的报告，把我们带到了欧洲……"

谁能忘！李鼎文先生在阶梯教室痛陈敦煌文物流失的悲愤……

至今不解，柳兴华老师怎能把十个手指折过九十度！

几度思索，马良民老师的大名是哪几个汉字！——马良民：姓马的好老百姓……

700 多个日子，三十年的岁月流逝，那些点点滴滴的趣事，至今会心一笑的尴尬，你、我、他、她——今年因各种琐务缠绕不能来分享着欢乐喜庆的师长、同学，愿我们能长存心间！

　　2010 年 7 月 17 日，周六，农历六月初六，一个给我们带来多少愉悦的日子！张掖故地，母校聚首，一次能让我们长久回味的相见！白发飘逸的老师，当年令我心仪的少女，如今大腹便便的肥男，让我们的友谊天长地久！

　　谢谢！

2010 年 7 月 17 日

2022 年 8 月 23 日修订

附： 王生霞校后记

　　读着读着眼泪噙满眼眶，想起了我的老师们。

　　我的高中语文老师，总是低下头边读课文边从眼镜上面的缝隙里观察我们的，我们私下里悄悄称呼"panda"的高老师，上半年心肌梗死去世了……

　　我的班主任苟老师记忆中一直精神焕发，前两年在街上碰见，骑的还是多年前的那辆旧自行车，但苍苍白发在秋风中凌乱，不禁想要跑过去拥抱他……

　　从工作到现在每年都计划去看看老师们，总是拖延……

2022 年 10 月 21 日

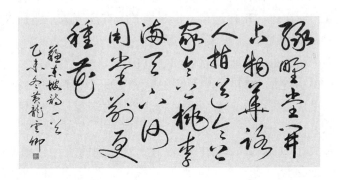

最香甜的一瓣橘子

那是一个冬日的下午，全校各个专业的几百名选手参加一年一度的冬季长跑比赛。从校门出发，往几公里之外的折返点奔去……

黄河边上的雁滩乡，沙土路面，坑洼不平，尘土飞扬，我等满头大汗，喉咙冒火，心都快要蹦出来了，双腿机械地移动着，渐渐地我已经落在了差不多最后……

筋疲力尽，浑身乏力，站立不稳，眼花耳鸣，舌头不敢停留在口腔内，否则会粘连在上颚或下颚上，我只得大张着嘴巴，把舌头伸得长长地，掉在嘴巴外，像大夏天的狗一样，任凭黄河边上的黄土往喉咙里灌，似乎全身的力气都需要用来呼吸……

快到折返点了，突然我发现班主任程金城老师在路边，好像他还在鼓励我，说我目前大概是多少名，还有希望取得名次云云。

到达折返点，在返回方向的路途上继续挣扎了十几米，程老师往我手中塞了一个东西，没有力气和他打个招呼，连做个手势的多余力气都没有，只凭本能感觉到他塞到我手里的是一瓣橘子！

糊里糊涂地又塞进嘴里，真香啊，以前怎么没发现橘子这么好吃！

我不忍心一口吞下这瓣橘子，一点一点地吮吸橘子汁。

不知不觉到了终点，我惊奇地发现，我们班里参赛的好几个同学，嘴里都还有一瓣几乎嗑干了汁液的橘子。各个累得死去活来，躺在地上的，被同学搀扶着的，彼此都没有打听询问，我们都知道那瓣橘子的来历……

我直到现在还清楚地记得，那瓣橘子上有汗渍味，那是程老师手心里的汗浸染的。他站立在寒风中，跟我们参加长跑的人一样着急，拿着几个橘子，一一掰好，手心里都捏出了汗……

——20世纪的80年代末，即使省城兰州，橘子在这个并不生产它的西北地区也还是稀罕水果。当时的大学老师大多每月工资只有百来十元，他们的收入主要用来解决一家人的吃饭穿衣。这两个橘子，是程老师准备傍晚接儿子时的礼品？或许是他夫人塞在他的手提包里的一点温暖与恩爱——他每天早上从兰州最西边的家中，乘当时那种极其简陋的驼铃客车，经过一个多小时颠簸，来兰州最东边的学校上班，下午再乘同样的校车回家……

此后到现今的二十几年中，担任班主任，每逢运动会，我都让学生准备几个橘子，给参加长跑的同学在弯道处递上，我一直觉得的比送矿泉水好！

——记忆中，那是一瓣最香甜的橘子。

后记：

这是我给今年我教的高三学生写的一篇下水作文——学生们不会写记叙文，不能提炼出能概括文章主旨的题目，不擅描写，不会虚实结合……文中全是我的亲身经历，切身感受。二十年、四千里时空之隔，我并没有淡忘……

2017 年 11 月

2022 年 8 月 22 日修订

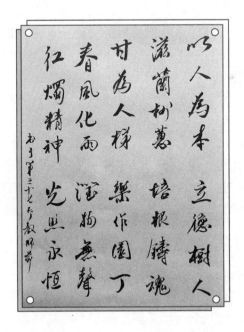

那些剩下的……

三十多年前，像语文课本里的刘鸿伏一样走进大学校门时，我第一次见识了正规的体育课，第一次能够把篮、排、足球区分开来。

一位年老的男教师，今天回忆起来，只剩下了他姓王。西北腹地午后毒辣的太阳下，体育委员集合队伍，让我们向着阳光站立，老师背对阳光。体育老师一声令下："全体都有！立正，向后转……向前三步走……体育委员同学，以后请记住了：同学是多数，我是少数……让同学背对太阳，老师面向太阳……"至于这位老师在体育课上给我们教了什么，我全都忘却了。

大二，教体育课的是一位年轻的女老师，非常漂亮，长辫子，大眼睛，丰满结实。我记得她是教我们男生在垫子上前滚翻，或者是双杠，总之是，她做完示范动作，站在一侧保护，我们一一轮流练习。一位肥硕的舍友，向前滚翻时身体严重偏斜，整个身体骑压在了女老师的身上。几乎所有男生都在坏笑。女教师慢慢把男生的大腿抬起来，把自己从学生身体下抽出来，来不及拍打一下满身的黄土，赶紧扶起学生，问："你有没有什么地方感到疼痛……站起来看看……走两步试试……"我一直想不起来那位女老师的姓名，每逢老同学相见，都没有人能够说出她的名字，但是我们那一批人记忆里剩下的都有这个细节。

教古代文学的是一位老教授，连续一段时间里，每天讲课到中途，门口都有一个老妇人来到教室门口，稍一张望，老教授就走下讲台，拉开教室门，一手接过一个杯子，一手接过几粒药片，将药片仰头送入嘴中，喝一口热水，杯子还给老妇人，关门继续讲课……他一直没有耽误过我们的课业。

我一直没有机会知道，老教授患什么病症，为何在讲课过程中服药，如今只剩下了他匆匆吞药片、喝热水的这个镜头。

临近毕业，我们十来位同学去向班主任杨国学老师辞行。杨老师从单身宿舍床下摸出一个白兰瓜。我认识，西北特产，特别好吃。老师拿出一把刀，向我们点头，看了几秒钟，动手操作。一个瓜，正好按照我们在场学生数切分好，很均匀，不大不小，不多不少，唯独少了他自己。我们每人一块品尝，有人说："杨老师你咋没有了？"老师笑笑："我家乡特产，吃得机会多了。还是招待你们吧……"

班主任那时还很年轻，没有教过我专业课，没有从他那里学到什么专业知识，几十年来，剩下的，就只有这个细节。

爱因斯坦说过：一个人忘掉了他在学校里课堂上所学到的东西，那些剩下来的，才是教育。我的四年师范大学教育，如今不能回忆起来学过什么课文，不记得做过什么练习题，更不能想起来考过多少分；唯有那些剩下来的点滴细节，而正是那些剩下来的点点滴滴，一直在提醒着我，在督促着我，在鼓舞着我……

后记：

写这篇下水作文，是因为在编写作文讲义的过程中读到冯慧萍老师的一篇示范作文——刘翔的教练肯定不会比刘翔跑得快，但他必须给刘翔示范！语文老师，能够动笔为学生示范下水作文，即已难能可贵！我在写作中示范两个知识点：一是记叙文结尾的方式，以抒情议论的语句为文章主题画龙点睛，我引用了爱因斯坦的一句话，点明大学教育至今给我剩下的一些记忆；二是示范同学们，面对作文材料和题目，尽量把话题和主题引向我们熟悉的领域，写我们熟悉的内容，表达我们熟悉的情感。可能不会太有亮点，但也不至于偏离题意。60分以上的作文可遇不可求；但是避免"4"字头，确保"5"字头，可是每个同学努力的目标。

2020 年 8 月

2022 年 8 月 22 日修订

入靜生智　長樂延年

癸卯正月祐八書

父亲的学生烂柯

甘肃省白银市景泰县中泉初级中学　罗崇庆

烂柯者，寇永升教授是也。刘梦得诗言："怀旧空吟闻笛赋，到乡翻似烂柯人。"大概是身在异土他乡，心有所系，不忘桑梓，故以"烂柯"为微信和QQ昵称。

烂柯是我父亲的学生，也是我的长辈。他年近花甲，学识渊博，豪爽健谈，令我深为敬重。我们虽不常见面，但每次相见都给我留下深刻的印象，他的一言一行、举手投足中，有感动、有感激、也有感恩。

一

第一次听见"烂柯"这个昵称，还是我参加工作不久，应该是2000年暑假，我回老家，退休赋闲在家的父亲兴奋地走到我面前："你看，这是我学生烂柯给我寄来的书，是他自己写的，特别适合你读。"

我刚参加工作，手头除了《教育学》《心理学》，其他关于教育教学的书很少，更缺少贴近课堂教学、贴近班主任工作的书籍。

我从父亲手里接过那两本书——《烛光心韵》《烛光心韵补遗》，一绿一蓝的封面，扉页上清晰地写着：

敬赠罗老师存正

学生：寇永升

2000年7月25日

父亲坐下来，将几十年前在烂柯所在村子教书的情景娓娓道来：村小学教学条件苦，泥墩支个木板就是凳子，青石板搭起来就成了课桌。土坯教室，四处漏风。生活条件苦，教师灶几乎没有蔬菜。冬天偶尔有家长送来一碗酸菜或者自家腌的咸菜，能吃好几顿。

腊月是一年最好的时光，每逢有农家杀猪，村民都要把学校所有老师招呼一顿肥肥的猪肉，老师们满足地吃上一顿，算是打牙祭解馋了。

父亲又谈起烂柯上小学时情景，他比同龄人个子小，但聪明，每天闲不住，就连上课也要趁老师不注意和其他同学挤眼做鬼脸，惹得全班同学三心二意甚至咪咪发笑，正在上课的老师也无可奈何……

我那时候觉得能写文章、能出书的人都是了不起的"伟人"，现在发现我的身边有这么一位"伟人"，居然是父亲的学生，顿时觉得父亲的自豪是理所当然的，也对父亲的学生烂柯顿时仰慕起来。于是，便想着以后有机会一定要见见这位"伟人"。

我拿起书如饥似渴地读起来，书中有好几个板块，"他山之石"写教学管理，"教育杂谈"写的是如何育人，也有教材教法和课堂灵感，还有文学作品和社会实践日记，确实让我受益匪浅，许多方法我在以后的教育教学实践中都排上了用场。特别是书中有关班级管理的方法和理念，我至今记得其中有句话说："一个优秀的班主任要像骚胡管羊群一样管理班级。"原来是烂柯和几位志同道合的教育同行深入祁连山腹地，在与少数民族牧人相处中感悟出来的。

我至今做了18年班主任，从这本《烛光心韵》中得到了很多启发。让我很快成长为一名合格的老师，并在以后的教育教学及班主任工作中获得了许多的荣誉。

二

与烂柯第一次相见是2001年春节，他专程来看他的小学老师——我的父亲。那天是正月的一天，天晴，却很冷。父亲接到一个电话后匆匆出去了。不一会儿，便领进来一个人：个子不高，微胖，大方脸，戴一副白边眼镜。眼镜后有一双睿智的眼睛。父亲给我介绍，这就是他的学生烂柯，按辈分，我应该叫舅爷。我顿时肃然起敬，这就是我心中盼望相见的"伟人"。

"舅爷过年好！"我毕恭毕敬地问候。

"崇庆，过年好。"烂柯丝毫没有"伟人"的架子，语气温和地说。

父亲赶紧让烂柯进屋。火炉旁，一对师生，一边喝茶，一边聊。我在一旁添水泡茶，听他们师生畅谈。

那天，分别二十三年的师生再次见面，他们聊腰水小学，聊腰水的老师和学生，也聊当下和未来。不时发出爽朗的笑声。笑声冲出堂屋，飘向远处，几乎村子里过年的鞭炮声都被遮住了。

那是我许久以来第一次看到父亲那么高兴。

三

自从那次见面后，烂柯只要回家乡，总要抽空来看看我父亲。

有一次回老家，烂柯打听我同村一个叫洋的人，说是他高中同学，两人在中泉中学读书时关系甚好，经常一个干馒头都要掰成两半吃。几十年没有见面更没有联系过。父亲说："洋二十几岁患眼疾失明，一直在家，从没出过家门，生活很艰难……"

烂柯便带上礼物去看洋。老同学见面，分外高兴。

然后就有了一幅感人的场景：

身着西服、领带、皮鞋的烂柯，拉着衣服皱巴巴、双目失明的洋的手，走出洋的农家院门，带着二十几年没出过家门的洋，从村东走到村西，从果园走到河边。一边走，一边聊。一路上，让洋听听村里的狗叫，树林的沙沙声，河边的涛声，还有大街上的喧闹声……

自那以后，我每次回家，都可以看到洋手里拿着根木棍，摸索着在村里街道上散步，脸上洋溢着自信的笑容。当有人和他打招呼开玩笑时，洋总是散发出一阵阵开朗的笑声，仿佛能看见一切美好的事物。有次我恰好碰到洋七十多岁的老母亲，谈到洋，她不无自豪地说："自从儿子的同学烂柯来家里看了他，洋就像变了个人……"

四

时间在不经意间又过了好几年，烂柯从嘉峪关市一中到千里之外的无锡锡山高级中学任教，每每有好消息，便打电话和父亲分享。还不时从长三角给父亲快递来笔墨纸砚书等父亲喜欢的东西。父亲也让我把烂柯的电话设置成一键拨通号，但他很少或几乎不拨，想念时手里摩挲着手机，嘴里念念叨叨：烂柯工作很忙，就不打搅了吧……

有次烂柯打电话给我父亲，很郑重地说："罗老师，我有一个愿望，希望邀请我的小学、初中、高中老师到江南游一趟。我第一个想邀请您……"

那是在2011年春夏之交，正是江南好风景，父母应烂柯之邀坐上了去无锡的火车。烂柯亲自开车在无锡站迎接。到他家里，看见父亲身着深色长裤，立刻从自己的衣柜里拿出一条浅色西裤，让父亲换上。在随后的十多天里，父亲穿着他的学生这条裤子，烂柯带着他的小学老师夫妇旅游。偶有事务缠身，烂柯总是把父母第二天行程安排得明明白白、清清楚楚，乘哪路车，在哪里休息，甚至上厕所……

父母第一次住五星级涉外酒店，第一次看到太湖、西湖，第一次吃海鲜。无锡、苏州、杭州，三国城、水浒城、灵山圣境、鼋头渚等游了个遍。

这趟旅游，值得父亲和母亲自豪一辈子。总在同事和熟人面前说起烂柯，最后还强调一下：是他的学生。

五

烂柯后来又成了中学里少有的教授，又被聘为好几所大学的特聘教授，在甘肃、陕西等地成立了二十多个名师工作室。

斗转星移，2021年5月的一天，烂柯再次从千里之外的江苏来到家乡景泰二中义务讲学。他特地给父亲打电话说："罗老师，我明天要在二中讲一节课，请您来指导。小学时听您的语文课，看您写毛笔字是一种享受，现在希望您听我这个学生的课，对比对比，看看现在的课堂……"八十岁的父亲欣然答应了。

那天是5月3日，父亲早早起来穿戴整齐，还准备了笔记本和笔，在家等候烂柯派车来接。

离开课堂二十一年的父亲再次走进课堂，但这次不是讲课而是听课——听他的学生的课。

讲台上，烂柯神采飞扬地讲课；教室后面，白发苍苍年逾八旬的老师认真听课，不时还在笔记本上记录着。

课后，景泰二中的学生给烂柯送上一束鲜花，以表达对他义务送教家乡善举懿行的加持；烂柯接过鲜花，恭恭敬敬地双手奉赠给他的小学老

师——于是，就有了上面这幅照片。

我被这一幕深深感动了，还近乎抄袭地"填"了一首所谓的词：

破阵子·为烂柯赋词以寄之

梦里挑灯看书，屡回校园课堂。八千里送教故里，五十年酿师生情。讲台点神韵。

烂柯不舍乡情，教坛又育新人。了却桑梓天下事，赢得身前生后名。沉舟千帆生。

心系桑梓，情牵教育。行之力则知愈进，知之深则行愈达。烂柯的夙愿就是："把长三角先进的教育理念带到西北家乡。"

烂柯对师长坦诚，对家乡眷恋，对教育执着。

烂柯一直走在路上……

父亲给烂柯的一封信与合影

2022 年 11 月 18 日

永升老弟的尊师重教情

甘肃省白银市景泰县陈庄中学　　寇永贵

　　我是 1972 年景泰二中（中泉中学）高中毕业（按照那时的学制，具体时间其实是 1973 年 1 月）。1974 年至 1979 年，我被母校选调为民办教师。初回母校，当过学生大灶管理员、学校总务处保管员兼图书管理员，后来学着我的老师的样子，开启了我的教师生涯。那时就是充数的"救急老师"和"顶缺老师"，外地老师有事请假回家，学校领导就派我"顶缺"上课。除语文课外，其他科目都敢去上。

　　有幸教过族弟寇永升。

　　那时的永升，个头小，相貌平平，家穷，穿着简朴，粗布衣裤，还带着补丁。但一双小眼却炯炯有神，透着一股执着不屈、不服输的精气神。记得一次上高一政治课时，我讲的是有关阶级和阶级斗争的内容，讲完后让学生上讲台简要复述讲课内容，叫了两个同学复述并予以评价，下课时间即到，这时永升站起来举着手要求上讲台复述，我还犹豫不定，准备收拾教案下课，未经允许他已跑上讲台了。拿起教鞭，指着黑板上板书的内容，绘声绘色地学着我的语气讲起来了。条理清楚，层次分明，语言简洁，让我这老师大吃一惊，我这政治课的教案是当时的校长周敬阳备写的，我通过多遍强化记忆，并通过几个班试讲后才达到比较熟练的程度，但永升只是听了我的讲解和同学的复述，总共才三遍，就能达到如此高的记忆和理解程度，不得不让我由衷地欣赏和高看一眼。

　　我暗想，永升将来若当老师，一定是个攒劲的好老师！

　　1979 年，我经考试转为公办教师，专门任教中学数学，接着调往景电一期工程灌区学校。过了一两年听说了永升弟参加高考时一件趣事：永升其他科目均能过得去，但数学基础不太好，多次模拟数学成绩极不理想，且高考数学见零不取。高考在即，永升急得像热锅上的蚂蚁，小脑袋一转，死缠硬磨恳求他的数学老师马勇押题，以解烧眉之急。马老师面授一计，每年数学考试总有一个定理要证明，今年说不定文科考生要考正、余弦定理的证明，你若不理解，就去背会定理的证明过程，若出了此题，背写道试卷上至少可以得十几分……永升如获真经，挑灯夜战数小时，背会了正、余弦定理的证明过程。老天不负有心人，果真当年数学高考文科考的是用解析几何证明余弦定理。因此，永升1981年考入了张掖高等师范专科学校，学习汉语言文学，毕业后因成绩优异被分配到嘉峪关一中从事语文教学。

在嘉峪关任教期间，永升虽说学历不高、起点较低，但爱岗敬业，快速成长，小有名气和成就。将自己的工作心得体会、语文教学收获、北京名校挂职培训见闻感受以及教学论文收集编印成两本书，假期探亲时专程到我和马勇老师所在的陈庄初级中学，赠送给我们两位。那时我刚任陈庄中学教导主任职务，教学管理特别是语文教学方面一片空白，细读了永升的著作，我这个数学专业的教导主任对指导语文学科特别是语文课堂教学改革有了耳目一新的感觉，并将它推荐给我校的语文教研组学习研讨，进而带进课堂进行实践。永升创新的教育教学理念和教学方法，如兴趣教学、阅读教学、日记与作文等课堂教学改革，使我校的语文教师受益匪浅，对我校的语文课堂教学观念的改革、教学思想的更新起到了帮助和推动作用。

真的，永升这两本书里的许多内容，帮了我这个理科校长很多忙，语文课堂教学如何改，如何听课、评课（肯定的基础上多挑毛病），写教后感等等，都受到了启发，给我的教学管理起了导师作用，这一点都不夸大。

借鉴永升的教学经验汇编，我校对语文教师形成了一个硬性规定：每学期写出五篇教学后记或者教后感想，并定期交流学习讨论，积累起来就是教学论文的素材。永升的教学经验汇编的小册子，为我校教师撰写教学论文起到了引领和示范作用，使我对语文课堂教学改革增强信念和信心，为我从事教学管理增添了强劲的动力。从这方面讲，学生永升应是我教学管理的导师。

退休若干年后，每每忆起学生永升赠送个人著作的举动，仍能回味到当年的喜出望外与激情澎湃……感谢永升弟尊师、敬师、回馈师长的高明举措。

孔雀东南飞。2001年，永升从嘉峪关引进到江南，任职于百年名校锡山高中。2017年，再传喜讯，永升再次以优厚待遇引进到现在的南菁高级中学。紧接着，连年都有永升的好消息，从普通教师成长为中学里的教授，在教育发达的江苏评到了特级教师，直到全国名师、多所高校的特聘教授。

虽然职称、荣誉一路高升，头衔名头越来越大，但永升的尊师重教的情怀一直未变，随着年龄增长愈来愈浓。

从嘉峪关到江苏十年之后的2010年春节，永升回家办了一次谢师宴。永升大学毕业数十年了，为人师站讲台三十载，且是在人杰地灵的江南名校，已成为专家级的名师了，还念念不忘曾经教过他的小学、初中、高中老师，盛情邀请老师参加。接到邀请后，我约请寇宗恩老校长、马勇老师等，驱车百余里，前往永升老家中泉乡中泉村（滴水崖村，是我们中泉寇氏家族的发源地），参加永升的谢师宴。宴席间永升向老师们汇报了大学毕业后的工作经历和自己取得的成绩，真诚感谢老师们的培育之恩，记得他端起酒杯很动情地说："没有各位老师当年的栽培，就没有我寇永升的今天……"发乎内心，情真意切。谢师宴有跪拜老师的议程，因老师中辈分大小的关系，宗恩老校长提议让永升父母亲坐上正位，由永升跪拜父母来替代。事实上，父母才是子女的第一任老师。

永升的谢师宴隆重而丰盛，情深意长。宴后永升携妻为每位老师敬酒送祝福，并赠送无锡特产精品紫砂壶和高级狼毫毛笔，诚邀老师们去江南旅游。返回途中，马勇老师激动地说："当了一辈子老师，教出寇永升这样有出息学生，值了！"马老师这句话，也说出了我们共同的心声。

2022年元旦前一天，永升奉江苏南菁高级中学杨培明校长之命，前往西部扶贫支教，在景泰二中义务讲学，参加景泰二中名师工作室揭牌仪式，出席了景泰二中校史发行仪式等活动。疫情防控期间，本已行程满满，永升再次来到母校中泉中学，给每位在职教师捐赠笔记本电脑一台，一百多位在校学生每人一套冬季校服（2020年"五一"之前捐赠夏季校服一套）。几千里旅途奔波、舟车劳顿，永升仍不忘探望和感恩自己的老师，利用午餐时间，邀请健在老师及亲属代表到景泰康辉大酒店叙旧。应邀出席的有寇宗恩校长、马勇老师、陈佺贤老师和我，永升的小学老师罗文举，尤其是永升中泉中学读书时学生大灶厨师温正德，体育老师寇宗棠、初中班主任火毓花两位因身体不适出门不便，由其子女代表。我们围坐一桌，永升向老师们致礼并问候，代表南菁中学杨培明校长工作室向每一位老师敬送了一部笔记本电脑，并合影留念。当永升把笔记本电脑恭恭敬敬送到每位老教师手中时，老教师们激动得热泪盈眶，道谢声不断。永升中学时代的炊事员温正德几次抹泪，泣不成声。有位老师开玩笑说："这是我此生接受的学生最沉重的'贿赂'，有点难以接受啊……"永升笑着解释："这是我们南菁中学杨培明校长工作室西部扶贫计划的专项活动，要谢的人应该是杨培明校长。"我在敬酒时说："恳请永升代向杨培明校长致以崇高的敬意与真诚的谢意！也谢谢百年老校南菁高级中学把我们甘肃景泰的小麻雀寇永升养育成了江南水乡的金凤凰。人杰地灵的江南水乡人才辈出，钟灵毓秀之百年南菁名师辈出……当然也谢谢永升老弟的尊师、敬师、爱师情。"

我退休已近十年，想起永升一路走来的路真是不易，难能可贵。从平凡的老师干起，咬定目标，把教师这个职业当成事业去干，评到教授和特级教师了，还锲而不舍，执着追求，还能把教学经验和成果回馈西部、回馈家乡的学校，无私地分享给家乡的同行后辈，引领和推动家乡教师向名师成长。

永升老弟的高尚师德，尊师重教的优良品格，对教育事业执着追求的精神将影响鼓舞和激励一大批有志于教育事业的后起之秀。

我相信，有家乡领导的重视与关怀，有永升教授这样的教育专家的言传身教，寇永升景泰二中名师工作室一定会结出更丰硕的成果，景泰教育事业一定会越办越好，景泰教育界一定能人才辈出。

寇永贵

2022 年 11 月 20 日

后记：

寇永贵，1954 年生，1972 年景泰二中（中泉中学）毕业，1974—1979 年在中泉中学当民办老师。后通过民教考试转为公办老师，任教初中数学。后调往景泰陈庄初级中学任教 35 年，由普通教师、班主任，到教研组长、教导主任、副校长、校长，期间参加甘肃省数学教师专业考试取得合格证（视为数学专科水平，合格中学数学老师）。参加党校函授学习 5 年，取得党政管理专业本科文凭。1988 年聘为中教二级，1992 年聘为中教一级，2005 年聘为中教高级，2010 年任景泰县督学。从教 40 年，2014 年 9 月退休。

论家族，永贵是我兄长；论求学经历，永贵兄是我老师。我编辑本书时，想到请永贵兄为我写一篇文章，因为他了解我，也是教过我的老师中最年轻的；我记得他的表达能力很好，我有把握！

接到约稿邀请，永贵兄回复：

永升，你出的题目太难，难为我这个数学老师了。回忆学生时代，只能想起一点，就是寇家人的"牛劲"，即执着精神。另外就是你的尊师情，比如办尊师宴，给老师们送毛笔、茶具；还有诸如回馈家乡教育，在景泰二中建成名师工作室，给母校中泉中学学生捐赠校服，给中泉中学教师送办公笔记本电脑，资助特殊家庭学生等等。

永升弟，我凑了一篇"文章"，发给你。读书少，文学功底差，写得不好，请你修正。

看了你写的文章，我真不敢将文章发你了。但已写成了，请你修改，借你的书，留下一点文字作为纪念也好！

我觉得，这些都是永贵兄的谦虚而已——数学老师的文章，不是也写得很好嘛！

2022 年 11 月

心无旁骛 终成大器

甘肃省河西学院　杨国学

永升的《烂柯文集》即将付梓，他嘱我写篇文章。毫无疑问，这是一件可喜可贺的事情，于是便欣然应诺。

我和永升相识相知四十多年，他始终以师礼待我。其实，我只是在大学刚毕业分配到张掖师专任教时，接替张伟德老师担任过他一年班主任而并无授业之实。准确地说，我和他只能算是经历相似、志趣相投的朋友。

永升是一位善于学习、专心致志、不断进取而终成大器的基础教育专家。诚如他爱人安燕老师所说："生无所息，学无止境。"所以他能成为一代名师之一。

说到这里，我便联想到了他的微信名称"烂柯"及其文集名《烂柯文集》。

"烂柯"一词，源自南北朝时期梁代任昉的《述异记》。说是晋朝有个叫王质的人，上山砍柴时，看见两个人在下棋，便放下斧子驻足观赏。不知过了多久，经弈者之一提醒，王质方才意识到该下山回家了。当他拿斧子时，发现斧柄已经朽烂。他回到家时，村里人都视他为传说中数辈前的先人。人们对这个故事的理解与诠释，通常都认为是仙凡差异，即所谓"洞中方七日，世上已千年"，用以比喻世事变迁，沧海桑田。而如果换个角度看，斧柄朽烂而王质却不自知，说明其观棋十分专注而忘记了时间，甚至忘记了自己。这种物我两忘的精神定力，是成就一番事业不可或缺的优秀品质，能达到这种境界者，常常能有始有终，到达理想之彼岸。

我不知道永升取微信和文集名称为"烂柯"的初衷，但我从永升从事基础教育数十年、始终如一专注于教书育人第一线的敬业精神，推测出其取名"烂柯"的意思可能与我的理解有点关联。

中国的传统文化有许多精华，但也有不少糟粕。其糟粕中贻害最广、荼毒最深的是官本位思想和权力崇拜意识。经过几千年的浸淫积淀，这种思想意识深入骨髓，融化到了人们的血液中。读书做官被视为出人头地、光宗耀祖的最佳途径。虽然有"三百六十行，行行出状元"之说，但任你身家百亿或技艺超群，没有官职，就仍是一介草民。所以当权者为留住或激励人才，常常采取一个百用不爽的法子，即封个官职。流风所及，便有了正科级大学教授、副处级道士、正处级和尚等可笑可叹可悲的社会怪象。社会大众是如此，就连专门培养未来教师的师范院校，在其校史的"知名校友"中突出宣传的，首先是职务级别高的官员，而本应突出着力宣传的教育教学名师，则等而下之。在这样根深蒂固的官本位思想的影响下，师范类学校的毕业生设法跳槽从政就是自然而然的事了。

据我所知，永升也曾有过几次弃教做官或在学校被"提拔"为带"长"字的兼职官员的机会，但他始终不为所动。他一以贯之地潜心于学科教学，心无旁骛，从不懈怠。凭着坚定的信念，自强不息，转益多师，孜孜不倦，精勤有加。学历从专科到本科，职称从中教初级、一级到高级，再到特级教师和中学里的教授，直至数所师范大学的客座教授和硕士研究生导师，"寇永升语文名师工作室"遍布全国三十多地。我以为对于师范院校来说，像这样的毕业生才是最值得骄傲的成功校友，也是我这个名义上的老师而实际上是朋友所应该赞赏和敬重的。

在《烂柯文集》出版之际，写下以上简短的文字，以资纪念。

2023 年 1 月于武夷山

大学毕业 40 年，邀请杨国学、张伟德两位老师无锡相聚。

相逢切切，缘自绵绵，四十年旧雨长来

——写于《烂柯文集》付梓时

上海市静安区教育学院　　张伟德

刚过去的这个2022年冬月，自觉有点恍惚，却也不全然是雾蒙蒙一片。就在新年前十几天吧，接旧雨永升来电，他是我张掖师专任教时的学生，不觉我们师友缘已满四十年了。如今微信早已成人们生活中常备，不过我和永升，一直采用传统电话方式保持联系，而这也让我从中品出不一样的意味来。

电话里永升告诉我一个喜讯，最近他得晋升江苏省特级教师。我知道他原本就已是正高级教师了，这可是真不容易。还有一连串的好消息，说在校图书馆，创建了他个人主持的母语教材研究中心和语文教学期刊陈列馆，同时他的多卷本著作《烂柯文集》，既已编讫即将于新年付梓，所有这些，都让我为永升深感高兴和自豪。所以当永升想请我为他文集写一篇文章时，我自是欣然允诺。这不仅是因永升乃余四十年旧雨故，更因他毕业从教已四十周年，值得庆贺！

放下手机，太多太多的情感记忆，一时间止不住地奔涌而来。

去年大致也是这样一个时节，永升来电，说好久没见面了，想年后春暖花开时，邀我全家前往太湖春游休假。不料此后疫情陡然严峻，所以永升同学热心筹措安排的太湖休假，也就未能成行。

生活就是这样，貌似一切皆有可能，实则常为不确定性所左右，而这就是所谓"定数"。故此面对这样一个现实的关系世界，我倒也相信"决定论随机"的法则，它更适用于用来说明充满不确定性的由复杂关系物构成的现实。不仅现实中相关事物的关系生成遵循着这样一个规律，而且也以此决定着这些关系物以何种方式存在。我和永升，便是"决定论随机"关系结构和存在框架条件下的现实存在。这通议论很是拗口，却真实透露出我对人生现实的本体认知，实则也反映了我对与永升这重关系的特别强调及珍惜与看重。

永升是我毕业留校第二年首次所带班级——张掖师专中文系81级2

班的学生。这一年是改革开放的80年代"第二春"，我人生亦步入而立之年，因而似乎这一年的生活于我著上了特别的色彩和意义。1980年秋我毕业时，因77级本科生尚未毕业，高校教师正临青黄不接，故像我所就读的张掖师专，不得不从首届毕业生中选拔一些留校生，以解师资缺乏的燃眉之急，我得忝列其中。新学期开学即安排我到写作教研组，随80级写作课主讲教师听课、备课，第二学期即正式接手81级写作课教学工作。永升所在81级同学入校后，我即任他们班主任。

永升他们这一届同学，与80级已经大不相同了，绝大多数都是应届高中毕业生，都很年轻，永升又是同学中相对年纪更小的一个。我则因为乃"老三届"之故，"文革"十年，让我同"高三"的老大哥同学间的年龄差和"代沟"都统统抹去了，这是一种非常奇特的感觉。其后果就是，当我遇到年长的，常会将其看得年轻一点；反之，遇到比我小的，则总会把他看大几岁，这应该是一种策略性的心理平衡和精神补偿。记得在给80级同学上写作课时，课间休息，若我不往教师休息室或系资料室去时，同学们便会围拢来和我聊天，在教室里或走廊上。一次一位同学问我，说张老师不到30岁吧，然后自报岁数，这样算来，我只长他四岁，当然是可以称兄道弟的，因之还知道，他考学前，已经是地委宣传部的干部了。因此自然而然，到永升他们这届，尽管几乎都是应届毕业生考上的，而他们的初中、高中加起来也不过四年，考虑到春季班变为秋季毕业，也不过延长了半年，但我依然还是习惯性地把他们"看长几岁"。

有一细节，让我对永升有了特别印象。新生还没报到，我在翻看学生名册时，发现有两位同学叫寇永升和寇永学的，都来自景泰，名字如此相近，心想他们一定是本家兄弟。到学生报到日那天，我自然在场，会同教务、后勤的工作人员，负责我们班学生的报名接待工作，于是匆忙中和学生们就有了第一次见面。不过对他们还没特别留意，过后到学生宿舍看望同学们，这就注意到了，寇永升和寇永学，将俩人比较，一矮一高，一胖一瘦。

永升个儿不高，印象中看起来接近于壮实，更偏于干练清爽。说话音调不高，语速不徐不疾，给人一种自如、笃定、从容不迫的感觉。一对不大的眼睛，常带笑意。透过他的眼神，不难察知其内心，和他交谈，更多感受到的是他的机敏和睿智，还有那种不动声色的"小调皮"和幽默。我这样说很自然，毕竟永升是我四十多年旧雨。当然，上面对他的描述，实际上已是数十年生活的沉淀，更不知多少重的"记忆覆盖"。

开学典礼前，照例有个班主任和全班同学的见面会。记不大清了，我应该有个欢迎致辞之类的，当然也未必特别准备过。如今想来，自觉我是很有仪式感的，加之我对特定情境有天生的敏感，所以在这种场合，我是不会不让这一"正式见面"的情境来调动我情绪的，估计即兴发挥的成分会更多一些。最后，一定会就一些学校常规和班级事务对同学们有所布置和交代。那天见面会结束，我并没有立即离开教室，而是习惯性地看看教室窗户是否开着，继而拿起黑板擦想擦擦黑板，因我即使不讲课，只要在讲台上说到什么时，常会随手在上面写几个字的。这时，有同学主动上来帮我擦了黑板，是谁记不大清了，还有几位同学，有前去关窗户的，有把桌椅归归位的，他们是侯国庆、刘瑛、贺春丽、徐亚雄、常琳，寇永升也是其中之一……

班委会成立后，永升任生活委员，可能这与他的稳重、踏实、友善、热情，肯为同学服务有关。是我指定的，还是班委会在一起讨论的，现回忆不起来了，总之，永升就此就成为班级事务和日常生活的总管，我的帮手。

那时班主任工作的主要职责，似乎是主管教学和学生工作的系主任的具体干事和行政代表，同时还须得应对学校及各职能部门及系里的各项常规和专项工作的检查，早操自不必说了，我不仅在操场上督促监管，甚至还要到学生寝室"揪人""抓现行"，当然通常也有体育委员负责。而寻常的教室清洁卫生及周六的扩大到环境卫生责任区及学生宿舍的清洁工作及卫生检查，我就不仅常被要求参加校系及相关部门的评分检查。这样，我常常须得提前专门"布置"一番，而与同学们一起参加清洁劳动，则是常态，以至于有时让喜欢巡视的老校长遇到，还要当着学生的面赞扬我几句。其实我要说的是，每逢周六下午的这项工作，具体的安排和组织、督促工作，永升都是主动承担起来的。有时候看到他比如利用周六班会结束前一段时间，对清洁卫生工作的布置简洁清晰、井井有条，每每清洁卫生工作开始，我随时都能在班级的环境卫生责任区、教室及学生宿舍，看到他来回巡视督促检查的身影，带着他的"微笑"，现在想来，除了是他以为这是自己职责之所在外，更多的是他把这看作自己有意义的生活。

不过永升因当生活委员也受过委屈，那还是永升毕业十多年后来上海看我，在闲聊中得知。当年他因当了这个生活委员，结果每逢在评定助学金等地，或每学期或每学年的生活困难补助时，曾让他觉得很是为难。

他家里经济状况实际上也很差，所以每月若能多个两三块钱，或能有机会能获得比如一二十块钱的困难补助，那真是能派"大用场"的。只是当他每每看着手里的申请名单，以及我在那些申请者之间反复对比，无法摆平，通常都是永升主动让出，以至于后来他索性不再打困难补助的申请报告了，更是打消了有朝一日能受更高等第助学金的念头了。写道这儿，还真有点为自己的粗线条感到惭愧，不禁想到前几年坊间网上疯传的"绝不让老实人吃亏"那句话来，而我，则是让我的帮手吃亏了！

现想来，我1980年留校及永升他们入学那几年，无论是总的社会情势，还是我所服务的张掖师专的总体环境，特别是教师自主教学的宽松环境和和谐的工作氛围，于我的发展和专业成长来说，感觉上都是最好的。那种体验得到的精神舒畅和自由感，完全可以用黑格尔所理解和诠释加以描述，即意识到的主体在对自身"本质力量"现实占有基础上的那种"解放"感的获得。自我毕业留校那天起，几乎能在一天时间里实现由在读学生向高校教师的无痕衔接和转型，虽可认为这得益于前此我七年的从教经历，其实我知道，真正重要的还是师专两年学习经历，老师及高校文化对我的知识熏陶、文化濡染和价值引领。

待到永升他们这一级同学入学，面对极富挑战性的高校教师工作，我正处于精神高度集中，专注于教学工作的状态。在担任他们写作课教学工作前，于暑假我已完成了二十几万字授课讲义的编写，但尚需反复阅读、推敲与修改，以及对每堂课教学情形的"预演"。开学后，更加上课后对每一课教学过程包括一些细节的回放，以及时作出调整。而班主任工作，包括与同学们的交流、交往，就不像写作课教学那样，如法国文论家瓦莱利对写作的描述那样："过程消逝，只有作品留存。"所以尽管我与同学们有着每天的从早操到晚自习长达十五六小时的接触、相处，而真正留存我记忆中的，居然只剩下我如何陪伴同学们度过了大学生活第一年，这一整段的抽象"时光"。

1982年春季，等来了恢复高考后的首届本科毕业生，中文系一下子增加了五名新生力量。因此，我的老师、中文系的创建者向公叙典先生，从我们专业发展的长远考虑，决定让我和同时留校的同班同学李健一起外出进修两年，故我所担任的永升他们班级班主任只一年，便要和同学们作别了。

此前有一件事要提及的，即1982年春夏之交，学校举办了"张掖师专首届学术报告会"，我提交的论文是《写作学知识结构初探》，并在大会作了交流。同时，我们中文系为推进学术研究活动在学生中普及和开展，积极营造良好的学术研究氛围，特别组织了"中文系学生学术报告会"，永升的有关《陌上桑》研究的学术论文，被推荐在大会进行宣读，给我留下了非常深刻的印象。应该说，这次学术报告会让我对永升的综合能力和发展潜质，有了新的认识。

转换下视点，两年制大专，对学生而言，时间真不够用。尽管从周一到周六，他们的课排得满满当当，但毕竟只有两年时间在那儿摆着。一晃，他们就毕业了。他们的分配工作尚在进行，而我已结束了第一年的进修学习任务，从郑州大学回到张掖。见到同学们，尽管他们知道我不在分配工作小组，不过见面，也总会同我这个老班主任，谈起他们的分配情况，包括他们的一些诉求。原本，学校曾考虑让永升留校的，不巧那一年，上面没有给81级毕业生以留校名额。当时分配的主要原则是"哪里来，哪里去"，不过寇永升却被分配到嘉峪关市，无疑的，这是系领导爱才、惜才的表现，虽没能留校，但还是设法为他争取到一个被认为是更有利于他发展的地方。当然，永升回景泰，也未必就对他发展不利，而当时系里就是这样考虑的。我想说的，我们系上对寇永升的潜质，的确是给予了积极评价与充分肯定的。

那时，学校还有着"毕业生回母校"的活动，我同班同学郭益寿，就被邀请回母校，为师生做过报告，当时他在酒泉地区团委书记任上。而不久，永升也作为嘉宾，受邀参加回母校参加活动，好像是在86年春夏之交，那时他教学成绩斐然，已是嘉峪关市的骨干教师了。他先是和母校师生举行了会见，汇报了他毕业后的工作、生活。永升讲得非常真切、生动、感人。因其非常地接地气，报告会现场气氛热烈，听众反应强烈。而我84年秋进修结束回来，遂担任了84级普通班班主任，两年的学业很快，毕业季眼看就到了。所以我乘机利用晚自习时间，邀永升和我们班同学，来个小范围的见面，也算添加了一项我班"毕业班分配教育"内容。系主任向叙典老师也高兴地应邀出席了见面会，那天我主持，还玩笑让同学们拜见"师祖"。除永升主讲外，我还安排了永升与同学对话的环节，最后请向老师点评。

我是以兼永升老师和校友的双重身份，与之相应的内心感动、温暖和自豪，更以欣赏的态度和眼光来安排、组织这次永升和他的学弟们的会见和交流的。因时间过去很久了，加之那天也没人们安排同学做记录，那个年代更没有今天这样便捷的摄影摄像条件，所以永升讲的具体内容，已记不起多少。唯有永升那善于调动听众气氛、极富感染力的演讲才能，从容不迫的谈吐，以及分寸拿捏十分到位的风趣与幽默，给我留下了极深的印象，真是十足天生教书的材料！这都要四十年了，而就在我写作本文当间，那天的时空情境和涌动的现场感，依然能够完整地会聚一处，真真切切浮现在我面前。

84级同学毕业当年，学校又批准了我到复旦大学美学助教班进修一年半的申请，这就是当时张掖师专的"境界"和"风度"。后因组织上为家父"落实政策"故，我于1992年举家调回上海。这事延宕了多年，走程序就是要耗费时间。然就在一切皆已得到落实，安排妥当，单等上海方面发商调函之际，父亲却不幸因偶感风寒而致呼吸衰竭，经抢救无效而弃我们而去。不过最终还是走完调动程序，于5月份回到家乡上海。依然当高校教师，不过成为教育学院主要从事教师教育的教师。

我也说不准，永升和我冥冥中似有种默契，实乃有缘之人。2001年"五一"后的一天，我接到了永升电话，报告我天大的好消息，说他作为拔尖人才被无锡一所高级中学引进了。几天后他即来上海看我，那是应聘面试完成，准备回嘉峪关市办理调动手续前。这次在上海，听他聊了这些年的生活和工作，期间永升考入甘肃省教育学院，获得本科学历文凭，尽管此前永升已是嘉峪关市中高中语文学科的带头教师了，这就是寇永升！他还告诉我他所知道的同学们的情况，这自然是一档必备节目。我带他看了外滩风景，并乘过江渡轮往陆家嘴，登东方明珠看天际线处崇明岛，朝超甘肃方向远眺……

不觉很多年就又过去了。其间我曾去过一次无锡，那是正好永升同班同学常琳，因女儿要来上海读研来校帮着张罗安排，他们同学当然是联系密切的，而先他们已经在上海安家的另一位同学徐亚雄，自然要出面接待。徐亚雄还曾是我教小学时的学生，所以他来到上海，就成为我和同学们的联络员了，那次正好我老同事张掖师专朱卫国校长（那时已升格为本科，改名为河西学院）来上海，徐亚雄做东请朱校长，常琳也出席作陪，结果他已经预先安排了下一档节目，就是和常琳一道陪我去无锡永升处来一次师生聚会。当时东部发达地区，已成为资本和人才的流入会聚地，去了才知道，他们已联系了已经在常州工作的王慧清同学。在无锡玩了一天，因我和王慧清第二天有课，要急着赶回，又没有预订车票，结果还是永升有办法，联系到在铁路工作的学生家长，直接送我们进站，上车再补票。

多年来，永升同我的交往，都不大很具体地谈他的工作的，即使永升来南方多年后，我感觉上和他在嘉峪关工作时差不多。不过我倒是间或从甘肃其他学生那儿，零零星星能得到永升所从事的一些开创性工作的相关信息。就在前几年，我曾听到永升带着他的专业团队，数次前往甘肃西部地区的一线学校送教，或进行一些专项培训工作。据我获得的信息，他主要针对当地学校在既有师资和教育条件下的学科教学及教改所面临的一些具体问题，在其创新理念和范式的规范、引导下，对教师、教材及课堂教学，实施解剖式的、诊断式的、深潜式的精细化分析与全程指导，以切实有助于教改工作的推进，教师队伍的专业化建设和发展，当然也适时探索适应当地学科教学改革的一些可能的方法和路径。我还听说，永升的工作，还涵盖陕甘宁更多地区，在西部建成了二十多个工作室。所以，在我心目中，永升除普教园地四十年的默默耕耘外，更是学科教学改革的勇敢探索者和践行者，尤其在参加教育部国培等高端专业培训后，使之成为在促进中学语文教育教学范式转换、教师专业化建设和发展等相关领域有特殊影响力的开拓者和领军人物之一。

我与永升一年的师专相逢，直酿成这绵绵四十年旧雨情，可能这纯粹是一种主观的感受性效果，或用20世纪40后至60后这几代生人皆耳熟能详的诗句说来，一年也好，四十年也罢，那都是"弹指一挥间"的事儿，不过于我，是不可能将实实在在的时光积累和生命沉淀，如此轻松地"挥弹"而去的。不用说，于永升必然也是一样的。

因答应为永升《烂柯文集》的出版写些什么的，然而尚在酝酿时，这个标题就兀自"蹦"出来了，结果跟随其后的便是上面这样一些基于感性记忆的怀旧文字，毫无疑问是真情的自然流露，四十年旧雨——长来！

2023 年 2 月 10 日于达斋

寇宗棠 书法

書成蕉葉文猶綠
吟到梅花句亦香

壬寅冬 永之書於西安

第二辑 桑梓情

天道酬勤

罗崇岳书

寇宗棠 书法

历史不可割断

——读《景泰二中校史》

前番读到过《三合小学校志》，深感家乡人民对教育之情感已经不只是停留在重视眼前，而是上升到反思教育历史。最近欣闻多所学校都在征集校友史料，着手编写校史。翻阅景泰二中校史初稿，又惊喜地发现，1958 年的中泉民办中学是景泰县第二中学肇端。

历史不可割断。

景泰县第二中学一度办在今中泉乡；今中泉中学一度名叫景泰二中。虽说后来在县城新建了今天的景泰二中，但是，周敬阳、寇宗恩两任校长先后进县城到景泰二中任职，祁全学、高希祯、陈经奎、寇世权、火毓花、周卫国、李芳科等一大批老师相继到景泰二中任教。不止是景泰二中原办在现中泉中学校址，亦并非中泉中学前身校名曰景泰二中，更重要的是，两校具有传承关系。

修景泰二中校史，自然绕不开中泉中学。

景泰二中（中泉中学）创造了景泰教育乃至西北落后地区教育的奇迹。在校长给每位任课教师每周发 4 支粉笔的艰难条件下，中泉中学创造出了辉煌的办学业绩，为景泰乃至西北教育写下了浓墨重彩的一笔，教育史上的景泰二中（含中泉中学）现象值得后人深度总结与深刻反思。

1975 年初，中电工程三万五千伏输电线路成功架设，中泉公社十几个大队有了高压电。于教育而言，最为实惠的是让中泉中学用上了电灯，告别了过去近二十年煤油灯照明的历史。更重要的是，学校有了广播、有了简易物理化学实验，电给学校的各种活动带来了革命性的变化。

七八十年代，周敬阳、寇宗恩两位校长励精图治，学校面貌发生了巨大变化，教学质量日益提升。当时的教师，大多数是中师毕业，他们边学边教；布置给学生做的题目，教师自己先做。政治课，在周敬阳老师的努力下，结合学习《矛盾论》《实践论》，亲自编写，手刻钢板，油印教材，学生们交粗劣的纸张领精美的讲义。语文课以学习简化字为契机，在突出政治的特定历史时代，给一批又一批景泰学子打下了良好的语文基础。物理、化学在没有实验仪器的情况下，陈佺贤、李芳科等几位年轻老师动手制作，尽可能为乡村学生演示。在景泰二中（中泉中学），我们第一次看到了幻灯片，赵红老师播放，张仲炎老师用中泉普通话朗读的《祝福》，开阔了多少学子的眼界！景泰二中在全县乃至西北农村学校率先开设了生物课，来自城市学校的龙红云老师，把学校仅有的一台显微镜充分利用起来，为广大乡村孩子开拓视野，我们在显微镜下认识了细胞，看清楚了身上的虱子……赵红老师，能教物理、美术、音乐等多门课程，美术课很专业；音乐课配合政治宣传，办起了比较专业的文艺班，几乎所有的学生都学会了一两样简单乐器。在寇宗棠等老师的努力下，以学校体育带动竞技体育，又以学校体育教学引领群众体育，当时的中泉公社运动会等办得有声有色，为全县体育事业做出了开创性贡献。

因为上述前辈的坚守与付出，在恢复高考之初的几年里，景泰二中的前身中泉中学取得了优异的成绩，让成百上千的农家子弟跳出龙门。学生中还出了清华、北大生，出了博士……为景泰教育作出了巨大贡献！

作为资深教师，我对家乡教育的认识是，解放之初到县城搬迁至一条山镇，从无到有，由弱变强，拨乱反正，创造辉煌，80年代初期达到顶峰。但是，前一二十年，家乡教育因为各种原因，稍微出现滑坡，农家子弟需要到周边县市乃至负笈几百公里之外求学……近几年，随着市县领导的高度重视、亲切关怀并大力度支持，在广大教育工作者努力下，又有了回升，让家乡父老子弟看到了希望。

相信景泰二中校史的编辑出版，会推动家乡教育更上层楼。

景泰二中（含中泉中学）是教育史上的一段奇迹，值得总结的还有很多，希冀家乡予以重视，期盼前辈师长、前代学长们在自己有生之年为家乡教育留下精彩的记忆。

2019 年 9 月初稿
2022 年 8 月 25 日修订

景泰二中校史发行感言

尊敬的各位领导，各位校友，亲爱的同行们：

四十年前，我骑着自行车，从我们的中泉乡，历时五六个小时到景泰二中参加高考；四十年后的今天，我乘坐地铁、高铁、飞机、汽车等多种交通工具，坐在这里参加母校的校史发行仪式，感到非常荣幸、非常高兴和自豪。

今天在座的各位中，我应该是路途最遥远的。昨天，也就是2021年12月30日，早晨在学校上完第一节课，经过层层报备，8点学校同意我可以到家乡出差。早上8：15出门，晚上19：45到景泰县城。我非常开心有这样一个机会，能够再次来到家乡，亲眼看见、见证家乡教育的发展、家乡教育的辉煌，亲历家乡教育的这件盛事。

大概是在六七年之前，我到张掖出差。饭桌上，民乐教育系统的一位领导听说了我是景泰人，开玩笑对我说：感谢景泰人为我们民乐教育发展做出的贡献……我后来经过仔细了解，才知道，前些年，我们景泰县有许许多多的家长把孩子送到民乐县以及附近的平川等地区复读，才能考上大学……作为一名从景泰这片土地上走出去的资深教师，我感觉到自己受到了极大的伤害，我觉得有生之年应该为家乡教育发展尽绵薄之力。

从那次张掖出差起，我一直在思考，一直在寻找机会，我能不能在职业生涯中为家乡教育，尤其是为我的母校做一些力所能及的实事。在我的大学同班同学郝有武担任县教育局副局长的时候，我就表达过这个愿望，但是一直没有机会实现。直到2019年，景泰二中罗崇岳校长亲自联系我，我才有了机会为家乡教育做点贡献。三年来，我多次到家乡义务送教；多次带领家乡同行们到各地讲课、培训。2020年，我陪同江苏一家校服企业老总为中泉中学在校师生每人捐赠了一套校服，资助了一位学生。今年，在继续为学生捐赠冬季校服的基础上，借助于我任职的南菁高级中学杨培明劳模创新工作室这个平台，为中泉中学的四十多位教师每人捐赠了一台笔记本电脑。这源于去年捐赠校服的时候，我看见中泉中学教师办公室里只有一两台台式机，凑近仔细一看，这些电脑都是十几年前生产的，已经属于老牛破车，不利于家乡同行们提高教学效率和加速自身专业发展，无助于母校教育教学质量的提升。

在中泉中学（景泰二中）读完书之后，40年来，我没有忘记生我养我的这一片土地，我也没有忘记曾经教育我的那些朴实的老师们。今天对中泉中学的这个捐赠，是借助于南菁高中这个平台，但是名单是我报的。在中泉中学王君化校长提供的名单基础上，我又增加了教过我的、现在还可以联系到的、在景泰周边的十多位老师，有老校长寇宗恩，有我的高中班主任马勇老师、初中班主任火毓花老师、小学班主任罗文举老师，还有我在中泉中学读书时学生食堂炊事员温正德等。我希望在未来七八年的教师职业生涯中，能够继续为家乡教育做一些力所能及的事情。我希望我们景泰二中也能够举办一次校庆之类的活动，我可以有更合适的理由和更多机会为家乡办实事；希望把江南先进的教育理念引进到我的家乡，希望我们家乡有更多的教育同行到江南名校跟岗培训交流，希望家乡的同行们都像高自芳、王生霞等老师这样工作、成长、发展——作为教师，工作状态、精神面貌等就是我们的教学生产力。

近几年，我在这方面的资源一直被嘉峪关、酒泉、张掖的同行们开发利用，却很少为真正的家乡景泰有所贡献，实有一点"反把他乡作故乡"的讽刺意味。

罗崇岳校长2019年联系我，说要出一本校史，曾经给我寄了大概相当于现在这个校史四五倍厚度的校史初稿，我用了一周的时间，把初稿仔细地阅读了一遍，当时第一个闪念就是：历史不能割断，现在的景泰二中校址曾经在中泉中学，现在的中泉中学曾经叫景泰二中，曾经在中泉中学任教的一大批老师，随着景泰二中在县城的重建，他们大多来到这里执教，一直奉献到退休。中泉中学（景泰二中）创造了我们西北这块贫瘠土地上基础教育史上的奇迹……感动之余，我写了一篇读后感，不能算序言，因为我是景泰二中学子。历史不能割断，也不可割断，我下决心，希望通过我未来若干年的努力，能够编辑成一本《景泰口述教育史》。在座的寇宗惠老先生已经给我提供过很多很多的资料，在此表示非常诚挚的感谢，也期待得到今天在场或不在场更多热心人士的鼎力相助！

相信我们景泰二中，在县委、县政府的亲切关怀和正确领导下，在罗崇岳校长等领导班子一如既往地努力下，在全体教师的积极、热忱、真诚奉献中，一定会越办越好。我更期盼通过我的名师工作室，能够给景泰二中乃至整个景泰周边的语文学科带来促进和发展。我感到非常欣慰的是，有罗崇岳这样一位有情怀、有魄力的校长，有我们语文学科卢有刚副校长这样非常年富力强的专业人才，还有在这里担任教研组长的我的侄子寇宗权等一大批勤奋踏实的语文同行。我一定会借助工作室，把长三角教育发达地区优质的教育资源更多地无偿奉献给家乡。

两年中，我为中泉中学、为景泰教育办了四件实事：两次捐赠校服，一次捐赠笔记本电脑，资助一位学生。这几件事情能够办成，不仅仅是我个人的力量，还有我任职的百年名校江苏省南菁高级中学这个广阔的平台。请允许我在家乡里非常郑重地代表我的校长杨培明，代表扬培明劳模创新工作室，对罗崇岳校长表示非常真挚的感激。三次捐赠，我都跟他商量，我们准备为景泰教育做一些实事，你说捐赠给哪个学校。罗校长每次提到的都是同一个地方：中泉中学。他说：中泉中学更需要，乡村学校更艰难，老师们更艰苦……一段时间里，我一直想当然地认为，我们都是中泉人，罗崇岳跟我一样，在中泉中学读过书，都有母校情谊。后来我才明白，他并没有在中泉中学读过书。我是一个教育经历比较丰富的老教师，从西北落后地区引进到江南，从薄弱学校任教到名校任职；曾经被选派到北京重点中学挂职培训，也曾经到革命老区延安支教；坚守中学讲台近四十年，在多所高校兼职。熟悉我的人都认可：寇永升对学校有一定诊断能力。罗崇岳这一任校长，基本扭转了景泰学子远到数百里之外负笈求学的局面，这算不算为景泰父老乡亲减轻负担和压力，算不算为家乡教育做出了努力！家乡土话中有一个很富有表现力的词语，用在罗崇岳身上，至少目前还是很恰当的——这就是一位老干部说的：罗崇岳这个校长还中呢！

为了表达对罗校长的这份感激，助力我为家乡教育略尽绵薄之力，做了这些微薄的事情，我在填报笔记本电脑数量的时候，存了一点私心，多报了一台，现在我要把这一台电脑送给我敬爱的罗崇岳校长。（现场赠送笔记本电脑，掌声热烈）

盛世修志，继往开来。回顾过去，总结经验，办让景泰人民更加满意的教育，谓之既往；不忘初心，砥砺前行，让家乡学子享受更加优质的教育资源，谓之开来。

谢谢罗校长！

谢谢各位领导！

景泰二中寇宗权根据录音整理
寇永升 2021 年 12 月 31 日修订补充；2022 年 1 月 13 日再修订
2022 年 8 月 23 日校订

（第二辑）桑梓情

西北家乡：更需要全面发展的教师

从认识家乡景泰二中的高自芳老师，到我写出这篇小文章，只有短短一个月零十天时间。我们的交流仅限于通过微信讨论她的一篇教学反思文章的撰写与反复修改。

2021 年 7 月上旬，我在张掖、山丹、民勤、景泰四地工作室开展同课异构活动，张掖中学讲课时，我发现高自芳老师的《诗经·苤苢》《插秧歌》两首古诗教学具有一定亮点。随后的听课评课活动中，我有意识与高老师交流交换听课意见，感觉到这是一位比较善于思考的年轻同行。山丹一中同课异构开始，我请她与景泰二中的两位同行一起担任评委，我们要在二十多位同课异构老师中遴选出三人，代表我们西北语文同行，7 月下旬到浙江师范大学的讲坛上与江浙名校骨干教师同台竞技。

高老师与另外两位语文同仁的听课越发认真了，思考愈加深入了，更为难得的是，每每利用路途中乘车赶路的机会交换意见，我都感觉到她们三人的诚恳与公正，尤其是高老师的坦诚与公平。

比较近距离且全面地认识高老师，是在山丹军马场。

那是晚饭前一段美好时光，我们十几位语文人，于夕阳西下时围坐在草原上。我提议由高自芳老师导演，教会我们演唱她在课堂上表演的《诗经·苤苢》。我观察到，这是一位热情大方的语文同行，毫不胆怯与忸怩，竟能很快调动包括几位校长在内、不同年龄段的所有人！大家都积极热情地参与，都放下了平时在学生和同事面前的矜持与顾忌。十几分钟之内，我们都学会并排练出了《诗经·苤苢》表演唱，此后多次在同课异构课堂上为学生们表演，着实成了课堂上一道靓丽的风景！

那个最温馨的片刻，给每个人都留下了美好的记忆，我也多次写进了自己的文章。

真正发现高老师是西北家乡一位难得的比较全面发展的语文老师，是在同课异构结束之后的交流中。

每次同课异构结束，我都要求工作室的同行们写出教学反思。不反思的老师专业发展停滞不前，不总结的老师课堂教学原地踏步，特别是公开课，不进行深入的课堂教学反思，可以说只是一个烂尾工程。但是，有的老师几个月也写不出几百字的反思文章，有的老师在应付，有的老师没有耐心修改，也有的老师急功近利，更有老师实在是肚子里没货……高自芳老师与众不同！她的《在同课异构中学会备课——寇永升名师工作室统编版必修上册第二、七单元同课异构教学反思》一文，一个月之内修改到第19稿，是近年来历次所有参加同课异构的老师中最积极、最认真、最有耐心的人！

用我们家乡一句土话讲，高老师属于那种"点眼就转"的年轻同行，一点就通。她的《在同课异构中学会备课……》一文修改到第十六稿的时候，我发现，文中一部分内容可以辟出来另外写成一篇文章。我就用微信语音留言给她。真没想到，她在第二天早晨就发给我一篇题为《语文老师的备课："工夫在诗外"》的文章。听课：最好的备课；读万卷书：备课的根基；行万里路：开阔备课视野；写作：更专业的备课。这篇文章修改到六七稿时，我觉得比较成熟了，就和我的文章一起打包发给一位国家级期刊主编。又没有想到——主编在24小时以内就回复我，景泰县第二中学高自芳《备课："工夫在诗外"》"已经通过初审，我刊拟刊用，特此通知。"真是喜从天降！我写了三十多年论文，发表了上百篇，几十万字，数十家刊物，还从来没有如此顺利迅捷过！

我正在喜不自胜之时，又一次喜出望外！高老师的《在同课异构中学会备课……》几乎同步被另一家国家级期刊主编看中了！

一所学校，同一位老师，连续两篇文章被国家级期刊看中，意味着差不多会在同时发表——这对家乡学校的宣传，不是印几张宣传广告可以代替的，也不是高考成绩可以替代的。我印象中，前些年在《中学语文教学参考》和《语文学习》看见过蒋宜慧老师的名字，近几年来家乡学校中很少有同行在国家级语文教学刊物上发表专业论文。

教育发展到今天，我们已经不能用几十年前"三病"（带病坚持上课，生病住院还在病床上批改学生作业，深夜一盏油灯下强忍病痛备课……）标准来衡量和鼓励教师；一个好老师，不只是能够把眼前的课程教好，也决不能只是把自己的一亩三分地种好，而是能够标志学校品牌，引领学科发展，带动团队建设，辐射本地区，甚至领跑专业前沿，或言有能力、有热情帮助和带动同事共同进步。一所学校，有这样一批教师，学校才有可持续发展力。我任职的百年名校江苏省南菁高级中学杨培明校长的治校方针核心，就是以发展科研发展教师，以发展教师发展学生，以发展师生发展学校。正如教学成绩只能代表教师的今天，科研能力才是我们的明天；高考成绩永远是学校的今天甚至昨天，发展教师，学校才有明天，学校才有可持续发展力。一门学科，有这样一两位教师，青年教师才能得以快速成长、成才。

然而，毋庸讳言的实际情况是，在西部，尤其在我的家乡一带，中学教师的日常教学多是各自为政、单兵作战，专业成长多是摸着石头过河，全靠自己摸爬滚打与感悟琢磨；许多老教师只是年龄"老"，不能对青年教师起到传帮带作用；教研组和备课组更多的功能是行政化，甚至是共青团妇女工会派出机构，很少顾及学科教学专业研究；校本教研多数情况下是走过场、玩形式；学校管理的压力往往并不在于建设和发展教师队伍……

家乡学校急需一批率先"富裕"起来，而且有志于带动周围共同"富裕"的教师。

细细思量，高自芳老师两篇文章都能够被编辑看中，是有原因的。高老师很珍惜机会，目标瞄准通过教学反思全面提升和发展自己；并且积极主动，无须催促。中学教师的科研论文一定要从课堂上产生，课堂教学永远是我们教育科研的不竭源泉。教科研的初衷是为了让学生学得更好、更有效，最好越学越有成就感、愉悦感和享受教育的幸福感。教科研不能功利化到只为自己锦上添花，而是为学生学习、为教研组团队建设、为学校发展雪中送炭。高老师是自己主动要求进步，不是被别人催着逼着。对我这个工作室主持人而言，只要有老师出成果，就算是我的工作室建设有成效，我并不计较是张三还是李四。谁愿意进步，我就花时间精力帮助谁、指导谁。每次都是她修改好文章发给我，我提出进一步修改意见反馈给她。高老师是一个时间利用率很高的人，有的时候当天就能按照我的意见修改好，多数情况下一两天就可以完成修改。我能明显感觉到，撰写、修改这两篇教学反思文章过程，是高老师研读课程标准的过程，是阅读教学专业理论书籍的过程，她把暑假的大部分时间精力花在了专业提升上。

文章都是折腾出来的，好文章都是修改出来的。没有耐心修改自己文章的老师，就不能指望发表论文。《在同课异构中学会备课……》截至目前实实在在修改了19遍，这里不光是作者个人的初衷、目的和耐心问题，还有一个对期刊编辑劳动尊重的问题！一般情况下，语文同行的稿件，如果不能入我的法眼，就不要浪费编辑的时间了。连文件命名都不会、都不讲究的作者，编辑有理由拒绝打开你的文件阅读。若要公道，打个颠倒，只要我们换位思考即可明白。我们做中学教师，虽然很累、很有压力，但是一种有张有弛的职业，比如寒暑假学生不在学校了，我们总是可以短暂放松的；但是编辑是一种"连轴转"的职业，他们很少有寒暑假，甚至寒暑假往往是更劳累、更紧张的季节！

几处工作室的个别同行，心思不在提升自己，不在乎反思教学，无意于学习专业论文撰写与修改，而是直奔主题，希望经我推荐发表论文……这就本末倒置了！我只是一个"兼职教练"，比赛永远是作为运动员的你亲自上阵。我有时候可以帮助你选一个题目，更多的是指导修改，尤为重要的是在这个过程中帮助你找到专业发展的方向和路径。如果你的文章没有质量，我就不可能推荐给教学刊物；你的文章达不到发表的水平，浪费编辑时间精力，与我与你皆无益处，久之，我很有可能变成一位"崂山道士"！而且凭借人情推荐文章，对专业刊物是一种不负责任。当然真正的学术期刊，编辑只看文章的质量，根本不会因为谁推荐就发表。

高自芳老师两篇论文的成功，让我清醒地意识到：在我的西北家乡，还是有全面发展的好老师的！但是欣喜之余，我也清楚，家乡毕竟地处偏远，相对比较闭塞，老师们外出培训与展示历练的机会少之又少；许多同行停留在应付眼前工作的层面，缺少自主向上发展的积极主动意识；加之缺乏引领者，许多人都只是自己摸索碰撞；很多同行不知道、不善于利用专业期刊成长自己、成就自己；相当多的一线教师不屑于钻研课程标准，没有耐心研读专业理论书籍，固执地认为教育政策法规类文献与教学实际距离遥远，是专家和领导的事情……

认识了高自芳老师，我深刻意识到，在我的西北家乡，还是有教学与教研相互促进、全面进步的好老师的；并且，在整个西部，更需要全面发展的好老师！

一个多月以来，与家乡同行交流中，我真切地感受到了家乡学校发生了可喜的变化！以前是许多老师找各种理由逃避承担公开课任务。我开始几次到景泰二中讲课，都建议学校主管领导安排一两位中青年教师一起讲课，结果都难以实现。今年开始，好几位老师争先恐后地要求参加同课异构！

王生霞老师就是主动要求承担同课异构任务的典型。为深透解读教材文本，借阅了近三年的语文教学期刊，悉心研读；还专门在知网注册了一个账号，仅下载相关资料，就花费上百元；为了备好课，多次向组内老师请教……如果一定要找一个在今年四地同课异构活动中收获最多、成长最快的青年教师，我个人觉得，还真的非王生霞莫属！

我记忆中，景泰二中最年轻的语文同行是Z老师，为了讲好那一堂课，从7月2日开始，每天都和全程参与听课的三位同事沟通，不断修改自己的教学设计和课件。令我尤为深刻的印象是，7月9日上午，Z老师第四节上课时已接近正午，录播教室里特别闷热，他虽然穿着一件并不适合打领带的衬衫，但还是俨然打上了领带——这就是一种态度，就是一份对课堂的虔敬之心，就是对现场学生和同行们的尊重！下课铃响起，"同学们再见"还没有说完整，Z老师一把扯下自己的领带——好几个学生窃窃发笑……（景泰二中公众号发表时删去了这个细节，有点惋惜！我的初稿是："Z老师咬牙切齿、龇牙咧嘴、恶狠狠地一把扯下自己的领带……"我觉得更真实、更形象，只是在公众号上发表有失严肃，或者会让帅气的Z老师形象大打折扣。后来在一次乘车途中说起这个细节，一位家乡人笑着对我说：你真是变成个"洋干子了"！你没有听说过吗，让景泰人打上领带，比给刚套住的马备上鞍子和戴上笼头还要难上加难……这个意思用普通话写出来就没有原汁原味了，得用家乡土话表达才够味！不过我的本意只是想说明，平时并不喜欢和习惯于打领带的Z老师，不仅积极主动要求上公开课，还打上了领带，足见对这次同课异构活动的重视。）

张丽霞老师，在景泰二中主场讲授三篇人物通讯时，导入环节新颖别致，具有启发性和鼓舞性；而且课堂语言非常干净利落，教态自然亲切大方，特别富有亲和力；后来到浙江师范大学模拟授课时依然表现出良好的专业素养。这位老师备课非常扎实，据说，景泰二中同课异构时她的课件就修改了三十多次！

在与二中同行交流中，我还得知一位名叫廖东泰的老师，这是在家乡贫瘠的土地和脆弱的教育生态环境中成长起来的"土专家"，前些年省城名校专家听课后都连连称赞。

2019年高考之后，景泰二中所有高三教师到江苏考察学习，在短暂的几天中，我认识了达选霞老师，口才好、文笔优美，印象极其深刻！

今年的连续几次活动，我还认识了家乡好几位语文同行，卢有瑜、卢昌秀、王东新等，他们都是家乡教育的希望！

如果每个工作室所在学校都像景泰二中这样，如果每个工作室所在学校校长都像景泰二中罗崇岳这样，教研组长都像寇宗权这样，选派的老师都像高自芳、王生霞和张岳这样——以后工作室开展教研活动，我就更有办法、更有底气、更有可能培养出更多的高自芳，带出更多像寇宗权这样的教研组长，让他们在教研组建设中起到带动作用，让他们作为种子，作为星星之火，去辐射团队，去引领周边。

我正在修改这篇小文章，突然收到了又一家国家级专业期刊主编的微信：寇宗权的稿子也被看中了！我回复主编：寇宗权是我侄子，你看中的稿子不是我家乡景泰二中高自芳，就是我们寇家人的，其他工作室的老师会心理不平衡的……主编玩笑说：你不早说……但是初审只看稿子质量；至于作者和单位，那是以后的事情……

希望借助于我的工作室平台，发现更多的高自芳，培养更多的寇宗权，回馈家乡，不遗余力，教育扶贫，助力西部语文教育跨越式发展！

附：

写作此文，我没有什么目的，只是在日记中作为练笔，或者每天以敲打键盘作为运动和活动手指，以防过早地老年痴呆。

2021 年 8 月 16 日，我将此文分享给寇宗权，宗权又发给了罗崇岳校长……翌日，罗校长联系我，要求发在景泰二中公众号上发表。

现在保留原文，以示纪念。

2021 年 8 月 17 日

景泰二中公众号留言精选：

诗和远方：在寇教授的引领下，我校语文组教研氛围日益浓厚，几位年轻教师涅槃重生，教育情怀在老师内心渐渐升腾！成长是教师一生的课题，让我们在成长的路上感受教育的美丽，以及它带给我们的感动和幸福！

王恩健：先生指导有方，后辈勤勉钻研，薪火相传；二中语文教研百花盛开，争奇斗艳；二中教学大有可为，家乡教育大有希望！

来去如如：寇教授既有深厚的理论修养，又有丰富的写作经验，指导我们写作、修改论文时，既能高屋建瓴地指出方向，又能认真、细心地推敲文字，连标点符号之误也逃不过他的慧眼！佩服感动之时，也深受启迪：我们该以怎样的态度指导修改学生的作文！

大江大河：青年教师的成长，就是需要这股子海绵吸水般的积极进取的劲儿。

（第二辑）栗梓情

老马识途：年轻教师的发展，应该是学校发展的重中之重！

五彩文竹：感谢寇教授，从理念到专业的引领，从育人到做人的导航。河西之行让我看到了一个语文教师对专业的热爱、对教育的热心、对学问的严谨。"玉不琢，不成器；人不学，不知道"。感谢寇教授倾力组织跨区域同课异构，亲自上好示范课，客观评价异构课，让西部同行在碰撞交流中反思、成长！

无泪天使：寇教授把江浙新的教育理念带到景泰二中，是机遇也是挑战，作为语文教师我要积极用新理念武装自己，并运用到教学中去。

PiGriY：作为二中的毕业生我真的倍感荣幸，希望母校二中越办越好！

MUMO：硬件设施在改善，教师素质也越来越高，二中在向高质量高水平教学方向发展，为二中骄傲！

民勤四中高培存：这些天我们学校微信群里一直有人在转发这篇文章。今天早上也有多人转发，点赞寇老师的大爱情怀，鼓励老师们认真阅读寇老师的《理念：教育的制高点——延安支教日记》，切实俯下身子，脚踏大地，做一个有梦的教师！

令人感慨万千！高自芳老师又是一面旗帜，相信会引领有志者走向更好的未来！

山丹一中龙菊才：我正好有幸参加了寇老师在文章中提到的那次难忘的马场之行，正如寇老师所言，其中场景还历历在目，倍感温馨！大家坐在绿草如茵的山丘上，远处是辽阔、碧绿的草场，置身这般有蓝天、白云、碧草、湖泊、牛马的如画美景中，大家顿有"遥襟甫畅，逸兴遄飞"之感！寇老师提议我们大家一起来玩味《诗经》，让高自芳老师教大家吟唱《芣苢》，高老师落落大方，声音轻盈柔美，在场的人无不立刻沉浸在这和谐、温馨的氛围中，大家按照高老师吟唱的音调、节奏和手势纷纷吟唱起来，其中还有一些探讨交流、改进创新的环节，经过多次学习和演练，大家都吟唱得整齐划一，就连男士们的手势都做得柔美流畅起来了！就这样，在寇老师的引领下，在高自芳老师的吟唱指导下，我们将一首古老的《芣苢》诗唱活了！我们也好像在采着芣苢，采到了满把的芣苢！

就是在这次交流活动中我又一次感受到了语文人可亲可爱的一面，也感受到了生活中时时处处都有语文，时时处处都需要我们每一个语文人去体悟、挖掘！

"一个好老师，不只是能够把眼前的成绩教好，也决不能只是把自己的一亩三分地种好，而是能够标志学校品牌，引领学科发展，带动团队建设，辐射本地区，甚至领跑专业前沿，或言有能力、有热情帮助和带动同事共同进步。一所学校，有这样一批教师，学校才有可持续发展力。"寇老师说得好！寇老师就是这样的好老师，寇老师在文中提到的高自芳老师，还有其他的同仁，都在努力践行着自己的教育之路，同时又在引领着身边的语文人走好教育之路！为每一位优秀的语文人点赞！

金塔中学周翠霞： 2019年11月初，跟随寇老师在浙江师范大学听课学习，寇老师建议我们几个去艾青故乡大堰河墓前朗诵《大堰河——我的保姆》；去双龙洞，再读一读叶圣陶先生的《记金华的双龙洞》。艾青故居和大堰河墓没有去成，双龙洞去了，只是偷偷打开手机读了一遍早已忘记的课文……时至今日，依然盼望能够实现寇老师那份浪漫的建议。没想到，寇老师领着大家伙去山丹军马场"浪漫"了。

我是山丹人，曾被草原的夕阳感动到哭。如此美的场景，如此有情怀的一群人，在吟唱《茉莒》，这不就是语文人追求的诗和远方！然而，对这诗和远方的追逐，需要寇老师这样心怀故里、热爱语文之人的引领，更需要工作室的我们，能够像高自芳老师这样高效率地投入其中。

反观自我，已经有了躲在"舒适区"不愿出来的趋势，写东西依然很慢，阅读专业书籍面不广、量不够，阅读教学专业期刊不够精细，写作教学依然无所作为……

景泰二中语文组微信群留言精选：

高自芳： 今日拜读了寇教授的文章，深感意外又备受鼓舞！论文修改了将近二十次，我总觉得自己很愚笨。很庆幸寇教授都能在我每一次修改以后第一时间进一步悉心指导：大到文章的观点理念、布局构思；小到语言表达、标点符号……迷茫中恰逢名师点拨，我何其有幸！

寇教授无私帮助家乡同行的高风亮节，我深有体会！得闻论文能发表，我内心惊喜之余，也向身在远方依然孜孜不倦躬耕杏坛的寇教授道声："谢谢！"

说实话，如果当初没有他老人家为我们搭建异地教学、同课异构的学习平台，我可能一叶障目、不会发现自己的教学盲点；如果没有他无数次的耐心指导，我可能止步不前、永远在教研上碌碌无为，更不曾奢望在国家核心期刊发表文章！当然，如果没有学校领导的大力支持，我也不可能有长达八天的外出学习机会，更不可能有这次教学上深刻的思想洗礼！

借此，也向学校各位领导和同仁道声："衷心感谢！"

达达： 难以忘记寇教授备课记录上那一行行密密麻麻的标注和笔记本

电脑里几易其稿的文件，难以忘记他工作室里如山的书册和办公室里埋头备课的背影，难以忘记他在舟车劳顿之际仍抽空修改年轻教师文稿时的严谨、细致、耐心，难以忘记饭桌上他不挑食、不贪多、不弃恶的饮食习惯和高度自律，难以忘记他看见恩师被人尊敬时露出的如孩童般灿烂的笑容，难以忘记他辞别母亲时如同实行最神圣仪式般恭敬地跪叩……每一次和寇教授的接触，就是一次次对大师认知的刷新，一次次对美好的重新定义。

寇教师的严谨、自律、谦和、乐观、大度让我明白了"高山仰止 景行行止"的内涵，让我明白长路漫漫、拾级而上的分量和意义。

般若： 像一股清新的风／把江南的桃花雨／吹洒到西北僻远的小镇／扬州蒲公英的种子／在故乡干燥贫瘠的土地上／发了芽，扎了根／来年／看那小小的伞儿们／飞，飞，飞……

宜慧： 寇教授谆谆之言，既有对年轻后辈的鼓励提携与期望，更对当前教学弊病一针见血——"中学教师的日常教学多是各自为政、单兵作战，专业成长多是摸着石头过河，全靠自己摸爬滚打与感悟琢磨；许多老教师只是年龄"老"，不能对青年教师起到传帮带作用；教研组和备课组更多的功能是行政化，甚至是共青团妇女工会派出机构，很少顾及学科教学专业研究；校本教研多数情况下是走过场、玩形式；学校管理的压力往往并不在于建设和发展教师队伍……"我们要清醒地认识到自己的不足与差距，知耻而后勇，知弱而图强，希望青年教师们乘着新课改的春风，抓住新契机，登上新台阶，展现新风貌。

淼淼： 星星之火，可以燎原。

感恩寇教授两年多来不远千里不遗余力地回馈家乡，扶贫教育，搭建平台，引领团队，不仅让我们足不出户接受新理念，更让我们有机会走出去与江浙名师同台竞技。寇教授带来的不仅是春风，更是火种，点燃了我校教师的专业成长热情，激发了教师成长的内动力。

"一枝独放不是春，百花齐放春满园！"正如教授所言："一个好老师……是能够标志学校品牌，引领学科发展，带动团队建设，辐射本地区，甚至领跑专业前沿，或言有能力、有热情帮助和带动同事共同进步。一所学校，有这样一批教师，学校才有可持续发展力。"

相信我们的学校会在更多的好领导、好团队、好老师的引领下越来越好！

2022 年 8 月 23 日校订

第二故乡送教之回望

2019年6月30日，结束了本学年紧张繁重的工作。7月2日，凌晨4点出门，我开启了2019年暑期讲学第一站——第二故乡甘肃酒泉送教之行。

一

这次活动整体框架是按照我的思路设计搭建。即，我已经多次去讲过课的学校，尽量不去；尽量走进这些年我没有去过的学校；尽可能地与奋战在一线的同行们深度交流切磋；一定要走进课堂——最好是有机会与当地同行们在课堂上碰撞，而不是我一个人唱独角戏，唱完就拍屁股走人！在课堂上与家乡的小伙伴们近距离接触，深切体会当下西北孩子们学习的真实情况；尽可能减少应酬，尽最大努力减少与工作无关的胡吹冒聊、神侃闲诌……

酒泉市教育局教研室的安排让我感到振奋！

7月3日第一站，在酒泉市内，与肃州中学、酒泉市一中两位年轻的同行同课异构《念奴娇·赤壁怀古》，我想深度了解家乡同行们的古代诗文教学现状。

7月4日第二站，金塔县中学，与该校两位更为年轻的老师同台讲授《在马克思墓前的讲话》，我旨在发现，在我离开第二故乡近二十年之后，同行们怎样教学传统经典文本，他们是否能够在文本解读、教学内容选择与确定、课堂呈现等环节体现出新课标理念……

7月5日第三站，玉门市第一中学，是一次更有创意的教学研讨交流形式，三人接力教学古代小说节选类文本《林黛玉进贾府》，我想了解家乡的语文教师如今是怎样备课的……

但是如果反过来，把附近学校的语文同行集中到一所学校，我讲上一两节课，进行上半天讲座，虽然时间紧凑，尽管减轻了我的劳动量，效果就不会比现在这样好；第二故乡的同行们会留下一个"外来的和尚会念经"的悬想，况且还有个经济成本问题。

　　肃州区的两堂《念奴娇·赤壁怀古》，第一堂课缺少主题和思路，教学内容是拼盘式的，课堂是线性推进的。不是关注学生"学"的教学预设，而是教师"教"层面的预设。高二学生已经学过本文，临近期末，盛夏酷暑，完全是因为我们活动的需要，被安排来为我们开课教师和听课教师充当群众演员的。我们能不能站在学生的角度，让这些孩子们在第二遍学习这首简短的宋词时有新的收获？能不能让这些将来要面对高考的学生对这首词有新的体验与认识？这首词是要被当作名句在高考时默写的，我们能不能给小伙伴们增加一点胜算？复习课怎样体现出语文学习的螺旋式上升？怎样针对准高三学生进行有效的复习指导？

　　两位老师都有填空式的仿句练习，其教学目的是巩固本堂课所学知识，比如熟悉作者苏轼，还是训练语用？第二站到金塔县中学，两位老师在短短的45分钟内讲授一般情况下需要两课时才能完成的经典文本《在马克思墓前的讲话》，竟然设计有类似的写作练习，我个人觉得有待商榷。

　　在肃州中学，我有两点比较明显的感受：学生们在课堂发言交流中扯得比较远，话题都很大、很宽泛，无论从与教学文本的主题思想、情感态度，还是其他方面看，都显得距离比较远；其次是大多数学生书写质量欠佳，难以适应将来的高考。

　　金塔县中学的两堂《在马克思墓前的讲话》，两位老师都注重从文本内容层面选择确定教学内容，一位老师给学生的问题是："你读出了怎样的一个马克思？"另一位老师的问题是："我眼中的马克思是一个_____的人。"

　　面对文选型教材，多数语文课文，我们需要传授给学生的是课文的言语形式，而非课文传播的信息本身。正如教学《安塞腰鼓》，我们语文老师需要教给学生的是作者高超的语言艺术，是作者笔下的安塞腰鼓彰显出来的地域文化和民族精神；我们肯定不需要去教学生学会打安塞腰鼓（实际上我们语文老师也教不会）。正如文言文《活板》，语文课需要解决的问题是，作者是怎样简洁明了地说清楚了千百年前的活字印刷术，而不是让学生学习用陶土复原活字印刷术本身；学生需要体验的是古老的传统文化，而不是去手工实现活字印刷术……正如，我们只需要引领学生理解叶圣陶是怎样主次分明、详略合理、条理清晰地去介绍说明景泰蓝的制作过程即可，完全不必要也不可能去带领学生试做景泰蓝。

　　一百多年来，《在马克思墓前的讲话》一直"住"在语文课本里，其教材价值何在？作为穿透人类历史伟大声音的这篇文本，在教材体系中是属于演讲词中的悼词。其教学价值在于：严谨的逻辑论证力量，精美的语言表达技巧。两位年轻的同行都不能把文本放置在教材编辑体系背景下考量和追问文本的教材价值，忽略教材文体特征，就文本教文本。

教师在课堂上所提的问题缺少驱动力，缺少发散性思维特质。有个段子说：我国的基础教育现状是：幼儿园费衣服，小学生费文具，初中生费嘴，高中生费脑子、费体力、费钱、费爹妈……大学生只费流量。课堂上师生呼应很热闹，但是只是表象。高中学生，更需要思维训练；而不是跟着老师喊——仅仅是费嘴。

玉门市第一中学，两位年轻教师虽然参与这种场面公开课的热情很高，态度积极诚恳，备课也深入认真，文本研读细致深刻，教学内容选择也比较有新意，但是教学实施与课堂呈现不够精彩流畅，反映出平时教学比较随意，缺少课堂作品的精品意识。教师所提出的问题比较随意，显得细琐破碎，不能紧紧围绕教学目标，不能驱动课堂，不能驱动学生思维。课堂缺少整体感，显得碎片化。

一位老师的三项教学目标中有一定交叉或重复。教学目标中并没有提到赏析环境描写；课堂上有大量时间在分析贾府环境——教学目标与实际实施不一致，反映出教师在备课中实际教学目标并不明晰，或者不集中。

怎样引领学生阅读欣赏本文这样的小说？通过语言，透过情节，分析人物——服饰外貌、言语行动、心理情感、细节场面等。是从语言中品读欣赏，而不是从外围去找语言文字中的信息。

作为在江南教育发达地区"卧底"了近二十年的老教师，我对第二故乡的同行们的6堂课，比较集中而且突出的感受是：不能体现出新课标理念，语文课缺少对学生核心素养的关注，尤其是语言建构与应用。家乡的同行们教的往往不是语文！

我在评课中感慨道：真有点英雄战死错路上的惋惜与悲哀！

——既已出口，也就不再顾忌。

有关PPT的理念：这是给学生看的，在字体、大小、颜色、背景等诸多方面都应该考虑到PPT的读者对象主要是学生，目的是辅助教学，提高效率；需要尊重学生，需要爱惜小伙伴们的视力健康；需要眼中、心中有听课老师，而不仅仅使其成为我们开课老师的道具。

三

很明显，第二故乡的同行们，从教研人员，到一线教师，对新课标学习理解不到位，不能在课堂上体现出新课标的教学理念，难以主动自觉地践行与落实新课标。这一点与我今年"五一"前夕在家乡白银市景泰县讲学时的感受发现基本一致。

大型的教学研讨活动中，应该有团队意识，应该有一所学校的学科特色与个性，应该能够体现出教研组集体的力量，应该反映出老教师对青年教师的教学指导作用。走进课堂，我们一般都是单兵作战，但教学一定是集体智慧、集体劳动，而且需要传承、发扬……

一位年轻同行在课后说课环节坦言：试讲了两三遍，组长和老教师所指导的意见不一致……而我听出来的信息是：很可能身边的老教师指导的有些地方是错的，或者与年轻人比，至少在理念或者知识结构等方面更为落后陈旧。

从河西走廊最东端的景泰到最西头的酒泉，我的感觉是，家乡的许多老教师只是年龄老、资格老，我的许多同学、同龄人都显得老态龙钟、老气横秋，大多已经不在课堂，退居二线，成为学校的闲杂人员，个别人甚至成为学校管理、教育教学的绊脚石，让校长们很是棘手……

其实，在学校里，更为需要的是老教师的经验、智慧、理念，需要的是老一代教育工作者高尚的师德，需要的是对青年教师如同教育抚养自己的孩子一样的指导。江苏名校南菁高中杨培明校长对青蓝工程师徒结对工作的理念之一是要求老教师：把徒弟当作自己孩子一样教。

四

1983年张掖师专毕业分配到嘉峪关，我以低起点、零经验走上讲台。18年之后，我以破格高级职称、市级学科带头人、省级教学能手引进到江南发达地区，任职百年名校，拼搏到省级名师、教授级职称。我不能不感恩第二故乡酒泉、嘉峪关对我的哺育滋养。

回想起那些年酒钢三中周大成、酒泉中学张怀清等老一辈语文教师对我的教诲，感念袁宪章、王新辉等学长对我的帮助，时时思慕着与霍军、王永贤、吴浩军等同龄人的深度交流切磋……

我们一起冒着一定风险徒步走进祁连山深处考察泥石流，只为了教好那篇《一次大型的泥石流》；我们穿越天山，希望在行走中读懂那时的语文课文《天山景物记》；我们在天寒地冻时节用自己的两只脚沿古长城去体验边塞风光，夜宿烽火台感受大漠孤烟……我们读完了杨显惠的

《夹边沟记事》，相约走进那片沙漠，采访老农，察看遗迹；从发烫的沙子里抠出一块块砖头，细细辨认上边那些模糊的名字……

犹记我的第一篇论文，写出初稿之后，从嘉峪关骑自行车来到酒泉中学时的情景。袁宪章在阅读我的文章；我和新婚的妻子在他家的厨房里做饭。我们笨拙地做好了简单的饭菜；袁主任精心地看完了我的文章。我们边吃边聊，边喝边谈……妻子洗锅刷碗；我和袁主任修改补充……

如今正是我回馈家乡教育的最好年华和时代。

欣闻第二故乡挖掘出一位学习型的教育局局长——杨培荣。

第一次见到这位年轻的同行，是在无锡。住进我联系预定的宾馆，仅仅二三十分钟，我对他手下一位干部说："你带我去认识一下你们领导。"走进他的房间，他已经在专心阅读，而且读的是教育理论专业著作……

第二次是在南菁高中。那天同时接待来自其他地方和酒泉的同行。我的校长做讲座时，另外一个地方的同行哈欠连天打瞌睡；杨培荣专心听讲座，时时记笔记……连续几年来，我的校长杨培明总是说："你家乡那个杨培荣局长真是好学啊，我们接待了多少教育界同行，很少碰到这样的一把手局长……"

前两年的一个暑假里，我正在书房里潜心完成课题结题报告，收到杨培荣局长的微信："寇老师好！请把你书中写的延安学生擦黑板的那个海绵拖把拍个照片……"这位年轻的教育局局长，不仅在认认真真读我的书，他还在思考和发现……

很欣慰，第二故乡有几位让我认可的校长。

延安支教一年，我完成了两本书，《理念：教育的制高点——延安支教日记》。玉门油田一中的李元术校长组织全校教师阅读，两次发起读书沙龙，我和他的同事们远程视频交流探讨，有教学管理人员，有后勤服务人员，有德育部门的中层领导，有年轻的语文教师……

李元术校长让我感受到第二故乡的教育同行们对我这个普通老师劳动的尊重，对教育教学的敬畏与虔诚！

2013年，我在锡山高中申请到了省级规划课题，"百年母语教材的实际使用研究"，不仅仅需要有论著成果，还要有物化成果——其中之一就是建成百年母语教材陈列馆。遍访家乡里几十所学校，没有搜求到"文革"时期甘肃省编语文教材。热情的王永贤夫妇告诉我：酒泉中学图书馆有！

果然，只有酒中这样具有丰厚历史文化底蕴和优良办学传统的学校才有。几十本珍贵旧教材，邓新源校长以极其英明机智、妥善可行的方式借给锡山高中——我们在教材陈列馆展览了整整三年，吸引了成千上万教育同行的眼球，受到多批次教材研究专家的赞叹——没想到今天还有保存如此完好的"文革"时期省编教材！

物归原主之前，著名教育家、锡山高中校长唐江澎指示我：把酒泉中学借展的这批旧教材全部拍照存底，精心打包奉寄归还！

很欣赏，第二故乡在金塔县这样偏远的地方办好了一所县中！

走进这所学校，从那些淳朴的孩子，到各学科年轻的同行，到校长，到我的学弟、县教研室马振升主任，他们身上有一种踏实、朴实的工作学习作风，他们课堂上有一种享受教育、享受学习的虔敬。毫不讳言地说：第二故乡送教之行，金塔县中学给我这个资深教师留下的印象最为美好！

金塔县中学连年捷报频传，良有以也。

五

第二故乡的决策者们关于柔性人才引进的理念是比较切合实际的！重要的是引进资源、引进政策、引进理念。像无锡地区支援延安、新疆教育，教育行政部门红头文件形式、学校选派教师、集体行动、长年累月、当作政治任务完成，自然需要政府部门出面，非一两所学校甚至教育部门能力所及。而盯住一两所江苏名校，选派人员长期支教，这也是不现实的。

杨培荣局长"不一定为我所有，但可以为我所用"的思路是比较合理可行的！——我从西北引进到长三角；我在延安支教一年；我每年都到西部地区讲学交流多次；我对东西部教育都有深度参与和体验。普通教师中，有我一样丰富的教育经历的人大概不会太多。

组建名师工作室。"杨培明名师工作室（甘肃酒泉）""寇永升名师工作室（甘肃酒泉）"……把东部发达地区各学科优秀教师以这样的方式引进，不求为我所有，但求为我所用。官方支持，民间运作；我方行政为主，对方能力为主加个人自愿。土豆炖白菜，与土豆加牛肉，这是完全两样的。

首先进行新课标培训。一个教师，不研究课程标准，就如同只埋头拉车，而从不抬头看路。一个不学习课程理论的教师，永远不会站在一定的高度审视教学，永远只是重复劳动。

其次落实在备课上课环节。不是家乡的同行们不勤奋，不是家乡的孩子们不刻苦，而是我们干得太累、学得太苦。王文华老师的专业知识功底，赵小路老师的课堂应变掌控，周翠霞老师的文本解读能力，谢爱萍老师的优雅亲切教态，玉门一中两位帅小伙对语文教学的热情，他们身上放射出的积极上进精神——把这些年轻同行放在江浙名校，都不是差教师。

理念才是教育的制高点。

感恩第二故乡，让我有机会再一次深度审视家乡教育；感谢酒泉市教育局各位同行，让我走进学校、深入课堂、真切体验；感念潘建军等三位老师的全程陪同、贴心服务。

回望我的第二故乡送教之行，希望今后能够有机会为家乡更多更好地尽我绵薄之力。

2019 年 7 月 7 日离嘉峪关市之前初稿
2019 年 7 月 9 日西安机场修订补充

（第二辑）栗梓情

金河·黑山·中泉

——2020 年 5 月甘肃河西三地助学之行记

一

"五一"之前，接到学校通知，安排我出差西北家乡，陪同江苏圣澜服饰创意有限公司董事长王秋芬到酒泉、张掖捐赠校服。

我的任务是对接受赠地区教育行政部门和具体学校。

酒泉教育局陶英江副局长电话中脱口而出：瓜州金河小学——酒泉市教育局精准扶贫对象，自然环境较差，地处偏远，移民子弟……

张掖中学王学舜校长不假思索，推荐了民乐县黑山小学——张掖中学对口帮扶单位。

着手订票了，意味着正式确定行程。我跟我的校长和王董事长开玩笑说：从酒泉到张掖，由西向东沿河西走廊一路捐赠，最后从兰州乘飞机返回江苏，途经我家门口，我家乡同行们知道了不要骂我啊……

我联系了景泰二中罗崇岳校长，我们一拍即合：给中泉中学捐赠校服！他说，我们都是中泉人，与二中相比，中泉中学更需要……我想当然地理解为，他与我一样，都在中泉中学读过书。

订票关头，江阴市三牛众创空间科技孵化器有限公司总经理徐雨晨亦决定同往甘肃。我们在微信联系时，他表示：既然参与了，也应该有实际捐赠行动。

我开始新一轮对接工作。

拨通陶局长的电话，我说：徐总经理愿意为瓜州金河小学每位教师赠送一件精品衬衫或 T 恤，还可以包括酒泉市教育局领导在内；请提供有关数据信息……陶局长打断我的话说："不，宁可多给学生们一些捐赠。"我说："要不，您和一把手局长商量一下？"……一向儒雅温和的陶局长斩钉截铁地说："这个不需要商量，我现在就能做主：全部捐赠给金河小学和幼儿园的孩子们！"

徐总经理为所有小学生和幼儿赠送一个书包、一套文具。

校服已经打包快递发出，我们再一合计，帮助我们推荐、联系捐赠对象的酒泉教育局、张掖中学、景泰二中等于什么也没得到！

徐总决定：给这三家单位各捐赠 1 万只口罩。

酒泉教育局回复：1 万口罩捐给职业技术学院，刚好开学复课，人数众多，急需口罩……

二

5月16日凌晨，4点起床，下午4点到达敦煌机场。17日从敦煌到瓜州，途经县城考察了瓜州中学新校区——酝酿了一个项目。我以为从瓜州到酒泉是顺路经过金河小学的，结果大出意料。

在世界风库的瓜州，大风把捐赠现场的麦克风都刮倒在水泥地上……我忙中偷闲看了看这个小学的教室，课桌椅都是20世纪八九十年代的……徐总上了一趟厕所，感慨良多……坐在汽车上，他问我："这里的老师夜里上厕所怎么办？"王董事长说："手提马桶？"我说："那个你们只有江南人才用得惯，到处是河道池塘，方便刷洗……"

离开酒泉前，我对教育局几位领导说："以后选派南菁高中跟岗教师时，在总人数之外，给金河小学一个特别名额，我尽最大努力给予特殊帮助……"

18、19日两天，两位企业家考察了酒泉职业技术学院，主人已经安排好了参观游览近在咫尺的嘉峪关关城，但他们没有时间。他们要时时刻刻回复应对公司的各种事情，每天晚上工作到深夜……

四十多个小时，酒泉市招商引资成功，王董事长在酒泉注册公司。主管市长全程参与，相关部门现场办公，在我们离开酒泉前一个多小时，营业执照都办下来了。

20日前往民乐黑山小学捐赠，民乐一中前后几任校长、政协等多部门领导参加捐赠仪式。给两位企业家留下最美好印象的事情是：他们一坐到主席台上，就有小学生给他们每人佩戴了一条红领巾——王董事长有过十年幼儿园教师经历，具有浓厚的教育情结。徐总说："感觉回到了小学时代，只是忘记了红领巾怎么打的……"

言谈中能明显感觉到，他们因民乐黑山小学的捐赠活动而开心，尽管民乐海拔高、路途远、暴晒、寒冷……

我在张掖师专读书两年，毕业近四十年来，数度到过张掖，但是没有机会去过民乐，没有走过扁都口这段著名的线路……

这次依然完美错过！

我的大学恩师刘懋德三年前去世时，我未能到场送别。我的著作从印刷厂拉回的当天，第一个快递就是寄给刘老师；可是收到的当天他永远闭上了双眼——我的同学们把我的两本书放在刘老师枕头边上陪葬了……20世纪80年代中期我路过张掖时，师母拿出家里所有的鸡蛋，全都打成荷包蛋，招待我和同行者。那时候，老师一个人挣钱，每月几十元，养活一大家5口人，供3个孩子上学……如今师母瘫痪在床……

我已经到张掖！

联系了两个妹妹，让她们带我去给老师上一次坟，陪我去看望师母……

1983年大专毕业，我的两位老师，刘懋德和杨国学，把分配到嘉峪关市的唯一名额给了我。我的多数同学分配到农村学校，他们面临进城、成家、进修提升学历等多件事情；我只应对一件事情：进修。

三

21日午饭后，匆匆离开张掖。汽车驶上高速，两位企业家小睡养神；我才有机会回味张掖十几个小时的见闻经历与感受。如果不是徐总提醒，我真忽略了张掖中学巨幅电子屏幕对我的隆重介绍与欢迎，忽视了他们特意布置的报告会现场，尤其是那两条标语："聚博雅探讨教育理念新发展，高建瓴畅谈教师核心竞争力"——我在该校报告的题目是："新课改背景下教师的核心竞争力"；我的著作书名是："理念：教育的制高点"，多么用心啊！

从瓜州金河，到民乐黑山，下一站景泰中泉。工作效率酒泉比较高，论收获收益，也是酒泉最多、最实惠；单就联系对接这一点看，张掖人民最让人暖心。张掖中学校长安排一位主任与我对接联系，这真是一位细心、暖心的好兄弟！他只打扰我一个人，每项议程、每件事只打扰一次。从19日晚上9点到达张掖，到21日中午离开，三十多个小时内，仅需要校长开始和结束的礼节性微信问候，所有的环节，这位主任全都安排得井井有条。有一位副校长，全程参与，甚至都可以不需要我们的联系方式。张掖到景泰，四百多公里，商务车司机单驾，我们不抽烟，这位烟民司机决不在车上抽烟。两次进入服务区，他站在汽车附近一定距离抓紧时间抽烟。我们上车，他赶紧掐掉香烟……想来都是这位主任叮咛好的。我们还没有离开张掖地界，已经看到《张掖日报》和张掖网的两篇报道……张掖期间的活动图片，那位主任打包发来……

酒泉，招商引资成功了；张掖，下一步的合作项目开始酝酿了；我家乡的领导会不会抓住这个商机？我们的景泰之行会不会变成"到此一游"？无论是地域、理念，还是经济条件等各个方面，我的家乡都不能与酒泉和张掖比……

酒泉、嘉峪关，是我的第二故乡，是我人生、事业的起点；张掖，是我负笈求学的地方，是我实现人生华丽转身的舞台；景泰，是我的出生地，才是生我养我的真正故乡。

距离家乡的里程越来越少，我的心也越来越近。

公益是生意的前站，生意是公益的后盾。有生意，才有公益；生意，需要公益加持和壮大。有情怀的企业家，已经不是通过广告宣传，而是做公益。如果只是捐赠几件校服，我们很可能是一次性的，很可能没有了下一次……

我还能做点什么？

四

我们出发前，几百套校服是快递到酒泉的。疫情影响，时间紧迫，景泰地处偏远，快递公司不能保证捐赠校服在我们之前到达。不得已，所有校服都直接运到最西端的酒泉。

离开张掖，几十包校服只剩下中泉中学 6 件。之前我跟景泰二中罗校长联系时，他说："我们雇一辆车，把你们三个人和校服一起拉回来，没问题……"但，我的私心是，还是让张掖派车送我们到景泰——节省景泰开支，减轻母校负担。

母校中泉中学全体学生每人一套校服，仅仅一百一十几个孩子！只是酒泉和张掖的零头！我在联系校长时自作主张：把所有教师都统计在内，给每位教师送一件T恤。还是少！在酒泉，不是还给幼儿园宝宝们捐赠吗？我迅速联系了在母校附近幼儿园任职的两位老同学：把你们幼儿园孩子和老师数量一起报来，还可以多几个……

汽车由西向东驶过金昌、武威、古浪，在一个分叉路口开始向东北方向行驶，我知道，这意味着我切切实实踏上了回家的道路。我开始跟王董事长沟通，能不能在我家乡增加一个节目，临时自选一个曲目，给我家乡人民一个惊喜……她笑笑说："你说怎么办吧，你策划吧……"

他们母子忙于应付公司的各种事务，电话、微信不断。我开始运作另一件大事：在中泉中学资助一位学生！

多年前，我联系安排母校中泉中学十来位教师到江南考察学习过一个星期，现在还有联系。我打通了其中两人的电话，请他们推荐一位资助对象。锁定人选，我还有点不放心，把好事办成好事，不能让爱心变成私心！宁可我自己有私心！他们推荐的人选正好是我家所在小村庄的，又是本家……找我熟悉、信任的人！拨通了儿时伙伴、同学的弟弟寇明泰的电话，询问情况，与母校老师所讲基本吻合。最后一关，问我自己亲弟弟永强。完全属实。

资助对象定了！

五

晚上6时到达家乡县城，连日劳累，一身疲惫。走进家乡县城的宾馆，一位服务员大声说了一句"欢迎回家"——欢迎谁回家？来这里吃饭的多是县城里的本地人，正是离家！我们三人中，只有我是回家……瞬间明白过来，这是家乡同行们对我的热情！

晚饭后，我与王董事长商量了资助的细节，直到意见一致，已是11点，对我们在江南生活惯了的人来说是半夜了。

22日，周五，下午3点，我们来到中泉中学。没有经过校长，我直接找到六年级班主任，和这位女老师在隔壁教室里单独谈了几分钟，了解资助对象的情况；请她找来这个学生，我简单交流了一下，以免这孩子稍后接受资助时紧张。

"你认识我？"

摇摇头。

"你应该管我叫什么？"

还是摇摇头。

母校校长主持仪式，捐赠校服，颁发证书，领导讲话……宣布仪式结束，我接过话筒："请稍等，还有一项议程……"我走下主席台，"请寇明田同学到前边来……为鼓励你学习，江苏圣澜服饰创意有限公司董事长王秋芬老师资助你人民币现金一万元……"王董事长来到明田同学身边，把一万元现金亲手交给他并搂着他拍照……

这时，现场所有人热烈鼓掌——家乡同行和小伙伴们一阵惊喜！我的临时新增节目成功了！

仪式结束，我叮咛班主任："请你今天下午放学后，把这个孩子送到家长手中，亲眼看着把一万元现金交到家长手中……"

我没有通过现任校长，也没有找村干部。直到仪式开始，只有我们三人知道，有这样一个新增环节。

近年来出差时间最长、路途最远的一次行程结束。我回味这次历时8天、行程上万公里的经历时，突然想起几年前江苏高考古代诗歌鉴赏的一首唐诗：

征人怨
柳中庸

岁岁金河复玉关，朝朝马策与刀环。
三春白雪归青冢，万里黄河绕黑山。

兰州候机时，一位同行者说："你们家乡的地名真是特别啊，金河、黑山、中泉……让我们仿佛回到了盛唐边塞诗时代，感觉像张骞出使西域一样的豪壮……"

2020 年 5 月 26 日初稿

后记：

我策划资助的这位同学，是生我养我的中泉庄子的娃娃。三代单传，三代艰难，三代不幸！年过花甲的爷爷身患多种疾病，基本丧失劳动能力；奶奶务农、打工维持生计……爸爸前几年车祸殒命，妈妈改嫁；这个孩子自己也有少许疾病……

前几年有一次回家时，我在他们家里拜过一次年……某一年上坟时在山里碰到了他爷爷……这孩子的奶奶在嫁到我们村子之前的姑娘时代我就认识，长我几岁，一生勤劳辛苦！

这么一次机会，这样一件好事，我费尽心思，尽量办在生我养我的中泉庄子，尽量办给我的兄弟们、我的儿时伙伴们……

中泉中学捐助活动结束当天晚上，回到县城正在吃饭，这孩子的爷爷、奶奶——我的本家兄嫂微信视频联系我，开心、激动、感动……因为饭桌上十几个人等着，我并没有多说什么；实则是担心兄嫂哭哭啼啼……

一次与三兄永珑通话，他说："他四爹给中泉庄子办了一件大好事，我们兄弟们都有面子……"

2021 年 2 月 9 日补记
2022 年 8 月 21 日修订

129

（第二辑）柔梓情

我的 2020 年

　　新冠肆虐，电视上看到习总书记正月初一主持召开会议，部署驰援湖北、保卫武汉！虽不是医护人员，但我也应为武汉加油，为湖北加油！从 2 月中旬到 3 月中旬，连续一月，每天下午半天，义务援教湖北，我先后为 14 所学校上网课、开讲座！

　　感谢我的国培导师浙江师范大学蔡伟教授，首创网络培训，约请全国各地名师完成三十场公益讲座——蔡教授著成《走进直播间的语文名师》，我名列开篇第一位！

　　停课不停学，停课不停研！感恩学生、家长朋友们和我的领导、同事的加持鼓励，线上教育期间，我为学生们编写了五六十万字的跨媒介阅读材料，高考之前编印成"南菁高中战疫读本"两本书。

　　感动于家乡领导和同行们的抬爱，我在酒泉、张掖、庆阳及陕西建成多个工作室，让我在这一年中充实且收获多多！

　　作为甘肃儿子、陕西女婿，感激江苏圣澜服饰有限公司，为甘肃、陕西六所学校捐赠校服三千套，最为开心的是资助了我出生的中泉庄子的一位学生！感激江苏见龙国际与南菁高中领导，赞助包括我的母校中泉中学在内两所学校！

　　我决心在有生之年编辑成一部反映家乡景泰及周边地区百年来学校演变发展的"口述教育史"，已征稿数十万字，特别感激宋家祯、寇宗恩、刘万符、寇宗惠、寇永成、寇宗和、寇宗莲、朱振武、寇宗新等鼎力支持！尤为感动的是：我生命中的恩师——宗恩老校长手写 180 页稿纸、6 万字！

　　感念我的亲人们，分担家务，照顾父母，让我专心工作与事业——为西北教育发展助力，一年中联系对接二十多批次、近三百西北同行来江南跟岗或短期考察学习；带领家乡教育同行到四川、广西、浙江等地讲学、研修、培训，特别是 11 月份全国新语文尖峰论坛，我带领的团队囊括所有奖项！我邀请了 11 位名校长、名师分批次到西部讲学送教！我个人在国家级期刊发表专业论文十多篇；我带领的几位青年教师专业成长与发展取得突出成绩……鼠年岁末、牛年新春，我着手编辑个人文集。

这一年，我任教不同年级两个创新班的课务，对高中语文学科、对我这个年龄的老师而言，应算是勇挑重担——我的一切都是学校给的，我把一切奉献给学校！

谨祝领导、同事、同行和亲人们牛年更牛！

朋友圈留言摘要：

朱子健妈妈：娃有幸能做寇老师的学生，是娃之福。感恩寇老师！

嘉峪关马莉英：寇老师 2020 成绩显著，令人赞叹！太棒了！

江苏省常州中学孔小波：向寇老师学习！这样的老师不多了，牛年更牛！

国培同学徐州徐雪梅：永远激情、永远年轻的寇班新年快乐，身体康健，万事顺意！

湖北黄梅一中黄利民：感谢寇老师 2020 对我们湖北黄梅一中的援教活动！恭祝新年快乐，万事顺意！

延安学生李亚婷：寇老师的鼠年收获满满！看到您资助了家乡的学生，想到自己曾经也受过您的帮助，无限恩情永记心中！

期待您的"口述教育史"！

欢迎您再来延安做客！

祝您及家人牛年顺心如意！

景泰县中学常玉琴：寇老师，您好！

这段文字我看了好几遍，每年的文字内容都不一样，但是文字的灵魂始终印刻在我的大脑中，今年我不得不反馈一下。

您每年出色的成绩不是一般人所能达到的。您的大格局，您的智慧，您的思想境界，我为之而惊叹！

我感谢感恩老天让我认识了您！富足了我的内心，提高了我的认知，丰富了我的精神世界，改变了我的理想信念。

突然感到非常的心疼寇老师！这得花费多少时间多少精力、多少心血！您呕心沥血，一丝不苟，我仿佛看到了您每天不间断地上网课、作讲座；编辑写书，从一个学校奔往另一个学校的忙碌身影……您的身板不够高大强壮，但绝对透露出坚持、坚强与坚定的信念！

您不停地书写着不一样的人生，一直激励着正处于卑微角落里的我，我又想到了感恩！

我听到寇老师您在有生之年对自己的要求，对余生的规划，书写一部

（第二辑）桑梓情

景泰口述教育历史，这是何等的壮举！大景泰定因您而自豪，因您而熠熠生辉！

寇老师，此刻我好像又感受到了您的内心又是那么的平和、喜悦、富足、感恩、有力量……您富有一颗大爱的心、感恩的心。您感恩您的恩师，感恩您的学生甚至他们的家长，感恩同事领导，非常地感恩亲爱的家人们……您那是一颗博爱的心、有厚度的心……您那颗富足的大爱的心，我是亲身感受到的！您乐于助人，不惜余力；您对人的热心、真诚，真的，很让人感动。

此刻，玉琴还有很多很多想要说的话，我就把它浓缩在最后的祝福语里面吧！

祝寇老师 2021 年，身体健康，心想事成，合家欢乐，幸福美满！

2021 年 2 月 13 日初稿

2022 年 8 月 24 日修订

甘肃四地同课异构感慨点滴

2021 年 7 月 1 日，凌晨 4 点起床，5 点出车，6 点到无锡机场；13 日晚上 12 点多还被延误在兰州中川机场（航班延误 11 个小时）；14 日凌晨 2 点到宜昌三峡机场经停，被告知下一段航班取消……历时两周的甘肃河西四地同课异构活动告一段落。

回忆这两周以来的点点滴滴，诸多收获，诸多感慨……

最温馨的片刻

在山丹军马场，包括几位校长在内的十几位语文人，于夕阳西下时围坐在草原上，由景泰二中高自芳老师导演，我们毫无忸怩与顾忌，十几分钟之内学会并排练出了《诗经·苤苡》表演唱——此后多次在同课异构课堂上为学生们表演，着实成了课堂上一道靓丽的风景！

如果我们把那段美好时光耗费在饭桌上——那将是多么俗气，多么对不住草原上美好的夜色，多么有愧于一群语文人的身份……

那个温馨的时刻，给每个人都留下了美好的记忆！

最美味的一餐饭

游览山丹军马场，山丹一中安排携带了午餐。山丹各种小吃，真正物美价廉，风味独特。正午阳光暴晒时，我们躲在穿越草原的高铁桥梁下的阴凉处，席地而坐野餐，享受着各种美味。没有座位的尊卑先后，亦无推杯换盏的烦琐应酬……盛夏碧绿青翠的草原养眼护目，身边牛马粪便的味道让我的嗅觉记忆回到温馨的乡村，头顶轰鸣飞驰的高铁令人把世外桃源与现实瞬间嫁接到了一起……

这应该算是最廉价、耗时最少但两周中最美味的一餐饭！

最温暖的一句话

7月7日，民勤三所学校的三位教师同课异构结束后，一位年轻的同行很懊恼地自责道："课没有上好……我们的教学理念太落后了，对不住领导、同事和同行……"一向并不善言辞的民勤一中乔永宏校长不假思索地说道："教学理念落后，责任不全在老师们，更多的在我这个校长，是我没有给老师们创造较多机会……"

这两句话让我记忆深刻，更让我倍感温暖！

的确，我们西北的同行们外出学习培训的机会少，在职教育的效果微乎其微，责任不一定在教师本身，与大环境不无关系！

最有成就感的事情

策划这次活动时，我的目的有二：遴选三位老师，参加7月15日在浙江师范大学举行的江苏名校同课异构活动；折腾出一组教学反思文章，争取在语文教学期刊上发表。

从第一站张掖中学开始，我自主设计了一份同课异构课堂教学评价表，悄悄地发给我临时聘请的几位评委；山丹一中讲课之后，我发现我家乡景泰二中的三位老师对课堂评价很公正，交流很诚恳，意见很有可资借鉴之处——果断固定这三位老师担任评委！

最终我们选出了酒钢三中黄思蜜、民勤一中刘晓娥、景泰二中张丽霞三位老师。

景泰二中同课异构前夕，我着实捏了一把汗！万一在我家乡不能选出一位让同行们心服口服的老师，万一几堂课都没有亮点……

好在景泰二中语文组非常给力，好在张丽霞老师课堂虽然预设性过强、老师讲的痕迹过于明显，但是终归了无争议地选出来了！

最对不起之处

对我个人而言，全程半个月，行程上万里，历时14天，最受礼遇之处是山丹，最实在的也是山丹的同行们；本次活动花费代价最大的也是山丹一中（最受益的是我家乡的景泰二中）……但是，我们没有能够给山丹一中同行们提供一次机会！

想起山丹一中那四位老师，半夜11点赶回县城；到家应该是翌日了……

最有价值的一顿饭

建设工作室，我不希望唱独角戏，而是采取同课异构，我认为这种方式最能实现理念与教学思想的碰撞；而且同课异构结束不是活动结束，恰恰是开始——深度教学反思，在反思中成长，在反思中形成科研成果。

但是教学反思是一件难事，需要在课后深度而广泛地交流，因为多数教师并不知道从何入手反思教学。

所以我的理想是，每次同课异构结束，让我有机会与上课的老师交流，而不是被绑架到饭桌上应酬！我不愿意听那些挖空心思的、与主要领导同一个腔调、虚假的客套话，更没有耐心长时间吃喝闲聊……

最终，我发现，只有家乡景泰二中才实现了这个愿望！除了罗崇岳校长的务实，还仰仗于副校长是我外甥、教研组长是我侄子，我可以命令甚至批评他们：我不是个道具，不希望连续几天被你们供在饭桌上！要么让我走进教室和学生在一起，要么安排我和语文同行在一起！

9 日同课异构结束，罗校长安排好了简单饭菜，全是家乡风味；我和当天讲过课的几位同行一桌，领导另桌招呼其他老师——那一个半小时，几位老师坦诚而无所顾忌地发言，他们中有人找到了教学反思的角度，有人明确了自己专业成长的方向，我觉得我们的交流非常有效！

可谓最有价值的一顿饭？！

我自己最满意的一堂课

记得一道作文题材料是，中国游客到非洲旅游，看见土著居民用秸秆手工编织的工艺品，以多买而要求黑人减价。没想到，非洲朋友严词拒绝：同一款手工编织品，多买应该加价！理由是重复简单劳动是一种更劳累的体力和心理负担！

讲课也是这样。

同一篇课文讲好多遍，尤其是时间间隔并不算长，那跟小和尚念经有何区别！

我在民勤策划了两篇文言文同课异构，我自己主动认领了最不容易讲出新意和深意的《登泰山记》，没想到课后受到同行们一致认同，甚至有人认为很"震撼"，"大开眼界"……

可以算是十来天中让我自己最满意的一堂课。

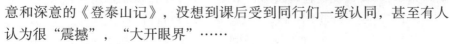

最大的遗憾！

我原本的打算是只在景泰二中讲一节示范课，促成闫桂珍老师应邀到景泰做一场师德报告的美事，选一两个班的学生参加——我就在这个班级讲《喜看稻菽千重浪》等三篇人物通讯。课堂上让学生充分自主学习，讨论模仿其中某一篇课文，为闫老师写一篇人物通讯，最大化实现用教材教的愿望……

以至于，我把下水作文的开头都写好了，在景泰二中评课时一高兴还现场朗读了一遍。

但是闫老师从北京参加完"七一"庆祝活动回到甘肃比原来想象的更加繁忙，无法分身到景泰——闫桂珍老师是我最敬重最敬仰的老师，没能促成此行，是我最大的遗憾；不得已，我只好把两首古诗老调重弹再讲了一遍……

最无奈的事情

我们生活在现实世界，不可能不食人间烟火；我们都是些凡夫俗子，不可能揪住自己的头发离开地球！必要的应酬在所难免。但是，我的价值不在饭桌上。

如果让我和学生在一起，如果有更多的机会让我跟语文同行们接触与交流，我觉得，无论是对所到学校的师生，还是我本人，都是成果最大化，都是效益最大化。

然而我们西北地区落后的理念，加上淳朴厚道的民风习俗，领导们都出于好心，不能慢待了我，于是接二连三地吃饭应酬，让我很感无奈……

返程：最奇葩的航程

13 日中午，我按时赶到兰州中川机场。原计划下午 1:35 起飞，经停湖北宜昌，晚间 6:10 到无锡。先是通知延误 1 小时，旅客们都耐心等待。到了晚饭时间，机场告知旅客说是天气原因——许多旅客开始烦躁，询问目的地机场天气，有没有雷电暴雨等。

晚上 7 点左右，机场调来大巴车，拉乘客到兰州新区一家酒店休息。我因为要在 14 日晚上赶到浙师大出差，正在考虑改签杭州或者义乌；坐在一家餐馆静心写这篇小文章，没有乘大巴到酒店。

将近 9 点，上百名旅客又被拉回来了，说是要登机了……

我亲眼所见与脑补的景象是，最先拿到房卡的旅客刚走进浴室洗澡，被通知乘车到机场；后拿到房卡的人，还没有走进房间……指定登机口附近，有的人头发上的洗发水泡沫都没有来得及冲洗掉。我身边几位组团旅游者在发牢骚，一位中年妇女说：哇，我的内衣忘穿上了……另一位马上发现：天哪，我竟然穿着酒店的一次性拖鞋……

半夜 11:40 登机，12:30 起飞；14 日凌晨 2 点飞到宜昌三峡机场。以往多次乘坐该航班，前往无锡的旅客并不下飞机，而这次竟接二连三通知乘客个人物品必须全都拿下飞机，而且空乘人员态度之亲和也是空前的——我预感到事情不妙，没有多想，随着大流走出飞机，乘上摆渡车。

到了行李提取处，宜昌三峡机场地服人员刚刚一句话出口："前往无锡的旅客请乘大巴车到酒店休息……"瞬间就引爆了几乎全部乘客，许多人情绪失控，大声喊叫，高分贝大骂……

从半夜 2 点多僵持到天亮，深圳航空公司答应上午 10 点补一个航班，把这几十人送到无锡机场。我担心口头承诺难以兑现，怕耽误晚饭前到浙师大，就打车到宜昌东站，乘上了途径无锡的动车。

距离开车时间 11 分钟到宜昌东站。下午 2:17 到无锡站，紧急乘地铁赶往无锡东站——来不及回家，几样家乡特产还拎在手里……女婿专门请假，冒 37℃ 高温，到无锡站接应。

下地铁，赶到无锡东站，距离开车时间还有 9 分钟，未及打印车票，仓促进站上车。晚上 7 点入住酒店。

48 小时没有机会洗澡，36 小时没有正常睡眠，连续两天 5 顿饭没有吃到正餐……

2021 年 7 月 14 日于金华初稿
2022 年 8 月 23 日修订

春华秋实 育贤

温馨依旧：我的第二故乡张掖

2022年7月2日下午4:30，航班降落张掖甘州机场，走出舱门的瞬间，阵阵热浪迎面袭来，艳阳高照——江南的这个时刻已是夕阳西下，夏或晚霞灿烂，冬则薄暮冥冥。

山丹同行的热情比第二故乡的天气更胜！家乡人民还没有夏季使用空调的习惯，许多学校的教学场所是不安装降温设施的，上百名师生聚在一起，原本不透风的空间更加炎热，下午骄阳射进窗户的一个多小时里，我有一种要中暑虚脱的预感……

好在山丹一中在课间休息场所准备了各种水果，摆放了美观诱人的各种馍馍……我走进时，王彩虹老师拿起水果劝我享用，另一位老师赶紧递给我塑料袋盛放果核瓜皮——人的热情抵消了天气的一大半炎热！

结束了山丹一中一整天8节课的快节奏活动，汽车迎着夕阳驶往张掖，透过车窗的阳光竟然还是那么热情而强烈。37℃高温，我在几近不惑之年离别家乡，好像没有这样的高温记忆。

傍晚的一阵小雨，给连续炎热数日的张掖带来了阵阵清凉。在微信群里读到张掖中学语文教研组长刘华老师分享的一首小诗：

> 甘州朝雨浥轻尘，品读红楼意正浓。
> 谁将甘霖撒塞外？卧底江南寇永升！

——我印象中愤青式的老教师刘华，以一首即兴小诗让我们感受到了张掖同行的热情。

7月4日，张掖中学活动主要是研讨《红楼梦》整本书阅读，本来就是一次挑战，语文组的老师们在设计教研活动时热情勇敢地面对挑战，迎难而上；并且实际效果比我预想的好很多，几位教师都很有创意——张掖中学张勇老师的一段话更能说明：

今天，寇老师在张掖中学开展的这次研讨活动非常成功，这成功的意义并不是说课堂展示有多完美，而是在于这是我们在新课改的路上跨出了一大步。

《红楼梦》整本书阅读，这个课题是非常有挑战性的，在寇老师的指导下，我们学校选择这个课题，本身就是一次新课改下的大胆尝试。各校老师都做了充分的准备，有亮点，也有不足，但关键是我们已经意识到教学的重点不是展示了多少内容，而是有没有把重心放在学生各方面能力的培养上。

老师们课前精心备课，尽心上课；八仙过海，各显神通；深入思考，互通有无；毫不保留，干货满满……这已经是教育最纯粹的行为，感谢寇老师，感谢各位同仁给予我们的最丰厚的大礼！

各位老师，认识你们非常高兴，欢迎常来张掖中学看看！！！

张掖是我求学的地方，这几年几乎每学期来一次第二故乡，有好几位昔日同窗好友在此工作生活，但是，我们一直没有机会坐在一起叙叙旧。我抽空给袁泽老友微信留言，告诉他我虽到了张掖，但行程紧张、工作任务繁重……

半夜起来上厕所时，看到老同学回复：

老同学，欢迎再来张掖。有你给张掖中学传经送宝，助力张掖中学教学上新台阶，是学校的福分，也是我们同学的骄傲。我刚去了趟外地，回来给市志办赶校《张掖古志》中的两种志书。白天遗憾不能陪你。晚间你活动完了，我给你打电话。

老同学，晚上好！请见谅！因史志出版校对繁忙没和老同学抽暇倾谈。老同学来张，提携张中教育教学水平上新台阶上高水准，启动我校观念恒久转变大工程，利莫大焉，善莫大焉！老同学任重道远，学舜校长用心良苦。而我们学友相交，贵在知心，贵在平淡致远。每次见或不见，都很温馨，念兹在兹，内存于心。和有些同学的终极命运相比，老同学人品学识，都是我内心敬佩引以为傲并心慕行摹的。人生得你学友提携启迪，是我的幸运。但愿友谊长存，千里遥相牵挂。明天学友启程他处讲学，唯祝成功顺利。老同学下次还会来，我们彼此还会握手，有此长久，人生幸哉。

晚安。

袁泽致礼。

（第二辑）柔梓情

我们这批人真是如此，数度到了同一个城市，总是完美错过，但"见或不见，都很温馨"——我们年近花甲，面临退休，跟比我们年长的人比较，我们还不是闲人；与年轻的比，我们体力精力不似往昔，工作压力、家庭负担依然未减……

热情与温馨不一定全都体现在饭桌上，亦非当面神侃嗨聊……身体年龄、生活节奏与事业责任让我们应对现实，直面人生。

4日下午，连续4节课。午后尚未彻底清醒的我，刚到张中阶梯教室坐下，正在打开电脑，门口飘然而至一位年轻的女老师——张掖中学周梦婷，今天讲课最年轻的同行——递给我一饭盒杏子，清洗得干干净净，清爽可口……我自己享用之余，正想着给我们团队的陈奕彤小朋友分享，张中语文组长董志新老师从背包里掏出一袋杏子，是专门为我们张卓君老师的女儿陈奕彤带来的！

江南不产杏子。杏子皮薄肉嫩，离开树枝一半天即失去新鲜；杏子不耐储运，现在最快的物流运到千里之外常常有相当部分腐烂；杏子价格有限，难以调动水果商贩的行业积极性……江南民间俗谚云：桃饱人，杏伤人，李子树下躺死人——是说杏子吃多了会伤人。我家乡也有谚语曰桃饱、杏伤人……但是我生来喜欢吃杏子，而且一口气吃半斤不会有任何影响！1日下午到山丹，入住宾馆后未及洗漱，我当机立断下楼买山丹杏子吃……可以正餐无肉，但不能一日无水果。世间所有的水果我都能享用，无论南北，不管域内外，不分季节。晚饭后，山丹一位老朋友送来两箱杏子，我又连续享用了十多个，竟然把一箱吃掉了一半！翌日早晨起来，打开另一箱杏子，本想通风透气，防止腐烂，结果发现是另一个品种的杏子，而且比个头大的杏子更好吃——我在早饭前就享用了十多个！

中午休息时间回到宾馆，坚决果断地分享了大半杏子给我的江南同事和景泰老乡，真的担心我吃多了把自己"伤"了。

在张掖的三十多个小时里，我买了三次水果，主要是杏子、甜瓜、哈密瓜等；唯一一次晚餐，4日下午，丰盛的饭桌上最吸引我的依然是水果。张中一位同行好几次仔细看我吃水果，不无担心地善意问我："不担心吃坏肚子？……"我笑言："我是塑料肠胃……"

离开张掖的早晨，张掖中学善良的曹淑桂老师又送给我一袋各种杏子——太好了，今天到武威之前把它们全都吃了！

即将离开张掖的中午，小妹妹一家从嘉峪关驱车数百公里来看我。

10：30汽车开到宾馆楼下，我只好回复：你们先到附近逛逛，我要备课，要处理工作上的事情，只能等到午饭时间相见……

以前到张掖，总要抽空到河西学院看望一下老师。这一两年内，教过我的老师大多先后作古，伤感失落之余，还是想见见我在张掖的两个妹妹——我生命中的恩师刘懋德老师两个女儿在期末监考紧张空隙，利用中午时间与我相聚——饭桌上都是我的弟弟妹妹，都是因为我而不辞辛劳珍惜团聚。我想在给我打下人生底色的美丽张掖招呼兄弟妹妹们吃顿饭，热情机智、伶俐麻溜的小芹妹妹早就识破了我的心思……

离开张掖，不由自主地感觉到，我的第二故乡在这个炎热的季节里，温馨依旧、热情有加。

2022 年 7 月 6 日于武威初稿

2022 年 8 月 25 日修订

（第二辑）桑梓情

表兄·学长·贵人

从我奶奶和他妈妈论，我们是表兄弟。

表兄长我一岁。我们是一个小村子里长大的，小学、初中、高中同学。

表兄小时候，家庭贫穷。我们那个县是黄土高原上最贫穷落后的县；我们那个公社是全县最偏远的；我们那个村庄是靠山太矮，靠水太远，靠地太薄，靠人太少……

表兄家里是双重贫穷。父母都是农民；兄弟姊妹九个；他排在第五。我的个人记忆里，如果不是三个姐姐相继出嫁，不是比他年长几岁的大哥高中毕业参加生产队劳动，怕是表兄平安健康地生存下来都有困难，遑论参加高考进大学读书……

表兄读高三时，我高一。他们家有一辆破旧自行车，兄弟姊妹中会骑自行车的人比自行车零件还多；我们家新买了一辆自行车，全家七人中只有我一人会骑自行车。他们家的自行车很少轮到他这个老五使用；我们家的自行车长年累月归我这个老大专用。

1978 年隆冬到 1979 年盛夏，我们两人一辆自行车上学。他是表兄，腿比我长，身材比我高大，自然是他骑车带我；我那时还够不着坐在车座上蹬车，即使是车座降到最低，也还够不到脚踏板，只能骑在大梁上，整个身体左右拧来扭去，那两年中裤裆一直破烂的……那时候从小村庄到中学三五公里全是山路。到了上坡、跨沟、越渠、过沙坑，我跳下自行车，跑一段，推一把……

隆冬时节，表兄脚穿一双单层塑料底、单面黑布鞋，单层白色半透明丝袜——这是夏天的装束，是姐姐们的彩礼。塑料底鞋在冬天的道路上，即使无冰雪，依然随时打滑……

表兄的一双脚一直是冻得肿肿的，红红的；开春天气暖和后，两脚奇痒难耐，时常脱掉鞋子在石头沙子上蹭，直到毛细血管破裂，以疼痛抵御无比奇痒……

那时的中学生在寒暑假是要参加生产队劳动的。高考前的那个寒假，我清晰地记得，他上身穿一件山羊（家乡叫作鞠律）皮皮袄（类似于今天的短大衣），没有一件贴身衬衣可穿。长毛的山羊皮皮袄虽然能御寒，但是比绵羊皮硬；毛更是比绵羊毛硬而且扎人。我到现在也没有弄明白，那时的家乡人为何都是把皮袄长毛一面穿在贴身，而把皮子一面穿在外，难道仅仅是为了暖和？！陕西等地的人怎么就把长毛的一面穿在外边，难道只是图好看！皮袄是一种外衣，没有扣子，那个时代更不可能有拉链。表兄用一截草绳，缠在腰间，将皮袄的前襟掩在一起捆扎住，以抵御黄土高原上冬日的严寒；但是冷风一直从脖子灌进，与从肚子和屁股上灌进的冷风会师……

高考后，或是高考前一年的暑假，表兄被派往距家百里之外的石膏矿搞副业。每天挣10分工，两三角钱。十六七岁，刚刚走出校门，握惯了笔杆；但是却被用绳索悬吊在石膏矿的悬崖上，与成年人一起打眼放炮。他只会在悬崖上抖抖索索扶住钢钎，协助大人抢起十八磅大锤打眼。每一锤下去，他将钢钎转动一下，换个角度，调整位置……（这样的场景，我后来在电影《红旗渠》中才看见！）双手震颤到酸痛、麻木、皴裂，鲜血直流……胆战心惊劳累一日，步行几十里路回到住宿的马车店，自己烧火做饭，抄疙瘩，面糊糊，干馍馍……

表兄是恢复高考后我们那个小村庄第一个大专生，1979年进校，81年毕业；他出校，我进校，我们是张掖师专校友，他是我学长。

张掖师专两年，因为家庭贫困，生活艰难，上学机会来之不易，学长学习极其刻苦，学业甚为优良。（1981年秋天，我进校时，老师们以及一些机关人员，知道了我是从景泰县考来时，每每都要提起学长，往往都赞不绝口，各个都希望我也能在学业上像学长一样……）故而毕业分配时，那时母校一批德高望重的老先生就做主把他分配到了省城兰州，进了省直机关，担任秘书，后来混到办公室主任；整天写材料，一年四季办会……

学长的单位在平凉路2号，兰州火车站出来向西北方向步行几分钟就可以到达。

张掖师专两年，不管是回家还是上学，学长单位都是我的必经之地，学长的单身宿舍就是我的马车店。

学长的办公室在二楼，十几平方米，一张写字台，堆满了文件资料；一个文件柜，塞得满满当当；文件柜后边一张硬板单人床，我俩背靠背挤过好多次……

没有学长做秘书，就没有我能够读完张掖师专！

我那时候家里穷到买不起纸墨笔砚，而大学里，尤其是文科，偏偏要大量记笔记，总是要耗费大量纸张或是笔记本；还需要墨水，需要圆珠笔芯等等。每次我快要离开时，学长打开他的文件柜，"你挑吧，能背多少就背多少！"从16开白纸到方格稿纸，从订书针到胶水，还有瓶装墨水……我现在家里还剩余有几样作为纪念，至今还保留有那些笔记。而我在近40年间，不知道搬过多少次家了！从学生宿舍到单位的单身宿舍，从几千里之外的嘉峪关到长三角，从几十平方米陋室到上百平方米的电梯房……

我第一次吃桌饭，是在学长单位的地下餐厅里。他在办一个会，发餐券。给我一张，带我进到餐厅，指定一个桌子让我坐下。说："这桌上的人都不认识你！一会儿开吃之后，不要秀气，放开肚皮，抢着吃！挑好的吃！"我一直觉得，我人生的第一顿饱饭就是在学长的单位吃的！

省直机关的那几年，学长是一个特别勤奋敬业的人，工作尤其出色；待人接物也非常热情。我们共同的恩师，张掖师专刘懋德老师，出差或是回家路过兰州站，被兰州特产溜娃子（小偷）把身上的钱和钱包等全都偷走了。刘老师连乘坐公交的一两角钱都没有。气哼哼地走进省直机关，沿着每层楼梯上，每到一层就用他的岷县方言大喊学长的名字……

懋德夫子生前当面给我讲过这个情节；我也向学长"对质"过。刘老师站在省直机关的楼梯上声嘶力竭地大喊之时，整个楼层的大小领导都走出办公室，站在楼道里张望……学长听见这个熟悉的声音，赶紧跑出办公室，迎接住刘老师；招呼吃了饭；带到兰州站，找遍每层楼的厕所，希望找到刘老师的破旧钱包和证件……

给老师买上车票，带上干粮，送上火车……

我记忆中，学长在平凉路2号的省直机关工作了十多年。反正从我上大学到分配到嘉峪关市一中工作，十来年间，他的办公室就是我的马车店。

大概是80年代的一个冬天，我到兰州学习，之后回老家看望父母。我身上背着几个冷馒头，乘坐着那时候最慢、最廉价的火车硬座，三十几个小时颠簸到兰州。他看见我从背包里掏出吃剩的干馒头、坐在火车上批阅的学生考卷、还给老家的父母带了几斤那个时代我们家乡人罕见的大米，大为赞叹，深有感慨，一直表扬我……

可能是从这件事情之后，学长一直对我很好。

很多乡人、同学都认为学长是个不认人、不讲情面的人；但他对我一直很例外。无论是省直机关办公室主任，还是省府秘书长、办公厅主任，乃至担任大市书记，我打电话都接，我当面找到他时都会抽空见我，我有事相求大多都办了，尤其是关于我个人的事情。

有一年我到省府找他，门卫不让我进门。我打电话给学长，他没有接。我发短信给他。回复：开会，稍候。我在省府门口等了一个多小时，他回电话来，开口就问：什么事，电话里讲；实在太忙，没时间见你……但是，事情给我办了。

后来我渐渐感觉到了，学长只限于给我个人办事情，如果我张口要求给我的朋友、同学办事，一顿臭骂，毫不留情。

学长是个急性子人，也是时间观念比较强的人。打电话反感寒暄，喜欢直截了当。电话接通，最好直接通报姓名，紧接着简明扼要说正事……如果按照我们家乡的乡俗，"你听出来我是谁了没……""我是你姑舅爸……"之类，那就彻底麻烦了！

家乡几乎妇孺皆知的那个故事，我肯定在学长当面听过不止一次！

"哇——哇——哇……你是不是 H 主任（书记）……你该好着呢么……我？哎呀，我是我嘛……"

第三声"哇"的时候，学长已经在干别的事情了；后边的话基本心不在焉；如果挂断电话，证明他这时候很忙，没时间骂你了。

我们家乡人一直拿这个轶闻趣事责备他，其实这是一种愚昧、落后、封闭，是一种单向思维！家乡人没有时间观念，不能理解一个坐在机关办公室的人每天要接听多少电话，要打出去多少电话！何况一位省政府办公厅主任，一位省级机关秘书长！如果全省十几个地州市的伙计们打电话来都问一遍"听出来我是谁了没"，假如省委省府上百个部门机关打电话来都说一句"我是你……"怕是这个角色的人每天仅仅接电话就可以被折腾到手忙脚乱……

如果不是在江南发达地区工作生活十几年，我也会责备学长！

打电话主动通报姓名，这是对对方的一种尊重，体现出一种修养、一种文明；而我们家乡习俗觉得说自己的名字是一种尴尬，尤其是长辈对晚辈、上级对下级……

我们都是读着《高山下的花环》长大的，雷震军长怎么痛骂那个给他打电话的吴大姐？！

至少我们都看过电影电视吧？毛泽东拿起电话就用湖南话说："我是

毛泽东啊……"周恩来无论对谁，电话接通都用浓重淮阴味儿普通话先做自我介绍："我是周恩来……"

古代人两军对垒，阵前厮杀，你死我活，都要先通报姓名……

电话是一种声音传输，向对方通报自己的大名，也是一种自重。

我们家乡不管老少，多数人都不思考给什么人打电话应该选择什么时间比较合适，从来不考虑办什么事情在什么时间打电话比较合理；有些电话适合工作时间打，有些只能在下班时间打……我一度深为家乡亲人们的电话烦恼，也像学长一样张口大骂过弟弟妹妹……工作时间，家乡人来电话，跟你说普通话吧，你觉得我对你不礼貌；说家乡话吧，我的同事们和学生都笑话我……有时候，办公室里人多，家乡人一遍遍"啊呀，你猜一下我是谁嘛……""哎，听出来了没……"我哪有那么多时间？！这不是耐心问题。后来，我干脆明令弟弟妹妹妹夫弟媳妇们：第一，给我打电话只能在晚上 9：30 之后；第二，除非父母生病等紧急事情，一般不要跟我打电话；第三，需要联系我时，先发短信或者微信，等我打过去……

在长三角生活工作的二十多年中，我深深领悟了打电话的学问。两任校长，都是名人大咖，仅就电话交流一项就不能不令人敬佩！如果是工作时间找我，一定是先发发微信，或者到办公室面谈，或者问我是否方便回电；如果是非工作时间，电话的第一声多半是先问："有没有在开车……"能用微信、短信、QQ 留言交流的事情，一定不会打电话；能用电话说清楚的一定不会当面打扰……相比较而言，我真的轻易不敢跟家乡里的许多人通电话，主要是时间成本太高！

学长后来的晋升与提拔是靠自己干出来的，擅长写材料，特别是政策性较强的材料，尤其是大型重要材料。点灯熬油，夜以继日，不分上下班，单位就是家，吃住都在办公室。走进他的办公室，别说能够躺下，连个落座的地方都没有了，全是文件、书籍、报纸杂志以及各种资料……

学长担任市委书记的当年，我去过一次他任职之地。走进他的书记办公室，比较陈旧简陋寒碜，依然堆满了文件资料。嘴里叼着烟，脖子上架着电话，手里敲着键盘，眼睛瞪着我，示意稍等……

我以为他会请我一起吃午饭，哪怕是在单位的食堂。看他没有这个意思，我就说："我请你中午一起吃个饭吧？""你自己去吃吧；现在又不是张掖师专上学那会儿……我要是和你一起吃顿饭，不出两小时马上就成了本地新闻……你以为我这个市委书记好当啊？我这地方经济发展全省倒数，我新来乍到还有好多情况不熟悉……压力大得很啊……"

说着，他收拾手提包，装文件、茶杯，公文皮包里还有一块西北大饼。看我不解的眼神，对我说："看啥呢？这就是我的午饭；今天下午有个会，我要利用中午时间准备讲话稿……"

"书记没有秘书吗？"

"秘书？他们写的材料我还看不上……"

这次见面，我没有具体事情相求，只是途经路过，顺便看望他一下，表示对学长升任市委书记的祝贺。

一起走下楼梯的几十秒钟内，学长对我说："你以后有重要事情时联系我，关系到个人生存，或者家庭、孩子等重大事情。你那些乱七八糟的事情就少烦我……"办公室电话、手机号都告诉了我。

好像是 2013 年（或者 2014 年）的冬天，学长来无锡了。住在距离我家和学校仅仅三五公里的豪华酒店里。白天办完了公务，了结了应酬，安排手下："给寇永升打个电话，说我到无锡了，看看他距离我们住的地方多远，过来坐坐……"

我在晚上 8 点多到的酒店，几经辗转，找到他住的房间。我给他带了两份江南特产——这是我三十多年来第一次有机会给他送东西，第一次有机会表示我对他的谢意和敬意。

这次见面，有几件事我至今记忆犹新。

学长开玩笑问我："听说你在长三角发达地区发展还不错嘛"——我要凭良心如实地说，他真的一直关心关注着我！在嘉峪关工作的十几年中，好几次，碰到市委市政府官衔不小的人跟我说过，寇老师，省上有领导问候你呢……他的确了解我的大概情况——想不想回家乡干几年？别的不敢保证，安排你在我们那里好一些的中学里当个副校长，应该没有大问题，你的能力具备吧？你在江南发达地区这么多年了，可以帮帮家乡的学校吧……

我表示，已经在江南安下家了，大人孩子都已经适应江南生活了，不想再回到西北……学长对手下的干将说："寇永升这人不识抬举呢……"

学长当着手下几位县长书记对我说："我有一个熟人在无锡，担任着不小的职务……你以后有重要事情时可以找他……"我问联系方式，他说："你以后有事情需要帮忙时先联系我吧……我要是给了你联系方式，你打着我的旗号，随意乱打扰人家……"

我临出门时，学长安排手下一位县委书记代为送我，"把我们的那个葡萄酒给寇永升留下两瓶，过年尝尝……"

过了几天，有人给我打电话，说在我校门口，门卫不让进，让我出去一下。我到门口问清来路缘由。原来是学长给我留下的"两瓶葡萄酒"送到了。来人开着一辆面包车，打开后备厢，问我："你咋搬呢？"我一看，是两箱，不是两瓶！只得再步行到学校停车场去开车。两箱，好像是 12 瓶上好的家乡葡萄酒，味道很好；正好作为我春节拜年的礼物。

学长不是一个没有人情味的人！

以我书生之愚见，学长在省直机关的十来年间，是踏实、勤奋、低调的；省府任职期间，他是正值、积极、肯干的，对侄子、外甥们都多有关照，对家乡也有贡献……初任书记，他是雄心勃勃、吃苦耐劳、廉洁务实的，有人说他不认家乡人，但是他提拔了好几个景泰同乡……

2017 年开春，我利用到宁夏讲课的间隙，专程从银川去了一趟学长任职之地。穿越河套平原，沿着沙漠边缘的那条铁路线西行到河西走廊，只有慢车。我在火车上睡了一个晚上，凌晨下车的。

这次是我真的有事情需要学长帮忙。

有人指点我，今天书记下乡了，不在单位，让我下午下班时间或者晚上八九点钟在家属区楼下等候。我换上单薄的正装，穿着单皮鞋，在家属区那幢楼下开始等候。从下午 7 点，等到晚上 8 点；从 8 点等到 9：30……虽然是开春，江南已经草长莺飞，杂花生树，西北腹地的河西走廊还了无春天的气息。我渐渐感觉到身上发冷。开始走动，继而慢慢跑步……到了 11 点左右，还没有等到学长的影子。

我就回宾馆休息了。

有人指点我，你明天早晨 8 点站在市委大楼二楼楼梯上等候……

我穿着深色西装、打着鲜亮的领带，皮鞋锃亮……很快就有人把我带进书记办公室对面的房间里坐下，给我倒茶水，招待我看最新的当地报纸，头版头条就是学长的大幅照片和长篇讲话稿，大号大红色标题。让我这个很少看报纸的人，顿时产生了一种穿越时光隧道，返回到 20 世纪七八十年代的感觉……听见脚步声，或者咳嗽声，接着是转动钥匙开门的声音，人家示意我，赶紧去找，过几分钟，书记办公室人就多了，就轮不到你了……

我是第一个走进办公室的。来不及简单寒暄，直截了当："我有事情找姑舅哥帮忙……你原来留给我的电话打不通了……"

听完我的叙述，学长痛快地说："这个事情我来给你办，我给你一个新的电话号码，记下……"

后来，我的事情真的也办成了……

这次见学长，我发现，他消瘦多了，头发稀疏而且凌乱，面容憔悴，精力大不如前……不再是六年前那个满腹抱负的封疆大吏！

三十多年来，学长一直是我的贵人！

与表兄、学长交往四十多年，我真切地感受到，他有几个方面始终没有改变：吃苦耐劳的本质没有变，工作上不怕苦，一直具有一种不服输的干劲；他写的字几十年当中没有大的变化，学生时代和他担任市委书记时期，区别不是很明显；他的脾气性格几十年来没有大的改变。

2017 年底，我在无锡江阴买了一套新房子。2018 年春节，专门接八旬老母来江南过年。正月里的一天，我们家四代人正在休闲消遣，老母亲突然说："我想你姑舅娘了，好多年没有见过了……她 90 岁了，不知道现在身体怎么样……"

我老母亲说的是学长老母，年且 90，身体健朗，在兰州养老。我当即拨通电话，两位老太太聊了几十分钟——在中泉庄子一起劳动了几十年，她们永远有说不完的话题。末了，学长老母要跟我聊几句："寇永升呐，你该好着呢？把你妈接到江南过年去了？娃娃，你做得对，一直对你爸你妈都很好，把兄弟姊妹们都联络得好，中泉庄子和上下川里的人都知道……你呢把老师当好了嘛……"

2019 年 1 月初稿
2022 年 12 月修订

149

（第二辑）枣梓情

把长三角先进的教育理念带给家乡

近两年来，在与家乡同行们的交流中，我明显感觉到，他们试卷讲评效率低下，要么是会计报账式的数据展示——某一小题比隔壁班级低小数点后几位，某一题满分人数比其他班少几个，班级平均分比年级年均分少多少，等等等等，这些数据对学生个体没有实际意义，只是对教师有用；要么是批斗大会式的，让那些暂时没有考好的学生如坐针毡，抬不起头来——高考之前的所有考试都是过程，都是形成性练习或训练，学生学习和成绩是动态性的，不是静止和停滞的；更多的老师则是对答案式的……总之，我能大致肯定：家乡同行们的试卷讲评因为粗放式而导致效率低下。

有没有可能改变家乡同行试卷讲评的思路和做法？能不能通过改变试卷讲评而提升家乡学校高三复习备考效率从而提升高考成绩？我有没有必要借助家乡工作室平台开展一次试卷讲评同课异构专题研讨活动？是否可以把我抓学生成绩的那些"真经"毫无保留地分享给家乡同行？

2022年春节，我打算回家乡陪老母亲过春节，在景泰二中担任教研组长的侄子宗权联系我：罗崇岳校长说了，既然你到景泰来了，一定要安排时间到二中来一趟，一定要组织一次教研活动，至于什么形式可以再做商议……我在与宗权的交流中，进一步验证了我的判断，并下定决心：在景泰二中组织一次高三试卷讲评同课异构研讨活动。

鸳鸯绣成从教看，亦把金针度与人。

把我在长三角教育发达地区两所百年名校二十多年积累的先进教育教学理念传递给家乡学校，传递给家乡的同行们；把我近四十年语文教学生涯中历练提炼出的那些看家本领都毫无保留地传授给家乡年轻的语文同行们。

2022年1月下旬，我在景泰二中组织了一次试卷讲评，景泰二中微信公众号进行了比较全面的报道（附后）；春节之后，我在即将返程前，应张掖中学和山丹一中邀请，又在这两所学校开展了试卷讲评同课异构，结果和效果都远远超出我的预料。

踏着初春的瑞雪来到第二故乡张掖时，西北人还沉浸在过年氛围中，我婉拒了几次应酬，减少了被供在饭桌上的时间，在张掖中学从模拟考试监考到阅卷，一条龙式地全程参与；在山丹也跟景泰一样，深度参与了阅卷和听课。历时10天，听了三所学校共16节高三试卷讲评课，上了三节示范课，对学生进行了两场讲座，在离别家乡后的返程途中，我进一步思考并确信：通过精细而且更多指向个别学生的试卷讲评，可以让一些不太会考试的学生语文成绩得到提升，语文教师改变试卷讲评的粗放式流程，完全可以提升班级和学校的整体语文成绩。

可惜的是，当时没有明确要求河西两校参与试卷讲评同课异构的老师及时写出教学反思文章，个别老师主动发给我的课后总结，时过境迁，加上张掖疫情形势严峻，一时难以联系作者修改成比较成熟的文章；不得已，我精选家乡景泰二中几位年轻同行的文章，进行必要的修改和编辑——好在其中有的文章已经在校刊上发表过，相对比较成熟，节省了大量时间精力，省却了许多周折——附缀于"乡情"单元之后，以记录我对试卷讲评这一常见教学形式的思考与实践，希望得到更多同行的关注并批评指正，期盼教育大省江苏的理念和做法对西部教育有所裨益。

2022 年 11 月

附：

对比中转变教学理念　反思后更新讲评方法

——寇永升景泰二中名师工作室开展"试卷讲评"教研活动

景泰县第二中学公众号

岁末年终腊月寒，名师助力春意暖。

2022 年 1 月 23 日至 24 日，江苏名师寇永升不远千里再次莅临我校，引领工作室成员开展"如何讲评试卷"的教研活动，进一步助力我校语文教师适应新教材、新高考，促进教师的专业发展。这是寇永升景泰二中工作室自揭牌以来的首次教研活动。

研讨前，寇教授提供了江苏省江阴市期末统考试卷，我校组织全体高三学生进行高考仿真式测练，寇教授及工作室的全体成员严格依据高考阅卷标准进行阅卷。本次教研活动旨在通过测练卷的讲评，纠正我校在试卷讲评中存在的问题，共享江苏南菁高中精细化、集约化的讲评方法，以求突破瓶颈，进一步提高教学成绩。

教研活动由三部分组成：一是我校高三6位教师开展试卷讲评课；二是寇教授及工作室成员评课研讨；三是寇教授面向全体高三学生进行了一堂"试卷讲评"的示范课。

一、高三教师试卷讲评展示课

张正燕老师以古诗文阅读为突破口，注重夯实文言基础，指导学生掌握解答方法，展示了老师丰厚的语文素养。

杨晓玲老师以散文阅读作为侧重点，教态自然，课堂有亲和力，耐心细致，讲解透彻，体现了教师扎实的基本功。

李婷老师择定"语言文字运用"和"现代文阅读"两部分内容，着重培养学生的理性思辨能力，教法干练，思路清晰，语言诙谐风趣。

雒翠玉老师从试卷特点、考分考情入手，引导学生查漏补缺，结合本班学情，击破难点，规范作答，讲解全面。

卢昌秀老师侧重文言文及散文阅读的讲解，重点分析散文阅读的行文思路，课堂张弛有度，疏密有间。

达选霞老师紧扣"变化中的语文"展开讲评，注重培养学生的审美能力，课堂气氛活跃。尤其是现就读于中国人民大学的我校2019年文科状元郝翎羽带有哲学思辨的作文分析将课堂推向了高潮。

二、寇教授及工作室成员点评展示课

首先，6位老师反思备课、讲课过程中的得与失。其次，工作室成员评课，大家畅所欲言，发表见解。既有对优点的肯定，又有对不足的反思，在交流中相互启发，在启发下共同成长。教研气氛热烈，教研作风务实。最后，寇教授做了点评，他把南菁高中的考试、答题、阅卷、讲评的具体过程和我校的做法一一对比，让老师们明白了我们在理念上、方法上的差距。他指出：讲评试卷不是会计报账式的公布几个得分率，不是对答案、讲答案；讲评试卷要突出重点、难点，有针对性并有所侧重地去讲解，不仅仅是讲解知识点，更是从一些典型的答卷中去研判学情。高考之前的所有检测，都是一种形成性测试，最重要的知识是关于方法的知识。讲评的目的在于总结经验，找到漏洞，明确突破口往往比成绩更重要。

三、寇教授示范课

24日下午，靖远二中的领导及语文教师一行6人也慕名而来，观摩了寇教授的示范课。

寇教授重点讲评了名句默写和写作，通过展示对比学生答卷，让学生清醒地认识到书写是一种习惯，"优秀的答卷，首先是优秀的书写质量"；通过展示江阴市期末考卷作文得分最高的两篇作文来启迪学生：好的作文源自生活和阅读，"写作是阅读下的蛋"。

在展示两篇优秀作文的环节中，寇教授邀请我校两位同学上台朗读作文，他们声情并茂地朗读感染了在座的师生，接着一位同学主动上台表达了自己的阅读感受，精彩的发言赢得了全场的喝彩。

最后，寇教授强调，"语文＝学习习惯＋持之以恒＋态度方法＋心理品质"，语文成绩的提高必须做到：提升书写质量，端正考试态度，注重答题过程，训练阅读心理品质，突破自己的瓶颈。

"个体语文成绩的提升有没有可能？无数个个体就是集体和整体……"寇教授的课堂结束语，引发了听课的师生的思考。

四、师生的收获和反思

景泰二中李婷：教师和学生个人成长的关键——走一步，再走一步；老师心中要有理念，眼中要有学生，手中要有方法；我们一定要更新理念，重视集体备课研讨，落实精细化操作，在高效率工作中提升学生成绩，实现教师个人专业成长。

景泰二中雒翠玉：让"理念"指导教学成长，用"方法"指导实践成功。杏林蕙园，每一位从教者只有具备丰富而扎实的教学基本功，专业而深厚的学识素养，大胆取舍又敢于创新的战略眼光，才能在三尺讲台上游刃有余地行走，才能在万马奔腾的课堂上挥洒自如地驾驭！

景泰二中王生霞：想要给学生种植理念，老师必须先改变自己的理念，老师改变，课堂方能改变，学生才会改变。教学工作就像农业生产，要精耕细作，精细化管理，将关注点始终放在学生的学习上，才能提高教学效率，减轻学生学习负担，师生才能获得快乐的教育教学生活。

景泰二中张丽霞：这次研讨活动让我认识到，要提高教学质量，无论是备考、阅卷还是讲评试卷，都要做到由粗放式向集约化转变！

景泰二中景芸芸：寻"渔"是为了更好地得"鱼"。有差距，就努力缩小差距！我们要谦虚认真地学习寇教授带给我们的"渔"，结合具体学情主动探究、尝试，找到适合自己的方法，以期收获更多的"鱼"！

景泰二中曾继萍：考试是一面镜子，不但学生要反思学习方面存在的纰漏，老师更要反思自己在教学中的不足。

靖远二中包宏：听了寇教授的示范课，我们认识到，我们平时的试卷讲评只走了个过程，抓得不够细，不够实，我们忽略了很多东西，尤其是在作文的审题立意方面，我们并没有进行深入思考，流于表面。正如寇教授所言，学生的作文是平面的，不是立体的。

靖远二中宋广德：现在学生的作文都是假大空、拼凑字数，听了寇教授的示范课，感触最深的就是"写作是阅读下的蛋"，学生平时根本就不认真读材料，更别说思考。"作文都是平面的，不是立体的。"一篇58分记叙文，一篇满分议论文给我们很多启示："写作中将你平时觉得最不好意思的东西写出来是最有价值的。"多阅读多积累是写好作文的基础。

靖远二中陈扶军：试卷讲评的意义在更改理念，养成查漏洞的习惯，重点不在于讲答案。

靖远二中杨淑芳：赴景泰听寇教授的示范课，真的是不虚此行。没有高大上的理论，都是细致有用的干货。首先寇教授与学生亲切对话，气氛活跃。展示学生答卷，让学生自己评判名句默写得多少分，这种形式，让学生能认识到很多问题。其次，教师要更新理念，讲评时不能仅分析试题答案，讲评前翻看学生试卷，看他们的阅读痕迹，结合答题卡发现问题，让学生养成考后查漏洞、总结经验的习惯。再次，寇教授以自己学生为例，启示我今后在教学方面如何让"书写困难户"提升自己的"颜值"。

学生随感……

活动最后，卢有刚副校长强调：要找差距、学方法、促提升，将方法与实践相结合，砥砺奋进，扬帆起航，书写景泰二中的新篇章！

留言精选：

来去如如（朋友）：从命题、考试、阅卷到讲评，南菁高中都做到了精细化集约化，而我们的整个过程是粗放式的，这就是差距！值得各科老师好好反思一下！

达达（朋友）：一份小小的试卷，却潜藏许多的玄妙，关注学生的发展，勤于思索，善于研究，做个教育有心人！感谢寇教授的谆谆教导，时刻做一个清醒人，辨清前行的方向；永远要做个追梦人，始终奋斗在路上！

慧眼（朋友）：底蕴深厚，教法精准，态度严谨，这就是寇教授的名师风范！

教法易学，功法难练。我们的老师要学习寇教授传授的各种教学方法，更要打好自己的文化功底。若自己功底扎实，一力降十会，遇到任何难题都举重若轻，应对自如。正所谓"在实力面前，一切技巧都是小道"。所以，学习教法只是治标，提高自己的文化素养才是治本。

庶吉士 (朋友)： 寇教授每次都能给我们带来理念上的冲击！

星空 (朋友)： 在这样的活动中，我逐渐认识到了自己的问题所在。如何备课，如何上课，哪里出了问题；听课也是最好的备课，也是不断反思自己的过程，正如一面镜子，可以照见自己，一次，两次，三次……寇教授的每次莅临，都会不同程度地改变我的一些认知和做法，真如一场场及时雨。在年轻的时候遇见寇教授，是幸运，更是碰撞，让我们学会反思，不断思考，回归本真，认识自我，不断修行。

天意： 大爱无疆，大道无垠，寇教授圣人之境界，凡人之纯粹，杏坛之风范，值得我们二中人亲其师，信其道，崇其德，敬其品，笃其学，力其行。践行习主席我将无我的精神价值！为二中树立新发展理念，构建新发展格局，推动高质量，高品位发展，勇毅奋斗！祝愿二中，景泰教育更美好！

漠漠 (朋友)： 试卷讲评课最终的目的是引导学生发现问题和解决问题，从而实现教与学的螺旋式上升。

四叶草： 学习使人进步，进步使人快乐！寇教授给我们带来了太多的新理念，让我们知道教学要有探索的精神，也希望我们能在新理念的指导下永远对工作保持求知的欲望。

2022 年 1 月 26 日

附：

书得用处方显贵

　　我在最艰难的年代、中国最贫困的西部干旱地区、最贫寒的农民家庭出生长大，在黑屋子、土台子的五年制乡村小学毕业，两年制、春季招生时代在乡镇中学读完了初、高中，骑着自行车到一百多里路之外的县中学参加高考之前，我没有机会去过县城……考入最普通的两年制专科院校，在最偏远的边关薄弱学校走上讲台，低学历、低起点，从任教初一开启教书生涯；引进到人口稠密、经济发达、生活富裕、教育先进的长三角腹地，任职于百年名校，成长为中学教师里职称最高、待遇最好的人，我时时刻刻警醒自己：我的一切都是学校给的，是学校给了我一切，我有必要把所学奉献给教育、奉献于家乡。靠父母长年累月在农田里辛勤劳作、弟弟妹妹们上学的年龄就外出打工，供我一个人接受了高等教育，我不能把所学知识仅用于糊口谋生；也不能用于发人之恶、揭人之短，不管堂皇如诉状，还是匿名黑状……更不能用于在各种微信群、QQ 群里发一些搞笑的、八卦的段子，用我妈妈几十年来常骂我的口头禅那就是：我不该把书念到驴肚子里！

　　书得用处方显贵，把知识才能用在正道上，用在弘扬正气、宣传正义上，我们的书才没有白念。

　　我一直想写一篇文章，让我家乡小村庄的能人火玉祥走进我的文中、留在书中，可是我离开家乡的时候，他还没有开始行医，那时他也还不会做大厨。我只记得他当时在中电工程某一个泵站上班，我只是每次寒暑假回家听我父母零碎讲过一些，诸如他这个人有求必应，随请随到，从来不摆架子，不收好处，等等。我如果硬要写成文章势必缺乏细节，没有血肉。

　　我对火玉祥的了解，主要来源于我的初中老师、他的姐姐火毓花的文章。

　　我小弟弟（火玉祥——引者注，下同）是个很有骨气的人。他初中毕业后因家庭经济困难等原因，没法继续上学，无奈只好辍学回家务农。

但他运气好，1974年11月，（中泉）公社电灌站招合同工，把他招了进去。那一年，他才16岁。上班后，小弟上进心很强，虚心跟老师傅学习修理技术，短短几年他就把泵站上所有的维修技术全都掌握了。

小弟不但技术好，还吃苦耐劳，又喜欢帮助他人，赢得了同事的称赞。到了成家的年龄，由于家庭条件还是困难，找对象仍然不容易，甚至乡里有人说把姑娘嫁到我家，就是跳进"火"坑……

这又成一家人的难心事，我东奔西走到处打听，后来了解到我们村一个曾经是我学生的姑娘还未找对象，她们一家也是憨厚人，这个姑娘也是个吃苦耐劳人，我就去她家上门说亲，结果就说成了，小弟也终于成家了。他们婚后生了一儿一女，儿子考上甘肃农业大学，原来在平凉火电厂工作，现在辞职在兰州自己创业。女儿也上了兰州大学成人学院，在一家民企从事行政工作。

这一年腊月，我娘家宰了一头大肥猪，三十晚上全家人吃肉，我妈因牙不好吃不动肉，就吃了些猪脑子，由于猪脑子是高蛋白的食物不好消化，结果引起了腹泻……我妈的病情一天天在加重，我们一家人干急无奈何。到了正月十四，我那可怜的母亲离开了人世，这件事给我们一家人心里留下了永远的痛。从此后，我小弟开始下决心学医。工作之余，他就拿着中医书背《汤头歌》，在自己身上练习针灸。苦学几年，就会看一些常见病了。

他特别勤快，从不拿捏求医之人。只要村里有人找他治病，不管白天黑夜还是刮风下雨，他从不推辞。久而久之，乡亲们心里过意不去，经常给他送些自产的水果蔬菜，以示谢意，赢得乡亲们的信任和尊重，称他为"火先生"。他也成为乡亲们的知心人，有啥事都愿意跟他讲，他也尽心尽力为乡亲治病。同时他也没有耽误公事，一如既往勤奋工作，2000年转为正式工，2014年又考上了高级工。

——火毓花《三个弟弟的成家经历》

我的火老师任教数学，文字真诚朴实得像她本人一样；作为学生的我任教语文，我修改编辑本文时，给火老师原文"乡里有人说把姑娘嫁到我家，就是跳进火坑"的"火"字上加了引号。

四十多年来，年头节下回家时听我父母聊聊家长里短、乡情民俗、村庄逸事等，是我了解火玉祥的另一途径。我一直以为火玉祥的名字就是我爸我妈口头上说的"火玉强"……

（第二辑）桑梓情

2010年春节，我们兄弟姊妹准备给父母过一次生日，腊月里进入最紧张的筹备阶段，其中杀猪这件大事请来了火玉祥等人帮忙，我拿着照相机照了几张相片。今天我对着电脑屏幕仔细端详，火玉祥那一双漂亮的大眼睛里都露出来一种热情、厚道。我曾经碰到过一次火玉祥给人看病，我跟他开玩笑说："你学会了医生，解决了我们中泉庄子的一大难……"他笑了笑说："那你回来嘛，中泉庄子的'两难'，我们两个人就都给解决了……"那一年的春节前，我连续三五天给村子里的人家写对联，好几户人家和庙宇等公共场所对联所用红纸是我自己买的。

我报以苦笑，我实在没有这种可能。

火玉祥夫妻在中泉庄子创业谋生的时候，他们大家族里的长辈多已去世或进入耄耋之年，他的哥哥们也都已经衰老或者外出了，他们夫妻两个能够在村子里面有这么高的威信，创下这么好的基业，与火玉祥这个人的多才多艺又助人为乐有关系，也与我的老同学顾明芬的勤快、泼辣、开朗、乐观有关。

我与顾明芬初中同班求学两年，几乎没有交集；她嫁到我们村子时，我已经离开家乡，几十年中唯有寒暑假回家偶尔碰到问候一声。2022年春节，我在老家完整地过了一次年，顾明芬母女到我们家唱歌娱乐，我才发现，我这位老同学也多才多艺，要是生活在城市，她可能就是业余歌舞团教练，可能就是广场舞团队的专业指导！

一个人有某种技艺，不一定赢得众人信赖与尊重；但是，如果能像火玉祥这样，那一定会赢得众口称赞——正如宗权所言：敬你四杯酒——中泉庄子的火先生、火大厨……

还有我的老同学！

其实生我养我的小村庄里，我知道的，我父辈同龄人中，寇宗道一生待人厚道，盖房子测量宅基地、上梁写对联，从来不推辞、不为难人；魏烈春几十年中遭遇多少艰难心酸，但她始终坚强乐观地面对生活……比我年长的朱振明夫妻热心公益事业，朱振宝两口子乐于助人，学长陶生贵一生吃苦耐劳，初中同班同学寇明奎心灵手巧，等等，都值得我们读书识字的人把他们的事迹记录下来，把他们的精神风范传承下去。目前中年一代人中我有所了解的是我的侄女寇宗梅，她把一双儿女培养得都很优秀，我前几年回嘉峪关时见过好几次。尤其是姑娘魏其玉，知书达礼，工作干得好，人缘好，非常顾家——我的弟弟妹妹们从嘉峪关开车回家乡，魏其玉经常给她妈带东西。我听寇永斌说，有一次竟然从千里之外的嘉峪关给她爸妈带了两个莲花菜！魏正军去世以后，宗梅一个人既要种地务庄稼，还有照顾九十多岁的公公。我有一次在微信里看到我三哥寇永珑的一篇短文，几经周折，终于找到，兹录于后：

"三八"妇女节献给善良坚强的寇宗梅

寇永珑

2013 年 6 月，中泉镇腰水村民寇宗梅的丈夫魏振军因不慎遇车祸脑部受伤，后来的日子里行动不便，生活不能自理，完全依靠他人照顾。从此，宗梅踏上了漫长的照顾丈夫生活起居之路。她每天早早起来，给丈夫洗脸、服侍大小便；然后抓紧时间做饭，给丈夫喂饭，洗锅刷碗；再赶到田里抢干农活；每天按时给丈夫擦洗身子，换洗衣物……直到 2020 年 "五一" 前夕，丈夫走完了他的人生之路。宗梅七年如一日，再苦再累也不叫苦、不嫌累、不怕麻烦。真是，照顾病夫操尽心，不离不弃感天地。

宗梅不仅是一位好妻子，而且是新时代的好儿媳。公婆年事已高，2017 年，八旬婆婆突然离世，她的日子更加艰难。既要精心照看丈夫吃、喝、拉、撒，还要侍奉九旬高龄、双耳重听的公公安度晚年，兼顾一双儿女的成长立业。公公长期患有前列腺疾病，小便困难，其他儿女都不在时，她把公公扶上电瓶车送往乡卫生院救治。有一次，我在乡卫生院碰见她时问，你作为儿媳照顾公公不方便啊！她这样回答："谁都有父母，谁都有岁数大的那一天。我自己也有儿女，我也有需要别人照顾的时候，我现在得做出榜样来，好好孝敬老人，等我老了儿女才会孝敬我……"简单朴实的话语蕴含着言传身教的道理。宗梅所做的事再平常不过，但在这看似平常话语的背后，却蕴藏着博大的爱心，折射出最质朴的人性光芒。

她更是一位好母亲，虽然多年来有年事已高的公婆需要她照顾，有生活不能自理的丈夫的拖累，但两个孩子的求学之路从未间断。对待公婆尽心尽孝，对待丈夫无微不至，对待儿女尽职尽责，任劳任怨，无怨无悔。她通情达理，淑德贤能，睦族友邻，相夫有道，教子有方，勤俭持家，吃苦耐劳……

寇氏家族有这样的好女儿，是我们家族的骄傲和自豪，也值得大家学习。顺祝妇女同胞们，家庭和睦、美满、幸福，节日愉快！

2021 年 3 月 8 日于中泉村

（第二辑）桑梓情

前两年有一次宗梅娘家哥哥寇宗升给我打电话——二三十年前我们在嘉峪关打过不少交道，相当熟悉——我趁着酒劲呵斥宗升："你要是不好好照看你这个妹妹，你就不配名字里有个'升'字！你再敢叫'寇宗升'，我就像赵太爷打阿Q那样，扇你两个耳光……"宗升连连说："升爸你说得对，你说得对，我一定比以前做得更好……"后来我一直问我妈，宗升有没有给宗梅帮忙，我妈说：经常来着呢，拉粮食、打场，都帮忙干着呢……

比我年轻的人，大多我都不熟悉，不了解，希望将来有人像宗权和他的父母这样，把我们中泉庄子的好人都记录下来——合适的时间，我们也可以编写一部《中泉村志》！

2023年春节后的一天，在和侄子寇宗权通电话时，他说起了火玉祥，我突发奇想：这一次借我的书出版之际，请宗权完成这一任务。

寇永升
2023年2月于江阴

附：

敬你四杯酒……

寇宗权

正月初九，火玉祥两姨哥携妇将女来给我父母拜年。——近两三年，他们两口子在平凉带孙子，今年回景泰，在女儿家过年。

我拿出一瓶好酒，妻切来一碟肘肉。

"喝两杯，两姨哥？"

两姨哥连连摆手："不能喝，不能喝，有病呢。"

两姨嫂子顾明芬插话："真的有病呢，都几年不喝酒了，你不看，身体都瘦了。"

"我倒亮（少）些，一定要敬你四杯酒。"我举起酒杯，"第一杯酒，敬给昔日的火大夫——十多年里，你是我家以及整个中泉庄子的健康保护神。"

20世纪八九十年代，穷乡僻壤的中泉庄子，交通不便，别的不说，看病抓药就是一大困难——谁能不生病呀。两姨哥的母亲体弱多病，为了给母亲治病，在其兄的鼓励下，他下决心学医。经过艰苦的自学，考得医士证，获得行医资格，在中泉村开药铺行医。可以说，火玉祥是中泉庄子公认的"好大夫"（戏称村级"中西医专家"），随叫随到，口碑极好。村民头疼脑热，吃药打针，小病不出村。我觉得他的中医水平能赶得上县城里的中医大夫。望闻问切，开方抓药，药价低廉，往往效果很好。我们一家都吃过他的中药（估计那时候中泉庄子的男女老少大多数都吃过他开的药吧）。

有两件事我记忆尤其深。

一次，大约是1996年，我得了眼病，点了好长时间眼药不见好转，他给我开了几服中药，服用后病情得到了缓解，让我心生佩服。

还有一次，我女儿1岁多的时候，高烧40度不退，整夜啼闹，两姨哥就整夜守在我家……

第二杯酒，敬给昔日的"火大厨"，感谢你在我结婚时掌勺，给庄邻亲友们做的可口饭菜。

我是1998年正月在老家中泉庄子结的婚，请的大厨就是玉祥两姨哥。前一天下午开始，架炉子，生火，煮肉，炒菜……一直忙到第二天下午，累得够呛。他那时已经是庄子上红白事情首席"掌勺人"，乡邻但凡过事情都愿意请他。因为他能"把住勺"。母亲是中泉庄子上老一辈中的茶饭高手，村里的红白事情母亲都去帮忙，母亲每每回家就会聊些事情上的见闻。我不止一次听母亲说过："火玉祥会顿勺子！（意思是正直。这是我妈评价火玉祥的原话。我妈说的时候，伴以动作，哐哐两顿……可惜普通话书面语言难以表达）谁如果偷偷伸碗，往自己家里端饭菜，火玉祥就眼睛瞪得像铜铃，就像三声喝断当阳桥的猛张飞，把长长的大铁勺子在大锅边上两顿，吓得对方灰溜溜地跑掉了。"

我听到的说法是，上川下岭，中泉尕庄子红白事风气很好。这里面，是不是也有两姨哥的贡献？

第三杯酒，敬给昔日的"杀猪匠"火屠夫，感谢你那些年每年都帮我家杀猪。

在肮脏的圈里抓猪，捆猪，从不嫌脏；白刀子进红刀子出，刀法娴熟；烫猪剃毛翻肠倒肚，行云流水。我给学生讲庄子的《庖丁解牛》，每每讲到"手之所触，肩之所倚，足之所履，膝之所踦，砉然响然，举刀騞然，莫不中音"时，眼前就浮现出两姨哥操刀杀猪的情形，想起冬日的寒风中他那冻得通红的操刀双手，想起收拾得干干净净的整猪被抬放到家里的案板上，两姨哥还要给我们分割成条条块块，码放得整整齐齐……

我问：两姨哥，学医、学厨我明白原因，为何还操刀杀起猪来？不嫌麻烦吗？

"哪是学的呀，有一年我五哥杀猪，战战抖抖戳不进刀子，我说，哥，你把刀子给我，你给我指一哈，从哪里进刀子。在我哥的指点下，进刀，放血，点心……我哥说，你这没杀过猪的人比我杀过多年猪的人强。从那开始，染上（干上）了杀猪。别人叫着去杀猪，也不好意思不去啊……"

两姨嫂子在旁调侃道："你两姨哥面情软，谁叫都去。特别一到冬天，有时看病、做厨、杀猪搅到一起，忙得脚打脑勺子，嘿嘿，白服务的活儿，觉得自己还能得不得了！"

"唉！我那些年病在炕上，你两姨哥给我们帮了不少的忙。除了杀猪，平时帮上的那才多呢。买了手扶拖拉机，刚刚学会开，就帮我们从红湾里、颜家　　　，拉麦子，打场，犁地……"一旁坐着的老父感激地说。

我端起酒杯："那就把第四杯酒敬给中泉尕庄子上、我心目中乐于助人的最美劳动者吧。"

漏漏　　　　　　　　　　　　　　　　　　　　2023 年 2 月

书到用时方恨少 事非经过不知难

火玉祥

2023 年 2 月 20 日，看了中泉庄子两位寇老师的文章，勾起了我对往事的回忆。

先从学医说起吧。

我之所以学医，除了永升老师文中提到的原因外，实际上还有一个重要因素：我五哥的病。那年，他得了医学界公认难治的癫痫病（俗称"羊羔风"）。对一个穷乡僻壤的贫寒人家来说，这无疑是晴天霹雳、雪上加霜。我父亲和哥哥姐姐们人人束手无策，个个愁眉苦脸。那时家里实在困难，哥哥姐姐们又没有一个活到人前头的。后来，向亲戚陆续借了些钱，我大哥带他到外地的大医院诊治，但疗效不佳。这次看病的经历对大哥打击很大，他曾悲愤地说，求医看病，难！医生们都是势利眼，求医比求神还难，烧香不断，神还是请不动……回想起老妈年迈时体弱多病，请不动医生的难怅，实在痛心……

为此大哥产生了一个念头：让年龄最小的我学医，并不断地给我打气，鼓劲。

我于是下定决心学医！

但是我只有初中文化程度，学那些繁难艰深的医学知识，难度可想而知。中医书籍，常常靠查字典一段一段地往下啃；西医书，很多地方读不懂，往往还有英文，没有人指导，简直就没法学了。但我还是咬牙坚持了下来，最终通过了专业考试，拿到医士证，可以合法行医了。

1996年春天，大哥病危，骨瘦如柴，气息奄奄。临终病床前，大哥让我给他背一遍针灸学上的《十二经脉歌》《汤头歌》等。在生命的最后一刻，他仍牵挂着我的学医。他曾说过：医学更是一架书山。学医之前，我的本职工作是电机和水泵的运行和维修，我曾对大哥说，电学是一架书山。当时单位的领导关爱我，劝我说，你乖乖地把电学学好就行了，乡村学医无用，挣不上钱不说，还特别辛苦。但我还是"误入歧途"，在这两座大山的边上都绕了个圈儿，只看到了些皮毛，虽然没有学到多少深奥的东西，但也从没有为自己的选择后悔过。至今庄子上有些患病的父老乡亲见了我，就想问一下病因病理，让我把脉开方。

十多年的行医生涯中，每逢遇到疑难杂症，用尽浑身的办法也无济于事时，我就常想起这句话："书到用时方恨少。"知识的力量是无穷的，读书太少，医术有限，没能很好地解除患者的病痛。有时我想，那些年我这个穷乡僻壤的乡间医生，如果跟现在正规医学院校毕业的城市医生比，我大概算不上是医生吧，只不过是给病人及其家属解解燃眉之急而已。确实当时也有人称我是"谝（拐骗）先生"，满含讥讽地说："你这个谝先生给我也看一下病……"还曾碰到一个尖酸刻薄的人挖苦我：车行里没马了，驴也能支差；癞蛤蟆如果能当肉吃，就成缸地腌上了……

我只能报之一笑，医生无戏言，更不能胡谝。

再说当大厨。我真不敢自称大厨，只会把生米面做成熟饭热菜。我没有经过专业培训，没得到过名厨传授，更不知道色香味俱全的标准。当初学厨其实是我大哥大嫂惹的祸。大侄子结婚时，他俩硬让我给请来的厨师当助手，在厨师的指点下，我操勺煮、炒、煎、炸，做出的菜肴竟然还合村民的胃口，有些人还称赞说做得香。从此后，村里有些人家娶媳嫁女，抬埋老人，就逼着我鸭子上架……也有人调笑说，火玉祥当大厨，那是胆大不害羞啊。

最后说一下当屠夫的事。

那些年连温饱都没有保障，大哥身体不好，疾病缠身，一大家子十几口人，一年或者两年才能喂上一头肥猪。寒冬腊月，请屠夫也成了困难，看着肥猪就是吃不到嘴里。大冬天，五哥穿件短衫羊皮袄，腰里缠上一截绳绳子，清鼻子吊得像个小灯笼，怎么看都让人心酸。杀猪时他手上没劲，怎么也捅不进去刀子，我就说："你指点我，让我来杀。"杀猪宰羊，其实没啥技术含量，要的是不怕脏、肯吃苦，不怕寒风刺骨、乐于助人的热心肠。翻肠倒肚这些活我比起回民老大哥还差得很远。

我帮助左邻右舍杀猪宰羊也受到过一些人的冷嘲热讽。记得有一次给别人杀猪，有一位村民就站在一旁说风凉话："唉，这样挣着吃肉划不着啊……"还有一次给一家做厨时，有个人说："火玉祥能吃啊，吃手好嘛，不然不做厨子这个活儿。"更让我寒心的一件事是：一家娶媳妇子，让我做厨，劳累了两三天，招待完客人刚回到家，那家主人气喘吁吁跑来，说他家一把菜刀不见了，怀疑我拿了……

一生中尝过各种歧视，受过各种侮辱；虽然也受到过一些人的表扬和感谢，但做梦也没有想到成了景泰县二中语文组长宗权老师文章中的主人公，更没有想到能够进入永升教授的著作中。

回忆过去，我的人生坎坎坷坷，并不精彩，但人生的酸甜苦辣也算尝过，经过了许多事，也知道做事的艰难。

事非经过不知难啊！

2023 年 2 月 28 日

后记：

收到宗权的《敬你四杯酒……》一文，我很开心：宗权小我十岁，在中泉庄子生活的时间比我长，工作在家乡，对火玉祥的了解更比我全面，文章果然有血有肉，细节生动，真挚感人。但毕竟是要印入书中，为了慎重，我还是让宗权把我们叔侄二人的文章一起发给火玉祥本人和他的子女看一看，后续还存在授权问题。令我喜出望外的是，火玉祥竟然也写了一篇文章——我看到时是在出差渭南的动车上，钢笔手写，三张稿纸，紧急让宗权变成电子文稿。利用早晚时间校对编辑，在 PDF 版审核的最后关头，把书中已经编排好的两幅图片撤下，增补了火玉祥的文章。

一位"文革"时期的初中毕业生，学会了给乡间百姓治疗常见疾病，自己摸索掌握了农村红白喜事烹饪大锅饭菜，不怕脏、不怕苦帮村民杀猪宰羊，不计较冷嘲热讽，随请随到，热心助人，值得我们为之书写一笔！

2023 年 3 月 3 日于渭南

如梦黄河三万里山光无光不舞帚 辛物冬

寇宗棠 书法

江苏名师寇永升语文教学景泰二中工作室揭牌成立

景泰县第二中学　公众号

2021 年 12 月 31 日下午，江苏名师寇永升语文教学景泰二中工作室揭牌仪式在实验楼三楼隆重举行。县委书记薛丞忠，县委副书记、县长陈启智，县人大常委会主任陈其勇，县政协主席杨保国为工作室揭牌。张树军、周玉璟、石福琨等县领导及参加校史发行仪式的诸校友一同出席了揭牌仪式。

2019 年起至今，江苏名师寇永升教授心系家乡，不忘故土，关心、回馈景泰教育，多次莅临母校景泰二中开展教研活动及专题讲座，为我们传经送宝。热心搭建平台，组织骨干教师赴嘉峪关酒钢三中参加了"甘肃省陇原名师高中语文工作室集体研修活动"；组织高三教师远赴教育发达的江苏省，深入无锡三所名校课堂，研修学习，感受江浙一带先进的教学理念；借助寇永升名师工作室的平台，多名教师到河西、浙师大培训、上示范课；联合酒钢三中、张掖中学、嘉峪关市一中、山丹中学等语文工作室与我校开展同课异构活动。

今年秋季，甘肃进入新课改，寇教授建立了"寇永升工作室备课组长群"，指导、联动他在湖南、广西、陕西、甘肃等省的十多个工作室四百多工作室成员集体备课，共享优质的备课资源。我校高一老师在统编教材必修上册的教学中，结合各班学情，充分高效享用这些优质资源，上出了许多好课。几位年轻教师，在寇教授的要求下，坚持整理优秀课例、写课后反思，拥有了自己的课堂作品；鼓励教师做新型研究型教师，积极助推教师的优秀论文在国家级核心期刊上发表。三年来，通过引领示范、多校联动、同课异构、尖峰论坛研讨交流等方式，许多年轻教师在反思提炼中成长，在行为跟进中升华。如今景泰二中工作室的落地成立，更是完成了寇教授多年以来对母校、对家乡教育魂牵梦绕的心愿，架通了景泰二中与江浙名校长期沟通交流的桥梁。同时，通过语文学科，辐射其他学科，我们相信，这必将引领景泰二中在相关学科方面实现跨越式发展！

揭牌后，县委四大班子领导兴致勃勃地参观了工作室，对寇永升老师支持我县教育发展的高尚情怀，给予了高度赞扬。希望名师工作室强化示范引领作用，带动我县教育科研接地气、上层次；也希望寇永升名师工作室的二十多位成员珍视机遇，明确目标，踏实工作，在寇教授的指导引领下，不断提升专业素养，成就自己的教育梦想，为推动我县教育事业的发展而努力。

期间还举行了赠书活动，寇教授将自己的著作《理念：教育的制高点》一一签名敬赠予各位领导。

四大班子领导为名师工作室揭牌，充分彰显了县委、县政府对我校乃至全县教育工作的高度重视，相信在县委县政府的正确领导和支持下，名师工作室一定会坚定信念，不忘初心，充分发挥示范、带动、引领、辐射作用，不断积累总结，潜心沉淀，景泰二中的教育教学定能再上新台阶，开创新局面，为我县高中教育教学质量的发展、提升贡献更大的力量，给全县人民交上一份满意的答卷！

仪式最后，寇永升教授与名师工作室的成员座谈并合影留念。

工作室成立之际，"陇原名师"闫桂珍、霍军、杨世源以及白银市教科所语文教研员邢瑞霞等纷纷发来贺词及亲笔书法作品，表示热烈祝贺，语文组工作室成员或写诗或填词，表达内心的喜悦。这无疑也为工作室的成立增添了诸多喜庆气氛！

值得一提的是，寇教授此次前来参加二中校史发行和工作室揭牌仪式，还给母校中泉中学带来一份沉甸甸的厚礼：给每位老师捐赠笔记本电脑一台，给每位学生捐赠校服一套（这已是他给母校的孩子们第二次捐赠校服了），总价值17万元多。

附部分贺词：

祝贺寇永升景泰二中语文工作室成立

春秋代序，稔岁其昌。欣闻贵工作室将于今日挂牌成立，虽远隔千里，亦备受鼓舞，倍感振奋！贵工作室的成立，必将有力地推动景泰县的教研水平，并为全省"三新"背景下的高中语文学科教研交流增添一份力量。

祝寇永升工作室各项工作开展顺利，宏图大展！

"陇原名师"闫桂珍高中语文工作室

贺寇永升教授名师工作室成立

欣闻景泰凤来仪，北归原为哺桑梓。
吴方教育领航程，陇原杏坛孵名师。
送教河西弘理念，执教二中展教艺。
谁说戈壁当不毛，翘首瘠土绽新绿。

"陇原名师"白银市平川中学　杨世源

贺寇永升教授名师工作室成立

摒弃功利守初心，心系教坛是楷模。
远离浮华燃激情，情牵一线真名师。

白银市教科所语文教研员　邢瑞霞

贺寇教授景泰二中名师工作室成立
临江仙

春风化雨滋桃李，今生莫负韶光。书山学海自徜徉。欲循宣圣道，须读万卷长。

华夏文脉谁传递，吾侪应有担当。前贤教诲慎毋忘："铁肩担道义，妙手著文章"。

景泰二中语文教师　蒋宜慧

贺寇教授景泰二中名师工作室成立
临江仙

揭牌岁尾新气象，再添校史华章。源清流正水方长。树人千载计，德立国兴昌。

眉头心上桑梓地，几番秋月春光。江南江北去来忙。落红化泥处，兰蕙沁脾香。

景泰二中语文教研组长　寇宗权

景泰二中公众号精选留言：

来去如如： 假如离开学校二三十年，三四十年，四五十年，你还能记得你小学的所有老师吗？你的中学老师——不是个别，而是包括音乐、美术在内的全部！还有那个时候做饭的大师傅！所有的那些对自己有点滴关怀的普普通通的人，你能满怀一颗感恩之心，记得他们，感念着他们曾经散发出的人性的美好吗？并且一有机会，就以涌泉相报，以自掏腰包、捐助、捐赠等多种方式！哪怕打个电话、发个微信问候一下。

你能做到吗？

寇教授做到了！这是多么简单又多么不容易的事啊！很惭愧的是，我没做到！今年，我参加工作就整整30年了，我也是一名老师，一名普通老师，我没有寇教授那么丰富的学识和教育资源，但我给教过自己的老师打个电话、发个微信，问候一下，表达一下自己的感恩之心，还是能做得到呀，但我没有做到，我感到脸红！

庶吉士： 斯文在兹！

Lisa： 心系家乡，不忘故土！

怀揣着故乡教书育人

陕西省西安市西航一中　刘筱蓬

认识寇老师是必然的，不在之前，也会是现在，或者未来。

寇老师是语文教师，我也是语文教师。

一忙一闲遇学长

那是2011年的冬天，我有幸参加一个高中语文骨干教师的培训活动，来自全国各地的高中同行汇聚浙江师范大学。这是我第一次去金华，对这个历史文化名城的认识，还是通过学生时代语文课本上叶圣陶先生《记金华的两个岩洞》。

我对培训内心充满向往，去往金华的路途令我欣喜；一场又一场的报告令我如饮甘霖，见到了影响我职业的《中学语文教学论》这本书的著者苏立康教授，六节赛教课令我大开眼界，其中印象最深的是寇永升老师执教的《祝福》。他抓住课文中三次祝福中祥林嫂的"忙"，突出表现她劳动的充实和生存的价值；而第四次祝福时，祥林嫂只能"闲"坐在灶前，烧火，或者自去看雪花，"一忙一闲"

的对比中，让学生认识到祥林嫂是"被闲"下来的，被生活冷酷地抛弃了的！"忙""闲"两字，将经典文章解读得令人心潮澎湃，令我耳目一新，心生敬佩！

这节课于我有绕梁三日之感，我不满足于仅凭听课记录来回味教学的理念更新和方法创新，我试着联系寇老师，希望能看看他的《祝福》全过程教案，没想到很快收到寇老师的回复，并且一并发来了他的《祝福》课堂教学实录文字稿。欣喜之余，我反复咀嚼，应该是基于对这节课、这篇文章的学习，我重新认识了高中语文教学，更新理念，细读文本，提升了我的课堂教学层次，也为后来我不断学习进步奠定了基础——我视寇老师为学长。

通过线上往来，我了解到寇老师是甘肃人，有一双儿女，爱人是陕北人，是他学生的姐姐，因为敬爱，学生把老师变成自己的姐夫，寇老师自称陕北女婿。2001 年暑假，通过名师引进计划举家迁往无锡。他先在一所并不怎么著名的中学工作，不久便凭着实力和努力进入著名的锡山高级中学，在 400 多亩大的校园里，他上语文课、当班主任、排练话剧、开设校本课程，他的摄影专长发挥了巨大作用，每天忙得不亦乐乎！他还抽空自费参加许多教学教研活动。有一次趁着学校考试，他跟人换了监考时间，腾出周五，利用周末，专程去浙师大听讲座、上课……我从寇老师身上首次看到个人自费学习培训的事情。

后来我得知，寇老师对语文教学的钟情和执着还表现在，他自费订阅并收藏保存了《中学语文教学参考》《语文教学通讯》《语文学习》《中学语文教学》《语文建设》自创刊以来的全套杂志，有的期刊编辑有时还要向他索要某篇文章的复印件。他捐献自己收集保存的语文教材，在校史馆建成了百年母语教材陈列，成为锡山高级中学的又一个亮点。

一名年届不惑的中学教师，为了追求更美好的生活，举家东迁，这需要底气，更需要勇气。我想，他热爱教育、热爱语文教学，在甘肃已经达到了当地中学语文的高度，再进一步发展需要换个环境，他把自己换到了千里之外一个陌生的环境中重新开始！

勤奋覃思做师长

寇老师是一位勤奋覃思的师长。他精研语言文字，深思历史文学的关联，常常在课文中发现教学资源，表达个人思考。《祝福》之后，寇老师又发来了他《林黛玉进贾府》的备课稿，他阅读之细、解释之深、见解之独到，让我备受启发和鼓舞，再一次改变了我对经典文章教学的认识。我并不满足于仅自己所得所获，我很想让我身边的同事同行们认识寇老师，见识见识新的教学理念，听一听优秀教师的成长经历。

我试着邀请寇老师来学校上课，寇老师欣然答应，并嘱咐我说不要报酬，只负责往返交通费、安排食宿，就当作他对西北家乡的回馈。他很细心地选择了最便宜的红眼航班，却是凌晨四点从家里出发去机场，为了当天在我们学校能有一个满工作量！他听了两节课，带来了经典名作《雨霖铃》和《林黛玉进贾府》公开课，并结合自己的成长背景为老师们做了报告。听寇老师上课的教室里坐满了人，过道都走不过去，我可爱的同事们是多么珍惜学习和个人成长的机会啊！

有一次，我要求寇老师公开课讲《阿房宫赋》，他用三周时间四易备课稿，为我们奉献了文学与历史兼备、文化与精神交融的精彩课堂，独辟蹊径又深入浅出，刷新了我对词赋的教学认识。寇老师说，陕西的学生真幸运，语文课本上很多文章的故事都发生在陕西，学起来多自豪！但我们陕西教师能把这份幸运带给学生多少，陕西学生有多自豪，真不得而知！我为让寇老师上新课而表示歉意，他却感谢我，说因为我们的需要他才积累了更多的课堂作品，自己才有更多机会发展进步和成长！

此后，寇老师回甘肃或路过西安停留，每次都带来新的理念新的方法，让我们更多了解了教育先进、地区的课堂教学状况，也为我们教育教学的不断发展指引着方向。

结识寇老师一年后，我顺利通过陕西省教学能手比赛，有幸获得高中语文国培班学习机会。这一次我代表西北地区，踊跃奉献了朱光潜先生的《咬文嚼字》公开课，受到与会者好评，200多名来自全国各地的语文同行进行了观摩，这是我语文课堂教学的一次升华，也是我高中语文教学新理念的一次尝试，让我备受鼓舞。其后，在高中语文小说阅读、初中语文散文教学方面，我的课堂教学不断提高，向着更理想的目标不断迈进。我高三复习中执教了小说阅读课，效果挺好，不久后参加第十一届全国高中语文课堂教学比赛，获得一等奖。

我的语文课堂教学的不断思考和进步，深受学长的影响，品味和思考他每次提供的教学案例，我受益匪浅，从这点上说，寇老师是我永远的师长。

为人处事成榜样

寇老师做报告更多的是谈自己做了什么、为什么这么做、收获了什么，即便是指导语文教学，他也不说应该怎么样不应该怎么样，总在认认真真做实实在在的事，让我们在做事中思考和进步。

我担任校长后，寇老师说："你当校长了，我要给你和你学校更切实的帮助，一个是带青年教师，一个是建立学校间的交流互动。"2021年4月，经寇老师联系，我们派出四位教师去他工作的江苏南菁高级中学跟岗学习，全程食宿在他们学校，未收一分钱，倒不是我舍不得钱，更不是缺少经费，实在是不能辜负了学长支持我们学校发展的拳拳之心。2022年8月，寇老师组织包括语文、地理、物理和生物学科的名师团队来我校进行新课改、新教材、新高考研讨活动，助力我们的新课改研究，两天16

节课的语文专场教研活动，寇老师全程听课，并且和老师们同课异构了两节示范课。且不说备课上课的辛苦，也不必说8月西安天气炎热难耐，更不必说疫情形势严峻，单是整整两天坐在教室后面听课、结束后正当其时的评课，就是对耐心和爱心、对实力与毅力的巨大挑战和考验，而寇老师不动声色、轻轻松松地一一应对了，而且评课颇受老师们欢迎！

记得多年前跟寇老师一起听课，我拿本子记，他用电脑打字，他打字的速度和我写字速度差不多一样快，他说电脑输入方便修改，也便于保存……我一下子感觉出了东西部教师的差距。他年过半百，一直在学习新知识、新技能，从来没有吃老本的想法和做法。

2015至2016学年，他在位于洛川的延安第一中学支教一年，回到无锡后，他整理自己延安支教一年的工作日记，出版了专著《理念：教育的制高点》，上下两册，60多万字，内容多是他在延安一年工作中的观察、实践与思考，从中可以看出一位热爱生活、热爱语文的教育工作者对青年学生和年轻教师倾注的爱，他用行动帮助革命老区的师生更新理念，激发他们追求和创造更美好生活的愿望和本领。

寇老师身上有西北汉子的热情率直，也有二十多年南方生活磨炼出来的江南的细腻与讲究。在候机等车的间隙，他照例会拿出笔记本电脑，写下自己当天的感受或见闻。他吃饭很简单，一是健康，二是不愿把时间用在闲聊或行令上，吃便吃喝便喝，尽显西北人的豪爽与率直。他做事一丝不苟，连穿着也如此。不管是炎热的夏季还是隆冬天气，从机场或车站出来，要么圆领衫、短裤、运动鞋，要么棉衣、外套、帽子、围巾，但来到学校上课、听课的时候必定是衬衫、领带、皮鞋锃亮。我笑着说他内外分明，一以贯之；寇老师说，那当然，着装整齐是对课堂、对学生的尊重！他不但尊重课堂而且治学严谨，上课风趣幽默，表现了为师者的睿智与情怀，这大概就是全方位为人师表、全时空立德树人的具体表现吧！

寇老师说，当老师不当班主任，那在学校就是个打酱油的，我深以为然。这实际是强调教书与育人并重，正是现在要突出践行的立德树人观念。他50多岁时，仍然担任着班主任，与学生一起为筹备运动会、戏剧节而绞尽脑汁，为班级获得荣誉而欢呼雀跃。只有走进孩子们心中，与他们一起笑过、哭过、闹过，也才能成为学生信赖的老师，才是为学生成长服务，才会收获更好的教育。

2020年春季疫情袭来，寇老师一边进行线上教学，一边搜集整理有

（第二辑）栗梓情

关资料，两个多月中，亲手编写成几十万字的跨媒介阅读材料，鲜活翔实，图文并茂，表现了他敏锐的观察、深刻的思考、机智的选择和迅速的判断。正式复课之后，他很快编辑印刷出两本校本教材。这是他关心国家大事、关注时政、心系学生成长的表现，是他立德树人的教育行为。寇老师的这两本书，激励我在重重困难下完成了《网络教学的实践与思考》一书的编辑与出版。

用心用情当家长

寇老师不但是良师益友，还是孝顺儿子、仗义丈夫、大爱父亲。他女儿幼时生病，一只手不灵便。他曾对我说，他对女儿的理想就是能自己解下裤带上厕所，能自己系好裤带体面地走出来。他说这些话时眼圈泛红，我听得鼻子发酸，我没见过他女儿，但我看到了一位心系女儿成长的父亲，我想他女儿一定是幸福满足的。女儿长大谈婚论嫁，他高兴地跟我说，女婿是安徽人，他曾驱车上千公里到女婿家拜访了亲家，觉得这样才能更多地了解女婿，才能放心女儿未来的生活。后来女儿怀孕时，她正在延安支教，每月寄洛川苹果和黄龙核桃回去。外孙女出生后，他兴奋地说，孩子皮肤好、头发黑而且亮，一定是陕西苹果和核桃的功劳……这是做父亲的一份用心、做姥爷的一份爱心。

一天，寇老师颇为高兴地跟我说，他为父母策划了一个生日祝福活动，儿女孙辈们都已有准备，家乡的亲戚们都见证了耕读之家的欢乐与喜庆，耄耋之年的父母亲很高兴。寇老师叙述时颇为得意，我听得很受感动。我忽然理解了"孝顺"的精神含义，于他老母亲而言，有一个有学问的儿子是多么了不起！在母亲眼里，儿子便是天下最有本事的人！

延安支教回去一年后，寇老师通过江阴市"暨阳英才计划"从无锡引进到南菁高级中学任教，他享受了住房补贴等多项优惠政策，很快还将退休的妻子联系返聘到学校发挥余热。建筑大师贝聿铭先生说：表现实力的方式是敢于选择、敢于放弃。寇老师引进无锡后长达十几年供职于著名的锡山高级中学，学校品牌就是教师的荣誉。他固然有实力选择，但放弃也并非易事。我想更多地还是为了他的家庭和女儿，于他而言，当一名好老师，在哪里都大有可为，锡山高中与南菁高中都是百年名校，更重要的是，他凭借着自己在长三角名校十几年的奋斗和积累，为家庭、为女儿创造了更多更好的机会，他希望女儿的生活过得更好一些——这是一位父亲的勇敢选择，我更愿意这么认为。

他儿子在国外读书，这是他的骄傲，如同他回到甘肃老家父母的开心和慰藉一样，这是家庭的进步，也是人类文明进步的缩影。

照理，寇老师明年就到退休年龄了，他完全可以躺平，但于一个优秀教师而言，哪里会有退休生活？即便是年龄退休了，他仍有大有可为之事、大有可为之环境！全国道德模范、咸阳铁中的呼秀珍老师今年78岁了，还在学校工作，仍然是学校的一张名片；人民教育家于漪老师生于1929年，至今还在思考教育，还在表达对培养人才、对教育全面发展的见解。适逢教育改革进一步深化的当下，优秀如寇老师又怎么会真正退而且休呢？

寇老师很自律，每天步行上下班，打球、游泳，坚持锻炼；饭桌上也很节制，不抽烟，少饮酒。这不独是自律，更是对生命的尊重，因为我们不仅属于自己，还属于一切关爱热爱我们的人。

健康的生活就是对爱我们的人们最大的回报。这不就是君子所言"士志于道，据于德，依于仁，游于艺"吗！

实心实意馈家乡

寇老师是名师，江苏省特级教师、正高级教师，无锡市学科带头人，曾获得延安市"五一劳动奖章"、延安市优秀教师称号，离开甘肃之前，就是省级教学能手、市级学术技术带头人；他发表了上百篇论文，有好几本个人专著出版；受聘担任陕西师范大学、浙江师范大学等多所学校特聘教授。他说，自己一个西北偏远乡村走出来的两年制大专生，能有今天的事业和成就，感激家乡的养育，感恩师长的栽培，于是他实施教育扶贫，竭尽所能回馈家乡、回报故人。他在家乡创建工作室，吸纳甘肃各地方学校的青年教师参与活动，每年都会选择时间回甘肃上示范课、做报告。近几年他的足迹遍及嘉峪关、酒泉、张掖、武威、白银、兰州、庆阳、陇南、平凉等地方，他把自己的著作送给家乡的师生。经他联系，甘肃酒泉等地的老师们分批来江苏各学校学习观摩，一批又一批年轻教师在他的指导下茁壮成长。今年8月中旬，在我们学校举办的新课改教研活动中，他邀请和指导吴杰、冯洁等青年教师来西安讲课，课后当面表扬他们，并指导年轻同行不断改进。他坚持，上课的基本功一定是在课堂上练就的。如今，"寇永升语文名师工作室"在西部地区就有十几个，每年受惠教师上百人。我们学校正好有他家乡景泰的青年教师，他们一见如故，很快结成忘年师徒之交。

名师很多，但能上课且能把上课坚持到底的人并不多，寇老师是个代表。

寇老师不仅用教育帮助家乡发展，他还竭力帮助家乡父老解决看病就医等难题，我也曾尽力给予他和他的亲友以方便和帮助。我们亦师亦友，情比手足，不仅在课堂，还在日常生活中自得类聚群分之乐。

作家周国平说，生活中有两个传承高贵的圣殿，一个是摆满大师作品的图书馆，一个是优秀教师的课堂。这后一个圣殿寇老师用一辈子来建造，而且正在培养一代又一代的建造者。

回忆与寇老师交往的点滴，想到了叶澜教授那句话：教天地人事，育生命自觉。寇老师是个自觉自律的人，他在文学的故乡定居，时时感念灵魂的故乡，于是他怀揣着故乡教书育人——点亮星火，终将燎原！

2022 年 12 月 16 日

卧底江南 心系家乡

——印象中的寇永升老师

甘肃省民勤县第四中学　石振业

为了 2021 年秋季新高考综合改革工作在我县顺利落地实施，受教育局邱振国局长的委托，2020 年 11 月 8 日，我和魏育椿副校长等一行 5 人随民勤教育考察团踏上了奔赴新高考先行区江苏和湖南两省的考察学习之路，先后考察了南京金陵中学、丹阳高级中学、江阴南菁高级中学、长沙县第一中学、长沙明德中学、岳阳市第一中学等名校。

10 日早上 9 时许，我们来到了国家级示范高中南菁中学。站在校门口，映入眼帘的是著名书法家沈鹏题写的一方石刻"南方之学，得其菁华——朱熹子由祠堂记语"，浓郁的文化气息扑面而来。

南菁中学政教主任带领我们参观学校，走过图书馆时，看见一个中等身材的中年教师健步向我们走来。大概是听出了乡音，他主动搭讪："各位早上好！请问从哪里来？"一听我们是甘肃老乡，马上自我介绍："我是甘肃景泰人，我叫寇永升。我听说有甘肃民勤的老师们要来这里学习，一直在等着呢，不想今天就碰见了……"遇到甘肃老乡，我们也很高兴，仔细打量：他身着蓝色牛仔裤、白色夹克衫，很精神，眉宇间充满了自信和真诚。他向我们介绍了自己的工作经历，邀请我们参观了南菁高中图书馆。得知我们行程紧凑、时间紧张，他帮我们叫来一辆中巴车，又给我们准备了江阴特产"马蹄酥"，让我们路上充饥，还特别赠送了三大包图书，其中就有他的《理念：教育的制高点——延安支教日记》。

2021 年 3 月的一天，邱局长对我说，《理念：教育的制高点》他已经读完了，感慨颇多，受益匪浅。寇老师学识渊博、见解独到，有自己的感悟和思考，确实不一般……而我只浏览了大概内容，还没有深入细读，不禁有些汗颜！后来我抽空认真阅读。寇老师敢说、敢写、敢想、敢做的胆识、魄力和勇气令我非常佩服；书中写他在延安支教时对老区学生的关心，对延安同事的帮助，对不良风气的批评，对西部教育的忧虑我亦感同身受。

邱局长和寇老师一样，是有教育情怀的人，有教育情怀的人在一起好事就不会缺席。我向邱局长表达了在我校成立寇永升民勤工作室的想法，他很赞同。2021年4月30日，寇永升民勤工作室在我校成立，邱局长主持了挂牌仪式。

"寇永升民勤工作室"的成立，是民勤教育史上的一件盛事，让人欣喜的是全国优秀共产党员、"五·一"劳动奖章获得者、陇原名师闫桂珍老师也应寇老师邀请参加了活动。闫老师到民勤后，在民勤一中、民勤四中连续做了两场师德报告，其敬业精神和教育情怀，感动了在场的所有人。毫不夸张地说，大家都是含着热泪听完她的报告的。

寇老师和闫老师先前在嘉峪关是同事，也是挚友，他们时时刻刻把西部教育放在心上，多年来一直在为西部教育奔波劳碌。我与寇老师第一次见面就流露了派教师外出学习的意愿，他多方沟通、积极协调，很快就为我们争取到了跟岗学习的机会。2021年6月，我校25位老师在张明副校长的带领下到南菁中学跟岗学习，全面了解南菁中学的上课、自习、活动，以及选科走班、学业测评、课外辅导、生涯规划等情况。跟岗学习，为期一周，寇老师全程陪同，悉心关照，与老师们结下了深厚的友谊。

民勤工作室成立以来，我校承办了三次大型教研活动：2021年4月30日"新课标背景下的单元主题多课型同课异构"，2021年7月11—13日"新课标背景下的多主题多课型同课异构"，2022年7月8—11日"新课标背景下的大单元教学暨试卷讲评"。期间我校也先后派出28位老师参加了山丹、张掖、武威工作室的教研活动。

寇老师在民勤执教了三堂公开课。第一堂是人物通讯写作，当时听课的有四百多位老师。寇老师幽默风趣的开场白，惹得学生哈哈大笑，他说："我姓寇，'贼寇'的'寇'，有人还称我为贼老师。我是景泰人，远亲不如近邻哦，我们也算是老乡啊……"接着很快进入了正题，他说："伙伴们，今天我们要为坐在台下听课的闫桂珍老师写一篇人物通讯，大家说一说，写之前我们需要做哪些工作？"没有学生答话，课堂陷入了沉闷。早先我就担心我们的学生底子薄，基础差，胆子小，没见过大场面，不敢说话，不想果然如此，我开始为寇老师着急了。但是寇老师一点也不着急，一副胸有成竹的样子。他说："那好吧，大家分小组讨论一下吧。"一阵嗡嗡嚷嚷之后，课堂又归于平静，依旧没有人发言。寇老师接着说："大家不要怕说错，语文其实是没有标准答案的。"学生的顾虑似乎消除了，开始有人举手了，寇老师立马给予了肯定，赞扬他很勇敢，语言也很精彩，还对那个学生开玩笑说："站起来就是风景，如果你今天不站起来，我们就错过了最美的风景，那我们的损失可就大了。"学生会心地笑了，大家都笑了。举手的同学渐渐多了，课堂热闹起来了。

即将采访闫桂珍老师时，学生又不敢说话了，我又为寇老师暗暗着急。只见寇老师不慌不忙，很快给学生分了组，他自己也任了其中的一个小组长，然后径直向闫老师走去。他边走边说："生活就是语文，语文就是生活，在真实的生活情景中学习语文是快乐的事……"其他的学生也学着他的样子走向了采访对象，挨个儿采访了闫老师、邱局长、我和部分老师。让我吃惊的是学生竟然没有了

紧张感，好像采访的不是陌生的领导和老师，而是熟络的同学和朋友。采访进行了十分钟，学生仍意犹未尽。

编写写作提纲时，学生完全被调动起来了，争先恐后上台板书、讲演，十分活跃积极。学生成了课堂的主人，寇老师成了组织者和参与者，我默默地为他竖起了大拇指。

第二堂是姚鼐的《登泰山记》，寇老师只用几个简简单单的问题就把学生完全调动起来了。他说姚鼐为何要在除夕之夜登泰山？跟姚鼐一起登泰山的为何是朱孝纯而不是别人？登泰山有三条路可走，为何要选择最难走的一条？第三堂课是《别了，"不列颠利亚"》，他调动学生的方法更是新颖别致。他交给学生一个明确的任务，要学生以"中国人有中国人的耳朵"听出本篇通讯稿语言文字背后所蕴藏的国家与民族自豪情感。寇老师调动学生积极性的方法很多，也很巧妙。

寇老师在民勤活动的几次评课，同样让人心悦诚服、铭心刻骨。记得那次几位老师同课异构《中国人民站起来了》《长征胜利万岁》，评课的时候，寇老师一针见血、直面问题："今天的课，我发现了三个奇怪的现象。一是有的老师备课不把时间和精力放在研读文本上，而是放在了花钱下载别人的课件、复制粘贴所谓的'精华'。没有自己的思考，何来'精华'？南菁中学的陈嘉英老师把自己关在屋里'裸读'文本十多遍，我看就值得我们学习反思！二是新课改提倡'情景设置'，但是不能将'情景设置'机械化、庸俗化、形式化，不管教什么内容，非要设置出一个

情景来。毛泽东的文章，就一定要模拟毛泽东的声音来读吗？用普通话、用民勤话就不能读吗？结课的时候让学生齐唱《东方红》有多少意义？我的观点是内容决定形式，不是形式决定内容，我们必须从形式的牢笼中解放出来，不能被形式绑架了。三是有的老师不讲《中国人民站起来了》的深刻内涵和民族豪情，而讲学校老师写的《卖瓜》的文章，这不是小看别人的智商吗？谁不知你们高考成绩喜人？谁不知你们老师文章写得好？我看还是坚守课堂阵地，解读文本为好，与文本有关的就讲，深入地讲，扎实地讲，与文本无关的就不讲。"寇老师评课句句珠玑，振聋发聩，令人受益匪浅。

2021年暑假，我校高规格装潢了"寇永升民勤工作室"，配备了书架、办公桌椅和多用途一体机；按照教育部颁布的《高中学生必读书目》，从学校图书馆精选了10万册图书，在教学楼二三四楼装备了三个智能化开放阅览室，制定了相应的规章制度、细则要求。8月份开学全面启动了读写工程。

2022年4月，我校组织学生参加了第八届全国中学生科普科幻作文大赛，1名同学获得了全国一等奖，8名同学获得了全国二等奖，36名同学获得了省级一等奖，学校获得了"优秀生源基地"称号。同年7月，我校又组织学生参加了第十九届"叶圣陶杯"全国中学生新作文大赛，5名同学获得了全国二等奖，6名同学获得了全国三等奖，19名同学获得了省级一等奖，学校荣获了"优秀团体奖"。大规模组织学生参加全国性作文赛事，这是第一次；大面积获得丰收，这是第一次；学科竞赛成绩在民勤教育界引起巨大反响，这也是第一次。这份荣誉来之不易，寇老师精心指点，功不可没。

寇老师为民勤工作室老师们的成长和进步，同样付出了大量的心血。捐赠图书、教学杂志，无偿做报告，无偿上示范课，无偿指导老师们备课、撰写论文，不一而足。李述国老师对群文阅读有一定的理解和感悟，与寇老师的观点曾不谋而合，寇老师就鼓励他撰写论文，参加全国新语文教学尖峰论坛。初稿写成，寇老师提出了以下修改意见：1.论文题目不要出现"刍议""浅论"等，太大众化，无新意；2.文章结构方面不要罗列太多，要整合成三四个方面去论述，使论述更聚焦；3.内容方面理论和例子结合很好，但要避免观点和事例陈旧，要借鉴最新理论和新教材内容。在此基础上，寇老师提供了他自己整理的相关重要文章的电子目录，供李述国查阅借鉴。李老师按照他的建议修改后发给他再看再改，这样往返多次才定稿。

付出就有收获，付出就有喜悦。2021 年 5 月，高培俊副校长受聘担任"新疆师范大学'区培计划（2021）'——高中语文骨干教师能力提升培训班授课专家"；2021 年 12 月，马维兵老师的课题《群文阅读议题的选择与拓展的策略研究》成功立项，并获得了甘肃省教科院 5000 元专项资助资金；高培存老师撰写的论文《群文阅读教学要坚持"三化"》在《中学语文》2021 年第 7 期发表，教学设计《劳动托起中国梦》获得了甘肃省群文阅读成果征集一等奖。李述国、马维兵撰写的论文《普通高中群文阅读文本组织流程撷谈》《群文阅读议题的选择与拓展》在第十三届全国"新语文教学尖峰论坛"上获得了一等奖，李述国老师的《〈烛之武退秦师〉〈鸿门宴〉群文阅读》教学视频获得了二等奖。

寇老师曾经说，给自己一个机会，才能够找到成功的通途；大胆尝试一次，才知道自己有多优秀。如今在寇老师的感召和带领下，民勤四中老师们正积极向更高的目标迈进！

寇老师曾经幽默地说自己是卧底江南，我更愿意理解为他是心系家乡——这就是我印象中的寇永升老师。

2022 年 12 月

乡情·亲情·师生情

甘肃省景泰县第二中学　卢有刚

初见寇教授，是在学校大门口，西装革履，鲜亮领带，精气神十足，一看就是文人。我热情地叫了声"舅舅，你好！"他怔了怔，十分惊讶，怎么景泰二中也能碰上外甥。我连忙解释道，我是中泉寇家外甥，按辈分，应该叫你舅舅。他恍然大悟，连声称赞，走过许多地方的学校，第一次听到以亲戚关系称呼，真的只有回到家乡，才有的亲情，才有的感觉……此后的交往中，我们在校园里是同行，走出校园则是舅舅外甥。他对我这个外甥不见外、不客套，我对他这个舅舅发自内心地尊敬。

接下来几天的活动中，让我这个语文老师受益匪浅。报告厅中侃侃而谈，让我记忆深刻的是从身边事说起，为家乡教育尽绵薄之力，为家乡同行甘做人梯，谈到了师德问题，谈到了教师"躺平"问题，谈到了教师"狂傲"问题……我大为吃惊，看来寇教授是有备而来，几天时间就把准了家乡教育的脉搏，就了解了二中的有关情况。几节公开课，更是循循善诱，为教师、为学生点拨、启发，让我有拨开云雾之感。南方的教学水平高，与教师的基本功之高是分不开的，没有做作，是满满的实货、干货——我们大多数教师如是说。课堂上、讲台下、教室外，透露出来的是难能可贵的亲情、乡情和师生情。精心准备的讲课，毫无保留的讲座，让景泰二中师生大开眼界，带来了南方教师教、南方学生学的方法。

两天高强度紧锣密鼓的工作，寇教授顾不上看望远在中泉老家年过八旬的老母亲，只能早晚电话问候。但他却忙里偷闲，让我尽快联系在县城的他的两位恩师，寇宗恩和马勇老师。他掏钱，让侄子买了两个羊羔子，我拉在车上，和宗权二人陪同去看望两位老师。两位老人显得非常激动，师生一起回忆当年，如涓涓溪水。拳拳之心，眷眷之情，让我和宗权着实感动。寇教授说，还有罗文举老师和火玉花老师，这次来不及看了，等下次来吧。我当时以为只是说说而已。

短暂的两天，教授匆匆而别，"挥手自兹去，萧萧班马鸣"，留下了不尽的思绪。

半年之后，寇教授借张掖之行，再次来到景泰二中，回馈母校。

这次专门进行了试卷讲评同课异构，课堂内外的惊喜自不待言。我还是说说师生情。他这次专门看望了罗文举和火玉花两位老师。目睹他们的师生之情，我深受感动，也深受教育。罗文举老师在胡麻水小学教过我，我说："舅舅在对待自己的老师这方面做得真好，我自愧不如，还没有真正意义上看望过自己的老师。"他说："师恩啊，今生难忘。罗老师在最困难的年代，一个大雪纷飞的日子，把自己的一条裤子送给一位家境贫困的学生……在我学习最困惑的时候，火老师给我边辅导数学边鼓励我，从来不嫌弃厌烦……寇宗恩校长骑着自行车到我家叫过我，让我继续上学，我交不起5元钱的学费，他比我父母还着急……马勇老师是我的班主任，更是对我关心备至……没有马老师，没有寇宗恩，就没有我寇永升的今天啊，我怎能忘怀呢？"我再次受到了师恩的洗礼。

我想，我不仅要当一名好老师，更要像寇教授一样尊重我的老师。

时光荏苒，寇教授再次来到景泰讲课，这次还带来了南方一位企业家，对他的母校中泉中学对口帮助。给所有在职教师每人捐赠一台笔记本电脑，给每个学生捐赠了一套校服，我有幸陪同见证了捐赠的全过程。看到乡村学校学生一张张稚气朴实的脸庞洋溢着幸福的笑容，我都有了一种自豪的感觉。幸福因乐于助人而生，自豪从四面八方而来。幸福是爱，是希望，是感动；自豪源于敬佩，是动力，是榜样。寇教授带来了江南游子的乡情，千里难断思乡情啊！他把这种思乡情化作了爱心，托起的是一份希望。我想，这些孩子长大后，定会有一片爱心。种下一棵树，收获一片绿荫。这，是有意义的，是值得的。

让我感动的还有寇教授的亲情。

这次捐助活动，时间稍微充裕一点，他要回家看望老母亲。因为是私人活动，没有别人陪同，我开车和寇教授到了中泉老家。寇教授老远就在大门口喊道："妈，我回来了！"暖暖的问候，叫出了一位远方游子对母亲的牵挂。到了堂屋，寇教授上了三炷香，向先祖磕了头，才落座，和母亲拉起来家常。

"问渠那得清如许，为有源头活水来。"我不仅见证了寇教授的亲情之浓，也见识了一位善良的母亲——一位伟大的母亲。

　　匆匆而来，寇教授还看望了村中的几位老人，就匆匆而别。来不及一一上门看望的，他在第二天中午宴请了一桌，有长辈，有同学。有的亲朋好友听说寇教授来了，从遥远的龙湾村挡了个农用三码车，专程来到县城，相见叙旧；有的放下农家手头的一切活计，风尘仆仆来到县城；年长的，寇教授委托我们开车接到县城……话叙旧情，重温友情，朴实的语言透露了教授对家乡亲朋好友的牵挂与关心。他们中有的人说着说着，就掉下了热泪。亲情是温暖的，亲情是湿润的，亲情是清澈的。没有做作，没有贵贱，有的只是说不完的温馨回忆。

　　"落红不是无情物，化作春泥更护花"。为了进一步提高景泰二中教研水平，罗崇岳校长和寇教授商讨，决定在景泰二中成立寇永升名师工作室，希望在寇教授的带动下，让景泰二中的年轻教师能够更加快速成长。欣闻此事，县委四大班子领导亲自到二中揭牌。名师工作室的成立，把南方先进的教育理念和优质的教育资源带到了景泰二中，为我们注入了新的活力，对教学起到了良好的示范和引领作用，极大地推动了景泰二中教科研水平的提升。

　　因为有爱，亲情永远；因为有爱，乡情更浓；因为有爱，师生情永驻；因为有爱，大爱无边。

　　寇教授带给我的永远是爱的洗礼。

　　愿以寇教授为榜样，传承乡情、亲情、师生情。

2022 年 12 月

我的良师益友

甘肃省张掖中学　张勇

我本不相信机缘巧合一类的说法，但是，与寇永升老师的相遇、相知却改变了我的看法，也许一切真是机缘。

接站"小插曲"

2020年5月20日，对别人来说再普通不过了，但对我而言，却意义非凡，因为我和寇老师不期而遇了。

学校通知我，邀请了江苏无锡江阴南菁高级中学的一位语文老师，来我校举行同课异构教研活动，今天抵达张掖，王校长安排由我负责接待。当时我只知道要接待的老师叫寇永升，男，50多岁，除此之外，其他情况不详。

心理惴惴的，因为这是我刚刚负责科研室工作5个月以来（因疫情影响，其中3个多月还是居家工作）第一次做接待工作，还是外省名校的专家。我没经验，没思路，没……管它呢，先接上人再说。

没想到，怕什么来什么！第一个环节就出问题了。

之前一直电话联系，寇老师说酒泉派车送他们一行到张掖（寇老师先在酒泉举行了教研活动），大概下午7点多到。我开车，和李晓明副校长到高速路口去迎接。结果阴差阳错没接着，等我再联系的时候，寇老师已经到了我们学校前面的十字路口。完了，这像什么话——接人，这么小的事都能出错，寇老师会不会见怪？心里略有些懊恼，赶快回头二次再接吧。终于在十字口的路灯下，接到了寇老师。

"张主任，你好！"寇老师带有磁性的浑厚的声音传过来，一点听不出有什么不快。咦，这个寇老师和我印象里的矜持的名师有些不一样嘛，好像不那么挑剔和计较，心里略略安定了一些。然后安排寇老师入住宾馆休息，开展后续活动。

185

（第二辑）　栗梓情

三天的教研活动很快就结束了。几天接触后，我发现寇老师在生活方面真的不挑剔。

我的心彻底安定了。

理念的"转变"

几次教研活动开展得非常顺利，每次都是寇老师事先制定好计划，通知我安排落实。我当然要全力做好各方面的准备工作——人家名师千里迢迢从江苏到我们这里来传经送宝，我们岂能怠慢。一开始我还是有一点公事公办的想法，到后来，我发现我变了，连我自己都觉得吃惊——本来是学校的事，是工作的事，但我觉得每一次活动都应该当作自己的事一样来做，所以做得非常投入，非常认真。寇老师和校领导以及同仁们也都比较满意。后来细想，这些变化都来自寇老师潜移默化的影响。

几件小事可见一斑。

有名师来亲自指导，同仁们自然有些兴奋，但也只是兴奋而已。一些安排了讲课的年轻教师，开始查资料、备课、写教案、听课……有点忙碌；其他老师按时听课。按照安排活动如期进行，看似有条不紊，我们还比较满意：安排了课的老师准备认真，讲得还不错；其他老师也按时到场；一切有序进行，这挺不错呀！正当我们还欣欣然于理想状态的时候，寇老师来了当头一棒——西北同行们的理念太陈旧，和东南沿海老师相比，可能有十年甚至二十年的差距！不会吧，是不是有点耸人听闻？我们学校近五十个语文老师都是这样上课的呀，本市其他学校的老师也基本是这样上的啊。但事实就是，我们的理念的确落后了。

经过寇老师近几年的指引，我们才逐渐开阔了视野。发达地区的课堂已经开始探索设置情境，用更合理的方式方法培养学生的核心素养；我们却还在课堂上纠缠有没有记住这些段落或这篇文章的行文思路。东南沿海地区老师已经在践行以学生为主的课堂教学，我们的老师却还在津津有味地一讲到底……

有一次，结束一上午的活动，寇老师在到餐厅用餐的途中开玩笑对我说："我发现，你们学校的老师有'三慢'——吃饭慢、说话慢、走路慢。其实这也是西北很多地方老师们的共性。"虽也是戏语，却是实情。这些现象，虽是生活细节，但其实是理念影响的结果。和东南沿海地区的老师相比，我们的老师更习惯于按部就班，习惯于"沿着前人的足迹执着前行"，这不仅仅是生活习惯，而是沉淀到脑海深处的落后理念在现实生活中的反映。

我们的理念真的落后了。

好在，我们现在有些明白了——只要开始就不怕晚。

自律的名师

寇老师非常自律。他给我的印象，生活和工作总是安排得很有条理。除了必要的礼节性应酬、吃饭、休息外，总是在备课、听课、上课和指导徒弟、帮助年轻教师的路上。

每次接待寇老师的时候，总见他穿着夹克衫，他似乎对夹克衫有些偏爱。天热的时候，也穿短袖衫，而随身带的肯定有夹克衫。寇老师的皮鞋给我的印象永远是锃亮的，亮得可以反光。

寇老师有很好的生活习惯。他从不过度饮食，即便在必要的应酬时，也会很有节制。正因此，打好了他健康体魄的底子。寇老师常说："我是塑料肠胃，长这么大，几乎没有吃坏过肚子。"寇老师很爱吃水果，每次吃完饭后，都要吃一点水果，这是到江南近二十年养成的习惯。小西红柿和杏子是他的最爱。有一次，在寇老师来搞活动之前，我到水果店买了小西红柿、黄瓜、杏子等水果，送到了给寇老师预定的宾馆房间。寇老师刚进房间，看到小圆桌上的水果，脸上马上露出欣喜的笑容，像个孩子发现了自己挚爱的玩具，转头问我："你怎么知道我爱吃杏子……"我说："您以前来的时候，无意中说过。"房间了又响起了富有磁性的笑声。江南不产杏子，据说也很少有杏子可买。或许喜欢杏子也是寇老师这位江南游子的家乡情结。

讲课或做报告，寇老师一定会穿西装，打领带；即便再热的天，也一定会穿白衬衣，打领带。闲聊时，寇老师曾说："这是对同行和学生的尊重，也是对讲台和课堂的尊重与虔敬。"的确，毕竟正式场合下，很多人来听课或听报告，花费了时间、精力是来学习的，就应该从内心深处抱有敬畏之心。

从我接触寇老师以来，这个"规矩"从来没有改变过。

这些细节与其说是习惯，不如说是一种自律，一种修养，一种由内而外散发出来的涵养。

随和的严师

随和与严格，看起来似乎很矛盾，但在寇老师身上却达到了完美的和谐与统一。因为寇老师渊博的专业学识、高超的教学艺术和卓越的教研能力，张掖市教育局研究，经与寇老师沟通并达成一致意见，2021年7月，正式成立"江苏名师寇永升语文教学张掖工作室"，地点设在我们张掖中学。三年以来，寇老师通过线上线下方式，一直在悉心指导我们学校的语文老师。

我和寇老师接触最多，对寇老师也了解相对更多。和他在一起的时候，我从来没有感觉到名师带来的压抑和压力，相反给人的总是和蔼、信赖和信心。有些老师刚开始想和寇老师联系，请教一些问题，希望得到指导，但又有些"不好意思"，我则充当了牵线搭桥的"红娘"。我说："怕啥，寇老师又不吃你。"后来，好多老师了解了寇老师的好脾气，慢慢地也就和寇老师直接联系了，得到了很多的帮助。一次在接寇老师的路上，我说："寇老师，如果再年轻几岁，我一定跟您好好学习，做出一番成绩来。"寇老师说："过了50岁也不晚呀。"过了一会儿又说，"现在给年轻人搭好平台，帮助年轻人快速成长也是成绩啊。"两三句话，马上让我有了满满的成就感。

但是，寇老师严起来可不得了。他一直鼓励老师们写课后反思，实际上就是论文。我们学校的好多老师是在寇老师的一再"逼迫"下开始写论文的。说起来容易，做起来难。一开始，有的老师觉得无话可说，寇老师指点"迷津"后继续"逼迫"。有老师说，她的论文前后共修改了19稿，最后终于发表在《中学语文教学参考》上。短短三年多时间，先后有8位老师的论文在省级以上刊物发表。还有一次，我们选派一位老师到外校参加同课异构教研活动，但她中途想打"退堂鼓"。寇老师很严厉地表示，"如果这么好的机会都要放弃的话，以后的活动就再也不必参加了。"在这种"高压"下，那位老师不但参加了，而且激发出了平时自己都感觉做不到的事：不但课讲得很好，而且还在上百位老师的会场上，承担了评课任务，有理有据，鞭辟入里，获得了专家和同行们的高度肯定。

通过同课异构教研活动和发表论文，我校语文老师的理论水平迅速提升，带动一批语文老师把新理论、新理念贯穿到课堂教学，课堂教学效率大幅提高。大部分年轻老师已经转变了落后的教学观念，极大地推动了我们学校新课改的实施。

随着活动的不断丰富，寇老师工作室的影响力越来越大，他的足迹已经遍及甘肃及陕西等地。

惜时如金的专家

"一寸光阴一寸金"，"时间就是生命"，这些谚语我们耳熟能详，但是时间对于我们大部分人来说，也仅是生活的一部分而已，你想不想、看不看，它都在一分一秒地流过。但对寇老师来说，"一寸光阴"超过"寸金"，时间真是他的"生命"，他收藏的数千册不同时期的语文教材及整理的5大语文期刊目录，已经是一个证明。这几年的交往中，我实实在在感受到了寇老师的"惜时如金"，简直到了"吝啬"的程度。

2021年3月23—25日，甘肃省内三校联合语文教研活动依次在山丹一中、张掖中学和酒钢三中如期进行。基本上都是上午同课异构3节课加评课，下午两节课加报告或点评，全天下来紧紧张张近7个多小时，寇老师全程参与听课、评课，外加讲课、作专题报告，然后连夜赶往下一个学校。在我们学校虽然进行了1天的活动，我都感觉有些累，更何况要进行3天连续高强度的教研活动，对于一个年近六旬的人来说，实在太"残酷"。即便如此，寇老师依然在专心致志地听课、评课、讲课、做报告。

更让人惊奇、感动的是，3月26日21:14，也就是寇老师乘机刚回到江苏无锡的当天晚上，我的微信上就收到了寇老师的《寇永升张掖语文工作室统编教材培训方案》，第二天与寇老师联系，才得知，那是他乘机回江苏时，在西安候机大厅里等候转机时利用空余时间写的。记得当时我在微信里回复寇老师"寇老师，您是铁人吗？"真让人心疼。

2021年7月，多校参加的同课异构教研活动又一次拉开序幕，从1日到14日，除张掖中学、山丹一中外，民勤一中、景泰二中也加入了联合教研的行列。寇老师又开始高速运转。他在之后的一篇文章里写道："7月1日凌晨4点起床，5点出车，6点到无锡机场，下午4点多到达张掖。"仅到达张掖就用了12个小时。未及休整，之后又是连续听课、评课、做报告、指导老师备课等等。强度之大，效率之高，让我们又一次汗颜。各校的老师们又一次领略了寇老师高超的上课艺术，收获了最新理念的分享，又是一次"饕餮盛宴"。寇老师原本计划13日晚上回江苏，稍做休息，怎奈飞机却和寇老师开玩笑——兰州中川机场飞机延误，14日凌晨2点飞到宜昌三峡机场飞机又延误——回家的奢望泡汤了。因为他14日下午还要赶到金华参加7月15日浙江师范大学与江苏名校同行举行的同课异构活动。怕再一次延误，他只好改乘动车从宜昌到无锡，出火车站打车赶到无锡东站的时候，距离开车时间仅有9分钟，想想都能急出一头汗。然而，更让人佩服的是，3200多字的《甘肃四地同课异构感慨点滴》在当天晚上22:34就发到了我的微信里。敬佩从心底油然而生，又让人心疼一次。

这样的节奏和奇遇对寇老师来说已经是家常便饭。2020年5月，在我们学校搞完教研活动后，寇老师和江苏爱心人士一起到我们学校的扶贫点——黑山小学进行助学活动，一天的行程安排得满满当当。然而，当天下午，就在机场，几千字的助学感悟就已经形成了（题目忘了）。2022年2月6日，大年初六，寇老师受我校邀请，在当天中午赶到我们学校，举行为期3天的教学活动。就在他离开张掖的当天下午，我的微信又传来他8000多字的《装满浓浓的亲情、友情、乡情离家》……这样的例子不胜枚举。

机场、高铁站，人来人往，噪声嘈杂，然而对寇老师来说，那都是"伴奏"，因为他的心属于课堂，属于需要耕耘的那一方土地，属于他钟爱的教育。寇老师曾说："每次活动结束的时候就要马上把感想写下来，要抓紧一切零碎的时间，这是一种效率意识、时间意识。"

惜时如金，寇老师这位专家给出了最好的诠释。

快退休的"年轻人"

寇老师有一个好身体。

有一次，利用闲暇时间，我约寇老师去爬山。山路总里程并不长，大概3公里多，但崎岖陡峭，没有好的体力，要走这样的山路，是非常吃力的。开始我还担心，将近退休年龄的寇老师爬不动吧，心想，不要紧，爬不动，咱们就打道回府得了。没想到，我的估计严重偏离现实。从头至尾，寇老师就像一个年轻人，健步如飞，活脱脱一个小伙子，哪有退休老头的影子！没有亲眼所见的人一定会认为我在吹牛，但你真的错了，寇老师真如我所述。

我因为爱打乒乓球，有时候可以连续打两个小时；平时也经常锻炼，体力很好，爬山这样的事，对我来说小菜一碟。不过，那次可苦了同行的几位朋友。因为平时缺乏锻炼，刚走几步就气喘如牛，不得不坐下来休息，以致行进速度非常慢。当然正因如此，我们得以更好地欣赏山中美景。

寇老师说，在南菁高中，他经常在课余时间打羽毛球、游泳，每天坚持——难怪他有这么好的体力。不但是爬山，几次高强度、大密度的教研活动中，我从来没有见寇老师有过疲惫的状态，这都得益于他很有规律的生活和坚持健身锻炼。除此之外，我想还与他良好的心态有关。寇老师一直沉浸于自己喜欢的工作，加上合理的饮食习惯和经常锻炼，不想有一个好身体都难。

要向寇老师好好学习！

有情怀的好老师

做一个好老师不容易，做一个有情怀的好老师更不容易。寇老师出生在甘肃景泰，大学就读于张掖师范专科学校（今河西学院），毕业前在山丹一中实习，后来分配到嘉峪关市第一中学任教。2001年从甘肃省嘉峪关市引进到江南水乡无锡，54岁时，被南菁高级中学校长、正高级教师、特级教师杨培明通过"暨阳英才计划"引进到南菁高中。

寇老师的华丽转身来自他严谨的治学态度和执着的探索精神。在南菁高中专门为寇老师设置的办公室里，我看到他收藏的晚清语文独立设科至今的几千册语文教材，大概在全国所有的个人收藏中，寇老师是唯一的一个。仅此一点，已经足以令人称奇。寇老师还自费订阅并收藏了20世纪70年代末至今的五大语文教学核心期刊，动态整理有电子目录索引。有的大学教授或专业研究人员需要一些资料的时候，还要请寇老师帮忙。靠着执着和严谨，寇老师多年前就已经跻身江苏省正高级教师、特级教师行列，并且还担任浙江师范大学、陕西师范大学、新疆师范大学等高校的兼职教授等。

功成名就的寇老师并没有躺平。近几年，他不惧旅途奔波，不顾舟车劳顿，挤出时间积极到各地举办教研活动，尤其是到大西北，倾其所能回馈社会，回报桑梓。寇老师曾说："景泰养育了我，是我的第一故乡；张掖培养了我，是我的第二故乡。我现在有了成绩，就应该回馈故乡，回馈社会，回馈大西北。"简单的话语，但有着不简单的意义，其中包含了深深的乡土情怀。近几年，他总是不知疲倦地往返于江南和甘肃各地之间，把他的几十年教学积累无私地奉献给生他、养他、成就他的家乡，先后在嘉峪关、酒泉、张掖、武威、白银、庆阳、陇南、平凉以及陕西西安、渭南、铜川、延安等地成立了"寇永升语文名师工作室"，极大地推动了当地的语文教学工作，有效地带动了当地中青年教师的专业成长。寇老师曾戏言：我是江南卧底。在一次雨后的清晨，我校语文学科组长刘华老师有感而发，用一首语言诙谐的诗赞誉寇老师：

> 甘州朝雨浥轻尘，品读红楼意正浓。
> 谁将甘霖撒塞外？卧底江南寇永升！

寇永升老师，一个甘肃土生土长的教育人，用自己勤勤恳恳和踏踏实实的工作态度，在教育发达的江南开创出了一片天地，何等不易，更可贵的是，他在取得成功之后，在江南名校——江苏南菁高中做好本职工作之余，把自己全部的经历都用在了振兴西北的教育，尤其是用在振兴甘肃教育中，其胸怀和境界已经不能仅用"名师"来概括，这是一个真正的教育家的境界和情怀。

近三年来，寇老师的足迹踏遍了甘肃各地州市，对一个近六旬的老教师而言，已经足令人敬佩；立志改变西北地区教育的现状，更令人景仰！我为我们甘肃也有这样一位德艺双馨的好老师感到骄傲，也为我的身边也有这样一位好老师、好兄长、好榜样感到无比自豪。

和寇老师交往的这三年多时间，是我收获最多、工作也最扎实的一段时间。可以说，寇老师是我的良师益友。从工作到生活，不管哪个角度，都是我的良师。同时，寇老师也是一个真正的朋友。几年相处中，我可以随时打扰、随时请教，交流想法，寻求指导，并且常常能得到如挚友般的关照。正如寇老师曾说过的一句话："一个人一生当中一定要有贵人相助。"我想，寇老师应该就是我的"贵人"。

看来，与寇老师的相遇、相知真的是机缘！

谢谢您，寇老师。

好长时间的感悟，趁夜深人静，一股脑就写出来了。此时心里好畅快。

好了，就此搁笔吧。

2022 年 12 月 11 日凌晨

我和永升四十年

甘肃省白银市景泰县中泉初级中学　寇明达

2021年12月31日，我应江苏名师寇永升的邀请，参加了杨培明劳模创新工作室暨江苏圣澜服饰有限公司对景泰县中泉中学的捐赠仪式。带着对久别重逢的渴望、带着对老同学的牵挂，我早早来到会场等候。当寇永升、景泰二中副校长卢有刚等一行人风尘仆仆来到中泉中学时，我们同学相见，紧握双手，嘘寒问暖，格外亲切。

1978年8月，我和永升相逢于当时的景泰二中（今中泉中学），从此情结同窗、谊如手足。在这里，我们怀揣一个共同的梦想，一起度过了最美好、最纯洁的学生时代。校园中、教室里，我们同苦学、共嬉闹，欢声笑语、记忆犹新。吃、住、行，我俩形影不离。

永升是一个既勤奋好学，又调皮仗义、乐于助人的人。在那个经济困难、物资极度匮乏的年代，学习参考资料很少，他把平时阅读报纸时遇到的好文章，名言精句剪下来装订成册，和同学们一起分享。学校食堂没有菜，他常常把家中的咸菜、野菜带到宿舍，大家围在一起吃得津津有味。每当晚自习后，学校为了节约用电，就把教室和宿舍的电都切断了。同学们又都点起了煤油灯继续学习，回到宿舍后又得摸黑。那时煤油也很珍贵。一次他对我说："咱俩偷电，你不会接电，你把手电打开照着，我来偷电。"当时我们崇华村还没通电，我也确实不懂电，他从房上爬上去偷电，但怎么接宿舍的灯就是不亮，因为没有电笔，他说："我把零线和火线拧在一起看有没有电。"只见火光一闪，整个校园全黑了。我转身就跑，也不知道他怎么样了。回到宿舍后，他也满身是土地回来了。因为学校总开关的保险丝烧断了，我们怕老师来查，就悄悄钻到被窝里睡了。

那时吃的也很紧张，他经常从家里带的是苞米面做的馍馍，吃起来很

193

甜。因为我们崇华沟土地面积较广，又有泉水，所以我带的是白面做的烧锅盔，就用白面烧锅盔跟他换苞米面馍吃，我俩都很开心。课余时间为了缓解学习压力，同学们轮流每人每天讲一个有激励性的小故事。刘在元、贺得效、李兴福我们几个走得最近。前几天偶然碰到了同班同学李兴福，闲聊之间我问他："你记得寇永升不？"他说："怎么不记得，就是经常往你身上擤鼻涕的那个人嘛。"事实也是这样的，我和永升既是同学又是爷孙辈的关系。永升比我个子小，每次打闹时肉疼的肯定是他，他捞不到便宜，只能用自己的秘密武器——擤鼻涕对付我。到现在，我还清晰地记得永升跳着蹦子擤鼻涕的样子。

永升还是一个乐于助人的人，这也离不开家庭的熏陶，他的父母正是这样善良、憨厚、朴实的人。那时候家里穷，夏天穿的都是单衣单裤。一次我的裤子屁股磨破了，我悄悄地对他说："怎么办？"他说："你坐着别动，等到天黑时你马上往出走，我拿回家给你补一下去。"就这样我从下午一直坐到了晚自习，换上其他同学的旧裤子，他骑着自行车连夜拿回家，让他母亲给我补好了裤子上的洞。

还有一次学校劳动，当时学校有两亩供学生勤工俭学用的土地要压新砂，其他班出旧砂，我们班压新砂。我俩跟班主任寇宗恩老师商量：白天学习、到晚上再完成压砂任务。老师说："行。"没想到可能因为压砂进度的原因，寇老师改变了主意。就在我们埋头学习时，忽见寇老师站在教室门口，他提着扫帚横眉冷对大吼："老子把你们弄死呢！"我们撂下书翻身就跑……

虽然高中的生活只有短短两年，但同窗之情在我们心中显得弥足珍贵。我们在这里相遇、相识、相知，我们相互关心、相互帮助、相互勉励，友谊之花在我们心中盛开。

高中毕业后他考上了张掖师专，而我因家庭经济拮据再也没有复读。但我们之间的联系却从未中断，每当他暑寒假回来，只要是碰见崇华村的人，不管他认识的不认识的，他就给我带口信，因为那时没有电话。当我俩再次睡到一个炕上时，总有说不完的话。高考落榜时我情绪十分低落，觉得再也没有什么前途了。他听我对今后生活的打算、帮我出主意、谋出路，激励我鼓起生活的勇气。后来他师专毕业后分配到嘉峪关市一中教学，而我也在村子当了一名普通的民办教师，我俩又成了同行。

他和妻子安燕结婚时，邀请我和宗宝参加了他们的婚礼，临别时他拿出了早早给我准备好的礼物——《教育学》《心理学》，并对我说："你现在的目标就是拿证，把转正前所需的一切证件拿到手后再等机会，只要你坚持到底，终究有成功的一天。"

我也没有忘记他的话，在后来的教材教法"过关考试"、小学教师专业合格证考试中，这两本书还真正发挥了作用，而这两本书正是其他老师找不到的。后来我又克服家庭经济上的困难，进修了中师学历，2006年我转为公办教师。

所有这些都离不开他的帮助，在我最消沉、最艰难的时候，如果没有他的鼓励，我可能坚持不到现在。或许这些都是微不足道的事情，但在我内心深处留下的是一份深厚的友情和感动。所以至今和将来我忘不了这份友谊，面对生活中的艰难，要学会微笑和感恩，守望彼此的真情、友谊和牵挂。

现在永升可以说功成名就了，但他没有忘记生他、养他的家乡，没有忘记培养教导自己的老师，没有忘记曾经朝夕相处的同学。利用回家探亲之机，多次看望寇宗恩、火玉花、罗文举等老师。

身居江南，心系家乡，不忘故土。他关心回馈家乡的教育事业，多次莅临母校——景泰二中开展教学活动及专题讲座。热心搭建平台，组织骨干教师到江浙参加集体研修活动，组织高三教师到教育发达的江苏无锡名校课堂研修学习，感受江浙一带先进的教学理念。

2021年12月31日，他又在景泰二中建成了自己的工作室。完成了自己多年来对母校、对家乡教育魂牵梦绕的心愿。同时也给中泉中学、中庄幼儿园、脑泉幼儿园师生捐赠了校服（两次），并给每位老师捐赠笔记本电脑一台，总价值17万多元，给六年级学生寇明田捐赠一万元。

往事如烟，温馨如昨，重温那段美好时光，回忆我和永升一起走过的日子，历久弥新，永不褪色！

寇明达 2022 年 9 月 17 日于白银

诗一首

甘肃省景泰县第二中学　寇宗权

目光点燃秋冬的火炉
温暖三尺讲台指点江山的手
背影
在江南与故乡坚定行走
拉长希望的延长线
故乡的风，故乡的云
睡在双肩
故乡草木扎根在梦里疯长
贫瘠是彻夜未眠的病根
尝试用理念治愈

第 37 个教师节诌诗一首表达对寇永升尕爸的敬意！

后记：

2021 年 9 月 10 日，第 37 个教师节，微信收到几位同行的祝福，兹收录家乡景泰二中语文教研组长寇宗权诗作，以志纪念与感激。

2022 年 8 月 23 日校订

说说永升叔的"忙"

甘肃省景泰县第二中学　寇宗权

2022年5月下旬，永升叔主持新疆师范大学的新课程网络培训工作，我作为团队成员，承担了统编教材必修下"古诗词诵读"栏目《念奴娇·过洞庭》的教学任务，录制了一节示范课。永升叔是勤于总结的人，随后就读到了他的万余字长文《领队·裁判·啦啦队长……——2022年5月援疆网络授课记》，其中有一段写道了我："2019年底我带他到浙江师范大学讲过一次课。记忆最深的是宗权讲课语速太慢，如同我家乡的老者们身穿黑棉袄背着手在村子里蹀步；甚至我觉得他走路慢、吃饭慢——干什么都慢慢悠悠，没有时间观念，没有效率意识……"

我笑了，读给妻子听，她也笑了："尕爸说得一点没错！"

笑过后，我想到了永升叔特强的时间观念，做事的高效快捷，特别是他的"忙"。

永升叔是一位真正的忙人。"忙"是永升叔留给我的深刻印象。

我们都在中泉尕庄子出生，童年、腰水小学、中泉中学，我们有大致相同的乡村和学校生活记忆，但永升叔长我十岁，张掖师专毕业又分配到嘉峪关工作，以后就很少见面。我们叔侄真正意义上的相交相知，特别是在语文教学方面的交流，是从2019年4月才开始的。三年来，我算是一次次真切地见证他的"忙"。

第一次来二中义务讲学，记得永升叔到景泰已经是晚上9点多了，坐飞机之前，他让我告诉罗校长，晚上自己随便吃些就行了，不必惊动学校招待。当时我想着晚上去宾馆陪他聊一会，永升叔说，晚上还要忙自己的事情，第二天来学校见面再叙旧。接下来的两天，三节示范课，两场报告，高强度繁重紧张的讲学之余，永升叔抽空看望了自己的班主任马勇老师和寇宗恩老校长，然后匆匆而去。两天我全程陪同，算是第一次见证了他的"忙"。

同年7月，我借永升叔工作室成员之名，参加了浙师大的暑期培训，并上了一节示范课。培训期间，我一直坐在他的身旁，留心观察。他一边听课，一边记录，时不时忙里插针回复邮件、微信，给校长汇报相关工作。记得他指着一份将要发给杨培明校长的文件对我说："这是一份给校长提供方案的文件，明白吗？给校长干事情，你首先要给校长提供不同的方案，让校长拍板决定哪个方案更好，而不是老请示校长某某事情该怎么做？江浙一带的名校校长非常忙，没有那么多的时间去考虑具体的操作过程。"

江浙之行，算是我又一次切身体验了永升叔的工作效率和他的"忙"。

江浙之行，我的一个强烈的感受是，那里的人们时间观念普遍较强。永升叔曾感叹过家乡人没有时间观念，老拖拖拉拉，大概是人闲散惯了吧。（这其中就包括我）去年，永升叔和我等一位亲戚，催我打电话问问快来了没有，连打了两次，对方回复说快了快了，永升叔叹道："家乡人说快了快了，一般都得半小时！"他训斥两位弟弟，白天特别是上班时间段不要给他打电话，他忙，没时间接，有事情，先短信或微信留言。我也记住了，我知道他的时间有多宝贵，我有事很少直接打电话，一般都是微信留言。

永升叔走路特别快，走路一阵风，好似紧追着时间的脚步。我比他小10岁，跟着他走路，几乎是小步跑的节奏。我读过写周恩来的一篇文章，作者写道了周总理的走路，说周总理走路特别快，走一会儿他就得跑几步才能跟上。周总理和邓颖超散步，老把邓大姐丢到后面，邓颖超就笑着说这哪是散步。总理笑笑，但过一会儿又把邓颖超丢到后面了。看来，走路快，也是珍惜时间理念下养成的一种习惯吧。鲁迅说："珍惜时间吧，它是组成生命的材料。"今年元月，永升叔再一次来二中开展名师工作室的教研活动，忙里抽空招待了他农村的几位同学，他和老同学叙旧，他说自己走路快，得益于学长陶生贵。这一习惯让他终身受益。

说到珍惜时间，高效利用时间，我再说说我的一点感悟。我手中有永升叔的几节课堂实录，这些课我现场听过，有的课我又细心观摩过多遍。比如这次给新疆师大上示范课前，我又看了一遍他在2019年讲的《扬州慢》，细心体会他的课堂语言和课堂节奏。他的课堂语言干净、准确、幽默，没有一句废话，更没有口头禅；他的课堂节奏张弛有度，如行云流水。去年学校校史发行仪式上，永升叔应邀参加并发了言，他的发言赢得了全场的热烈掌声。我身边的教务主任张红金老师连连称赞："人家寇教授就是厉害，讲得就是好！水平就是高啊！"我把发言录音整理成文字，2600多字，略加调整修改，完全就是一篇思路清晰、语言得体、感情真挚的好文章！（见本书《在景泰二中校史发行仪式上的讲话》）这不就是在珍惜时间的理念下练就的好本领吗？

也正是江浙之行，使我真正意识到自己课堂节奏、课堂语言方面存在的毛病，这不光是一个节奏、语速慢的问题，也是一个时间运用效率的问题！说得严重点，那是在浪费学生宝贵的课堂时间啊！鲁迅说："浪费别人的时间，等于是谋财害命；浪费自己的时间，等于是慢性自杀。"要改！"东隅已逝，桑榆非晚"！呵呵，你不要说，渐渐还就有了成效。近两三年，我多次承担学校组织的公开课、示范课任务，学校领导和语文组同仁发现我的上课风格有了变化，有了进步。王占才副校长在全校大会上表扬了我。一次评课，达选霞老师说："现在寇老师的课，越来越像人家尕爸了。"几位老师也纷纷笑着表示赞同。我心里清楚，我和永升叔的课，还差十万八千里呢。但听了还是很高兴，说明至少有点像他老人家的课了，也算进步啦。这次给新疆师大上示范课，永升叔评价说："士别三日真的应当刮目相待！这两三年来宗权的课堂的的确确发生了革命性变化！语速正常了，声音洪亮了，课堂语言有了激情了。"

"革命性的变化"谈不上，但自己没有因评上高级或有点资历就选择"躺平"。我仍在不断地提升自己，用一颗真心、尽自己的能力而认真教书，苟日新日日新又日新，教学是艺术，永无止境。

今年，年届花甲的他，教两个班，带多名徒弟；主持杨培明校长语文名师工作室的日常工作；主持多项课题，引领、指导陕西、甘肃、广西、湖南、四川等省多个工作室两百多成员备课；多所高校兼职，主持浙师大、新疆师大新课程在线培训……我的天，工作的密度、强度让我吐舌头！

一次，饭桌上，他说自己在等飞机的时候，完成了线上培训的发言。我就想到鲁迅的那句话："哪里有天才，我只是把别人喝咖啡的工夫用在了工作上罢了。"

我还有一个发现：自从我添加永升叔微信后，多年来，从未见他在微信圈转发过任何东西。我的判断是：他不屑刷那些乌七八糟的东西，更重要的是他没时间！正如尼采所说：我为什么这么聪明？因为我从不把时间用在不该用的地方。

永升叔就是这样的聪明人！

他的时间是用来干实事的！

看看他2021年干的主要事情（引自永升叔的微信）：

3月份，促成我的领导、同事7人组团前往家乡义务讲学交流。

感动于家乡领导和同行们的抬爱，我在景泰二中的语文名师工作室，县委、县政府、人大、政协四大班子一把手亲自揭牌！

感激我任职的南菁高中领导，促成捐赠我的母校中泉中学每位教师一台笔记本电脑，在校学生每人一套校服！

2021年，我和另外三位同事一起评到了江苏省特级教师。至此，于职称，我评到了正高级；论荣誉，我评到了省特级；说技术称号，我评到了学科带头人。我一个两年制大专毕业生，唯有不待扬鞭自奋蹄，教好学生，带好徒弟！我的一切都是学校给的，我把一切献给教育。

下半年，利用到景泰出差讲课的机会，我在年终岁尾之际邀请曾经教过我的小学、初中、高中老师相聚；在家乡最高档的宾馆招待我的初中、高中同学中一直在农村的数位好友。他们大多是打工者，是农民，有放羊的，有养猪的……

腊月底，陪老母亲到白银、靖远、武川等地转娘家，我看望了几十位舅舅，许多是我从未见过面的……

虎年春节，我召集兄弟姊妹五人齐集家乡，陪同老母亲过年；举行了老父亲去世十周年祭奠活动……

唉！反观一下，我们是不是闲得呻唤？闲得无事生非？闲得百无聊赖？

当然，有时候我们也像是很忙，但我们在忙什么？

忙着应付各种检查，忙着填各种表格，忙着刷抖音、微信，忙着聊八卦新闻，忙着追肥皂剧，忙着网上购物，忙着胡吹冒聊、胡诌乱诌、混吃海喝、吐天哇地，忙着经营关系，忙着抱怨学校、抱怨领导、抱怨同事、抱怨家长、抱怨学生、抱怨丈夫、妻子、儿女……

我们成了薛宝钗讥讽的"无事忙"的贾宝玉，成了张天翼笔下的华威先生，成了整天絮絮叨叨"真的，我真傻"的祥林嫂……

我们是不是要改变一下呢？正如一首歌里唱的："再也不能这样活……"

2022年5月29日

寇永升2022年8月25日校订

琐 忆
——从永升叔的两份"年终总结"谈起

甘肃省景泰县第二中学　寇宗权

温暖，爱家，顾上，顾下，是人间之赤子；
热忱，好客，重情，重义，乃永升之本色。

—— 摘自"中泉寇氏家族群"

2019年1月10日，我斜躺在床上，悠闲地翻看微信，看到了"寇氏家族微信群"中永升叔发的《我的2018》：

大外甥刘伟豪大学毕业，我想办法安排进了江苏一家大型上市企业，专业对口，学有所用；工作环境、条件都好；距离我很近。

儿子考入澳大利亚名校昆士兰大学读书，是我们家族第一个到国外求学的人。

女儿在南菁高中实验学校（1—9年级）图书馆有了个差事，未来几年，宝贝外孙女上幼儿园、小学、初中，都有人接送。

2018年，最小的弟弟永斌，凭自己的业务技术，加上我的助力，作为大国工匠，到遥远的北美洲牙买加，成为家族中第一个走出国门务工的人。

二三十年前，我把兄弟妹妹们都拉络到了嘉峪关，两个妹妹都在嘉峪关成家了；前几年，接应侄子宗琛到嘉峪关上大学。未来几年，我的主要精力放在关心关照我父母的第三代身上。

今年春节，老母亲80周岁，我再一次接到江南过年。小时候常被老妈骂："等着大媳妇子伺候你呢嘛？！"春节前后，老妈真的被大媳妇子伺候了几个月，每天早晨罐罐茶……终生厌恶痛恨咒骂喝罐罐茶的老妈，骂人都嘴短了！

2018年，我在江阴买了一套精装修新楼房，花园式小区，公园式环境，有山有水，拎包入住，元旦那一天正式迁入新居——缘于2017年正规出版了65万字的个人著作、成功引进到南菁高中、领题主持的省级课题曲折结题。

2018年，我还应聘担任南菁高中图书馆馆长。

2018年，我评到了教授级高级教师。

2018年，我尽己所能为西北家乡的学校和同行们办了数十件好事、实事。

2018年，我帮助、提携了数十位同事、同行、徒弟，他们各自都有了提升或进步。

2018年，我和无锡几位爱心人士资助了3年的5位延安学生，4人考入大学。

每一件事都让我震撼，让我肃然起敬。我几乎没办法形容我当时的心情，我收藏下这份"年终总结"。

永升叔的这份"年终总结"，无疑是一个契机，它将开启未来岁月的诸多美好。

2019年的1月10日，对很多人来说是一个寻常的日子，但这一天对我而言却是不寻常的，它是我和永升叔真正意义上的交流的开端，是永升叔真正进入我的生活，帮助我、影响我、影响景泰二中语文组的不平凡的日子。

那天，我把永升叔的这份"年终总结"读给父母听，母亲听完不住地夸赞：珍宝（永升叔的小名）有本事，大孝子，对爹妈好，是我们寇家府上的人才。父亲对我说：干撒（啥）就要把撒干好，你看你升爸人家就把书教好了嘛，跟样学样，我早就说要向你升爸学呢，这么多年你也不主动联系。——不要学×××，叫上川下岭的人背后弯子里骂……

我想了一下，父亲所提的"早就说"，应该指的是2002年，那时我还在家乡的中泉中学任教。

那年暑假，我干完农活回到家，父亲告诉我：听说你升爸从江苏回来了，你去取个经，听听人家是怎么教语文的。

那两三年，高中正在大规模扩招，一中、二中班额增加，缺语文老师，当年毕业的本科生远远不能满足需求，教育局于是从乡下选调老师。2002年上半年，我正好通过自学考试取得了汉语言文学本科文凭，在乡下也已工作了11年，符合招聘条件。但对教高中语文，我心中没一点底，或者说心存胆怯。我虽然有11年的教学经历，但其中9年教的是物理，语文只教了两年。一个只教了两年初中语文的我，对语文教学简直是门外汉。可好，高中语文教学的行家里手来了，又是当家子，我胡乱扒了几口饭就去了永升叔家。

关于语文，我们叔侄具体谈了些什么，我已记不清了。但我记住了一个细节：到永升叔家门口，永升叔举着摄像机，正在录母亲干日常家务的情形呢。那时，摄像机对生活在穷乡僻壤的农村人来说，无疑是高档产品。我心里暗笑，拍摄喂鸡、喂猪、生火、做饭……这不是大炮打麻雀——不够火药钱吗？录这些有什么意思？——我那时年轻，工作在家门口，天天和父母在一起，还不懂父母这些日常劳作对远离故土的游子的真正意义，还不懂生活即语文、语文即生活的真正内涵。现在想来，这是永升叔给我上的一堂关于"父母之爱"和"大语文"的活生生的课。

微信添加成功后，我给永升叔发请求：喜闻您出版了60多万字专著《理念：教育的制高点》一部，能否签名赠侄一套？

很快得到回复：地址？电话？我很快寄出。

快言快语，爽快利落。

我用二十多天的时间读完了这部65万字的著作，我要说，这是我读过的最接地气最值得西部地区教师阅读的著作之一——之后的日子，这部书我反复阅读过多遍，它一直是我的案头必备书，是我的备课资源之一。（顺便说一下，这两天上《记念刘和珍君》，介绍时代背景、赏析课文第五部分"刘和珍、杨德群等在政府门前喋血"的细节，我就用了永升叔的方法。）我给永升叔留言：

您的65万字的大作我已认真读完，获益匪浅！您长我十岁，又一直在外工作，2002年那次分别后我们再未见过面。以前真不了解您，读您的书，才真正了解了您，高山仰止之余也心生惭愧。

的确，正如您书中多次所言，东西部教育的差距，不是基础设施，而是理念。延安一中的诸多问题，也正是我从教的景泰二中存在的问题。您独具慧眼的观察思考，使我深受启发！

今年开学，我要在教研组会议上讲您专业成长的故事，激励大家，特别是年轻教师，让专业成长成为内需。

多次交流，我萌生了一个念头——请永升叔来景泰二中讲学！我先和永升叔沟通，永升叔满口答应后；我多次找罗崇岳校长，恳求他邀请永升叔来景泰二中讲学。那时罗校长多次被请来的一些所谓专家"忽悠"，心有疑虑；再加上学校欠账两千多万，经费紧张，有些犹豫。虽然我之前没听过永升叔的一节课和一次讲座，但《理念：教育的制高点》一书的阅读，让我对永升叔满怀信心，我便大胆地向罗校长保证：绝对不让你失望。

罗校长心动了，让我问讲课报酬，永升叔回复：家乡送教，不计报酬。

一本书的阅读促成一桩美事。

2019 年 4 月 29 日，永升叔莅临景泰二中讲学，上示范课三节，讲座两场。

讲学盛况学校公众号有报道，我只说一个细节，让大家感受一下当时给我校师生的震撼——

最后一场报告结束，老师们的掌声响彻容纳 500 多人的阶梯教室。掌声不停，以致永升叔三次走到讲台中央深鞠躬致谢。罗校长激动地说：我们这一次把真神请来了……

当罗校长询问，能否想办法让二中的老师到教育发达的江浙研学时，永升叔当场慷慨应允。

高考结束后，我校高三 80 多位老师踏上了东去的列车，汽笛一声长鸣，为期一周的研学之旅拉开帷幕。永升叔几乎调动"卧底"江南 20 年的所有人脉资源，对研学的全程做了精心细致的安排。

一场讲学，又促成了一次高规格的江浙研学。

呵呵，这份"年终总结"，功莫大焉。

2021 年岁尾，永升叔微信发来《我的 2021》。

我回复：

尕爸的每一年收获都是沉甸甸的。古人云："一等人忠臣孝子，两件事读书耕田。"三年来，读您的书、文章，听您的课、讲座，我的心态、工作、学习都在悄然发生变化。鸟随鸾凤飞腾远，人伴贤良品质高。静言思之，天命之年，教过我的老师、我的同事之中，还没有哪一位比得上您对我的影响。现在，虽专业发展空间有限，但不会故步自封，仍会奋力前行。

我再选两则"寇氏家族群"里的感言：

@寇永升：春风化雨，累累硕果。桃李天下，弟子三千，上追孔子，下慕行知，为人民共和国亦作出突出之贡献。是园丁，是春蚕，是蜡炬，是默默地耕耘，是光辉的践行，是冉冉的日光，此永升之谓也。感佩！孔子、陶行知乃吾华夏教育之巨匠矣；永升叔老子，于平凡之岗位，北往南来，兢兢业业，建构出不平凡之业绩，乃吾寇氏宗族教育之典范也。人之勤奋，天亦感其劳；人之躬行，地亦不能非其薄，而日日增其厚。而且小老头一直不见老，可见真正的热爱与事业，乃最好的养生。（寇宗哲）

@寇永升：尕爷的年终总结回顾过去一年自己家庭、家族、事业的点点滴滴，虽然文字不多，但字里行间满含对父母、师长、亲朋好友、同学、同事真挚的爱，满含回馈家乡教育事业的深情。男子汉的性情和胸怀，成就了您的忠孝两全，让孙女我读来泪流满面……（寇明英）

全是心里话！

如果说《我的2018》里的所有事我只是一个阅读者旁观者的话，那么永升叔的《我的2021》中的一些事我则是参加者见证者和宣传者。比如赠笔记本电脑、招待老师和农村的同学这些活动，我都参加了，我亲自见证了永升叔对教过自己的老师的真切感恩之心，见证了永升叔对待农民同学"苟富贵，勿相忘"的同窗之谊。尤其令人难忘是，在招待老师的宴席上，永升叔特意托人专车从百里远的中泉，接来了一位特殊的客人——温师傅，也就是他当年在中泉中学念书时的大灶厨师。席间永升叔给温师傅敬酒时说：那时家庭困难，少油水，饭量大，温师傅每次打黄米馓饭的时候，总给他碗里多留一点（做当年打饭的动作）。温师傅感动得说不出话，眼泪扑簌簌地往下掉。给白发苍苍的寇宗恩老校长和班主任马勇老师敬酒时，他回忆了诸多感人细节，"没有你们就没有我寇永升的今天……"

我回看2021年和永升叔的微信交流，语音留言、文字留言、共享文件、同课异构活动安排、论文修改（每次教研活动结束，永升叔都要求写教学反思，反思文章上交给他，他都像老师修改学生作文一样认真修改）、共享课件、推荐书刊、邮寄教学资料……页面长得像一眼望不到头的路。2021年的那些日子很饱满，留下的足迹很充实。和永升叔一道在语文教学的大道前行，我觉得我没有虚度2021年。我还是摘录部分微信文字，作为见证：

2021年6月6日：上次的教研（选择性必修上《复活（节选）》同课异构）对我触动真的非常大，5月24日市语文学科基地在二中举办教研活动，中心组成员对年轻老师张正燕的课评价很高，她讲的也是一篇外国小说——伯尔的《在桥边》，她的备课借鉴了您的思路。

2021年6月7日：今年秋，白银市用部编本教材，肯定会大规模培训，市教育局会向全国邀请专家，我向市教科所两位我熟悉的负责培训的老师推荐了您，届时可能会邀请您。

2021年7月30日：过程比结果更重要！这次写论文，感受比较深，今后要通过不断地反思，不断地写作，带动上进的年轻人，共同成长！

2021年9月11日：（向永升叔反馈新学期语文组的变化）

高一年级组：

在寇教授的引领下，我们高一年级语文教学发生了以下变化：

1. 每位老师都注重钻研教材。在裸读文本圈点勾画的基础上，大家开始有意识地搜寻参阅教学期刊上的文章，或网络上解读文本的文章，一旦有了想法，积极交流、探讨。比如对于《百合花》中"破洞"作用的进一步探讨，还有"小通讯员"跟"新媳妇"借被子时发生了什么的探究……这样的探究让我们更进一步发现了文本的独特魅力，并被深深吸引。在深度挖掘文本的基础上，每人择定符合班级学情的内容施教。

2. 课堂比较关注学生的学习过程。教师开始有意识引导学生来探究发现文本的精妙，而不再是把自己研究的结果告诉学生。比如，对于通讯员借被子时的情节补充，注重引导学生关注细节进行合理推导想象。学生在学习过程中兴趣浓厚。

3. 受寇教授课件的启发，好多教师在引导学生解读文本的过程中，注重方法的引导，力求"授之以渔"，并举一反三，以求巩固提升。

高二年级组：

1. 对自己的课堂教学有了反思意识，教学后能主动写反思（以前没有，即使有，也是检查前随手胡写几句不痛不痒的话），老师们确实感到了不足和差距，感觉到自己之前的懒惰和荒废。

2. 对待工作的态度更加积极，更加主动积极地思考教学。

3. 对自己未来的目标或多或少有了些规划。

4. 开始注重专业期刊的阅读！

高三年级组：

1. 读书的人多了。

2. 意识到订阅专业书籍的重要性。

3. 开始有写教学论文、随笔的举动，表现在申报课题等人数增多。

4. 教学更认真，备课更扎实，特别是年轻教师更注意专业能力的提高。

2021年10月6日：您爸太给力了！借助您的平台，学校领导的大力支持，我这个教研组长近来感觉教研工作顺心得很。语文组的变化，让别的组感叹、羡慕，他们特别期望也能有您这样的专家指引，希望能提升自身的专业发展。

英语组长闫石秀：寇永升教授情系故土，多次来家乡开展讲学活动，给年轻教师传经送宝，这种无私奉献的精神深深触动了景泰二中的每一位教师。他的课堂幽默风趣，理念新颖，始终以学生为主体，深得学生们的喜爱。他对青年教师的讲课，评价中肯客观，能一针见血地指出问题并提出科学有效的解决策略。可以说，通过寇教授的讲学活动，不仅让年轻教师得到了思想上的洗礼，改变了教学观念，而且还为年轻教师的成长树立了榜样，指明了方向，从而促进了新课改理念在教学中的实施。寇教授的教学理念，对我们英语组也启发多多。

地理组长张仲伟：教研不能闭门造车，一个人或常年在一起工作的几个人，在教学理念方法上必然有很大的局限性，而与外界交流才能带来冲击，打破封闭。语文组的机遇，让大家羡慕，让大家看到了专家引领的作用和魅力，不仅有书面的累累成果，更加难得的是看到了教师自身的改变。

我曾在一个庄重的场合表达过这样的看法：寇教授（正规场合我称永升叔为寇教授，私下就叫尕爸）回馈家乡的三年多，受益最大的人是我，受益最多的团队是景泰二中语文组，受益最大的学校是景泰二中。

2021年，"寇永升景泰二中名师工作室"成立，实验楼三楼五六十平方米的工作室宽敞亮豁，布置一新。县上四大班子领导出席揭牌仪式，气氛隆重热烈。"陇原名师"闫桂珍、霍军、杨世源以及白银市教科所语文教研员邢瑞霞等纷纷发来贺词及亲笔书法作品，表示热烈祝贺。我也乘兴填词一首，表达心声：

临江仙

揭牌岁尾新气象

再添校史华章

源清流正水方长

树人千载计

德立国兴昌

眉头心上桑梓地

几番秋月春光

江南江北去来忙

落红化泥处

兰蕙沁脾香

三年来，每次活动，我都拍摄一些照片、短视频留作纪念。我的手机相册里一直保存着几百张和永升叔有关的照片。年末岁尾，我挑选出四十多幅，在女儿的指导下，第一次学着做了一个2分40秒的短视频，发给永升叔。除夕夜，在万家灯火喜迎虎年到来的喜庆中，想到永升叔年届花甲仍壮心不已，感慨系之，又填词一阕，再次表达三年来对永升叔的感激之情和发自心底的敬爱。

如梦令 除夕赠永升叔

三载峥嵘岁月

教育扶贫心切

花甲虎生风

樽酒壮怀激烈

同乐，同乐

烂漫山花时节

花甲之年，奔走大江南北，回馈家乡教育，不计报酬，劳而无怨，试问当今之名师，能有几人做到？一做就是三年，至今仍继续做着，试问又有几人能坚持下来？

爱是人间最美的花朵；

爱是不能忘记的；

爱是需要表达的：用语言，更要用行动；

永升叔心中有真爱——对亲人，对师友，对教育。

2022年12月

春风十里，不如与你相遇

甘肃省景泰县第二中学　达选霞

遇见寇永升老师，是在2019年。春风和煦，花开正好。他不顾舟车劳顿，于百忙之中莅临景泰二中义务讲学。西装革履、步履稳健，一派学者风范，是初识时最深刻的印象；温文尔雅、坦率真诚、谈吐风趣、博学多识，一位可亲可敬的师长，是熟识之后的印象；而如今呢？"仰之弥高、钻之弥坚"，寇教授是如同高山景行般的存在。

与名师同行，语文无处不风景

自2019年以来，寇教授每逢假期都会来母校景泰二中进行义务讲学，指导我校的语文教学工作。三年来有幸聆听了寇教授十多节公开课，使

我深受震撼，真正感受到了"新课程、新高考、新理念"带来的新变化，感受到了他对课程理论钻研之深、教育教学了解之广，感受到了语文课堂独有的魅力。细细品味寇教授执教的那些课堂，古诗词教学如《扬州慢》《雨霖铃》，外国名篇教学如《复活》《变形记》，

高三复习教学如古代诗歌鉴赏课、小说鉴赏课、论述类文本阅读指导课、试卷讲评课等，每一种文本，寇教授都能从最合适的角度切入，引导学生走进文本，领悟语言文字之妙，感受思想情感之切。

印象最深刻的一节课，莫过于我聆听的第一节课。那是一节给高三学生教授的复习课"探寻古代诗歌的思想情感"。寇教授精选崔颢的《登黄鹤楼》、李白的《登金陵凤凰台》和杜甫的《登岳阳楼》，组成登高诗"群文阅读"。这三首都是体现古人"登高必赋"的名篇，属典型的登临诗，选材独具匠心，一妙。这三首诗情感上都以"愁"贯穿，且三首诗所体现的愁，由显到隐，蕴含之愁的分量由轻到重，由个人（崔颢）到国家（李白）再到家国（杜甫），循序渐进，环环相扣，如爬坡登高，由低到高，

由易到难，从课堂结构来看，属层进式；从学生学习过程看，呈现螺旋式上升，二妙。围绕三首诗思想情感的异同这一主要问题，有序展开教学，当学生的回答明显有误或不足时，寇教授不急于下结论，而是启发诱导，巧妙点拨，语言精准，挠到痒处，学生于困惑中开悟，在笑声中有得，学生始终是学习的主人，而老师只是课堂的组织者、参与者、引领者，三妙。在探究三位诗人愁之原因的时候，恰到好处地插入崔颢、李白、杜甫的相关背景知识，让这些知识一下子"苏醒"，"激活"学生的思维，四妙也。

像这样展示教师"硬功夫"的"高招"，寇教授之后的课堂中俯拾皆是。比如 2020 年，寇教授就"如何解读论述类文本阅读"呈现了一节新颖的示范课。以《左拉和左拉们》为阅读文本，讲解如何高效地解读论述类文本。他通过带领学生层层深入地分析作者的行文思路和文章关键词句，教会学生从阅读理解的本源上理解文章，读懂文章，为做题打好基础，改进了学生以往解读论述类文本时从问题入手，在原文中找对应文段的死板解读方式。他语重心长地嘱咐学生们："高考语文阅读题考查的是阅读品质，只有阅读品质提高了，一切问题才会迎刃而解。"相较于我们以往"一讲到底"的高三复习课，听课的老师们纷纷赞叹：这样的课堂有"干货"！这才是有收获的课堂！这才是有魅力的课堂！这才是真正的大师！这才是大师的风采！

再如许多语文老师头疼的外国小说《复活（节选）》，寇教授围绕"怎样读懂外国小说"这个主问题，通过侧面描写、外貌神态描写、心理描写、动作描写等一步步引导学生细挖文本，尤其是对玛丝洛娃索取十个卢布时"伸、抓、塞"一系列动作的解读，邀请学生现场表演，拉近了文本与学生的距离，点燃了学生品读热情，给老师们带来了一场头脑风暴，真正展现了语文课堂的魅力，让人深切感受到了名师教学的"朴实、扎实、厚实"。短短 40 分钟，教者畅快，学者淋漓，听者享受。

鸳鸯绣出凭君看，甘把金针度与人

如今的寇教授，荣获诸多头衔与荣誉。先后任教于江苏百年名校锡山高中和南菁高中，说学术称号他是无锡市高中语文学科带头人，论职称他是正高级教师，讲荣誉他是江苏省特级教师，浙江师范大学、延安大学等多所高校的兼职教授。2012 年获全国中语会"教育艺术杯"课堂教学大赛第一名，2016 年获第八届全国新语文教学尖峰论坛"中国好课堂"

教学大赛一等奖。出版专著3部，发表论文百余篇。近年在各地示范课、专题讲座千余次。

"我要把长三角先进的教育理念带到西北家乡去。"这是寇教授多年的夙愿。近年来，他也一直在为西北家乡教育做一些力所能及的事情。

延安支教一年，完成了65万字的《理念：教育的制高点》的专著，以支教日记的方式，记录着教学日常所思所悟，其中有师生间发生的趣事，教学中文本的解读，更有对学校教育中不合理的现象的揭示。针对西部落后的理念、存在弊端的管理，寇教授在叙写中引发读者思考：西部的落后，不仅需要经济上注入活力，以求振兴与腾飞，在教育上尤其需要转变理念、思想扶贫。初读这本著作，时时身出冷汗，许多场景不就是发生在我们身边吗？开学前无序杂乱的教学场景、办公室里喧哗聊天的场景、作业本上随意凌乱的批阅、课堂上纷乱无序的教学……一字字、一句句在提醒着我们要及时改变，知耻而后勇，知弱而图强，转变教育，理念先行。寇教授真是一位无畏且有担当精神的人，也在亲身诠释着支教的意义，如若不用手中的笔写出落后的现状，任其发展下去，怎求改变？这或许就是这本书之所以畅销的原因之一吧？

他用积极的奋斗姿态成就了自己的幸福，也用自己的能力胸怀助力着更多人的梦想。我校2016届文科状元郝翎羽曾向寇教授做过一次专访，向他询问关于西北地区人才流失现象的看法，寇教授的回答让我印象深刻。他说，不是人才流失，而是人才流动！他以自己亲身经历鼓励像郝翎羽这样优秀的人才，大胆地走出去看看，开眼界、长本领，取得专业成就后用自己的力量反哺家乡，支援西部建设。寇教授正是这样践行着他的意愿，近年来他在嘉峪关、酒泉、山丹、张掖、武威、景泰、平凉、兰州、庆阳、陇南、渭南、延安、西安、榆林等地建了二十多个工作室，借助江浙优势教育资源，发挥助推帮扶作用，开展一系列行之有效的教研活动。仅2019年以来，寇永升名师工作室就开展了多场多校联动教学研讨活动及网络研修活动，通过线下、线上的课堂观摩、理论学习、聆听专家讲座等方式，实现资源共享、思想碰撞，有效地带动了西北教师专业成长与发展，促使各个学校的年轻教师迅速成长，更促使家乡同仁们转变教学观念和课堂教学模式，极大推动家乡语文教学迈上新台阶。

元好问曾言："鸳鸯绣了从教看，莫把金针度与人。"寇教授不仅要绣出鸳鸯给人看，还要"把金针度与人"。他用最朴实的语言，最接地气的方式，向语文同行们传授着教师成长的秘诀。《语文教师的核心竞争力何在？》《中小学教师的备课、课堂作品、论文成果与课题研究》等一场场讲座，寇教授不时提醒年轻教师要重视备课，通过阅读专业书籍、语文核心期刊等，不断提高文本解读能力和审美感知，如此课堂教学才有厚度、广度和深度，才能透过品味语言，触摸到文字之下的情感温度。寇教授还认为一个优秀的教育者，还需要及时形成研究性成果。他说一个有追求的教师，不仅要脚踏实地，还须时时仰望星空，要自觉自愿地参与教科研，在日积月累中结出专业发展的成果。专业论文是与好课相伴而生的，而不是等到假期里才搜索下载、冥思苦想、东拼西凑……科研方向瞄准日常教学工作，既是自己的优势，又促进了日常教学。中小学教师的论文，最有价值的大多产生在课堂上，常常发轫于教学实践中；好课是折腾出来的，好文章更是折腾出来的！

　　与智者同行，你会不同凡响；与高人为伍，你能登上巅峰。寇教授站在教育的制高点，能不遗余力地提携后进，不吝赐教，助其专业成长，授之以鱼，更授之以渔。正是在他谆谆教导下，寇教授各地名师工作室的中青年教师大多快速成长，逐渐成为各校骨干教师和当地教育领域的学科带头人，多人次在优质课中获奖，多人次走出大西北在浙江师范大学、新疆师范大学讲课并获好评，多人次在语文核心期刊发表论文。许多语文人在寇教授的引领下，感受着语文带来的快乐，坚定地走好教育之路。

心系桑梓眷眷心，感恩师长拳拳情

　　寇教授回报桑梓之行，带来了江南教学的新风，改变着景泰二中语文教学现状，更重要的是身体力行地践行着感恩师恩的情怀。饮其流者怀其源，学其成时念吾师。每次莅临景泰二中义务讲学之际，尽管日程安排已够繁忙，他总要再抽出一些时间前去拜望当年的各位恩师。

　　2019年义务讲学期间抽空拜望了几十年前的中学班主任马勇老师和高中时代的校长寇宗恩。自从上次分别，已是四十年过去了，当年意气风发的老师如今都年已古稀或耄耋之年，白发苍苍，满脸布满皱纹；当年那个家境贫寒、在课桌前苦读的学子早已是名满天下的名师……时空交织，看着他们一直紧握的双手，听着他们回忆当年的情形，感受着他们诉说昔日的情怀，我总是很感动，那样定格

的画面恐怕是世间最美的一幅图画。

2020年景泰讲学期间，寇教授又抽空拜会了小学时期的恩师罗文举老师，一样是多年未见，一样是紧握双手久久不曾放开，当年那个在寒风中呼喊并把自己的裤子穿在学生身上的罗老师真的老了，不过还是依旧生活俭朴，依旧正直不阿，依旧充满对学生的关爱。得知次日寇教授要在景泰二中讲课，已年届八旬的罗老师特地来到二中教室，全程观摩了昔日学生的讲课。课后当学生手捧鲜花，向寇教授献花致礼时，寇教授毫不犹豫地把鲜花鞠躬献给了罗老师，两人薪火相传的师德师魂，感染着在场每一位教育工作者——身正为师，德高为范！

2022年义务讲学之际，寇教授邀请了从小学到中学教过他的数位老师欢聚一堂，并为每位老师送上新年礼物，表达他对老师的问候和敬意。寇教授记得每一个老师曾经教导过他的话语、帮助过他的点滴。其中一位是当年学校食堂的炊事员，念及寇教授家境贫寒、身体单薄，每次打饭时总是舀得满满的，有时还特意多舀半勺。寇教授连这些都还记得清清楚楚，这些在老师眼中微不足道的小事，寇教授竟然铭记在心，席间寇教授再三鞠躬表示感谢，早已白发苍苍的老师们各个热泪盈眶……

不仅感念师长的教导之恩，寇教授也时时感念并尽力回报着母校及家乡的养育之恩。不仅义务讲学，推动教学转变，引导年轻教师快速成长，还利用自己的社会影响，切切实实地为家乡做贡献。2020年疫情防控期间寇教授携两名江苏企业家，继给敦煌、酒泉捐资助学活动后，给景泰二中捐赠口罩1万只，给中泉中学每位同学捐赠校服一套，给中泉中学一名特困家庭同学资助现金1万元。2022年除了给恩师们带来礼物之外，寇教授还给他的母校中泉中学的每位老师捐赠笔记本电脑一台，给每位学生捐赠校服一套，总价值17多万元。

唯有明德如明月，且凭春雨化春风

每一次和寇教授的接触，就是一次次对大师认知的刷新，一次次对美好的重新定义。寇教授的严谨、自律、谦和、乐观、大度让我明白了"高山仰止，景行行止"的内涵，让我明白长路漫漫，拾级而上的分量和意义。

寇教授教导我们：教师应该将个人专业成长与学校发展结合起来。作为一名教师，如果汲汲于个人待遇与地位，戚戚于名利与安逸，即使有了短暂的成功，也难以称得上优秀。优秀的教师应该是有教育情怀、教育温度，有格局、有境界的教育工作者，要关注学生，以自己的进步与提升引领团队建设与共同进步，将自己的进步落实在学校发展与提升上，教学生命之树才能长青。2022年1月，来我校义务讲学之际，寇教授在百忙之中专门抽空和我谈话交流。他解答了我在教学上存在的疑惑，并指点我不要满足于现状，在教学上要有创新，不要裹步不前；在教研上要多阅读专业期刊、勤写作，以求专业道路上走得更高、更久；要多引领年轻教师，要发挥奉献精神，加强团队建设……一句句说到心坎，点到要穴。这样的话好久不曾听见，入行以来我的恩师蒋宜慧、郝仪、高永禄、刘在元等时时在身边提醒点拨，前行的路相对平顺，近年来随着年长的前辈一个个退休离开身边，周围能够给我提建议、指不足的人越来越少，夸奖虚饰的人越来越多，真的容易失去前行的方向——寇教授如一场及时雨，一席话使我醍醐灌顶，豁然大悟。

寇教授每次到景泰家乡义务讲学，我都参与前后的筹备和组织工作，我看到了许多人不曾看见的更多层面。难以忘记他备课记录上那一行行密密麻麻的标注和笔记本电脑里几易其稿的文件，难以忘记他工作室里如山的书册和办公室里他埋头备课的背影，难以忘记他在舟车劳顿之际仍抽空修改年轻教师文稿时的严谨、细致、耐心，难以忘记他前脚批评年轻教师上课着装不整、后脚又内疚自己刚才是不是语气过重，难以忘记河西之行担心我们几个没吃饭一遍遍在群里呼叫，难以忘记饭桌上他不挑食、不贪多、不弃恶的饮食习惯和高度自律，难以忘记他看见恩师被人尊敬时露出的如孩童般灿烂的笑容，难以忘记他辞别母亲时如同实行最神圣仪式般恭敬地跪叩，难以忘记他为了寻觅父亲当年劳动的场所一遍遍走过父辈曾经走过的路……

有时，寇教授就像父亲一样慈祥温暖，微笑着倾听你的问题与困惑，耐心细致地帮你解惑；有时他又像严师一样严格严苛，严肃地指出你的错误，毫不留情面地批评你教学中的纰漏；有时，你觉得他讲课的方法你基本掌握，可他一讲课又是一种你不曾考虑到的技巧；有时，你觉得事务如此繁忙他总该休息片刻，可是次日他的新的作品又准时出现……

躬耕杏坛潜心钻研三尺讲台写春秋，造福桑梓薪火相传一腔热血铸师魂。春风十里，不如与你相遇，这样一位有爱、有温度、有情怀的长者，总是给予我感动和力量，引领我寻觅精神的家园，提醒我永远做个追梦人，始终奋斗在路上！

2022 年 9 月 23 日于景泰

"超人"姑舅爸的能量来源

甘肃省景泰县第二中学　王生霞

2015 年暑假一个平常的午后，老家的院子里来了一位客人。正陪儿子打闹的我，忙拉了儿子过去，只听五爹介绍说：这是你姑舅爸，也是一位语文老师，在无锡教书。一听语文老师，心下便多了几分亲切，礼貌地打招呼。要不是 1 岁多的儿子跟样学样地也叫声"姑舅爸"，惹来一片笑声，这个再寻常不过的午后也会像我三十年来的无数个午后一样，随着做晚饭烧起的炊烟，慢慢消散在夕阳中。

2019 年学校请来了一位江苏的名师，听师傅说是他尕爸，中泉人。心想，中泉真是好风水——出人才，从清华大学生十九爹到寇组长的复旦大学教授弟弟，从将军到……现在又来了一位语文名师。一堂示范课，一场讲座，在景泰二中，尤其是语文教研组激起了千层浪，大家热烈讨论、冷静思考。这位睿智的、课堂上举重若轻、讲座中思想深邃的语文名师——寇教授，就是几年前那个午后见过面的姑舅爸。

我的内心翻滚着一股难以名状的情愫。我该如何取得真经，走好未来的专业发展之路？

2021 年的夏天，寇教授莅临母校，开展同课异构教研活动。我鼓起勇气，主动申请参加公开课。虽然备课上下了狠功夫，但在评课环节，还是遭到了寇教授劈头盖脸的批评，这是我从教以来受到的"最严重打击"，眼泪在眼眶里打着转，一连几天都不敢抬头，羞于见到领导和同事。老公连日地唠叨，终于在第三天击溃了我紧绷的自尊防线，眼泪决堤，放声号啕，将三天来承受的所有情绪倾泻而出……但没想到的是，释放之后似乎坦然了许多，反思自己，寻找差距。之后，当姑舅爸点名、师傅争取，让我假期赴河西同课异构并听课学习时，我再次勇敢地接受了。

这不是寻找进步的绝佳机会吗？

河西之行，看着寇教授课堂上的游刃有余、评课时的一丝不苟，对待语文、对待生活的严谨认真，让我对自己的职业，甚至于生活、生命重新审视。

7 月的山丹军马场，碧草无垠，蓝天如洗。沾姑舅爸的光，一路深入腹地，找一处最合适的点，尽情呼吸，游目骋怀。夕阳西下，一群人围坐在寇教授周围，于青青草原中放声吟唱。双手张开拥抱自然的姿势、仰头看向远方的坚定目光、沉静而又浪漫的面容……在教授的带领下，没有忸怩，没有做作，每个人都释放出了最真的自己，在语文的世界漫溯，向青草更青处……走过半生，遇到教授姑舅爸，与最美的夕阳不期而遇……

第二天早晨，早早起床，跟上教授的步伐，登山，赏日出。清晨的朝霞慢慢爬上山头，越过小溪，在平展的山坡打滚。迎着日出，朝山头进发，不一会儿，裤腿湿了半截，鞋子已被露水浸透，可与教授的距离却越拉越远。抬头，教授已隐入远处的灌木丛，山坡上是零零散散的同行者。心里一万个想要下山的念头都被按了下去，太不好意思！突然山林中传来了教授高亢浑厚的草原歌声，这歌声似是在提醒着大家：我在你们前面哦！我一点都不气喘呀！我快要到达山顶……硬着头皮，深呼吸，继续往上赶。祁连山连绵的雪峰，茫茫绿野上潮润的空气，脚下一朵朵不知名的山丹花朵（晚上就将它们加进了我的课件），没有辜负远道而来的客人。朝霞拥抱着祁连山脉，山脉依偎着湛湛蓝天，寇教授、梁校长、李校长、付校长讲述的历史故事更是给朝霞的浪漫染上了庄严的色彩，大自然永远都不会辜负勇敢而坚强的追梦者！

一路参观游赏，最后一站是培黎纪念馆。一下车，我就找了个水泥台阶，不管不顾地坐了下来，姑舅爸望着我，只是笑。步入馆内，姑舅爸便认真地听起了讲解，专注地研究展板上的文字，时时与身边的梁校长、付校长交流，而我跟在他的身后，只是一遍一遍地问："姑舅爸，你累不累？"

姑舅爸为什么总是如此精神饱满，如二十来岁的小伙子般精力旺盛？寇教授为什么总是能轻松地做好这么多事情？大家的时间都是一样的，仅仅是因为他作息规律、坚持运动、饮食从不挑剔吗？

怀着满腔疑问投入到了新一学期的工作之中，临近寒假时教授又来学校开展活动。活动结束后的一天，接到一通电话，参加了一场独特的同学聚会——姑舅爸的中学同学聚会。从这一场再普通不过的同学聚会上，我找到了寇教授一切精神的源头——姑舅爸对生活的热烈的爱！

从小家庭条件贫困，老师支援的作业纸、水泥地板上练字的粉笔，同学捎带上学的自行车，在姑舅爸的心里埋下了爱的种子；上学路上，走路比较快的学长陶生贵催促的飞脚，锻炼了姑舅爸走路的速度；冬日自习后的夜晚，家庭条件较好的同学家里一起挤过的热炕头……爱有温度，相互传递。有一位女同学说到上学时旧事，满是感激：当年自己年纪小又是女生，早、晚上下学天黑路远，一个小姑娘实在害怕，就早早地等着，尾随在同路的男生后面。可是，那个时代的小孩子们思想封建，男生们都怕被笑话同女生一起走，就赶她。最后，还是姑舅爸这个同姓的尕爹，用一根小棍拉着她，带她一起上下学。还有一位同学，前两年妻子不幸生病去世，家里养猪又遭瘟疫，生活困窘，姑舅爸听说后，想尽一点力，又怕同学推辞推脱，于是托亲戚辗转转钱2000元——千里之外想给予的不仅仅是经济上的帮助和支持，更想在精神上赋予鼓励与加持，给老同学"长精神"……

姑舅爸组织的这次聚会，我是亲历者和参与者，他的这几位同学大多生活在农村。在姑舅爸的周密联系安排下，专车接送，减少了他的同学赶车、等车的紧张与劳累。席上，他不停地帮同学夹菜、倒酒，一会儿劝陶同学吃鱼，一会又劝寇同学尝虾。与同学们聊起童年旧事，眼角眉棱尽是笑意、言语轻快，欢乐得像个少年。一位女同学讲到了今天重逢之不易，感慨姑舅爸还如当年般热情，并没有因为身份、地位的变化摆架子，耍大牌，激动不已，说着说着，不禁哽咽难言，泪眼婆娑……

姑舅爸对家庭的照顾更是让同学们感叹不已。家中兄弟姐妹多，父母供姑舅爸上学不容易。姑舅爸上班后，努力做好自己的本职工作，一是对语文教学的热爱，一是想尽快承担起照顾家庭的责任，帮父母分忧。很快姑舅爸便在嘉峪关立足，开始用心谋划弟弟妹妹们的未来。他四处奔波，解决弟弟、妹妹们的婚姻、工作问题，帮他们脱离生活困境，替父母分担生活压力。每逢过年回家乡兄弟姊妹团聚，看到弟弟妹妹们对他既亲热又敬重，便知他这个大哥在兄弟姐妹心中的分量。

姑舅爸的女儿幼时便被发现手脚患病，姑舅爸与姑舅婶奔波于北京与嘉峪关之间，而治疗所需要的是长久地坚持不懈的用心护理。为减少奔波，姑舅爸将北京医院的各种治疗工具"搬"回了家，能购买的购买，购买不到的就拍照，找手艺人制作。准备好器具，每天坚持按摩，督促锻炼，用心治疗。花九年半的时间与耐心，让女儿手脚灵活，生活自理，考上大学，参加工作，结婚生育……我想，姑舅爸治愈的不仅仅是女儿的病痛，更治愈了一个女孩儿一生中全部的自尊。女儿在治疗的过程中也一定感受到了父母亲对生活的坚韧与热情，相信了只要对生活永葆热情，生活也会热烈地拥抱你……

原来，寇教授不是超人；原来，姑舅爸对生活的热情是他能量的源泉！这份热情，浸润、滋养心田，让你承起生命中的一切责任：对父母兄弟、对亲朋同乡、对无数年轻迷茫的语文同行……

从课堂到讲座，寇教授理念新颖、方法多样，善于挖掘文本，善于启发思维；从评价教学到修改反思，寇教授不厌其烦、细致精准，重在指出问题，分析鞭辟入里；从张掖到民勤，我和家乡的"小伙伴"跟着姑舅爸蹭吃蹭喝、蹭车蹭游，蹭来了阅历见识，蹭来了理念方法；从工作中回归生活，姑舅爸热爱家庭、热爱生活……半年的时间，跟着姑舅爸，说实话，真的好累！记得教研组会议，谈到跟随寇教授学习的收获时，曾开玩笑地说：跟着寇教授费钱又费人（买书籍，订刊物；挖文本，择内容）！大家一片哄笑。可当我十分恳切地说出：但真的收获很多、成长很快！大家便都静了下来。

态度转变，理念更新，方法提升，这就是源自姑舅爸的能量，这就是在寇教授指导之下改变、进步的全新的我。

2022 年 3 月份，因疫情影响，久未成行的赴浙江参加"尖峰论坛"之事终于有了消息。清楚地记得那天是周五，晚饭后收到了第二天解封的消息，正沉浸在终于可以结束漫长的独角戏——网课的喜悦中，手机铃声响起，熟悉而亲切的声音"生霞啊，尖峰论坛改为线上举行，现在空出一个名额，你是否愿意参加？"心想，去年为参加此活动备好的《琵琶行》随时都可以上呀，就爽快地答应："愿意参加。""好，那你在我发给你的列表里选一课准备，周一上午线上直播。""啊！不上《琵琶行》，重新备一节课……行！"稍做踌躇，便接下了任务，并选定必修下册古诗词诵读篇目王安石《桂枝香·金陵怀古》。还有一个大问题：线上直播，学校没有复课，怎么进行？"我已经和卢校长交流过这件事情，你明天去找他，带十来个学生上这个直播课应该不成问题。"教授考虑周全。"谢谢姑舅爸，那我就先专心备课，明天去请示校领导。"商量定挂了电话，开始犯愁，两天时间！怎么办？不管三七二十一，先自己品品王安石的这首词吧。教授一直教导我们要"素读文本"，反反复复，一字一句，写写画画，不知不觉已是半夜 3 点多。关了台灯，轻轻躺在早已熟睡的女儿身边，伴着女儿均匀的鼾声，梳理着今晚的一些思考，竟也入眠。

　　早起。网课。继续备课，今天该查阅资料解决疑虑了。家里的书籍认真翻阅王安石相关信息，知网仔细寻找核心期刊权威解读，请教我们独具慧眼的蒋老师，一顿操作下来，迷雾似乎慢慢散开。吃个午饭，开始择定教学内容，做教学设计，一遍一遍，反复琢磨，写了删，删了写，思路逐渐清晰：析景入境、明史悟情、知人论世三大环节，螺旋式上升，细节上抓"登临送目"赏文人的登高情怀，借"但寒烟衰草凝绿"品王安石的"诗家语"理论，以学界对这首词创作时间的争议探王安石的家国之忧。

　　稍稍松口气，赶紧跑去学校请示领导，领导大力支持，并强调一定要做好防护工作。马不停蹄，联系其他同事，调整周一的网课时间，并在学生上课群里发出一条消息：愿意参加周一录播室网络直播课的同学请报名，名额有限，手慢则无。哈哈……我的小伙伴们好给力啊。约定时间，布置预习，忙忙碌碌中，夜幕降临。继续完善教学设计，诗词诵读，还应该有诵读环节，怎么读呢？先在品析结束后来"吟咏诗韵"试试吧。一首词课堂容量太小，思考来思考去，应该做个拓展阅读，让学生在同作家作品、同类型作品的比较中达到思维发展与提升。选定拓展内容后开始制作课件……凌晨2点多，满意地关上电脑。

　　又是自言自语的独角戏时间，抛出的问题，只能在对话框里的三词两语中寻找答案，好不容易鼓起勇气连个麦，一如既往无人接听。一会儿对话框里弹出五个字：老师我没麦。好吧，我能怎么办，继续激情澎湃地自言自语。好在明天我就能上看得见摸得着学生的课了！今天是熟悉课程内容，调整完善课件的一天。不对，下午还要去学校录播室调试网络，确定手机摆放位置……

　　周一，报名的学生如约而至，没报名的小伙们也来了大约十个，好在明天就正式复课了，孩子们都顺利扫码进入了校园。这么久没有面对面上过课的孩子们激动异常，我也因看得见孩子们欣喜不已，上课互动精彩，课堂任务完成出色。孩子们还能有课堂生成：肖又嘉同学描景时的合理想象；化延尹同学"兴，百姓苦；亡，百姓苦"的联想……真是惊喜。提前准备工作做得充分，网络流畅，声音清晰。顺利结束，想带孩子们来碗牛肉面，但疫情原因不能堂食，只能蹲路边吃，孩子们就都打了退堂鼓，各自回家了。真是遗憾！若那天我们一群人就那样蹲在路边，端着碗，在春末的暖风中嘻嘻哈哈地聊着刚才的课堂，"哧溜……哧溜……"吃完那碗牛肉面，会不会成为我与孩子们终生的回忆。想来，姑舅爸一定会那样做吧！

　　7月20号，我的师傅寇宗权老师突然发来截图"第十三届全国'新语文教学'尖峰论坛六大赛事揭晓"并表示恭喜，赶忙放大图片，内心忐忑地、认真仔细地，一句一句往下看，终于，在"精品课程展示赛"一栏，特等奖后面找到了我的名字，啊……竟是特等奖，再看一遍，确实没错，泪水涌出——这次是甜的！

　　遇到一个人，打破你的思维，改变你的习惯，成就你的未来。

　　遇到一群人，点燃他们的激情，实现个体成长，最终引领团队。

　　遇到一件事，唤醒共同的责任，赋予相同的使命，成就各自的梦想……

　　寇教授如是说，何其有幸，得遇名师，点燃了我的激情，打破了我的思维，改变了我的习惯，实现了专业成长……

　　2015年的那个夏日午后，我怎样也不会想到，远在无锡的这位姑舅爸，会在几年后成为我事业的引路人，改变我人生的方向。

　　或许连那个夏日午后的阳光都不曾想到……

2022年9月10日第38个教师节

高山景行存大道
——我眼中的寇永升老师

甘肃省景泰县第二中学　高自芳

寇老师来景泰二中有过七次，七次中，近距离接触也就一次，但是就这一次也足以影响你一生。

这个专家不太"冷"

初次认识他，那还是得从 2019 年"五一"前说起。听说学校请来了专家，我心想，专家嘛，无非就是纸上谈兵，高谈阔论，其实他们一点儿也不了解我们一线教师的病痛。不过听说这次来的专家有点与众不同，这位专家要给我们的学生上几堂课，总算是有点新鲜气了。带着这种怀疑和好奇我们走进了他的课堂。第一堂课他选授崔颢的《登鹳雀楼》、杜甫的《登岳阳楼》和李白的《登金陵凤凰台》。一堂课三首诗，这是我的课堂中没有尝试过的，也许在当时还没有实行新课改的甘肃地区是没有尝试过的。但从那节课开始，我对传说中的群文阅读有了真切的认识。接下来的小说备考《被骗》和《扬州慢》的课堂，更是让人耳目一新。我们的课堂里，大多情况下，老师在"传道授业"，学生记、背、写，而他则把"解惑"发挥到了极致，实在是神了奇了，在他的调教下，我们的学生在语文课堂上有说有笑，积极踊跃，畅所欲言，不吐不快，意犹未尽。毫无疑问，他给景泰二中的教育吹来了一股新风！

这股新鲜的风吹过后刚一年，2020 年，依然是"五一"前，我们全校教师听取了他的讲座《非常时期、非常作为——谈教师专业成长的自觉意识和自律精神》。在这次讲座中，我知道了在被新冠病毒肆虐的那个漫长的春天，当我担忧回不了老家而灰心焦灼时，他在密切关注并积极搜集关于疫情的资料，编写讲义；当我因出不去门而蒙头大睡时，他在为南菁中学的学生上网课；当我拿起手机刷抖音时，他收集整理学生就战"疫"主题而写的随笔、感悟，刊印出版专著，集结成为"江阴阅读再行动"的成果；当我一度沉迷于手机自得其乐时，他结合上网课的实际情况发表多篇教学论文，刊登在《语文教学通讯》《语文教学参考》

《语文学习》等核心期刊上……而这些，都让我为之汗颜！以细行律身，"唯有明德如明月，且凭春雨化春风"，在特殊的日子里，寇教授用他的行动践行着一位教育工作者的初心和使命；用他的行动感召着我们这些青年教师积极追寻他的脚步！

这位专家的"送暖"活动，年年如期而至！而我们对教育的热情越加浓厚……

与智者同行

僧抬僧，抬出高僧；人抬人，抬出高人。与智者同行，同高人为伍，山重水复，柳暗花明。

2021年夏，骄阳似火，寇老师甘肃工作室成员的研学交流活动分别在张掖、山丹、民勤、景泰四地如火如荼开展着。而我有幸被学校外派而参加，有幸与寇老师相处8天。扎扎实实的8天，醍醐灌顶的8天，头脑被洗礼的8天，寇老师的一言一行，一举一动，无不深深地触动、震撼着我们几位同行者。

听课的这8天里，我们发现寇老师一边听课，一边在电脑上记录听课过程，并及时批注老师们的优缺点。年近花甲的他使用电脑软件竟然非常娴熟，手机顺手拍照，图片转眼已被镶嵌在相应的电子版听课笔记上，word上表格的制作那真是游刃有余。听课之余，寇老师还远程办公，及时回复应对其他学校事务。当然，他还要在电脑上解答一些"不识时务"的后辈们的疑问或困惑。按理说他一个大忙人、名专家，似乎不会及时应对后辈们在微信上的问题，可他总是在第一时间里回复你，让你先是感动，后是感激，再是奋进。

寇老师是个时间观念非常强的人，也是个追求高效率之人。记得有一天下午听完课后，我们景泰的三个同行听说张掖的小吃街很有名，于是欣然前往。当我们沉浸在美食的诱惑时，不经意发现他给我们三个都打过电话，也发过短信，让我们速速来参加教学交流晚宴，可我们发现信息已经过去了一个多小时了，只好作罢！心中不免惴惴不安！第二天我们一行坐车赶往山丹一中，路上说起回信息这个事，寇老师给我们讲了一个真实的故事委婉地指出了我们的过失，然后告诉我们及时回复信息首先是对他人的尊重……确实，一个婆婆妈妈、丢三落四、拖泥带水的人往往令人生厌。范蠡说过，"圣人随时以行，是谓守时"。守时，是一种诚信，更是一种品质。一个不守时的人，一次不守时，会给人留下不好的印象；多次不守时，则会被人不齿、被人看低，甚至毁掉自己的人设。与智者同行，总会让你在点滴中成长！

奖掖后进，犀利又不失和蔼

在寇老师的引领下，我们学校已经有很多老师参与交流课了，我也有幸跟着寇老师听过二十几节课，说实话，这些课中，几乎没有老师不挨批评的。尤其第一次在我校评课时，学校的两位老师就挨了训，在场的老师们都大吃一惊，会场一度尴尬。但是，从教案、课件的制作到教学仪态、内容的择定，寇老师严肃指正，令我们在场的老师无不为自己的"不拘小节"而羞愧不已。我们一贯的评课原则大概就是要保持一团和气，以鼓励为主，批评指正也是极其和缓，而寇老师则是直言不讳，一语中的，像匕首，像投枪，让人无处遁身。但是，这样的批评指导效果甚是明显，被批评的老师进步特快，我们其中一位老师，寇老师第一次评课时说："照这样上课，那还得三五年才能成熟……还是个新手。"事过一年，这位同仁就在第十三届全国"新语文教学"尖峰论坛精品课程展示赛中获得了特等奖。无疑，寇老师直言不讳的鞭策起了相当重要的作用！

2020年7月，寇老师让我们讲课的二十几位老师趁热打铁写教学反思。我整理了听课感想，犹犹豫豫发给了寇老师，没想到当天，一小时之内，修改建议就发过来了。为了不辜负寇老师的耐心指导，我按要求再次修改……我的教学反思初稿4744字，在寇老师的耐心指导下，写道16稿时字数达到9255字——不怕人笑话，从教以来我还真没有写过这么长的文章呢。但是文章长了不一定就好，寇老师"下达命令"——论文字数必须压缩到了3500以内……于是我的文章在交流中修改达到了24次，这都是在寇老师的耐心指导下修改的。我心里在想，无论如何不能辜负寇老师的耐心指导。他能在百忙之中不厌其烦地指导后辈（寇老师收到的反思稿至少有二十多篇，而其中有四五篇论文在他的指导下修改不下十次），我怎么能有丝毫的懈怠呢！令我没想到的是，最后选定的四五篇稿子里居然有我的。寇老师对每位后辈的指导，总是第一时间看完修改稿，及时给出建议的。这期间，他从来不催促你，也从来不推辞你的请求，总是耐心指导，毫无懈怠！年底的时候，我的一篇论文居然真的就发表在《中学语文教学参考》上了，这是我最初想都不敢想的事儿。寇老师对后辈的奖掖如是！我们不能不感佩，也不能不为他的无私而感动。

往往，有些路，有了高人的指引，就如枯木逢春，柳暗花明。

君子坦荡荡

　　寇老师走南闯北播撒情怀，很多人对此举不大理解，心存怀疑，认为他走南闯北忙碌不已，皆为利而来，亦为利而往。这种想法，好像也合情合理，因为据我了解请外来专家做一次讲座至少得三千（这还是十年前的价格），而寇老师这样的名家，来了不止有讲座还有授课。于是大家猜想，忙碌挣钱那是必然的，不然那就是吃饱了撑的！可是到了河西走廊的寇老师真是义务讲学，分文不收，指导后辈们更是如此！

　　文章发表后，有人偷偷问我，是不是给寇老师"进贡"了，我告诉他们，我送钱吧，太俗，送特产嘛，我的老家也实在拿不出来什么像样的特产；也有人猜想寇教授选拔年轻教师外出讲课，应该会收取培训费吧！别担心，我就是外出讲课的老师之一，那次外出八天，我向同事们开玩笑说，出去讲课我"净赚"640元（学校给外出教师的补助）。至于我们为什么没将这些补助花掉呢？寇老师曾经说过，甘肃的老师工资太低了，外出一趟一个月大半工资就没了。于是他尽自己最大的努力，让我们外出的老师少花钱。辗转各地讲课时，我们基本都是跟着寇老师的，他有"专车"，我们就被邀请蹭他的"专车"，他有饭局，我们就被邀请跟着蹭饭。据说去了无锡的语文同胞们，寇老师都是尽地主之谊的！寇老师良苦用心如是！

　　寇老师深知西部语文教学的痼疾，他的愿望之一就是"回馈家乡"，为"西部教育脱贫攻坚尽绵薄之力"，为此，每年的寒暑假或者国庆、五一，他都辗转各地，义务讲学，还不断地发掘可塑之才，为他们提供机会，外出交流、讲课。这让我们不但在教学上有了极大的提升，更使我们对语文教学有了新的认识和评价。说实话，从教以来，我确实也都在认真备课，精心制作课件，可是近一年来，我发现以前制作的课件，还真没有一个觉得好的。无疑，寇老师的到来开阔了我们的视野，在我们的心中播撒了先进教学理念的种子，终有一天，它会枝繁叶茂，开花结果！

　　君子坦荡荡！君子的言行最终会被世人认识的！

　　与智者同行，你会不同凡响；与高人为伍，你能登上巅峰！高山仰止，虽不敏，愿克己进学，终身躬行！

2022年9月8日

2022年10月29日修改

江南游子的母校情结

甘肃省白银市景泰县中泉初级中学　罗崇庆

行之力则知愈进，知之深则行愈达。中泉中学校友寇永升心系桑梓，情牵教育，他多次在不同场合说过："我的愿望就是把长三角先进的教育理念带到西北家乡。"他是这样想的，也是这样做的。

寇永升无时无刻不在想着回报家乡，回报母校。

2013年国庆前夕，成为江苏名师的寇永升，了解到母校年轻老师多，缺少走出校门学习的机会，他特地邀请中泉中学教师去无锡考察学习。

9月25日，我校十名教师组成的学习考察团队出发了。

经过21个小时，火车到达目的地无锡站，寇永升校友亲自接站。我们坐上了一辆依维柯中巴车。一上车，寇老师用家乡话说："各位老乡、同行们，以后的几天学习考察大家就坐这辆车。"然后将打印好的学习考察行程安排表发给大家，我们都为他的认真细心周到所感动。表格上，从接站人员，到联系门票；从住宿酒店，到所到学校用餐；从选定学校，到物色讲座专家乃至建议讲座主题、重点；从知识、精神收获，到纸质书籍资料、实物赠送，都安排得具体、详细、明了。

老师们考察学习的第一站是江苏名校锡山高级中学，听了寇老师的示范课，苏辙的《上枢密韩太尉书》，还听了他关于"教师如何做课题研究"的讲座。通过听课，我们全体老师为之震撼，收获满满。寇老师的课堂大气、丰富、有

质量，是真正的高效课堂，让大家目睹了教学名师的风范，见识了新课改背景下语文课堂的境界；寇老师的报告更让大家感受到了教育工作者追求极致的执着与热情，看到了潜心教育者的坚贞与伟岸。

在随后的几天，又参观学习了无锡市玉祁中学、无锡市蠡园中学。每到一所学校，在寇老师周密细致的安排下，听课，观摩，就餐，老师们无不深受感动。听课之余，我们又在寇老师的安排下游览了无锡太湖山水、

灵山大佛、影视基地三国城等，还到杭州、上海、南京等地参观游览。

这次江南之行，除了课堂观摩、参观交流的收获，寇老师的学识、为人也深深感动了我们。

牟玢老师回忆起这次学习经历时说到：

去过无锡十年了，再翻看相册，全都洋溢着幸福快乐，对寇老师的感激之情油然而生！其实早就想写一写去江苏的感受，表达对寇老师热情的感谢，但又担心寇老师忙，无暇阅读；重要的是本人才疏学浅，不敢班门弄斧！

在无锡，寇老师热情接待我们，派专车从火车站接到学校，和学校领导一起陪我们就餐，给我们接风洗尘。还专门在学校的电子屏上打上"欢迎甘肃省景泰县中泉中学的领导和老师来访"的欢迎词，浓浓的仪式感让我们如沐春风，身价倍增，瞬间消除了陌生感。

除了对我们的活动行程做出周到细致安排，寇老师还在百忙之中陪我们，他平易近人，侃侃而谈，和我们谈家乡、谈教育，陪我们参观无锡的名胜古迹，讲名人故事，讲在老家中泉的青葱岁月，讲母校读书时的奇闻趣事……每当用餐时，给我们介绍每一道菜。面对海鲜水产，北方长大的我们有时无从下手，寇老师亲手掰开，一一放到我们的小盘子里——在他那儿，我有一种"娘家人"的尊贵感！

有一件事，我这辈子也忘不了！当得知我教英语，寇老师指着江南随处可见的月季花，问我用英语怎么说，见我回答不上，寇老师笑着说，外国人把月季花叫 Chinese rose。此后一见月季我便想起它的英文名字，想起教我 Chinese rose 的寇老师！

在此，真心给寇老师说声：谢谢！

杨春燕老师在学习考察返回学校时写下如下感言：

让我感触最深的是，无锡初、高中校长都能把自己的学术专长与教育改革融汇，能从学校实际出发，探索出务实的办学思路，每一位领导都大胆地用自己独特的教育理念引领学校不断向前发展。

这在我们周边是不可能的，只能是听从、甚至顺从上面，有些不懂或者不全懂的也要执行，像是裹小脚的老太太妄想跟着教育改革的大潮，怎么也跟不上时代，怎么也寻找不到自己的真正位置。

在无锡的每一个校园里，我们都可以感受到教育公平与民主，但在我们身边基本上是徒有虚名。从各级管理者到一线教师，最后落到学生，都缺乏创新意识，都是被套上了紧箍咒，教育教学工作以外形式化的内容太多太杂，教育搞得很空泛，难以落到实处。

再说敬业精神吧，我们远不如无锡的老师。但是我想换个角度谈，其实我们真正缺乏的是工作的激情，年轻人开始有，其后就不知不觉消退了。造成这个问题的原因虽有个体差异，但有一部分是优于教育环境、教育理念、办学思想，是因为我们的机制没有很好地激发教师的潜能和潜质。

很大程度上，我们面对工作停留在不昧良心上，而不是全身心投入其中去感受事业的魅力，从而乐在其中。也许这与教育生态环境和文化氛围有关，但不能否认，我们对教育的理解不全面。教育管理领导者与教育实施者一样，首先应该是一个知识分子，文化素养、知识体系储备都需要不断提高，我们都需要不断学习与继续教育。

江南名校在教学理念、课堂实施、教师成长等许多方面，都激发了我们深深思考。寇老师给大家做出了表率，值得我们每一个教师去学习。作为中学教师，怎样让自己的职业之树常青，怎样引领教学科团队建设，如何推动学校发展，寇老师给出了答案。相比于多数普通老师，他是佼佼者；相比于同龄人，他是常青树。潜心育人，桃李不言；真心做事，春华秋实。长而不老，壮而有为；学高德范，堪为人师。

2021年6月1日儿童节，寇老师又一次来到母校中泉中学。这次寇老师是带领江苏著名企业家为全校学生捐赠夏季校服。在捐赠仪式前，寇老师在和老师们交流中发现，有一名家庭情况特殊的田田同学，由年迈的爷爷奶奶抚养，寇老师陪同来的企业家当即给这名学生捐助一万元现金。

受助的田田同学激动地说：

我将会把感恩之情转化为刻苦学习、奋发向上的力量，积极进取，成长为像寇老师一样杰出的人，将来不忘反哺家乡，回报母校，感恩社会。

田田同学的班主任朱老师说：

衷心感谢江苏圣澜集团董事长的慷慨解囊和无私帮助。田田同学从小父亲因车祸去世，母亲改嫁，爷爷年迈，身患脾功能亢进、肝硬化、糖尿病、高血压等多种重大疾病，仅能生活自理，不能从事体力劳动。奶奶年迈勉强从事劳动，家中经济来源主要依靠社会救助。田田自身精神三级残疾、肢体残疾，学习、生活困难。

在接受寇老师的资助前，孩子有些自卑，思想略显消极；但在与寇老师沟通交流中，受到寇老师的鼓励，孩子明显有了改变，笑容多了，参与活动的兴致高了，对学习更努力了。

田田虽性格内向，不善表达，但他眼间流露出感动，他在后来的一次习作中表达着寇老师对他关爱和资助的感谢，也说出了自己的小心愿：我虽不出众，我虽不优秀，但我在努力着向前。我会尽自己最大的努力学习知识，将来能为爷爷奶奶撑起一片天。

田田同学的爷爷从校长手里接过一万元现金时激动地说：

谢谢寇老师的关心和资助，我将会尽心尽力抚养孩子长大，无愧于寇老师的一份爱心。尽管生活很难，有了大家的帮助，有学校的关心，我们祖孙三人会坚强地面对今后的困难。

2021年12月31日，寇永升校友再次来到母校为全体教师捐赠办公笔记本电脑，并为全校学生捐赠冬季校服。

校长王君化谈到这次捐赠时写道：

经寇永升校友多方奔走联系，江苏圣澜服饰创意有限公司为我们全校学生捐赠了冬季校服，让孩子们过了一个温暖的冬天。江苏省南菁高级中学杨培明劳模创新工作室为全体教师每人赠了一台笔记本电脑，大大改善了学校的办公条件，一直想对校友寇教授说三个词："感谢、感动、行动。"

感谢！感谢向我校捐赠校服的王秋芬董事长和捐赠办公笔记本电脑的杨培明校长，感谢校友寇永升教授长期以来对母校中泉中学的大力支持和在改善学校办学条件方面所做的一切努力。

感动！在职教师每人一台笔记本电脑，真正起到了雪中送炭的作用！随着网络的发展，我校实行电子备课、网络培训和线上教学，特别是2022年景泰疫情反反复复，老师们利用电脑开展网络授课，召开云端家长会等，这批笔记本的作用是举足轻重的。长期以来，远在偏远乡村的中泉中学，都是几个人围着一台台式机备课、查阅资料；现在，每人一台崭新的笔记本电脑，大大方便了教师，大大提升了教育教学效益，全体师生及家长无不为之感动。

行动！捐助是真诚的，关爱是无价的。我们感动之余，只有立即付诸行动。学校：要励精图治，严谨办校，把学校办成一所领导满意、社会满意、家长满意、学生成才的学校。教师：要不断学习，诲人不倦，做学生和家长满意和信任的教师。学生：要把滴水之恩，化作自强不息、奋发学习的动力，化作克服困难、知难而进的勇气和毅力，向优秀校友寇永升学习。用优异的学业成绩，报答父母的养育之恩，报答社会的关怀之情。

"宝剑锋从磨砺出、梅花香自苦寒来"，可以道出其中的意蕴，但还是不尽然。只有胸怀抱负，立向高远的人，只有砥砺奋进、勤勉耕耘的人，在实践的淬火中，锤炼成钢，方为永远，方为长久。寇永升校友就是这样时刻牵挂着母校，牵挂着家乡的教育，牵挂着家乡。不断地孜孜求学，不停地日积月累，风雨无阻，雷打不动。他用青春的火焰，燃烧教师的职业激情；他以坚毅的追求，实现教育的梦想。一路山水，一路行程，一路逐梦，一路求索……

附：

七律一首

——赠永升校友

母校音容心底藏，感念恩泽永不忘。
欣看桃李繁枝果，仰望松楠大厦梁。
回报故土礼千重，堪称德艺品自良。
六十华诞金樽举，教育兴邦翥凤凰！

2022 年 11 月 26 日

寇永升印象之乡土情怀

甘肃省山丹县第一中学　马朝霞

名师引领指导，助推教育发展。2021年7月6日"江苏语文名师寇永升工作室"在山丹一中揭牌成立。这是山丹一中的大事，也是山丹教育的幸事。在揭牌仪式上，寇老师表示：将用足、用好自己在教育教学方面的丰富经验和在江苏教育界的资源，努力引荐江浙地区各学科名师在山丹一中成立工作室，促进山丹一中教育教学质量全面提升，为山丹教育事业发展贡献力量……

也许有人会觉得奇怪：寇老师为什么选择在山丹一中成立工作室呢？谜底只有一个——那就是他的乡土情怀。他曾说，山丹一中是他张掖师专毕业实习的学校，是他第一次以老师的身份站上讲台的地方，他对这里有特殊的感情……

其实他有特殊感情的地方又岂止山丹一中一处。生他养他的景泰、读书学习过的张掖、挥洒过青春汗水的嘉峪关、支教过一年的延安一中……他对每一处曾经留下他足迹的地方似乎都有一种割舍不断的特殊情感。景泰是他的家乡，有血浓于水的亲情。他曾来到家乡邀请数位从小学到中学教过他的老师欢聚一堂，并为每位老师送上礼物，表达他对老师的问候和敬意。同时，还给他的母校中泉中学的每位老师捐赠笔记本电脑一台，两度给每位在校学生捐赠校服，总价值17多万元，资助特殊家庭学生。

寇老师知道物质的帮助是暂时的，精神的培育才是根本。所以从2019年开始，他多次到母校景泰二中开展教研活动及专题讲座，传经送宝，支援家乡教育，得到了家乡人民的一致称赞。他常说他是西北安插在江南教育系统的"卧底"，我们会心一笑。我们都知道他是一位心怀大爱、情系乡土、有高度有情怀的"卧底"。他以培养家乡教育人才，引领家乡教育发展为己任，把南方先进的教育理念，成功的教学经验带到西北，试图以精卫填海的勇气改变家乡教育的落后面貌，这份情怀和担当足以让我们敬佩和感动。目前他已经在酒泉、张掖、白银、庆阳、延安、榆林等多地建有工作室，并举行示范课、专题讲座 800 余次。

他曾在延安支教一年，在圆满完成教学任务之余，写出了 244 篇，共计 60 多万字的《延安支教日记》。他以延安第一中学为窗口，从师生关系构建、教师队伍建设、寄宿制学校管理、教育教学理念、教学与教研、语文教材的使用、课堂教学的改革、班主任工作方法等角度全方位记述了延安的教育教学现状，客观真实地反映了东西部教育的差距。有观察，有思考，有对西部教育的建设性意见和见解。体现了一位有良知和责任感的教育工作者的情怀和热肠，读来让人既感动又振聋发聩。寇老师曾说："延安是一个能把我们的魂留住的地方，一个能把我们的根留住的地方。我要把几十年教学生涯中取得的经验，回馈给老区延安，以我个人的绵薄之力，推动老区教育的发展。"他是这么说的，也是这么做的。自从 2016 年支教以来，几乎每年他都去一两次延安看望老师们，指导教育教学。延安情结已经像一颗种子在他心里生根发芽并逐渐成长。

我们知道，缩小南北方教育的差距任重道远，我们多么渴望有更多像寇老师一样有情怀的名师甘于奉献，勇于担当，为西部培养一批有理想信念、有道德情操、有扎实知识、有仁爱之心的"四有"好老师，在西部教育这片广阔的海域吹起一阵涟漪，点亮万点星光。

寇老师的乡土情怀，古道热肠不是写在纸上，而是落实在行动中。这一点我深有体会。在我校成立工作室的半年多以来，尽管疫情反复，形势严峻，但寇老师还是克服困难，到我校进行了一次现场观摩指导。平时更是不间断地将自己精心制作的课件和其他弟子的优秀课件毫无保留地分享给我们交流学习。同时积极鼓励、督促我校老师多读书，写教学反思，总结教学经验，改变教育理念，改进教学方法。虽然给年轻老师带来了压力，增加了负担，但对他们的成长无疑是一件好事。正如寇老师所说："成功和优秀都是自己逼出来的。""人是需要一点自虐精神的。把每一个日子，都过成闲庭信步，最终拥有的，只能是头顶的那片并不属于自己的天。为自己找一片荒野，给肩头荷上锄犁，去耕耘，去播种，去栉风沐雨，才能在秋风起处，既收获五谷和瓜果蔬菜，又收获强健的躯体和丰收的愉悦。"他的成功也证明了这一点。

寇老师曾说他喜欢"折腾"，事实也是这样。如果说他从黄沙满天、经济落后的大西北折腾到山清水秀、经济发达的长三角是为了更好的生活，那么他年近花甲依然多次奔走在江苏和甘肃之间，又是为了什么？难道是为了钱吗？肯定不是，作为江苏省特级教师，他一定不缺钱，从多次跟他的接触中我感觉到他并不是一个特别追求物质享受的人，他的工资收入和稿费足以满足他的物质需求。他是为了名吗？似乎也不是。他早已是江苏名师，甚至是全国名师，还需要在甘肃的偏远地区建立名师工作室证明他的价值吗？只有一种解释，那就是他的乡土情怀、教育梦想。他曾说："我要把江南卧底二十几年总结提炼的教学经验和教育智慧无偿地回馈奉献给养育我的那一方水土，毫无保留地分享给在这片古老的土地上辛勤耕耘的同行们，无私地施惠于那些淳朴善良的孩子们……"这就是最好的注脚。

今天，寇老师已经成为我们身边的一员，希望我们的年轻老师，能够利用寇老师的名师工作室这个平台，在他名师风采的引领和乡土情怀的感召下，借助他的无私帮助，积极进取，挖掘潜能，成就自己职业生涯的辉煌，为我们山丹语文教育的振兴作出贡献。

如果说寇老师是一缕光，我们就做一株向光而生的葵花；如果说寇老师是一阵雨，我们就做一棵沐雨成长的小树；如果说寇老师是一股风，我们就做一只借风而飞的雄鹰。

勇敢地搏击风雨，向美好的明天出发吧！

如果能坚持下去，久久为功，我们的年轻一代一定会是未来的后起之秀。

233

2022 年 3 月 21 日

寇永升 2022 年 8 月 25 日校订

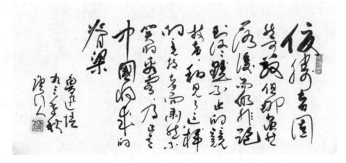

（第二辑）栗梓情

砥砺深耕 履践致远

——记江苏名师寇永升

甘肃省山丹县第一中学　罗丽秀

作为一名一线的高中语文教师，寇永升老师的大名如雷贯耳，只是未曾有机会谋面，深深遗憾。直到 2020 年夏天，当山丹花开得正艳的时候，寇老师第一次来到我校——山丹一中。

至今还清楚地记得当时的那份激动和兴奋，远远地望到他的身影，就一眼认出了寇老师，在度娘上见过寇老师太多太多的照片了，他依旧如照片中那样西装革履，精神抖擞。寇老师在我校设立了名师工作室，我有幸成为寇老师的弟子，倍感荣幸和欣喜，与寇老师的结缘始于此，但并不止于此。

寇老师在我校的教研活动，我们语文组的全体教师争先恐后参加。聆听名师点评，是我们期盼已久的心愿。寇老师点评课堂，总是一针见血，切中肯綮，不留丝毫情面，俨然一副严师风范。优点，大力称赞；缺点，一一指出。我们总能在寇老师的点评里，找到前进的方向。

寇老师给我留下最深印象的莫过于在听课时的那份专注和投入。他端坐在凳子上，桌前放一台笔记本，还有纸和笔，边听，边记载，边修改，时而紧盯黑板，时而俯首沉思，时而快速敲击着键盘，没有一分一秒的休憩。我悄悄坐在寇老师后方，静静地观察着寇老师的一切，他是那样干练，那样精神抖擞，完全不像一位年近花甲的师者。我由衷地钦佩寇老师，叹服他严谨的治学精神，也叹服他敬业奉献的精神。偶尔起身倒水，只看见寇老师杯中水依旧满满，他还没来得及喝一口润润喉咙，想提醒寇老师喝点水解解暑，但看到寇老师的认真，便欲言又止。

课间时分，寇老师很少走动，依然端坐在那里，要么在本子上记录着什么，要么在键盘上敲击着什么，依旧那样投入，那样不知疲累……早上，整整五节课，除了我有课去上课之外，我没见过寇老师离开过那个板凳。是一种什么样的定力，能让寇老师稳坐板凳？我曾在我的课堂上，面对一些调皮坐不住板凳的学生，严厉斥责，不止一次地给他们讲江苏名师寇老师认真听课的情景，那些孩子似乎触动了，安安稳稳坐在教室，拿起笔，认真听讲。在这里，我要感谢寇老师，他的言传身教，就是赠予我们的最大财富。

原以为寇老师能点评我们的课堂已是万分荣幸了，没想到，寇老师要求亲自上一节示范课。闻此喜讯，我们炸开了锅，在我们的翘首期待中，寇老师开始了他的授课，整个课堂人满为患，说水泄不通一点儿也不夸张。寇老师讲授的是《芣苢》和《插秧歌》，看着寇老师讲课，真正知道了什么是名师风范，什么是举重若轻，行云流水！寇老师竟然用小篆的书写法将《芣苢》中的六个动词"采，有，掇，捋，袺，襭"讲解得透彻而又清晰。寇老师幽默而又风趣的课堂，吸引了同学们的注意力，一节课下来，气氛轻松而又愉悦，问他们学到了什么，他们竟能将寇老师讲的要点一一说出，我不由地惊讶了。刚才还在心里叹服寇老师渊博的学识，这会子又更加敬佩寇老师掌控课堂、带动学生的神力。一天下来，收获多多，内心的触动也不少。

前几日，有幸能够加入校对寇老师文集的行列，倍感幸运。读之前，对寇老师是仰慕；读之后，是说不尽的钦佩和尊崇。当老师至此高尚境界，寇老师不仅是我们师者的楷模，更是我们学习的榜样。

我如饥似渴地读着，慢慢地我走近了寇老师，也走进了他的灵魂。寇老师家境并不富裕，但这并不能磨灭他求学的心志。一路走来，寇老师走得坚定而又执着，一步一个脚印，踏实，稳健。寇老师用自己的勤奋好学，为自己打开了通往未来的康庄大道。

寇老师的文集里，回忆了自己的很多老师，他们的谆谆教导，不仅是学识，还有人格素养的熏陶，都在寇老师的成长中起着潜移默化的影响。而寇老师，作为一名学生，对昔日恩师的尊敬之情溢于言表。他总是身体力行，有机会就去看望拜访恩师，表达思念之情和感恩之意。更有甚者，寇老师接他的老师到江苏游玩，让他们到江南水乡领略与家乡不一样的风景。羊羔有跪乳之情，乌鸦有反哺之意，而寇老师将一个学生对老师的感恩之情做到了极致。

作为师者的寇老师，他的成长之路，莫不充满着努力和奋斗。在嘉峪关任教6年，寇老师已经是一名出色的初中教师。26岁，通过成人高考获全市唯一一个全脱产进修名额，到甘肃省教育学院进修两年。毕业后，很快成长为合格的高中教师。35岁晋升到副高职称，同时评到地市级学科带头人。36岁又获评省级名师，成功引进到江南。即将退居二线时，通过"暨阳英才计划"从百年名校锡山高中引进到书院历史文化丰厚的南菁高中，第二年获评教授级高级教师资格。寇老师的教师之路，是奋斗不息，也是学无止境，我们仰望他，也仰望他脚下的足迹，浸润着拼搏和汗水……

寇老师是一名肩扛责任并具有教育情怀的师者。对于学生，他耐心引导，循循善诱，在他的眼里众生平等，他都给予同样的关心和关爱，从不厚此薄彼，从而赢得了学生们发自内心的信任和钦佩。还记得寇老师有这样两篇文章《我的眼泪是一批高贵的客人》《我还能做些什么……》。M同学命途多舛，年幼丧父，高三丧母，读之让人潸然泪下。世间最痛苦之事，莫过于生离死别，而在高三的关键时期，母亲撒手人寰……隔着电脑屏幕，隔着那一个个跳跃的字符，我都觉得心痛无比，多么可怜的孩子，为何人世间的风雨都给了他呢？一个尚未成年的羸弱的孩子！寇老师，给予这个孩子最大的关心和关爱。"M，接下来的日子里，寇老师把你当作自己的孩子吧。有我两个孩子吃的，有我自己吃的，就有你吃的……剩下半年的高中学业，有寇老师在，就保证你完成学业……咱俩一起努力吧！……"寇老师一字一句，句句发自肺腑，遇到寇老师这样的师者，这个孩子何其有幸……

寇老师把知识无私地传授给了学生，也把自己满腔的爱默默地给了学生，可敬，可叹。遇到寇老师，是学生的福气，也是我们一线教师的福气。寇老师是一位有温度的灵魂师者，是我们仰望的高峰，虽不能至，然心向往之，我们定将砥砺奋进，向着寇老师的方向努力前行。

砥砺深耕，履践致远，寇老师言传身教书写了大大的师者形象，他扛着师者的大旗奔跑在教育的大道上，我们亦紧跟其后，不懈努力着。

2022 年 9 月

平易近人 潜移默化

甘肃省山丹县第一中学　龙菊才

在我的惯性思维里，凡名师总该或多或少有些"架子"，身上的名师光环亮得让一般老师不能靠近……但终究还是我多虑了，寇老师原来是一位平易近人、言行能启人心的名师。

初识寇老师还是在2021年的7月初，那时正是山丹军马场绿草如茵、野花烂漫、天蓝云淡的好时节，热情的军马场敞开宽阔的胸襟迎接了寇老师一行。那一餐一吟的往事还历历在目，令人难忘，启人至深。

那一天，天朗气清，惠风和畅。我们一行十几人，驱车到了穿越草场的高铁桥下，选了一片阴凉处——此地虽无茂林修竹，又无可引以为流觞曲水的清流激湍映带左右，周围却有植被颇为丰茂的崇山峻岭，足以游目骋怀，极目力之娱，信可乐也。我们列坐桥下，拿出山丹凉面、配菜、配料，排列就座，各自拿起自己的那一份开吃。此时虽无丝竹管弦之盛、一觞一咏之雅，亦足以畅叙幽情。在吃饭、聊天的过程中，我感受到了寇老师的平易近人、自然随和，在这位名师的身上丝毫看不出高高在上的傲气和拒人千里的生分。在就餐过程中，寇老师和我们一样席地而坐，边吃边夸赞领导筹划周密，准备充分，饭菜口味好。在闲聊间，寇老师

说自己最不喜欢被人请到饭桌上吃饭，太消耗时间和精力，今天的这顿饭是他近些日子吃得最可口、最轻松、最简约、最好的一顿饭。高档餐厅饭桌上长时间的觥筹交错、猜拳闲聊，在寇老师看来是在透支身体和时间，所以他一般不爱参加这样的宴请。那寇老师的时间都到哪里去了？寇老师说，都投资到深钻教育、学问，陪伴亲人，锻炼身体上了，以便时刻以最饱满的精神状态去工作、生活、继续为教育事业尽一份力！寇老师不经意间说的这番话令我至今记忆犹新，也使我对他肃然起敬。是啊，任何事都需要沉静下来才能做好，时间和精力付出多的地方一定会取得不菲的收获，这是我听闻寇老师的

谈话受到的启发！

　　饭后在一片草地上的消遣时光也是令人颇为留恋的。7、8月的山丹马场是风景最秀美的时候，各色野花争相斗艳，红、白、黄、蓝等色的小花随处可见，把草原装点得美丽异常。那天，寇老师穿着深蓝色T恤、浅灰色裤子，头戴一顶藏青色遮阳帽，左手腕上时常戴着一个手机袋，这套装备把寇老师包装得特别时尚，整个人看上去精神矍铄，精干利落。我们选了一处比较不错的地方，散步、拍照自不在话下，此时的寇老师也情不自禁地摆起各种造型，或正襟危坐；或斜倚在花草丛中，摆出嗅花香的姿势；或手持一小束野花，置于胸前；或凑过去和他人合影……无论哪种姿势，寇老师都能轻松拿捏，他身上的那件深蓝色T恤在点缀着各色小花的草地上显得特别醒目。幸运的是这个地方还给了我们一行人一个惊喜，我们在草丛中找到了不少蘑菇，白白的，像一把把擎起的小伞，有的蘑菇长得还比较壮实，草原的这份馈赠着实让大家兴奋了还一阵子，大家都体验了一把采蘑菇的乐趣。还记得当时寇老师看到大蘑菇时惊讶又高兴地说："哎哟，这个蘑菇可真大啊！这些蘑菇够我们这些人吃一顿蘑菇揪片子了。""大自然的馈赠是无与伦比的，每个人都应常怀感恩之心，敬畏自然！"是啊，如果没有自然的馈赠，人类的生活该是平淡甚至缺乏生机的！

　　槐溪小镇后面的那座小山，是我们一行人登高瞭远的制高点。大家或悠闲地踱步，或卖力地攀爬，或前或后陆续赶到了一座小山顶上，眼前、身边之景色虽谈不上"仰观宇宙之大，俯察品类之盛"，但也颇有景致，向上看去，山外更有山，皆被肥茂的绿草覆盖，半山腰深绿色的松树长得密密匝匝；最是那俯瞰的景致令人陶醉，山坡下十几匹健壮的山丹马在悠闲地吃草，远处山势起伏，中间一大块平地，在满眼绿色调中夹杂着两块显眼的"补丁"——一块是农作物成熟了的庄稼地，黄澄澄的，像是绿色地毯上补了一块黄色补丁，色调虽不太和谐，但散发着一种成熟的气息；一块是更远些的一片湖泊，蓝澄澄的，和天空一个颜色，像极了镶嵌在绿色地毯上的一大块蓝水晶。军马场尽情地炫耀着它的静美和辽阔，折服了每一个饱眼福的人。寇老师也不例外，面对如此盛景，他提出了一个比较应景的好主意，让我们大家围坐在一起，让景泰二中的高自芳老师教我们吟唱《诗经·芣苢》。高老师落落大方，吟唱的语调和语速把控得非常到位，声音柔和，感情饱满，非常具有感染力。一时间，"圈"里的气氛变得更加活跃，大家纷纷跟着高老师吟唱起来，字音吟唱得越来越准确，音调的抑扬顿挫把握得越来越到位，语速的快慢弛缓掌握得越来越和谐。此时，寇老师看"时机成熟"，又提议吟唱时加上相应的手势，以便提升吟唱的整体效果。一时间大家又被难住了，不知道配上哪种手势切合诗意，与诗歌描绘的采芣苢的动作相契合。在寇老师的不断"刁难"下，大家只能互相讨论，相互切磋，商讨着"采""掇""捋""袺"的准确动作，最后大家达成共识，边吟唱边做着相应的采摘动作，气氛高度融洽，场面和谐温馨。这座小山头上充满了欢声笑语，洋溢着诗情画意，弥漫着欢乐的气氛。寇老师指引我们把《诗经》搬出了教室，搬到了辽阔的草原上，搬到了一座绿茵茵的小山上。"登山则情满于山，观海则意溢于海。"由寇老师发起的这次诗歌吟诵活动令在场的每一个人都记忆犹新、回味无穷。

寇老师就是如此平易近人，善启人心。

在之后的一年多时间里，寇老师常来我校指导名师工作室的教育教学工作，引领、帮扶工作室青年教师茁壮成长。每次交流研讨活动，寇老师专注听课的精神，认真点评的态度，呈现给我们的每一次精彩的讲座、示范课，都给了我们巨大的启迪和收获。

感谢您——敬爱的寇老师！

2022 年 12 月

看似无情却动人

——寇永升老师印象

甘肃省民勤县第一中学　刘晓娥

"晓娥老师好——哎哟，你就是纸糊的，怎么还没好？我也发烧了，两大杯开水下去就好了……"嗓子不争气，电话刚接通就咳了起来，于是毫无悬念地招来寇老师一番"批评"。老者健而壮者衰，没办法呀，我只能颔首默然，悉听教诲了。不过话说回来，寇老师如此"无情"也不是第一次了。

端方其形，率直其言

初识寇永升老师是在 2020 年 6 月，当时学校在多功能报告厅组织寇老师的《延安支教日记》赠书仪式。因为疫情原因，寇老师本人未能莅临仪式现场，我们只能通过直播聆听寇老师的赠书感言。当身着淡蓝色衬衫、脖系藏蓝色领带的寇老师出现在屏幕上时，我和同事们不由得赞叹："好精神！"简短的问好后寇老师开始讲述自己从西北走向南方名校的经历，坦陈赠书、创建名师工作室以回报家乡、振兴西北教育的初衷。他的发言字正腔圆、铿锵有力，甫一结束就引发现场雷鸣般的掌声。而我当时竟开天辟地第一回迫切地希望自己能走近名师，亲受教导。我明白，那一刻是这位理着小平头、相貌端方的红鼻子老头儿点燃了我沉寂多年的教育热情！

也是天遂人愿，赠书仪式后学校通知 7 月初寇老师要来西北组织同课异构活动，我荣幸地被派往张掖中学参加赛课。按照要求，上课之前我需要把教学设计和课件发过去让寇老师审阅。由于所上内容是新教材，且是三篇人物通讯群文阅读，接到任务后我十分为难，全然不知从哪里入手。百般纠结后，我很不好意思地给寇老师发微信："请教一下寇老师，关于这次人物通讯的课您有什么意见和建议？"寇老师很快回信："你先研读教材，读出自己的个性化理解，有了教学设计再联系我。""研读教材？个性化理解？我哪有这本事？这老头儿也太拒人千里之外了！"

我当时就有些怨怼，也更无措。不想大约十分钟后寇老师发来一份期刊目录，里面罗列了十多篇有关人物通讯的教学设计和课文解读。随目录发过来只有一句话："一定要先研读教材文本！"隔着屏幕似乎能感到一股冷冰冰的气息。不过当时我还是十分感激他的，毕竟连面都没见过，人家能这么无私已经很不错了啊。

许是我资质鲁钝，研读教材近乎二十天，才终于找到一点新的解读思路。6月26日下午，我粗写文稿《俊眼》发给寇老师。6月27日早8点，微信毫无动静。8点46分，按捺不住的我将前一天的信息再发一遍。"这种命名方式别人看不懂。"寇老师秒回，敏感如我甚至能看到他板着面孔的样子。忐忑、焦急，犹豫了十多分钟后我小心翼翼地又发了一句："寇老师，您觉得这个教学思路还可以吗？"一个多小时的沉默，等得我心急如焚。寇老师终于发来语音，肯定我的设计有新意，同时指出我不会给文件命名，不清楚论文和教学设计的区别。言语毫不客气，却无盛气凌人之感。短短34秒，说话率直、貌似冷漠的寇老师竟让我不由如坐春风！

在寇老师的悉心指导下，我在张掖中学的同课异构活动中受到好评。之后承蒙寇老师青睐，我得到一次赴浙江师范大学交流上课的机会。于是得以近距离受教于寇老师。

爽利其行，温厚其心

2020年7月15日，浙江师范大学国培教育培训现场。在100多人的瞩目下，我走上讲台，开始模拟讲授《我与地坛（节选）》。意外突至，从不曾怯场的我竟然慌乱起来！预备好的翻页器虽然带了上去，却忘了安装接口。一手拿话筒，一手操作鼠标，腰弯腰起之间，话筒偏离有效距离，于是声音忽大忽小、忽隐忽现。加上需要模拟学生在场，凭空创造提问、点评等场景，这于我而言完全是刘姥姥进大观园——头一回呀。一时间，我左支右绌，全然没有平日上课的从容淡定。当使出洪荒之力才艰难地讲完课回到座位上时，我已是大汗淋漓，深深的挫败感和羞愧感又让我如坐针毡。之后的骨干教师点评、师大研究生点评我没有听见一个字，轮到寇老师点评时，我强打精神做好被批的心理准备。不想寇老师张口就一句："师大发言的研究生某某某，你是屁股上挂暖瓶——有一定水平！"惹得全场爆出笑声。于是在一片轻松的气氛中，寇老师逐一点评了我和王梅兰老师的课以及几位老师的发言。自始至终，我凝视屏气，赧然，惶然，却没有听到对我只字片语的批评。这可不是寇老师的风格啊，从张掖到民勤，我听过十多次评课，哪一次他不是一针见血、不留情面地指出问题？莫不是失望至极，所以懒得搭理？我当时心里七上八下，感觉寇老师虽然距我有一二十步之遥，但他冷峻犀利的目光却笼罩在我的头顶，使我艰于呼吸视听。若不是离门太远，我恨不得当下就逃之夭夭……

当下一位老师登台授课时，我知道了有些事逃是逃不掉的，只不过臆想的凛冬变成了暖春："今天比较紧张？没有在你家乡那天从容淡定！""主要是地域差异带来的""历练比较少，先天胆小，第一次经历模拟授课……以后多提供机会给你展示吧……"寇老师一边听课一边发来微信，一句句直抵内心，让人分外熨帖。

一位温厚的长者如此呵护后辈，我何其有幸！

为期三天的教研活动后，寇老师带领我们搞了一次研学旅行。目的地是艾青故居傅村镇畈田蒋村和金华的双龙洞。因缘际会，我和同事李鹰一路与寇老师同行，于是见识到了寇老师的另一面。去往艾青故居之前，寇老师带我们去了趟大堰河的墓地。在荒草丛生、苔藓遍布的大堰河孤坟旁，我们大小一行八人深情朗诵了艾青的名作《大堰河——我的保姆》。没有悲凄，有的是每个语文人发自内心的悲悯——为一个旧社会苦命的劳动者。折返艾青故居的路程大约有二三公里，需要我们徒步前往。南方湿热的天气蒸腾得我们个个没精打采、举步艰难。一路上除了张丽霞老师的两个小孩挡不住好奇，叽叽喳喳说个不停，大人们几乎都不愿意说话。寇老师却不同，头顶白色渔夫帽，身着深蓝色 T 恤衫、奶油色休闲裤，脚蹬棕色沙滩鞋，一路当先。偶尔想休息一下了，就催促几声，等大家聚拢过来就布道者似的开始讲艾青、讲大堰河、讲傅村镇的生活与民俗。在艾青故居，这样的讲述也没有少过，寇老师俨然就是一个精力充沛而又饱学的导游！

由于傅村镇没有吃便饭的地方，我们只好备了几样零食先充饥。南方没有馍馍大饼，只有面包饼干，这种吃食在酷热的天气里显得分外甜腻。所以我和李老师都只吃了一个面包，然后就想着用冰镇矿泉水支撑。寇老师大约习以为常了，两块面包、半盒饼干，三下五除二吃完，半瓶矿泉水"咕嘟咕嘟"下肚。上了计程车一句："你们聊着，我睡会儿！"小白帽脸上一扣，就酣然入睡了。

双龙洞果然名不虚传，蜿蜒曲折，曲径通幽，洞内石钟乳造型千奇百怪、异彩纷呈，泉水清冽，瀑布怡人。而一号洞近乎垂直的通道又让人不止于惊叹，更令人望而生畏。在这里，我和李老师走得小心翼翼而又气喘吁吁。

此时，寇老师又颠覆了我的认知。只见他左右后裤兜各揣一个矿泉水瓶（为了减轻我的负担，他把我的也给带了！）甩开臂膀，大步流星，头也不回一个劲儿往上，全然不像一个年近六旬的人。当我俩五步一停、三步一歇，汗流浃背地走出洞时，寇老师正一手叉腰，举目远眺呢。见了我，他还是一句话："晓娥老师就是娇气啊！"我当下以着装不适自我辩解，打心眼儿里却佩服寇老师能吃能睡能走路，真是个利索人。

古道热肠，师者仁心

与寇老师的正面直接交往在此次金华之行后终止，以后我们之间就只有微信联系了。次数不多，却使我受益良多。比如，关于金华之行的教学反思。当我磨磨蹭蹭、绞尽脑汁凑了一篇文章发过去后，寇老师当下肯定："你的反思还是有深度的，文章条理很清晰。"并提出修改意见："结合课程标准关于审美核心素养的论述，把问题放置在课标与教材整体框架内论述；就事论事，就缺少了理论依据。"之后，寇老师又推荐我好好研读《普通高中课程标准解读》和《普通高中课程标准教师指导》。当我见缝插针读完这两本书，并二次修改文章后，寇老师又开始不厌其烦地就文章细节提出修改意见，有时候是一个标点符号，有时候是引文出处，有时候篇章结构。文稿四次修改后，寇老师一如既往发过来一份有关审美教育的文档目录推荐我阅读。但我多年不曾订阅专业期刊，学校阅览室又因为疫情关闭，只能上知网付费查。寇老师知道后，直接打电话过来，告诉我如果需要，他可以去南菁中学图书馆帮我拍照（寇老师是南菁中学图书馆馆长）。我当然知道这是寇老师对一个经济落后地区教师的关爱与体谅。可是8月的南方酷热难耐，让寇老师为我辛苦奔波，我于心何忍？我拒绝了他的好意，但感动于他的古道热肠，文稿修改并未止步。想办法查阅了那些文章后，我九易其稿，顺利交工。文稿最终虽然没有如愿发表，却自觉精进不少。

我想，这样的收获应该是一生的财富。

听闻寇老师今年就要退休。因为疫情肆虐，这个学期末寇老师没能来民勤组织活动。当面受教的机会怕是没有了，但我深信这位短小精悍、面容冷峻，却挚爱教育、心系桑梓的老人不会停止他传经布道的脚步。

寇老师师者仁心，看似无情却动人！

2022 年 12 月

走近寇永升老师

甘肃省民勤县第四中学　卢红林

一

2021 年 4 月 27 日，李述国老师在（民勤）四中语文组微信群转发了寇老师写的一篇文章《生命中的恩师》，从中得知寇老师是我张掖师专的学长，也是甘肃老乡，曾任教于嘉峪关市第一中学，后被引进到东部发达地区江苏省无锡市。他曾先后任教于江苏省百年名校、国家级示范高中、省重点中学锡山高中和南菁高中，他是省级教学名师、学科带头人，浙江师范大学名师在线讲堂讲师，延安大学文学院特聘教授，陕西师范大学"国培计划"——一线优秀教师培训技能提升研修项目专任教师。

前段时间我和高培存老师一起散步时，他告诉我民勤一、四中及职专的大多一线语文老师都加入了寇永升名师工作室，名师工作室 4 月底将在四中举行"群文阅读"教学研讨活动。而且他也正好承担研讨课教学任务，并为此做了大量的准备，一次次备课，多次讨论修改教案。虽然我已不在教学一线，但我依然期待本次活动能够尽快开展。

4 月 30 日，"寇永升语文工作室统编教材民勤培训、群文阅读、情景教学"等活动在民勤四中拉开帷幕。本来我的工作是负责一号公寓的学生管理，指导学生做好公寓卫生，以此宣传我们学生的住宿环境。但是作为一个从教二十多年的语文教师，虽已离开了讲台，还是不想放过这个机会，也想学习一下新的教学思想，新的教学模式。在处理好自己的工作后，早晨我抽空听了来自酒泉、张掖以及民勤五位老师执教的《喜看稻菽千重浪——记首届国家最高科技奖获得者袁隆平》《心有一团火，温暖众人心》《"探界者"钟扬》三篇人物通讯群文阅读同课异构观摩课。下午寇老师在餐厅三楼会议室示范授课，在会场终于见到了寇老师本人，近距离目睹了名师风采，聆听了他精彩的授课，欣赏了他高超的教学艺术。他的课提纲挈领，深入浅出，思路明晰，最为精彩的是他指导学生现场采访前来参加本次教学活动的陇原名师、全国"五一劳动奖章"获得者闫桂珍老师，并用采访到的素材写一篇人物通讯，令人耳目一新。课后他点评了早晨五位老师的课，进行了关于新高考、新课程的学术讲座。教育局领导还为"寇永升名师工作室"举行了授牌仪式。

寇老师给我的第一印象是他的敬业精神和平易近人的态度。早晨听课的时候，他就一直坐在录课室学生后面，边听边记录。因此在下午评课时他讲得很细致、很透彻，也很到位，既肯定了早晨几位授课老师的优点，又毫不客气地指出了老师们的不足，尤其是在授课模式和教学思想方面，点评更是精准独到，细致入微。后来因为要值班，我提前离开了会场，精彩讲座只听了一半，这已足以让我对寇老师无比崇敬仰慕，同时也为自己的平庸和孤陋寡闻感到惭愧。

二

在其后的一段时间里，我和高老师在一起时，总会谈到寇老师，谈寇老师对教学活动的重视，谈寇老师的教学思想、教研成果，谈寇老师为回馈家乡、支援西部教育发展的情怀。虽然我已经离开了教学一线，但在寇老师的影响下，也想再回头研究研究课堂教学，感受一下"群文阅读"这种新教学模式的魅力。

而我对寇老师真正意义上的认识，则是我拜读了他的《延安支教日记》一书。7月1日晚上，学校通知全校老师在餐厅三楼会议室召开教师会议，按照办公室安排的座位表，我找到了自己的座位，座位上摆放着一套没有启封的红皮书，环视周围，发现每个老师的座位上都摆放着这套书，当时不知道是怎么回事，正好述国老师就在我旁边，他向我讲述了事情的来龙去脉。当晚的会议有几个议程，其中之一是赠书仪式，是由华为集团和甘肃公航旅集团给学校每个老师捐赠一套寇老师的大作《延安支教日记》。会议如期进行，内容包括党史学习教育，2021年高考成绩通报，外出教师学习汇报，学校工作安排等等。会议很长，我在与会过程中，偷偷阅读了该书的前言《南菁课程文化丛书》总序和日记的前两篇，当时的感觉就很不一般。在总序中了解到，南菁高中将美育渗透在学校教育的各个环节，学校的课程文化体现出和谐、包容的特质，处处给人以愉悦的美感，陶冶师生的性情，孕育师生心灵深处对美的无限追求；教育最根本的目的在于培养人的价值追求等等。日记也不是单纯地叙事，而是在字里行间渗透着寇老师的教育思想、教学理念以及对课堂教学、学校活动等方方面面的思考。说实话，这几年已经没有沉下心来认真读过这套书了。这一次，我下决心要把这套书读完。

（第二辑） 桑梓情

三

就在我刚阅读了寇老师《延安支教日记》中的前两个月的内容时，又一次机会来临，使我再次接触到了寇老师，再一次聆听了大师的授课及讲座。前几天一起走路，高老师向我说起"寇永升名师工作室"7月份在河西还要举行一次教学活动，应一中乔校长的邀请，这次民勤的教学活动将在一中举行。当时我还想，这次活动可能就与我无缘了。没想到7月6日学校教研室发通知要求参加7日在民勤一中举行的寇永升工作室同课异构教学活动，我留意了一下，四中参会的50人中，大多是语文老师，还有其他学科的老师。7日早晨8点钟，我准时来到一中多功能报告厅，发现本次的教学活动相比上一次规模要大、规格要高，是由民勤县教育局主办、民勤一中承办的。除了一中、四中、职专的相关老师外，还有五中、六中、实验中学及乡镇中学的部分老师，整个活动安排了一整天。

本次教学活动主要是高中文言文同课异构课堂教学，先由民勤职专、一中、四中的三位老师共同执教人物传记《苏武传》，该文节选自汉代班固撰写的《汉书·苏武传》，篇幅长、字词量大，情节丰富、人物形象鲜明，三位老师独辟蹊径，指导学生分别从文意疏通、人物形象鉴赏、苏武精神、民勤苏武文化的挖掘等方面进行学习，让人受益匪浅。接着由来自山丹一中、景泰二中、张掖中学的三位老师共同执教了清代桐城派大师姚鼐写的游记散文《登泰山记》，文章篇幅精悍、写景精彩、内容精深，三位授课老师各辟蹊径，或引导学生欣赏精彩的景色描写，领略祖国的大好河山；或引领学生沿着作者的行踪，感受作者不畏艰险、勇攀高峰的精神；或指导学生挖掘文章深意，探索作者的写作目的，令人耳目一新。难得的是在六位老师的授课之后，寇老师又示范执教了《登泰山记》，再次让老师们享受了一顿精神大餐。他首先向学生提出明确的学习任务，从读准字音、翻译句子入手，结合作者行踪路线，穿插相关的地理、文化知识，提出问题，解答学生疑惑，在此基础上，进行深层拓展，归纳作者的写作目的。整个课堂如行云流水，游刃有余。当然，这次教学活动在民勤一中进行，学生的整体素质相对高，配合积极，师生互动开展好，教学效果自不待言。

在课堂教学之后，寇老师又进行了课堂教学与论文写作的专题讲座。他先对前面六位老师的课进行了点评，同样精准独到，直言不讳。照例在点出各位老师课堂教学的优特点后，更多的是指出存在的问题和不足，看来这是寇老师一贯严谨的教学教研态度和作风，这对于青年教师的成长无疑是最有帮助的。接着寇老师结合自己的工作经历和实践，谈了课堂教学、备课、听课、论文、课题等之间的关系。他说一切教研成果都来自课堂教学，"杖黎扶我过桥东"，只有扎扎实实地备课上课并不断地反思、修改、更新，才能拿出真正属于自己的作品——成功的课堂教学，把平时的备课、上课、听课及课后反思的功夫做足，有了自己的心得体会，才能写出高质量的教学论文，完成教学课题研究。没有平时的工作学习积累，就不会有最终的教学教研成果，这对于我们每一个老师都是最意味深长的提醒和最大的收益了。他的讲座最大的特点便是实在，来自他工作经历的点点滴滴和日积月累，没有引经据典的高深，没有故作玄虚的卖弄，更没有漫无边际的夸夸其谈。

现在，我还在继续阅读他的《延安支教日记》，总有一种相见恨晚的感觉。相信通过阅读学习，我会对寇老师有更加深入和全面深刻的认识。

2021 年 7 月 12 日
2022 年 8 月 23 日校订

梅雪争春未肯降詩
人搁筆費評量梅須
遜雪三分白雪却輸
梅一段香 盧梅坡詩

247

（第二辑）栗梓情

映日荷花别样红

甘肃省民勤县第四中学　杨海青

自走上讲台以来，几乎每年都在"走出去，请进来"中给自己充电，只要有学习的机会，我就积极争取，唯恐落后于时代的步伐。我深知，那些脱颖而出的专家，定有常人不及之处。我一直怀着敬畏之心，虚心向他们学习。就这样，我认识了寇永升老师。

寇老师的打开方式独特而新颖。他先在座无虚席的学校礼堂上了一堂生动、有趣的语文课，学生从一开始的拘谨到后来的跃跃欲试，再到踊跃发言，让我充分领略了"教育就是一棵树摇动另一棵树，一朵云推动另一朵云，一个灵魂唤醒另一个灵魂"的真谛。教书育人，关键在于育，培养学生独立的思维是寇老师这节课给我最大的启迪。

从那以后，我便时常有意无意将这种教育理念贯穿到自己的教学行为中。

接着，寇老师阐述了这节课的设计思路，分享了他的课堂心得，进而介绍了他的教学经验。但让我记忆深刻的是他的自我介绍，他说他姓"寇"，"贼寇"的"寇"，所以有人喊他"贼"老师……

哄堂大笑之后，我也叫他"贼"老师了。

贼老师侃侃而谈，引人入胜，说到学习语文的关键在于阅读和朗读时，需要一个非语文学科的女老师配合他朗诵郑愁予的《错误》。我虽然教化学，但对文字情有独钟，恰遇如此风度翩翩的良师，不想错过，便自告奋勇。谁知，朗诵完后，贼老师竟抛给我一个问题："这是我的错误，还是你的错误？"这让我猝不及防，我生性木讷，不善表达，只好用傻笑掩盖窘迫。我想说"若无相欠，怎会相见？"又怕说错，在贼老师的再三追问下，回答了一句"我的错误"，一丝失望在贼老师的眼里稍纵即逝，他说："民勤的女教师太老实……"或许，在适时的场合学会推销自己很重要，可是，正如贼老师所说，我又老实又直白又笨拙，只适合在台下鼓掌。

不过，通过这次朗诵，我重新认识了自己：知识的浅薄，理解的错位，涉猎的狭窄，无一不限制我的视野。鲁迅说过，读书就像蜜蜂采蜜一样，倘若叮在一处，所得就有限。必须如蜜蜂一样，采过许多花，才能酿出蜜来。所以，我拿到"贼"老师的《延安支教日记》一书后，认真品读。教育别人其实也在教育自己，寇老师的博学、勤奋、善思就像灯塔一样，引领着我不断奋进。

寇老师如一朵盛开的荷花，不仅吸引了我，还影响了我校的语文教学模式。自"寇永升名师工作室"在我校成立后，老师们互相交流和切磋的氛围更浓了，尤其是图书室的建立，让图书不再是摆设，课外阅读真真正正落到了实处。前不久，我校学子在"叶圣陶杯"作文竞赛中喜报频传，好多学生都获了奖。我偶尔也去图书室溜达，看着满墙的图书，闻着扑鼻的墨香，我想那里一定会开出更多的荷花，会像贼老师一样红遍河川。

贼老师真的很"贼"，偷走了我们的懒惰，偷走了我们的迷茫，偷走了我们的无措；贼老师又一点儿也不"贼"，他完美地阐释了"生命不息，折腾不止"。

做师如他，此生无憾！

2022 年 12 月

一棵发光的树

——识公已觉十年迟

甘肃省张掖中学　董志新

在疫情压城的沉重里
在蓝天白云的悠然间
我有幸又读到了您

我不知道该用什么样的词语
才能形容您
春蚕，红烛
炉中煤
为痴爱的事业燃烧到了这般模样

您应该还是一棵树
根系西北
冠盖江南
有时还独立橘子洲头
大漠雄关之上
看江流奔涌
赏满天秋色

经历过的风霜雪雨
都化作了岁月的年轮
欣赏过的流岚虹霓
都深藏在热情的心底
树干结实
充满活力
生生不息

阳光洋溢

似乎忘记了年龄和自己

心中只有付出和教育

真诚得像片土地

璀璨得像颗宝石

深沉的思想，青春的气息

炽热的感情，恢宏的意志

这就是您的浪漫曲

像大海一样浩瀚

像云雀一样亢丽

您的节日

不仅拥有九月十日

更属于每年的五四

我骄傲，我是一棵树！

这应该就是你。

                    2021 年 9 月 10 日教师节致敬寇永升老师

后记：

    2021 年 9 月 10 日，第 37 个教师节，微信收到几位同行的祝福，兹收录甘肃省张掖中学语文教研组长董志新老师诗作，以志纪念与感激。

                                    2022 年 8 月 23 日校订

（第二辑）栗梓情

认识寇老师的这三年

甘肃省张掖中学　范丹

经寇老师指导和推荐，拙作发表在《中学语文教学参考》2022年第8期，内心充满了小确幸，回家得意地对爱人说：

我的论文发表了，核心期刊，厉害不？

厉害，值得庆祝！

要感谢寇老师帮忙修改、推荐，19次，整整19次修改，才完成。

好家伙，你比曹雪芹厉害！人家写了一部巨著，才增删五次，你写个论文，改了19次！老婆，悄悄地，不要跟人说，害事得很（方言羞愧）。

你看你这人，说话太不好听。

哪个人，这么有耐心，陪着你改十……九次。

寇老师啊，还能谁！

是那个每学期都去你们学校折腾一回，让你叫苦连连的寇老师啊。这个人退休了吗？怎么这么有时间，还有精力？

没有，还是一线老师，是江苏那边砝码（方言厉害）的老师。

你看看人家，再瞅瞅你。我家范老师，下班回家第一句话是好累啊，就想躺着。第二句话是，我躺着去了。第三句话是老公，帮我拿个……

说着直摇头……

这是今年6月和爱人几句闲谈。颇为有趣，记录在案，此小成长，与寇老师耐心、细致的指导密不可分。

将一将时间，2019年7月夏，初识寇老师，至今整整三年。三年的时光，增进的职业能力，改变的生活姿态，皆缘起寇老师。

"这个寇老师啊，哪里来的精力，跨越千里，为西北语文教育奔走！他怎么有那么多的热情，写来写去。每次来大西北同课异构，他会写点随行笔记；为同行批阅论文，他会写点建议、鼓励……"

寇老师总在写，他一写我就有点如坐针毡了，总觉得寇老师口中那么多的弊端和问题，都是在说我呀，那犀利、指责的眼睛，在看我呀。认识寇老师的第一年，我常常这样抱怨着、问着，跟在寇老师身后，蹒跚学步。这一年，寇老师每学期坚持的同课异构活动和各种形式的教研便成了我的心头大患，盼着他来，也怕他来。

盼着寇老师工作室组织的多校同课异构活动，观摩课堂教学绝对是种享受，各地老师各显其能展现着多姿的教学风采，尤其是寇老师的课，更让我如沐春风。但也怕他来，寇老师指导我教研之前，我的课堂教学基本处于"盲打＋散打"的状态，看教学辅导书，下载PPT，照着教案讲教案，以为套路、模式就是语文教学，盲目教了几年，心里是慌乱的；加之高中孩子课业压力重，我常常会将与课文相关的时事、点评、作者生平等带入课堂，很多时候，东一榔头、西一棒槌，课堂像是讲堂，想到哪里讲到哪里，没有结构和思路，课堂是趴着的，好在孩子们听着热闹，于是又讲了几年，心里是越发不得劲。总在问自己，语文课到底要怎么教？因为忙乱和不得法，加之寇老师新的教学方法和理念的冲击，最怕寇老师来，怕公开课点到自己，怕出丑，慌慌乱乱地过了一年。

第二年，依然是那个很有精力的寇老师，依然是每学期不变的工作室活动安排。但这一年，我已经养成了阅读专业书籍和期刊的习惯，寇老师推荐看什么我看什么，要求做什么我做什么。要求虽然不多，但完成起来需要时间，需要精力，坚持阅读必须做到，不然怎么应付寇老师的盘问。学校在寇老师的感召下（寇老师将他的辛苦费直接购买专业书籍发给了张掖中学的老师），也为我们老师分发了理论书籍，帮助教师快速成长。认识寇老师之前，我是个很吝啬的人，买教学用书基本上是盗版和影印版，这三年跟着寇老师学买书，大部分专著没有省钱的捷径，只能正规网店购买，坚持了三年，发现自己慢慢地不再吝啬；相反，还很愿意买点专著翻一翻，看一看，指导自己的语文教学，受益匪浅。

这一年，心里少了慌乱，多了从容，语文教师的成长大概就是心里有底吧？我的底不厚，但它让我教学有了方向，不再盲打莽撞，心里踏实了。

认识寇老师的第三年，我进入高三教学。高中三年的学科压力，在高三这一年扑面而来。大量的备考复习时间是语文模板套路、僵化思维的不断重复和培养，让我渐渐感觉到了教育界流传的那句俗语：老师教得累，学生学得累，真是直打七寸，繁重的教学压力和疲惫的学生让高考备考成了单调、乏味、疲惫的代名词，语文也不例外。语文学科功能被分数、刷题掩盖。所以寇老师常常批评我们不是在给学生上课，是在上自己的课。不知道学生的学习诉求，一味地追求教师要讲什么。这是多年来我的语文教学形成的顽疾。这样的批评很尖锐，但也让我在这一年，不敢故步自封、按部就班地教学备考。

这一年，语文教学期刊对我帮助很大，新的备考方向和备考思路，冲击着我，让我重新洗牌备考计划，对备考有了根据学情变化的规划，可谓教师事半，而学生功倍，大幅度减轻了学生的刷题负担。意外的收获是，这一年春节，寇老师增加了一次工作室活动，带着我们语文组进行了为期三天的试卷讲评、教研活动，从考试开始了解学情，到考试结束的教研总结，整整三天，我们集中研讨和交流，寇老师对高三的试卷讲评和备考给出了符合学情、切中要害的指导，为我们后半段语文复习备考助力获益良多。带着那么一点点的信心和沉稳，我和孩子们一起备考着。

但是，我是有那么点抱怨的，大年初三，寇老师定我们几个老师磨课、讲课。初七返校先考试，再阅卷，再评卷，再讲座，再教研，刚刚结束高三补课不足半月，又要投入阅卷的繁重工作，还要连夜批改，还是大过年的……哎！寇老师又来了。有这样的抱怨，我深知是我对职业不够执着和热爱。语文教师之于我不过是糊口的营生，多年来未变的是时刻警醒自己做一名有职业良心的教师。土生土长的西北人——我，深知这方贫瘠、质硬的土地，如何摧折着人的信念，让这里的每一个面容上挂满着风霜的刺痕，也催生了朴实的西北人走出去的美好愿景。但走出去的努力却是千万倍的艰辛和步履的沉重。无数的家庭，无数的父辈，倾尽所有唯一的出路，是培养一个大学生。我如此，身边千万同乡亦如此。因此，做一个有良心的老师，是我认识寇老师之前的职业信念。

但，我错了！职业良心，并不等同于做一个负责任的语文老师。尤其认识到教学方法错误，教育目标错误……起点已经开始错误，职业良心就是一句空话。

对！我还并不是一个合格的有良心的语文教师，我还没有明白热爱和执着的意义。接近中年，都说中年是教师最好的年纪。寇老师中年被引进到无锡，从此，职业开启了新的视野，站在了更阔远的平台，开始了更执着的追求。直到如今，寇老师辽阔的胸襟、非凡的气度，成就了自己，也使他走到了语文行业的前列。语文教师的职业良心，让他每每千里之遥，不辞辛苦，组织教学活动，凭一己之力，回馈着教育落后地区的我们，这才是良心！而人近中年的我，随着寇老师敦促的脚步成长着，却步履沉重，时常想要放弃，想就此止步，做一个低配的语文教师，也能糊口，也能生存，也能轻松自在些，尤其是经历了家庭的变故……人近中年，倍感日子很难，坚持职业理想很难，向寇老师学习很难。坚持……

　　放弃很容易，我也常常问自己：寇老师有没有在生活艰难时放弃过？答案不得而知。三年里能见到寇老师的时间很有限，木讷的我喜欢躲在角落，享受寇老师指导的公开课和教研，却在那个挺拔、刚毅的背影里读到了深沉的热爱，对职业的敬畏！

　　尤记得三年前的夏天，初识寇老师的公开课，挤在学术报告厅里的是50多个学生和近百位教师。30多度的高温天气，没有空调风扇，窗外树叶纹丝不动，坐在下面的我汗流浃背，站在台上的寇老师西装革履，着装一丝不苟。起初觉得寇老师过于隆重，一节公开课，何至于如此束缚，更何况我们是来听课的，又不是来看人的。后来多次同课异构教学后，寇老师均严厉地批评上课老师穿着随意，而我平时上课从穿着到举手投足间都太生活化、太随性，校内公开课也常常不管穿着，想来我并不是一位严谨的教师。寇老师严格要求的背后，不仅仅是为人师必备的精神面貌和气质，更是对职业的敬畏吧！此后，每天坚持上班化淡妆、坚持运动，注重自己上班、上课的着装和精神面貌，三年如此，改变的不仅是习惯，还是生活态度。

　　当我以寇老师为标杆、重新审视自己、审视职业时，我想我已经站在了职业的起点，重新出发了……

　　三年来得寇老师倾囊相授，未来可期。寇老师辽阔的胸襟、非凡的气度，也感召着语文职业人，一直前进，不能懈怠！

　　谨以此文致敬敬爱的寇老师。

2022 年 9 月 9 日

木铎金声"大先生"

——记寇永升老师对我专业成长的引领

甘肃省张掖中学　吴杰

2020年7月学校邀请寇永升老师到校开展学术交流活动，并举行"江苏名师寇永升老师语文教学张掖工作室"揭牌，我有幸成为工作室的一员。在拜师仪式上，作为弟子为寇老师敬茶。寇老师则给每个徒弟赠送了自己编辑出版的书籍，并热情鼓励弟子积极更新理念，执着向上。寇老师对我的指导引领就这样开始了。从2020年拜师到今天也有3年时间了，时光转瞬即逝，当我提笔写出一些与寇老师有关的文字时，寇老师的讲话、上课、微笑、沉思都记忆犹新。回顾这3年的时间，寇老师在三个方面对我的影响很大。

忘我无私的奉献者

寇老师似乎有无限的精力，充满了对教育的热情，他勤勉的工作态度让我们青年教师甚至是绝大部分教师都感到惭愧不如。寇老师在甘肃各地建立的工作室，会毫无保留地把自己的备课资料分享给大家，回想一下我们身边，又有哪几位老师能将手头的珍贵资料和大家分享？在进行公开课时，寇老师会把每节课所涉及的论文目录提供给备课教师，评课过程中寇老师又会切中肯綮地指出你讲课中出现的问题，让讲课者明白问题的所在。

同寇老师认识近3年，寇老师也多次来到学校指导，我与他接触的机会多了，从寇老师身上学到的、体会到的东西也多了，也许这就是耳濡目染的影响吧。以下是我将寇老师工作的一些片段做了梳理，我们从中可以看到寇老师就像一头勤勤恳恳、默默无声的孺子牛在忘我地工作，在以自己的方式无私地为家乡教育的改变贡献着自己的智慧。

2016年寇老师在延安支教一年，写了244篇文章，共计60多万字，《理念：教育的制高点——延安支教日记》上下两册正式出版。

2020年11月广西百色祈福高中同课异构，28日活动结束后，寇老师当晚就写出了近6000字的反思文章《精准·精心·精彩·精深——我与地坛（节选）》两次同课异构活动之反思。

2021年底，寇老师在省级以上公开期刊刚好发表了100篇论文。

2022年5月寇老师组织援疆网络授课。5月下旬，五个半天，每次三个半小时，组织了江苏和甘肃的11位骨干教师，写出了12篇教学反思文章，寇老师整合成16000多字的大文章。期间有的老师不按时录课，不会命名文件，有一堂课寇老师是凌晨1点多才看完课堂录像和说课录像……

2022年7月寇老师组织工作室成员在张掖、武威、景泰同课异构活动，从7月2日开始到7月11日结束，每天8节课，近30位老师参与了公开课……

2022年8月西安市西航一中同课异构后，返回无锡隔离期间寇老师也一刻不停地进行着工作：7个昼夜，单人单间，足不出户。在这一百多个小时里，寇老师抓住分分秒秒，加班加点，把自己这些年的文章梳理、整理、编辑到一起，精选为120篇，50万字，编好目录，成了《烂柯文集》这本书的雏形……

以上只不过是寇老师众多工作中很少一部分的缩影，当我简单地梳理上述内容时，我的内心被触动了，寇老师用自己的实际行动为我们的专业发展乃至人生成长树立起了榜样，注入了动力。感动、感佩、感恩是和寇老师接触过的人都会有的心声，我们张掖中学科研室张勇主任富有深情地这样表达到：

寇永升老师，一个甘肃土生土长的教育人，用自己勤勤恳恳和踏踏实实的工作态度，在教育发达的江南开创出了一片天地，何等不易！更可贵的是，他在取得成功之后，在江南名校江苏南菁高中做好本职工作之余，把自己全部的精力都用在了振兴西北的教育上，尤其是用在振兴甘肃教育中，其胸怀和境界已经不能仅用"名师"来概括，这是一个真正的教育家的境界和情怀。

近三年来，寇老师的足迹踏遍了甘肃各地州市，对一个近六旬的老教师而言，已经足令人敬佩；立志改变西北地区教育的现状，更令人景仰！谢谢您，寇老师！我为我们甘肃有这样一位德艺双馨的好老师感到骄傲，也为我的身边有这样一位好老师、好兄长、好榜样感到无比自豪、骄傲。谢谢您，寇老师！

专业发展的引领者

每次进行完同课异构，寇老师都非常重视让我们要趁热打铁撰写教学反思。我们西部的老师平时公开课教学只重视上课，不重视课后反思，认为上完公开课后就结束了，就可以如释重负了。寇老师深知这种讲课没有多大的作用，也不利于教师的专业水平向更高层次提升，因此寇老师无论在哪个地方举行同课异构都会反复说一句话"公开课上完不是结束，而是教学反思的开始。没有反思的课堂是百里行者的九十，是烂尾工程"。然后举出了一些具体的事例来督促我们，鼓励我们。以下摘录两段寇老师在西安西航一中公开课协调群里发的一段话，我们就能感受到寇老师对我们的谆谆教诲之情深：

各位好！公开课上完不是结束，而是教学反思的开始。酒泉李成学、赵小路、周翠霞老师的论文全是教后反思。张掖中学宋莉娜、李丹、吴杰几位老师已发表的论文都是因为反思公开课，范丹老师的教学反思修改到第19稿时发表在《中学语文教学参考》高中刊今年第8期。景泰二中的高自芳老师去年听课一周，写了两篇高质量论文，一篇已经发表在《语文教学通讯》去年12期。南菁高中的青年教师发表论文几乎全是反思自己的公开课……

准备公开课的阶段，我们已经投入了大量时间精力，深度钻研了教材，精心设计了教学……课堂呈现过程中我们或有亮点，或留有遗憾；评课环节，或有肯定表扬，或被批评质疑，在此基础上反思就是科研成果。

当我每次看到这样的事例，看到寇老师对我们的督促和鼓励，我的内心都非常感动，感动我能在教学生涯里遇见这样好的先生，不遗余力地引领我成长；不过内心又有几多歉意，因为所写的文章不能达到寇老师的要求，所写的教学反思需要寇老师多次提出修改意见。只要发给寇老师的信息，寇老师都会有回复。他总会不遗余力地帮我修改，提出指导意见，通过电话、文字、语音等方式不厌其烦地点拨。我将寇老师对我的指导呈现出来，我们就能真切感受到寇老师指导的耐心和细致。

2021年12月22日20：34：吴老师，你对《反对党八股》语言赏析的这个课件做得比较好，这些点也挖掘得比较好。建议你在两个方面修改：一是课件中尽量不要出现黑色字，黑色给人视力疲劳感、心理压抑感；

尽量不要出现宋体字，都用黑体，你现在按我已经改过的这个格式，把你所有的黑色改成蓝色，红色保持原来的颜色，这样就醒目了，再加上豆沙绿的背景，这样就使教学效果比较好，我们的课件也是教学生产力嘛。第二个方面，你现在只品味了语言，其实《反对党八股》，它不光是语言，它还有一个结构上的分析。

你再修改一下，在格式上更加美观，你发给我，我把这个推荐到备课组长群里面。

我又改动了几处格式——你的这个PPT内容有深度有新意，我分享到备课组长群里。

《登泰山记》教学反思寇老师给我的分析和建议就近1000字，反复帮我修改了有8次之多。

2022年1月1日8：26：吴老师，维度一和维度二之间，关注教材编写体例和关注语文教学专业期刊之间是什么关系？很明显，教材只是一个例子，它提供了这个文章，其理念隐藏在教材的单元设置里面，隐藏在单元导语和学习任务里面。但是这些任务要能实现，一个老师仅凭教学参考书是难以实现的。因为教学参考书比较滞后，它是在教学行为之前没有经过教学检验的。第二，《登泰山记》这篇文章30多年前退出语文教材，现在重新进入，它不是被当作一般的文言文，它是抒写自然情怀的；在以前的人教版教材中它只是篇文言文。

这么一篇400多个字的文言短文，桐城派的代表作，我们怎样找出它的教材价值和教学价值，这要借助于语文专业教学期刊，有三篇最重要的文章，你现在说到了两篇。一个是程翔，他是泰安人，原来在泰安六中任教，后引进到了北京。他的这篇文章是作为一个泰安人的角度在说。李超是以《登泰山记》为核心的多文本研读。童志斌的文章才真正解读清楚了姚鼐为什么要登泰山又为何而写《登泰山记》。你说关注教学期刊说明的问题是什么？是我凭借教学期刊上新近发表的几篇重要文章，明白了《登泰山记》重新回归到语文教材在统编教材里的教材价值。

为什么要借助语文教学期刊？你要有一个比较，我们很多老师以前的备课程序是怎样的？粗略阅读文本，教学参考书根本无暇翻阅，就直接到网上去搜索、下载、复制、粘贴、拼接、拼凑，把人家的教学设计，特别是网络上的课件复制上几张拼到一起，那么课堂上就成了一个知识

（第二辑） 桑梓情

的大杂烩，教师就成了一个多媒体的操作工。教学设计就没有了核心素养的目标，也就不能紧扣教材。你现在要说的是，结合以前的备课习惯和许多老师的备课习惯，借助于专业教学期刊，终于找到了一条实现教材价值和教学价值核心素养的捷径。

你从备教材研究《登泰山记》在教材编辑体例里的这个点出发，到实现《登泰山记》的教材价值、教学价值，最终是通过活动设计、情景任务创设，实现了教学目标，能够让学生获得语文核心素养。那你的文章三者之间才有逻辑性，你的文章才有梯度性。

2022年2月27日7:37：吴老师你好，周末愉快！你的《庖丁解牛》课件我看了，我做了一些修改，分享到了备课组长群里面。你这个课件的优点是内容比较丰富，拓展比较多；但也存在一个问题，就是你这个教学过程思路不清晰，你要把层次性表现出来。比如说先理解文言，接下来理解文化层面，最后我们要归纳上升到在统编教材的这个单元里面怎样理解它，最终反映了庄子顺应自然以及治理国家的一种理想社会的愿景。

2022年5月24日20:02：吴老师，你对《在〈人民报〉创刊纪念会上的演说》这篇教材中新增的高难度文本的解读有深度与新意，教学设计具有创意。教师课堂语言标准、干净；着装得体，表现出对课堂的虔敬，对学生尊重；教学内容择定上有一定偏差，政治、历史学科的痕迹时有出现，而语文学科重在学习言语形式；课件制作比较粗糙，有多处明显错误，诸如"历史本身是审判官，而无产阶级就是执刑者"，"执刑"非"执行"，语义区别很大；还有个别地方标点错误。

2022年8月12日18:37：内容有深度，非常好！思路清晰且有核心、有主题；形式上多有比较粗疏之处。还要把《〈论语〉十二章》放置在教材单元学习任务群背景下，人文主题突出中华传统文化经典研习，不能就单篇教材而教；要体现"中华传统文化"之根，体现出百家争鸣之儒家，体现出思辨性阅读……

在寇老师的指引下，我也渐渐在专业成长中有了一些收获。跟随寇老师的脚步，我有幸代表学校赴广西百色祈福高中、西安市西航一中进行同课异构，到外面讲课锻炼了讲课的胆量，同时也开阔了视野。在寇老师组织的援疆网络授课中我还被聘请为新疆师范大学区培计划（2021）——高中语文骨干教师能力提升培训班授课专家。我陆续写出了几篇教学反思，并在期刊上发表。如：《同课异构：思维碰撞中的教学升华——〈在桥边〉教学反思》《备"好"课所要关注的三个维度——以〈登泰山记〉备课为例》《地坛：史铁生生命救赎的"引路人"——〈我与地坛（节选）〉教后反思》。

课堂教学的深耕者

现在有好多名师专家，在台上讲座头头是道，可是亲自进教室上课者寥寥。寇老师却非常喜欢上课，他是在不断地上课实践中磨炼出了对文本深度挖掘的功夫的。每次听寇老师讲课都有不一样的精彩，寇老师就像一位魔术大师，能将不同类型的文章变幻出"五彩缤纷"的惊喜。寇老师的讲课总是那样循循善诱，课堂中间处处是师生间的交流碰撞。寇老师总能在精彩的文本分析中将学生引入语文思维深处漫溯，这也许就是上课的艺术魅力吧！寇老师在上课时所展现出的教学艺术，学生学得专注，思考得深入，理解得透彻，老师也听得入神，这给我留下了深刻的印象。反思寇老师教学艺术之美在何处？我想谈谈我的发现！

一是理论阅读激发的智趣之美。这是教学艺术美的源泉，语文教师需要大量的阅读，尤其是进行语文专业阅读，这是形成教学艺术的源头活水。寇老师教学设计得巧，文本分析得深，课堂有一种以教师的智慧激发学生学习兴趣的氛围，这些教学功底的呈现无不是在大量理论阅读内化后，教师在课堂中所激发的美。

二是语言简洁展现的洗练之美。语文核心素养中思维、审美、文化是建立在语言基础上的，语言是其他三者的核心。因此课堂教学中教师语言表述的简洁、准确、清晰、优美就尤为重要。这直接关系到学生接受信息、思考问题、表达观点的准确，而准确的理解就是语文能力的提高。要想形成个人的教学艺术，课堂语言的洗练是必须具备的功夫。

三是师生互动及时的赞许之美。课堂中师生关系的融洽，需要教师主动地营造良好的氛围以调动起学生学习的兴趣。这就需要教师在课堂沉闷的时候，学生回答问题不积极的时候，学生不自信的时候要及时地用鼓励的语言、赞许的口吻、相信的眼神来打破沉闷、拉近师生的距离、消解畏难的心理。寇老师上课时对回答问题精彩的同学总会竖起大拇指，这对学生是多么大的鼓励和自信心的激发，这一动作已成为寇老师教学艺术的标志之一。

四是衣着得体表现的形象之美。教室是教师神圣的殿堂，学生是教师存在的意义。进入教室，面对学生教师心中要有一种敬畏感和感恩心。寇老师上课总是西装革履打领带，衣着得体而正式，穿着整齐而干净，这对学生是一种尊重，这也是通过教师自身独特的形象之美来引领学生。教学艺术之美，让学生在美的熏陶下润物细无声的提升其审美鉴赏的能力。

教学永远在路上，成长也永远在路上。寇老师学高为师，身正为范，能有寇老师的引领提携，我在以后的专业成长中将会更有目标。寇老师在教育上所做的这些都不是为了什么名和利，只是一种对教育理想的执着追求。

遇到寇老师实乃人生之幸运，中国语文教育界能有如此之"大先生"真乃有幸。

再过两天就是第38个教师节了，在这里祝寇老师身体健康，教师节快乐！也祝《烂柯文集》早日问世，以飨读者！

2022 年 9 月 8 日

真心真意真性情　亦师亦友亦舅父

　　人这一生中，能遇到几个真心帮助你成长的人实在不容易。我是幸运的，因为我遇见了寇老师。

　　第一次听说寇老师的名字，是在2019年的夏天。受朱永海校长之约，寇老师不远千里来为我校所有教职工上示范课、做讲座。可惜那时我正在休假，并不在学校。第一次见到寇老师是在第十二届"万唯·语文报杯"全国中青年教师课堂教学大赛的前一天。7月的扬州炎热无比，走几步路便能让人汗流浃背。寇老师不辞辛苦，提前在扬州中学借了一间多媒体教室，听我们这些主要从西部来的老师一一说课。我和同校的赵老师到得迟一些，寇老师便等我们到晚饭后。寇老师一个人坐在那里，认认真真地听，开诚布公地评。指出问题一针见血，然而又不让人觉得难堪。我想，这大概就是真诚的力量吧！

　　扬州学习结束后，寇老师给我们留了"作业"——结合听课内容修改自己的教学设计，撰写反思。在寇老师一次次仔细的批阅和细致的指导下，我写出了自己研究生毕业以后的第一篇教学论文。这也是我从教以来第一次如此深入地反思自己的教学。我深感惭愧又无比庆幸：惭愧自己在教学研究方面起步太迟，又庆幸自己终于迈出了前进的步伐！

　　再见寇老师是在2019年的冬天。西北已经飘起了白雪，金华却依然是一幅秋天的绚丽景象。寇老师身穿一件深蓝色衬衣，套一件橘色西装外套，神采奕奕。当我们夸赞寇老师的衣服好看时，他笑着说："衣服的颜色要和季节相配。这里的景物如此绚丽多彩，衣服自然也不能非黑即灰、死气沉沉吧！"这话说得真好！不仅是衣服和季节要相配，人和衣服也要相配。穿衣打扮是生活中的小细节，却也是一个人生活态度的体现。人只有热爱生活，生活才能热气腾腾。人只有热爱工作，工作上才能不断进步。人只有热爱自己，才能自尊、自律、活力满满。就像寇老师那样！

　　这次我们来金华是为了参加由浙师大主办的第十一届全国新语文尖

峰论坛。亲眼见到诸多语文教学专业报刊的名编辑，亲耳聆听各位语文教学流派创始人的发言，与来自全国各地的优秀教师同台竞技，这又是许多个我从教以来的第一次。相比其他老师，我紧张怯懦，毫无经验。但我却无比开心。因为我明白了即使是在落后地区，语文老师也仍然可以在专业上继续发展，成为兼具学识和思想、德行与修养的"名师"，从而影响更多学生和同仁。而这正是我更想走的一条路。活动结束后，寇老师建议我们去看看艾青故居和金华双龙洞。当我们看到艾青的手稿，当我们来到叶圣陶笔下的双龙洞，我们的内心无比激动。语文学习的外延就是生活的外延，只有当我们把那些课本里的文字和鲜活生动的生活联系起来的时候，我们的语文课堂才能有生命的气息。

金华之行，寇老师教给了我太多太多。

后来，寇老师在庆阳成立了名师工作室，我有幸成为其中一员。订阅专业期刊，撰写读书笔记，跟随寇老师在武威、民勤和西安等地听课、上课。在寇老师的带领下，我逐渐成长了起来。然而寇老师给我的影响，不仅仅体现在教我如何做一个对教师职业充满虔敬之心、坚持用自身成长带动学生成长的老师，更体现在他让我明白真心真意待人是多么的难能可贵而又无比重要！

那是2020年的夏天，我偶然间听舅父说起，他的大学同学寇永升要来庆阳，可惜他正忙，没有办法见面。我这才知道，原来寇老师和舅父竟是昔日同窗。舅父英俊儒雅，为人真诚。能得舅父赞扬的人，必然也是同样真性情的人。冬天，趁着寇老师来庆阳工作室上课的机会，两位昔日好友终得相见。三十年时光逝去，两个人都从翩翩少年变成了鬓间隐约露出灰白的中年人。一个继续留在西北，一个去了江南，经历、境遇全然不同，可是却仍然能在一壶清茶、一碟小菜、一盘橘子间聊得风生水起。时而慨叹，时而大笑。他们的求学之路充满了艰辛，可是他们总是苦中作乐，把学习当成一种幸福。在他们的故事里，还有很多其他的青年们，他们互帮互助，把同学当成是同甘共苦的兄弟。这样的真心真意，在如今这个年代已经很少见了！我从舅父和寇老师的青春里，看到了风华正茂，看到了同学情深，看到了年轻人对知识的渴求、对未来的憧憬，看到了西北人内心的坚韧！这时候的寇老师，不仅是我的老师，更是我的长辈。寇老师工作繁忙，却始终愿意挤出时间来与几十年未见的老同学相见，却始终愿意不辞辛苦到这西北偏远之地传经送宝，却始终愿意对像我这样的落后青年关怀照顾、悉心指导，这需要多么真诚的一颗心呢？

忽然想到，寇老师对待别人似乎总是这样，真诚而坦荡。每次带领团队参加活动时，他都会提前询问大家是否已经到达，住宿是否已经安排好。见面时总会亲切地和所有人打招呼，还会细心地叮嘱第二天要上课的老师晚上早点休息。我们发给寇老师的课件他总会非常认真地看完然后给出详细的建议，我们写的反思寇老师连标点符号都会一一纠正，我们上课过程中出现的问题他也会毫不掩饰地指出。这已经不是简简单单的"工作认真"或者"态度严谨"所能概括的了。这是一种真心、真意和真性情！唯有其真，才能有今日专业上的成就；唯有其真，才能赢得无数同行和弟子的尊重；唯有其真，才能成就独一无二的寇老师！

2022年暑假，寇老师在武威工作室组织教研活动时，我们又一次在课堂上相遇，令我倍感温暖而又忐忑的是，寇老师在给他的老同学们介绍我时说："这是我外甥女……"

寇老师和蔼可亲，幽默坦诚。在寇老师身边，就像是在一个亲近的长辈身边。他总是指导你、鼓励你，偶尔批评你、鞭策你。他更是以身作则，让你知道真诚地对待工作、真诚地对待生活、真诚地对待身边的人，就一定会收到工作、生活和他人真诚的回应。

关于寇老师，还有许多未说的话、未叙的事。纸短情长，待岁月来续。

2022年9月

我和寇老师的四次相遇

陕西省西安市西航一中　尹丽

2021 年 10 月，我与您第一次相遇，那是在"十三届尖峰论坛寇永升团队"的群里，我的师傅王洁老师拉我进群，我问她："这个群主寇老师是谁呀？"师傅说："是江苏南菁的一位很厉害的老师，经常来咱们学校听课，指导我们上课，先前指导过我的一节课，简直一针见血。"自此，我对素未谋面的您有了第一印象：一位严肃、严厉、严谨的老师。自此，对参加尖峰论坛更是不敢懈怠。

受疫情影响，本应在浙江金华举行的活动一再延期，最终改为线上进行。

再一次与您相遇，已是 2022 年 6 月 30 日。那天的场景我记得可清楚，我正坐在学校录播教室熟悉讲义，刘校长陪同您进来。您当天穿了一件紫色衬衫，显得十分精神，手里提着电脑大步走进来，特别干练。我刚上前问好，您便同我亲切地握手，笑容和蔼地说："尹丽老师，终于和你见面了。"我当下受宠若惊，您竟记得我是谁，对我这个年轻老师如此关注，没有一点架子。您坚持要坐教室最后一排，您说您随时都要用电脑，必须坐在电源旁边，我暗自惊奇：第一次遇到提出这般要求的老师。您一落座就打开电脑，听课的过程中，目光如炬，时常在电脑上记录什么，或是听到关键处，您会站起来饶有兴味地看着老师，及时用手机拍下幻灯片或板书，随后又将图片插入到 word 文档记录中。听课、上课、做讲座，活动进行了整整一天，我没有看到您显出过一丝倦怠的神情。

半个月后，经您指导，我们学校四位老师录制的课通过腾讯会议播出，供新疆老师观摩。这一次，我收到了一份您发来的 1600 字的评课稿。评课稿中有授课内容的文本分析，有针对每个教学环节的详细指导，还有关于问题设计的切实建议，耐心、细致如此。"这样的有疑而问，并非要学生立即能回答出，恰恰是一种引导和激趣，让学生不断挑战自我，如此，教学的过程中，教师的教和学生的学就更有动力和方向。"本没有如此多预设效果的教学环节设计，您却以充满教育智慧的评价赋予了它生命力。这让我重新审视自己教学设计中的每个环节，斟酌问题设计的梯度，思考达成目标的学法的设计，甚至推敲每句过渡语是否恰当而精准。您的文本分析能力和教学把控能力，足以让同样从事这门教学工作的我对这项事业更添敬畏之情。

　　一个月后，我第四次与您相遇。幸运的，这次我又承担了公开课，得到了您的指导，观摩学习了您的示范课《曹刿论战》。您解读文本之深入，把握核心要点之精准，分析教材编辑体系之透彻，令人震撼！活动结束后，我们几个年轻老师把您围住，先后问有关如何备课、课文的重点如何确立、在哪里查找相关文献等一系列问题。我们的问题一个接一个，那时的您已进行了一整天紧张的听课、讲课、评课活动。您依然打开电脑，事无巨细，从备课应遵从怎样的顺序进行，在哪里、如何搜集和查找文献，如何形成资料并保存和更新等许多方面，都给我们耐心的教导。结束时，已是晚上8点。几个初出茅庐的年轻老师，深深感受到了您作为一位前辈、一位长辈对我们的期待和关爱。

　　您专业研究精深，耐心指导后进，何其幸运；我和您有过四次相遇，每一次相遇，都鞭策着我循着您指引的方向不辍前行。

2022 年 9 月 10 日

做一个追光者

甘肃省庆阳市第一中学　任文汇

第一次见到寇老师，是 2019 年秋。

那时我在教高三，学校突然通知去一号报告厅听课，据说，是江苏的名师授课。

一中的传统，一直都是高三教师不参与教书以外的活动的，例如同课异构、优质课等，怕影响教学进度。因此看到通知的时候，我有些诧异，心里想，是怎样的大师级人物竟让学校改变了一贯的作风呢？

等我到了报告厅，才发现，原来不仅是语文组的老师听课，是全校的老师都听课。报告厅早已坐满了人，还有一些从别的学校赶过来的老师。我找了一个角落才坐下。

第一节课是我校教师的课，授课内容是杜甫的《登岳阳楼》，那是比较传统的一堂课，按部就班的导入，展示学习目标、朗诵、提问等。这时，我注意到左前方第一排有一位个头不高、肤色白皙、很有精神的老师一直在用笔记本电脑敲着什么，看样子应该不是我们学校的老师。难道这就是江苏的名师？我心里这样想着，又回过头，快速地写听课笔记。

很快，我校教师的那节课结束了。

这时，我所注意到的那位短小精悍的老师起身了，他站在一侧角落，拿出一条金黄色的领带系在脖子上，然后快步走上主席台，打开了课件。简短地进行了自我介绍，我这时才知道，原来他本是甘肃景泰人，毕业后先在嘉峪关任教，后来人才引进去了无锡。按照他自己的话说，他是生活在江南的甘肃"卧底"。

我在他打开课件的那一瞬间，感到难过。因为我发现，他讲的是三首登高诗，是群文式比较阅读。这意味着，我们学校教师那节课落入下乘了。事实的确是这样，那节课，寇老师设计得极好，层层推进，我们的学生受益良多，实打实地学习到了鉴赏诗歌的方法，对寇老师敬佩不已。我身边的同事，包括二中、附中来的听课的老师，都觉得眼前一亮，认为寇老师这样的教学方式为我们到来的新课改提供了借鉴。

那节课后，寇老师为我们做了一场报告，主题是"新课改背景下教师的核心竞争力"。那是我第一次认真地听报告，我身边的同事也一改平日的不耐烦，听得津津有味。那场报告令我印象深刻的有两点：一是寇老师发表了百篇高质量论文，很多都是发表在了核心期刊上；二是寇老师从嘉峪关去江苏无锡求职时，所带的一箱子教案本。这令我无比震惊，我不是个爱写教案的人，当我听到他讲起自己拉了一箱子教案的时候，我感到汗颜。我的教案，都是写了，组长、教务处查了后，我就扔了，几乎没有保存下来。而我的发表的为数不多的几篇论文，实在是质量很低，纯属凑数。在他近三个小时的报告中，我发现他一直保持着洪亮的嗓音，中途也没有怎么喝水。而我则在他的讲述中明白，为何他会从嘉峪关引进到无锡锡山中学，又为何会被再次引进到南菁高级中学，在他的身上，有那些我所不具备的闪闪发光的优点，比如：坚韧、务实等。

在这节课后不久，学校提出要在我们单位成立寇老师的名师工作室。我积极地报了名，也如愿加入了。此后因为突如其来的疫情，寇老师未能再来我校指导。直到2020年的5月，名师工作室挂牌当日，我才再次见到了他。

那时学校另外两名参加了名师工作室的成员就李清照的《雨霖铃》《醉花阴》与寇老师进行了同课异构，而我因为在高三，未能参加。事后，我问及我那两位同事，课上得如何？寇老师是什么评价？他两位都面露赧色，连连摇头。我从其他同事口中得知，寇老师对那两节课都不满意，觉得方法陈旧，理念落后，设计欠缺，两节课极其相似。我心里突然有了一种惶恐，因为那两位老师是同组青年教师中的佼佼者，他们的课尚且如此，那我呢？我只能加倍努力了。

此后寇老师针对我的一些文学作品提出了意见，他认为我文笔极好，诗词散文都写得不错，但是专业论文写得太糟糕，也没有发表过什么好的论文。让我订阅一些专业书籍，就这一块进行提升，他推荐的是《中学语文教学参考》《语文教学通讯》，我都订了。

转眼间，时间到了2020年11月。在寇老师的邀请下，我与本校另一位老师赴浙江金华参加第十二届"新语文教学"尖峰论坛。前后大约一周。

在金华，我见到了来自全国各地的名师、大咖，也见到了浙江师范大学的蔡教授。

论坛有六项比赛，分别是：微讲座、现场授课、说课、模拟上课、现场写作、论文评比。

现场课有五位授课教师，分别来自新疆、甘肃、浙江金华、浙江温州、河北衡水，内容集中在《登泰山记》及《我与地坛》。

我印象深刻的是，温州那位女老师上的《登泰山记》。在高中时代，我就学过这篇课文，尤其喜欢里面的句子"苍山负雪，明烛天南"，但是等我当了老师，教材里面却没有这一篇文章了。没想到统编教材再次选了这一篇，我抱着极大的兴趣，努力回忆着我高中那个时候老师的授课场景，又认真聆听这位女老师的授课。

她温文尔雅，面带微笑，很有亲和力，在跟同学们一起学习了生僻字词后，拉近了跟学生的距离，很快就开始了爬山路线，沿途景观分析，后又资料链接了姚鼐生平主要事件，让学生了解了登泰山这个重要的时间节点。我受益匪浅，回想我的高中时代，似乎就是知人论世，文言知识概括，背诵课文，就结束了。十几年间，可见课改进行得很好，很有成效。

在尖峰论坛上，我参加的是现场写作，也是论坛最后一项比赛。

那日，比赛给出了三个题目：一、金华印象；二、教育培训是否要意义？三、父母给孩子辅导作业鸡飞狗跳的现状。

我选择了最后一个，洋洋洒洒写了2600多字，提交了。

那日，比赛结束，已是下午4点，尚有余暇，寇老师建议去参观艾青故居及大堰河墓地。

艾青故居在金华示教畈田蒋村，距离金华市区不远，我与几个同行拼车前往。大约40分钟后，司机离开高速，驶向郊区。在一个路口处停了下来，告诉我们到了。

下车后，因是郊区，周围没有高大的建筑遮挡，寒风裹挟着湿气迎面而来。我们顶风冒雨，大步走了10分钟，终于到了大堰河墓地。

墓身用青色的砖砌了，墓后是高大的法国梧桐。

墓前有石碑，上面刻着："大堰河，我的保姆，我敬你，爱你。"

时值深秋，暮色苍茫，墓周遭有一些松柏及一些不知名的树，叶子也竟都绿绿的。梧桐树的叶子却大都黄了，零星地挂在枝头，更多的叶子早已凋零，落在地面上，厚厚的一层，脚踩上去，砖铺的地面多了一些松软。周围还有一大片农田，低矮的作物，露出亮亮的黄色。

按照事先的安排，我们将在大堰河墓前，朗诵艾青诗歌《大堰河，我的保姆》。

寇老师将事先打印好的诗歌拿出来，发给我们，我们很快划分了朗诵任务。

我划分到的是第七节：

大堰河，为了生活，
在她流尽了她的乳液之后，
她就开始用抱过我的两臂劳动了；
她含着笑，洗着我们的衣服，
她含着笑，提着菜篮到村边的结冰的池塘去，
她含着笑，切着冰屑悉索的萝卜，
她含着笑，用手掏着猪吃的麦糟，
她含着笑，扇着炖肉的炉子的火，
她含着笑，背了团箕到广场上去，
晒好那些大豆和小麦，
大堰河，为了生活，
在她流尽了她的乳液之后，
她就用抱过我的两臂，劳动了。

坦白说，我之前并不喜欢这一节，教书多年，我喜欢的，一直是第三节：

大堰河，今天我看到雪使我想起了你：
你的被雪压着的草盖的坟墓，
你的关闭了的故居檐头的枯死的瓦菲，
你的被典押了的一丈平方的园地，
你的门前的长了青苔的石椅，
大堰河，今天我看到雪使我想起了你。

　　每每读罢第三节，我总觉得画面感极强：破败的长满了枯草的坟头，颓圮的旧居，屋顶有一块没一块的破烂的瓦片，斑驳的野草攀爬的石椅……在冬日大雪中，没有人记起这坟头下埋葬的，也曾是一个鲜活的生命。而就在这漫天大雪中，艾青想起来了，冬日的雪落在坟头，覆盖了些许的枯草，落在屋檐，遮盖了破旧的屋顶，那小小的一片墓地里，埋葬了自己至亲的人……
　　多年以来，我一直喜欢这一节，它的意象、意境，都很符合诗歌的含蓄美，而其他章节，太直白，或者控诉，或者记叙，总让我觉得缺少了一些想象。

起初，我是真的想朗诵第三节的，因为这一节，让我觉得深深的哀伤。但因为已经划分了任务，我不好更换，便坦然接受了。

这首诗，我们诵读了两遍。

奇怪的事情发生了，不知道是因为环境的影响，还是顿悟了，我突然发现，第三节的感染力弱了。相反倒是我以前不太喜欢的后面的章节，让我心生触动。

那些琐碎的事情，一件件、一桩桩在我眼前浮现：煮饭，补衣，洗衣，洗菜，切萝卜，掏麦糟，扇火……

我似乎看到一饱受苦难的底层妇女，缝缝补补，佝偻着身子，眼睛浑浊，神情凄苦。

这是为什么呢？

我有些困惑。

离开大堰河墓时，天已经黑了。

周围都是农田，我们打不到车，只得步行到艾青故居。

晚风撕扯着沿途高大的树木，大家都冷得哆嗦。约莫走了20几分钟，才到了艾青故居。

因为时间紧，看管的人不停催促，我们走马观花式地看了看，就出来了。

但哪怕是走马观花，我也发现，艾青的原生家庭家境不错，宅子很大，布局合理，天井下放置了几口大缸，里面种植了睡莲。房屋里陈设考究，桌椅大都是红木的，看得出不是寻常人家。

出了艾青故居，我们前往大堰河故居。

不过几步路就到了，看守的人是一位老爷爷，约莫六七十岁穿着整齐，形体消瘦，他是大堰河的孙女婿。

我原知道艾青出生以后被送到同村的邻居家也就是大堰河家抚养，但我不知道，这两家竟然距离如此之近。

大堰河的家，很小，很矮，是经过修缮的。

没有厅堂，只有矮小的灶房跟卧室。

光线很暗。

房子里有些许农具，墙壁上像诗里一样，贴了大红大绿的关云长画像，图是新的。

出了大堰河故居，我们行走了好大一会，才依稀看到市场、旅店。

找了一家饭店简单用餐后，我们打车回到金华市区，已是深夜。

第二日，我返回甘肃。

返回后，再次打开课本，我重读了《大堰河，我的保姆》。

那时心底的疑惑，终于有了答案。

儿时的记忆是鲜活的，不可泯灭的，艾青的记忆里，便是大堰河终日忙碌的身影：煮饭，补衣，洗衣，洗菜，切萝卜，掏麦糟，扇火……

这几段是文中最真切的，真真实实的生活场景，宛如一帧帧画面，是连续的，是动态的。而远离了那个年代的我们，其实很多场景难以感知。只有站在衰草离坡的坟前，在西风残照、暮色黄昏中朗诵着诗歌，感受着一个可怜悲苦的灵魂长眠于此，我们才会在诗句里回顾这个人的一生，生出最真实的，最真切的感受，这个人物形象才会逐渐立体起来。那些没有雕琢的、朴实无华的诗句，才能焕发出无限光彩，照耀这个人穷苦的一生。

诗歌的后面，写道：大堰河，含泪地去了！

回忆完大堰河凄苦的一生，作者满含热泪，他再次回忆起大堰河粗大的、长满老茧的手，干巴的、裂开的唇，泥黑的、温柔的脸庞，干瘪的、被吸干乳汁的乳房，他才会在结尾写道：

大堰河，我是吃了你的奶而长大了的，
你的儿子。
我敬你！
爱你！

这些诗句，简单，直接，不加修饰，却令人动容，在伟大的母爱面前，再优美的语言都失去了光泽。

而之前引起我共情的，诸如瓦菲、坟头，衰草、石椅这些东西，恰好就是大堰河死去若干年后，作者追述似的语言。

这种语言的感染力，就像电影开场的环境描写，容易让人去想象后面的事物。但在亲眼见到大堰河墓，再在诵读中感受大堰河这一系列的生活场景后，在这个光辉伟岸的母亲形象面前，这些清冷的句子，这种追述似的语言美，意境美，犹如静止的画面，此刻，便黯然失色了。

回到甘肃后，有一天，寇老师联系我，告诉我我在现场写作环节拿了特等奖，分数高出第二名10分多。我很诧异，根本不敢想象自己能拿到特等奖，但是寇老师说，要相信自己的实力。

此后，我更加努力了。

2020年12月，我评到了高级教师，我第一时间把这个消息告诉了寇老师，他也为我高兴，说你恐怕是家乡最年轻的高级教师了吧？我说我不太清楚。他问我多大了，我说34岁。他说，那你绝对是最年轻的，我这些年到处讲课，还没有听说过谁34岁就高级职称的呢。他让我继续努力，不能躺平，一定要戒骄戒躁，踏踏实实教学。

2021年6月，寇老师再次来到我们学校指导教学。

这一次，我不再是听课的老师，而是上课的老师了。

我与附中、宁县四中、正宁一中的老师一起，进行同课异构活动，授课内容是《一名物理学家的教育历程》。

那节课，我准备了很久，学生在课堂上也积极回答问题，我设置的几个关键问题在事后得到了寇老师的表扬，这让我深感意外。我那时已经做好了挨骂的准备，因为我的同事们说过，寇老师是很少夸奖人的。

在我们几个老师上课结束后，寇老师上了一节示范课。在他没有上课之前，我一直在想，他会选择哪个角度上这篇课文呢？我猜测了很多，但直到他开始上课，我才发现，我搞错了，他讲的是修辞。这是我直接没有想到的。

由此可见，一节课，有很多个切入点，不一定是我们熟悉的人物形象分析，成功经验等，我们需要认真阅读文本，进而深入思考，到底哪一个角度，能打开学生的视野，给他们带来别样的感受，从而获得真正的语文核心素养能力。

2022年7月，我作为寇老师名师工作室的一员，有幸赴甘肃张掖中学、山丹中学进行同课异构活动。

参加这次活动的，还有甘肃名校西北师大附中。

在山丹中学，我授课的内容是《人皆有不忍人之心》，寇老师未曾点评，我想肯定是不如人意的。

等到了张掖中学，上完《红楼梦》整本书阅读，我怀着忐忑的心情偷偷瞟了一眼坐在评委席上的寇老师，见他双眼含笑，我才踏实了许多。

到了评课环节，果然评委们的评价都很好，认为那节课我的切入口独特，问题设置合理，后面的思维的发展与提升也符合新课标的要求。我心里暗暗高兴，寇老师说，这节课相比《人皆有不忍人之心》那可好太多了。你肯定是觉得来张掖上课有压力，所以好好备课了是不是？我点了点头。

确实，一个礼拜内，我的重点都放在了《红楼梦》上，绞尽脑汁，想给大家不一样的体验。最后总算是找到了一个突破口，然后才精心设计，最后登上去往张掖的列车的。

从 2019 年至今，我没有见过寇老师几次，他总是很忙，奔波在西北各省。用他的话说，西北养育了他，虽然他身在江南，但是他要用平生气力回报西北，他要让西北的教育理念改观，为此，他在西北建成了几十个工作室，每年都进行教学研讨活动，就是为了凭一腔热血、以一己之力、靠一股干劲推动教学的进步。

穷则独善其身，达则兼济天下。寇老师在 2021 年已经评为特级教师，论职称、论荣誉、论资历，我觉得他是完全可以"躺平"了。但是他没有，他忙碌的身影依旧来回穿梭在江南与西北之间，我认为，他才是真正的教育者，他眼里的教育从不局限于某个学校、某个地区、某个省份，他眼里的教育，从来都是惠及所有教师、所有学子。在他眼里，教育不分地域、不限民族、不管身份年龄职务……这就是寇老师，这位教育大家、教育名师给我最深刻的感受。

转眼间，又是深秋时节，这三年，我成长了很多，收获了很多，从一个懵懂无知、只知道埋头教书的人变成一个心向教育、不断学习、不断进步、不断前行的人。岁聿云暮，我不禁遥想当年，寇老师第一次来庆阳一中授课的场景，他结实的身材，金黄的领带，自信且坚定的目光，潇洒自如的授课风格……那时遥遥一见，不承想会对我的职业生涯产生如此巨大的影响。星星之火，可以燎原，寇老师正是以自己的微弱之光照亮前行道路的人，他是我职业生涯中出现的一束光，影响着我对教育理念、教育方法、教育真谛的追寻。未来的路还很长，我会追逐着寇老师的脚步，像他那样以一腔孤勇投身教育，不停追光，不断完善自己，成长为像他那样的——真正的教育"追光者"。

2022 年 11 月于庆阳

高山仰止 景行行止

甘肃省庆阳第一中学　王文伟

与寇永升老师的碰面总共也就三次：第一次有幸观摩学习寇老师主教杜甫的《登岳阳楼》，收获颇丰、受益匪浅（况且这一次我识寇老师，而寇老师不识我）；第二次能够与寇老师同台交流李清照的《声声慢》，并受到耳提面命般的指导，那又是"怎一个幸字了得"；第三次跟随寇老师参加"新语文教学尖峰论坛"系列活动，又给我这个西北的教书匠以醍醐灌顶。寇老师那种"以不停地提升自己而教好学生"的教育理念，都使我自己的教育思想得到了转变，理念得到了更新，意识也有所突破，激情也受到感染，方法更得到洗礼……

走心的课堂让我心动

寇老师主教的《登岳阳楼》虽只是短短的一节课，但无论是对受教的学生还是旁观的同行来说，通过这一节课都必然或多或少地会发生一定的生化反应。课后，教地理的刘世玺老师说："应该让寇老师上大课，45 分钟意犹未尽。"孩子正在上高三的英语老师赵丽娟说："通过寇老师的这一节课，也让我对孩子的语文学习有了一定的想法。"单就这一节课的教学设计来看，寇老师在各个方面都极为"走心"。

一、教学理念很"走心"。本节课的教学内容虽是杜甫的五言律诗《登岳阳楼》，但从一开始寇老师就奠定了整节课的基调，他并不单单停留在这一首诗歌的教学中，而是通过这一首诗的赏析从而学会鉴赏所有的登高类诗甚至所有的古典诗歌。寇老师真正做到了授人以渔。

二、教学方法很"走心"。杜甫的这首《登岳阳楼》单从诗歌的内容来说学生理解起来难度不大，所以在教学中需要在广度和深度上走走心。而寇老师将整节课的主题定为"登高诗比较阅读赏析"，把崔颢的《登黄鹤楼》、李白的《登金陵凤凰台》和杜甫的这首《登岳阳楼》比较阅读，无论是广度还是深度都极为"走心"。

三、教学交流很"走心"。目前语文教学举步维艰，其中一个很大的原因是学生缺乏语文学习的兴趣。本节课一开始学生们的表现不尽如人意，寇老师亲切热烈而不乏幽默的开场方式也没能让他们有所"动衷"，但随着寇老师一句句"最红的那位男生""发型最酷的那位男同学""你的回答就如同给爷爷挠痒痒就差那么一点点了"等形象具体而富有生活气息的言语调动，学生们自觉不自觉地投入到课堂的节奏中去。

作为一个已出现职业倦怠苗头的语文教师，面对长期坚守在语文教学一线的寇永升老师，我内心更多的是惭愧。但通过寇老师的这一节课，也拨云见日，豁然开朗。

既获良药，又得秘方

45分钟的一节课能达取得怎样的教学效果，寇老师很好地给我上了一课。对于《声声慢》这首宋词的教学，我也只是停留在本词的层面，而寇老师没有单单拘泥于课堂45分钟的影响，从写作时期、情感主旨、主要意象、艺术手法、炼字赏析五个方面具体展开，同时利用这一首词的学习让学生学会解读古典诗词的五方面内容。如果说我只是立足于本词教学的这一棵树，那么寇老师放眼的是整个古典诗词教学的这片森林。

课前提供当代作家梁衡的历史散文《乱世中的美神》让学生阅读，做到了相关理论知识的铺垫。在课堂教授中，寇老师每一个知识点的解读都会引申到相关的许多典型的课外知识加以佐证拓展。如关于《声声慢》首句"寻寻觅觅，冷冷清清，凄凄惨惨戚戚"叠字手法的解读，寇老师先后引申陆蓥、唐圭璋、傅庚生三位名家的点评，同时拿来元代乔吉《天净沙》、法国克洛岱的《绝望》以及学生的套作《声声慢·考试》让学生深入理解。通过列举白居易《长恨歌》、李煜《相见欢》、温庭筠《更漏子》、乐府诗《孔雀东南飞》、贺铸《鹧鸪天》等作品，引导学生得出"梧桐"这一意象有三方面寓指：寓意忧愁、凄凉，象征吉祥、人才、投资，象征爱情或失偶。这样既形成了课堂知识的生成，当然也就保障了课后方法的升华。

宋代著名学者朱熹在《朱子童蒙须知》中说："凡读书，……只要多诵数遍，自然上口，久远不忘。古人曰：'读书千遍，其义自现。'谓读熟则不解说自晓其义也。"寇老师已不仅仅停留在让学生准确、有感情地诵读，也不单单把诵读当作诗歌教学的一个必备环节。如在赏析叠词的妙用时，寇老师让学生们试读"寻寻觅觅，冷冷清清，凄凄惨惨戚戚"与"寻觅寻觅，冷冷清清，凄惨凄惨戚戚惨"、"寻觅，冷清，凄惨"、"觅觅寻寻，清清冷冷，戚戚惨惨凄凄"，比较所表达的不同效果，通过诵读的方式让学生切身感受古典诗词的音韵之美。

通过此次活动，从寇老师处的确是既获良药，又得秘方。

理念获得洗礼

寇老师曾多次指出："制约西部教育的关键性因素是教育教学理念，而理念恰恰是教育的制高点。"寇老师从西北到江南，从甘肃名师到江苏名师，他的观点来源于实践，具有客观性和权威性。寇老师带领我们参加的"新语文教学尖峰论坛"系列活动也再一次印证了寇老师"理念恰恰是教育的制高点"的论断。

从教十几年来，参加过大大小小形形色色的各种培训，以往只是带着耳朵去聆听"真知灼见"，但在会场听得热血沸腾，三分的热度过后照旧耕着自己的一亩三分地。扪心自问，当时接到参加本次论坛的通知，自己的期望值也不是很高。但抵达浙师大后的第一天，寇老师在工作室微信群中发了《今天我们该怎样听课？》一文，让我觉得此次活动可能绝不那么简单。过后来看，本届论坛果然颠覆了以往我们西部省市教研培训带给我的认识。首先"以赛代会"独特形式，不仅让来自全国各地的同行们来了一次难得的思想碰撞，更重要的是给每个参会者提供了一次展示与发展的舞台。论坛内容更是干货满满，教学论文写作与发表主编现场指导，模拟授课、同课异构、说课比赛、微讲座、微写作，不可谓不荤素搭配、营养丰富。论坛虽然落下了帷幕，但工作室的活动并未结束。以往有过带领学生出去研学旅行，没想到这次自己也能有研有学。《大堰河，我的保姆》自己虽然已经执教不下三次，但无论是对作者艾青还是主人公大堰河的认识，仅仅也只是停留在人教版教材中。这次跟随寇老师在大堰河墓前诵读全诗、参观艾青故居和大堰河旧居，让我对主人公的认识得到真挚情感的升华。寻访艾青故居，不仅让我体验到金华名人施光南音乐《在希望的田野上》中的美丽乡村风光，更重要的是让我认识到艾青诗中"我是地主的儿子"的现实境况……

随着一步步和寇老师走得更近，我也一步步走向了成长，从稚嫩的"菜鸟"青年教师到现在的"甘肃省技术标兵"、庆阳市"教学能手"，从一级教师到现在申报高级教师，正是由于寇老师的引领。

《诗经》有言："高山仰止，景行行止。"

《史记·孔子世家》有云："虽不能至，然心向往之。"

2022 年 11 月

由粗放式向集约化转变

——寇永升名师工作室试卷讲评教研活动反思

甘肃省景泰县第二中学　张丽霞

寒冬腊月，岁末年终，江苏南菁高中寇永升教授再次不远千里莅临我校引领工作室成员展开"如何讲评试卷"的教研活动，在为期两天的听评课教学研讨中，寇教授为我们带来了江南教学理念的春风，掀起了我们西北地区教学思想的巨变——由粗放式向集约化转变。

寇教授直言，本次试卷讲评教研活动带给他最大的感触，就是家乡同行们教学思想理念的陈旧，从阅卷到讲评再到备考的做法无不体现着粗放的特点，听闻教诲，感触颇深！

阅卷

考试阅卷是每个教师必须参与的教学工作。寇教授说，江南学校的阅卷原则，名句默写，只要难以辨认就不给分，这一点深深触动了我。在平时的默写中，我也是严格遵循这个原则，只要我不认识的一律扣分，但是在考试中我和绝大多数老师一样，本着能给分即给分的原则，只要大概字形差不多就给分，有意无意地放松了尺度，老想着学生也不容易。细细想来，模糊不清是因为书写潦草难以辨认，但无论经历多少次考试，老师强调多少次，再上考场学生依然如此。正如评课过程中卢有瑜老师谈到的，正是因为我们阅卷尺度的宽松，才助长了部分学生书写潦草的恶习！仔细想想，何尝不是如此呢？学生写得那么乱，都能得分，他自然不会重视，反而会出现一旦老师不给分就认为是老师辨识能力差的问题，久而久之会更加不当回事，我行我素。俗话说"严师出高徒"，试想，如果我们能每次阅卷时都如寇教授在南菁高中的做法一样，只要看不清就扣分，全校形成统一标准，那么学生自然会认真对待，主动练字，自己想方设法提高卷面工整度，岂不是"不待扬鞭自奋蹄"？

讲评

本次教学研讨活动共听了六位高三老师的试卷讲评课，寇教授在点评中真心实意地为我们传授了讲评备课的法宝，即考后回收学生的试题卷和答题卡，重点题目、重点学生任课老师再行手工批阅，然后集中精力寻找不同错误类型的答卷，拍照制作成讲评幻灯片。这一点给我的触动非常大，之前我也在讲评中展示学生的典型答卷，但是我选择的多是优秀答卷，问题答卷少，因为我觉得展示优秀答卷可以增强学生自信心，也可以为其他学生做出示范，而问题答卷会损伤学生的自尊心，让学生觉得老师在有意取笑他。但是听了寇教授的做法之后，我发现我理解的远远不够，展示优秀答案可以更加促进优秀学生提升，但是对于问题学生而言可能觉得自己与优秀作品差距太大，自己再怎么努力也做不到那么优秀，所以对自己的问题依然不会重视。与其给出范本表扬优秀，不如一针见血地展示问题试卷，让问题学生有清醒的认识进而立志悔改，而不是滥竽充数地蒙混过关，永远也发现不了自己的问题在哪里。当然在具体做法中看我们应该灵活处理，比如像寇教授那样隐藏问题试卷姓名，只展示答卷情况以说明问题，并不是让个别学生难堪。

备考

考试是学生学和老师教的成果的集中体现，而成绩的背后无不凝聚着师生平时备考学习的汗水。寇教授在点评课和对学生讲座中都提到了南菁高中平时备考的优秀做法，从默写本的准备到默写批阅纠错的要求，都体现了集约化的优势。想想我平时的做法，默写本也有，也是要求方格本，但是总有那么几个人不能按照要求准备本子，总是用横线笔记本代替，对此我也强调过很多次，但总是无济于事，我总觉得让学生再买一本似乎有些苛刻，学生自身也不愿意再多花钱。再说默写的批阅，我都是在复习阶段用活页纸让学生默写，这样便于我携带到办公室或者回家批阅，阅后也会强调学生保存下来作为复习资料，但是因为活页纸不利于保存，学生总是丢三落四……最终，把默写演绎成了猴子掰苞米。

最后说默写纠错，我的做法虽然也在强调用红笔更正错字，但是没有像寇教授那样要求：必须把错字放在句中写三遍。

以上粗放式的教学无形中降低了我们教学的效率。

毋庸置疑，粗放式的教与学导致了我们教学效果甚微和效率低下。要想提高教学效率，就要从思想上彻底地完成由粗放式向集约化的转变！

（第二辑）栗梓情

师生成长的关键：走一步，再走一步
——记写在讲评课授课、观课、评课后

甘肃省景泰县第二中学　　李婷

在江苏名师寇永升教授的安排指导下，历时两天的教研活动拉上了帷幕。寇教授和我们一起听了高三教师 6 节试卷讲评课，之后围绕"试卷讲评的意义与价值"进行了深入而细致地研讨，我和各位同事俨然经历了一场巨大的头脑风暴。我不清楚这场风暴的影响力会有多么深广，但我分明感觉到有种陈旧固有的东西在破裂。

时间倒退到一周前，刚刚收到工作室活动通知，高三学生要在晚自习进行一次语文测练，之后统一安排老师们进行网上批阅，最后由在高三任教的工作室成员上试卷讲评课。讲试卷，对多年带高三的我来说是再熟悉不过了。可是，试卷讲评课是什么？我的脑海里完全没有这个概念。如果试卷讲评课就是我们日常的讲解答案，那寇教授要连续听 6 堂课，估计会听得头都大了吧！他肯定不想让自己吃太多苦，所以我就在想他这样安排的目的会是什么。

经过一番思考，我有了一些想法。

我和学生一起做完了试卷，找出了自己感觉有难度的题目，预先判断这也会是学生感觉吃力的部分。对于我授课的普通班而言，利用一节课的时间讲完一张试卷是绝对不可能的。因此，我必须对讲评内容进行筛选。我一边盘算着那几道题难，一边等待着阅卷结果。一天后，全部试卷批阅完成。查看成绩后，我发现我们班各小题得分率低的几道题竟然和我预判的惊人相似！所以，我马上就着手制作幻灯片，解析参考答案并归纳方法，重点讲解"语言文字运用"和"现代文阅读"的部分试题，并搜集学生答卷中的典型代表，计划当堂展示评析。相较于之前，我认为这已然是我对待试卷讲评最认真的一次了。当然，我想还是尽量还原课堂日常样貌，因为暴露问题应该才是有效教研的前提。

到了正式上课那天，在熟悉的教室里，面对着几位领导和十几位听课老师，我竟然多了几分淡定和从容。原因很多，但有一个原因很关键，

那就是我的目的不再是展示自己赢得肯定，而是暴露问题寻得突破。不再想"得"的时候，人的状态一下子变得轻松自在了。记得苏轼在弥留之际说："西方不无，但个里着力不得。"意思是说西方乐土不是不存在，只是现在实在是用不上力了。后学钱世雄鼓励他道："固先生平时践履至此，更需着力。"钱世雄的意思是指东坡先生一辈子敬佛，再加把劲儿就可以了。苏轼却说："着力即差。"意思是，越使劲儿就越错。这次试卷讲评课取得了较为满意的结果，也许就是对"着力即差"最好的实践。老师在课堂上少点"着力"，学生在课堂上多点"着力"，效果可能会好很多。

课堂上，我就择定的"语言文字运用"部分两道选择题和"现代文阅读"部分的四道简答题进行了分析，在引导学生发现问题的同时，尝试思辨性地分析问题和归纳答题方法。从"辨析词语"到"辨析修辞"到"辨析文体"再到"辨析题干"，课堂隐藏着"理性思辨"的暗线。课后无意间，拜读北京师范大学王宁教授在"中学生批判性思维培养与思辨读写教学实践研究"结题报告中相关内容，其中明确指出：课标对"文学阅读与写作""思辨性阅读与表达""实用性阅读与交流"的分类，是一个思维类型的分类，不偏重体裁分类。文学——偏重形象性思维，思辨性——偏重逻辑思维，实用性——偏重实证性思维。三种思维模式都必须从感性提升到理性，也都必须做到发散和思辨。"思维发展与提升"这一核心素养旨在三种思维类型要全面发展，各自的发展水平要不断提升。这一番话，于我心有戚戚焉！因此就如王宁教授所建议的，一线老师在具体教学中要设置真实情境，启发学生产生联想，走近文本，实现学生从所想到能想到应想的转化。

经过这次讲评课，我得到了来自寇教授和同事们的很多肯定。这对我来说无疑是最好的勉励，助力我以更好的精神面貌投入语文教学工作，投身真实而具挑战的教育生活。但这次试题讲评课，更让我看到了语文课堂更多的样态，见识到了语文学习精细化操作。有的老师严谨求实，注重文本细读；有的老师循循善诱，注重启发思维；有的老师诙谐幽默，注重拓展提升。同样都是语文试卷讲评课，不同的老师却呈现出了不同的风景。一路上，我边看边想：如果我是学生，我会更喜欢什么样的老师、什么样的语文课堂呢？答案不是唯一的，但它们一定有相似之处。那就是老师眼中有学生，心中有语文，脑中有理念，手中有方法。寇教授在课后评课环节，直言不讳自己深感家乡教师教学理念落后，教学过程粗放。

同时，语重心长地告诫大家一定要更新理念，重视集体备课研讨，落实精细化操作，在高效率工作中提升学生成绩，实现教师个人专业成长。回望来路，不知道从什么时候起，对教育的爱慢慢褪去最初的颜色。是从一次次书写教学详案，一次次详细批改学生作文，也或许就是那么一次精心备课后学生的疲惫眼神，耐心辅导时的无理顶撞？我们花费大量的时间和精力，为什么学生的成绩却得不到有效提升？……太多的困惑，通过两天时间的研讨和思索，寇教授给了我答案——每个想要成长的人，都需要走一步，再走一步！

正如莫顿·亨特父亲所说："不要想着距离有多远。你只要想着你是在走一小步。你能办得到的。"结合寇教授的建议，反思自己的试卷讲评，语文教师还可以再往前走几步。例如：备课组集中网络阅卷之后，再次研究本班学生答卷，尤其是典型题目、典型学生的典型答案。引导学生自主订正答案，核对各小题得分情况，为有目的性地参与试卷讲评过程做准备。去除对学生个体没有积极意义的"会计报账式"班级整体平均分之类的数据，重视有代表性问题答卷的课堂展示和剖析。讲评时，避免只是让学生知道正确答案，要把重点放在发现问题—研判学情—积累知识点—教会方法思路—矫正教师教学行为与学生学习方向上。总之，试卷讲评课最终的目的是教师引导学生发现问题和解决问题，从而实现教与学的螺旋式上升。当然，其他类型的课堂又何尝不是这样呢？

莫顿·亨特在《走一步，再走一步》一文最后写道："我曾屡次发现，每当我感到前途茫茫而灰心丧气时，只要记起很久以前我在那座小悬崖上所学到的经验，我便能应付一切。我提醒自己，不要想着远在下面的岩石，而要着眼于那最初的一小步，走了这一步再走下一步，直到抵达我所要到的地方。这时，我便可以惊奇而自豪地回头看看，自己所走过的路程是多么漫长。"

为了实现教师与学生共同成长，我们需要走一步，再走一步。

2022 年 1 月

寻"渔"是为了更好地得"鱼"

——听寇老师课追问试卷讲评的意义和价值

甘肃省景泰县第二中学　景芸芸

寇永升教授每次的教研活动，都能从不同的角度带给我们理念和方法的巨大冲击，无私地授我们以"渔"。既然寇教授给我们带来了"渔"，我们就要抓住每一次可以让自己成长的机会，认真观摩，勤于思考，寻找适合自己的"渔"，以期收获更多的"鱼"，达到教学相长的目的。

本次活动是高三年级的试卷讲评，六位高三老师自主选题，各有侧重，各有亮点，发现和解决了学生考试中暴露出的问题，听课过程中我一直认为我们平时也是这么做的，自我感觉还是很好的。可是，寇教授接下来的点评和他的示范课，却犹如当头棒喝，让我们始料不及！

试卷讲评的意义与价值到底是什么？这是寇教授留给我们思考的问题！

试卷讲评难道不是像我们做的那样，把试题的正确答案完整地讲解给学生，让他们订正错误、积累知识点、总结答题技巧吗？错！寇教授从理念和实践两个层面告诉我们，试卷讲评不是把答案完整地再讲一遍，而是结合学生的答题情况发现问题，包括学生在答题过程中存在的知识问题和考试技巧问题，也包括教师在教学过程中存在的疏漏，即研判学情，调整教学方向与方法。试卷讲评应该让学生在每次考试之后获得较大的进步，总结前段学习，纠正纠偏，改进后续学习；应该使教师总结成败得失，矫正教学行为……这，才是试卷讲评的意义和价值所在。

那么，我们到底应该讲什么，怎么讲才能达成试卷讲评的目的呢？

以前，我会根据自己的经验甚至自己的喜好来选择重点讲什么，通过这次活动，我才意识到内容的择定应该根据学生答卷情况和需求来选择，并且根据学生的层次确定教学内容的深度与广度。这就需要我们首先在讲前要认真研究试卷，做到对试题了然于胸；其次，在阅卷过程中要善于发现问题并及时搜集整理典型案例；再次，在阅卷完成以后要研究本班学情，掌握学生答题的优缺点，分析失分原因，甚至了解学生的答题过程与思路。做好这些准备工作之后，再有针对性地攻克失分率高的问题，既帮助学生积累知识点，又教会学生方法思路，指导学生及时调整复习方法、方向等，让学生的学习由被动接受向主动参与转化；校正教师的教学行为，实现高三复习阶段教学由粗放型向集约化的转变。

关于怎么讲的问题，寇教授的示范课似乎又向我们打开了一扇窗。思路很简单：找出学生存在的问题，然后调动学生破解知识难点，让学生产生学习的乐趣和成就感。

寇教授的课堂为什么能激发学生的学习热情，能调动学生参与的主动性呢？因为，寇教授在上课之前做好了充分准备，比如阅卷中搜集到的典型案例，在随后的课堂上信手拈来。寇教授几乎关注到了每一个学生，准确把握了教学内容的要点和难点，解决的都是学生自己切实存在的问题，并且引导学生自己破解难题，然后顺理成章地让学生自己得出结论，让学生自己主动反思学习行为并形成良好考试习惯，而不是教师一直强调的各种"要求"——这能让学生获得巨大的成就感。

其实，平时教学中我们也会对学生做出要求，比如批注法学习文言文，比如现代文阅读要在试题卷上留有阅读痕迹，可以用划分句子成分符号来标注阅读语段中的一些关键信息等；再比如，作文要在审读材料过程中拟定题目、确定中心论点、拟写提纲等等。但是，对比之下才发现，我们的不足之处在于平时只做口头要求，没有引导学生落实在每一次

形成性考试过程之中，也没有严格的后续督促、检查，没有让学生将这些做法形成一种习惯。

有差距，就努力缩小差距！不仅仅是一次考试、一次试卷讲评，而是我们整个的日常教学。我们要谦虚认真地学习寇教授带给我们的"渔"，结合具体学情主动探究、尝试，找到适合自己的方法，以期收获更多的"鱼"，甚至达到"青出于蓝而胜于蓝"的高度！

以此自勉！

2022 年 1 月

良师如明月

——寇老师文稿校对后记

甘肃省张掖中学　宋莉娜

受寇老师之邀为他校对修改文稿，我没有丝毫犹豫就答应了，原因不只是时间方面的宽裕。

坦诚地讲，给寇老师修改文稿是一件比较有挑战性的事儿。既要保持他飒爽朴实幽默的文风，又要尽可能地消除汉语语法的不规范之处。但是，对我来说这是一件发自内心乐于去做的事情。因为，没有什么比亲近一个拥有赤子之心的老师更让人愉快的了。

这是一个享受故事、拓展见闻的过程。

读到寇老师坐船那段文字，他幽默地说道《围城》适合在轮船上读……我便忍不住哈哈笑几声。看到寇老师旅途中蹲在地上打开行李的那段文字，仿佛亲眼看到他就着杏子吃烧馍馍的满足，我也忍不住嘴角勾起……我就是这样随着那美妙的文字，感受着寇老师的悲喜乐，也忍不住跟着或悲或喜或乐。此外，我竟不知船有那么多种！

这是一个洗涤灵魂的过程。

读到寇老师年少时背着瓜上大坡的那一段，我无法抑制自己内心的情感，几乎要掩面痛哭了……反观我自己，我真是忘了根本了！我忘记了父辈吃过的苦了！自己的日子过得比父辈富足了，我患了"娇气"病了！就在不久前，我还拒绝了一次锻炼的机会，理由是刚带完高三太累了，我因惭愧而泪流满面……

寇老师每到一处讲课，都带着十二分的敬业精神。犹记得 2022 年 7 月在山丹、张掖、武威与民勤的几天里，寇老师冒着酷暑，每天听八九节课，或自己展示一节课，外加点评当天的课，或者再加一场讲座，随行的团队成员没有听见寇老师说一声累，也没见他走一次神，更没见他在听课期间走出教室一次……感冒了也没有对任何人说起，但我明明听见寇老师的鼻音重了许多！

寇老师绝不会为了减少工作量而做那些透着巧劲儿的事，他只会勤勤恳恳，一个学校一个学校地挨着走过来。难以想象，从山丹到张掖，再从张掖到武威，再从武威到民勤，原打算还要去景泰，接着去酒泉。此前已去过兰州、陇南、平凉，之后又去了西安……这一路走来，一位年近六旬的老教师是如何与自己的身体疲惫握手言和的？

寇老师的成长之路上，恩师们对他喜爱有加，原因之一不就是寇老师肯吃苦、肯奋进吗？

这是一个树立精神标杆的过程。

读着读着，我摒弃了"躺平""佛系"的杂念，我认识到努力提升自己的人生境界，更能让自己内心感到充实愉悦。重新定位那些成长之路上的"里程碑"，兴许它们更应该是丰盈自己精神世界的"副产品"。

我想，没有人不愿意进步。如果有，那是他没有良师益友。但是我何其幸运！

有时钻研文章，深挖背后精彩，但因怠懒中途放弃，事后深感遗憾的时候，希望身后有一把戒尺；有时深陷迷雾，东奔西突却依旧迷失方向，内心抑郁无比的时候，希望能有清风拨云见日；有时误入歧途渐行渐远，惊醒时颇感当头棒喝的珍贵。渴盼老师，如久旱之土渴盼甘霖！

我身后有一把催人奋进的戒尺，我前进的迷途中有清风明月，我误入歧途有当头棒喝，我干涸的心田有及时的甘霖洒落……何其幸运！

有这样一位可敬、可爱的良师益友，谁能不爱呢？

2020年7月，寇老师来张掖中学成立工作室，我作为张中第一批参与寇老师同课异构的老师之一，上完课迟迟不能写出教学反思的文章，师责曰："年纪轻轻，拖拖拉拉……"于是，我逼着自己放弃了周末的休息，写出了教学反思论文《如何浅浅地教语文——〈拿来主义〉教学反思》，这篇文章发表在2021年6月的《中学语文教学参考》上。2021年11月，我参加了浙师大主办的第十二届新语文教学尖峰论坛，在模拟授课环节我讲授《雷雨》片段，我在短短40分钟准备时间内没憋出什么好的设计。赛后，师启曰："表演读之后是不是可以问学生，从朗读中发现主人公周朴园的性格特点？"我顿时明白教学环节之间还可以这样严丝合缝！2022年5月，我受邀给酒泉的老师们做线上讲座《试卷讲评课怎么讲》，我发信息给寇老师说讲稿写成后请他把关，师勉曰："相信你的能力！"于是我收获了酒泉周翠霞老师"听君一席话，胜读十年书"的评价。2022年7月，我未能克服心理障碍参加同课异构活动，师讽曰："离了宋屠夫，不吃带毛猪！"我在捂着脸笑完后，暗自发誓以后要更刻苦！

我珍惜这些责骂、启发、勉励和嘲讽，它们让我心里敞亮！

昨天晚上9点多，我改完文稿走出教学楼，抬头就见当空一轮明月，那清辉与秋夜的舒爽交织在一起，让人身心愉悦。明日便是教师节了，亦是中秋节，今年双节在同一天降临，真是难得。

明月如斯，照得人心头敞亮！

可不是吗，良师如明月啊！

得良师如寇老师，我何其有幸！

2022 年 9 月 9 日

敬

南菁课程文化丛书　杨培明　主编

寇永升◎编著

（第二卷）

烂柯文集

朱卫国　题

东方出版中心

嘉峪关市第一中学
1985 年学校校门

嘉峪关市第一中学
1985 年 11 月，学校首栋教学楼落成剪彩仪式

漢興六十餘載海內艾安府庫充實而四裔
未賓制度多闕上方欲用文武求之如弗及
始以蒲輪迎枚生見主父而歎息群士慕嚮
異人並出

節臨倪寬讚 壬寅冬月周哲

周哲 书法

書成蕉葉文猶綠
吟到梅花句亦香

壬寅冬 永之書於西安

杨永之 书法

目 录

第一辑　雄關情　周招書

北京五中　张震中　《横眉怒眼图》

有書真富貴無事小神仙
澄江靜如練餘霞散成綺
遠山含淋氣芳樹發春暉
思飄雲物外詩入畫圖中
養浩然正氣極天地大觀
經書趣有永翰墨樂無窮

己亥冬月習臨楷書於舍軒 寇宗和

雄关情

　　我是 1983 年 7 月从现在的河西学院——那时叫张掖师专——两年制大专毕业分配到明万里长城西端关城脚下嘉峪关市的，2001 年 8 月离开嘉峪关，引进到无锡，从 20 岁到 38 岁，整整 18 个春秋，我最美好的青春年华奉献给了嘉峪关。对这个戈壁小城，我至今有着难以割舍的留恋与感激之情。

　　参加工作之初，我面临的主要任务是：提升学历、成家、帮助父母和弟弟妹妹。这几个目标都是在嘉峪关实现的。

　　从 1983 年 9 月到 1989 年 9 月，任教初中语文的这六年中，我时时刻刻都在准备着提升学历，参加过自学考试，尝试过其他途径，最终以正式带薪脱产进修而完成了本科教育。

　　这六年中，我的教学工作并不轻松，一直是两个甚至三个教学班课务，一直担任初中班主任，工作第二年开始负责学校少先大队、团委等工作，但是我一直坚持自学大学教材。

　　恢复高考制度是 1977 年，"文革"后第一届大学毕业生是 1981 年。我是 1981 年考进张掖师专的，本科毕业刚分配进校的大学生才开始做助教。20 世纪 80 年代初刚刚恢复的高等师范专科学校，办学困难重重，最为严重的是师资和教材的问题。前者主要是从中学或中师选调骨干教师，从其他高校调进，平反恢复工作的人员；后者的解决途径很简单，全部采用当时现成的大学本科教材。但是在两年制大专使用四年制本科教材，无论是教学时间还是师资力量、生源状况都是很难适应的，于是各科教师只能从教材中挑选一部分内容讲授。中文专业最为关键的科目古代文学、古代汉语、现代汉语等单靠自学是有难度的，仅以古代文学而言，《中国文学史》可以看教材自学，但是朱东润主编的《历代文学作品选》6册，全是繁体字，对大多数人是有相当难度的。我在张掖师专两年，大约学了这套教材中的十分之一篇幅，多数内容我是在嘉峪关任教初中的六年中自学的。古代汉语大约只学了一半内容，工作后才把王力主编的四大本《古代汉语》自学了一遍。

1989 年春夏之交，我有了参加成人高考的机会——全嘉峪关市只有一个语文专业名额，我们共有十几位大专学历的初中语文教师竞争，唯有考到第一，才有资格和机会到当时甘肃省教育学院脱产进修两年，获得本科文凭。

那年我 26 岁，还没有成家，任教三个初三班语文，当一个班的班主任。学校领导担心我准备成人高考影响初三教学，甚至不希望我进修。因为我已经是一个合格的初中教师，学校也并不缺高中语文教师，陆续分配来新教师多是本科学历。但是对我个人而言，不能在年纪轻、家庭负担轻的时候提升学历，肯定会影响将来的专业发展。很明显，两年制大专在 80 年代初期还算勉强合格，但是后来的形势发展越来越证明，在中学当老师至少需要大学本科学历。

我现在记忆最为深刻的几个细节是：成人高考是 5 月份举行，我的复习准备时间主要是 4 月这一个月。我每天早晨 6 点左右起床后骑自行车到嘉峪关市一中南边，就是那个钢城开路先锋雕塑以南，当时都是空旷的戈壁滩，柏油路向南延伸了大约三五公里……春天的清晨，寒风凛冽，我在那些路灯下背书，天气越冷，我越精神。上班时间很难有机会复习，除了教学任务重，还有办公室里人多嘈杂；没有课的时候，我一个人坐在教学楼上没有启用的厕所内学习——20 世纪 80 年代市一中修起来的第一幢教学楼直到拆除重建也没有启用过那些卫生间——一次打瞌睡时从椅子上摔倒在地板上，弄得一身建筑灰尘——真的是厕所里摔跤……

1989 年 9 月至 1991 年 7 月，26—28 岁，我在兰州进修两年，拿到了本科文凭。

进修结束返回原单位，我开始高中教学生涯，连续两个高中循环下来，我就成了一名合格的高中教师、班主任、年级组长。很快我就评到了副高职称，评到学科带头人，评到了省教学能手……这都为后来引进江南打下了基础。

在嘉峪关任教高中十年，我多个方面实现了转型或曰华丽转身。由新手变成了当地小有名气的学科骨干教师；从只会教书变成了科研型教师，我在省级以上期刊发表了十多篇文章，出版了一本个人著作，参加编写了好几本书，当然我也跟着几位前辈学会了编辑书刊。在会计函授学校、酒钢职大、部队等单位兼职授课的经历，让我对各种应用文都熟悉了，写起来得心应手，后来的实际工作中学校需要的各种材料我都能写。跟着一群摄影发烧友们烧掉了好几万元钱，掌握了一门技艺——摄影，后来对我被引进长三角发挥了与语文教学成就同样重要的作用！

客观地讲，在嘉峪关成家，我这样家庭背景的人了无优势。嘉峪关毕竟是工业城市，职工多数是外省市人，以东北、陕西居多；酒钢职工家属也多是外省市人。农村家庭，兄弟姊妹多；大专学历，没有背景；个人收入、地位乃至身材长相都无任何长处……我是因为先立业——成为一名合格的教师，再求成家的。

自己完成学历进修和成家之后，我用了十来年时间，帮助弟弟妹妹们。先后把两个妹妹从老家农村带到嘉峪关，打工，做生意，找职业，先后成家了。把最小的弟弟带到城里，学技术，找工作，成家……到我离开嘉峪关时，我兄弟姊妹好几家人在那里工作生活。我离开后的二十多年里，他们几家人也在那里顺利发展……

我只是一个普通老师。

那一年甘肃省高考录取有两个计算机专业名额，我帮助妻弟考取了其中一个。四年后，他本科毕业，在大型企业是紧缺专业人才，不到四十岁就晋升为高级工程师、提拔成副处级干部……

1987年初夏，成人高考之后的一个多月中，我与弟弟妹妹们一起，给父母盖起了一院新房子，告别了三代人、几十年来住的又矮又小又黑的"土搁梁"，告别了祖祖辈辈纸糊窗户——几十块玻璃，一百多斤重，我从嘉峪关乘火车背到家里的。在距离老家最近的火车站——包兰铁路最小的三等小站红岘台——碰到了同村的寇宗安夫妇，他们是我父母的同龄人，从兰州乘火车回家乡，看到我背着那么多玻璃，连连称赞。三十年后，寇宗安在临终弥留之际看见我还说起这件事："从红岘台火车站看到你背那么多玻璃开始，我就知道你是一个孝子，就能看出你将来会有出息的……"

1987年，我家乡裁两块窗户玻璃得跑到一百多里路之外的县城，而且即使买到了玻璃，还没有办法运到家里……

一个弟媳妇生育不顺利，我把弟弟和弟媳妇双双接到嘉峪关，安排边打工边治疗。我找到了那个时代最好的医生，用了那个时代、那个地方最先进的方法，让弟弟和弟媳妇顺利生育——解除了我父母的一大忧愁！

从学校单身宿舍，到分配住房，我在嘉峪关两次分配到新楼房，至今还留有一套楼房在那里，我岳父母已经住了二十多年。

我离开嘉峪关时老校长骂过我两次，一次说："你小子，给你家里办了那么多事情，你怎么不嫌累、不怕麻烦……给学校多办些事、多出些力，你就推三阻四地，班班扯扯地……"另一次骂我："嗯，你嫌我这庙太小了，供不下来你了？你怎么早不走？你把我学校的所有好处和便宜都占了，你就走了？你不是个东西……你真的不是个东西……你不是个好东西……"校长一边骂我，一边拿着一个木制三角板吓唬我；我要是顶嘴，他可能真的揍我，因为他那时候气得嘴角上的白沫沫一直往外冒……

我能够被引进到南方，专业积累全都是在嘉峪关完成的，有两件事对我后来的专业发展和成长具有重要意义，随着年龄的增长越来越感念当年的两位领导。

1987年，我才是一个参加工作不满四个学年的毛头小伙子，仅仅完成了一轮初中循环教学。甘肃省教育厅从每个地州市抽调一名骨干教师，参加全省中考命题。当时的中考实际是三合一考试：初中毕业合格考试、高中招生、小中专招生，而那个时代很多优秀的初中毕业生都希望考进中专，以便尽快毕业参加工作养家糊口，可以想见其社会关注度之高；而且不仅仅是甘肃全省在使用这一套题考试，还有周边几个地方。时任嘉峪关市教育局教研室主任芦生成，与我非亲非故，完全是出于一片爱才之心、事业之心，力排众议，坚决主张选派我代表嘉峪关市参加全省中考命题。到省教育厅报到时发现，甘肃其他地州市选派的都是副校长、主任、教研组长，或者至少是四五十岁的老教师，比如庆阳地区选派的两名物理教师就是接近六十岁的老教师；我这个24岁的小年轻让省教科所负责命题的一位老教师有点怀疑和担心……

这次命题加制卷，历时近四个月。先是在兰州命制题目，住在省城兰州的宁卧庄宾馆。六门学科，教科所两位领导，我们十四个人，住在那里基本与世隔绝，秘密命题。

命题工作不只是编出来几个考试题，绝非像今天有的同行们用电脑拼凑出一张试卷；那是从研究教材开始，从学情调研开始，从研究考试开始……这个过程正是一个学习的过程，我遇到了。

试题命制好后，需要保密印刷，选定在平凉地区印刷厂。我们在一个凌晨乘坐了当时省政府最先进的中巴车，向平凉开拔。我们在六盘山脚下吃了午饭，沿盘山公路翻越了六盘山，那时候没有隧道，没有高速公路，蜿蜒曲折的山路，汽车需要一个多小时才能翻越。我们在盘山公路海拔最高处停车，我和另一位年轻老师跑步登上毛主席《清平乐·六盘山》诗碑处，第一次体验到了高原反应，尝到了空气稀薄的滋味……

印制试卷的三个多月，我们的工作是"监（督）印（刷）"，早晨到印刷厂查验封条、开启车间大门，下午贴上封条，中间十多个小时坐在校对室里随时检查印出来的试卷。一个多月后统计上来当年参加中考人数后发现印刷工作进度过慢，需要晚上加班，夜以继日赶印试卷又一个多月。从头到尾，我没有闲着。24岁的小伙子，总是有使不完的力气，用不完的精力！住在平凉地区招待所，自然是为了保密；一日三餐吃的是招待所最好的厨师烹饪出来的最好的饭菜。平凉人只知道我们是省里来的大领导，干保密工作的……

考前两个星期，全部工作完成。我们命题人员不能解封解禁，也不能在甘肃境内活动，省教育厅安排我们十二位命题教师集体到北京旅游，反正不能单独行动，不准通信、打电话、会客等。我们痛痛快快地在首都游览了十多天，把北京的名胜古迹游了个遍。这是我第一次走出甘肃，第一次到北京。

这次的命题制卷工作，我的主要收获有四：

宏观上理解考试，整体上研究教材，全方位研判学情，掌握了大型考试命题原则、技巧等，对我后来的语文教学产生了不可替代的作用，直到今天，对我单独承担各种类型的试题命制都还有帮助。此其一。

印刷厂三个多月里，我基本弄明白了"印刷术"，从传统的铅字排版印刷到当时最先进的胶印（那时候还没有激光照排）。我常常在工作时间帮助车间里的工人干活，他们多数比我年长，给我讲了不少印刷方面的知识，让我对老祖宗四大发明的印刷术有了比较完整的认识和学习，这些知识见闻和经历感受对后来的教学工作中也很有益处。此其二。

我们在印刷厂校对室坐着"监印"试卷，其实没有什么可以监督的。

我那时候哪能闲得住！校对车间有好几本书的清样正在校对，我看到一本书是陕甘宁一带的民间俗语歇后语谚语大全，编辑校对人员逐页逐条逐句逐字地审核校对，用红毛笔把很多内容划掉了，就是鲁迅先生说的画上红杠子，意思是删除，不能印在书里。但是我看着那些被画上红杠子的歇后语觉得都很好，删除了实在可惜，我就找了一些印废的纸张，开始抄写。屁股上挂瓶子——有一腔（定）水平，腿肚子上挂瓶子——比脚（较）有水平，乌龟长痔疮——烂龟腔（规定），小狗趴在粪堆上——假装大狗的架势，腰里别个死老鼠——装的是猎人的模样，烟囱里招手——把人往黑道上引，元宵锅里煮鸡子——混蛋……这些歇后语幽默诙谐，无所谓健康不健康。如果说"不健康"，主要是因为歪嘴和尚念经——念歪了，"经"不会是歪的，是歪嘴和尚把它给"念"歪的。当时人们还有明显的极"左"思想，总认为这些是不健康的，就把它们全都给划掉了……我全都一一抄下来。我记不住数学公式、物理定律、化学元素周期表，但是歇后语、谚语等，念一遍再用一次，一般也就记住了。今天看来，歇后语是一种民间文化，是传统文化的一部分，是需要我们传承和理解的民族文化。站在语文课程核心素养的视角看，它属于需要传承和理解的文化。比如，"烟囱里招手——把人往黑道上引"，我在给西北的学生们讲课的时候用到这句话，小伙伴们大多会心一笑，瞬间就能理解；而我在给江南的学生说的时候，他们往往是眨巴着小眼睛，怎么也理解不了，为什么烟囱里招手就是把人往黑道上引……从传承与理解民族文化的角度来讲，我们是不是应该保留这些歇后语，传承其形象生动诙谐幽默的表现手法？批评学生，如果老师直言"你故意捣蛋"，这就让学生难以接受，在教师则过于严肃，师生双方都会显得尴尬。假如改用歇后语：你真是鸡屁股里插筷子——故意捣蛋，那效果是显然不一样的！对于那些一时半会儿不求上进、不要好的小伙伴们，如果老师直言"死皮""死猪"，那无异于羞辱学生，是有违职业道德的；但是改用歇后语："你真是脚后跟上的肉——死皮一块儿啊"，那就不一样了！有一次我在家乡讲课时，学生和我很陌生，他们都很拘束，我无意中说了一个歇后语："骚爬子（景泰一带方言，不知道指称哪一种小昆虫，也不知道是不是这几个汉字）上树——夸你的黑大腿呢？！"瞬间就活跃了课堂气氛，瞬间就让小伙伴们跟我拉近了距离，接下来的几十分钟内他们很放松，课堂推进非常顺利，这不是歇后语的功效吗？如果我们老师只是一味地强调"别紧张啊""跟平时上课一样哦""我都不紧张，你们紧张什么？"这显得多么乏味，多么苍白无力！今天统编教材收录的领袖文章《反对党八股》中不是也有诸如"懒婆娘的裹脚布——又臭又长"这样的歇后语吗？我们有没有觉得不健康？

当然，歇后语主要功用不是用来骂人、损人、讽刺嘲弄捉弄人，也不只是逗笑取乐的，只要我们在合适的场合和合适的时机使用合适的歇后语、谚语、俗语，往往可以营造诙谐幽默轻松愉悦的氛围；只是不要歪嘴吹喇叭——跑调了。此其三。

十多天的北京游览，不只是今天到处打卡式的到此一游。我和另一位语文同行曾经在当时刚刚拍完 87 版电视连续剧《红楼梦》的北京大观园里逗留过两个半天，把这个为了拍摄名著而新近建成的名胜的各个角落都仔仔细细地观赏品味了几番。在芦雪庵，史湘云等人大嚼鹿肉的火盆还在；在秋爽斋，碰到扮演探春的演员东方闻樱正在配合塑蜡像；在潇湘馆，碰到了饰演林黛玉的陈晓旭……这些都为我后来进一步研读《红楼梦》增添了乐趣。时至今日，当统编教材中出现"《红楼梦》整本书阅读"单元的时候，我讲起这部名著来，毫不费力就能记住金陵十二钗与贾宝玉在大观园住处的名称，还能解释它们各自的寓意。此其四。

感恩当年嘉峪关市教育局教研室主任芦生成！让我非常伤感和遗憾的是，芦主任从查出不治之症到病痛折磨而英年早逝的两年中我正在省城兰州拼搏我的本科文凭，等我回到嘉峪关，听说了他的痛苦遭遇时，我感叹唏嘘，几度泪目……

叙写我的"雄关情"，不能不写一写我在嘉峪关任教 18 年中领导我时间最长的李来录校长。

1993 年前后，时任嘉峪关市委书记李善平到北京开会时，在人民大会堂碰到了时任北京五中校长吴昌顺，两位五中老同学相遇，言谈之间就说到了请北京五中帮扶嘉峪关教育……1994 年"五一"前，吴校长到嘉峪关市一中讲学，再次达成口头协议，选派骨干教师到五中挂职培训。我进修本科返回原单位后，刚好教完一届高三，教两个班的语文课，同时担任一个班的班主任和年级组长，那一年我们高考成绩很出彩。于是李来录校长决定选派我去北京五中挂职培训。

这是我第二次来到北京，一住就是大半年。在五中学习的收获我写在了第一本著作《烛光心韵》中，还有一些散见于其他文章，比如本书中的《打柴的拼不住放羊的》等。

北京五中挂职培训的经历，让我坚定了专业信念，端正了专业态度，开阔了专业视野，特别是吴昌顺、梁捷等语文前辈的引领与影响——吴校长当时已经年近六旬，走路永远风风火火，讲话永远干脆利落，工作永远争分夺秒，功成名就，即将退休，却丝毫不懈怠，每天中午饭后在办公室沙发上躺下，头上盖一张报纸遮挡阳光以眯一会儿；女中豪杰梁捷老师，今天统编教材编写人员中还有她的名字……

从1994年暑假到1995年春节临近，我在北京海淀区圆明园附近的西苑一亩园租了一间房子，安了一个临时的家，可以自己烧饭等。酒钢技校的领导和同行们的热情相助、暖心照顾，三次派我妻子到北京"出差"，长达半年多的时间里，不仅算她上班出勤，还报销往返北京的差旅费——这在那个年代可是一笔大数字！我们把女儿的残疾治疗康复到最佳效果；我们把一个妹妹接到北京，我大冬天半夜11点骑自行车从西苑一亩园到东城区的北京妇产医院，凌晨2点开始排队挂专家号，给妹妹治病……我骑着北京五中给我配备的一辆自行车，怀揣一张北京市交通旅游图，遍访了京城名校，结识了语文界前辈名师顾德希、舒鸿锦、常康……

时隔六年再到北京，我已经不需要像初次到北京那样旅游了。我开始重点游览，值得一提的有三个方面的收获：

我借助位于西城区阜成门内大街宫门口二条19号的北京鲁迅故居，通过研读有关史料，通过拜访陈漱渝等专家，把北京及其附近有关鲁迅的文化遗迹全都实地考察过不止一次，凡与"三一八"事件有关的遗迹我都去过，并且拍摄了大量图片。这为我后来开设"走近鲁迅"校本课程，为我后来写出并发表了十多篇有关鲁迅及其作品研究的论文，为我后来在各种场合选择以鲁迅文章作为公开课教材，奠定了无可替代的基础。

节假日时间，我带着女儿，多次游览北京西郊樱桃沟、曹雪芹故居等，不仅为我自己后来研读《红楼梦》创造了难得的条件，也把女儿熏陶成了一个"红学"爱好者。

我们曾经乘坐火车专程体验过詹天佑修建的京张铁路，在青龙桥车站，我顺着铁轨步行往返数趟，仔细研究了著名的"人"字形铁路，写有一篇文章收录在我的第一本个人著作中；我曾经爬上附近不开放的古长城，彻底查看清楚了铁路与长城交会的雄伟壮观景象……

没有而立之年的北京挂职培训，五年之后机会来临时我可能难以下定决心"竹篙一点，独木船开动"——走出西北，扎根江南。

2022年国庆期间，听说李校长在山东济南养老，祝愿他老人家开心愉快长寿安康！

　　我不是一个性格脾气修养很好的人，我不会打麻将、摔扑克，也不忍心耗费时间精力吃喝应酬，些许成就的取得与诸多棘手问题的解决，多是因为在雄关脚下生活工作的18年中遇到了几位好领导！

　　我出版第一本书时，当时嘉峪关市文联主席苏寿林把他准备自己出书的书号几乎是白送给了我！当时的嘉峪关市委书记侯生华，亲笔为我题写书名"烛光心韵"；原嘉峪关市教育局局长贾若楠，已调任省城兰州担任省文物局领导，不仅给我作序，还要请我吃饭；原嘉峪关市市长孙一峰，已担任省教育厅领导，给我的书题词后很客气地说："嘉峪关的老朋友来了，很亲切；但我和儿子都不会做饭，老伴儿不在家，我们去吃牛肉面吧……"其实我这个普通老师和孙市长只有一面之交。

　　语文教材学到了"采访与答问"，我在一个课间操后，跑到学校传达室，查找那个时代的电话本，拨通了市长办公室电话。

　　"孙市长好！我现在语文教学中碰着了一个难题，你这个前辈老语文教师能不能帮一下我这个晚辈小语文教师？"

　　"你说，需要我配合你什么？只要我能做到的一定尽力。"

　　"我们语文课学到了'采访和答问'，能不能请您安排一节课时间接受我们学生采访？"

　　"这个没问题，虽然我做市长工作忙一些，但是教育的事情是头等大事。我安排时间……"

　　他在市政府秘书长陪同下如期而至。学生们问了很多尖锐的问题，他也不感觉到尴尬，都一一给出很诚恳的回答。嘉峪关电视台做了新闻报道，我至今还收藏有这一次采访全程和节目播出的盒式录像带。

　　1998年8月下旬，我女儿要上小学了，为了开学后熟悉上下学路线，我带着女儿到当时新开办的嘉峪关市逸夫学校认路和熟悉环境。走进校门，发现这所新建学校校园里的建筑垃圾还没有清理完毕，教室里连课桌都还没有配齐……这怎么可能保证9月1日开学呢！

　　走进教学楼，看见当时的嘉峪关市教育局局长刘玉关正在和一些老师一起搬课桌椅等。第二天，我陪着女儿走进崭新的教室时，所有课桌椅整整齐齐地摆放在教室里，据说刘局长和学校领导、老师们一起连续几天一直干到半夜，才保证了逸夫学校顺利开学。

　　2001年11月中旬，我离开嘉峪关引进到江南已经两个多月，刘局长利用到泰兴出差的机会，专门到无锡看我，意思是如果我在无锡不顺心可以重回嘉峪关……记得他们下午结束泰兴工作未及吃晚饭就出发了，

汽车到无锡已经是晚上9点多，这个时间是长三角的深夜了，我和校长、校办主任等招待刘局长一行。半夜11点多他们离开无锡，驱车赶往上海，估计最快也得翌日凌晨一两点才能赶到。我离开嘉峪关时住的房子是教育系统的园丁公寓，没有产权，1995年分到手，当时只交了1.5万元钱，我是1996年春节前入住的。离开嘉峪关，按照规定就把房子腾空、打扫干净，钥匙交给教育局办公室了。当时我弟弟、妹妹都需要住房，也有同事张口借住，还有邻居想临时借用做孩子婚房……

我一一答复道：房子退还了，钥匙已经交到教育局了。我没有再打过这套房子的主意，我认为交给组织是应该的，我离开嘉峪关是辞职，没有理由再占用原本就很紧缺的园丁公寓……

一年半之后，随着住房制度改革推进，所有住房开始办理产权证、土地使用证等，这套房子居然还属于我，给我办理了二证，只需要再交1万元。就这样，只用2.5万元，我在嘉峪关留下了一套楼房，正好我岳父母所在小区平房拆迁，两位老人搬过来一直住到现在。

刘玉关局长是一个多么实诚、厚道、与人为善的领导啊！

感恩和感谢嘉峪关18年里的所有！

离开雄关脚下的那座城市二十多年了，但是这份情一直没有断。

二十多年来，我在教育行业的所有事情或手续，一直是王琮兄长代我办理，不管他是在教育系统担任领导，还是到其他单位赋闲。棘手的事情，多数是由在政府部门任职的老乡王真智等领导帮我办的。每次回到嘉峪关，只要我需要找什么人，我需要结识什么人，患难兄弟周福智从来没有推辞过，也从未让我失望和落空过！

2022年暑假，在张掖、武威、酒泉等地讲课结束，我在嘉峪关陪岳父母以及弟弟妹妹一个星期，这是我离开嘉峪关二十多年来在第二故乡停留时间最长的一次。老乡、长辈、老领导沈种林，曾经为了能把我这个大专生留在城里任教四处求人，曾经为我能够参加成人高考上下奔波，曾经为我能分配到一套楼房据理力争……九十三岁高龄了，依然精神矍

铄，步履稳健，耳聪目明，思维敏捷，表达清晰。与七十岁的儿子、儿媳妇、四十岁的孙子、孙媳妇，十几岁的曾孙辈一起，四代人，请我吃了一顿饭，一定要派六十岁的女儿专车来接我……席间，沈叔叔讲了几句话，我的鼻子里酸酸的。还有已经去世的景泰老乡朵连海、李孝敬两位前辈，都给过我很多很多照顾和关爱。20世纪90年代初期，家乡农村"三马子"最时髦的年代里，李孝敬叔叔担任嘉峪关市农机公司经理，帮助我弟弟到兰州厂家以出厂价买了一台崭新的"三马子"，省了近千元费用——这数字在90年代的甘肃农村可不是一个小数目！

难忘嘉峪关遇到的老乡和朋友，难忘嘉峪关，难舍雄关情……

我在嘉峪关时期的文章已经收入第一本著作《烛光心韵》及其《补遗》，此次编辑个人文集多收录同事、朋友、学生的文章，以作纪念。其中有唐学照、陈玉萍、郝晓霞等人写的文章。唐学照是我的老领导，也是看着我在讲台上长大的人，是我在工作中遇到过的最善良的同事，她先后担任嘉峪关市一中教导主任和教学副校长，对我的教学工作是很了解的；陈玉萍是从同事的视角看那个时代的我，她本身就是一个真诚、正直的人；郝晓霞是从学生的视角全方位观察了解我，加之她后来在嘉峪关市一中任教，我们又共事了好几年。

2022年10月

致历届小伙伴，感恩各位亲！

亲们，随着微信的普及，最近几年，我与以前的学生都取得了联系——谢谢各位还记得我！

恕不能一一联系，个个回复，在此一并作答，致以团拜式问候：

先向各位道歉：教你们的时候，我还是个新教师，还是个年轻老师，还是个不成熟的老师。热情有余，经验不足；责任心过强，方法简单；知识有限，能力一般般；脾气不好，态度生硬，惩罚过你们，责骂过你们，甚至打过你们中的一些小伙伴……随着时间的推移，你们都已经为人父母了，都成为大妈大叔级的了，甚至爷爷奶奶外公外婆级的了，相信你们都可以原谅一个教师的恨铁不成钢——爱之愈深，责之愈切。

请把我对各位的父母的感谢转达到——希望你们的父母都还健在。1983 年分配到嘉峪关市一中任教时，我是一个刚刚 20 岁的愣头小子。农村出生，黄土高原上长大，从学校出来再进学校，不会做饭，不会缝洗衣服被褥……一次我正在演练蒸包子，两只手满把都是面粉、面糊，一位同学和她妈妈来访，我打开门的同时，门锁、门拉手上都是面糊糊，情急之下不知道怎样才能把两只手上的面糊处理掉……这位同学的妈妈赶紧洗手教我揉面、擀皮、包包子，教我用干面粉擦去手上的面糊……

三四年单身生活中，被子脏了，我只会拆开洗，不会缝上。好几位学生的妈妈帮我缝过被子。我的第一套正装是付莉杰的妈妈在自家的缝纫机上亲自给我做的；第一件毛衣是范勇的姐姐给我织的；第一件家具——书柜——是佟光武（？）的爸爸全手工劳动给我打的；第一套房子，是顾秀梅的爸爸、王珉(？）的妈妈以及其他许多同学的家长帮忙装修的……

我是教着一届一届的学生长大的，也是一届又一届学生的爸爸妈妈教着我成长的……

特别是在1983—1989年的六年初中老师时期，生活能力基本上都是学生的爸爸妈妈教会我的！

1989—1991年，我在兰州进修了两年，毕业后开始教高中——我又变成了一个新手。是一批又一批的学生，让我这个老师成熟了，也让我有了一定成就，有了一点虚名。

2001年的暑假，我被引进到江苏无锡，安家在太湖之滨，离开了第二故乡——嘉峪关。

我走出了关键的一步，对于我个人和家庭都是一个非常难得的机遇；但是从内心里时时感到，对不起成长了我和成就了我的那片土地，那个单位，那一批又一批学生，以及你们的父辈……

在无锡二十多年，我一直工作在当地最好的重点高中。起初在一所百年名校、江苏省四星级、老牌省重点、国家级示范高中——锡山高中。本来以为做匀速直线运动，或者自由落体，我就可以安安稳稳到达终点，平稳着陆，开启退休生活模式了；但是2017年的暑假，又一次改变了我的人生轨迹，给我来了一个加时赛——江苏省另一所办学历史更悠久的重点中学——南菁高中引进了我，我们家就搬迁到了无锡江阴市。

从西北到江南，虽然我的身高没升，地位没升，职务没升，但是，职称晋升为教授级高级教师，荣誉获得江苏省特级教师，学术称号评到了无锡市学科带头人，收入实实在在也升了好几倍。

虽然名不副实，但我还是一直叫"寇永升"。寇者，盗也，而且是大盗也，非小偷小摸之流也。但是，我这个"寇"除了小时候偷过几次绿枣娃子、酸杏蛋子、生瓜蛋子，别的啥也没偷过，没抢过，没盗过……亲们尽可放心，三十多年来，我没有犯过原则性错误，没有犯过师德失范的错误，自然也就没有对不起亲们的地方，也没有让父母儿女亲戚朋友因我而蒙羞忍辱。

"永升"了大半辈子，我的身高至今还是嘉峪关时期那个水平，但是，好在有些指标我到现在还没有"升"，我的血压没升，血脂没升，血糖没升……也就无所谓"永升"了。

永远在"升"的另一个标志是年龄，看看你们一批批当年的小黄毛丫头都升成了跳广场舞的大妈，当年玉树临风的小伙子，现在都成了膘肥体壮、五大三粗、膀大腰圆的中年油腻男，令人怀疑是在横向发展……我还窃喜，我身体的各项指标都还保持在25岁左右的时候，从身体到精力，从精神到心态，我还没有老态龙钟、老气横秋。爬山还是令任何年龄的同事都望尘莫及；侧手翻还是像以前一样娴熟；1500米还能跑下来；100米的短跑速度还像嘉峪关时那样快；拔河嘛，三个学生比不过我一个……2018年的"五一"节，我还和学生、年轻教师一起跑了一场马拉松，更奇怪的是，几百人中我竟然挤进了前二十几名！

亲们，工作越来越忙了——我还算不上老教师；家务劳动越来越重了——我已经需要照顾四代亲人了；时间越来越宝贵了——除了中午不再需要像嘉峪关那样必须睡一觉（海拔高啊，没办法；无锡海拔不到10米），我每天的时间得以5分钟为最小单位。亲们知道，我不是一个糟蹋时间的人——一直如此；不是一个无所事事的人——至今如此。

从嘉峪关到无锡，换过五次房，换过四次单位，换过两次车，但是老婆还是从嘉峪关带来的那个老婆，仅此一个，还叫安燕，是学生的姐姐。

我的一切都是学校给的，是学校给了我的一切——所以余生献给学校，不再攀其他高枝。女儿大学毕业工作了，成家了，给我们生了个超级可爱的孙女；儿子在国外上大学——设计理念新潮、使用便捷的一个碎钞机器，可恨我不是印钞机；一个空间站，维护成本超高，信号时有时无，时断时续；我需要的信息，他不发给我；他发来的，多数情况下就像哈勃望远镜一样，"老爸，记着打钱哦……""老妈，生日快乐"……

1983年暑假，走出嘉峪关火车站时，我身上仅剩下5分钱，是一位比我低一级的大学女同学用自行车把我带到市区的。2001年离开嘉峪关时，是我岳父母给我们全家四口人1万元现金，一路到无锡，我身上还有5000元，我们开始打拼。引进到无锡，给我的安家费刚好可以买到半套房子——那时无锡房价不到1千元，150平方米的大房子才12万元。2017年引进到江阴，新学校给我的安家费又是刚好够买半套房子——信命不？！

改版升级为爷爷了，我看着教室坐着的小伙伴们一个个都像是我的孙辈一样可爱，我再也发不出脾气了。课文背不出，默写有错误，我也不忍心罚抄了。小鲜肉们不懂得俯卧撑了，美囡囡们不解抄课文了！走在校园里，碰到认识或不认得的学生，人家东西掉了，我赶快捡起来——喊——追上，提醒小伙伴别丢三落四的……再也不可能发生宋海霞掉鞋子那样有趣的事情了——想想，日子多么乏味啊！

接近50岁时的一次高端培训——教育部国培计划——彻底改变了我。我教你们的时候，已经很超前，用的是文学性、文章学解读；而不少同行还是在对话教学阶段——所谓对话有时候演绎成了师生都在"老太婆吃大豆——满嘴胡滚"，"脚踩西瓜皮——滑到哪里算哪里"，把语文课蜕变为胡拉乱扯，不着边际；我现在已经上升到注重核心素养训练层面的语文解读了。如果你们再有机会走进语文课堂，肯定会有很多惊喜发现哦。

近些年但凡见到以前的学生，大多有两个惊呼：老寇真是有魄力啊，南下长三角，混得挺好……寇老师没怎么变，还是以前那样，头发都黑黑的……我的体会是：生活习惯好，带来身体好；身体好带来心态好，心态好带来人缘好；进而工作效率高，自然成就多。我至今没有养成不良生活嗜好——不会抽烟；除了应酬交际，我不喝酒；不会麻将、扑克；不进歌厅舞厅；虽然生活在鱼米之乡，依然不会钓鱼……我一般不跟同事产生矛盾摩擦，虽然我是一个过于心直口快的人。对职业永远充满热情，对专业永远积极进取，对生活永远富有激情，对亲人永远看重亲情……

引进到江南的近二十年中，我没有一个暑假是清闲地待在家里吹空调的，而是不停地充电提升，常常自费去全国各地参加培训、听课观摩……江南学校的寒假一般只有两星期多，前些年是邀请双方老人轮番来过年度假旅游，安排弟弟妹妹们来看病就医。随着老人们不能再出远门，我的目光投向了下一代，邀请侄子外甥们来无锡学习考察游览，把我平生的教育经验和智慧尽可能地发挥到效益最大化。

教授级高级职称，在中小学教师队伍中是万里挑一的；特级教师，是我们这个行业荣誉的顶峰了。但是，我还有提升空间！

因为闻不得任何烟味，我一直不跟抽烟的同事在一个办公室共事，进而躲避允许抽烟的会议……所以，我一直做不了行政领导工作；又所以，我一直站在讲台上，一直在课堂上拼搏，一直在专业上追求进步……

虽然出生成长在贫穷的农民家庭，从小条件艰苦，但我一直不太计较经济利益，不很看重钱财；当老师就把书教好，从来没有考虑过做生意，我无论是有名还是无名时都能坚持不在任何营业性教育机构兼职，但是财神爷也好像从来没有过于为难过我。

记得以前与同事们一起外出时，只要车轮子一转，我的话匣子就打开了，越说越兴奋，不知疲倦。但是现在已经没有这个恶习了，这主要源于江南地区比较文明，加之工作越干越多，时间越来越宝贵……可以肯定地讲，我目前不是一个中年油腻男。

老父亲2014年底去世了。树欲静而风不止，子欲养而亲不待！那个春节，我突然感到自己成了一个孤儿；好在我还有八十多岁的老母亲——祭而丰不如养之薄也，东隅已逝桑榆非晚。老母亲现在嘉峪关弟弟妹妹处养老。十几年间，我三次接父母来江南过年。一个女婿半个儿，岳母亦母，半子即子。岳父母也到江南来过三次。最近连续三五年，我都借到甘肃、陕西、宁夏等地讲课的机会去嘉峪关看望岳父母，每次都给老人们更换一种家居生活用品，从沙发到电视机……弟弟妹妹人数没有减少，亦无增加；但侄子外甥可是随着二胎放开呈几何级数增长，现在有好几个都跟着我在长三角打拼……

亲们，我已经教了39年书了，教过十几届学生了，几千人了；况且你们名字中香、娟、艳、花、丽、霞，斌、军、辉、国、强、勇……每过几年轮番上演一遍，你们得原谅我们这个职业——学生永远在暗处，老师永远在明处哦。

在嘉峪关时期，我出门最发愁的是路费、住宿、吃饭花多少钱！现在，我出门最发愁的是路途花多少时间、办事花多少时间、应酬还需要多少时间！每次出门，我得盘算，这趟差事需要我的几天、几小时……这几年，走遍全国各地，都有曾经的学生了，我出门可以像姚鼐一样了，敢不带钱包了，有学生接力管我吃住行了……

在嘉峪关时期，我的能力只能请你们中间少部分人吃一碗牛肉面，寒酸啊！现在，我有能力请你们在无锡品尝太湖三白、长江三鲜……

随时恭候！前十多年的一个暑假，从嘉峪关来了十多个学生——我记得是张剑、常辉辉等人——打电话来时我正好外出。我告诉安老师，让这些还不挣钱的学生住在我们家。客厅、书房、厨房、地上、床上、沙发上，江南人的木地板就是硬板床嘛，每人一张凉席，枕头就是自己的背包；男厕所是我们家客卫，女厕所当然是主卫。第二天早餐，安老师把小区门口早餐车上的所有稀饭、包子、馒头、油饼、茶叶蛋全都买断拿回家，十来条男汉子女汉子狼吞虎咽，边吃边回头张望……后来电视上播出《激情燃烧的岁月》，蘑菇屯的庄稼汉来到石光荣家里吃光了所有挂面……我的儿子和女儿大喊，这个故事在我们家也发生过吧……

那时我们家刚刚安顿在无锡；当然现在条件好多啦！

哪位亲如果还有兴趣关心我、关注我，那就只好请问度娘：寇永升……

问候你们的父母——如果在网上或者其他地方看到我的视频、图片，请代为分享与你们年迈的爹娘！

祝福你们的家庭，祝愿你们在事业上取得辉煌成绩！

祝愿你们的宝宝健康快乐成人成才！——如果你在教育自己的孩子时遇到了麻烦，问我，多半会给你一些建议，而这也是这些年学生们纷纷联系我的原因之一。

2019 年 3 月初稿

2022 年 8 月 22 日修订

乡愁

　　我在微信群里与嘉峪关市一中 1999 届学生们聊天，学生董发科等人倡议，2019 年他们高中毕业 20 周年，要在嘉峪关聚会一次……

　　滕蕾：杨超（在母校任教）找个教室，让寇老师给我们和下一代们一起上堂语文课吧。

　　杨超：必须的。

　　王志亮：就在李娜（母校英语教师）的班级吧。

　　滕蕾：不同年龄段，想想都觉得好玩。课文当堂背诵，不会背的做俯卧撑去！

　　龍齤龘：老寇讲错了请吃牛大！

　　烂柯：随堂默写——能写出来的，请吃牛肉面；写不出的，罚抄；错字，每个按照 5 个俯卧撑计数……如果安排在暑假我一定来，再给你们讲一节课，内容"乡愁"——以此回报 99 届的伙伴们和我的第二故乡。

　　多位在异地打拼的学生纷纷点赞回应……

　　高中毕业 20 年，这批学生都已经到中年，开始珍惜同学之情，知道顾念父母的身体；渐渐沉稳着陆，体会到了养儿育女之难，懂得了柴米油盐之艰……我在厨房吃西瓜时突然产生火花，而胡诌出几句"诗"：

乡 愁

小时候，
乡愁只是教科书里的课文。
她不认识我，
我只认得那些文字……

长大后，
乡愁是爸妈的叮咛和唠叨。

我只觉得多余，

而他们却不厌其烦……

后来啊，

乡愁是满头白发的他们

对在外打拼的儿女的期盼和思念，

是为我们买房、买车、生儿育女的操劳……

现在啊，

乡愁是因孙辈的一段视频而开心好多天，

是因为我们的一个电话而回味好长时间；

是你我之间一个段子的打趣，

是伙伴们一次聚会的酝酿……

因与杨海平私聊，又产生几点想法，整理保存：

陪伴与呵护——小时候，孩子最需要的是父母亲人的陪伴和呵护；父母就是孩子头顶的一片天空，就是孩子最实用的保险，最靠谱的依赖，就是孩子的全部……亲情是任何外部环境条件都不能替代的教育资源。

忍耐与宽容——叛逆期，更需要父母的耐心、忍让与宽容：每个孩子都是一朵花，花期早晚各别，艳丽与暗淡不同。世间有开花而不结果的植物，但很少有结果却不开花的。正如青春期的来临有早有晚，孩子的成长发育期并不与年龄成正比，有的孩子比较慢，比较晚。花开需要耐心等待，不可操之过急，拔苗助长。等待花开！

尊重与信任——长大了，关键是理解、尊重与信任。孩子小时候，你是爸爸妈妈；孩子长大了，你是他或她的朋友。多年父子成兄弟。长大了的孩子，不能寄希望于说教、批评甚至指责。关注孩子的关注点，寻找共同感兴趣的话题，求同存异，与孩子平等对话，讨论交流。面对长大了的孩子，你如果还是居高临下的训斥，将是两败俱伤，南辕北辙……

要想田里不长草，最有效的办法莫过于种满庄稼。让孩子有一两样兴趣爱好和业余特长，音体美，吹拉弹唱；跑跳踢打摔，摄影、钓鱼、远足……利于交友，利于健身，生活充实，快乐幸福。

一个人形成特长爱好的三个黄金季节：幼儿园到小学低中年级，大学期间，退休以后。有爱好和特长的人，生活质量高，工作效率高，心态好。

小时候，孩子是我们的"宠物"，作为家长我们需要保护他们；长大后，孩子就成了一个自然人、社会人，我们需要支持他们奋飞到高处和远处。

　　作为父母，可以陪伴孩子的永远只是人生路途上极其短暂的一段时间。小时候，孩子是我们的全部，但我们的全部并非只有孩子。永远不能把自己淹没在孩子和家务事中，你也是一个自然人、社会人，有自己的生活，有自己的追求，有自己的事业……

　　新竹高于老竹枝，老竹毅然拔云天；雏凤清于老凤声，老凤依然自奋飞。

2018 年 8 月

平凡岗位写华章

——我印象中的寇永升老师

甘肃省嘉峪关市第一中学　唐学照

时间如梭，转眼之间我眼中的那个小寇已经在教育战线上奋斗了40年。40年，14600多个日日夜夜，这是一笔难以汇聚的财富，这是一段生命与生命交融的时光，这是寇老师用满腔热情、无私爱心、谆谆教诲谱写的一曲教育之歌。凭着对教育事业孜孜不倦的追求，他把自己的一生献给了三尺讲台，在40年的教育路上留下了闪光的教育足迹。永升老师的教龄比我还长，更重要的是成绩斐然，让我觉得不说点什么好像有点于心不忍。

1983年永升分配到嘉峪关市第一中学任教。在学校教职工大会上，校长做了简单介绍，永升给我的第一印象：他个头不高，敦厚朴实，戴着眼镜，给人的感觉就是有活力、精力充沛。

我和永升在嘉峪关市第一中学共事近二十年，他是教语文的，我是教数学的。无论从年龄或者学科，刚开始我们没有多少交集机会。由于嘉峪关城市不大，人口不多，所以学校学生也不多，老师数量也就不多，尽管我们在工作中没有多少交集，但低头不见抬头见，特别是每周一次的教职工大会还是能见到的。20世纪80年代初期的几年中，永升是一个踏实认真肯钻研的初中老师。

后来我先后担任学校教导处主任和主管学校教学副校长，永升从省教育学院进修回来任教高中了，我们就有了直接的接触。经常会探讨、切磋怎样上好课、怎样教好书、育好人等诸多教育教学方面的话题，也因此对永升老师有了更进一步的深入了解。

我印象中的永升，永远充满活力，做事认真严谨，工作起来好像有使不完的劲，就像一台"永动机"。遇到问题肯动脑筋，善于钻研，乐于出主意想办法。论教书真的是一把好手，有板有眼，真可谓一丝不苟。

永升是一个学者型的老师，他教书不是为教而教。对每一节课他都会反复钻研教材、认真备课。每一节课讲完，他都要不断地总结完善，认真地反思，找出存在的问题和原因，并注意在今后的教学中不断改进。他非常注重对学生文化素养和知识功底的培养，每讲一篇课文，他都首先深钻细研，把文章的知识点归纳总结出来，包括作者的生平事迹、出生年月、发表过什么作品等相关信息，他都注意罗列得清清楚楚、记载得详详细细，而且还保存得完完整整。他的手写教案当时感动了好多老师，现在提起来一些老教师还是赞不绝口。同样是老师，这方面我就远远不如他。永升在他的教学生涯中一直遵循"身正为师，学高为范"这一条规则，他明白教学应该像一条源源不断的河流取之不尽用之不竭，既要"诲人不倦"，更要"学而不厌"。

永升从甘肃中部落后贫穷地区农村家庭走出来，虽然家境并不富裕，但是我记得他是当时学校里订阅教学期刊最多的老师。他没有什么不良嗜好，据我所知他把所有的闲暇时间都用在了读书上，用在了钻研教材上，用在了学生身上，用在了撰写教学笔记上。他撰写的教学反思与总结、教学论文、手写教案等都是嘉峪关市第一中学教师中最多的，并且把自己几十年的手写教案保存至今的人恐怕也寥寥无几，而他就能，据说他还把这些在大西北时期的第一手资源带到了江南，更是难能可贵。

工作之余，永升总是通过各种方式和渠道不断学习教育理论知识，更新教育理念，拓展教学思路，真正做到了干一行、爱一行、专一行、精一行，最终成长为一名有先进教学理念、独特教学风格的专家型老师。他明白做老师光有热情不够，光有理论知识也不够，更重要的是要把理论知识转化为实践，转化为组织开展教育教学活动的能力。

论育人，永升老师也是没的说，班主任工作严谨有序，严在当严处，爱在细微间，严中有爱。他懂得只有用真情教育学生，用真心去关心学生，才能得到学生的尊敬和爱戴，才能教好书育好人。他做班主任时的家访给我印象特别深刻，家在城市的学生他就利用晚上的休息时间；家在农村的，他就利用周六、周日，骑着自行车去二三十里以外的新城、文殊，了解学生的家庭状况，对学生进行针对性的帮扶和教育，真正做到了学生和家长的良师益友。

永升也是一个风趣幽默的人。学校每次组织外出旅游，只要有他在车厢里就会有此起彼伏的欢声笑语。正是由于他的勤奋好学，他脑袋里装有不少名人名言、天文地理等知识，特别是丰富的歇后语常常让我们笑得前仰后合……

2021年高考之后，嘉峪关市一中近五十位教师去无锡学习交流，永升给我带了他的著作《理念：教育的制高点——延安支教日记》（上下册），可以说这两本书就是他的工作记事，内容非常翔实，叙写真实感人。拜读之后，我非常震撼，虽然昔日的小寇早已功成名就，但是他的教风、他的工作态度、工作作风一如既往，全都体现在他的延安支教日记中。

2022年暑假，永升来酒泉讲学，顺便看望了嘉峪关市一中一些老同事，这好像是他离开嘉峪关二十多年后我第一次看到他虽然获得了那么多的荣誉，在教育战线上也可以说是领军级的人物，但是他一点儿不摆谱，还是那么谦虚好学。最重要的是，他虽然离开了生他养他的甘肃，但是他没有忘记他的故乡，还有他曾经工作过的地方嘉峪关。他多次到大西北讲学，传经送宝，把江南先进的教学理念、教育方法、教育信息传递到了西北，带动培养了一批年轻人。

永升老师离开嘉峪关市一中，对嘉峪关教育而言是一大损失，但是能在教育发达的无锡做出那么多的成绩，是我们嘉峪关市一中的骄傲，也是嘉峪关教育界的骄傲。

2022年10月

后记：

编辑个人文集过程中收到唐学照老师这篇文章时，我当教师刚好40个年头，已经在四所学校任职，加上延安支教、北京挂职、眼下正在援教的山观高级中学，我已经在七所学校工作过。粗略一算，我接触过好几千名同行、好几百位领导——唐学照是我碰到过最善良、最正直、最厚道、最无私的同事和领导。她这个人，对待任何人都以真诚相待；她遭遇过艰难心酸，但永远以责任、义务与热情拥抱生活；她教书和担任领导的时间，多在教育比较艰难的时代，多在学校比较困难的时期，她却一直真心付出，不计较个人得失，一直赢得同事们的尊重和信赖。

唐学照刚担任教学副校长时，我本已教着高一高二两个年级、三个班的语文课，还担任着班主任、年级主任。春季新学期开学，一位语文教师调离，高二有一个班的语文课实在找不出老师兼任。一周里，那个班有几个很好的学生，每当语文课时，总有人到我办公室门口张望一下，可能是看看我有没有课……后来，他们在语文课时间集体大声朗读课文，故意让我听见……唐校长多次在语文课时间到这个班级查看并安抚学生，以免吵闹影响其他班级；也曾数度到我办公室，但是，她始终没有张开嘴——她不忍心说出让我任教两个年级四个班级的语文课！作为数学老师，她知道，中学里语文、数学、外语教师工作量的极限是同一个年级3个班级的课务。

为了不让唐校长为难，为了这个班级的学生，我主动地走进了这个班级的教室。整整一学期，四个多月，每周28节课，每天平均近六节课，加上周末，我每周三十节课以上。我那时是三十而立风华正茂的年龄，除了讲课太多时常喉咙干涩疼痛，站立时间长了两腿酸痛，再没有什么不能承受！我已经备好高二的课了，能在自己带的班级讲，也可以在这个班讲一遍，就算是给唐学照帮忙吧！

如果所有担任学校领导的人，都能像唐学照这样与人为善，我弱弱地认为，没有做不好的工作，没有办不好的学校；作为一名教师，假如你跟唐学照这样的同事合不来、处不好，那我敢肯定而且负责任地讲：这个世界上就没有你能合得来的人了！

2022年11月

我和老寇

甘肃省嘉峪关市酒钢三中　　孙维平

　　我和老寇不是冤家，也不是朋友。

　　不是冤家，是因为我们同向而行，像两辆摇摇晃晃的破自行车，在逼仄的路上，有可能发生碰撞时，都及时地躲开了；像两头骡子，拴在一个槽头两边，没有太多胡踢乱咬的糗事。

　　不是朋友，是道不同？这个堂皇的理由其实让人脸红，芥子之微者，遮羞也用不上那么大块红布。是在一起的年份里，还不是做朋友的年龄；做朋友的年龄里，已不在一起了吧。

　　和寇相识，是在我参加工作之初。第一面，他先眯着眼笑，说："我姓寇，贼寇的寇。"又呵呵而笑，两个虎牙，很尖，很显眼。寇和我是同行，是我的组长，自然是我的老师。刚从校园里出来的毛头小伙子，对社会一头雾水，信心满满，又乱冲乱撞，自尊又敏感。这时候导师就像行道树，既指方向，又遮阴凉，偶尔，还挡挡风沙。河西的风沙大，人情也冷硬。寇在此时，就把专业导师、人生导师、生活导师的活儿一肩扛了。对举目无亲的单身，生活既简单，又复杂。简单是一个人吃饱全家不饿；复杂是仅一条街的小城没几家饭馆，填饱肚子就得自己动手。煤气罐既普遍又稀缺，灌煤气不是有钱就能搞定，定量供应，还要有本儿。寇家就成了我和几个年轻人常去蹭饭的地方。除此之外，寇常常张罗一些酒局，也带我去混，一来二去，校内校外认识了不少熟人。寇的熟人很多，可能缘于他的热心，也可能缘于他善于交往，打了一回交道的人，我多数都忘了，他却能继续加深关系，最终成了又一个朋友。遍布各行各业的这些朋友，让寇在方方面面办事，风顺水顺。对此我很是羡慕和向往，但终究因为懒惰，和时不时冒泡的"驴脾气"，这些关系，都成了猴子手里的苞米。

跟着寇学教书，最服气他的勤奋和细致。他的书，不管教材还是其他，一律用牛皮纸包上书皮，工工整整地写上书名、人名，整整齐齐地码在书架上，旁边书一条幅："唯老婆与书不外借！"。他还有满匣子的资料卡片，手工摘抄的；还有满抽屉的磁带，自己翻录的；还有很多很多，都是教书备课的利器，像小李飞刀，令我敬畏。这都是经年累月的积累，我学不上，就用心学他备课讲课。很快，在入职半学期的汇报课上，上了一节满堂彩的公开课，还有个教案评比，得了一等奖，在校园里小小地火了一把。记得奖品是一盒大红色的丝光羊毛线，一直派不上用场，后来不知送给了谁。扮演是一件很累人的事情，热情也会与日俱减。后来在某一次的酒局上，一位喜欢讽刺人的政治老师说，你以后就叫寇三吧。大家哄笑。我不明就里，但知道他在讥讽我，因为寇还有个外号，叫寇二。花旦唱老生腔，慢慢就走调了，在专业的路上，我学着自己走路了。

寇是个幽默开朗的人，每见人，先眯眼微笑，话说得高兴，就哈哈大笑，两颗虎牙，很尖，很显眼。和寇在一起，都会有很多故事，活色生香，偶带传奇——认识寇的，不会觉得这个说法夸张。

烙印在我心里的第一件，是他寒假带我们去农村家访。小城辖三乡，农村学生上高中，基本都在这个学校；家庭贫困，学习也不甚努力。寇说，我们去挖穷根！大约是了解学生的家庭状况，好针对性地做思想工作的意思。那时候，小城也就两三条街道，去火车站还是砂石路，去农村，简直有点天遥地远。坐班车，摇摇晃晃，两个多小时；骑摩托，飞土扬尘，也快不了多少。寇有办法，请城里的熟人帮忙派车。几天里，我们坐过墨绿色的吉普、蓝色的嘎斯、大解放、小夏利，总之是车轮滚滚。每天我们笑语喧哗地从校园里乘车，傍晚或天黑又微醺地回到宿舍，总有羡慕的眼神追随着那卷起土雾的车影。

学生住得分散，要多走几家就得赶早。一天早晨，落了薄薄的雪花，到了一个村子，天还是黑的，看不见说好带路的学生，不知道该左该右。寇也笑不出了，骂骂叨叨。车子朝一个方向摸索着开去，忽然看见一簇火光，车到跟前，有两个人包裹着厚厚的皮袄在烤火。我们停下来准备问路时，烤火的人喊了一声"寇老师"。原来是学生和家长在这里等我们，零下十几度，他们的眉眼上全是厚厚的霜花，背来的一捆麦草也快烧完了。寇搡了那个学生一拳，说："嗨，你这个苕娃子……"紧紧地抱了抱他，又去拥抱他父亲。90年代初，农村的光景总体差，除了有在城里和酒钢上班的人家外，大多数学生家庭困难。在每户人家，我们的学生大都是含愧带羞地接待我们，一为家境贫寒，二为没能学习好为家人争光。朴实的家长一个劲地感谢老师上门，连吼带呵地教训孩子要好好学习、对得起老师等等。临出门，还非要往手里塞自己生产的东西……这情形，多像我的中学时代啊：贫寒的农家，朴实的家长，少不更事的学生，迷惘的前路……中午，我们在一个条件相对好的学生家吃饭，家长特意炖了鸡。两杯酒下肚，我竟醉了……

在后来的工作中，我对农村的学生要求近于严苛，有时候免不了用那次家访看到的情景刺激、教训他们。那时也不多想，会不会伤到他们的自尊。也没有料想，二十年后，学生请我吃饭，说得最多的是：老师，亏了你去我们家，亏了你当年那样棒喝……

谁料，这次家访，后来在学校竟被人说成专意到农民家里"吃大户"。我说给寇，他眯眼撇嘴，说：你听他们"豁嘴骡子学驴叫——能有啥好调调？"咱"鸡吃萤火虫——肚里明"，你管他"鸡窝里套绳子——扯什么蛋"——歇后语骂人，是寇的绝活，惹了他，你就好好受着吧。

另一回，是我俩同游泰山。

寇热心于学科社会组织，勉力维持着当地的语文学会。那年，素质教育旌旗突出、口号震天；一些年轻人扯起大旗另辟蹊径，此呼彼应，相约暑期在泰山脚下聚会研讨。寇以为我们始开风气、引领改革，定能得到领导激赏，以公派身份堂而皇之地走一遭；结果，红色邀请函搓揉成黑色，腿跑成罗圈，脸气成猪肝，没戏。寇眯着眼乜我，说："自费，你去吗？"我说："离了张屠户，未必不吃肉？走起！"

七月，一路向东。火车过了河南，平展展的中原大地扑面而来，望不到边的绿世界、青纱帐……我跳起来惊讶，赞叹。寇嘿嘿笑着，摆出一副老江湖的淡定——他工作十几年，起码出过几回差，去过北京一类的大地方，不像我，从小在山沟沟里长大，最远去过个兰州。空调车，听说过没见过，绿皮车开窗就是空调，仍是蒸笼一般；卧铺，听说有没坐过，硬板有座，已是极好的。赤身露体，汗如雨下，或滔滔不绝谈语文教改，或相倚靠着呼噜震天。一车厢人，惊讶地看着这两个愣头愣脑、旁若无人的西北夯客……

哆哆嗦嗦走进泰安，是因为这里的地面都是烫的，脚板不敢放平。东西南北来了近千人，泰安师范的那间教室都显小了，一个个变成冒着蒸气的锅。穿个白衬衣报完到，人就像从浴缸里爬出来。寇说，奶奶的，热死了，脱！我不说，比他更快地脱了那劳什子。活命要紧，顾不得人模狗样了。接下来听报告，听课，背心裤衩，管他有没人侧目。见到当时中学语文教育泰斗级的人物于漪，见识报刊上总有名儿的山东程翔、安徽陈军、上海程红兵、四川李顺、江苏李震等等一批高手，听他们个个说得那个好呀，真是天花乱坠；再看人家上课，那真是人人优游自如……几天下来，两人的脖子都好像长了一点，寇还学了句山东话，动不动就"俺的个娘嘞，恁咋这芋头！（你怎么这么笨呢）"可不是，白天的热，要我的一半命；夜晚的蚊子，要了我的另一半命。我已晕头转向，顾头顾不了尾。寇呢，湿漉漉的，在人群里挤出挤进，每天弄回来一大堆资料，晚上还拿出硬皮笔记本给我炫耀："呶，这是袁教授的题字，这是顾先生的签名……"

活动的最后一程是登泰山。按照这时节惯常的做法，夜晚凉爽登山，黎明到顶，看日出。寇出主意，按李健吾《雨中登泰山》路线，边背课文边走，背多者赢，输者山顶请客！于是，泰山道中，又出现了两个念念有词夜行客。

"火红的太阳挂天边，热气腾腾是那泰安，大街上走过来人两个呀，一个老汉一个青年……"从东岳大街水淋淋地钻进岱庙，恢宏的殿宇，庄严的神像，沧桑的古碑，顿时一派肃穆气象，寇也不敢再咿咿呀呀地打趣我了。这岱庙，是帝王举行封禅大典的历史遗存。李斯刻石，汉柏唐槐，乾隆行宫……每一处都刻录着中国历史上一个巅峰时代。所供奉的泰山神东岳大帝，则掌管人间尊卑之数、生死之权，神圣威严，无以复加。殿外赤日炎炎，殿内清凉素净，人神两界，泾渭分明。

眼看红日西坠，我们的登山之旅开始了。出北门，沿红门路北行，过岱宗坊，至一天门、孔子登临处，过红门、三义柏、斗母宫……一路形胜，不胜枚举。经石峪不在正路上，我们特为拜访。"蹚过中溪水浅的地方，走不太远，就是有名的经石峪，一片大水漫过一亩大小的一个大石坪，光光的石头刻着一部《金刚经》，字有斗来大，年月久了，大部分都让水磨平了……"路径比李健吾写得要好，不用蹚水过去；字也用暗金着色，看上去清晰一些：大至半米以上的字，铺满河谷，那雄浑的气势，的确让人震撼。

想想一路行来，泰山随处可见的摩崖石刻，或为帝王到此祭天告地的诏诰，也有儒家尊师释道授经的格言，还有文化名士登攀览胜的慨叹，或为"万丈碑"，或为盈尺碣，既有如斗大字，也有蝇头小楷，真草隶篆，龙飞凤舞，把个酷爱书法的老寇吸引得口中啧啧有声，手里拍照不停。我是个书粉，狗看星星，也是觉得以石为纸、以斧为笔，在万仞绝壁上的这些创作，字字传神，处处惊心，叹为观止。泰山因此不仅景色绮丽，更加庄严典雅，谁不为之流连忘返？

寇不是忘返，而是不返，他提议不走大路，从经石峪另辟蹊径。我俩一拍即合。刚开始沿着峪溪前行，从石头上跳跃着找路，还很有意趣，渐渐的山谷越来越陡峭，直到水流挂上悬崖成为一绺瀑布，才知道并非条条小路通泰山。转而从旁边的树林中穿行，也是荆棘丛生，极难行走。此时，天色渐渐变暗，丛林中已不好辨认方向，我们不觉都慌张起来。退无可退，就努力往有光亮的地方走。忽然想起，沿途看见山民摆在路边卖的泰山特产，有蛇蝎猞猁豹猫之类，会不会让我们不期而遇？顿时胆寒。寇不接我的话茬，只是在前头奋力攀登，时时用登山棍敲打草木，"唰唰"地探路。天终于黑下来，我们还在林子里乱钻。四下寂然，只有我们的喘息和脚步声，迷路的恐惧渐渐在心里升起来，但我不敢说出口，一者于事无补，二者定遭寇骂。在黑黢黢的林子里，说话比不说话更可怕，你都能听见自己说话的回声。我俩都不说话，就是走走走。可正路在哪里？方向对吗？谁也不知道。

终于能看到天上的星星了，我们欢呼起来。寇就扯着嗓子"嗷嗷"地叫——神迹出现，头顶上方也传来"嗷嗷"的回应——那是夜登泰山的人，而且，正路就在不远的上面！

坐在回马岭女儿茶馆，灯下相互打量，不觉同时大笑：浑身湿透，满脚泥巴，满头蛛丝，脸上胳膊腿上划痕累累……青衣大褂、绑腿布鞋的卖茶老者，听了我们的历险，也很是惊叹，那真的是除了山民采药打猎很少有人走的路线，没有遇到蛇蝎惊吓，也是很好的运气。在石屋草堂，坐着树墩做的桌椅，品着竹筒盛的"女儿茶"，对着颇有仙风道骨的茶馆主人，寇又开始侃侃谈起《红楼梦》里关于女儿茶的故事……

泰山打赌，我自是定输无疑。到了中天门兑现，看看都是数十元一份的菜价，寇说："饶了你，我们就吃馒头吧。"馒头一元钱一个，寇就着茶水，一口气干掉八个！店老板目瞪口呆，我只有暗暗叫苦。

来不逢时，还被客栈老板忽悠，在泰山顶上待了两天，头一天大雾，第二天大雨，没看到日出，只有快快下山。那时泰山有一个旅游项目：坐直升机从天空环游泰山，一张票120元（我一个半月工资）。我跃跃欲试，寇却说，直升机那玩意，还是不坐的好；皮定均一代名将，也是被那家伙害死了。皮定均何人？我一头雾水。下山路上，寇便给我讲起了正史野史，免得我抱怨他在泰山顶上逗留两天花了冤枉钱……游山数众，唯有与寇的泰山之旅，多少年后，仍历历在目。

寇有一信条，凡事，不做则罢，做则最好。有意义的事，要豁得出功夫，豁得出钱，豁得出老本。后来，我参加市上一次级别很高的讲课大赛，他亲自策划，亲自帮助制作教具（那时候还没有课件一说），亲自组织反复磨课，最终拿下了一等奖。教会徒弟，饿死师傅，也不知道他当时有没有这份担心呢。这大约是我们最后一次亲密合作。

寇后来终于南下，在无锡驻足，成为一所全国著名高中的语文学科带头人。我们再没有了相互打趣捉弄、相约背包远行的机会，也没有能如他所约"秋风起，蟹脚痒；菊花开，闻蟹来"，在无锡太湖畔徜徉神侃。

青山不减，白发无端；我有好怀，无所控诉。

老梅看尽花开谢，遥忆故人何处也……

老寇保重！

作者雨人，本名孙维平，语文同行，散文写手，业余创作发表散文多篇。

2017 年 3 月 26 日成稿

2022 年 8 月 25 日校订

寇老师：教师节的祝福！

甘肃省嘉峪关市文学艺术联合会　宋海霞

　　寇老师是我的高中老师，我曾骂过他"寇者贼也"，也曾叫过他"寇老西儿"，但在这2000年的教师节来临时，我却想毕恭毕敬地叫他一声"寇老师"。

　　初次见到寇老师，是哥哥上高中的时候，我家在乡下，我那时还是一个土头土脸的傻丫头。一个暑假初始的傍晚，我和妹妹正在床上嬉戏，突然，进来一帮"怪模怪样"的人——为首的是一个光头的青年人，胖墩墩的，戴副眼镜，个子不高，一开口就摸着脑袋哈哈笑，有时又挺深沉。我想他肯定是一个很活跃的人，要不然，他把头剃那么光干什么，又不像坏人，哥哥他们和他特别亲热，一口一个"老寇"，叫得像哥们似的。

　　我怎么也没想到的是，等我也上了高中，他竟也成了我的老师。哥哥听说我在寇老师的班里，着实高兴了一回，说我有希望了——在寇老师班里保准成才。而我却是惴惴不安，因为这时，他又烫了一个大爆炸式的发型，穿着西装和紧绷绷的裤子，有时又穿着西装马甲旅游鞋！在我的感觉中，留过光头的老师怎么能再留卷发呢？穿西装居然穿旅游鞋？！我想他一定很难对付，便战战兢兢地在他的班里当起了学生。第一次跟他正面接触是面批作文的时候，上晚自习时，他通常都是叫学生一个挨一个上台面批作文。到我的时候，我低着头走上讲台，只听见他夸奖我："你的字写得挺好的……"我着实惊诧了！在那之前，从来没有人说过我的字写得不好，但也没有人说过我的字写得好。当然，从那以后，便只有人说坏，没有人说好了，所以我怀疑他当时的用心，但我还是很高兴，因为他居然会夸奖我。

　　从此，我写作文总是很认真投入。

　　当然，他也有缺点——他爱骂人。有一回，我们上操场去早操，走得慢了些，他便又当着全校同学的面指着我们骂起来了："驴，吆喝几声还转几圈呢！……"

　　全校学生都哈哈大笑，只有我们哭笑不得，我有些气愤便随脚踢出一颗石子，以发泄心中的不满，不想没把石子踢出去，一脚竟把凉鞋给踢了出去，在空中飞舞着盘旋着久久不肯落下来，我羞红了脸呆立着，等待着不知他会怎样羞辱我，但他竟在同学们的哈哈大笑中也开怀大笑了起来，令人百思不得其解。

上高三时，文理分科了，为了避重就轻，我选择了理科，很快，通过专业测试训练，学生便分出了三六九等，我算中下，我感到没希望了，便肆无忌惮地玩了起来。这时他却跟我做起对来了，动不动就把我叫到办公室训一通，上课从来不让我好过，不是背诵课文就是默写诗词，我哪会呀！只好磨洋工，他便很生气，有一次居然将全班的作业本劈头盖脸向我扔来，我被吓坏了，顿时泪如雨下。接下来他就劝我转科，当我把桌子搬到文科班的时候，我把他恨得要死，但当他看到我拿起了令人头疼的历史书，每天不到六点就到校背书时，竟给我准备早餐。也许，他令每一个他教过的学生都感动过。

当我一步步走上正轨，且走向社会之后，我发现"老寇"的"伟大"在于他不仅在乎教出了多少大学生，还很在乎给学生留下了什么样的学校生活记忆！如今，他作为特聘教师已去了无锡，我为他感到自豪！同时，在每一个教师节来临之际默默地为他祝福！

2000 年 9 月成稿
2022 年 8 月 25 日校订

给学生留下值得回忆的美好与精彩

嘉峪关市大唐路小学　　李艳花

寇老师是我高中三年的班主任，也是我的语文老师。

第一次认识寇老师是他给我们上第一节语文课的时候。记得他夹着一摞厚厚的书，理着精神的短发，穿着雪白的短袖衬衣，还扎了条紫红色的领带，整个人看起来很干练。他一进教室，就开始做自我介绍。他说："我姓寇，贼寇的寇。"说完这句话，同学们全笑了，他却没有生气。一转身把他的名字"寇永升"写在了黑板上。哇！好漂亮的字！好有内涵的名字！（因为那时男同学的名字不是"建"，就是"军"等等的）我还有点羡慕寇老师父母给他取了一个这么好的名字。

从那以后，同学们就私下给他起了个绰号叫"老寇"，我一直纳闷，寇老师明明是个年轻小伙，咋就叫"老寇"了。

寇老师是个勤快的人。每天，早自习的铃声还没有响，他就早早地站在教室门口。我胆子小，生怕迟到了被老师批评，所以我总是吃完早餐就气喘吁吁地往教室跑。记得有一天早读的时候，我被寇老师叫到了讲台跟前，我吓得大气也不敢出，心想，我又没有迟到。只见寇老师递给我一本英语书说，你把《卡尔·马克思》这篇课文给我读一读。我心想，你是语文老师，又听不懂英语，我读得越快，你就越听不懂，我就很流利地把课文读完了。读完，他点了点头，我就匆匆忙忙地下去了。从那以后，我一有时间就读英语，生怕他哪天再让我读课文。也是从那时起，我爱上了英语，英语成绩也开始越来越好。

早读的时候，寇老师最喜欢让我们背古文，别的班都是要求背几段，寇老师总是要求我们背全篇，不管长短。不但全文背诵，还要全文默写。当时我有点不理解，到了高三的时候我才发现，我的古文阅读扣分很少，后来我也成了一名中学语文老师，我最喜欢讲的课文也是古文。这都是得益于寇老师高中三年让我们刻苦背古文的缘故。

寇老师对家庭困难的学生格外好。高中三年，是我们家最困顿的时候。因为爷爷只有一条腿，奶奶又早逝，父亲是老大，他的兄弟姊妹又比较多。等着兄弟姐妹都成家立业后，我们才分的家。分家后，家里一贫如洗，又赶上我和弟弟先后都上高中，都要住校，每个月要给学校交伙食费。所以，我连一分钱都不敢乱花，更没有钱买辅导书。有一天，寇老师悄悄塞给我一本语文复习资料，鼓励我好好学。我如获珍宝，一有闲时间，就反复做上面的题。在高一第一次期中考试的时候，取得了全班第三名的好成绩。从那以后，我开始变得自信起来，学习也越来越努力，语文成绩也越来越好。

20世纪90年代物资匮乏，学习生活也单调而且枯燥，寇老师会利用休息时间组织一些有趣而且难忘的活动，给我们枯燥乏味的学习生活带来一些意想不到的惊喜。

记得高三那年元宵节的晚上，我们住校生都没有回家。晚上11点了，我们才上完晚自习。寇老师把我们住校生十几个人召集到操场上，我们围一个大圆圈，盘腿坐在操场上跟寇老师聊天。那段时间，因为复习紧张，每一次月考都牵动着我们的每一根神经，情绪也变得焦躁不安。寇老师先是跟我们聊天，然后给我们打气。时间一分一秒地过去，肚子也变得咕咕叫起来。寇老师突然说，今天是元宵节，你们肚子都饿了吧！我带你们去煮元宵吧！所有的同学都激动地叫起来！寇老师带着我们从他家拿了锅碗瓢盆，我们在戈壁滩上一块空旷平坦的地方支起了锅灶，捡拾了柴草，开始煮元宵。对于当时已经饥肠辘辘的我们，那天的元宵真的是人间美味。我们在戈壁滩上度过了一个愉快而难忘的元宵节。说实话，那是我第一次吃元宵。直到今天，我都记忆犹新。

紧张的高考在紧锣密鼓中结束了，寇老师又忙着帮我们估分、填报志愿。那时候，高考完了，成绩没出来就开始填报志愿了。如果估分不准，就会影响报志愿。如果分估高了，就可能滑档落榜；分估低了，又会吃亏。寇老师帮我们一个一个地估分。分估完了，又开始领着大家填报志愿。寇老师给我们每人发了一张模拟填报志愿的表格。先让我们自己填，我记得当时我填的第一志愿是"甘肃广播电视大学"，我觉得这个学校听起来很高大上。寇老师看完我填的志愿说，你报张掖师范高等专科学校吧！这个学校是公办师范，花费少，出来还包分配。毕业之后，当同学们还在为找工作发愁时，我已经成了一名有编制的公办老师。真的很感谢寇老师。

现在，我也成了一名老师。我常常在思考一个问题，什么样的老师才是学生心目当中的好老师。我觉得首先得敬业爱岗，其次，能给孩子们的学习生活留下值得终身回忆的精彩与美好印象。

寇老师就是这样的一位好老师。

2022年9月

此生不悔为汝生

甘肃省嘉峪关市第一中学　郝晓霞

　　我是一个固执、内向、性格有些许孤僻的人，不善与人交流，也不善当面表达自己的歉意或者感激。年轻时，此等性格缺陷尤为严重；如今，随着年岁的增长，已有了很多好转，可是对亲人和恩师没能表达出口的感激和歉意仍然像一块石头一样压在我的心口。故而于此，借第38个教师节的契机，谨以此文向我远在千里之外的恩师——寇永升由衷地说一句：谢谢您！

　　初见寇老师，是我上高一时一个下午自习课，因为当时班主任恰好有事不在班里，所以我们一边做作业，一边叽叽喳喳聊个不停。许是影响到了旁边教室学生们的静修，就在我们聊得正开心的时候，一个个头中等，戴着眼镜，不胖不瘦的男老师突然出现在了我们班的门口，斥责我们吵吵闹闹，不好好学习，背着父母的期望来到学校装模作样……具体的话语我已记不清了，唯独清晰地留在记忆里的是他训斥我们时那一串串的歇后语，诸如：猪鼻子里插葱——装象，腰里别着个死耗子——假装的猎人模样，等等。

　　说完那一串歇后语，他锐利地看了我们一眼，转身就走，留下我们整个班张着嘴，面面相觑，谁也说不出话来，谁也不知道该说些什么。从小到大，还从来没有一个人不打磕地用一长串的歇后语来批评、挖苦、讽刺我们，虽然心里都很不舒服，却又不知道该怎么办。毕竟，在他面前，我们的知识储备量和运用成语以及歇后语的能力远不如他，没人敢说话，因为很清楚，但凡说一句什么，他一定会用更多的歇后语把我们怼回来，必败无疑！

　　那时的我们，犹如初生的牛犊，谁也不服，可初次见面就一枪未发地败下阵来，这种挫败感和懊恼感让我们感到无比的沮丧，而且这种沮丧感以后每次见到他时都会隐隐浮现，以至于多年后高中同学聚会，我们聊起寇老师来，那一幕依然清晰如昨，成为我们茶余饭后自嘲的笑谈。

　　高一在边玩边学中很快就过去了，高二分班时，因为数学太差，我被迫选择了文科，偏巧不巧地就被分到了寇老师的班上，也就是从那时起，我开始一点一点地、真正地了解了他。

寇老师的教学非常注重对学生语文功底的培养，他很善于钻研，家中收藏了各式各样的书籍，其中有相当一部分就是中学语文教材，从中国近代教育起始阶段到现在的中学语文课本，在他那里几乎都能找到，而且都被他细心地保管、修缮、排序，这真的让任何一个见到的人都会为之惊叹。

寇老师擅长教诗歌和古文，教得细致，讲得透彻。班里一些同学在他的培养下颇爱古文，能运用古文得心应手地去写作文。甚至有一回一个男生居然用古文写了检讨当众朗读，原本应该很严肃的检讨却让他用幽默诙谐的语气逗得全班捧腹大笑，寇老师不但没有批评那个男生，反而眼里满是赞许的笑意。对于爱才的寇老师来说，他怎么舍得批评一个"才子"呢，更何况，从某种角度来说，这也算是他辛苦教学成果的一个意外之喜吧。

和那些睿智的男生相比起来，我相差甚远，尽管我很爱听寇老师讲古文，但理解起来略有困难，再加之懒惰，不愿意去背诵古文，可当时的高中语文考试总是会考到很多古文的默写内容和关于古代文学家的一些知识点。寇老师看穿了我的懒惰，却没有直接批评我，他很巧妙地用我语文课代表的身份要求我用墙报那样大的纸张把中国古代文学家的知识点归纳总结出来，包括每一个文学家的字、号、生卒年、个人文集等，这些文集中又有哪些文章被收录到了高中语文课本中；而且要求我连做四份，一份贴在教室后墙上，一份贴在楼道里供全年级学生学习，一份放在他办公室，还有一份则留给我自己。做的时候我心里颇有怨言，不明白他为什么不交给那些脑袋灵光，古文学得超好的男生去做，却要交给我这么一个愚笨懒惰的人。四份做完之后，那些知识点自然而然也印了一份在我的脑子里，这时我才恍然大悟他的良苦用心；而我，从那以后，也自然而然地、心甘情愿地成了他各项语文教学工作的小助手。

高二下半学期，我的母亲因重病久治无效离开了我，那段时间我觉得自己的整个世界都坍塌了，整个人都变得很颓废，我沉溺在巨大的痛苦中无力自拔，不愿与人交流，也失去了学习的动力，可为了不让别人怜悯我，骨子里的倔强让我表面上装出很坚强的样子。寇老师一直默默地关注着我，他了解我的性格，看穿了我的自卑、自尊和脆弱，他没有安慰我，却默默地用他自己的方式关心着我，帮助着我，把我从深不见底的黑暗和绝望中一点一点地拉出来。我又慢慢回到了班里前四的位置，没有他，当年的我很可能会与大学生活擦肩而过了。

也正是因为他的影响，我毅然而然地选择了教师这个职业，追随他的脚步，去了他曾经的母校学习；然后又来到他曾经任教的学校教书，有幸与他成为同事，他细心地指点我，告诉我该如何去做一名好学的、合格的老师，可遗憾的是，我却始终未能成为像他那样优秀的教师。我在成为教师若干年后，在一次交谈中才无意得知，当年我母亲重病住院，为了不耽误、不影响我的学习，他曾背着我去医院看望过我母亲若干次，可他自己却一直只字未提……

大学时期我努力学习，年年拿奖学金；毕业工作后，我认真教书，参加各种比赛，努力拿奖，倔强地不让自己所带班级的成绩输给其他班级。之所以那么努力，那么好胜好强，一方面，是出于对母亲深深的思念，想让她泉下有知能感到欣慰；另一方面，则是出于对寇老师说不出口的感激，不想因为是他的学生而让他感到丝毫的丢脸。

时光如梭，一转眼，从成为他的学生那天起到现在已经有三十年了。如今的他已成为江苏省有名的特级教师，去过很多地方讲学，尽其所能回报他的母校、他的家乡，默默地用他的行动践行着"吃水不忘挖井人"的精神。身为他的学生，这么多年来，行走在他的身后，却始终达不到他那样的成就，甚至都无法对他的师恩给予丝毫的回报。

尽管一直愧对于他，但在我的心里，他仍然是我的老师，我也永远是他的学生。

回想起和寇老师这么多年师生之间的这份渊源，回想起一路走来他对我点点滴滴的指点、帮助和鼓励，我无以为报，只想从内心深处无比真诚地对我的恩师说一句：此生不悔为汝生！

2022 年 9 月 10 日教师节

致敬兄长般的寇老师

新疆军区某部　张卫兴

今天是教师节，又是中秋节。给师长、亲朋们发了几条节日问候祝福短信后，正在拜读老同桌董永明的《忆寇老西》，收到了寇老师的语音留言和约稿函。两天前已经看到了同学群里热烈的讨论和回忆，也在思绪着曾经的点点滴滴，收到寇老师的留言，我便欣然应允。

寇老师个子不高，眼睛也不大，人也不算太帅，还戴副眼镜，平时骑自行车上下班，教我们那会儿也就三十四五岁，但却被历届师生尊称为"老寇"，足见其学富五车、智慧超群。"老寇"之名由来已久，我的三姐1986年至1989年在嘉峪关市一中上初中，据说"老寇"之名已流传于江湖，而那时的寇老师也就二十啷当岁。后来教我们，记得有一

堂课讲字词结构，寇老师讲"老"字，举例"老张""老王"，同学们异口同声"老寇"，然后是师生一起哄堂大笑……教过我们的老师不少，但姓氏前被冠之"老"字的年轻老师，寇老师可是独一份，也足见大家对寇老师的尊敬和喜爱。

寇老师严厉却不古板，严在执教，严在学业，却不拘于形式。课堂氛围轻松愉悦，嘴角常挂着微微的狡黠的笑。正因为这一抹笑，在一些同学玩转笔被没收插花盆、背书走神被偷袭时，不会气、不会恼、也不会记恨，更多的是无奈地笑笑，暗暗埋怨自己咋这么倒霉又被抓了现行，然后若无其事地假装继续学习。大家喜欢寇老师的课，还有一个原因，他在讲课中会时不时穿插上一两个诙谐的段子，让大家在忍俊不禁中加深了印象。

寇老师是从我们甘肃农村走出来的，对我们当年这几个农村孩子多了一份兄长般的关心，学习上、生活上，甚至精神上，都给予我们很大的鼓励。记得高三有一次摸底考试稍有退步，班主任老师对我"白眼"相加，

正好借寇老师布置的作文，把我的委屈和感受写了进去。结果讲评作文时，寇老师安排我的同班同学，也是我表哥家的侄女，上台念我的作文。当念到"白眼"这个词时，寇老师打断说：不是"白眼"，是"日眼"，结果笑倒一大片。之后专门就我们农村孩子在学业上的刻苦努力讲了一番话，给我们好好地鼓了一番劲。

很快高中毕业了，同学们各奔东西，离开了亲爱的老师和同学，离开了我们的老寇。临毕业，寇老师将他的新作《烛光心韵》送我一本，并签名留念。再后来，得知寇老师去了南方，有了更好的发展平台和施展空间，真替老寇高兴。

大学毕业后我参军入伍到了新疆，也时常想起老寇，但却很长时间没找到联系方式。一个偶然的机会获得寇老师的电话号码，赶紧拨了过去，电话那头的老寇，和我一样挺高兴，互相诉说了近况，终于联系上了。

此后经年，逢年过节偶尔打个电话发个信息互通有无，但因身在军营各种原因，终无机会再见到老寇。一直到了2010年9月，我有机会到上海参加业务培训，和市一中比我们低一届的师妹冯玲玲去无锡看望了寇老师。寇老师得知我们要去的消息很高兴，嘱咐我们早点去，他要带我们去太湖。那天我们和寇老师还有寇明荣（寇老师侄子的孩子，管他叫"四爷"，当时正在杭州上学）一起游太湖、品美味，度过了非常开心的一天，临别寇老师送给我精美的紫砂壶。

到了2013年下半年，我赴南京参加中培，专程去无锡看望寇老师，参观了他所任教的百年名校锡山高中，目睹了那优美一流的办公环境，也有幸被寇老师邀请到家中品茗喝茶，他更是带我向当晚聚会的老师们敬酒致意。那一刻，真正体会到了学生以老师为傲，老师以学生为荣！

时光如梭，九年一晃又过去了，我再也没有机会去拜访寇老师，但老寇的消息确是经常听说到，江湖上到处都有他的传说。这些年，我们的寇老师越发功成名就了，各种荣誉，各种著述，各地讲学……但我知道，老寇的初心就是教书育人，名利地位并非他所求。

致敬老寇！您呵护我们成长桃李满天下，我们散如满天星为国添砖加瓦！祝愿寇老师越来越好！

也致敬我们已逝去的青春！

2022年9月10日于乌鲁木齐

良师、益友集一身

嘉峪关市网络安全和信息化委员会办公室　董永明

1996年夏天，我拿着成绩单在嘉峪关市一中入学。由于某些原因，开学一周才到学校报到，本来想去一班，不知道让谁把我顶了，我到了二班，开始了我的高中生活。

高中生活其实没有想象的那么艰苦。但老师讲的和我们会的脱节了，每天像听天书一样，听得最多的就是，"你们是我见过最差的一届学生，讲啥啥不会，问啥啥不知道，你们三年以后怎么考大学……"后来才发现，新生入学老师都会这么说。但可能由于我们实在太差了，上了一学期，代课的老师跑了一半……

老寇来了。

初见老寇，着实不像个正规教书先生，邋里邋遢，一点都不精神。个子不高，皮肤偏黑而且略显粗糙，眼镜后面一双眯眯眼透露着一股子狡诈，嘴角的微笑始终给人一种笑里藏刀的感觉。惊奇的是，这货居然第一堂课甩着两条腿，背个手拿本破书就来了，没教案没什么幻灯片，简直对我们一点都不重视不尊重。

第一堂课有点特别，没有说教，没有训斥，没有陈芝麻烂谷子，没有这不能那不行。小眼睛一扫，张嘴就是各种段子，当时有点蒙，感觉不像个正经老师，像是来混日子说相声的。那一瞬间有点后悔，咱是来考大学的又不是来听相声，甚至琢磨着不行把酒钢三中那三千块钱教育经费交了，换个正规点的环境……

对于老寇的教学手段，还是比较佩服，那真屁股上挂瓶子——还是有一定（腚）水平的。上了大学以后，一度怀疑那个疯狂英语的李阳是不是我失散多年的师哥。其实说来也不难，我总结为疯狂语文，说不好听点就是扯个破锣嗓子喊，喊到额头冒汗，喊到声音嘶哑，喊到精疲力竭，喊到让别的班无法正常上课，喊到让其他科老师怀疑人生。其实这还是有点小佩服的，语言这东西，嘴张不开，就学不好。在我当老师那一年多的时间，我发现只要疯狂地读起来，课都不用上，娃们基本都能考好。

高中老师很多，能和学生混成哥们兄弟的不多，能让我们回忆的也是寥寥几个，但对于我们来说，老寇确是那个另类的存在。抢学生的笔，抢学生的书，动不动捣你两锤，就是个调皮捣蛋的学生，哪有个老师样，借就借吧，还总是老虎借猪，相公借书——总是有借无还（我觉得比刘备借荆州更形象些）。

有时候这货爱坑人，我就被深深地伤害过。

高三摸底考试，定了个按分数排座位，哥们瞬间就坐到了第二排中间靠左的位置，何等荣耀啊，那是脸上有光，家里有位。作为一个血气方刚的优秀青年，瞬间有点飘了。二模考试考语文，老寇背个手溜了一圈，小眼睛一转，"考试作文不限题材，随便写"，"写小说行不"，"可"，我信了……考试结束，作文零分，我被发配到了倒数第二排。头悬梁，锥刺股，三模成绩出来我又能回到前面去，结果班主任告诉我们家长对排位意见大，不搞了。

毕业多年未有老寇消息，听说去发达地区了，再有消息还是突然某天出现在了我们的微信群里（好歹我也是群主，进来时也不发个红包，平时咋教《水浒传》？！），还是一样不着调，还是一样段子不断，但多了点生疏，多了点距离。

三十年弹指一挥间，有悲伤，有欢笑，有无数回忆的点点滴滴，有我那些漂亮可爱的女同学，也有那一点不正经的老寇。师者，所以传道、授业、解惑也。道一业二惑三，回头再看，其实老寇已经勉强够得到第一个了。师生关系，授业方式，教学方法，三者其实缺一不可，如何把握好其中的度，可能对老师们来说是一辈子研究的课题。在人的一生中，良师和益友难求，集一身者，在我眼里唯老寇而已。

致敬老寇，致敬我们那些年逝去的青春，致敬嘉峪关市一中1999级毕业班！

2022 年 9 月

遥忆高中二三事

先域微电子技术服务（上海）有限公司天津分公司　李长勇

在我的书架上，有一本简装版的《烛光心韵》，那是我高中语文老师寇永升先生的著作，书名取得好：烛光，照亮学生前进的路；心韵，乃心之所向心之律动也！

1996年我上高中，2001年暑假寇老师远赴江南，我在此前一年来天津上大学，之后就没了联系。重新接上头已经是十几年后的2012年了，有一天心血来潮，度娘输入"寇永升"，对号入座，固定电话接通，是门房大爷！说明情况，告知确有其人，可喜可贺！一天后，接到寇老师电话，中气十足，乡音如故，十几年没联系了，却没有一丝生疏，十分亲切，我自报家门后寇老师对我隐约有了点印象。我说，当时老是被你整；他说，我当老师的，天天整学生，我知道你具体是哪个怂？我又说，当年在嘉峪关您的馒头没少被我们抢，到了江南，遭遇应该好点了吧；他说，江南的学生家庭条件总体都比较好，哪像你们，和强盗似的……没有假模假式的客套，一如当年一样本真！聊罢，问他在嘉峪关时候的第一本著作是否可以送我一本，就是开篇提到的《烛光心韵》；他欣然应允，没过多久，著作收到，还随书附赠了几张照片。一张是寇老师的摄影作品《雄关夕照》，湖水荡漾，关城铁色，晚霞绮丽，画面壮美而又不失灵动；另一张是寇老师的自拍照，时光似乎没有在他身上留下太多印记，头发还是浓密乌黑，眼神依旧睿智深邃中透着丝丝狡黠。

后来在网上看到寇老师一段视频，便装是上身一件合体的棕色皮夹克，下身一件蓝色的牛仔裤，蓝白格子衬衫；讲课时的正装是深色衬衫，打了领带，颜色还是他一直钟情的土豪黄，整个人整洁干练，意气风发，精神气十足。身体从大漠戈壁到了诗意江南，品位也实现了从嘉峪关北大桥到巴黎天桥的提升！

二十多年前的嘉峪关，虽说是工业城市，但是对于一个农家子弟来说机会并不多，只有两条路可以改命，一条是上高中，考大学；另外一条就是上中专。否则，很可能就要一辈子追随父母的足迹继续修理地球。

即便有两条路摆在面前，按当时的学习成绩来说我也机会渺茫，班级倒数，年级没得数，说我能考上大学，近似说笑话。幸运的是，在父母亲严厉的棍棒教育下，我以比较优异的成绩上了高中并最终考上了大学，人生有了大变化。可以说，高中，是我和像我一样的农家子弟命运的一个分水岭。

高中在市区，教学质量、学生素质和生活环境同初中差别很大，课程繁忙，前途依然路远坑深，有两次被寇老师单独拎出来教训至今记忆深刻。第一次是在一次自习课后，当时一听铃响，抱了篮球就往外冲，正好被寇老师撞见，四目相对时，他用从来没有过的严肃批评我，"铃声还没有停，你已经跑出教室了，可见你学习的时候是什么态度，高中不是混日子，要想清楚自己的目标……"当时我成绩并不算好，班级中等，感觉提升很难，就像一头拉车的牛，已经没力气了，可还要上坡，不说自暴自弃，多少也有点逃避现实课业的嫌疑，学得好坏是一回事，学习态度又是另外一回事。另外一次是语文课上，大家接力背诵《陈涉世家》，轮到我，正好到那句该死的"三老豪杰皆曰：将军身被坚执锐，伐无道，诛暴秦……"我清清嗓子，高声背了出来，问题就出在"将军身被坚执锐"，我当时确实没有理解这句，而且正好司马迁同志写作的时候没有用标点符号隔开，于是就连珠炮般地，纯粹文字堆砌似的背了出来，没有顿挫，没有断句，更没有感情；寇老师非常生气，挨了什么批评忘记了，记忆深刻的是他用浑厚的嗓音做了一次标准示范，"将军／身／被坚执锐"语气坚定，饱含感情，这个情节我一直都记得。的确，人的情感是在美学思想的熏陶中得到净化和升华的，岁数越来越大，对那些高中时候抱有功利态度的故纸堆却越来越有兴趣，闲暇时候还会主动去背诵唐诗、宋词和感兴趣的古文，每当所见美景和古文意境契合，内心会有一种丰满的享受！

高中时嘉峪关市一中篮球氛围浓厚，寇老师虽然运动细胞并不发达，但是没事了也掺和，或者说是搅和。印象中，该回防的时候经常是人不能至，只能心向往之；投篮时候先要做半蹲状，以便有足够升力带动当时已经出现的将军肚，然后两脚起跳，距离篮筐很近，也要起跳，活像蛤蟆；投出的球很少能空心入网，都是擦篮板；而且打球时候还给学生取外号，我们球队的当家球星张波就因为体力足、弹跳好而被寇老师戏称为"骡子"。这个笑料一直伴随我们这一批人到现在，真是善（骗）莫大焉！

冯唐说："人二十岁之前如果在一个地方待过十年以上，这个地方就是他永远的故乡。胃、味蕾、美感、表情、口音等等已经被这个地方界定，之后很难改变。"我对这句话深以为然。我在二十岁去外地上大学之前几乎没有过远行，所以，嘉峪关就是我永远的故乡！毕业参加工作后经常出差，东西南北中，可以借机满足牙齿的欲望，满足来满足去，感觉最让人踏实的吃食还是拉条子，最好配上"茄辣西"（茄子、辣椒、西红柿做的烩菜简称）；牛肉面，必须二细；南方的灵山秀水固然美妙，但是能与自己情绪有更多共鸣的还是家乡的祁连山，戈壁滩，沙枣树，甚至于马兰花，芨芨草……

"闲云潭影日悠悠，物换星移几度秋"，转眼间高中毕业已经二十多年了。2022年重阳节当天，收到寇老师约稿函，心情有些忐忑，很想写，正好可以给自己的家乡情、高中情、师生情做一次小结。寇老师在《烛光心韵》后记里说："初学写作的人，看到自己的文章变成铅字会很激动。"我也有这样的期待，但是，又怕写得不好……不过我想，在这个物化的现世，总有些单纯、可爱和有趣是不会随着一篇文章的优劣而消失的，那就借这个好机缘，重温一下吧！

2022年10月12日于天津

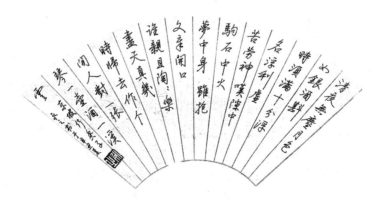

春风吹过祁连

甘肃省酒泉中学　魏　强

一

我常把自己比作一棵树。

因靠着祁连山，酒泉的三四月算不上春天，冷不说，风沙还多，常常吹得人睁不开眼。每年这个时候，我就开始眺望祁连，期盼着春的到来，但我的目光总是迷失在茫茫戈壁或散落在自己那并不清晰的影子里。我常想象着能够在三四月份亲身感受春风和煦、绿意盎然的江南，至今没有机会。地处西北，路途遥远；又因教师身份，时间不允许。

参加工作那年，我曾有过"让我的语文课充满春意"的狂言。为此，我一度为扎根语文的土壤拼命地汲取养分和水源。我语文的世界里，埋着一颗春天的种子。

祁连山下，戈壁的风呼呼地吹，考验着我站讲台的定力和汲取语文养分的能力。风一年又一年照例地吹，正如我的语文课一年又一年地按部就班地上，重复而单调。我的视野慢慢被迷茫和浑浑噩噩所充盈，我的语文生活靠传统经验和惯性维持着。我的躯干，长势时断时续，并没有形成厚实的年轮；我的枝叶，并未活力四射，绿衣丰满。你要知道，只有思维的进化才会强健人灵魂和精神的"体魄"，作为一棵树，见异思迁和旁逸斜出是绝对不行的。

无数语文名师的经历证明，教语文没有恒心、没有毅力和狠劲是见不了成效的。它需要像白杨树一样矢志不渝地一律向上。我不是一棵白杨树。工作到第十五年，上天打了个盹，馅饼掉在了我头上，我有机会走出学校上公开课。我以为，是春天有意向我走近了一步。

二

近些年来，南菁高中的寇永升老师奔波穿行于酒泉的语文界。他带来了江南温润的春风，每年都会吹拂我早已荒凉的"额头"，给我干瘪的心田洒上清凉的慰藉。

这缕春风常常撩拨着我的心弦。

江南的风比大西北的风更容易让人敞开心扉，更容易让人想入非非。

眺望远方，春梦开始。大西北的风似乎也不那么燥，不全是夹着风沙，它完全不缺乏平和耐心，完全可以进行冷静的思考。我嫩芽成叶、枝繁叶茂的生命幻想由此萌生。江南的风，微微地吹，吹在耳边，舒适怡人，逐渐吹进了我的思想意识，吹进了我与语文的情缘，一度饱含着亲切而又醍醐的味道，消解了我蓄积已久的哈欠。

寇老师一年至少来两回。我有机会吮吸到江南语文的雨露，享受他带来的浓浓春意：烟柳画桥，风帘翠幕；三秋桂子，十里荷花；春水碧于天，画船听雨眠；山岚雾霭，青烟袅袅；日出江花红胜火，春来江水绿如蓝……

这时候，语文很美，像一位妙龄少女。我得以一睹她犹抱琵琶、温柔可人的芳容，令人春心荡漾。我明白了语文并不像我这样粗犷，她还有朦胧温婉、腼腆羞涩的一面。我明白了，江南的春风可以把人熏醉，但比西北风更容易让人清醒。

我明白了，此中确有真意！

我更加渴望语文的绿色，即使我的皮肤已经开始干裂；即使身体的某些肌理已经生疖，我还是渴望拥有真正属于自己的春天，哪怕一次。伸展出自己的枝叶，是每棵树的渴望；体验一次职业生命的高峰体验，是每个语文老师的梦想。

要知道，生命过于短暂，应把宝贵的精力用在使生存更加美好和愉悦的目的上来。寇老师带着这个使命南来北往。"俏也不争春，只把春来报"；"待到山花烂漫时，她在丛中笑"。我似乎懂得，到了一定的高度，教育者的责任和担当就会更加凸现，这时候，他们真实而纯粹，神圣而高洁。

在语文教学方面，寇老师善于运用"北冥神功"，他体内蓄积了数十年的语文功力。功力深的人往往都是咬定青山不放松，往往都是纳千流、聚百川，否则是不会根深叶茂成为语文苑里的参天大树的，而一旦成为参天大树，他们就会绽放整个生命。

寇老师绽放了二十多年。

早些年，他在无锡市锡山高级中学，"无锡是个好地方"，他说。

当年，他是迎着嘉峪关悬壁长城的烈烈西风走向江南的，他说。

现在，他把江南清新可人的春风引到了酒泉、嘉峪关乃至整个河西走廊和陇原大地，滋润故土，回馈家乡，唤起生机，造福桑梓。毕竟，一枝红杏不是春，百花争艳，春色满园，后继有人才是春，这是教育者的幸福。我猜想，他的笔名和昵称"烂柯"里蕴含有这个深意。

语文课是一棵不知不觉就会生虫得病的树。寇老师的到来，就像江南的啄木鸟医生来到西北的树林里巡诊。他每来一次就垂范一次"诊疗"的全程。河西五地，从东到西，从西到东，一节课加一个讲座，每次都是，年年如是。读书、备课、教材解读、教学视野、教学资源、教学设计、教学艺术、课堂切入点、学生兴奋点、语文味等等，不一而足。在我还没有成为他酒泉名师工作室学员之前，他一到来我就慕名而去，欣然前往。我的课常常出现枝枯叶黄和不能自愈的情形。课堂生虫得病的缘由和预防治疗的方案，我亲眼看见了好多次，但总学不到精髓。修行，不能一蹴而就。

春天，有时候温暖怡人，有时候也会寒冷孤寂。

三

生活中遇到的许多人，随着时针的转动印象就会变得模糊，最终从记忆中淡去。他们于我而言，都是过客。现代社会的交往都在电话和微信群里，手指一滑而过淡淡应酬的多，志同道合同心相应的少。静心整理自己的记忆，我冲洗出几张清晰的照片，面孔大多与语文有关，寇老师的笑容就出现在前列。究其原因，凡是志趣相投能产生情感共鸣的人，才会伴随在我的潜意识里，寇老师算是其中的一个。

我与寇老师早年并不相识，只是耳闻。我听说他与酒泉中学的霍军、刘瑛、王永贤三位当中的其中一位是同学。他们经常在一起谈天论地，谈古论今，谈论语文的大道。我第一次近距离了解他是八年前他来酒中讲课，后来就是我慕他之名前往听课，他在讲台，我在报告厅的某个角落，那时候他并不认识我。再后来，我就成了他的学员，他成了我的导师。缘分和运气双双垂青，让我措手不及，我暗中窃喜。

因为语文春梦的缘故，我情感里存储了许多寇老师上课和讲座的精彩记忆。《祝福》《雨霖铃》《雷雨》《将进酒》《扬州慢》《沁园春·长沙》等等，一些与"寇式语文"相关的元素和因子在我的记忆深处逐渐安营扎寨，生根发芽。眼前浮现，耳边回响，在意识里打转，循环播放。我与语文虽不像天涯相隔的恋人那样能够心灵相契，惺惺相惜，但"一日不见，如隔三秋"的感觉经常出现却是事实。其中，寇老师起了至关重要的作用。

记忆的闸门一打开，就一发而不可收，恰似一江春水，汪洋恣肆，滔滔不绝，绵绵不尽——

个子不高，面带笑容，语速音量适中，夹杂着西北口音，儒雅而温和；一袭衬衣，一条领带，非常讲究上课的仪式感。上课总能吸引住所有在场老师的目光，从头至尾。他对文本的独到理解总能挠到我老是够不着的痒痒处……

——这是我对他的总体印象。

第一次听寇老师讲鲁迅的《祝福》，至今还有共鸣。他独特的撬动学生阅读思维的策略深深触动了我。我首次在那节课里懂得了"二元对立"的小说叙述艺术，这是解读《祝福》的钥匙之一。祥林嫂与所有人都不是一伙的，她被动地处在社会群体的对立面。我理解了一个词叫"社会性死亡"。社会性死亡就是：隔断一位下层劳动妇女，尤其是下层农村劳动妇女的一切社交活动，剥夺她除物质生活之外的精神生活。这样，就会让人活得很苦，就会将其送入地狱。人间阴司都无祥林嫂的容身之地。人间，周围人的无意识能"吃人"；阴司，阎王不能为难，要"劈"祥林嫂为两半。细细思来，阴森恐怖，浑身发抖，令人唏嘘。我为此感慨了良久。

寇老师对柳永《雨霖铃》中"执手相看泪眼"一句的品读别有风味。在课堂上，现场体验"执手""握手""拉手"的细微区别，学生自然而然就能感受到柳词语言的细腻与缠绵。情人之间的凄风苦雨，"执"字可见一斑。一粒沙里见世界，语文课之美在于细微处。他对姜夔《扬州慢》里的六重悲情解读令人拍案叫绝，如剥春笋，步步为营，层层深入。他引用"四相簪花"的典故解读此词，让我一直充满好奇和疑惑。直到我去了扬州瘦西湖的"簪花亭"，穿越历史的时空去感受当年姜夔的"黍离之悲"时，我方领略到寇老师那节课独有的匠心。

寇老师曾展示他在锡山高级中学扮演《雷雨》中周朴园的剧照，那形象惟妙惟肖，活灵活现，逼真得足以以假乱真。他的多才多艺和钟情语文之乐，让我更加明白"以文学滋养奠定诗意情怀，是我们教师人生的审美方式"这句话的真谛。

吟诵李白的《将进酒》，寇老师声音浑厚有力，中气十足，情感喷薄而出，激越浓烈，抑扬交叠中豪情万丈，真有挟天而来的气势。身临其境，可尽情享受"会须一饮三百杯"！"将进酒，杯莫停"！"与尔同销万古愁"！他朗诵余光中的《乡愁》，乡愁犹如波浪，此起彼伏；海峡两岸，隔岸相望，如怨如慕，如泣如诉。舒沉低缓，极具韵味，意味悠长，我至今叹服。

你得承认，语文老师身上必须得有展示文学美的魅力。

寇老师用好几台电脑来备课，就这他都还嫌不够用。他的电脑里存储了不知有多少读书心得、教学随笔、教学论文、教学课件、教学视频……他熟练地掌握了目录索引技术，辅助备课和写作。他曾说："备课不是一次性完成的，更不是一次性劳动。要让备课具有动态性、连续性、不间断性和持续生成性。""要让教学资源处于'随时更新'状态，避免备课'一劳而永逸'与'猴子掰苞米'"。这些质朴、真诚、实用的关于备课的肺腑之言、经验之谈，常常提醒着我备课要下苦功夫、真功夫。

寇老师专门用文章讲述了他自己在《中学语文教学参考》由读者转变为作者的传奇经历，既现身说法，又谆谆教诲。他曾说："写作是阅读下的蛋。想吃鸡蛋？那就先养鸡！读书是最初的养鸡方式。"这些话形象而贴切。工欲善其事，必先利其器；泉无水，何以涌？都是至理名言。

寇老师出过一本名为《理念：教育的制高点——延安支教日记》的教育论著。书中有好几篇结尾都用"这不是差别，这是差距"的话语结束，语言犀利，振聋发聩。我猜想这句话是他饱含情感背后的善意提醒：时代发展，高中教育理念需要的是同频共振，彼此呼应，而不是大相径庭和天壤之别。毕竟，学生个体得到尊重的时代已经到来。

寇老师有一个很专业的爱好——摄影。他有几次报告的PPT，都将他走访过的名人故居和文化故里的照片作为一手资料。那些来自亲身经历的课堂语料，让他的报告新颖、鲜活、有趣，生动翔实而又深刻。

他还说，他当班主任时，常常在锡山高级中学游泳馆游泳，这让我对教语文和当班主任的幸福指数有了别样的解读。多年前，寇老师曾展示过，他以多年班主任练就的管理能力和智慧为长辈组织祝寿活动的照片，将工作与生活灵活地迁移转化，做法新颖别致，令人艳美。

寇老师拥有一个宝贝——人民教育家于漪老师写给他的亲笔信。这封信是属于他的精神财富，他介绍这封信时面部的喜悦之情让我明白了真正教育者之间的对话是心灵之间的，是恒久的，是纯粹而崇高的。教育值得为之奉献终生。

寇老师是南菁高中的图书馆馆长，他经常一上完课就躲在图书馆里看书。他常说，书中别有洞天，书中另有乾坤，书中拥有一个永远属于自己的心灵的世界，一进去就会"乾坤日夜浮"，"三月不知肉味"。

——"绎志多忘嗟老大，读书有味且从容"。

寇老师在微信中自称是"烂柯"。这是一个极具丰富意味的昵称，我至今也没有明白他因何事而起此名，不知道他选此名美好的寓意究竟何指……

正如同事霍军老师对我的影响一样，我时不时会回想起寇老师说过的话和他上课的样子。不知不觉中，我的思想意识深处，"烂柯"逐渐常伴左右，如影随形。

四

美好的记忆，集中在我去南菁高中的那段日子里——

2019年，我们到南菁高中跟岗研修。为期三周，漫长又短暂，吃住学习，全在学校，全方位无死角。身临其境，耳闻目睹，虽客犹主；体悟之深，收获之丰，意义之大，此生少有，真是一言难尽！

敔山湖边，耙齿山下，南菁书院，古朴幽远：亭台水榭，鸟语嘤嘤；碑刻长廊，曲径通幽；钟声悠悠，钟楼巍巍；群英荟萃，名流辈出；忠恕勤俭，求真求实；恰似兰生幽谷，清香四溢，声名远播，生机无限……

对于一个西北人来说，处在这样的校园环境里，就只能陶醉。天时地利人和，恰逢江南清爽的秋季，少风少雨，沁心怡人。身居其中，心脾澄澈，静神凝气，幻想无限，美哉！悠哉！

我每日从南菁书院走过，喜欢在那儿享受宁静之乐和独处之乐，心中不止一次地闪现"乐不思蜀""还乡须断肠"的念头。虽已过去三年多，至今依然口齿生香！那些日子使我得了相思，产生了许多寤寐思服的情愫。不得不承认，我心里多了一颗红豆，多了莲一样的心事。

我们跟岗期间，寇老师从中来往奔波，穿针引线，嘘寒问暖，照顾备至，令人感动。我每日跟随在被南菁高中老师称为"寇特"的身后聆听教诲，汲取养分，荣幸之至。我这棵西北的不起眼的小树，在培养了大师的南方园圃里能够小憩，心里难免有点小得意。回酒泉后，我还着实体验了一回"狐假虎威"的"好处"，扎扎实实地做了一次汇报。

寇老师用心良苦，让我在省外名校上了一节语文课。那节课，是我难得的一次"碰壁"。你得承认，南墙有时候是最好的老师。没有一次刻骨的感受，怎会有彻底的反省。寇老师曾转述他自己上完公开课后专家对他的课的评语："语文课，就应该是'这个样子嘛'，这么上，就——对——了！"我至今记得他说这句话的神情，洋溢着自豪，透露着自信和付出之后的喜悦。碰壁后，我就渴望着有一天也有人用"这么上，就——对——了"来评价我的课，因为那是语文老师上课的终极目标。

跟岗结束后，我又以寇老师名师工作室学员的身份，进入浙江师范大学观摩"尖峰语文论坛"，一睹各路方家和浙派语文之风范。在大学里参加高峰论坛，记忆深刻而独特。事后，我游览了金华的双龙洞，体验了一回叶圣陶文章里躺着坐船的压抑与逼仄。生命的美好在于回味自己的经历和体验。寇老师曾极力建议有机会要到金华"诗情流淌的村庄——艾青故居"走访，他说，语文老师在那里吟诵《大堰河，我的保姆》才更有味。现在，我体验的冲动还在竭力压抑着。

南方之学，得其菁华。

那次心灵之旅，每天都春意盎然。

作为语文老师，一辈子没有几次冲动，没有几次自己的巅峰体验，没有令自己满意的几节课，无疑是一种遗憾。人的一生，能够找准自己的角色，始终走在自己认定的路上，就是最大的幸福。

无疑，寇老师做到了；而我，春梦依旧！

五

风不论东西，人不分南北，语文人的天地广阔无垠。想想这些年来，寇老师不知疲倦地像蜜蜂一样奔波于大江南北，即使疫情阻隔了他来往穿梭的身影，但他在线上关注后辈专业成长的目光依然炽热，依然坚定有力。"采得百花成蜜后，为谁辛苦为谁甜？"刘禹锡有诗云："怀旧空吟闻笛赋，到乡翻似烂柯人。"我猜想，诗句里应该隐藏着"烂柯"眷恋故土的深情。

收回思绪，不禁感慨，回忆就是一条流淌在心底的春天的小溪，汩汩而来，绵绵不尽，蜿蜒曲折，以自己的方式记录生活中的人和事。

南望白雪皑皑的祁连，我感觉春风已徐徐而来，捎着无数的祝福与感激，吹向祁连山的南面去了。此时，北边是"不知细叶谁裁出"，南边是"千里莺啼绿映红"。涓涓而流的叮咚酒泉，温柔可人的小桥流水，彼此交汇，激起层层涟漪，涟漪里荡漾着"春来江水绿如蓝"的渴望和我绿意融融的心影。

——我的梦被染成了绿色。

2022 年 12 月

一座城 一个人

甘肃省酒泉师范附属小学　程 琴

　　寇老师请我们去他的办公室喝茶聊天时，我从他那儿"要"了一本江阴作家梁玉凤著的《一座城，一个人》，写的是作者从小到大在江阴生活学习的见闻趣事……今天要写写寇老师就用这个题目，自己觉得最为贴切。若干年以后，我们也许会忘记此次之行学到了什么，但江阴这座城、大美南菁书院、寇老师这样一个人，却会永远定格在我们的记忆里。

印象之一：人情世故

（一）来到南菁，备受关照

　　寇老师，50岁开外，南菁高级中学正高级教师，兼任南菁图书馆馆长。1983年张掖师专毕业分配到嘉峪关，在嘉峪关市第一中学任教。用他《延安支教日记》一书中的话说，人就是要不停地折腾，才会不断地激发新的斗志。18年之后，他以破格高级职称、市级学科带头人、省级教学能手的优势被引进到江南发达地区，在百年名校锡山高中任教。后因教学能力着实突出，被地处江阴的南菁高中引进。寇老师身在南方，虽然已经功成名就，却心系桑梓，不忘扶持家乡发展相对落后的教育；虽然身处富庶的长三角腹地，并没有忘记荒凉的戈壁。2019年酒泉市教育局连续选派三批骨干教师赴南菁高中跟岗，深度、全方位培训学习，寇老师应该是幕后的主推手，也就有了我们在南菁与寇老师相识的机会，得到了他的帮助指点和教导。

　　寇老师为了家乡的教育发展，已多次到酒泉送教，因为学科专业不同，我一直没有机会聆听他的讲座、走进他的课堂。这次近距离接触他，对我而言真正把传说变成了现实。

　　来到南菁的第一个早晨，初次见到寇老师，第一感觉是他整个人精神矍铄，充满了向前冲的力量。可能是因为知识的厚度使他自带光芒，让人产生一种莫名的敬仰！过去总觉得专家与我们草根是有距离的，我们会敬而远之，但在接下来学习的日子里，寇老师给人的感觉既像一位师父，更像一位家长。他没有教书先生的刻板，却有自带的书香气；没有中老年教师的职业倦怠，却有孜孜以求的坚定；没有居高临下的说教指责，却有热情幽默的睿智。这样一位专家型老师，这样一位家乡亲人，用行动潜移默化感染着我们。

为了让我们不虚此行，切实学到先进的教育理念，寇老师把我们每天的学习任务都安排得扎实有效，他亲自给我们上示范课，主动与我们交流。虽说学习紧张，匆忙的脚步没有让时间停留片刻，却也难免有身在异乡为异客的惆怅。细心的寇老师为我们着意调剂单调的学习之旅，安排了镇江听课等活动。在镇江丹徒高级中学，我们又领略到另外一种城乡接合部学校的办学理念和教育模式，大体育、大美育、大阅读，都让人耳目一新，校长推陈出新的理念着实让人大跌眼镜。每到一处，寇老师在紧张繁重的教学工作之余，都会亲自陪同，亲自讲解。

天气降温了，寇老师提醒我们大家注意保暖，还说要从家里拿棉衣给没带厚衣服的老师穿，暖暖的情义温暖了每一位同行。小学部跟岗的七位老师，每天都得打的到较远的敬山湾实验学校学习。为了大家方便出行，可能更多的原因是寇老师想给大家省钱吧，寇老师一趟一趟从家里带来了自己的自行车，一共四辆，让大家骑行。虽然，天气寒冷，我们都没有机会骑寇老师为我们准备的自行车，但是这份浓浓的情义和关怀，使我们为之感动，时时处处的关照，让我们觉得有他乡遇故知的亲切和自在。

难道这仅仅是因为我们曾经是老乡吗？难道这仅仅是因为寇老师对家乡教育牵肠挂肚吗？

不全是！

通过和寇老师交往慢慢感悟，他是教育专家，是一位善良的导师，一位有教育情怀的智者，更是一位谙熟人情世故的长者，尊重、关爱着每一位前来取经学习的老师，教师的职业道德就在这平凡的琐碎中得到了诠释。

（二）赠送书签，作别南菁

说是两周的学习，但离开时却是恋恋不舍。不舍一，还有很多问题没有来得及解决；不舍二，大美南菁的景和人让我们流连忘返；不舍三，还想当寇老师的学生，苔花如米小，也学牡丹开。

早晨7点半，大家都聚集在校门口停留的大巴车前，寇老师和马校长等领导亲自为我们送行。大家一一握手道别，不听使唤的双脚久久不愿跨进大巴车。一遍一遍说着感谢的话语，大家的情绪非常低落，完全没有了前一天说的，要回家见到思念的孩儿、妻子或丈夫的那份兴奋和激动。有的老师眼泪在眼眶打转，只是为了不失态强忍泪水，默默地上车坐着……车子启动了，很久的一段时间里，我们都没有人说话……

临上车前，寇老师给我们每人送了一份小礼物——南菁书院特制书签，古朴雅致的书签拿在手里却有千斤重，沉甸甸的。似一份难舍的情义，又似一份道阻且长的指引；似一份寄托，又似一份千叮咛万嘱咐的嘱托，我感觉压力和责任更大。

谢谢寇老师赠送的书签，作别了大美南菁！

（三）一本书的情怀

回家途中，不管是火车上，还是长途汽车上，言不尽、道不完的还是与同行的老师们交流学习所得。

那天早晨9点左右到无锡，乘坐下午5点开往兰州的火车，时间还早，我们约定去无锡城逛一逛。行走中，我们三句话不离教育，三步不离反思。干脆，我和育才学校的马建东主任找了附近的一家沙县小吃店，要了一罐煲汤，拿出笔记本，就开始梳理这次南菁学习的所得、所思、所想、所感……从校园文化建设，到教育教学感悟，到个人专业成长规划，到课堂教学反思，再到收集到的资料，一一列举，一一备注，唯恐时间久了会忘记。不觉得抬头一看，时间不多了，赶紧往火车站赶去……

在火车上，大家讨论最多的还是南菁之行所学所得，以及我们当下的教育现状与存在问题。本以为身体疲惫会倒头就睡，大家的教育情怀使得各自乐此不疲地讲述着各自的观点。育才学校的马主任得到了寇老师签名的《延安支教日记》一书，晚上他在列车昏暗的灯光下孜孜不倦地认真研读。白天，这本书就是我们的"接力棒"，我看看，他看看，看到精彩的地方，大家讲出来，讨论一会儿，再去看……记得寇老师书中有一篇，写"不要说校长的坏话"，我读来非常有认同感。其中说到，不要说校长的坏话，校长能成为校长肯定具有超出常人的能力，不要拿自己的长处与别人比，负能量的东西传播速度比较快，不但影响自己的情绪还会影响周围人情绪……是的，在一个单位，大家能够团结一心，和气美美，都用充满正能量的言行来工作，就不会被负面情绪所左右甚或障碍，以积极良好的心态来从事学校工作；而不是在办公室说长论短，把大把的时间耗费在没有意义的谈天说地上，一不小心就把自己的负面情绪传递给别人。这是对事业不负责任，对学校不负责任，对同事不负责任。

我们一行人，如饥似渴地传阅着，上下两册，两天时间只能看几章，怎么办呢？我给寇老师发了微信，想要买这本书，恳请签名，一下午我都不停地看手机，担心错过寇老师的回复。本以为寇老师因为忙碌会顾不得回复，晚上，寇老师发来微信说，他们下午在监考，屏蔽信号；让我回酒泉后从潘主任那儿拿一本，邮寄多有不便；若没有，他定会给我寄一套……我内心不胜感激！回来后的第二天，潘主任就带话让我去取书，想必是寇老师给潘主任知会了。潘主任给我书时，还遗憾地说：就是没有寇老师的签名。

通过这一本书的故事，在我的内心，寇老师身上闪现着的人性的光辉更加璀璨夺目。教育多在细微处，细节决定成败，不论生活中还是教学中，寇老师的这一特质都有充分地展现。

印象二：教育情怀

（一）你能为学校做些什么？

寇老师有一次在酒泉讲座时说："你能为学校做些什么？"在工作中，我们一般是被动的，很少主动地去找工作，领导安排什么就干什么，生怕领导给自己安排多了；但是寇老师的这一问，问到了所有老师的心坎上，我们到底能为学校做些什么？

他为了筹建南菁图书馆阅读基地，盛夏酷暑，三十七八度高温，穿着跨栏背心和工人们一起从事重体力劳动，搬桌椅，装书架……作为语文教师，他引领百年南菁学子热爱阅读、深度阅读；担任图书馆长，全面推动校园读书活动深入开展。我们听他讲课和做报告，引用的理论和名言并不多，但他的每一段话语，都能引发人的深度思考，平凡的话语中渗透着深刻的哲理。正如他在《第二故乡送教回望》中说："尽可能地与奋战在一线的同行们深度交流切磋，一定要走进课堂——最好是有机会与当地同行们在课堂上碰撞，而不是我一个人唱独角戏，唱完就拍屁股走人！"

俗话说，读万卷书不如行万里路，行万里路不如阅人无数。寇老师用平实的语言讲述着不平凡的教育情怀，感染着奋斗在教育一线的同仁们。

他搜集到了几千册旧教材，从晚清时期到民国时代；有"文革"期间各省市自编教材，有现在的人教版、语文版、北师大版、苏教版、鲁教版、粤教版、上教版等几乎所有版本的教材。在一个群里读到寇老师《第二故乡送教之回望》一文中的一段话："2013 年，我在锡山高中申请到了省级规划课题，'百年母语教材的实际使用研究'，不仅仅需要有论著成果，还要有物化成果——其中之一就是建成百年母语教材陈列馆。遍访家乡里几十所学校，没有搜求到'文革'时期甘肃省编语文教材。热情的王永贤夫妇告诉我：酒泉中学图书馆有！……果然，只有酒中这样具有丰厚历史文化底蕴和优良办学传统的学校才有。几十本珍贵旧教材，邓新源校长以极其英明机智、妥善可行的方式借给锡山高中——我们在教材陈列馆展览了整整三年，吸引了成千上万教育同行的眼球，受到多批次教材研究专家的赞叹——没想到今天还有保存如此完好的'文革'省编教材！物归原主之前，著名教育家、锡山高中校长唐江澎指示我：把酒泉中学借展的这批旧教材全部拍照存底，精心打包奉寄归还！"

在寇老师的身上，能够深切体会到对教育自发的热爱和对学习的虔诚。往小里说是为了个人专业成长，往大里说他具有家国教育情怀。

我们能为学校做些什么，才能体现自身的价值，而不是一味地索求学校能给我们些什么——值得我们每一个教育人深思。

当我们都能像寇老师一样怀揣家国、放大格局，把工作做成事业的时候，一心思考着"怎样培养人，为谁培养人，培养什么样的人"，我们距离教育的成功与成功的教育就为期不远了！

黎巴嫩诗人纪伯伦说过："我们已经走得太远，以至于忘记了为什么而出发。"及时反思教育的行程，会让我们不至于离成功越来越远。寇老师说："虽然我快要到了退休的年龄，但我不能退缩，我还有很多精力，还想为学校多做些事情……"他不停地"折腾自己"，激发自己对职业的热情，我们所谓的职业倦怠似乎没有出现他的身上，这是多么令人敬佩的教育情怀啊！

（二）为学校做了些什么？

"由正学生正识，以实心行实事"，正如南菁的正学亭的对联所说，寇老师严谨的治学态度和谦逊的治学精神在南菁赢得了很高的威望。

他利用空暇时间，整理出了各种版本高中语文教材目录，纵向看是每个版本、每个单元的教学篇目和单元教学主题；横向比较，是每一种版本、每一单元的教材篇目和组元方式比较。语文教师一看这张表就能对教材"一览众山小"。这张像屏风一样的表格占据了他办公室整个一面墙，为语文老师做了一项资源共享的大好事。

像这样的事情肯定还有很多很多，这只是我看到听到的其中之一。南菁杰出校友黄炎培先生说："理必求真，事必求是，言必守信，行必踏实。"

寇老师带着这样的教育情怀，把教育工作做到了极致，做出了一个又一个新高度。叩问，我们有多少老师有这样的教育情怀？叩问自己，在21年的职业生涯中，虚度了多少年华！

印象三：享受教育职业幸福

（一）把教学做到极致

论我的学识和水平，不敢对寇老师的课堂妄加评论；但是寇老师严谨的治学态度，我们可以口口相传。

他的《第二故乡送教回望》里这样写道："我们一起冒着一定风险徒步走进祁连山深处考察泥石流，只为了教好那篇《一次大型的泥石流》；我们穿越天山，希望在行走中读懂那时的语文课文《天山景物记》；我们在天寒地冻时节用自己的两只脚沿古长城去体验边塞风光，夜宿烽火台感受大漠孤烟……我们读完了杨显惠的《夹边沟记事》，相约走进那片沙漠，采访老农，察看遗迹；从发烫的沙子里抠出一块块砖头，细细辨认上边那些模糊的名字……"

"犹记我的第一篇论文，写出初稿之后，从嘉峪关骑自行车来到酒泉中学。袁宪章在阅读我的文章，我和新婚的妻子在他家的厨房里做饭。我们笨拙地做好了简单的饭菜，袁主任精心地看完了我的文章。我们边吃边聊，边喝边谈……妻子洗锅刷碗，我和袁主任修改补充……"

他的语文课上，每一个问题的提出都会引发学生深度思考，只有经过深入的思考，才能找出答案，长期的训练使学生会思考、会表达。许许多多新颖独特的设计，有效促进学生自主能动地学习，学生怎能不欢喜？成绩怎能不突出？

是怎样的一种对教育的执着，才成就了今天的寇老师！

不容我多言，只要去一读他的著作，就可体会到。他在结业仪式上语重心长地告诉我们，课堂上一定要有有价值的设问，有价值的追问。问题好等于课成功了一半。追问即启发，问题即学习，问题即课题，把时间留给学生去思考，使学生的学习活动深度发生……

（二）让成绩说话

寇老师从嘉峪关到无锡，再到江阴，长期工作在名校、重点高中，也曾经到延安支教。不论在江南名校，还是延安薄弱学校，他所教的语文成绩都极为出色，教育效果显著，也就有了以"暨阳英才计划"引进到南菁的机会。在南菁，他依然以出色的教学成绩和突出的科研成果得到领导和老师们的敬重。作为老师，能体现价值的不只是你发表了多少论文、做了多少课题，更应该注重拿出最好的学科教学成绩，让成绩来说话。尤其在我们西北偏远的酒泉地区，不论是小学、初中，还是高中，更需要像寇老师一样，激发学生学习兴趣和欲望，抓住教学质量的生命线。说起教育，我们不应避而不谈成绩，直白一点，成绩关乎着每一个孩子的未来，关系着每一个家庭的未来。立德树人与提升成绩是相辅相成的，教学成绩是教师走向成功的重要支点。

　　酒泉教育推出的南菁跟岗培训的大动作，寇老师功不可没。教育是一个漫长卓绝的过程，希冀酒泉教育在南菁高中及各有关方面的引领、推动下，不断迈上新台阶。

2019 年 12 月 15 日成稿

2022 年 8 月 24 日校订

良师寇永升

嘉峪关市第一中学　陈玉萍

　　初识寇永升老师，是在 1994 年，那时我刚大学毕业被分配到嘉峪关市第一中学教书。一日去图书馆，见到一位个子不高、身材壮实的男老师正和学生们一起搬书，累得满头大汗。见到我，他一边擦汗，一边扶着鼻梁上的眼镜说："听说学校新来了一位语文老师，叫陈玉萍，就是你吧？"我赶紧点头："是的，是的。"他呵呵笑着说："我叫寇永升，也是语文老师。"我想起别的老师说起的寇老师是语文学科教研组长，不由笑起来，问他："原来您就是寇老师，怎么最近在校园里没有见到您？"他说："我去北京学习了。"我说："今后教学上还需要寇老师多指导我哦。"他说："指导谈不上，但我可以给你一些小建议。你需要教学资料之类的，就来找我。"我连连称谢，心里很是为寇老师的热情感动。作为一名刚入职老师，怎么备课、怎么教课、怎么抓成绩，对于我来说一头雾水，因此精神上的压力很大，寇老师的承诺，言轻意重，给我颇多慰藉。

　　此后遇到不懂不会的，除了向我的导师请教，也会向寇老师请教，他总是知无不言言无不尽。寇老师是个在教学上很肯钻研的人，他的办公室墙上挂着他手绘的历朝历代政府机构设置图，办公桌上堆满了他订阅的多种语文教学杂志。做教学设计，写论文，编学生作文集，长期坚持和积淀让他有了深厚的专业素养，在指点青年教师时游刃有余。

三年一晃而过，我教的第一届初中生毕业了，毕业考试语文成绩出乎意料的好。一次教研活动，寇老师便让我介绍抓语文成绩的诀窍，可惜我那时被寇老师突然点名，加之又是个公众场合说话很怯场的人，一时之间竟然无从说起，便保持沉默，寇老师一笑置之，并没有因为我的不言不语责备于我。

1998年，我被学校调整到高中部教两个班的语文课。高中语文教学的备课量骤然加大，又有高考在头顶上压着，需要老师有更广博的文化储备和更全面、更细致的备考技巧，这对我来说又是极大的挑战。于是我到寇老师办公室的次数更多了，从文本解读到课堂教学甚至某个知识点的疑问，但凡我问到的，寇老师总是耐心解答。

2000年暑假，"寇永升老师出书了，你知道吗？"学校的一位老师问我，我说不知道啊，心里却很期待读到他的新书，很快在开学的时候，便拿到了寇老师大作《烛光心韵》——他给学校的每位教职工赠送了一本。那时候出书是很不容易但也很光荣、很轰动的一件事，说不容易自然是因为书的内容，先不说质量如何，单是十几万字，便是许多老师写不出来的。寇老师自教书以来便笔耕不辍，教育教学论文、工作生活随笔等都有涉猎，经年累月积攒下来，形成文集理所当然。说轰动是因为那时候出书并不像现在这样泛滥，而是很高大上的事，能出书说明这个作者就算不是学富五车，至少也是才高八斗。

2001年暑假，一个更轰动的消息传来：寇永升老师调到江苏无锡一所国家级示范性高中去了。祝贺寇老师高就的同时，想到今后不能面对面请教教学问题，我便觉得非常不舍。此后我和寇老师的电话联系多了起来，我那时候常常因为优生的语文成绩焦虑，唯恐因为自己而拖了奥赛班学生的后腿，寇老师常常在电话里鼓励我并给我一些很实用的建议，时不时给我寄有关语文教学的书籍，让我获益匪浅。

到无锡之后的寇老师仿佛找到了最适合自己发展的教学平台，语文教学研究更上一层楼，各大语文期刊频频见到他写的教学论文，各类语文研讨活动总有他讲座或者讲课的身影，每每让我惊异于他对语文教学的热爱与执着。有这样一位老师珠玉在前，我这个后来者自然也受影响不少，直追着他的脚步而去。写完的论文总要麻烦他帮修改，他却并不嫌烦，认认真真写了批注和修改建议返回给我，常常如是几次直到满意，然后又不遗余力地为我推荐发表，这样尽心尽力的帮助，总让我铭记在心，一刻不忘。

2010 年，寇老师突然打来电话说要来嘉峪关讲学，不要任何报酬，学校自然非常欢迎。我还记得寇老师上了两节课，两节课各有其可圈可点之处，给听课老师们不少启发。此后寇老师一发不可收，去陕西延安支教一年，经常不计个人利益到甘肃酒泉、张掖等地上课或者讲座。特别是 2015 年以来，寇老师通过不懈努力，在甘肃建立了十几个名师工作室，义务送教并带徒弟。问起他这样做的原因，他说有感于西部教育相对落后，想以自己为桥梁，将南方先进的教育教学理念传递到甘肃，为家乡的教育发展做点实实在在的事情。寇老师这种不忘桑梓反哺家乡的举动，在精致的利己主义者横行的今天，尤其令人钦佩。

语文教育事业中的寇老师执着、坚定、严谨，让只闻其名未见其人的人以为他是个很严肃古板的人，但其实不是。寇老师是个很随性的人，常常因为说话直率而得罪人，为此还曾经获得过"寇二"的绰号；寇老师也是个很热情的人，2017 年，"语文报"杯中青年课堂教学大赛恰好在无锡寇老师所在的学校举办，我们一行 5 个语文老师去观摩比赛的时候，寇老师又是开车接送我们，又是为我们准备休息场所，可谓非常热情。2019 年"语文报"杯全国中青年教师课堂教学大赛在扬州举行，我们观摩听课时又遇到寇老师，他同样很热情地招待我们吃饭，让我们很是过意不去。嘉峪关人到无锡去，总喜欢找寇老师玩，很大原因也是因为他的热情。他又是个念旧的人，我还记得他调到无锡五六年后第一次回嘉峪关，周哲校长让语文老师们给他接风洗尘，忆及当年旧事，他感慨落泪，令人唏嘘……

如今，寇老师年届六旬，却依然在语文教学这块沃土上不懈耕耘。值寇老师从教四十周年纪念文集即将出版之际，忆及我和寇老师的交往，深深觉得在语文教学上，没有寇永升这位良师几十年如一日的指导帮助，便没有我的今天，因此絮絮叨叨写下这些文字，以此表达我对寇老师的敬意和感谢！

2022 年 9 月

南飞"孔雀"反哺故里

——寇永升老师印象记

嘉峪关市酒钢三中　任昱玫

"寇老师要在我们学校建立二级名师工作室啦！"陇原名师闫桂珍老师激动地对我说，我有点诧异，相距 2800 多公里，怎么可能？

消息确凿。

我们嘉峪关南飞的"孔雀"——寇永升老师要为我们传经送宝来了！

寇老师印象

我与寇老师初识于三十年前，在嘉峪关市教育局组织的一次青年教师课堂大赛上，那时候我刚刚参加工作，典型的"菜鸟"老师，寇老师在课堂上神采飞扬，妙语连珠，思维灵活，逻辑缜密，学生两眼放着光芒，个个精神抖擞，那神情就是如饥似渴地汲取知识的养分的样子……老师能引领学生渴求知识，才是真正的老师，寇老师就是这样的老师。我当时非常佩服，想什么时候我也能成为他那样的老师。可是那时候的我比较腼腆，我跟他也不在一个单位，他是市属单位，我们隶属酒钢，单位间的教学交流就很少，确实也不好意思去向寇老师请教。

但他是我心目中好老师的典范和标杆。

后来，听说他被人才引进到南方去了，我深感遗憾：这么好的老师，嘉峪关没能留住，这是嘉峪关教育的损失啊；而我还没有太多机会去向他学习、向他请教，他已经"孔雀东南飞"了！

2017 年，全国中语会青年教师大赛在无锡锡山中学举办，听说是寇老师任职的学校，我非常激动，又可以见到寇老师了！有一天听完课，和嘉峪关市一中同行在锡山中学参观时，碰到了刚刚游泳回来的寇老师，精神饱满，慈眉善目，皮肤白皙，俨然南方人的形象，给我的第一印象是他冻龄了！岁月在他的脸上没有留下沧桑和苍老，活脱脱一个三十多岁的西北小伙。他的气质更像是升级换代：比我初识他时更儒雅随和了，身材匀称，面含春风，乌黑的头发，紧致的皮肤，透过黑框眼镜睿智的眼神，温和的话语，稳健的脚步……这一刻我理解"钟灵毓秀"这个词了。在锡山中学，我们了解到寇老师在江苏教育界赫赫有名：江苏省名师，特级教师，正高级教师，义务担任延安大学、宝鸡文理学院、新疆师范大学特聘教授，陕西师范大学免费师范生在职硕士研究生导师，浙江师范大学硕士学位论文评审专家，国培计划专任教师……

我们同行的也有他的同龄人，惊叹不已：当年我们同台讲课比赛，水平相差不大，现在已是相去万里呀，真是"人挪活，树挪死"啊！老寇今非昔比了。优秀的人才在哪里都不会被埋没，昔日嘉峪关的"孔雀"，今天已高栖江苏的桃李高枝啦，我们嘉峪关人因他骄傲，因他自豪！

寇老师如是说

寇老师作为大西北的汉子，能跻身于江苏名师圈，成为教育界仰望的标杆，实属不易。寇老师在做报告《成功是优秀的副产品——谈教师成长的关键性因素》时说：备课决定教师能走多远。作为教师，提升教学质量的关键在课堂，提高课堂效率的根本在备课，个人专业成长的起点也在备课。备课备什么？教材、学生、现场和教师自己；备课原则：从文本中来，到学生中去。初读文本，思考"教什么"；细读文本，提炼"教什么"；再读文本，确定"教什么"；立足学情，设计"怎么教"；反思过程，评价"教得怎么样"。真正的备课不是一次性完成的。第一步：备课初期，坚持裸读课文；直到建立自己的理解后才进入第二步：翻阅教学参考书、查阅专业教学期刊的研究文章、教学案例、课堂实录等；第三步：讲完课之后，不是备课的结束，除了自我反思，除了从学生作业训练中得到的反馈和同行听课后的评价建议，着重要做的事情是，在随后阅读整理教学期刊过程中随时增补更新有关这篇课文的教学设计（包括课件），以便下一次使用时在此基础上结合学情进一步备课。教学资源只有处于"随时更新"状态，教学才能常教常新，专业成长也才有可能更上层楼。订阅教学期刊就是一种备课。学会借力专业期刊，就是学会备课，就能提升教学效率，就是找到了专业成长最佳捷径，甚至继续教育的有效方式。

寇老师特别强调，一切教研成果都来自课堂教学。只有拥有属于自己的课堂作品，教师才可能走得更远，如果每位老师在平时的备课中，都把每节课作为自己的一个作品来设计，那么这个老师一定离名师就不远了。寇老师强调要在常态教学中打造课堂作品，他认为教师成长的过程是一堂堂优质课积累的过程。打造一节节代表课就意味着教师自身专业成长道路上树立起一座座里程碑。

寇老师还说，语文教师的烟火气最应该表现在踏踏实实的教学中。把精心设计的每堂课反复打磨、反思、写作、修改、投送，这个过程本身就是一种潜心修炼的成长，就看谁能坚持做下来。你若盛开，清风自来。寇老师向我们展示了自己如何盛开的酸甜苦辣，也让我们看到了为人师者的一生的理念。

寇老师还说，试题是讲不完的，要精挑细选试卷，用试题讲透知识点。试卷讲评课至关重要，发现问题，探究犯错根源，解决根本问题。

寇老师一直在践行这样的教育理念：以不停地提升自己而教好学生。

得遇严师是我之幸运

年届花甲的寇老师，看起来比许多年轻人还精神抖擞。每次组织活动，他都是马不停蹄辗转各地。每到一处，连续听课、评课、做报告，从不停息。听课时，笔记本电脑在手，边听边记，授课者有什么优缺点都及时记录在案；哪个环节、哪个步骤存在什么问题，都及时记下来；再写上自己的思考，该怎样上课才能效果最大化，学生才能收获最大化……

其实，点评课是比较费人的，从课前查阅教案，了解教学设计的规划与达标情况，到课中观察教与学的生发，教师应对课堂生发的技巧和智慧，再到课后调查与问卷。我观察他听课时，时而点头颔首会心一笑，时而眉头不展一脸严肃，手指飞快敲打键盘，记录课堂的点点滴滴。一早上五节课，寇老师端坐静听，不耳语，不看手机，静观课堂上的动态发展：目标的达成、教学环节的逻辑性、教师言语表达的准确性及师生互动的效果等等。他是我见过的听课最认真的、记录最详尽、评课最犀利的老师。

寇老师评课精准细微，直言不讳，这是他一贯严谨的教学教研态度和作风。他说，课堂教学关乎师生共同发展，关乎国家人才培养，不容糊弄，不容当老好人，当老好人就是贻误师生。

2019年，陇原名师闫桂珍名师工作室邀请寇老师来学校建立他的二级工作室并指导新课改教学试验研论会，闫老师安排我讲示范课。当被寇老师犀利评课后，我觉得无地自容，羞于见人，甚至觉得愧对教师这一神圣的职业。被否定后，我深刻反思，仔细研究新课标，研究单元学习任务，觉得寇老师的批评句句在理，处处有道。既然是新课改，就要用新理念指导教学。彻悟之后才有内驱力和觉知力，才是真正的成长。

在此之前，我也许已然成为温水中的一只自我感觉良好的青蛙，寇老师的一语点破梦中人，该到一跃而起自救的时候了，得遇严师是我之幸运，感谢寇老师，让我惊醒，让我觉悟，让我奋起。

2021年夏天有幸参加了浙江师范大学蔡伟教授组织的一次课堂教学研讨活动，参加课堂教学展示的年轻教师个个出类拔萃，教学设计新颖，教育理念超前，教学范式符合学生的思维发展，真正体现教师的引领作用。在评课环节，蔡伟教授的研究生评起老教师的课都头头是道，有疑惑的地方，有待商榷的设计，大胆质疑，大胆发表建议，不卑不怯，真正走进教学的深度研讨。而蔡伟教授和寇老师的点评优点缺点历历可数，可谓精准独到，细致入微，切中肯綮，一针见血，不留情面。

我看到了真正有益于教师专业发展和教学提升的评课研讨。有人说寇老师太严苛了，对年轻人应多鼓励、多包容，等待他们成长。但我觉得寇老师的严厉更有利于年轻人的成长，评课使其知道不足而明白改进的方向，并探索弥补不足的方法。年轻人可塑性强、学习力强，及时纠偏，可以加速成长。就怕那些不疼不痒的点评会使他们飘飘然、自我感觉良好，止步于起始阶段。

寇老师是学习型人才的典范

2019年，寇老师为嘉峪关教育传经送宝时，给我们展示自己"南飞"近二十年奋斗的历程及卓越成就，深深震撼了酒钢三中的老师们。我们西北有很多"孔雀东南飞"的老师，能像寇老师那样具有江浙教育发达地区的名师、正高级教师、江苏省学科带头人、浙江师范大学客座教授、研究生导师等名号的人真是凤毛麟角啊！我们所有认识他的人无不佩服又震惊。寇老师的名师之路好像是"人挪活"的典型，感觉他到了南方就一路开花，节节攀升。

这是运气好吗？寇老师的老同事、老领导王琮先生在一次饭局上为我解开疑惑。他说寇老师是他所见过的最勤奋、最好学、最上进、最执着、最像一个语文人的老师。王老师回忆说，寇老师大专毕业分配到嘉峪关市一中的时候，看到他背着简单的铺盖卷和一大纸箱子书，就让他刮目相看了。20世纪80年代，大家生活条件普遍差，能节衣缩食买书，而且是农村出来的学生，不简单！后来王老师在寇老师的单身宿舍看到他自制的资料卡片箱，一个词条下，他把教学中遇到的知识点做了无数张卡片，用一个铁杆穿在一起，拎起一个词条卡，与它相关的资料卡片就可以跳起来，然后在这些卡片中找到他需要的资料。查找资料简便快捷，在没有电脑的年代，在买不起《辞海》的年代，在教学资源非常匮乏的年代，寇老师可以说是"百度"先行者。寇老师爱读书，爱研究，爱学习，他在80年代初就自费订阅各种教学杂志，并且善于收集积累，始终站在教学教研的前列。学习永远在路上，寇老师"南飞"的二十年里，利用寒暑假，自费参加全国各地各种类型的课堂教学大赛观摩，寇老师的成就在于他经年累月地潜心学习和孜孜不倦地钻研。

寇老师40年教龄，28年班主任工作经历。2001年从甘肃省嘉峪关市引进到无锡锡山高中；2017年8月通过"暨阳英才计划"引进到江阴南菁高级中学。2015年8月至2016年7月在延安市第一中学支教，著有《理念：教育的制高点——延安支教日记》。荣获2012年全国中语会"教育艺术杯"课堂教学大赛第一名、2016年第八届全国新语文教学尖峰论坛"中国好课堂"教学大赛一等奖等诸多荣誉。领题省级重点课题"百年母语教材实际使用研究"，主持江苏省教育科学"十四五"规划课题"高中语文审美化教学范式建构研究"；收藏有晚清语文独立设科至今语文教材数千册；自费订阅并收藏20世纪70年代末至今的五大语文教学核心期刊并整理有目录索引。至今，已出版专著3部，发表论文100篇，在各地示范课、专题讲座1000余次……

这些成就足以说明寇老师是学习型人才的典范，是我们教师职业的标杆。

情系教育，反哺故里

寇老师最震撼人心的是送教西北，反哺家乡。年届花甲的他，取得了骄人的业绩，本可以轻松自如地完成分内工作，含饴弄孙，尽享天伦之乐。可他不论酷暑严寒，不辞辛苦，跨越2800多公里，从江南来到西北，从河东到河西，从陇南、平凉、庆阳到西北师大附中、景泰二中、民勤四中、武威二中、张掖中学、山丹一中、酒泉中学、肃州中学、嘉峪关市一中、酒钢三中等学校都有他的名师工作室二级工作室。最近三年里，他克服重重困难，不顾个人安危，坚持奔赴各工作室开展教学研讨活动。他所到之处，安排课堂教学示范，现场指导教学，课后点评指导，做讲座、作报告，马不停蹄。示范课上，他仪表堂堂，态度温和，始终微笑着启发、引导学生，耐心倾听学生发言，适时追问，循循善诱，捕捉学生的兴趣点，点燃学生的好奇心，同时又不乏幽默风趣，教学生成水到渠成，课堂生机盎然。他为我们展示了新课改背景下语文教学的新范式。寇老师深厚的学养和高超的教学艺术给听课师生极大的震撼，他带来了先进的教学理念，对我们西北高中新课程改革工作产生了积极的影响。他总是超强度工作、超负荷听课，不辞辛苦，不取报酬，把他的教学经验无私传播，用他的教育智慧唤醒、点化更多教师，可谓春风化雨。

　　我从景泰二中公众号上看到，寇老师心系家乡，不忘故土，关心、回馈景泰教育，2019年起，多次莅临母校景泰二中开展教研活动及专题讲座，传经送宝，支援西部教育，得到了家乡人们的交口称赞。

　　寇老师不忘师恩，倾情回馈桑梓，可敬可佩；引领团队，助力教师成长，可圈可点；教育扶贫，造福一方热土，可歌可颂。

2022 年 10 月

贺《烂柯文集》付梓

甘肃省酒泉中学　王永贤

吾友永升《烂柯文集》即将付梓，聊书数语以贺。

老寇其人，乐观通达，才高学优，善与人交。忆昔乐游，时庄时谐，裸漂天鹅湖上，研讨祁连山中；夜宿长城脚下，放浪鸳鸯池边。呼朋引伴，承其高情，运筹擘画，举重若轻。

后由西北引进东南，德业日进，声誉日隆。讲学行踪，遍及全国。多年以来，不忘其旧，东西奔走，奖掖后进，扶助桑梓，不遗余力。观其职业生涯，可谓"善教"者也。

阅历既富，研习既精，格局既立，气象既宏，下笔成文，如水就下，沛然难御，于《烂柯文集》，必有所见焉。

今届退休，吾知其必退而不休，吾亦期其再开新境，再启新途。与其退休，不如进修。进必有方，修必有本。《大学》有云："自天子以至于庶人，壹是皆以修身为本。""古之学者为己"，此之谓也。

阳明后学王艮诗曰：

> 人心本自乐，自将私欲缚。
>
> 私欲一萌时，良知还自觉。
>
> 一觉即消除，人心依旧乐。
>
> 乐是乐此学，学是学此乐。
>
> 不乐不是学，不学不是乐。

有本之学，必是安顿身心之学，学者学此，乐者乐此。孟子曰："源泉混混，不舍昼夜，盈科而后进，放乎四海"，有本者如是，焉得不乐！

值此百年未有之变局，光大我中华文化，以期有益于人类，我辈学人，自当知之好之乐之，博学之审问之慎思之明辨之笃行之，吾于老寇更有所望焉。

是为贺。

2022 年 12 月 16 日

第二辑

逸園情

北京五中　俞长天　《高山流水图》

寇宗棠 书法

匡园情

创办于 1907 年的江苏省锡山高级中学，原为无锡西郊杨市镇杨墅园匡氏义学，创始人、校主为匡仲谋，校名一度叫匡村学校，2004 年暑假搬迁到惠山区堰桥镇，昵称"匡园"。

2004 年 8 月至 2017 年 8 月，这 13 年间，我任职在锡山高中，从 41 岁到 54 岁，正是壮年时期，我最年富力强的阶段。

2001 年暑假位于无锡太湖边的江苏省华庄高级中学引进我时，按照大市学科带头人待遇，给我的安家费正好够买一套房子费用的一半稍多。150 平方米，四个阳面房间，阴面是厨房、客厅、卫生间，还送了 120 多平方米的阁楼，存放东西、临时住人都没有任何问题。骑自行车到太湖边只需要一二十分钟。但后来这所学校与另一所学校合并，需要搬迁到数十公里之外，加上生源比较弱，我很快又面临选择的问题……

机缘巧合！

记得是 2001 年秋天，唐江澎老师给整个无锡市语文同行上公开课，讲课的地点记得好像是在滨湖区河埒口的一个剧院里。我记忆最清晰的是教学内容：那个年代人教社全日制普通高级中学教科书（试验修订本·必修）《语文》第一册刘征的《过万重山漫想》。唐老师讲第一个穿过三峡的人，不顾周围人的嘲笑、反对、担心以及喊喊喳喳地议论……"他只是想走出去，去扩大生活的世界。于是，他用竹篙一点，独木船开动了……"这个环节是整堂课的高潮和亮点——至少我是这么认为的——老师很动情，学生们也很受感染，听课老师鼓掌喝彩……我觉得非常契合我从西北边陲引进到长三角的心境，我也经历第一个穿过三峡者那样的心路历程，也曾暗下决心，也曾"竹篙一点"，出发再说，树挪尚活，况以人乎！听着听着，想着想着，我从剧场的中间区域窜到了前排。下课后，唐老师走下讲台，到第一排落座休息，正好坐在我旁边。我开口说："唐老师是引进教师吧？""嗯，你怎么知道的……"握手时，感觉他手心里全是汗水。在这样的场合上一节公开课任何人都不会轻松的！

这就是我和唐江澎认识的简单过程，我们都从西北引进到无锡。他当时担任百年名校锡山高中副校长，2004年暑假引进我到锡山高中；2006年暑假他开始担任这所名动全国的重点中学校长。

当然，机会都是给有准备的人的。

锡山高中的13年，是我在语文教学专业上完成量变积累的关键阶段。

最让我受益的，是唐江澎校长发起的"百万百卷读书活动"。那十多年中，我阅读了近300本书籍，多数是语文教学专业理论著作，部分是教育随笔或文学作品，还有少量的杂书。我一般不在教研组办公室看书，主要是因为办公室里嘈杂喧闹，干扰比较多。办公室里，我只完成备课和批阅作业。我的阅读，上午学生上课时间主要是在小教室里——多亏了锡山高中在2002年异地重建时先贤们在无锡这块寸土寸金的地方，以战略性的眼光，给每一间教室设计了一间二十多平方米的小教室，不仅让学生们有空间存放自己的学习用品以及一点小秘密，更让班主任教师在办公室之外有了一个自己可支配使用的空间。小教室里除了每个学生一个柜子，还有一张写字台，配备有四把椅子，悬挂式阅读灯，光线温馨宁静，把通往教室和走廊的门一关，就是一个非常难得的清静读书圣地。下午自修课时间，晚自修时间，学生们需要进进出出小教室，有的老师需要在小教室里给学生答疑辅导或面批作业等，我就坐到学生教室里阅读。我在担任班主任的教室里给自己安放有一张课桌，我自己阅读的书籍、纸笔等就放在这个课桌里。刚开始时学生很不解，甚至有几个学生有对立情绪，以为班主任坐在教室里是假装看书实则监督他们……久之，他们发现我只是埋头读书，很少抬头，读到开心之处偶尔会心一笑，伤感之时曾经当众抹泪……

锡山高中每学期按照老师们专业发展需求，登记所需书籍，图书馆集体采购，免费送给老师们阅读；我每学期放假和开学前老师们调整办公室时必定腾出时间到各个办公室里去拣书，有同事问我时，我不好意思，就以送人搪塞。实际上是我的阅读习惯不好，总是要在书上写写画画，总是只能读自己的书，完全不同于清代学人袁枚所说的"书非借不能读也"。正在阅读的书，我得有两到三本，学校一本，家里一本，汽车里一本……有时间阅读时，要能够顺手拿出那本正在阅读的书，不然就感觉破坏了阅读兴致。

像我这样一个家庭生活负担沉重的人，真的不忍心花钱买重复的书，锡山高中救我于水火之中！

一开始我没有耐心阅读专业理论书籍，只喜欢看比较轻松的叙事类著作，跟唐校长有过一次就怎样有耐心读枯燥的理论书籍的交谈，至今受益匪浅！

一开始我写的论文基本都是就单篇课文分析解读或者教学设计类的，唐校长建议和鼓励我不能停留在原地，一定多写综合性、专题性、宏观性文章；我开始尝试后，第一篇就顺利发表，从此一发不可收，到2021年底，我在省级以上期刊刚好发表了100篇学术性文章，几乎所有的语文刊物都发表过我的文章。最近这十来年的文章基本都不再是针对单篇教材文本的！

一开始我没有想着自己将来还有可能评到特级和正高级，总觉得自己起点低、功底浅、专业视野狭窄等；总认为自己从落后偏远地区引进到无锡这么发达的地区、任职于名校已经不错了；总想着来路的沙子压不住本地的土，自己在无锡没有任何背景，连背影都不显得高大……人心不足蛇吞象啊，知足常乐嘛。再说啦，负担着两个孩子，我夫妻俩在兄弟姊妹中都为长，既要照顾年迈的父母，还有弟弟妹妹们，甚至外甥侄子都需要帮扶……当一辈子老师，多数人评到副高也就到头了，我为什么要那么拼，努力之后评不到是不是也会伤不起……正是在锡山高中，点燃了我不能"躺平""摆烂"而是要再一次发起职业冲锋的激情！在甘肃评的学科带头人不算数了，五十多岁时我要跟三十多岁、四十多岁的同行一起竞争；省特级、正高级，我都申报过不止一次……越高的职称荣誉头衔，竞争越激烈，评到的可能性越小。但这有什么关系呢，至少我明白了自己短缺什么啊！

2011年初冬时节的国培改变了我，浙江师范大学蔡伟教授让我找到了职业发展的突破口！蔡伟教授的成名作《你也能成为特级教师》，我买过三次，通读过不少于两遍，重点章节读过十来八遍！蔡教授研究了几十位特级教师的成长经历，研究出特级教师成长的几十条经验，我一一列成表格，一一自我对照检查，一一努力积累……

知道了自己缺什么，又明白了努力方向，剩下的只有付诸行动了！

我们不能只是心动！

国培之后，我在锡山高中实现了职业生涯的一次华丽转身，由一名只能教学生的普通教师转身而成为既能教学生也能教老师的专家型教师，标志就是开始在多所高校兼职教师继续教育工作、受聘担任兼职教授、承担学位论文评审等，开始接受邀请在中学里讲示范课、给教师做讲座。这个时候我没有任何行政职务，没有学术头衔，连无锡市学科带头人都没有评到，既不是特级，亦非正高职称，完全是凭讲课、讲座讲出来的。

感恩锡山高中，感恩唐江澎校长，在我职业发展最困惑的时候，派我参加了教育部国培——为了感念这一次机会、这一段时光和这一批语文教育同行，我在文集中特意设置了"国培情"专辑。国培游学阶段，在鲁迅故乡与浙江名校骨干教师的一次《祝福》同课异构教学活动，让我有了在各种场合上公开课的勇气和底气，特别是 2012 年暑假自费参加全国赛课获得一等奖第一名之后，邀请我讲课的学校从无到有、由少变多。

锡山高中十几年，我尽量不在办公室里闲谈，尽量不在工作时间闲聊，坚决不在网上长时间聊天，坚决不把时间精力花在刷手机上。我不为眼前小成功、小利益所动。我一直拒绝参与编辑复习资料、编制训练题等；也不愿意利用自己任教名校的效应，写一些没什么意义和价值的所谓文章；更不愿借助重点中学教师的声威到教育培训机构兼职……

除了语文专业的积累与成长，我在唐江澎校长的引领下开发出几门校本课程，承担了十多年校本课程教学，积累了许多经验。

刚进匡园时，有一次语文教研组举办苏教版教材研修活动，我临时承担了拍照任务。过了一段时间，唐校长对我说，我看你拍照挺专业的嘛，给学校开设一门校本课程？我研究了他和张克中等老师耗费多年心血整理积累的校本课程资料，研读了有关校本课程方面的理论书籍和语文教学期刊上发表的论文；唐校长每学期在校本课程启动会议上的报告讲座我一次不落地仔细听、认真记、好好领会。从 2005 年秋季开始，我承担了十多年校本课程，由最初的一门"实用摄影"到后来开发出"走近鲁迅""走进《红楼梦》""中国文学的独特样式——对联"等。

一般情况下，实用摄影校本课程在高一、高二开设一学年。第一学期的后半学期，我带领学生到校园里拍摄，把学校的各种建筑、景观等拍好。一学期之后，学生可以承担舞台摄影、运动会摄影。每年元旦前，学校组织的新年文艺汇演，我按照学生所带相机镜头特点，把他们分配在固定的位置，从不同的角度拍摄舞台演出，既全方位记录了大型活动，又避免了摄影人员走动影响演出和观看。一年一度的学校运动会，也是学生历练摄影技能的好机会。有学生获得过全国中学生摄影特等奖，为后来的清华大学美术学院自主招生增添了亮点。

校本课程，把我的兴趣特长爱好变成了学校的课程资源，助力于学生成长，丰富了校园生活，拓宽了我的专业领域；同时也为学校留下了大量珍贵的图片资料。一位叫何嘉仪的学生在课程总结中写道：

这学期，我们学拍证件照、集体照，还有很多机会去室外拍校园风景，懂得拍摄舞台技巧与取景技巧，懂得要抓拍并多拍选优。寇老师幽默风趣的讲解总会使整个课堂气氛活跃轻松。他并不是站在讲台上讲，而是走到学生中间，或讲述理论技巧，或指导操作，显得更亲切，更易懂，更易掌握。

寇老师不管上课还是课间，总是笑着的。他让我们了解到，真正的摄影并不是去揭别人的丑以引起一时的轰动，这是不道德、低俗的，并且不是真正爱摄影的人。

真正的摄影师有一颗善于发现美的心。

几年积累下来，我在高校和中学里开发出一个专题讲座——"校本课程开发与建设给学校与教师群体带来哪些效应"，完全是因为我有大量亲自开发和践行校本课程的亲历、实践、总结与反思，每次讲座，都受到老师们热烈欢迎。

我在锡山高中另一大收获是学会了两样健身本领：打羽毛球和游泳。

羽毛球是对抗性剧烈体育运动，但双方队员基本不存在肢体碰撞，很少有冲撞绊倒等，羽毛球即使打在人身上、脸上也不会受伤；羽毛球运动很利于交友，技术和体能相差悬殊的人也能打起来。学会打羽毛球使我直到年近六旬还一直保持了参加剧烈体育运动的习惯，保持了良好的体能。

2014年，美丽的锡山高中建成了室内外游泳馆；2015年，学校决定给学生开设游泳课程，专业教练任教。但是游泳是具有危险性的运动项目，需要志愿者协助。体育老师人手紧张，在全校招募志愿者。我克服诸多困难，参与了志愿者工作，负责把学生集合点名，带进游泳馆，交给教练；他们在前边跟着教练学，我在后边跟着学生学……两年后，我比较熟练地掌握了蛙泳。

我觉得没有任何一项体育运动能够跟游泳相媲美——跳进游泳池，浑身上下没有一处器官甚至肌肤可以偷懒，身上内外所有部件几乎都得到运动和锻炼；尤其是工作压力大、精神紧张、心情压抑的时候，透过游泳镜看着蓝莹莹的水和池底规则的瓷砖、垫板等，瞬间就能心情舒畅、压力缓解、疲劳消除。游泳还能悟出很多生活、工作的哲理——"假如我们不会游泳"，这句充满哲理的话就是我在游泳中体悟出来的，每每到各地给同行们讲作报告投示在 PPT 上，总会吸引很多老师的眼球，都会引起同行们认真思考——假如我们不会游泳，那不是游泳池的问题，换个泳池照样不会游；眼前的工作单位就是一个游泳池，在泳池里学会游泳；换个游泳池，我们照样可以游泳……

这两项本领，羽毛球使我一直保持能够经得起摔打磕碰，多次在打球时摔跤，但从来没有受过伤；后者让我一直有良好的适应性，江南的夏天热到极致时我能适应，不取暖的冬天里我很少穿厚重的棉衣，一年四季中我有两个季节洗冷水澡。我对运动健身有很多非常个性化的体验和见解，了解我的人，都很赞同。

从西北家乡引进到无锡，站稳脚跟之后，我一直有个愿望，能够在有生之年再有机会到西部某一所学校工作一段时间，让我能够深入到课堂和师生中间，亲历和体验一番西部教育在我离开若干年之后有了怎样的变化……

2015—2016 学年度，我实现了延安支教的愿望。《延安支教日记》详尽记录了我的见闻感受以及延安学生们的成长点滴。为了记录这一段美好时光，我这次在编辑文集时专门辟出一个专辑"延安情"，收录了延安学生和同事们的文章。

2013 年底，我们申报了一个省级课题，研究百年来母语教育的演变，需要一百多年来各个时代有代表性的语文教材，经向专业人士请教，认为从孔夫子旧书网上购买是比较可行的办法。当时担任校级领导的两位语文同行与我面谈，学校出经费，我买来书后报销；学校建一个账号，拨出一笔钱款，随时支付购买旧教材费用；所购教材归学校，准备与校史馆配套建一个百年母语教材陈列馆。我就认认真真开始到处搜求旧教材，从 2013 年底到 2017 年，我把十多万元钱用于购买旧教材，一本晚清时期的语文课本，常常是上千元；新中国成立前的语文教材，薄薄一本，往往是数百元；"文革"时期的省编教材，定价一角多钱，现在至少几十元……除了在孔夫子旧书网上购买，到每一所学校，我都询问了解旧教材的情况，更多的时候亲自到图书馆去看看，尤其是那些办学历史悠久的老学校。我所到之处必定到旧货市场去搜寻，西安八仙庵是我每到西安必定光顾的地方。各地同行和朋友们寄给我的旧教材，我都自费还了人情。多纲多本时代的初、高中教材，我多是通过电话联系出版社购买——这个过程中我结识了全国各地好多编写过教材和研究教材的专业人士。王尚文先生把自己编写一部教材送给了我；于漪老师把自己使用过的几十本教材送给了我，还亲笔写了一封信鼓励我；孙绍振老先生曾热情告诉我他编写的教材找谁能买到（其实就是能讨到）……犹记得 2014 年国庆节，460 多个快递，我用汽车拉了三趟，每趟都把后备箱塞得满满当当；全家人帮我拆封快递，我分类整理存放，整整用了一个黄金周……

我收集到了从晚清语文独立设科至今的数千本语文教材，家里没有地方存放了；学校的计划也改变了，只是在校史馆里设置了几个展柜，象征性地摆放了若干有代表性的教材，好多本就是我提供的，有的教材上还盖有"嘉峪关市第一中学""广西藤县中学"的公章……

好在我无锡的住房有一间专门的书房，硬塞也就放下了。2017 年国庆节在江阴新买的房子结构不同，而且是精装修的二手房，没有专门的书房，也没有那么多的书柜。我在考虑是否要把四十多年来的语文教学期刊都当作废纸变卖掉，请来废品收购人员目测估算了一下，按行情可以卖三五千块钱……

2023 年 2 月

我的眼泪是一批高贵的客人

我班里的 M 同学，家庭情况特殊，许多年前他的生父就去世了；母亲为了生计改嫁，但还是家境一般。去年暑假结束前医院查出，M 的母亲患有胆囊癌，且已到晚期。

开学前，我想办法解决了 M 的学费，有人给他资助了 2000 元学杂费。就这样，M 同学高三第一学期的学费没有再成为这个特殊家庭的负担。

开学至今，我每月在 M 的饭卡上加入 500 元钱让他作为伙食费。大概 11 月开始，其母连续住院。12 月份，我帮助他申请到助学金 500 元，解决了他这个月的伙食费。12 月中旬，无锡惠山公安分局警察 L 资助了 800 元钱——她和另一位我不知道名姓的警察也是连续好几个学期资助 M 等学生——M 这个学期的生活费有保障了。

昨天，12 月 26 日，M 的姐姐给我打电话，其母将不久于人世，连话都不能讲了。昏迷中希望能见见她的儿子 M。我当即给 M 开具出门证，亲自送到教室，同意他回家探母，告诉他放学时间到校门口找他姐夫的车子……

后来当他姐夫开车到校门口时，还没有放学，我已经外出办事，立即打电话给英语老师，在离下课还有二三十分钟时，把 M 叫出教室，让他赶紧到校门口……

M 昨晚下夜自修时回到学校。

今天早读，我把 M 叫到小教室里，看他精神状态不佳，早读进教室也比较晚，我就慢慢绕着弯子同他聊聊，逐渐接触到正题——他的母亲情况很糟了，不能讲话，半昏迷，多日粒米未进，就在这一两日之内了……我问 M，是否需要再去看看，他说星期三打电话问问，尽量回去看看。

我打算明天自己开车带着 M 去，看看这位苦命的母亲。

让 M 回到教室里早读，我也坐到我的专座上阅读。但是怎么也不能定下心来。眼泪簌簌地流出来，几次不能自已，掏出纸巾揩拭，坐在前排的学生偷偷抬眼望望我……

我的眼泪是一批高贵的客人，他们在我感动时主动来访——我已年届五旬，近三十年了拿着国家的薪俸，说不上富裕，至少也是衣食无忧，而我双方的父母都还健在。我每隔一两天给父母打一次电话，多是走在路上完成。问问家长里短，聊聊鸡鸭牛羊。弟弟妹妹都在外谋生，维系亲情多靠一根细细的电话绳。我每每能凭讲话的语气判断出老娘的心情是否愉快。老父亲多年前失聪，只有跟他面对面大声喊才能交流。我每隔一段时间让他在电话中给我说几句话，我能从讲话底气判断出老父的精神状态乃至身体状况……前些天，老父亲三四天不能进食。两个妹妹都是四十岁过的人了，一听老爸不行了，电话中未成语句哭声先到。我们姊妹五个，都长大成人了，都有自己的小家庭，离开父母都能过好自己的小日子，但听到消息后都急得热锅上蚂蚁似的。我对弟弟妹妹口头上说，老爹老娘都这么大年纪了，人间的福该享受的都享受过了，我们作为儿女也都尽到自己的孝心了，现在他们随时躺倒，我们都可以当喜事来办……但从内心来讲，我还是极其盼望年迈的爹娘多活几年——父母去世，家乡对我来说就不再像现在这样了！

我每天长途电话询问，要求弟弟妹妹赶往家中探视……

我的这位命运多舛的学生，才十几岁年龄，学业尚未有成，顽童之时慈父见背，在同伴的取笑和自己的失落自卑中一日日挨到今天，世间唯一的亲人将离去，未来的人生之路他还能挺直了腰板行走吗……

我感激我的这批高贵客人，让我在今天中国的教育环境下，在这冬日寒冷的校园里有了一丝丝温情！

写下这些句子时，我的那些高贵的客人一直在陪伴着我！

明天一定带着 M 去看看这位苦命的母亲……

后记：

写完此文，我把它发到了我的"国培之友群里"——

寇永升：上午没课，心有凄楚，随意而为，诸位见笑之余多多指正！

盐城中学李仁甫：幼小的心灵确实需要呵护，寇班的做法难能而可贵！愿那个孩子一生幸运，也愿寇大哥阖家幸福！

射阳中学倪同刚：读了寇班的文字，心有戚戚，想起了我的父亲……我班上也有类似 M 同学的学生，但我没有寇班的具体行动，惭愧！我是10：30的课，在第一时间将寇班的文字传达给我的学生，谢谢！

永康二中胡锦绣：生活无边，痛苦与幸福也是无边，一个人，痛一点，幸福一些，人生就是这样子……

黑龙江杜松楠：寇班外表粗狂，实则细腻之人，做班主任当如是也……

寇班，你说说，当班主任，你有过挣扎吗？

下午4点左右，M的姐姐打来电话，要M立即回家——他的母亲已经不行了。我要求随M去看看，她说现在家里肯定乱哄哄的，我去不太好……

当晚，M母亲已经昏迷不醒，再也没法与人交流……

2011年12月初稿
2022年8月23日修订

我还能做些什么

昨天，是元旦后学生返校的日子。上午8点多，我接到M姐姐的电话，M的母亲已经在1月2日离去了。

距离2010年仅十几个小时的时候，作家史铁生走完了59岁人生之路，迎来了不必急于求成早晚会降临的那个节日。认识不认识这位苦命作家的人都深以为憾。而我所遭遇的这个苦命的母亲，进入新的2012年才十几个小时，她就极不情愿而又无可奈何地结束了自己53岁的人生历程，留下了这个刚刚18岁的高中学生，孑然孤立，形影相吊……

昨晚近7点，我来到了M家里。

这次，我没有提前约定，驱车到了他们乡镇了，才打电话给M姐姐，也是我的学生辈的人，2004年高中毕业。这次M的姐姐意识到了，不能、也没法再拒绝了，我已经到了她家门口，她只是在电话里哇哇地哭……

见到M，我们的手握在一起，我紧紧抱住这个性格内向的学生。悄悄地问他："班长C，还有你们宿舍的几位同学，跟着我来看你，你，你觉得介意不……"

M流着泪，连连摇头。我才从停在远处的车子里喊出来那几位学生。

在几十人的簇拥中，我们师生六七人一起走进灵堂，举行了简单的仪式；被招呼到最里边的一间大厅里坐下。

一张简陋的圆桌，围坐了十几个人，M的舅舅、舅妈、姨父、姨妈、叔叔、婶婶、姐姐、姐夫、姑姑、姑父，外边又围了两三圈，各路亲戚，主要是老少乡邻……

我还能做些什么！

这样一种场合，我还能说些什么！

"M，接下来的日子里，寇老师把你当作自己的孩子吧。有我两个孩子吃的，有我自己吃的，就有你吃的……剩下半年的高中学业，有寇老师在，就保证你完成学业……咱俩一起努力吧……你考上大学，我向学校汇报，给你申请助学金……"

我没法说得很连续，很激昂。哭声一片，感叹唏嘘一片，掌声一片……

"请 M 同学的姐姐、舅舅、叔叔等各位亲朋，今天起就让我们把这个孩子当作自己的孩子吧……你们能在节假日让 M 回家分享到亲情，感受到温馨……他在学校里的事，学习到生活我都保证！"

M 同学的姐姐哭得说不出话来。

我才终于明白，这个姐姐是 M 的表姐，小夫妻两人都是普普通通的职员，收入平平，在房价最高的时候买了房，有个四岁的孩子。上班的地点距离无锡最西端的这个村子是很远很远的。多年前因为 M 父母刚成家时生育不顺，抱养了 M 舅舅家的这个女儿。M 出生了，慢慢长大了，为了不给这个普通的家庭增加负担，这个长大了的女孩回到了自己的生父母身边……如今还能像小时候一样把 M 当成亲弟弟对待，而她自己，真的也还是个孩子啊。

村主任闻讯来了。

七八十岁的老太太，掏出皱皱巴巴的纸币，一二十元；打工谋生的年轻人，一两百元；M 的舅舅叔叔们，多是失地农民，四五百元……M 妈妈从住院到料理后事，都是这样过来的……M 在 8 岁时，生父就病故了。近几年，他妈妈又成了一次家。眼前这位五十多岁的男子，同样是失地农民，不但自己跑前跑后，连已经成家过着自己小日子的儿子、女儿、媳妇、女婿都跑前跑后……

须发斑白的老村主任从热乎乎的被窝里爬起来，也来了，"老师，我有几句话想对你说说……"把我拉到别的房间里，握着我的手，用他的我能半懂的地道无锡土话对我说："老师啊，我就一个要求，把你刚才讲的那几句话，过会儿当着大伙儿的面再说一遍……阿行啊？"

8 点多了，人越聚越多，挤了满满一屋子，还有在外间里或站或坐的。

"M，这些天你受累了……安心把你妈妈的后事办完，到学校来了我们再一起拼搏……寇老师和你一起努力，我们都勇敢地来面对。高三学业，我们一道走过。剩下的岁月，寇老师做班主任，就把你当作我的孩子吧。课堂上咱是师生，生活中咱是亲人……"

我还能做些什么！

我得给这个孩子带来一位教育者的关爱，我得给这个早已残缺不全的家庭带来我们这所百年老校的温情，我得给这个村子、这些在今天这个时代还能如此淳朴善良憨厚的村民传递一位知识分子的情怀……

我还能做什么！

几十分钟前，M 见到我还不自在，口角嗫嚅着，说不出一句话来，唯有用眼泪表达他的心情。几十分钟前，我握住他的手，能感觉到冰凉；我拥抱他，能感觉到他的不自然……

　　夜幕中走出那个农家院子，上百村民围拢来。我伸手去拉 M 的手，突然间他扑向我的怀里，紧紧地抱住我，把他的头重重地枕在我的肩头……

　　我还能做些什么！

　　未来的日子，就让这个疲惫的孩子，枕在我的肩膀上吧！把他当作自己的亲人，当作自己的孩子来爱；但不是让他生活在我的膝下。

　　让他枕在我的肩头吧！

2012 年 1 月初稿

2022 年 8 月 23 日修订

让教育细节指向学生的精神成长

让所有的教育细节指向崇高的教育追求，即学生的精神发育与成长，是我们这所百年名校的教育价值追求，也是我们唐江澎校长的重要办学思想。

我们不怀疑，一个好校长就是一所好学校；但是，如果没有一批教师去贯彻践行校长的办学思想，再先进的理念与思想可能也只是纸上谈兵。

在普通高中，就学生管理教育这一层面而言，班主任无疑是校长办学理念、办学思想最为前沿的实践者。

仅以我在本学期高一（14）班工作中遇到的一件小事为例，来阐释本人对这一问题的粗浅认识。

新高一学生对我们百年名校的新鲜感已经过去了，渐渐显现出"审美疲劳"，甚至对学校的某些方面表示出他们的不满。一个夜自修后，我前往学生宿舍，途中遇到一位学生，言谈中他问我："老师，我对学校的一些地方有意见，怎么办？"

"可以说给我听听吗？"我友好地试探。

"这，这个跟你说了也没用……"

"那么，你的意思是怎么办？"我追问。

"我想向校长反映……"

"你最好能告诉我，你大概对哪些事情有意见，我能够帮助你解决的，你就没有必要那么麻烦了，我不能解决的也可以给你出出主意嘛……"

这位同学还是有点不愿意。

"那么，你是打算与校长面谈呢，还是……"我问。

"我还是写封信吧，不过……"

"你可以投在校长信箱里，就在我们教室下面那个公告栏旁边。"我对他说。

"我是说，我要不要……"

他的顾虑可能是要不要写上班级和姓名。

通常，这种情况下，我们可能采取的做法是？

要么给学生泼冷水，读你的书吧，少管闲事；要么不闻不问；要么……

我说："假如你反映的问题是真实的，你的态度是端正的，出发点是好的，我建议你最好写上自己的名字和班级……否则，你写了一封匿名信，那么性质就变了……"

这位同学最终给校长写了一封信，所反映的问题大多是建设性意见，有些真的是作为老师的我们并没有发现，或者难以体验到的，比如在学生通向食堂的路上，的确有一二处树枝影响行走。学校领导对他的这封信很重视，有些事情在一两天之内就解决了。校长室还委托一位领导，代表学校通过我向该同学表示感谢，表扬他的做法……

后来我与这位同学谈了一次，征得他的同意，我在班会上对全班同学讲了这件事情。尊重他的意愿，只讲事情本身，不提他的名字。

我对全班学生说，随着我们在学校生活学习时间的推移，我们初入高中的新鲜感淡化了，我们对学校了解得越来越多了，我们发现的问题也会越多，我们的不满意也可能会渐渐增多。我们这样一所较大的学校，有些方面让大家有意见是正常的。有人说，某种意义上讲，学校就是一个允许出错的地方，当然也包括老师在内，人非圣贤孰能无过。如果我们有了一些不满，最好以良好的心态和适当的方式呈现、表达和诉求。可以寻求老师的帮助，我即使不能给你满意的答复，也根本没有能力解决，但至少我可以做一个倾听者，或许可以给你参谋一下，可以给你一些建议。我们对学校管理的某些方面、对老师有意见，可以通过正常的渠道反映，而不是发牢骚；可以寻求解决途径，而不是一味抱怨；可以跟老师讲，而不是通过网络等方式去渲染夸大……如果我们认为自己的想法和建议出发点是好的，在反映形式上最好是正确的、是阳光的……

我们班一位同学对学校生活的某些方面有点意见，他给校长写了一封信，这本来很正常；而最让我们感动的是，他能勇敢地写上自己的姓名和班级，而不是匿名。能够观察到校园里的一些问题，说明是生活的有心人，说明善于思考；能够想到通过反映解决问题，说明爱我们这所学校，说明能站在同学的立场为大家的学习、生活、方便、安全着想；能够以合适的方式反映，说明态度端正，人格健全，大气沉稳；能够勇敢地署上自己和班级的名字，说明心底无私，心态阳光，说明我们的同学勇于担当，敢于承担责任。试想，如果我们以匿名信的方式反映，那么性质就不同了。你想表达不满、宣泄出气，但你不敢面对担当；并不能证明有另派车辆来接学生回家的意思……

原本下午3点出发，4点稍过即可回到学校，已经通过校信通告知家长4点半来学校接孩子。现在已近4点，即使立刻派车来接，下雨天气，从无锡开出，全程高速，到实践基地至少也得一个半小时；五十号人，转移行李，重新上车；开到无锡，再花费一个半小时——这些学生到学校就得晚上7点了，再从学校门口回到家中，最远的得在8点以后。几十位学生家长开车、乘公交、骑摩托车、骑电瓶车、打的……已经冒雨等候在校门口，有的家长下午3点多就到了。其他班级已陆续到达，有学生原计划搭乘其他班级同学家长车子回家的，也有学生需要带上其他班级同学的……正值周末，这些孩子的家中，妈妈、外婆、奶奶烧好了饭菜，等待他们回家一起吃饭呢；爷爷、外公盼望着一个多星期未见面的宝贝孙子团聚嘘寒问暖呢……

负责带队的校长助理、学生工作处主任袁寿根、年级主任袁纯洁等都还留在基地，学校派来连日随队保障的商务车也还留在原地，我们总共还有5位老师、49位学生。其他班级学生都陆续到达了。天色已渐渐黑下来了，大家都很着急。学生家长的电话、短信不停地进来，QQ信息没完没了地显示……学生身上的零用钱花完了，书包里的零食吃完了，基地的领导老师全都下班回家了，他们的小卖部也打烊了……

确认这辆车子一时半会修不好，我对袁寿根主任建议：应该立即联系该公司马上另派车来接应；学校安排有关人员，在校门口对14班家长做好解释说明工作。袁校长指示，统计家长不方便来接的学生人数，学校派车，由我陪同送到家长手中；袁纯洁主任提醒，做好学生安抚工作；我当即决定解决学生充饥喝水问题。带队领导一方面给校长电话汇报情况，一方面要求公司另派车来，我带领班长等冒雨步行到基地附近的街上，购买了面包、水果、矿泉水。确保学生每人一份之后，再让几位老师也能充饥。当我把一块面包、一瓶水、一个香蕉递到那位司机手中时，他先是很惊诧，不好意思接过，继而连声称谢。一个多小时里，他一直不停地折腾车子，不停地打电话，身上衣服湿透了，鞋袜湿透了，头顶上的雨水顺着面颊流下来。我们这样一所百年名校，我们这样一群知识分子，我们这样一批懂事可爱的孩子，在这样一个特殊的时刻，应该表现出我们应有的人文情怀！

无锡派来接应的汽车到了。现场仅有我一名教师，组织学生上车，查点人数；向带队领导电话汇报；将近6点钟，我们出发了。

大巴开出基地大门，拿起车载话筒，我开始对我的学生们讲话：同学们，因为汽车出了故障，这不是这家公司和司机本人希望出现的事情，我们大家都看见了，他们已经尽到努力了。我们班的车子坏了，9班同学和老师还等了我们好长时间；负责带队的学校领导和年级主任也都留下来陪着我们，学校的商务车也都留在这里帮助我们；校长还打来电话，让我转达对同学们的问候，向大家表示歉意，希望大家能够尽快平安回家……寇老师所能做的事情就是，让大家饿的时候先凑合吃上点，渴的时候有水喝。因为对这个地方周边不熟悉，时间不宽裕，天气也不好，我和班长等几位班干部在街上转来看去，相对比较方便的也就只有面包饼干了，请大家理解和谅解。省锡中关心着我们班的每一位同学，公交车下班了，下雨天摩托车、电瓶车不方便，学校已经安排小车等候在校门口，回家有困难的同学请你大胆地举手，或者悄悄地告诉我，让学校的汽车把你送回家，享受到我们百年名校的温情，享受到老师的关爱……

许多学生回到学校，还要到宿舍带回换洗衣服等，但今天小高考结束，高二学生放假，这么晚了，可能宿舍楼大门关锁。我向带队领导汇报，袁校长打电话给宿舍管理员，让她们等候在2号公寓和5号公寓，让学生们顺利带回衣物。

晚上7点，我们平安回到学校。

四位学生不方便回家，一位学生较远，平时家长开电瓶车接送；一位学生父亲不在家，母亲不会开车；一位学生原本打算搭乘其他本级学生家长汽车；一位学生一直乘公交车往返，这样一个寒冷的雨夜，公交车下班了，学校附近少有出租车……只要有一个学生没有平安回到亲人身边，我们的社会实践活动就不能算是圆满！叫来正在休息的司机，学校派小车把四位学生依次送回家。历时近两个小时，整个绕着无锡市从最北边转到南边，再转到最西边，司机回家近10点。

送走所有学生，回家吃了一点零食。手机不停地响起，数位家长短信：汽车遇到故障，原本想孩子回家会埋怨发牢骚；没想到，你们竟把这样不开心的事情变成了一次难得的教育机会！老师辛苦了！真的很感激省锡中，感激老师……带队领导打来电话：14班每位学生平安回家，是我们最大的期望；14班同学的表现和家长的理解让我们感动！

本来一次平平淡淡的社会实践，本来是一次意外事故，却使我的班级凝聚力更强了，师生关系更加融洽了，对学校的感情也更深了。因为，我抓住了教育的契机，把这次意外的事故变成了教育故事，而这，需要一种教育智慧，需要一种风度，一种大度，一种眼力和能力！试想，如果当初我带头发牢骚，如果我把自己的不满情绪传染给学生；如果家长打来电话我不接，短信我不回，QQ闪现我不理；如果我这个班主任躲到一边，不闻不问，看你随便怎么折腾；如果到了吃晚饭时间，我喊一二位同事到街上去，找家饭馆坐下来，点几个菜慢慢品尝；接应的汽车来了，如果我只管上车睡觉；如果我没有讲那番话，如果我没有把自己的电话交给学生们，让他们一一向家长报个平安；回到校门口，如果我径直回家，反正已经到学校了，剩下来的事情不是归我管的了……而年届五旬的我也跟着这些十几岁的青年人爬山、攀岩、动手做紫砂壶，连续劳累了两三天；家里也有妻子儿女等候团聚，儿子原本等着我回来送他去上学呢！

教育由细节构成，教育无小事。抓住了教育的机会，我们有了教育的契机，反之，可能造成教育的危机。

2013 年 3 月 18 日初稿
2022 年 8 月 24 日修订

学校教育，一切为了学生的成长

得知了高一新生的第一次家长会安排在期中考试前一周举行，有的班主任开始议论了，有的开始发愁了，有的手足无措了……

我的第一反应是，这意味着面对高一新生的家长，我们不能再像以往那样仅仅是给他们汇报成绩数据。那么，我们面对第一次参加家长会的他们，说些什么，让他们看些什么？

我想起了若干年前，当我大清早把幼子送进幼儿园，整日牵挂的是小家伙是否能够自己吃饭，能否自己穿上衣服……来到幼儿园，我对老师的滔滔不绝心不在焉，而是将目光移向几十个孩子中的那一个。我最关注的不是老师介绍孩子们背会了几首唐诗，学会了几首儿歌，会写几个汉字，而是喜欢看孩子们玩游戏，喜欢看孩子们穿衣服比赛……

第一次家长会，没有考试成绩，我得让这些把心爱的孩子送进我们这所百年名校的家长们看到些什么——看到孩子的学习生活，看到孩子的快乐，看到孩子的成长变化。

我拟定了一个提纲：走进省锡中，我们在成长。高一（14）班，给我一个舞台。

像研究性学习一样，我把班级 50 个学生分成若干各小组。

高中，我的第一次成功体验——参加过学校诗歌朗诵会的几位学生，有的给家长表演诗朗诵。舒婷的一首《呵，母亲》，两位学生不仅能深情朗诵，还用PPT配上了很恰当的图片，让在座的家长们眼眶湿润润的。

有的向家长介绍了参加诗歌诵读活动的收获感想。

我们 14 班的运动会开幕式——几位班团干部，视频加图片，"效果对比——我们是怎样博得入场式表演阵阵喝彩的？"看着孩子们的表演，家长们笑得心花怒放，前仰后合。

运动会，我们班为何取得比赛成绩第一？

提供材料：杨晨、方梓人、蒋林燕、董琪

汇报：蒋欣、秦晓明

学生竟然独出心裁地把学校发给运动员的奖状和奖品，当场颁发给了家长——让爸爸妈妈爷爷奶奶在教室里替孩子领奖，而且颁奖的是学生。

我在省锡中成长——

提供材料：蒋旻菡、周銮、王文苏、毛丹辰、徐天余、周嘉悦、陈家豪、储未然

汇报：王文苏、毛丹辰

这是一批初中阶段没有过寄宿生活体验的孩子，他们用图片展示了扫地、拖地、宿舍里洗衣服到整理内务、教室里整理书桌柜子等方方面面……

军训，让我成长——在这为期十天的军训里，我们有过欢笑有过泪水，我们从教官身上学到了军人的素养，我们建立了同学之间的深厚友谊，我们与老班一起起早贪黑，一起顶烈日、冒酷暑、淋大雨……经历了军训的历练，我们不再是一个个娇生惯养，躲在父母怀抱中的孩子！爸爸妈妈——我们长大了……

我们的 14 班——从纪律常规优胜红旗，到学习生活，许多家长才了解了我们这所寄宿制学校的运行情况，才明白了何时给孩子打电话更方便……

家长讲坛——图片加文字：这是不是很像百家讲坛？但这里比百家讲坛更精彩！学生们的汇报，让许多家长明白了，来到我们这所学校，不是为了整天地做练习，不是为了那几个阿拉伯数字，我们是在丰富的活动中成长着。

介绍我们的班干部、舍长、课代表——尤其是每个宿舍各有创意的全家福照片，让家长们开心一笑。

我们的课程，主课、副课、校本课程——有的家长第一次听到"校本课程"这个概念，离开校园已久的这些成年人，看到孩子们如此丰富的学习内容，感叹唏嘘，羡慕嫉妒恨……

我们的任课教师——课代表有的向老师要照片，有的在课间给老师拍照片，还有人在校园网上搜索……

数学老师：一位声音充满磁性的女老师，工作认真，耐心辅导。

英语老师：一位活泼幽默的女老师，乐于做我们的朋友。

物理老师：一位工作经验丰富的老教师，上课富有活力，充满激情。

化学老师：一位温柔善良的女老师，她娇小的身躯下潜藏惊人毅力！

政治老师：一位热情的蒙古族女老师，热情奔放，说话抑扬顿挫……

历史老师：一位名如其人聪慧的女老师，上课之余更有些丰富的课外知识的教授。

地理老师：一位豪气爽快的、有着丰富教学经验的男老师。魅力方言，平头帅哥……

人生数载，我们已在爸爸妈妈的羽翼下成长多年，有幸遇见这些老师加挚友。我们相信，你们——我们亲爱的爸爸妈妈一定也会衷心地感到幸福，并且更加放心地让我们在匡园中成长！

这些源于孩子眼中的印象、发自孩子内心的声音，比我们老师干巴巴的介绍，不知好多少！

介绍我们的班主任——给每个孩子一个舞台，14班就是这样一个舞台。几位学生分工提供材料，一位学生登台汇报，他讲着讲着，脱稿了，讲不下去了，憋得脸红脖子粗，家长们不约而同地鼓掌，给予他鼓励……

申请免监考的意义，家长在教室外张望给学生带来的影响，违禁物品对学习的干扰，睡前玩手机的7大危害，网络小说如同垃圾食品，能消磨时间但不能增加营养……这些道理通过我们的口讲出来是多么的枯燥乏味，多么的盛气凌人，多么的训诫味十足，可是从孩子们的嘴里讲出来，竟是那样的入耳动听！

历时近一个小时，几十位家长听得津津有味，目不转睛，没有人接听电话，没有人玩手机，没有人不耐烦……

天空没有留下翅膀的痕迹，但小鸟已经飞过——

且看孩子们的反应——

胆战心惊，讨厌，今夜有暴风雪……这是我一直以来对家长会的感觉。可如今，进入了高中，似乎有什么不一样的了。家长会不再是老师的独角戏，而由学生完全掌控。第一次知道我们班的家长会由学生组织时，我的心里就充满了好奇和问号。随着一个个任务的分配，一次次的练习，似乎家长会早已没了以前的那种死板，有的只是欢声笑语……

我们在成长，是啊，升入省锡中，我们确实成长了许多！（李伊雯）

从小到大，家长会似乎只与家长和老师有关，与学生无半点关系，但这次我们班的家长会有了创新。学会生活，在这样一个集体中，一定要对它有很多的观察与了解，学生为家长介绍这个集体时，更多的也是学生自己的看法，而不是老师一个人的看法，这样可以让家长从更多方面了解这个班级。同时让学生在很多家长面前发言，也是在培养学生的胆量与见识，给学生一个展示的舞台。（李哲）

家长会的想法由寇老师提出，我负责安排整体工作，但我既不是班干成长。

借此机会，我们可以在讲台上面对50位不同的家长侃侃而谈，既完成了家长会的任务，又锻炼了自身的口才与胆量，何乐而不为呢？

其实在省锡中，给我最大的感受就是只要你愿意，机会都是有的。很新奇，也很有意义。（陆沁赟）

我被指定要介绍任课老师，我对这个任务一开始不知所措，从前我从未做过这种事。然而，在很多同学的积极参与下，我也被带动起来，完成了这项任务。

我们组准备得很辛苦，由于周末多数老师都不在，没有他们的图片，再生动的稿子也是不出彩的。我和小陆两人找了好久，才终于找到几个老师的照片。后来在寇老师帮助下才又补上几张。这次经历让我知道应对困难的方法，提升了我的实践能力，非常感谢老师。

家长会开始了，我在小教室徘徊一次又一次，害怕自己会怯场，担心准备还不够充分，还怕很多很多。但这些都在我跨上讲台的那一刻烟消云散了。我和小陆为家长介绍了一个又一个老师。我没有害怕，那一双双眼睛的确给我很大压力，但为了我和小组成员的精心准备能够完美呈现，我终于战胜了内心的胆怯，我终于变得勇敢了。

这真是一次完美的家长会！希望以后还会有，这种站上讲台的感觉太美妙了！（张晴艺）

我主要负责向众多家长介绍我们班的班干部。本来我自认为我在文字稿中已经将我们班的班干部介绍得很生动形象了，但试讲的时候，一直觉得少点什么。后来，寇老师提议给班干部拍一张合照，我才猛然醒悟，原来是少了班干部的照片！其实不论我向众位家长描述得多生动形象，都不如照片来得生动简单。

在讲台上，我一边讲解，一边把照片上的班干部指给家长看。家长都挺好的，时不时地会捧个场笑几声。

这次的经历让我收获了不少。我也渐渐发现，在寇老师手下，会有很多锻炼自己口才和能力的机会。希望以后能多一些这样的机会锻炼自己的能力。（王紫薇）

在省锡中学习，不仅对同学来说大有益处，对家长来说也感触收获很多。我妈妈就说："看了你们在家长会上的表现，我一下子就体会到当年集体宿舍生活的乐趣……"家长会上的介绍更令人振奋，希望我们14班以后能越来越好。（陈家豪）

听听家长们的心声——

本次家长会放在期中考试前开。原来心里一直有点纳闷，疑惑。直到开完了，才真正了解学校此举的用意，可谓用心良苦，别有涵义。

家长会给我三点感受：

1.紧张的高中学习生活并不枯燥乏味。从学校设置的各种课程，开展的课外活动、校本课程以及各种班团活动中可以看出，学校正积极地、多渠道地将学生培养成德才兼修的现代知识分子，学校的评价体系正不断完善，更具体、更全面了。学生在这里学习，是孩子一生的幸运。

2.浓厚的校园文化沉淀，正影响着孩子的成长。省锡中"诚敏"的校训教育宗旨贯穿了高中教学的方方面面，学校和老师始终将这一理念融入平时的教育教学中，孩子入学两个多月来各方面有较大的进步，见识与能力正不断提高，无不与学校的教育有关。感谢有这么一所优秀的历史名校，这也是我们家长的幸福。

3.老师的关心、集体的熏陶让孩子成长得更快更好。从家长会上看到的、听到的，能想象班主任老师工作的细腻，对每一位孩子无微不至的关怀，使孩子能始终不偏离自己发展的方向。集体的力量正在形成，荣誉感在孩子心中成长，这种团队意识、责任意识是孩子一生的财富。所以更主要的，我们应该感谢班主任老师，感谢这个班级的每一位老师。

相信孩子在这里将健康、快乐地成长，而我们家长将始终如一地支持学校的各项教育工作。

坚信省锡中的每一寸土地都是孩子成长的沃土，衷心祝愿学校的各项工作更上一个台阶。（徐天余同学母亲）

这次14班的家长会整个流程非常独特，是一次由学生自己组织召开的家长会。整个会议由学生们自己分项目向家长汇报开学以来得到的成果。这和我以前参加过的家长会有本质上的区别。以前家长会是由老师主导的，学生根本就不需要参加。好多孩子在家长会期间都在家焦虑地等待，怕老师向家长告状等等。这次高一（14）班家长会非常特别，孩子们做了精心地准备，大家都得到了锻炼。虽然大部分孩子在演讲时有些害羞，但我相信下次肯定会有更好的表现。同时，也非常感谢寇老师的辛勤付出。把孩子交给这样负责任的老师，作为家长我很放心。（周銮家长）

这次家长会很独特也很成功，我能深切地感受到孩子的成长，这个班级的优秀和任课老师们的负责及丰富经验，我很欣慰。还给孩子们表

现的机会，增强了他们的表达能力，使他们能够得到锻炼，增强了信心。相信他们会在一次次尝试中进步、成长。（张高菲家长）

从小学到高中，我们参加了很多次家长会，而唯独这一次高一（14）班的家长会令我耳目一新，一次完全由学生支撑的家长会。看着学生一个个登台展示介绍，看着孩子们做的一张张PPT，我很高兴也很放心，在这短短的两个月中，孩子完全适应了高中生活，并在学习上取得了一定进步。这多亏了老师们耐心的教导和14班良好的学习环境。（蒋晓斌家长）

这是我从女儿小学至高一参加过的最生动、最丰富的一次家长会，名副其实的给各位家长开了个会，真有点"吾家有女初长成"的感慨。虽说进入高中压力增加许多，但丰富的校园生活令孩子学有所乐，让学习也变得不再那么的枯燥无味。高中三年是学业中最艰苦的三年，能够在这样的大家庭中学习、生活，作为家长的我感到很开心，希望在学有所乐之后学有所成！（方梓人家长）

打破传统，别具匠心。让孩子在成长中积极参与集体活动，发挥各自创造力，展现自我风采。虽有短暂的停滞，但阻挡不住孩子们发自内心的激情；言辞虽带稚嫩，但也第一次聆听他们心灵的呼唤。感谢老师的创意，让每个孩子都有自己人生的角色！（李伊雯家长）

这个班级的家长会可以说是与众不同，别出心裁，使我们看到了师生的融洽和团结的力量，感受益深。孩子在学校优美环境的熏陶和老师无微不至的关怀下快乐地成长，不仅受到良好的教育和锻炼，增强了孩子的责任心和凝聚力，还学会如何克服困难，学会做人才能做学问。（唐天仕家长）

参加了孩子高中以来的第一次家长会，特别感动，唐校长的教育理念，我也深有同感。到了高一（14）班教室，参加了班级家长会，感到了这个班的气氛特别好。孩子们和寇老师的感情是那么的深厚。孩子们上台讲话，有的腼腆，有的落落大方，他们是那么的可爱，那么的优秀。而寇老师呢，对孩子们是那么的耐心，那么的肯定。我由衷地感谢寇老师给了我孩子那么大的鼓励，使他学会了担当，有了勇气，有了集体荣誉感，并且在运动会上取得了优异的成绩。谢谢省锡中，谢谢寇老师！（徐俊杰家长）

作为家长，期盼孩子的每一次家长会，但也惧怕。

我参加了孩子进入高中的第一次家长会，感受到高一（14）班是一个"生命化"的班集体，是一个幸福的班集体。每一个孩子都是一个珍贵的生命；每一个孩子都是一幅生动的画卷；每一个老师都关注着学生成长与发展的每一点进步。我的孩子在这样的集体中学习生活必将学会观察、学会思考、学会生存。这样的班集体有一种平等、和谐、友爱的氛围，是学生快乐成长的场所。富于欢乐和吸引力的宿舍，我的孩子一定是快乐的。（蒋旻菡家长）

人生如果只在乎结果而不计较过程就是苦役。学习亦如此，没有过程的结果必定是苦果！这过程就是艰苦的付出，就是良好学习习惯的积淀，就是知识的积少成多……

儿子，值得庆幸的是，你能够在这样的高中学习，能够遇上一位慈父般而又智慧的班主任。在如此优越的条件下，你如何规划自己的高中生涯呢？相信，你是不会辜负众望的！要知道，好运只会垂青于勤奋而又韧性的人。（徐天余同学父亲）

这次家长会也有别于以往，让孩子自己上台讲话发言，介绍老师、同学，介绍学校以及学习生活，我觉得这种形式非常好。锻炼孩子，还能让家长最直观地了解孩子的高中学习生活状况。参加了本次家长会，我想孩子在省锡中一定可以成长学习得很快乐、很健康。（丁晓涵家长）

儿子，你很幸运，进入 14 班这么一个有向心力、有凝聚力的大集体。看着你把这么一个家长会调派、衔接得井井有条，看着你拿着相机不慌不忙的样子，我感觉到：你长大了。我相信，在 14 班这么一个良好氛围的班级中，在寇老师这样一位优秀老师带领下，你一定会发挥出自己的长处，在学习上大踏步地往前走。（芮一犇家长）

出乎意料的是，年级家长会并没有像以前那样由校长介绍一些学习方法、家长应加强教育等等的套话；而是从培养学生能力方面着手，校长重要阐述了培养学生人生观、价值观以及综合能力等，进一步介绍了省锡中对学生的培养方向及具体实施措施。

更让人意外的是，下午 4 点我们在 14 班教室开的班级家长会。本次班级家长会的形式是出人意料的，相信这一点 14 班所有的家长均有同感。所有家长均全神贯注地参与，分享孩子的努力以及他们的成功与喜悦。（马恺成家长）

习惯了初中家长会班主任绘声绘色地讲解，这次高一 14 班的家长会真的是别具一格：学生介绍配以 PPT 的播放，从学习、生活到班级情况，一环接着一环，每个孩子都有"露脸"的机会。这说明孩子们已经在不知不觉中实现了从初中生到高中生的转变，孩子能在这么短的时间里融入高中班集体，学校和班主任在这方面确实费了苦心，我们由衷地感谢。对自己孩子的前途充满了信心，对自己的孩子身处这样的集体，非常放心。很庆幸我的孩子能在这样的学校读书，很荣幸能够成为这样学校的学生家长。最后，我要对孩子说：生活在14班这个大家庭中，你真是一个幸运儿，望以后的学习、生活中，要学会与人为善，学会理解别人，学会将心比心……相信你能行的！（周嘉晔家长）

没有尾声的结束

这样一次家长会，对多数家长来说，反响仅止于上述的新鲜与感动。原本以为结束了，但，竟还没有。原来我们这个班级里从事教育工作的家长颇多，仅中小学领导就有十来位。

家长会后的星期一，11月20日早上，登录QQ，有一位从事教育工作的家长留言：真的，学校不光是要有一个好校长，还得有一批好老师，能够去贯彻执行实现校长的先进教育理念，让纸上的理念变成可以看见的学生的成长与进步。

一位中学校长留言：您让我感受到省锡中人的教育智慧和热情——出差回来，参加了省锡中家长会的先生反复告诉我，孩子上省锡中，放心！深深感谢寇老师！

我们老校区、匡村实验学校的一位领导说：你是个有心的资深班主任，每次活动都是真正用心培养孩子，孩子交给你是我们的福气啊！我们本周召开家长会，我已在行政会上介绍了你的经验，初一年级家长会借鉴你的做法，请把你们的PPT发给我吧！

本区一位初三教师留言：家长都只关心孩子的成绩。寇老师，我要向你学习，你带的这个班很积极向上。我虽然没开完家长会，但我回家后又看了你们的班会PPT，要学习的地方很多——我女儿在这样的集体中我很放心。

甚至一位校长突发奇想，要带领他们学校的班主任来14班现场观摩……

我把家长的这些感动与鼓励都及时地传递给学生们，让他们分享到自己的成功与喜悦。

一次家长会，我让家长看到了孩子进入我们这所学校两个月以来的成长与变化，我给每个孩子一个舞台，让他们向父母展示他们的成功与收获。学校教育，一切都是为了学生的成长。

2012年11月

附：

参加高一（14）班家长会有感

收到老师发来的短信，11月11日召开高一年级家长会，当时感到很疑惑，难道期中考试提前结束了？

电话问了孩子确定考试还没开始，于是便想那一定是考前动员。11日来到学校，在学校行政楼报告厅聆听唐校长的报告，一个多小时里，唐校长介绍了学校的悠久历史、校训和办学理念，谈古论今、引经据典，抑扬顿挫、声情并茂，从头至尾，唐校长所强调的教育理念就是教会孩子学习的同时先教会孩子怎么做人，对孩子要尊重。此时我真正理解了学校在期中考试前召开家长会的良苦用心了，那就是告诉每位家长学习功课并不是孩子的唯一，培养孩子的爱心、责任心，与培养孩子的学习能力同样重要。唐校长的报告听得我内心非常激动，校长的教育理念引领着学校的发展方向，我深信孩子在这样的学校里学习、成长，将来一定是一个具有强烈社会责任感的人。这与当今社会所提倡的用人理念，人才培养标准不谋而合。

的确，社会是不同的人组成的，生活是丰富多彩的，人也是千姿百态的。教育不是工厂出标准件，应该是符合人性发展规律，培养各类不同的人才。先有人才有才，人是基础，是一切发展的起点。所以，省锡中的办学理念和教育方法是符合人性发展规律、符合社会发展要求的，不但教育我们的孩子，也使我们家长受到一次有关教育的深刻洗礼。

报告结束后，我们按惯例来到了教室，准备聆听班主任老师对班级及孩子情况的介绍，但令人意想不到的是高一（14）班的家长会打破了以往家长会的惯例，家长会由孩子们自己主持。那些可爱的孩子们将高一年级的课程设置、课程特点、任课老师及本班班干部、课代表、运动会成绩、宿舍卫生、课外活动等做成了PPT，有学生代表对上述内容一一阐述。其间更精彩的是孩子们还为家长们表演了诗朗诵，令家长们笑声、掌声不断；给在运动会得奖的同学家长颁奖，让家长为自己的孩子自豪。当在介绍班主任老师时，孩子们没有准备讲稿，即兴发挥，虽然介绍显得不是特别流畅，语言并不丰富，但最后孩子给寇老师一个深情的拥抱，将师生情感演绎到极致。

最后孩子们还从他们的角度对家长们提出了希望和建议，让家长们真正了解了孩子们内心的一些想法，这样零距离的互动方式拉近了家长和孩子之间的距离。

的确，看似一次简简单单的班会，让我们深深体会到了学校、老师点点滴滴落实着办学理念，用潜移默化润物无声的方式引领着孩子，启发着孩子，教育着孩子，彰显着人性的光辉。

这是高一（14）班的第一次家长会，也是孩子们充分体现自主能力的一次会议，这次会议足以让我们为孩子能在这样的学校、这样的班集体学习成长而由衷地感到幸福！

王逸凡家长：张琪

2012 年 11 月 18 日

让所有的教育细节指向"人"的成长

大家都不怀疑，一个好校长就是一所好学校。但是，学校教育的主体是学生，校长不能也没必要直接面对每一个学生，校长不可能走进每一间教室，校长更多时候只能利用有限的机会向全校或一个年级甚或某一部分学生讲讲话等。那么，好校长的教育思想如何影响到每位学生，如何传递给学生背后的家长，进而发生社会影响力？

更多地是通过班主任。

我们可以理解为，班主任是校长与学生之间的一座桥梁，是一个二传手，是校长这个乐队总指挥麾下的第一小提琴手，是校长教育思想的践行者和传递者。从这个意义上讲，班主任才是一所学校的窗口和门面。学生对学校教育、管理以及服务的了解大多通过班主任；家长对学校各方面的了解更多的是通过班主任，可能是平常交流，可能是家长会，现在多数班主任都会建立一个班级 QQ 群或者微信群……学校文化通过班主任传递给学生、给家长、给社会。家长对学校的了解往往通过班主任，对学校的认可也大多体现在对班主任的认可上。学生毕业若干年之后，对母校的记忆与回味，实际上大多是对班级的回味，是对班主任的记忆，是师生交往的点点滴滴……

我们甚至可以这样认为，班主任的品牌就是一所学校的品牌，班主任的故事就是一所学校文化建设的故事，班主任工作的得失成败表面上只是一个班级的成败得失，其实一定范围内、一定时间段、一定意义上就是一所学校的社会形象。

班主任工作大多是由一些平凡琐碎的小事组成，学生对班主任的解读也多通过一些小事，社会对学校的了解还是通过平凡小事；而不是招生大战时节花花绿绿的宣传材料，商业性日渐明显之媒体的效应也越来越有限……

新学年开学前几天，我得到通知，要新接手一个高三班级。开学报到，我就发现，班级里有一个身高一米九以上的男生。第一天上课，我观察到，这个"高人"学生坐在座位上不能把双腿放进课桌底下，而是歪在课桌旁边，侧着身子写字……

这样下去，这个特殊身材的学生，身体如何受得了？！

坐在正常高度课桌上的"高人"孙禹州，只能如此委屈自己……

我在设想，给这个"高人"改造一张特殊的课桌。

我开始向总务主任申请，提出要求，说明尺寸方案。总务领导说了许多难处，维修人员少，正值运动会，暂时没有材料，让家长想办法，垫两块砖头……我就三番五次说明这件事情的意义与价值：这不只是关乎一个学生，而是关系到我们这所百年老校的教育追求；我们要让学校里的每件事情，都指向崇高的教育价值追求……

期中考试前夕，一张增高了近10厘米的课桌搬进了教室，全班同学来围观，有开玩笑的，有感动的……"高人"同学坐上去，正好合适，上身板直，双腿自然伸进课桌底下……

在这张加高了的课桌上，孙禹州的身材优势得以展示……

刚坐了三两天，孙禹州又发现，凳子的高度低了，与升高后的课桌不配套。我经过试坐，想出了一个解决办法——请后勤工人在原来的凳子上贴了一层木板——凳子仅仅升高了2厘米，但却与桌子配套了！

原本想，这件事就告一段落了，没承想，家长会上引发了新的看点与议题。

11月17日下午家长会，我走进教室时，发现有多位家长围在孙禹州的座位上谈论，有两位家长还在试坐。孙禹州的家长很高兴，会后留言："没想到，省锡中老师会如此细致！我们在家里看见儿子歪坐在写字台上学习，总是批评责骂，从来没想过把写字台加高……"

我在担任班主任的时间里，一直对班级里个头高的学生比较关注，不光是孙禹州这样的学生，也不只是体现在一张课桌上。

去年新高一，我发现班级里有四个身高一米八以上的女生。运动会前，我把她们叫到小教室里，鼓励她们参加运动会，其中三位学生说，老师，我从来没有参加过运动会，你只看见我个头高，其实我没有运动细胞……我笑着说："铅球和实心球，不就是一条抛物线吗？起点高，落点相对就远，这不是你们的优势吗？校运会，重在参与，对手也都是业余选手啊。就说跳远吧，你们向前跨一步，就比人家远啊，你的优势不就发挥出来了吗……"四个高个子女生全报了项目，我请体育老师稍做指导，结果是四个人全都拿到了比赛分数，我们全班获得了团体总分第一名，高出第二名二三十分！今年新接手的高三（13）班，我还是"故伎重演"，结果这次运动会成绩又是年级总分第一名！不能不说，几名高个子学生发挥了重要作用。

让所有的教育细节指向"人"的成长，班主任工作更多的只是一些细小琐碎事情。但是能把平凡的小事做好，就是不平凡。班主任工作的最高原则，应该是"人"的教育，而非"分"的教育。先有成长，后有成才；有助于学生成长，或许才能更有效地教育。

2014年1月初稿
2022年8月23日修订

让学生低头认错 抬起头做人

——对一起教育个案的反思

X同学，初中时是所在学校优秀学生，本打算报考其他学校，被动员来到我校。升入高中，本想进强化班，分班考试受挫，不得已在普通班受委屈。高一一年，科目较多，他还有较为明显的实力。高二选科分班，进了物化班，强手云集，竞争激烈，他的优势渐渐不明显了。

因为在学习上有些过于争强好胜，X同学在高二第一学期结束时向家长提出要求，租住在校外，希望多一些学习上的时间和空间。

家长的教育甚为民主，家庭条件相对较为优越，X同学家里三世同堂，隔代溺爱也比较明显。家长很快在学校附近租了住房，年迈的祖父母放弃自己家里舒适的生活条件来陪住并照料X同学的生活。

半年中，X同学在租住房里想几点睡就几点睡，想吃点零食也不会受到限制；学习生活用具随意乱扔也不会有人检查扣分；把自己的祖父母当成勤务兵呼来唤去，两位善良的老人也心甘情愿。

校外住宿的一个学期，是X同学各方面都明显下滑的一个阶段。没有了学校宿舍生活的约束，作息少了规律，X同学在课堂上的效率越来越低，成绩越来越不稳定。时间和空间相对宽裕了，X同学在男女生交往方面也出现了一些异常，给班级里的女生写信传纸条，给其他同学提供有关情报信息，影响自己干扰别人。

暑假的一段时间，X同学与班级里的其他几位学生住在一起学习，我有意去查看过几次。由于缺乏必要的约束，加上生活自理能力较低，几个房间里都比较乱，尤其厨房里有的东西变质，剩饭菜不及时处理，用过的餐具没有及时清洗，蚂蚁、蟑螂、苍蝇、蚊子四处出没。我作出了一个判断，X同学不能继续住在校外了。

不得已，在升入高三的暑假快结束时，我与X同学家长进行了一次深入交流，希望X同学新学期住在学校。家长是高学历企业家，对X同学期望值很高，也意识到了问题所在。我们达成了共识。

但是，教育不会那么简单而一帆风顺。写在书上的教育故事都很精彩，专家们的理想理念无不超前，现实可能会是比较复杂的。

住在学校宿舍，一切都有了集体生活的约束。但 X 同学带来了闹钟，他要早起学习，定在早晨5:15，闹铃响了，结果把整个宿舍的同学都闹醒了；他还需要一盏台灯，宿舍里不方便使用电源，必须是充电的——我们这样的寄宿制学校，几十上百年来禁止学生使用那些违禁物品，都是前人在实际工作的教训中得出的结论！仅以电器而言，假如有学生在宿舍的洗漱台下实施充电，那里阴暗潮湿，一时着急疏忽，酿成事故，我们可以一夜而成为尽人皆知的"名校"……X 同学随意惯了，熄灯后还需要与同学讲讲话……

影响人家休息就是妨碍人家学习，我们的学生每天可以用来舒舒服服睡觉的时间就那么几个小时。讲话次数多了，难免影响别人，影响班级纪律常规考评；闹钟响了，既闹醒自己也打扰别人；舍员睡觉，旁边一盏灯明晃晃的，加上纸张哗啦哗啦响着，哪还有睡意？而且这里边深层次原因，非班主任你难以体察到——学生之间会有心理不平衡，会嫉妒，会认为你太卷……

为什么 X 同学可以住在校外，为什么他可以使用违禁物品，为什么老师总是满足他的要求……X 同学是主要班干部，是舍长，自己在宿舍里违纪怎能管理别人？尽管安排宿舍时 X 同学是作为班干部全程参与的，有些成员都是与他个人关系比较好的，但是次数多了，几位同学还是难以忍受，只好来找我这个班主任。

调出去另一位同学，更换了舍长，没收了违禁物品，批评教育，多次耐心细致地谈心说服，多次给予机会。班干部继续担任，该信任的时候予以信任，该出头露面时我都有意在班级里重塑他的形象，发现一丁点儿亮点迫不及待地在班级里表扬……我信任欣赏的班干部，在班级里不能代表先进，不能起到表率作用，甚至跟我这个班主任唱反调，我这个班主任也没面子，是在自打嘴巴。我在等待花开，我管理的是一个集体，我是一个教育者。对班干部，我不能朝任夕改，不能随意随时该换变动。我也在等待 X 同学自我教育、自我成长，如果期末考试他有了亮点，一改被动局面，就可能彻底翻身。

期末测评、三好生评定、班干部支持率等等都使 X 同学很懊恼，他变得越来越固执，越来越逆反，无来由地把自己的不满情绪带入学习中，无端地把自己在班级里失去成就感、失去荣耀感归因于我这个班主任——这完全是可以理解的。现今的社会，开放程度高了，媒体信息交流方便了，一所学校或一个单位，员工把牢骚对准主管者；一个班级，学生心有怨气，针对班主任，这是意料之中的事情，是未必合理但却合乎常情的事情，况且孩子的想法毕竟受到年龄阅历的限制。

先是拒绝写周记交周记，班会课时间自己躲在小教室学习；接着是把不满带到了我任教的语文课上，多次不写作文，拒绝语文作业，几次语文课退出教室自学。早读时间不出声朗读，或者慢条斯理地整理讲义资料，或者低头做作业；上课可以喝水吃口香糖，课间随意吃零食；留长头发，课桌上下内外一片混乱。一段时间里，每天夜自修数学、物理作业之后的语文作业时间擅自出教室，到其他科目老师那里问题，几十分钟后回到教室刚好语文作业时间结束。X同学在期末考试前不短的时间里没有做过语文练习，语文阅读时间做理科练习，自己本身就没有阅读积累，语文学科没有多少优势，成绩考不好是意料之中的事情。

X同学学习上的一大特点，是经常利用节假日和周末到校外补课，周末时间经常需要请假，有时难免耽误了校内作业；可以想见，也会引起其他同学心理失衡。人是靠吃五谷杂粮而生存的，过分地依赖于营养品怕是结果适得其反。学习亦然，丢失了课堂主阵地，无异于缘木求鱼。

可能是高三了，时间比较紧张，校外补课的机会减少了，X同学的学习优势越来越不明显了。他自认为期末统考自己会考得非常好，立志要在班级里夺冠，要给别人一点颜色看看，急于证明他的努力，急于证实他的实力。但是，事实是他又一次考砸了，也在意料之中。态度决定高度，心态是自己真正的主人，精神状态就是学习效率。

期中前的一段时间，我对X同学批评较多，他认为是我故意找他的麻烦，是的，学生也不是完全靠批评指责就可以教育好的。后半学期，我调整了一些方法策略，以忍耐观察等待期盼鼓励为主。

X同学如果在期末成功了，无疑是他个人的翻身与荣耀，也是我这个班主任的成功。但是期末成绩确实平平，与他自己的期望值相差甚远。于是X同学心灰意冷，整天坐立不安。先是给我写了一封长信，因为学校的成绩统计还没有出来，其实我并不确切知道X同学各科考试情况，更不能判断他在班级里是否有优势，加之期末阶段班主任事务性工作较多，我对他说："你写给我的东西我看过了，这两天太忙，难以坐下来和你细谈，你先结合各科成绩分析，我会尽快安排时间和你详谈的……"

期末测评，各种荣誉班级里过半学生有份；主题班会，多数同学积极参与，互有启发；周记总结多数同学思考深入，同伴之间坦诚相助。

X同学坐立不安，一会儿整理东西，一会儿低头作业，一会儿走出教室，一会儿独自坐在小教室里生闷气……他终于提笔给校长写了一封匿名信，指责班主任，否定班级，埋怨同学；投出去之后，X同学更加坐立不安，在学校的最后几十个小时如坐针毡，度日如年，心情极其复杂，在教室时而站起来转两圈，时而走出教室在楼道里张望，时而到小教室里翻翻……

让学生低头认错，抬头做人！

新学期的开学典礼，上学期的表彰大会，我们班又得到了红旗班称号，这是一个班级的最高荣誉，不是凭一两项优势就可以到手的。我是在颁奖大会前十几个小时才知道，我需要和我的班长一起上台领奖，学生是在颁奖的那个瞬间才知道的，可谓一个惊喜。

颁奖大会马上开始了，我从教室里叫出X同学，时间紧急，我们大步流星，直奔会场。走在路上，他问我："老师，叫我去干什么……""好像我们班有奖，咱俩去领吧。""为啥叫我去领？""班长徐超同学评到了三好学生，他已经有机会走上红地毯了；我跟他说好了，你也是班干部，也为班级做了很多贡献，虽说上学期成绩没有明显优势，但你有很强的上进心，你有集体荣誉感……"进入会场，排在领奖队伍里，X同学还是有点不自在。

主持人报到我们班级的番号，临上台前，我对他说："我们是代表班级来领奖的，全班同学都在电视机前关注着我们呢，洒脱一些！"X同学整整衣服，打起精神，我们一起走向红地毯。

红旗班共9个，班长和班主任一字排开，我们班正好在中间部位，主席台上颁奖领导嘉宾恰巧是校长给我们颁奖。接过奖牌，校长跟X同学握了握手，说了一句祝贺鼓励的话——校长不知道眼前就是那个写匿名信的学生；X同学不能确认匿名信的结局，心里很忐忑；我站在旁边稍稍注意了X同学此时此刻的神情态度……从校长手中接过给红旗班班主任的奖状，我们共同转向台下，高举奖牌，享受台下上千名同学的掌声，享受教室里电视机前几十名同学羡慕……

X同学显然没有想到，心里很不平静。他几次三番想跟我说点什么，我都有意岔开话题，尽可能找他的优点予以鼓励肯定，尽量不谈不愉快的话题。掰开的馒头不收气——师生关系是一张薄薄的纸，尽量不要把它捅破为好。教育史上最糟糕的教育事故，莫过于：有同学偷吃了学校食堂的东西，有些人急于破案，有人出主意，我有办法让学生把吃进肚子里的食物吐出来以取证！老师给学生服用了药物，几十位学生当众呕吐，数位教育工作者当场验证！那个因一时饥饿偷吃的学生被揪出来了，但学校教育再也无法挽救他了！

让学生低头认错，抬头挺胸做人！学校是发生真正教育的地方，不是公安局；教师的终极目的是教育人，是成就人，不是警察。

后 X 在周记中表达了这样的意思，我对不起老师，我有愧于 10 班这个优秀的集体……而老师依然给我机会，依旧鼓励我更加优秀；同学们还是那样信任我，还是那样支持我……我始终没有与 X 同学正面谈论匿名信的事情，始终没有捅破这层纸。我只是给他一个台阶，给他一些鼓励，在他的周记本上写下："人都会有做错事的时候，尤其在青年时期，一时心血来潮难免做出一些荒唐之事。我是老师，人生经历比你丰富，经验比你多，接受的教育比你多，也还做错事。错误并不可怕，但不能无意的错误之后还有意地掩盖错误，不能行为错了心态再错。人是在错误中成长的，人生挫折和困难比鲜花和掌声多。高三剩下的岁月，我们一起坦然而自信地走过……"

忘掉上一场考试，最有效的办法是积极投入下一场考试的准备中。忘掉一件不愉快的事情，最有效的办法，莫过于以积极的心态和积极的行动去做另一件更愉快的事情。

我完全可以看出，X 同学五味杂陈，波涛起伏，笔底波澜，胸中块垒……他在反思，他在改变，他在进步，他在融入班级，他在亲近老师和同学……

教育不能没有爱。所谓教育就是施与爱，谁付出的爱多，谁收获爱也多；谁能更巧妙地施与爱，谁就能教育得更有效，就能工作得更轻松、更自如。教育也需要智慧，而且教师的智慧需要用对地方，我们的智慧应该用在教育人上，而不是整人上。

如果有意为难 X 同学，我可以借新学期之机重选班干部，无疑他会落选；我可以在班会、班主任讲话等等的会议上不点名地批评，也有学生知道他写过匿名信。遇到这样的学生，做出这样的事情，我可以一个电话把家长叫来，发泄一通，"你这宝贝儿子我管不了"。我也可以借此机会摔耙子不干，以我的年龄、教龄，不干班主任这个苦差事也情有可原；或则剩下几个月时间我就当个维持会长，随你怎么样。我还可以到领导那里去解释，去狡辩，去告状，去发泄……

但，我首先是一个教育者，我是生活工作在一所充满温情的百年名校，而学校是一个永远发生着教育进行时的地方，它永远没有完成时！

朦胧更能产生美感，把学生的错误彻底暴露，将师生关系变成赤裸裸的面对面的交锋，我们就不是在进行教育。X 同学心有郁结，心态不平，只是一封匿名信，仅仅说了一些过激的话，我们应该宽容他，原谅他，亲近他，帮助他，因为我们是教育者，因为这件事发生在学校——一个被称作学校的地方，它的首要任务应该是教育人，帮助人，挽救人。假如他不是仅仅写了一封匿名信发泄不满不平，他做出了更加过激的行动，我们作为教育者、作为他的亲人朋友，我们不都是受害者吗！那时，我们又将去怪罪谁呢?

　　在班级里，我很快引导舆论，让大家不再谈论那些给人以伤害的事情，不再议论令 X 同学不愉快的事情；而是尽快引领学生制定新的奋斗目标，制定阶段性的学习计划……

　　让学生低头认错，但，也一定要让他抬头挺胸做人！

2012 年 2 月 20 日初稿
2022 年 10 月 7 日校订

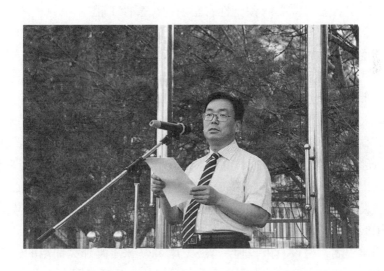

莫让教育成为伤害

高三第一学期结束，各科一轮复习均已基本结束，许多学生在学科知识上已经到了一种高原期，要想再提升就得找到新的突破口，找到查漏补缺的角度，找到最适合自己的方式方法，明确自己学习的特点，发现自己学习上的得失，为下一阶段的新一轮复习做好心理与方法的准备。

连日阴雨，天气寒冷，期末考试压力大，抵抗力下降，班级里生病的学生多了，感冒互相传染，教室里咳嗽声高过读书声，好几位学生都是带病参加考试。于是不吃早饭的人数就多了，不到食堂用餐的人就多了，吃零食的人多了，早晨睡懒觉不按时起床的人多了……作为班主任不能就成绩抓成绩，需要关注学生的生活饮食。尤其在全寄宿制学校，一定意义上可以这样认为：学生管理的源头在宿舍。生活习惯往往决定身体健康情况，身体健康与否关乎学习精力是否充沛；生活习惯与学业密切相关。教育从来就不是单打一的，不能头痛医头，脚痛医脚；班主任不是消防队员，教育需要有预见性，是一种综合性工程。

期末测评，三好学生、单项优秀、操行等第等等都有点出乎我的意料，有的学生成绩优秀，却没有评上；有的学生看起来并不出众，却人气指数颇高。从常规检查星级宿舍评比，到学业成绩，以至宿舍电费，我发现，有的宿舍一好一大批，纪律常规好的，成员之间人际关系好，学业成绩好，生病的人少，电费也少；而一两个宿舍扣分多，成员之间人际关系不和谐，电费奇高，学习上共性的问题也比较明显，可以说是一烂烂一窝。让我一时难以理清头绪的是，一位学生勤于钻研却学业成绩不升反降，顾此失彼，漏洞迭出；艺术特长出众，能在校园音乐会上担任独奏；很有爱心，听见班主任在电话里谈一位同学的家庭遭遇，就能积极主动拿出自己数量不少的零用钱帮助同学；能在开学典礼上获得校长特别提名奖，但在班级里没有被同学提名，也没有人投他一票……教育从来不是那么简单的，不是那么一帆风顺的。今天的学生再也不是那种能让老师呼之即来挥之即去的。

期末考试已经结束，临近放寒假，老师们忙于批改试卷，各科成绩尚未揭晓，作业不多，需要让学生喘口气；当然学生大多难免不定心，能不能利用这个时间段做些事情？班主任不能在这个时候一直守候在教室里，尤其高三的教师和学生，有效的教育方法不一定都是苦口婆心地讲啊说啊劝啊。

电视上有实话实说，组织内有民主生活会，我能不能借此机会在班级里来个有实效的活动，能不能调动和启发学生互相帮助？

我在黑板上写下了会标："实话实说——我的生活、交往与学习"，在班干部中做了一些安排，向全班同学说明了我的意愿，选定了三名同学，希望再有同学能够主动站出来接受大家的帮助。

A 同学

原寄宿在校，高二下学期因为胃病在医院救治近一周，学艺术，在时间上比其他学生更为紧张，高三不得已租住在学校附近，外祖父母专程来陪读照料生活。这位学生的不良生活习惯给他带来了胃病，我多次看见其不到食堂用餐，早餐喝一袋冷牛奶，中午在小教室里吃几块饼干面包，一次我碰到他正在吃几粒牛肉干充饥……直到检查出急性萎缩性胃炎，医生要求他只能吃热粥。家长工作很忙，家距学校较远，我夫妻二人轮流为其送餐一周，稀粥馒头咸菜。

A 同学目标高远，在学业上很有追求，喜欢向老师问题，但与老师交往中不注意言辞。作业不按老师要求的步骤格式，老师判错，在办公室里对五十多岁的女老师脱口而出："你这不是坑爹嘛！"气得这位老教师浑身哆嗦……数学老师批试卷，Ⅱ卷部分 A 同学得了 38 分，他对老师说："你这个数字太难听了，我不要！"老师开玩笑改成了 48，他更生气了："这比 38 还难看！"

A 同学与同学讨论问题时比较偏激、好胜心过强、有点儿钻牛角尖，学生有的不愿与其讨论。加之有时在宿舍里不能认真履行值日职责，理由是我要去多学习一会儿，我学艺术比你们时间紧……长此以往有些学生有点儿排挤他。

A 同学喜欢向老师问问题，但我发现他更多的是"泡"老师，过于依赖老师；能主动向老师请教，但常常是在自己还没有思考甚至还没有完全审清题意的时候，突然之间站起身来就往办公室冲；能积极钻研薄弱学科，但却顾此失彼，数学作业一道题解不出，非得搞个水落石出，却耽误了语文作业、英语作业，所以一段时间数学上去了，别的又掉下来了；常常出现某些学科作业不交的情况，老师难免要批评，有时还要在班级里点名通报批评，影响师生关系，影响他在同学当中的威信……A 同学学得很累！

　　A同学的学习习惯制约他的进步。班级组建伊始，我就发现他不善于整理保管自己的学习用品资料，必修考试四门学科十几本教材，他的多一半课本找不到了。课本都没有了，怎么应对全面复习！教室里下发的资料讲义，他随手往课桌里一塞，到了上课就得翻箱倒柜找，影响自己听课，影响周围同学，影响老师讲课。一张试卷掉在地上，A同学可能没发现，但次数多了，有时我这个班主任难免觉得是因为懒得弯腰捡起来，自修课上耽误自己作业时间到老师办公室翻找，进进出出教室门，影响其他学生……连锁反应影响人际关系。

　　A同学突然想起来一件事情，诸如给父母打电话之类的事情，就非得把这件事情办完才能情绪投入上课或自修课。有时为了在校园里打个电话上课迟到，有时借用老师手机不管家长是否方便接听，反正就是一个劲地拨打电话……

　　因为在宿舍和班级里找不到集体归属感，得不到认可，A同学有时宁愿把人际交往的方向转向本班以外……

　　教育需要爱，我们应该容忍和宽容学生的幼稚、冲动和错误，但是我们不能避开和放弃对他的教育。尽管教育不是万能的，但是即使不能在短时间内教育好本人，也至少应该给其他同学一个公平。不能让学生觉得我们偏心，觉得我们欺软怕硬。教育不能睁一只眼闭一只眼，教育不能虚伪，爱更不能虚伪。教育需要一种公平公正，学校教育、班级授课制更多面对的是全体学生，教育不了后退百步的，怎能去说服那些后撤五十步的！

　　A同学，品质优秀，心地善良，智商较高，艺术特长突出，上进心强，好学肯钻；只是因为心智不够成熟，性格上有少许缺陷，在师生、生生人际交往和生活学习习惯上多了一些阻止其更加优秀的羁绊。相比较大学教育，高中班主任整天与学生摸爬滚打在一起，对学生观察较为细致具体，了解较为真切全面；高中也是学生人生观、人格品质形成的最关键阶段；高三的最后阶段，学生学业成绩上升的空间很大程度上不是依赖于勤奋刻苦，而是学习策略、方式方法、生活学习习惯、心态以及效率上的比拼，学生之间的竞争也不再单纯的是分数的竞争，而是全方位的。对一个即将超出父母视线范围远走高飞的孩子，对A同学这样一种类型的学生，如果我们在中学阶段睁一只眼闭一只眼，很有可能他到了大学里会出现在宿舍里被人排挤、孤立、欺负的情况，他很可能在一个新的集体中找不到归属感。可能我们一时半会儿改变不了 A 同学，但是能有一点儿进步哪怕只是让他意识到自己的不足，也是有功效的。

B 同学

这是一位女同学，学业成绩优秀，个别科目在班级里是领跑者，只是整体上不够稳定，学业主要为其情绪所左右。单纯善良，性格软弱，心理脆弱，幼稚固执，偏激冲动，在学校的各方面表现都还差强人意，问题主要出在与其父母亲人交往中。

期末停课复习时，只因为电话中与父亲争吵了几句，B 同学就不吃饭，独自在宿舍里生闷气，也不来教室自修，拒绝与任何人交流，长达几个小时把自己关在六楼宿舍内。天下谁人不心痛自己的骨肉，这位同学的母亲大冷天开着电瓶车来到学校，陪女儿在宿舍里流泪……

据我了解，B 同学只是因为隔代溺爱。从小与爷爷、奶奶、外公、外婆在一起，长大了总觉得爸爸、妈妈对自己不好、不亲。一个偶然的机会，我得知 B 同学的户头上竟有几万元的存款，全是双方老人给的压岁钱与零花钱。高二下学期，B 同学把一叠崭新的百元大钞很随意地放在课桌里，被班级里另一位同学一时糊涂拿走了。B 同学很淡定，上千元现金没了，显得有点儿无所谓。有关老师费尽周折花费大量时间精力调查了许多天，最后我制止了这件事情。

——B 同学只是丢了钱；把那个偷钱的同学揪出来，他就丢人了！学校是教育人的地方，我们是在进行教育，我们不是警察。警察只管破案就有成就感，而我们不是破了案、揪出了偷钱的学生就了事，反倒恰恰是教育的真正开始。

约来 B 同学父母细谈，两人也很无奈。双方老人轮番给钱，这位同学的父母也曾阻止，但老人们出口似乎很有道理："是我们自己的钱，又不是让你掏腰包；给我孙女的，又不给你的，又不是给了外人……"

教育不是万能的，我鞭长不及马腹。我们可以教育学生，但没资格教育家长。虽然我们也时时给家长一些建议，但与学生的爷爷辈见面的机会总是少之又少。我能体谅到这对父母的无奈，尤其是这位年轻的母亲，在女儿、丈夫、公公婆婆、自己的亲爹娘乃至女儿的同学老师之间小心翼翼、忍气吞声地辗转周旋。

停课复习是在周末，B 同学电话中与父母争吵几句就可以不请假待在宿舍里，而几个生病的同学还在坚持复习。考试一结束，未及吃午饭，也未与我这个班主任打个招呼，B 同学在前一天晚上就一个电话，命令父母来接她回家。

班主任的难处在于，在宽容地对特殊学生个体与严格要求班级集体之间找到一个最佳结合点。面对 B 同学这样的特殊学生，我们即使不能把她一下子改变，但我们要让其他学生理解，老师不是没有原则立场，不是厚此薄彼。

考试结束了，班主任开始忙于事务性的工作了，每个学生一二十张表册需要填写，班级的十几种材料都需要整理，最省事的办法是全班学生都在场，我讲一遍，学生一次性全部都完成……B 同学回家了，她的那些表格不能不管，我只能请其他同学代劳。时过境迁，少了这个缺了那个，都是学生和我这个班主任的麻烦事。任何一个学生，考试结束都希望放松一下，应付自己那么多的材料都烦恼，若不是班主任硬压着，大概没几个人有耐心去填。而我们现在还要请同学帮助填写别人的表格，可能有怨言就只能针对班主任了。

我有把握，B 同学只是不能理解自己的父母。父母对子女更注重教育，而祖父母更注重养育。有的学生眼中，爷爷、奶奶是他们生活中"勤务兵"，而在思想观念上因代沟过深交流不够。父母就不能这样，他们需要对孩子的未来负责。

现在，B 同学心里不爽可以立马一个电话喝令父母来学校接她回家；几个月之后，我不知道这位母亲会面临怎样的为难……

——上述两位同学是我经过思考有意识选出来的，是想借学生之力帮他们一把，也是想借此机会给其他学生一些教育，让他们对班级、对老师多一分理解。

C 同学

每天夜自修大多数学生完成作业后，我会安排三四十分钟来，分析讨论一个学生。C 同学是全班学生集体提议推举的，他作为大家的偶像被推举出来，分析他在各个方面都能成功的因素。

正合我意。C 同学学习成绩优秀固然不错，但我不能理解的是，班干部他全票当选，三好生他全票通过，选两名优秀团员还是他得票最多……这样一个在老师眼中平常的学生为什么人气指数如此之高？——榜样可提供我们反思许多东西。

生活习惯好，宿舍里班级里人缘好；与父母老师长辈都能和谐相处；学习习惯好，成绩即使不出众也不会差……我向 C 同学和全班同学征询意见，是否需要 C 同学本人在场，他本人和多数同学都认为可以在场。我请

C 同学同宿舍的几位同学到讲台上来讲，请其他同学主动发言，从生活习惯、人际交往和学习习惯几个方面分析 C 同学成功的因素。可以感觉到，对当时在场的同学触动都较大，对我这个班主任触动也不小，尤其是生活习惯和与父母交往方面，非一个宿舍生活过的人的确难以观察到。

D 同学

前面三次、三位同学算是铺垫，我的理想状态是一定时间后有同学主动站出来接受老师和同学的帮助，能够勇敢地把自己拿出来晒晒。

D 同学站出来了。

这是一位心底单纯的女生，担任班干部积极主动负责，勤奋好学但成绩不稳定，关心热爱集体但容易得罪人。优点突出缺点明显，付出与收获不匹配时常常失落，自己找不到原因与症结所在。

我采取让 D 同学自愿的原则，或在场或回避。她选择了回避，以方便同学发言。按照前面 A、B 两位同学的办法，安排一两位相对与之较为要好的同学担任记录整理直至反馈工作，先从宿舍成员开始，话题限制在生活饮食习惯、师生生生人际交往、学习习惯几个方面。

结果令我大吃一惊——D 同学学习上存在的问题，我这个班主任从来就没有发现，或者根本就没有找到影响她进步的原因。她学习上突出的问题多因为她是一个称职的班干，却被我这个班主任视而不见，如此，这个学生怎能进步，何时才能更优秀！

N 同学……

时间仅限于给四位学生这样的一次机会，我的目的还是在针对全班学生。

周记题目：实话实说——我的生活、交往与学习。

有了前面几次的铺垫，绝大多数学生三四十分钟就完成了。我收来看了看，比以往历次周记都有话可说，内容充实，分析透彻，针对性较强，我预设的效果达到了。

但这都只是步骤，不是目的。

选宿舍成员三人，再找教室座位周边或学习小组同学三人，给同学一些建议提醒鼓励鞭策，写在个人总结的后边，内容还是从生活、学习、师生生活交往几个方面入手。我再收起来看时，感到非常满意，学生大多发自内心出乎真情，增进了同学友情，明确了努力方向，增强班级凝聚力……

至此，也还是过程，目的没有完全达到。我的顾虑是，大家对 A、B

两位不在场的同学的意见建议怎样转达给他们。我找来相关同学谈话，查看他们的留言，叮嘱他们在我先对 A、B 同学谈话之后再请他们进行有选择地反馈。

我也觉察到了，有些意见直接反馈给同学不太好。比如有人认为，B 同学动辄在电话中对父母呵斥吼叫，让同宿舍成员不能忍受；A 同学自恃家庭条件好、身居市中心有优越感，在言谈中有歧视部分乡下同学现象；等等。我在主持，我需要随时调整言说内容和话题方向；我是班主任，我需要面对班级整体进行教育；许多情况我比学生了解，我做一些分析说明更有说服力……但是的确涉及了学生家庭情况，的确讲到了个别同学的一些缺点形成的原因。

在无锡这样一个空间距离比较大的城市，在今天这样一个时代，我们已经基本不再需要家访，我们交流的方式已经更多地依赖于通信业，我们交往的场合已经更加多元化。面对今天的学生，我们所知道的情况多数谈不上是隐私；一个班主任，在自己的班级里，评几位助学金获得者都颇费周折，我们所了解的那些情况，学生也大多都知晓，也算不上是隐私。只是有些事情不必非得在班级里讲。

X 同学

这一切深深地触痛了 X 同学，上述几位同学的问题在他身上几乎都有表现，但他不能正视。学习成绩忽高忽低，期末评定没有评到荣誉，班干部工作支持率下降，与同学、家长、老师交往中都产生了一些不愉快。但是他没有勇气站出来，他不能接受老师和同学的帮助。父母很着急，但一谈就蹦，"你们再不要浪费我的时间……"家长只好在煎熬中期盼 X 同学能够很快自我教育自我修复。我在一学期中与其谈话许多次，效果都不明显。如果能借此机会，对他有些帮助，可能胜于说教。（参阅《让学生低头认错 抬起头做人——对一起教育个案的反思》）

"实话实说——我的生活交往和学习"主题班会共进行了三次，第一二次 X 同学坐在教室里，不以为然，一会儿整理东西，一会儿低头学习，我这个班主任不会没有观察到。第三次班会，放假前一天，X 同学走出教室，坐在小教室里生闷气……提笔写了一封匿名信。

这封匿名信投出去之后，X 同学更加坐立不安，在学校的最后几十个小时如坐针毡，度日如年，心情极其复杂，在教室时而站起来转两圈，时而走出教室在楼道里张望，时而到小教室里翻翻……放假前一天晚上，高三老师吃年夜饭，很晚回到学校，立即统计成绩，打印，做 PPT，准备翌日的家长会；放假当天早上分发各科作业，紧接着家长会……

痛定思痛，我这个班主任好心没把好事办好，的确伤害了学生，也可以说是揭露了学生的家庭和个人隐私。尽管我也跟学生讲，关起教室门，我们10班就是一个大家庭，班主任跟同学们是一家人，我们在班会课上说到一些同学的情况，请大家慎重合理对待，主要是参考反省自己，不要在私下里议论，更不要对其他班级里相关同学讲。尽管我也把担任转达同学建议意见任务的几位同学找来面谈，把他们记录整理的书面材料斟酌筛选，措辞进行修改，并且叮嘱他们这些建议我们到了新学期开学再转达，让同学先轻轻松松过一个寒假，开开心心过一个春节……但相对于当事人我毕竟是在人家不在场时"说三道四"。我能确信，这一切副作用小于积极作用，我从全班周记中能感觉到，这次活动对学生触动很大。多数学生还是明白了，高三的最后阶段，我们不能就学习抓学习，我们必须合理饮食，坚持到食堂用餐，无须提前起床，必须保证健康的身体，我们必须有旺盛的精力；我们应该注重良好的学习习惯，好习惯给我们带来效率；我们必须注重师生人家交往，良好的关系胜过许多教育……

如果说伤害了个别学生，那不是我的本意。我的错误是思考不周密，操作欠谨慎，以教育整体为由，凭借着教师或班主任在学生中的话语权伤害了个别学生，违背教育原则，有悖于师道，理应接受批评处置。

一个学生，还处在青少年时期，人格品质还在形成打造阶段，因任性固执，因不能及时接受父母师长的教育而走了些弯路，都在情理之中，都在可教育范围内。但是靠写匿名信这些小动作发泄自己的不满，甚至进行人身攻击与诋毁，至少作为老师、家长我们应该使其明白，这不是正常的手段。但是 X 同学毕竟是学生，我们完全可以理解和谅解，心不平则鸣，我作为班主任没有及时疏导他的心理，没有及时化解他的情绪，他通过我的领导来发泄不平，而不是通过其他手段，我们完全没有必要跟一个孩子计较，我们完全可以把这种不愉快当作蛛丝一样轻轻抹去。当然最为关键的是我需要从中吸取教训，深刻反省。

教育有时也是一柄双刃剑，可能会伤害对方，也可能会伤害自己。我作为师长、作为教育者，已经伤害了有关学生；X 同学年轻气盛，一时冲动，做出如此举动也伤害了老师，当然也伤害了他自己……

我在自责与愧疚中过了一个闷闷不乐的春节……

附记：

放假当天上午家长会开到 11 点多，与个别家长交流又花费了几十分钟。食堂开饭时间错过了，匆匆回家吃几口剩饭菜，下午 1 点教师大会开始了。会议过半，领导正式开始讲话了，大家渴望着辛苦了半年能够轻松开心过一个年……

结果几件事情颇让人心情压抑。有人窃窃私语，是谁班里的学生写匿名信；有人猜测，哪位班主任如此恶劣……一位同事说：真没想到，学校领导会把这么一件事在放假最后一天讲，让人一个春节都不能开心……另一位说：领导怎么就完全相信一封匿名信而不信任一位教师呢！

我凭借着班主任的话语权伤害了学生，愿望良好而实际结果不好，尤其对个别学生。我的错误在于头脑简单，在于教育方法不当，领导可以在有关的场合批评，我可以在合适的场合检讨，乃至于接受处分。至于取消班级荣誉和个人年度评优什么的，那就都不能再作计较了。但完全可以相信，我不是蓄意伤害学生。X 同学心理不平衡，一时心血来潮，想借助学校领导出出自己心头郁结已久的闷气，给班主任一点小报复，也可以看作是想法简单，我们完全有理由相信，他还不至于有意伤害老师。接到 X 同学的匿名信，如果是有责任心、有正义感的领导，极其恼火，也完全在情理之中。但，面对这样一封匿名信，如果领导能够稍微核实一下情况，能够稍微往后拖一拖，不是在临放寒假春节将至的时候，不是在全校教师大会上，不是急于向所有教师宣讲……可能不至于继续造成更多的伤害。

X 同学需要准备自主招生考试，暂时以不打乱他的思维为好；经过一段时间的反思和冷静，或许效果会更好一些。

新学期，X 同学能有改变，能有进步？

班主任也是血肉之躯，也有喜怒哀乐……学生伤不起，班主任就能伤得起吗！

2012 年春节期间反思中陆续完成

当奖牌被撤销的时候……

我们遇到的每一个教育问题或困难，处理不好是教育危机，处理好了就是教育契机。

——题记

2010年暑假，从高三下来，征尘未洗，又接手了一个高二物化班。学生是刚刚选科分班重新组合的，不管是与上届的物地组合比，还是与以前送出去的物生组合比，生源都明显好多了。走进教室，我往讲台上一站，放眼望去，黑压压一片，眼睁睁没有一个孩子不可爱，没有一个学生不让人喜欢。

我满心欢喜，踌躇满志。一定要干出个样儿来，一定要超越以前的物地班、物生班。

与往常一样，新接手的班级，在刚开学一段时间，我会着力抓好纪律、卫生等常规，我会着重培养学习习惯，多方面努力营造浓厚学习风气，通过各种活动或方式途径激发学生竞争意识，强化学生时间观念，选拔培养班干部集体……连续几个星期，我基本没有离开过校园，自修课来到教室里观察；其他老师上课，我或则进教室听课，或则在走廊外瞭望。从早晨起床，到夜自修下课，每天十几个小时，与学生摸爬滚打在一起。与学生一个个谈话，找舍长一一了解情况；周末约见家长，不时地询问高一阶段的老师；深入宿舍，走进食堂；与学生一起在球场呐喊，自己也像个孩子一样在课间上阵挥拍……

锯响就有末。自己"奔五"的人了，虽则干得很辛苦，但是毕竟也有收效。不到两个月，我的班级走上了正轨，形成了较强的凝聚力，学习成绩在同类班级里领跑，纪律常规评比时时领先。学生们对我这个性格暴躁、"持法太急"的班主任由叛逆不服到接受了，到佩服了。毕竟，班级整体好，学生各个有进步；班级懒散落后，则人人受害。家长们在开学之初每每听到孩子的埋怨与牢骚，但期中考试成绩出来，大多数学生都有明显提升——发展才是硬道理——也就释然了。

期末，我的班级又考出了优异成绩。学生、家长、任课老师、主管领导无不满心欢喜。

下学期开学典礼，我们一定会登上领奖红地毯，捧回鲜艳的红旗班奖牌。

教育，要是这样一帆风顺，要是这样平静而简单，我们该多省事！

高二下学期开学了。融融春光一扫冬日的寒冷，被积雪掩盖着的某些东西就会显露原形了。

有学生自上学期期末开始，翻墙越窗潜入图书馆三楼打游戏，夜不归宿者有之，半夜逃出宿舍者有之，课前饭后顺道去过过网瘾者更多；甚而至于，有人似天兵降临，从三楼阅览室冒险夜缒窗帘而到二楼，再如消防队员一样，越窗入室……

好在没有任何人因之而受伤！

学校展开了调查。我的班级里有多人翻窗入室打游戏，其中一名同学情节严重，曾在竞赛辅导期间晚上熄灯后逃出宿舍，越窗进入，通宵游戏。更令人气愤的是，几位情节严重的同学，恰恰都是我的班干部或是学习成绩优异者，班长、学习委员、纪律委员……

班级里乌云蔽日，阴霾弥漫。

我越听越气，越想越气，见到这几个学生气就不打一处来！班会课上点名批评，责令检讨；叫到办公室里训斥教育，恨不能立刻处分，恨不能立即请他们的家长来痛批……

令人难以置信——

学校仅仅把他们的个人的三好学生等荣誉取消了，竟然没有给这些学生本人任何处分，反而把我的红旗班荣誉给取消了！

班级里多数学生也难以理解，有的发牢骚解恨，有的说风凉话撒气，有的忍气吞声观望。那些天，我去上课，班里死气沉沉，我自己情绪低落。本该活蹦乱跳的孩子们，一个个蔫蔫的，课间十来分钟，教室里趴倒一大片……

有学生主张：我们以班级名义向校长写信，全班同学签名，投往校长信箱；有的同学大喊：集体整队到学校领导那里去讨个说法！班干部劝我：老师，你应该去跟学校领导吵，去跟他们闹，你怎么能这么软弱呢？

我分明感到，那几个犯错误的同学如坐针毡，度日如年……

学生违纪，班主任固然有不可推卸的责任。但到图书馆翻窗入室打游戏，首先是学校管理上的漏洞，若一定要追查责任，首先也应该追查有关部门和有关领导的责任。况且，本班最为严重的一个夜不归宿的学生，他是在竞赛辅导时违纪的，本不该我这个班主任管理啊。

如果你也是一位班主任，你能咽得下这口气吗？你能很超脱吗？

老师同样需要成绩，班主任同样看重荣誉。个别学生犯错，损害集体形象，影响集体荣誉，给我这个辛辛苦苦了半年的班主任带来了多少"灾难"，不给予他们本人应有的惩处也就罢了，怎能反而把班级的荣誉取消呢？

新学期开学典礼，意味着上学期表彰大会，三好学生，单项优秀，各种奖学金，红旗班、争红旗班，一一踏上红地毯，这是新学期开学学校最亮丽的一道风景线。现在却推迟，再推迟。

一个阳光明媚的上午，新学期开学典礼终于举行了。轮到颁发红旗班奖牌了，我借故离开了现场，我深知自己不是那种能克制的人，不是那种能以理智的闸门关住情绪洪流的人，不是那种喜怒能不形于色的人……

但是，我在思考，在等待，在寻觅……

一次偶然的机会，班级里两名学生去校长办公室办事。校长不是那种粗心大意的人，当他知道了面前的这两个学生正是被撤销了红旗班荣誉班级的学生时，他放下了手中的事情，有意与两位学生交流。

我在邱荣华同学的周记里读到了下面的内容——

期末由于退款的事情，我与徐伟晨一起去朱校长办公室签字，没承想唐校长也在这里。一听说我俩都是高二（10）班的，便与我们聊起了上学期那件令人不愉快的事情，询问我们对这件事处理的看法和班级同学的反应。

当时，我们大概讲了，我们班犯错误的几个同学对学校的处理比较满意，给了他们一次机会，不至于在学籍档案上留下污点，心中也少了一个沉重的包袱。但是学校直接取消我们的红旗班荣誉，好像处理得太重了，也欠公平。毕竟我们班也只有个别同学犯错误，而且并不是情节最严重的。因违纪同学牵扯的班级，只有我们班被取消了红旗班，这"一棍子打死"的方法对多数同学也不公平，挫伤了班级整体的积极性。我们努力了一学期，好容易得了一张奖状，却只因为少数人违纪就被取消，感觉有些无语……

唐校长沉思了一会，便对我们说："你们看这样好不好，学校暂时把你们班的奖状封存起来，如果你们班这学期表现好，那下学期两张奖状一起发。"

我们一听都很激动……

这两位学生，一个是其他学校在我校委培的，一个虽是在籍学生，但成绩平平，可以说在班级里并不惹人瞩目。

但是在这样一个机会，他们却能为班级着想，能够站在班级角度有理有节地向校长陈述他们自己也是全班同学的意见，作为一名有着将近三十年教龄的老教师，一名班主任工作时间几乎与教龄同步的老班主任，我就那么在乎这一城一地的得失吗？这张红旗班奖牌就能证明我为这个班级所付出的一切吗？我在这批孩子身上付出的一切都能靠这张奖状来证明吗？

一次班会课上，我让这两位学生发言。他们向全班学生转达了校长的承诺。

教育真的不会是一帆风顺的。面对校长承诺，个别学生竟心存狐疑。如果这学期我们班能够继续拿到红旗班，下学期开学典礼两张奖状一起发！我们这学期要是评不到红旗班呢……同事有人开玩笑说，领导说说玩的，暂时安慰安慰你的……师生中还是有人主张，给这些违纪学生个人给予严重处分了事……

我再关注，再思考，再反省。

我首先是一位教师，一位教育者。我需要的是借此机会教育学生。学校是教育人的地方，我们不是警察和法官，处理完案件就了事。学校对一个违纪学生给予处分，或许才是教育真正的开始，但，无论如何不是教育的结束。我可以理解，我也相信，这件事情是经过了多人多次讨论研究商议的，从校长到分管领导到中层负责人，是集体智慧的决定。他们是站在学校全局，他们想得比我周全；而我只是站在我自己一个班级的角度，是一个人的思考，未必很周全……

"红旗班"是对一个班级的最高肯定，是从班风班貌、师生支持配合融洽程度、文体活动、纪律常规以及学业成绩等诸方面对一个班级的全面评价。"红旗班"是全班同学努力的结果，也是我这个班主任劳动价值在一个方面的体现。而在我们这个优秀的集体中出现了严重违反校纪校规的同学，至少也是一种不和谐的现象。无论哪个班级，出现了好几位严重违纪的学生，而且还是重要的班干部，至少不能说明这个班级完全优秀，至少与这个集体的优秀不协调。如果学校授予我们红旗班称号，那就等于对违纪现象默许了。

我相信我的校长，他是一位教育者。虽然就这件事我不曾与他正面谈论，也未曾与其他任何一位领导争执。我也相信，一所百年以来一直充满着温情的学校，不会是任何决策者个人性格与情绪所能完全改变的……

一位学生周记里的一段话也让我坚定了这个信念：

　　唐校长总是让我敬仰的。他的每一句话，都是经过深思熟虑之后才说出来。我对于他说的每一句话，虽说不上铭记于心，但肯定是洗耳恭听，认为那是一种神圣的，不夹带任何经济利益与个人私心的思想教育。（任炀炀）

　　我们成年累月都在喋喋不休地教育着学生，而往往漠视学生对我们的影响或曰教育。

　　一次周记，我给定学生的题目就是"当奖牌被撤销时……"。

　　我细心批阅了全班学生的周记。真想不到，学生比我豁达。精心挑选了几篇又数段，我亲自声情并茂地朗读给学生听……

　　一次班会，我让班干部组织，主题是"当奖牌被撤销时……"没想到，比我亲自唠叨效果好。全班学生达成共识，本学期班级目标：夺回我们的两块奖牌！

　　时机来了。我适时引领全班学生，把本学期的短期目标定为：夺回我们班的两块奖牌！每过一段时间，我就找机会强化这种目标意识。专题黑板报，跑操口号，班主任讲话，周记中与学生的交流；专门定做了一块展板，贴在教室前面最醒目的位置，留下两张奖状的空白……遇到各种活动，我都当作一次契机。体育节开幕式，班级需要有40秒钟的入场式表演。我与学生一起利用课余时间排练，几位学生偷偷地给我量身定做了一套少民族服装，花花绿绿，上下都断了半截。我穿着这套服装笨拙地表演着他们编排的街舞，引来阵阵掌声与喝彩。早锻炼改成了跳健美操"阿拉伯之夜"，我跟在学生队伍后边学，由模仿到能与学生一起自如挥洒舞动。课间操实施跑步了，我换上运动鞋，与学生一起燃烧激情岁月……与学生的心理情感距离缩小了，师生关系和谐了。良好的师生关系胜过许多教育啊！

　　真的，我们遇到的每一个教育问题或困难，处理不好是教育危机，处理好了就是教育契机。

　　全班学生的心想到一处了，劲使往一处了；几个违纪的学生包袱卸下了，各个方面都在争优，都在为这个班级做点什么；我的抱怨没有了，心态阳光了，行动积极了……

　　一个学期下来，我们又获得了红旗班荣誉。升入高三了，上学期表彰大会，新学年开学典礼，崭新的红地毯又一次铺设在田径场，鲜艳夺目，各种奖杯奖章摆满了长长的两排，令人艳羡。补发高二上学期封存的红旗班奖状，领回我们新获得的一张，我们真的捧回两张奖状，校长亲自为我们班级颁奖。

我没有按照学校规定班主任带领班长上台领奖。我事前跟班长做好了工作，这次走上红地毯的机会，要让给那两位曾经去过校长办公室的同学。

我带领着邱荣华和徐伟晨两名同学上台领奖。

在这次的开学典礼上，我代表10班上台领奖，心中有些感慨，也有些激动，为10班而自豪，为拥有寇老师这样的班主任而自豪。我要代表我们班同学，感谢唐校长给我们10班的鞭策与激励，也要感谢那些在高二学年与10班风雨同行的老师，没有他们，我们也无法取得如此骄人的佳绩。（邱荣华）

校长在颁奖仪式上即兴采访我，让我讲几句话，我说："今天站在这里我很高兴，我要说：10班的同学们，你们是很优秀的！我还想说：因上学期违纪而让我们今天才走上红地毯的那几位同学，你们也同样是非常优秀的！人是在挫折和错误中长大的。同学们，我们不怕犯错误。我们怕的是，犯错误之后以错误的心态对待生活、对待学习、对待周围的人和事。我要感谢10班的全体同学，我要感谢你们的家长。我还要感谢今天站在我身边的这两位同学——他们是邱荣华、徐伟晨。这是我们10班两位默默无闻、平平常常的同学。因为一次偶然的机会，他们来到校长办公室，能够坦诚地、合适地代表班级陈述合理的意见，既理解学校，也维护班级的利益。因为10班有这样的同学，我们没有采取不正当的途径和方法来面对撤销红旗班奖牌；因为10班同学能够勇敢面对错误，我们今天才更加亮丽地站在了红地毯上……"

因为我的过失，而导致我们班失去了宝贵的荣誉——红旗班，我当时也觉得很对不起大家，对不起班主任一学期的辛勤付出。好在后来的机会，使这件事情有了新的转机，后来又成为我们班一学期奋斗的目标和动力，并最终书写了我们10班的传奇，这两张奖状更添另一层深刻的意义，也让其他班级的同学和老师更深刻地感受到我们10班的强大，更让我们自己人明白了什么叫作"没有做不到，只有想不到！"（张恺）

回想我们曾经艰苦奋斗的场景，一些努力拼搏的画面至今仍旧历历在目。晨风中走向教学楼的激情，课堂上被老师提问时害怕又惊喜；运动场上，挥洒的汗水打湿同学们的衣裳，却依旧没有停下脚下的步伐；还有那办公室中永远亮着的明灯的背后，是寇老师不知疲倦的辛勤工作。为了能带好整个10班，他曾病倒了，手术后恢复期间仍旧对我们念念不忘；我们却像调皮的顽童，一点也不让他省心，一次又一次地犯错。不过有幸的是，我们还有时间来弥补这一切的过失。（翁秋晨）

　　还曾记起六个月前我们因为违反校纪而被暂时剥夺奖状的场景，那时的我们脸上写满了不甘和失落，所以我们立下了誓言，这当然少不了徐伟晨和邱荣华两位同学的功劳。一次偶然，给了他们与校长一次近距离接触的机会，也正因为他们的勇气和真诚给我们一次挽回的机会。然而，更多的是同学们用拼搏和辛酸换来的。我们曾夜里梦乡中，多次想象着今天寇老师上台为我们迎回两张奖状的场景。今天，这终于成了现实。（班长徐超）

　　经过上一学期的努力，我们班又重新夺回了两张红旗班奖状，我想或许这次违纪事件并不是一件坏事，反而变成了一件好事。如果没有这件事，或许我们还在为荣誉而沾沾自喜、裹足不前。殊不知别的班已经瞄准了我们，在赶超我们。违纪事件、撤销奖牌后的我们班感觉更加有凝聚力，战斗力更加强大。（纪律委员邹瑜斌）

　　寒冷的冬日里，读着这些能让人感受到温暖的文字，我禁不住再次想起我在几篇文章中一而再再而三地说过的几句话：老师的工作积极性源于他的学生，并不一定与待遇成正比，也并不见得与学校层次档次有直接关系，更不可能是完全由奖金调动的。教育的过程是极其漫长的，也是极其复杂艰辛的！以前讲反复抓，抓反复。现在我的感悟是，教育没那么简单，任何一种教育手段、策略都不是十全十美的。教育就是在层出不穷的各种问题中寻求妥善而有效的解决办法，找到通往成功的最佳途径。

　　我们遇到的每一个教育问题或困难，处理不好是教育危机，处理好了就是教育契机。

　　抓住了一次机遇，班主任工作的境界又提升了一个层次。

2012 年 12 月 13 日

李庾南老师给我们哪些启示？

2013 年 3 月 27 日下午，锡山高中 18 位班主任在校长助理袁守根带领下，前往南通启秀中学，拜访该校教师李庾南。

李庾南老师生于 1939 年，17 岁高中毕业后走上教师岗位，一直在该校任教，并担任班主任。今年 75 岁高龄的李老师，班主任任职年龄已有五十多年，被称为启秀"三宝"之一（启秀毕业生彭佩云三次亲笔题词，张謇创办学校时代的三颗百年老银杏树，古稀之年还坚守在教育教学一线的特级教师李庾南）。她培养了一批批学生，可谓桃李满天下。

李庾南老师为何能在班主任岗位上坚守到现在？

自参加工作走上班主任岗位开始，有梦、有追求，这是李庾南老师至今还能坚守在班主任工作前线的原因之一，这是内因，是最主要的动力，也是最大的正能量。她讲座的题目就是《我的梦，我的追求……》

1957 年，实足年龄不满 17 周岁的李庾南，连选民证都没有资格领到，高中毕业走上教师岗位。启秀中学位于市区中心，李老师家庭条件普普通通，没有任何背景。

人要不断地有追求！——李老师讲话很有条理，善用反复。

从教之初的李庾南，是学生心目中的大姐姐，班级里有好几位学生年龄与她接近。把班级带好，各方面力争上游，时时事事处处争优，就是她最大愿望。她身体力行，身教重于言教，亲自做就是最有效的号令。那个时代的学校，学生的任务之一是参加生产劳动，学校的厕所，主要任务是积肥。李老师十七八岁的大姑娘，鞋子一脱，裤脚挽起，跳入露天茅坑，挥锹干起来，带动几名身材高大的男生也干起来了……

这样的情节，我这样年龄的人听起来是多么的亲切——

链接一：

我的小学时代与初中时代正是农业学大寨，学生积极参加农业生产劳动的时代。小学里早晨上学前，每人拾半背篓粪背到学校，猪牛羊人马粪便，只要是肥料就行。老师们轮流亲眼看着学生把肥料倒在大堆上，才准许进教室上课。我清楚记得我在二三年级的一个冬天，在腰水小学上学，早晨起晚了，或是早饭吃完了，那时没有钟表，看看太阳老高了，路上没有学生行走了，就觉得迟到了，哭闹着不肯去上学。我妈没办法，为了哄我去上学，情急之下，拿起铁锹，把自家猪圈里的好肥料给我装了大半背篓，让我背着去上学。

我的记忆中，那是我妈一辈子在我身上最大方的一次，须知在那个时代，人畜粪便是唯一的肥料来源。

追求教育质量时代，李老师新的追求是班主任要把自己的一门课教好，否则没有威信。李老师自参加工作以来，一直非常认真地备课，她永远是站在学生的角度设计教学，思考他们会有什么问题。所以，李老师创造了自己的初中数学教学法，已有多本著作问世。李老师是一个非常讲究教学语言的人，永远没有口头禅——我在听她讲座的近两小时中，已经注意到，七十多岁的人了，没听见她说过一次"是吧""对吧""然后呢"等等。

李老师的成功经验之一是，班主任不能只管自己的一门学科，李老师的教学成绩和班主任成就都是突出的。

人要不断地有新目标，梦想实现了还要有新的梦想！——李老师反复强调她的观点。

新的时代，李老师的教育对象变成了曾经的学生的孩子，独生子女成为教育对象主流，班主任工作难度增加了。李老师的梦想是做一个受学生欢迎的教师，小心翼翼地抚摸每个孩子的心灵（苏霍姆林斯基语）。走进孩子的心灵，才能带好学生，才能管好班级。李老师研究怎样了解学生，注重了解他们的思想动态。只有心对心的交流，才能得到真的信息。班主任做得好，或许可以改变孩子的人生；如果我们的失误少一些，或许可以挽救一个个年轻的灵魂。这个环节李老师主要讲了她在困难时代帮助家庭困难的学生的几件事情。

我这样年龄的人正是在那个时代由学生变成老师，由被老师帮助到帮助学生。所以我听来真实可信，倍感亲切。

近些年来，李老师的身体、生理年龄变老了，身份地位变了，评上了特级，成了名师，班主任工作中，李老师的梦想与追求也在与时俱进：与学生同唱一首歌——跟上时代的步伐。

链接二：

我想起来2012年毕业的高三（10）班的一件事情。大约是在2011年的下半年，H老师时年52岁吧，在给我班级里的T同学批阅物理练习卷，因为答题的步骤不完整，就扣分了。站在一边的学生对老师脱口而出："这也太坑爹了哇……"即将退休的女老师当场眼泪都流出来了。据在场的其他老师事后给我描述，H老师气得浑身发抖，脸色酱紫，脖颈青筋暴涨……

我批评了这位学生，还给家长打了电话，没想到家长哈哈大笑着说："这句话我们在家里也经常说的哇，大人孩子都说的啊……"

在听到李庾南老师讲座之前，我一直拿这件事说事，旨在批评学生；而此后，我就反过来说事。3月28日应老同学陈燕玲之邀，到龙岩讲座，在"成熟教师担任班主任的学校价值与个人意义"讲座中，我讲了这个故事，主题变成了我们做班主任不能落伍于时代。一个老师，面对十七八岁学生的这样一句时髦玩笑话，就气得发抖，说明我们老师不懂网络语言，不能跟上生活的脚步，这或许可以不见怪；但是上纲上线到师道尊严，就证明我们老师的心态老了。

成为名师，李老师追求班主任工作的艺术性。做一个学生欢迎、家长信任、社会赞誉度高的班主任——李庾南老师的新梦想！56年班主任经历，已经打破上海吉尼斯纪录，新的梦想，新的追求，就是打破和超越自己！

现今的学生，心理有问题的人不少，心理大多很脆弱，为此班主任要学点心理学，掌握一定心理知识，提升班主任工作效益。一把钥匙开一把锁，每个孩子有每个孩子不同的心理。把一颗心交给学生，班主任才能做好。班主任是心灵对心灵的工作，是良心工作。

把班集体建设成孩子们的家，毕业学生返校聚会写在黑板上的会标是"回家啦！""欢迎回家"。想尽办法建设班集体，用心付出，让班级有温馨感。老师和学生一起搞的一些集体活动是最有效益的。李老师在每届学生中都组织外出游学活动，班级活动还邀请家长参加，分组时家长担任组长。活动中最能看出学生真实的一面，而且是多侧面的。李老师的建议是，我们只能利用一切机会，充分燃烧和享受与学生一起在校内活动交流的激情。

班主任责任重大，是高危职业，但同时也是伟大的。李老师坚信，人家能做到的，我们不一定全做到；但人家没有做到的，我们未必就做不到！她勇于担当，敢作敢为，以一片赤诚之心赢得孩子们的尊重，赢得家长的敬佩，赢得同事的认可。

把握孩子不同时期的不同心态，比如高考、中考前的学生应多鼓励。把我们的一切奉献给孩子，到了一定程度我们就会有收获。教师付出了，收获不在当前，可能在十年、二十年、三十年甚至更远。回报是什么？是孩子的成长，是他们对母校的一份感情，是每个家庭的温馨，是我们老师始终保持一颗年轻的心态。有付出未必就有回报，但没有付出肯定没有回报。

班主任工作是单调琐碎的，是要抓反复和反复抓的，久而久之，难免让人凭经验、吃老本，难免让人懈怠。而不断地产生新梦想，不断地有新追求，这是李庾南老师坚守班主任岗位五十几年的原因之一。

但是，事物还需要外因。不能否认，班主任工作某种程度上是体力劳动，即使你想做到75岁，如果没有健康的体魄、旺盛的精力、年轻而阳光的心态，首先客观条件就不允许了。现在的学生都喜欢青春靓丽的女教师，看好年轻帅气的男教师。试想，一个老态龙钟、步履蹒跚、思维迟钝、言语迟缓、病恹恹的人，怎么会被今天的学生接受？

李老师讲完，留出互动时间。我第一个提问：请问李老师，您是怎样保持精力和体力的？

李老师：也许正是因为做班主任吧，所以身体健康，精力体力充沛。

刘小玲老师问：平时吃营养品吗？

李老师：从来不吃，家里都有……

李庾南老师为何能在同一所学校坚守到现在？

班主任工作会有成功的喜悦，但也会有失误与挫败感。我们不能只惊羡李庾南今日成功的鲜花和掌声，我们更需要思量她曾经奋斗的泪泉，考究她几十年遍洒的血雨……

我的思考是，李老师为何能在一所学校里坚守班主任五十多年？

听李老师介绍，我们可以明显地感觉到，她也有过遗恨与愧疚……

一位到了初三却沉溺于异性交往的女生，因为李老师的责骂，因为李老师那时少了一些耐心，这个学生在学校期间没有被挽救过来，她后来的婚姻家庭一直成为李老师内心的纠结……

学校领导的孩子在李老师班里，不好好学习，处在更年期的李老师拉着学生来到领导办公室，骂孩子，训家长：你连自己的一个孩子都教育不好，还怎么教育学生……身为学校领导又是家长的同事，一怒之下，扇了孩子耳光，李老师大声呵斥：要打回家去打，这里是学校，这个场合他是学生……

把家长请到办公室，当着学生和许多老师的面，不只是批评学生，还大声训斥家长……

问题严重的学生，李老师进行家访。来到学生家里，有和言细语，也有过许许多多的不愉快……

李老师自己没有讲，但我们可以想到，她也曾被误解，被告状，被议论；她也会有生气，有抱怨，有失落……

半天时间，来匆匆，去匆匆，多半时间花在路途中。与李老师正面接触的时间仅仅两个小时，恨相见得迟，怨归去得疾，我们对她的认识和了解还停留在一个侧面、一个维度，还不是一个立体的完整的李庚南。

我在那个半天里结识了该校两位同行，后来的几十天里，我和他们通过电话交流了十数次，每次十来分钟到几十分钟……我一直想明白一个问题，李庚南老师为何能在同一所学校坚守到现在？对于她的失误，她的领导是怎样处理的？

有追求的人，往往是有个性的。越有个性，越不在乎别人的议论；越不在乎，招来非议可能越多。有个性的人，往往是精神强大的人。越是精神强大的人，越是需要拥有丰厚的精神资源。一名优秀教师、名师的成长，固然需要本人不断地努力，更需要通过阅读典籍，汲取历代前贤的精神财富，不停地提升自己的专业水平与精神境界，"他还同时需要周围那些有血有肉的人的理解、支持、温暖、尊敬、鼓励，他需要从这样的心灵交流中得到勇气和力量。"（摩罗《巨人何以成为巨人》）

行年五十而知四十九年之非。我个人的经历和感受是，每带完一届学生，留给我的遗憾、惋惜、悔恨和歉疚比成就感多。走过那个教室，我的内心想法往往是，假如我当初再有耐心一些，假如我当初再及早一些发现那个学生的问题，假如我当初再多深入学生心灵，假如我当初方式方法更合理合情，假如我当初更成熟沉稳一些，假如……可能我这个班的某位学生，他的结局比现在好……

每逢以往学生聚会，我常常讲的一个主题就是，请同学们原谅，教你们的时候，寇老师还是一位年轻教师，缺乏经验；请大家不要计较，寇老师是一个持法太急的老师，教你们的时候，方法简单，态度粗暴……如果你们有机会重返校园，我一定减少失误，比过去和现在都做得好……这些遗憾，让我在你们的孩子身上去弥补吧！

我常常觉得，班主任是在不断扬弃中成长进步，是在不断否定自我中提升，是在不断学习提高中成长，如果满足于已有成绩，如果停留在现成经验上，可能就会变成体力、苦力，其结果就是越做越累，越做越倦怠乃至厌烦。如果我们能够随着年龄的增长，越做越巧妙，越轻松；假如我们随着经验的积累，越做越愉悦，越有追求，越有境界……是否才能谈得上我们越做越想做。最为理想的境界是，我们每带一届学生都有新突破、新提升，新追求。每每面对一届新的学生，我的理想是，我又有了一块试验田，我可以挥汗播撒，我可以期盼收获，但我更注重避免以往的失误。虽然，我没有让人惊羡的明艳花朵，但我个人几十年没有产生职业倦怠，我没有把自己拖垮，我还是一个正常的人，我还识人间烟火；我没有耽误作为丈夫、父亲、儿子、女婿、兄长等等角色的扮演；尤其引以为豪的是，我还是一个令家乡人称道的大孝子，我给弟弟妹妹们做出了表率和榜样，我一直是家乡一道川里的活教材；我把一个身有残疾的孩子养大成人……我也没有忘记和耽误自己作为一个语文教师的本职，我毕竟还把专业教学工作干得有滋有味，我毕竟还把职业看成是一种享受，我还没有未老先衰、老气横秋，我还有一颗年轻的心，我还有一份阳光的心态……

李庾南在启秀中学成长，在启秀中学成才，在启秀中学成名；但她有过失误，有遗憾，她想挽回，她想补救，她还在追求，她还需要一块进一步实现并不断完善教育理想的试验田。

李庾南是在启秀中学这块田野上摸爬滚打出来硬汉子，她不是温室里培育出来的花朵，也不是细粮喂养出来的宠物。

我明白了此行的目的！

刘小玲、刘静英、马吉官、我，都是省锡中五十岁上下的班主任，尤其是刘小玲，再做一两年或三五年就是终身班主任了……

我的打算是，先力争做到57岁再说！——只为减少遗憾，只为弥补曾经的失误。

——这就是我此行的收获吧！

李庾南老师已退休为何还能在这所学校坚守？

启秀中学现任校长张晓斌，当年是李老师学生，李老师至今开口即呼"晓斌"。她说："让我叫他'张校长'，我觉得很别扭，叫不出来……"张校长对李老师，仍执学生礼。

李老师今年虚岁75，按常理，近二十年前她就该退休了。那时的校长到后来的几任校长，想来不一定都是李老师的学生，不可能所有的校长都对她执学生礼，况且这也不一定是李庚南最需要的。

李庚南老师家庭幸福，儿孙满堂，生活条件优裕；她的教育理想都已经实现，功成名就，名满杏林；她家距离启秀中学还有一定距离，以李老师的年龄她已经不能像当年大姑娘时代骑自行车上下班，她现在只能乘公交……

她为何还能够以 75 岁高龄坚守在启秀中学？如果这是一块是非之地，假如这里曾经让她伤心、给她留下太多遗恨，她是否依然有今天？！或者她在到了退休年龄是否还愿意留任……

班主任工作有个软环境问题，李庚南为什么能做到 75 岁？

我们继续坚守的阻力何在？很可能年龄不是最关键的限制，身体、精力、体力也不是最主要因素。李老师任教两个初中班数学，担任两个班班主任，但她也有两个助手。学科助手帮助她批改作业，班主任助手帮她处理日常事务，尤其是电子类材料——以李老师的年龄，她不会 Excel 之类是很正常的。

我关注到，启秀中学门口并排挂有两块牌子：南通市启秀中学，李庚南教育科学研究所。

这样的挂牌在当今中小学校是比较少见的。

——启秀中学需要李庚南老师。

我做了比较详尽的了解和记载，也进行了一定的思考。

我的思考是，我们身边的一些老教师，个别功勋班主任，正当功德圆满的时候，为何洗手不干了？

我曾经的同事，一代名师，为何领导盼着他早点退休尽快离开学校？也有学校乃至教育行政部门极力挽留，而他们自己却宁愿换个环境，哪怕是艰苦落后地区去发挥余热？

鞋子是否合适，只有脚知道！

李庚南老师继续坚守给启秀中学带来什么？

与"南通市启秀中学"并排挂着的"李庚南教育科学研究所"这块牌子不是用来装饰的。那么，这块牌子究竟给启秀中学带来什么？该校区位优势明显，历史悠久，底蕴深厚，教学质量上乘，名流辈出，社会信誉一直很好，各项荣誉奖牌何其多也，生源自然不差，无须凭借一人之名而助招生，为何还需要这么一块牌子？

不管乐队多么庞大，在指挥家的眼里，第一小提琴手的职位永远是最关键的。

李庾南是一面旗帜，李庾南是一种象征，李庾南代表一种精神，李庾南向社会传递一种信息。一名老师，首先是能胜任一门学科，然后才有可能才去做班主任。李庾南首先是一位数学名师，她在三十多年前就开始探索实验"自学·议论·引导"教学法，发端于初中数学，其后由一门学科推广至多学科，从个人的教学探索而成为团队教学变革行为，并且向许多地区与周边学校辐射，形成了颇具影响力的教学流派，带出了一批又一批优秀教师，给这所学校乃至地区都带来了教学效益与办学效益。（我在修改完成此文时，阅到《课程·教材·教法》2013 年第 8 期，以 13 页、数万字的篇幅刊载李庾南老师的专业论文《自学·议论·引导教学法三十五年的实验研究》）

"启秀三宝"中李庾南是真正的宝，是令人信服的宝，是依然发挥现实效益的宝，而这个"宝"首先是因为她是一位特级数学教师，她的作用首先在学科引领，她不只在班主任工作方面是一个标志、一个符号、一个象征。

况且，李庾南这块牌子已经不仅仅是属于启秀中学，还属于更大的范围。因此，教育局局长亲自出面给她安排工作，学校安排她担任两个教学班班主任，任教两个班的数学课，这说明学校需要她，教育局需要她或曰社会需要她。

启秀中学之行，不仅仅是听了一些人家的经验和做法，主要是引发了我的一些思考。

2013 年 3 月

这是一本写给班主任的书
——读丹尼尔·平克《全新思维》

"设计感，故事感，交响能力，共情能力，娱乐感，探寻意义，这六种能力将越来越主导我们的生活，重塑我们的世界。……每个人都能掌握概念时代的这六感。谁先掌握了它们，谁就会在这个时代占得先机。"这是丹尼尔·平克《全新思维》一书的宗旨。初读时我以为这是一本有关学习方法或处事方法的书，后来我越读越发现，这是一本写给班主任的书。

一、设计感

做好一个班主任，时时都在设计。班会课，你要设计吧？有经验的班主任都认为，设计一节班会，不比备一节课轻松容易。与学生谈话，你总不会每个人都讲同样的内容，你总得思考设计针对不同的人、不同的情况吧？周记，你总得设计一个题目吧！教室里的课桌摆放、课桌内外的书本物品摆放，都需要有个"设计"。期末给学生写评语，下载模板，千篇一律，改头换面，灶王爷上天——尽说好话，是一种写法；而设计思考符合不同学生情况的评语又是一种写法……

班主任，你时时都在设计！谁先掌握了这种能力，谁就会在工作中抢占先机。

二、故事感

班主任尤其需要叙事能力——榜样的力量是无穷的！

用英国作家福斯特的著名观点解释故事感，就是："王后死了，国王也死了，这是一个事实；王后死了，国王因此悲伤不已也死了，这就是一个故事。"

我们其实完全可以多讲故事而少讲大道理，我们其实完全可以多写教育叙事，完全可以把教育故事看得与教育论文一样有价值。我们读苏霍姆林斯基的《给教师的一百条建议》《把整个心灵献给孩子》《帕甫雷什中学》，就我个人来讲，若干年之后，我的头脑中留下的那些最感人的是故事，而非理论。那个花费毕生精力备课而讲了一节成功的公开课的老教师，他的经典故事让我从走上讲台开始思考了半生，也鼓舞了我半生。

要想成为一名好班主任，就要掌握叙事能力。榜样的力量是无穷的！这其实就是故事感。

书中引巴里洛佩兹的话说："当有人给讲故事时，好好聆听它，并适时地复述这些故事吧。比起食物，有时人们生存更需要故事。"

"你要想一想啊，你是为谁而活着！你活着是为了什么！你父母挣钱供你读书不容易啊，你要为他们争气啊！……现在社会竞争压力很大呀，将来不好就业啊……"比起这些苍白的说教，成功学生的故事，胜过我们的多少大道理，胜过我们的多少啰唆聒噪！

可是，我们却常常忽视教育叙事。王晓春老师说，"叙事"

是人类基本的生存方式和表达方式。叙事研究是以"质的研究"为方法论的基础的，是质的研究方法的具体运用。（王晓春《做一个聪明的教师》，华东师范大学出版社 2009 年版）

丹尼尔·平克会让我们重新认识教育叙事。

三、交响能力

丹尼尔·平克所说的交响能力，是指将琐碎的事情联系在一起的能力。这种能力重综合而不重分析，要找出看上去毫不相干的领域之间的联系，发现更广泛的模式而不是得出答案，通过把别人不在意的要素结合在一起，来发现新的事物。

交响能力强的人，其标志是善于观察各种现象并把它们来联系起来思考。班主任工作，真的非常需要这种能力。

一个班主任，每天有多少琐碎事情！善于观察的班主任，能从学生的细微之处发现问题，是容易成功的。交响能力是一个班主任能从繁杂的事务中解脱出来的关键性能力。

某个学生多次请假甚或旷课不参加体育锻炼，理由常常是肚子痛，我们可以联想到他可能肠胃有问题。而肠胃疾病又是因为他常常不去食堂用餐，饮食不正常，动辄饼干、面包、火腿肠充饥……这时班主任的归因就不是简单地批评他的纪律观念不强，而是他的生活习惯不好、饮食习惯不好，不会照顾自己。按这样的思路去教育学生，学生才会心服口服。如果我们不问青红皂白，头痛医头脚痛医脚，只批评他没有纪律观念，在教师就是缺乏交响能力而简单归因，对学生则是暴露出我们处理问题过于简单的不足。

交响能力的另一个标志是善于比喻。

看看一位小学老师与一年级学生的一段对话：

"同学们，我们都会唱一首歌，'我们的祖国是花园，花园的花朵真鲜艳……'谁是花园里的花朵？"

"小朋友啊！"

"小朋友是花朵，那么老师呢……"

"园丁！"

"噢，那大家知道园丁是干什么的吗？"

"给花朵浇水、施肥的……"

"花朵光有水分和肥料就能生长吗——"

"嗯……嗯……还需要阳光……"

"同学们，花朵的鲜艳，当然离不开阳光、水和肥料，但更需要园丁给它修剪枝叶啊！大家想想，我们身上的缺点错误就像是花朵上不好的枝叶，需要老师经常地反复地提醒和批评教育啊。我们大家的理想都是长大后要成为祖国的栋梁之材，可是一棵小树苗长成参天大树，除了阳光、水分和肥料的滋养，同样离不离开园丁为它剪去那些偏枝斜枝，我们身上的缺点毛病就如同偏枝斜枝，影响我们长成通天之才，那么大家说，没有老师的批评能行吗？"

……

显然，在给学生讲道理中善用比喻说服力明显增强。

交响能力还表现为能够综观全局。一个好的班主任需要随时综观全局，否则就是只见树木不见森林，班主任就成了救火队员。

四、共情能力

在丹尼尔·平克看来，共情能力是设身处地认同和理解别人的处境、感情的能力。站在别人的立场上，从他们的角度来看待事情，理解他们的感受。但是共情能力并非表示同情，同情是对别人的悲惨处境感到不舒服或怜悯；而共情能力强调换位思考，如果是我的话会怎么样，深入别人的思想里，体验那个人眼中的世界。它是理解人的一种方式，是将人们联系起来的一种通用语言，是使我们的生活充满意义的必不可少的因素。它并不仅仅是21世纪所必备的职业生存技能，而且是生活的道德规范。

1988年，75位诺贝尔奖得主集会巴黎。在这次会议结束时，这些在各个领域里杰出的精英发表了一封《巴黎宣言》，其中有这样一句话："人类要想在21世纪继续生存下去，就必须回首2500年前，去寻找孔子的思想和智慧。"难道是这些聪明的大脑面对人类的现状和未来，已经无计可施了吗？

"禹思天下有溺者，由己溺之也；稷思天下有饥者，由己饥之也，是以如是其急也。"（《孟子·离娄下》）共情能力不就是这种己饥己溺的情怀吗！不就是蔺相如先国家之急而后私仇的高义吗！不就是先天之忧而忧，后天下之乐而乐的心胸吗！如果这些都还只是让我们"虽不能至而心向往之"，那么，就从我们身边能够得到、摸得着的地方去找吧——那就是"假如我是孩子，假如是我的孩子"的理念。

共情能力拒绝"公事公办"的冰冷态度，也与"我是按制度办事"者冰炭不同炉；共情能力往往体现为一种亲和力，表现为良好的师生人际关系——而"良好的师生关系胜过许多教育"！

2500多年前的先知先哲们己饥己溺的情怀，即今天丹尼尔·平克所说的共情能力，是做好班主任必不可少的能力之一，是管理工作者的必备能力，是思想教育工作者尤其应具备的情怀。

五、娱乐感

丹尼尔·平克认为，娱乐的对立面不是工作，而是忧愁。

书中引帕特·凯恩《娱乐伦理》认为："在 21 世纪，娱乐将成为我们认知、行动和创造价值的主导方式，就像在过去 300 年的工业社会工作所发挥的作用一样。"

丹尼尔·平克向我们推荐另一位学者的话："毫无疑问，富有幽默感特性的人往往具有创造性。"

他所说的娱乐感主要是指幽默感。而幽默感是一种先天的亲和力。同样的故事，王熙凤讲出来和尤氏讲出来效果大不一样！幽默是才智和精力能胜任工作并有余的表现。丹尼尔·平克引述《哈佛商业评论》的论述说："幽默感能减少敌意，消除有偏见的指责，缓解紧张的压力，鼓舞士气和传递复杂的信息。"该书还说："天生的幽默感和另一种更显著的管理特性紧密相连：高情商，可以说是它的升华。"

班主任批评学生时有点幽默感吧，减少对立情绪的产生机会，在幽默玩笑中指出学生的错误，比严肃的批评指责可能效果更好。

六、探寻意义

书中说，研究表明，和幸福感没有多大关系的因素是挣更多的钱、接受更多教育或者居住在适宜的气候环境中。

丹尼尔·平克引一位学者的话说："我预计，享受工作给我们带来的乐趣将会超过它带来的物质回报，成为我们工作的基本原因和动力。"真的，教师的工作积极性更多来源于学生，不一定与奖金、福利、工薪待遇成正比，也不一定与我们的职称职务头衔成正比。

随着时代的发展、社会的变革、教育对象的更新，班主任工作的难度越来越大，挑战性越来越强。以前那种勤快型的、吃苦型的、苦口婆心型的、保姆型的班主任都已经很难应付眼下的班级管理工作了；"三病、三课型老师"（带病上课、有病还在深夜备课、学生病了赶到医院为其补课）不能再成为我们刻意追求的或有意树立的正面典型；简单仰仗转速快、火力猛、分贝高也不能保证工作效率和业绩。

现今，做好班主任工作，更多地靠教师的专业素养，靠非智力因素，靠人格修养乃至性格气质，靠良好的心态。

班主任工作是平凡的，是枯燥的，是婆婆妈妈的，是琐碎的，是长年累月的重复和反复。但是我们却要从中探寻其意义。

学而不愚，书而不呆。长久担任班主任工作，让我能够感受到时代的脉搏、社会的冷暖、人世的甘苦。校园是一座象牙塔，对社会的更多关注，对世相人心的更多体味，对挣扎在社会底层的那些弱势群体时时怀有一刻悲悯之心，多源于我在班主任工作中的更多的面对面交流与直接观察得来的第一手资料。

我个人觉得，班主任工作因为有更多的机会和孩子交流，使我时时事事处处有一颗年轻的心。

班主任，还让我始终保持着良好的生活习惯。早起早睡，坚持早锻炼，坚持饭后散步；担任班主任，我有机会与孩子们一起跳健美操，需要与孩子们一起跑步、一起呼号；每天参加阳光体育，让我享受到阳光的温暖，让我保持着运动的喜好……我看到学生周记里有这样的一段话：

> 我的老班年纪不算太老，但也不年轻了，在学校肯定属于老资格的教师了。但还很平易近人，经常和我们厮混在一起。与我们一起经历冬天早上的寒冷，有时比我们来得还早；课间与我们一起出操，健美操《阿拉伯之夜》旋律响起，与我们一起跃动；阳关体育活动跑步，和我们一起呐喊奔跑，和我们一起欢笑……说明他还童心未泯，岁月似乎还未能增加他的年轮，他不像一个父亲级的老师，而更像一个年长的哥哥……"
>
> ——学生：代钰隆

143

看看世界卫生组织给"健康"的定义，是不是令我们咋舌！——"健康是身体上、精神上和社会适应上的完好状态，而不仅仅是没有疾病和虚弱"。有关专家认为，社会适应良好指的是能与自然环境、社会环境保持良好接触，并对周围环境有良好的适应能力，有良好的人际交往能力，能有效应对日常生活、工作中的压力，正常地进行工作、学习和生活。而躯体、心理和社会适应这三者是相互依存、相互影响的。躯体发生疾病时，人们的心理情绪会受到不同程度的影响，同时也会限制人们参与社会生活和工作的能力，无法正常承担家庭与社会责任；而社会适应能力差，必定也影响到人的心情，产生心理压力，长期的心理压力又可能引发躯体疾病。只有三者统一，才能互相促进。

周国平认为，健康，不只是医学上的健康或不生病，而是指一种内在的活力，生命的旺盛和坚韧，对生命的热爱。这种品质与身体好坏没有直接关系，在一些多病甚至残疾人身上也可见到。（《周国平论教育》，

　　强健的体魄，是具有良好情绪和心态的前提，是良好的社会适应性的前提。

　　写作此文时，我正在读蒙古族作家鲍尔吉·原野《让高贵与高贵相遇》一书，其中《给小千禧们的一封信》一文中有这样一段话，非常有意思，特援引于后：

　　强壮不仅是健康，它是一种心灵的状态。人的身体在竭尽全力地追求中，比如运动时，会抛弃许多庸念，获得许多新知。这种知识是书本中绝对没有的。……一个人在剧烈运动之后，心灵澄澈，也宁静了。这是人生非常好的状态。……如果孩子们，包括大学生，学习之余在操场上奔跑冲撞，腿上伤痕累累，我们民族的素质会多么优秀。那么，街上都是高大挺拔的人们，矫健苗壮；而不像现在，到处是肥胖、向前挺出的肚子，极其可耻。

　　西西弗斯长年累月地往山上滚石头，是一种单调的重复劳动，但他却适时回头欣赏自己的躯体之美，探寻劳动姿态之美。在平凡的班主任工作中更需要我们适时探寻其意义，我们才不至于产生过多的职业倦怠，才不至于过早地心态衰老。

　　毕淑敏说，人生本无意义，是我们给他附加了意义。班主任工作不仅仅是为了顺利评到职称，不仅仅是为了完成领导交给我们的差事，它的意义真的需要我们时时去探寻。

　　当一辈子老师，可以割舍其他；但是割舍了班主任，我就只剩下了半个教师。

　　丹尼尔·平克并非从事教育工作，但是《全新思维》这本书我们若从班主任工作的角度去读之思之，乃如食甘蔗，渐至佳境。

　　在所有班主任中，像他这把年纪的是不多的。可是他却做得比年轻老师更优秀，毕竟"姜还是老的辣"嘛。他早晨起得比学生还早，时常到宿舍查看我们的起床、早餐情况。过后，又跟着同学们一起跳健美操"阿拉伯之夜"。一次我们班队伍后边没有空位了，他跑到队伍前边来跟我们开玩笑说："今天我来给大家领舞啊……"他的幽默风趣在大冬天给我以温暖和鼓舞，他的健美操跳得像模像样，比我们的动作标准多了，他给同学们树立了良好的榜样。到教室里，和同学们一起早读……有几个班主任能像他这样的！因此，大半个学期过后，寇老师在同学们心目中很有威信，我们都很敬畏寇老师。(学生毛学文2010年12月22日周记。)

读到这样的一段话，我觉得比领到奖金更高兴，比受到领导表扬更开心。

班主任工作需要连续地做，一旦中断？——想象一下，如果我们连续几年不担任高三教学，结果会如何？肯定是我们会觉得陌生了，落伍了，吃不了那份苦头了……同理可得，班主任工作中断了，人就变懒了，与学生交往你就out（出局）了！

2011年1月10日初稿

2022年10月修订

高考提前利多 考四天弊多

2003 年是全国高考史上比较特殊的一年。自 1977 年恢复以来，至今已有 27 年，前 26 年的高考都在每年的 7 月 7 日、8 日、9 日三天举行，2003 年第一次提前到 6 月 7 日至 10 日进行。

1999 年 3 月，全国政协九届二次会议上，江西九江民生集团总裁王翔提交了《关于高考考期适当提前的建议案》，建议高考时间提前至 6 月初。当时的理由主要有两点：首先是 1998 年的特大洪涝灾害，湖口县有 700 多名考生被洪水围困，后来虽在解放军的护送下安全到达考点，但我们不难想象其对考生的影响。另据报道，当年灾区有的学校不得不把考点设在山顶、房顶进行考试。王翔的第一个理由就是 7 月份华南、华东等大部分地区处于汛期，轻则暴雨连绵，重则水涝成灾。其次是 7 月份我国大部分地区进入酷热的夏季，高温酷暑天气既严重影响考生水平的正常发挥，又使送考家长备受煎熬。王翔的提案得到了教育部的高度重视，而此时教育部门也已经有人提出，为了方便高校招生与教学，高考时间应适当提前。教育部进行了大量的调查和征求意见，组织有关专家经过两年多的论证，2001 年 11 月，向社会公布：从 2003 年起，高考提前至每年 6 月 7 日至 10 日进行。

从 2003 年高考期间天气情况看，王翔提案的两个目的都实现了。随着考试时间的提前，阅卷登分、填报志愿、投档录取都会相应地提前，高校新生入学将早于往年。作为中学教育工作者，我们还体会到，高考提前也给考点工作带来方便。往年作为考点的中学，在考点工作中必须考虑防暑降温措施，一种办法是开空调，但缺点是考生容易感冒，有些学校不具备空调设施；第二种办法就是在考场内放置冰块降温，这种办法需要购置比较大的洗衣盆盛放冰块，还要订购好冰块，保证每天开考前按时送到考点。无论哪种办法，对中学来讲都是一笔不小的开支。仅此一点，高考也应该提前。

而且从参加高考阅卷的切身体会看，7 月中下旬全国各地赤日炎炎，而高考阅卷又是时间紧、任务重、要求高，高温酷暑下高强度的劳动也使阅卷教师备受折磨，以至于许多高校教师不愿意参加阅卷，造成阅卷教师人员组成不能达到有关要求，令阅卷承担部门领导工作增加难度。

难怪有人预言，高考提前一个月，仅仅防暑降温一项，每年就可以为国家节约大量开支。这一点我们在今年组织高考中深有体会。由此看来，高考提前利多弊少。

据悉，2003年全国有9种考试模式、4种考试时间、40多种试卷，这可能是高考史上最为复杂麻烦的一年。仅就考试时间看，全国有两天、三天、四天、四天半等4种不同的考试时间安排。江苏省与河南、广东等省首次实施"3+1+1"的高考科目组合，考生在语文、数学、外语3门必考科目之外，根据报考高校的要求和自己的特长，再在物理、化学、生物、政治、历史、地理等6个单科中任选两门考试科目。按照要求，这9门课在四天中考完，其中8日下午所有考生都没有考试，9日、10日下午各有两门考试，第二场结束时间都在下午6点。从我们2003年组织考试实际情况看，考四天弊多利少。

首先，考四天对中学教学影响加大了，耽误中学教学时间5–7天。一般情况下，每年开考前一天，要做考点的学校对高三以下学生放假，考点工作人员、监考教师培训，布置考场，最少一天，迫使学校最晚在5日下午放假（因为寄宿生要乘车回家）；2003年6月10日下午6点最后一门结束，考点工作最早在下午6点半结束，时间上已来不及安排非高三学生返校，势必安排在11日上午到校，多数学校有寄宿生，不可能要求他们早晨7点钟之前到校上课。2003年因为"非典"消毒，各校为高考实际耽误教学时间比5–7天还要多。即使是没有安排做考点的学校，因为须抽调相当数量的教师担任监考工作，其时间安排也都与考点学校相当。

其次，考四天对考生也是弊多利少，战线过长，容易疲劳，心理压力增大，精神负担加重。按有关要求，考生不一定在自己所在学校参加高考，同一个考场内也不允许只安排同一所学校的考生，本着就近的原则与邻近学校交叉安排考场，总会有一部分考生要到外校去参加考试。措施不外乎三种：考生所在学校组织专车接送、到考点学校寄宿、包住宾馆饭店。第一种办法耗费精力和体力多；第二种办法造成许多考生到一个新的环境里短时间内难以适应，影响学习、休息，家长还不放心；最后一种办法虽好但让大多数工薪阶层家长和农家子弟难以承受。而且按每人五门次计算，最紧凑的实际考试时间只有两天半，每人实际另有两天半时间不需要到考点，那么，把寄宿在自己所在学校且是自己考点的考生（加之家住较近的考生）与交叉到外校去考试的考生相比较，从各方面讲实际上有一些不公平，当然考试时间越长，这种不公平因素造成的差距也就越大。考试的天数缩短，这种差距造成因素也就相对得以减小。

第三，考4天加重了考生家长各种负担，最主要的是经济负担和精力负担。尽管我们每年都在宣传不主张家长送考、陪考，可是在高考期间，家长们除了共同地付出了心血，替子女捏一把汗，剩下的也只有钱多的出钱，钱少的出力。每年都会有许多家长停下自己的工作，要么守候在考点大门外，任滚滚热浪煎熬，要么掏腰包包住宾馆饭店。高考已是关系到千家万户的大事，时间越短，家长负担也就相对越轻。

第四，考四天浪费大量的社会人力、物力、财力。现在高考实际上已经成为一种社会行为，而组织好高考也已经不是教育部门一家所力所能及的了，每年从教育行政部门、学校，到公安、卫生、城建、交通、通信等诸多部门调集精兵强将，动用许多交通工具。从领导到普通监考教师，有多少人耗费在高考考点，这种特殊工作所耗费的人力是相当巨大的。

80年代有资料显示，每一位考生参加一次高考，交考试费70元钱，而国家需要花费在高考方面的支出是7倍。现在，这两个数字都增加了不知多少倍，比例也不知道拉大到多少倍！

以前是中学校长抢着能让自己的学校做考点，高中学校也都巴不得做考点，仿佛是一种荣耀，挣不到还没面子似的；现在，毋庸讳言，中学校长和学校都怕做考点，其中最主要的原因不外是考虑经费因素和人员因素。加之高考的社会关注程度日益提高，考点工作难度逐年加大，组织考试的风险有增无减，教育行政部门尤其是校长们的心理压力愈加沉重，而高考战线拉得越长，出错的可能性也就越大。

高考期间要影响许多行业、许多人的工作和生活，这也是显而易见的。比如几乎所有的建筑工地都被要求停工，那么多的农民工怎么办，一些工期比较紧的工程进度怎么赶、质量有没有保证，等等。

公正地讲，高考提前到6月利多，而考四天弊多。把考试时间安排得紧凑一些，对谁都有好处，想来不难办到。

2003年6月10日

一位班主任眼中的江苏小高考

谁更需要 4A？

业内人士都知晓，高三的一模、高二的小高考，都是高中招生的风向标，对一所学校生源所起到的导向作用往往大于高考。学校要生存、要发展，第一道关口往往在生源进口。

1A1 分，4A 5 分，未必对所有的学生个体都那么重要；但对一个学校而言，它却十分重要！

得到 4A 的学生如是讲：用了近三个月的时间，最多只比别人领先 5 分！看到成绩时，无惊亦无喜。我的同桌并不在意自己考了几个 A，而是惋惜用来复习小高考科目的三个月时间，似乎浪费了。如果不那样复习，我可能也能拿到两个 A 吧。可惜了，那些时间用来学习语、数、外，肯定可以学到许多。（Z 同学，以下均摘自学生周记）

没有考到 4A 的学生如是说：小高考终究不过 5 分，对于高考的 480 分来说，显得有些杯水车薪。只是每一个人都不愿意放弃，哪怕只是 1 分。……A 多 A 少都已经成为事实，怎样喜悦，怎样懊悔，它已经成为一个历史。有时间还不如去看看语文、英语，看看数、理、化，毕竟这些才是我们的重点。（J 同学）

从高二第二学期开学算起（2 月中旬），语、数、外和选修陆续减课到全面停课，到小高考结束，前后一个月左右，为了 5 分，耗费了 1/15 的学习时间，去争拿 5 分。难怪没有拿到 5 分的学生会算，当初还不如多做几道数学题，多对一道数学题也得 5 分呢，也不见得需要如此昏天黑地地搞呀。小高考才 5 分；高考有 480 分，是它的 96 倍，但是我们却没有 96 倍的时间……（Y 同学）

小高考已成为过去，我们是为了物、化而来的，而不是政、史、地、生。不管小高考考得怎么样，毕竟最多 5 分，真正值钱的还是语、数、外。（ZY 同学）

不是学生，而是学校，而是老师更需要 A，更需要这 5 分！——进入剧场看演出，看着看着，你前边和周围的人都站起来了，要么你愤而退出；

要么你依然坐在那里闭目养神消磨时间；要么你也站起来，甚至于站到椅子上去！

作为班主任，我是推波助澜者。学校把指标分解到各个班——实际上就是分解给班主任，也就是把压力转嫁给班主任。班级之间要评比，就要比拼。我不能让学生们输在小高考上，或曰输在起点上。

主课都停了，不能让学生闲着，而且闲着也是闲着。学生一旦闲下来，就难以管理了；更不能让班级松懈，一旦松懈下来，我就得付出多几倍的精力才能抓上来。从一个班主任的角度讲，这段时间我的主要任务是保障小高考。这个阶段必修学科老师是司令员，学生是士兵，班主任就是政委，我的任务就是确保我的班级完成学校分给我的指标。所以我也需要这些 A，而且多多益善。

学生学到了什么？

先以历史为例——

以前的历史教材是一部编年史，分中国历史和世界历史；再分为古代史、近代史、现代史等等，学生虽则只是背下了一些大事年表，但是历史脉络是清楚的，历史知识骨架是建立起来的。现在的历史教材是专题史，人教版必修教材分成三条线：必修1，人类政治文明发展史；必修2，是人类社会经济发展史；必修3，人类社会思想文化和科学技术发展史，不再区分中外，也没有古代近代现代的概念。小高考期间，学案、讲义雪片似的飞来，学生背得头昏脑胀，默写隔三岔五，练习题、模拟卷天天做……可是临到头，学生们还是不知道夏商周秦汉、三国两晋南北朝、隋唐五代和辽宋夏金元明清——当我这个班主任脱口而出这一串历史朝代时，孩子们大多目瞪口呆……没有历史骨架，缺乏朝代更替脉络，历史成了一些鸡零狗碎知识，都是老祖宗们的鞋头烂袜子了，而我们还在强迫学生记忆，大量的、不厌其烦地练习甚而至于到其他学科去找材料。（我把这篇文章的初稿拿给同事征求意见，历史老师说，学生在初中阶段历史课上学的就是中国通史，历史朝代更替类常识性知识已经具备，而且这批学生都是中考考过历史的，只是到高二遗忘了而已……近日获悉，无锡大市今年起中考不再考历史，而其他大市还要考。中考以大市为单位，学业水平测试是省级考试，不知来年将怎样解决这个问题。）

试看：

中国古代官吏选拔经历了"世袭制—察举制—九品中正制—科举制"

的过程。下列表述与"科举制"相关的是（ C ）

①旧时王谢堂前燕，飞入寻常百姓家。（唐·刘禹锡《乌衣巷》）

②世胄蹑高位，英俊臣下僚。地势使之然，由来非一朝！（魏晋·左思《咏史》节选）

③朝为田舍郎，暮登天子堂。将相本无种，男儿当自强。（宋·汪洙《神童诗》）

④甲第朱门无一半，天街踏尽公卿骨。（唐·韦庄《秦妇吟》）

⑤"举秀才，不知书；举孝廉，父别居。"（《乐府诗集·卷八十七》后汉桓灵时谣。《后汉书》曰："桓灵之世更相滥举，人为之谣：'举秀才，不知书；察孝廉，父别居。'"（《抱朴子》最早记录了这首民谣。）

　　A.①②③　　　B.③④⑤　　　C.①③　　　D.③④

——原题引文没有注明出处，是我这个语文老师给加上的。看看这个题目是多么刁钻！我班级里的学生都知道，政治、历史、地理题目做不出，先问我这个语文老师。我心中没底，就拿这个题目请教历史老师。

历史老师也不确定的是第④句，经查阅是出自唐代诗人韦庄长诗《秦妇吟》，相关的几句是：

华轩绣毂皆销散，甲第朱门无一半。
含元殿上狐兔行，花萼楼前荆棘满。
昔时繁盛皆埋没，举目凄凉无故物。
内库烧为锦绣灰，天街踏尽公卿骨。

原诗中的这几句描写黄巢起义军攻入长安，大肆杀戮破坏的情景。刁钻在于这首诗比较长，又是间隔引用，加上句中的"甲第"迷惑，甭说历史老师不知道，语文老师也一时难以想起；而且这与科举八竿子打不着啊！

我在学生练习卷上看到这样一道题目，出于好奇而"折腾"了一番。

某同学在互联网上查阅美国总统大选资料时，查到一段一位美国总统的就职演说："……I pledge you, I pledge myself to a new deal for the American people."请你判断该总统可能是（ C ）

　　A.华盛顿　　　B.胡佛　　　C.罗斯福　　　D.里根

拿到这个题目，我先问英语老师，一位给我翻译为：我对你们、对自己有一个承诺：为了美国人民找到新的解决办法。另一位说可以理解为：

我向你们表示决心，也向自己表示决心：为美国人民做一番新的事业。

而历史老师却是哈哈大笑，学生们则是一看那句话就知道是教材上一段话的翻版。

——这道题目旨在考查学生对罗斯福新政的知识点掌握情况，出自必修2的第18课"罗斯福新政"。在教材的引言中有：富兰克林·罗斯福于1932年获得民主党总统候选人提名。他在接受提名的演说中说："我向你们、也向自己发誓：一定要为美国人民实行新政。"

但是历史老师把这句话变成英语来考，虽说学生人人都明白，或许也像命题者所想达到的预期目的那样，向双语教学看齐，但是总觉得别扭。

《普通高中课程标准实验教材历史（必修3）》第三单元"古代中国的科学技术与文学艺术"第9课"辉煌灿烂的文学·宋词和元曲"：

唐代出现了诗的另一种形式——词。词的句子长短不齐，更便于抒发感情。到了宋代，随着商业的发展，城市的繁荣，市民数量的不断增加，能够歌唱的词更适应市井生活需要，受到市民欢迎。于是，词成为宋代文学的主流形式和标志。流传至今的宋词仍有两万多首。著名的词作家有婉约派的柳永、李清照，豪放派的苏轼、辛弃疾等。柳永《雨霖铃》的"多情自古伤离别，更那堪、冷落清秋节！今宵酒醒何处？杨柳岸、晓风残月"，苏轼的"乱石穿空，惊涛拍岸，卷起千堆雪"，李清照的"花自飘零水自流，一种相思，两处闲愁"等，都是流传极为广泛的佳句。

——教材上这样一段248个汉字的内容，变成题目麻烦就大了。

"郁孤台下清江水，中间多少行人泪。西北望长安，可怜无数山。"这是南宋词人辛弃疾《菩萨蛮·书江西造口壁》中的名句，下列词作中风格与之迥异的是（ C ）

A.大江东去，浪淘尽，千古风流人物

B.胡未灭，鬓先秋，泪空流

C.莫道不消魂，帘卷西风，人比黄花瘦

D.想当年，金戈铁马，气吞万里如虎

"风格"是文学理论专业术语，即使语文老师也都是在大学文学概论课程中学的。尽管这个题目好多学生都能选出正确答案C，但是过于刁钻。历史可以设问历史人物、历史背景、历史事件。但无论怎样，设问到"风格"，有点抢语文老师饭碗之嫌。

从这几个题目窥历史学科之一斑，相信识者自会有一些发现。

对策往往是被政策给逼出来的。

以前必修就是必修，现在是必修与选修不分了。三年前，我的同事，任教班级的小高考非常精彩，4A人数过半，成功的经验之一，就是把选修班的作业练习拿来给必修班学生做。

可是今年，我想拿这条经验去试试时，必修老师告诉我："我们现在必修班做的练习全是选修班的，必修和选修早就不分家了……"

历史考下来A率较高，历史老师的成功经验，其中一条就是"训练起点高、难度大，以免学生拿到试卷感觉难而害怕。平时的训练应该难于正式考试嘛，军队的训练就是这样的……"往年历史科目曾经很难，卡死了许多学生！

再从政治科目来看——

现在的政治课重在应用、重在材料解析，却也渐渐地玩起了打其他学科擦边球的游戏。

且看一道政治题目：

荀子曰："天行有常，不为尧存，不为桀亡。"这句话蕴含的哲理是（ A ）

A. 规律具有客观性　　　　　B. 在规律面前人是无能为力的

C. 人可以认识和创造规律　　D. 一切事物的变化都是发展

题干中引用荀子的名句给少数学生造成理解障碍，有不少学生因为不知道"尧"和"桀"是人名而难以下手。

实践对认识具有决定作用，下列选项能体现这一观点的是（ A ）

①近水知鱼性，近山识鸟音　②冰冻三尺，非一日之寒

③没有调查就没有发言权　　④学如逆水行舟，不进则退

⑤百闻不如一见，百见不如一干

A.①③⑤　　B.②③④　　C.②③⑤　　D.①②⑤

选项中有民谚俗语、诗词名句、名人名言，文白夹杂，有的比较偏僻难解。

僧肇说："旋岚偃岳而常静，江河竞注而不流，野马飘鼓而不动，日月历天而不周。复何怪哉？"下列观点中与其相近的是（ D ）

A. 人一次也不能踏进同一条河流　　B. 日方中方睨，物方生方死

C. 人不能两次踏进同一条河流　　　D. 飞矢不动

题干和选项中都有较难理解的句子。

老子说："祸兮福之所倚，福兮祸之所伏"，下列与此蕴涵相同哲理

的是（ C ）

    A. 城门失火，殃及池鱼　　　　B. 不入虎穴，焉得虎子

    C. 塞翁失马，焉知非福　　　　D. 谋事在人，成事在天

    我和我的学生们探讨过这个题目，学生兴致勃勃地告诉我："太小儿科了，初中语文课上就学过的……"

    下列诗句体现了正确判断和价值选择的是（ C ）

①苟利国家生死以，岂因祸福避趋之

②勿以恶小而为之，勿以善小而不为

③寸寸河山寸寸金，侉离分裂力谁任

④人生得意须尽欢，莫使金樽空对月

    A. ①③④　　　　B. ②③④　　　　C. ①②③　　　　D. ①②④

    答案 C，学生也很容易就能选出。但是从语文的角度看，这道题目是不够严密的，是存在着科学性错误的。"人生得意须尽欢，莫使金樽空对月"出自李白名篇《将进酒》。它产生在特定的历史时代，是诗人在人生遭遇重大挫折时写的，我们不能跟学生简单地说李白的"判断和价值选择"就是错误的。

    宋代诗人陈与义《襄邑道中》诗云"飞花两岸照船红，百里榆堤半日风。卧看满天云不动，不知云与我俱东"这说明了（ C ）

    A. 绝对运动的物质是没有的　　　　　　B. 事物的运动是有规律的

    C. 物质世界是绝对运动与相对静止的统一

    D. 相对静止的事物是不存在的

    许多诗中含有哲理，全唐诗分类汇编中也有一类叫作哲理诗的，但像这样的题目，总是让语文老师觉得学生得先理解诗——考语文，而后才能谈得上解答题目——考政治。

    虽然说文史哲一家，但这毕竟是从政治学的角度而言，学好语文需要明晓历史，大学中文系的文学史也可以看看作是专题史；没有哲学认识论、分析论、辩证法、逻辑学的知识，也难以学好语文；缺乏地理知识，语文的许多东西也是难以解透的。语文又是各门学科的基础和工具，没有良好的语文素养，政史地学习是有一定难度的，特别是历史上的一些文献材料都是用文言文书写记录的。但是，作为学业水平测试，材料生僻苦涩到语文老师都难以解读的程度，也真的有点为难学生了。

    与"射人先射马，擒贼先擒王"哲学寓意相同的是（ D ）

    A. 金无足赤，人无完人　　　　　　B. 量体裁衣，对症下药

C.士别三日，当刮目相待　　　　D.牵牛要牵牛鼻子

题干是诗句，选项是名言警句或成语、俗语，全是高三语文复习讲义上的内容，学生们觉得这道题不难，但叫语文老师觉得政治老师来抢地盘了！

可以感觉到，理科科目大多比较严谨，虽然一些科目题目越来越难，越来越细、越刁钻，但总归还是在该学科，而且选修与必修还是有一定的区分；而文科的一些学科走向了极端，拓展得无边无际了，必修与选修不分了，让学生大量做选修的练习，无形中提高了难度，加大了强度，却没有形成学科知识体系，没有建构学科知识框架。这都与学业水平测试的初衷背道而驰。

这不是某一所学校能够改变的，板子更不能打到学科老师的屁股上。

看看学生考后的感想——

地理——应该关注书本上角落的地方和以前考试中没有考到的知识点。历史——知识点等于一切。考A，必须的！（ZN同学）

政治考完了，心里觉得特别憋闷，前面选择判断做得还是很顺利。但后面的大题目实在让人无奈。考的都是一些比较偏的知识点，而更多的常考知识点都没有考，有点做了无用功的感觉。（D同学）

政治——背诵太侧重于民族团结教育了，谁知试卷中1分都没有涉及，倒是那些细枝末节的，容易被忽视的内容占了主观题的半壁江山。（ZPF同学）

难怪，考完之后，许多必修学科老师都尽可能避免与学生交流接触。

小高考影响到什么？

政治老师在课堂上给学生讲，面对大自然，人的能力是极其有限的，"人定胜天"的口号是无视自然规律，是违背自然规律的；面对一些刁钻古怪的题目，历史老师安慰学生，那是遇到了"天灾"，你们就认了吧，但是你不能制造"人祸"——该会的你得会，该对的你得对啊；学生说小高考疯狂，发飙了，要学到吐血了、反胃了，有的题目是"变态"；我这个语文老师则认为有的科目是在抢我们的饭碗，用民间俗语开玩笑说就是：猪槽里没食了，狗急得跳！

毋庸置疑，现状是学业水平测试变味了。课堂上老师口干舌燥以更大分贝的声音来刺激学生神经产生学习效果。不知不觉，越来越多的教师自备了无线耳麦进常规的课堂讲课。学生则是没有时间看书，也缺乏看

书的耐心，教师不得已以学案来代替教材，课后是轰炸式的刷题。理科的靠练习，没完没了的习题，多练才会赢嘛；文科的全靠背、靠默，爱念才能赢嘛。

小高考的4门考前抱佛脚可能会有些效果。但高考的5门，功夫必须花在平时……英语、语文是一定需要平时积累的。尤其是英语的词汇量，平时不多背多记，不加强课外拓展，做高考阅读题只能是靠猜……可是为了小高考，我们偏偏又停课几个星期，我的邻桌在早读前读英语，因被必修老师批评而作罢。（W同学）

小高考让我失去的根本不是那3分，而是其他5门学科上流失的时间。我看到了数学作业上的错误，英语试卷上的低分，想起了化学老师那天晚上的谈话……我现在所拥有的，是小高考那5分96倍的高考！（CH同学，小高考2A）

小高考落后，并不代表什么，只是芝麻而已，接下来的5门才是西瓜。我不能为了芝麻没得到懊恼不已，而丢了西瓜。剩下的5门才是重中之重，才能决定高考成败与否。（SQ同学）

得到了4A的学生也没有激动：小高考只有5分，而高考则有480分让我们争取，我们应该及时调整好心态，很快地进入接下来的紧张学业。（M同学）

除了对4A的欣喜之外更多了一份对日后学习的思考。小高考的5分对高考的480来说，也就是1/96，约1%而已。我们的重头戏还在语数外上，我这5分只不过是为那480分增光添彩而已。（ZJ同学）

小高考过去一个月后的4月下旬，我在批阅学生周记时还读到过这样的话：

小高考占用了大量的学习时间。之后，为了在期中考试前赶齐教学进度，大多数学科老师拼命上新课，却没有留给我们足够的时间去消化、吸收，就像一下子吃下去了很多压缩饼干，喝了点水后，发现自己消化不了……（DX同学）

失利的学生分析原因：

平时一直地理都很好，心里就有了一丝轻视，再加上受到历届理科卡在历史、文科卡在物理的思想影响，认为地理拿A是十拿九稳的事情，复习的时候没有过于深入细致，把时间和精力更多地用在了政治以及历史上。结果导致了这场悲剧。（D同学）

3A1B，死在地理上让我感到惊讶又不解。

之前的每次模拟地理都没有悬念地能拿 A。自己也感觉对地理这种有些偏理的科目比较有信心。也许就是这种想法导致了自己在这门课上的放松，对于地理知识浮于表面，并没有进行深入的研究，而这次的地理偏偏又很难，一些简单的知识点完全没有办法解决，从而导致了这场悲剧的发生。（W 同学，物化班学生）

我的物化班学生都"死"在了地理上；而我们学校的地理在大市以及周边地区都是超强阵容的，历年大小高考地理总是超群的。这次失利的原因：一是地理出奇地难；二是理科学生产生错觉，认为自己地理有优势；三是老师的引导出现了偏差，根据往年都是栽在历史或政治上。而今年恰恰第一选修历史的学生 A 多，4A 多。而一般在学校，物化班生源明显整体优于史政、史地班。

这对明年，对下一届的小高考，将产生怎样的导向作用？

反思与建议

学业水平测试，尽管从 10 分减至 5 分，但只要有加分，学生就需要，学校就会去抓，老师就会去比拼，这对正常教学的冲击无法避免。语数外是"一日不练自己知，二日不练师父知，三日不练观众知"——小高考对语数外影响太大了！

既然是学业水平测试，能不能考虑干脆不加分，变成对多数学生只是个门槛而已，只对少数可能参加高校自主招生的学生而言有一定的等级要求？

进一步淡化等级。"89 = 60，90——我的及格线！"如果你看见这样的口号和标语，是否会觉得这个一定要区分出个 A、B、C、D 等级的制度合适？

要么，既然是学业水平测试，就让它成为被学生们跳一跳就能摘到的果实。曾经政治超难、历史超难、物理超难、化学超难，今年地理超难，卡死了许多人，给学校带来的影响将是来年要加强训练难度、加大训练量；给学生的影响可能会是放弃——宁可让果实烂在高高的枝头，也不让任何人摘得到，就没意义了。

现在学生的书本太多了。走读学生书包负担过重，寄宿生的书都没地方存放了。语文，必修加选修，几十本书，再加上教辅读物，一个学生这一门课的书本资料就是一大摞。其他各科，课本加教辅用书都在好几本，还有讲义、学案、练习等，常常有学生丢了这本书，少了那张讲义，忘了一次练习。最典型的一位学生，必修科目进入总复习，我发现，4门学科 12 本书中他的 6 本书不见了。3 月 20 日下午小高考结束，小教室里学生丢弃的讲义、作业、练习堆积如一座小山。

作为一个班主任，我有一项任务，就是指导学生整理书桌，调动各种手段，诸如一定时间进行评比，请做得好的学生榜样示范……于是，你可以看到，学校油印下发的资料学生用金属夹子夹起来挂在课桌侧面；桌箅内放课本——课桌都是多层的了，桌兜，下面有书架，放工具书类。像笔者所在学校硬件条件好，每班有小教室，每人一个柜子，可以存放几十本书籍以及其他一些用品。一些学校没有这个条件，不得已，学生只得把书籍立着放置在课桌上，A4 版面大的书籍几十本放在书桌上，不到 0.3 平方米的课桌剩不下几多位置，光线被遮挡，读写姿势不端正，书写质量下降，影响身体发育，视力受损……

应该减少书本了，无论从哪个角度讲。能否严格区分必修与选修，把必修科目教材压缩到一两本书？

2010 年 3 月初稿
2022 年 10 月校订

听课之后我们怎么办？

时下，大家都在关心"推门听课"和"敲门听课"的话题，而以愚见，听课的关键不在于形式，而在于我们听到了什么样的课，更在于听课之后又怎么样。笔者所在的学校有良好的听课传统，你可以随时听，可以不用耽误多少时间，不必难为情，无须求人；亦无须行政命令，更多的时候也无须乎领导组织，完全是自觉自愿的，是一种职业生存和发展的内在需求。更为可贵的是，我们日常听到的是原生态的、纯天然的、没有经过过分的雕琢与化妆的课，是原汁原味的，是常态的课。这些都不是对外公开课的作秀与表演！

经过包装的课，犹如浓妆艳抹的模特在遥远的 T 型台上矫揉作秀，只可远观；平时教学工作中对我们更有益的是那些常态课。

《中国教育报》曾报道，教育部专家工作组深入到实验区听课，一些实验区提供的竟是经过包装的"表演课"。在这种课堂上看不出学生的学习过程，也看不出教师在教学中会遇到的问题。据此，有关专家发出警示：离开了真实的课堂，教育研究将没有任何价值！

其实，听课不仅仅是"听"这一个环节。这个"听"意义极其丰富，我们也不只是用耳朵在听，更多的我们是在思考。听课也不能仅限于听课者有收获，而是要兼顾到讲课者与听课者两方面。

听课是最有效的备课！是设计教学思路的最佳时机，是心灵的交流，思想的碰撞，是灵感最易突发和闪现的时候——许多人都谈到过，一些文章就是构思在听课中。坐在课堂上，学习和借鉴同事的经验，同时也在设计自己的教学思路。

听课是对教材文本研读最深入的时候。坐在课堂上研究教材，而文本的研读是无止境的。研读文本是教师的一种基本功，是一种硬功夫。在反复地阅读或诵读中研读，在钻研教参中研读，通过调动自己的知识积累、生活体验来研读，坐在同事的课堂上研读，最终形成自己对文本的个性化解读。唯其如此，方有可能设计出具有个性化的教学思路。成功的课，其前提之一是对文本深入而带有个性化的解读。教学绝不是一种纯技术性的操作。当我们没有那"一桶水"的时候，任凭你在那"一杯水"里兴风作浪，是无论如何也不能激荡出美丽的浪花的。

听课也是备教法、备学生的极好时机。同事设计的教法在课堂上实际效果如何，这些教法是否也适用于自己，这里有教师个人的"教情"不同的问题；同事的课很流畅，很成功，教学效果很好，所用的教学方法、教学思路我们都可以借鉴，但可能还存在学情差别。

对于开课者而言，听课应当留下"买路钱"，否则就是一种不公平。这种"买路钱"就是诚恳的意见和帮助。不只是青年教师需要这样的"买路钱"——因为他们教学经验少，有必要得到老教师的帮助和指点；中老年教师同样需要，而且还往往表现得更为迫切！为了防止过多、过早的僵化、老化，为了拓展新的教学科研思路、领域，为了既保持并发扬已有的优势，又能不断地接受新知识、掌握新方法，中老年教师自身更需要克服倚老卖老，克服经验主义、教条主义，放下架子，倾听意见。当然我们反对在评课中吹毛求疵，同事之间的日常评课也无须互相诋毁，在提出问题、指出不足的同时，不伤人情面不是更有利于和谐合作吗？

我们都不怕去听别人的课，一定意义上我们也未必怕被人听课，但无论什么人好像都怕评课。所以，仅仅是有了良好的听课习惯与风气，那只是成功的一半，那只是良好的开端——有了良好的开端，也就有了一半的成功把握。

当评课还处于"初级阶段"的时候，大家都碍于情面，不能坦诚而客观地提出批评意见，迫不得已时也更多的是说一些不关痛痒之"皮毛"以应付而已。这样会使课停留在问题与遗憾的层面上原地踏步，而没有改进与修补的机会。

有些地方"学阀"式的评课虽然伤人情面，但是积极的一面却是有利于教师尤其是青年教师的成长。说起来，课非被批得脸红心跳不足以有收获，知"耻"而后勇也未尝不是一种激励上进的良药。如果把评课中的批评意见也可以看作是一种"逆境"，那么教师处于这种"逆境"似乎更能出成果，更能有所建树。所以对比较尖锐的评课也是我们在一定阶段时需要追求的。

当然，既能诚恳地指出问题，客观地肯定成绩，坦诚地交换意见，又能批评出于善意的帮助，赞扬而不至于肉麻，交流却并非争吵，一句话，让人听不出"相轻"的味道，评课而不留下"后遗症"，和谐、合理、合情、合作，当然是评课的最高境界！

听课、评课，是日常教学研究的主阵地，是常规教育科研的制高点。离开了备课、讲课，忽略了听课、评课，对我们大多数中学教师来说，所谓教育科研，恐怕会异化为无土栽培，乃无本之木，乃无源之水。

我们不缺少开课，而缺乏听课与评课，尤其是后者。在大型而正规的场合，不只是听课让我们有收获，听专家评课同样有所得。我们有较多的机会开课，也更倾向和侧重于开课，但忽略听课，更少琢磨评课。而且现在学校对教师听课这一工作的统计考核，也只限于听课笔记上的听课数字，至于数字背后、数字之后的问题难以顾及，更助长了听课只重数量形式的风气。这不是积极有效的听课。

还有一些学校更多地看好的听课调研方式是教研员听课，而忽略校内的调研听课。侧重于教研员的调研听课往往是静止的，很多时候容易演化为凭一节课而论成败；而学校内部自己组织的调研听课则是动态生成式的，可以更好地发挥"跟踪"的优势，容易发现教师的进步与发展。

一位教师诚恳地说，听完课，被同事批到坐不住、批到脸红、批得心跳加快的时候，是我收益最多的时候；一位备课组长说过，我说同事课的这些问题，并不意味着我的课就没有这些缺点；一位同行坦然地说过，开完公开课，我就像把遗体都捐献出来了，还怕谁批吗！一位特级教师又说过，让我讲课、听课我都不怕，就怕给人家评课，尤其是在公开场合、在大庭广众之下评课！

"推门"也好，"敲门"也罢，我们只要是听到"原生态"的真实的课堂就好，因为只有真实的才会是有价值的。如果我们承认教育是科学，那么科学的生命即在于求真。真实的课堂让我们捕捉到了鲜活的细节，让我们发现了有价值的教育案例，让我们找到了教育科研的课题，但是如果忽略了评课，那就意味着放弃了解决、改进的机会。同样，如果我们承认教育是艺术，那么艺术的生命在于求美。有效的评课可以让我们减少遗憾，可以使课堂更美。

2006 年 11 月

让班主任成为学校里最让人羡慕的职业

拿破仑名言有道是，班长是军中之母，那么班主任就是中小学校的校中之母。班主任工作得力的班级常规好、学习氛围好、成绩好、班风好、师生关系和谐，任课教师轻松。一名不称职的教师影响的是一门学科的教学，而一名不称职的班主任影响的是整个班级学生的全面发展和健康成长。因此，必须"选派思想素质好、业务水平高、奉献精神强的优秀教师担任班主任"（《中共中央国务院关于进一步加强和改进未成年人思想道德建设的若干意见》）。这表明，不是所有的教师都能担任班主任，当班主任是有条件和选择的。

实际情况是，一所学校班主任配备得力，德育一条线上从大小领导到校长就省心；如果有几个乱班，大小领导就寝食难安。正如一个班级有几个调皮捣蛋的学生，班主任时时如履薄冰一样；一层楼有一个乱班，其余班级都受影响。而有一个好班，就像有了一个好的领头羊，就像短跑预赛被分到了有比自己跑得快的对手的一组。学校里最难干好的是班主任。因此有人说："一所学校如果选好用好了班主任，就等于完成了学校工作的大半。"

把学生比作士兵，家长是后勤部长，任课教师是司令员，班主任就是政委。

我们把一个青年教师培养成胜任教学的人并不难，让老教师带，让他多听课，多送出去培训，这些手段都见效很快。把一个成熟教师培养成中层干部也不难，行政会议陪坐上几年，各方面培训历练上几年，大多数受过高等教育的人基本都可能成为领导。

但把一个教师培养成得力的班主任，就没有这么简单，因为班主任更多的是靠干、靠悟、靠思考、靠总结，不是参加几天学习班，不是观摩几次班会课就能见效。大家都知道，培养一个合格的飞行员的代价和成本极其高，所以在紧急情况下宁可选择弃机也要保全飞行员。在学校能不能把班主任当飞行员看待？

班主任的选定也不是把新教师一一放上去试用筛选就能选出来的。我们在学校工作中不难发现，一些很优秀的教师，专业、人品、人际关系都很好，但就是做不了班主任。一位好的班主任必然是一位好教师，一位好教师不一定就是一位好班主任。所以要知人善任、因人制宜，学校里最缺合格得力的班主任。

把一个称职的班主任提拔成中层干部，对教师个人可能是上了一个发展平台，但从选用培养班主任的角度来说则是损失。其实我们稍一留心就不难发现，任何学校里最缺的就是得力的班主任。

班主任不是一厢情愿就能干好，不是勤奋刻苦就能干好，也不是厉害就能干好，也不与年龄教龄成正比，它往往取决于一个教师的性格、气质以及心理素质等。有人说，班主任岗位是需要丰富的知识、较强的专业能力和崇高的人格魅力的重要专业性岗位，不是拍拍脑门就能胜任的。

现在是哪些人在担任班主任？

一种是刚参加工作的新教师，初来乍到，怎么安排怎么做，凭着一股新鲜劲和热情。做得好的继续做，因为他们有了成功的经验、经历和体验；没有做好的以后对班主任工作会产生畏难情绪、惧怕心理，对他们以后的持续发展很不利。一种是准备评高级职称的青年教师，他们的年龄、教龄都是教师群体中的最佳群体，教育教学都已基本成熟，是担任班主任工作的最佳人选。一种是在班主任工作方面有一定成就的中年教师及少数老教师，但这部分人长年累月连续作战，一个循环接着一个循环，管理层鞭打快牛，使他们缺乏调整与休整，常常少有机会提高和培训，对他们的身心健康和专业发展也有不利。

哪些人愿意担任班主任？

新教师，为了尽快有所作为得到认可，站稳脚跟，以求更好发展，他们愿意担任班主任，加上年轻，精力旺盛，干劲足。学生、家长和学校都有一个不成文的共识：当了班主任就相当于贴上了好教师的标签。难怪一位青年教师开学未被安排担任班主任，其女友沮丧地说："这下你在学校里就什么也不是了……"需要评高级职称的青年教师愿意做，35岁以下、没有担任过班主任、没有研究生学历，都成为许多地方高级职称的"严控对象"。职称是教师的重要追求之一，为了职称不得不担任班主任。在有关调查中，当回答"如果您愿意当班主任，最主要的一个原因是什么"时，有21.69%的教师选择了"当班主任对评职称有好处"。有的教师明确表示，"如果不是评职称的需要，自己也不愿当班主任"。

中国教育在线网转发的北京新规：中小学教师职称晋升实行班主任优先。教师承担班主任工作的除了享受相关津贴外，他们还将在学科带头人、学科骨干教师和职称评定中得到优先权。

有没有人纯粹因为真的爱学生而担任班主任？这样的教师在班主任群体中有多大比例？

为什么成熟教师不愿担任班主任？

据报道，某校为便于安排工作，暑假前让全校教师自愿申请担任班主任工作。然而统计的结果令人大跌眼镜，全校需要安排 50 名班主任，却只有 7 名教师递交了申请。

笔者以为，发现这种情况与学校管理有关。业务过硬可以评新秀、评能手、评学科带头人，而且特级教师也要从学科带头人中产生。虽然也有"德育新秀"之类的评定，但有吸引力不够。一些成熟教师也就颇识时务，象征性地做几年班主任后就"隐退"，甚至有人因不愿意担任班主任，在班级管理工作上完全不上心。特级教师、教授级中学高级教师评选中考虑班主任工作的因素占多大比例？可能有不少人在思想深处认为班主任是不该让这些有成就的老师去做的，不该让这些能成名成家的老师因为担任班主任而耗费时间精力的。在实际操作中，我们还是把钢使在刀刃上！

担任班主任，学术交流活动常常因为你是班主任，离不开而不能参加，高考阅卷这样的差事也会因为班主任离不开而轮不到你。

与学校的氛围风气有关。有些人认为，班主任是"小儿科"，是"孩子王"，有作为的教师应该成名成家，应该向上发展。有成就的教师受抬举担任教研组长，再有成就提拔担任中层领导，几乎没有学校因为教师有成就而提拔担任班主任。

与教师心态有关。多元社会文化价值体系中，部分教师的价值标准注重实用，行为选择偏重实惠。

与政策引导有关。不担任班主任评不到高级职称，于是乎一些青年教师到了快申报高级时心不在焉地做一两年，只是一个留守看守的角色，而不是用心去做。调查显示，"一些出于功利目的而当班主任的教师，评上高级职称后，就不愿再当班主任了，从而使一些学校的班主任队伍过于年轻化，形不成梯次结构。"

学校的考核评价机制不够完善。事关教师切身利益的年度考核与职称评定、荣誉奖励、奖金分配及职务晋升等，往往统计的只是教学成绩、科研论文、公开课、教学竞赛、学生辅导等，而很少见到将班主任工作纳入实惠性考核的。所以有老师认为，班主任工作做得好与不好一个样，教学成绩是饭碗，班主任工作凭良心。

工作量大，压力大。对中小学教育稍有了解的人都知道，学校里大大小小的事情都得找班主任，家长要找班主任，课任教师要找班主任，学生出了任何事情都与班主任有干系。而且现在相当多的学校都实行寄宿制，一月工作28天，每天工作十几个小时，学生在校几乎所有的事情都由班主任担着……班主任工作不但在校内要做，就是下班后甚至假期里也难得清静。调查显示，班主任管理班级大约要花费掉一半的工作时间。有资料表明，中小学教师是当今工作压力最大的群体之一，身心健康状况令人担忧，心理健康问题突出。而这个群体中最严重的肯定是班主任。

能不能让班主任成为学校里最让人羡慕的职位？让人羡慕班主任的什么？精神的物质的还是其他？

行文至此，我自觉心虚，莫非想得太美好了，就在电脑上输入了本文标题，结果一点击才发现早在我之前已有文件提出过了，也已有人呼吁过了：

教育部"关于学习贯彻《中共中央国务院关于进一步加强和改进未成年人思想道德建设的若干意见》的实施意见"明确提出："使班主任成为令人羡慕的岗位。"

教育部原部长何东昌曾经说过："一个优秀的班主任，就是一个教育专家。"这是老一代教育工作者为青年教师指明的努力方向，也是对优秀班主任的极高评价，当然也说明当一个优秀的班主任实属不易。

2008 年 8 月

花开需要等待

在我们这样的全寄宿制学校，班级管理的源头在宿舍。只有管好宿舍，才能保障班级纪律常规，才能保证良好的班风的形成，才能保证学生全身心投入学习。

高一第一学期期中考试之后，军训的印记越来越淡了，同学之间越来越熟悉了，女生3310宿舍接二连三熄灯后讲话，被执勤老师由警告到扣分。经过了解，讲话违纪的重点人物是A、B、C三个人：A同学成绩一般，借读进来，性格最为活跃，天生健谈，父亲是重要部门的领导，与B同学的父亲是亲戚；B同学中考成绩班级第一，期中考试成绩又很棒，现担任班级学习委员，该宿舍舍长，父母是开工厂的老板；C同学父母也都是有头面的人物，母亲是某部门领导。与该宿舍其他三位同学比，这三个同学家庭条件都比较好，个人颇有优越感，而且这三个人之间关系也相当亲密。熄灯后讲话最严重的一次，是这三个人在大吹特吹她们各自家里的汽车，其他同学家庭条件一般，没有汽车，对汽车知之甚少，根本就插不上嘴。从他们谈论汽车的语气语调里流露出来的有炫耀，有得意，有自豪，而带给其他三位同学的则是自卑，是不平，是对班主任的怨恨……

这是组建新的班级以来本班最为严重的一次违纪扣分事件，随着期中考试的结束学生在思想和行为习惯上普遍有所松懈，下半学期以来班级明显常规下滑。

教育需要寻找最佳时机，我经过充分的了解与慎重的考虑，决定以这件事为契机，开始新一轮的班级常规纪律与班风班貌的整治。从与部分同学的谈话中，从一些同学的周记里，我也隐隐约约感到，班级里相当多的同学反对宿舍熄灯后讲话，对这三个同学有意见，特别是女生中对这三个人自恃家境优越较为张扬的行为很不满；而且熄灯讲话违纪扣分这种事件，与餐厅卫生扣分比、与班风班貌扣分比，属于有意为之，属于明知故犯，而非过失扣分。我还从同学谈话中和与家长交往中隐约感觉到，班级里的同学和家长都一种观望心态，有一种说不出道不明的心理，看你这班主任怎么办，敢批评这三个人？能取消她们的住宿资格？让她们请家长来？

这三个同学也对这次讲话扣分不以为意，大大咧咧，觉得班主任不会把她们怎么样。

花开，需要等待……

我先利用班会时间从这件事情的外围做起，让主管班级常规的副班长总结大半学期以来本班的纪律常规扣分情况，争取让全班人人都明白：这是我们高一（15）班从开学到现在最严重的一次扣分事件，是一次故意违纪造成扣分的事件，这次事件对班级造成了比较大的损失，开了一个恶劣的头，是一次不能同情和轻易原谅的错误。我又让全班同学拿出军训时发的各种规章制度，让人人都明白，宿舍讲话是严重违纪，是要取消住宿资格的，少则三天多则一周。我又在班会上讲了一个故事：

250年前（1764年）的一天深夜，美国哈佛大学图书馆突遭一场大火，很多珍贵古籍绝版付之一炬，令人痛心疾首。其中一名学生面临严峻考验，大火逼迫他做出一个两难选择。

原来在此之前，这个学生违反图书馆规则，把一本哈佛牧师捐赠的珍本书籍偷偷带出去，准备逍遥自在地阅读完再偷偷归还。一场大火使得这本"逃生"的书成为250本珍籍中唯一幸存的一本。怎么办？是神鬼不知地据为己有，还是光明坦荡地"完璧归赵"？一番激烈的思想斗争后，惴惴不安的学生敲开了校长办公室的门，他把事情原委说明并郑重地把书还给学校。接下来霍里厄克校长的举措更令人吃惊，他收下书表示感谢，对学生的诚实和勇于认错给予褒奖，然后又把他开除出校。

哈佛的理念是：让校规看守哈佛。

A、B、C三个同学都意识到了错误——给班级抹了黑，对自己在老师和同学中的威信有影响，觉得十分对不起老师和同学，但她们还抱有侥幸心理，班主任不会取消我们住宿资格的，不会对我们下手开刀的！

A同学觉得，老爸老妈知道了还不骂死我！当初为了让我借读到这所百年名校他们费了多少周折，躲过了这次以后真是不敢再这样了；B同学心里想，刚刚考了个好成绩，本想在爸爸妈妈面前风光一把，在班级里红火一阵，结果犯了这么个错误，还能不能评三好，老班会不会从此不信任我……反正讲话带头的是A，老师不先罚她也就不能罚我；C同学直犯嘀咕，老班如果不给她们两人面子，那我就死定了……

我还不急于宣布处罚决定，继续等待。我对三人一起说，你们违反了纪律，按照校规是要取消住宿资格的，是执勤老师抓住了你们，学校德育处也知道，其他班级老师同学也知道，我没办法不执行校规；而且如果不这样做，对你们以后在班级里与同学相处也没有好处，老师也就不好管理班级了……这样说了之后，她们三人都意识到，取消住宿资格是铁定的了。

取消住宿资格需要家长每天夜自修后来学校接，第二天早锻炼之前送到学校，需要家长签字。三人私下里协商，B同学跟自己家长说明情况，三人一起受罚，A、C同学不让家长知道，都到住B同学家里去……小脑筋动得溜，还挺得意的，老班你总要饶了我们了吧。

这肯定不行，取消住宿资格是对错误的惩罚，缺乏惩戒的教育是苍白无力的！惩罚不是放假度假，否则就起不到应有的作用。

我又跟这三位同学说，你们的出发点是好的，减少家长的麻烦，尽量减少对你们学习的影响，老师也是以通过批评教育你们而达到教育全班同学为出发点，不过你们肯定要让家长知道这件事情，不然老师也不会同意你们都住到B同学家里去。我的目的是要让家长知道这件事，而且最好是由犯规的同学本人去说明。目的在于让学生经受一次教育，而不是达到惩罚的目的出气了事。

花开，的确需要等待！

我决定从A同学入手，先执行取消住宿资格三天。我跟她说，你还是考虑拿出勇气来告诉你父母好，住到同家里应该征得他们同意。我觉得这件事我要是直接告诉家长就不一定达到教育目的，甚至会带来消极作用。我说服A同学让她主动向家长说明情况并承认错误，我再三思索：A同学的父母都是有学历有社会经验的人，他们会配合学校教育处理好这件事。A同学的父亲他不会在这件事上袒护女儿，不会向老师开口说情，也不会为这件事去向学校领导求情。我们都不会给孩子这样一次心灵遭受污染的机会！

我让A同学在她认为合适的机会主动向家长说明，我没有催逼，我在等待，我想让她自己想明白，这个错误的后果必须由自己来承担。

周末的一个下午，A同学的父母来学校看望她。大人看出来孩子心里有事，欲言又止，就鼓励她说出来。A同学把憋在心里十多天的话全向父母说了，说完，她哭了；哭完，她感到轻松了。但她还心存一丝侥幸，妈妈会不会提醒爸爸为我说情,被取消住宿资格多丢人啊!

A同学的父亲毕竟是担任领导的人,当即就决定,按学校规章制度办,接受学校惩罚,并主动与我联系。

季节已是冬天,虽则三天,晚走早来也是一件很苦的事情。

就这样,顺利地让A同学接受了惩罚,取消住宿资格三天。接着,我又给A同学布置了一个任务,写一篇周记,题目就是"这些日子里……"几天后我在批阅班级同学周记时读到A同学的这样一些心里话:"这些日子里,我想明白了很多事情,我仿佛长大了许多。还记得小时候,爸妈常常连续几天几夜的加班,他们忙得昏天黑地,总是狠心地把我往外婆家一扔……爸爸是不会在我犯错误的时候袒护我的,她要的是我健康成长;老班也不会因为我老爸是领导就对我网开一面的,他要的是班级整体好管……这世上没有什么救世主,自己的过失自己承担,自己的行为自己负责。幸好,没有造成同学打我的注意,没有给爸妈带来更大的麻烦……"我再也抑制不住内心的激动,提起笔在A同学的周记上批了满满一页纸,对她给予了肯定和鼓励。

我把A同学的周记在全班读了,她激动得流下了泪水,全班同学报以热烈的掌声,B同学和C同学则深深地低下了头……

真的,花开需要等待;可是有时候我们总是对学生的错误揪住不放,总是操之过急,甚或相煎过急!

B同学递给我一张纸条:"老师,你让我接受处罚吧。我想明白了,是我错了,我是舍长,是班干部,我没有带头遵守纪律,就让我带头接受处罚吧。以高分考进这所名校,我是来接受教育的,我没有任何优势和资本,我只有更加严格要求自己,只有更加勤奋……"B同学的家离学校相对较远,取消住宿资格三天带来的麻烦更多,B同学的父亲曾经考虑过向老师求情,被B同学谢绝了,理由是A同学都处罚过了,别再麻烦了!

剩下C同学了,我没有主动找她。一天午饭后,我发现她从食堂出来一直尾随着我,她羞怯地走进办公室,说:"老师,给我开取消住宿资格通知单吧……"

三个违纪同学都受到了惩罚,高二分班后这三个学生都不在我的班级里了。

B同学成绩优异,考入了理想的大学,本一录取,家里办了酒席,请亲戚、朋友、老师、同学,一定要请我这个高一班主任去。在酒席上,碰到了A同学、C同学以及他们的家长,B同学在敬酒时说:"寇老师,真心地谢谢您，您让我明白了许多道理，好成绩不是违纪的屏障，家庭条件优越也不是犯错误的挡箭牌。高中后来两年，我时时提醒自己，不光是要学习好，还要全面严格要求自己。后来每当碰到班级里有违纪事情惹老师生气，我就为班级遗憾；每当有同学被老师处罚，我都觉得对我是一次教育……这就是我坚持今天一定要请你来的原因。"B 同学说着眼泪直在眼眶里打转。

B 同学的父母忙于招呼应付客人，没有明白女儿为何如此动情。A 同学的父亲端起酒杯说话了："这件事情我们后来时时谈起，觉得老师做得很对，寇老师，我们真的感激您，您给了孩子一个自我教育的机会……"A 同学叫来了 C 同学，和 B 同学一起给我敬酒，一切尽在不言中……

花开是美好的，但这个过程是需要耐心等待的！

真的，花开需要等待！

2008 年 9 月 18 日

五十大话：享受班主任，享受教育

2012年新年的钟声一响，我就正式进入知天命之年了！

奔五之年，因参加国培而结识了浙江师范大学蔡伟教授，得知我已经在中学班主任的职位上坚守了近三十年，他发出感慨："你这个年龄还坚持在班主任岗位上，估计你的幸福指数一定不低，否则不会乐滋滋地干到现在……"

有感于这位在中学打拼过半生的教授之言，我在这个特殊的时刻对自己的班主任生涯进行了一番思考。

当上了寄宿制重点高中班主任，你就没法偷懒！

早晨看操，一般是6点之前起床；晚上检查宿舍，多数是在10点以后回家。班主任工作让我养成了早起早睡的习惯，即使寒暑假我也不睡懒觉，很少熬夜。上下班我用不着开车，也不喜欢自行车、电瓶车。每天晚上查一趟宿舍，然后步行十几分钟回家，身上暖暖和和。大清早我穿过小区，夏日河边漫步，冬季慢跑健身……

当班主任，比别人多了许多锻炼身体的机会！课间操跟着学生跳起健美操；阳光体育活动时间跟着学生跑操，他们喊什么我就跟着喊什么；他们跑几圈，我就随几圈。

人的衰老先从两腿开始，人体器官用进废退。三十岁时我能和高中生一起跑100米，成绩最好时12秒左右；四十岁时我还和年轻人一起跑1500米，并且不是最后几名；现在，我还能一口气连续打十来个侧滚翻。上场挥拍，我只跟四十五岁以下的人较量，跟我年龄一样的人几乎都做不了我的对手！

我们学校教工专用羽毛球馆有副对联：请人吃饭不如请人流汗，约人喝酒不如约人打球。运动总要产生热量！我一年四季中有三季洗冷水澡，除非天寒地冻之时。出一身汗，我在球馆旁边的卫生间里就能洗浴，球衣、换洗衣服都放在卫生间里——虽然也曾丢失过价格不菲的名牌运动服装。冬天，我从来不用穿鼓鼓囊囊的羽绒服什么的。

因为做班主任比同事早到学校，我长年累月到学校教师食堂吃早饭，尽管食堂多是豆水白粥、白馒头、白水煮鸡蛋，但我不在乎！某年整个一学期，大家都嫌食堂早餐单调，或到外边吃，或在家开小灶。三个炊事员每天早上伺候着我一个人。总务主任见我就求情："老寇啊，你也到自个儿家里去吃吧，食堂人手紧，理解理解我们的难处吧！"我答曰："使不得，使不得，我得早上起来活动一会儿才能吃得下早饭，小区到学校食堂的这十来分钟路程不远不近……"几个炊事员却一个劲地跟我说好话："寇老师你就同情同情我们吧，你要是不来吃早饭了，我们就等于失业了，就被调到学生食堂去啦……"

是班主任这个职务，让我几十年来一直保持良好的生活起居饮食健身习惯，而良好的生活习惯是身体健康的基本前提和保障。

当班主任嘛，就要多跟学生泡在一起。我午饭晚饭都在食堂吃，只要食堂不放假正常开火，所以我是学校食堂的铁杆球迷。因为坚持在食堂用餐，是定时定量的——我们这样的学校，吃饭时间需精确到分，晚到几分钟你就没得吃了——所以，尽管我是一个胃口很好的人，现在的饭量与三十多年前还是一个农家娃时基本一样，但我到了这个年龄还能"三不高"。

饮食有规律，肠胃功能好，消化功能好，当然吸收就好。

我的理财新理念：储蓄金钱财富不如储蓄健康美容。我没有美貌，只好储蓄健康了。

别人小病连个感冒都得去打点滴，我只要喝水就能解决问题。同事中跟我年龄相当的人，有的稍一不舒服不是窝在自家的床上折腾自家人，就是卧在医院的床上被别人折腾……三十年来，不，五十年来，我只因急性阑尾炎发作住过一次院，挨过一次刀。我，这三十年中学教师生涯中仅仅请过七天病假！

链接：

那是今年上半年，突然腹痛难耐，我自己觉得肯定不是一般性的肚子痛，反思午饭也没有问题。当时痛得连楼梯都下不了，自觉也不能驾车了。赶紧电话呼来自己的老婆驱车往医院。几分钟就查清楚，急性阑尾，立即手术。咱指使多年以来一直担任老婆从来没有换过的那个菜鸟司机，让她回家拿几样生活用品，看来我老人家这次得在医院里消费一番啦！实则是心痛她站在手术室的门外：猪槽里没食了——狗急得跳。等她再回到医院，咱已经走出手术室，亲自回到病房了！

主刀医生是我校多年前毕业的一位学生，建议我全麻，我坚决地说："局麻！正好让我体验一下手术室的无影灯，亲自看看你们怎样在活人身上动刀子……"我和医生聊天："别把不该割的给我割了！"我跟护士开玩笑："从我身上割下来的东西，还给我以作纪念……"结果你可想而知……

两个护工过来架我，我说我自己能走！护士说你躺下我给你挂水，我说我就要坐着挂。

身体好的人，未必都心态好；但是常年四季身体得病的人，多半心态情绪不会好。影响一个人幸福指数的最关键的因素是身体健康状况，并非票子、房子、车子、位子……身体的病痛只有靠自己亲自品尝体味忍受，多疼你、爱你、关心你、讨好你、巴结你的人也替代不了。

人只要身体不好，工作就怕累，事情一多一紧急，往往就容易发牢骚。常发牢骚就是把自己的不良情绪时不时地温习、放大、强化并污染别人。环境污染不仅仅是废渣、废气、废水，还有光、声、音、话、容、情绪等等！

常发牢骚的人，很可能导致人际关系不好，尤其是上下级关系紧张。全世界有那么多人，跟我们有直接关系的仅仅是我们身边天天不得不见、不得不打交道的那一小部分。夫妻不和可以分手，亲戚不和可以不来往，朋友不和可以断交；但是同事不和，谁也不能把谁从视野里消除。如果内耗，没有赢家。而所谓事业，首先是工作环境人际关系的和谐。我们的事业大于你，大于我，大于你我他，也大于我们，我们总应该超越周瑜和诸葛亮啊……

心态是快乐的天使，也可以是痛苦的恶魔。

人有时像个轮胎，心态不好，你可能常这样想：为什么我啥事儿没做屁股一抬就得先涨一肚子气呢？反之，你就这样想：我要想往前进一小步，就得先鼓足了勇气！

生活习惯好，带来身体好，随之心态好。心态好，没事儿咱不找事儿，有事儿咱不怕事。好心态，带来工作高效率，举重若轻，淡定自若。继而心理年龄、生理年龄与实际年龄不一定同步衰老。

班主任，更多的是与孩子打交道。孩子的心灵是阳光的，不管多内向的学生，都有一股青春气息，内心都不乏青春激情。保持跟学生在一起，我们也多了一份阳光。我有过不短时间的体验：管理教师，跟成年人打交道，你需要费心思、用心眼；而管理学生，你只要付出真情，你用不着心眼。我不适合管理教师，我喜欢管理学生。我做班主任不像有的同事那么费劲，那么累，那么计较，或者那样如临大敌，那样有心理负担。更多的是在言谈玩笑中搞定，虽然也时常发火，但我不往心里去。我这样年龄和教龄的人没有多少功利，不是因为评职称等等硬杠杠卡着，不是因为谁硬让我做、逼着我做，也不是我一定要缠着做。全凭着一颗心，一股热情，一份守望。

前五六年了，同事的一次玩笑，引我正儿八经地思考。

一起奋战高三的一位同仁，为从事心理咨询，正在拼一张证书，需要有人配合完成一张测量表。他就一项一项地问，我就有意无意地选择那些ＡＢＣＤ，谁都没有当真。但统计结果却令整个办公室的十多位同事大吃一惊：这张相当权威的量表测得我当时的心理年龄是二十岁左右！天哪，大家一哄而起，考证联想我的种种行状，确系"弱冠之年"。玩笑谈吐之间，我又回到了"小寇"年代。十几年前引进江南水乡，一夜之间，我终于荣升为"老寇"了，环境变了，新同事们不再像老同事们那样沿用我刚参加工作时的"小字辈"称呼，现在却因一个玩笑彻底倒退了！

我们没有办法挽留身体年龄，但我们可以保鲜心理年龄。

心态是自己真正的主人。

班主任这个职务还提升了我的能力。

我从较低起点走上讲台，在中国贫穷、落后、偏远的黄土高原农村出生长大，参加高考之前我没有去过县城；上大学之前我没有乘过火车；背起行李卷怀揣干粮去求学，父母最担心的是在大站换乘时把我给丢了……出校门，进校门；再出校门，再进校门，我一直循环在校园里，没有丝毫的社会经验，缺乏组织管理能力，竟然还不知道口头表达也是一种能力！

是班主任这个职位改变了我，成长了我，成就了我。

担任初中班主任６年之后，我考取了脱产进修。一进省教育学院，同班几十名进修教师，我不是年龄、资历和专业方面有优势的，但却被选为班干。我当时以为是因为我来自城市，是因为我成人高考分数最高，甚至以为我是那个班级里工资最高的人……一年之后，第一批班干中的多数人落选了，我是仅剩的一两个班委中的一

员。又为大家服务了一年，直到我们毕业后的一次聚会，我才明白，那是因为我在班主任岗位上锻炼出了一定的组织能力，有了一定的口头表达能力。

拿到本科文凭，28岁的我回到原单位任教，成了一名高中教师。20世纪90年代初，正值而立之年，我以一名班主任的身份，组织了一次边防军事夏令营。四十多名学生，十来位教师；一个多星期的时间，千里之外；军事训练内容安排，野营拉练，边界巡逻，实弹射击，哨所和牧点慰问，文体活动；联系本地新闻单位派人员宣传报道，说服军分区等多家单位领导支持赞助，争取大型国企矿山配合行动……基本上都是由我和那位同龄人的边防连长策划并实施。在即将离开边防部队时，适逢他们的军分区司令员来视察，顺便参加了我们的闭营式。学生与军人列队完毕，按部队习惯，副连长整队之后要向首长报告，"司令员同志，边防五连全体指战员列队完毕，请您指示……"出于对我们客人的礼貌，或者为了让我们多一层体验，我看见司令员示意部下改为向我们夏令营负责人报告。这位副连长一时语塞，"寇老师同志，边防五连与夏令营营员集合完毕，请您指示……"惹得全体在场人员在那个庄重的场合全都笑得前仰后合，司令员也一时没有了军人的威严，笑着说："带领这多人马参加这重要的一次活动，得是教育局或者学校的领导嘛，按部队习惯称呼人家职务嘛……"据说后来这位司令员还认真地了解了一番，很欣赏我的组织能力。

在班主任岗位上锻炼出来的组织管理能力与表达能力，不只是促进了我的教育教学工作，我还常常应用于其他方面。

当我的双亲都年过古稀的时候，我突然意识到，我这样人生经历的人，将来在家乡里给父母操办后事是有很大难度的。我离别家乡时间太长，村子里许多年轻人不认识我，我也不认识他们；亲戚朋友的红白喜事几十年间我没有参加过，没有走下人情；家乡婚丧嫁娶的礼节规矩我都不

太懂……

　　我决定进行一次演习！

　　我给父母搞了一次大型的祝寿活动。

　　我自己策划安排全程活动方案，指挥采购置办了所需物品。狭窄的农家小院，几间低矮的土坯房屋，隆冬天气，相对集中的几个小时时间内，我要让这几百位亲朋好友热热火火地吃得满意、喝得尽兴……我把弟弟、妹妹、妹夫、弟媳妇，按各自才能特长分成几个工作组，各负责一两个方面的筹备工作。我给村子里来帮忙的人也进行了合理的分工，茶水组、车辆组，接待组，纪念品组……最令家乡人眼界大开的是，我把一二十名在厨房里帮忙的妇女分成干果糖品组、凉菜组、热菜组、主食组、保障组（洗盘子刷碗、抹桌子扫地，让全村人笑了好几年！），我在每组选一名辈分大或年长的人担任某某厨师长或组长，结果一改家乡多少年来一办事就几十人一窝蜂挤在厨房里吵吵嚷嚷、人浮于事、混乱不堪的局面，使整个事情从头到尾井然有序，轻轻松松，说说笑笑……

　　家乡老人们开玩笑说，啊呀，没想到啊，你竟这样操办事情，让我们长见识了！以后这一道川里的红白喜事都会有个改变了……

　　此后，我心里有底了！我在三十年班主任岗位上历练出来的能力，足够我在家乡那个小地方把父母的后事操办得有条有理。以后退休了回到家乡，谁家有个大干小事，从主事主管主办主谋到主持司仪到我都可以应付！

　　我能明显地感觉到，每带一届班主任，我都得到了提升，都得到了成长，尤其是在组织管理能力方面。可以说，我做班主任是越来越轻松，越来效率越高，而不是越做也难，越做越苦。

　　最近的一次考验是在 2010 年参加国培。来自全国四个省五十名重点高中的骨干教师，有特级教师、教授级高级教师，有校长、主任，有专职教研员，报到当天我被推举为班长。历时十几天，浙师大培训，全国中语会尖峰论坛，游学浙江各地名校。组织开课评课，主持讲座，游学所到之处与各校联系落实计划，各类繁杂琐碎事情数不胜数。我每天晚上只睡三四个小时，高强度劳动，协助国培项目负责人蔡伟教授成功完成了这次任务，给浙师大打造了一个精品国培班级，受到各个方面的好评。我多了一个称号"寇班"，我多了一批朋友，从东北边陲的黑龙江到南国广西。

起初我认为，这可能是因为我来自发达地区，我来自百年名校，甚至猜测因为蔡伟教授指定我在开幕式上作为学员代表发言……结果直到我们已经培训结束分别了，我才明白了原因。

蔡伟教授对其他学员说了一段话，大意是说，寇永升这人能在重点高中做班主任这么长时间，肯定是有举重若轻之力的；没有相当的组织管理能力，光靠拼体力花死功夫磨破嘴皮子唠唠叨叨，这个年龄早就靠边了，他还哪有时间精力心情在语文专业上提升……开幕式讲话只是让大家认识认识他而已。

我不是那种"班妈"型的班主任，不是那种苦口婆心的班主任。我知道这样一句蕴含哲理的名言：青蛙总是在不停地叫，可是从来没有关注有什么意义；雄鸡只叫一声，人人都明白，天亮了！我不是消防队员，我不能看见什么说什么，不能随时随地对学生指手画脚……我得提高言语说服教育能力，我得提升班会课效率，我得不停地历练自己的表达能力。今天做班主任再也不能像以前那样，"三病"式的老师（带病上课、生病了夜晚还在油灯下备课、自己躺在病床上了还在关心着学生……）精神可嘉，但已经不能胜任如今的教育工作。今天更需要我们有能力！

我感谢班主任这个职位。现在我真的不怕在任何场合开口讲几句话，我不怕组织繁杂的活动，我相信我能胜任一般的班级组织管理工作。

做个专职班主任，办公室吵吵嚷嚷时，我往教室里一坐，手机不接，短信不回；内线电话，我不在呗；QQ骚扰，我没看见嘛。如果这些年我还看了几本书，那还真得感谢班主任这个职务。我一直在教室里给自己有个座位，把我要读的书放在那个小课桌里，早晚进教室，伸手摸出来，读上几页。作业时间，早读课上，我才不背着手在教室里转来转去呢，学生读他们的，我读我的——你说学生们能不书声琅琅吗？咱用得着去扯破嗓子喊"读书读书""声音响一点"吗！

当个班主任，守住自己的一亩三分地，免得学校的那些繁琐事儿闲杂事儿乱摊派乱抓壮丁来烦我。作为语文人的我们，都有这样的体会吧，今天这位领导布置你给他写份总结，明天那位上司要求你给他写个材料。我经历过的最可笑的事情，是校长把我从高三的课堂上拉出来，喝令学生自修；交给我几张纸，"你给我把这份材料修改好，保证下午下班前我能交到教育局，保证咱学校的这个省级荣誉能评上……"

现在这个教育环境下，能像西西弗斯那样虽则单调地滚石头，但还能滚出点乐趣人，一种是有教育思想、办真教育、不单是为做官的校长，另外就是有个性、有思想的班主任！一个教师不做班主任，往往就成了挖空心思拼体力死揪揪死保证分数的机器，在一些学校常常表述为在给班主任打工。班主任走进你的教室，尽管是戴着镣铐，但总归是有个舞台啊，总归是我们还能跳啊！在这个小天地里，我可以步履蹒跚、如履薄冰地尝试践行我的点滴思考啊。

班主任，还能对学生有些影响，留下些教育的痕迹，若干年后学生还能记得你这个班主任。

教书和享受教书的境界是不同的；当班主任和享受班主任的境界是不同的。陶醉于钓鱼的人，都并非为了享受鱼的美味；酷爱烹饪的人，多半是为了让别人品尝美味佳肴，从而在别人的咂嘴赞叹中获得成就感。

做班主任需要一种自我约束，或曰需要一种境界。

为了做好这个娃娃头，三十年间，我坚持没有让自己学会抽烟；坚持没有学会打麻将；扑克牌的一二种简单游戏都还是小学和初中学会的，现在也都忘得差不多了，至今连斗地主都不会……

换种说法，是班主任这个职位没有让我养成不良嗜好，还不得感谢它吗！

班主任的意义不在眼前，常常在十年二十年乃至更远的将来。

在中学里，不做班主任只能算是半个教师。自己有时候觉得也像个打酱油的人了。如果你不是班主任，你很难走进学生心灵和生活的深处，你很难了解到学生的家庭——我们生活在象牙塔里的知识分子们，也就很难了解校园以外的社会，我们很难知道社会各个阶层的生活状况，尤其是挣扎在社会底层的那些群体。久之，我们越来越成了书呆子，我们就缺少了读书人应有的悲悯情怀，就淡化了匹夫之责。学生和他们的家长就是连接我们与社会的纽带桥梁，我的心时时与时代脉搏共振，与生活的节奏同步，才不至于落伍。

学而不愚，书而不呆，至少我自己时常在这样提醒自己。书呆子不能算作是真正的知识分子。

自己的学生在上学时，不好好学习我曾经大发雷霆骂过，有了进步我比他们的爸爸妈妈还高兴；有困难我就帮助他们，有成绩我会鼓励他们……多年以后，某一时间地点见面，相逢一笑，融融师生情谊。喝多了，他们把我送回房间，帮我脱掉鞋子；清醒着，我和他们一起吼歌……

20 世纪 80 年代，我挣七八十元钱的时候，帮助那些不敢开口问爸爸妈妈要贰角、五角、一元钱的学生交上讲义费……90 年代，一个家庭变故的学生，上学路上缺少一辆自修车，我把给妻子刚买的新自行车送给了她……现在，从口袋里拿出千八百块钱帮助个别特殊学生，也是时常有的事情……

我只是个班主任，但近些年来所到之处，常有学生热情招待。

这些年，家伙们都混出个人样了，无论我走到哪里，都开口就是"寇老师您总得给我个机会嘛……"

刚参加工作时教的学生有的年龄跟我差不多一样大，聚会时还要跟我"约为婚姻"，原来人家的儿子比我女儿还大。十几届学生中有的已是主政一方的官员，有的成了为国戍边的将士，有的是胜于蓝的学界名人，好多已经成了身价不菲的企业家……

我到广东开会，前后几届的学生一传十，十传几十，一站接一站接力接待我。到了惠州，一个家伙是旅行社的中层领导，安排我到苏轼当年"不辞长作岭南人"的罗浮山度假。到了深圳，家伙们说，寇老师你应该到澳门逛逛——我在澳门回归之前就先去光顾了一番，害得把身上的钱花了个精光，差点西装革履进去短裤走出来。一年暑假在街上闲溜达，碰着一个让我当年恨铁不成钢的的家伙，站在马路上对我说，我记得你当年讲那个什么什么驴的课文（柳宗元《黔之驴》）最起劲儿，觉得你也挺好事的……你想不想到边防部队去玩玩？这家伙就把我忽悠到了某边防连队，在那里实地考察、住了半个暑假。那种特殊的经历、体会和感悟，让我对国土、边界、边关、边防、边防军人等等有了深切认识，让我自此以后对几乎所有的军旅歌曲都多了一份喜爱。一个偶然的瞬间，我看见电视连续剧中的石光荣，国庆阅兵，这位老军人再也不能亲自上阵，但他却一身戎装，挂满奖章，泪光点点，独自一人在客厅里面对电视机立正、敬礼、正步走……让我对这一类人多了一份理解与敬重；让我后来长时间内把秦牧那篇《土地》讲得天花乱坠，恨现在的教材不选这些篇目了！

最会享受的皇帝乾隆爷，最喜欢的事儿是巡游江南，最爱讲排场让龙舟绵延几十里，最不怕麻烦人，随员排了好几千，吃喝用度都得携带着。话说一日在半道上碰见了姚鼐，看看这位比自己年轻二十来岁的书生，只身一老头儿，只骑一毛驴子，乾隆帝不无羡慕地感慨，你出门人不用带干粮，驴不用带草料；看看我这队伍多麻烦啰唆……敢情人家姚鼐所到之处州府路道的地方官员多数都是他的弟子！

我现在越来越有点儿享受姚鼐的待遇了。中国之大，三十多个省自治区、直辖市，就剩下台湾我还未曾踏上脚印。我不愁吃住行花钱，只发愁没那么多闲散时间。

当个班主任，我就是一个完整的中学老师，不再是半个教师。

二十岁，在那个教师地位还比不上供销社售货员、比不上粮站营业员的年代，我由一个农家娃，怀揣着那个时代还凑合能用的专科文凭，站上了大市重点中学的讲台。上班第一天起，校长就指令担任新初一班主任。三十年了，除了中间脱产进修两年、引进工作前后一半年，担任班主任的时间几乎与教龄相当。后来未到而立之年担任大市重点中学年级组长我还是继续当班主任，干中指挥才有人听嘛。担任重点中学教研组长、兼任大市教研员，我还当班主任——班主任不能中断，一旦停下歇一段，你就变懒了，你就很难再吃得了那份苦了。决心离开我的第二故乡嘉峪关市了，怕耽误人家那批子弟，我才找各种理由推辞掉了。引进江南，初来乍到，咱是来路的沙子，低调一些，那一年我没有担任班主任。但是我在观察办公室两位同事做班主任。一年之后，我主动要求再度出山重操旧业，至今又十余年矣！

生就了是个狮子老虎，宁可为了猎物在狂野中去追逐奔波，也不愿意被关在笼子里被人饲养展览。我放弃过当个专职笔杆子，放弃过进教育局做个事务员，放弃过在学校提拔当个中层领导等机会；报社面向社会公开招聘记者，我因为摄影已入门加上有文字专长，已经连闯几关都是大市第一了，我还是在领导的劝说与硬卡中放弃了。

我在不短的一段时间里体验过，在学校担任个小领导，我参加各种扯皮的会议，应付各种无聊的材料，完成各种琐碎的事务性工作，这些精力足够我把任何一个班级搞得井井有条，我还会很有成就感。因为我在干正事儿，不是在学校里跑龙套，不是挂着教师的名却在打教育的酱油。

圣人云，行年五十而知四十九年之非，可能是我的心理年龄还不够成熟，至今还没有想透彻一些事情，还沾沾自喜于做一个孩子王，当同龄人在慨叹"再混一两年，咱就用不着做班主任了"，我却在计算着"我可以再做几年班主任"……

权作我的五十大话——享受班主任才能享受教育。干上了班主任，就逃不了教育的烦恼；但是不做班主任，你就不能享受教育。

2011 年 12 月 30 日

怎能忘……

——寄语 2012 届高三（10）班学生

怎能忘
最晚一个走进教室的忐忑
怎能忘
被你叫起来回答问题的窘态
怎能忘
黑板上默写有错字时的尴尬
怎能忘
为了一张出门证向你开口
怎能忘
站在你面前掉下金豆豆
……

怎能忘
考前辅导的那个中午
仅仅在我们吃午饭的几十分钟里
你怎样写满了密密麻麻一黑板的答案
那个中午，你吃饭了吗
下午连续四节课，你也曾稍微眯了一会儿吗
你的胳膊酸痛吗

怎能忘
6 月 6 日的那个傍晚
你又忙碌了一整天
我们晚饭后走向教室的路上
才看见你最后一个向食堂走去
你吃到晚饭了吗

那样一个热天
你是否洗把脸，是否擦擦额头的汗水
就匆匆站在 C316 的讲台上
一句句叮咛，一声声嘱咐

怎能忘
徐霞客雕像前
你每每双手撑着个大袋子
那连续三天的
一次次守候
一个个微笑
……

怎能忘
7 日的那个夜晚
8 日的那个中午
最后一天的那个下午
你，舍得从怀抱中推开自己的幼子
但你，却舍不得我们这帮已经长大了的孩子
……

怎能忘
张玉海
江鸣强
杜昱
刘峰
陈慧洁
钱敏艳
……
这一串串温馨的名字
这一个个熟悉的身影
那一声声亲切的呼唤
那一颗颗炽热滚烫的心
……

2012年6月9日上午,物理考试正在进行中,C316寂静空虚;窗外传来:"请考生注意,距本场考试结束还有……"

2022 年 8 月 24 日修订

（第二辑）生园情

由左手能操作鼠标说开去……

有一年，我突发奇想，要开发左手！

于是我开始练习用左手操作鼠标，一开始很不习惯，效率极低。但是我挺过来了。这个过程几近半年。

现在，左手比右手还利索。

于是就有了同事发现我用左手操作鼠标而大呼小叫的事情！

我感慨：我们现在右手使用率超高，开发过度，而左手利用率不高。右手太累而左侧鬓角先见银丝，我就是近两年先在左边脑袋生出白发。故而尽力调动左手而开发右脑。

由此想到，我们的眼睛与耳朵，开发利用率也极不协调。

眼睛既要看书阅读，还要长时间盯着电脑看，而眼睛最基本、最原始的功能——看路、看物、看亲人的脸……却不可能找别的器官替代，于是乎眼睛越来越劳累，不得不连累到鼻子、耳朵——我们不得已，就在眼睛上加上越来越厚越重的眼镜；眼镜需要钩在耳朵上，还要把原本好看的鼻子压得越来越扁而平……

相声《五官争功》就把这种现象描述得很形象！

耳朵，除了倾听，只有招风！连拌凉菜都比不上猪耳。

能不能把眼睛的功能分解一些给耳朵？比如一些阅读我们可以通过用耳朵听来进行，比如把电脑上的一些功能改成声音的……

盲人的听力常常超过我们正常人。他们认人就是从讲话（甚至走路）的声音来判断的，他们对许多知识经验的记忆也是借助于声音的，却也不见得盲人就比我们笨，甚至盲人中有的人成就比我们正常人还高。阿炳的音乐才能，海伦·凯勒的文学才华……我的一位盲人朋友，按摩医生，他的处世社交能力一点儿不低于正常人，许多方面反而超出常人许多。

细想，其实我们的五官中，嘴巴和眼睛最为劳累，而耳朵清闲得像个游手好闲的二流子。

嘴巴，吃饭、说话、协助鼻子呼吸……所以造物主让它占据了最中间、最显耀的位置。耳朵之所以分居脑袋的两侧，并非耳朵们自鸣不平的那样，有意拆散他们；也非大人们嬉骂顽童的那样，为了左耳朵进右耳朵出；而实在是让我们兼听而明。几乎所有的动物的耳朵都是分居两侧的，对野生动物而言，如此则是多了一份机警。

眼睛有两只，耳朵也有两只；嘴巴功能最多，兼职最多，因而最为忙碌劳累，但它却偏偏只有一张！上苍是为了安排我们耐心倾听、多听、兼听，让我们能听得进不同的声音，听得进不同的意见，能容人家把话讲完，才给我们两只耳朵；为了让我们多看，才造化给了我们两只眼睛。而我们常常是把嘴巴的功能发挥到极致，说得多而听得少，看得就更少……领导就喜欢听汇报，最好都是成绩；虽也需要到下边去看看，但往往被"安排"得只能看到些"形象"和"面子"。

肉食动物的眼睛不同于食草动物。前者相对较集中，两瞳孔之间距离较小；后者恰恰相反，尽可能地分散在面部的两侧，瞳距显然要大得多。肉食动物眼睛的优势是聚光，有利于在迅速追逐中聚焦猎物；而食草动物的先天之便在于视野宽阔，便于在逃命奔跑中选择路线。人类的眼睛介于肉食动物和食草动物之间，兼有其优点。

但是所有动物中，只有人类需要看书、看电视、盯电脑、刷手机。自然，人类的眼睛就是最累的。现状是，目前的科技发展，也只有人类才戴上了眼镜。

从我们作为教师（尤其是班主任）的工作角度看，我们更需要一双慧眼，多观察，更需要两只乐于倾听、善于倾听耳朵。即丹尼尔·平克所说的"交响能力"，是指将听来、看到的琐碎的事情联系在一起的能力。（【美】丹尼尔·平克《全新思维》，北京师范大学出版社 2010 年版）。乐于倾听学生倾诉、善于观察学生行为习惯的班主任是容易成功的，因为他能从学生的蛛丝马迹中发现问题。交响能力是一个班主任能从繁杂的事务中解脱出来的关键性能力。

王晓春老师认为："真正优秀的教师话并不多。他一开口，就能说出点新东西；他一开口，就能打中要害。"（王晓春《做一个聪明的教师》，华东师范大学出版社 2009 年版）而实际情形却常常是我们苦口婆心地讲千篇一律的大道理："你要想一想啊，你是为谁而活着！你活着是为了什么！你父母挣钱供你读书不容易啊，你要为他们争气啊！……现在社会竞争压力很大呀，将来不好就业啊……"

俗语云，婆婆嘴碎，媳妇耳顽。哲人言，蛤蟆老在叫，可是从没有人关注蛤蟆叫有什么意义；雄鸡只叫一声，人人都明白，天亮了！王晓春老师不无感慨地说："一个真正优秀的教师，他会把主要精力放在设计教育情境上面，而不把主要希望寄托在自己的三寸不烂之舌上。"我们的学校教育和家庭教育最突出的缺点是活动太少而说教太多，殊不知孩子主要是在行动中，而不是在言论中成长的。

我们得相信：教育是一种行动的艺术，绝不是单纯的嘴皮子功夫。

左手完全可以操作鼠标！

2012 年 5 月初稿

华灯照宴敞豪门
娇女严装侍玉樽
忽忆情亲焦土下
伴看罗袜掩啼痕
　　　　鲁迅

和尚动得……

期中考试后的星期一，我在奇数班的遭遇就是确认在食堂门口考我的那个捣蛋学生叫薛梦澜；在偶数班的遭遇竟然是被全班学生笑话我穿校服！

周末进行换季衣服大盘点，老婆找出数十件校服，中裤，长裤；冲锋衣，衬衣；T恤，外套，裙子……准备都处理掉。

翻来覆去看一件深蓝色毛背心，发现这件衣服蛮好看的嘛，扔掉可惜。我拿起来穿在身上试试，感觉还蛮好嘛。对着镜子检点一番，发现左面胸脯上的那个标记太显眼，妨害我的身份！

我就拿起小剪刀，小心翼翼地拆除了那个标志牌。

我穿着这件毛背心来到学校。在教师食堂没有人关注我，回到办公室匆匆忙忙的同事们也无人留意我，第一节课在比较规矩的奇数班上课也没有引起什么波澜。第2节课，我来到那个最遥远的偶数班教室。走上讲台，还没有发出"上课"口令，这个"刁民"比较多的班级里一大半以上的人叫喊道："校服，校服……"

大大出乎鄙人的意料，也大大超出孤的心理承受极限。我虽然也向来不惮以最坏的"恶意"来推测现今的高中学生；但是，我还没有料到，今天却遭遇到如此一批"刁民"的哄笑……刚才在奇数班为什么没有学生取笑我！最佳答案就是偶数班里"刁民"多呀！

情急之下，我大喊："和尚动得，我动不得？！"

"刁民"们更加坏笑！兀的不气煞人也么哥……

"谁规定校服只准学生穿？啊？乌龟长痔疮！"

刁民们继续坏笑，但是满脸不解。我就在黑板上写下"腚"，解释道："腚者，屁股也；痔疮长在屁股上；屁股上长了痔疮者，龟腚烂也；烂龟腚者，谐音滥规定也……"

刁民们这才九分得意地安静了下来，上课。

和尚动得，我动不得！

感谢老祖宗阿Q的这句至理名言，让我在情急之下回敬了"刁民"们的打趣、围攻……

2014 年 3 月

后记：

　　考场作文的套路是不可能激发学生写作兴趣的，也是不可能训练学生的写作能力的，一如屈原、司马迁、李白、杜甫都不是八股文训练出来的一样。现当代作家中只有少数人曾经有过中文系或者作家培训班的专业学习经历。

　　高中作文，让小伙伴们学会两条腿走路，规定动作与自选动作结合，规定曲目与自选曲目并进——我近十多年来行之有效的做法是，让学生们有自由写作的机会，那就是叙写班级故事。

　　要让学生写，语文教师不能只是画匠的妈——会说不会做，而是要时时下水示范。

　　这不，《和尚动得……》就是一篇即兴之作——那时伙伴们正在学习《阿Q正传》。

　　记得我在语文课堂上拍桌打凳绘声绘色朗读这篇故事时，惹得全班小伙伴们笑倒，好几个毛囡（无锡一带方言，意即小女孩）笑到泪崩……

2022 年 10 月

江苏省南菁高级中学教案

和尚动得……

寇永升

　　期中考试后的星期一，我在奇数班的遭遇就是确认在食堂门口考我的那个捣蛋学生叫薛梦澜；在偶数班的遭遇竟然是被全班学生笑话我穿板服！

　　周末进行换季衣服大盘点，老婆找出数十件校服，中裤，长裤；冲锋衣，衬衣；T恤，外套，裙子……准备都处理掉。

　　翻来覆去看一件深蓝色毛背心，发现这件衣服蛮好看的嘛，扔掉可惜。我拿起来穿在身上试试，感觉还蛮好看。对着镜子检点一番，发现左面胸脯上的那个标记太显眼，妨害我的身份！

　　我就拿起小剪刀，小心翼翼地拆除了那个标志牌。

　　我穿着这件毛背心来到学校。在教师食堂没有人关注；第一节在比较规矩的奇数班上课也没有引起什么波澜；那第2节课了，我来到那个最遥远的偶数班教室，走上讲台，还没有发出"上课"口令，这个"刁民"比较多的班级里一大半以上的人叫喊到："校服，校服……"

　　大大出乎鄙人的意料，也大大超出孤的心理承受极限。我虽然也向来不惮以最坏的"恶意"来推测现今的高中学生，但是，我还没有料到，今天却遭遇到如此一批"刁民"……刚才在奇数班为什么没有学生取笑我！最佳答案就是偶数班里刁民多呀！

　　情急之下，我大喊："和尚动得，我动不得！？"

　　"刁民"们更加坏笑！兀的不气煞人也么哥……

　　"谁规定校服只准学生穿？啊？乌龟长痔疮！"

　　刁民们继续坏笑，但是满脸不解。我就在黑板上写下"腚"，解释道："腚者，屁股也；痔疮长在屁股上；屁股上长了痔疮者，龟腚也；烂龟腚者，谐音滥规定也……"

　　刁民们这才九分得意地安静了下来，上课。

　　和尚动得，我动不得！

　　感谢老祖宗阿Q的这句至理名言，让我在情急之下回敬了刁民们的打趣、围攻……

总要心里有阳光

高二时我们班的教室，还记得吗？

从走廊看下去，有一个建造得很漂亮的树坑！很规则的圆形，大理石砌成的边，独自占据着校园里一个清净的角落……2004年8月，我作为第一批来这个新校区工作的教师，直到如今都在关注它，思索它……

当年建设这个新校区，投资3.5亿元。校园不能只是一些钢筋水泥的杰作！后来学校花重金绿化这个空旷的校园，据说仅植树种草就在几千万元！

这个坑里原本种的是一株银杏，高大，挺拔，与现在超市门口的那株是一对儿。我当年亲眼看见载重大卡车拉来银杏树，起重机把它吊进准备好的那个坑里，校工给它浇水施肥……

可是原本翠绿的树叶枯黄了，脱落了……

第二年，它还没有长出叶子，学校的工人没有了办法，请来了远在苏北育种基地的园林技师。那个中午，我没干别的事情，专心致志地看他们怎样折腾这棵银杏树。

他们从树坑里拉出一根管子——我以为是浇水用的，却原来是通风用的——说是要给树根通风，防止根部霉烂。

折腾了半天，继续等待。

夏天过去了，树干还是光秃秃的；秋天来了，连个飘落下来的树叶影子都没有。这棵高大的银杏树，代价几万元，就这样枯死了！与超市门口的那株比，与乐群湖边的那株比，真的让人感到很可惜，我常常不忍看那个光秃秃的树干……

学校后勤工人把这棵树从根部锯断，再拦腰锯断，再从树梢部位锯断，我当时觉得跟给一个人行刑没什么两样，我就像一个看客，麻木，无力，无奈。有两节是可以用作木材的，银杏是上好的用材树种；然而几万块钱、一年多的心血，就剩下这么两截木头？

……

那个硕大的树根随之也从坑里刨出来了，那个漂亮的坑从此废弃了……

因为它已经是一个废弃的树坑，底楼办公室的老师爽性把他们每天制造的残茶剩汁往里倾倒，更有那些"烟德"较差的烟民随手就把香烟屁股往里边一扔，渐渐地，这个漂亮的树坑就成了一个垃圾倾倒场。

……

几年过去了，这个漂亮的校园里，其他地方的树死了，或因大风摧折，或因病虫所害，2008年春节前后更有许多树因为大雪而灭顶，但都进行了补种，而且也都成活了。唯有这个漂亮的树坑，至今还荒芜着、闲置着……我问过一位管这方面事的人："怎么还不在这里补种一棵银杏树，香樟也行啊？"他说："大卡车和起重机械都到不了这里，没办法……"

不是！

这个树坑拒绝一棵树，它宁可自己荒废着，再也不愿意浪费其他任何一种生命！因为这里没有阳光！

你想，本来在我们北半球，所有的植物，它们为了寻求阳光，都是主动地向南倾斜。可是你看看，现在这个漂亮树坑里的草都是向北倾斜着的，我在猜想，它们是在努力伸长它们矮小的身躯，拼命向北边的楼梯边上去寻求一缕阳光？

连那些荒草都是拣有阳光的地方生长！

先天本身是不能发光发热的恒星也就罢了，其实只要能像行星那样吸收或反射恒星的光，也照样可以茂盛自在坦荡。

总要心底有阳光！

人也是一样的。

一个人，总要心里有阳光。如果本身不是发光发热的恒星，那就至少做一棵能够吸收或反射恒星光和热的行星，如此你还是一个生命力茂盛得自在坦荡的星球。

一个人只要他心里有阳光，就不怕阴暗，就不怕生命会凋谢。

2017年6月初稿

2022年8月22日修订

我应该给自己取个字号······
——从辛弃疾的一首词说起

给学生们讲解辛弃疾的词，介绍作者时我说了一个现代谜语：良药苦口利于病——打一人名。小伙伴们因为正在学习辛弃疾嘛，几乎全都是脱口而出——辛弃疾！接着，我投示了下面这首词：

永遇乐·戏赋辛字送茂嘉十二弟赴调
辛弃疾

烈日秋霜，忠肝义胆，千载家谱。得姓何年，细参辛字，一笑君听取：艰辛做就，悲辛滋味，总是辛酸辛苦。更十分、向人辛辣，椒桂捣残堪吐。

世间应有，芳甘浓美，不到吾家门户。比着儿曹，累累却有，金印光垂组。付君此事，从今直上，休忆对床风雨。但赢得、靴纹绉面，记余戏语。

结合语文教材已有学习资源，诸如苏教版必修一第二专题"获得教养的途径"中的"写作实践"题目：

韩愈字退之，岳飞字鹏举，朱自清字佩弦，钱锺书字默存······人们选取与名的含义相关的字以表德行、特性，体现精神追求或自我期待，这是中国独特的语言文化现象。你想试着给自己起一个字吗？围绕你的名，翻检词典选几个你喜欢的词，推敲含义，然后确定最能表现你个性和精神追求的一个，并叙述选择的过程和原因。

选修教材中还有专门知识"古人的名字号"等，而且语文课上只要介绍作者，几乎都涉及名字号。

我想引导学生加深理解中国传统文化中的姓、名、字、号；加上现在的学生在QQ、微信上必定都一个昵称或者网名。而其实，给自己取字号、笔名、昵称、网名等，都是一种认识自我、反省自己甚至人生规划的过程……

　　为了让小伙伴们迅速进入学习状态，并认真对待此项作业，我先下水示范之。

　　古人大多有名有字有号，尊称对方用字，谦称自己称名；孔子生气时对学生直呼其名，气愤时在弟子面前自称也直呼己名："求！……丘也闻有国有家者，不患寡而患不均……"

　　古人因有字有号，虽然也带来许多麻烦，但也留下很多佳话。

　　韩愈，本来是一名穷书生。几次三番科举不中，很是苦恼。求高人术士一算，人家说：年轻人，你的名字叫错了！你想想看，愈者，进也，胜过，更加，越发也，你太急于求成了……老衲替你取个字，可以抵消、平衡一番，汝方可仕途平坦。

　　老僧为韩愈取字"退之"。韩愈后来不但科举高中，文起八代之衰，名列唐宋八大家之首，还仕途得志……

　　故而古人有言，人的名与实难以相副的时候，可以通过取字取号来和谐平衡甚至逢凶化吉。

　　我一直深信之。

　　小时候背起书包上学，不识字的父母委托小学老师——我的本家堂兄——给我取个名字。启蒙老师加堂兄，主要是考虑整个村子里姓寇"永"字辈的人已经有了哪些名字，他主要选不重复的，于是命我为"永升"。

　　年龄渐长，人生阅历渐丰，我越来越意识到我就是名实不副的典型！

　　每每到陌生的地方讲课，总是要面对完全陌生的学生，我也总要想尽办法尽快减轻或者消除师生之间的陌生感，好让学生们学得轻松，以便我的课堂推进轻松。我发现比较有效的办法就是从自己的名、字、号开始。

　　寇：宝盖头在汉字里代表房子；"元"，我用象形字一勾画，就是一个站着的人——他站立在自家的房子里，面朝窗户，背对门；"攴"，原谅，电脑里一时半会儿打不出这个部首，不急，我会画呀。况且，根据"又"在汉字里表示手——我可以举出好多好多，让学生们服服帖帖。"又"上边一竖一短横，意思是一个人手里拿着一个长长的木棒——上边还带着疙瘩，凶器啊！朝着这居室主人的后脑勺就是一棒——主人被打昏了，甚至打死了。凶手要干什么？抢劫啊！所以，寇者，盗也。但凡与"寇"沾边的词多是贬义。这不用我说，初中小伙伴都能举出一长串。遇到比较顽劣的小伙伴，就开始窃窃私语：哇塞，那请这样的人来，不就是引贼入室吗……

别急，亲们，有个例外。"寇"与"永升"这两个字组词，至少是个中性词。

这时候，小伙伴们往往是会心一笑，我们之间的距离就拉近了许多。

而且，古人的名与实其实很难一致。曹操，字孟德，这人从史书记载到《三国演义》，挟天子以令诸侯，穷兵黩武，征战杀伐，荼毒生灵，实在是连小德都没有，何来"孟德"——孟者，大也。岳飞，字鹏举，可是39岁就以莫须有罪名屈死风波亭，焉能鹏举！

我已经叫了半辈子"永升"，但是我职务没升，地位没升，学识没升，可怜的就连我最希望"升"的身高，在十几岁以后再也没有升过，何来"永升"？！

于是，我下决心给自己取个字，再来个号，以求安慰。

姓寇，名永升，字倒退，号原地踏步。晚年又自号"梁原地"——梁，谐音"良"，以冲击"寇"；"原地"以平衡"永升"。

认识我的亲们，以后你只能叫我"梁原地"哦！

2016 年 12 月

给他一个舞台……

——记梦想成为科学家的阳光男孩葛天一

锡山高中葛天一同学，参加美国高考，因阅读面宽广，书面表达流畅，作文只扣了一分，最终以 SAT1 2040 分、SAT2 2330 分的优异成绩先后被加州大学洛杉矶分校、加州大学圣地亚哥分校等美国五所著名高校同时录取。他将选择加州大学洛杉矶分校 (UCLA) 的天体物理和航空航天专业学习，这是加利福尼亚大学系统中的第二所大学，和加州大学伯克利分校（UC Berkeley）齐名，是美国最好的公立大学之一。

葛天一是我校普通班的一名普通学生，他何以达到如此优秀的程度？让我们看看家长眼中的这位顽皮男孩，看看同学和班主任老师眼中这位阳光男孩，看看这位梦想成为科学家的执着男孩的成长与成才之路。

家长言谈中：葛天一是个放养的顽皮男孩

葛天一出生成长在军人家庭，父亲有近二十年的军旅经历，近年才转业安置到地方工作。他出生在母亲的家乡洞庭湖畔，三岁前跟随妈妈在新疆生活，爸爸妈妈工作之地相距较远，各自忙碌，他被寄养在一位退休教师家里。小时候的葛天一，常跟随母亲辗转于江南水乡和大西北之间，经历多，见闻广，胆子比较大。他喜欢跟陌生人交往，妈妈不放心，就在他身上挂了一个牌子，上面写有父母姓名、工作单位和联系方式等。五岁时来到爸爸部队，一次因好奇误入一处废弃的防空洞玩耍，越走越深，前不见头，后不着尾，漆黑一片，绵延五六公里的山洞，他竟奇迹般地摸了出来……被当地派出所民警送回家交给了爸爸妈妈。

与多数男孩一样，顽皮的葛天一也酷爱游戏，经常找游戏高手拜师学技，相互切磋，大话西游游戏积分曾打到全国第四。只是他有着较强的自控能力，喜爱游戏却不沉迷于游戏。他更爱读书，阅读面广量大。"不动笔墨不读书"，他注重平时的积累，说起四大名著的话题滔滔不绝，能流利地背诵《红楼梦》中的诗词曲赋。尤爱《三国演义》，对其中的每一个人物烂熟于心，讲起来头头是道。初中以来，他有几十篇作文在各种媒体上发表。

跟大部分男孩相同，顽皮的葛天一也喜欢体育。为了模仿NBA球星的一个动作，他可以用布蒙上眼睛，一练就是几个小时，直至把动作练到逼真、神似为止。初中三年，他是班级篮球队的主力。每次比赛，他都精心组织，刻苦训练，带领全队同学勇夺全校篮球比赛冠军。高中，进入学校足球队的那一天起，他就按照教练要求的——永远不要放弃任何一个进球的机会——来要求自己。顽皮的性格，强壮的身体，良好的心态，刻苦的训练，很快使他成为学校足球队的主力。

葛天一是一个兴趣广泛的孩子，一段时间里，他对王选的事迹着迷，曾志愿到王选事迹陈列馆担任义务讲解员，向来客热心介绍王选及其科学成就等。在这个过程中，他萌生了当一个科学家的想法。王选夫人——著名科学家、北京大学陈堃銶教授对他十分赞赏，为他题词勉励："青年是未来的希望，愿你奋发进取，成为国家的栋梁之材。"

2009年9月，他以出色的中考成绩，被江苏省锡山高级中学外语特色班录取，顽皮男孩的人生又跨上了一个新的台阶。

同学眼中：葛天一的优秀不是管出来的

葛天一同宿舍的一位同学，在看到校园网上有关消息后，周记中写下了下面的文字：

与葛天一认识的时间不长，交流的机会不是很多，但他独特的性格却给我留下很深的印象。高二文理分科的时候，他主动放弃外语特色班的优越学习条件，选择他爱好的物理、化学而来到我们普通物化班。所以一开始在我们心目中，他就不是那种可以被束缚住的人，他清楚自己追求的到底是什么，并能全身心地投入。

葛天一身强体壮，颇有北方男子的气概，为人更是刚正不阿，班主任也因此举荐他担任纪律委员。他是一个很称职的纪律委员，不光是因为他严于律己，也是因为他对待他人的严格要求。我记得一次课代表想在自修课上发作业，他很严肃地提醒了课代表自修课上不能发、传作业，不能够影响同学们自习课的效率。而下课的时候，他也能与同学们聊得很开心，完全没了自习课上的严肃。

早读，他的声音总是最响亮的，给我们起到了很好的带头作用。他自己读的东西也与我们不同，他挑选了许多精美的散文或是一些英语短文。在我们奋战小高考的时候，他仍不忘拿出几篇英语文章来读，所以他的英语从来不差。

他是全面发展的好学生，既然是从特色班转过来的，那么语文肯定有特别的优势。没错，他作文一向写得很美，也曾在校报上刊登过，我们也曾听过他在语文课上朗诵《将进酒》，气势高亢，把李白的豪迈洒脱表现得淋漓尽致，令人折服……他在数学上也是很有造诣的，总是乐于与别人进行讨论，很多次下课时，他还拿着问题"缠"着老师不放。

他在我们班学习的时候，始终是我们班的精神支柱，只要他在，我们的学习热情就会特别高涨。他是在小高考结束的时候申请回家自学的，他走的是另一条路，但他始终是10班的一员，我们高三（10）班同学心中也永远还有葛天一这个同学。（刘金程）

在班长徐超的眼中，"葛天一并不是一个很听老师话的学生，他逃过课；他的优秀也并不是老师管出来的，而是一种自觉自愿。他很有主见，特别是学习，知道自己擅长什么，什么地方薄弱，然后能挤出我们想象不出的时间去固强补弱……他是很有效率的，只要心里想到应该做的，就会尽一切办法去做。"

班主任心里：葛天一的优秀是一种自觉自愿

锡山高中的外语特色班在无锡市可谓一枝独秀，进入该班学习，无疑一只脚已经跨入大学门槛，作为其中的佼佼者，被全国名牌大学录取也不是没有可能。可在2010年秋季开学升入高二时，葛天一却向学校提出了从外语特色班转到普通物化班的申请，并对自己的选择坚定不移，理由是为了实现自己的理想。

这种情况在锡山高中的办学历史上是很少见的，老师和家长都很难理解和接受这样一个选择。我与他进行了比较深入的谈话，详细询问了他转到普通物化班的真正原因，最后给他提出目标：在普通班里做一个强者！把在强化班里的优秀习惯尽可能地带到普通班里来！

很快，他在班级里表现出了自己各个方面的优秀，在开学一个月后的班干部选举中，被大家推举为班级纪律委员。半学期过去了，我欣喜地发现，葛天一担任班干部能以自己的优秀而带动同学，他热爱班级，正直无私。学业上勤奋努力，主动性较强，常常能自主安排学习。期末，他的成绩名列班级第一，进入年级前二十名，真的做到了普通班里的年级强者。

葛天一是一个会学习的学生，是一个能主动学习的学生。因为他有着明确的人生目标，有抱负、有主见、有远见。高二下学期刚开学一段时间，因为参加江苏省学业水平测试，大多数学生都忙于背学业水平测试科目的内容。但是，我发现，全班唯有葛天一一人还在大声朗读英语，还在朗诵语文名篇。葛天一的学习不是为了应付老师的检查。作为语文老师，我着意观察他的语文学习情况。每次周末回家，有的同龄人可能忙于上网聊天，沉溺于游戏或电影；而葛天一是特别的，他搜索下载了一些精美短文，打印出来，每天早读，其他同学没完没了、翻来覆去地念老师规定的默写内容，而他却在朗读这些优美篇章……

人是在错误中的成长的。葛天一依然留有顽皮男孩的痕迹，他并不是不犯错误！2010年10月的秋季校运会，他报了200米短跑项目，是我们班在这个项目上最有实力夺得名次的选手。他若正常参加决赛无疑能进入前几名，我们班级就会在总分上进入年级前几名，班级就会获奖，期末的班级评价就会多了一份优势。可是偏偏比赛检录时他不在场，最后因迟到被取消参赛资格……作为班主任，我很生气。可是当我准备批评甚至责骂他时，我发现他已经很自责，已经表现出对班级、对老师极大的愧疚。我的批评竟然成了多余的！接着，他主动要求在班会上向全班同学检讨。虽然，我们班在运动会上因他的失误没有拿到奖状，但我发现，他在班级的威信反而更高了！

学业水平测试结束，他提出要求，请长假回家自学，准备参加美国的SAT考试。

这又是一个惊人之举。

这个决定意味着他将放弃正常高考！如果他考上了美国的大学，与我的"政绩"有关吗？要是他没考上，再回过头来参加高考，他能补上落下的功课吗？还能形成自己的优势吗？他会不会为班级拖后腿？会不会成为我的负担？他是为我的班级增大分母呢，还是给我添彩呢？给他准长假，我需要承担哪些责任？万一他在校外出了什么事情，他的学籍还在学校，他还是我班里的学生……他能像在学校一样自觉学习吗？毕竟他还是一个学生啊，毕竟是个孩子啊，而且还是个顽皮男孩啊……

他是得力班干部，是个好舍长。他请长假了，他管理的这个宿舍怎么办？班级的纪律、学习氛围，我能在短时间内培养出来这样一个班干部吗？

这样一个学生，从特色班来到我的普通班，我已经对他关爱有加，已经很器重，已经很给机会和面子了，当然指望着他为班级锦上添花，期盼着他能为我分忧解难……

而现在我得冒险、得承担责任让他也去冒险？！

我可以选择不同意，可以逃避责任与风险。但是，我是教育者，我工作在一所充满温情的百年名校，这里一直发生着真正的教育……

给他一个舞台！

两个多月，他一个人在家里研读，把一万多个英语单词一一查阅并抄在纸条上，贴满了房间的墙壁，最后一一攻克了。期末，我安排他在班会上作一次发言，介绍他的学习经历，会后一位同学在周记中说："我觉得，实在坚持不住时，不妨想想葛天一是如何努力的，他是如何在三个月内不断提升自己的。每个单词40-50遍，学会了10000多个单词。这是一个多么惊人的数字！"

最终他以惊人的毅力，令人难以置信的自觉自律，出色的自学能力，有计划地备战美国高考，研读外国全英文版名著，提升自己的英语阅读水平和写作能力。考试中他发挥出色，以优异成绩先后被美国五所著名高校同时录取。最终他选择了加州大学洛杉矶分校(UCLA)的天体物理和航空航天专业。这是美国最好的公立大学之一，在2012年发布的《泰晤士报》世界大学200强排名中，位列第13位。

葛天一，为了心中的梦想——当一名天体物理学家去奋斗，他将远渡重洋，他将走向一个更高远、更宽广的舞台。

给他一个舞台，优秀是自觉自愿的，不是老师能管出来的。

2012 年 4 月

后记：

踏进上海浦东机场航站楼的那一刻，我真实地感觉到即将离开家乡，飞赴万里之外的美国，开始寻梦之旅，心情既兴奋又有些紧张。加州大学洛杉矶分校坐落在美国西海岸，优美的自然风光，四季如春的气候条件，十分适宜生活、求学。进入洛杉矶分校，我主修物理专业。这里汇聚着世界顶尖的教授学者、一流的实验室设施以及从世界各地慕名而来的莘莘学子。图书馆灯火通明，学生通宵达旦，个个如饥似渴，围绕教授们布置的作业，广阅读，查资料，找依据，做实验……通过近一个学期时间，我完全适应了这里的学习环境。珍惜每一次学习机会，主动向教授提问，积极参与讨论，发表独立见解，很快被教授熟悉并喜欢。美国教授对敢于发表个人独立见解的学生包容、对学习较困难的学生了解和尊重，给我留下了极为深刻的印象。我兼修美国历史，研习美国文化，走进美国社会各阶层，对美国社会现状有了深刻理解和认识。我有意识地锻炼语言表达能力，坚持每天用英语演讲，思维方式和语言运用能力快速提升，甚至可以自如辨认美国每个州的语言特点。

　　求学期间，作为全美 11 位物理专业学生之一，进入美国费米国家实验室从事等粒子加速器研究。随后从加州大学洛杉矶分校毕业，被学校授予拉丁最高荣誉奖 (Summa Cum Laude)。为了积极适应国际形势变化，怀抱进一步了解熟悉西方文明、熟悉欧洲必须走近德国的想法，我敢于挑战自己，努力迎难而上，启动赴欧洲求学计划，选择就读于德国慕尼黑工业大学，修计算机，主攻大数据，并获硕士学位。毕业后在大数据和云计算领域工作，担任高级工程师。我始终追求自由独立，追求卓越一流，不断求异应变，享受创新快乐，同时分享生活、自然之美。精通英语和德语，酷爱滑雪、冲浪、舞蹈等运动。参加拜仁德国嘻哈舞比赛并通过州赛，在随后的德国杯嘻哈舞比赛，我获得了单人名次第十五名。我还参加了奥地利蒂罗尔州滑雪一级教练考试 (Schilehrer-Anwaerterpruefung)，获得一级滑雪教练资格证书。

　　感恩父母、师长一路的宽容、加持与鼓励！

葛天一

2022 年 12 月

附记：

　　本文曾发表于锡山高中校刊和江苏一家省级刊物上。编入文集时，我联系葛天一为本文撰写了后记。

2022 年 12 月

借我一双慧眼吧！

2008高考期间，我主动向舍务主任戴鹏老师申请，义务住男生宿舍6号公寓执勤一周，起初我的想法只是陪陪学生，让他们觉得有我这个朝夕与共了两年的老班在，心里踏实，免得我们这些普通班的孩子碰到题目难就吓怕了，就睡不着觉了。

按惯例，每天夜自修后我到各个宿舍转一圈，跟学生们开开玩笑，活跃活跃气氛，让学生们放松放松我也就去睡觉了。

6月7日的语文、数学考试都比较顺利，晚上在宿舍察看，学生都没有什么异常。因为适逢端午节，又正值周末，大部分家长都送来了粽子、水果及各种营养品等，学生们多在享受美味，互通有无，又争又让；在6610宿舍我还分享一点五月节的喜庆，拿了一个水果边吃边走来到6611宿舍，有人在洗澡，有人在打电话，有人在吃东西……舍长陈佳俊听见我进来了，转过身来跟我打招呼。我看见他在拿着牙签吃西瓜，优雅得很，他平时也不是那种文雅人啊。我就走过去，看看他究竟怎么吃西瓜。原来是一大塑料袋子切好的西瓜瓤，足足够整个宿舍的人大吃一顿，写字台上还散落着一把牙签。一问说是邵俊元家长晚饭时送来的，我就赶紧制止陈佳俊，不要再吃了。他很不解，笑着说："老师你是不是想拿下去吃啊？"我把整个宿舍的成员召集起来，跟他们算了一笔账：家长晚饭时送来的，就算是下午5点到学校，那么这西瓜可能在4点左右即已打开切好。家长的心意是好的，让你们吃起来方便，宿舍人多，没有刀切，就在家里切好送来。如果在晚饭时吃了也就罢了，现在——晚上9:50，这西瓜切开已经5个多小时了，三十几度的高温，塑料袋包装，从汽车到宿舍……无论如何这西瓜不能再吃了，当即让陈佳俊在我的监督下把它扔到垃圾桶里，学生中还有人不解，我就开玩笑说："高考结束我请你们宿舍全体吃西瓜，管保让你们吃个够！"

第二天，8日，上午没有考试，下午考英语，早自修陈佳俊即已开始肚子痛，他硬挺着，一来怕老师批评，二来怕耽误英语复习。第一节课下，他挺不住了——陈佳俊毕竟是一个要强的学生，舍长，班委，成绩优秀，来找我说要去医院挂水，无精打采，神情难看，我没有批评，只问了一句："肚子吃坏了？"他不好意思地勉强笑笑，是自责，是悔恨，有歉疚，有紧张……下午就要考英语了，同学们都在专心复习……

我对陈佳俊说："你赶快用我的手机打电话给家长，我去开车来送你去医院。"

家长来了，到医院挂水。中午陈佳俊又来到教室，我就安排他在全班发言，把吃坏肚子、到医院挂水、家人亲戚紧张恐慌、自己忍受病痛折磨又担惊受怕的情况一一向大家描述，同学们听了之后又好笑又庆幸，6610宿舍的成员个个低头无语……

这是一个无意中的发现，及时制止，减少损失，现身说法，个案教育，效果明显。事后我常常在想，要是我当时没有发现陈佳俊吃西瓜呢，或者并未在意他吃什么样的西瓜呢……

是的，班主任工作中，我善于用眼睛。没有仔细观察，讲出来的话就没针对性，批评学生可能就无的放矢。我不喜欢与学生进行故作高深的谈话，每次都唠叨"生命的意义""我们是为谁而活着""学习的目的是什么""父母……"等等，无异于隔靴搔痒。仔细观察不难发现，班主任工作中用嘴多于用眼睛和耳朵的同事做得很累。想想上苍在造人类的时候，是给我们两只眼睛、两只耳朵、一张嘴巴。而且仅有的这一张嘴巴，说话还不是其唯一或曰主要职能，它还承担吃饭、喝水乃至呼吸的职责。眼睛就只有"看"的职责，而且是两只。生物学知识告诉我们：人类眼睛的分布更接近于狮虎狼豹等大型肉食动物，处于同一个平面；有别于食草动物的眼睛，那是长在头部的两侧，便于在被肉食动物追杀逃命时选取路线。人是杂食动物，而上苍给了我们食肉动物的眼睛，莫非上苍希望人类能像肉食动物一样使我们的眼睛聚焦而敏锐！人类的耳朵就只有听的职责，而且是分别长在两边——这是为了让我们兼听则明，偏听则暗，可不是让我们左耳朵进去右耳朵出来——我常常如此跟学生开玩笑！

班主任，拥有一双慧眼吧！班主任，用眼睛多于用嘴巴！俗语云，婆婆嘴碎，媳妇耳顽。班主任工作中婆婆妈妈说得多、观察得少是大忌。哲人曰，青蛙老在叫，可从来没有人注意过青蛙叫有什么用意；雄鸡只叫一声，人人都明白——天亮了！真的，多用我们的眼睛吧！

借我一双慧眼吧，让我多用！

2008年6月8日晚

后记：

距离 2008 年高三毕业已经 14 年有余，每每回忆那三年时光，那些人那些事仿佛近在眼前。

那时一起奋斗的同学，到如今仍是好友，随着年龄的增长，大家从儿子变成了丈夫，然后是父亲；从员工变成了组长、经理，又或者是自己创业掌握命运，肩上越来越重的责任，也让兄弟们越来越难凑到一起。但是偶尔微信群里吹个牛，也能让大家倍感轻松。

想当年苏同学贩卖食堂饭票富甲一方；篮球场上陈同学因为控制篮板球而被大家尊称"板爷"；哥几个故意放假不剃头拿到出门证，模仿老师笔迹多添了几个名字好混出去，结果被保安当场识破；老师通过一台小灵通抓获整个地下通讯组织，破获违禁通信器材无数……

那段青葱的岁月依然值得回味。

学校除了同学当然还有老师，数学老师刘鹏上课风趣幽默，逻辑清晰明了；英语老师顾经娴温柔端庄，绝不放弃每一个学生（我这种文科差生深有体会）；生物老师石燕既睿智又细心，能搞定复杂的遗传学概率计算，也能细致地传授复杂的实验步骤，文理兼具；物理老师王剑锋年轻有为，我们是他带的第一届学生——在省锡中，踏上讲台，带教师职业生涯第一届学生，直接带到高三毕业，本身已经说明这位老师非常厉害。当然最值得一说的就是语文老师兼班主任寇永升，我们私下都习惯叫他老寇，年级出了名的手段多，对付我们跟玩似的。

我高一就是老寇班的，好不容易熬到分班，结果一报名还是在老寇班，就这样高中三年完完整整都笼罩在老寇的"阴影"下。

语文办公室有的是没用完的作文答题卷，基本都给我们几个"坏"学生写检讨消耗完了。

记得高考第一天考试结束，父母都来探望我们，顺便送上可口的饭菜。结果可能因为饮食不当，在第二天上午肚子痛到实在熬不住了，我艰难地去到老寇办公室说明情况。那一刻我感受到了老寇的紧张："还能坚持嘛？"我表示坚持不住了之后，老师联系了我的父母紧急就医，打了一上午点滴，疼痛症状才得以缓解。

好在高考第二天只有下午考一门英语，中午父母把我送回学校，在办公室，老寇问我："你觉得少复习一上午有什么影响嘛？"我表示基本没影响，老师看我状态还行，开玩笑说："我想也是，反正你也不会好好复习。"

就这样还算顺利地完成了高考，神奇的是最后成绩还不错。也是在老寇的推荐下，我报考了西安电子科技大学，继续学习物理学。毕业后从事芯片设计开发工作，工作和自己的专业以及兴趣一致真的是人生幸事。

一路走来，真的非常感谢这个"严厉"的班主任，他的教导和指引可以说影响了我的人生。

陈佳俊　　华润微集成电路（无锡）有限公司

2022 年 12 月

书成蕉叶文猶綠

吟到梅花句亦香

壬寅冬 永之书於西安

东君用意不辞辛

——散记老友寇永升

江苏省锡山高级中学　刘　强

　　我和寇永升老师在匡园共事整整十年，他教语文，我教历史，遗憾的是我俩从未搭过班，工作上未曾有过交集，但我们的交情却分外深厚，我们是球友、文友和挚友，可谓莫逆之交。我们年龄相仿，他大我一岁，我总是称呼他"老寇"，他也称呼我"老刘"。

　　老寇给我最大的印象就是热情洋溢，精神抖擞，衣冠整齐，清清爽爽。何时何地碰见他，他总是风风火火，面带笑意，高声问候，爽朗回答。他一年四季穿戴整齐，西装革履，这更增添了他昂扬蓬勃的精气神。似乎时间在他身上凝固，年龄永远定格在青壮年某个有纪念意义的时间节点上。生命不息，奋斗不已，心中拥有一团火，自身发光发热，或许可以抗拒时光的流逝，抵御衰老的侵袭。

　　寇老师的热心更多地表现在对学生的关爱上。他作班主任时，班里有个学生生病需要喝中药，中草药需要熬煎，我们是寄宿制学校，家长煎药不方便，寇老师就在自己的家里为学生代为熬药。熬中药是件耗时费神的麻烦事，要准备砂陶罐，要浸泡中草药，要掌握火候，猛火熬，文火煎，几服药熬煎下来差不多得几周。寇老师乐和家人一起，不辞辛劳，帮助学生渡过难关，直到疾病痊愈，令家长、学生感动不已。他在延安支教时，听说班里有位学生家庭困难，就利用周末跋山涉水，步行大半天，赶到那位"白云生处有人家"的学生家里进行家访，给贫困家庭送去温暖，给学生精神上的鼓励。他还和无锡一些企业联系，让这些企业资助西部贫困学生，给这些困难家庭带去实实在在的帮助。

　　读寇老师《理念：教育的制高点——延安支教日记》一书，处处都可以感受他对学生的爱。比如，他坚决反对某些教师对学生进行各种形式的体罚，主张师生的平等友善，强调老师的礼仪示范等等。书中他还引用教育专家孙云晓的名言表达自己的教育理念"良好的师生关系胜过许多教育"。在应试教育的重压之下，不少学校、老师对学生的爱表现的是对学生考试分数的过度关注，对学生学科成绩的超乎寻常的痴爱，乃至对家庭地位优越的学生刻意地关爱，其实这是一种功利的、庸俗的所谓的"爱"。而寇老师对学生的爱是关心学生的身心健康，呵护学生的人格尊严，并在生活上力所能及地帮助学生，这是基于人文的爱，基于成长的爱，是真正的大爱。

寇老师古道热肠。语文组的陈卫星老师不幸罹患顽疾，夫妻俩前后双双英年早逝，只留下读初一的儿子。寇老师精心整理陈老师的遗稿、遗物，热心照顾孤苦伶仃的孩子，并利用暑假特意到山东淄博看望陈老师的老人和遗孤；而卫星老师岳母赠送的当地特产他带回来后却都分享给同事们了……

寇老师热爱写作，热衷著述，他随时记下教育思考的点点滴滴，报刊上常能拜读到他发表的大作。他的教学也是别具一格，强调学生学习的主动性，启动学生思维的内驱力，给学生精当的点拨。他开设《祝福》公开课，让学生朗读四叔家祭祀那一段，去体悟人物丰富的情感和微妙的心理。几位学生朗读的效果都不好，寇老师点评后，又特意让一位女生起来朗读，结果那位学生朗读得声情并茂，恍惚进入当时的场景和人物的内心世界，引得全班学生和听课老师热烈的掌声。虽然，我们无法得知寇老师对那位学生是怎么交代的，但一经老师点拨，学生的创造力马上发挥出来，这就是教师的智慧。

寇老师并不囿于校园象牙塔，他总是将视野尽量拓展延伸到广阔的社会。那时，我负责校报"读书版"的编辑，有一次，寇老师给我一份图文并茂的稿子，一看图片是一群老者清晨在社区街道报刊栏读报的情景。我觉得这个非常有意义，寇老师捕捉到这个细节，着力弘扬全社会的阅读风气。还有一次，我路过某办公室，看到寇老师的身影，我有些好奇，便进去攀谈。那时正是新学期开始，老师们都在搬迁办公室，办公室废弃的书籍、资料散乱一地，一片狼藉，寇老师从地上捡拾起扔掉的资料，捆扎整齐……我好奇地问他，你做什么？他说，这些资料扔掉或是当废品卖掉多可惜，我把那些品相不错的书籍、资料整理好寄给西部老师，他们正需要。我很感动，觉得寇老师真是有心人。我想，只有蕴涵高尚的情怀，才会做出那种高贵的行为。

寇老师酷爱读书，博览群书。夜自习，我每每从他做班主任的教室外走过，总看到他在小书房阅读的身影。他手不离卷，书籍随身携带。有一次我搭他的顺风车，他的车里也放了好几本书，书里留下无数圈点画批的阅读痕迹，书香不离左右，随时开卷有益。我们在校园漫步闲聊，总会谈到双方最近读的好书。

寇老师年过半百，竟然还申请去偏远艰苦的西北支教，很多人都不理解。其实，他是在作一项教育研究，一项东西部教育的比较研究，上述提到那套上下两卷六十多万字的教育专著正是他西北支教的研究成果。细细读来，莫不让人感佩。他提升了"支教"的内涵，丰富了"支教"的意义，更为"支教"指出了一个研究方向，这是一件具有开拓性的教育实践活动。

有人提出"做有趣的教育"理念。长期以来，人们心目中的教师形象或模范教师总是：不苟言笑，刻板严谨，不顾家庭父母子女，不顾身体疾病，一心扑在工作上，废寝忘食，挑灯夜战，直到累倒讲台……其实，这是违反人情，违反常理，违反科学的。而"做有趣的教育"的教师是健康的，是充满活力，教师有自己的爱好，有自己的生活，教师更是充盈着家国情怀，教师应当是有血有肉、有情有义的智者。

寇老师就是一位有趣的师者。老寇是羽毛球爱好者，我们经常在球场切磋球艺，一场酣畅淋漓的体育锻炼拉近师生关系，密切同事交往，运动的间隙还是一次微型的思想、情感的交流互动。寇老师还是游泳爱好者，他曾主动申请承担游泳校本课程，竟然和学生们一起跟着专业教练学会了游泳。老寇还喜欢摄影、登山、越野、骑自行车等，可谓爱好广泛，多才多艺。17世纪英国启蒙思想家约翰·洛克在《教育漫话》中提出一个重要观点："健康之精神寓于健康之身体，这是对人世幸福的一种简单而充实的描绘。凡是身体精神健康的人就不必再有什么别的奢望了；身体精神有一方面不健康的人，即使得到别的种种，也是徒然。"老寇正是这种教育理论的践行者。

老寇为人正直，仗义执言，对社会不正之风，他不肯沉默，善于运用合理程序进行正义的斗争，"致君尧舜上，再使风俗淳"，力图推动社会的进步和制度的完善，这一点是非常难能可贵，有古代君子之遗风。

老寇人生也经历诸多磨难，他从西北嘉峪关走过来，一路并非坦途，在专业发展和职称晋升等诸多方面也都曾经屡屡受挫，家庭也多次遇到困难甚至灾难，但他始终以豁达乐观的人生态度，坚忍不拔的毅力克服重重困难，以旺盛的生命力迎接人生的挑战。他五十多岁时——一些人"躺平"甚至"摆烂"等待"自由落体"式退休的年龄——还在自我更新，华丽转身，特意应聘到南菁高中，开启崭新的人生，谱写新的教育乐章。老寇到了南菁的这几年中，我们每年都能听到他的好消息，特级，正高；

竟然还能够把一个图书馆长的"闲职"干得风生水起……老寇一次次将自己的教育人生推向高峰。

金无足赤，人无完人，遭遇暗算，受人嫉美，这是人生无法回避的问题。"东君用意不辞辛"，寇老师不抱怨，不懈怠，用百倍的努力证明自身的价值，用达观沉静的心态面对人生的困惑。一年四季，他似乎独拥春季，像春的使者，把和煦的春风撒播校园、家园，把春天的温暖融入学生心田，自己也总是洋溢着灿烂明媚的春光。

老寇丰富多彩、硕果累累的人生经历给我们莫大的启发和激励。

不禁想起近代著名的艺术大师吴昌硕的一方篆刻名言：愿花长开，人长寿，月长圆。

谨以此与老友永升共勉。

2022 年 10 月 10 日

两个"寇老师"……

江苏省锡山高级中学　朱晓玲

世上大概有两个寇老师。

一个是传说中的"寇公斤"；一个到了酒桌上就呼喊着"在我们那儿，麻雀也能喝三两"的寇老师。可我没有亲眼见过那些峥嵘岁月，眼看着寇老师的鼻子渐渐像动画片里的人物似的又红又肿了，寇老师说是喝酒喝的，于是不再豪饮。

刚工作的时候，我和寇老师接触不多，时不时听得他又在办公室说起歇后语了，什么"大姑娘要饭——死心眼儿""乌龟长痔疮——烂规定（龟腚）"之类的，常常像个作诗的刘姥姥，逗得一众人等笑得前仰后合。刘姥姥懂得自己的分寸，寇老师也知道自己玩笑的效果。老教师一边笑一边骂他促狭的时候，他眯着眼，呵呵笑着，像个弥勒佛。

2012 年，产假结束后，教学处安排我接手寇老师的一个班级。寇老师坚持要给学生上完备好的课，我在教室最后旁听。那节课讲的是刘亮程的《今生今世的证据》，给没有多少人生阅历的学生讲破败的农村和荒凉的呐喊，很有难度。寇老师引入了自己早年在老家和如今回老家的经历，学生听得很沉静。临下课，寇老师把我介绍给学生，算是完成了交接，有始有终。

——他本不必如此的。

2017 年，我上完一节公开课，对教学内容有点想法，写成了论文。想着让老教师指点一下，逛到了隔壁办公室，一眼看见寇老师。想着组里老师都说寇老师会写文章，每年论文发表遥遥领先，于是觍着脸凑上去："寇老师，能不能帮我看看这篇论文？我不擅长写……"寇老师留下了论文的电子稿，让我回去，他要慢慢看。两天后，他来找我，打开电子稿，用好几种不同颜色做了标记，还有些我这个小年轻都不太会用的功能和符号。我心想："好专业啊！"不由得紧张了起来。寇老师就做标记的地方一一向我讲解，没有嫌弃的意味，我这才放下心来。回去修改一遍后，我再次拿给寇老师指导。再见面时，寇老师说他已经推荐给核心期刊的编辑了。我顿时受宠若惊：我这文章能上核心期刊？寇老师不仅给出了专业指导意见，还顺手帮我推荐给杂志社，我这，这，……这回真是撞到大运了！

于是，在我的履历表上，有一向堪称辉煌的成就——论文发表于《中学语文教学参考》，当年是核心期刊。因着这一项，我总是感激寇老师。

传说中那个叱咤酒桌的"寇公斤"，在我想象中，像从武侠小说中走出来的那般热血、潇洒；生活中我接触的这个寇老师，其实也不失江湖豪气——讲规矩，讲义气。

不久，寇老师就转去了江阴，偶尔在校园里遇到，还是笑呵呵的，大声喊："晓玲啊——"和我随便聊几句人事江湖里的变动，看看不远处的外孙女，在夕阳余晖里，有了退隐高人的味道。

2022 年 10 月

文质彬彬，君子孜孜

——寇永升老师印象

江苏省锡山高级中学　李雪姣

初遇·翩翩君子

与寇老师初遇时，我刚刚踏入工作岗位，对工作、对同事都处于熟悉、观察阶段。印象中的寇老师，总是沉稳又亲切，说话温文尔雅，着西装衬衫，正式中透着和蔼。

寇老师很少参与办公室闲聊甚至发牢骚，他要么静静地伏案书写，要么在班级小教室阅读，可见对时间的珍视、对工作的重视。学校的百万百卷图书，大多是教学理论作品，许多老师觉得枯燥难读，因为工作繁忙许久读不完一本。但是寇老师利用空闲时间，认真阅读。后来知道，他居然利用白天课余、晚间休息和节假日时间阅读了多达三百本专业理论书籍！跬步千里，可见寇老师学养深厚绝非一日两日的积累。

这种言行方式也在潜移默化地影响着我们年轻人，要铢累寸积，要默默耕耘。

善诱·熏沐后进

我是一个慢热的人，对工作也是如此。初入职时，我感到教学事务繁杂、教学体系庞大，教学方法毫无头绪，只能边听课边反思。和许多老师的推诿搪塞相反，寇老师经常邀请我们几位去听他的课。至今还记得他和我们说他又想到了一个"好点子"时的自豪，总是给我积厚流光、积微成著之感。在其他老师对同事听课避之唯恐不及时，寇老师的邀请让我看到了一位老教师对年轻人的信任与鼓励。他不是在乎别人听到什么、甚至反对什么，而只是实事求是、客观真实地展示一堂课，即使瑕瑜互见，也让人受益匪浅。而课后，他还会给我们细细讲解课堂设计的细节，课后的反思，看似闲聊，却盛意拳拳，令人难忘，让人稇载而归。

除了课堂，我最初对教师工作的印象，就是批作业、批试卷，对论文等事情并没有意识。寇老师却提点我们，年轻人虽然教学经历少，但一定要有意识去关注教学与论文写作的方法。我和李庆莉任教第一年，他就指导我们研读课文写出解读，并在《语文学习报》上发表文章。当时看到那小小的一篇文章被印成铅字，突然有了不一样的感觉，"悠然心会，妙处难与君说"。之后想来，那是一种职业成就感。

众毛攒裘，如今我多篇论文获奖，便与我的教学反思意识有关；而这，是寇老师的启蒙。

相帮·古道热肠

让我没有想到的是，除了教学上的指导，我和寇老师的女儿还会有交集，而寇老师也在生活上给我雪中送炭。

那时我与寇老师女儿寇蔻前后怀孕，许多问题她都认真帮我解答。后来我要生产的时候，心中着急却又茫然。作为外地人，工作一年多，仍旧是人生地不熟，面对生孩子这样的大事，任何方面的准备工作都手忙脚乱。寇老师听说后，马上帮我联系曾经给寇蔻接生的助产士，那可是本地数一数二的有经验的助产士。她帮我判断情况，给出了与查房医生不一样的建议，鼓励我顺产。我很吃惊，因为羊水不多、胎儿却大，但是她的分析与鼓励让我坚定地相信她。因生产失血过量，她又帮我选择了最合适的药物，在产后更是耐心指导我饮食、休息、做理疗。每每想到，顺产八斤三两的小宝宝，却恢复得极快极好，多亏助产士的帮助。出院时我们想感谢她的帮助，她却只嫣然一笑。也许小宝只是经过她双手接生的无数的婴儿之一，但对我们来说，这一个，这一次，是独一无二的……

寇老师，更是在第一时间发信息祝贺我。对寇老师和助产士的感激，真的无法用语言表达。

几年过去了，每每想到当时情形，仍旧热泪盈眶。

宏业·意气风发

之前在省锡中，经常见到寇老师的夫人安老师，他们都非常关心我的生活情况。没几年，寇老师调去南菁高中教学，后来寇蔻也不在这边住了。之前偶尔还能在食堂见到寇老师，最近两年因为安老师退休，很少见面。但是每次遇见，寇老师仍旧像之前一样和蔼地打招呼，儒雅依旧，亲切依旧。如今我工作已接近十年，回首往事，有些人有些事已经模糊；有些，却已经渗透进我的生命历程……

偶尔听寇老师讲述自己四十年从教经历，肃然起敬，高山仰止。近日听说寇老师要编印文集，内心更是充满期待。寇老师耆年硕德却仍云程发轫，令人佩服无比，真是老骥伏枥不移白首之心。我辈更当继往开来，教学相长，琢玉成器。

我初为人师时幸遇寇老师——文质彬彬，君子孜孜。

2022 年 10 月

吾师吾友

湖北省鄂州市吴都中学　杨莉莎

划过手机微信通讯录，我看到了一个醒目又暗淡的名字"烂柯"。醒目是因为这典故对于离乡的人来说太有共鸣，暗淡又因为经年经月，对于这名字主人的印象似乎只能追忆了。我索性拨通了电话，"喂，莎莎——"熟悉的声音让我仿佛一下子回到了十八年前。

2004年我大学毕业，应聘到无锡市惠山区江苏省锡山高级中学任教高一语文。那时学校新校区刚刚建成，我们高一备课组便从杨市来到堰桥，成为新校区的第一批开拓者。我有幸和寇永升老师在同一个备课组，同一个办公室，办公桌相邻。寇老师为人特别随和，一见面就是咧开嘴笑，西北人那种爽朗在他身上体现得特别明显。那时候手动流水批改试卷，分给寇老师的任务多一些，他总是一笑而过，"没事嘛，这有什么事"。寇老师说话不紧不慢，仿佛棘手的事到了他那里，被他的太极招式三下五除二就给破解了。我是从湖北毕业的，寇老师和我一样是异乡人，当我偶尔产生乡愁的时候，作为同类，寇老师能立刻捕捉到我的惆怅，就拉我唠家常了，唠着唠着，似乎乡愁被冲淡了。我的小名"莎莎"就是寇老师最先叫的，组里老师们也慢慢都唤我小名，在无锡我也感受到了特别浓厚的人情味。

寇老师是我的师父，学校安排"青蓝工程"，师父指导徒弟。作为徒弟，我有时候想尊称他为"寇老"，可他坚决不答应，他说，"'老寇'可比'寇老'顺耳多了！"对待专业，老寇可真是一丝不苟。记得有一次我要面向无锡大市开设一堂公开课，提前磨课试上时，他一次次过来跟踪听课，只要我告诉他我要试上了，他就自己端着板凳来听课了，甚至有时还会主动问我："我这还有两个班，还可以再上两次嘛。"听完后，给我很多中肯的意见，让我获益匪浅，快速地成长。我今年刚获评市级语文学科带头人，我感恩在我成长道路上一路给我帮助过的恩师，他真挚无私毫无保留地帮助我，让我少走了很多弯路。我衷心地对老寇说一句："感谢恩师！"

寇老师对待专业特别认真细致，他的桌子上总是有《语文教学通讯》《中学语文教学参考》《名作欣赏》等期刊，我印象中几乎每一期都没有断过，备完课他就会翻一翻，看一看，有时还会勾画出来再整理。我也跟着他学会了分类整理知识卡片，无论是教育还是教学方面，整理多了，需要的时候就能迅速找到，信手拈来。他对我说，时间挤挤总是有的，就看自己有没有养成好的习惯。"习惯了每天看看专业书籍，一天不看就少了点什么。"记得一年暑假，我在老家湖北，寇老师专门给我打电话，让我想办法一定帮他找到"鄂教版"教材，我可费了好大劲，托了好多人才找到不全的几本。还没等我给他快递过去，寇老师说，等不及了，已经想别的办法找到教材了！他搞起科研就是这么雷厉风行，执行力杠杠的！

从我认识寇老师起，他就一直是班主任，起早贪黑，事无巨细。我那时刚毕业，就特别怕这个工作，头绪特别多，因为学校是全日寄宿制，学生事事都需要老师操心。可寇老师班主任工作干得有滋有味的，他经常把学生挨个叫到办公室里，每次都是深度交谈，一谈就是半节课，这却丝毫没有影响他充沛的精力。到了中午他往躺椅上一躺，分分钟就能听到响亮而又有规律的"鼾声"了。在我印象中，学校每学期评比"红旗班"和"争红旗班"，寇老师的班级都能名列其中。

"我的身体好着呢，安老师挺好啊，寇蔻和豆豆（寇老师的两个孩子）也都好……你妈妈身体怎么样？"电话那头，寇老师的声音总是那么亲切。一晃我从无锡调回湖北有九年了，后来寇老师也调离了省锡中，虽然和寇老师联系不多，但是只要拨通电话，那久违的亲切感立刻回来了，何等奇妙！

祝寇老师及家人平安健康！祝老寇永远那么温和，永远那么精力充沛，功成名就桃李满天下！

徒弟：杨莉莎于湖北

2022年10月

我的"好温暖"感恩短信

江苏省锡山高级中学　安　燕

致一直温暖我的同事王久成

王主任：

　　你好！2004年8月我从太湖高级中学调入锡山高中任教，对省锡中的一切都很陌生，你来我们在杨市校园临时的家，关心询问我们有什么困难需要帮忙，你的真诚和热心打动了我、温暖着我。2005年9月我到学生工作处做常规统计工作，有幸做你的部下和徒弟，是你教我如何统计常规、布置值周班、检查教学区卫生和爱心家园。你对工作的细致、认真、执着值得我学习，你做事严谨的作风，一直影响着我。后来，你荣升为后勤服务处副主任，看到你领着后勤工人在校园搞维修，你的敬业精神值得我学习。省锡中人，因有你和后勤工人们而幸福，是

你们保障了我们工作中的安全、生活的方便，给我们送来了美好的工作环境和温暖，你们辛苦了，非常非常的感恩！

同事：安　燕

2013年4月

致我的间接领导范良

　　不管是在省锡中实验学校校长任上，还是如今身为惠山区教育局局长，每次见面你都是很热情给我们打招呼，没有一点儿领导的架子。

　　一次办公室一位年轻老师有事找你，直接打电话有点胆怯，思来想去就发了一条短信，边发边念叨着，"不知局长肯不肯理睬……"仅仅三五分钟，你回复道："我先帮你问问……"整个办公室的老师都在称

赞范局长平易近人。

你从普通老师做到教育局局长，能当班主任，能教书，多次任教高三，从德育主任到书记，走在校园里，只要看见学生不慎丢弃的废纸、饮料罐等等的垃圾，你都能弯腰拾起，扔到垃圾箱里，每每让身边的同人感动敬佩！

您永远是我们学习的榜样。

省锡中教师：安　燕

致女儿的地理老师是明艳

是老师：

你好！

第一次见你是我们刚来省锡中开大会的会场，你的美丽、优雅，你绽放着的青春气息感染着我，我猜想你一定是位受学生爱戴的老师。

后来在工作的接触中，被你的优秀、好学、能干深深地打动着。你讲课的深度、广度、幽默、风趣很受学生的欢迎；你带的班级学生学习都很积极，常规很自律，每月被评为优胜班级。特别是你在我女儿寇蔻高三时候辅导她的弱项地理，并是她毕业纪念册上第一个寄语的人，感谢你对她的帮助、关心和爱。

同事：安　燕

致女儿高一班主任逄型玉

逄老师：

你好！作为寇蔻高中第一个班主任，你在我们心目中留下了深刻的印象。你用耐心、信心教导、纠正她的一切错误，我很感谢你，她也很喜欢你，时时念叨你。

寇蔻小高考复习阶段，你怀孕八个月，放寒假每天到我家给她辅导物理。在你耐心、细致的教导下，寇蔻的物理顺利过关，我们惊叹和佩服你给她的信心、鼓励和支持。非常感激你为寇蔻付出的爱、精力、时间和耐心。

寇蔻常说你对她的恩情她是不会忘记的，我们也时常被你感动着、温暖着。

同事：安　燕

致女儿高二班主任刘静英

刘老师：

你好！雷厉风行的你，确实让叛逆的寇蔻给你添了不少的麻烦；但你对她的包容、帮助一定程度上改变了她的人生，毕业后的她一提到地理方面的问题，条件反射式的就提到你。

现在的寇蔻更成熟了，不像以前那么小孩子气、毛毛躁躁的，能够关心和体贴父母，做事理智、沉稳了。非常感恩刘老师对寇蔻的教导，感激你的信任和认可。

同事：安　燕

致女儿高三班主任徐沂

徐老师：

你好！您并没有因为寇蔻身体的原因而放弃她，反而很关心她，让她能够很快地适应新环境。但是，你并没有因此而忽略了她的错误，而是很严厉地指出并希望她纠正。寇蔻毕业后还时常提及你，并且想有空有机会就回来看你。我们很感谢你对寇蔻付出的一切，感恩你对蔻蔻的包容、关心、爱心，在寇蔻最重要的时期遇上你这么优秀、负责、幽默、有爱心的老师，是孩子的福分，也是我们的幸运和幸福。

同事：安　燕

217

（第二辑）　竹园情

致女儿大学班主任张玉

张老师：

你好！寇蔻从小到大一直在我们身边，上大学后，虽然还在一个城市，但却是一个星期回来一次，不会与人交往的她给你添了不少麻烦，张老师能破例帮她调宿舍，并一直在很多方面包容她，我们非常感谢你所做的一切。

　　寇蔻的身体不好，你非常关心、照顾和呵护她，寇蔻常常说起对你的感激和敬佩。

　　感谢你对寇蔻的教导、帮助和关爱，让她学会宽容，学会感恩，越来越对自己的未来充满信心。

　　张老师，无限感恩你！

家长：安　燕

致女儿高中老师孙锦媛

孙老师：

　　你好！寇蔻身体不好，有时难免受到个别同学的歧视甚至欺负，她就像一个刺猬极力保护自己，这使她朋友很少……望着她孤单的身影，我很心疼、很担心。不知何时，寇蔻和你走得很近，我每天中午都能从她嘴里听到你的消息，渐渐地，她把你当老师，当朋友，甚至当姐姐，无话不谈。每年端午来临时，都记得叫我"老妈多包几个粽子啊，我要送孙阿姨"。

　　谢谢你愿意成为寇蔻的朋友，感动你对寇蔻的不离不弃、相随相伴，感恩你的善良、宽容、无私、大爱。你对蔻蔻的帮助、鼓励、关心、认可，时常感动着我们。

同事：安　燕

真的成了你……

无锡市东亭实验小学　　顾渊雨

一天，沉寂很久的高中同学微信群"滴滴滴"地响起来了，原来是恩师寇永升老师在退休前要出一部文集，向我们来约稿了。我有些犹豫，要不要自告奋勇写写我的恩师呢，可又担心自己文辞粗浅。正犹豫着，寇老师给我发来了信息，还是那句话"有真情实感，有可读性就行"。果然还是那样亲切的话语，依然充满着对学生的信任与关怀。

行吧，那我就写写我心中的寇老师吧。

寇老师是我高一的语文老师，一提起他，"笑面虎"这个词一下就蹦进了我的脑中。初见寇老师，他那一双含笑的小眯眼上架着一副银框眼镜，看上去特别亲切，如兄如父。

那是升入高一的第一节语文课，铃声一下，我便正襟危坐，两眼放光地盯着教室门口，"呀"一个小肚腩先挺了进来，上下打量一番，不高、略发福的身材，穿着浅咖色的西装，黑色的长裤，还有一双锃亮的黑皮鞋。太棒了，是男老师。

寇老师快步走到黑板前，行云流水般地在黑板上写下自己的名字，那力透纸背的三个字隐隐透着潇洒不羁。寇老师说了什么，其实我记得不清了，唯一印象深刻的就是，他说话字正腔圆。这么形容似乎又不够准确，他喜欢把每个字说得有力又绵长，尤喜欢把最后一个字说得有余音绕梁的感觉。且他说话时总是眯着眼笑，可每句话都能说到学生的心里，温柔又不失力量。别看寇老师眼睛虽小还含笑，一旦触及原则性问题，收敛笑容后，那透过镜片射出来的眼神似剑光，如火炬，自带威严。

寇老师知识渊博，有着非常深厚的语文功底。他常常在课堂上引经据典、旁征博引。在他自成一家的幽默教学风格中，我们常常听得轻松自在，又记忆深刻。有时候听着听着，下课铃声响了，我们才一个激灵发现，天哪，怎么一节课过得这么快！

寇老师在课堂上，总喜欢用幽默风趣的话语逗逗我们。记得有回讲到《边城》的时候，寇老师和我们一起聊翠翠，聊着聊着，忽就笑眯眯地转头朝我们这桌望来，"我看朱静颖就挺像翠翠的，天真善良，说话脑腼温柔，又不乏聪慧"，话音一落，大家哄堂笑了起来，纷纷朝我的同桌小朱望来，仿佛翠翠就来到了我们的身边，书里的人物形象一下就鲜活了起来。小朱害羞地笑了起来，可我发现她望向寇老师的眼神亮晶晶的，满是自豪、自信与欣喜。许是这样的课堂太让我难忘了，以至现在我成为一名小学语文教师后，站在自己的讲台上，也总是试图去创设这样有趣味、有智慧、有关怀的课堂，也希望我的学生能和我一样喜欢上语文课，感受到语文的魅力。

高一短短一学年过去了，我们迎来了文理分科。我有些失落，因为我选择了理科物生班，而寇老师语文教得这么好，肯定要去教文科生。唉，可没想到，报到的那天，我的班主任竟是寇老师，太棒了。

在接下去的两年中，我和寇老师的接触就更多，了解也更深了。寇老师不仅在语文学习上给予我们指导与帮助，更在生活中教育着我们。他是一位班主任，也像是我们的爸爸，手把手地教我们为人处世之道。

寇老师是一根会思想的芦苇，也常指引着我们长成一根会思想的芦苇。2008年多灾多难的那年，我们高三，1月南方经历了罕见的雪灾，5月汶川发生了特大地震，寇老师多次组织我们观看新闻，撰写心得感受，全班分享交流。他常眯着眼笑着，语重心长地对我们说："我们是社会的一分子，我们要关心社会，要想方设法为社会、为祖国做贡献。你们虽然现在是一名学生，但可以用有力量的文字为人们送去关怀和温暖……""你们要做一个独立思考、善于表达、付诸行动的人，千万别做一只冰冷的传话筒，也别做一只聒噪的鹦鹉……"寇老师不仅这样教育我们常思考、常写作，他自己也常把自己的观察、思考、经历写下来与我们分享。我还记得，他把陈家俊吃了变馊的西瓜生病的事写成了一篇随笔《借我一双慧眼吧！》，字里行间透露着他对我们的关心与呵护，也闪烁着他的幽默与睿智。

记得有一回，学校开展"八荣八耻"主题征文比赛，这比赛妥妥是文科生"厮杀"的战场，我们理科班也没几个勇士自告奋勇去参加比赛。寇老师竟找到了我，说："顾渊雨，你去，把自己的认识、理解、思考写出来，写出真情实感就行，你没问题的。"掷地有声的一句话，给了我自信与支持，没想到寇老师这么信任我。在比赛中，我拿回了一张二等奖的证书，虽然只是二等奖，可我依然觉得它沉甸甸的，不仅承载着荣光，更有关怀与希望。还有一次，社会上学生自杀的新闻频频报道，寇老师就组织我们围绕"生命"两字展开探讨，"什么样的生命有意义""如何让自己的生命更有意义"，还进行了班级作文比赛。那次我以"纸"为喻，写了题为《生命的重量》一文，拔得头筹。

在寇老师润物无声的影响中，我开始常怀悲悯之心，去关心亲人，去关注社会，去思考人生。

那年高考，一看到作文题目"好奇心"，"雪灾""地震""国家力量""民族希望""个人信仰"这些词一下就从我的脑中蹦了出来，于是紧扣"是什么让中国人民能面对大灾大难，不屈不挠，众志成城？是民族信仰，是民族力量，是上下五千年的民族精神"，我旁征博引，引经据典，挥洒自如。考完后，我很自信，这次作文肯定能拿到一个不错的分数。果然，高考语文我考了125分，在班级里名列前茅。若不是寇老师常常带着我们去关心社会、观察生活、思考人生，我们怎么会有思想的沉淀与积累呢？

印象中的语文老师，总喜欢长篇大论、苦口婆心地给我们进行思想灌输，但寇老师喜欢简洁明了的谈话方式，一般在十分钟左右就谈完了，稍复杂和重要的谈话也控制在二十分钟左右。他常说时间很宝贵，用来思考的时间更宝贵，我们要能用简单的方式快速有效地处理最重要的事情。

高三开学伊始，学校招募了艺术特长生，我不知是突然发现了自己的美术天分，还是脑子转了个弯爱上了美术，竟在毫无任何美术功底的情况下开启了美术学习之路。父母得知此事，颇为震怒，尤其是我的父亲，因文理选科时我一意孤行选择了理科，已经让老父亲很是不悦与担忧。父母几次电话打到宿舍与我进行口舌之辨，想让我放弃，许是我正处于叛逆期吧，我就是铁了心要学，要做一个普通理科与美术特长兼报生。连日的电话轰炸，让我的心情异常糟糕，总是很焦虑又很失落……

一天，晚自习结束，我晃晃悠悠地落在后面，一个人走在校园里小河边那条石子路上，突然寇老师的声音从耳旁传来："走得这么慢，有心事啊？"

我抬头看了看，还是低着头走，不吭声。

"是不是因为学画画的事情？"

"嗯。"

"爸爸妈妈不同意吗？"

"嗯。"

"看样子，有点影响你的心情了。老师能帮你和父母沟通一下吗？我觉得你可以去尝试。"

后来，在一间会议室，我、我父母和寇老师展开了"三方会谈"，原以为会剑拔弩张，没想到却是异常和谐。寇老师从课业难度、我的学习情况、做艺术生的利弊等方面向我的父母做了全面又深入的分析讲解。那次谈话破天荒地持续了近四十分钟。谈话后，父母的态度有了明显缓和，不再反对我画画。

事后，母亲告诉我，寇老师的几句话打动了父亲："顾渊雨是优秀的学生，她有能力平衡学习和画画这两事情，她可以两条腿走路。你们想让她按部就班地走你们心中的那条康庄大道，却无视了她想要踏平荆棘丛林的勇气与决心。作为家长，你们应该给予她最大的信任和支持，帮助她成为最好的自己。"长大后，一次散步中提及此事，母亲还感慨道："你们寇老师是有大智慧的老师啊，你能遇上他，是我们家的幸运，也是你的福气……"

是啊，寇老师陪我走过了人生最重要的高中三年，他对我们的关怀、理解、信任，给了我们乘风破浪的勇气，披荆斩棘的力量。

在高考冲刺阶段，寇老师依然是笑眯眯的，依然是言简意赅，没有耳提面命，也没有谆谆告诫，但有一句话他常挂在嘴边："做自己，你们是最棒的！"看着寇老师气定神闲的样子，我们也踌躇满志，胸有成竹。但我发现寇老师在晚自习出现的频率非常高，以往一周出现一次，可最后一个月天天出现，而且每天都陪着我们在夜色中走回宿舍。见我们行色匆匆，有时他还会陪我们聊聊，让我们走慢一点，看看点点繁星，听听叽叽虫鸣……原来是他担心我们焦虑、畏难、紧张，于是他主动申请住校一周陪伴我们，做我们的"定海神针"。

三年寒窗在最后的铃声中落下帷幕，高考结束了！寇老师带着我们在黑板上写下自己的梦想，签上自己的大名。那天他还说了很多很多，记得最清楚的就是那双有点微红的小眯眯眼和那句"不负韶华，做最好的自己"。

在寇老师的指导和建议下，高考结束后我填报了师范专业。毕业后，我与寇老师成了同行，成了一名小学语文老师，担任着班主任。我也常把"做最好的自己"挂在嘴边，教育着我的学生。

长大了，我真的成了你。也许有一天，我能成为一名和你一样有烟火气、有情怀、有智慧的老师。

——致敬我亲爱的寇永升老师。

2022 年 12 月

有感　无题

——《烂柯文集》校对后记

陕西省西安市西航一中　杨　蕾

感谢寇老师给我这样一个连"烂柯"都整不明白的英语老师信任，让我校对这么重要的文集。于我而言，校对的过程更是学习的过程，是找回自己的过程。我在长长的文集中看到了一个立体的寇老师，在一篇篇文章里看到了寇老师的教育智慧。

"师生情""雄关情"里攒劲的兰州话，让我这个兰州媳妇读着亲切感十足！那些生动的描述，让我看到了曾经的尕娃娃咋个变成让老师们骄傲的大先生；功成名就的大先生，仍是不忘回报家乡教育的烂柯人。西北的二十多个名师工作室是寇先生实实在在的对家乡的爱。有了好老师，才有更多好苗苗；有了好苗苗，才有可能长成绿荫家乡的大树。

"语文情"让我再次心潮澎湃。曾经也算是半个文艺青年的我也曾有痴迷阅读的黄金年代，后来生生被手机废掉，想写点东西，总感觉心有千言万语，然笔头词穷无以表达！寇老师反复地谈到，阅读，尤其是专业期刊的阅读之于教师的重要性。看看自己二十年来发表的几篇教学论文，文笔幼稚，思想肤浅，实在汗颜。自寇老师2022年来西航一中传经后，我就开始订阅《中小学外语教学》，细细读来，的确在课堂设计方面有了更加开阔的思路。

真的要感谢寇老师振聋发聩的提醒。虽然起步已晚，我仍相信勤能补拙。

"匡园情"让我看到真实的寇老师，他不是无所不能随手指点就能渡学生的神，他的班主任生涯也有喜有忧，还有化不开的遗憾。最触动我的是他说同龄人计划着何时能不当班主任，他却珍惜着能再干几年班主任！当我们不用"摸鱼"的心态去干一份工作，我们就能在真正投入的工作中找到快乐。用心带班，有想不完的办法管好班级；得过且过，班级就会貌合神离。当好班主任，走进学生心里，毕竟，我也是没有多少年可以做学生们的老班了。

　　校对完几十万字的文稿，意犹未尽。又找出寇老师的《延安支教日记》，我得续上，寇先生的书给我力量！

2023 年 2 月

铁肩擔道義
妙手著文章
壬寅年冬松濤书

傳家有道惟存厚
慶善無奇但率眞
壬寅冬月松濤書

南菁课程文化丛书　杨培明　主编

寇永升◎编著

（第三卷）

蜣柯文集

东方出版中心

中国百年母语教材陈列馆

于漪

中国语文教学期刊陈列馆

于漪

于漪老师 题词

于漪老师信件 原件（1）

于漪老师信件 原件（2）

于漪老师 题词

于漪老师 赠书

为从烂柯文集力去版
添花

文化白行
立德樹人

自号逸人 [印] 寇宗恩
公元2022年11月11日

寇宗恩 题词

焰水升光

玉门边城镇大漠，
春风又绿蓬莱阁。
万千桃李江南秀，
人间正道如君说。

张万利作于书家
2022.10.4

张万利 题词

目　录

第一辑　国培情　王尚文书

花自芬芳
蝴蝶自来

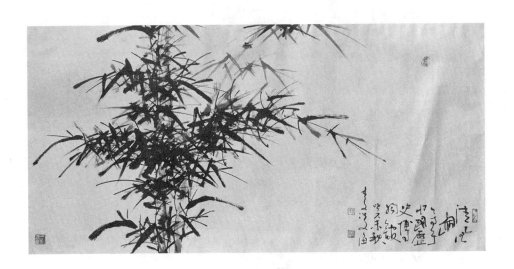

李双海 《墨竹》

我的国培缘何精彩?

国培结束已经好长时间了,可是那些日子并未经岁月的冲刷而淡褪,那些人不曾因空间的远离而淡忘,"国培之友"群也没有随着培训的结束而冷清……

从大家的交流中不难发现,学员之间跨省相邀开公开课、开讲座、聚会,学员所在学校乃至地区教研部门邀请国培专家前往讲学、作报告,群里热烈的争论交流,观点见解的碰撞、启发……国培给我们带来的效益越来越精彩!

我的国培缘何精彩?

一、一个精彩的QQ群,让我们提前进入了角色

距离参加培训还有一个多月,蔡伟教授建立了一个"国培之友"QQ群,通过手机短信一一联系我们进入这个特殊的"群"。这个举动让我们这些繁忙的中学一线骨干教师,人虽未至,而心皆已向往之,提前进入了角色。

这还不是最重要的——

在今天这个时代,大概每个人都会有好几个"群",我们常常不假思索地把数以千计的笑话传来转去,低质量的信息在群里无限制地传播着……但是"国培之友"不是一个一般意义上的聊天群,蔡伟教授经常上传与教育哲学、生活哲学相关的励志故事,每星期抛出一些教育热点话题,激发我们交流的欲望。有人(国培学员,常州五中朱寅)感叹,蔡老师的故事总是能给人很多的启迪;我可能不曾发表见解,但不等于我没有思考……

他还适时引进浙江名师,在群里与我们交流,帮助我们提前了解浙江及浙派教育。

"国培之友"群里的交流,对这次国培产生较大影响的,有三篇文章:刘祥老师《培训是一场知识旅游》,让我们明确了目的;寇永升老师《我们该以怎样的心态对待培训》,令我们摆正了心态;朱伟老师《遥望,

更是一种风景》使我们明白了责任……

清楚地记得，一个晚上，夜很深了，蔡伟教授在群里发言：

本想干点私活，结果沉浸在三位老师的妙文中，其中充满着各位对教育哲学的思考……

这个时候，蔡伟教授还不认识我们，我们多数人也没见过他。

与以前的各种培训学习比，我们这批人基本上是未谋其面，先识斯人，意味着我们提前进入了角色，这或许也可以算是一种与时俱进吧。来自祖国最北端黑龙江北安的朱广梅老师在群里说：

金秋传来的喜讯，让我兴奋不已，有幸成了国培班的成员。我期盼着，期盼着自己职业生涯的再一次精彩飞跃。

一直到国培结束好长时间，我还在群里看到这样的留言：

蔡老师，我几乎每天都到群里报到一次，为的就是看一看你的每天一个励志故事。用心看，收获深刻。教师的人格魅力，有时就在这种阅读与交流中形成了。群里的这些故事，给我们许多智慧的启示……

寇班，一打开QQ，看到你的问候，我心头一热，眼泪在眼眶里转，谢谢你的关心，很想念你们，非常想念！其实我几乎每天都打开QQ，每天都关注我们QQ群，你们的文章，我都有下载观看……

二、语文人的精彩节日，语文的饕餮盛宴

精彩缘于这是一群别样的人。

语文特级数位，教授级多名，大市学科带头人、教学能手过半。60后为主，70后、80后中后起之秀令人生畏。专职教研员、学校领导、重点中学教研组长，专业刊物专栏作者，国内中学语文知名网站超级版主；爱好写作的，擅长书法的，善于摄影的，精通电脑的……

国培实在可以算是一次语文人的大聚会！

50名学员，晚秋初冬，从已是冰天雪地的黑龙江踏风碾雪而来，从南边的福建、广西单衣缣衫而至。江苏的吴侬软语，广西的南国口音，福建的客家语调，黑土地来的张嘴就像是本山大叔……凭吊大堰河之墓，每人一节，把艾青那一篇成名作朗诵得那个精彩，令田间秋作的农人耕者忘其犁，锄者忘其锄……背依崇山峻岭，目娱茂林修竹，耳闻清流急湍，列坐流觞曲水，无论少长各个都能放浪形骸，不管男女张嘴则"是日也，天朗气清，惠风和畅……"引得那多少游客俯仰大笑，勾得人家手中相机都咔嚓作响。

这是只有语文人才有的兴感幽情，这样的场面就好像老朋友、老同学从四面八方赶来参加聚会一样。

精彩还缘于这群别样的人在一个精彩的地方遇到了另一些精彩的人！

浙江师范大学承担国培已经有了一套成功的做法，积累了相当的经验。上下都很重视，态度严肃，操作严谨。16天、90个学时的培训精确到每一天、每一节课，有时连节假日甚至晚上也安排活动；每一场专家报告要求3个小时，精确到分钟……浙师大实在是一个让我的国培生成精彩的地方。

开班典礼简洁而精彩，领导讲话谁讲几分钟、合影留念需要花费多时间等等，都是经过计划的。全国中语会的尖峰论坛开幕式仅仅十几分钟，整个上午的时间安排极其紧凑且有序，专家的重头戏在接下来的讲座，教授须赶往学校去给本科生上课，浙师大领导致辞热情而不借此机会"插播广告"式地宣传学校……

记忆中，大学老师的课堂上，有人喜欢批评时政，有时就变成了发牢骚；有人喜欢讲自己的科研成果，有时就变成了自我吹嘘；有人则喜欢讲过去、讲个人的人生经历，有时就扯得过远……而我的国培，没有出现这些情况，即使有个别教授讲到个人人生经历，出发点都还是让我们更加深刻地体味民族语文，都是在可以接受的范围内的。

语感论创造者王尚文教授，讲堂之上，声如洪钟，兴之所至手舞足蹈，思维活跃，激情演绎，实在难以和73岁画上等号……

"教师一定要在教的过程中成长。"

"教育者确实应当先受教育，但这并不意味着，他成为教育者之后，他的职责就只在于教育别人。对于教育者来说，教育本身就不但可能是而且必然是、应当是对自己的教育。必须重新审视教与学的活动，并在此基础上建立新的教与学的观念：由基于自我付出的教转变为基于自我学习的教，由基于教师教的学转变为基于教自己的学。教师应当比学生更可教。教师之所以可敬，在于他自己可教。"

收阅学员总结，几乎所有人都记住了老先生这几句精彩的话语。

教书不读书是现今中国教育最大的伤痛！

作为一个语文老师，教一辈子书、备一辈子课，其实就是读一辈子书。备课就是读书，读一辈子书就是备了一辈子课。教书从自己读书开始，以不停地提升自己而教好学生。

疗治教育的伤痛，教书从读书开始，读书就从语文老师开始吧！这是国培之后我和同伴们共同怀有的精彩梦想。

国培共 16 天，这 16 天，我每天都在享用着属于语文的饕餮盛宴。

从苏立康、顾之川、王荣生，到周跃良、任俊、蔡伟、朱昌元、徐志伟，每一场报告都精彩纷呈，每个人的讲座都是一次语文盛筵。

三、建设一个精彩班集体，给大家留下精彩故事

有人在群里如是说：我对一件事很奇怪。当年读在职研究生，每次集中面授也是半个月，持续三年。那批同学竟然一点印象都没有。这次培训，也是半个月，却感觉都是亲人，都难割舍……

龙岩一中陈燕玲回复：主要是你们几个班委的作用，是你们把这个班揉成一个整体，大家都成兄弟姐妹，所以难割舍，让人怀念……

多少培训学习，谁会想到，一个临时的学习班，一群成年人，哪会像中小学生一样还正经八百地民主评选出班委！

我们这个国培班这样做了，精彩也就越来越多。

想不起来是哪位学员笔下的一段文字：

国培班的同学来自四个省，怎样快速缩短同学们之间的距离，班委们想了许多办法……出人意料地给两个学员举办了生日庆祝会，感动了过生日的学员，也羡煞了不能在此时此地过生日的其他同学。寇班点子多，组织能力强，能言会道，极富煽动，有办法让更多的学员参与进来，使自己不至于唱独角戏。武班精力旺盛，有很高的摄影技术，乐于奉献，以至于相机不太好的同学干脆省掉了拍照之烦。刘班学术精湛，沉稳老到，看他的文章，与他交谈，自有醍醐灌顶之感。周班主持文娱活动真是很专业的，既能让华国平的爱人发来文采飞扬的生日贺词；又能像央视主持人与前方记者连线一样，让粟有庆老师父女感人至深的对话感动了在场的每一个人；更能让蔡伟教授上演"人体盛宴"，给他戴上那个漂亮的棒球运动帽，让他身着一件"奇装异服"——瞬间忽悠起全体学员在他身上"下箸"——写下那些五颜六色的祝福话语，顷刻之间，一件"最精彩、最幸福"的运动衫诞生了……我不断感叹，参加了那么多的学习班，这个班级很特别，很温馨。很久已经不懂得怎样玩的我们，原来也可以这样玩。

这样的班级，怎能不给我的国培带来精彩！

从最开始接到通知时的拒绝心态，到抱着试试看的心理，我参加了国

培浙师大高中语文班。

为何一开始会拒绝？因为从以往的经验看，许多类似的培训（作为受训者，我在教师进修学校工作的15年里参加过许许多多的培训）都是中看不中用，走走形式，甚至掺假，令人深恶痛绝，既耗费了个人的时间精力，也浪费了国家的钱财资源。可是，此次培训，跟过去我所经历过的培训完全不同，仅仅两三天的工夫，我就从一个试试看的冷眼观察者不由自主转变为一个积极的参与者，是这个班级改变着我……（广西藤县中学粟有庆《从观望到反思到期待——我的国培学习总结》）

培训结束，整理行装准备离开，我收到广西一位老师发来的短信：

寇班你好！我们已经到达杭州火车站。离别在即，不免有几分惆怅。我是一个不容易激动的人，这个班却让我动情了。虽然我不曾发言，却总是在内心里为这个班呐喊；虽然我不曾演示，却总是在为这个班级的精彩不断演绎。十五天的故事不算多，这个班留下的却是漫长悠远的回味。一生中能有几次这样的回味啊，这个班是我心中悠远难忘的梦。我在美丽的广西等待，等待大家一起续梦！

我的国培精彩，缘于我的国培班级，缘于我遇到了这样一群精彩的人。

蔡伟教授在他的总结中对国培班级工作给予了高度评价：班委的工作，大大减轻了项目组的工作压力，更重要的是因为他们的努力、带动与鼓舞，使整个团队更具凝聚力，更有家的感觉，学员之间交流自然更加密切，感情也愈发真挚深厚！（《强化创新板块，追求培训实效，打造国培精品——国培计划浙江师范大学高中语文培训班总结》）

我的国培班级之精彩，不只是感动着我们自己，也感动着他人。未曾谋面的一位同仁如是讲：在远望中，感觉这个班级的生活极其丰富。他们有自己的故事，而很少会有"事故"，尺度把握之精准令人叹为观止；他们有自己的梦寻，而很少去空寻梦，执着的程度令人敬佩不已；他们有自己的行程，坚定而不移。他们的热情，不仅体现在课堂上，更多地体现在生活上，他们或唱或跳，且歌且舞，寄情山水，而又立足课堂。

这是一种怎样难得的机会呀！尽管只是一种远望，但却是我在培训旅程中最亮的一道风景！（朱伟《遥望，更是一种风景》）

四、精彩游学——最温暖的季节留在了金华

几千年前有一位语文人，为了自己的思想，乘坐着一辆缓慢的木车，不知疲倦地在大地上往复奔走。他以木车的激情，激励着身后一批又一批的语文人，使中华文化薪火相传。

我的国培，最为精彩的一个乐章，竟然与其如此的相似。

蔡伟教授率领我们游学浙江，所到之处，人家叫我们是"蔡家军"；我们则呼人家为"蔡家浙军"（浙江省高中语文各类培训班学员及浙师大毕业生）。国培学员与浙派名师在课堂上 PK，评课中碰撞……

蔡伟教授由担心到赞赏：游学的一个弊端就在于旅途的时间比较长，如遇堵车，则车上时间更长。为此，项目组与班委商量，决定开展车厢评课。在确保安全的情况下，学员一个接一个用车载音箱发表自己的高见。遇有意见不统一时，还出现抢话筒的情况。车厢空间狭小，但更增加了亲和力与穿透力，评课的分量更重，效果更好。车厢成了一个流动教室，成了促进沟通与交流、增长见识、拓展眼界的平台，实现了"行千里路、听百堂课、评十名师"的游学目标。学员反映，车厢评课即使不属于全国首创，至少自己这半辈子还是头一遭。连司机和导游都觉得好玩，他们认为车载音响从来都是游客唱歌娱乐用的，是给导游讲笑话的，还从来没有过用于开会研讨的经历。

我的国培学员则由好奇到赞叹：第一次真正地参与和体验了"游学"。那天我们半夜起床，摸黑登车启程，在车上吃早点；第一次如此近距离地感受浙派语文风味，第一次这么集中地领略不同地区老师们的风采，感受不同风格的教学，品评不同类别的课堂。精彩的不完全是课堂，更是课后的品评。大巴车上劳累的路途中大家思想依然活跃，在交流与碰撞中彰显了智慧、提升着认识。难得这么多精彩的课堂，更难得这么浓厚的研讨氛围。如果说教授们的报告如精神大餐，那游学所得便如满汉全席，丰富、营养、好吃，真是过瘾！（江苏省常州高级中学　周丽《阳光灿烂的日子》）

来自四省的国培学员精彩纷呈地表达了各自真实的想法，尤其是诚恳地批评了课堂上暴露出的问题。这种实事求是的批评态度，让开课老师在受益匪浅的同时忍不住大呼过瘾。评课气氛民主自由，学员们各抒己见，讨论得热火朝天，将教学激情融入热烈的探讨，游哉，乐哉！真可谓没有硝烟的战场，让多元化的课堂争鸣，实现着蜕变的飞跃。（江苏省常州市第五中学　朱寅《乐在其中，学在其中，念在其中》）

　　车厢评课，这或许是我们独创的评课形式。在寇班的带领下，我们坦诚地肯定优点，指出不足，场面异常火爆。在这里，没有权威，没有虚假，没有功利；有的只是思想的碰撞，心与心的交流与契合。车窗外天已经黑下来了，但车厢内的评课却进行得如火如荼。我从没感觉到枯燥的旅途会如此的温暖，心里忽然溢满深深的感动。（江苏省东海高级中学　徐雪梅《知识的盛筵，语文人的节日》）

　　——精彩游学，我们把最温暖的季节留在了金华！

五、国培结束了，我将更精彩地行走在春天里

　　读读这些能让人感受到温度的文字，我相信，我的国培结束了，却才是一个开始；我的国培结束了，但我将更精彩地行走在语文教学的春天里。

　　国培，带我走进了教育生涯的春天；国培，坚定了我永不放弃的信念。十多年前，我因梦想而选择了师范院校；7年前，又因热爱，我放弃了去报社工作的机会而毅然选择了成为一名中学语文老师。我一直在努力，也渴求着自己的成长。但到了如婚姻的"七年之痒"时，茫然的我倦怠了，甚至想过停步。我的教学停步了，很久都没有什么改观了。我不知道自己的方向在哪里，我该怎么办……带着期待和揣测，我参加了国培，短短的十几天里，我不仅收获了珍贵的友情，更收获了宝贵的思想。国培，给了我春天般的感受。（佳木斯市第八中学　李倩楠《走在春天里——记国培的点滴感受》）

　　十五天的培训早已成为我生命中一串闪亮的记忆。当我踏上返程，火车启动时，竟不觉泪眼蒙眬。再见了，蔡老师和您的"幸福的运动衫"；再见了，如父如兄的寇班；再见了，不辞劳苦为大家珍存记忆的武班；再见了，秀外慧中的周丽姐；再见了，十五天来朝夕相处的兄长姐妹；再见了，令人难忘的十五天国培时光……整理着这些天来的相片，我的心再次温暖、充实起来！（江苏省徐州市第一中学　王海燕《我的国培我的班》）

有幸参加"国培计划2011"中小学骨干教师研修项目浙师大高中语文班的学习，对于我这样的年届半百且自以为在语文教育教学方面已进行了较系统的探究的语文教师，这确实是一场生命成长的及时雨。我觉得，培训的价值，并不在于从专家学者处获得了多少具体而感性的知识，也不在于观摩了多少公开课、见识了多少种结构新颖的课堂教学模式，而在于它将五十股溪流汇集成一个湖泊，让五十个生命都借助他人生命的律动，摇撼出远远超越个体力量的心的波澜。这样的波澜，令平凡琐屑成为一种耻辱，让催马扬鞭成为一种使命。（江苏省仪征中学 刘祥《"国培计划2011"中小学骨干教师研修项目浙师大高中语文班学习总结》）

今夕，我所在的黑龙江落雪簌簌，一片寂静，迷蒙的雪野，轻漾的雪丝，牵我的思绪回到南国的金华，我又真真切切地听到了国培学堂激荡我心的声音……那么多的妙谛真音向我涌来，即使已离开浙师大、离开国培老师同学几近半月之久，这音响仍在我心回荡，间隔越久，香气愈浓，这是爱教育、爱语文的心在天地间发出的轰响。感谢这声音！（黑龙江省双鸭山市第一中学 付立春《听，那方有最美的声音》）

2011年的国培已经结束，国培学员的身影已从我的眼前消逝，但国培生成的精神不灭，国培结下的友情长存，国培引发的魔力永生。国培带给我一切的喜悦与精彩温暖着我、激励着我。我沉浸在这个集体所营造出来的阵阵暖意中，期盼着我们这个班级更大更强的辐射性……（浙江师范大学 蔡伟《世上最幸福的"运动衫"》）

国培结束了，我依然行走在春天里——

一个人能走多远，看他与谁同行；一个人有多优秀，看他有什么人指点；一个人有多成功，看他与什么人相伴……国培，开启了我的春天，我会更精彩地行走在语文教学的田野里。（黑龙江双鸭山宝清高级中学 黄巍《国培学习总结》）

国培结束了，我的QQ群依然热闹。

不知为什么，每天要是不到群里报个到，心里就很不踏实。（江苏省东海高级中学 徐雪梅）

这个群太有力量了，蔡老师所中的蛊毒，不但自身难解，还"泛滥成灾"。（福建沙县第一中学 吴静）

我相信，我的国培将会继续精彩下去！

2011年12月初稿

2022年8月25日修订

国培：给我带来华丽转身

2011 年 11 月，我在浙江师范大学参加了教育部国培计划（2011）中小学骨干教师研修项目（高中语文学科）。因为我任职于名校，年龄较长，国培班全国各地的同行们抬举我担任班长，协助项目负责人蔡伟教授高质量完成了国培任务。

35 岁破格晋升到高级，36 岁作为地市级学科带头人、省教学能手，从西北边陲小城嘉峪关引进到无锡。十多年后，我已经完全适应和胜任了长三角发达地区的教育教学，已届知天命之年，感觉专业上难以再有大的作为。正当职业生涯与专业发展进入一个瓶颈期的时候，我的校长，著名教育家、江苏省锡山高级中学唐江澎，力排众议，果断地把我这个高三班主任派出去参加国培！

出发之前，校长专门找我面谈：国培不是旅游度假，不是休闲消遣，也不是一般的教学研讨活动，而是当今教师培训的最高档次；作为骨干教师，要善于和敢于发出自己的声音；你代表的是我们在这所百年学府，代表的是我们所在的省市……

国培，让我冲出专业发展低谷，使我突破职业生涯瓶颈，给我带来华丽转身。

课堂教学，脱胎换骨

经过了一个多星期的讲座、报告、讨论，国培进入游学环节。蔡伟教授带领我们国培学员到浙江各地一流名校，与浙派名师同课异构，同台竞技切磋。我在繁重的班务工作之余，主动承担了上课任务；主动选择了挑战性最大的文本《祝福》。在鲁迅的故乡，年关将近时，一"忙"一"闲"看《祝福》。一节课，40分钟，9300多字，听课老师比学生多出好几倍。我大胆地从课文第二部分开始——祥林嫂第一次来到鲁镇做工。阅读前三段，概括介绍祥林嫂，她因何而"忙"？问题驱动，迅速跳转，手脚勤快、抵得过一个男子、食物不论、力气不惜的祥林嫂，为何会闲下来，这中间发生了哪些事情。以此带出课文第三部分，借卫老婆子与四婶的对话，侧面写出祥林嫂被迫嫁到深山野墺里等；带出主人公接二连三的遭遇，丧夫失子，着重分析她在祝福时节被闲下来的原因。对四婶的那三次断喝，我安排足够的时间让学生分角色朗读，在朗读中体验感悟。一个学生读了两遍，都没有体现出"慌忙"，显得有点小尴尬。我低头轻声对她说了三个字："抢着读。"那个学生会心一笑，再一次朗读，全场惊艳，掌声使我们的课堂中断好几十秒钟。

祥林嫂先前忙于祝福；一系列的遭遇与打击之后，她在祝福时节被闲下来了；她能一直"闲"下去吗？引出死于祝福，回到开头的倒叙……

下课铃响起，蔡伟教授大步走到讲台前，高兴地对我说："你这堂课我非常满意，上出了我们国培班的水平……"浙江名校的一位校长问我要了联系方式，以后邀请我去复盘这堂课……

我带着这堂课离开了浙师大，走出了国培班。

不久之后，各省推举一名教师参加首届"教育艺术杯"全国中小学语文教师课堂教学大赛。我把《祝福》课堂录像发给有关专家，几乎了无争议，我代表江苏省参赛。

2012年7月，我的公开课《祝福》获得全国一等奖（A组第一名）。走下讲台时，好几位省市教研员问我联系方式，邀请我去当地讲课。国培结束至今，我在全国十多个省市讲过三十多次《祝福》。

国培，使我对课堂有了全新的认识，让我的教学理念发生了脱胎换骨的重生。国培之后，我把每一堂课都当作公开课来上；我不再害怕在任何场合、任何时候面对任何教材文本。我在课堂教学上不断地发生着革命性的变化。

2016年10月，第八届全国"新语文教学"尖峰论坛"中国好课堂"教学大赛，我再一次凭借一堂精彩的作文课获得一等奖。

由讲课起步，进而到讲座。国培之后的这七八年中，我打造出了二十多堂自己比较满意、受到同行普遍认可的课堂作品；我开发出了十几个讲座，讲我的国培缘何精彩，讲名师工作室建设，讲教研组建设，讲语文新课标，讲专题学习，讲整本书阅读……几年下来，我在各地讲课讲座达两百多次。

延安支教，硕果累累

国培学员中，来自西部的，与东部发达地区的同行比，在理念诸方面差异甚为明显。我在着意与他们交流探讨的过程中，燃烧起一个雄伟计划：我要再回到西北家乡去，我要把长三角先进的教育理念带到家乡去，我要深入研究东西部教育差距的原因究竟何在。

国培结束，我连续四年申请赴延安支教。2015 年暑假，作为无锡市第十二批支教团队成员，我到远在陕北黄土高原的延安市第一中学（校址在洛川县）工作一年。

两个近七十名学生教学班的课务，三所学校兼职教研员或指导老师，带领着十多位青年教师，长达一学期多、义务辅导数名学生备战延安市中小学规范汉字书写大赛；受聘担任延安大学文学院特聘教授，到周边好几所高校讲座；深入陕北榆林、延安、铜川等地二十多所学校义务送教，尤其是那些偏远的薄弱学校。所到之处，我不把有限的时间耗费在饭桌上；而是实地考察了解当地不同层次学校面临的困难，有目的地采访不同年龄、职称、资历的老师，深入学生宿舍、食堂甚至厕所，我积累了大量第一手资料。完成了 80 万字的支教日记初稿，拍摄了 3 万张图片。

我没有接受任何一所学校的课酬。有一所学校的领导很过意不去，一定要给我一条上好的羊毛被；我带到延安一中，送给了一位家庭负担比较重的学生。一所县中的一把手校长，很认真地对我说："寇老师，我跟我几个副校长都商议过了，我学校给你 200 元报酬，表都已经造好了，你签个字就行……"我惊讶之余对家乡里的这位校长说："我签字。这钱你留着，帮助有需要的学生吧。"

延安的学生们的作文质量远远低于无锡地区，很多高中学生还不会写简单的记叙文；作文大多是在编造，是在凑字数。许多语文教师的所谓作文教学，基本停留在粗放式经营上。每隔一段时间，随意找一个题目；随便学生怎么写；收起来，一两个星期，甚至更长时间之后，每人得到两个阿拉伯数字……我尝试改变这种作文教学套路。每个班级里每天三位学生叙写班级故事，从身边的生活学习开始，学会观察、思考、叙述、描写。我带头下水示范。每周三下午，抽出一节课，专门用于朗读分享班级故事中的好文章。一段时间后，学生们不再害怕写作文，对写作有了兴趣，产生了成就感，逐步走上了良性的发展道路。

除了教学上的努力，我还利用周末节假日，走访了十多位延安学生家庭。了解情况后，我在无锡地区联系到几位爱心人士，资助了五名延安学生三年，直到把他们送进高校；我还把几名贫困学生家的苹果联系销售到无锡地区，让他们的好收成有好收益……

支教期间，我被学生们评选为"最受欢迎的好教师"，两度被授予延安市"优秀教师"称号，被授予"延安市五一劳动奖章"。最令我高兴的是，作为支教华彩乐章，在即将结束支教工作的前夕，我辅导带队的几位学生，一路奋力拼搏，力挫群雄，夺得延安市第二届中小学规范汉字书写大赛高中组唯一的一等奖，使延安一中扬眉吐气，在后续招生工作中增添了亮点。同时，我也被延安市教育局授予优秀指导老师奖。

延安学生们书写的班级故事，厚厚的 8 本，近千篇，上百万字，我背回了无锡。整整一个暑假，我一篇篇阅读，一次次深思……我积累的 80 万字素材，经过了 9 遍修改，精选出 65 万字，紧紧围绕东西部地区教育的差距，寻找制约西部教育发展的关键性因素，《延安支教日记》在我支教结束一周年后正式出版发行。

我把 300 套、总价值近 30000 元的著作无偿赠送给延安一中，给无锡班的一百多名学生每人一套，给延安一中的同事们每人一套。

延安支教使我明白了：东西部教育的差距，不是硬件条件，而是理念。理念，才是教育的制高点。在我离开西北家乡十多年之后，随着社会发展、时代进步、党和政府对教育的重视与投入加大，家乡的学校越建越好了，硬件设施不一定比东部地区落后，但是，教育的制高点恰恰在于先进的理念。我把自己的著作全部回馈给家乡的学校，回馈给西北的同行们，希望对西部教育有所助益。

是国培，让我在离开西部十多年之后发现东西部教育的差距依然很大；是国培，让我重新思考西部教育的真正差距；是国培，让我燃起去延安支教的热情。

课题研究，精准深入

国培期间，好几位专家讲到高中教师的课题研究；王尚文先生结合自己的人生阅历与语文教学经历，整个半天，手之舞之，足之蹈之，向我们讲述了近半个世纪以来的语文教育历史；顾之川、蔡伟、王荣生、童志斌、郑逸农等教授都讲到了语文教学顽疾之———语文教材……

国培，让我有了一种使命感。我能不能为我们的母语教育尽一份绵薄之力？我不能只做一个教书匠！

国培结束两年之后，我领衔主持江苏省教育科学"十二五"规划重点课题"百年中学语文教材实际使用研究"。立项两年之后，进展缓慢。我意识到，十多年中，我所在的学校和地区一直限于使用苏教版教材，这使我们对教材研究的范围和视野变得狭窄。中学教师研究教材，只有在实际使用中最为有效。

我带着课题走进使用人教版和北师大版教材的西部。在延安期间，高中必修教材，我在日常教学中研究；选修教材，我以听课方式研究；外出讲课交流，我尽可能选用义务教育教材，与教师座谈，向学生问卷……

研究教材，就需要搜集教材。国培结束至今，从晚清语文独立设科教材雏形，民国时期各大书局自编教材，到解放之初的统编教材，20世纪50年代的汉语、文学分科教材；从"文革"时期的各省自编教材、革命文艺教材、农民识字课本，到改革开放初期的人教社教材；从一纲多本教材，到多纲多本几十套教材；进而到教材研究专著，我自费搜求购买了几千册旧教材。2014年的国庆节，全家六七口人连续数日帮我拆封460多个快递——全都是从孔夫子旧书网上购买的教材。

课题研究的物化成果之一，是在我所任职的学校建成了百年母语教材陈列馆，建成了百年校史纪念馆（教材部分）。教材实际使用研究的主要阵地之一，就是语文教学专业期刊。我自费订阅了近四十年，收集有20世纪80年代初至今的几千册期刊。后来我把这些珍贵教材和期刊，悉数捐赠任职学校，建成了"基础教育课程教材发展中心研修基地文献资料展室"，以供更多的同行研究使用。

课题研究的主题之一是高中语文新课程标准。语文核心素养、学习任务群、整本书阅读，都需要落实在阅读上。我申请专项资金，在南菁高中图书馆辟出整个一层楼，建成了"教育部基础教育课程教材发展中心研修基地"两个专业阅读教室，有效地推进了新课标实施。

课题研究，又带动了二十多位教师围绕课题发表了高质量论文，三十多位教师在更为广阔的平台上讲课、讲座。

职业生涯，捷报频传

本来，能够从西北引进到长三角，已经心满意足；我以低学历、低起点，在发达地区名校站稳脚跟，已经心无所求，但是，国培给我带来了一次次华丽转身，国培让我的职业生涯捷报频传。

国培之前，我是一个基本没有教学理念的教书匠。如果有人一定要问我的教育理念，似乎只有一条，那就是学生的成绩，就是阿拉伯数字。国培，让我明白了，语文，不只是提升学生成绩，更重在培养学生的核心素养；教育，有着比成绩更为重要的使命。育人比育分更为长远而且重要。

因为课堂教学理念的变化，因为语文教学观念的进步，我的语文课的的确确从各个方面都发生了变化，我的学生、领导和同事们都感觉到了，都发现了。我开始勇于接受校内公开课挑战，开始敢于接受外出讲课的任务，开始接二连三地在各级各类公开课中获奖。

不同于大学老师，先有科研成果，接着带来有学术含量的课堂；中学老师，往往是先有好课，才可能产生高质量的学术论文。中学教师的科研成果源于课堂，上好每一堂课才可能写出有质量、接地气的论文。2011 年至今，我在省级以上专业期刊发表论文几十篇。此外，我还影响和带动了身边同事，使他们在教学和科研上都多有进步；我带领了好几名青年教师，让他们在专业发展上高起点、高追求，成长迅速，教学成绩显著。

参加国培时，我在长三角发达地区的最高学术荣誉是"无锡市教学能手"，我曾经一度认为，对我个人而言就已经到头了，毕竟自己起点比较低。国培，重新燃起了我的理想追求！我意识到，教师，应该有所追求；教学，需要不断更新；学术称号，虽然只是一个头衔，但是它在一定程度上也是某种标志，不仅仅是我个人专业提升的明证，也是所任职学校发展的需要。

经过几年的坚持不懈努力，2018 年，我晋升为教授级高级教师；几乎同步，我获评无锡市高中语文学科学术带头人。紧接着，省特级的荣誉如约而至。

岂止是我个人，我们这个国培班 50 位学员，有过半的学员，评到了特级教师、教授级高级教师，走上了校长、副校长岗位，或者担任了大市级教研员。以江苏为例，20 位国培学员中，目前已经有十七八人在职称、学术称号、职务、业务岗位等方面迈上新的台阶。

参加工作二十多年中，我一直是一个被培训者。国培，实现了我由被培训者向培训者的角色转身。国培结束的几年来，我每学期都在任职学校承担大量校内外培训任务：每年新入职的青年教师，我都会把他们带一段，扶上马，送一程，以便使他们很快胜任中学教学；我每年都在全国各地中学、科研机构讲课、讲座几十次；我在多所高校承担教师继续教育的培训任务。国培，让我们在全国结识了一大批有追求、有见识、志同道合的同行。我们平时通过网络互相切磋，有机会时互相提供舞台，搭建更为高端的专业发展平台，邀请讲课讲座。据不完全统计，我们这个国培班，7年来，相互邀请讲课讲座已达一百多次。国培，只有开始，没有结束；国培，不是一次性的，而是永恒性的。国培时，我们既是受训者，又是培训者；国培之后，我们大多华丽转身，在当地乃至更大范围内承担了培训任务。

国培期间，顾之川、王荣生等专家的讲座，让我们领会到：语文教师，不仅仅是教材的使用者，还是研究者、开发者、建设者；一线教师，不只是课程的执行者，更是开发建设者……几年来，我在承担省级规划课题的过程中，结合百年母语教材实际使用研究，真真切切地搜集、接触了一百多年来的语文教材，研究一百多年来的语文教学大纲（课程标准），深深体会到，我们的语文教育要继续发展进步，每个一线教师都要有一种责任感，要有一种担当。国培以来，我在专业期刊发表的文章，大多围绕语文教材使用与建设，被报刊资料复印转载的，也大多是与语文课程有关的。

国培之前，我一直固执地认为，校本课程是副课老师的事情；作为主要科目老师，加上还要承担繁杂的班主任工作，难以腾出精力承担校本课程……国培中，几位课程专家的见解，改变了我的陈旧理念。中学教师，不能只有眼前的成绩，教学成绩只是今天，科研能力是明天，而课程开发与建设能力才是我们的可持续发展能力。我们要吃着碗里的，研究着锅里的，规划着田里的。国培，一定意义上，也让我在校本课程开发建设方面实现了华丽转身。近几年，我开发出了六七门校本课程，从语文课程的拓展，诸如走近鲁迅、走进《红楼梦》、中国文学的独特样式——对联；到实用摄影与审美创新……不仅如此，我还引领和带动了十多位同事参与开发和实施校本课程，几乎每门课都很受欢迎，多次被评为精品校本课程。这些年，多地多所学校点名邀请我专讲校本课程开发与实施。

2017年暑假，正当我准备"自由落体"到职业终点的时候，因江阴市"暨阳英才计划"，我被引进到南菁高级中学，为我的职业生涯又一次开辟了一片新天地。来到新单位，面对新环境，几乎来不及适应和熟悉，便接受聘请，担任这所纵跨三个世纪、具有近一百四十年历史、积淀了丰厚书院文化的名校图书馆馆长。著名特级语文教师、教授级高级教师、江苏省人民教育家培养对象杨培明校长对我说：新的语文课程标准，对阅读提出了更新、更全面、更高的要求，既有整本书阅读，还有专题性任务群学习；阅读，不仅需要学校提供硬件条件和环境支撑，更需要从管理层面到教学实施层面的集约化经营运作。新课标背景下，图书馆长不再是一个传统意义上征订分发教材、订阅保管报刊、借阅流通书籍的简单角色，而是关乎一批又一批学生核心素养形成和精神发育成长的重要职务……我接受了新的任务，在语文课堂教学之余，在指导培养青年教师之外，很快实现了新角色的华丽转身。如今的南菁高中，已经建成两个学生阅读基地，结合名师工作室建设，建成一个教师专业成长发展基地，一个语文教育典籍书库；在校学生每个班级每周安排一次集中阅读课，阅读新课标规定的上百种书籍，每种 10 套；新课标研究解读的专业著作，随出版随购买，有效保障语文教师研究之用。

感谢国培，让我在讲台上华丽转身！未来的岁月里，我将一如既往，扬鞭奋蹄。

2019 年 1 月初稿

2022 年 8 月 25 日修订

水火有气而无生，草木有生而无知，禽兽有知亦且有义，故最为天下之贵也

荀子语 庚子 寇宗恩

寇宗恩 书法

这是一种修养、一种机智

——我的国培经历个人总结

　　课堂上调动学生积极投入，配合老师完成教学任务；在公众场合维持秩序，使听众尊重我们，使自己的发言有效……这都需要能力，但更需要修养、需要机智。

　　我在浙师大国培的十几天中有几次成功的体验。

　　11月8日上午开班典礼，浙师大领导讲话、致辞、祝贺之后，轮到我作为学员代表发言，已是仪式的最后了，本来就初次见面的几十个人，台上就座的与台下的都没有领属和制约关系，学员大多经过旅途奔波征尘未洗，有的人当天凌晨才赶到金华，还根本谈不上是一个集体……我走上前去，对台上的各位领导鞠了一个躬——这时整个大厅里的目光基本都集中到我这里了。到台上，我不能像领导那样："各位学员，我代表……热烈欢迎……"这样一个场合，也不能开场就是"Ladies and gentlemen……"，更不能是时下比较俗气的"尊敬的……"。

　　我没有急于坐下来讲话，而是又向台下的学员们深深地鞠了一躬……我还没有开口，台上台下掌声响成一片，接着整个大厅里鸦雀无声，我开始了发言："我来自教育大省、文化大省江苏，美丽的太湖之滨无锡，百年温情的锡山高中……"

　　并不是我的讲话发言有多精彩，没有充分的准备，仅仅三两分钟，并无实质性内容，但是却成功了！我从大家的目光中读出了肯定，从台上各位的笑容读出了赞赏。

　　因为这次讲话，来自四个省的49名学员全票评选我做班长（当然还有别的原因）。

　　事后进一步回味体验，发现整个上午的时间安排极其紧张却又十分有序。甚至浙师大几位领导讲话、每个人讲几分钟、合影留念需要花费多时间等等，都是经过周密计划的。个别领导还等着仪式结束去上课呢。

　　11月19日早上到宁波万里国际学校，时间极其紧迫。我们只有四十多分钟时间，有好几项重要议程。袁湛江校长致辞，蔡伟教授向万里国际学校颁发浙派语文教研基地匾牌，两位一起给我们国培学员颁发结业证，我这个班长作总结报告，最后还要连续听三节课，可以说一刻也不能耽误。而我们是昨夜很晚冒雨到达宁波，旅行社安排的宾馆条件较差，大家很不满意，牢骚多多……早晨 6 点宾馆叫早，7 点之前用餐、退房、装行李……乘车一个小时才能到宁波万里学校，周末，又是阴雨天气……主人忙忙碌碌，乱哄哄应酬我们几十个人；我们吵吵嚷嚷，闹哄哄左顾右盼找这找那……

走上发言席，我是该对着话筒大喊："请安静！"还是不管三七二十一直接念发言稿了事？我没有这样。我把蔡伟教授和袁湛江校长请到前排坐下来，对着他们二人深深地鞠了一躬。转身走上讲台，恭敬地给我的同伴们鞠了一躬。场面立刻得到了控制，氛围立马不一样了。我环视四周，深情地开始了："我们共同的梦想——让国培给我们带来华丽转身……"这次发言是我在当天凌晨三点起来完成的，早饭前洗漱之后，我自己读了一遍，时间控制在 15 分钟左右。

走下讲台，我收到一张纸条：

寇班：你的肺腑之言，也让我跟着动了情；你对蔡老师深情的鞠躬，也让我跟着你眼眶发红……

福建龙岩一中　　陈燕玲

站在台上发言讲话，不管内容分量有多重，不管话语权有多大，争取听众的配合、理解、尊重是第一位的，这需要一种个人修养。

一堂公开课，初来乍到的我调动初次见面的陌生学生，更需要机智。

11 月 18 日上午第二节，我在嵊州一中开《祝福》，课堂上我自己感觉很顺利，课后自己也觉得没有多少漏洞。从学生开心的笑容和"老师再见"的音量判断，他们是满意的；从上百位听课教师的现场掌声判断，大家是认可的。我还没来得及走下讲台，还在跟学生打招呼呢，蔡伟教授从后边挤到讲台上来，握住我的手说："你为国培班争光了！这堂课很成功，非常符合我的教学理念……"紧接着，该校校长、浙派语文著名特级教师张纪良把我叫到一边，诚恳地说："锡山高中真是名不虚传啊！我要在适当的时候邀请你们唐校长和你来我们学校传经送宝……"

这堂课之所以成功，不全因为新颖的教学设计，更多依赖于对学生的调动，依赖于那些可爱的孩子们的配合，或曰抬举。

我的课件首页，在课题下方是这样两行文字：

主 嵊州一中高一（5）班　全体同学

客 浙师大（2011）国培班学员　寇永升

未成曲调先有情。学生走进教室，还没确认开课老师是哪一位的时候，思维已经先活动起来了——"哇，怎么知道我们是5班的？""我们咋会是主人呢？"

多数情况下，我们借班上课都是关注学校名称，很少去关注学生的班级番号。部队最看重的番号是连队，集体荣誉也以连队最为珍惜，因为部队以连队为单位吃住训学。学校里，学生最看重的是自己的班级，因为他们的日常教学全是围绕班级展开的。在任何一所学校，成绩、荣誉、各种竞赛评比都是以班级为单位的。记住学生所在的班级番号，比记住他的名字，效果一点儿都不差。记得一位同行说过：上课起立问候学生，"高一（5）班同学们好"与"同学们好"比，效果大不一样！

我的导入从这里开始：

今天学习的文章是谁写的？哪里人？写的是哪里发生的事情？

学生笑着大喊：鲁迅……浙江绍兴人……写的发生在浙江的人和事……

我说：《祝福》写的是谁的故事？

学生：祥林嫂，也是浙江绍兴的……

——那你们就更是主人了！看高一（5）班同学的啦！

这个小环节花费了不到一分钟，却一下子拉近了我和这个班级孩子的距离，为下面的教学内容展开打下了基础。

相信这样一个事实吗？要求学生齐声诵读文本，我们发出的指令，"预备——起""一二""开始"，效果是不一样的，在声音上呈现出来的调动效果差别是很大的！学生时代的体育委员经历让我清楚，有预令、有动令是口令得到有效执行的先决条件。我在课堂上的指令不仅仅是"预备——起"，还伴有手势动作等体态语言，甚至于像合唱指挥那样"应节而舞"，轻轻打起节拍，陌生的学生常常会发出会心的微笑。

一堂课45分钟之内，教师的站位永远没有走出第三排，永远与学生保持空间上的距离，是不能有效调动学生的。幼儿园讲求老师蹲下身子跟小朋友讲话，眼睛平视对方才能平等。我时时刻刻提醒自己，尽量到学生中间去，除了开始和结尾，我基本上没有在讲台上站过。更不会一上课就把双手撑在讲桌上，摆出大学教授的架势讲课。

学生回答完问题，一定要给予评价或鼓励。可以是一个手势，一个眼神示意，一句表扬感谢。但现实是，越大型的公开课，这些鼓励越往往流于俗套，甚至于善恶不辨，是非不分，一味讨好学生。在日常课堂上，则显得很随意，"好了，你坐下吧""那好吧，你坐下"，这不是一个评价，而是一个不关痛痒的指令，当然不利于多数学生主动回答问题。蔡伟教授主张，课堂评价模式要丰富："有效的课堂评价指的是教师在课堂上对学生的表现行为的判定，评价具有欣赏、鼓励、导向的作用。但我们现在的课堂上，教师评价过于泛化，无论学生表现优良差异，总是说"你回答得很好""表现不错"等笼统的话语，又或者评价语言缺乏真情实感，而评价形式单一，缺少互动。新课堂要求教师评价得具体、充满感情，能将学生过渡到正确的思考层面，同时又让学生感受到被欣赏、被鼓励的积极情绪。"（蔡伟《新语文教学研究》，浙江大学出版社 2009 年）

有时候，可能因为公开课紧张，老师忘记了评价回答过问题的学生，不能及时让回答完问题的学生坐下，给人的感觉是教师下面的讲述与对话都是针对这一个学生的，教师在课堂上是跟个别学生纠缠并耗费时间。站着听课，在其本人是一件比较尴尬的事情，与其他学生而言则是分散了课堂的注意力与关注点，有时还可能误解为老师在惩罚站着的学生，不经意间打消了课堂积极性。

我在这堂课上，对回答完问题的学生，靠近我的用体态语言，比如对距离近的，拍拍他的肩膀，示意他坐下；对距离远的，点点头，用一个微笑、一个竖起大拇指点赞的动作等表示认可。福建的李智明老师善于课堂观察，据他统计，我在这堂课上拍学生肩膀共有 12 次之多。

这节课上大家最为看好的一个环节是，一个学生朗读"祥林嫂，你放着罢！我来拿。"两次都读不出"慌忙"的感觉，我悄悄对她说了三个字："抢着读。"她心领神会，瞬间露出满有把握的笑容。第三次读，全班同学和所有教师都情不自禁地为她鼓掌，其实也是为教师鼓掌。

课后，在走廊里，在饭桌上，在大巴车行驶过程中，都有人问我："你对那个学生耳语了一句什么？""你说了一句什么悄悄话，怎么那么快学生就读出了那种味道！"

这是课堂上急中生智生成的一个亮点，事前一点儿都没有想到。当时是那两个分角色朗读的学生距离教室里的过道比较近，她们朗读时我就站在她们身旁，两次朗读不成功，他们也比较着急紧张，我没有用教师讲述的方式去解决这一难点。教师一讲势必是把答案直接告诉了学生，关键这里是要靠诵读体悟的，不是老师能讲解清楚的。我观察这个学生的眼神中有一种渴求成功的期盼，就灵机一动告诉了她那三个字，没想到却引发了全班学生和听课老师的兴奋点，这是一种机智。后来这个学生几次争先恐后地举手甚至主动站起来抢先回答问题，惹得同学和老师大笑——还哪里会担心学生不积极主动配合呢！

对学生回答问题中出现的错误，也需要一种机智。一位女学生把"四婶"读成了"四嫂"，我没有去批评，而是开玩笑说：是"四婶"还是"四嫂"？祥林嫂是我们外婆的外婆，奶奶的奶奶啦，还会是"四嫂"？课堂气氛更加活跃了。

这其实有关课堂控制的问题，蔡伟教授有过这样的论述：

蕴含着教师真情实感的课堂控制，能够产生以情激情的作用，在教师充满激情的课堂控制中，学生感受到的是来自教师的尊重与关心，是对学生情感诉求的满足，这就使课堂控制容易产生向心力。学生愿意倾听，愿意接受，课堂控制的目标在师生情感的融通中高度达成。

心理学认为，幽默的语言可以导致听者兴奋，促进其血液里大量糖浆的增加，从而加强脑活力，这就为提高学生的学习效率提供了物质基础。

幽默与情感其实都是一个教师的智慧表现。

课堂控制本质上就是教师教学智慧的显现。

一个教师如果能够在课堂控制过程中充分体现自己的"智慧性"，就能获得学生的尊重与信任，课堂教学自然会收到更好的效果。

（蔡伟《新语文教学研究》，浙江大学出版社 2009 版）

2011 年 11 月初稿
2022 年 10 月修订

她们都还是那么认真……

——兼记我的福建之行

2012 年下半年的某一天，李都明到龙岩，八九分醉意中给我打电话，说他和燕玲一起喝酒。燕玲被提拔为龙岩一中分校校长了，他们相聚很开心，想念大家，就在酒桌上打起了电话……

老李说完，燕玲又跟我聊了很多，调到分校担任校长，压力更大了，难度也更大了；希望我有机会到龙岩来一趟，能够给她帮一点忙……

另外两个次要原因促成了我的这次龙岩之行。一是 2013 年 2 月，我看见了《语文学习》第 2 期封底上的一个通知，"高中议论文教学高级研讨会"清明时节在武夷山举行。恰巧我在承担一个有关作文教学的课题，很费劲，有这样一个主题活动，正合我胃口。一是我的大学班主任杨国学老师一家从家乡引进到福建多年，2011 年国庆节三代人自驾游到无锡与我相聚，我们三十年的师生情谊应该续写新篇。燕玲是我们国培班第一个提拔独当一面的学员，我到她学校讲座，既是给她帮忙，也是给我锻炼与提升的机会，我就积极准备此行了。

3 月 28 日早晨，上午一节课后，我乘上了前往龙岩的动车 D3135。历时 11 个小时，晚上 9 点到达龙岩。

燕玲坚持要到车站接我，我说你不要亲自来了，周末休息时间，又是晚上，短信告知我宾馆地址，或者安排司机来接即可。但她就是那么认真，还是要亲自来车站接我。

为了让她在出站口的人丛中一眼就认出我，我特意穿上了前年国培期间的那几件衣服，从上到下——我是事先翻阅当时的图片查看的！

结果是，我走到她面前，向她伸出手时她才反应过来。

29 日，我在龙岩一中学术报告厅举行讲座：上午主题是"成熟教师担任班主任的学校价值和个人意义"，少部分内容是我前年国培之后的文章中的，听众是她们高初中的班主任。下午主题是"打造自己的课堂作品"，听众是新罗区语文教师，我目测了一下，大约三百多人。

燕玲比以前更认真了！又是致欢迎词，又是横幅会标，又是席卡，又是投影标题，正经八百地。后来还给我一张书面材料，我一看，天哪，竟是一份红头文件——龙岩市新罗区教师进修学校《关于举办中学语文学科"打造课堂作品"专题研讨活动的通知》看抬头是发往市属各个学校的文件中列明了活动时间、地点，参加对象，活动内容：1. 专家讲座，2. 交流研讨……往返路途费用报销，注意事项，主题词等等；文后盖有公章，标准的红头文件。燕玲又让教师进修学校给我出具了一张讲座证明，也是标准的——虽说这两样东西对我而言无实质意义，但是燕玲的认真劲头体现无余，我且权作纪念吧。

与燕玲在她的分校门口合影留念——她一定要等到电子屏幕上滚动字幕是"欢迎"我时才肯拍照！

李碧莲看见这张照片时惊叹：啊，这件衣服是国培期间我们一起买的，还有黄巍也买了一件的……

30日，燕玲要安排我在附近旅游，她建议我去古田会议会址和福建土楼。我打开地图一看，这两个地方游览下来好几百公里，多数时间在汽车上，或者就是步行走动。我强烈建议燕玲，我自己去游，如果一定陪同，有她的办公室主任（一位与我年龄相当的兄弟，一见面就很谈得来）就足够了。我甚至于说到，她要陪我游，那我宁可哪里也不去！

但是，翌日早晨不到8点，燕玲带着车、带着校办主任，出现在宾馆门口，这人就是这样认真！

在古田会议会址拍照时，燕玲站在我旁边，我仔细观察到，她的白头发多了，风一吹，很显眼；面容显得憔悴了，不像国培期间那么红光满面了；感冒引起嘴唇上火。她的同事告诉我，燕玲校长待人诚恳，做事认真；新整合组建的学校，生源不是很好，有一部分是原来私立学校的学生，工作压力巨大；她开学伊始就外出学习培训一月有余，担任班长的苦差事，随时操劳，到处奔波；上周回来，学校诸事繁杂，连日劳累……

燕玲说"古田会议永放光芒"，坚持一定要我来看看……

当然，有燕玲相伴一路的快乐也多了。我们总有聊不完的话题。不停地讲，不停地笑。

她原本还打算下午要在一个叫作坎市的地方约人请我吃饭，我坚决地推辞了，在火车站附近一个小饭馆每人吃了一碗面条，我进站等候了一个多小时，让她早点儿回去休息一会儿！

我则更感兴趣于福建民居土楼，甚至门口的这个古物。（倩楠、海燕，认识吗？）

西北俗语有出门"三不带"：讨饭不能带妈妈，割麦子不能带爸爸，出门不能带老婆。我发展了一条：旅游不能带当地人——但燕玲从头至尾陪我游览！

31日早晨，我已经到了武夷山，住进宾馆，准备美美地睡一觉，8点半了，还收到燕玲的短信："寇班，非常内疚，昨天那么早就把你搁在火车站。唉，如果不是感冒，我一定陪你等车。昨天回到家倒头就睡，觉得浑身发冷，全身酸痛，一直睡到现在。招待不周，请见谅！"

我则回敬燕玲："让你昨天在家休息，别陪着我瞎转，不听老人言！现在好些了？我已到武夷山报到，放心吧……"

空间上看，我的福建之行，动车从上海经浙江，到福建沿海由北向南，一路经过宁德——李晖还在那里"跑警报"，我只打了一个电话；福州——那里有李智明，喜欢用数学方式方法听课的那位，有王云慧，最喜欢那个甜甜的声音；莆田——很喜欢李碧莲那双美丽的大眼睛；惠安——有我同宿了十几天的老朋友骆汉忠也还倒在其次，最关键的是早就想看看那些蓝衣草帽的惠安女子；厦门——郑慧琳，我真的一时想不起来她是什么模样；与龙岩只有几十分钟车程的漳州，那里是李都明得意的地方——老李幽默可爱、机智大度，在国培期间多次为我们登台主持，在游学路上为我们担任"亲善大使"，化不愉快为欢笑、转危机为契机……奈何，我只是给手机里存有号码的几位打了个电话而已，未能相见叙旧！

在武夷山住了四天，实际会议内容仅一天半而已。距离最近的两个人是肖月蓉和吴静，非常渴望能够相见——

与在诸葛八卦村拍得最得意的那张照片上的那个美眉，与在《为何每个妹妹都那么憔悴……》文中写到的那个老朋友——吴静，我们就这么擦肩而过了。我从龙岩到武夷山经过沙县，她从沙县到武夷山也仅仅数十分钟。电话中吴静说："寇班，太遗憾了，我在教高三，我们4月5、6号全省'质检'，我若离开了，肯定考不好；若是考不好，剩下的日子我就难过了……"我有点不解，什么"质检"，怎会如此吓人，这般让老师们如临大敌？！

幸好，同车碰到龙岩三所不同学校的三位老师，都是昨天在燕玲那里听过我讲座的，聊了几十分钟，才明白了福建人所说的"质检"是多么吓人。有意识安排在清明节后，让老师和学生休息不得，让法定假日成为聋人的耳朵！形式上类似我们的一模，但实质上"质检"成绩的敏感性和关注度甚至高过高考！"质检"考不好，高考考多好都是难以挽回和弥补的！"质检"之后老师和学生（当然还有学校领导和教研员）都会几家欢乐几家愁，成绩不好的老师会被冷遇、被谈话、被点名、被批评，以至于没有资格教高三……

又跟几位同行探讨了一番，他们考6本文学名著（江苏考10本），他们是如何应付文学名著考试的云云。

我也就明白和理解李都明、肖月蓉的难处了，不能再为难她们和打扰她们了！

我也就理解了，燕玲为什么非得那么认真了！

自2004年福建单独命题以来，我一直关注和研究福建高考语文题，觉得有的题目是很好的，很人文的，很有文化气息和文学品位的，没想到在实际教学中会如此！很庆幸自己从黄土高原上引进到无锡，那个时代以至于现在还很时髦的"孔雀东南飞"，不仅仅是来到了发达地区，路走对了，更是门进对了。在西北家乡任教十多年，厌烦了"题海战术"；来到江苏，发觉我们在西北还算不上"题海"，充其量是"题池塘""题涝坝"；现在与福建人比，我们在江苏应付高考还只是"题太湖""题高邮湖""题洪泽湖"（虽然在题海战术程度上与这些湖的面积由南往北缩减正好相反！）江苏到底是只有少数县市靠海，人家福建毕竟是沿海岸线分布，才是真正沉浸于"题海"！

31日下午在新华大酒店的大厅里，我看见一个熟悉的身影，走过去站在她身后坏笑等待——李碧莲突然转过身来，两只美丽的大眼睛绽放光芒，紧紧握住我的手，非常亲热。

我才发现，凡福建人，不拘男女，皆擅工夫茶道，因之对老骆的崇拜也就十分里减了九分……

我与江苏金湖教研员卢军老师住在一个房间，对门两位福建美眉开门时怎么也找不到自己的房卡，两人各自翻遍了手提包，才发现房卡捏在手里……大笑之余，邀进来品茶，可惜忘了名姓。

晚饭后我们一起品茶聊天拍照……

又见到了一位国培老友！

4月1日上午大会中间出去方便，竟然碰到武健！喊来李碧莲留影。

愚人节的晚饭，武健安排在武夷山一个好去处，竹楼木桌，农家风味。（自国培相识以来，凡见面，必武健安排招呼我们，至今未有缺憾！这样一位好兄弟，怎能不乐于相见呢？！）

如果你还想细看李碧莲的大眼睛，可以拉大图片哦！

你可以发现吧？我们江苏两人就没把那个证件挂在胸前，而碧莲就认认真真地挂了两天！

几位语文人，《语文学习》编辑部的许强、何勇，上海师大附中的余党绪，浙江慈溪中学的任富强，上海青浦教师进修学校的关景双，我与武健，7位中年人相聚，热闹非凡。开始大家还比较矜持，几杯酒下肚，大家都放得开了，话也投机了，感情也深了。

我在敬酒时对许强和何勇说："许老师、何老师，我敬杯酒，说句话，别吓着你们啊！假如你们以后缺少三十多年来《语文学习》的某一期，建议你们找我。我自己收藏有1981年以来的三百多本……"许强端起酒杯："就为了你这句话，这杯酒我干了！"

席间进来一位卖艺兄弟，弹着吉他，要为我们唱歌，大家一高兴，争先恐后抢话筒上阵，余党绪、何勇都高喊流行歌曲。我演绎了一曲《高原红》，没唱完。只是害得武健破费不少。

饭后何勇老师带领我们去观赏山水实景《印象大红袍》表演，近两百演职人员，一个多小时，表演得非常有气势，有文化气息，有底蕴。我们几人赞不绝口……

晚上9点多回到宾馆，稍事休整，我去拜访何勇，在317他的房间，我们神吹海聊，一直谈到11点半，我才依依告辞……

这次结识了许强、何勇、徐泽春、陈日亮等同仁，结交了与我同住一间的江苏淮安金湖县教研员卢军，我此行意义非凡！

2日中午，我的一切公务结束了。我大学班主任杨老师的女婿开车来接我，把我接到了老师家的别墅里。杨老师夫妇春节前回甘肃家乡度假，过段时间才能回来。三层楼，近三百平方米，好几间房子，我一个人！武夷山三处重要景点的免费接待门票，每张三人，我一个人在游！

肖月蓉来电，下午来武夷山与我们相聚。

武健因已经订好机票，下午就赶往福州去了；李碧莲担任班主任，惦记着她的学生，不无遗憾地先期离开了。她没时间和心情饱览天游峰之壮美、一线天之神奇、大红袍之神秘、九曲溪漂流之畅快……而我则一个人背着手，慢步行走中，细细品味欣赏。一般游客在一线天只选或左或右体验一次，我则还是一个好事者，不辞劳累，游览完右边，又爬上山顶，顺着左边再游览下来。来到虎啸岩下，山崖顶上滴水叮咚，悬崖之下，几张长条木椅，游客寥寥，我就躺在长椅上睡了一个午觉……同样在担任班主任的我，总是比不上碧莲那样认真。离开学校前后9天，回到学校翻阅学生的周记，竟然还看到这么几句话：

老班不在的日子里，我体会到一种前所未有的生活：一连好几天看不到那张令人心跳加速的脸，一连好几天听不见那令人心潮澎湃的声音，一连好几天看不到自习课上那使人胆战心惊的身影……但这种生活也使我们获得了不小的进步，明白了不少道理：没有了老班，我们班连扣分的勇气都没有了，有些东西失去了方显珍贵。比如老班，所以，好好珍我们可能在一起的最后几个月吧！！！

希望老班以后还有这样的机会，让我们来锻炼自己哦。

（原来我的班长布置的周记题目是"老班不在的日子里"，有学生说，老班不在，我们的球赛照样赢……老班不在的一周里，我们纪律卫生一分没扣……就应该做好一点，让老寇看看……）

下午3点多，肖月蓉带着她的老同学俞发亮以及武夷山的一位校长赶来与我相会。校长先带我们去慢亭问茶阁品茶，后来又一同沿江漫步聊天。

晚饭在武夷水庄用餐，同席的有武夷山一中的几位同行和月蓉的几位学生，全是语文人，气氛融洽欢乐，同行在一起总有说不完的话题。

几天之后，我才在手机里发现了这张照片，记不起是我自己拍的，还是当时坐在我右边的月蓉给我拍的。

月蓉和俞发亮老师是大学同窗，我们在江边漫步，武夷山一位校长在拍照。

我因为怕喝酒想偷懒，反而把自己灌醉了！想想凡白酒总是易醉，就接受了主人的美意，喝一种叫武夷留香的黄酒，前两瓶时我还清醒，到第三瓶我就意识模糊了。怎么回来的，怎么睡下的，一概不知。直到翌日凌晨5点才彻底醒来。

在返回无锡的火车上，我和月蓉的老同学俞发亮老师通了电话，本想向他道歉，论年龄他长我五六岁，想来前夕酒后无德或有言语不敬，没想到，电话一通，俞老师不待我介绍，马上就说："啊呀，不好意思，不好意思，老寇啊，初次相见，昨天醉得一塌糊涂，一塌糊涂，多多包涵，多多包涵……"

看来俞老师也被灌得不成样子，可见这个肖月蓉是多么认真地招待我们喝酒的！

只是不知她自己那天喝得怎么样？！

第二天清醒之后，回忆不起来自己怎么从那个酒场回到老师的别墅的，我一个人怎么睡下的，床头上还有水杯，里面满满一杯开水；地上还有一个盆子，里边少半盆水，如果我有不雅需要，只要脑袋一偏，嘴巴一伸，就可以吐在那个盆子里……

我不好意思直接询问月蓉，想来这么一个认真的人也不会直接描述我那个狼狈样子。经询问老师的女婿，才知道：月蓉与她的学生一起把我送到武夷学院家属区，在那棵最大的樟树下边停车；从我口袋里掏出手机，查看最近联系电话，推测哪个是我老师女婿的号码，打电话让他来接我；离别前还仔细叮嘱这个年轻人如何照顾我……

唉，月蓉也还是那么认真，那么真诚，那么热情。前段时间我定下行程时与她联系，她还问我是否需要帮忙安排我在武夷山期间的食宿游览；龙岩返回武夷山的车上，听到那几位同行关于"质检"的谈论，我已打消了打扰月蓉和吴静的打算。

可是月蓉还是专程赶来了。

与国培时比，月蓉没有明显变化，还是红光满面，风采依旧。

2013 年 4 月

附：

咱国培班里两位最认真的人
——记陈燕玲、肖月蓉

最难忘，陈燕玲要在尖峰论坛上开课。

她提前与金华二中的任课教师联系，了解学生情况；她极精细地制作课件；她和肖月蓉一起一次次、一遍遍磨课，细致到《六国论》的每个字词！开课的那天早晨，她俩早早地步行到金华二中，燕玲手里拎着自己的高跟鞋，脚上穿着平底鞋！

燕玲精心选择教学内容，设计教学思路，制作了极其精致的PPT······我认识燕玲就是在那个一刹那。

上课时，燕玲是一个教态极其亲切的人，与她的政教主任的职务身份有点不协调，我不由浮想联翩、胡思乱想——燕玲一定是一个温柔的妻子！

在评课之前的说课中，燕玲很谦虚，说她的课只代表个人水平，她学校里高手多了去了云云。我就瞎想，这可真是一个认真而谨慎的人。按我这种粗人的性格，课讲完了，就像把遗体都捐出去了，爱怎么评就怎么评呗！公开课，如同在同行面前被扒光了，几斤几两，人家都看得很深透了，还要自己饶舌干什么？！

可是燕玲就这样一个认真的人！

燕玲不仅对学生负责，对听课同行负责，还谨慎地对她的学校负责······

燕玲极其认真细致地上完了《六国论》，我坐在最前排，与听课学生并排。为了方便拍照，我的左侧是学生，右侧则是肖月蓉。我注意到，那一节课，月蓉的眼神没有离开过燕玲，她的后背没有沾到过座椅的靠背。她就那样端庄而直挺挺地坐了一节课，身体微微倾向左侧，两只眼睛像追光灯一样一直盯着燕玲把课讲完！她的表情随着燕玲课堂情况的变化而变化，时而欣喜，时而双眉紧蹙，仿佛她自己在上课一样。我当时就在想，月蓉这人待人真是真诚之至，帮人真是真心实意······

燕玲与月蓉同乡同党，十几天中一直形影不离形影相随，最难忘的是她们两人难分伯仲的认真。这两人听课都与众不同，我多次坐在她们旁边观察过，拍过照······写作此文，我又查阅了当时的音像图片资料，真是亲切无比——

我注意到，听课时她们都是尽可能地坐在最前排，而不是躲在后边或边上。听课中，她们从来没有边听边干别的事情。肖月蓉左手拿着听课笔记，握笔的右手时而支颐，时而疾书，两只漂亮的眼睛一直盯着讲课的同行。我在嵊州一中开课时，看到月蓉眼神的那个瞬间，我得到了一种鼓励、一份信任、一丝温馨……

燕玲听课的与众不同在于，她不只是用耳朵在听、用手在记录、用眼睛在看，让我记忆最为深刻的是，她完全是在用表情听课！我在讲课中偶尔感觉到了她的兴奋与满意，感觉到她伸长了脖颈，感觉到她在替我捏一把汗，感觉到她会心的微笑……

还没有走出嵊州一中那个阶梯教室，燕玲递给我一张纸条，我就像在少男时代第一次收到女生的纸条一样忐忑，那份温馨至今让我激动不已……

那张纸条我粘贴在一个笔记本上，留作永久性的记忆。

后来在多次听课和评课中，这燕玲和月蓉表现出的认真劲儿都超过常人。

国培结束，在QQ群里的共享文件，我发给燕玲的文件，燕玲都认真看过，所提修改意见都很中肯，不是为了敷衍我。

直到今年元旦前，我同时收到两人的贺卡，还可以看出两人的认真……

我一直认为，燕玲和月蓉是咱国培班里两个最认真的人！

后记：

2012年11月，应蔡伟老师之邀，我和武健前往金华为浙江省创新班学员讲座，之后我写了《三到金华　温馨依旧……——国培周年忆旧》，其中一节写了陈燕玲和肖月蓉，2013年3月31日下午武夷山稍改。

2022年8月25日修订

碎片整合：成就人生大世界

我的国培导师、浙江师范大学蔡伟教授要完成一项课题："来自语文名师的阅读报告"。他认为时间碎片化导致阅读碎片化，已经成为社会通病，即便是最需要阅读的教师群体，同样因为"碎片化"面临着阅读境界与阅读效率低下的窘境，这严重制约了教师的专业成长。但并不是所有的教师都为"碎片化"所困，诸多名师正是通过对"碎片化"阅读的整合，走出了一条条成功的教育之路。蔡教授和他的研究生团队通过对语文名师的访谈，考察他们是如何通过碎片化时间下的碎片化阅读的整合成就人生大世界的。

我的整合方法是：化零为整，聚沙成塔；途径多样，省眼用耳。

社会进步，生活快节奏，把人们的时间碎片化了；传媒多样化，阅读途径多样化，要求人们阅读多样化。

我的两个阅读故事十分有趣。

2011年参加浙江师范大学国培之后，我深切认识到，教书不读书，是当今教育的大病（王尚文语）。我在所带班级的教室里给自己安放了一张书桌。不同于以往的，走进教室不是抱着手无所事事，也不是像一些同行那样只要看见学生就碎碎念，而是利用好这些零碎时间，坐下来读书。一开始，小伙伴们不理解，不欢迎，几个女生在班会课上哭哭泣泣地说："老师，你坐在教室里就是想给我们压力！""对，其实你就是来监督我们……""老班，你每天每次比我们早走进教室，就是在逼我们……"我很诚恳地对学生们说："你们都去过老师办公室吧？如果让你们拿着书本作业，在某科教师办公室坐一节课或者半天，完成作业，会怎么样？"小伙伴们像炸开了锅一样，"那根本不可能！""那绝对不能静下心来……"

我不紧不慢地说："那么好了，我怎么能坐在办公室里安心读书！谁规定过，教室只是学生的，老师不可以坐在教室里学习？哎哎哎，和尚动得，我动不得！"学生们大笑。

每天下午的自习课，每天的晚自修，甚至茶余饭后、课间的那么十来分钟，教师办公室里吵吵嚷嚷、人来人往的时候，我只要走进教室，就在那张小课桌上坐下来，从桌兜里摸出我的书，开始阅读……教室是块阅读的风水宝地。电话？没听见；QQ？我没看见啊；微信？对不起，我刚才没把手机带进教室……

在锡山高中最后十年间，我在教室里一张课桌上阅读了近三百本书，利用的全部是零碎时间。时间是零碎的，但是我的阅读不一定是零碎的，我系统地阅读了上百种教育教学专业书籍，有了扎实的量变积累，才会厚积薄发，才有了我的近百篇论文，才有了教授级职称和省特级的质变升华。

延安支教出发之前，同事送给我一个半导体收音机，一张小型芯卡，里边存储的是养身、佛学等内容。我听完之后，发现这张卡可以当录音磁带一样反复使用。于是我复制了李野默演播的《平凡的世界》，利用走在路上的零碎时间，听了三遍。在陕北高原上聆听路遥的代表作，真是别有风味！

后来，手机里有了听书软件，我就开始利用出差候机、乘车等零碎时间听书，像是《万历十五年》《明朝那些事儿》，显然，用耳朵听比用眼睛读更有意思。今年暑假，我完全利用早晚零碎时间，连续听完了托尔斯泰的三大名著，为新学年开始的外国作家作品教学做了充分的准备。

我们的职业，我们的工作生活方式，已经让我们的眼睛不堪重负；耳朵则常常像个二流子，闲散或者闲置着。听书，不受时间、地点等条件限制，是一种化零为整的有效阅读途径和方式。

2019 年 9 月 14 日

参加信金焕教学思想研讨会有感

认识信金焕老师已有好几年了，见证了她在浙师大蔡伟教授指导下成长、在教育部中小学名师名校长领航工程中成名、在语文教育界成功。

2021年7月中旬，我带领团队在浙师大讲课，其间了解到衡水中学即将举办信金焕教学思想研讨会，渴望能够有机会参加。一部分原因是领航工程浙师大几位名师我都有一定了解，非常想通过这次活动近距离、全方位、更深入地向他们学习。我对国培导师蔡伟教授说："感觉我这几年都在输出，很少输入，自我充电、专业学习提升的机会越来越少了……久之，岂不是专业水平下降……"而且我越来越意识到，参加教学研讨活动，如果有讲课讲座任务，自己的精力和关注点过分集中于输出，不能静下心来听课、听讲座，白白浪费了学习的机会……另一部分原因是，借此机会深入衡水中学，实地亲历和体验一下这所风口浪尖上颇有争议的名校。

正好我也有两三天可以自己做主的时间。于是，就从浙师大所在地金华直接到了衡水。没有跟学校说，也不想报销差旅费。只想悄悄地来，清清静静学习两天，再悄悄地离开……不希望承担具体任务，不希望有功利之心……

48 小时的颠覆

空间距离遥远，毫无利害关系，只是作为一个旁观者，作为教育同行，作为一名教育经历比较丰富的中学教师——我自认为，而且熟悉我的同事和同行也都认可，我对学校（基础教育）具有一定诊断能力。从西北偏远地区踏上讲台，到引进长三角发达地区任职名校二十余年；从京城重点中学挂职培训，到延安支教；直到近几年在各地建有二十多个工作室，时时有机会到各地学校深入体验、全方位考察学习……

连续两天，早晚时间，我快速浏览信老师的几本著作；中午，我放弃午间休息，克服连续数日辗转奔波的疲劳，冒高温酷暑，独自在衡水中学校园的角角落落观察体验。第一天以校园为主，集中关注校园文化等。

第二天中午利用学生午休时间，走进教室，在不同年级、不同学科组合的班级里，坐在学生座位上，体验衡中学生的学习氛围，翻阅了学生的笔记、作业等，凡语文学科的讲义材料，我都细细查看。利用会议休息间隙，到教学楼实地查看师生上课情况……

作为业内人士，一眼即可看出来，衡中的教学材料比较精细化。不管是发给学生阅读的，还是作为作业提交给老师的，大多比较规范严谨。许多练习，比较有质量，追求集约化，不同于有些学校的粗放式训练。教师的批改比较具体细致，学生的订正、纠错、积累、整理比较及时、到位、有效。

请允许我在此宕开一笔——

我在西北任职时期，有一年，一批各国驻华使领馆军事参赞经过那个小城市。我们得知，当地所有驻军严禁军人着军装在那一二日外出……面对我们这些不解的外行，一位部队领导说：对于这些外国职业军人来说，他们看见一个士兵，仅从走路姿势就可以判断是什么兵种；从个体风纪军容即可推断出该部队整体战斗力……我想起来曾经读过的一本闲书：抗战时期南京失守，面对大量逃难民众，日军能够凭借头上戴帽子的痕迹很精准地抓出来放下武器逃命的国民党军人；能够根据手上的老茧判断谁是士兵谁是军官；能够根据肩膀的印记推断平时背什么枪。解放战争时期，我们不是凭借抽烟时点烟的细节、签字时的动作推测出了隐姓埋名身穿普通士兵服装的国民党高级军官吗？！

不可否认，衡中学生的学习习惯培养是成功的，这完全可以从他们的作业和笔记乃至所使用的课本上看出来。

当然，衡中最成功的地方是师生的精神面貌，尤其是学生，他们充满自信，他们高效率学习、生活，他们自信满满地在各种活动中成长。经常性、常态化举办各种有利于学生成长的活动，是衡中的一大特色与亮点。南菁高中杰出校友、著名教育家顾明远先生主张：学生成长在活动中。就通过各种活动促进学生全面成长这一点，衡中是值得同行们学习的。

7月19晚上，衡中学生社团展示的根据统编本教材必修上册第一单元"青春的价值"排练的课本剧《青春漫溯》，即可窥豹一斑。几乎所有来宾都认为舞台上扮演教师角色的演员是一位教师，演出结束合影时才证实确是一位学生！

在许多学校里，类似大型活动，把学生拉来表演，尤其是在期末考试关键时间段，学生们会有抱怨甚至抵触情绪的；在衡中，我们感受到的是学生们显得很开心，很有成就感，主动向上台合影的来宾介绍他们的课本剧……

顾明远先生还有一句话：教书育人在细节中。衡中在教育的许多细节上是不能不认可的。我仔细翻看衡中老师批阅的学生作业，多数比较认真细致及时。从中反映出的教师敬业精神是不容置疑的。

对学校而言，师生的精神面貌就是教育教学生产力。巧妇固然难为无米之炊；但是有了米，也是巧妇，并非就一定能够炊出来美味佳肴！正如2012届410班刘泽宇同学说："尽管衡中达不到让外界百分百的满意，而且在一小部分人眼中、口中总有无数的不尽如人意之处，但不可否认的是，衡中人身上都闪耀着一种光辉，那就是追求卓越的精神。衡中的老师在教育工作岗位上兢兢业业、一丝不苟。对他们来说，早出晚归是家常便饭，挤出时间给学生辅导更是义不容辞的责任。衡中的学生勤奋好学、积极向上，并且能在繁忙的学习中找到乐趣。追求卓越，便是衡中师生精神之所在。"（《衡中奥赛班手记》，人民日报出版社2021年版）

观摩了衡中师生两堂课，观看了学生课本剧演出，从校园到教室深度观察，参观了开放式校史馆，处处关注衡中校园文化，听了郗会锁校长的介绍，我意识到：这有限的几十个小时，就我个人而言，一定程度上颠覆了对这所名校的世俗看法。

所有的成绩都是拼搏出来的，所有的幸福都是奋斗出来的，所有的荣耀都是经历了艰辛劳动获得的。

木秀于林，风必摧之。

丝丝遗憾

按照长三角理念与节奏，姑妄言之：衡水中学举办的这次名为"教育部首期领航名师信金焕教学思想研讨会暨河北省高中语文名师工作室研讨活动"是一个拼盘式的会议。

信金焕工作室的两堂研讨课，教学内容和教学环节都带有明显的拼凑痕迹；而且课堂上学生的表现比教师更精彩，学生学习更具有现场感与生成性。

教育部领航工程浙师大基地首席专家蔡伟教授千里奔波亲临衡中，作为信金焕的导师，见证了信老师在领航工程的成长。讲座报告最恰切的主题是：信金焕在领航工程的成长，从教学思想提炼概括到形成成果。蔡教授著作中最具有启发性的代表作是《你也能成为特级教师》（华东师范大学出版社2010年版），如果安排蔡教授围绕信金焕的成长向河北语文同行们介绍走上特级教师之路——以信金焕为例，可能效果会更好。

上海黄玉峰老师的专长在课堂，他的文本解读功底是很深厚的，他对许多教材文本都能讲出新意，他的激情最适合在课堂上绽放，他的课堂往往给同行们以启迪与深思。讲座与报告，并不是黄老师的专长与喜爱。活动反映出河北的同行们对黄老师的专业成就与专长并不是很了解，缺少了一点教育教学资源挖掘整合理念，活动设计的眼界比较狭窄。

衡水中学邀请到了统编版高中语文教材必修下册主编之一郑桂华老师，整个活动的压轴重头戏是一场题为"统编版高中语文教科书的有效使用"的报告，但是郑老师报告中的两处小小错误让人疑惑：一是必修上册第二单元"劳动光荣"所选古诗两首，2019年8月初版时为《诗经·芣苢》和苏辙《文氏外孙入村收麦》，2020年正式版本改换为杨万里《插秧歌》，而郑教授PPT上依然是旧版篇目，让人疑惑她的讲座还是两三年之前备的课；二是必修上册第七单元所选姚鼐《登泰山记》，对此许多老师实际教学中都难以找到抓手，是浙江师范大学童志斌教授和金琳老师的《〈登泰山记〉新解》（《中学语文教学》2021年第4期）从全方位解读姚鼐此文，令中学教师耳目一新、茅塞顿开，并非郑教授所言北京市一〇一中学程翔《我教〈登泰山记〉》（《语文学习》2020年第4期），让人疑惑郑老师张冠李戴，背后实际是并没有真正研究教材选文与教学专业期刊。名为"教科书的有效使用"，从头到尾听到的多是郑老师"我在某某地方讲的一节示范课如何如何"，感觉郑老师讲座已经抓不住重点了……

信金焕老师的领航工程同学中，除了新疆孙玉红老师因为路途遥远和临时紧急工作未能前来，其余三位全都到了。如果安排宁夏马文科老师、广东蔡森老师围绕领航工程中成长成才，围绕信金焕语文教学思想的形成主题讲座，结合自己的成长经历感受，相信会对河北语文同行更有益。

信金焕领航名师团队重量级人物无疑是来自河北的尤立增老师，以我的有限视野，如果安排尤立增老师围绕信金焕教学思想的理论与实践意义价值诸方面讲座，可能更有利于发挥尤老师专业特长。可惜的是，河北的同行们把尤立增这样一个资源用错了地方。世俗的文娱活动中，仿佛主持人比真正的演员更要风光似的；学术性研讨活动中，主持人的作用莫非也超过讲座报告专家？

这次活动的主场是衡水中学，主角是信金焕，主人是衡中校长。我了解的外界对衡中诟病之一是：衡中老师忙于抓考试成绩，少有时间精力顾及个人专业发展；衡中作为名校在高考成绩上令人羡妒，但是在名师培养上稍有不足。信金焕是衡中最繁忙的老师之典型代表，她为何能够成长、能够成名，这是最具说服力的！中学教师，从事着平凡而普通的事业。但是能够把简单事情做好，就不简单；能够把平凡的事情坚持做成，就不平凡！信老师把日常平凡琐碎的具体工作做好了，语文教学成绩、班主任成就都令人敬佩，这并不稀奇；关键是她把这些工作经历、感悟、思考及时地记录下来了，而且不仅她自己叙事，还能够调动学生记录和叙述他们的学习生活、人生感悟。做到这样的老师并不多。信金焕在衡中教书、著书，成长、成功，这是最具说服力的。

衡中校长的报告，围绕"信金焕教学思想的形成与启示"，告诉外界，信金焕这样一位普通老师，连续多年重负荷工作，能够成名成家，除了个人勤奋努力，学校这个平台也是非常重要的——以一校之力组织承办这样一次大型活动就是明证，无偿赠送与会者的那几本沉甸甸的专著就是明证。我弱弱地认为，正如一个具体的人，越有底气，越低调，越无须张扬自己的成就、功业、头衔；同理可得，一所学校，越有办学业绩，越有高考成绩，越无须张扬，因为成绩像高山一样就在那儿矗立！何况与会人员多数只是普通语文教师，他们是奔着语文教学去的；而且很多人是利用暑期自费参加这次活动的。

衡中学生的课本剧可以是拼盘式的联演，更显创意；但是教研活动应该有个主题、主线，一如写文章要有主题、文章结构应有主线。

几丝遗憾，一家之言。

2021 年 8 月初稿
2022 年 8 月 23 日修订

注：

本文刊发于校刊《南菁教育》2021 年第 4 期。

"认真"并不是最主要的！

2022年9月最后一天的下午，在紧张的阅卷过程中读到浙江师范大学蔡伟教授《只要认真，没什么事办不好的……》一文，本来按照蔡教授的嘱托，我只要看看文中写到我的内容有无遗漏或错误，最多也就是检查一下文中有无笔误之类；但是，看着看着，我竟然脑洞大开……最后终于沉不住气，不顾学校已国庆放假，一个人在办公室里敲起键盘来，忘记了应该回家吃团圆晚饭，也忘记了今天学校食堂不会有晚饭……

蔡教授文中列举了浙师大近期的好消息，比如，投资三个多亿、两年内将建成的高度智能化的"未来教师教育中心"；上半年教育部国培办向各基地征集名师教学视频，蔡教授组织16位名师提供了20个视频，包括笔者在内，全都被"国家智慧教育公共服务平台"作为课程资源……最后归因为"认真"，认为浙师大"认真"才有了诸多成就，我深不以为然！

我在多次讲座中讲过：浙师大在全国师范院校中名不见经传，无论是地理位置还是学校规模等，都属于师范院校中的小老弟；但是唯有教师继续教育，领先全国，领跑行业，领军周边。窃以为，最关键的原因是浙师大有一批来自中学一线的教师团队，从王尚文到蔡伟、郑逸农、童志斌，他们熟悉中学教学，能挠到中学教师的痒处，能弥补中学教师的短处，能理解中学教师的痛处……这才是最关键的。

相比较有些高校，盲目自大，看不起中学教育，认为是小儿科，不能在教师继续教育方面认真投入。我听过知名院校著名教授很"认真"地东拉西扯，我见识过派头很大的专家很"认真"地自我吹嘘，我也亲历过因为没有认真准备而"认真"地照着多年之前的PPT念经……

我2011年在浙江师范大学参加国培至今，每年都有好几趟去浙师大参加各种各样的培训活动的机会，从受训者到培训者，由学员变为授课专家，我对浙师大是了解的。随着职称的提升和荣誉头衔的增多，十多年来，我在多所高校有讲课讲座任务，有兼职，我有比较。

不能说只有浙师大的蔡伟教授等一干人"认真"。

有些高校把教师继续教育当作一块"唐僧肉"，领导很"认真"地向上级申请培训项目；项目负责人不管什么培训，首先"认真"考虑的是安排学校、学院里关系好的某些领导或同事来讲课、讲座，来挣课时费。时常出现的结果是，所讲内容脱离中学教学实际、不接地气，本来就时间紧迫、工作压力大的一线老师听了以后觉得没有收获。对此，这些高校不认真反思培训不切实际，让老师们兴趣不大、态度不积极、收获有限，反倒一味抱怨中学老师没有上进心，不愿意接受新知识，不愿意更新理念，等等。久之，使教师继续教育形成恶性循环，中学领导不愿意派老师去参加继续教育；已经派出去参加继续教育的老师觉得学无所获，浪费时间；高校抱怨中学教师没有培训学习、继续教育的积极性和良好态度……这种恶性循环造成国家教育资源的大量浪费，人力物力的无益消耗……

我没有明显感觉到浙师大的培训当中夹杂有个人的私货，有个人的情感好恶，没有见过浙师大各级领导借培训机会赚点小钱。浙师大在每次培训之后认真进行盲评，由参训学员做出客观评价，并且如实反馈给讲课教师。后续的培训活动中结合学员评价认真调整，恰恰让我们这些人得到了很好的历练和提升。

还有的高校里，一些教授听起来名头很响、派头很大，但是他们对中学教师的继续教育不够重视，讲的东西过于学院化、书本化，不切合中学的实际……

蔡伟教授的"认真"，是每次培训让所有参训的老师都有事情可干，都有展示的机会，给所有的老师都提供一个平台，让接受培训的老师不再是一个容器，不再是一个旁观者，不再是一个打酱油的，不再是一个观众。这才是最本质的"认真"。

蔡教授把浙师大教师继续教育的成功归于"认真"，这是一个很谦虚、很低调的说法。浙师大教师继续教育固然很认真，特别是蔡伟教授，每一次活动都追求完美，没有丝毫的漏洞。即使一份午餐盒饭，他也要精打细算，亲自谈价格，严把质量关，不让老师们多花一分钱。他自己也常常会跟学员一起吃快餐盒饭。所有的培训他都坐在现场，观摩老师们的教学展示，一起参与讨论。每一次的培训活动，他都从历届的国培学员和名师中发动有著作的老师为活动无偿捐赠著作，再把这些著作赠送给参训教师，或者作为奖品颁发给课堂展示、写作、朗诵等获奖的老师。

认识蔡伟教授十几年，他所组织的培训活动、会议等，接待多数都是礼节性的，一般情况下不会有陪同的人，很少见他邀请领导或者其他人陪同。十多年中我没有见过蔡教授的接待宴请饭桌上提供香烟；如果上了酒水，多数情况下是他从自己家里带来的自制杨梅酒等。十几年中，我每次去浙师大讲课讲座，餐食前些年是几张餐券，到师大食堂用餐，超支部分自费；这几年多数情况下是一份盒饭。

一次饭桌上，浙江一位同行对众人说："蔡伟这个人，只是真心诚意地给一线教师搭建平台、提供机会，只是实实在在为语文教育做一些事情，他不为名利，也不喜欢吃喝玩乐……"

说这个话的人是认真的。

我写这篇短文也是认真的。

2022 年 9 月 30 日初稿

2022 年 10 月 4 日修订

中岁颇好道　晚家南山陲
兴来每独往　胜事空自知
行到水穷处　坐看云起时
偶然值林叟　谈笑无还期

王维终南别业
癸卯三月书

集腋成裘，聚沙成塔
——寇永升的"微写作"叙事

浙江师范大学　蔡　伟

一本大作的诞生

许多教师尤其是语文教师，一方面怕写作，另一方面又看不上"微写作"，导致大块文章拿不下，豆腐干文章看不上眼。江苏南菁中学的寇永升则不然。

2015—2016学年度，作为无锡市第十二批支教老师，寇永升老师在延安工作一年。当时他只是觉得在一个崭新的环境里处处新鲜好奇，很想把自己遇见的有趣的人事与感悟分享给自己的朋友们，于是他坚持每天记录下支教时的所见所闻与点滴感受……

延安与无锡地区的时差1小时稍多。一年中，寇老师始终保持着长三角的生活作息规律。每天早晨5点起床——无论冬夏，陕北高原上此时都还是黑咕隆咚的，非常清静，没有任何的干扰——第一件事便是奋笔疾书，把前一天的人、事及沉积了一晚的感悟抓紧记下来，一般用时1小时左右，然后是早锻炼、洗漱、早餐、进教室……晚上10点，当地人还沉浸在夜生活中，他却已习惯性地开始阅读点评，然后便上床进行一天的回顾与思考，为第二天早上的"微写作"奠定基础。

寇老师坚持每天写一点，一年下来居然有了八十多万字。后来他精选

网课，也可以如此精彩

浙江师范大学　蔡　伟

庚子春节后，按时开学无望，我申请做志愿者无果，整天宅在家里总觉得亏欠社会良多……正在苦闷之时，江苏省正高教师寇永升给我发来《教育部应对新型冠状病毒肺炎疫情工作领导小组办公室关于在疫情防控期间有针对性地做好教师工作若干事项的通知》（教师厅函〔2020〕2号）的电子稿，并将文中与我们有关的重要内容用不同颜色和字体标志出来；继而留言道："蔡老师，能否利用您的影响力建个直播群，为湖北的老师们做点培训工作。"

应当说我的影响力有限，但名师资源丰富。因此，寇老师的建议打动了我。便在"钉钉"上折腾了许久，建成"语文名师与研究生直播群""浙江师范大学浙派语文教育研究中心"等几个直播群。既然寇老师是提议者，直播头炮自然由他来开。

其实，对于网络直播，我一直是不太抱希望的，因为网络上大家都对直播的效果或多或少有些非议。但没想到第一次直播，因寇老师的扎实功底与认真准备，显得十分成功。直播过程中，寇老师充分展示名师的素养与魅力，将直播课讲得丰富生动，效果显著，让我大大改变了对直播的看法。

寇老师是2011年国培班的班长，为人豪爽而又谦虚，做事细致而又干练。开课之前，他便与我反复沟通，从讲座的主题到内容的安排，都透露着作为国培名师的示范性气质。而且，在交谈中我也知道了他事无巨细都做了精心的准备——为使直播音质音色达到专业级水准，他特意购置了非常高档的专业耳机与话筒；为避免直播时产生噪音，他准备了橡胶底座的水杯，写字台上铺设了书法毡垫；为使直播能适应多种场合，他下载了好几个直播软件；更重要的是他分类收集了海量的教学资源……可以说他对这场直播信心满满；我也多少放心了一些。

2月17日上午，寇老师给全国各地数百位骨干教师介绍了自己在非常时期引导学生跨媒介学习的具体做法——他那时已经给所任职学校的学生动态编写了十多份讲义，十几万字；他坚持写自己、家庭、学校以及所在地区的抗疫日记；他不间断地搜集抗击新冠肺炎的各种资料，视频、音乐、图片、漫画、公共标语、文字等，跨媒介分享给学生；他指导学生跨媒介阅读，跨媒介获取信息，整理归纳，形成学习成果；跨媒介呈现、交流、研讨，既引领学生做到"停课不停学"，又开创性地践行了新课标的"跨媒介学习与交流"。

总之，寇老师的课十分接地气，针对性和操作性很强。加之他的略带西北口音的普通话特别有味道，以及带着磁性的男中音，加强了吸引力。可以说，寇老师的头炮打得很响，得到各群老师的大量点赞。例如有的老师在群里留言："向寇老师学习、致敬！做您的学生一定很幸福！"有一位家长评价："你真是一个对学生负责的老师啊……"而我也真诚地发出心声："相比寇老师，我觉得我这个寒假废了！"

可以说，寇老师这堂传播课充分体现了正高级教师的教学素养，全国优质课一等奖获得者的扎实功底和大市级劳动模范的教育情怀。

附记：

寇老师第一次讲座结束后，将讲稿整理成题为《停课不停学：跨媒介学习助我行》的论文，2月底投稿给《中学语文教学参考》高中刊。48小时之内，《中语参》编委会将已经送到印刷厂的第3期撤回，紧急改版，在全国语文报刊中率先开辟了"'抗疫'共情专题"；栏目编辑张万利老师撰写了鼓舞人心且文辞优美的"编者按"，以寇老师的文章为头版头条，共发表了全国各地5位名师有关抗击新冠肺炎的文章，让该刊2020年第3期最早在行业内产生了良好而广泛的社会影响。

3月18日，寇老师主动请缨，进行了第二次讲座，题目是"《红楼梦》疾病灾疫描写片段赏析"。这次讲座比第一次更为成功，湖北以及其他省市多所学校邀请寇老师通过网络向高中学生连续讲座十几场。寇老师这次讲座稿整理后以《非常时期，非常读名著——〈红楼梦〉灾疫描写片段赏析线上教学及反思》为题，发表在《语文教学通讯》A刊2020年第5期，编辑部主任王建锋给予了高度评价，并将直播讲座视频进行转播。

生活即语文，全国人民齐心协力抗击新冠肺炎的生活就是最好的教材，就是最佳语文学习资源。寇老师为学生编写的跨媒介阅读讲义在今年3月已经结集出版为南菁高中战"疫"读本之一《风声·雨声·读书声》；他指导学生完成的跨媒介阅读与交流抗疫专题学习成果，业已在6月编印成南菁高中战"疫"读本之二《家事·国事·天下事》，著名教育家顾明远先生在序言中给予充分肯定和鼓励，并欣然题写书名。

2020年7月

2022年8月25日校订

国培班名师访谈录

浙江师范大学　蔡　伟

1. 你最喜欢的一本书及理由?

蔡伟主编《你也能成为特级教师》，华东师范大学出版社出版2010年版。

读这本书时，我并不认识蔡伟教授。记得是在2011年6月，即将放暑假之时，我当时任职的锡山高中的一位领导告诉我一个喜讯，让我在当年11月赴浙江师范大学参加教育部国培。我查看了有关文件，开始着手准备，一是了解浙师大，二是了解项目负责人蔡伟教授……我在网上搜到了蔡伟教授编著的这本书；9月10日下单后很快收到；当月30日读完，部分章节阅读数遍，并且做了许多摘记；后来我又买了几本，先后赠送给我的徒弟或者工作室成员……

《你也能成为特级教师》资料丰厚，案例鲜活，编辑体例新颖；从教师专业成长的四个方面：特级教师特在哪里、特级教师有着怎样的成长背景、成为特级教师的秘诀是什么、特级教师成长轨迹中的关键点有哪些，选择22个关键因素加以阐述，揭示特级教师成长轨迹，为广大中小学教师的发展提供可资借鉴的经验，从而帮助每一个有思想有追求的中小学教师登上"特级教师"的尖峰。

阅读这本书时，正值我个人专业发展的瓶颈期。这本书，让我明确了努力方向，也让我找到了自己的差距和短板。仔细对照22个关键因素，我一一列出详细计划，或彻底改正，或进一步提升，或从头开始……两三年之后，我获评大市学科带头人、教授级高级教师、江苏省特级教师，在各个方面都有了长足进步。

2. 你最喜欢的教学名言及理由?

以不停地提升自己而教好学生。

我是以低起点、低学历在西北落后偏远地区薄弱学校走上讲台的。两年制大专毕业，分配到甘肃省嘉峪关市任教初中6年，当时的同事大多是高中毕业、中师毕业，正所谓"患无硕师名人与游"。于是我参加成人高考，斩获全市唯一脱产进修名额，在省城进修两年，后返回原单位任教高中语文，担任班主任、年级主任等。而立之年，被选派到北京市重点中学挂职培训一年。35岁破格评到副高级职称，36岁获评学科带头人、省级名师，完全因为个人硬件条件被引进到长三角腹地的无锡，在百年名校锡山高中任教十几年，学会了专业阅读；领衔省级课题研究，收藏晚清、民国时期至今的语文教材。年过半百，正准备自由落体到职业终点时，因为"暨阳英才计划"被引进到美丽富饶的江阴市，任职于书院历史文化底蕴深丰厚的南菁高中，获评正高级，受聘担任图书馆长……无锡市一位主管职称评定多年的领导对我开玩笑说：寇老师，江苏省开评中学正高职称十多年，我们每年评到十多个，你是唯一从偏远落后地区引进的教师中获评的，是少见的两年制大专第一学历获评的，是以"裸教师"资格获评的——没有任何行政职务等头衔，完全作为普通教师。

我的一切都是学校给的，学校给了我一切，我把一切奉献给学校。

如果找原因，"以不停地提升自己而教好学生"，从开始工作就歪歪扭扭书写了挂在书桌上的这句格言成就了我。

3. 对你影响最深刻的一位老师及理由？

于漪！

我是读着于漪老师的教学案例和课堂实录在讲台上站立起来的，是看着于漪老师的教学录像在课堂上站稳脚跟的。

于漪老师对我深刻的影响莫过于三：一辈子做老师，一辈子学做老师，生命不息，追求不辍，激励我以不停地提升自己而教好学生，此其一；无论是作为全国首批的特级教师，还是功成名就后的人民教育家，于老师永远不在营利性教育机构任职，永远不兼职家教，永远不凭借个人荣誉地位头衔去吸金，这些都深深地影响着我，做一个把本职工作摆在第一位的教师，工作不是为了赚钱，把职业当成事业，此其二；热情、真诚、正直、善良地对待学生，真心帮助提携同事——2018年底，在上海参加"人民教育家——于漪教学思想研讨会"之后，我写了一篇《2019年元旦致敬爱的于漪老师》的文章，发表在校刊《南菁教育》，经《语文学习》编辑转交给于老师。于老师得知我收藏研究母语教材，把自己用过的、编写的几十本珍贵教材打包快递给我，并且亲笔写了一封信，鼓励我……此其三。

4. 你最喜欢的教学方法及理由？

作文教学上的两条腿走路，规定动作＋自选动作，即发动和引领学生叙写班级故事，教学效果显著，深受学生喜爱与欢迎，深得家长好评。从 2015 年延安支教开始，坚持到现在，已经收集学生习作三千多篇、上百万字，整理发表两百多篇。我以《我在延安教作文：规定动作＋自选动作》为题做了全面总结，发表在武汉大学《写作》2016 年第 8 期；蔡伟教授以《集腋成裘，聚沙成塔——寇永升的"微写作"叙事》为题做了客观介绍，发表于北京师范大学《中国教师》2019 年 10 期；江苏本地报刊等媒体多有推介。

5. 你最喜欢的教学模式及理由？

问题驱动。备课就是备问题，问题好等于课成功了一半。教学设计一定程度上就是设置和设计问题。以问题驱动课堂，用高质量的问题驱动学生思维发展，引领学生向文本更深处漫溯。几年来，我追踪研究这一问题，凡中学语文教学期刊发表的有关文章，我全都阅读并且摘记；我在"教育艺术杯"全国中小学语文教师课堂教学大赛获得一等奖第一名的《祝福》，近年来在各地的示范课多以问题驱动凸显课堂亮点；我自己连续发表了多篇文章，深度研究这一教学模式：《"问题驱动"：问题从何而来？》，发表于陕西《中学语文教学参考》2015 年第 5 期；《怎样的"问题"才能"驱动教学"？——〈荷塘月色〉与〈指南录后序〉教学案例比较谈》，发表于山西《语文教学通讯》2015 年 12 期；《"问题驱动"：需要规避的"问题"》，发表于《中学语文教学参考》2017 年 1–2 期合刊……

6. 你听过的最好的一堂课及理由？

《大地重现》。

2017 年 10 月下旬，江苏省南菁高级中学一年一度的审美课堂对外展示活动如期举行。在遴选讲课教师时，我向学校推荐了当年入职的新教师、我带的徒弟陈彬洁；我指定了教学篇目，苏教版读本必修一"寻找精神家园"专题中刘烨园的《大地重现》。没有任何参考资料，没有任何现成教学设计或 PPT。我的目的是：第一步，养成青年教师素读文本的习惯，培养他们文本解读的能力，不能一说备课就搬运教学参考书的现成答案，一听上公开课就网上搜索下载复制粘贴……第二步，训练新教师对教材文本的把握处置能力，让他们能够设计出有价值的问题，能够进行有个性的教学设计；而不是在公开课教学中玩花样，玩学生，玩活动……第三步，课堂上精心施教、精彩呈现——一个教师，要真正站立起来，必须在课堂上，在讲台上；第四步，下课，不是一节公开课的结束：指导青年教师完成教学反思，以一节公开课为新的起点，向课堂教学的更深处漫溯，向专业发展的更远处眺望。

陈彬洁老师这堂课获得了极大成功。全国各地前来观摩的同行和周边学校的老师听说一位刚参加工作几个月的老师上出这样一节课，都很惊讶，纷纷打听了解她是怎样备出这样一节课的；许多人想知道南菁高中如何让参加工作几个月的新老师讲出这样一节好课的，想知道南菁高中是如何培养青年教师的……陈老师在我的指导下写出了教学反思《〈大地重现〉教学叙事》，发表在《中学语文教学参考》上旬刊2018年第5期。

这堂课，训练了一位新入职教师的文本解读能力，锻炼了她的教学设计能力，考验了她的课堂掌控能力，启发了她及时反思课堂教学并养成习惯；也为其他青年教师树立了榜样，为学校赢得了良好声誉。以这节课为新的起点，陈彬洁老师一路走到高三。就在我应蔡伟教授之约，写出这篇文章的时候，2020年江苏高考成绩揭晓，陈老师任教的班级高考成绩非常辉煌！

一节好课，不在于获什么大奖，不在乎有多热闹，而是在于引领和促进教师的专业成长。

7. 你经历过的最有效的培训（继续教育）及理由？

我经历过的培训难以计数，继续教育、公修课几乎年年都不缺位，但是我更想借此机会反省一下我所亲历过的最好的一次培训！这就是2011年在浙江师范大学参加的教育部国培计划高中语文骨干教师培训！

我在引进到无锡之前，担任过兼职教研员，可以说每年参加好多次培训；引进到无锡，一直任职在最有名的国家示范性高中、省级重点中学，参加各种培训的机会更多了；但是唯有浙师大的国培，在我个人专业发展的关键期给我以指导与引领，让我一直感觉到温馨异常，而且这不是我一个人的感觉——我们那一批50名学员，来自全国四个省，近十年过去后的现在，还保持联系，当年的QQ群依然很活跃，新建的微信群更加热闹。我们中间多一半的人先后评到了省特级、正高级，十几名学员后来做了校长，七人做了地市级教研员，近一半的人出版了专著；目前，翻开主要语文教学期刊的任何一期，几乎都可以找到我们那一批学员的文章……

浙师大各级领导都非常重视这次国培项目；蔡伟教授更是在每个细节上追求完美；浙师大以及外聘的各位专家的讲座、童志斌等老师的示范课，无不让我们大开眼界、心潮澎湃……

国培，让我实现了华丽转身；国培，让我结识了王尚文、蔡伟等；国培，让我至今倍感鼓舞与温馨。（参见《我的国培缘何精彩？》，浙江《语文教研》2012年第1期）

8. 你上过的最得意的一堂课及理由？

《祝福》。

国培进入游学阶段，我们学员中每个省市选两名代表，与浙江一流名校骨干教师同课异构。我在嵊州一中与一位同行同台竞技，选择了难度比较大的文本《祝福》。

在鲁迅的故乡讲解《祝福》，听课老师除了来自全国各地的国培学员，就是浙江本地骨干教师，压力是很大的。

我以问题驱动学生走近鲁迅、走进文本，驱动课堂，以朗读引领学生体悟品味。两个学生分角色朗读：

冬至的祭祖时节，她做得更出力，看四婶装好祭品，和阿牛将桌子抬到堂屋中央，她便坦然地去拿酒杯和筷子。

"你放着罢，祥林嫂！"四婶慌忙大声说。

几次三番，都难以读出"慌忙"，我在一个学生耳边悄悄说了三个字"抢着读"，这个学生非常机灵聪明——当同伴读到"酒杯"两个字时，她突然大喊一声："你放着罢，祥林嫂！"精彩靓丽，满堂喝彩。

这堂课的录像经江苏省教研室审阅，推荐我参加了2012年的首届"教育艺术杯"全国中小学语文教师课堂教学大赛。我进一步完善，在35名选手中荣获一等奖第一名。

9. 你最成功的一次教学（改革）实验及理由？

我有两项：

其一，课题研究。

2013年10月，我领衔江苏省教育科学"十二五"规划重点课题"百年中学语文教材实际使用研究——以江苏省锡山高级中学为例"课题研究（2013 年 11 月立项，批准号：B—b/2013/02/070，批文号苏教科规〔2013〕1 号）。这是一次教学改革活动，我自费十多万元搜集到了自晚清、民国初期至今的各种语文教材数千册，研读了洪宗礼老师 10 卷本皇皇巨著《母语教材研究》，研读了徐林祥教授 15 卷本的《百年语文教育经典名著》，以及其他一些专业著作。这让我对百年来的语文教育史有了比较全面的了解，对语文教材的演变有了比较完整的认识。我的语文教学掀开了新的一页，我开始站在教材建设的高度对待语文教学，备课中关注文本的原生价值，把握其教材价值，准确传递其教学价值。课堂上出现了教材横向比较教学内容，论文中出现了教材研究成果，在各地的教师培训讲座中渗透了初中部编教材、高中统编教材的内容。

这项历时四年的课题研究，给我的专业发展锦上添花，让我的课堂教学更加如鱼得水。

其二，订阅、收藏、整理语文教学期刊。

我是在大学期间省吃俭用开始自费订阅语文教学期刊的，参加工作之初往往每年拿出一个月的工资作为订阅报刊的费用。四十多年来的《中学语文教学》《中学语文教学参考》《语文教学通讯》《语文学习》《语文建设》这五大期刊我收集齐全，另外还订阅收藏有诸如人大复印资料《高中语文教与学》《初中语文教与学》，以及《语文教学与研究》《中学语文》《语文教学之友》《语文月刊》等。从西北到江南，数千公里长距离搬家，到无锡又数度迁居，这些教学期刊我都精心护爱，视若珍宝。更重要的是，我自己动手整理有一份动态的目录索引系统，随时更新。我把这项工作视为一种教学实验，它使我一直站在中学语文教学最前沿。我备课，除了细读文本，参阅教师用书，主要是研读核心期刊上相关文章；我讲的公开课一般都有最新教研成果的新意；我写的论文，一般不会拾人牙慧、落入俗套，因为我清楚哪些方面人家已经写过了。

三年前，我把自己收藏的数千册语文教材和四十年来的语文教学核心期刊悉数捐赠给我任职的南菁高中，在学校图书馆建成了"教育部基础教育课程教材发展中心研修基地文献资料展室"，以供同行们教学研究之用，发挥其更大作用。

10. 你发表的最得意的一篇论文或一本论著及理由？

我最得意的一套论著是《理念：教育的制高点——延安支教日记》，65 万字，上海书店出版社 2017 年 6 月第 1 版，2019 年 11 月修订再印，

2020年第三次印刷，目前正在策划再版。

2015年3月，我主动向无锡市教育局申请赴延安支教。领导和同事都很不理解，我不需要提干，不需要进城，也无须解决家属工作……但我真的是有目的的。

离开家乡十几年，西北的教育现在发展到什么程度，存在的突出问题有哪些，突破的瓶颈在哪里……我在长三角教育最发达地区"卧底"近二十年，能不能回馈西部教育？有没有可能再次深入西部教育最一线，去亲历、观察、体验西部教育？

2015年8月—2016年7月，我作为第十二批支教成员，在无锡市对口援教单位延安市第一中学工作了整整一学年。

一年陕北黄土高原腹地生活工作学习，我一直保持着江浙东部地区作息时间和生活规律。早晨5点起床，写作1小时，之后锻炼、早餐、上班。一年中，积累了85万字的日记。支教结束后的一学年中，我修改了9遍，精选65万字，在2017年暑期正式成书出版。

当然得意的不是写作过程，也不是能够出版，而是出版以后的反响。延安的老师们说，"寇老师，你把咱不敢说的话都替咱说了"；领导说，"你把咱不便说的话都给说了"；学生们说，"你把我们没机会说的话都给说了"……专业人士称，"寇老师截取延安支教一年这一横断面，以延安市第一中学为窗口，全方位客观真实反映了西部基础教育的现状，在细致观察、客观叙写的同时，与江浙发达地区教育对比中深度反思，让我们看到了西部基础教育的真实情况……"在党和政府的高度重视与大力支持下，经过几十年几代人的不懈努力，西部教育的重任不再是普及率，不再是硬件建设；而是提高办学效益，提升教育质量。制约西部教育的关键性因素是教育教学理念，而理念恰恰是教育的制高点。几年来，西部地区很多学校以此书作为教师继续教育和岗位培训的教材；有的学校专门组织读书沙龙活动，按照工作部门条线对照找差距；我本人多次被邀请去解答老师阅读中产生的问题与困惑……

延安支教一年，写了两本书，对西部教育起到了一定促进作用，这才是我的得意之处。

11. 你心目中的名师标准、途径及理由？

丰厚的学养与良好的个人修养。学养是做好教育教学工作最基本的前提条件，因为教师从事的是专业技术工作。所有的名师都专业过硬。一个在教学专业上不过硬的老师，他可能被评为先进生产者、优秀工作者，但不可能成为名师。教师的工作对象是学生，亲其师才能信其道。教师的个人修养、气质、精神状态、心理情绪等都是教学生产力。

我个人以低起点在专业上有了些许成就，主要原因是：实干，助人，自觉，自律，没有不良嗜好。几十年如一日坚持不断专业阅读，把所有的假期都投入专业提升，没有一次暑假完整地在家里吹吹空调、看看电视，数不清、记不清自费到全国各地听课观摩多少次。2011年浙师大国培结束至今，我阅读了300本各类书籍。至今不会抽烟、酗酒、搓麻将、打扑克……保持良好的生活习惯，坚持健身，保证良好的健康状况与精神面貌，始终以乐观开朗的心态应对生活和工作，不发牢骚，不无聊闲谈；坚持传递正能量。所谓事业，实际情形常常表现为周边人际关系的和谐融洽。永远做到强迫自己做应该做而不愿做的事情。

名师永远在路上，并不在名录里。

对未来的真正慷慨，就是把一切献给现在！

后记：

2020年7月，接受浙江师范大学蔡伟教授访谈后整理成文。

2022年8月25日校订

春风细雨润我心
——浙师大之行反思总结

甘肃省酒泉市实验中学　王小丽

2020年11月底，寇永升老师带领我们参加了在浙江金华举办的第十二届全国"新语文教学"尖峰论坛。此次金华之行，除了聆听讲座和参加比赛，我还观摩学习了六位老师为我们呈现的《我与地坛》与《登泰山记》的同课异构课。六位老师各出奇招，各显其能，使得六堂课精彩纷呈，令我佩服惊叹之余，更是收获颇丰，真是不虚此行。

通过认真地观摩和思考，我觉得几位老师的课堂，值得我学习的地方非常之多。这些精彩之处，如春风化雨般，滋润了我的心田。它们为我以后的教学提供了借鉴，更为我自己的专业成长奠定了一定的基础。总体来说，我觉得几堂课有如下亮点：

一、比较阅读创情境

"文章不是无情物，字字句句诉衷肠。"作为教师，要充分发挥自己的主导作用，以文本为依托，创设情境，引领学生进入文本，穿越时空的距离，与文本作者进行对话，体悟其中的感情。而比较阅读是指把内容或形式相近或相对的两篇文章或一组文章放在一起，对比着进行阅读。通过比较阅读，可以开阔眼界，活跃思想，使认识更加充分、深刻，又可以找出其中的差别，把握文本的特点，提高学生的鉴赏能力。而这与部编版教材的编排理念恰好吻合。

《荷塘月色》与《我与地坛》为部编版教材必修上册第七单元的两篇文章。这一单元选取的五篇散文，都是写景抒情的名篇。《荷塘月色》作者在孤独苦闷彷徨之时，在幽静朦胧的月下荷塘，获得了片刻的心灵自由；《我与地坛》是作者在经历磨难后，在地坛悟透生死，能够从容面对生活。两篇文章，文体相同，内容上也具有相通之处，故金华一中的陈凯丽老师，在进行这堂课的教学时，将两篇文章放在一起进行比较阅读。陈老师以金华一中的一期校报主题"尽拾人间草木心"来导入，以本期主题推荐的两篇阅读文章，自然而然地引出了《我与地坛》与《荷塘月色》的对比阅读。而在初步感知文本的过程中，学生们通过教师的背景提示，了解到在《我与地坛》一文中，"我"的人生困境是："我活到最狂妄的年龄上忽地残废了双腿"；而在《荷塘月色》中，"我"的人生愁绪是：这几天心里颇不宁静。于是，在对比阅读中，学生一步步走入教师所创设的情境：面对现实世界的困境，史铁生去了地坛，而朱自清走进了月下的荷塘，两人都走进了自然，去寻找"另一个世界"。在这样的情境创设下，学生自然而然会对这"另一个世界"产生一种好奇心，会激发学生产生进一步探究的欲望。

所以，陈凯丽老师巧妙设计，运用比较阅读的方法，很好地为学生创设了阅读学习的情境，激发了学生的学习兴趣。

二、深度解读重思辨

对文本的深度解读，是进入新的历史时期语文教学改革的需要，是语文教师全面提升自我综合素养的需要，更是提升学生语文核心素养的迫切需要。而在《普通高中语文课程标准（2017年版2020年修订）》学习任务群六当中也提出要求，在阅读各类文本时，要引导学生分析质疑，培养学生的思辨能力。前者往往可以为后者而服务。浙江瑞安中学的董环环老师，在执教《登泰山记》时，就通过对文本的深度解读，培养学生的思辨能力。

董老师在执教《登泰山记》时，在经过导入和学生对课文的朗读后，通过两幅图片的展示，引导学生进入文本第三段——泰山日出图的欣赏。紧接着，教师引导学生思考："作者为什么那么期待看日出？"经过现场师生的共同合作，得出结论：迎接新生活，期待下一年的到来，因为上一年有不如意的地方。紧接着教师课件展示资料印证：学术之争，身患重疾，侍亲敬孝，同时出示了姚鼐的人生履历。然后让同学们结合材料和原文合作讨论，去探秘姚鼐辞官的真正原因。经过同学们热烈的讨论，同学们给出了各种各样的答案：力不从心，职场不如意；官场不顺；对仕途没有信心，登泰山后找到自己的信心，迎接人生的另一种辽阔；生病和侍奉双亲；更有同学们提到，《四库全书》对文化经典的选择性收入，并不是真正的学术作为，他由此事发现了新的自己。于是教师借这一学生的回答进一步引导学生思考：如果真的身患重疾，不可能登高山，这只是推托之词，请同学们找找文中哪个地方能够印证作者此时并非真的生重病。聪明的同学们很快就从第二段登泰山的过程中找到了答案。尤其文中用到的一系列的动词和数字。最后，董老师设计让同学们根据姚鼐先生辞官原因的真正分析，送一句话给桐城姚鼐先生，并且建议以这样的句式来写：姚鼐先生，您走出京师，登上泰山，南归书院，放弃的是＿＿＿＿＿，得到的是＿＿＿＿＿。

董老师的教学环节，环环相扣，层层递进，同时在恰当的时机，对学生相机诱导，启发学生思考质疑，对文本进行深度解读的过程中，很好地训练了学生的思辨能力和口头表达的能力。

三、创设氛围引发言

课堂教学是师生双方共同参与的活动，而师生都是有血有肉、有思想、有感情、有主观能动性的生动活泼的人，因此教师要创设轻松和谐的课堂教学环境，充分发挥学生的积极性、创造性，激发学生的内在潜力。

在这六堂公开课上，学生有一个非常明显的特点，就是不敢不愿积极主动回答问题，甚至连举手的勇气都没有。面对上百名的听课老师以及陌生的执教者，学生有紧张和胆怯的心理无可厚非。这也就给我们的执教老师带来了更大的挑战和考验。其中河北衡水中学的赵增普老师，就通过自己超强的心理定力和诙谐幽默的语言，反复激励和引导，创设了轻松和谐的课堂氛围，一步步引导学生大胆发言，使课堂气氛越来越活跃。

在进行文本第三段的解读时，赵老师设计了这样的环节：

学习活动一：考证游踪，作者的游踪是怎样的？面对如此简单的问题，居然没有学生回答，于是赵老师说道："不要以为衡水中学的老师来，就要带你们去考试，今天咱们只游泰山。"话音一落，教室里响起了一阵笑声，同学们有了些许放松。

学习活动二：与姚、朱一起赏日出，想象还原，两人在山顶进行了怎样的对话？在这一活动中，教师先给出示例：当看到"亭中自足下皆云漫时"……然后让同学们参照示例，两两合作，选其中一句复述对话。在这期间，教师不断鼓励学生大胆发言，当第一组同学复述完毕，教师夸赞道："好眼光！"当第二组中的一位同学面对小组成员的表达，无话可说时，老师开玩笑道："你说个真好看也行啊！"瞬间缓和了尴尬的课堂气氛。当下一组同学复述完毕时，老师随机夸道："你傲然挺立的身姿也很棒！"当老师发现有些同学跃跃欲试又不敢站起时，老师随即改变回答问题的方式，于是说道："一起说吧，我发现大家就喜欢一起说。"随着老师不停地鼓励，同学们的积极性越来越高，脸上的笑容也越来越多。

教师能够用自己幽默的语言和智慧，将原本沉闷的课堂变得轻松和谐，能够让拘谨的同学们敢于站起来表现自己，这是这堂课的成功和亮点之一，也是我需要努力提升自己的地方。

四、大胆取舍重实效

一篇文本，需要分析和理解的内容，真是不胜枚举，教学内容纷繁复杂。但是，四十分钟的课堂，教学时间极其有限，要想面面俱到，肯定很难做到。所以，教师一定要学会取舍，通过慎重地选取，删掉部分内容，即使这些内容也很好，也得毫不留情地放弃，从而突出本堂课的重点，使学生在一堂课中真正有所得有所获，反之，则会弄巧成拙、得不偿失。懂得筛选和取舍，也是教师智慧的体现。

早上的三位老师，抽到的文本是《我与地坛》，而它是中国当代作家史铁生著的一篇长篇哲思抒情散文，是史铁生用十五年的时间参悟生命的结晶。课文节选部分：第一部分写地坛，主要写地坛的风景以及"我"在地坛里的思考；第二部分写母亲，写"我"对母亲的追思以及对母亲生命的理解。学习这篇课文，能够教育学生热爱生命，珍惜亲情，从而形成健康美好的情感和奋发向上的人生态度，所以解读这篇课文的核心内容是"感悟生命，体验亲情"。显而易见，文本篇幅比较长，故要在四十分钟里让学生读懂文本，并达成目标，很不现实。而执教的三位老师，前两位老师，都是引导学生对两部分内容进行学习，面对长篇幅大容量的文本，无法保证学生有充分的阅读时间，所以学生筛选信息的速度慢、难度大，课堂气氛较沉闷，教学效果不是很理想。而宁夏中卫的章玉玲老师大胆取舍，只选取了其中的第一章节来进行教授，紧紧围绕园子进行赏析。以"所以我常常要到这院子里去，那么这是一处怎样的院子呢？"一问，引导学生进入情境，深入文本的解读。

整堂课，由于章老师的大胆取舍，故而流程更加清晰，又因为篇幅相对较短，故而学生能够迅速从文本中筛选出可用信息，站起来回答问题时，也是有话可说，课堂气氛显得相对活跃，教学目标的落实更到位，课堂的有效性也更强。

除此之外，这几堂公开课，还让我看到了几位老师扎实的基本功，别出心裁的板书设计，课堂上对学生的关注、扎实的文字表达功底等等。

短短的几天，经历了很多，也学到了很多，这些精彩和成功之处，如春风细雨滋润了我心田，给了我前进的方向和动力。此后的职业生涯中，我将以此为目标努力前行，更好地潜心教育，静听花开的声音。

2020 年 12 月

后记：

2020 年 11 月，作为"江苏名师寇永升酒泉语文工作室"的成员，我有幸到浙江师范大学参加了第十二届全国"新语文教学"尖峰论坛。这场盛会，对于我一个从教只有 6 年的老师来说，无疑是非常难得的学习机会。它形式多样、内容丰富的活动，使我开阔了眼界，增长了学识，更让我学到了很多实践的经验。论文已经完成，但是在搁笔之时，心中还是充满了感激之情。首先，感谢酒泉教育局，设立"江苏名师寇永升酒泉语文工作室"，为我们搭建如此好的学习平台；其次，非常感谢名师工作室导师寇永升老师，为我们提供了如此难得的学习机会，并对我的论文写作指导；最后还要感谢我的工作单位，对我此次外出学习的支持。这篇论文的写作过程，是我在教育科研道路上迈出的一小步，在今后的职业生涯中，我将学以致用，不断努力进取，进一步发展完善自己，提高自己的专业素养。

从"尖峰论坛"看文本解读

甘肃省酒泉市实验中学　孙红艳

　　文本解读能力不仅是学生语文核心素养的关键能力之一，更是教师专业素养中的基本能力，是语文教师的核心竞争力。2020 年底，在参加全国"新语文"尖峰论坛研讨活动的过程中，在参与模拟授课、说课、同课异构等一系列比赛的过程中，我对此有了更加清晰透彻的认识：教学设计能否做到内容充实、视角新颖，关键在于教师的文本解读能力，在于教师能否真的从文本出发，再回到文本。

　　在同课异构现场教学活动中，针对同一个文本，老师们选取的鉴赏点都大同小异，但学生的收获却有多有少，教学效果也高下有别，究其根本还在于教师的文本解读视角和解读能力。所以教师一定要学会解读文本。只有教师全身心地投入文本，真正与文本、作者对话了，才可能引导学生积极主动地理解、欣赏语言文字，感悟、评价作品中蕴含的情感态度和价值取向，才能让阅读教学真实高效。另一方面，教师只有深入解读文本，揣摩文字背后的深意，才能咂摸出语文的味道，上出有语文味儿的课。此次同课异构教学活动中的很多片段，让我对文本解读、解读什么、怎样解读、解读到什么程度等问题有了新的思考和认识，主要包括以下几方面。

思考一：文本解读解读什么

　　宁夏章老师在《我与地坛》的教学中，设置了教学环节"这是一处怎样的园子？"然后请学生品读第五段的景物描写"……蚂蚁摇头晃脑捋着触须，猛然间想透了什么，转身疾行而去；瓢虫爬得不耐烦了，累了祈祷一回便支开翅膀，忽悠一下升空了；树干上留着一只蝉蜕，寂寞如一间空屋；露水在草叶上滚动、聚集，压弯了草叶，轰然坠地摔开万道金光"。引导学生思考景物的特点，以"蚂蚁"为例，紧扣了"摇头晃脑""想透""疾行"等词语，探究出渺小如蚂蚁也在认真地生活，思考生存的意义；除了有生命的蚂蚁，无生命的"露水"也不甘示弱摔开万道金光，多么富有生机活力的画面！进而引导学生思考"作者在这里思考什么""他得到了怎样的启示""在景物描写中蕴含了怎样的深情"等一系列问题。解读逐层递进，细致翔实，深入透彻。

我由此知道文本解读就是在对字词句的分析品味中理解文本的深层意蕴和情感。要引导学生既关注字词的表层含义，又关注其深层含义。文字的表层含义容易捕捉，但如果没有文本解读的敏锐与自觉，深层含义往往会被忽视甚至忽略。正如孙邵振先生所说"我们往往是读懂了文字，却没有读懂作者在特殊语境中的心灵。"阅读活动是教师、学生、文本、作者多重对话的复杂过程，而学生的知识积淀、学识素养等往往不足以与其他主体平等对话，他们可能发现不了文本中的疑难点，所以需要比他们水平更高的教师的引导。

文本解读还要引导学生关注文本中反复出现的语句，引导学生关注句子之间、语段之间、首尾之间的逻辑关系。比如《我与地坛》中反复提及"我就摇了轮椅总是到它那儿去"，在地坛，"我"看到荒芜冷落的地坛，看到"荒芜但并不衰败"的地坛，看到没有被时间和人事改变的地坛，"我"对自己人生的思考经历了从"颓废、迷茫"到"思考生死"再到"参透生命"三个阶段，这便是作者在第一部分的行文线索和脉络，厘清这些内容，也就读懂了文章的第一部分。

文本解读更要引导学生关注作者蕴含在文本中的情感。情感有强烈的、微妙的，有显性的、隐性的。强烈的情感容易发现，微妙的情感则不好把控，显性的情感未必是真情感，隐性的情感却可能很关键。让学生"自己感悟情感"的做法不太现实，所以解读文本，教师一定要走在前面。正如叶圣陶先生所言，"语文老师是引导学生看书读书的，一篇文章，学生也能粗略地看懂，可是深奥些的地方，隐藏在字面背后的意义，他们就未必能够领会。老师必须在这些场合给学生指点一下，只要三言两语，能使他们开窍就行。老师经常这样做，学生看书读书的能力自然会提高"。

思考二：文本解读怎样解读

明确解读什么固然重要，但更重要的是怎么解读，因为这个问题关乎文本解读的实际效果。在《登泰山记》同课异构教学中，浙江董老师用大事记年法的形式梳理了姚鼐的屡次落第，梳理了他辞官登泰山、南归之后在各地书院主持工作的情况，并用诸多数字突出了他在书院工作期间取得的一系列成就，还引用了《惜抱轩诗文集》中的一段文字，在分析上述资料之后，引导学生探秘姚鼐辞官的真正原因，这才真正做到了知人论世。因为教师的引导有方法，解读有步骤，学生的课堂表现也可圈可点，教学效果很好。

其实董老师这里运用的是孙绍振先生提出的"还原法"——还原创作背景，在知人论世的前提下解读文本。还原法中可还原的东西很多，可以还原文本意义与原生含义差异较大的词句，还原真实的生活情境与文本中的情境，还原一般人的情感体验与作者独特的情感体验等。寻找原本意义与文本中意义的矛盾之处，解读矛盾的过程就是解读文本的过程。

我进而想到自己在教学中常用到的比较法。比较法可以比较出不同点，比如比较不同作家对同一事物的不同描写角度和情感态度。以《荷塘月色》和《故都的秋》的教学为例：学生疑惑"两篇文章中都写到了蝉，为什么感觉不一样"，我从文章描写的季节、描写蝉的方式以及两位作家的不同风格等方面引导学生，让学生明白作家选取的视角不同，审美眼光不同，即使描写同一事物也会有截然不同的表达效果。再比如在诗词教学中，还可以通过用其他字词替换原有字词的方式，比较出原诗在遣词造句方面的高明之处和诗人独具的匠心。也可以在比较中得出共性，比如得出不同类型作品隐含的共性。以部编版语文上册第七单元的几篇文章为例，仔细研读后会发现文章中都有知识分子对其精神世界的主动探求，这种对自身精神世界的建构与重塑，体现的是知识分子的自察自省，自我完善。

还可以运用换位解读法。教师可以以普通读者的身份去阅读，感受自己在哪些地方理解有困难，然后花时间去琢磨和解决，这些难解之处可能也是学生的困惑。教师也可以和作者换位，从作者的角度再读文本，解密文本的独特之处。教师还可以和学生换位，假定我是学生，我能从这个文本中学到什么，我怎么去解读它，哪些地方会难住我，我需要老师讲解什么。如此不断地换位解读，就会更加明确需要教给学生什么，学生需要学到什么，就不会先入为主，一门心思按照自己的想法和思路开展教学了。

思考三：解读到什么程度

在《登泰山记》同课异构教学中，河北赵老师用几分钟谈了自己登泰山的经历。个人认为这一举动固然可以拉近与学生的距离，让老师更接地气，但于文本解读而言，其意义寥寥。毕竟姚鼐在文章中强调的重点并不在于登山本身，更多的应该是就登山和观日出而展开的说理和抒情。同样新疆亚老师在《我与地坛》的教学中，为了迎合新课标、追求新颖，设计了语文学习活动，但在实际教学时，学生没有深入文本的机会，对文本非常陌生，教学开展得并不顺畅，效果并不好。所以解读不应该舍本逐末，为求新颖而特立独行。

因此教师必须思考文本解读解读到什么程度才适合自己的教学，符合课标的要求。我们都知道文本解读是有层次的，从解读字词句到解读作者蕴含的情感是需要逐层展开的。所以首先解读不能浮于表面，只做浅表化处理。我由此想到在一次公开课教学中，我对《登岳阳楼》颔联"吴楚东南坼，乾坤日夜浮"的解读——先解释"坼"和"浮"的词义，串联诗句大意，然后分析这两个字用得好的原因，最后分析诗句中流露的诗人忧国忧民的爱国之情。当时如果再深入一步，探究诗人为什么一定要用"坼"和"浮"，而不是"分"和"悬"或者其他字眼，学生可能会对"坼"和"浮"的表达效果有更直观的认识，也就不会让自己的解读浮于浅表，干瘪无力。

但同样也不应该过度解读，牵强附会。同样是《登岳阳楼》的教学，另一位老师在解读"亲朋无一字"时，着重解读了"一"字，解读意识非常好。但老师最后解读说杜甫盼着的不是亲朋好友的音讯，而是朝廷重用他的消息。评课时老师们对此有争议：有老师认为此时的杜甫在肺病和风痹症的折磨下，在"右臂偏枯半耳聋"的处境中，在感受到自己生命行将结束之时，不大可能惦记能否得到朝廷的青睐和重用，这有违人性。如果结合下句"老病有孤舟"中的"孤"字来解读杜甫当时的处境，似乎更合情合理。

六节同课异构课让我享受了一次视听的盛宴，也让我意识到教师在文本解读的宽度和广度上可以走得很远，但在具体教学活动中，解读一定要适度。这适度不仅表现在解读内容的选取，更表现在解读程度的深浅，一定要让学生在解读中学有所得，而不是云山雾海不得要领。教师既要能深入浅出地解读文本，又要能脚踏实地立于语文课堂，让每位同学都得到语言文字的滋养、思维的哺育和生命的启迪。

2020 年 12 月

后记：

回忆整个 2020 年，我只有一个感觉——异常忙碌：上半年忙于我的研究生毕业论文写作和答辩，下半年为参加研修活动做一系列准备。

但是过后回想，依然感到踏实和充实。每天上班之余都在熬夜：要么在写毕业论文、修改毕业论文，要么在一篇一篇地解读新教材上的文章，要么在准备微讲座关于文本解读的内容，要么在写自己参加研修活动后的心得体会……看着自己的想法一点点形成文字，成为一篇篇完整的文章，心底是雀跃的，很有成就感。年终的时候，我粗略算了一下，这一年我写了将近七万字！这个数字让我觉得人的潜力真是不能低估，有时候逼一逼自己，结果超乎想象！

自此以后，我好像不怕写东西了。我告诉自己，把零散的想法付诸笔端，通过点滴积累，加上自己的不断思考，慢慢地就会找到一条串联珍珠的主线，让自己在专业成长方面更进一步。今年开始新教材的教学后，想法和困惑越来越多。但是因为自己重返班主任队伍，带班后的琐碎事情占据了太多的时间，总是遗憾不能及时记录那些灵光一现的想法和课后的困惑，总是希望能有一段无人打扰的时间，让我可以静下心思考和解决一些问题，但总是事与愿违。我只好调整自己的状态，统筹规划，提高工作效率，充分利用手机的记事本功能。渐渐地，我也记录了一些东西，关于文本解读，也有了更多自己的理解。比如教材中这些文质兼美的文章，可欣赏解读的点太多太多，究竟选取哪些点作为课堂教学的内容？以往的教学中总是想面面俱到，实际上效果并不尽人意。本学期我依据单元人文主题和单元学习任务的要求，抓住学习任务设计活动，每一课文本的赏析只侧重一两个方面，重在让学生理解和掌握，反而感觉教学更有条理。

不积跬步，无以至千里；不积小流，无以成江海。我们在教学生学习时经常强调积累的重要性，却总在自己备课教学的过程中将它抛之脑后，这无疑是不对的。那么就及时勉励，让自己享受积累，痛并快乐地工作吧！

2022 年 10 月 10 日

仰望星空与脚踏实地

——记我的浙师大"新语文"学习研讨活动

甘肃省酒泉市实验中学　孙红艳

青山隐隐水迢迢，秋尽江南草未凋。非常荣幸以寇老师名师工作室成员的身份参加第十二届全国"新语文"教学尖峰论坛。这是一次语文的盛会，它不仅让我跨越千里领略了初冬的江南烟雨胜景，让我感受到了来自全国各地的语文人身上洋溢的旺盛生命力和浓烈的学习热情，更让我意识到这样的"源头活水"对我教育生命成长的重要意义。

一、准备过程中的忐忑与启迪

10月底接到参加寇老师名师工作室研讨活动的通知，心底是欢呼雀跃的，这样的学习交流活动机会难得！学习文件时发现我们要参加的研讨活动级别很高——全国"新语文"教学尖峰论坛；研讨内容丰富——名编讲座、教学能力、科研素养；研讨形式多样——模拟授课比赛、说课比赛、同课异构比赛、学术微讲座比赛、原创论文评比。激动的同时也很忐忑，因为工作室要求每人选报两个项目。本着历练自己的原则，我最终选择了模拟授课和学术微讲座。

在上班的同时准备交流研讨的资料，这个过程必定是忙碌又充实的。浙江已经开始采用部编版新教材，模拟授课和说课的篇目将全部出自新教材，所以第一步是买新教材。等新教材拿到手我傻眼了：新教材在篇目选取、单元设计、学习活动等方面发生了重大变化，虽然保留了人教版的部分文章，但也新增了很多篇目。新理念、新教法、新气息扑面而来。新教材打破了文体编排的单元主题设计，安排有整本书阅读、单元学习任务和语文学习活动等板块，这些变化让我应接不暇。

不过借此机会，我提前接触了新教材，督促自己初读了必修的两本，对教材有了整体感知，这就是一大收获。我梳理了单元主题编排的方式，每个单元都有导语、选文、学习提示和单元学习任务四部分。导语中既有单元学习情境，又有对选文主题、情感、思想等人文层面的介绍和对选文文体、手法、风格等工具层面的介绍。选文是按照主题编排的一组群文，群文阅读教学对师生而言都是巨大的考验。但这恰恰是新课标中学习任务群的要求，学好单篇选文是落实语文学习任务群的基础，学好群文则是完成单元学习任务的重要依据。学习提示可以帮助学生理解选文，完成单元学习任务。单元学习任务中统筹安排了文本解读和单元活动，阅读鉴赏、表达交流和梳理探究等内容。

在此之前我没有做讲座的经历，所以微讲座是对自己的一个挑战。从选取内容、构思结构到案例挑选、词句斟酌，在这一过程中我阅读了很多文本细读方面的文章，也学习了一些文本解读的理论，这是我的一笔宝贵财富。准备的过程同时也是磨砺心性的过程，做学问需要踏踏实实、静下心来：要思考讲座的价值意义和内容安排，寻找理论与教学实践的契合和相长，考虑各部分的衔接过渡和逻辑层次……在逼迫自己认真准备的过程中，我在知识储备和思维提升等方面都收获颇多！

二、活动开展中的新奇与收获

此次研讨活动让来自西北的我处处感到新奇，首先是大会的开幕式别出心裁：没有冗长的各级领导的官方讲话，取而代之的是主办方安排的语文五大核心期刊主编的讲座；没有琐碎的无意义的讲座内容，取而代之的是与老师们切身利益相关的教学科研方面的"干货"。其次研讨活动的形式也很新奇：以赛代会，用模拟授课、说课、同课异构、微讲座、现场写作比赛的方式，让所有与会人员都积极投入活动，而不是像以往参加的研讨活动那样只是被动地接受信息。再者研讨活动节奏快：三天的日程计划密集，每项活动的时间安排也非常紧凑，以模拟授课为例，比赛提前半小时抽取篇目，半小时的封闭备课，不能借助任何资料，只有篇目和一支笔一页白纸，8分钟面对数百名教师的现场展示。从未觉得时间流逝如此飞快，大脑运转如此迅速，这是南方发达地区的教育节奏。还有参加研讨活动的人员组成也很有特点：既有浙江省国培计划的老师和河南省骨干教师培训班的老师，也有来自全国各地的语文名师工作室的导师及其团队，还有在读的语文学科教学专业的研究生，真是千里逢迎，胜友如云。

在紧张忙碌的研讨活动中我感慨颇多：这种对教师教学能力的考查，真是全面深入！既考查教师自身的专业素养和临场应变能力，又考查教师对教材的解读能力和对教学环节的设置能力；既要有整体的教材观，又要有具体的文本细读能力；既要有敏捷的思维判断能力，又要有流畅的语言表达能力……想要脱颖而出，好难！想要成为一名优秀的教师，难上加难！

模拟授课比赛给了我诸多启示：其一，书读得越多、对教材越熟悉，对文本的驾驭能力就越强。事后有老师说对新教材的篇目不熟悉，难道换了旧教材就可以游刃有余了吗？我好像还做不到。对教材一定要非常熟悉。不仅要熟悉，还要有常读常新的自觉。其二，文本是根本，万变不离其宗，既要能"入乎其中""出乎其外"，又要讲究一定的文本解读方法。解读文本不能流于形式肤浅化解读，也不能脱离根本生拉硬拽解读，更不能舍本逐末牵强附会过度解读。其三，要有很强的语言表达能力。设计做得再好，表达不到位也会逊色很多，而自己在这方面就有欠缺，教学语言有点苍白干瘪，没有讲出李白的豪放飘逸。记得有位老师讲《天净沙·秋思》，他通过"吟唱"的方式带动现场氛围，新颖独特，很吸引人。

三、研讨结束后的满足与反思

回想几天的学习研讨活动，除了自己亲身参与的两项，印象最深刻的莫过于在金华一中的同课异构现场教学了。此次同课异构分两场，上午的教学篇目前一天晚上8点抽签，下午的当天早上8点抽签。参赛老师只有5小时左右的备课时间，要独立完成教学设计和课件。

六节语文课精彩纷呈，听课的直观感受是过瘾和满足，每位老师的教学设计都各有特点。上午是部编版教材第七单元《我与地坛》的同课异构教学。

第一位是来自金华一中的陈凯丽老师：她充分利用本校资源优势，以校报《丽正UP》栏目"尽拾人间草木心"为抓手，本期推荐作品是《我与地坛》和《荷塘月色》，请同学们为两篇作品各写一段"编者按"。而后以群文阅读的形式对《我与地坛》和《荷塘月色》两篇文章进行比较阅读，通过一个表格梳理比较的内容，表现作者走进自然，寻找"另一个世界"，最终实现精神突破的过程。设计很好地体现了新课标，融入了群文阅读的理念，初衷很好。

第二位是来自新疆克拉玛依市的巫杰锋老师：她以华语文学传媒大奖对史铁生的授奖词为导入，简要回顾史铁生的一生。然后借助单元核心任务——组稿《草木本心隽语录》书册，为同学们提供了学习资源和书册的评价量规，并选用授课班级两位同学设计的封面，请同学们说出选择的封面及选择理由，以"我的地坛"和"地坛的我"分章节，按照"主题词——语段＋推荐理由"的顺序组稿，开展了一次集阅读、写作和交流为一体的语文学习活动。学习活动的设计大胆新颖。

第三位是来自宁夏中卫的章玉玲老师：她引用史铁生的一段话"心血倾注过的地方不容易丢弃，我常常觉得这是我的姓名的昭示：让历史铁一样地生着……看这心魄的可能与去向"作为导入，让学生在速读中了解大意，然后采用问题导读的方式重点解读第一部分，通过"那是一处怎样的园子""作者在这里思考什么""在景物描写中蕴含了怎样的深情"等问题串联整堂课，深入文本，有点拨有赏析，有情境有练笔。

下午是同单元《登泰山记》的同课异构教学。

第一位赵增普老师来自河北衡水中学：整堂课设计了三个学习活动，分别是【学习活动一】跟上姚鼐的游踪，按照"游者、时间、途经、抵达"梳理游踪，并请学生按此顺序分享自己的爬山经历；【学习活动二】与姚、朱一起赏日出，想象还原，两人在山顶进行了怎样的对话？【学习活动三】与历代文人一起品悟人生，比较阅读《赤壁赋》和《登泰山记》。但我印象最深刻的却是赵老师在课堂比较沉闷的情况下，一次次使尽浑身解数调动课堂气氛的过程，而且他确实做到了，孩子们后来的课堂参与度很高，也碰撞出了思想的火花，课堂小练笔写得不错。他始终牢记课堂主阵地，始终关注学生并加以引导，这点特别好。

第二位董环环老师来自浙江省瑞安中学：董老师在学生读课文之后，用两张泰山日出的图片，请同学们说出哪张更适合表达文章中的日出，并用原文语句印证。学生的答案似乎两幅图都兼而有之，这一过程让学生熟悉了文本。而后老师总结：定格的文字很难把美景尽显出来，同学们脑海中的图景更美。然后明确古代文化常识，接着探究"为什么作者那么期待看日出"。老师出示了诸多资料，其中包括《惜抱轩诗文集》中的文字和姚鼐的屡次落第，以及在辞官登泰山、南归之后主持各地书院取得的成就。在分析上述资料之后，引导学生探秘姚鼐辞官的真正原因。最后以一段写作练笔结束教学。解读深入，解读的点细腻，发人深省。

第三位赵国兴老师来自甘肃省酒泉中学：赵老师以《望岳》导入，从题目入手，抓住"桐城派""义理、考据、辞章"的特点，介绍了课文相关的文化常识。在学生自读课文之后，利用课件强调了文中的重点词语。通过三个环节——一、追寻名人踪迹，我做向导带您游；二、学习雅洁文风，我来概括全文；三、义理考据辞章，我来找找看；进一步梳理了文章，明晰了文本对考据和辞章的重视。然后重点赏析写景语句，以其文采印证辞章之美，最后老师出示资料补充总结：一切景语皆情语，文章貌似是游记，实则为说理抒情之散文，感情内敛，简约而不简单。日出、夕照皆是作者心中的光，表现作者的执着和倔强。整堂课紧扣文章在"义理、考据、辞章"方面的特点，条分缕析，环环相扣。

享受这场盛宴让我心潮澎湃、激动不已，在思维碰撞、产生共鸣的同时也让我生发出一些自己的认识。一是阅读教学首先要做的，一定是引导学生去阅读文本，所有环节的安排、活动的设计都以此为前提。在阅读、读后、再阅读的循环中不断推进教学。特别欣赏评课时专家的这句话"一个大气的老师要沉得住气，让学生真正读进文本"。二是关于"一课一得"！教学事关教和学两方面，"一课一得"是就学生的课堂收获而言的，但要真正做到，还得从教师的"教"入手。教学不是教师才华的专场秀，怎样让学生学有所得更重要。每个环节、每个学习活动中学生能学到什么，决定了这个环节、活动安排的有效与否，因此学习目标应该非常具体明确。三是"以生为本"不能成为一句套话，如何在教学中落实值得每位老师认真思考。赵增普老师上课过程中，有位男同学第一次读课文读得没有感觉，赵老师没有简单地让他坐下，另外请了一位女同学再读，这位同学读得不错。赵老师鼓励男生再试一次，这次比第一次有进步，老师很真诚地表扬了他，鼓励他以后要多试几次，会越来越好。这种做法值得我们学习。四是关于文本解读。不管是《我与地坛》中的景物描写，还是《登泰山记》中的日出描写，老师们找到的解读点都大同小异，但解读的视角、解读的内容、解读的层次却各有千秋，最终解读的效果也各有不同。因此如何让文本解读效果最优化，应该是我们持之以恒去努力的方向。

星空奥妙无穷，在对星空的仰望中人们萌生了探索的欲望，激发了昂扬的斗志，在一次次行动中人们不断收获着宇宙的奥秘。这次全国"新语文"教学尖峰论坛研讨活动如同浩瀚星空低垂的一角，让我忍不住想去掀开它，探究充满机遇与挑战的新世界。而脚踏实地，走好每一步则是我走向语文教研星空的不二法宝。希望能在这片星空中绽放属于自己的光芒。

2020 年 12 月于酒泉

后记：

不知不觉间，这次学习研讨活动已然过去一年多，甘肃的新课改已经推进到了第二年。今年秋天我自己也正式与新教材、新课改见面，并将长期并肩作战。现在的我依然很庆幸自己以寇永升名师工作室成员的身份参加过这场语文盛宴——盛宴虽已不再，但回响无穷。

首先，作为一名一线高中语文老师，我开始频繁地借助专业期刊丰富和完善自己。正所谓"他山之石，可以攻玉"，在阅读专业期刊的过程中，我对学习任务群、大单元教学设计、单元学习任务、情境化教学等内容有了新理解、新感悟，这些理解和感悟让我在日常教学中多了一份从容，不至于手忙脚乱地开始我的新课改。

其次，见识了江南发达地区的工作节奏后，我有了危机感。我不止一次反问过自己：我能适应这样快节奏的工作吗？我能在南方的某个高中生存并发展吗？这些反问让我对自己的专业水平有了质疑，我觉得自己的大好年华不可以这样荒废，可以再努力一点，让自己更优秀，让自己有能力应对当今社会日新月异的变化，不至于"窥镜而自视，又弗如远甚"。

最后，几节现场教学课让我至今记忆犹新。抛开授课内容不说，单是站在金华一中那个能容纳几百号人的大礼堂里，镇定自如地上完一节公开课的几位老师就令我钦佩不已。本学期我也将执教《我与地坛（节选）》和《登泰山记》，我应该如何设计我的教学，如何上出让自己满意的课，一直是我在思考的问题。如何让课常上常新，如何解读文本的独特之处，如何让学生真正学有所得，将是我今后教学的努力方向。

学而不思则罔，思而不学则殆。我依然艳羡星空的深邃与神秘，但如今的我在艳羡的同时多了一份坚定，我相信自己的不断学习、不断思考、不断借鉴会为自己的职业生涯增光添彩，让我走向更好的自己！

2022 年 10 月 10 日

国培随想八：又见寇永升老师

陕西省西安市西航一中　赵日春

佳木葱茏古长安，与您相识。一堂《阿房宫赋》，工笔典丽，写意磅礴，意蕴隽永，荡气回肠，于是，孺慕之情，倾盖之意，油然而生。从此，我深知：江南有懿师，寇子名永升，工笔释阿房，此意风流长。

春意涌动渭水滨，与您重逢。欣喜在眉尖悦动……一次切中肯綮、语重心长的阅读点评，一节细致入微、别具匠心的《林黛玉进贾府》，从此，四十五度的仰角留在了您身，印在了我心！

丹桂绽蕊浙师大，又悦相逢。看着国培课表，不由地感慨，真是有缘何处不相逢！今日终于见到了您，风采更胜往昔，技艺再上层楼。一节《我教作文：规定动作＋自选动作》精细、高效、集约，独树一帜，余味悠长……第八届全国"新语文"教学尖峰论坛名师大赛一等奖，实至名归，当之无愧！

走下讲台，不说兵马俑的雄浑、唐慈恩寺的厚重、明城墙的壮阔，只愿您仍有感于岐山面的鲜辣，汉中凉皮的顺滑，未央大道的胜景，西航一中的热情！

此时，我用双手的互动表达欣喜；此刻，我用双眸的流光传递钦慕。

我，我们，期待：一树木樨一树晴，婺水尖峰又相逢。再见四库耕读景，晓日春帆迎君行。

文字浅陋，无格无韵，聊以寄情，唯表寸心。

2016 年 10 月 18 日初稿
2022 年 8 月 25 日校订

73

（第一辑）国培情

金华烟雨轻

甘肃省酒泉市肃州中学　李建东

"吴侬软语，润和街市，处处静苔繁花，青樟紫木，此之谓东越盛地……"

沿着一条斜线，我从祖国地图的西北角驰骋而来，才体悟到"孔雀东南飞"登临之感升腾之意。"忽闻海上有仙山，山在虚无缥缈间"，对内陆人来说，这样的诗境，只能玄思冥想，真是无可奈何！尴尬难为，师者，立一室之内无言释解；学者，阅大块文章无处印证，教育实施的困局如鲠在喉，吞吐难为。

金华临海乎，抑或临江乎？培训日漫，寇老催急，多方延引，名家范例，尖峰论坛热烈，以致盘桓数日而行于方寸之间，不得漫游查考，加之人地两生，不便寻访他人，终究无从印证，但我确信距海近了，更近了。因为我闻吴语轻音，不同于秦声铿锵；我见烟雨温润，不同于北境朔风，还有满街的花颜玉貌，有别于遒劲豪雄……

在这金星与婺女争华之地，我留心在温湿的街上，华灯溢彩，店铺阜盛，民安其居，各乐其业。高楼蔚蔚，街市煌煌，市人如织，我犹如进了舍卫城祇园精舍，理应到处金砖铺地。"江南富庶之地，遍地是黄金"，临行前妻子如是说，我一路留心张望寻觅。沿街而行，蹑足金华一中，初心石刻，如巨佛躺卧，两廊校友，昭示敦厚教化。又以"尖峰论坛"加持，参临者如沐大乘之教，思己及人，有望化成天下。而我，一直留心，一心寻觅，一路雨意葱茏……

寻寻觅觅无去处，又见路边弱柳扶风杂花生树，于这现代都市之中，交接自然物语，我始顿悟这"金砖铺地"之寓，原来这些人物、这份绿意、这番教化才是铺地金砖、化雾佛光。抚颈摸面，扪心自问，我已捡拾数块，虽不能置喙万金，但足以安抚妻子嘱托。

临近离别，金华烟尘轻轻，雾雨淋淋，然其临海乎，抑或临江乎？我想烟雨中的金华还需再领略，金华的路还需再寻觅，还需沐浴清化，还需尖峰论坛，还需醍醐灌顶，期待教育之路成长壮大，一路走远……

2020 年 12 月

后记：

　　2020 年 12 月我有幸以"寇永升名师工作室"学员的身份参加了浙江师范大学在金华举办的"尖峰论坛"学术研讨会。从酒泉市出发，憧憬至时，舟车劳顿不减热烈，越陌度阡尤显颐情，到达金华已是深夜。名师工作室主持人寇永升老师不辞辛苦，迎接往来，令我深切感念。尖峰论坛以"尖峰山"命之，蕴金谷之真意，赋兰亭之雅趣，身为浙江师范大学客座教授的寇老师，遍引吴越名家，举例金华课堂，访学大堰河遗迹，拳拳育人之心，款款学者之范，草木鉴表，学员大受裨益。临别之会，限时作文，以表学员心得，故有此拙文，略呈体会，荣幸之至。

2022 年 10 月

华灯照宴敞豪门，娇女严妆侍玉樽。忽忆情亲焦土下，佯看罗袜掩啼痕。

鲁迅

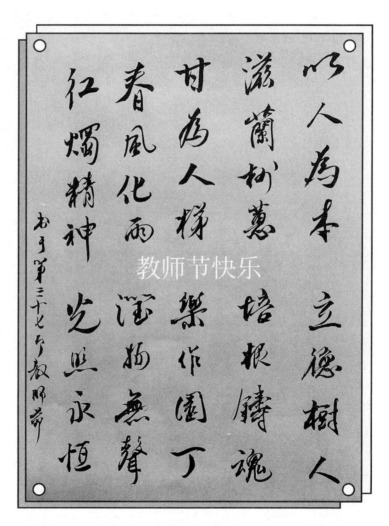

以人为本　立德树人
滋兰树蕙　培根铸魂
甘为人梯　乐作园丁
春风化雨　润物无声
红烛精神　光照永恒

教师节快乐

朱卫国　书法

第二辑

语文情

上海市杨浦高级中学

寇老师：

您好。80年代老教材未找到，90年代的有一点，不知有没有用，实在抱歉。由于刚从病中"很高危"中逃过去来，体力不支，无力细找，请原谅。咱们留着就是。

致

礼！

上海·张樑

朝陽五湖昇

育賢書

致敬爱的于漪老师

——作为于漪教育思想研讨会的补充书面发言

于漪老师比我妈妈大十岁。

我是读着于漪老师的书在讲台上长大的。

20 世纪 80 年代刚刚走上讲台时，是读于老师的教学实录，读于老师给全国中学生的信……

到了 90 年代，是观看于老师的课堂教学录像……

进入新世纪，于老师退休了；我也长大了，才发现，最需要研读的不是于老师的教学技巧，而是她的教育思想。

于老师教育思想的核心价值，我以为，在于对当今乃至今后相当长时间内，我们面临的教育生态环境以及教育目的的当头棒喝：我们的教育究竟是育分，还是育人？！这是可以与钱学森之问同等看待的科学思考，是家国之忧，是教育情怀。

育人与育分，作为一个普通的教师个体，我们无力于改变很多；但是，正是作为一个普通的教育者个体，我在迄今为止36年的教师生涯中，发现、信奉、践行着于漪老师教思想中最让我感动的那么几点。

从于老师的著作中我能看出来，无论是作为一名普通语文老师的时候，还是成为全国闻名的特级教师的年代，于老师始终没有利用自己的身份、身价、职务、名誉、光环等组织有偿家教！我们有理由相信，凭借她的影响力，在偌大的上海，不用挂牌，无须广告，怕是登门央求补课的学生不会少。

我至今可以很自豪、很负责地讲，不管是在西北边陲小城，每月挣几十元钱的单身岁月，还是引进江南名校成为名师的这些年，我一直能做到：坚决不在任何教育机构兼职，坚决不参与有偿家教，实在被同事、同乡、熟人求到了，我往往是义务指导孩子几次……

我一直是一个缺钱的普通老师！黄土高原上贫困地区贫穷农家的子弟；姊妹五个中作为父母的长子；抚养了两个孩子；把一个残疾的女儿养大、上学、就业、成家、生育……现在的我，肩头上挑着四代人的担子。

（第二辑）语文情

经得起培训机构的优惠课酬利诱，耐得住家长的软磨硬泡，我坚守住了这条底线——寒暑假，我要学习提升！引进到江南的近二十年中，我每年都自费到全国各地听课；周末闲暇，我要整理近期教学所获，反思近期教学所憾……如果我在节假日给学生补课，假如我在教育机构多挣上一些钱，可能我的生活会好一些，但是我肯定成不了今天的我，也绝不可能评到教授级高级教师和省特级教师。

被誉为"人民教育家"的于漪老师，却是一名地道的草根老师，年且九十，依然被评为改革先锋，只是因为她是一名令人尊敬的教育工作者；退休几十年，仍然心系讲坛、魂牵教育……人们敬重她的，正如《中学语文教学参考》同行们所说：德之楷模，师之典范，这才是人们心中娇弱却很高大的于漪老师！

一个人，一个教师，成名成家并不很难；难的是成名成家后的坚守！

我是在20世纪90年代第一次亲眼见到于漪老师的。我听说了她的一个趣闻：不借班上课，想要听课学习的同行，只能到她自己日常任教的班级；我记住了她的几句话：有的老师，练就了那么几堂课，全国各地飞来飞去，直讲到自己都没有趣味和新鲜感……

我没办法做到不借班上课，因为今天的许多评审、竞赛已经把我们逼上了这条错路；我偶尔会到外地外校讲课，但是，我可以坚守的是，尽量不讲重复的，尽量不重复地讲。

做老师到了一定年龄，有了一定积累，分享与同行们，无可厚非。语文教学是一门学问，需要交流切磋。邀请成功的老师讲课讲座，这是一种有效的教学研讨方式。但是，如果演绎成了赚钱，那就变味了。于漪老师始终直视语文教学的真问题，永远正视语文教学中的难题。从她著作中的一些课例看，她一直专啃教材中的硬骨头；她的课不乏技巧，但永远不是为了施展教师个人的才情，而是站在学生立场与视角。

于老师很低调，很谦虚，很务实，永远就是那句话：一辈子做老师，一辈子学做老师。要说理念，我的理解就是：于漪老师一直是一个草根老师！

草根的于漪老师，生命之树常青，职业之树常青，语文之树常青。年且九十的于漪老师，讲话还是像年轻时候一样底气十足，声音洪亮；思维清晰，逻辑严密；没有语言零碎，没有重复啰唆。已届耄耋之年的于漪老师，走向人民大会堂领奖台的路上依然雄赳赳、气昂昂，永远站立在时代前沿高峰的于漪老师，仍然像壮年时期那样昂首挺胸！

而那些抓住了眼前机会、利用了眼前便利、不再根植于讲台和课堂的"名师们"，与于漪老师相比，不过是昙花一现矣！

　　中学教师永远是草根老师。中学教师，一辈子都在学做教师。

　　于漪老师是经历过坎坷的。幼年的战乱，盛年的动乱；自然灾害到人为灾难……但是，我们听于漪老师讲话，我们读她的文章书籍，感受到的都是对学生的浓浓爱意，对语文教育的一片深情，对国家和社会的赤子之心。她很少发泄个人不满，很少有偏激的言语，很少渲染自己的人生遭遇，也很少卖弄自己曾经的辉煌……

　　托尔斯泰晚年，以伯爵之尊贵，以大作家之显耀，见到年轻的高尔基时说，社会对你如此不公，命运让你经受了那么多磨难，你能够不抱怨，能够写出积极向善的文字，证明你是一个乐观开朗的好人……

　　今天我们有多少同行在发学生的牢骚，有多少人在批评指责家长，又有多少人因为职称、荣誉、奖金、绩效工资等把矛头指向了校长，指向了身边的同事……

　　于漪老师在九十高龄依然受到如此高规格表彰的意义，我认为就在于，她一直在启示我们：教师，无论取得多高的荣誉，不管有多少光环，我们永远是草根老师。可能生活对我们有不公，但是，教师永远要有一颗向善之心。

　　谨以此作为2018年岁尾"人民教育家——于漪教育思想研讨会"的补充发言，作为一位晚辈同行对于漪老师的2019新年祝福。

2019年1月1日

后记：

　　2018年12月28日，我和同事在上海开放大学参加了"人民教育家——于漪教育思想研讨会"。上午，复旦大学张汝纶、华东师范大学方智范两位教授的主旨演讲精彩纷呈；下午我参加了何勇老师主持的第三分场研讨，扬州大学徐林祥、四川师范大学李华平两位教授的报告也让我收获满满。

　　下午第三分场议程近半时，于漪老师来到现场，大家非常兴奋。主持人何勇老师沉着机智，原定的议程稍有调整，依然有序进行。于老师简短发言后，我有了发言的冲动，但是考虑到活动已经有周密的议程安排，而且许多老师已经将行李箱带到会场，下午3：30会议结束后都要赶回去的，我就稍稍偷懒懈怠了。

返程动车上，我一再跟同事碎碎念，"很后悔今天下午没有主动发言……"连续几天，心里一直思考着这件事情。元旦休假时，我把这些想法在日记中渐渐形成文字。收假上班后我整理成文发给了《语文学习》编辑部的何勇和张少杰两位同行。

2019 年 1 月 8 日晚上 7：30，于漪老师打电话给我。原来张少杰老师把我写的这篇文章打印出来并且当面交给了于老师……

于老师一是表示感谢，"谢谢你，寇老师，你把我写得太好了……"；二是鼓励我，支持我的坚守，永远做一个草根老师，守住作为教师的职业底线。我在文中写到，自己三十多年的从教生涯中，没有给学生进行过营利性补课……于老师一再解释，自己就是一个草根老师，现在年纪大了，身体不好，不能长时间坐着开会……

这天正好轮到我值班，办公室里大多数同事也在值班；大家听出来我是在跟于漪老师通话的瞬间，几乎所有人都停下手头的事情，停止讲话……电话挂断后，好几个人问我："于漪老师为何会给你打电话？说了什么事……"

2019 年 1 月 9 日

再记：

2019 年上半年，我的这篇即兴之作被校刊《南菁教育》发表了，我寄给于漪老师一本，于老师收到后很开心，再一次打电话来表示感谢。得知我收藏研究语文教材，于老师把自己编写、使用过的几十本教材送给我，还写了一封信——于老师这年龄和身份的人，他们的信函、著作是不是可以当作文物了！

于老师赠送的教材和亲笔工整书写的信件，我收藏存放在南菁高中图书馆的百年母语教材陈列研究室里了。

2022 年 8 月 26 日修订

杖藜扶我过桥东

——我的专业成长之路

我是五年制小学、两年制初中、两年半高中（如果不是改为秋季招生就是两年制）、两年制大专毕业，在西北走上讲台的。任教初中语文6年后，我参加成人高考，脱产进修两年，踏上高中讲台。从初中班主任、大队辅导员、团委书记，一路走到高中教师、班主任、年级主任。

第一次改变我专业走向的一件事情，是20世纪90年代中期，嘉峪关市派我在北京市重点中学挂职培训一年，开阔了我的视野，坚定了我走语文教学专业道路的信念。

因为教学成绩、科研成果、班级与年级管理成效突出，我30多岁就破格晋升为高级职称，

并且获评地市级学科带头人、省级教学名师。37岁时，我从大西北引进到长三角腹地，任职于百年名校江苏省锡山高中。2017年，通过江阴市"暨阳英才计划"引进到南菁高中。2018年获评正高级教师，2021年获评江苏省特级教师。

订阅专业期刊：击石乃有火

我目前收藏的语文教学期刊中，《语文教学通讯》（下文简称《语通》）最早的是1978年1-6期（总第1-6期）。那一年我在西北偏远落后的农村中学读高一，一个周末在一位民办教师的办公桌上看见了几本语文教学刊物，我借来读完了所有的文章，以弥补那个时代复习资料的短缺甚至空白。1981年上大学开始，我从饭菜票中节省开支，自费订阅语文教学专业期刊，至今四十多年。《语通》从1978年至今，一本不缺。当然，自费订阅之前的期刊，我都是这些年从孔夫子网上书店买到的，是作为纪念品收藏的。

我在1983年开始从教的时候，西北偏远小城的学校里教学参考资料

少之又少。20世纪80年代的《语通》，有两个栏目对我的教学产生了很大的指导作用："教材分析与研究""语文知识"，前者是我的主要备课参考资料，后者是我专业进修的主要读物。脱产进修之后开始任教高中，我不再满足于备课时参考《语通》等教学期刊，而是适时地改为手写卡片整理课文参考文章目录索引。十多年之间我写了两箱子卡片，好几千张，按照教材文体分类，记叙文、议论文，小说、散文，文言文、诗词等。很明显，备某一篇课文时翻找教学期刊上的参考文章属于初级阶段，需要记住哪些期刊上有哪些文章，自然限于手头的期刊相对比较少；整理目录卡片后思路和顺序恰好颠倒过来了，我收到每一期刊物先整理成卡片，比如备到《祝福》时，我找到记录《祝福》参考文章的那张卡片，再按图索骥找相关文章，这就节约了大量时间精力，当然适合于手头期刊较多的时候。

2001年暑假，我从甘肃嘉峪关引进到无锡时还把这两个卡片箱与其他家具一起集装箱托运到了无锡。一到无锡就进入了电脑办公时代，因为在此之前我任职的学校全校只有一台备课电脑，从楼门到楼层到房间有三道铁门锁着……

这个时候我发现手写卡片效率比较低，利用率也比较低；我适时地改成了用电脑整理备课参考文章目录索引，不仅可以是动态的，还不用担心纸质卡片丢失或者损坏带来的麻烦；更重要的是，我订阅、收藏、动态整理的目录索引不再限于我个人使用，同事日常备课、参加赛课、写教研论文时我可以很快帮他们找到《语通》等刊物上的参考文章，节省了大量的时间精力。

订阅教学期刊的老师并不少，但是收藏的人很少，许多人到了一定时间都当作废旧书报卖了；多数学校也只是年终把各种期刊装订起来，放在书架上任其落满灰尘。怎样让教学期刊文献长久发挥作用，如何实现文献的二次甚至多次利用，动态整理目录索引是一个很好的做法——把教学期刊的资料盘活了，使教学期刊的生命力延长了，相信对语文教育事业是一项很有意义的事情；而且，教学期刊本身就是一部语文教育史，并且这部历史一直在延续。

第一个意识到我收藏的几十年来几千册语文教学期刊对一所学校之价值的人，是我现在任职的江苏省南菁高级中学的校长杨培明老师。2017年暑假我引进到江阴时，他就开始有计划地逐步让这一批语文教学期刊发挥作用。第一步是我从无锡搬家时，他安排学校总务主任派一辆厢式货车，有专人跟随专门负责搬运这些期刊到南菁高中；第二步是经学校研究决定聘任我担任学校图书馆长，让我在图书馆大楼上有了一间独立的办公室，四十多平方米，定制了十来个书柜，让我把这些期刊归类整理存放在专门的地方，随时供同行们查阅；第三步是，随着南菁高中书院部大楼的建成，在南菁高中建成了"中国语文教学期刊陈列馆"，并且请于漪老师题写了馆名，目前正在布置当中。如此以来，数千册教学期刊就不再是我个人收藏，而是成了学校文化的一部分。

想当作者，必须先做读者。没有不读文学名著的作家；没有不看体育比赛的运动员、教练员——中学教师，如果在专业上有追求，就应该先成为专业期刊的读者。一定程度上，我是专业期刊培养出来的名师。我是由订阅期刊、整理目录索引而逐渐成长为专业期刊的作者的。现在想来，这是一条必由之路。读的文章多了，偶尔会有与作者观点相龃龉之处，就想把这些想法写出来——我最早发表的"论文"就是从这里开始。备课时研读《语通》"教材研究"栏目的那些文章，有时总觉得作者还没有分析研究到位，或者限于字数与篇幅编者把有些内容删去了，于是就想补充、完善，就想把自己读出来的见解写下来，这就是我后来发表的文章之主要内容。

我坚持自费订阅语文教学专业期刊至今超过四十年，整理目录索引，使我的备课具有了更广阔的维度，使我的教学研究站在了更广阔的平台。

最近十多来年，教学期刊所发挥的作用已经不限于备课，还延伸到工作室建设。近年来，我在西部建成了二十多个工作室，每年暑假组织一次同课异构教学研讨活动。我充分发挥和利用自己收藏、整理教学期刊的优势，选好同课异构教材篇目和执教老师后，我建起一个微信群，按照教材篇目把目录索引分享给老师们，以便他们快速查找到相关文章，通过研读教学期刊上的文章深度研读教材文本，精心备课。讲完课后，我再督促和指导老师们结合课堂教学写出教学反思文章，这个环节目录索引发挥的作用是让同行们有效避免了人家已经写过的话题、期刊上已经发表过的文章。我各地工作室老师们发表的二十多篇文章，多数经历了这样的过程。

有人觉得，凡是教学期刊上公开发表过的文章，到了一定时间都可以在知网等处查到，还需要耗费时间精力去整理目录索引吗？相信大家都有一种体验，把一篇课文题目输入知网等，搜索到的文章会很多，不限于中学语文教学期刊上发表过的，有些研究文章不一定适合中学教师和学生，可能是高校研究生的学位论文，内容上不是教学解读；而且中学一线教师没有那么多时间精力去研读长篇学术性文章，更遑论网络上的文章良莠不齐……而教学期刊上发表的文章都是经过了专业编辑慎重挑选甚至精心修改打磨的，内容上切合中学教学，篇幅和时间上短平快，非常适合一线教师之需求。

引进长三角发达地区以来，几家主要教学期刊组织或主办的教学观摩研讨活动，我差不多都参加过，很多时候都是自费参加的。距离任职学校比较近的活动，我多在上完课后开车前往；稍远的，我多利用周末时间乘车前往；跨省域的，只要是节假日，尤其是暑假，我都是长途奔波参加的。我结识主要语文教学期刊的编辑，大多是在参加他们组织的教研活动时。从 2001 年到 2016 年的 15 年间，我没有一个暑假是从头到尾完完整整待在家里吹空调的，至少参加一次语文教学研讨活动，或者听课观摩，或者听报告讲座。

击石乃有火，不击元无烟。我虽然学历低、专业起点低，从偏远落后地区走出来，但能在长三角百年名校迅速实现专业成长，不得不说：很大程度上是语文教学专业期刊成就了我、培养了我。

教材搜集研究：为伊消得人憔悴

2013 年底，我承担了江苏省教育科学"十二五"规划课题"百年中学语文教材之实际群体效应与影响"的研究任务，需要搜集一定数量的母语教材作为研究对象。从晚清语文独立设科到一纲多本时代，我耗费十多万元，搜集到了代表性语文教材数千册，其中有许多珍贵经典版本。2019 年国庆之后，于漪老师把自己编写、使用过的三十多本重要语文教材赠送给了我；2015 年浙江师范大学王尚文教授把自己主持编写的多纲多本浙江义务教育教材赠送给了我……教材搜集研究，使我站在了百年语文教育史的高度上看待当今的语文教学，不再停留或局限于完成眼前的教学任务；也让我更加珍惜教材建设中每一点进步与每一个亮光。

以课题研究为基础、为抓手的教材搜集、收藏与研究，给我的语文教学带来的变化是，不再站在单篇教材的孤立的点上看待教材文本，而是将之放置在教材编辑体系的立体空间中来看待，使语文教学有了单元、教材编辑理念体系大背景。站在教育与教材发展纵向的角度看待语文，同一篇文本在不同历史时期、不同教材编辑体系中的教材价值和教学价值是不一样的。近十年来，我在各地上出了一些自己满意、同行好评的语文课；承担了多所高校的教师继续教育学术讲座，大多是围绕教材建设与使用的；我在省级以上期刊上发表的近百篇语文教学论文，大多围绕中学语文教材展开，相当部分产生于实际课堂教学，更多是因为阅读专业期刊上有关教材研究的文章获得启发。

与专业教学期刊一样，第一个发现这些旧教材价值的人也是杨培明校长，借庆祝南菁建校 140 周年之机，他请南菁杰出校友、著名教育家顾明远先生题写了馆名，在南菁高中建成了"百年母语教材陈列馆"与"中国语文教学期刊"两馆一室，两百多平方米，给百年书院、大美南菁增添了文化气息。

我并不是一个经济上很富裕的人，搜集教材和订阅教学期刊花费了很大的代价，幸得全家人支持理解——为伊消得人憔悴，但也无怨无悔！

国培：使我实现华丽转身

当今中小学教师在职教育和培训的机会并不少，但是许许多多的同行们把培训当作一次放松式的旅游休闲甚至度假，虽然也有一些培训存在诸多不实用等弊端，但内因依然是在作为受训者的一线教师本身。

我因为学历低、起点低，一直期盼和珍惜培训机会。正当我的专业成长进入瓶颈期、出现明显职业倦怠之时，迎来了教育部"国培计划"（2011）一线教师示范性项目浙江师范大学高中语文骨干教师培训，无锡市获得两个名额，著名教育家、锡山高中校长唐江澎顶着压力力排众议，克服诸多困难，把我这个当时的高三班主任派出去全程参加了学习。这次国培是我几十年教师职业生涯里上百次培训中最为实惠的一次。我的教育教学理念得以彻底更新，专业发展方向得以清晰明确，我找到了个人成长的短板并明白了补救方式方法与路径。在浙江师范大学国培期间，我结识了王尚文、蔡伟、童志斌教授等一大批专家；国培游学阶段，我与浙江名校教师同课异构，一堂课讲出了国培班的水平与实力，获得广泛好评。紧接着我代表江苏参加全国赛课，获得一等奖第一名。再后来参加全国好课堂比赛，获得一等奖……一系列大范围示范课使我在讲台上实现了华丽转身，从一名实干型普通教师成长为名师，由受训者转身而成为施训者，近十年来应邀赴全国各地讲课、评课、讲座不断。

读书：由雪中送炭到锦上添花

教育的伤痛之一，是教书的人没有时间精力和耐心读书。像我这样

（第二辑）语文情

低学历、低起点的速成型教师，如果没有不断地充电学习提升，是绝不可能有今天的成绩的。不停地买书，不断地阅读；从省吃俭用自费买书，到锡山高中长达10年的"百万百卷"读书活动，再到担任南菁高中图书馆长——读书，由雪中送炭到锦上添花；读书，使我永远站立在语文教学前沿。

家里数千册的藏书，每年几十本专业著作的阅读，2011年开始有阅读记载的300本书籍，每年暑假全程用于潜心阅读，不断开辟新的阅读领域。比如2020年春节前后加长版寒假里，我结合南菁高中美育课程基地建设，结合语文组承担课题研究，集中阅读了中外数十种美学专著。

对我专业发展和个人成长影响比较明显的著作有，洪宗礼、柳士镇、倪文锦等主编的《母语教材研究》（江苏教育出版社2007年版），皇皇十卷本，千万字，数百元，我借学校的一套阅读之后又自费买了一套，以备随时查阅。这套书的阅读使我对百年母语教育有了宏观认识。王荣生教授的《语文科课程论基础》，我买过不少于五次，读过不少于三遍，从上海教育出版社的第一版、第二版，到教育科学出版社的修订版（2014年版），其中的第八章"语文教材的选文类型鉴别"我是当作案头工具书使用的。这部著作让我对语文课程和教材有了较为清晰的认识，可以说受益无穷。扬州大学徐林祥教授主编的《百年语文教育经典名著》（上海教育出版社2017年版），出版伊始我就自费买了一套，15卷本，千万字，感觉短时间内全部读完有难度，2018年在上海参加于漪教育思想研讨会时碰到徐林祥教授，向他请教。徐教授很诚恳地告诉我先选择其中的某几部阅读，并在我正在阅读的一本之扉页题词："研读经典，对话经典，创造经典。"阅读这套大部头著作，让我明白了语文先辈叶圣陶、朱自清、朱绍禹、张志公、顾黄初、阎立钦等为母语教育做出的探索与贡献，对语文教学多了一分虔敬。课程教材研究所编《20世纪中国中小学课程标准·教学大纲汇编：语文卷》，人民教育出版社2001年出版时只印了3000册，后来很多研究者想买但是很难买到。一个偶然的机会，我在孔夫子旧书网上发现了复印版，原价44.9元的书，复印质量不是很高，店主要价500元，我自费买了两本，这简直就是百年语文教育的《现代汉语词典》。

因为专业书籍的阅读，带来了高质量的专业论文，继而我主持的省级课题顺利结题，我在南菁先后被评到了正高级职称和江苏省特级教师，可谓雪中送炭矣。

担任南菁高中图书馆长期间，一次偶然机会发现了顾明远先生新近捐赠给母校的著作《顾明远文集》（北京师范大学出版社 2018 年版），我让图书编目的老师赶紧编目上架进入流通环节，全套借出来，利用 2019 年整个暑假，阅读完了全书，其中的第 6 卷《中国教育的文化基础》和第 8 卷《口述教育史》给我以极大的启发。顾先生战乱年代出生在江阴，家境贫寒，日寇侵占江阴时数度辍学；南菁求学时期刻苦用功，考入北京师范大学，后留学苏联列宁师范学院；新中国成立后任职于著名高校，夫人周蕖老师是周建人之女，顾先生是标准的高干子弟，但是一生勤谨教书、读书、著书，退休时把自己上万册藏书全都捐赠给了母校，建立"明远书屋"收藏保存……我下决心在有生之年编辑一部西北家乡的"口述教育史"，从 2019 年暑期开始，我联系曾经教过我的那些八九十岁的老师们，联系比我年长的学子们，请他们描述自己经历过的教育，我从他们的回忆性文字中考查考证西北地区学校教育的发展演变……三年以来居然收到了几十万字的材料！

读书：对我这样低学历、低起点的人而言，真可谓由雪中送炭到锦上添花。

后记：

2023 年 1 月，我年逢花甲，从教满 40 周年。陪伴和引领我专业成长四十多年的《语文教学通讯》遴选我作为封面人物，按照编辑要求写了上述文字。没有高深理论，只有我几十年中实实在在订阅语文教学期刊的一些做法和感想，旨在分享给语文同行们，以做参考。

文中多数内容我本书许多篇文章中都有涉及，虽说有一定重复，但作为我职业生涯的一个圆满句号，还是把它收入本书，以作纪念。

2022 年 11 月

再记：

本文是收入我文集的最后一篇文章。出于对我的行业专业期刊《语文教学通讯》的虔敬、对编辑劳动的敬重，在纸质期刊发行之前，我们不能把电子稿发布在网络等媒体上。

兔年正月初三，2023 年 1 月 24 日，将近中午时分，我在微信里收到南菁高中所在地江阴市山观邮政局投递员刘师傅的语音留言："寇老师，过年好！你的杂志我放在你 60 号信箱了。恭喜你啊，你成了封面明星啦……"并且拍了一张期刊封面照片发给我。

四天前的大年除夕上午，我离开学校办公室，准备回家包饺子，把妻子带给学校门卫保安和留校值班清洁工的糖果瓜子分出来一小部分，装在民勤人包装葵花籽的一个漂亮盒子里，放在我专用信箱里，在一张便利贴上写下："祝刘师傅春节愉快！"贴在金属盒外边，锁上信箱门——给投递员春节祝福与一份惊喜……

虽然在收到纸质期刊之前已经从微信公众号等途径知道我是《语通》2023 年第 1 期封面人物，但是来自投递员的这份祝福依然是一个惊喜！

年前腊月里，在行业内比较受欢迎的中学语文教学公众号"安东之子"主编陈淮高老师在看到《语通》目录后就联系过我，希望在他们的公众号上推出本文……初三晚上，我把《语通》发表稿与我的原稿逐字逐句核对了一遍——这也是对编辑劳动的一种尊重，而且更有利于我们后续投稿。书面表达中一些细微的地方，职业编辑往往比我们更敏锐、更仔细、更严谨，他们更加专业！随后我就发给了陈淮高老师。

初四大清早，在微信里看到陈老师留言："尊敬的寇老师，您好！大作已经排好，明天隆重推出，敬请您审阅，看看有没有什么不妥之处，以便修改，谢谢您！"我仔细阅读了一遍，发现几处技术性错误，请公众号编辑一一改正。

初四下午，"安东之子"正式推出拙作。半夜开始，我不断收到微信留言；初五早晨开始，我先后在几十个微信群里看到推介。接着，有好几个老师要求添加我微信；后来，有辽宁、河南、广东、重庆的老师或教研员电话联系我，建议我准备一个讲座，专门谈教学期刊对日常教学的作用，对教师专业成长与发展的意义……

击石乃有火，不击元无烟！

微信留言精选：

期刊、教材、课堂、教研，教师、名师、专家，初中到高中，西北到江南，大师就是这样炼成的！"与君一席话，胜读十年书！"谆谆教诲，心长语重。毫无保留，赤诚相告，对后学影响深远，意义非凡！大年初五的早读，留有年味的书香！祝群友兔年更兔出！

——甘肃省武威市民勤县第四中学　高培俊

小叔好，看了《杖藜扶我过桥东》一文，感人至深。四十年的教学经历，从一个农家子弟成长为学者、专家、教授，把简单的事做成了不简单，把平凡的事做成了不平凡。全国各地几十个名师工作室，上百篇论文，如此多的表彰奖励，积累收藏了大量资料卡片、期刊书籍更是惊人，培养出的人才桃李满天下。

是金子总会发光的，功夫不负有心人，这篇文章发表在语文教学核心期刊上，并作为封面人物，何其重要和荣耀，必将对全社会产生积极广泛的影响。

侄女为您感到骄傲！

——家乡景泰县政协原副主席　寇宗莲

桃李不言，下自成蹊。陕西宝鸡田玲省级名师工作室马上把您的大作布置为工作室学习材料了。

——陕西宝鸡文理学院教授　王渭清

刚刚读完寇老师的这篇文章，感慨良多，专此推荐学习，权做寒假给工作室核心团队成员成长加油鼓劲！学习之后，各人结合自己的专业成长目标，联系工作实际，写下2023年第一篇学习感悟，格式同前，字数不限，正月十五之前提交，按顺序编发；超过1000字单独编发。

——陕西省宝鸡市高新第一中学　田　玲

附：

芳华待灼　履践致远
——有感于寇永升老师的"成长之路"

陕西省宝鸡市岐山县第二初级中学　刘静妮

新年的喜庆还未消散，万家团圆的欢乐祥和依旧热烈。满蓄着希望，怀揣着梦想，期盼着明天的灿烂。新年里涌动的满是生机与活力，一切都是那样的欣欣然。

恰是风华正茂，理想扬帆起航之际，读到了田校长推荐给工作室成员的文章。乍看标题，"成长之路"四字就很吸睛。我迫不及待地打开阅读，更是难掩激动，这篇文章推得真是太及时了。

在年初岁首，这个充满喜气和希冀的新春里，犹如迷雾中的灯塔，给我指明了前进的方向，更如暗夜里璀璨的烟火，瞬间点亮了我的希望之光，让迷茫的我醍醐灌顶。这种感觉就如今年大火的歌曲《早安，隆回》里所唱到的：你是那夜空中最美的星星，照亮我一路前行……

的确，这篇文章，我反反复复看了好几遍，真可谓：听君一席话，胜读十年书。寇老师分享的是他从西北地区初中教师一路成长为江苏省特级、正高级教师的宝贵经验和真知灼见，条分缕析，句句肺腑，字字珠玑，字里行间满是对青年教师的殷殷期盼和鼓励。对亟待成长的教师来说满满的干货和正能量，尤其让手足无措的我获益匪浅。

掩卷沉思，心潮起伏，寇老师真诚恳切的话语久久激荡于胸。

罗马不是一天建成的。古语有云：古之立大事者，不惟有超世之才，亦必有坚忍不拔之志。寇老师"整理目录卡片十年之间，写了两箱子好几千张卡片"等言语，毫不夸张地如实反映自己一路成长的艰辛付出。"每年几十本专业著作的阅读，2011年开始有阅读记载的300本书籍"，见证了数十年如一日不断读书累积，精诚所至、金石为开的力量和勇气。正所谓厚积薄发，量变最终促成质变。大量的阅读奠定了他后来特级教师的深厚底蕴。世界上成本最低、风险最低，而回报最高的就是读书。"每年暑假全程用于潜心阅读"等等，这些真诚的交流触人心弦。我们往往把寒暑假当作放松的良好机会，寇老师却正是利用这些大家眼中最佳的业余时间和假期来自我充电。"形成教师的差距在于业余"，一语千钧，发人深省！我们常常以忙为理由为自己的惰性找借口。鲁迅曾经说过，时间就像海绵里的水，只要愿挤，总还是有的。你所走过的路，每一步都算数。个人的精力，毕竟有限，只有朝着一个方向努力深挖，才能见活水。

比起寇老师惊人的阅读量和极致的事业追求，他的敬业、专注、明确、笃定使我汗颜。在一遍遍的阅读中，我不断审视自己。是的，每个人生来都不完美，但不可就此自卑或妄自菲薄、丧失信心，这样只能止步不前。起点，仅仅是起点，并非终点。人生就是一场马拉松，弯道超车的机会很多，正确而坦然地接受不完美，正视不足，清楚地知道自己的短板并努力去学习、弥补、改变，就能实现自身大的飞跃提升。从外打破是压力，只有从内突破才是蜕变。

"教师应该具有家国情怀，知识分子应有悲悯情怀，具有正义感和社会责任感，这样才能使一个教师有所追求，不断进步。"寇永升老师如是说。这是一位有责任有情怀的教育者高瞻远瞩的指引。格局是一种气度，是一种情怀，是心灵里山高水阔，是精神深处天地澄明。有大格局，才会成就人生的大气象、大意境、大趣味。如果教育者都能秉承一颗教育的初心，有寇教授这样的胸怀气魄与责任担当，为国育才，那么民族复兴、教育振兴指日可待。

2023 年 2 月

（第二辑） 语文情

击石乃有火

——名师成长案例分析报告

一、我的成长经历

我的专业起点比较低，两年制大专学历，西北偏远地区薄弱学校，从初中教师起步。四十年教育生涯中一直满负荷工作，长期担任班主任，工作之初除了语文课，还兼任过地理课。多数情况下任教两到三个教学班的课务，最多时候两个年级四个班语文课。语文专业之外，我开设过好几门校本课程。经过了几十年的探索与积累，在教育大省江苏获评正高级和特级教师。

二、我专业成长中的外围支撑

专业期刊：杖藜扶我过桥东

上大学开始，我从饭菜票中节省开支，自费订阅语文教学专业期刊，至今整 40 年。《中学语文教学》《中学语文教学参考》《语文学习》《语文教学通讯》《语文建设》等五大期刊我收集有自 20 世纪 80 年代至今全部的期刊，并且建立了动态电子目录索引系统。

想当作者，必须先做读者。没有不读文学名著的作家；没有不看体育比赛的运动员——中学教师，如果在专业上有追求，就应该先成为专业期刊的读者。一定程度上，我是专业期刊培养出来的名师。

教材搜集研究：为伊消得人憔悴

我搜集保存有晚清至今的主要语文教材数千册，耗费十几万元，而且有许多珍贵经典版本。2019 年国庆之后，于漪老师把自己编写、使用过的三十多本重要语文教材赠送给了我；2015 年浙江师范大学王尚文教授把自己主持编写的多纲多本浙江义务教育教材赠送给了我……教材搜集研究，使我站在百年语文教育史的高度看待当今的语文教学，不再停留或局限于完成眼前的教学任务；也让我更加珍惜教材建设中的每一点进步与亮点。

我在国家级期刊上发表的近百篇语文教学论文，大多围绕中学语文教材，相当部分产生于实际课堂教学，更多是因为阅读专业期刊而获得了启发。

国培：使我实现华丽转身

正当我的专业成长进入瓶颈期、明显出现职业倦怠之时，迎来了教育部国培计划 2011 年高中骨干教师培训，无锡市获得两个名额，锡山高中把我这个当时的高三班主任派出去学习；我在浙江师范大学国培时结识了蔡伟教授等一大批专家。国培游学阶段，我与浙江名校教师同课异构，一堂课讲出了国培班的水平与实力，获得广泛好评。紧接着我代表江苏参加全国赛课，获得一等奖第一名；参加全国好课堂比赛，获得一等奖……一系列大范围示范课使我在讲台上实现了华丽转身，从一名实干型普通教师成长为名师，近十年来应邀赴全国各地讲课不断。

读书：给我雪中送炭到锦上添花

像我这样低学历、低起点的速成型教师，如果没有不断地充电学习提升，是绝不可能有今天的成就的。不停地买书，不断地阅读；从省吃俭用自费买书，到锡山高中长达 10 年的"百万百卷"读书活动，再到担任南菁高中图书馆长，读书，由雪中送炭到锦上添花；读书，使我永远站立在语文教学前沿。

家里数千册藏书，每年几十本专业著作阅读，2011 年开始有阅读记载的 300 本书籍，每年暑假全程用于潜心阅读，不断开辟新的阅读领域。比如 2020 春节前后加长版寒假里，我结合南菁高中美育课程基地建设，结合语文组承担课题研究，集中阅读了中外数十种美学专著。

团队与平台：使我如虎添翼

在无锡地区任职的两所百年名校使我在专业发展上如虎添翼。锡山高中十多年，我学会和习惯了专业阅读，胜任了各种场合范围的大型公开课和示范课，对课程开发与建设由外行到更加专业，为后续发展奠定了良好的专业基础。引进南菁高中，是我专业上的爆发期，归纳起来有三个主要原因：南菁高中语文教研组这个和谐、给力的专业团队，不仅使我发挥了专业特长，更有用武之地，更促使我进一步成长——成功的团队没有失败者，失败的团队鲜有成功者；南菁高中这个更广、更高的平台让我不断接受新的挑战，尤其是在一批高职称、高学历同事的引领下，我迈上了更新征程；江阴"民性刚、人心齐"的大教育背景令人更加心情舒畅、精神振奋地投入教育事业。

三、我的主要成绩亮点

教学与科研结合

中学教师的科研一定要与日常教学结合，教学论文一定要产生在课堂上。中小学教师，先有优秀的课堂教学，才能产生有价值的教学论文；

大学教师，先有科研成果，才有成功的课堂教学。中学教师论文不是到了需要时，到了寒暑假搜索下载复制粘贴就能完成的，而是根植于每一节课。上好每一节课，及时总结提升，可能就是科研成果。课堂上师生对话碰撞出的美丽火花，情急之下头脑风暴似的灵感一闪，学生学习活动中的靓丽瞬间……都是我们科研论文的最佳选材与素材。

我的所有论文都产生在课堂教学中，在批阅作业中，甚至考试阅卷中；我没有写过脱离教学实际的论文，也无意为之。

把徒弟当作自己孩子

成为成熟教师以来，我带了近二十名徒弟，现在大多成绩突出，有的已经担任重点中学教研组长，有的评到了各级各类学术称号。尤其到南菁高中以来，杨培明校长的一句话提升了我带领青年教师的境界——把徒弟当自己的孩子一样去教、去关心、去帮助。2017年我带领的徒弟陈彬洁，一年跨上一步大台阶，教学成绩优异，深受学生喜欢，每年都有论文在国家级核心期刊发表。2018年带领的徒弟刘毅然，任教第二年就承担了大范围内的公开课，与全国名师同课异构，上出了精彩；课后，我帮助其分析总结，形成教学反思型论文成果。

此外，我在甘肃、陕西多地建有名师工作室，毫无保留地义务指导西部青年教师迅速成长。

有作为才有地位

2018年暑假，我受聘担任南菁高中图书馆长，主要任务是践行高中语文课新课标，建成学校语文阅读基地。盛夏酷暑，高温近40℃，我带领数名保安、保洁人员，挥汗如雨，奋战半个月，将图书馆三楼改建成阅读基地，可以同时供两个教学班学生开展阅读课，在省内外领先落实新课标倡导的整本书阅读。

2015年，我主动申请赴延安支教；在两个七十多名学生的超大班级教学之余，我辅导带队该校学生参加汉字听写大赛，斩获延安市第一名桂冠。每个周末，我到陕北一所学校义务讲课，一年中先后在榆林、延安、铜川、渭南、安康等几十所学校送教，没有接受过任何学校报酬。与几位无锡爱心人士一起，资助5名延安学生，从高中到大学。义务担任陕西师范大学、延安大学、宝鸡文理学院兼职教授，为西部教育贡献一份力量。两度被评为延安市优秀教师，被授予延安市"五一劳动奖章"。

还有比经济收入更重要的

从教近四十年，我没有从事过有偿家教，没有在任何营利性教育机构兼过职。每年到西部地区送教讲学，我没有提过报酬；每年在有关高校承担数十次教师培训、研究生论文评审答辩，我不计较薪酬；一年一度的新教师培训，我对主管领导说：这是我应尽的义务。

是学校培养了我，学校给了我一切，我的一切都是学校给的，今生今世将自己的一切奉献给学校。

价值十几万元的百年母语教材，40年来的语文教学核心期刊，我全都捐赠给南菁高中，建成文献资料陈列室，供老师们教学教研查阅使用。

对教师而言，还有比经济收入更重要的东西。

非常时期，要有非常作为

我从学生作业中研究"停课不停学"，不只是学生学，更需要教师"学"；学生"停课不停学"，教师"停课不停研"；"网课"不只是上课，德育需要延伸，美育不能缺位，体育不能空白……我及时提醒和促成许多学校的线上德育活动、美育活动等，使学生们居家学习期间健康平安地度过了加长版寒假。

坚持关注疫情防控进展，搜集有关科学防控、健康生活、居家学习、抗疫英雄、全党全国人民众志成城齐心协力抗击病毒的文字、视频、图片、公共标语、漫画等，编辑成三十多份讲义，三十多万字，动态连续性跨媒介推送学生以及家长阅读，产生了广泛的社会影响；后来我们将这些材料编辑成书。

丰富线上教学途径方式，引领学生开展跨媒介阅读与交流，学生的微视频、PPT、文章等被多种媒体发表或推送，激发了学生学习积极性。

有效促成线上教研活动，积极开发网络教学特色课程内容，结合整本书阅读的"《红楼梦》中的灾疫疾病描写片段赏析"，将古代救灾文学名篇《越州赵公救灾记》以及毛泽东《七律二首·送瘟神》等及时开发为课程资源，丰富了"停课不停学"教学内容，深受师生欢迎。

目前已为十几所学校义务授课近32节次，讲座数十场；通过浙师大、陕师大等平台向全国各地教师义务学术讲座数次，有效发挥了国培骨干教师的专业引领作用。

停课不停研，带领青年教师，深入研究网络教学特点，已经在国家级核心期刊发表论文多篇。

四、个人感悟反思

教学成绩只是我们的今天，教育科研能力是明天，课程开发能力则是后天，教师要具有可持续发展能力。我从初中教到高中，又在高校兼职，主要原因是在确保日常教学成绩的基础上不间断专心教育科研，连续十几年承担校本课程，与时俱进地开发出多门课程。

教师应该具有家国情怀。所谓知识分子，就是具有悲悯情怀，具有正义感，具有社会责任感，这样才能使一个教师有所追求，不断进步。我从低起点开始教师生涯，脱产进修、破格晋级、引进江南、进入名校、获评正高，主要是一直有追求，从来不满足，有效克服职业倦怠。但是我不限于个人荣誉得失等，延安支教，西部送教，网课援鄂，没有任何报酬，但是升华了个人境界，浓厚了家国情怀。

形成教师的差距在于业余。正如一个人怎样花钱比怎样挣钱更能显出其品位人格一样，一个教师如何度过业余时间比如何上班上课更能显出其价值追求。我的寒暑假基本都用来提升专业，阅读，自费到全国各地听课观摩研讨交流。经常在完成教学任务之余自己开车到附近学校参加教研活动，到高校参加学术活动。

教育不是个体经营，教学不能单兵作战，竞争决不等同于内卷，学校忌讳各自为政。中小学教师尤其需要协作精神，需要较强的团队意识。

五、值得借鉴的经验建议

教师最好不要有不良嗜好。从20世纪80年代改革开放开始，社会大环境变了，但是作为教师个人修养的底线不能突破。根据我的同学、同事、同龄人违反教师职业道德乃至触碰法律底线犯罪的几个案例，我得到的教训是，教师的不良嗜好是诱惑走入错误深渊的突破口。我不认识麻将，不会打扑克，从来不抽烟，不酗酒。近四十年教育生涯中，我有过言语过激的教育失误，但是没有因个人不良嗜好诱发而犯过有损教师职业形象的错误。

南菁高中杰出校友顾明远先生说：师德是教师之魂。在当今教育背景下，对新入职教师、青年教师进行师德和职业道德教育培训应予高度重视。

把简单的事情做成就不简单，把平凡的工作做好就不平凡。中学教师从事着平凡的工作，每日三点一线的简单工作，但是在简单和平凡的背后，有不简单和不平凡的追求，就会获得巨大成功。

如果承认班长是军中之魂，我们就有理由相信：班主任是中小学教育之魂、备课组长和教研组长是教学之魂。教师是在教研组中成长，学生是在班集体中成才。鼓励中青年教师勇敢承担班主任工作、备课组长工作，在平凡而简单的事务性工作中历练磨砺成长。

2022年8月23日五稿

语文学习三句话

基础知识得分高低取决于平时的语文学习习惯，过程优化才有可能带来结果优秀。语文能力说到底是一种使用语言文字交流的习惯。良好的学习习惯是语文成功的前提。比如勤查工具书的习惯，比如诵读的习惯，比如记笔记、写日记的习惯，书写习惯等。

阅读题，包括现代文、古诗文，关键在于考查阅读心理品质，即一个人的非智力因素、情商。是静下心来，深入进去阅读，先建立属于自己的解读，再代入题目细究；而非浮光掠影式的扫描，跳读找答案，以浮躁的心态解答阅读题目是劳而无功的，是吃力不得分的。实在说，现代文和古诗文阅读不一定很难，不一定平时学习好就一定能多得分，也不一定平时不好就肯定少得分，它其实是在考查一个学生的耐心程度。

写作是阅读下的蛋。没有高品味的阅读，不读有思想、有价值的文化或文学经典名著，写作是不可能做到思想深刻的；要想写好作文也只能是在形式上费心思，在语言上故作姿态，而在内容上是难以取胜的。所以高中作文往往是在考查一个学生的课外阅读价值取向。而课外阅读内容的选择取决于一个人的品质与人格，决定了一个人的价值追求。当今社会，选择读什么书，比是否读书显得更为重要，比怎样读更为迫切。周国平说，如何花钱比如何挣钱更能见出一个人的品位高下。同理，你选择什么内容去读，比你是否读更能见出你的品位高下。如果阅读的目的只是消遣、猎奇甚或追求感官刺激，即使是选定了有价值有意义的作品阅读，其目的仅在于看热闹、乘红火，那也是竹篮子打水一场空。作文的源泉是生活和阅读，没有高品位、高追求阅读的语文学习是练拳不练功，即使打出几个套路，也是花拳绣腿。

孔夫子在几千年前就提出"慎独"的理论，认为君子之道在于慎独，即当你一个人独处，当你没有周围环境监督的时候，你做什么，你怎么做，你选择什么阅读内容，其实是由你这人的人品决定的。而你的阅读的价值和效益则又体现在写作上。

所以，作文是在考查人品。

基础知识考查语文学习习惯，阅读考查精神境界与价值追求，写作考查阅读视野与人格道德。

2015 年 6 月 3 日

后记：

月考之后进行试卷讲评，对学生们讲了上述语文学习建议；回到办公室，感觉颇有成就，于是，不顾口渴与劳累，趁热打铁完成此文，以免时过境迁，灵感消失……

2022 年 10 月 8 日校订

班级故事之早读的正确打开方式

在一个星期六的早晨，阳光明媚，我的心情也十分晴朗，因为就在今日，几个小时后，我就能和与我最亲爱的手机君幽会了！

一大早的早读课，我就开始心不在焉了，原本还是双目无神地装作一副认真的读书样（事实上嘴里念的是什么连我自己也不清楚），但是一听说今天不要默写，我的身子一咕噜挺起来，两只眼睛里霎时绽放出灿烂的色彩，整个人像几有精神了，要不是场合不允许，我都能仰天大笑三声。就在这个时候，我的同桌悄悄用手肘碰了碰我，那双暗含秋波的大眼睛眨了又眨，凑到我耳边轻声说道："竟然不要默写与谋，那我们来唱歌吧！"

她说的话音虽然轻很轻，可在其中我却读出了一种被压抑太久的本性即将可以释放的狂喜与激动，而她的话在我心里也掀起了狂风骇浪，我用强烈的自制力抑制住面部肌肉因兴奋而将要抽搐的冲动，装作十分镇静地回复了一句："好啊。"

就这样，一场对于我的前景来说，毁灭性的灾难开始了。

我们以最轻快最肆无忌惮的"好冷啊，我在东北玩泥巴，我在大连滚雪莲"唱到曲调最婉约动人的"原来你是我最想留住的幸运"，再到高昂慷慨的"像阳光……

备课：决定教师能走多远！

作为教师，提升教学质量的关键在课堂，提高课堂效益的根本在备课，个人专业成长的起点也在备课；作为管理者，督促教师高质量完成日常教学任务的原点在备课。怎样备课，决定了教师个人专业上能走多远，一定程度上也决定着学校的教育质量。正如王荣生教授所言："课堂教学的成效，主要不是靠教师在课堂教学现场的发挥，甚至也不取决于教师个人的教学才能，而是取决于课前的教学设计，取决于教师课前对教学目标、教学内容、教学过程、教学方法的周密考量。"（王荣生《课文教学设计的四个要点》，《语文建设》2020.09.10.）课前教学设计，也就是我们通常所说的备课。

电脑是用来备课的

现在的学校大多给老师们配备有电脑；但是不是所有教师都把电脑用来备课，那就难以下结论了。前几年我在延安支教期间发现少数老师并不是把办公室里的电脑用于备课，更多的是听听音乐、上网聊天、追剧甚至玩玩游戏，我曾经为此写过一篇文章《电脑是用来备课的》，引起了当地同行们的广泛关注，后来收入了我的延安支教日记《理念：教育的制高点》一书。时隔三四年了，今天看来，这个话题依然不过时。我们身边还有不少同事不能很好地把电脑用于备课。

我的做法是，分盘存放不同的数据资料：A 盘语文教学，B 盘科研，C 盘写作，D 盘摄影，E 盘个人信息。A 盘的语文教学资料，再分为人教版教材、苏教版教材、高考试题、语文教学核心期刊目录索引等文件夹。以苏教版教材为例，必修模块（每册教材）文件夹—专题（单元）文件夹—课文文件夹；选修模块：唐宋八大家散文选读、唐诗宋词选读、《史记》选读、短篇小说选读、现代散文选读等各建一个文件夹；具体课文篇目里再细分为教学设计、教学课件、教学论文等几个专题文件夹。如今的统编版教科书，自然是按照必修上、必修下等每册教材一个文件夹，每个单元一个文件夹……如此，电脑就像是一个书架，就如同一个个抽屉，井然有序，查找便捷。

电脑用于备课的优势很明显，避免了纸质材料占用大量存放空间，避免了搬运的体力劳动；方便随时添加更新，随意复制粘贴，可谓"一劳而久逸"。相比较而言，纸质、手写备课，效率低下，保管存放难度大，更新速度与效率都很低下。但是，我们对三年以内的青年教师还是要求手写教案，因为没有手写、纸质备课的过程，不利于一个教师的成长与成熟。

电脑是用来备课的。二十多年前我初到无锡时，学校就为全校教师统一配备了电脑，此后每四年更新换代一次笔记本电脑，以方便老师们下班和周末节假日携带回家。

电脑用于备课，是可以移动的，是随时处于动态生成状态的，也是可以让教师走得更远的。笔者在外出听课时常常携带笔记本电脑，把自己的教学设计与开课教师的相比较，及时将听课所得补充入自己的教学设计与教学 PPT，一些思考与思维碰撞的火花随时整理，往往就是教学论文的素材。

备课的核心是教材文本解读

自晚清语文单独设科至今，我们的母语教材一直是文选型的。在文选型教材体系中，"语文教学目的"经常被处理成选择哪些课文以及对课文内容作何种阐释。"选择哪些课文"是实现语文教学目标的第一步，作为普通教师难以有话语权和发挥才智的空间，这是课程标准（教学大纲）制定者、教材编者的空间。我们的领地和发挥空间在于"对课文内容作何种阐释"，即文本解读、教学过程设计、教学方式方法、对学生疑问的解答等。

文选型教材注重的是选文，近几十年来教材建设中比较关注教材编辑体系体例，或者文体组元，或者按内容主题组元，或者双线结构。但无论如何，语文教材都远未达到语文课程内容教材化、语文教材内容教学化。如果不甘心照搬教参，语文教师的备课几乎等同于课程内容的研制和教材内容的编撰。语文教师的所谓"备课"，尤其是"公开课"的备课，往往就是面对一篇课文冥思苦想"教什么""用什么去教"。（王荣生、李海林《语文课程与教学理论新探·学理基础》，上海教育出版社 2008年版）

文选型教材以单篇文章为主，每一篇文章作为课文时就存在一个教学解读的问题。语文教师之间的差距，往往表现为面对同一篇课文，走进教室时教给学生的内容是大相径庭的。无数名师的专业成长都证明了文本解读的重要性。"语文教材文本的信息具有不可穷尽性，存在多种解读的可能，不同的解读代表着不同的教与学的水平。"（蔡伟《新语文教学研究》，浙江大学出版社2009年版）江苏曹勇军老师认为："文本解读是语文教师的看家本领。它是一种高于一般解读能力，带有语文教师专业特点的特殊解读能力。"（《语文学习》2012年7—8合刊）有的老师干脆表述为"文本解读能力是语文教师的核心竞争力"。文本解读不到位，备课过程只是在处理课文的方法上作秀……对于文本内涵的分析有时如蜻蜓点水，有时如木偶探海。文本解读不到位的语文课堂如同"水浇鸭背，了无痕迹"。（《语文教学内容重构》，上海教育出版社2007年版）

　　一堂语文课，如果教学内容确定有问题，那么教师的教学再精致、再精彩，课堂的气氛再热烈、再活跃，价值都极为有限。在"教什么"还拿捏不定的时候，一心去"设计"有新意的"怎么教"，从"怎么教"入手去解决"教什么"的难题，这给语文教学带来了种种问题，也造成了语文教师大量的无效劳动。正如王尚文先生所说："语文教学的弊病，我以为病象虽在'教学'，而病根却往往是'语文'（教学内容——引者注），'语文'缺乏一定的根底，'教学'（教学方法——同上）往往会越研究越糊涂……"（王荣生、李海林著《语文课程与教学理论新探·学理基础》，上海教育出版社2008年版）教学内容还没有着落，还稀里糊涂，还有扭曲错漏，却一个劲地"研究"怎么教——怎么导入等等，即使不是缘木求鱼，也一定是越糊涂越费事。语文教师的备课，应该将视线转移到教学内容上。我们更应该强调教学内容，淡化教学技艺方法。

　　语文教师该如何钻研教材文本？于漪老师的体会是：钻研教材一定要独立思考，不能不动脑筋，人云亦云。备课时最忌名为钻研教材，实质上是搞教学参考书搬家。从参考书上搬到教案上，对教学没有任何益处，别人研究所得并不是自己的切身体会，不能运用自如；对自身来说，失去了锻炼的机会，业务能力难以提高。钻研教材这一关是语文教师的基本关口，这一关过不了，过不好，很难成为一名合格的教师，更不用说优秀教师了。（徐林祥主编《百年语文经典名著·语文教学谈艺录》15卷，上海教育出版社2016年版）钱梦龙老师在谈到备课时说过："每教一篇课文之前，我总要反反复复地读，或朗读，或默读，或圈点，或批注，直到真正'品'出了味，才决定教什么和怎样教。"（钱梦龙《教师的价值》，

　　文本细读是独特的眼光的独到的发现，细读就是"吃透教材"，是教学设计的前提。细读决定教学内容，细读形成教学的重点，产生教学的亮点。备课的功夫主要是细读的功夫，细读的功夫就是名师的功夫。但是许多时候，我们的课堂"在语言表面和教学形式上玩'花样滑冰'"。（褚树荣《观课十感》，《语文学习》2013 年第 9 期）备课是上课最重要的准备阶段，是课堂上语文学习能真正开展的重要保障，需要潜入课文内容，扎扎实实地阅读，认认真真做足功夫，否则课堂不可能提高效率的。"远离课文内容进行的'假备课'是无法融入生命体验的，随之而来的是一种真正的无心的教学"，不是走心教学。（赵同生《远离课文内容"假备课"的几种典型表现》，《语文教学与研究》2019 年第 12 期）肖培东老师认为："磨刀不误砍柴工，上课的质量取决于备课的质量，而备课的质量则取决于对教材钻研的质量。"（肖培东《备课，我们该想些什么？》，《中学语文教学参考》2019 年第 10 期）可以肯定，没有个性化的教材文本解读，没有对课文的深度钻研，教学内容常常拼凑的，所谓教学设计多是形式上的，为设计而设计，为活动而活动，为热闹而讨论，为表面的繁荣而探究……学生就成了群众演员，甚至是教师的道具。

　　语文教师，备课的核心是钻研教材，是文本解读。唯有个性化的文本解读，才可能有个性化的课堂教学；当然，中学教师的解读是定位于以中学生为对象的教学解读。

备课不是一次性完成的

　　有些老师似乎也是在用电脑备课，但是仅限于搜索下载现成的教案、训练题目，仅限于复制粘贴人家的课件，而且是一次性使用，散乱无章；不分类，不补充，不更新；教一学期，扔一学期；教一届学生，扔三年。这不是真正意义上的将电脑用于备课，也不是真正意义上的备课。

　　真正的备课不是一次性完成的。像于漪老师那样，第一次备课就是"读白文"，不看任何参考书，全凭自己的理解对教材进行一次整体把握，静下心来反反复复阅读文本，不断给自己提问题——其实就是我们今天所说的裸读文本，或曰素读；第二次备课广泛收集各种参考文献资料，看名师、教育专家对教材的分析，同时不断思考——在今天则包括借助于网络等各种媒介；第三次备课是在上过平行班之后总结经验，教学反思之后再备一次课——即第一次讲过之后修改补充完善。（上海特级教师李春华的博客）这样备课就不是一次性完成的；这样备出来的课就有学术含量，就有保存价值。今天，我们翻阅《于漪全集》中那些经典的教学设计，不能不惊叹于老师在备课上所下的功夫。

我的做法是，备课先期，坚持裸读课文，在电脑里建一个表格文件，分为三列：段落序号、原文、评点赏析及教学内容选择或问题设计乃至练习设计，课堂教学内容多来自第三列；直到建立自己的理解后才进入第二步，翻阅教学参考书、查阅专业教学期刊的研究文章、教学案例、课堂实录等；第三步，讲完课之后，不是备课的结束，除了自我反思，除了学生作业训练中得到的反馈，同行听课后的评价建议，我们着重做的事情是，在随后阅读整理教学期刊过程中随时增补有关这篇课文的教学内容，既在评点一列中补充更新，也在教学设计中增补，同时也在教学PPT中修改——所有的课件在教材文本题目之后必然备注"随时更新"，下一次使用时在最新更新的基础上结合学情进一步备课。

在讲授苏教版《唐诗宋词选读》的过程中，我们打乱教材按照文学史顺序编写的体例，按照诗歌题材、体裁类型重新整合成"送别诗""咏史诗""边塞诗""山水田园诗"等专题，连续多年在高考试题发布后补充相关内容，把教材内容学习与考试训练结合起来，让课文内容学习与考试测评动态结合，取得了良好的教学效果。

教学之前精力和时间花在文本和教学内容研读上；教学之后及时反思总结修改完善；课堂实施中发现的问题、师生对话碰撞中产生的火花、学生作业练习的反馈，及时整理；平时阅读专业教学期刊、听课过程中不断有新发现、新补充；让教学资源处于"随时更新"状态，避免把备课演绎为"猴子掰苞米"。惟其如此，教学才能常教常新，专业成长也才有可能更上层楼。笔者敢于随时接受公开课、示范课教学任务，尤其是近些年还要随时接受专业讲座任务，其中之一的底气就是动态性备课。三五日或者一两天之内，有时甚至是几十分钟，只要笔记本电脑带在身边，我可以在短时间内准备好一节课、一场讲座——我用实际行动践行和验证了苏霍姆林斯基笔下那位历史教师的备课理念，"一辈子与15分钟"，一语道出教师备课之真谛。

备课不是一次性完成的，更不是一次性劳动。备课应该具有动态性、连续性、不间断性和持续生成性。

教学期刊：杖藜扶我过桥东

有的老师在备课中过于依赖教参，我们认为弊病有二：一是教参多是在教材编写出来之后、实际教学行为之前的"纸上谈兵"，一般实际可操作性不会很强；二是教参内容严重滞后，很少及时借鉴吸收新近研究成果。当然教参有其优势，比如对教材编辑体系的整体把握，对教材文本的位置与前后关系把控，都是其他资料难以替代的。

能够帮助一线教师随时更新教学内容的是专业教学期刊。

我个人是低起点、偏远落后地区起步走上语文教学讲台的，如今在教育发达地区百年名校成长为正高级教师，我最感激的就是教学期刊，一定程度上也可以说是语文教学期刊培养了我、成就了我。20世纪80年代初期，我在乡村小学见到民办教师书桌上的几本《语文学习》，如获至宝，从头到尾逐篇文章认真细读；1983年两年制大专学历从教伊始，每年省吃俭用拿出一个月的工资收入坚决用于自费订阅语文教学期刊，这一习惯坚持了近四十年。订阅教学期刊的老师很多，但是多数人是订了不一定阅读；阅读了，不一定保存；保存了，不一定发挥作用……我则是每年年终装订成册，现在已经收藏有40年来的《语文教学通讯》《中学语文教学参考》《中学语文教学》《语文学习》《语文建设》《高中语文教与学》《初中语文教与学》等主要教学期刊数千册。更重要的是，我建立了一个动态的目录索引系统，前二十年手写卡片，近二十年电子目录索引。我收到散发着油墨馨香的教学期刊，一般是边阅读边整理目录索引。我备课主要精力用在研读教学期刊上的文章，我的公开课多是借鉴教学期刊上的文章，我是教学期刊培养出来的名师。

20世纪80年代《语文教学通讯》的"教材分析与研究"（"备教""备教研修"）专栏，就是刚踏上讲台的我最实用的"教参"；《语通》封底的黑白照片《海燕》《马克思墓》……就是我在西北边陲小城里所能找的最直观的教具；《语通》"阅读与欣赏""自学讲座"就是我提升学历的自学教材；若干年后能够在江苏省百年名校开出一门"走进鲁迅"的校本课程，底色是《语通》"鲁迅作品笔谈"（"鲁迅研究"）专栏文章打下的……通过《语通》《中语参》等期刊，我认识了于漪、钱梦龙、宁鸿彬等名师，正是这些名师精彩又经典的课堂实录与教学设计引领了我的成长……引进到长三角教育发达地区的这些年中，我所有的暑假都是在参加语文教学期刊组织的教学研讨观摩中度过的……

我个人认为，订阅教学期刊实则是一种备课。坚持自费订阅专业教学期刊，但并不一定仅限于眼下阅读；而是整理目录索引，让备课资料保持动态生成性，我们就随时掌握着本学科教学研究动态，随时可以借鉴最新研究成果，随时可以学习借鉴优秀成功的教学案例，其实就是我们随时在备课。

教学期刊，杖藜扶我过桥东，实现了由一位两年制大专毕业生到成熟教师的转变，实现了从落后地区薄弱学校骨干教师到长三角腹地名校教授级高级教师的华丽转身。如今，我最宝贵的财富就是保存在南菁高中图书馆教材发展中心研修基地文献资料展室的几千本教学期刊。

没有不读小说的文学家，也没有不看体育比赛运动员、教练员。语文教师，要想备好课，不能不阅读语文教学期刊；语文教师，要想走得更远，不能不订阅语文教学期刊。

在常态教学中打造课堂作品

备课的目的是上出好课。好课可以是常态课，主要是面对学生；但上课不仅仅是针对学生，更多的时候需要面对同行，即呈现为公开课。近年来的研究表明，业内人士已经把公开课上升到"代表课""课堂作品"的程度来看待。

"公开课""展示课""示范课"，是传统的表述法；"代表课""课堂作品"是近年教学专业研究的一个热门课题。它是有组织、有计划、有目的地面向特定人群作正式的、公开的课程讲授形式活动。原江苏省教育科学研究院成尚荣说：一个教师的成长主要靠课堂，成名也主要靠课堂。浙江师范大学教授、浙派语文研究中心主任蔡伟认为：公开课，是教师成长的阶梯。教育界有从来没有经历过公开课的人，但他们中几乎没有成为名师的人。欲走上特级教师、名师的舞台，必先走向公开课的讲台。对多数教师来说，公开课无疑是最便捷也最有效的成功路径，一次次的公开课能为教师撩开一幅幅面纱，让教师不断看到全新的风景，同时拥有生命成长过程中的一次次"蜕变"和华丽转身。山东省特级语文教师闫学说：公开课的最大价值，不在课的本身，而在备课和研究的全过程。公开课一般都要经历同课多轮的锻炼，这个过程是教师深度思考、反复琢磨、集思广益不断改进的过程，它给教师带来的专业体验和行为跟进是常态课所无法比拟的。北京特级语文教师窦桂梅则概括为：教师专业发展的快车是由公开课搭载的。

深圳教科院中学语文教研员程少堂老师讲过：教师成长过程是一堂堂优质课积累的过程。打造一节节代表课，就意味着教师自身专业成长道路上树立起一座座里程碑。代表课是名师的实践对理论规则的合理突破。

一个名师的代表课越多，他的突破感就越强；突破感越强，教师就越有成就感。

但凡经历过公开课的老师相信都有真切体验，公开课、示范课的核心竞争力在于：教材文本解读有深度，有个性化发现与新意；教学内容选择与确定有独特角度与切入口；课堂呈现有亮点，有学生参与和体验的广度，教学过程具有现场真实感，课堂具有生成性。即所谓备课，主要是备教材和备学生。公开课、竞赛课，防止把备课异化为排练，摒弃将课堂演绎成演练，杜绝视学生为群众演员甚至道具——说到底都是因为对教材挖掘不够，备教材不到位，只好戏不够，唱来凑。

成熟、成功的教师，不仅仅有属于自己的课堂作品，能够随时开设公开课、展示课；还能够走上高等院校的讲坛，能够承担学术讲座，能够作为培训者，能够指导青年教师，能够引领学科团队建设。这就需要理论＋实践＋反思。需要之时，按照专题，把自己的课例加以归类，建构起一定理论知识框架，就是专题性学术讲座。

不断补充新材料、新思路、新题型，每年高考之后把新考题分类整理进备课资料，让自己的备课一直处于动态生成之中，做到随时可以承担公开课、示范课，随时可以拿出课堂作品，时时让课堂有新意。

因为备课，在常态教学中随时打造属于自己的课堂作品，故而可以随时承担公开课。课，并不是到了需要之时，才可以高质量备出来的。有属于自己的课堂作品，教师才可能走得更远。

让教学论文从课堂上产生

教师需要教学论文，教学论文即科研成果。大学教师先有科研，后有课堂；中学教师，要先有好课，再求论文成果。大学教师以科研成果指导课堂教学，中小学教师从课堂教学中提炼出论文成果。中学教师的论文，最有价值的大多产生在课堂上，常常发轫于教学实践中。先把每一堂课上好，把好课提升为论文成果。脱离教学实际的科研，是无源之水、无本之木，缺乏生命力与可持续发展性。

要想上出好课，要从课堂上提炼出论文成果，必得从备课开始。备课是上出好课的前提，是打造出课堂作品的前提，是提炼成科研成果的前提。中学教师成功的起点在备课，走向远方的出发点在备课。现在少数年轻同行备课时过多地将眼光投向截取他人的教学课件，最直接的危害有三点：一是网络上下载的PPT质量高下不一，不能直接取代教学内容；二是长此以往，教师最基本的文本解读能力荒废了；三是没有钻进文本去品味分析，完全漂浮在课文内容之外，难以培养学生的语文能力与素养。也有人每每移植名师教学设计，割裂了教师自我与课文内容的关联，自己没有对文本更深的阅读体会，对课文的基本内容、重点难点、缺乏清晰的认识和有效的预判，难以预约属于自己的课堂精彩，也就难以形成论文成果。中学教师的长处在课堂，优势在课堂，抓住课堂就找到了走进教学科研的大门。理论研究是专家和大学教师的长项，考试测评是各级教研人员的专攻，唯有草根化的课堂，属于中学教师的独特优势。

我个人在近十年中发表了上百篇文章，无不是从备课中发现问题，无不是从课堂上产生灵感，无不是从课后反思中找到根据。没有精心的备课，课堂上瞬间的美丽生成机会就难以抓住；没有精细化的备课，学生学习过程中产生的疑问，就难以生成为论文成果的内容；没有精彩的课堂呈现，就难以有精彩的论文成果。

中学教师的论文一定要从教材研读中找到论题，从备课中发现问题，从课堂上产生灵感。论文不能等到假期里搜索下载复制粘贴；脱离了课堂的论文，游离于深度钻研教材、深度备课的论文，其来也速，其去也速；其成也快，其过时也快。

而立之年离开西北家乡，主管教学的副校长对我说："你走，我拦不住；但是把你那些手写教案留给学校……"到江南名校应聘试讲，经验丰富的校长看见我拉杆箱里几十本手写教案，痛快地说："你这个老师能这样备课，不用试讲了……"已过知天命之年，行将自由落体到职业终点，一位善于识人的校长在一次听课中发现了我："你能这样备课，教学效果不会差，引进到我们学校来，我们年轻老师多，正需要像你这样备课……"

因为备课，我才一步一步走了这么远。

当然如果想要走得更远，这些都还不够！因为这只是常规要求，只是规定动作。还有三项非常有利于教师专业成长的做法：一是研读教育教学理论著作，诸如教育名著、课程论专著等；二是阅读文本解读方面的专业著作；三是研究课程标准。做到既埋头拉车，又能适时抬头看路。

2021 年 4 月

备课：应有的姿态

备课，是教师职业最基本的日常工作，是精彩的课堂教学的前提，也是教师专业发展的前提。但许多同行其实不会备课，或曰备课的路径是错误的，甚至大有英雄战死错路上的悲哀，非但眼下不能上出好课，更为严重的损失在于长远看难以实现专业成长。2022年暑期，笔者听了江苏名校和甘肃、陕西各校32位中青年教师展示的42节示范课，结合自己日常备课，对备课进行了深入思考，谨此与同行们切磋交流。

从同一节课不同的备课样态说起

面对选必上册第一单元《在民族复兴的历史丰碑上——2022中国抗疫记》一文，不同的老师有不同的备课方式。

甲教师（甘肃，任教5年）备课过程：

1. 文本初读三遍，整体把握文章结构和内容；

2. 下载学科网、微信公众号、知网所有相关内容，挑选较为新颖的教学设计，看的过程中梳理自己的教学思路；

3. 研读备课素材过程中看了很多抗疫专题短片，将抗疫专题片作为贯穿课堂的情景任务；

4. 文本较长，任务具体分为三个角度：片名——配对，关键词对应原文，培养学生快速提取信息的能力；镜头——18张图片是我自己根据读文本的感受挑选的，代表性较强，为了使学生较快把握文本主要内容；旁白配音——要求学生图文匹配，音画结合，这样可以使得学生深入文本，通过交流体会文本的情感内涵。

乙教师（江苏，任教3年）备课过程：

这是一篇新加入教材的课文，我先裸读文章。课文非常长，开始读没有任何思路，也择定不了教学目标和内容，只能先梳理文本内容，尝试给各个部分拟小标题。没有思路的时候，我每天都会把文章读上2-3遍，期望能够在熟悉文本的基础上获得新的灵感和发现，每一次只要有新的灵感和思路就会立马记录在纸上……

每次读我会根据对课文的理解不断调整目标和内容；在熟悉文本后，

我认真研读单元研习任务和单元导读，希望能够将这篇文章放在教材体系中去思考和择定目标和内容。

起初，我是想要指导学生在写宏大事件时，如何选材和构思，但是又觉得这个操作难度非常大，并且教学价值不大，这是我第一次推翻自己的设计；接下来连续几天读文章没有任何思路，备课也没有任何进展。

就这样，临上课前一天我还在重新阅读再次梳理文章，还没有完整的上课思路……在比较焦虑的情况下，我与同事讨论交流各自研读文本所得，受到很多启发。最终这节课的目标设定为：学习这篇通讯在客观报道的同时既理性反思也抒发情感，感悟文章背后的力量。

两种备课过程自然带来不同的课堂呈现。

甲教师的课堂，给学生的情境任务是：拍摄"2020中国抗疫专题片"，以"疫情下的中国精神"为主题，以课文为蓝本。教师挑选反应武汉抗疫的20幅图片，要求学生结合图片完成片名、镜头、旁白等。课堂结束环节，问学生：通过本次专题片拍摄方案设计，你从中获得了什么"精神力量"？教师给出的答案是包括"生命至上"等20字"抗疫精神"。不难发现，这堂课自然少了一些语文味儿，除了旁白需要引用课文原文语句，前两个教学任务可以置教材文本于不顾。乙教师抓住文章第一部分第一节"我们挺过来了"，要求概括"挺过来"表现在哪些方面，学生很快筛选出"治愈率""复工复产""武汉'解封'"等关键信息，进而追问"挺过来"的原因，学生概括出"领导力""组织动员力""执行力"等，两个问题，源于教材文本，以此撬动对这一部分的解读。接下来，教师深度追问：中国为什么能"挺过来"？引导学生深入理解文章第二至五部分。在此基础上，发动学生讨论：前五部分针对中国抗疫过程、结果、获胜原因已经分析清楚了，能不能删去后面六、七、八节？为什么？经过讨论，学生都基本明白了，第六节反思抗疫中暴露出的短板与不足，第七节阐述中国担当与国际合作，第八节强调武汉抗疫胜利及意义。在理清全文思路结构基础上，引导学生朗读品赏文中优美的语段，以求局部深度理解，或曰语言建构与运用层面的学习训练。

归纳三十多位教师的备课，出现的样态有：面对统编教材，实际教学中尽可能回避新增文本，而是挑选原人教版教材中教师相对熟悉的篇目，课堂就成了穿新鞋走老路，只是给课堂戴了一个情境任务的帽子以为就是新课程、新教材；孤立教材文本，不能放置在课程标准、学习任务群、教材单元设置背景下考量文本教材价值和教学价值，课堂停留在单篇讲解分析上，群文阅读、单元教学、专题学习等很少在课堂上体现出来；

教师独立钻研教材文本的意识不够，在没有形成个性化文本解读的基础上就过早借助于网络资料和现成教学设计，造成课堂教学内容和教学环节拼凑；语文课减少了"语文味"而多了其他课程元素；语文教师的文本解读能力、"咬文嚼字"的专业功底减退，使"语言建构与运用"核心素养的提升难以落实到日常教学中，等等。

从不同备课姿态的比较中我们不难看出，部分语文同行缺少对课程标准、对统编教材的理解，教学理念停留在传统的讲解分析课文上，个别老师情景任务和活动设计都只是个形式；教学内容的择定随意性较大，对教材文本外围拓展过多而向内挖掘不够；课堂教学活动设计和实施缺少学理支撑，语文学科核心素养与平时教学油水分离。

解密备课背后的故事

笔者在四十多节课中选取比较典型的课堂，在听课之后深度了解教师备课的过程，解密新教材使用中教师备课背后的故事，我们可以得到很多启发。

丙教师（甘肃，任教 21 年）备课过程：

我根据备课思路独自完成了 PPT 的初步制作工作。第二天晚上，我把 Z 老师请到我家，和我一起就备课思路和 PPT 做了完善和修改。我们做完这些工作就到晚上 11 点了，我把 Z 老师送回家，回来又对 PPT 做了微调，并把 PPT 分别发给 G 主任、T 组长、J 组长，请他们帮我看看再有什么地方需要修改。

幸而有这些好同事的助力，在我备课过程中毫不保留地给了我很多建议，帮助我一起完善讲课思路，修改 PPT……J 组长陪我们一起修改完善 PPT 到半夜 1：30 才离开学校；回到家，我又继续修改我的课件、熟悉授课内容到凌晨 3 点。6 点起床，把课件再次发给 T 组长，让他给我把关。7：30 我就到办公室，根据 T 组长的建议把课件再次做了微调……

丁教师（名师工作室成员，任教 15 年）备课过程：

接到参加寇永升名师工作室同课异构任务是在高考期间，坐在考场上监考的我惴惴不安，虽说有一个月的准备时间，但刚从高三做题、讲卷子模式中脱离出来的我，担心自己对新教材把握不到位把课上砸。与其盲目焦虑，不如着手准备。当天回到宾馆就对着手机抄写了《谏太宗十思疏》全文，先把文章背会，在裸读中找到授课灵感。监考三天结束，文章也背熟了，但还没有找到好的角度。

监考结束，我便开始研读寇教授推荐的《中学语文教学参考》《语文教学通讯》等刊物上有关这篇课文的论文，有通过品鉴语言落实核心素养的，有以本文为君臣制衡样本探讨谏议传统的，还有只议论其避讳现象或寻找教材注释、翻译错误字句的……通读完教学期刊上的这些文章，我得到很多启示，也让我在裸读、背诵的基础上对文本有了更加深入的体会，教学目标、内容有了大致的择定。这些文章中，对我帮助比较大的有陈鲁峰、赵彩云两位老师的《因声求气 读中见旨——〈谏太宗十思疏〉教学微镜头》（《中学语文教学参考》2019 年第 1-2 期合刊）、张华军的《〈谏太宗十思疏〉备课札记》（《中学语文教学参考》2021 年第 1 期）。

这次同课异构，让我学会了备课：裸读文本、借助于语文教学期刊。回想寇教授在建立工作室之初就要求我们订阅教学期刊，那时还有抵触情绪，现在才明白了教学期刊的意义和价值。

丙教师是不是把备课环节颠倒了？以为备课就是做 PPT，认为坐在电脑面前修饰打扮 PPT 就是在备课。备课重在备内容，或立足于教材编辑体系，将文本放置在单元学习任务背景下挖掘教材价值进而实现教学价值；或立足文本细读深挖，诸如评点批注、仿写、续写、改写等；或源于学情，就像试卷或作业讲评。PPT 只是一种辅助手段，焉能用制作课件来代替备课！有的同行，接到公开课任务，急于打听了解同事中谁曾经讲过这一课，然后一一联系讨要索取人家的 PPT，认为有了更多的课件就是备课。制作 PPT，只是备课的一个具体而微的环节，甚至是备课的最后一步，绝不能替代备课过程，把备课看作是做 PPT，认为课件做得精美精细就是备课充分，肯定是本末倒置了！

备课环节方法路径正确，才可能带来教学目标设定正确、教学内容择定正确，进而让课堂具有生成性，教师不再是一个多媒体操作工，学生不再是道具，师生不再是演课。

考查丁老师备课过程，有几点值得肯定与效仿。裸读文本，或曰素读，文言诗文中要求学生背诵默写的，教师能够流畅地背下来。写作需要灵感，其实备课到讲课也需要灵感。丁老师"先把文章背会，在裸读中找到授课灵感"是一种独立而且有效的备课。许许多多的老师面对较大场合的公开课显得很焦虑，"与其盲目焦虑，不如着手准备"，丁老师的"抄写了《谏太宗十思疏》全文"，不失为良策。有些文言诗文，版本不同，个别字词的比对欣赏本身就是精彩的教学内容，笔者在《念奴娇·赤壁怀古》教学中比较赏析"樯橹"与"强虏"，《峨日朵雪峰之侧》赏读中比较"默想"与"默享"，都是课堂的亮点。

翻译作品教学，不同译本的比较则是一种群文阅读，比如《在马克思墓前的讲话》统编版采用《马克思恩格斯选集》第三卷（人民文学出版社2012年版）：

> 各国政府——无论专制政府或共和政府，都驱逐他；资产者——无论保守派或极端民主派，都竞相诽谤他，诅咒他。他对这一切毫不在意，把它们当作蛛丝一样轻轻拂去，只是在万不得已时才给以回敬。

一纲多本时代有的教材则采用人民文学出版社1972年译本：

> 各国政府——无论专制或共和政府——都驱逐他；资产者——无论保守派或极端民主派——都纷纷争先恐后地诽谤他、诅咒他。他对这一切毫不在意，把它们当作蛛丝一样轻轻抹去，只是在万分必要时才给予答复。

第一个破折号的作用是解释，第二个是连接，两个破折号之间的文字可以用括号。但是，破折号起到强调作用，朗读时需要读出来；括号只是注释作用，并不需要读出来。两处破折号改为逗号减弱了语言审美张力。"纷纷"与"争先恐后"交叉重复，而且后者是褒义词，多用于做好事，与文意龃龉；"竞相"具备语言的简明、准确、得体等审美特质。"抹"的动作是在一个平面上进行，须用力；而"拂"则动作轻微，适合与"蛛丝"搭配，且更准确地表现出马克思对敌斗争的姿态，富有丰富的美感。"万分必要"是主动的；"万不得已"则突出被动。"答复"与"回敬"比较，后者更具有讽刺性，更符合此处语境。（寇永升、高海华《基于"审美鉴赏与创造"的审美课堂理念与践行》，《中学语文教学参考》上旬刊2020年第10期）

丁老师课堂上的亮点，"德不厚而思国之理/治""怨不在大，可畏惟人/民""竭诚则吴越/胡越为一体"正是在备课过程的抄写课文中发现的，从而很自然地生成了关于避讳的文化常识随文教学等精彩内容。

笔者近年在工作室建设过程中着重以同课异构方式开展教学研讨活动，着意从备课环节开始，终于引领一部分同行在备课上迈出了可喜的一步。考量我在景泰二中工作室建成三年以来同行们的备课过程可以作为明证：

同样是利用和借助于有关研究文章，上文的甲老师是"下载学科网、微信公众号、知网所有相关内容，挑选较为新颖的教学设计，看的过程中梳理自己的教学思路"，错误有二：知网上的文章多数并不指向中学教学，高校研究生论文居多；微信公众号的文章并不一定成熟，此其一；所谓"挑选较为新颖的教学设计"实则是拼凑教学内容等。在名师工作室历练了三年的丁教师则不同，阅读教学期刊上文章，其利有二：语文教学期刊上的文章大多出自一线教师之手，又经过了学科专业编辑精心筛选，对于一线教学的指导无可替代，可以节省大量备课时间精力，此其一；研读教学期刊上文章之目的在于深入解读教材文本，在于精准择定教学内容，精心设计教学，唯其如此，方可有望课堂精彩呈现，此其二。现在订阅教学期刊的学校和老师不少，但是合理利用的并不多。丁老师在独立钻研文本有了自己的解读之基础上，有目标地集中阅读中学语文专业期刊上重点文章，抓住了教学重点，课堂上亮点频现。

教师应有的备课姿态

我们认为，语文教师理想、高效、科学的备课姿态应该是这样的：

一、独立的文本解读能力是语文教师的看家本领

刘宏业老师说：语文教师要上好一节课，有三个关键点：第一就是要正确深入地解读文本。（冯为民《积淀践行 坚守引领——名师刘宏业的"健行"之路》，《语文教学通讯》A 刊 2022 年第 6 期）语文教师的差距主要体现在文本解读的不同，语文教学内容的不同主要体现在面对同一教材文本不同的教师教给学生的知识不同。语文教师的备课，更多的是向文本内部、向深层开掘；是抓住言语形式这个外壳，去挖掘、呈现并实现对学生审美鉴赏与创造、文化传承与理解、思维发展与提升等核心素养的熏陶。精细研读教材文本，精准择定教学内容，精心设计教学过程，精彩课堂呈现，由之方可能带来精深教学反思，进而实现专业成长与发展。

二、教学设计是关键

设计，体现在对课程标准的把控，体现在学科核心素养的落实，体现在教学内容择定，体现在教学活动规划，体现在问题设计和教学情境任务设置。正如王荣生教授所言："课堂教学的成效，主要不是靠教师在

课堂教学现场的发挥，甚至也不取决于教师个人的教学才能，而是取决于课前的教学设计，取决于教师课前对教学目标、教学内容、教学过程、教学方法的周密考量。"（王荣生《课文教学设计的四个要点》，《语文建设》2020年第9期）教学设计，正是我们通常所说的备课最重要的环节。如果把备课窄化为制作PPT，是不是有点只见树木不见森林！不管多好的课件，内容非出自自己之心，过程非出自自己之手，课堂都难以是教师自己的，学生也将难以发生真正的学习。

三、把文本放置在学习任务群与教材单元的坐标系中，区别对待不同文本，让语文学习呈螺旋式上升，而非原地转圈

传统的文章学讲解，面对议论文单元，全都是论点、论据、论证过程的总结概括；文学作品则多是从文体角度分析，小说必定三要素，诗歌必定抓意象，这种备课姿态在新课标、新教材面前捉襟见肘。统编教材备课中，要求教师把文本放置在教材编辑体系和单元坐标系中考量其教材价值，要求区别对待不同文本的不同教学价值。语文学科核心素养的培养要求教师带领学生深入语言文字内核去品赏语文之美，从而实现文化传承与理解、思维发展与提升，语言建构与运用是核心中的核心。面对新课标、新教材，语文忌讳浮于文本表面滑行，排斥游离于文本之外的游击。必修下册第五单元的《与妻书》，既要考虑到在本单元的"实用性阅读与交流"学习任务群属性，又要兼顾到人文主题的中国革命传统教育，教学设计须在言语形式的文言、书信的实用性阅读、中国革命传统教育的人文主题之多角度求生、求新、求活。选必上册第一单元中国革命传统作品研习中的《别了，"不列颠尼亚"》为例，我是这样备课的：模拟自己就是现场新闻记者，满怀激情地向电视机前的听众介绍香港回归的情况，既要做到抒发自己满腔的自豪与兴奋，又想着能让这篇报道顺利通过层层审核见诸媒体；以诗人流沙河的一句诗"中国人有中国人的耳朵"切入教材文本，分析标题的修辞特点；用法新社、路透社、《大公报》报道香港回归新闻作品的导语与课文群文阅读中品味体会；研究汉语词语"驶离""撤离""末任港督"的情感色彩，引导学生用英语翻译比较；特别是课文结尾那一句只有中国人的耳朵才能听明白的耐人寻味的话语："大英帝国从海上来，又从海上去。"简单介绍有关背景知识，师生一起在反复诵读这一句中结束了课堂。

我在民勤一中讲完《别了，"不列颠尼亚"》之后，一位同行微信留言：

每次看你的教学设计、听你的课，甚或只是看了几张 PPT，都有一个很深的感触：这才是带着学生学语文！

语文课怎样做到具有挑战性，如何引领学生贴近文本有阶梯性地研读，让语文课和学生语文学习呈螺旋式上升，而非直线推进、板块拼凑，是我这几年一直关注和琢磨的一个问题。

语文教师，该有怎样的备课姿态？这一话题值得我们继续深思！

附： 文中四位老师进一步反思（按文中举例顺序）

我的反思……

甘肃省武威市第二中学　葛蓉

我就是寇老师文中在甘肃任教 5 年的"甲教师"。

很幸运，在我工作的第五年遇到了寇老师，让我真正开始明白语文老师该如何备课。寇老师一针见血地指出了我的问题，我突然明白，我的备课方式出了很大的问题。

寇老师说："我的备课似乎充分认真，但是情景任务形式化，备课的功夫下错了地方。"是的，日常备课中我很少真正通过"素读"来设计属于自己的课堂教学。看了寇老师的文章，我明白了正确的备课途径应该是"不参考任何东西地读，有了自己的见解后再参考其他，要不断调整目标内容和思路"。后来，我又在读寇老师文章过程中再次认真思考了这个问题。教学设计过于形式化，情景任务没有发挥足够的效力真实驱动学生——这也是我这次备课中一个严重的问题，只有课堂形式，内容却惨淡，文本之外的内容太多，没有深挖文本的内涵，挖掘文本的功底太弱，这在以后的备课中要通过精细备课和阅读教学专著、教学专业期刊着重加强。

因为我的备课过程出现了严重问题，实际教学中学生的状态正如寇老师所说"学生被当成了工具人"。我一味地追求教学进度，在学生交流分享时打断、催促学生回答，这也是这堂课最大的问题。然而，如何引导学生、把握课堂时间和环节、进行合理有效的师生对话，都必须有正确、充分的备课过程做基础。

寇老师的文章令我收获良多，我明白了要把文本放置在学习任务群与教材单元的坐标系中，正确深入地解读文本，精细研读教材文本，精

（第二辑）语文情

准择定教学内容，精心设计教学过程，这才是我该努力实现的备课姿态。未来我将不断实践和反思，努力走上正确的备课之路，谢谢寇老师！

2023 年 2 月

如切如磋且琢且磨
——在同课异构中学会备课
江苏省南菁高级中学　陈嘉英

2022 年暑期，我有幸跟随寇老师前往甘肃交流学习，并在甘肃民勤一中上了一节以"同课异构"方式呈现的公开课，篇目是部编版高中语文选择性必修上册第一单元中的《在民族复兴的历史丰碑上——2020 中国抗疫记》一文。

起初，在选择上课篇目的时候，我注意到这是一篇很"新"很"年轻"的课文：它首次被编选入新教材，写作的时间离我们很近，且相比于第一单元中的其他课文，文本内容也与当下生活紧密相连，更容易激起学生的兴趣……于是，我就满怀信心地选定了这篇"新"课文。

可当我真正把课文从前往后认真读了几遍后，我发现，事情并没有我想象得那么简单！课文很长，又是一篇通讯报道，我之前没有接触过这类课文，一时很难择定出合适的教学目标和教学内容。

我慌乱地查阅了知网才得知：关于这篇文章的解读和教学设计都非常少，并且有些文章根本不适合用作中学教学参考！我翻看了所有网上能找到的论文和手边的教参，结果，思路越来越混乱，我根本择定不了教学内容和目标……

就这样，在混沌中度过了几日，我突然想起之前寇老师讲到过，备课最紧要之处就在于要自己先"素读"文章，也就是不借助任何参考资料，先读出课文的"语文味"来。于是，我开始裸读文章，尝试着自己给文本中的小节添加小标题，并且将随时冒出的灵感和想法写在纸上，思考一番后，再继续多读几遍，甚至关注到标点符号的使用……

每次读我会根据对课文的理解不断调整想法，设计出可能的教学目标和内容；在熟悉文本后，我认真研读单元研习任务和单元导读，希望能够将这篇文章放在教材体系中去思考、去择定目标和内容。

一开始，我想指导学生书写生活中的宏大事件时，如何构思和选材，但又觉得实际操作难度很大，且对教学价值存疑，这是我第一次推翻自己的设计……有时候，遇到瓶颈处，一整天都没有什么新鲜想法，我仍然会坚持阅读语文课程标准后继续将文章再读上两三遍。

　　就这样，临上课前一天我还在重新阅读再次梳理文章，还没有完整的上课思路……在比较焦虑的情况下，我与同事讨论交流各自研读文本所得，受到很多启发。最终这节课的目标设定为：学习这篇通讯在客观报道的同时既理性反思也抒发情感，感悟文章背后的力量。

　　且不说这堂公开课最后的呈现如何，就单是这个备课的过程就足以让我成长！坚持文本的"素读"，让我在混沌时醒悟、在困顿中体悟、在纠结处领悟。后来，我才发现，语文教师的阅读分为两种，一是普通阅读，二是教学阅读。我们所说的"素读"，或许在某种层面上就是语文教师的普通阅读，即阅读者与文本对话的过程。这一阅读过程就需要读出"这一篇"的独特之处，同时应当尽量避免先查阅教参或论文而形成的先入为主的想法。真正的阅读者应能在幽微处起疑，向字词的更深处漫溯。我以为，这样的过程就是在为后面教学的阅读做准备，教师在备课过程中，要立足文本，要"从文本中来"，抛却掉用标签式的解读或惯性语文知识来理解文章的习惯。真正的备课，先要端正态度，用一个普通的阅读者立场去与"这一篇"对话，找到文本的独特之处，其次再结合课标和教材提示去思考、理解和设计"这一篇"的教学目标及内容。

　　路漫漫其修远兮，吾将上下而求索。此次以"同课异构"的方式开设公开课来展开研讨交流，我认为这是一种能让我快速成长的方式，在比较中知不足，在研讨中明方向！因为本次的教学设计和实践又一次促使我认真地研读了《普通高中语文课程标准（2017年版2020年修订）》和相关论文，对新课标的理念有了更深刻的理解，对于"如何备课"的认识又跨出了实践性的一步！同时，我更加坚信了语文这门学科在"立德树人"方面的独特优势。在与前辈老师们的研讨交流中，我也看到了自身的不足和缺点，在接下来的教学中更有针对性地改进，孜孜以求，且思且行！

　　对我这样一个入职才三年的年轻老师来说，参加这样一次东西联动跨区域的同课异构活动，压力是很大的。但是，我"挺过来了"，更重要的是实现了专业成长，是在同课异构中学会了备课。寇老师文中把我当作会备课的正面典型（乙教师，江苏，任教3年），我相信，这是他对我的又一次督促。

2023年2月

在工作室成长，在课堂上进步，在同课异构中学会备课

甘肃省武威市民勤县第四中学　何艳红

我是寇老师文中在甘肃任教21年的"丙教师"。

2022年暑假我有幸参加了寇永升民勤工作室"新课标背景下的大单元教学、试卷讲评暨教师读"研讨活动，并承担了一节有关诗歌鉴赏的试卷讲评示范课教学任务。我在思想上是常重视的，备课过程也很认真，课堂呈现还算顺利。

课后座谈时，当我提到备课组同事在我备课过程中群策群力、热心帮助我修改制作PPT时，寇老师对我的这个做法提出了批评，他说："备课重在备内容，或立足于教材编辑体系，将文本放置在单元学习任务背景下挖掘教材价值进而实现教学价值；或立足文本细读深挖，诸如评点批注、仿写、续写、改写等；或源于学情，就像试卷或作业讲评。而PPT只是一种辅助手段，不能用制作PPT代替备课。"

寇老师的批评非常中肯，直指问题所在，他的一席话，让我认识到我在备课过程中将精力过多地放在PPT的制作上根本就是本末倒置。我要完成的是一节试卷讲评课，所以，我需要做到是，更多地关注学生的试卷解答情况，了解他们在答卷过程中出现的困惑，以及呈现在答卷上的问题。关注个体学生答卷情况，认真分析存在的问题，找到帮助学生解决的方法，让他们学有所获，以后遇到同类问题时不再出错。

自从寇老师民勤工作室成立，深受寇老师的教学思想和教学实践的影响，我的教学观念和思想都有了不同程度的变化。我从之前过多关注他人教学设计和过多关注PPT的误区里慢慢走了出来，开始关注文本本身，在备课时先认真多遍地读文本，熟悉文本，再深入探寻文本字词和蕴含的情感，从文本内容出发寻找备课思路和角度，力争让语文课更有语文味。

改变是痛苦的，但改变后的进步是令人欣喜的。现在的我在学习中行动，在行动中成长，在成长中进步，在进步中更多了一分对语文的热爱和对自己的自信。我相信，在寇老师的引领下，我一定会取得更长足的进步。

2023年2月

在工作室建设中逐步成长　在同课异构中学会备课

——《谏太宗十思疏》备课、授课后记与反思

甘肃省白银市景泰县第二中学　　张正燕

有幸加入景泰二中寇永升语文工作室已三年有余，这三年里，在寇教授的引领下，在工作室的多次活动中，在同仁们集体研讨磨课的过程里，我收获了很多。

作为一名西北小县城的一线教师，面对新课程、新教材背景下的新高考，不管是文本解读的方法与角度，还是教学内容的择定、教学过程的设计，都有很多矛盾困惑甚至教学过程中的错误，亟须走在前沿的同行引领指正。2022年7月参加寇老师工作室河西同课异构活动便是得到了这样的引领，让我获得了极大成长。

我是《备课：应有的姿态》一文中提到的"丁教师"（寇永升景泰名师工作室成员，任教15年），我把在民勤四中教授的《谏太宗十思疏》备课及授课过程分享给大家，希望能与同行交流。

《谏太宗十思疏》是新教材选入的新课文，在拿到文本的时候，我除了对作者与唐太宗的零散认识，对文本并不熟悉。第一步便是着手素读，自己抄写、朗读、翻译、背诵，在一遍遍的理解记忆中对文本逐渐熟悉，期望能够找到独特且精准的入手点，就像找到打开宝藏的钥匙，能够带领学生一起开启解读经典的大门！就像之前的很多次备课一样，这次也并未独立找到文本解读的新颖角度，相反是越熟悉、考虑的角度越多便越茫然混乱，但这正是各种思想相互碰撞的过程。相信《备课：应有的姿态》一文中提到的南菁高级中学陈嘉英老师在备课时，对文本多次阅读、不断思索，也经历着这样一个看似重复实则不断深化的思想碰撞。这应该也是许多老师在备课过程中经历过的"思想困窘"吧！

寇老师在文章中提出："独立的文本解读能力是语文教师的看家本领。"这一观点是大多数语文同行都极为认同的，只是如何提高文本解读能力，怎样才能对文本产生独立新颖且准确的见解，这是备课之初的难点，也是将来让课堂走向深入的关键。素读时产生的思想上的挣扎正是"独立的文本解读能力"实现的过程，要挖掘文本深层的思想，要结合单元人文主题，要考虑核心素养的角度……这些都需要扎实的专业功

底、敏锐的思考与解读能力，真的是语文教师的看家本领，就像中医号脉，得长时间练习。但是很多时候对文本的素读却并未带给我们期望中的效果，于是我们开始在素读上"偷奸耍滑"，只是粗读、略读完便开始找资料、看课件。被惰性控制，很难得到解读能力上的真正提升！

当然，"困"到一定程度就得找新的突破口。《备课：应有的姿态》一文中提到了专业教学期刊在备课中的作用，也是寇老师在每次工作室活动中不断强调的。这次备课也一样，在有了对文本的独立理解之后，我搜集到了《中学语文教学参考》《语文教学通讯》等期刊中的相关文章十三篇，有以落实语文核心素养为主的，如《品鉴语文之美 传承修身之道——浅谈如何在〈谏太宗十思疏〉教学中落实语文核心素养》（《语文学习》2021年第11期），也有以欣赏劝谏艺术为主的，如《言辞恳切生动婉转——魏征〈谏太宗十思疏〉劝谏艺术赏析》（《语文教学通讯》2022年第3期），还有课堂实录、教学札记等，这些文章高屋建瓴，让我有了很多新的认识。专业期刊的指导作用不言而喻，这些文章大都是精英教师在课堂一线实践与探索的结晶，为我们解读文本提供了"巨人的肩膀"。在独立解读的基础上，参考期刊文章观点，帮助我们定准教学目标，找到适合学情的教学内容和方式，让教学目标设定这一关键环节轻松而有的放矢，之后的内容择定、教学设计、制作课件便胸有成竹、水到渠成。我感觉，备课之初的独立解读与期刊文章阅读的结合，会实现文本解读能力的螺旋式上升，两者都不可或缺。

教学内容择定和教学过程设计环节，是梳理和取舍的过程。在获得了很多思考成果、掌握了大量素材的基础上，如何智慧精准地确定目标？《备课：应有的姿态》给我们的答案是："把文本放置在学习任务群与教材单元的坐标系中，区别对待不同文本，让语文学习呈螺旋式上升，而非原地转圈。"这一观点精准批判了传统语文课堂的缺陷，是需要我们认真思考并身体力行的教学原则。《谏太宗十思疏》所在的必修下第八单元，在单元提示中明确核心任务是"倾听理性的声音"，需要引导学生在领会作者观点及文章的现实针对性、鉴赏说理艺术的基础上，培养大胆质疑、缜密推断的批判性思维习惯，并学习作者葆有忧国忧民、坚守道义之初心。角度切入点很多，只一节课的时间，在多次试讲、修改，与同事交流讨论后的艰难取舍中，我将授课主题定为《怀担当之义 发理性之声——从〈谏太宗十思疏〉看劝谏技巧》，内容从文本解读上升到劝谏技巧，再到明君贤臣的相互成就，基本实现了"螺旋式上升"。

回想此次活动中印象最深的武威二中小说单元的同课异构，南菁高级中学的张卓君老师教授的《林教头风雪山神庙》和寇老师执教的《变形记》，教学内容择定角度独特、教学设计新颖，完美展现了跨媒介阅读的魅力：张老师将《林教头风雪山神庙》电视剧片段与原文高潮部分做了细致对比，寇教授将学生阅读《变形记》后创作的插图、致教材编者的插图建议书信在课堂上展示、分析，突破了小说教学的桎梏，课堂上学生积极活跃，课堂氛围轻松愉快。传统小说教学离不开三要素和主旨探究当然无可厚非，但只要讲到小说就是这些内容与方式便显得过于单一和枯燥。这两堂从备课之初的着手点就与众不同，把文本放置在单元任务的坐标系中，打通了不同任务群，带给听课教师很多启示！

　　教学设计完成后便开始制作课件、完善细节、一遍遍试讲、讨论、修改。工作室的同仁们给了我很多建议，从教学设计的修改、教学环节的完善到PPT的制作、授课时间的把控……一堂精彩的课，背后是前辈不遗余力的引领，是工作室团队的精诚协作，是教师们共同成长的见证。还记得试讲完大家在办公室讨论得热火朝天的场景，记得授课前和达老师、卢老师在宾馆熬夜修改的场景……而这样的场景在工作室每位参加过同课异构活动的老师身边都上演过，也逐渐成为我们工作中的常态。"把对待公开课的状态放到日常工作中，把工作室的作用发挥到极致，不断努力提高专业水平，让自己和工作室共同成长"，相信这是景泰二中寇永升语文工作室全体同仁的心声！

2023 年 2 月

曹谷溪　书法

非常时期看贾宝玉的成长与学业

——我读《红楼梦》的收获之一

贾宝玉的成长与学业是荣国府家庭矛盾的焦点之一。贾母与儿子贾政的矛盾多由贾宝玉学业引起；贾政夫妇的不和多因对贾宝玉教育意见不一致；贾政之妾赵姨娘与周围人的矛盾也是常由贾宝玉而起；同袍兄弟贾环多次对贾宝玉手足相残，也多是因为心里不平衡……

在这个非常时期的寒假里，设计网课时，我主动建议并承担开发了特色课程——《红楼梦》中灾疫描写赏析。备课中反复阅读原著，一个意外的发现是，对贾宝玉的学业有了一点新的认识，在此分享与特殊时期焦虑的家长与开心的神兽们。

贾宝玉为何学不好？

教育需要形成合力

在对贾宝玉的教育上，尤其是学业上，贾府主要人物意见相差甚远。贾宝玉父母长辈意见不统一，尤其是贾府实际掌权者贾母，与贾宝玉的重要监管人、父亲贾政意见相左甚远。

王夫人生有二子一女，长子贾珠新婚不久即病亡，留下一个寡媳李纨，一个遗腹子嫡孙贾兰；女儿元春进宫做了王妃，虽则一时荣耀至极，但是在亲情与天伦之乐方面终难奢求，所以一切希望都寄托在了实际上已经成为独苗的宝玉身上。王夫人年过五十，没有继续生育的指望了。唯有守住贾宝玉，王夫人才能稳固自己在贾府的地位；加之贾宝玉从小多灾多病，王夫人一直是以娇惯为主，以守护贾宝玉身体健康和生命为主，对学业目标不甚明确。

贾母对贾宝玉只有溺爱，只希望贾宝玉与众多孙辈丫鬟们陪着她热闹，对于科举仕途并不放在心上。书中借贾雨村之口，叙说在金陵甄家担任私塾先生，"因祖母溺爱不明，每因孙辱师责子……"脂砚斋批评本《红楼梦》认为，曹雪芹写甄家乃是与贾家遥对，写贾则知甄，"凡写贾宝玉之文，则正为甄宝玉传影"，意思是说，贾宝玉是甄宝玉的影子；

甄宝玉也是贾宝玉的影子。那么，贾母也就是因溺爱孙子贾宝玉每每"辱师责子"。书中没有正面写到贾母"辱师"，但"责子"的情节的确俯拾皆是。

且不说贾府实际执行官中，主外之男贾琏、主内之女熙凤都是从来不关心宝玉学业的，只是在王夫人和贾母面前应个景罢了。至于贾宝玉身边的众多丫鬟，只是打工谋生，原本不识字，无从助其学业。

还有一个影子式的人物贾元春，她是宝玉的启蒙老师，深爱着同胞弟弟，但是每每以各种途径方式暗示贾宝玉眼下并不紧迫的婚姻。

最有可能助贾宝玉学业的人是林黛玉，但是，黛玉父母双亡，无人做主；她没有家产，亦无背景；贾宝玉的家长们不喜欢黛玉……家长喜欢的薛宝钗，对教育过于功利化——类似于今天让小学生低年级学生参加奥数、初一学生狂练"黄冈秘籍"、高一学生整天狂刷"启东兵法"……

现在每个家庭的神兽都像是一辆大车，装载着他们自己的学业、高考、学历文凭、就业、收入待遇、婚恋生育，还要装载着父辈的责任、希望与养老等。一辆大车至少有三匹牲畜牵引，驾辕的责任最为重大，关乎车辆的稳健与方向，就是家里的一把手；前面的两匹在保持与驾辕者方向、作用力一致的前提下，还要必须做到两者之间同时发力并且形成合力——这辆车才可能匀速平稳朝着既定方向艰难前行。

贾宝玉这辆大车，显然没有形成合力。

教育需要独立、敬虔与尊严

贾宝玉的校长、班主任、任课教师贾代儒是贾府雇佣来的私塾先生，年老体弱，膝下无子，寄人篱下，勉强度日，在温饱与生存边缘挣扎。身在屋檐下，焉能不低头……第三回林黛玉初进贾府，贾母无须和任何人商量，一声令下："请姑娘们来。今日远客才来，可以不必上学去了。"

学堂的地皮、校舍、桌椅都是贾家的；老师的工资薪水是贾家的，经费更不用说；学生多是贾家子弟、亲戚。贾府子侄上不上学、到不到校都无须经过贾代儒批准，甚至无须通知他一声……

整个《红楼梦》一部书，我们看不出贾府私塾里培养成了哪一个人才，就连贾代儒唯一的孙子贾瑞也是个不长进的东西。究其原因，不能不说，这个学校、这种教育、这里的教师缺少独立性，缺少尊严感，周围的人都对他缺乏一颗虔敬之心。

教育需要激发兴趣，需要全面发展，需要多元化评价

贾宝玉的父母过早地希望他科举入仕，只强迫他作八股文。其实贾宝玉的才能是多方面的，喜欢课外阅读，擅长对联匾额——大观园试才题对额可见其一斑。

晴雯病死后，贾宝玉撰写的祭文《芙蓉女儿诔》，即使与唐宋八大家之首韩愈的名篇《祭十二郎文》放在一起，也并不逊色……

贾宝玉的表达能力、人际交往能力、共情能力、情商智商都不低；但是这些优点，除了林黛玉，别的人都看不到！

多一条评价标准，就多一个人才。在今天看来，贾宝玉不是一个差学生。他在学堂里全面发展，团结同学，有正义感，善恶分明，同情弱小，并不以自己优越的家庭条件与背景欺负同伴、骄横师长……

教育更需要陪伴呵护

贾宝玉虽然养尊处优，但是生活质量并不高，幸福指数并不高。他缺少真心陪伴者，缺乏真正的亲情，少有真情知音。

姊妹中他最喜欢的是胞妹探春、堂姐迎春，可是这些人远嫁的远嫁、死的死；亲戚中他最真心的朋友是林黛玉，但是王熙凤一个调包计的馊主意改变了他的一切；丫鬟中他最有交情的是晴雯，但是被王夫人以痨病为借口逐出大观园当天就死了……

他父亲不跟他交流，要么训斥，要么棍棒，甚或要拿绳子把他勒死……他母亲不跟他谈心，只是一味监督提防，甚至在他身边安插亲信打探监控……他祖母只是一味送他好东西……

如果跟亲侄子贾兰一比，我们立刻就会相信，贾兰受到的亲情陪护比贾宝玉多得多。后来贾兰的成功足以明证这一点。

教育是真善美的事业

"千教万教教人求真，千学万学学做真人"是江苏教育先辈陶行知先生的一句话，他告诉我们，"真"比一切都重要。一个"真"字廓清了几千年来中国封建教育中虚假伪善的尘垢。

贾政要检查宝玉的作业，于是全家一起动员，替宝玉赶作业。就连探春、黛玉这些正直、善良的人都替他写几张大字，替他抢做作业以应付检查……说白了就是周围人一起作弊蒙混贾政。

贾宝玉实在是一个品行端正、善良聪明的孩子，只是因为他生活的环

境除了物质条件，别的什么都不好，尤其是他周围的人，很少有正能量给他。

教育是高贵的事业，需要以高贵换取高贵

贾环的不成才足以证明。

贾环之母，赵姨娘实在不是一个心术端正的人，嫉妒、邪恶、浅薄、造作、尖酸……甚至于我们可以认为，正是赵姨娘的狭隘、自私熏陶出来了贾环的猥琐、贪婪、无情、冷漠……尽管贾环庶出的地位也是一个重要因素，但是，与贾环同父同母的探春就大气、阳光、果敢、坦荡、正直……

探春是以自尊换取了他人的尊重，以高贵博得了高贵，用高尚赢得了高尚。

我这几年开始腾出一定时间精力与以前的学生们联系交流。随着不同通信软件的普及，我有了几十个群；所到之处，不管多忙多累和时间行程多紧张，我都尽量见见在当地生活工作的学生们。20世纪80年代我刚参加工作时的学生年龄与我差不多，现在五十多岁，有的已经做了爷爷奶奶，好些女学生已经退休；90年代的学生现在四十多岁，正是家庭和社会的中流砥柱；00年代的学生现在风华正茂……

大衣口袋里揣两瓶水果罐头来给老师拜年的学生和家长，我还记得几个；酒醉之后给老师打一通电话的家长，我还有一定印象；生意或官场顺利得意了心血来潮跟老师"碰个头"的家长，我记忆犹新；时常当着孩子的面贬低老师职业甚至教育事业，骨子里从来就没有真心敬重老师、敬畏教育的人，是留在我心底的创伤……用得着老师了，不管白天黑夜，无视你工作时间还是周末节假，左一条微信，右一条短信，呼来唤去，替我儿子传递消息，帮我女儿代取东西的家长，现在依然随处可见。

我跟踪了三十多年，十几个群，与几十年前的学生保持联系，还保留有历届学生的学籍材料，全是肺腑之言——家庭教育重在言传身教。

你需要搞定的是教育，是自己的孩子，是自己作为父母家长的教育态度，根本就不是某一个教师。

教育，越简单越好

贾宝玉生活太过优越。进学堂，有小幺儿背书包、跟班、打杂；回家，有丫鬟收拾书籍文具，甚至磨墨……贾宝玉不是个笨孩子，不是个不想

学习的人，只是条件太好，诱惑太多，优越感太强……

想想古代有名的书院都是远离闹市，大多选在深山仙洞、竹林清流附近，为的是让读书人内心清净，专心读书。今天我们不可能把学校建在白鹿洞、岳麓山，但是适当控制物质条件，确是一种良策。

非常时期，同学们在阅读《红楼梦》时思考一下贾宝玉的学业与成长，不无益处也。

2020 年 3 月初稿

2022 年 8 月 22 日修订

今天我们该怎样对待读书？

　　面对新的高中语文课程标准，有关专家称：没有阅读的高中语文是注定要失败的，像过去那样，凭大量练习、做题的语文肯定不能适应新课标背景下的语文高考。如果我们大家都跳出"庐山"，对我们每天从事的教学工作稍作远观和反思，我们就会发现"真面貌"：在众多课程中，唯有语文是不能指望靠大量的作业和练习保障成绩的。如果不阅读，就失去了语文课程的灵魂与生命力。

　　练拳不练功，到老一场空。

　　阅读课的开设，其意义不只在于为整本书阅读找到一条实施或呈现途径，更为重要的在于，随着阅读量的增加，学生的文学品位得以提升，文化素养有所提高，人文内涵有所增加。这才是语文学习的真正内功。

　　要想让田里不长草，最好的办法就是种满庄稼。相信大多数班主任都会有这样的体验：我们学生的阅读越来越低俗，越来越无聊，甚至不堪入目。

　　拒绝诱惑，你才有更多的机会达到一个高的目标。——这是车尔尼雪夫斯基的人生体验。

　　我们的语文阅读课能不能为未来的国民养成阅读的习惯，教会阅读的方法，形成健康的阅读价值取向？

　　犹太民族是一个值得我们尊重并有必要进一步研究的民族。马克思的唯物史观，彻底改变了人类对社会历史的看法；爱因斯坦的相对论，彻底改变了人类对物理世界时间的认识；弗洛伊德的精神学说，彻底改变了人类对自我的认识：人类的三大视点被这三位犹太人改变了。犹太人几乎每年都会把诺贝尔奖纳入囊中，他们对宇宙、宇航技术、计算机技术、农业技术等很多领域都有非常独到的贡献。

为什么犹太人如此优秀？很重要的一条，就是犹太人善于阅读。据统计，犹太人平均每年每人阅读64本书。在每个犹太人家里，当小孩稍微懂事的时候，母亲就会翻开书本，滴一些蜂蜜在上面，然后叫小孩去舔书本上的蜜香。这仪式的用意不言而喻：让孩子知道书是甜的。

据有关部门调查，近年来，我国国民纸质图书阅读率持续走低：2013年人均4.77本，2016年4.66本，2018年4.65本。造成图书阅读率持续走低的原因是多方面的。识字的人为什么不读书？中年人多数说"没时间"，青年人多数说"不习惯"，还有人说"买不起""没地方借"。与纸质图书阅读率走低相反，电子图书阅读率则呈增长趋势：2013年人均2.48本，2016年3.12本，2018年3.21本。虽然以后的趋势会逐年增加，但国民整体阅读状况并不容乐观。网上阅读率正在迅速增长：1999年为3.7%，2003年为18.3%，2005年为27.8%……以后的趋势无疑是逐年攀升的。

工作压力大的中年人没时间读书，有时间的人在看电视——港台电视剧赚我们的眼泪，日韩剧赚我们的情感，我们自己的连续剧多数赚我们的时间又赚商家的广告费。而最有可能读书的学生要么被网络游戏赚走了品行与健康，要么被低俗读物赚走了灵魂……

吴中杰教授在《与中学生谈鲁迅》中指出："低等作品无法培养出高等人才。"阅读能力下降导致国民素质降低。要将阅读能力看作直接关系到国家和民族未来的大事。歌德说："鉴赏力不是靠观赏中等作品而是靠观赏最好的作品才能养成的。"

站在这样的角度看待语文选修课中的阅读课，我们该有怎样的思考呢？我们该承担起怎样的责任呢？

书卷气是一个人最好的气质，书香气是一个校园最好的氛围。可是现状却是：一群不读书的教师在拼命教书，一群不读书的父母在拼命育儿。在学校里最可怕的是一群不读书、缺乏智慧的教师，在辛勤甚至忘命地工作着，这样的教师会辛辛苦苦地把本来聪明的学生教得不会学习。

读书是教师最好的备课，最生动的教材，最崇高的职业素养，最美丽的人生习惯，最发自内心的精神需要，更是教育最靓丽的一道风景。

我本人以低学历起点在西北偏远地区走上讲台，引进到长三角腹地教育发达地区二十年，之所以站稳脚跟完全是因为从不间断地阅读，几乎所有的寒暑假都用于阅读专业大部头著作，所有的业余零碎时间都投入阅读整理专业期刊；之所以在专业发展和职称上有提升，主要依赖于参加教育部国培以后的十来年中集中精力研读了三百本左右的专业书籍。

人与人的差距在于业余时间和碎片化时间的利用。教师之间的差距正是日积月累地阅读与教学反思形成的。读书，能使教师不断增长职业智慧，能使教师的教学闪耀着睿智的光彩，充满着创造的快乐。

教师作为"读书人"和"教书人"，始于读，发于思，成于行。一个人会读书可以改变自己的命运，一群教师会读书就可以改变一所学校的命运，千千万万个会读书的老师就会改变无数个孩子的命运，进而改变国家、民族的命运。

书卷气是一个人最好的气质，书香气是一个校园最好的氛围。

2020 年 12 月初稿
2022 年 8 月 23 日修订

（第二辑）语文情

今天我们该怎样听课？

2020 年 11 月下旬，我带领甘肃、陕西几处工作室的二十多位同行以及两名年轻同事赴浙江金华参加第十二届全国"新语文教学"尖峰论坛。为了方便联系与交流研讨，我在出发前两周建起了一个微信群，临行前有同行在群里问我："我们要不要带着笔记本电脑……"本想做简单回复，结果触发了情思，一时兴起，竟然凑成了数千字，今整理成文，以供同行们日后听课参考。

我们这个行业，最主要的交流切磋方式就是"听课"，可是我们把多少宝贵时间浪费在了"听课"上！

前几年，我在延安支教期间，近两年在甘肃、陕西、广西、四川等地工作室教学研讨中经过仔细观察，都惊奇地发现：许多同行还停留在只用耳朵"听课"的层面；甚而至于一边"听课"，一边批阅作业；更有听课中不停地刷手机屏幕的同行；还有看到考勤人员结束点名就立即离开课堂者……

听课，不只是用耳朵在听！

若干年前我在北京最好的学校挂职培训时，曾经和吴昌顺校长一起听过一节生物课。老师讲解之后指导学生把大骨放在酒精灯上炙烤，随时观察变化……吴校长一边听，一边站起来观察学生学习情况；进而走到学生中间观察，紧接着自己也动手试验——生物实验员在他的座位上习惯性地按照学生实验要求标配好了一切——校长拿着一块猪腿骨烟熏火燎地在酒精灯上烧烤，在亲历的基础上体验学生学习过程；课后的评课交流中，身为语文教师的他对年轻同事的这一节生物课评得头头是道，让所有听课者心服口服……

随着电脑的普及，我这些年的听课一般带着笔记本电脑：一是为了让听课记录"一劳而久逸"，免得课后再从纸质稿上翻找、整理，以节省时间成本；二是时刻准备着应付可能不得不面临的评课——既然要评课，就要对讲课的同行负责，就要对参与研讨的同行负责，也要对自己负责；

三是为了方便随后的教学反思文章写作。还有一点更重要的原因，遇到不熟悉的教材文本，某一道考题、某一段语料，或者课堂上师生对话中涉及的问题，随时用电脑搜索，这样可以及时复制保存；用手机查看，我们给人的感觉是在玩手机，但其实是在工作！况且，在今天这样一个快节奏的时代，面对头绪繁多的工作，打开手机热点，笔记本电脑登录微信和QQ，及时处理工作上的事情，随时回复领导或同事，不仅可以提高效率，更可以体现出一个现代人应有的礼节与修养。

对智商与情商这些名词术语，相信同行们大多已经不陌生；但是近来又出现了一个新词"搜商"，即解决问题的方法、能力与效率。在听课过程中使用电脑，是一种对自己"搜商"的检阅与历练。

与电脑同步成为听课刚需配置的是手机！

可是多数同行限于拍摄PPT——仅仅是由前些年的一下课就涌上讲台复制拷贝课件演绎为用手机拍照留存人家课件。我的做法是，随时用手机拍摄学生的学习情况、参与程度、作业练习结果等，将有用的资料及时上传到微信文件助手；继而挑选有用的补充到电脑记录文字中，作为随后反思的佐证材料与参考资料等。

听课，无疑是最好的备课过程，也是最有效的教学反思过程，更是产生教学智慧与成果的过程。

带着笔记本电脑，意味着把自己的备课资料随时带在身边，听课中可以随时对照自己的教学设计、教学课件，随时随地补充、完善、更新自己的备课，让备课成为动态的、生成性的，而不是猴子掰苞米……

备课不是一次性完成的，更不是一劳而永逸的。

因为带着笔记本电脑，可以把课堂上那些师生对话中碰撞的火花记录下来，可以把交流研讨时同行们那些深邃机智的见解记录下来，还可以把自己灵感一闪的那些头脑风暴式的珍贵思考记录下来——这些都是教研成果最原生态、最真实、最有价值的资源——中学老师，论文成果主要在课堂上产生，而不是假期里搜索、复制、下载、粘贴、拼凑……

十九年前，听我的校长唐江澎老师的课，我写了一篇文章《"看"唐江澎老师的一节演讲指导课》，几乎每隔几年重复发表使用一次：最初是发表在内部刊物校刊上，第二年收入《江苏省苏教版语文教师培训手册》（江苏教育出版社）一书，后来刊登在《教育研究与评论》2011年第7期，十年之后收入《唐江澎与体悟教学》（北京师范大学出版社2013年版）一书，近期又有人问我索要这篇文章的电子稿……

《不可忽视的因素——也谈解读〈流浪人，你若到斯巴……〉》（江苏《新语文学习》2012 年第 3 期），《紧贴着文本飞翔——〈一个人的遭遇〉教学叙事与反思》（上海《语文学习》2013 年第 9 期），《诗，不该只剩下意象……——读〈《乡愁》教学艺术镜头〉有感》（《语文学习》2014 年第 3 期），《探寻教材传统篇目的当代教学价值——以〈大堰河——我的保姆〉为例》（《语文学习》2016 年第 4 期），全都是我在听课中产生的思考、写出来的初稿；《对文本写作背景介绍的思考与追问》（北京《语文建设》2016 年第 11 期），《让作者介绍助益作品解读》（《语文建设》2017 年第 8 期）是我在延安支教期间听一位语文同行讲授人教版所选钱钟书《谈中国诗》时，对这位同行浪费了一节课三分之一的宝贵时间介绍无锡人钱钟书却无助于学生理解这篇课文的"发愤之所为作"。论文《如果缺了儿歌这一课……》（《新语文学习（中学教学）》2011 年第 4 期）是我在一次无锡市统考阅卷中听坐在我旁边的两位女老师聊天而产生的"灵感"与原始资料。

我们不该把时光浪费在"听课"上。

放羊需要带一根鞭子，讨饭犹需要带根打狗棍——同理可得：语文教师听课，必得带着电脑。

听课只是做做样子，不记笔记，不用电脑记录，不反思，某种意义上约等于浪费时间！

——听课带电脑，绝对是必须的！

2020 年 11 月初稿

2022 年 8 月 23 日修订

双语教学，离语文有多远？

据说有大学文学院的教授认为，汉语的源与流都在中国，不学外语照样学好汉语。中文专业没有必要花费那么多精力去钻研外语，会耽误本专业学习，而且即使掌握了某种外语，也不一定对专业提高有多大用途。

中学教师大多相信，所谓双语教学只适合理科科目，并不适合文科。如数、理、化许多符号概念写法读法本身就是外语，教师只需要掌握一些连接词语及概念术语即可应付双语教学。

时下，反对中小学职称外语考试的呼声也日渐高涨——

双语教学，果真距我们中学语文很远吗？

回顾教材有关信息：

此前使用了十多年的人教版高中语文第一册，在演讲词单元中收录了美国黑人领袖马丁·路德金《我有一个梦想》，相信大家都注意到课后练习第一题了——开语文教材先河——选录了课文 17—31 段英文原文，要求"试着朗读一下，并和课文相比较，体会两种语言的异同"。

第六册科技文单元《熵：一种新的世界观（节选）》课后第二题，有关"熵"中文译名的知识，与外语有关。

第二册科技文单元，美国科学家托马斯·刘易斯《这个世界的音乐》一文在讲到"有一种小甲虫叫作 Lepinotus inquilinus "时，按以往教材惯例，会用中文译名，至少会有注解；可现在，什么也没有！

再看看学生学习相关信息链接：

我们讲词类活用，名词活用为动词，学生记曰 n-v；讲形容词活用作动词，学生写下 a-v……我们还有多少语文老师不认识这些符号！笔者就亲眼见过同行因不认识这些英语符号却训斥学生不记笔记的笑话。

面对《威尼斯商人》《罗密欧与朱丽叶》，语文老师口干舌燥大讲特讲，"品味作品的语言"，而学生翻开了英语课本；语文老师讲《项链》以构思巧妙、情节曲折取胜，学生说英文版 The Necklace 中的倒叙结构和人物对白更精彩！

……

双语教学，离我们还远吗？

笔者不揣谫陋，在语文教学中尝试以英语解释语文，姑曰"双语教学"，聊举数例：

一、语言歧义

语言歧义是近年语文热门话题，当我们用汉语消除它很费力时，不妨换个角度用英语表述。

"他借我一本书"这个句子在汉语中有两种意思，如无语境，难以确定其意。改用英语：

He borrowed a book from me.（他借了我的一本书）

He lent a book to me.（他借给我一本书）

因为汉语中的"借"没有方向性，无所谓"借出"与"借进"，而在英语中 borrow 是借进，lend 是借出，不会混淆。

同理，"他想起来了""开刀的是他父亲"等句子中引起歧义的词"起来""开刀的"在英语中本来就是用不同的单词来表示的，而这些基本单词高中学生也都知道。

其实不只是应付考试，就是在教材中也常见语言歧义。笔者在《药》教学中就曾被学生质疑。

《药》开头一段：

秋天的后半夜，月亮下去了，太阳还没有出，只剩下一片乌蓝的天；除了夜游的东西，什么都睡着……

是 shuì zhe 还是 shuì zháo，这种语言歧义在英语中是很好避免的，因为英语的时态感很强。我查阅了几种翻译作品，其中外语教学与研究出版社的译本最权威：

It was autumn，in the small hours of the morning. The moon had gone down，but the sun had not yet risen，and the sky appeared a sheet of darkering blue. Apart from night-prowlers，all was asleep…

还碰到类似有趣的例子。如《守财奴》中写道："一看见丈夫瞪着金子的眼光，葛朗台太太便大叫起来。"有同学发问："金子"是实指梳妆匣还是形容葛朗台的眼睛是金黄色？按前者是英语单词 gold，名词；按后者是 golden，形容词。适时引导学生查阅英文版对比理解，可以有效激发学生的学习兴趣。"老箍桶匠变得厉害"，按汉语有歧义，语句重音不同（重音在"变得"或在"厉害"），意思不同，而英语中就没有歧义。

二、近义词

汉语中一些难以区分的近义词，用英语区分学生容易理解且便于记忆。

学生分不清"墙角"和"墙脚"，在英语中前者是 corner of wall，后者是 the foot of a wall，学生对 corner 和 foot 这两个单词是很熟悉、很易于分辨的。类似的还有：

质疑——query full in question （提出疑问）
置疑——doubt （怀疑）

场合——situation （某种特定情景下）
场所——place （一个地方）

必须——must，have to （一定，务必）
必需——necessary，essential （需要，必不可少）

做客——be a visitor （寻访者）
作客——sojourn （旅居）

偶尔——occasionally，反义词是 often
偶然——accidental，反义词是 intended

三、多音多义词

我们还可以用英语来区分汉语多音多义词：

当（dāng）年——in those days （过去那些日子）
当（dàng）年——the same year （本年度，同一年）
再举一个类似的例子：
知道（zhī dao） know，（口语，"道"轻声）
知道（zhī dào）——realize，be aware of （了解，认识）
笔者常将这种办法运用于文言文教学中，既可较省时省力地解决问题，又可活跃课堂气氛，调节学生情绪。
成妻纳钱案上——pay offer（上交，缴纳）。
至通州，几以不纳死——receive，admit，accept（接纳，接收）。

焉用亡郑以陪邻——why（问原因，为什么，怎么）。

若不阙秦，将焉取之 ——where（问地点，到哪里，往哪里）。相同的还有"且焉置土石"的"焉"。

日食饮得无衰乎——every day（每天，名词状语）。

璧有瑕，请指示王——请，can，may 而不是 please；指示，show，pont out，而不是 order 或 instruct。

不出，火且尽——shall，will（即将，就要）。

君子疾夫舍曰"欲之"而必为之辞——主语"君子"，谓语"疾"，"夫"相当于 that 引导后面的宾语从句。

东西植松柏，左右种梧桐——东西，east and west；左右，the left and right sides。

纵有健妇把锄犁，禾生陇亩无东西——读 dōng xī，from east to west。

叫嚣乎东西，隳突乎南北——读 dōng xī，互文手法，four directions of north、south，west and east。

"妈，别理这东西，小心吃了他们的亏。"——读 dōng xī，thing 及 people and animal 都不能代替其意思，唯有 creature，表示怜爱或轻蔑的人，或 wight。

"太后明谓左右"，"传以示美人及左右"中的"左右"都不是字面意，也不是直译 at one's side，而是 retinue，高级官员的随员。还有像"你左右将到村里去卖，一般还你钱，便卖些与我们，打甚么不紧？"（《智取生辰纲》）及口语中"为人所左右"等等的"左右"，引导学生英汉互补，探究理解，效果甚佳。

还有一些古今异义词，从英语的角度解释可以帮助学生理解得更透彻，记忆更深刻。"率妻子邑人来此绝境"，"妻子"在古汉语中读 qī zǐ，指 wife and family；在现代汉语中读 qī zi，仅指 wife。

四、成语

笔者尝试从成语的人称指代对象、成语的时态、成语的语态、成语的数等方面结合英语语法知识指导学生辨析，效果比较好，颇得学生喜欢（见拙作《借石攻玉 巧学成语》）。

138

五、病句

与成语相关的还有病句修改：

"我迷上武侠小说后，有时上课也禁不住翻两页，长此以往，我的成绩开始倒退。"在修改这个病句时，有同学说，"长此以往"是将来时态，而该句是完成时态，应该用"久而久之"句子才通。

"这样做，不仅有助于我国煤炭出口，同时也将对国内正在实施的煤炭走向市场的战略举措起到了极好的推动作用。"句中"将"与"了"矛盾，"将"是即将起到推动作用，目前还没有，是将来时；若用"了"是完成时态。句中应留"将"，删去"了"。

援引英语中有关时态的语法知识来修改病句是一种有效的思路。可喜的是有些学生已经意识到有些可以用英语知识解决语文某些问题。而且学生习作中也已常见英语词句，无疑学生学习语文已距英语很近，且呈愈演愈近之势。

敢问：双语教学，离语文还有多远？

后记：

这篇文章初稿完成时间是 2004 年春节，时任职于江苏省太湖高级中学，正在联系对接引进到锡山高中。

余生也晚。

小学时没有学过英语；初中时代，正是"文革"结束拨乱反正时期，农村中学没有英语教师而没有学过英语；升入高中，学校有了一名中师毕业的英语教师，教不过来全校英语课，我们那一级正好没有学过英语。高考，免试英语。两年制大专，肯定顾不了学英语……

参加工作以后，逐渐认识到英语的重要性，跟着学生，零起点，从 A、B、C、D 开始，学校专职英语教师就是我的老师……坚持了几年，竟然学完了《New concept English》前两册——至少我不是英语文盲了！

随着时代发展，个人专业成长与进步，我愈来愈认识到英语的积极作用，在繁重的教学工作之余没有放弃英语，一有机会就学、就用，尤其是在语文教学中适时引入一些英语知识——当然学生们大都英语水平比我高——竟然也给语文教学增色不少。

故选入这篇旧作，虽现浅薄，并为之后记。

2021 年 3 月 1 日修订

2022 年 8 月 23 日再修订

教师：应该是一个写作者

有思想，会表达。教师，应该成为负责任的表达者，尤其是书面表达者。

写作，是教学反思之刚需

一个不反思的教师，工作是原地踏步，是周而复始地转圈，是在消耗中走向衰老、走向衰退、走向衰败……教学反思仅仅是写作的一小部分，它可以让我们的专业呈螺旋式上升，使我们的职业生涯不断注入新的活力。随时、及时记录下课堂上碰擦出的那些火花，那些一闪即逝的灵感，那些头脑风暴式的珍贵瞬间，或许就是我们的"课堂教学艺术镜头"，就是我们的教学反思，进而就可能成为我们的科研成果。

中学教师的论文成果一定要从课堂上产生，从教学中产生，一定要是草根化的，而不是假期里搜索、下载、复制、粘贴……大学教师先有科研，后有课堂；我们中学老师恰与之相反。没有好课堂的中学老师，科研很可能是无本之木、无源之水；不注重课堂教学的中学老师，一门心思搞教科研，多数情况下很可能为渊驱鱼、为丛驱雀；不在教学反思中提炼成果的中学老师，科研可能是南辕北辙，适得其反，最终英雄战死错路上。

写作，是教学反思的最主要途径。

作为教师，不写作，识那么多字，是不是有点太可惜了，甚至有点白瞎了！一个在高等院校接受过正规写作知识、文学理论、现代汉语、古代文学训练的语文教师，如果自己不动笔写作，怎么向学生真切地传授书面语文！一个没有写作经历和体验的语文老师，怎么可能向学生传递亲切的写作体验……

写作，是教师教学反思之刚需；在语文教师则是标配。

写作，是记录专业发展之必需

今天这个自媒体时代里，大概我们每个人都会有好多个微信群、QQ群，每个人都会有不少的微信好友……我们有多少人早晨眼睛一睁，刷手机；晚上，滑屏幕直到手酸胳膊痛，两眼酸涩难耐……还有多少人时时在各种群里发一些牢骚，聊一些八卦……我曾经问一位同行："你哪里来的那么多时间……"写作，让我们提升了生活品位，让我们记录下了专业成长发展经历；而聊天，消磨了我们的时间精力，消耗了我们的进取心，损伤了本就处于亚健康状态的我们的身心……

写作，把有限的时间精力投入有意义的事业，用写作记录下我们专业成长发展的过程，可能就是我们的一笔财富。从苏霍姆林斯基到陶行知，不管是于漪，还是李镇西……都可以看出来教师写作的意义和作用。

延安支教整整一年中，我始终保持了长三角地区生活规律与作息习惯。我每天早晨5点多起床，锻炼身体，洗漱，写作。延安的同行们到校的时候，我已经完成了当天的写作任务。一年中，我写了85万字的支教日记；一年后精选65万字在上海出版为《理念：教育的制高点——延安支教日记》（上下册）。

该书出版后，我给延安一中我教过的那两个无锡班的孩子们每人赠送了一套，拿到书时他们刚刚升到高三，争着抢着查找我书中他们的故事，相互打趣着我笔下的他们……延安的同行们说："寇老师，你把我们不敢说的话都给说出来了……"延安一中的领导对我说："你把咱不便说的话都给说出来了……"学生则说："你把我们没有机会说的话都给说出来了……"我的这套书被许多地方作为教师继续教育的教材使用。不到三年，重印三次。许多同行认识我是通过我的书，有人"随着精妙解读在脑海中设计自己的课堂教学"，有人"随着书中的感人故事去回想自己的教学经历"；有"拍手叫绝"的，有"抚掌大笑"的；还有"泪流满面"的，更多则是"掩卷沉思"……

写作，于我而言仅仅是一项业余爱好，是一种生活方式，没有功利色彩，亦非政治任务。写作，使我生活充实，令我身心愉悦，让我结交了很多情投意合的好友……面对出高价希望我为其撰写歌功颂德树碑立传"报告文学"的成功人士，我坚守写作只是一种爱好的信条；婉拒了家乡亲戚朋友指望我为其写一篇状告邻里仇者的哭求；不做不负责任的键盘侠，不在各种群里发布一些无聊的段子……我坚信：善于、乐于、长于写作者，一定更是一个负责任的表达者。

师生的书面表达就是鲜活的校史

离开负笈求学之地三十多年之后，我对张掖中学的认识主要是伴随着阅读校刊《木塔晨铃》向青草更青处漫溯的……读了《我的妈妈是张中老师》，为一个高中生的丰富情感与精彩文笔点赞钦佩之余，我对西北同行们的敬业精神油然新添敬意；看到《小舅和他的红烧肉》，我确信作者是一位热爱生活的人，是一个有爱心、重亲情的良善之人；从董志新老师的文章中我能看出来一位语文同行在备课中钻研，在总结中反思提升；由《回乡杂忆》（张掖中学 1988 届校友，上海视觉艺术学院教授李明），我与一位游子对故土家园的真挚情感共鸣，与一位学子对母校的感恩与牵挂共频，也体会到了张掖中学的厚重……从我老同学袁泽的文字中，我读出了他的淡定、儒雅、清静，读出了同龄人的积淀与沉着，还有他特定的执着与坚守……

一个人，只要把自己的生活感悟或工作思考著之竹帛，多少都会传之其人，一定程度上都可能通邑大都……

未来的人如何续写校史，无非是参阅我们今天人的文字；我们今天给学校留下的每一份文件、每一篇文章，或许就将成为将来的文献资料——如果我们都不写作，后人会替我们惋惜的！

教师，有 N 多个理由应该写作。教师，应该是一名写作者，更应该成为负责任的表达者。

2020 年 12 月 10 日初稿

2022 年 8 月 23 日修订

学习《琵琶行》时学生吴悦溪演奏琵琶

领队·裁判·啦啦队长

2019 年开始，因为十多年来在浙江师范大学承担教师培训取得的小小成就与影响力，经我的国培导师蔡伟教授推介，我为遥远的新疆师范大学远程兼职教师继续教育。三年以来，除了我自己上示范课、专业讲座，我带动南菁高中同事中学有专长的人，发动周边学校教科研成就卓著的同行，义务支援新疆语文教育，打开了一片天地。今年开始，新师大的领导、专家和新疆语文同行们出于对我任职的江南名校南菁高中的慕名，出于对我这位从西北引进、在江南成长的普通教师情怀的认可，连续三批，委托我以组团方式、单元专题化、网络远程推播，就统编版新教材实际教学使用，分担全疆骨干教师培训若干任务。

2022 年 5 月下旬，五个半天，每次三个半小时，按新疆作息时间，下午 3：30—6：30；统编教材必修下册第五单元"抱负与使命"的两篇演讲词、两封书信，第八单元"倾听理性的声音"的四篇文言议论文，两个单元，加上"古诗词诵读"的四首诗歌；我组织了江苏和甘肃的 11 位骨干教师，按照教材，"近课异构"——相同相近文体东西 PK，比如第五单元的《在〈人民报〉创刊纪念会的演说》与《在马克思墓前的讲话》，由甘肃省张掖中学的吴杰和江苏南菁高中的张兰两位老师分别承担；第八单元的《谏太宗十思疏》与《答司马谏议书》，分别由江阴高中的苏杭和甘肃山丹一中的龙菊才两位老师承担；《阿房宫赋》与《六国论》则是民勤四中高培俊和江阴山观高中王达星两位老师承担……

对我的团来说，我是领队兼教练；对新师大而言，我是裁判，承担评课任务；我自己则觉得，我更像是个拉拉队员兼队长。

一

人选环节最为感动的是江阴山观高级中学的张清和甘肃民勤四中高培俊，两位都是副校长。接到我要求推荐一位老师讲课的任务，都是第一时间脱口而出："我讲行不行？"高培俊校长已经获得甘肃省武威市"2021 年度中小学教师教学技能大赛决赛"一等奖第一名，早先还获得过全市青年教师比武活动一等奖；张清老师已经是无锡市学科带头人，任教高三……最终，张清老师果断地接受了教学任务，在高三的课堂上完美呈现了高一教学内容《谏逐客书》，并且没有只是把学生当作群众演员配合教师，而是针对高三学生结合教材文本进行了有效的议论文写作训练。

令人喜出望外的是，张清老师的说课与讲课一样，赢得了新疆同行的点赞。

张清教后感言：

5月初，反复研读寇老师推荐的论文，三篇论文尤其是孙绍振先生的《转危为安，历史意义重大——读李斯〈谏逐客书〉》给我的这堂课颇多启发。

自认为这堂课与自我预设还是有很大差距的，但新疆同行的认可给我了意外之喜。这让我对新课程改革更有了一份底气和勇气。

有人说：教师就是在一堂堂课里逐步成长的。这次交流，就是一次成长。感谢寇老师的引导，感谢新疆同行的谬赞！

山丹一中龙菊才和景泰二中寇宗权，两位教研组长，都是资深教师，都已经有相当的专业积累，在当地都是小有名气，在任职学校都是嘤嗜宿将。两所学校都建有我的工作室，成员都在二十人以上，接到我要求推荐讲课教师的任务，几乎与前文两位校长一样，第一反应就是"我这个教研组长讲"！

龙菊才教后感言：

《答司马谏议书》这篇文章于我而言，是第一次拜读，也是我第一次带领学生学习。要上好一堂课，老师除了自身要内化文本外，更需要考虑学情，学生才是课堂最需要关注的主体，一堂课成功与否，关键还在于学生真正参与了多少、收获了多少、能运用多少。

经过寇老师的精彩点评和新疆同行们的加持、鼓励，我认识到了这堂课的一些不足之处：对文本研读不够深入；指导学生诵读上考虑不够精细化，如寇老师点评时提到的第二段的诵读设计上，可以安排一位学生领读，然后男女生分读，最后齐读，寇老师的点评可谓正中疏漏；课堂教学环节之间缺乏紧密的逻辑联系，有些环节可以再优化整合等。

这次活动使我受益匪浅，是一次难得的成长机会，既锻炼了自己，又收获了许多知识；既得到了启迪，又明确了改进的方向！

对课堂教学的虔敬而论，最为感动的是景泰二中的寇宗权和民勤四中高培俊，两位都工作在西部黄土高原偏远县城。那里也是我的故乡，常年风沙黄土。我最近在一本书上看到，我小时候家乡人们一年四季是"四棒"："春天刮成土棒，夏天晒成黑棒，秋天糊成泥棒，冬天冻成冰棒。"现在虽说条件大为改善，但是那里的人们很少并且不习惯穿西装绝对是由来已久，即使身着一半件西装，都是当作便服甚至工作服，很少有配套着装的。两位在录课中都西装领带，严谨正式，表现出对学生和同行们的尊重，值得肯定与点赞！

高培俊教后感言：

对比江南老师的课，感到自己在指导学生深思细究方面很不到位，江南的老师能把课堂充分交给学生，学生学习过程有效性强。自己在教学中不能让学生充分参与，或者抛出一个有价值的问题，却急于得出答案，浅尝辄止，不能让学生的思考向深处再走一程。同时，在教材知识把控的广度上也存在不能有效拓宽的问题，究其根本，还是教师自己对文本的解读不够深、不够细！

上课前，寇教授给我们发了所教课文的相关论文资料索引——我才切切实实感觉到，他不只是让我们讲一节课，而是一条龙式地完整指导过程。素读文本—研读教参—阅读他所推荐的相关备课资料—教学设计—课堂呈现—说课—评课互动—反思形成论文成果……反思自己的教学，发现最大的问题、也是绝大部分教师的通病，就是在教学过程中不善于学习、不善于积累。但愿今后在寇教授的指导下，我校全体语文老师能多学习、多实践，抓好日常教学和教研活动，做个永远追赶梦想的语文人！

最纠结的课是《与妻书》和《游园·皂罗袍》。

前者是统编教材新增文本，既要考虑到在本单元的"实用性阅读与交流"学习任务群属性，又要兼顾到人文主题的中国革命传统教育，而且语文教学期刊上参考文章很少，教师教学用书的实际教学参考价值也很有限，一般在公开课上也少有人选择这样的文本……但是，我们团队要给新疆同行呈现的是单元专题教学研讨案例，我们不能绕过这篇课文！相比较于相邻的"近课"《谏逐客书》，《与妻书》在"文言"上难度较小，教学设计须在言语形式的文言、书信的实用性阅读、中国革命传统教育的人文主题之多层夹缝中求生、求新、求活……我的同事刘艳萍老师勇敢地承担了这一艰巨任务！

我比较有把握的是，艳萍是一位作家型的语文老师，她有大量真真切切的写作经验与独到见解。我读她的书，读出来的是对生活的热爱，是一颗朴实善良的心，是一个没有一点脂粉气的女性……她用文学战胜生活中的小不如意，用写作治愈人生遭际带来的伤痛。2018年庆祝改革开放40周年，2019年庆祝建国70周年，2021年庆祝建党一百周年，我们连续四年为学校分忧解难，承担了诗歌演诵活动，艳萍既是原创作者，又是登台演诵演员。我们几位语文、音乐老师，老中青结合，与擅长歌舞的幼儿园同行同台竞技，跟善于表演的小学教师们一起PK，和十多所学高中学校的专业人士现场角逐，我们团队以最少的演职人员、零服装道具成本、最低时间成本，一路劈波斩浪，连克群雄，一直保持着名列前茅的成绩……我深知、深信艳萍能把这节课讲出个人的特色，我甚至于没有提供任何所谓的指导，以免干扰她的备课思路……

刘老师教学目标预设精准，教学内容择定精准，教学方法选择精准；教学过程呈现精彩，学生学得精彩，我们在电脑前听得也精彩。

艳萍选择了教师范读，同步PPT投示重点字词，而且教师的泛读让我们体会到女性的细腻婉转与切切悲情。教学重点放在"再读课文，体会情境"，以"读出怎样一个时代、怎样一个作者"的问题驱动课堂——巧妙地解决了时代背景与作者介绍，并以此驱动学生参与，驱动学习过程。

艳萍老师解读文本，善于抓住细节，发常人之所未见，体现出一位作家型女教师的细腻绵密。最具匠心之处莫过于三读课文，理解"矛盾"：

矛盾之一：至爱妻子，却又勇于就死；

矛盾之二：至爱妻子，却宁愿妻子死在己前；

矛盾之三：无话不谈，无情不诉，却又有所隐瞒；

矛盾之四：平日不信有鬼，今则望其真有；

矛盾之五：不能竟书，却又反复申述；

矛盾之六：申述大义，却又不乏"闲情逸致"。

民主革命先驱林觉民的儿女情长与英雄气壮，最终照应和落实到单元人文主题"抱负与使命"上。令所有同行眼前一亮的是，介绍作者在课堂推进过程中需要介绍之时，并非是为了完成教学环节，例行公事，课堂不再是板块拼接，而是行于所当行。

新疆同行留言精选：

李娜：六层矛盾的研读，抓住了文章的核心，处理很独到。

霍艳玮：这样的课我觉得如果我是学生，只听都是一种享受，刘老师自身语言的魅力就已经有很强的感染力了。

茹柯耶罕·伊米尔哈则：我上本课时用了三个小时，但老师轻而易举地讲完了，而且重点突出，我学到了很好的教学方法。

马晓燕：作者介绍不能成为课堂教学的例行公事，而应成为点睛之笔。寇老师的点评一针见血。

另一节让我纠结的课是古诗词诵读中的《游园·皂罗袍》，新增文本，篇幅短小，从各个方面考量都不是公开课可选篇目，我原本打算舍弃这篇，或者与古诗词诵读中的其他篇目合并……但是我的同事顾红英老师果断地选择挑战这篇仅有几十个汉字的"课文"！

听到她在电话中告诉我选《游园·皂罗袍》，我没有任何怀疑与担心！她对中国传统戏曲有偏爱、有研究，这个我略知一二。曾经为了找到一个关于戏剧的材料，有同事很有把握地告诉我："这样的问题啊，你问顾红英准能得到完美答案……"我多次跟她在一个备课组，坐在一个办公室，今年更是近邻。我时常看见，坐在我旁边的红英老师，一直埋头备课或批阅作业，她很少在办公室里与同事长时间闲谈，但又能与大家融洽相处。即使是偶尔与同事聊两句，也是轻声细语，典型的江南温婉女子。我们身边有多少年轻的同事们把时间耗费在刷手机上，我很少看见红英老师坐在办公室里没完没了地刷手机；如果有事联系她，不管是微信，还是QQ，总要等到她下课或是闲暇时才能收到回复——我一直固执地认为：瞬间就回复我微信的人，可能就像一个电话值班员！

短短几十个字的《游园·皂罗袍》，红英老师演绎得很精彩，让我和新疆的语文同行们大饱眼福、大开眼界。

新疆同行留言精选：

李玲莉：顾老师为我们开了一扇窗，让我看到了自己忽略的领域。

马晓燕：自然渗透，润物无声。老师在课堂中帮助学生增强文化自觉和文化自信。

阿瓦汗·买提玉苏甫：发现自己知识面很狭窄，该给自己充充电了！

李倩：顾老师这堂课深度解读了曲词，真正地落实了学科核心素养中的审美鉴赏与创造，使我受益匪浅。

顾红英教后感言：

《皂罗袍》这支曲子的词非常美，我觉得编者把它放在古诗词诵读单元中，是想让学生像品读古诗词一样去感受它的美。但是，这支曲子几乎是昆曲中的"国际歌"，所以我想带领学生打开视野，真正走近它，不仅从文学角度，还要从曲子本身音乐美的角度去欣赏，甚至从戏曲舞台表演去了解古典的审美元素。

我希望学生能在课堂上获得对曲子的较为全面的感知，从文本到舞台表演；希望学生能通过这堂课对"曲"有新的认识，对古典戏剧产生一点兴趣。我觉得要想达到理想的课堂效果，可能课前还要先做一些铺垫和"热身"，比如让学生去看一看最精彩的折子，或者推荐原著中最经典的一两出阅读，找一些文辞精美的经典曲子赏读。

四

课堂教学有明显进步的是吴杰和寇宗权。吴杰是这次团队中年龄、教龄仅长于苏杭老师的青年教师，是我在张掖工作室的成员。与2020年底我们一起在广西百色讲课比较，吴杰老师的课堂发生了明显的变化，他已经基本上克服了语文课在文本表面滑行的弊端，开始深入文本语言文字内核去引领学生品读赏析。原来课堂语言不够干净利索，语言零碎很多；这次讲课我没有发现他的口头禅！

寇宗权是我的侄子，我们在一个村子里出生、长大，小学、中学、大学都毕业于同一所学校。2019年暑假我带他到浙江师范大学讲过一次课。记忆最深的是讲课语速太慢，如同我家乡的老者身穿黑棉袄背着手在村子里踱步，甚至我觉得他走路慢、吃饭慢——干什么都慢慢悠悠，没有时间观念，没有效率意识……但是，士别三日真的应当刮目相待！这两三年来宗权的课堂的的确确发生了革命性的变化！语速正常了，声音洪亮了，课堂语言有激情了。这可能是他能把这堂课讲好的前提条件；如果时间倒退到2019年，我可能不敢让他给新师大讲一堂课。

吴杰教后感言：

这篇文章是新选入教材的，而且是马克思的演讲，是译文。如果不是参加寇老师团队援疆公开课，我想我是不会深入去研究这篇文章的。因为难度比较大，有好多长句难以理解，引用的一些典故非常陌生。有相当一部分老师会把这篇文章让学生简单读一下，或者干脆略过不上一图省事。学生对此文的学习更没有多大的兴趣。

从迷茫无从下手到豁然开朗找见思路，再到品味其中的妙语佳句，最后领略作者的匠心独具，又是一种满足和享受的过程。而我们的专业也就在这一次次的备课中得到了锻炼和成长。

寇宗权教后感言：

张孝祥《念奴娇·过洞庭》不同版本的诸多不同之处。比如"悠然心会"，有的版本是"怡然心会"，"肝肺皆冰雪"有的版本是"肝胆皆冰雪"，还有"沧浪"与"沧溟"，"挹"与"吸"，"独啸"与"独笑"等 。本字眼不同，表达的情感上有无差别，或者说有无优劣？能不能推敲一番？我想起朱光潜先生在《咬文嚼字》里说："在文字上'推敲'，骨子里实在是在思想情感上'推敲'，尤其是在诗方面。无论阅读或写作，我们必须有一字不肯放松的谨严。"于是我在"缘景明情"的教学环节后，设计了一个"不同版本比较赏析"的教学内容，通过"推敲"字词（也是我们常说的"炼字"），进一步强化情感。

五

最担心的一位教师是最年轻的苏杭老师，虽然是研究生学历，任职于名校，但毕竟参加工作时间很短，我真的很担心。收到她的课堂录像，我当天晚上看了一遍，发现只有31分钟稍多，不像是一堂课，更像是一次教材分析或者说课、模拟授课……翌日上午再看一遍，细细品味体会，才下定决心：就播出她的课！

苏杭老师的《谏太宗十思疏》，从四个维度解读文本与择定教学内容，得"体"，进谏奏疏文体得体与语言得体两方面深度解读本文的文体，显得更为巧妙。得"理"，从四个方面：魏征问题缘何而起——进谏背景，魏征奏疏的要旨——主旨中心，理性声音的核心内容——思想情感，魏征的理性声音是如何呈现——写法。得"利"，魏征在"十思"之后，用近百字描绘"文武争驰，君臣无事，可以尽豫游之乐，可以养松乔之寿，鸣琴垂拱，不言而化"的十思之利。得"慧"，写作训练：很多人长时间被封控在家，情绪难免低落焦躁，请以社区工作人员的身份给社区居民写一封信，要求合理利用《谏太宗十思疏》中的劝谏艺术，做到得体、得理又得利，既能条陈利弊又能安抚人心。

苏杭老师围绕单元人文主题"倾听理性的声音"，串联起四个小问题，分别指向的是奏疏的缘起，理性声音的要旨、核心内容以及它的呈现形式，辅之以小练笔，力图让学生从文章中灵活取材，不断汲取古人的智慧，掌握说理的方法，提升学生思维品质，课堂教学有效性很强。

苏老师这堂课的成功在于，文本解读精深，教学内容择定精准，教学思路清晰，教学设计精心而新颖严谨，唯有呈现过程因为比较年轻，缺少教学经验，没有学生参与，教学过程粗疏，课堂不满 40 分钟。

精选同行留言精选：

热米莱·阿卜力孜：苏老师能不能分享一下你的设计思路，这么新颖，别出心裁。

郭圆珍：苏老师给我们说一说自己是怎么成长起来的？

迪丽努尔·吐尔洪：真是的受益匪浅。在这几天听课的过程中感受到了自己的不足之处，真的得努力学习提高自身的文学素养，努力做一名学习型老师。

为苏杭老师点赞！为我的队员们点赞，为他们呐喊助威——做一个光荣的拉拉队员！江尾海头，天山南北；太湖之滨，帕米尔之巅，万里之遥，我与热情的新疆同行们网络云端呼应，点赞喝彩交错……

六

遗憾与歉疚。

我们组织这样高端平台、东西部跨区域、单元专题化"近课异构"的目的，旨在给同行们提供机会，让大家在东西部课堂教学比较中发现问题、正视差距，更重要是找到自己专业成长发展的突破口。

如果为了省事，我在任职学校找几个老师讲课，那肯定多数同事都很愿意，因为多数老师都需要讲课证明；但是，办成南菁高中包场，未免格局太小！考虑到我是正常上班时间在学校完成这项工作，而且时间战线比较长，连续一个多星期，几乎每天下午大半天，有两次正好和我们学生下午 6：00—6：30 的晚读时间相冲突，我主动跟我的领导说明了情况……南菁高中领导最为重要的意见是：那你还是要多提供机会给我们本校的老师，主要给那些未来两三年评正高、特级、学科带头人的老师，给那些有专业发展愿望的老师，学校全力支持……

我采取了从我和张兰老师领题的省级课题组成员中选派讲课老师的办法，一定程度上避免了矛盾。但是没有陕西工作室的同行，这个我倒可以找到合适理由搪塞——陕西全省尚未使用统编教材，还在人教版教材阶段磨蹭磨叽，尽管我是陕西女婿，相信陕西几所学校的领导和工作室成员也还是暂时能够理解的。此遗憾与歉疚一也。

其二，没有从我在甘肃最早建成的工作室里选派一两位成员讲课。前两年带队到浙江师范大学参加全国"新语文教学"尖峰论坛，我竭尽全力争取名额，多选派西部的中青年教师，能够站在江浙的讲台上与发达地区教师一起学习交流切磋。但是，推荐人选的过程把我的好事办成了坏事，推出的老师不珍惜机会，不能像苏杭、刘艳萍等老师这样备课。未曾潜心研读文本，未经精心打磨的课堂，参赛结果自然不会好，影响了我们团队，影响到后续浙师大给我们的名额和机会……

所以，我果断地从此不在这个工作室选派老师讲课；但是，其实工作室的那些同行们是没有错的——是不是应该感到歉疚？！

七

时刻准备着！

两个单元，八篇课文，四首古诗词；十一位老师，近十所学校，三省市数千公里空间距离；从参加工作三五年的小年轻到三十多年教龄的老教师；讲课、说课、评课，一个星期之内全部播出；可以用于备课、录课的时间很有限；所有参加讲课的老师都有本校的繁重教学工作，有的还有繁杂的行政工作……

君子重然诺！

我虽然精心举荐了十来位具有个人专业发展与成长的内驱力、有情怀、有责任心的老师承担讲课任务，但心里还是有不少的不踏实。万一有老师录的课内容质量达不到要求，不能播出去；如果有老师不能按时录好课；假如课堂录制效果不好，看不清、听不清……我这个领队兼教练都得考虑到，不敢马虎啊！

我时刻准备着——把两个单元八篇课文、两首古诗词全都精心备好课，全都在我任教的班级里讲过一遍；再认真反思，精细打磨修改，确保可以随时替代任何一位老师临时讲任何一篇课文——但是，让我欣喜的是，直到最后，全部课程播完，我准备好的课，连一节也没有机会讲！

我团队的老师们，让我有备而无患、有惊而无险，让我自始至终只是一个坐在看台上鼓掌点赞呐喊助威的啦啦队员，度过了繁忙而紧张的两个多星期，因为按照新疆作息时间播出录好的课堂视频与说课视频，再加上评课，好多次没有时间去学校食堂吃晚饭。欣喜和失落之余，我把自己备好的所有教学PPT、教学设计，甚至作业练习，全都分享给了新疆的同行们——鸳鸯绣成从教看，也把金针度与人！

八

不是结尾的结语。

完成对新师大的援疆授课任务，这只是我们活动的一个方面；另一个更重要的方面，是带动和引领身边的同事，是建设我的工作室。让同行们在备课—磨课—讲课—评课—反思过程中成长和进步。备课初始阶段要求素读文本、研读教参；一定时间后我提供教学期刊研究论文，在研读教学参考文章的基础上形成教学设计；我与团队成员研究修改补充教学设计后进入试讲阶段，进而完成录课。每位老师的课，我至少仔细听过、看过两遍，对照教材，与我自己的教学设计比较，结合教学期刊新近有关文章，力争课堂有新意，有创意，有个性……担任裁判评课，不只是为了给新师大凑足环节，也不是给赵新华教授和新疆同行们做做样子。我在评课环节投入的时间精力相对更多，两次观看课堂录像过程中都随时记下自己的收获、感想和问题，时时对照课程标准和教材、教参深入研究。之所以让西部的老师与江浙同行同课异构，不是为了让甘肃人跟伦敦人比赛讲英语，而是为了在课堂上碰撞、切磋、交流——对在职教师进行培训、提升，我认为有效的方式首选课堂，让课堂说话，在课堂上说话，通过课堂说话，比领导苦口婆心、比专家喋喋不休更能激发老师们改变课堂的内驱力和原动力。录课正式播出时，要求授课者参加听课、评课，旨在让每一位授课教师有更多收获。新疆同行们的留言、我评课的意见，我都整理成电子稿，及时反馈给我团队的成员，目的是督促大家写出教学反思——这才是我们的最终目的，这些年我指导工作室成员发表的论文大多源自课堂，多数是对课堂的反思。没有反思的课堂是烂尾工程，尤其是公开课之后不进行深度反思并且形成最终成果的教师，都是行百里者半九十——以后坚决不再提供讲课的机会！

说到做到！

十多节课播完了，不是结束；教学反思，才是新的起点和制高点。

欣喜的是，我们的课播出过程中，我不停地收到团队成员的反思总结，每堂课后都收到新师大课程助教——赵新华教授的研究生们——精心复制发给我的新疆同行们的反馈。

对新师大和新疆的语文同行们负责，对南菁高中和我各地工作室成员负责，对我的团队负责，对我个人负责。

2022年5月的最后一个傍晚，完成了新疆师范大学赵新华教授的这项工作，我这个领队、教练、裁判、拉拉队长光荣卸任——陪小孙女过"六一"儿童节去啦！

感谢新疆同行们的热情鼓励，精选留言附后：

刘莉：听了这几天的课例，我感觉收获很大。老师们从教学理念，备课，上课方式到说课，教学设计的展开，都使我受益匪浅。我感觉很多课看一遍都看不够，还会再去看回放，反思教学。目前的教学状况感觉和江苏差异还是很大，真的以后我也会更多关注江苏省的语文教育。特别期望寇老师的团队能够来到喀什。

模旦古丽·阿卜杜拉曼：听了这几天的课，感觉东部和西部教学方面差距好大，生源不同，学生的知识面狭窄，根据学生的实际情况调整教法。这几天说实话收获很大，怎么设计怎么上课，怎么吸引学生，等等。此时学习，对我这个非语文专业的教师来说是一次珍贵的机会。

李玲莉：寇老师团队给我感触最深的就是老师们对学科素养的落实非常精准，无论是教学理念还是教学设计，既符合新课标标准又符合学生的实际情况，各有千秋，每位老师的文学素养，专业能力都令我钦佩，我认为寇老师将不同地区老师的课进行分享，确实带给我很多思考。

2022 年 6 月初稿
2022 年 8 月 25 日修订

修竹氣同賢者靜

春山情若故人長

王寅冬月

楊永祿書

在课堂上碰撞

　　近三年来，我在西北家乡建成了十多个工作室，连续两年的同课异构活动都颇获好评。2022年，新加盟了西北师大附中、武威二中等陇上名校。我计划同以往一样，在7月上旬组织多地工作室、多所学校联动教研活动。今年我们比正常的6月30日放暑假晚了10天，因此我不得不向学校请假。出乎意料的是，杨培明校长问明了缘由后对我说："你不要一个人去讲嘛！带上两位青年教师，让他们去历练，从高三老师中选……学校承担差旅费，不要增加你家乡学校的负担……"于是，江南百有四十年的南菁高中又选派了两名教师参加。

　　7月1日凌晨出发，11日傍晚结束。我们先后在山丹一中、张掖中学、武威二中和民勤的两所学校开展了统编选必上册第二单元百家争鸣、《红楼梦》整本书阅读、统编必修下第六单元中外小说、第八单元文言议论文、试卷讲评、统编选必上册第一单元"伟大的复兴"等同课异构教学研讨活动。5所学校，32位中青年教师，42节示范课；5个单元教学内容；半天试卷讲评；7位教师先后评课；我自己承担了3节示范课，多次评课……虽说旅途奔波、舟车劳顿，所到之处都是一天七八节课，常常要在教室里坐一整天；加之正逢盛夏酷暑，我们西北许多学校还没有空调甚至电扇，一些学校的教学楼里没有卫生间，让我这个在江南生活了二十多年的游子在喝水与否之间纠结……对我而言，这真是巨大的挑战与考验！但是，能够为家乡语文教育出一把力，可以为家乡同行们搭建起专业成长与发展的平台，我觉得也就值了！

　　全部活动结束，利用在嘉峪关探亲访友的早晚闲暇时间，我及时把自己的一些想法记录下来，算是一份总结或曰记忆，亦望便于同行们反思教学，并求教于各位。

一

　　仪容仪表是我们的教学生产力，着装反映出我们对待课堂与师生的态度。这次几十位教师中郑宗才、李双义、马维兵、李述国等好几位男老师上课时都是西装衬衫、领带、皮鞋；保继霭、冯洁、陈嘉英等好几个不同年龄段的女老师讲课前化了淡妆——这是对承办学校的尊重，是对学生的尊重，是对前来捧场听课同行的尊重！让我最为感动的是西北师大附中几位年轻教师，他们出门都是便装，看到第一天讲课的老师着正装，在不熟悉的城市里，夜晚步行去买正装。到民勤时只剩下最后一天活动了，左鹏臻老师还惦记着买领带……

令人不可思议的是，这次几十位讲课教师中最年轻的一位老师，本来就是在我们全部活动计划定稿之后，出于对我们省内外知名语文同仁、工作室主持人的敬重而临时添加的，讲课时衣着显得很随意——听着听着，我发现他的课堂语言也很随意，紧接着发现教学设计也很随意；因为 PPT 字体太小、颜色过淡，让我看不清，拿起手机拍照时又感觉到他的 PPT 更随意……我不由得怒火中烧！评课环节，本意是请这位年轻同行站起来，让大家看看这么好身材的年轻教师如果着正装上课效果会有多么好，结果实际效果变成了我在评课时叫同行站起来当众批评！

并非一定要求同行们上公开课就得着正装，但承办学校投入巨大的人力物力与时间精力组织活动，总希望留下一些影像记忆，我们着正装也先是对那些大热天端着照相机辛勤劳作的同行们的尊重！身着一件休闲衬衫讲课，无可厚非；但至少不要敞开着好几颗扣子，至少不要把长袖衬衫的袖子卷起来。

有一位老师，就是至少敞开着衬衫两颗扣子上完了一节公开课。

二

有的老师工作好多年了，还没有机会走出本县去讲一节课；有的老师，碰到公开课的机会却还不知道珍惜……

我们这个行业是在讲台上站立的，也是在讲台上成长的。天水市清水六中的左鹏臻老师，自费全程参加听课观摩，热情、主动、诚恳地与同行交流；西北师大附中的李双义等、景泰二中冯宜俊老师，都古道侠肠，能帮则帮，能省则省，令人起敬。钦佩与感动之余，我决定安排左老师讲一节课，宁可自己少讲一节，也要把机会提供给这样勤俭好学的年轻同行！

我们身处西北偏远小城，如果安于坐井观天，哪怕是这辈子就庸庸碌碌了！

庆阳一中的冯洁老师，三年前我认识她的时候，是在扬州参加全国性课堂教学观摩活动。怀里抱着正在哺乳期的孩子，与先生一起，奶爸、奶妈、奶娃倾巢出动，奔波数千里下扬州。先生在宾馆里当奶爸，冯洁在会场上听课——冯洁老师几年来的进步是很明显的，从薄弱学校挤进当地最好的学校，实属不易。

正当完成这篇涂鸦之作准备分享时，我在我们团队的微信群里看到了冯洁老师的两篇教学反思。很客观地讲，目前读到的二十来篇教学反思文章中，冯洁老师的相对更为深刻——她是在真反思自己的教学，不是完成别人的任务！

三

科学使人求真，艺术让人求美。如果我们承认教育是科学，那就应该相信：教育，首先要真，真诚，真实，真情……但是我们此次四十多节课中就有那么一二节不很"真"。形式化的东西比较明显，与教学内容无关的信息比较多，甚至于调戏正常人智商、情商的八卦新闻都可以在PPT中呈现……

四

四十多节课中，我对一半以上的课感觉是教学内容过于浅显，教师择定的教学内容多是在文本外围游击，在文本表面滑行，预设的教学环节有些是为了形式而形式，让高中学生对语文学习缺少了一些挑战性，助长了认为语文可学可不学的歪风邪念。就课堂推进看，版块拼凑，平面推进，而非螺旋式上升。究其原因，我目前的认识是老师们对教材文本挖掘不够，而且备课过程中时间精力不是花在研读教材文本上，而是"英雄战死错路上"。

为了验证我的猜测，我着意采访了两位教师，请他们谈谈自己的备课过程，不妨引来一用。面对选必上册第一单元《在民族复兴的历史丰碑上——2022中国抗疫记》一文：

甲教师（西北）备课过程：

1. 文本初读三遍，整体把握文章结构和内容；

2. 下载学科网、微信公众号、知网所有相关内容，挑选较为新颖的教学设计，看的过程中梳理自己的教学思路；

3. 研读备课素材过程中看了很多抗疫专题短片，所以将抗疫专题片作为贯穿课堂的情景任务；

4.因为文本较长，所以任务具体分为三个角度：片名——配对，关键词对应原文，培养学生快速提取信息的能力；镜头——18张图片是我自己根据读文本的感受挑选的，代表性较强，为了使学生较快把握文本主要内容；旁白配音——要求学生图文匹配，音画结合，这样可以使得学生深入文本，通过交流体会文本的情感内涵。

乙教师（江浙）备课过程：

这是一篇新加入教材的课文，期刊杂志上基本找不到有参考价值的教学论文。于是，我就先裸读文章。课文非常长，开始读的时候没有任何思路，也择定不了教学目标和内容，只能先梳理文本内容，尝试拟小标题。我没有思路的时候，每天都会把文章读上2-3遍，期望能够在熟悉文本的基础上获得新的灵感和发现，每一次只要有新的灵感和思路就会立马记录在纸上，因为在备课的时候，想法总是跳跃的、一闪而过的。

每次读的时候，我会根据对于课文的理解不断调整目标和内容；当然我在对文本熟悉之后，我会认真研读整个单元的研习任务和前面的单元导读，希望能够将这篇文章放在教材体系中去思考和择定目标和内容。

我开始设计这篇课文的时候，是想要指导学生在写宏大事件时，如何选材和构思，但是我觉得这个操作难度非常大，并且教学价值不大，这是我第一次推翻自己的设计，接下来连续几天读文章没有任何思路，备课也没有任何进展。

偶然在跟朋友聊天的过程中得知这篇文章也作为党校内部学习资料，我突然又觉得我可以讲这篇文章严密的写作脉络，但是当我再一次读文章的时候，我又把这个想法给推翻了，因为教学意义和价值不大。

就这样，我在临上课前一天我还在重新阅读再次梳理文章，完整的上课思路还没有……在比较焦虑的情况下，我求助了寇老师和宋莉娜老师，他们给了我很多指导和帮助，我也受到了很多启发。于是这节课的目标就设定为：学习这篇通讯在客观报道的同时既理性反思也抒发情感，感悟文章背后的力量。

——两种备课过程自然带来不同的课堂呈现。语文教师的备课，更多的是向文本内部、向深层开掘；是抓住言语形式这个外壳，去挖掘、呈现并实现对学生审美鉴赏与创造、文化传承与理解、思维发展与提升等核心素养的熏陶。

究其原因，从我们西北家乡老师们课堂上可以看出，整体上缺少对课程标准、对统编教材的理解，教学理念停留在传统的讲解分析课文上，个别老师情景任务和活动设计都只是个形式；不能把教材文本放置在教材编辑体系整体中考量教材价值，追寻教学价值，单篇分析讲解是最大特征。

正当我结束这篇文章、要忙于酒泉讲课时，读到了武威二中王洁琼反思文章中的两段话，不忍割爱，兹录于后，顺致王老师敬意与谢意：

虽然我的课堂留下了遗憾，但是这次活动却让我受益匪浅。听了不同老师对文本的不同解读，让我有一种刘姥姥进大观园的惊奇与感叹。尤其是南菁高中的张卓君老师，当她始终微笑着不急不缓地站在讲台上时，我就已经被她深深地吸引，心想：这才是女子该有的模样——温婉、知性。当她通过影视文学和小说的对比来进行任务驱动时，我在心里直呼：好新颖的方式，好开阔的思维！这不仅激发了学生探究的欲望，也让我深陷其中，一下子感受到了东西部教育的差距，正如民勤四中高培俊校长所说："我们和东部的老师同台竞技，就是和伦敦人比赛说英语。"张老师的课一下子就让我意识到了我们教学模式、教学理念、教学思维的陈旧，也让我第一次产生了焦虑和危机感。

就在我还沉浸在对张老师的叹服中时，我又被寇老师的课堂深深吸引。我一直认为，真正大师的课，总是看似随意，实则环环相扣，就像散文一样，形散而神不散，寇老师的课就是这样。首先，寇老师的切入点新颖独特，从插图入手去探究文本，这一下子就吊足了学生的胃口。让学生以插图的形式画出文本中的某个场景，这本身就是把细读文本、理解文本的任务交给了学生，在这样的任务驱动下，学生自然乐意画出他们心中的《变形记》。不仅要画，还要说，让创作者解说自己的作品，寇老师说这个环节是要兼顾一些不太擅长画画的同学。其实我觉得这一任务的设置真正起到了一箭双雕的作用，它不只是兼顾，它还是引导学生再读文本，熟悉情节，分析人物形象的一个过程。最后给编辑部写建议信这个环节，我认为真是绝了，学生通过对插图的颜色、线条等方面的思考与建议，最终在不知不觉中完成了对文本主题的认识，这才是真正的"润物细无声"，真正的任务驱动式教学，真正地把课堂交给学生。

这次同课异构活动让我收获满满，我不仅看到了现在的我在教学活动中存在的不足，也对我未来的教学有了一定的规划。寇老师给我们带来的不仅仅有课堂改革的理念，更有树立终身学习的理念。尤其是听了老师《以教师阅读带动学生阅读》的讲座，我不禁感叹：寇老师就是一个行走的"期刊库"！也是在这时，我才真正意识到教师阅读的重要性，才知道真正扎实的备课不能只靠一本教学参考，应该借助各种期刊，这样才能拓展你的思维，才能让你的教学内容新颖而不失深度。

五

前两年，工作室刚开始运作阶段，所到学校我必定讲一节课；现在，我觉得应该把更多的机会让给中青年教师，所以，今年的活动我很少安排自己上课。到了最后阶段，因为师大附中两位老师不能前来民勤和景泰讲课了，多出来了空课位；再说，我要是全程不讲一节课，只是对同行们的课堂指手画脚，按我家乡骂人俗语说的就成了"画匠的妈——会说不会画"，未免有点站着说话不腰疼；再说，到了景泰，我不讲一节课，还真的内心深处总觉得有点对不起家乡同行。

正好，统编选必上册第一单元中国革命传统作品研习中的《别了，"不列颠尼亚"》没有老师讲，我就利用早晚时间备课。

我是这样备课的——

每天早晚把课文大声朗读一两遍，模拟自己就是现场新闻记者，满怀激情地向电视机前的听众介绍香港回归的情况；吃饭、洗漱的间隙，我就听"喜马拉雅""学习强国"平台上这篇文章不同的朗读。我既要做到抒发自己满腔的自豪与兴奋，又想着能让篇报道顺利通过层层审核见诸媒体……朗读、研读过程中的零星感悟，随时记在电脑里，就形成了《〈别了，"不列颠尼亚"〉原文及评点》。

每次到西北家乡讲课，我总觉得自己是被绑架了！应酬多而且时间耗费很长，席间所谈言不由衷、虚多实少……如果再被强制安排在C位，那可真是高风险地区了！

随着与家乡同行们日渐熟悉，我就逐渐有了反抗意识——给我一定空间和自由！

正式讲课前一天的7月10日晚饭，我们从江苏来的四位终于有一次机会可以一起吃一顿饭了！没有任何异议，我们都心照不宣地选择了米饭炒菜！什么三套车、醒面、碱面……总之都是面条！

我们边吃边聊，简单总结了此行的大致情况；饭后去民勤县人民医院做核酸检测。回到宾馆，已经晚上8点多了，我用几十分钟时间做好了PPT；翌日，7月11日，呈现给同行们。

课讲完了，用江苏一位名师的话说，那就是把遗体都捐献医学事业了——看上那块割那块，哪个部件有用尽管拿去用！我不能保证每一堂课都讲出精彩，但是，我能肯定自己备课的思路和过程是正确的！

我在民勤一中讲完《别了，"不列颠尼亚"》之后，一位同行微信留言：

每次看你的教学设计、听你的课，甚或只是看了几张PPT，都有一个很深的感触：这才是带着学生学语文！

我回复：每到西北讲一次课，我都觉得家乡的同行们与小伙伴们教学语文太累……

又见留言：同感！学生在语文课上不思考，或是没有思考的方向与动力！导致这种现象的根本原因，肯定是我们的课堂教学出了问题，语文课浮在表面甚至流于形式，学生哪有深度思考的快乐！

语文教师的备课，重在研读教材文本。精细研读教材文本，精准择定教学内容，精心设计教学过程，精彩课堂呈现，由之方可能带来精深教学反思。

以为备课就是做PPT，认为坐在电脑面前修饰打扮PPT就是在备课，这跟那些坐在考场上咬着笔杆、转着笔杆，边写边想边写作文的学生有什么区别？时间都花费在等、停、拖、愁上了——不怕慢就怕停。

PPT只是一种教具，对多数同行而言只是一种熟练操作；如果把备课看作就是制作PPT，可能本末倒置了！

但是，一次饭桌上我就听到一位中年女教师的备课感言——后来我联系她写成了文字（摘录如下；并恳请各位以良好的心态看待作者和引者）：

7月5日，星期三，晚上我根据备课思路独自完成了PPT的初步制作工作。7月6日星期四晚上，我把Z老师请到我家，和我一起就备课思路和PPT做了完善和修改。我们做完这些工作就到晚上11点了，我把Z老师送回家，回来又对PPT做了微调，并把PPT分别发给G主任、T组长、J组长，请他们帮我看看再有什么地方需要修改。

幸而有这些好同事的助力，在我备课过程中毫不保留地给了我很多建议，帮助我一起完善讲课思路，修改PPT。7月7日，一天的听课任务，看了很多，听了很多，给我启发也很多，专家评课环节，更是受益匪浅。尤其在听了寇老师对各位老师的评课后，深受启发。寇老师说张正燕老师的PPT制作最规范，最有益于学生视力保护，我就把张正燕老师的PPT拷下来作为参考，晚上继续修改我的PPT。下午评课结束，G主任给我们第二天上课的三位老师都打了电话，强调我们必须高度重视，相互之间要把课再说一下，课件上不要出现什么问题。一切的一切只为我们能够顺利完成这次高规格的讲课任务。为了顺利完成任务，J组长陪我们一起修改完善PPT到半夜1：30才离开学校回家，我的心里满是感动，我如果不能很好地完成明天的讲课任务，我都愧对我们这些优秀可爱的同事。所以回到家，我又继续修改我的课件，熟悉授课内容到凌晨3点，赶紧睡觉。躺在床上一时半会儿却又睡不着，迷迷糊糊到6点。起床，把课件再次发给T组长，让他给我把关。我是8：30上课，7：30我就到办公室，根据T组长的建议把课件再次做了微调，继续熟悉讲课内容。8：10到达录课室外候课，准备上课。（H老师《试卷讲评课备课过程》）

——是不是把备课环节颠倒了？备课重在备内容，或源于学情，就像试卷讲评；或立足文本细读深挖，PPT只是一种辅助手段，焉能用制作课件来代替备课！

从来就没有什么救世主，也不靠神仙皇帝；要创造人类的幸福，只有靠我们自己！——《国际歌》不会过时的，过去没有，将来肯定也不会过时。

语文老师的备课，主要靠我们自己！你在准备这一课的时候，你是对这一文本最有研究的人！同事不面对此文进行公开课教学，自然不会像你一样去深究细读。听听周边同事的意见，尤其是试讲后请教有经验的老教师，都是不可少的；但毕竟走上台前的是你自己。

仅就备课这个环节看，我家乡景泰二中的老师们有部分人已经心领神会了，正如景泰二中张正燕老师所言：

记得接到上课任务是在高考监考期间，坐在考场上监考的我已经开始惴惴不安，虽说有一个月的准备时间，但刚从高三一年讲卷子做题模式中脱离出来的我确实还没有进入新教材课文的授课状态，担心自己把握不到位、能力不足，把课上砸。但是任务已经安排下来了，与其盲目焦虑，不如着手准备。当天回到宾馆就抄写全文，准备先把文章背会，在裸读中找到授课灵感。监考三天结束，文章也背熟了，但是还是没有找到好的角度，文言文教学总是离不开寇教授说的老一套程序：作者背景介绍、文言字词逐段翻译、结构层次梳理、思想主旨总结拓展。如何才能把课上得生动新颖、体现新课程理念、通过独到的设计引导学生轻松愉快地学习，并且更加深入地把握文章，这许许多多目标在短短的四十分钟里又该如何取舍择定……

这将是一个巨大的考验。

监考结束我便在工作室里搜罗与《谏太宗十思疏》相关的论文，前前后后十来篇，有通过品鉴语言落实核心素养的文章，有以本文为君臣制衡样本探讨谏议传统的，有通过朗读因声求气、读中见旨的，还有只议论其避讳现象或寻找注释翻译错误字句的。通读完这些文章，得到了很多启示，也让我在裸读、背诵的基础上对文本有了更加深入的体会，对于授课方向也有了大致的择定。在这些文章中，提到最多的，是它作为一篇奏疏的劝谏技巧，也契合了单元核心任务"倾听理性的声音"。理性关乎思维、关乎技巧、关乎逻辑、关乎精神。

六

7月9日在民勤四中的5节试卷讲评课，相信同行们都有了自己的高见。我在今年2月份景泰二中同课异构试卷评之前，从来没有想过公开课还可以讲评试卷。上半年经过在张掖中学等校尝试，学校领导和老师们都觉得具有积极意义，虽说目前还不知道考试的具体数据，但几所学校今年高考都很辉煌。本来我们试卷讲评的出发点就是让一部分学生语文成绩提高8—10分，把学校平均分提升3—5分。

按原计划，我们的同课异构活动中并没有试卷讲评这个内容，但是我们团队到民勤正值周末，出于对家乡学校和几位同行热情的回报，我策划了利用周六上午半天时间在民勤四中开展一次试卷讲评活动。

感慨颇多！

试卷讲评不是对答案，不是报数据。答案可以印发给学生，班级之间小题分相差零点几的那些数据对学生个体毫无意义！关注学生个体，比始终把目光盯在班级平均分上更有实效。试卷讲评应以尊重学情的教学内容择定为前提，教学内容应该源自学生。试卷讲评课最好是更多地启发学生讲解分析，而不是老师讲解；是教给学生方法，而不只是答案；追寻学生试题卷，查看答题卷，更利于指导学生形成能力。分析学生典型答案，引导分析，方法得当，学生学习更有效。民勤四中一位很善于思考的同行发现了："值得思考和学习的是江苏南菁中学的张卓君、陈嘉英老师在讲课的前一天亲自阅卷，亲自查看学生的答卷情况，亲自进教室，了解学生最希望老师讲什么，以及答题最大的困惑是什么。最终张卓君老师选择了语言文字运用，陈嘉英老师选择了文言文阅读。他们的观念是试卷讲评讲什么由学生说了算，或者说是学生的答卷情况说了算；我们是老师说了算，答案说了算。江苏和西部在观念上的巨大差距终于让我们明白大水漫灌是一种高耗低效的自欺欺人行为，实在是要不得，必须剔除抛弃。"（民勤四中高培存）

最重要的知识是方法的知识，而不是知识本身。

高三复习阶段尤其是后续阶段，教学内容缘何而来？

南菁的两位老师用课堂做出了回答。

七

与往年比，今年的亮点也颇多。我在河西走廊最富魅力的城市武威建成了工作室，武威二中在承办活动中就是不一样！格局大，场面大；规格高，气势盛。武威派出的讲课教师也都表现优异，一整天的听课环节和后来的工作室揭牌仪式，都让我感觉到了家乡的温暖与厚爱。除了甘肃名校西北师大附中、庆阳一中参与，我所任职的南菁高中派出骨干教师讲课，完全成了东西教育理念碰撞、南北同行同台切磋的大舞台。

尤让我惊喜的是，家乡学校的领导们终于在吃饭问题上表现出明显进步！

午饭、晚饭一定是在承办学校食堂，一定是快餐而不是桌饭。礼节性接待只一次，缩短时间。连续十几天，没有人苦口婆心劝我喝酒；我也做到了始终滴酒未沾。

然，岂能尽如人意，唯求无愧我心而已焉。没有完美的课堂，也没有十全十美的教研活动，遗憾总是陪伴着成功。

因为兰州疫情，影响到整个白银市将原本7月13日的期末统考提前至11日举行——我们最后一站景泰二中的活动只得改变地方，放在了民勤一中举行——变成了在民勤举办了两场同课异构活动。

语文课怎样做到具有挑战性，如何引领学生贴近文本有阶梯性地研读，让语文课和学生语文学习呈螺旋式上升，而非直线推进、版块拼凑，是我这几年一直关注和琢磨的一个问题。虽然我一时没有能力用语言文字表述出来，但是我一直在努力，试图用课堂证明之

我把准备好到家乡景泰所讲的课都毫无保留地留在了近邻民勤，也好，远亲不如近邻嘛！

八

在家乡河西几个地市连续多年组织同课异构活动，让我结识了一批优秀的同行，从教育局局长到普通老师，甚至几所学校的司机师傅。其中不少人都让我感激，如张掖中学教科室主任张勇、山丹一中梁超民主任、武威二中张开明主任、民勤四中魏育椿副校长等。

在张掖往返了数十次，不管是教学活动还是吃住行，张勇主任全都能

一条龙搞定，而且绝不会让我有一种被绑架的感觉！仅这位兄弟的耐心细致和涵养，就让我愿意多跑几趟张掖！

我一直觉得，所到学校再也没有碰到像张勇这样好同行，最近的两次活动，让我发现：山丹一中的梁超民主任绝不亚于张勇！谦虚低调，细致周到，勤奋好学——在陪同我活动的过程中，见缝插针，总希望我能够把未能讲给大家的那些"真经"讲给他听，其实，哪里有上了台还留着一手的运动员和演员呢！

今年的武威二中之行，我又发现了一个好兄弟：张开明。别的且不说罢，单就凉州宾馆送别我们时，对中巴车司机师傅说的那几句话，就颇有烛之武之风范——语文不是白学的啊！

我之所以愿意在民勤这个被沙漠包围着偏僻县城奉献时间精力，一定程度上因为民勤四中的副校长魏育椿。他不是语文同行，但是微信留言措辞精准、态度诚恳、言传深情——真的让我们有的语文教师汗颜啊！人家一个数学老师，从遣词造句到标点符号、行款格式都规范严谨！我们的语文同行，提交的教学反思连标点符号都错误百出，文章结构更是一锅糨糊……凡魏育椿提出的要求，我没有否定过！6月27日，正在从兰州赶往平凉的汽车上，我收到魏校长的微信："……还有个不情之请，教育局邱局长和我校石校长委托我向您提个请求，想请您给我县教育行政干部和全县语文教师做个关于推进阅读教学的专题讲座，能否在7月8号或7月9号的活动中穿插安排……"魏育椿总是能够很准确地传递给我家乡近邻民勤县那位具有浓厚教育情结与家乡情怀的教育局局长邱振国的需求，总是能够很精炼简洁地转达给我民勤四中那位实实在在振兴沙漠之县教育事业的校长石振业的紧急渴盼之情……我们之间年龄相差悬殊，他出生时我已经参加工作好几年了；也并非相同学科专业，但在对接工作上总是无缝衔接。按常理，魏校长发微信要求另做一场讲座时，我已经出差好几天，不是在讲台上，就是在各种交通工具上，是来不及准备的；但是，就算只是为了不让魏育椿挨领导批评，我也要把这个任务接收下来！任务完成结果的评价好坏，是能力水平问题；是否投入真心去做，肯定是态度问题。我就勇敢地接受了这个任务，利用出差时期高强度工作的早晚时间抓紧准备，遇到需要的资料，与徒弟微信视频，请他们到我办公室台式机上给我发送……到民勤的当天上午，我在宾馆里准备好了魏校长的这份作业！并且喜出望外的是，我顺便把这几年的阅读作了一次比较彻底的梳理与整理，于人于己都百利而无一害焉。

更令人惊喜的是，我在民勤讲完后觉得有很多遗憾，没有突出重点，未能完全领会民勤教育局局长和校长们的精神……毕竟是第一次讲，时间也仓促；正在我"悔不该手执钢鞭将你打"时，我们从山丹开始的同课异构活动相关报道被酒泉的同行们看到了，我猜测是具体业务部门向领导反映了，酒泉教育局局长亲自给我打电话："哎哎，寇老师，听说你在张掖、武威呢……你咋把真经都传授给民勤人了？我们酒泉是最早建设南菁高中名师工作室的，你能不能来酒泉讲一次……"

——当个普通老师嘛，工作上听校长的，服从上级领导，以大局为重；在家按掌柜的吩咐去做，西北人所谓"纳粮纳草不怕官，孝敬爹娘不怕天"也！我就利用在嘉峪关探亲的几天时间，再次补充修改完善了这个讲座的内容，胸有成竹地去酒泉啦！

民勤没有天下人，天下有的是民勤人。民勤同行们多是外粗内细，朴实憨厚的外表下深藏着一颗颗灵巧秀气的热心肠。不信？请看民勤一中副校长潘竞孝在我们所有活动结束时的精彩致辞吧——

尊敬的寇教授、各位领导、各位嘉宾、各位同仁：

喜看稻菽千重浪，遍地英雄话骄阳。去时情景犹在，今日风景依旧。在这骄阳似火、麦浪翻滚、瓜果飘香、孕育着丰收和希望的热情洋溢的日子里，江苏名师寇永升民勤工作室课堂教学观摩研讨活动在我校隆重举行。首先，让我们对寇教授及其团队莅临我校开展同课异构教研活动表示热烈的欢迎！

同课异构，是智慧的碰撞、沟通的桥梁，是相互交流，相互学习，双向赋能、长善救失、取长补短、共同提高的有效手段。前边，来自江苏南菁高中、武威二中、张掖中学、民勤四中、民勤一中的五位老师为我们呈现了五节精彩的课堂教学，寇教授又身先士卒、亲自垂范，为我们奉献了一节高质量示范课和精彩的课堂点评。

作为教师，寇教授的心是热的，他热爱教育，情系家乡，虽身在江苏，但一直关心、眷恋着家乡的教育，于百忙之中，在千里之外，仍能为家乡教育事业的发展出谋划策，筹划活动，牵线搭桥，其精神令我们敬佩而感激！作为教育专家，寇教授的情是真的，为了家乡教师的成长，他始终坚持问题导向，每节课他都认真听讲、专心记录，用心记录每一位教师课堂教学的点点滴滴，他用苛刻的眼光审视着每一个授课教师的每一个环节，高标准，严要求，不虚伪逢迎，不逢场作戏，说优点，一字千金；讲不足，一针见血。寻瑕伺隙，以求救过补阙；补偏救弊，力求尽善尽美。因为他坚信，见微知著，痛定方能思变；零敲碎打，百炼才能成钢。这就是一个长者的情怀、前辈的气概。精彩的课堂演绎，精辟的教学点评，给我们留下深深的思考和无尽的回味：语文课如何去教，大语文教学理念如何去体现，语文核心素养如何落地生根，教师的主导性、学生的主体性如何实现，任务驱动型学习策略如何实施……五位老师及寇教授用生动的实践给我们以启迪、以思考、以感悟、以自省、以自警、以自励。

烈日炎炎，教诲满怀；时光太短，收获满满。我相信通过这次活动，必将为我们持续推进新课程改革、优化课堂教学、促进教师专业发展、助推教育教学质量的提升产生积极的影响。

最后，让我引用今天课文中的一句话结束这次活动："反思，是面对灾难的应有态度；改变，是面对问题的最好回答。"（本次同课异构教材选必上册《在民族复兴的历史丰碑上——2020 中国抗疫记》）

再次感谢寇教授及其团队的辛劳付出！

感谢各位同仁的支持与惠顾！

今天的大会到此结束，谢谢大家！

甘肃省武威市民勤县第一中学副校长潘竞孝

2022 年 7 月 11 日初稿

2022 年 8 月 25 日修改校订

受益者·收藏者·作者·批评者

　　我由两年制大专学历，从西北偏远小城走上讲台，三十多岁引进到长三角；从薄弱学校起步，到任职于江南百年名校；从普通教师成长为江苏省特级教师、正高级教师，并非哪一所大学培养了我，亦非某位名人提携了我，客观地讲，是语文教学期刊培养了我，尤其是根植于西北的《中学语文教学参考》（下文简称《中语参》），对于我这位从西北走出来的语文教师，其意义是非凡的！

受益者

　　我走上讲台是 20 世纪 80 年代初，任职于西北偏远地区的甘肃嘉峪关市一所薄弱学校，除了课本与教学参考书，基本没有其他资料。《中语参》就是我最重要的备课参考。1984 年第 3 期开始分栏目，其中的"教材分析研究"栏目是相当实用的教学参考资料，"古代汉语"栏目的文章就是我专业进修的主要读物。到了 20 世纪 90 年代，《中语参》每一期的"答疑释难""备课参考"是我主要的备课资料，很好地弥补了教参之不足。我从任教之初就能够把语文课讲得有滋有味，深受学生喜欢，教学成绩优秀，而不是停留在对课文的段落划分、中心思想概括、写作特点总结，没有止步于对教学参考书的搬运贩卖，主要是得益于《中语参》。因为《中语参》，我的个人专业成长与发展稳步有序，两年制大专学历，教了六年初中后通过成人高考进入省城脱产进修，完成了学历提升，成长为一名高中教师；三十多岁评到副高职称、市级学科带头人、省级教学能手，为引进江南、进入重点中学打下专业基础，为在长三角腹地教育发达地区胜任工作铺平道路。在江南名校，也因为坚持订阅《中语参》，在语文教学专业领域积累日渐丰厚，才成长为江苏省特级教师、正高级教师……毫无疑问，在《中语参》的

成千上万读者中，我是受益最多的一个！

现在我不再需要省吃俭用订阅教学期刊了，担任百年名校的图书馆长，学校每年花费几十万元用于图书资料购置，但是我依然坚持自费订阅《中语参》等。在我看来，教学期刊就得自己订阅，自己的可以随手批注圈点涂写吐槽，自己收藏的才是我今生今世语文教学的证据。唯有自己订阅，方才珍惜，方可更受益。

收藏者

第一次看见《中语参》是高中读书时在语文老师的办公桌上，记得是1981年上半年的几本。当年秋季，我进入高校读书，在中文系的资料室里看到了几十本《中语参》；年底，我从每月22.5元生活费里挤出了几块钱订阅了翌年的《中语参》，那时候每期定价0.28元。

参加工作以后，每月有了72元钱的工资，但是那个年代许多人的工资只能解决温饱问题，像我这样从农村出来的人，需要省吃俭用接济农村的父母与兄弟姊妹——20世纪80年代广大农村包产到户之初，甘肃中部干旱地区浇灌农田的水费、照明电费和学生学费是每个农民家庭的三大负担。将近十年之间，我每年省出一个月的工资订阅包括《中语参》在内的语文教学期刊。

身边的同事也有订阅的，学校图书馆也象征性地每学科订阅一两种，但是都未能保存；我是从一开始订阅就收藏的。每年的腊月里，当年的12期刊物都收到了，我便手工装订成册，包上牛皮纸封皮，写上刊名、年代等。2001年暑假，引进到无锡时，我把家里的电器、木质家具甚至

厚重的棉衣全都送给了弟弟妹妹们，但是把二十年中订阅的上千本教学期刊花费大代价集装箱托运到了江南。从堆在地上，到买了房子、打了书柜存放；从存放在家里限于个人使用，到学校图书馆辟出专门场地存放，以供更多的语文同行使用——目前供职的江苏省南菁高级中学是我任职的第四所学校，2017年暑假通过"暨阳英才计划"来到这所百年名校，杨培明校长对我收藏的语文教学期刊和百年母语教材如获至宝，派了一辆卡车、数名工人，冒着盛夏酷暑近40℃高温，到无锡家中把我收藏的所有

语文教学期刊拉到了南菁高中，在图书馆三楼给我一间四十多平方米的办公室，按照我的要求订制了专门的书柜，让我存放《中语参》等刊物。随着时间推移，我收藏的教学期刊越来越多，最近，南菁高中正在筹划随着新南菁书院的建成，把两百多平方米的原"明远书屋"（杰出校友顾明远将自己上万册图书捐赠给母校而建）改做"中语文教学期刊陈列室"和"百年母语教材研究陈列馆"。

这是第一种方法：收藏纸质刊物。

订阅《中语参》之初，我就在用资料卡片手写整理目录索引，两个卡片箱——20 世纪 80 年代以前的手推油印机盒改制而成，从 80 年代的全日制十年制高、初中语文课本，到 2000 年代的普通高级中学教科书，每一篇课文我有至少一张资料卡片，备某一篇课文时，我按图索骥，很快就能找到《中语参》等刊物上的参考文章，节省了大量时间精力，让我的语文教学如虎添翼。

这可视为第二种收藏：整理资料卡片目录索引。

随着电脑普及，我把手写目录改为动态整理电子目录索引——每收到一期《中语参》我在阅读之余，按照教材文本整理目录索引，盘活了几乎所有过刊，不仅可以备课参考，尤其是在写教学论文时，一看我收藏的目录索引题目就知道哪些内容人家已经写过了，不仅方便我个人使用，在团队建设和工作室建设中发挥了非常重要的作用。我带徒弟，帮助身边的同事备课、上课、写论文，组织各地工作室的中青年老师们开展教研活动，分配好教学任务之后，提供给同行们的主要教研参考资料，就是目录索引。我对徒弟和各地工作室成员的要求就是每年订阅两种以上教学期刊，其中必定包括《中语参》，也正是因为《中语参》，工作室的中青年老师们得到了很快的成长和进步。

这可以算是第三种收藏：动态整理目录索引电子稿。

作者

没有不读文学作品的作家，没有不看体育赛事的运动员、教练员；同理可得，也应该没有不订阅教学期刊的教师，尤其是应该没有不做读者的作者。我近十年在《中语参》发表了二十多篇文章，我指导的徒弟、身边的同事和各地工作室的成员发表了五十多篇论文，无他，唯《中语参》的铁杆订阅者而已！五十年世事沧桑，《中语参》的编辑们换了一茬又一茬，从我的父辈一代到现在比我年轻的编辑，我不可能都认识而且有交际，就算是近些年有了微信、QQ，但是，与很多编辑也只是有云端神交而未有机缘谋面。

我由《中语参》的订阅者，成长为作者，并且作为读者的时间多于作为作者的时间，没有二三十年粉丝般的读者经历，一个普通老师很难摇身一变成为核心期刊作者的，毕竟我们都不是崂山道士。

可是，令人遗憾的是，今天有许多年轻的同行们，不想经历作为读者的专业积累，就想通过各种关系成为作者——如果你的想法成为现实了，可能《中语参》也就不成为《中语参》了！

要想成为作者，首先得是她的读者。我是从《中语参》的读者成长为作者的，我感恩《中语参》的引领与陪伴。

批评者

我们没有上场踢球的本领，但我们可以侃球；我们不能登台表演，但我们可以是票友，我既是《中语参》的读者，也是作者，更是一个批评者。

我的许多论文是因为批评《中语参》而产生的，而发表的。远的暂且不说，《中语参》上旬刊2021年第11期刊载的张文宽老师《〈项脊轩志〉的一物传情艺术》一文称："祖母平时常来项脊轩探望归有光，甚至拿出归有光祖父上朝时用过的笏板来激励他……"我立即核对统编版选择性必修下册注释，查阅一纲多本时代苏教版、语文版、粤教版、鲁人版、北师大版等入选《项脊轩志》的教材，翻阅比较权威的《古文鉴赏辞典》，结论都是："太常公：指归有光祖母的祖父夏昶。昶字仲昭，昆山人，明成祖永乐进士，曾任太常寺卿。"无疑，赠象笏之人为归有光祖母之祖父，而非归有光之祖父——于是，我的批评就开始了：作为国家级学术期刊的《中学语文教学参考》，出现这样的低级错误实属不该。如果是作者疏漏，编辑有责任发现并予以纠正；若是编者的错误，则表现出对读者不负责任，对刊物不负责任——我的批评没有针对语文教师的作者，而是针对《中语参》的编辑。令人欣喜的是，《中语参》的编辑们大多具有西北人的豪爽、耿直、豁达与朴实，我的批评文章几乎一字未改，刊登在《中语参》2022年第5期上。

我对《中语参》的批评不限于她所发表的文章中出现的上述类似错误，还有具体而微的许多地方，编辑往往对我的批评很快答复并表示感激，听说还因为我的批评进行过自查式整改！作为一个几十年坚持自费订阅、收藏全国几乎所有语文教学期刊的业内同行，我可以很负责任地讲：《中语参》是语文教学刊物中最乐于接收读者批评的。不像有的刊物，让读者订阅 2021 年刊物的启示竟然是复制了 2020 年的内容，连时间年份都懒得改动一下；也不像有的刊物，听不得读者批评意见，一点文学人的儒雅都没有！

《中语参》，扎根语文领域，面向中学教学，注重给一线教师的教学参考作用。50 年初心不改，50 载砥砺前行，对语文的参考价值，对中学语文教学的参考价值，对中学语文教师的参考价值，都是无可替代的。

愿未来的《中语参》，越来越"语文"，越办越"中学"，越发展越"教学"，更能日益显示出"参考"价值！

感恩《中语参》的引领与陪伴。

2022 年 6 月

后记：

2022 年 6 月，因《中学语文教学参考》50 年刊庆约稿而作，刊载于该刊 2022 年第 9 期。虽已公开发表过，作为我"语文情"的重要见证而破例收入文集。

2022 年 8 月 25 日修订

171

赠永升兄

玉门边城锁大漠，

春风又绿莲菜阁。

万千桃李江南事，

人间正道如君说。

张海州作于书写
2022.10.4

日 子

人生无非是由或多或少的日子组成。

日子无论多少，就长度看，每个人的人生其实只有三天：昨天、今天、明天。

在我这有限的三天中，我不留恋昨天，因为那已经是过去的日子；也不空想明天，因为那只是未来的日子；唯有抓住今天，因为只有这才是眼前的日子：人生百年几今日，今日不为真可惜！给自己的肩头荷上锄犁，春天的日子里去耕耘播种，夏天的日子里去锄草施肥，金秋时节才能收获沉甸甸的稻穗。唯其如此，冬日，我们才有机会围炉而坐，细细盘点自己的一生……

留恋过去的日子，容易使人生活在当年之"勇"中，容易使人躺在荣誉与成就的功劳簿上裹足不前，昨日何其好！但是昨日毕竟已经过去了。过多地回味与留恋过去的日子，极有可能使自己的今日徒烦恼。

——像居里夫人一样，把属于昨天的荣誉奖章视作孩童玩具。

虽然我们在埋头拉车的同时，也需要时时抬头看看前方的路。但这一定不是徒有羡鱼情！一位诗人说，"梦里走了许多路，醒来还是在床上"，告诫人们不要在幻想里生活。空想或幻想明天的人，尽管也是对未来的日子进行设计规划；但是一定要建立在把握住今天的基础之上。明天连接今天，未来的日子是现在日子的延续。今天的日子充实了，明天就不会落空。

我不袖手空等明朝。我相信古人所言：我生待明日，万事成蹉跎。

——把握住一个今天，胜似空想无数个明天。

我们难以把握人生的长度，人生苦短啊；但是我们完全可以掌控自己人生的宽度，以宽度弥补长度之不足。

从宽度看，每个人无非就是面对别人的日子和自己的日子。

你的日子要你自己去过，"我"不能替代。无论是自己的父母、儿女，还是学生，我们都是只能陪伴一段时间，而这一段时间，在一个人一生的日子中是极其短暂的，也是非常有限的。

他人的日子，永远是他人的，我并不心生羡慕。临渊羡鱼，不如退而结网，别人的成功与幸福只是别人的。学习别人的优点，借鉴他人的长处，但是，他或她的日子只是属于他或她，不会属于"我"。他人的日子可能是平静的河面，我们并不知道水面之下的漩涡和礁石，并不知道人家的努力与汗水。冰心老人经历了一个世纪的风雨阴晴之后，才总结历练出来的那句话，永远有价值："成功的花儿，人们只惊羡她现时的美丽，然而当初她的芽儿，浸透了奋斗的泪水，洒遍了牺牲的细雨。"

也许我的紫葡萄会化为深秋的露水，我的鲜花亦不无依偎在别人怀抱的可能，但是，未来的日子一定属于我自己！

鞋子的轻重大小舒适与否，只有自己的脚知道。自己的日子，只有自己去过。

我不留恋昨天，也不空想明天，唯愿抓住今天——自己的日子要自己过。

后记：

这是一篇下水作文。阅卷中发现，面对"日子"这个题目，同学们多是在写记叙文，很少有议论性文章。我尝试写了一篇议论性文章，以给小伙伴们示范一二：我采用了并列性结构，从人生长度论述，每个人的人生只有三天：昨天、今天、明天，强调抓住今天，珍惜眼前的时光；再从宽度的层面论述，强调过好自己的日子，应该注重自己的努力。两者之间有一定的过渡衔接性语句，以使文章结构紧凑。在内容上，其实是化用了古人的几首劝学诗《昨日歌》《今日歌》《明日歌》，并且借鉴、整合了学过的课文《相信未来》等，避免了一些同学一写议论文就摆开架势，就大段大段记叙几个名人事迹故事的弊病。

——期盼和欢迎老小伙伴们拍砖哦。

2018 年 4 月初稿
2022 年 8 月 22 日修订

（第二辑）语文情

管我的人

管我最多的人，莫过于父母。

当我背着行囊离开家乡到一千多里之外求学的时候，我自认为摆脱父母的管束了，记得当时很是激动了一阵子。大学毕业，又到了距家乡两千多里的地方工作，挣上工资了，生活独立了，我觉得是彻底摆脱父母的管束了……

单身生活，自由自在，一个人吃饱全家不饿，没有人管我，那些日子真是天马行空……

谁知好景不长，成了家，岳父母又把我当孩子来管。

十数年前的一次春节，我陪同岳父母前往杭州游览。旅行结束前一晚，我让两位老人在宾馆休息，我说我去买车票。岳父用陕北话叮嘱我："你咋路上小心，口袋里的钱一定要装好，别丢了；身份证什么的，千万不可叫小偷摸走了……"岳母说："你咋能找回这里吗，别坐错车走丢了……"

我在心里暗暗地发笑。我会把钱丢了吗？我怎么会把公交车乘错了？我把你们带到这里来的，我哪能找不到这里呢……但是心里暖暖的。一个女婿半个儿。岳母亦母，半子即子。长辈疼爱，有人关心，总是一件好事嘛。

不多时间，顺利买好票回到宾馆，岳父母很高兴，我拿出车票给他们看看，就顺手装进口袋了。寒暄了几句，刚转身要离开，岳父说："我看，你还是把车票给俺保管，装在你身上小心丢了……"老人家显然是思考了好长时间才说出来的，不是突如其来。

乖乖地把车票交给岳父，回到房间，我一个人躺在床上独自发笑——我都奔四之年了，在古人眼里，已经是不惑之龄了。可是，岳父母还在像管小孩一样管着我。

这件事，我一直当作笑话讲给亲戚朋友和学生们听。前两年，妻弟夫妇来度假，我把这个笑话讲给他们和他们的孩子听，三人哈哈大笑……

我想，这个笑话，肯定被我岳父母听了去了。一直在揣测，他们会怎么想……

今年春节，岳父母又一次来江南过年。几年不见，他们更加衰老了；当然我更加长大了，我想他们可能不会再像以前那样管我了吧。

利用节假日，我开车带着他们在附近几个城市游玩。每每出车，岳父必坐在副驾驶座，像当初学驾照旁边坐着的师傅一样，时时提醒，处处管我："你咋慢着点儿……别超人家车……红灯了，没看见啊？……你没打瞌睡吧？你要是累了，咋我们停下休息一会儿……"年近八旬的老人了，只要车轮子一转，就要目不转睛地盯着道路，显得他比我还紧张劳累……

我每次出车，岳父必说："你咋开慢点儿，别闯红灯啊，注意自行车和电瓶车……"岳母必言："早点儿回来啊……"两个人轮流"管"我几次三番，我才能出门。

岳父母还没有乘坐过动车。正月初四，我买了远途动车票，让老人去走亲访友散散心。

数日之前，我就把车票交给妻子，她一路陪同着去。

开车送到车站，临下汽车，妻子说："爸，你把车票掏出来吧，检票方便……"

我以惊诧的目光询问妻子，她无奈地苦笑。

几天后回家，妻子偷偷地笑着对我说："老爹一定要把车票装在他身上，说我会丢了。过年前就把车票从我手里拿走了！老妈还在一旁附和，'就是、就是嘛……'到了检票口，老爹从最底层的贴身衣服里掏出他那个手帕包裹，经过了几层才展开，才拿出来，后边的人催啊催啊……你以为我爸妈只管你啊！"

岳父母一直这样管着我，当然也是如此管着他们的女儿。

在父母的眼里，子女永远是孩子，跟你的年龄、职业、学历、身份都没有关系！我们永远是孩子，他们总是要管我……

可是天下除了父母，谁还会如此管着我们呢！

2007 年春节

后记：

给学生的作文题目是"管我的人"，大多数学生只能写写班主任如何如何"管我"，选材思路比较狭窄，主题思想同质化现象很严重。

正好过年的时候岳父母从遥远的西北家乡来江南，我在陪同游览时候的一些细节，正好契合这个题目，我在办公室里数十分钟完成了这篇下水作文，既给学生们做了示范，也锻炼了自己的写作能力，后来还发表在作文教学刊物上。

语文教师，一定要善于、乐于写作，哪怕只是给学生下水示范。

2022 年 10 月修订

这个时候……

士穷乃见节义！

这个时候，我们穿越千百年的历史风尘，依然可以看到一个知识分子的心胸气度乃至节义。

同为诗人，同被贬官，同病相怜，柳宗元与刘禹锡。

当得知友人被贬到非人所居的播州（今天的贵州遵义附近），大概彼时这里还是极其不开化的边远少数民族地区，这个时候，柳宗元大喊一声，声泪俱下：刘禹锡贬谪之地条件过于艰苦，禹锡有老母健在，万无这样的道理，让刘禹锡带着八十多岁的老母前往万里之遥的贬所。是刘禹锡因错被贬，其母非有罪也……

这个时候，柳宗元挺身而出，愿意拿自己贬官之地与朋友交换，只因他的贬所路途稍近，条件稍好。

柳宗元非不知此表奏一上将会惹来更大的麻烦。但是，这个时候，他已将个人的得失荣辱置之度外，"虽重得罪，死不恨！"

这个时候，柳宗元虽仅四十七岁，却已将大写的"士"与"节义"刻写在了自己的墓志铭上！

如果说柳宗元仅止于为朋友之情仗义执言，两肋插刀，那我们把发黄的纸张再翻到他的同代人韩愈。

皇帝老儿迷信佛教，修路盖庙，拆迁房屋，侵占田地；官、工、商、农各业百姓舍物捐款，想来执行过程中不无强行摊派，劳民伤财，百业受损……江山是李氏江山，社稷非你韩愈个人所有。你，皓首穷经，科场拼搏，才求得一介小官，离家迢迢——千里路上做官，只为吃穿——领取薪俸养家糊口而已，关你甚事？！

但是，这个时候，你却一封奏折送上九重之天。

进谏就进谏呗，开始你还心平气和，平心静气。上古无佛，帝王高寿，国泰民安；汉代，佛始入中国，乱亡相继，运祚不长……可是，韩愈啊你就是韩愈。当想到自己亲眼看见，百姓"焚顶烧指，百十为群，解衣散钱，自朝至暮，转相仿效，惟恐后时；老少奔波，弃其业次"……这个时候，你就言辞激烈，笔底波澜，胸中块垒。你这不是把皇帝当作进

（第二辑）语文情

谏的对象，而是当成了批判的靶子。

圣上你怎能无故取朽秽之物？"枯朽之骨，凶秽之余"，"投诸水火，永绝根本"……这个时候，你已经不是一般意义上的进谏官员了，你仿佛成了为民请命者，再也不把个人利害放在心头，"佛如有灵，能作祸祟，凡有殃咎，宜加臣身"而并不怨悔！

这个时候，我们还可以认为，韩愈只是个冒死进谏的文人吗？！

或许你还有理由这样认为。

那封《论佛骨表》的奏章早晨递上去，傍晚，韩愈就真的殃咎加身了——夕贬潮州路八千！今天，我们从中学课堂"知汝远来应有意，好受吾骨瘴江边"的琅琅书声中都能体会到，韩愈这个时候的心情比那秦岭横云、蓝关雪拥的现实更糟！

但是，士穷乃见节义。贬所潮州的现状比韩愈的心情又更糟！

这个时候，韩愈早已把个人恩怨得失抛到了九霄云外。他立刻调整自己的情绪，不再把自己当作一个贬官，而俨然朝廷命官，为民做主。兴水利，办教育，除鳄鱼，释奴婢……八个月的贬官潮州经历，韩愈，你干成了四件大事。这个时候，韩愈，你已不再是走马灯似的潮州地方官员，而是升华为潮州这片江山的主人！一千三百多年过去了，潮州，一片江山尽姓韩。

这个时候，我们还能……

千百年又过去了，岁月又把另一位"穷"到至极的"士"推向了节义的巅峰。

昨天的钦差大臣，禁烟英雄，一夕之变就沦为阶下囚，发配新疆，充军伊犁。这个时候的林则徐，以羸弱之躯，九死一生，好不容易到了贬谪之地，你不好好享受皇上不杀之恩，却开垦荒地，兴修水利，甚而至于捐出自己的私银。你为清政府新增六十九万亩耕地，充实了府库，巩固了边防……而此时的你，竟依然是罪臣之身，只是行忠臣之事罢了。

途经哈密，路遇百余官绅商民跪地不起，拦轿告状——哈密土王霸占辖区所有土地煤矿、山林果园菜圃，汉维群众竟无寸土可耕，就连朝廷驻军修缮营房拉一车和泥巴的黄土也得向土王交纳几十文税钱，老百姓家里死了老人埋入黄土也得上交银两……天高皇帝远，哈密土王大肆截留国家税收，横行数十年竟无人敢管！

这个时候，林则徐，你以罪臣之身，竟勃然大怒，拍案而起：咽喉要地，边防最重之区，皇舆一统之内，圣恩并育之中，焉能如此无法无天！

这还不够，你还要维稳，张贴布告，刻成石碑，立于城关大道之旁，使众目共瞻，永昭遵守……

这个时候的林则徐，你的身份已不再是罪臣，反倒成了百姓心目中的功臣，成了历史教科书里的功臣。

你要离开了，各族群众奔走相告，万众感激，依依不舍，祝福声声……

士穷乃见节义。

我们今天的"士"，多已不再"穷"；然，堕落者有之，推波助澜者有之……

这个时候，我们更加仰慕历史长河中的这些"穷士"！

今天，我们更缺少这样有节义之"士"！

后记：

写作材料的来源无非三个方面：个人生活感悟、社会见闻感受、阅读理解思考。就个人生活感悟而言，因人而异。有的人感情细腻，观察细致，对世相人心的思考较多较深，也可以说是多愁善感型。我们同学生活在校园的象牙塔里，对社会了解相对较少，而且见解也不一定深刻。写作是阅读下的蛋。中学生最拿手的材料来源首选阅读。课本中的实例，阅读过程中的积累，可能就是独家材料，拳头产品。比我们考前手捧"中学生作文材料大礼包"之类书籍临时抱佛脚可能更有实效，比我们考场下笔"屈原岳飞文天祥、瓦特居里爱迪生"的雷同、千篇一律、万能论据肯定结果不同。

本文中的三个材料，柳宗元的材料来源于苏教版选修教材《唐宋八大家散文选读》中韩愈的《柳子厚墓志铭》。可能有同学会说，这篇文章老师没教，也没有要求我们自学。请同学们仔细想想，这个故事我们是否在哪里见过？《新编高中文言文助读》！

第二、三个材料，还记得《梁衡散文中学生读本》吧？《读韩愈》《最后一位戴罪的功臣》！韩愈的材料结合了《唐宋八大家散文选读》中的两篇文章，《祭鳄鱼文》《论佛骨表》。我在使用韩愈、林则徐的材料中适当地加入了一些现代社会生活元素而已。

这是 2019 年 3 月我给南菁高中创新班小伙伴们的下水作文——这个时候，他们正在学习苏教版选修教材《唐宋八大家散文选读》。

2022 年 10 月

我们不是单靠吃米活着

老师们、同学们：

我们活着必须吃饭，但活着并非仅仅为了吃饭；我们吃饭为了活着，但吃饭并非仅仅为了活着。

还记得《语文读本》上的那篇文章？

19世纪的俄国是沙皇统治下黑暗的农奴制时代。1825年，一批俄罗斯的贵族知识分子放弃了在豪华宫廷、舒适别墅、绿荫庄园的生活，在读书沙龙和青年舞会上开始议论民主、人权、自由、尊严，他们把同情的目光投向饥饿乡村和像骡马一样的农奴。于是，掀起了俄国民主解放运动，发动了"十二月党人起义"。于是有人开始困惑了：奴隶造反是想当奴隶主，而贵族造反难道是要当奴隶？

原因很简单，我们不是单靠吃米活着！

于是国外有了托尔斯泰，他想改革农奴制度，他想把自己的田地庄园分给农民，他想拿出自己的钱办学校、办社会福利院……尽管被家人不解，被世俗唾弃；但这正是托翁心中灿烂多姿的火种。于是中国有了朱德，他本来已经是旧军队的高级军官，身着绸缎长衫马褂，头戴那个时代时髦的瓜皮小帽，腰挎那时候最先进盒子枪；但是，他却来到井冈山，脚蹬草鞋，头戴斗笠，亲自下山挑粮，徒步行军打仗……还有了孙中山、鲁迅、周恩来，他们都放弃了舒适安逸的生活，都投身于艰苦卓绝的漫长斗争。

"这个世界不只有眼前的苟且，还有诗与远方。"

是的，正如巴金老人所言，我们不是单靠吃米活着，生活不能没有诗意和远方。

没错，夜幕来临之际，火光灿烂多姿，是最美最美的。

比取暖御寒，比可以烧出鲜美的肉食，另一种灿烂多姿、无与伦比的美就是像居里夫人那样，把一肩秀发剪成短寸，留给追求她的男生一个无情的后脑勺……在跌入风雅富贵的温柔陷阱，与不顾化学药品侵蚀、毁弃姣好容貌、献身科学实验之间选择了那个灿烂多姿而且最美最美的"蓝色的荧光"。爱因斯坦，谢绝和舍弃了总统宝座的暖和与鲜美，在 $E=mc^2$ 的田野间荷锄耕耘……因为他心中充满着科学世界那些灿烂多姿的最美火种。

请允许我再重复一遍：我们不是单靠吃米活着！

师陀笔下的那个说书人，始终没有说出那个"讨"，而是一个个"请"；始终没有脱下那件又脏又破的长衫，只是因为他的心中有一群灿烂多姿、最美最美的英雄好汉。语文课本里那个舞蹈的英雄张小赖，尽管衰老、病弱到仅剩下一副干瘪而可怕的躯体，但却仍抱着他的雄心，那就是维护小镇上"古旧的英雄气氛"，而这就是他的灿烂多姿的火种啊！

我们不是单靠吃米活着；不管是你，还是我，还有他，我们都需要心中有一个灿烂多姿的最美火种。

后记：

2019 年 9 月，南菁高中暑假作业检测作文题目：

阅读下面的材料，根据要求写作。（60 分）

勒内·托姆是法国著名数学家。有一次，他同两位古人类学家讨论问题。谈到远古的人们为什么要保存火种时，一位人类学家说，因为保存火种可以取暖御寒；另外一位人类学家说，因为保存火种可以烧出鲜美的肉食。而托姆说，因为夜幕来临之际，火光灿烂多姿，是最美最美的。

要求：从以下三个小题中选择一个做，不要套作，不得抄袭；不少于800 字。

1. 从材料中选择一个人物对象，以"我想对你说"为题，表达你的观点和想法。

2. 材料引发了你哪些联想和感悟，请围绕火种，写一篇演讲稿，拟面向本校师生演说。

3. "火种"也比喻潜藏的强大力量或强烈感情，过往与现实生活无不存在。请以此为题写一篇记叙类文章。

我和同事在编写作文讲义时苦于没有合适作为范文的演讲稿，于是我动手写了这篇下水作文。

——给学生下水示范，教师的职责。

我们识了那么多字，学了那么多写作知识、文学理论……难道只是聊天、发朋友圈？！

2022 年 8 月 30 日校订

为民勤语文人点赞！

前几年我在延安支教时，一次说起教师专业发展的路径之一是订阅专业教学期刊，一位中年语文同行抱怨说："校长没给咱订嘛……"我当时不假思索地反驳道："订阅教学期刊是自觉自愿的个人行为，如同花钱买书，是自己消费，可以收藏，是个人财产，为什么要学校订阅！"随后开玩笑说："校长没给你订一个老公，你不是照样嫁人生娃吗？学校也没有给你订购一个老婆，你不是也娶妻生子嘛！作为教师，连教学期刊都要学校订阅，才能使用，怕是指望小姨子给你生孩子啦……"这个故事在延安一中传为笑谈。

后来我到陕北一个地方讲课，交流中发现一个大市教研员分不清《中语参》和《语通》，不知道《语文学习》和《中学语文教学》……可想而知，他是怎样指导一线教师语文教学的……

2001年暑假引进到无锡以来，几乎每个暑假我都有至少自费参加一次培训：或者到全国各地听课，或者参加高校的教师继续教育……我结识语文教学期刊编辑几乎都是通过自费参加他们组织的教学研讨；几乎所有的教学期刊编辑都给我免除过培训费……开学期间，附近的各种教研活动，我大多是上完课后自己开车去参加；稍远一点的多是乘坐动车前往……好像我也没有因此而穷到哪里去！况且就算是领导想给我们签字报销，也有个制度原则问题，何必让校长为难呢！

与自费订阅教学期刊一样，参加教研活动是专业成长和发展的重要路径之一。这几年在多地建成了语文工作室，我对工作室成员的要求之一是至少自费订阅两种教学期刊；我在工作室的主要活动方式同课异构，是在课堂上进行碰撞；我建设工作室的主要目的是促进教师专业发展，提升课堂教学效率，提升语文成绩……

虽然我在江苏已经发展到头了，论职称我已经评到了正高级，说荣誉我已经是省特级，讲学术称号我已经两次评到大市学科带头人，但是，我不能是个空头特级、挂名教授、名不副实的带头人……我始终以不停地提升自己而教好学生为宗旨，并非只是输出，一味地讲课讲座，而是一直在提升专业能力，比如坚持自费订阅教学期刊，不间断地整理目录索引；比如坚持参加各种培训活动；比如长期坚持阅读专业理论书籍……

今年暑期，我从 6 月 23 日开始出差，听课、评课、讲课、讲座，十多个工作室，十几所学校，十几堂公开课，十来场讲座，连续四十天，上万里奔波……看到《语文教学通讯》组织部级精品课革命传统教育专题研讨通知，我还是在第一时间报了名，后来学校组织参加，我才有机会随队参加。同时，我积极推荐各地工作室老师参加这个研讨活动。张掖、景泰等工作室在学校支持下集体报名参加了，沙漠之县民勤因为条件有限，学校经费难以支持，或者说多次支持语文学科难以平衡其他学科等种种可以理解的原因，让民勤的语文同行们的热情遭到冷遇，当我正在试图通过个人努力（其实也就是恳求主办方以我的稿费抵消民勤同行的报名费）促成民勤同行能够参加这次活动时，收到了民勤工作室联系人高培存主任的微信：

民勤穷，学校更穷，教研经费有限！我们上报学校，学校让我们自愿参加！

民勤工作室包括一中、四中、职专，目前个人自费报名 21 人。大家的想法是每人 200 元，每人一个账号！

又加人了，太执着了！

已有 26 人报名，收款 5200 元！已银行转账给《语文报》社！

……

看到这些信息是在返回江苏的火车上，我建议高培存主任写成一段文字：

7 月 11 日，为期三天的寇永升民勤工作室 2022 年暑假"新课程背景下的大单元教学、试卷讲评暨教师阅读"研讨活动落下帷幕。7 月 14 日民勤县第四中学举行了庄严隆重的总结反思大会，会上魏育椿副校长发表了热情洋溢的讲话，石振业校长语重心长地阐述了教师的专业成长的迫切性和重要性。

7 月 18 日寇老师在微信群转发了《语文报社》、山西省教育学会语文教育专业委员会、《语文教学通讯》编辑部共同举办"部级精品课革命传统教育专题研讨峰会暨语文名师工作室学术联谊大会通知"，民勤工作室沸腾了。李述国老师第一个打来了电话要报名，接着又有几位老师打来了电话，有即将退休的老同志，也有刚入职的新同志。同行们的热情让给我有了些许的激动。

接下来的日子有点忙，也因为懒，我心里开始犯嘀咕，假期还是让大家好好休息吧。

时间在沉默中飞快流逝。

7月23日。李述国老师再次打电话询问报名的事，并且给我拿来了工作室自费订阅的《语文教学通讯》A刊2022年第7期，上面刊载了本次活动入选的部分精品课赏鉴文章，他提醒我好好看看。接连读了几篇文章后，我把封面和目录照片发到了四中语文组群里，同时发给了民勤一中的李世柏和民勤职专的刘兴荣两位老师。我当时的唯一想法是如果大家错过了这次活动，我的内心肯定会不安的。

如何报名又让我犯难了。文件上是团体报名3000元10个账号，10个账号以上，每增加一个账号，培训费增加200元，直播回看15天；个人报名培训费350元，直播回看15天。我们工作室涉及三所学校，情况各异，也不便管理。我和马维兵共同的想法是花最少的钱，办最大的事，争取一人一个账号。

7月26日早上，我给寇老师发了微信，他很是感慨，嘱咐我千万别错失了学习的好机会。中午我联系了组委会的李晋钰编辑，谈了我们的设想。李老师告诉我全国只有我们是个人报名，她需要请示领导。过了23分钟45秒，李老师给我回了微信：领导全力支持，200元一个账号。

7月28日下午5点，我把再三核对的报名信息表转发给李老师，并且通过手机银行将5200元报名费转到了《语文报》社有限责任公司的账号上。下午6点李老师为我们分配了账号，我在第一时间转发给了三位负责老师。

原本想着尽量低调，尽量缩小范围，尽量让每一个账号发挥最大效能。不想仅仅10分钟，电话再次响起，是民勤四中的陈燕老师，开口就是一肚子的委屈，她说因为她母亲要到银川做手术，一时没有定下来，所以没有及时回复，不想我们这么快就报完了，如果有机会要我一定想办法替她补报……

晚上9点，民勤职专刘兴荣老师打电话问我能不能再加一个名额，说潘金香老师想报名。过了十几钟，她又打电话笑着说马青老师也想报名。

挡不住老师们的热情，最终我们这个沙漠边缘县城有近三十位语文教师自费报名参加了这次教学研讨活动。

炎热的7月底，云端万里之遥，我与民勤的同行们在线上一同听课交流。今天，我冒着37℃高温，大清早来到办公室，趁培训开始前的几十分钟，赶急图快完成这篇小文——

为民勤同行点赞！

2022年8月25日修订

到离天最近的地方去……

早就思慕着雪域圣地，希望在今生今世能够一睹她的芳容。

随着年龄的增长，精力与体力逐年下降，再也不能像一二十年前在嘉峪关时期那样，几个语文老师都像亡命徒，攀登上海拔五千多米的七一冰川不算，还要在冰川露宿一宿，以全方位充分体验高原天气气候等。我这几年一直在策划着，要趁我能在高海拔地区自己直立行走之时，走一趟西藏，走一趟拉萨，我不能一下飞机或者火车就被送进医院！

延安支教期间，是最佳选择。去西藏，如果以无锡为出发地计算，到了西安，等于已经走完了一半行程，节省了一半时间，节约了一半车船费。

端午放假，加上周末，延安一中月考，我们支教老师刚从无锡返回西安，省却了西安到洛川来去七八个小时颠簸，真是一次绝好的机会！

可是，我这趟远行一开始就极不顺利，我的心情被全方位地破坏了！

从无锡到西安，特快竟然晚点！原本 15 日上午 9：20 到达西安站，结果晚了一个多小时。如此一来，到了西安，我就没时间吃饭、洗漱了。打的、地铁、专车接，中午才到达西安目的地——15 日下午在西安有半天工作。

匆匆吃了午饭，在长安二中高校长办公室洗了一把脸，换了衣服，就准备上课了。高中一节示范课《扬州慢》，初中一节示范课《乡愁》——两校之间有 5 分钟车程，但是两节课之间我只有 10 分钟。课后讲座近两个小时——我边讲座，边掐着表，分毫不差地在晚上 6 点之前结束讲座，晚上 20：25 西安到拉萨的航班。至少，我要提前 90 分钟赶到咸阳机场。从西安市最南边的长安二中到咸阳机场，小车至少 70 分钟。就算是顺顺当当，我也要今晚 23：45 分才能到达拉萨贡嘎机场（贡嘎机场到我的住宿地有多少距离，我还顾不上去考虑）。

不能预测我初到拉萨高原反应的程度，反正明天下午必须到拉萨江苏实验学校讲课讲座。

没有时间吃晚饭，长安兴国初中的校长让司机给我买了一碗 biang biang 面，等在会场外面，我一下课直接上车就出发了。在开往机场的高速路上我吃晚饭。面条全都黏在一起，变成了一大块，我用筷子一块块切开吃掉的。痛痛快快地灌进一瓶矿泉水——每次在讲座之前我都尽可能不喝水，讲座中尽量少喝水，不可能在讲座中途几百人等着我，我去上厕所……

急急忙忙来到咸阳机场，却被"抱歉地通知"，我乘坐的航班因前站天气而取消！

经过一个多小时的折腾，被大巴车拉到咸阳一家叫作"关中印象"的酒店。

不能抗争，那就接受吧。

好好洗个澡，美美地睡一觉，消除连日旅途劳累，不也很好嘛！

独自出门，买了几样陕西这个季节的时鲜水果，回到房间，美美地享受了一番，睡觉。明天早晨自然醒！

凌晨 4 点，房间里的电话铃骤然响起，"前往拉萨的旅客，请抓紧时间下楼，乘车前往机场，办理登机手续……"

没有早饭可吃，黑天半夜出发。凌晨 5 点多，又一次到达咸阳机场。航班信息显示，7：10 起飞。安检，值机。没时间去吃早饭。

可是在 8 号登机口饿着肚子等待了一个多小时，电子显示屏上打出了航班推迟到 9：15 的信息。我只好去找早饭吃，30 元钱，1 碗稀饭，1 个鸡蛋，1 个刀切馒头而已。

回到登机口，显示屏上又变成了 10：15，我只好在长条椅子上睡觉，弥补昨晚的瞌睡。

临近中午的 10：15，终于起飞了。经过三个小时的飞行，下午 1 点多到达拉萨贡嘎机场。飞越青藏高原时，晴空万里，荒漠、草原、雪山、冰川、森林、江河、湖泊、水库都十分清晰，我的情绪渐渐转移到欣赏高原美景……

这一趟旅行，真是不顺利到了极致！

但是，走出拉萨贡嘎机场的一瞬间，我所有的坏情绪都消失了，我的连日劳累都消失了，我的精神一下子为之一振。

你看，拉萨市第三高级中学的两位主任，一个手里拿着一条洁

白的哈达，给我挂在脖子上；一个怀里抱着氧气袋，递给我一瓶装水，提醒我喝两口水，可以缓解高原反应。两个人抢先接过我手里的行李箱和电脑包，怕我累着！旦清华主任迅速接上氧气管，让我吸氧；陈松鹤主任打开一支红景天口服液，让我喝掉，以防止高原反应……几分钟之内，连日旅途的不顺与不快荡然无存矣。

我感觉到了轻微的高原反应，这种感觉，我在甘肃生活十几年，是比较清楚的。

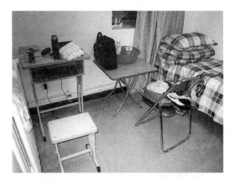

车行一个多小时，在半路吃了午饭，来到拉萨江苏实验学校，完成讲课任务。

晚上回到拉萨三中，走进安排给我的住处，心里非常感动——主人安排我住在一套教师公寓中的一间，褥子、床单、被子、被套都是新的，看得出来，是一套寄宿生用品。两个崭新的塑料盆，让我洗脸洗脚；两个塑料杯，让我刷牙、喝水；毛巾、牙膏、香皂、电热水壶都是新买的；一套学生课桌椅，让我方便工作——这真是比宾馆还体贴啊！

来到离天最近的地方，本来做好了最坏的打算，加上旅途的不顺，本应该压抑郁闷的心情，却因为高原同行们的体贴关心而感到了温暖与幸福。

翌日的课间操，我与拉萨三中的师生们一起来到学校田径场。

校园四周有三面都是巍峨的高山，南边的山顶上是皑皑白雪，尽管现在是 6 月份，长三角已经是炎炎夏日，但是离天最近的青藏高原上依然是冰雪近在咫尺。

广播响起，嘹亮而穿透力极强的藏族音乐。瞬间，全体学生按照班级排好了队形。人家的课间操是全校学生跳起了藏族舞蹈！背景是蓝天白云雪山，脚下是碧绿的草坪。少数民族学生很大方，没有扭扭捏捏，美到让人震撼！

我当时看得眼花缭乱，神魂颠倒，竟然忘记了拿出手机拍照或录像，直到现在都还很后悔。

中午到学校食堂去吃饭，走进餐厅时就听见熟悉的歌声，高亢嘹亮，撩人心魄，感觉才旦卓玛亲临了。我顺着歌声往里边走，在食堂的操作间里，终于看到了，一个女工一边高歌，一边干活。她双手握着水龙头在清洗地板，唱歌一点儿也不耽误她干活！我笑了笑，拿出手机拍照，她也不觉得不好意思。

藏族人，学会走路时就学会了跳舞，学会讲话时就同步会唱歌。此言不虚矣！

后来我在陕北的一些学校讲课，我看见小学和初中的孩子们的课间操是扭起陕北秧歌，是打起安塞腰鼓，让人心颤……

只有我们大都市的孩子们课间操是晒晒太阳，越来越多的高中学校的课间操演绎成了走过场，腰来腿不来，忸怩作态，看了让人感觉面前不是一群生龙活虎的青少年；让人遗憾，还不如跳广场舞的大妈……

2018 年 11 月

含蓄

不著一字，盡得風流。語不涉難，若不堪憂。是有真宰，與之沉浮。如淥滿酒，花時返秋。悠悠空塵，忽忽海漚。淺深聚散，萬取一收。

歲次壬寅冬月

楊永祿書

2013 年最后一天

——浙江丽水一位老师的微博

佚 名

2013 年 12 月 31 日，周二，晴。因周三是元旦，学校安排周二下午四节课后放假至周三晚。所以，周二下午没课的老师，有些是跟学生一样雀跃的：即使只有一天，因为跨年，似乎格外值得等待，又似乎格外有价值。我也一样。虽然周二对我来说，是一周里最繁忙的一天。6：40 进教室早自修，第五节自修坐班，中午 12：40 进教室管理午休，1：30 到 4：40 两节语文课，两节限时练。

许是为了纪念这 2013 年的最后一天，学校请来了江苏省锡山高级中学的寇永升老师来给我们做指导。上午第四节执教《伶官传序》，下午 1：00 与我们座谈，做讲座《我的 2013——课堂引领的教师论文写作》。

一想到下午讲座，我可能会因中午没休息而头晕眼花，心里有稍微的反感，又因为确实有些讲座听了效果较小却弄得人云里雾里，我在想：莫不是又借着假期出来赚钱的吧？但现在，我为这个想法深感惭愧。

寇老师人极朴素，课堂节奏精准，在探究文本、推敲文章用词方面做得极到位，语文的"慢"与"细"尤其值得我学习。

讲座主要讲了八点内容："深度阅读教材、研究教材，教材永远是我们取之不尽的源泉""课堂，永远是我们的主阵地""杖藜扶我过桥东——专业杂志给我带来什么""写作，是阅读下的蛋""指导学生学习语文"；"在班主任这块试验田里""语文老师应该写作"。印象较深的是他说：我手里有近三十年所有语文专业书刊，你只要告诉我你要写作的内容，我随时可以查阅相关的文章；我热爱班主任工作，我工作后一直在当班主任，我觉得很快乐；我是一个好丈夫、好父亲，好儿子，我曾经用轮椅推着、抬着行动不便的老父老母到杭州西湖边吃西湖醋鱼……我觉得教书是一件很幸福的事情。

当然，印象最深的是：余锦红老师问他西湖醋鱼多少钱一盘，他很认真地回答：98 元。他说每次收到稿费寄给家乡的父母，即使只有 1000 元，对他的家乡人来说也已经是巨款了，给他父母带来很大的荣耀。

我看到的是因为朴素，所以知足。因为知足，所以幸福。因为幸福，所以更加努力。简单和快乐让他这个年近五十的中年男人有一种孩子似的天真，这种天真，让人惊讶，更让人羡慕。或许抠住课文中的某个字词不放，并以此考证从而写成文章只是雕虫小技；但，雕虫小技能够坚持30年，又何尝不是大师了呢？讲座结束的时候，我很想留下来跟他交谈，但碍于思想的浅薄，惴惴然，走了。

各路大师里，这是我见到的最真诚、最以教师职业为豪的一位。

仅凭这，我向他致敬！

2014 年 1 月 17 日初稿
2022 年 8 月 23 日校订

夏天的邂逅

——寇永升老师印象记

甘肃省民勤县第四中学　高培俊

2021 年 4 月的一个中午，语文教研组培存组长过来问我，要在全县成立一个"寇永升名师工作室"，牌子挂在四中，先在一、四、职三个高中选一批骨干教师做工作室成员，我愿不愿报名。彼时，我尚不知寇老师的来历，培存介绍说，就是上次学校组织赴江苏考察学习时在南菁高中见到的那个"陇裔"苏派名师，学术方面厉害得很！想一想，此前也曾参加过校内和校外的一两个本地名师工作室，只是填个表也就完事了，大概此番也只是如此了了，加了就加了吧！

民勤的夏天来得早，说是四月底五月初的天，但夏的燠热却没有学会一点谦让，一股股热东风早早便吹掉了春的遮掩，给树木披上了绿荫的浓妆。学校召开会议，说是寇老师要来，将在我校举行"寇永升名师工作室单元主题多课型同课异构研讨会"和工作室揭牌仪式。石校长亲自安排部署，各处室分工负责活动的筹备工作。接待规格之高、安排之周密，实属首例！

寇老师第一次到民勤是在 2021 年 4 月 28 号，一起受邀作报告的还有陇原名师酒钢三中闫桂珍！两场报告座无虚席、掌声雷动。因为兼职办公室行政工作，很多时候我都是一边忙些具体的事务，一边有空才能进去听听。甚至因为安排几位酒泉来的老师购票乘车的事，竟连寇老师的示范课也没能听得上。后来听说他在上课时，安排了一个特别的环节，让学生走下讲台，以新闻记者的身份采访在场的闫老师、邱局长等听课老师。仅此一个环节，学生的拘谨就一扫而空，学习气氛立时活跃。此前几节课学生不配合、不发言的情形荡然无存！

听了几位领导的课后评论，更增添了我的遗憾。我想错过了课堂教学，不能再错过寇老师的报告了。于是，我放下其他活计，找了个地儿，静静地听了起来。印象深刻的是寇老师和我校的杨海青老师一起现场朗读郑愁予的诗《错误》：

我（你）打江南走过

那等在季节里的容颜如莲花的开落

东风不来，三月的柳絮不飞

你（我）底心如小小的寂寞的城

恰若青石的街道向晚

跫音不响，三月的春帷不揭

你（我）底心是小小的窗扉紧掩

我（你）达达的马蹄是美丽的错误

我（你）不是归人，是个过客……

仅仅是一个你（我）的加入，诗的意境立现：哀怨、忧伤而又深深地失望。杨老师是我校一位化学老师，平时喜欢在课余进行文学创作，这一次进入角色很快，朗读结束兀自意犹未尽，久久不肯放下手中的话筒。台下听讲的全县中小学老师，更是如痴如醉，为之倾倒，有好几位老师跃跃欲试，争抢着要跟寇老师合作，再作一次现场诵读表演。寇老师的兴致也很高，现场表演了《雷雨》中周朴园的一段台词。他对剧本特别熟悉，张嘴就来，那富有磁性的男中音仿佛把周朴园带到了听众对面，以至于现在，每次当我走进知味堂会议室，总感觉到耳畔回响着那一段对话：

周朴园：这是太太找出来的雨衣吗？

鲁侍萍：大概是的。

周朴园：不对，不对，这都是新的。我要我的旧雨衣，你回头跟太太说。

鲁侍萍：嗯

周朴园：你不知道这间房子底下人不准随便进来吗？

鲁侍萍：不知道，老爷。

周朴园：你是新来的下人？

据说他曾和学生同台表演过课本剧《雷雨》，并且在其中扮演周朴园这个角色。当时我在想，这两篇课文不要说再去讲解，单就是这样一读，其效果恐怕也是要胜出一般课堂许多倍。

我一直不知道自己留给寇老师的第一印象是怎样的；但是，想想第一次负责的接待工作确实做得很不到位。

那是在全部教研工作结束后，我和魏校长陪同寇老师一起去民勤沙漠景区"时光廊道"和摘星小镇。多年旅居江南，寇老师对大西北的黄沙感觉格外亲切。同时，没有了工作任务的压力，他也很是放松，一路上兴致勃勃、情绪高昂。早上7点左右，夏日的骄阳就如一匹脱缰的烈马，对着无遮无拦的大漠狂吐着火焰，只一会儿工夫，大家的脖子和胳膊就印上了一层深深的褐色。我和同行的魏校自不必说，长年在西北生活，皮糙肉厚，已经适应了这种紫外线特别丰富的毒日头。因为防护物品事先准备不充分，寇老师的面部和其他裸露的皮肤都起了红疹和水泡。当我们又饥又渴地赶到沙漠深处的一处"农家乐"要尝尝农家特色时，才发现这里只做羊肉和鸡肉。对西北人来说，待客之道以肉为上，但是直到菜（其实就是一个大盘鸡）上桌，才知道，多年的江南生活，寇老师的味蕾已经发生了很大变化：只喜清淡而非荤腻。更要命的是，那几天的辣椒正熟，大师傅就大大方方给放了一大把。这就太难为既不怎么吃肉又根本不吃辣的寇老师了，他只能硬生生用山药蛋就着苜蓿芽对凑了一顿，但他吃饭时"可以可以"的宽容和时不时有意无意的爽朗的笑，明摆着是在安抚我和魏校的局促与窘迫。倒是我们几个，害怕剩饭，专门挑肉吃，寇老师看了，也只能说，"能吃就好，能吃就好"。

转眼秋到，寇老师托人从江苏给我和泽文每人带来一件半袖衫。这于我是实在没有想到的：一是没想到寇老师离开民勤数月，还会记得我；二是带的这件衣服大小竟然正好合身，尺码跟家人平时所买衣服的尺码完全一个号。想想陪他吃的那一顿"辣肉"，与寇老师相比，我们的工作该是多么粗疏。其实，能把书教得好的人，又岂是只教好了书呢？曹雪芹不是早就说过"文章"和"学问"的最高境界了吗？

寇老师的记忆力特好，我代表民勤四中送他到景泰二中时就发现了这一点。满满一桌子人，不需要罗校长介绍，他便如数家珍，一一道明姓名和职务。如果说这是因为景泰是他的家乡，那么2022年正月初六的张掖之行，则更能说明他在"识人"方面过目不忘的能力了：王校长、李校长、郑校长，还有张勇、张大勇、宋莉娜、保继霭、侯芳梓……这些语文、非语文的领导或老师，他不仅能一眼认得出来，还能一口气叫得上名字来，甚至还能说得出备课组长张大勇和担任妇委会主任的杨雪梅老师是夫妻。

有一次，我校语文老师一起畅谈理念对教学行为的影响，为了考考寇老师的记忆力，大家提议由寇老师点名发言。结果除了新入职的王文婷，其他老师他竟然一个不差地叫出了名字。当时我就想，如果说，记住马维兵是因为一口"地道"的民勤话，记住连世斌是因为山丹县课堂上的那一件半袖，其他人会有哪些印记可以进入他的"内存"而不致紊乱呢。当有人提示坐在他对面的李会兰老师，是今年刚从补习班下来，这是第一次参加工作室活动时，寇老师说，我已经记住这位李会兰老师了。问其法，则笑而不宣。我在武威上学时，碰巧本班也有一个叫"李慧兰"的同学。武威人前鼻音和后鼻音不分，我们民勤的几个同学就故意学着武威腔背地里喊她"李灰狼"，因了这个事情，这位同学到现在还跟我们有过节。我想，寇老师不会也是采用这样的方式吧？待有机会愿闻其详！

加入名师工作室，最大的受益是我在寇老师的指导下上的四节课。

先是在校内推荐县级优质课老师。我抽到的课题是《赤壁赋》。为了确保课堂设计新颖深刻、万无一失，上课前一天，我向寇老师发去了求助信息。不料，寇老师神速回信，不仅发了一份命名为"《赤壁赋》(寇永升随时更新)"的课件，还打包发来一份有关《赤壁赋》的论文以及刊物名称、出版时间的清单。我快速入手，从近几年的《语文教学通讯》《中学语文教学参考》中找来几篇，找不到的又让儿子从学校知网上下载了几篇。就这样，临时抱佛脚，一夜通读十多篇文章，这些既不乏真知灼见，又有很强可操作性的文章，给我备课以极大启迪。思忖再三，我在赛前一刻改变了"乐—悲—乐"的传统情感分析法，而从"寄蜉蝣于天地，渺沧海之一粟"一句入手，先说苏东坡产生如"蜉蝣、沧海一粟"感慨的原因，自然引入写作背景介绍，以《自题金山画像》"心似已灰之木，身如不系之舟。问汝平生功业，黄州惠州儋州"一诗来了解彼时的心灰意冷和消极绝望。再到夜游赤壁的孤独落寞，继而由静观大好河山和人生世态转入自我慰藉和乐观豁达，终至"肴核既尽……不知东方之既白"的大彻大悟。这其中既有师生对苏东坡半生风雨坎坷的了解与感悟，更有苏东坡"归去，也无风雨也无晴"的旷达超脱的胸襟和超凡脱俗的人生理想给人的熏陶和教益。

这一节课，收获是多方面的。学生自不必说，单就是教师收集备课资料方面，我觉得寇老师就堪称一个活的文献档案馆，他保存有自20世纪80年代以来好多中学语文教学专业期刊的纸质版，现在更是拥有了更方便快捷的动态电子索引目录。怪不得他上课可以任由工作室所在学校

195

来选，任一单元、任一篇课文说上就上。在延安市第一中学支教期间，他的每一节课之所以都能是公开课，学校老师可以随时进入教室听课，原因皆在于他每一节都是"有备而来"！我也曾做过剪贴杂志的事儿，但一直有两点困惑：一是同一页纸正反面分写两篇文章，剪了后不知该贴在哪一篇课文的资料中，同时，把原本的资料剪得四分五裂、残缺不全，导致信息用的时候找不到、有用的信息收不全；二是这样的习惯坚持不到两年，半途而废。寇老师这一点拨，才发现以前所用之正！

有了第一次的成功，后来的县、市级优质课大赛中我便均如法炮制，开赛前，向寇老师求助。而且我发现，但凡是与教学和教研有关的工作，寇老师都是不厌其烦、全力以赴地给予指导和帮助。有了寇老师这位背

后的"军师爷"的"点石成金"，我每次都是过关斩将、旗开得胜。县级优质课点评专家祁校长说，《师说》一课是传统的课文，但执教者有新理念，能充分调动学生参与教学活动。武威一中和古浪三中的两位市级优质课点评专家对我所执教的《陈情表》一课的评价是："从颜值和年龄看，民勤的这位老师很不占便宜，但整个课堂能把主动权交给学生，学生真正学有所乐，乐有所得。课堂教学环节设计新颖，教师有魄力。"但只有我自己心里清楚，这两个县、市级一等奖，荣誉应一半归我，一半归背后的高人——寇老师。当然，几位点评专家能看出教学环节设计之高明，也充分证明了他们自己的教学功力之深厚和眼光之睿智，这也算是对寇老师这个幕后导演和设计师的最好肯定与尊重吧！

因了前面的原因，2022年4月，我接到了寇老师给新疆师大承担全疆区培计划示范课的任务。说实在话，我上过的距离最远的两节课，一节在武威二中，一节在武威一中。走出武威，想都没想过。因为我知道，我再怎么拐、再怎么翘舌头，这普通话水平也不会比维兵强到哪里去，就如我们说英语永远比不过伦敦人一样，语言是我们走出去的第一个绊脚石！但想想有寇老师做指导，我还是信心满满。那些日子，简单、忙碌而又充实，脑子里成天想的就是《阿房宫赋》的写作思路和教学设计，

从早到晚不是磨课就是评课。从买衣服、买领带，到做教案设计、制课件、录视频、搞剪辑……前后忙碌了十多天，终于在李述国、白淑英、王永锋几位老师的帮助下如期完成了备、录、剪的任务。从此，我更笃信一条真理："工作是忘掉烦恼的最根本办法！"

这次颁奖，是寇老师亲自主持的，时间在2022年的夏天。这个火热的季节，给我们带来了火一样的热情。在预定的教学研讨活动结束后，寇老师和教育局邱局长主持进行了隆重的颁奖仪式。因为事先不知道这次颁奖还有新疆师大国培计划中示范课的奖项，当我和其他几位在本次县域内教研活动中承担任务的老师一起走上领奖台时，寇老师向局长申请这一奖项由他来专门颁发。寇老师将新师大活动的影响和我的课堂教学设计介绍得很详细，看得出来，他很看重今天这个仪式，也对我在本次新师大援教活动中的表现很满意。但我已经跨出了座位，站在了主席台前，退也不是，进也不是。那天又穿着讲究、打了领带，好一阵尴尬。不免让我想起上初中那会，有一次学期末表彰大会，因为两边受奖的同学都是女生，我拿了奖状，一个人朝前站了一排，校长硬是将我拉了过去塞进队伍里照相，嘴里还念叨着，"这是好事嘛，这是好事嘛"，弄得全场大笑。

这两年，我校因了工作室而受益的老师颇多，马维兵、李述国、高培存、连世斌、姜瑜……还有民勤一中的李世柏、刘晓娥、李鹰、孔晓明……我们或是走出民勤这个小圈子与外面的同仁以课会友，或是以语文为纽带切磋教学技艺，不仅提高了水平，增长了见识，也加强了交流，结交了很多语文界同仁朋友。朋友们有来自山丹、景泰等县城的，也有来自张掖、武威、兰州这样大城市的，更有来自陕西、山东、新疆、湖南等外省市的。今年到张掖中学学习观摩的几天，受到了王学舜校长和张掖中学的热情接待，感动之余，大家一起开玩笑说，"见了你们总觉得格外亲，那是因为我们有一个共同的身份——寇永升名师工作室成员"。

寇老师观察细致，处事缜密。这在他的著作《理念：教育的制高点——延安支教日记》中就可看得出。熟悉起来后，我曾半开玩笑半认真地问寇老师，延安中学那位打着针还要实诚地放开肚皮喝酒的校长、那位当着别的老师扇学生耳光的政教副主任、那个对学生连续进行多日体罚的班主任，还有那些冬天喝不上热水、课间无法上厕所的学生，他们的风格和境遇改变了没有？看到书里的自己，他们的第一反应是什么？寇老师再一次笑而不语。其实，办学哪有什么大事，如果一个学生一天喝不

197

上热水，变成一个学生一个学期喝不上热水，再到一大批学生长期喝不上热水，再加上一两天上不了厕所，这事搁在一起，任由谁来评说，也绝不是一桩小事。寇老师这一针见血的直书，揭开了厚重的教育盖子，当地教育者定会有棒喝之感，也应是惊醒梦中人之语啊。

寇老师在来我校的第一个夏季时，就曾直言不讳地指出，四中学生语文学习有两大弱项：一是普通话，二是书写。这两点也是近几年我校大力强化和常抓不懈的学科突破点，经过全校上下的共同努力，较之以前，情况有了极大改观。民勤古谓"镇番"，虽有"文居诸夏之先"美誉，但从地理位置来看，实属化外。不以"理念"落伍示人，不至于成为寇老师"理念：教育的制高点"续集中的落伍滩涂，一直为我所盼。好在近几年在石振业校长的带领下，以"服务"（这一点正好与寇老师的观点不谋而合）为理念，学生食堂管理、青年教师单身公寓改造、老教师业绩和地位的褒奖……一系列暖心工程，使学校面貌有了极大改变。寇老师向新疆的老师介绍民勤四中时，说民勤是一个地处沙漠腹地、人口仅有十余万人的小县城，但却有两所办学质量都很高的高中：民勤一中、民勤四中。民勤四中学生特别吃苦耐劳，他们讲究礼仪，在校园内见到年纪稍长的成人，就会问老师好。校园内绿化很好，校园很干净。去年我第一次去民勤，看到石校长亲自捡起一个塑料袋，身后的一个中层领导马上接了过去，丢在了垃圾收集箱，这个细节给我留下了很深的印象……没想到当时那随手的一接，恰好会被寇老师看见，也没想到会给他留下那么深的记忆，并能成为他观察我们四中的一扇窗。

敲打出上面这一段文字，已经是2022年最后一个月。此时俨然已是严冬时节，街上人迹稀少。但是回想起"寇永升名师工作室"落地两年多来语文和语文外的众多学科、四中和四中外的众多学校、课堂内外的诸多方面发生的变化，我们内心就感到格外热烈和欣慰。

感谢那个夏天，感谢这讲台上的遇见，感谢那位把整个甘肃都当自己老家的"江南游子"！

冬天即将过去，下一个夏天也不再会遥远！

2022年12月于民勤

设置真实任务　驱动高效课堂

——以《变形记》教学为例

甘肃省景泰县第二中学　卢昌秀

新课程标准"学习任务群"是最引人瞩目的概念，是语文课程内容的组织形式，也是新语文课程观的重要标志之一。《变形记》属于必修下册第六单元，单元导语明确指出学习任务群为文学阅读与写作。如何将这堂课落实到读与写，关键在于学习任务的设置。本文以寇永升老师2022年7月在甘肃省武威市第二中学的示范课《变形记》为例，谈谈设置"任务"的必要性。

寇老师以"插图——解读文本的一把钥匙"导入，依次展示了统编教材《祝福》插图赵延年木刻《祥林嫂》、瞿秋白为《阿Q正传》所画插图、黄永玉作《翠翠和傩送》，以引领和启发学生思考插图对学习教材课文的意义和作用。叶圣陶先生说："好的插图是语文教科书的有机组成部分，它能够增强课文的感染力，使读者认识得更加清楚更加深刻，它绝不是可有可无的点缀。"（中央教育科学研究所.叶圣陶语文教育论集[M].北京：教育科学出版社，1980：138-139.）插图作为重要的课程资源，是教材内容的重要组成部分，它不仅与课文内容紧密相关，而且有助于学生对课文内容的有效认知，对课文做深入、全面的解读。同时，插图还能激发学生的学习兴趣，拓展文本学习的范围，培养学生的审美。

接下来，寇老师布置了四个学习任务：

第一个学习任务是逐节概括小说情节内容，在前置性学习基础上学生自行梳理每段大意，教师给出自己概括的要点，师生碰撞对比并修正，把初读课文的机会充分地留给了学生，比起教师满堂灌式的讲解，更加高效。我们的课堂教学中，教师往往显得很"着急"，留给学生的思考时间过少，总是想要从学生口中迫切知道标准答案，甚至在学生思考不到位的时候直接抛出答案，急于赶课堂流程，忽略了学生学习的主体性。寇老师在学生独立阅读思考的基础上再给出答案，在对比和碰撞过程中学生已经熟悉了小说情节，前置性学习目标已然达成。寇老师在课后说：

"外国小说跟中国小说有区别，不是所有的文章都需要老师逐段讲解。"阅读是为了引领学生与文本对话，引导师生和生生之间在课堂上进行探究与讨论，而不是教师一味地灌输讲解分析和学生盲目被动接受。因此，学习任务设置实际上达到了驱动学生学习、驱动课堂的目的。

第二个学习任务是寇老师提前布置给学生的任务（前置性学习任务）——为课文画插图，实际是学生在对小说情节梳理、人物形象揣摩、语句语段咀嚼、主旨意图领会的基础上，更深层次研读文本，并进行个性化解读，乃至于带有创作性质。本单元有五篇小说，《祝福》《林教头风雪山神庙》《装在套子里的人》《促织》都有插图，有的不只一幅插图；而《变形记》却没有插图，是教材编者没有找到合适的插图，还是版面设计原因？寇老师对学生们说："我在网上找到几幅有关《变形记》的图片，感觉都不很符合我们中国人的审美习惯……我特别想给这篇经典小说配上插图，但是我又没有绘画特长，希望同学们能为课文画出插图……"并且煞有介事地告诉学生：挑选本班同学好的插图推荐给教材编者……这个任务具有极大的调动性，从课堂上展示出的部分插图可以看出，学生在这个环节上做足了功夫。利用插图创设情境，引导学生展开想象，走进文本，有利于丰富学生对格里高尔文学形象的理解，促进学生的审美鉴赏能力。课程标准指出："语文教育也是提高审美素养的重要途径，要让学生在语言文字运用的学习中受到美的熏陶，培养自觉的审美意识的高尚的审美情操，培养审美感知和创造表现的能力。"（中华人民共和国教育部.普通高中课程标准（2017年版）[S].北京：人民教育，2017：2-3，3.）从审美创造的角度而言，给小说配插图，学生能从中获得审美愉悦和思维启迪。"学习任务群"中的关键词是"任务"，让学生给课文画插图就是给学生的真实的学习任务。课程标准要求在真实的语言情境中进行积极的语言实践活动，对这堂课来说，无论是学习的情境与材料，还是面对的交流，都是真实的。一个真实的学习任务，是离不开指向具体问题解决的学习情境的。因此，设置课堂任务必须具备真实性。

第三个任务则是这堂课的主体内容。

寇老师展示了武威市第二中学高一（11）班学生作业插图，要求学生对插图中的信息、内容进行解说分析。比如一名学生在解说他画的插图过程中，发现所画内容与课文有出入，而这个出入正是在与文本比对当中发现的。通过插图与文本内容的比对，学生对课文进行了深入的探究，表面看似在进行插图探究和评价，实则引导学生走进文本内核，探究作者真正的写作意图。讲解分析插图是课堂推进的高潮，也是亮点，出自学生之手的一幅幅生动图片有利于学接受消化知识，解析插图中碰撞出的思维火花又促进了对课文的深入理解。这节课总共展示了六位同学的画作，在展示—解说—对话—碰撞中，学生不仅对格里高尔这个人物形象了解得更加深入，还实现了图文知识的有效嫁接。对学生来讲，无论是课前画插图，还是在课堂上解析插图，这个任务和过程都是真实存在的。可以说画插图这项任务就是学生理解课文的抓手，以画插图、解析评价插图来撬动整堂课，不但考察了学生的阅读能力，增强了学生的批判性思维能力，还提升了学生的审美鉴赏与创造能力。学生在完成学习任务的过程中不仅仅知道了结论，更重要的是在实践过程中获得了能力提升与发展。因此，课堂任务设置必须注重过程性。

　　课堂的最后一项任务是写作，展示学生写的插图建议信。其教学目的，一是让缺少绘画经验与擅长的学生有"任务"可完成，二是丰富了课堂教学内容。以往我们的写作课，大都独立于阅读课程之外，写作课上写什么内容，与阅读单元并没有多少联系。课程标准把文学阅读与写作安排在同一个任务群中，这说明读和写是相互作用、相互促进的。写作是对阅读成果的进一步梳理和体会，使得学生加深对文本的理解和认知。这堂课让学生做到了读、思、画、说、写，真实的任务情景设置驱动了学生学习，课堂不仅高效，而且与任务群紧密贴合，学生围绕任务展开学习，做到了读写结合，完成了一项完整的语言实践活动，体现了学习任务的整体性。

　　新课程标准这样表述："语文学习任务群"以任务为导向，以学习项目为载体，整合学习情境、学习内容、学习方法和学习资源，引导学生在运用语言的过程中提升语文素养。本单元的任务群为阅读与写作，这堂课把任务群分解成三个有层次的、逻辑关联的子任务：画插图、评价插图、写建议信，这样的设置不仅让学生收获了清晰的学习体验，而且循序渐进地落实了学习目标。三个任务巧妙地围绕"插图"进行，使得学生成为活动的主体，他们置身于真实的语言环境中，不仅有了学习兴趣，更能够创造性地使用语言、实现知识和能力的建构。所以教师要明确学习任务群的定位和功能，准确理解每个学习任务群的学习内容和教学提示。在此基础上，综合考虑教材内容和学生情况，设计不同类型的学习任务，依托学习任务整合学习情境、学习内容、学习方法和学习资源，安排连贯的语文实践活动。这堂课以学生的实践活动为主线，从学生的角度设计学习任务，用学习任务群来组织学习内容，有利于学生语文学科核心素养的培养。将语文核心素养的培养渗透在"学习任务群"的具体教学当中，在实践中完成学习任务，从而落实核心素养的培养目标。

这堂课落实到了读与写，遵循了本单元的任务群主旨，任务群的实现主要依靠任务的设置来完成。寇老师在这堂课中根据文本特征及学生身心发展精心设计任务，让学生在完成任务的过程中提升了思维能力和审美鉴赏创造能力，整堂课在巧妙的任务设置中达成了教学目标课堂，主线清晰，有理可循，值得借鉴。

"贴着文本"教

——听寇永升老师讲《复活（节选）》

甘肃省景泰县第二中学　寇宗权

2021年5月3日，江苏名师寇永升老师莅临母校甘肃省景泰县第二中学，和我校两位年轻老师同课异构《复活（节选）》。课后，他对两位老师的课做了高屋建瓴的点评。听完之后，感触颇深，启发良多。一个最深切的感受就是：寇老师始终在"贴着文本"教。

一、"贴着文本"教，体现在对文本的准确定位上

寇老师强调，备课时，心中一定要有课程标准和单元学习目标。不研究课标，就会"只见树木不见森林"，备课就缺乏高度，缺乏对文本定位的"准度"；不琢磨单元学习目标，课堂教学就会成为"失群"的单篇教学。

《复活（节选）》出自统编教材选择性必修上册第三单元，教学时，首先要对选择性必修课程有一个准确的定位。"既要整体把握必修和选修课程的关系，更要注意不同课程专属任务群和共同任务群的衔接。""选择性必修课既是必修课的自然延伸，又是选修课的必要准备，是联系两种课程的桥梁。"王意如教授对必修、选择性必修和选修这三类课程的功能、学习内容、学习要求作了如下的简要概括：

必修：规定性的学习内容＋规定性的学习要求＝掌握基础知识；

选择性必修：更加丰富的学习内容＋建议性学习要求＝开阔学习视野；

选修：选择性学习内容＋个性化学习要求＝深入研究的能力。

本单元导语也明确提出："从主题内容、叙事手法、语言风格等多方面入手把握作品独特的艺术成就。"正是基于对教材文本"框架结构"的宏观把握，寇老师对《复活（节选）》的教学做了准确定位，始终围绕着"如何读懂外国小说"这一主线展开教学，"紧贴"着文本，引导学生读懂侧面描写、细节描写、外貌肖像描写、心理描写等。指导学生

品读时，不时引中国小说中的片段以实现群文阅读，让学生在比较中深入理解外国小说的特点。比如在品读59-62节聂赫留朵夫的心理活动时，抓住关键词"动摇""魔鬼"，引用《平凡的世界》中孙少平拯救小翠的一段做对比，不但强化了学生对外国小说特点的认识，而且教给了学生阅读外国小说的方法。反观我校两位老师，就暴露出文本定位的偏差，没有突出选择性必修课的特点，她们基本上是围绕传统的小说三要素设计教学的，课堂上把相当一部分时间耗费在梳理情节上。点评时，寇老师指出，实际上节选部分的情节很简单，就是聂赫留朵夫到监狱探望玛丝洛娃，祈求她的宽恕，根本没有必要花那么多时间去梳理所谓情节内容甚至全书。其实，外国小说常常通过人物语言、动作、心理等方面的精妙描写生动细腻地刻画人物的；不像中国小说，往往看重情节的波澜起伏。因此，如果把课堂教学比作一次愉快的学习之旅，那么文本的定位就如同导航的 GPS，指出了我们的出发点和归宿点。

二、"贴着文本"教，体现在从语言出发来分析人物上

语言是存在的家园，人往往凭借语言的方式而获得精神的存在。《复活》是托尔斯泰晚年最重要的作品，无论思想性还是艺术性都达到了顶峰。托翁笔下的聂赫留朵夫和玛丝洛娃形象丰富而饱满，充满"心灵的辩证法"。破解托翁的语言密码，从精美语言的品赏中感受玛丝洛娃堕落的形象，而不是教师直接塞给学生一个毫无体验的结论，我认为这是寇老师本节课最大的亮点，也是给家乡同行最大的启发。比如：对玛丝洛娃，节选部分先后有六次描写她的笑，四次描写她的眼睛，两次描写外貌，寇老师都引导学生一一做了细致入微地解读。特别是第70节，写玛丝洛娃向聂赫留朵夫讨要十个卢布："她连忙把手伸过去，抓住钞票，把它塞在腰带里。""伸""抓""塞"三个动词运用既精准又传神，寇老师引导学生品读这三个动词的教学过程令人惊叹。他先让学生重温《药》里康大叔和老栓交易人血馒头的一系列动作，对比中启发学生，迁移中助力学生体会这三个动词之妙。接着，他又把《雷雨》中鲁侍萍撕支票的细节拿来和玛丝洛娃做对比，鲁侍萍撕了五千元的支票，而玛丝洛娃讨要十个卢布的小钱，以鲁侍萍的自尊突显玛丝洛娃的堕落。最后，又让一位男生扮演玛丝洛娃，表演这三个动作，进一步强化学生对这三个动词的品读体验。经过这样一番群文对比式的揣摩玩索，品咂玩味，一个堕落之深、复活之难的玛丝洛娃形象就跃然纸上，栩栩如生，长久地"立"

在了学生的心中。这种深度学习中构建的形象，刻骨铭心，远胜来自教师或参考书的标签式地贴附。更重要的是，学生在语言的品味赏析中，体会到用词精确的妙处，真正明白了法国文学家福楼拜所说的话："我们不论描写什么事物，要表现它，唯有一个名词；要赋予它运动，唯有一个动词；要得到它的性质，唯有一个形容词。"通过这样细腻的品读，学生不但积累了精彩的语言，而且学会了品赏语言的方法，同时还获得了愉悦的审美体验。当然，这也符合新高考有关文学类文本阅读的新要求。

更为深刻的是，寇老师的品赏并没有仅仅停留在语言层面，而是"透过语言进入了文化，在语文世界中探寻和建构起一个文化的世界"（曹明海）。玛丝洛娃和鲁侍萍之命运，何其相似乃尔，她们的悲剧命运到底是谁造就的？托翁笔下监狱之黑暗、司法之腐败，和鲁迅先生笔下《药》中所写有着惊人的一致，这难道不值得我们深思吗？寇老师的这种潜伏在语言对比品赏中的深意，真的令人拍案叫绝！他暗中架起一座语言的桥梁，连通中外，进入一个"语象世界"，上升到文化的层面，不但拓宽了学生的视野，还提升了学生的思维品质，真正渗透了新课程标准中"语言的建构与运用""思维的发展与提升"的语文核心素养。

三、"贴着文本"教，体现在对学情的关注上

先说个小插曲，本次寇老师来我校开展同课异构教研活动前，有些老师提议，给寇老师安排一个语文程度较差的班，看一下名师在调动学生学习上有何高招绝招。怀着这种期待的心理，学校安排了高三年级一个中等程度的班级。

上课伊始，几乎没有学生主动回答问题，课堂有些沉闷，但寇老师很快就了解了学情，只见他不慌不忙，不疾不徐，先示范引导，然后鼓励学生："没有标准答案，你的理解就是答案。"不时用幽默风趣的话，拉近与学生的距离。学生回答得好，就发个小礼品奖励。学生学习的积极性和主动性慢慢被调动了起来，举手回答问题的学生越来越多，也越来越"入道"。十多分钟后，课堂一下"热"了起来，教学渐入佳境。临下课的几分钟，学生扮演玛丝洛娃讨要十个卢布的表演，赢得全班和听课老师们热烈的掌声，活跃的课堂气氛达到了高潮。寇老师调动学生学习的教学智慧，令家乡的同行赞叹不已。

尤立增老师认为，一堂好课，应有三个标准：一是眼中有人，二是心中有数，三是手下有招。无疑，寇老师的这节课符合这三个标准，这是

一节朴实扎实充实的好课。所谓的"眼中有人"，也就是说备课要备学情，课堂教学一定要从学情出发。教学内容的选择，教学重难点的确定，都要"紧贴"学情而定，脱离了学情的课堂，无疑属"高空作业"，是不接地气的无效教学。课堂不是老师炫耀才情学识的地方，而是引导学生学习的场所。

"贴着学情"教，短短一节课，寇老师给了我们一个成功的示范。

四、"贴着文本"教，体现在"贴着文本"读上

好课是怎样备成的？在课后的点评和讲座中，寇老师分享了他的备课经验和方法。寇老师说，解读文本的能力是语文教师的看家本领。备课时，面对一篇经典文本，首先要裸读，也就是通常所说的素读，要一遍一遍地读，备课的过程，实际上就是教材文本细细解读的过程。文本细读是独特的眼光的独到的发现，细读方能"吃透教材"，细读决定教学的内容，细读形成教学的重点，细读产生教学的亮点。备课的功夫主要是细读的功夫，细读的功夫就是名师的功夫。正如钱梦龙老师所说："每教一篇课文之前，我总要反反复复地读，或朗读，或默读，或圈点，或批注，直到真正'品'出了味，才决定教什么和怎样教。"文本解读不到位，往往就会人云亦云，只会照搬一些教学参考书的现成结论，往往在文本外围兜圈子，只在处理课文的方法上作秀……

寇老师风趣地说，电脑是用来备课的。点评时，寇老师展示了自己备《复活（节选）》一课的电子文稿，电脑里的表格文件共有三列：第一列是原文的段落序号，第二列是原文，第三列是自己的解读评点。像今天课堂的教学内容，主要来自第三列中他自己对文本的细读点评。这可算是对家乡同行手把手地教如何备课了。

如何读懂外国小说？

寇老师给我们做了一个很好的示范。在今后的语文教学中，让我们一起循着寇老师的指引，"撑一支长篙，向青草更青处漫溯"。

2021 年 5 月

挠在最痒的部位

——听江苏无锡寇永升老师讲座有感

宁夏回族自治区吴忠市吴忠中学 于小峰

听寇老师讲座，这次第，怎一个扎实了得！

短短的几个小时，但对我而言，收获的内容却可以用"浩如烟海"来形容，大脑在飞速运转，唯恐错过一个细节。

这是真正来自教学一线的声音，所以作为教学一线一分子的我，和大家一样，能真切地感受到这次讲座的分量，很扎实、很实用、很激励、很鞭策，解决了我一直以来的一些困惑，点点滴滴都是干货，点点滴滴都是精华，就像寇老师那条醒目的黄色的领带，点点滴滴都是耀眼和夺目。

其中我体会最深的，是寇老师对高考默写的对策，这恰恰是多年来的一个薄弱环节。

寇老师说，"高考名句默写的主要矛盾就是错别字"，这句话扎实而一针见血。对于高考语文试卷来说，学生唯一见过的内容就是默写。但长期以来，我在默写复习上往往是事倍功半，正如煤的形成，当时用大量的木材，结果却只是一小块。

高考语文默写，对我来说，是一种难言的痛，因为在上届的语文高考中，我在这个题型方面扎扎实实地栽了大跟头。寇老师简单的一些策略和方法，不亚于当头棒喝、醍醐灌顶，

我不得不承认一个尴尬的现实：对于默写，学生的确投入了不少精力和时间，学生试卷中默写的失分，很大程度上是教师的工作存在漏洞，是教师未能讲清楚默写错误的根源在哪里，这一点，语文教师难辞其咎。

"痛"盖前非，"痛"改前非，"痛"了之后才会改。

207

（第二辑）语文情

方法：

1. 比较。比如"墙橹"和"强虏"，"燕"和"雁"，"雀"和"鹊"……
2. 分析部首含义。比如"酉"……
3. 借助体态语言。比如"以手抚膺（鹰）坐长叹"。
4. 循循善诱。比如"扣舷（弦）而歌之"。
5. 联系现实。比如"粟（米西大厦）"。

落实：

1. 在具体的教学中去落实。

寇老师非常形象地解读了学生非常容易写错的一个字：醉。左边的偏旁和所有发酵的液体有关，右边的上下部分都是"手"的偏旁，配上寇老师形象的肢体动作，我相信，所有听过的学生都会刻骨铭心，终生难忘。

寇老师真是一个用心的老师，不难想象，在那么多关键字信手拈来、深入浅出的说文解字中，是多么深厚的积淀和日复一日的积累！

2. 在平时的练习中去落实。

听寇老师的讲座，让我最震撼的就是细节。他特别强调，学生平时的默写练习一定要用专门的笔记本，最好是作文稿纸那种，而不能用一张纸随手扔掉。这一点我深有体会，用纸张写的默写，虽然方便，但是不利于积累，随手一扔就找不到了。用笔记本才能真正起到查缺补漏、积累错误的作用。

天下大事必作于细，天下难事必作于易，说的真是一点都没错，一枝一叶总关细节啊。

3. 通过教师积累学生容易写错的字去落实。

寇老师用幻灯片随手展示了他自己积累的学生默写中容易写错的字，相信让所有的老师都为之震撼。平心而论，这并不是一项很复杂的工作。但是寇老师扎扎实实地去做了，所以才能真正地"挠"在学生最痒的部位，所以才能真正起到事半功倍的效果。把最容易的事情坚持做下去就是伟大，从这一方面来说，寇老师是伟大的，向寇老师致敬！

长期以来，我的语文教学总是着眼于文本的挖掘，忽略了对基本题型的关注，或者说，自己也非常想用心，但苦于不知如何下手，所以默写复习总是兵荒马乱，丢盔弃甲。

寇老师寥寥几句话的讲解，大量的幻灯展示，对在实际教学中略显粗糙、大笔勾勒的我无疑是当头棒喝！突然想起魏书生老师的一句话：做精做精再做精、做细做细再做细。

一个完全不同的结果一定有一个完全不同的过程，你不改变这个过程，就无法改变结果。好在按照寇老师对默写的复习，一切都还来得及，追随寇老师的步伐，我对自己说，向细节靠拢、向明确靠拢、向务实靠拢。真的猛士，将更奋然前行！

单单是对枯燥的默写的讲解，就已经让我收获颇丰，更不用说对作文的策略和对文本的解读。寇老师有"匠"的扎实和严谨，更有"师"的思考和创造，所以寇老师的讲座，才真正是来自一线而能指导一线。寇老师有"匠"的扎实和严谨，更有"师"的思考和却又高屋建瓴，不仅"挠"在了学生最"痒"的地方，也"挠"在了广大一线语文教师最"痒"的地方，所以能解惑，所以能引领，真正是名不虚传。

寇老师说，无锡是个好地方。我想说，亲们，无锡的寇老师真是一个用心的好老师。

就像寇老师那条醒目的黄领带，寇永升老师的语文讲座就是这么夺目、这么耀眼！

2016 年 2 月 28 日初稿
2022 年 8 月 23 日校订

209

（第二辑）语文情

听寇永升老师讲《扬州慢》有感

陕西省绥德县中学　卜巧荣

2016 年 5 月 27 日下午，有幸听到了锡山中学寇永升老师讲课，感触很深刻。

寇老师讲的是一首宋词《扬州慢》。

刚开始听课，也没觉得有什么特别之处。寇老师引入了《资治通鉴》《旧唐书·地理志》等资料来介绍扬州。紧接着让学生齐读《扬州慢》的序言，并让学生进行翻译。学生翻译得很一般，不少句子翻译得文不通、句不顺，寇老师只是简单地指正了一下，并没有做具体的强调，很快就进入赏读环节。（我当时在想，寇老师为什么不从语法和语言习惯上指导学生呢！听完课才明白，寇老师的教学重点根本不在这里，所以没有必要在这里浪费时间。）

在赏读诗歌这一环节上，寇老师先安排学生读了一遍诗词，学生读完后，寇老师只是用一个"好"很概括地表扬了学生，就直接让学生思考第一个问题："《黍离》之悲，悲什么？"学生还没思考几分钟，就让学生回答。出乎意料的事，学生竟然能回答上来。（我当时想，要是让我上，我肯定留点时间让学生读诗，然后再让学生说。事实证明我的担忧是多余的，我的做法是低效的。）寇老师根据学生的回答，很快就和学生对"悲"的内容及写法进行梳理，让学生不仅明白了"悲"的内容，还明白了怎么写"悲"。

寇老师还从意象的角度对诗歌进行了赏析。寇老师讲解意象，没有直接讲出来意象的含义，而是引用了大量的典故和相关的诗句，让学生自己从资料中看出意象在本词中的意义。老师讲"二十四桥"讲到了隋炀帝的故事，讲到了杜牧"二十四桥明月夜，玉人何处教吹箫"的诗句……最后得出，"二十四桥"代表着扬州昔日的繁华；老师讲"芍药"讲到了宋朝的官服，扬州人的习俗，"韩琦赠芍药"的故事等，让学生从中明白，词人想通过写"芍药"来抒发国家衰败的感慨。听着寇老师的课，在座的教师和学生都沉醉在寇老师营造的情境中了，都仿佛来到了繁华的扬州，欣赏着扬州的美景。一位理科老师竟然感慨道，他也想改行教语文，语文太美了。

寇老师在领着学生品读诗歌的美的同时，不忘训练学生的思维品质和表达能力。寇老师紧扣文本，抓住了文中最能表现情感的一个字"空"字，并以此为切入点进行炼字训练。寇老师让学生结合全词分析"空"字表现在何处！学生回答特别踊跃，我当时都想着能不能让我回答。大家你一句我一句，很快就把"空"的内容分析出来了。寇老师顺势将表现手法和学生一起梳理出来。

一切环节，都显得那么自然，那么不着痕迹。寇老师趁热打铁，从诗词中找出"厌""寒"两个字让学生分析。学生分析得相当不错。我想，看来我是平时低估了学生的水平。

最后，寇老师对诗词的朗读要领进行了简单明了的讲解。寇老师强调，朗读诗词应注意领字，并以《沁园春·长沙》为例，进行示范朗读。经寇老师一点拨，学生朗读的感觉立马就不一样了。我不由得赞叹道："高手，就是高手！"

下课铃响了，我们教师和学生，仍稳坐在那里等着寇老师继续讲课。

一堂课竟有如此大的魅力！

2016 年 6 月初稿

2022 年 8 月 25 日校订

一节不像公开课的公开课

金塔县中学地理教师　王燕楠

2020年初夏，天气热得刚刚好。南菁中学寇永升老师又来金塔"做客"了。之所以说"做客"而不是"送教"，是因为我见到他后，更感觉他像是金塔中学的一个老朋友，旧相识。他还是那么精神抖擞，那么风趣幽默，那么亲和力十足。

去年他来上课的时候我正在休产假，没见过他的面，没听上他的课。我还在疑惑，寇老师这么年轻就成了大师级人物，结果他竟然已经五十七岁了，看起来却四十七岁都不到。听完他的课和讲座，疑惑都解答了。其实无外乎就是拥有一个健康的身体，对工作的热爱和激情，保持良好的心态，寇老师是真的做到了这些。尤其是他的工作主动性和积极性，当老师时把课上好，当班主任时全身心融入学生，担任学校游泳课领队时学会了游泳，甚至当图书馆馆长都能创新，还有带着学生学摄影，一起演话剧等。他是干一样，爱一样，每项工作都能释放激情，创造花样。这样浑身散发着积极向上正能量的老师，怎能不令人敬爱、怎能不受人尊敬呢？

回到寇老师的课堂，他刚一张口，我就有点小惊讶了。许是我年轻见得太少，可是公开课的开头没有简介，连个导入都没有，直接进入课程的学习，我是第一次见。当时我就很疑惑，这样怎么能激发学生的兴趣呢？长久以来我所见过的公开课开始的导入是多么的精彩，设问是多么巧妙而引人入胜，音乐或者视频是多么贴合主题……总之老师们就是使出浑身解数去调动学生学习积极性，甚至去讨好学生以求得课堂上的配合。

这一切，今天怎么变了？

继续听下去才知道，好的课堂胜在老师博学多识且有深度的教材文本解读，胜在学生自然而然地探索求知，胜在连旁观者都把自己融入课堂不由自主地去思考，胜在平淡真实不做作……寇老师的课，没有故弄玄虚，没有刻意表演，就连学生回答错了，也能风趣幽默地化解他们的小尴尬。

这节课我感受最深的地方是，寇老师对教材文本的解读和教学内容的确定。他对教材的理解之深、研究之细致、引用别人的观点之精准，每一个细节都没有放过。后来评课环节寇老师说的一句话让我自惭形秽。他备课的时候，把五年内专业教学期刊有关本课的优秀课堂实录、教学案例和论文全看完了，才会结合学生学习情况确定本课内容。也正是这样，他的课堂才内容有广度、学生思维才有深度，自然就不用诧异教学成绩的优秀了。所以，受学生欢迎的课堂教学风格，学生喜欢的教学设计，学生需要的教学内容，这样的评价对寇老师来说是实至名归的。

他讲"寻寻觅觅，冷冷清清，凄凄惨惨戚戚"这些叠词，不但说出叠词好，还要把叠词变成单个词语，甚至叠字顺序换了让学生研究，他甚至连象形文都画到了黑板上，形象解读了汉字文化的博大精深。学生一品味，不但探索出了叠词的好，还探索出了为什么用得妙。他讲李清照，引用了词学名家唐圭璋的评价有十多处之多，不但让人感受到寇老师的博学多识，还让人感觉到了他课堂教学的知识容量，感受到高中语文课堂应有的专业性。

寇老师说，每一个老师都要学会利用专业教学期刊和专业人士的解读，因为他们比我们更专业。对照我自身，有不懂的地方都通过百度来解决的，这种随意，从敬业程度来讲我就是不合格的老师。引用评课过程中寇老师说的一句话告诫自己：百度是普及知识，专业期刊的解读才是权威的。他的文本解读，照他自己的话说没有什么顺序，也是因为准备过于匆忙；但是在我看来，《声声慢》这首词里每一句话，每一个词每一个字都考虑到了。比如，叠词使用为何美？"燕"与"雁"的区别在哪里？"怎""怎生""怎一个"在本文中如何理解？李清照不同的两首词中"淡酒"和"残酒"的对比，不同诗篇中"梧桐"的意义等等。这些问题，带着学生在思考，他也从古到今旁征博引，给学生、给在座的所有老师上了一堂文学常识课。

我不是语文老师，在寇老师的带领下，又一次感受到了语文课堂之美，感受到了中国语言文字之美，感受到了中华文化的博大精深之美。

感谢寇老师，让我这个陷入自身发展瓶颈阶段的人重新认识了自我，在教育的路上还能审视自己的不足继续充满干劲地走下去。

借用他的一句话鼓励所有人：成绩只是我们的今天，教科研是明天，可持续发展才是未来！

2020 年 8 月初稿
2022 年 8 月 23 日校订

（第二辑）语文情

寇永升印象之名师风采

甘肃省山丹县第一中学　马朝霞

寇永升，1963年出生于甘肃省景泰县一个贫穷的小山村，1983年毕业于张掖师范专科学校，以两年制大专学历起点，从嘉峪关市第一中学起步走上讲台。近四十年的教学生涯，他以"不停地提升自己而教好学生"为理念，从一个偏远地区默默无闻的小老师成长为江苏省特级教师、正高级，成为全国有名的语文教育专家。我多次从不同的场合知道：他已接近四十年教龄，其中28年班主任工作经历；2001年从甘肃省嘉峪关市引进到无锡锡山高中，2017年8月"暨阳英才计划"引进到南菁高级中学；他是浙江师范大学兼职教授，延安大学文学院特聘教授，陕西师范大学、福建教育学院"国培计划"专任教师；曾获2012年全国中语会"教育艺术杯"课堂教学大赛第一名；2016年第八届全国"新语文教学"尖峰论坛"中国好课堂"教学大赛一等奖；他领衔省级重点课题"百年母语教材实际使用研究"，主持江苏省教育科学"十四五"规划课题"高中语文审美化教学范式建构研究"；他自费收藏有自晚清语文独立设科以来各个时代语文教材数千册，自费订阅并收藏20世纪80年代初至今的五大语文教学核心期刊并整理有目录索引；他出版了三部专著，发表了上百篇论文；他在全国各地示范课、专题讲座近千次……

这些耀眼的光环和不俗的成绩，让我们看到了一个"神"一样的寇老师，只能仰视；但近两年来的近距离接触，让我更进一步地感受到了他接地气的一面，见识了他的名师风采和人格魅力。

初识

2020年11月2日、3日两天，我校高一、高二年级语文、数学两大学科的38位一线教师在李校长和姚校长的带领下到张掖中学，进行了为期两天的听课学习。其间观摩了专家和年轻教师的课堂教学，聆听了专家的精彩点评。其中一位语文教学专家就是寇永升老师。他是一位个子不高但气场很足的小老头，虽然年近花甲，但丝毫没有老年人的颓唐，说话声音洪亮，走路虎虎生风。他亲自上了一节《飞向太空的航程》，课堂上的他时而激情澎湃，时而亲切慈爱，学生在愉悦的氛围中获得了知识，受到了情感的陶冶，让我们大开眼界。他挖掘教材的深度和驾驭课堂的能力都让我们由衷佩服。

那节课给我留下了深刻的印象，但更令我难忘的是他的评课。他没有像其他老师的评课那样大唱赞歌，而是在肯定老师们优点的同时，一针见血地指出了不足，非常尖锐，直指要害。我惊诧于他的严厉、毫不留情。后来才知道，那几位讲课的老师大部分是"寇永升名师工作室"的成员，我理解了他的一片苦心和真心希望后辈进步的赤诚情怀。俗话说"严师出高徒"。很遗憾我在年轻的时候没有遇到这样的机会。我想有寇老师这样高明而严格的师父引领，是这些年轻人的幸运。正如张掖中学一位主任所说："良药苦口利于病。"这些年轻老师在寇老师的精心指导和严格要求下，一定会在将来成为我们张掖教育的后起之秀。

重逢

2021年3月，寇老师应我们梁校长的盛情邀请到我校进行教学指导。他的弟子做了课堂教学展示，寇老师给我们做了关于教师专业成长的专题报告，让我们受益匪浅。因为那一次是我们学校的主场，所以我们和寇老师有了更多的接触，也见识了他的另一面。其间他对自己姓名的介绍展现了他的风趣幽默，给我留下了深刻的印象。他说自己名"永升"，其实什么也没"升"，甚至连自己最希望升的身高也没有升。我们在欢笑之余看到了他的自信和乐观。身高不够似乎不仅没有影响他的形象，反而成了优势，让我们不由得想到了潘长江小品中的一句台词"浓缩的都是精华"。其实在我们眼里他除了身高没升，其他方面一直在升：年龄、职称、学识、能力、水平、名气……他还讲到另外一件关于他姓名的小事。他说有一位他的粉丝在电话中向他请教问题，一开口就称他"贼老师"。说到这里他大笑不止，我们更是笑得前仰后合。

那一刻，他褪去了名师的光环，就如我们身边一位亲切的长者，平等地分享生活中的趣事。我猜想，打电话的肯定是一位腼腆的小伙子，能和自己的偶像通话一定是既兴奋又紧张。因为"寇"姓比较少见，为防止叫错，他在电话拨通之前一定是反复提醒自己"老师姓寇，贼寇的寇"，结果电话接通的瞬间，他因为激动居然就将"寇老师"叫成了"贼老师"。不知道寇老师当时是什么反应，是不是给他做了纠正。但从听完这个故事的那一刻开始"贼老师"就成为我们背地里对他的称呼。不过这没有一点儿冒犯他的意思。"贼"在我们的方言里当形容词用的时候是一个地地道道的褒义词。它有机灵、活泼、健康、聪明等意义。比如说一个孩子健康活泼、机灵可爱就说："这个孩子贼得很。"小孩子生病之后恢复活力也说："这几天贼了。"说一个年轻人为人处世比较有眼色，会来事儿，也说："那个小伙儿贼得很。"

从这个意义上来说"贼"这个词用在寇老师身上再恰当不过。

首先，他虽然年过半百，但童心未泯，尤其是讲课的时候，声情并茂，手舞足蹈，透着一份调皮的孩子气。其次，他为人处世的方式和原则也体现了他高超的人生智慧。常言道："桃李不言，下自成蹊。"寇老师没有大肆宣扬自己的成就，但他高调做事，低调做人的风格圈粉无数。虽身为名师，但平易近人，丝毫没有居高临下的傲慢，给接触过他的人们一种兄长般的温暖。因此人们对他不是敬而远之，而是亲而近之。他似乎自带一种向心力，风趣的谈吐、丰富的学识、扎实的业务能力、高超的教学艺术不仅赢得了学生的爱戴、家长的信任、学校的倚重，而且赢得了同行的敬重，成为后学者的楷模。我们办公室的刘老师开玩笑说我是寇老师的忠实粉丝，我欣然接受。之前我也听过很多名师的课和报告，但因为仅仅是"你在台上，我在台下""你是嘉宾，我是观众"始终隔着一段距离，无法感受专家生活中的真实，缺少温度。而寇老师是离我们最近的一位教育教学专家，真实地走进我们的生活，让我们在一点一滴中见识了他的名师风采。成为他的粉丝一点儿也不奇怪。我相信我身边还有许多人也和我一样。

特异功能

2021年3月，对我们学校的指导工作结束之后，寇老师要去嘉峪关。学校允许我们愿意继续学习的老师主动报名跟寇老师一起去。我认为这是一个好机会，因为只耽误一天的课，所以毫不犹豫地报了名，和另外八位年轻老师一起踏上了西行的列车。在车上，寇老师和蔼可亲，谈笑风生，交谈中居然准确地叫出了我的名字，我既惊讶又感动。戴尔·卡耐基在他的《人性的弱点》中说过："人们对自己的名字比对地球上任何别的名字都感兴趣。记住一个人的名字，并能很容易地说出来，就等于给予了这个人一个微妙而完美的赞美。"之前我没有切身的体会，但这次我深切地感受到了这一点。我是一个形象思维很差的人，短时间内将一个人的名字和模样对上号，对我来说是严峻的考验。即使自己的学生，两个班100个人，一个学期下来都认不全，常常在课堂上张冠李戴闹笑话，学生很有意见，我也很尴尬，为此很苦恼。而寇老师仅仅见过一面就能准确地叫出一个几乎陌生的人的名字，于我无异于特异功能。其实我和寇老师的接触并不多，我既不是讲课老师，也不是接待领导，仅仅是在集体讨论的阶段领导介绍过我们，应该没有太深的印象，但他居然记住了。那一刻我有了一种被重视被尊重的美妙感受，对寇老师的亲切和敬佩又增加了一分。"越是成熟的稻穗，越懂得弯腰"，"越是名人，越懂得尊重别人"，这就是寇老师的名师风采吧。我相信享受过这种待遇的绝不止我一个。

后记：

2021年7月，在梁校长的多方奔走和山丹县政府的大力支持下，"寇永升名师工作室"在我们山丹一中挂牌成立，并且在2022年新春之际举行了工作室的第一次教研活动。我们将和寇老师有更多的接触，我们的一大批年轻老师将在寇老师的指导和引领下，在他名师风采的感召下不断更新教学理念，改进教学方法，提高课堂教学的效率，为我校教学教学质量的提升开辟一片新的天地。

2022年3月13日初稿
2022年8月25日校订

语文课堂并不缺少美，而是缺少发现美的眼睛

甘肃省景泰县第二中学　张丽霞

2021 年 7 月 15 日上午，我有幸代表寇永升名师工作室较好地完成了浙师大举办的"浙派高中语文名师教学思想研讨与成果展示·微课·说课·微讲座"活动中的同课异构《故都的秋》的课堂展示，并有幸聆听了寇教授《基于"审美鉴赏与创造"核心素养的审美课堂理念与践行》的微讲座，整个讲座寇教授娓娓道来，内容丰富，生动风趣，十分接地气，在炎炎酷暑中犹如缕缕清风为我们传递先进理念和成功做法，让我茅塞顿开，对四大核心素养中的"审美鉴赏与创造"有了全新的认识。罗丹说："生活中并不缺少美，而是缺少发现美的眼睛。"我想说：语文课堂并不缺少美，而是缺少发现美的眼睛。

一、重视美育，在语文课堂上增加审美情趣

2020 年 10 月 16 日，中共中央办公厅、国务院办公厅印发的《关于全面加强和改进新时代学校美育工作的意见》指出："美是纯洁道德、丰富精神的重要源泉。美育是审美教育、情操教育、心灵教育，也是丰富想象力和培养创新意识的教育，能提升审美素养、陶冶情操、温润心灵、激发创新创造活力。""高中阶段丰富审美体验，开阔人文视野，引导学生树立正确的审美观、文化观。"国务院办公厅 2015 年印发的《关于全面加强和改进学校美育工作的意见》也指出，要"挖掘不同学科所蕴含的丰富美育资源，充分发挥语文、历史等人文学科的美育功能……大力开展以美育为主题的跨学科教育教学和课外校外实践活动……发挥各个学科教师的优势，围绕美育目标，形成课堂教学、课外活动、校园文化的育人合力"。

国学大师王国维说："美育者，一面使人之感情发达，以达完美之领域；一面又是德育与智育之手段，此又教育者不可不留意也。"近代著名教育家蔡元培说："纯粹之美育，所以陶养吾人之感情，使有高尚纯洁之习惯，而使人我之见、利己损人之思念，以渐消沮者也。……美育者，

与智育相辅而行，以图德育之完成者也。"统编教材主编温儒敏在2019年中语会换届会议上的讲话中也指出：新课标"语文核心素养"建议要帮助学生形成"正确的审美意识、健康向上的审美情趣与鉴赏品位"。设计"文学阅读与欣赏"类的课，就要考虑如何激发和培养学生的直觉思维、形象思维和审美情趣。

以上足以说明美育对新时代学校教育的重要性，以及语文学科在美育中的重要性。而现状是美育在教学中被严重忽视，作为一线语文老师，也会常常有这样的困惑，学生不喜欢学语文，认为语文课枯燥乏味，尤其是文言文，被误认为课堂就是机械地积累字词，翻译文章，毫无趣味可言。面对这样的困惑，如何激发学生学习语文的兴趣成了语文课堂能否高效进行甚至顺利进行的关键。寇教授的《基于"审美鉴赏与创造"核心素养的审美课堂理念与践行》的微讲座紧紧围绕新课标语文学科核心素养之一——审美鉴赏与创造的目标，大量列举南菁高中的先进做法，并融入许多个人的教学案例和赛课经验，帮助教师树立了审美鉴赏与创造核心素养的审美课堂践行理念，指明了方向，提供了一条行之有效的激发学生语文学习兴趣的道路。

二、深挖文本，在语文课堂上唤醒审美意识

1. 注重吟诵，在语文课堂上体验审美场景

在讲座中，寇教授为我们介绍了"通过诵读，用声音呈现和体味文本之美"的审美途径。他还请现场教师亲自参与，通过置换人称的方式以男女主人公口吻改读郑愁予的《错误》并思考这首诗的抒情主人公究竟是谁，以此获得审美体验。而相似的审美场景也在不久前出现过。在7月9日由寇永升名师工作室组织举办的南菁高中、酒钢三中、张掖中学、山丹一中、民勤一中和景泰二中五校联合同课异构活动中，寇教授在讲授《芣苢》时，现场组织高自芳、王生霞、张岳等老师采用吟唱的方式带领学生体会诗歌之美，情境带入感极强，引得听课的师生连连称赞，课堂审美体验效果良好。

正如黄玉峰老师在《教学生活得像个人》（上海教育出版社2011年版）中所言："朗读绝不是一种低级的重复，而是一门阐释艺术，有些文章中难以表达的妙处，往往能通过反复的朗读、涵咏而心领神会。"

回想起我之前的教学，也有很多吟诵的事例，比如学习《琵琶行（并序）》，我让学生用自己喜欢的歌曲演唱版的方式来唱背诗文，学生沉

浸其中，自觉体会审美情趣。再如学习《虞美人》《一剪梅（红藕香残玉簟秋）》时，我也会让学生用吟唱的方式体会词文之美。在聆听了寇教授的讲座后，才恍然大悟，原来这些做法都是在用声音唤醒审美意识，获得审美体验。

2.品味语言，在语文课堂上陶冶审美情趣

在讲座中，寇教授还为我们介绍了"通过品评语言，陶冶审美情趣"的审美途径。他列举了他在教授《一名物理学家的教育历程》和《青蒿素：人类征服疾病的一小步》群文阅读时，通过品评语言得出两篇文章在语言修辞上有着积极修辞和消极修辞之别的审美方法，还品评了《祝福》中对祥林嫂乞丐形象的描写语句，建设性地提出了文中"她一手提着竹篮，内中一个破碗，空的；一手拄着一支比她更长的竹竿，下端开了裂：她分明已经纯乎是一个乞丐了"一句中还暗含着观察者由远及近、由整体到局部、由粗到细的视角推移逻辑，令人称赞。

这一点也深深地启发了我，在诸多教学方法中，语言的品读确是陶冶审美情趣的有效途径。比如我在此次浙师大审美课堂的《故都的秋》的课堂展示中，就抓住了通过品味"破屋之秋味"的语言来感受故都的秋"清、静、悲凉"的特点，并最终体会作者因情择景的独特审美。在品析这段文字中，我又重点选择了"一椽破屋"来品味，"椽"字是名词的量词化使用，既使"破屋"产生形象生动、感情丰富的效果，又与"破屋"的意象叠加，产生丰富意境、增加诗情画意的效果，写出了屋如斑驳的椽木一般的破败感，饱含着故都之秋的历史沧桑感，也体现了与"故都"之"故"的匹配性，何为"故都"之"故"？即古老沧桑之感。这样的语言品味，在语文课堂上生动有效地陶冶了审美情趣。

三、开发活动，在语文课堂上培养审美创造力

在讲座中，寇教授最后为我们介绍了"通过跨媒介阅读，显化审美场域"和"通过活动助力，张扬审美创造能力"的审美途径。他为我们分享了南菁高中一直坚持的课本剧表演的活动情况，强调了"课本剧表演内蕴含着'体验式学习'方式，学生分析创作剧本，筹划参与演出，通过舞台实践亲身体验，提高戏剧审美素养，协调、合作、沟通、交际等能力得到了全方位锻炼，特别是不少学生还根据自己的理解对经典剧目进行改编，创造能力得到了充分发挥"。寇教授还讲述了自己参加朗诵活动的真实体验，为教师们开拓审美途径提供了范例。

特别令人感动的是寇教授不仅为我们传递了审美的理论知识，还在完成了教学研讨活动后，为我们甘肃的几位同仁安排了一场研学之旅——探访艾青故里活动。他不畏酷暑带领我们来到大堰河的坟墓，就在墓碑前组织我们深情地朗诵了《大堰河——我的保姆》，切身体会艾青对大堰河的真情，真正践行了审美体验。之后又带领我们来到艾青故居，让我们沉浸式体验了艾青诗文中的"我摸着红漆雕花的家具，我摸着父母的睡床上金色的花纹，我呆呆地看着檐头的我不认得的'天伦叙乐'的匾……"当我们置身于艾青父母地主家庭的豪华屋宅时，我们才真正体会到了艾青当时的"忸怩不安！因为我做了生我的父母家里的新客了"的感受，也体会到了艾青那份不以地主少爷身份自居而始终深爱着养育了他的大堰河的感恩情怀。这样难得的审美体验活动不仅让我感慨寇教授真是一位高明的教育家和杰出的审美实践者，也让我领悟到了语文课堂并不缺少美，而是缺少发现美的眼睛！

浙江金华人艾青成名作《大堰河——我的保姆》这首诗，多纲多本时代退出语文教材许多年，如今作为 18 个学习任务群之一，"中国现当代作家作品研习"的经典篇目重新回到了统编版教材（选择性必修下第二单元），一线语文同行们会不会再回到传统的政治性解读、阶级分析的旧套路上去教学？寇教授通过这次沉浸式审美体验的实践活动，生动形象地给出了答案，为广大一线教师指明了方向。

授之以鱼不如授之以渔。通过这次审美讲座和实践活动，寇教授为广大一线教师指明了方向，排除了疑惑，开阔了视野，帮助教师树立了审美鉴赏与创造核心素养的审美课堂践行理念。

正如寇教授所言："教学活动的结束不是结束，而是新的开始！"是啊，在教学的道路上，我始终在路上，始终都是出发者。路漫漫其修远兮，吾将上下而求索！

2021 年 8 月初稿
2022 年 8 月 23 日校订

221

（第二辑）语文情

以"文"化人，妙不可"言"

甘肃省庆阳第一中学　冯　洁

2022年8月中旬，在西安市西航一中"新课程 新教材"课堂教学研讨活动中，寇永升老师为与会的所有教师上了一节示范课——《曹刿论战》。寇老师的课堂生动有趣，既有文化的厚度，又有思辨的深度。让我们这些普通一线老师深感震撼，原来文言文是要这么上的！课后，再读寇老师的课件及备课札记，我受益匪浅。

一、四"文"统一，层次分明

王荣生教授在《文言文教学教什么》一书中主张"在文言文中，'文言''文章''文学'和'文化'一体四面，相辅相成"，黄厚江老师也曾提出"文字、文章、文学、文化'四文统一'"的观点，而寇永升老师则以《曹刿论战》一课生动地诠释了他对以上观点的认可，为我们普通一线教师确定文言文教学内容树立了榜样。

寇老师在执教《曹刿论战》时，首先明确重点字"间""孚""靡"的读音，然后组织学生朗读课文，随后对重点字词进行了辨析，对古今异义词和主要特殊句式进行了讲解。这就是从"文言"层面入手落实文言文教学的基础性目标。接着，寇老师对文章结构进行了改动。他将文章的二、三段合而为一，把曹刿对行动缘由的解释放在了每次行动之后。请学生思考这样改动好不好。学生通过对比分析，得出原文的结构更能突出战争紧张气氛、也更符合"论战"的结论。这样的文本改编巧妙地让学生理解了《左传》"凡声情意态，缓者缓之，急者急之，喜怒曲直，莫不逼肖，笔有化工"的写作特点。这是从文章层面进行学习。第三步，寇老师以朗读为主要途径，引导学生感受人物形象。这是从文学的角度进行学习。第四步，寇老师补充了本文中的成语和"轼""辙"二字的含义，引用了苏洵《名二子说》，明确了本文在文化层面的价值。最后，寇老师以"庄公的鄙与不鄙"这一话题引导学生思辨阅读，布置了熟读背诵课文、整理古今异义词、"我说庄公（或曹刿）"的课后作业。整体来说，条理清晰，既符合学生学习由易到难的思维发展规律，又很好地关照到了文言文"一体四面"的特点。课后作业的设计也是亮点之一。课堂时间有限，可以重点讲解的知识有限，学生可以深入思考的内容也有限，寇老师布置的课后作业与课堂内容相互

补充，相信学生运用课堂所学会更容易完成课后作业，而完成课后作业后，学生又会对这一课的内容有更全面且深刻的理解。

二、文化渗透，深厚广博

需要特别强调的是，"文言""文章""文学""文化"在寇老师这节课中并不是简单的线性排列，而是统领在"文化渗透"这一上位概念之下的综合学习。《曹刿论战》选自《左传》，是经典篇目。朱自清曾说："我主张中学生应该诵读相当分量的文言文，这是古典的训练，文化的教育。"也就是说，文言文教学的价值追求就应该是文化渗透。寇老师的这节《曹刿论战》文化渗透巧妙自然，文化广博，意味深厚。

这节课的文化渗透首先体现在重点文言字词的讲解上。《曹刿论战》全文两百余字，寇老师敏锐地从中发现了出现频率最高的"战"字，以及只在开头出现一次的"伐"字。"战""伐"二字意思相近，为何开头用"伐"、后面全用"战"呢？寇老师以此为契机，通过展示字形分析"征、讨、攻、袭、伐、战"等字的本义，通过举例、组词加深学生对这些字词的理解。又从"战""伐"二字的区别回到对齐鲁两国此次军事行动性质的判断上。可谓是深入浅出，学生学到的不仅是个别字词，更是这些字词本身所蕴含的文化意义。

寇老师讲解的第二个文言词语是"牺牲"。这本身是一个古今异义词，又是一个古代文化常识，所以必须讲解和强调。寇老师从字的形旁出发，讲解"牺牲"的本义。又从声旁出发，将两个字的含义进行区分。接着引申到古代祭祀时的"三牲"，将现代汉语中"牺牲"的内涵和古代汉语中"牺牲"的本义联系起来。字词讲解深入，学生也听得有趣。

在解读《曹刿论战》的文化含义这个环节中，除了强调出自这篇文章的成语（诸如：一鼓作气、彼竭我盈、辙乱旗靡等），寇老师还发现了文中的"轼"字和"辙"字，补充苏洵的《名二子说》，让学生知道宋

代大文豪苏轼、苏辙名字的来由。可以说，课文虽短，但寇老师在这节课中渗透了许多文化因素。而这些字词的文化含义又与文章的学习紧密相关，让解读更有深度的同时又丝毫没有影响课堂的节奏。

三、激趣课堂，灵活自然

文言文因其文言特性，本身就有阅读的难度。再加上许多学生对文言文存在畏惧和排斥心理，所以许多文言课堂的气氛都要相对沉闷一些。但是寇老师的这节《曹刿论战》课堂氛围轻松和谐，笑声不断。这固然跟寇老师为人亲和、语言幽默有着直接的关系，但更得益于教者的教学方法灵活恰当。灵活恰当的教学方法和深刻独到的文本解读是相辅相成的，二者相互配合才能成就一堂实实在在的好课。这种教学智慧并非一朝一夕便可以拥有，但我们完全可以从跟名师学习开始培育自己的课堂教学智慧。

在讲解"攻"字时，寇老师板书了自己的姓氏——"寇"字的字形，又让学生组词，这一活动既有助于学生更好地理解"攻"字的本义，又活跃了课堂气氛，拉近了和学生的距离。在讲到"鄙"这一个词时，寇老师又讲到"卑鄙"一词的古义，以开玩笑地方式问学生："我们可不可以也来用这个词来表示自己身份低微、见识浅陋呢？"在请一位同学朗读"乡人"的语段时，寇老师点评道："这么白白净净的男生竟然可以把乡人这个角色读得这么好啊！"这些乍看都是一种幽默，实则是一种适时调整课堂氛围、构建良好师生关系、巧妙强化知识方法的教学艺术。这要求教师能即时抓住契机，随时设置可以服务学生学习的小细节。这些细节可以强化学生知识记忆，激发学生学习兴趣，提高课堂教学效率。

在这节课中，寇老师对诵读这一文言文学习方式的运用可谓十分充分。诵读文言文重在玩味，即通过诵读来理解文章的意味。这需要老师设计一定的诵读途径。在组织学生朗读课文时，寇老师先让学生齐读。学生声音洪亮，字音准确。寇老师带着惊讶的表情询问学生是否提前预习过，不然为何会读得这么好？表面看是质疑，实际上是表扬、是鼓励。学生们感到很自豪，收获了朗读的自信，在后续的分角色朗读中学生们很有信心。但是寇老师没有着急让学生分角色朗读，而是自己先以"乡人"为例示范朗读，通过分析这句话的重音、声调、情感，教学生在基于理解的基础上朗读课文，读出人物的情态来。随后再请学生推选出三位能读出曹刿、庄公、乡人特点的同学来分角色朗读。点评指导后，又将班级同学分为两组，分别读曹刿和庄公，请两位同学读乡人和旁白。这节课的朗读形式多样，学生参与度广。逐步推进的朗读活动和教师对朗读的指导有效地促进了学生对文意和人物的理解。

　　文言文承载着中华传统文化，是语文学科学习的重要内容之一。如何确定文言文教学的重点，如何让文言文教学有深度、有广度，又轻松有趣，寇老师的《曹刿论战》给我们做了很好的示范。接下来，就需要我们在实际的教学中去应用和探索。

2022 年 8 月

明德惟馨，润物无声

甘肃省酒泉市金塔县中学　周翠霞

2015 年秋天，寇永升老师来到甘肃省玉门油田第一中学讲学，我有幸聆听了他讲《雨霖铃》。说实在话，如果不是 2019 年夏天寇老师再来酒泉，这节课在我的印象中就是专家学者的高度，听听即可，对自己专业上的裹足不进一定是理所当然的心态。然而，2019 年 7 月 4 日，我和寇老师同课异构《在马克思墓前的讲话》，悬殊的专业素养在同一个讲台上被无情地放大，那份寇老师是专家、我是普通一人的理所当然，被同是高中语文教师的羞愧取代。

之后，寇老师将酒泉之行写成了一篇长文，这篇文章引起了金塔教育的震动，县教研室将文章以内部流传的形式发给了我这个参与上课的人，才发现，当有人一针见血地指出问题的时候，人的内心是惧怕的。那句"英雄战死在错路上的悲壮"，认同了酒泉同行同样辛苦的事实，又透露着走错道路的深深惋惜！这句话，触动了太多人，在各种级别的大会上被领导们一再提及。我的心底也起了一场海啸，我不愿成为死在错路上的英雄。

于是，当"江苏'南菁'名师寇永升语文教学酒泉工作室"成立的时候，我积极地追随。

这样的语文课

我再未见过哪位专家学者如寇老师这般不惧公开课，初中、高中、大学、教师培训等各级讲台说上就上，阅读课、作文课、试卷讲评课样样都行。我想，但凡认识寇老师的语文老师，应该都听过他的公开课吧！我更加幸运一些，曾在南菁高级中学跟岗学习一个月，指导老师就是寇老师，听了他的许多常态课；又在"寇永升工作室备课组长"的微信群内，学习了他分享的大量的教学课件，在如下三个方面受益匪浅。

一是学生活动务实且充满语文味。

以上文提到的《在马克思墓前的讲话》为例，寇老师让学生去发现3、4、

5段和6、7、8段是怎样连接过渡的，从而抓住本文极具特点的关联词语；让学生琢磨"满腔热情、坚忍不拔和卓有成效"三个成语是否有重复之嫌；让学生对比苏教版2016年版本与人教版、统编版在某个段落上遣词造句以及标点符号的不同，并进行鉴赏；又引入周恩来、毛泽东、邓小平等伟人的悼词，帮助学生认识悼词的一般结构，以及《在马克思墓前的讲话》这篇悼词的经典性。而我与另外一位老师的教学设计，均用不少的时间去挖掘马克思的为人，鲜有如此务实且充满语文味的学生活动。

寇老师可不光公开课是这样，常态课亦是如此。鲁迅先生的《祝福》是一篇老课文了，我局限于反封建的主题无法自拔，越上越没有意思，甚至一度用马斯洛的需求层次理论上过这一课。直至看到一篇文章说，如果把鲁迅先生的文章局限在反封建的主题中，那就把鲁迅读浅了。我有所醒悟，却又找不到除此之外的突破口。然后，就在"寇永升工作室备课组长"的微信群内收到了寇老师的课件。在此描述寇老师设计的两个教学活动，以表达我突围成功的喜悦心情。

将"她一手提着竹篮，内中一个破碗，空的；一手拄着一支比她更长的竹竿，下端开了裂：她分明已经纯乎是一个乞丐了"这段细节描写与它的英文翻译进行对比。内容一经呈现，学生瞬间炸锅，开心努力地对比着。学生发现，英文翻译中"空的""下端开了裂"这两个被后置的定语，全部回到了正常的位置；"分明已经纯乎"在英文中也只是用了一个单词来表达。接着他们又将原文的好处细致地做了鉴赏分析。

原来，除了奔向反封建，更重要的是回到语文本身！

"盘点《祝福》的精彩之处，我们无法遗漏祥林嫂伤心哭诉的狼吃阿毛的故事。作为短篇小说，全文仅9100多字；而狼吃阿毛的故事，反反复复，1000字还多。按常理，这会成为硬伤！但这也正是《祝福》的亮点之一。《祝福》最感乎人心者，恰在于这不厌其烦的狼吃阿毛的故事。"基于这样认识，寇老师在此处设计了学生朗读，要求两个学生每人从两遍中各选一句轮流读，找出不同之处与相同之处，并说明原因。学生对此处的诸多细节进行了精彩的解读，比如，明明是祥林嫂一个人的阿毛，祥林嫂为什么用的是"我们"；前文说"我叫阿毛，没有应"，后文的表述变成了"我叫，'阿毛'没有应"等等。在这样的学习过程中，早已对祥林嫂命运麻木了的我，心中竟然又涌起了哀痛，是那种真的走进了现场的悲伤。

原来，除了反封建，更多的是对人物命运的悲鸣。

二是课堂教学设计重视学生的深度思考。

2015年寇老师在甘肃省玉门油田第一中学上《雨霖铃》，学生跟不上，我的理解是寇老师的教学内容偏难了；2019年寇老师在甘肃省金塔县中学上《在马克思墓前的讲话》，学生沉默不语，我觉得教学内容不难，是理科生的缘故；2020年寇老师在甘肃省金塔县中学上《声声慢》，学校派出最好的文科班，话是有了，回答的质量却不高。当天下午，金塔县教研室的马振升主任因全县语文教师难得一聚，就在寇老师一行离开之后，又开了一个小会。他问我们："学生为什么能回答上你们提出的问题，却回答不上寇老师提出的问题？"停顿片刻，马主任接着说道："那是因为寇老师的问题需要学生深度思考！"

迷惑之际，我心生一探究竟的想法。

以2020年寇老师与我校李成学老师同课异构的《声声慢》为例。先用表格呈现他们面对共同内容的不同做法。

	寇老师	李老师
《醉花阴》意象分析	意象分类：闺阁静物、时间、空间、淡泊宁静	用表格呈现《醉花阴》《声声慢》的共同意象与不同意象。分析各自有何特点
《声声慢》鉴赏	这首词被认为是李清照最具代表性的词，好在哪里？	直接给出"淡酒""急风""过雁""黄花"等意象。问：这些意象是如何表现愁情的？

李成学老师给定所要分析的意象，学生所做的，就是通过分析每个意向之前的修饰词，判定其愁绪程度的不同。学生思维活动的宽度与深度都受到了极大的限制。这也就是寇老师多次追问"这都给学生了，学生干什么"的原因。相比而言，寇老师的意象分类需要更为复杂的思维活动，《声声慢》的一个问题给了学生很大的思考空间。

这种深度思维，不仅表现在大的方面，在每一个细节上也是如此。比如学生按惯例说开头的叠词好，好在韵律美。此答案不是学生思考所得，而是老师曾经给他的结论。于是寇老师给了许多用叠词写的诗，音韵上也很美呀，可这些叠词用得好吗？此时学生的内心一定是崩溃的——我们的老师不这样啊！于是，只能开动脑筋想了再想，可这种情况以前少有面对，说不了什么也就很正常了。

三是用主问题贯穿课堂教学的始终。

近几年，自己打磨公开课或帮助同事打磨公开课，常有课堂琐碎支离之感，总想要找到一个可以串起课堂所有内容的主问题，却往往是不能如愿。然而，在寇老师的课堂上，设计这种贯穿始终的主问题却显得轻而易举。

寇老师上《声声慢》，一开始就给了一张表格，中间四十分钟讲了许多的内容，最后几分钟，这张表格再次出现，把所有内容一下都装了进去，真的是大开大合，敢放得开是因为有办法收得回。首尾呼应浑然一体。寇老师《雨霖铃》的设计亦是如此，从"该给《雨霖铃》加一个什么题目"起，以"伤别离"这样的题目结，在这个过程中，有诵读指导，有标点对比，有细节品读，有意象分析与拓展，有艺术手法的鉴赏，但所有的鉴赏都与"伤别离"有关，因为这就是词眼。

缺少主问题的课堂，在提问时容易出现问题"过多、过浅、过碎"的现象，会严重影响课堂教学效率，要治愈这一现象，教师必须对教学内容进行系统整合，对教学设计进行整体构建，以"主问题"搭建课堂教学的命脉，引领师生的教学实践，还课堂以生命力。

分享与获得

文学家黄庭坚在《送王郎》一诗中这样写道："酌君以蒲城桑落之酒，泛君以湘累秋菊之英。赠君以黔川点漆之墨，送君以阳关堕泪之声。"诗人希望自己所赠的美酒能够化解王郎胸中郁塞的块垒；秋菊能让他停止衰老，寿数无涯；名墨能让他写下流传万古的佳作；歌曲能使他感受到兄弟间情义无价。我常常想，寇老师在毫无保留地分享与馈赠时，也应该怀揣着类似的期待吧！

而对这份情义最好的回馈，应该就是我们真的变了。

在南菁高级中学跟岗学习时，寇老师打开他的备课电脑，以事实为例，从备课素材如何分类、文件夹种类如何设置，到核心期刊相关参考文章如何索引使用、如何实现动态备课等多个方面进行讲解，可以说，在"如何做"的指导上，对我们毫无保留。然后就是备课资料，给大家分享某篇课文的研读文章，那是经常性的事情。无论在哪里上了公开课，都会把教学课件留下来。在"寇永升工作室备课组长"的微信群内，寇老师几乎分享了部编教材必修上下两册的所有课件，现在的选择性必修上册也是如此。还有做过报告的PPT，动辄上百张，只要有老师需要，从来都是爽快地留下来。当身边的同行为了获得某个讲座资料小心翼翼、赔尽笑脸的时候，当区域内校级交流中有人藏着掖着、根本没有尽力的时候，当需要我们自己去分享，我们却想着"给了别人绣花针，别人会比我做得更好"的时候，不惧分享的寇老师总会令人肃然起敬。

寇老师已赠予我们太多的"点漆之墨"，我们尚无"万古佳作"，但变化正在悄然发生。最重要的是对教育的看法变了。以前觉得教师只是一份谋生的工作，所以只看眼前利益，没有长远打算，多干一点便会生累、生抱怨；现在觉得教育当是一份事业，不仅可以谋生，还可以谋发展，更注重长期规划，更在意专业发展，多干一点多成就一番自我，还能甘之如饴。思想认识的变化，带来了行动上的变化。现在，能够坚持阅读专业书籍，能够尽量细致琢磨每一节课，能够努力让自己每天输出好几百字。又尝试成立"以写促教"的共同体，半年时间便收获四十多万原创文字。尝试学习南菁高级中学的作文课教学，并顺利完成本学期第一次作文练习。听寇老师指导试卷讲评课后，积极进行实践，已有所收获。

风筝在晴空中飞翔

2019 年 10 月底，当塞北大漠北风再起，即将飘雪的时节，我有幸成为酒泉市前往南菁高级中学跟岗学习首批学员中的一员，来到江苏省江阴市又过了一个温暖而明媚的秋季。

那是一个周末的午后，寇老师邀请我们没有外出尚在学校的数人前往敔山湾共度周末。那儿真的很美：天空是秋天特有的深蓝色，空气是南方特有的温润；大片大片可以肆意奔跑的草地；垂柳尚绿，在河岸边随风摇荡。寇老师带了全套的茶具，带了零食，还带了风筝。喝过茶后，寇老师与陶英江局长席草地而坐，畅谈教育。几个男老师沿湖散步，不知聊些什么，神情甚是愉悦。我和赵坤拿了风筝去放，终究因为年近四十，不好意思全力奔跑，没能把风筝放飞成功。然而，天空中有孩子们放飞的许多风筝，飞得那样高，那样从容……

2019 年 11 月 4 日，潘建军所长、赵坤、赵小路和我随寇老师去扬州大学，一上车，我们就在每一个车门把手的位置发现了不同种类的小零食，两个小时车程，我们吃着、聊着，听寇老师讲沿途的人文地理。

一直觉得，像寇老师这样取得如此成就的一线语文老师，日常生活一定是无冬无夏、废寝忘食的，为人也是一丝不苟而刻板的吧！然而，他给我们带了风筝，在车上准备了花色繁多的小零食，他的胸膛里明明是一颗浪漫的童心！

2019 年 11 月中旬，参加完在浙江师范大学举行的全国"新语文教学"尖峰论坛，寇老师建议我们几个去艾青墓前朗诵《大堰河，我的保姆》；去双龙洞，朗读一下叶圣陶先生的《记金华的双龙洞》。艾青墓与双龙洞均在浙江师范大学所在的金华市，即便近在眼前，因为时间的缘故，艾青墓也是没有去成。双龙洞倒是去了，我偷偷打开手机读了一遍早已忘记的课文。但一直为没有能够实现寇老师那份浪漫的建议而深深地遗憾。

2021 年 8 月，寇老师到甘肃省张掖市讲学，他和张掖的同行来到亚洲第一的山丹军马场，做了让无数语文人羡慕的事情。山丹一中的龙菊才老师这样写道："大家坐在绿草如茵的山丘上，远处是辽阔、碧绿的草场，置身这般有蓝天、白云、碧草、湖泊、牛马的如画美景中，大家顿有'遥襟甫畅，逸兴遄飞'之感！寇老师提议我们大家一起来玩味《诗经》，让高自芳老师教大家吟唱《芣苢》，高老师落落大方，声音轻盈柔美，在场的人无不立刻沉浸在了这和谐、温馨的氛围中，大家按照高老师吟唱的音调、节奏和手势纷纷吟唱起来，其中还有一些探讨交流、改进创新的环节，经过多次学习和演练，

大家都吟唱的整齐划一，就连男士们的手势都做得柔美流畅起来了！"

我是山丹人，曾被草原的广阔与夕阳感动到哭。如此美的场景，如此有情怀的一群人，在吟唱《芣苢》，这不就是语文人追求的诗和远方吗？是啊，从来没有发现，语文可以如此浪漫，或者，是童心浪漫的寇老师，带领着我们触摸到了语文的浪漫。

2022 年 10 月

基于核心素养，实现深度备课

——以《声声慢》的同课异构教学为例

甘肃省酒泉市金塔县中学　王兴邦

语文学科的核心素养，包括语言、思维、文化、审美四个层面。如何使语文课堂的核心素养落地生根？我从江苏名师寇永升送教到酒泉，与我校李成学老师同课异构《声声慢》谈起。

一、领悟语言内涵，走进词人的情感世界

从学科的角度来看，"语言建构与运用"就是"出于真诚对话的愿望，准确理解对方的话语形式与话语意图；精确妥帖地运用语言文字表情达意，进行最有效的交流。"两位老师对《声声慢》语言解读各有不同，但其角度之新颖，挖掘之深入，都给我们以启发。

寇老师赏析《声声慢》三组叠字，"寻寻觅觅"是寻索动作，"冷冷清清"是清冷的环境，"凄凄惨惨戚戚"是心理活动，这是大家认可的分析。他的平中见奇之处，在于探究"寻"和"觅"的不同，"寻"是"一般的寻找"，"觅"的繁体"覓"，是"用手和眼，到处去找"。用说文解字的方法，既追根寻源，又举一反三，学生在诗歌的课堂中如坐春风。

解读"却是旧时相识"的"却"字时，他举到两例：一是晏殊的《珠玉词·踏莎行》中"一场春梦酒醒时，斜阳却照深深院"；二是杜甫的《水宿遣兴》中"归路非关北，行舟却向西"，这两例中的"却"是"两种情况巧合，正，恰，正好"之意，而"却是旧时相识"是因果关系，"却"可解释为"因"。此种解读道出悲情由来，这样的炼字赏析设计独具慧眼。

三个"怎"字句的分析。"怎敌他"是"境况难耐，三杯两盏淡酒焉能抵挡"；"怎生"是"前路难行，如何挨到天黑（守什么？）"；"怎一个"是"致情难忍，非一'愁'字所能涵盖……"。把这三句放在一起，通过师生对答，配以场景描述，言有尽而意无穷。

李老师的课堂，结尾是"我来写愁情"，仿写的《声声慢》颇具匠心："枯草木叶愁天际，日暮寒鸦息。霜风又苦雨，渐紧还密，永夜侵寒被。

平生心事谁与诉，独浊酒堪寄。乡关何处，衣宽发稀，谁会飘零意。"
这是诗歌教学的成功迁移，也是读写一体的充分体现。

二、巧设教学进程，培养学生的高阶思维

布卢姆把思维分为六个层次，即记忆、理解、应用、分析、评价、创新。其中"记忆、理解、应用"为低阶思维，"分析、评价、创新"为高阶思维。诗歌教学重在语言的体验，重在高阶思维的培养，两节课都构建了个性化的教学思路。

李老师以"怎一个'愁'字了得"为核心议题，设计了"解读探愁心""对比审愁情""论世识愁人""我来写愁情"四个环节，最后归纳出了"愁"的内涵，即"亡国之恨，丧夫之痛，独居之悲，飘零之苦，故国之思"。课堂起承转合，环环相扣，思路严谨且富有创新。

寇老师的课堂，自然是高端大气。他先以图表填空形式展示教学目标；接着紧扣"愁"字，融入多则阅读材料，有品读，有比较，有赏析，有互动，妙趣横生，充满活力；最后补充图表，形成了《声声慢》的艺术重构。（图表附后）

	写作时期	情感主旨	主要意象	艺术手法	炼字赏析
醉花阴	前期	愁	瑞脑 金兽 玉枕 纱橱 东篱 黄昏 西风 黄花酒	意象时间	愁 凉 瘦
声声慢	后期	愁	酒 雁 黄花梧桐 细雨黄昏	意象 空间 叠字 问句	寻寻觅觅 淡酒 却

寇老师的文本组合功力、随文阅读思维，都是群文阅读的成功案例。

他对《醉花阴》和《声声慢》的对比赏析：《醉花阴》写于初春时节，抒发的是"闲愁"；《声声慢》写于晚秋初冬，抒写的是"悲愁"。他引用贺铸《青玉案》的"试问闲愁都几许？一川烟草，满城风絮，梅子黄时雨"，引用李煜《虞美人》"问君能有几多愁，恰似一江春水向东流"，都是对"愁情"很好的类比材料。他引用"痛天上人间各半，悲美满姻缘难全；伤半壁江山沦陷，恨偏安一隅用奸；哭一世心血成灰，苦形影相吊晚孀；愁漫漫余生难捱……"来做总结。这种作者经历的诗意解读，比平铺直叙的生平简历有效得多。

再如，区别"雁"与"燕"，寇老师举到诸多例子，如"几处早莺争

暖树，谁家新燕啄春泥""泥融飞燕子，沙暖睡鸳鸯""衔泥燕子争归舍，独自狂夫不忆家""双燕复双燕，双飞令人美。玉楼珠阁不独栖，金窗绣户长相见"等等。得出的结论是"燕、雁都代表季节更替，但寓意不同"。"燕是司春之官，象征春天，活力生机，喜悦热爱；象征爱情，思念情人；世事变迁，昔盛今衰"；"雁是秋日来临，时间流逝，悲秋伤怀；心胸开阔，精神振奋；雄健有力，坚韧强劲"。他的课堂，这样的材料很多，分析都很到位全面，给学生印象也特别深刻。

寇老师的思维引导形式多样，如配发梁衡的《乱世中的美神》；如视觉 VS 听觉，视觉的意象是"雁、黄花"，听觉的意象是"梧桐、细雨"；如淡酒 VS 残酒。如此等等，都是教学设计的艺术，也是课堂生成的智慧。

三、关注文化常识，深入诗歌的精神内涵

诗歌字词都经过历史的积淀，有鲜明的文化内涵，只有理解这些文字密码，才能读懂文本的丰富意蕴。

这一点上，寇老师抓住"瑞脑""金兽""玉枕纱橱""东篱"等名词，这些教学中常被忽略的名词，却在成为他的课堂的宠儿。"瑞脑、金兽"等皆为闺阁静物；"东篱、黄花"皆喻闲静淡泊之志。抓住这些客观的事物，从文化内涵中领悟作者情感，再将两首词"愁情"做比较，从而得出结论："《醉花阴》是闲愁，《声声慢》是悲愁。"

讲《声声慢》叠词时，寇老师将理论引入课堂。他引用唐圭璋《唐宋词简释》中"心无定，如有所失，故曰'寻寻觅觅'；房栊寂静，空床无人，故曰'冷冷清清'；'凄凄惨惨戚戚'六字，更进一层，写孤独之苦况，愈难为怀"。他引用清人陆蓥《问花楼词话》中的话"叠字之法最古"。他的课堂，提供给学生的资料很多，扎根于文本本身，充满生活气息，学生自然爱听。

尤其是，寇老师引用乔吉的《天净沙》"莺莺燕燕春春……"，引用法国克洛岱的《绝望》"呼唤！呼唤！乞求！乞求！……"。学生仿写的《声声慢·考试》"顾顾盼盼，颤颤惊惊，慌慌恐恐惶惶。又是放榜时候，最难将息。三科两百不足，怎敌他，学霸高分！驹过也，正伤心，下周却又月考。满桌试卷堆积，憔悴损，如今怎表心怀？盯着题儿，埋头独自怎做！度娘更兼谷歌，到黄昏，碰碰磕磕。这次第，怎一个愁字了得！"这些材料有正有反，有料有趣，诙谐幽默，妙趣横生。

四、感悟诗意之美，唤醒读者的人文情怀

语文教学的"审美鉴赏与创造"，其宗旨在于让学生体验文字给人的愉悦，唤醒学生对文学的渴望，进而遇见美、欣赏美和创造美。

李老师的课堂，有语文课的语文味儿。课堂从诵读《一剪梅》开始，到诵读他自创的两首词结束，范读和领读，单读和齐读，情读和美读，在诵读中体悟，在诵读中交流，在诵读中体验文字之美。他的两次小组合作学习，从分工到组织，从发言到引导，都环环相扣，不蔓不枝，他们在真讨论、真交流，课堂流程就是重构美的过程。

寇老师富有亲和力的课堂，不拖泥带水、接地气的语言，都是语文老师的真功夫。比如"闲愁"与"悲愁"的区别与跨越，比如"瘦"字的心境之凉，比如"凉"用到通感修辞，比如叠词的排序之妙，比如《声声慢》有九组叠词、三个反问句，比如配合体态语言，感悟"梧桐更兼细雨"，这种愁绪"没完没了"，等等。这种咬文嚼字、启发诱导的教学智慧，都在引领学生进入语文的诗与远方。

课堂只是冰山一角，功夫都在课外。向名师看齐，要目中有人、心中有数、手下有招，实现深度备课，练就课堂硬功，语文人的成长之路才会越走越宽。

2019 年 6 月

醉里挑灯看剑，梦回吹角
连营。八百里分麾下炙，五
十弦翻塞外声，沙场秋点
兵。马作的卢飞快，弓如
霹雳弦惊。却君王天下
事，赢得生前身后名。可怜
白发生

宋辛弃疾词破阵子为陈同甫
赋壮词以寄之　壬寅冬永之

送教后的再思考

甘肃省酒泉市金塔县中学　　王兴邦

最初知道寇永升大名，因为他收藏有各种版本语文教材，且在江浙有很高的知名度。这次再听他上课、做报告，果然名不虚传。

有感于57岁的寇老师的讲学送教活动，有感于他对酒泉、嘉峪关深厚的教育情怀，也有感于他的教育随笔《酒泉送教的回顾》，我谈谈对他的三重印象。

一重印象：名师的课堂，由丰厚的学科素养培植而成

2019年7月4日，学校阶梯教室"江苏名师寇永升讲学送教活动"正在进行时！

上午的课堂，依次是我校谢爱萍、周翠霞和寇永升老师的同课异构，授课内容是《在马克思墓前的讲话》。三节课后，寇老师进行了简短点评，既肯定了两位老师文本解读的功力，也指出了不足和改进方向；然后对这篇演讲稿进行了个性化的解读。

寇老师的课堂，教师引领得好，问题设计、启发和追问都生活化，表述有板有眼，从容不迫，幽默风趣，互动氛围良好，观课教师掌声不断。

这堂课给我四点启发：

一是语文课堂的守正与创新。《在马克思墓前的讲话》是一篇经典课文，我看过多种教学设计，有从文字入手的，有从结构切入的，有背景生成的……因人而异，各有特色。寇老师坚持传统的上法，以文本解读为切入点，抓"悼词"特点、抓结构思路、抓中心句、抓过渡句、抓重点词，有细读、有精读、有拓展，每个点都很到位，举例贴近生活，课堂流程严谨，有深度和高度，且能推陈出新。

二是注重培养学生理性思辨能力。在文本解读时，他展示了2016年苏教版修订前后的文字"各国政府——无论专制政府或共和政府，都在驱逐他……给予答复"。意在通过两段文字对照，让学生建构逻辑和语言，这个设计很新颖，诱导很巧妙，师生兴趣高，能发人深思，这是本课的

一大亮点。课堂小结时，他将本文与《毛泽东主席悼词》结尾进行对比，结论是：中国人讲究盖棺定论，本文则侧重伟人对将来的影响。诸如此类的设计很多，都是他深厚的学科素养的体现。

三是指向写作的文本教学。读写结合是高中语文的重大课题，这在本节课有充分体现。他围绕"演讲词（悼词）"导入新课，说写作特点，说文章结构，说作文语言，最后的作业也是一篇演讲稿。课堂中虽未写作训练，但将"演讲稿"写作指导贯穿始终，体现了读写一体的教学理念。大家往近处想，应用文写作是2019年高考作文形式之一，就此我认为，本节课设计也指向了高考语文写作。

四是为群文阅读提供了典型课例。今年以来，市教研室组织了几次群文阅读研讨活动，可以说"花开遍地，势如燎原"。我也有一些困惑，总觉得"群文阅读是另一种课堂"。寇老师评课时有一句话："把语文、语言融汇到随文学习当中，群文阅读也应该一样，也应该融入平常的教学当中。"这句话让我茅塞顿开，原来群文阅读与传统课文教学是相通的。这节课谈"悼词"，他还列举了周恩来、陈毅的悼词，以及本文的苏教版修订前后的文字比较，选用到的材料至少有四段，都是与"悼词"相关的信息链，且具有结构性思维，所以我认为：这节课也是群文阅读的典型课例。

二重印象：教育的情怀，是提升专业竞争力的不竭动力

下午是寇老师的报告，题目是"新课改背景下中学教师的核心竞争力"，这一选题，很切合基层的语文同仁们。他结合自己从西北到江南的经历，解读如何提高中学教师的竞争力，辞气谦和，语重心长，思路清晰，很接地气。我的感受梳理如下：

有成绩，学校就需要我。他35岁，从嘉峪关到江苏，辗转几个学校，也曾到延安支教。不论哪里，语文成绩都是最好的，教育效果是明显的。当老师谈起教学工作，最有说服力的，就是出好成绩，这是教师成功的起点和支点。

上好课，学生就喜欢我。寇老师的教学设计，新颖独特，与众不同。他举到好多课例，有《阿房宫赋》《祝福》《纪念刘和珍君》等，一边展示课件，一边讲解流程，娓娓道来，风趣幽默。他拿手的教学设计有三四十篇，都是高中语文名篇，这些课文都能"不看课本，随时讲授的"，这是教师的基本功，也是中学教师最核心的竞争力！

科研成果，墙里墙外都会香。他的课堂和报告，都很有深度和高度，源于他善于钻研，善于思考，有做学问的态度和精神。他做图书收藏，搞课题研究，撰写论文，等等，以五大语文刊物为平台，不断提升自身的专业修为。他的教研经历，应该是成为名师的必由之路。

师德高尚，永远立于不败之地。中国的教育，从没有像现在把"师德"摆在这样的高度，也从没听过专家如此地解读"师德"。寇老师说："师德"就是不触犯教师的底线，不触犯做人的底线；"师德"就是支持校长的工作，就是和同事和睦相处；"师德"也是拥有家校情怀、家族情怀，为长辈过个生日，吃顿团圆饭。没有干巴巴的说教，人情世故，油盐酱醋，就是最朴素的"师德"，相信现场的老师们都爱听！

课程开发能力，不是我需要工作，而是工作需要我。惯常的理解，"课程开发"就是课程，就是教材。寇老师的江苏南菁中学却做得有声有色，兴趣盎然，手工制作、装饰品、体育运动、摄影、写作都可纳入其中，只要教师有一技之长，就可尽我所能，为我所用，开发成精致的校本教材。当爱好成为一门学问的时候，你就离成功不远了，就像他做婚礼司仪，就像他用班级管理的方式组织家族活动，这些事谁都会遇到，只有他当作课程来开发。

寇老师的报告，都是教学经验的积累和提炼，也是语文与生活的高度融合。当教师三十多年，只要你用心去悟去做，哪种事情不会做成精品呢？

三重印象：拒绝做"沙威"，享受职业生涯的快乐

寇老师将此次讲学送教活动，融入了他的随笔《酒泉送教的回顾》，其文字如同他的课堂，生动形象，文采飞扬。全文有两千多字，讲述酒泉三天的送教活动经历，倾注了对"第二故乡"教育的深切关注，既点明了酒泉教育发展的好势头，也有对西部教育的忧虑和思考。他的随笔，我读出了一个教育人的良知，一个大西北读书人的自信，一个江南游子关注"第二故乡"的赤子之心。

寇老师收藏有各种版本的语文课本，他担任江苏南菁中学图书馆长，以此来推动校园读书活动深入开展。听他的讲课和报告，引用的理论和名言并不多，但他的每段话，又让人感受到思考的深度，平凡的话语中渗透着深刻的哲理。俗话说："读万卷书不如行万里路，行万里路不如阅人无数。"寇老师是把书读活、有思想的人。

有人说"求学要到北方，工作要到南方"。北方人比较扎实，南方人

思维开阔，寇老师在二十多年前勇敢地走出嘉峪关，在全国大赛课堂上华丽转身，给我们这些"只会低头拉车，不会抬头看路"的草根教师许多启示。同样是教师，当大家还在按部就班地备课、上课中忙得焦头烂额的时候，当大家还在满足于做好"政治笔记""国培计划""学习强国"的时候，当大家还在抱怨、腹诽现实不公的时候，有人却在搜集了不同版本的语文课本，有人却把教案和课堂做成了"代表课"，有人却把教育情怀融入了家庭、家族的生活。像"寇永升"们，把简单的事情做好，把好事情做精致，并且不改初衷，一以贯之，坚持它几十年，你就会成功！

寇老师说到一个词"代表课"，值得玩味！作家、艺术家有代表作，教师也应该有代表作，有代表自己水平的课例，哪怕就一节课。想想自己，想想周围的人，上了许多年的语文课，说自己最拿手的课例，倒还真想不起来，实在是汗颜的事情啊。反思我们自己，不是没有时间，而是从来没有通盘考虑过，更没有想到建立系统化的教学设计，更不要说许多"代表课"了，尽管这项工作只需"三年"！

寇老师是一个坦率的人，在评课中，他能直言年轻教师课堂的缺点；在《回顾》中，他很中肯地说"我们西部的老师，有的老气横秋，思维固化，故步自封……"他的正直与忧虑由此可见。他这些点到为止的批评，让我想到的是雨果笔下的"沙威"。余党绪说"沙威最可怕，他是无心作恶的恶人"。反思我们自己，何尝不是另一个"沙威"，何尝不是阻碍教育发展的绊脚石？

课堂，经典的方法，传统的功夫；报告，果然是大师，只是大师的冰山一角；《回顾》，教书和做人是一致的，我肃然起敬！

最后，我想到两个字——"自信"，教育的"自信"，教育人的"自信"。酒泉、嘉峪关教育的土壤里能孕育出霍军、寇永升这样的大师，这是酒嘉教育非常荣耀的事情，也为我们教育人增添职业的"自信"。

从今天开始，让我们面朝大漠和长河，向着教育的诗和远方，守住初心，砥砺前行吧！

2019 年 7 月 6 日

（第二辑）语文情

触摸那精神

甘肃省张掖中学　董志新

其实，刚开始的时候，寇老师并不像我想象中的老师。在零零散散的读书偶遇里，我想象中的老师似乎是温和的，温柔的，温馨的，温暖的。从面容到外貌，从笑容到气质，好像都是母亲一样的，或是慈祥的男子模样的。就像被周总理称为"国宝"的霍懋征，提倡情境教育的李吉林，人民教育家于漪，敢于创新的魏书生或是中国的苏霍姆林斯基——李镇西，也可能是像经常在媒体中出现的朱永新、程翔等老师，总的特点是温柔敦厚型的，有孔夫子的遗风……而真实的寇老师则是比较独特的！和李希贵相仿，有时像是大理石做成的石像，坚硬而刚强。但是接触时间稍微长一点，就发现一个事实：感觉有时候是靠不住的。接触的次数越多，空间的距离越近，越能感觉到一坛老酒的芬芳：久而弥笃，醇厚馨香。后来，我突然想到，寇老师是西北汉子，李希贵是山东汉子，他们的根扎在北方的大地上，自然就有了白马秋风塞北的风采。

虽然和寇老师接触不多，但是有几件小事还是让我经常回味，不断思考，慢慢触摸到一点他的精神。

监考中的新年

记得是2022年的春节期间，完整的中国年还没有过完，西北生活的慢节奏让人还沉浸在半醉的节日氛围中，寇老师已经从江苏南菁直飞张掖，顶着严寒，和我们刚刚开始补课的高三学子一起走进了考场。为了给我们把脉，他亲自监考，亲自阅卷，亲自讲评。阅卷当然认真仔细，讲评更是科学高效。最让人眼前一亮的却是监考——他不像我们一样按照要求一动不动地看紧盯牢，而是不断巡视，不断登记，不断计时，不断拍照……答题的顺序、学生的心态、试卷的痕迹、用时的比例等都是他监考的内容。他监考的是过程，是活生生的个体，而我们监考的是结果，是公平但静止的制度。同样的事情，因为方式方法的区别，自然就有了不同的结果。就好像教育工作者一样，有的只会教，有的还会育。

隔离期间有收获

大多数人面对隔离，要么抱怨，要么荒废，但是寇老师的处理方式令我敬佩。2021年的秋学期一开学，就接到了学校科研室张勇主任的电话，寇老师把他假期里的备课成果无私地分享给了我们。原来，放假前，他到外地讲学，不巧遇到了疫情突起，回去后隔离在家。就在这常人郁闷的暑期，他却将高一一个学期的新课程精心地准备好了。当看到课件上的创意和详释时，我感慨良多，自惭形秽。

福无双至"祸"不单行，一年以后的暑期，寇老师到火炉西安传经送宝，在西航一中组织了教学交流活动，我有幸参与了学习。活动即将结束的时候，西安疫情又起，黑云压城。我回来后在宾馆隔离三天，看了一部电影和一集动画片，听了半部玄幻小说，睡了三个没有星辰的夜晚。而寇老师呢，回到无锡也被隔离，七天中整理出版了一部书！

我想，他是否就是曾子所说的士——不可以不弘毅？因为有己任！

也食人间烟火

我对于寇老师的感觉，因为初期远望的朦胧，所以有了如山巍峨的庄重。一旦走到山脚下，山路上，半坡中，渐渐有了温和的阳光和美丽的风景，或许还没有山阴道上的应接不暇，但浓厚的德馨还是暗暗潜来。有时候想，如果让我选一个古人做朋友或导师，那应该是苏东坡。他上得了厅堂，下得了厨房，懂阳春白雪，知下里巴人。有时候是会写敢说自在潇洒的文士，有时候是能种能吃会发明的农夫厨师……寇老师也有类似的特点：在教育的领地中，他严肃、认真，一丝不苟；在生活的领域里，他远足、摄影、探古寻幽，品河西李广杏，啖陕西洛川果，甚至跳墙进了路遥故居，只是为了表达内心深处的向往……他像是块玉石，有质地的坚硬，也有细腻的温和。

知识分子的风骨

现实生活中的知识分子是人们经常谈论的话题，褒贬不一。主要问题就在于确实存在着既没有真知识，也没有硬骨头和敢思想的假专家。而寇老师是一位符合知识分子标准的教师。他有知识，善研究，治学不媚时俗，寻真为启后人。他敢于质疑和批评，不断改进和修正。对青年教师的不足和学术交流中有待商榷的观点，他总是直言不讳地指出来，心正意诚，从不怕得罪人，只怕有亏教育和真知。他不臧否人物，更多的是赞赏和推介。在他的心里和口中，不是文人相轻，而是同行相重。为了教育和学术，他举轻若重。

燃灯驱暗，播种春秋

教育需要爱，需要情怀，需要付出，寇老师就有着这样动人的情怀。他对落后地区的教育事业的帮扶形式多样，令人尊敬。他联系发达地区的爱心企业家不远千里到贫瘠的家乡和陌生的河西小县民乐小山村助学捐助，从教学电脑到学习用品，从苍颜教师到垂髫学生。到延安支教，他把论文写在了革命老区的大地上和孩子们的心里，在《理念：教育的制高点——延安支教日记》中的点点爱心之举给人以特别的温暖。他到外地讲学指导，常常把应得的报酬买成书籍赠送给老师，自己不取分毫。他对青年教师格外关心，严格要求，为帮扶的学校培养了一批批优秀的后备人才。通过各种形式和途径，让青年教师学习、交流、压担子、给任务、搭平台，从春潮荡漾的浙江到辽阔广袤的新疆，从革命的百色到勤劳的民勤，到处都有他扶掖后晚的身影。

古佛燃灯，法力无穷，或许就是因为忘我、无我、舍我之境吧！寇老师也在提灯振铎，将性命酝酿成生命，将生命升华为使命，将使命融化进天命。把有限的人生变成了无限的天空，将独立的个体化作了万千的种子。于是，开窗就看见了青山，推门就拥抱了蓝天。

听说提出培养"终身运动者、责任担当者、问题解决者、优雅生活者"的江苏省锡山高级中学唐江澎校长当年从陕西商洛到江南创业时凭借一麻袋证书打动了教育局的领导，那同样是从西北到江南来的寇老师所凭借的宝贝是否就是浸透着他的心血和汗水的那一箱一篮的优秀手写教案与一架一屋的精心搜集和保存的语文教学期刊和母语教材呢？

或许还有其他的美好事物吧，那大约是一定的。

心中突然想起一首老歌的歌词，挺暖和：我的热情，就像一把火，燃烧了整个沙漠……

2022 年 9 月

感谢寇老师的批评

甘肃省景泰县第二中学　卢昌秀

在而立之年遇见寇永升老师，是我一生的幸运。因为寇老师带给我的感触太多了，他的工作和生活态度，很让我动容。

2021年1月，临近期末之时，我正带高三。有一天听教研组长说，寇老师要来学校听高三老师试卷讲评课。高三的老师就我们几个，我心想，完蛋了！我之前已经见识过他是怎样评课的，可以说毫不留情面。这跟我们习以为常的鼓励式评课完全不同。接下来的几天，我们几位老师各自忙碌准备着，大家心里面不敢有丝毫懈怠。待讲完课后，我一直很忐忑，我想待会儿寇老师指不定如何批评我。我害怕被批评，这也是很多老师共有的想法。到了下午评课的环节，寇老师却夸奖了我，他夸奖我上课"松弛有度"。虽然是一句小小的夸奖，但是对我而言意义重大，因为这句话让我变得有点自信了。

高三的时间过得极快，马上就到了高考。在靖远监考的第一天，我们几位高三老师就接到了通知，要参加寇老师名师工作室的活动，地点在河西一带。而我被安排在了张掖中学，所讲的内容是红楼梦整本书阅读。监考结束后，紧接着就是学校的中考监考，我当时担任安全员，主要负责在教室门口的安全事务。整整两天，我坐在教室门口，手捧着《红楼梦》读。我想在这几天花时间把全书读一遍。读完后，我将寇老师发在微信群里关于《红楼梦》整本书阅读的论文统统下载了下来，认真看了一遍，又在网上搜索了很多资料，最终确定了所讲的方向——从人物居所探人物命运。我选这个方向的原因有二：一是我对整本书的把握不够，完全不敢从整体入手，只能从一个点展开；二是觉得这个方向有趣，容量合适。我当时想，反正不管讲什么、怎么讲，都是一次尝试。接下来的时间里，我开始顺着这个思路做课件、改课件、试讲……

我们几个开着车向山丹出发了，山丹一中是第一站。

而我讲课在第二站——张掖中学。

前一天晚上，同行的达老师和张老师帮我改课件、打印教案，一直到了半夜12点。等我睡下时已经凌晨2点了。说不紧张是假的，之前上过几次公开课，但都是在校内。现在到了外面，不敢有所松懈，更怕寇老师的批评。等到第二天上课时，心里的紧张已经减去大半，正常水平发挥讲完了这堂课。最大的遗憾就是，在上课过程中，张掖中学学生的反映压根与我预想的不同，这堂课的内容并没有激发学生的兴趣，也未能很好地调动他们的积极性，反倒是我在自导自演了！

下课铃响了，这节课也结束了。我心里松了一口气，终于讲完了！刚回到自己的座位上，坐在第一排的寇老师招手示意我过去。我坐在他的旁边，他说："你的课很有新意，但是也有不足，你把它在好好改改，以后有机会再上一次。"好歹是上完了呀！我这个人，一向的想法就是：公开课上完即结束，貌似把它当成一种任务了。

可是，这仅仅是一个开始。每天讲课活动结束之后，寇老师都要进行点评，他的点评总是那么到位，那么犀利。他从来不会管你是男老师还是女老师，年轻的还是年龄大的，只要是真实存在的问题，他都会一一点出来。每个上完课的老师内心都是忐忑的，因为大家极大地感受到了甘肃在教育理念上与南方的差距。这样的活动，不是作秀，是实打实的，它让老师们有所感悟，而后才有提升。

就像前面我所说的一样，公开课结束仅仅是一个新的开始。活动结束回家后，我鼓起勇气把我写的东西发给寇老师看。

我实在是一个拙于写作的语文老师，在发给他之前，我心里一直在想如何被他批评。第二天早晨7点多，寇老师在微信上给我发了消息："有时间接电话吗？"等我回答有之后，他才打来了电话。在电话中，寇老师给我指出了问题所在，写作方向，他建议我读课程标准。那段时间里，周而复始。我的文章从刚开始的一千字变成了几千字，内容更是深刻了不少。其实，在这个过程中，我更是怕麻烦他，我实在写得不怎么样，还要劳烦他。出乎意料的是，他是那地有耐心。虽然直到现在，我的文章还没有修改好，但是我从内心感谢寇老师。

这一学期，我发现我们教研组内备课的风气变得浓厚了，大家都订阅了《语文教学通讯》等期刊，办公室里很少听到闲聊，每个老师都在自己的办公桌上认真备课。这就是去年和今年同课异构活动的成果，我们变得比以前勤奋了，有目标了。我也在无形之中理性的认识了"批评"，评课就是要指出问题，一个老师如果连自己的问题在哪里都不知道，如果都喜欢"鼓励式"评课，那会有什么样的结果呢？还谈何专业成长？

我想说，经历了两次同课异构，经过了两次寇老师的批评，我不怕批评了，起码在以后的公开课中，我想我变得比以前更勇敢了，我能够接受批评了。

感谢寇老师！感谢寇老师的批评！

2022 年 9 月 10 日

（第二辑）语文情

认识寇老师的这十年

山东省滨州市第一中学　张炳秀

课堂上初识寇老师

第一次见到寇老师，是十年前2012年7月。那是寇老师在我们学校（山东省滨州市第一中学）的会议中心讲《祝福》。上课伊始，一位穿着浅蓝色衬衣、系着领带的青年教师往台前走了几步，向台下深鞠躬，然后同学们起立上课。

寇老师三言两语介绍自己的名字："……寇，就是贼寇的寇……"在同学们和与会老师的笑声里，寇老师带着我们一起学习鲁迅先生的《祝福》。这大概就是寇老师获得2012年"教育艺术杯"全国中小学语文课堂教学大赛第一名的那一次。

据说这次活动本来安排在山东无棣——我记得寇老师上台领奖的时候，金灿灿的奖牌的下面落款还是"山东无棣"。因为与会人数超出预计，无棣县无法安排接待，所以改在了我们学校。这次大赛好像分了AB两组，阶梯教室一组，会议中心一组。我从家步行穿过一个马路就到了学校门口，只见好多陌生的老师在大门口拍照留念。一射之地就到了礼堂，而要去阶梯教室还要一段距离。

"先学后教，多学少教"等红色大条幅高高挂在礼堂外面的墙壁上。

记得当时学校刚放暑假，学生都是班主任从家里叫来的，也就二十来个，和寇老师一起在舞台上，评委在第一排，我们听课老师在评委后面就坐。放眼四周，我们学校来听课的老师几乎没有。坐在我前面的一位历史老师还是因为台上的学生是他们班的而来的。大概当时学校没有明确要求，加之又是假期，大家根本不知道有这么一场教研盛会。

那时，我的孩子刚刚一岁出头，正是虎皮膏药一样粘在我身上的时候，我和丈夫商量去不去听课，他很果断地支持我。但是我还是不忍心抛

下孩子，所以只听了半天，三节课。幸运的是，这三节课里就有第一名的寇老师的课。这是我工作20来年参加的唯一一次国家级的赛课活动——送到家门上的赛课。

后来，2021年11月，我去浙江永康参加教师培训，接待我们的万森老师说，2012年暑假他也来我们学校参加会议的，当时万森老师在河北秦皇岛工作。

犹记得寇老师轻松自如地驾驭课堂，从"雇着了"入手引领同学们沉浸在文本里，尤其是让学生有感情地朗读"放着吧，祥林嫂"的情景仿佛就在昨日。

"让学生在我的课堂上眼里冒光"是我工作以来的追求，黑灯瞎火摸摸索索七八年。听了寇老师的课，我仿佛找到了方向。寇老师的教学设计正是我一直以来所向往的。

像寇老师一样订阅教学杂志

我听过寇老师关于专业期刊助力个人专业成长的讲座，我看过他探讨专业期刊意义和价值的文章，我到过他在南菁高中的办公室——那实际是半个世纪以来的语文教学期刊收藏室，是一百多年来语文教材陈列室……

之前，我也零星地订阅过语文教学期刊，但没有深入系统研究。在寇老师的指导下，我连续十年自费订阅《中学语文教学参》《中学语文教学》《语文教学通讯》《语文学习》等专业杂志。

每次中午放学开启邮箱取出杂志，无论时间多紧张，身体多疲惫都会迫不及待地兴奋翻开书页，看看有哪些新研究成果，有哪些熟悉或陌生的作者。一边爬楼一边阅读；不觉爬过头了，张圆嘴，龇着牙；再原路返回，开门；坐在沙发上继续读，全没了要在12：30之前做好饭的紧张。真真切切体会到小学时教室里贴着的高尔基画像下面那句名言："我扑在书籍上，就像饥饿的人扑在面包上一样。"

晚上，收拾完一天的家务，泡着脚，顺手从床头拿来一本杂志，一天的纷扰喧嚣都从心灵深处涤荡殆尽，仿佛自己就是个自由的人了。儿子也不时来"打扰"，笑眯眯地依偎在我的怀里，重复着他的乐趣"正如张炳秀老师所说……"——这是福建名师陈艳玲老师对我发表在《中学语文教学参考》文章的引用和肯定。后来才知道陈老师是寇老师的国培同学，虽然我和陈老师从未有过联系，更别提交流请教，但《中学语文教学参考》成了我们全国"语文人"交流学习的平台。

陈艳玲老师引用的我这篇文章的题目是《一分钟：梦想的起点——谈〈哦，香雪〉教学内容的确定》。

这篇文章源自一次同课异构。

当时是2014年初夏，孩子感冒发烧不能去幼儿园上学，我请假在家照顾孩子。突然接到备课组长李老师的电话，说要和山东省北镇中学的老师同课异构，安排我上一节课，篇目是鲁人版第五册第一单元的选读课文《哦，香雪》。我反复阅读后，请寇老师帮我出主意，他细读文本后让我抓住火车开进台儿沟的一分钟带来的变化，撬动整个文本。我又反复细读文本，设计好教学。在北镇中学讲完后，得到了与会老师们的一致好评：

张老师这节课就像一篇中心明确、语言优美的散文，开头"一分钟"导入，中间以"一分钟"的改变来引导、启发与点拨学生，到最后的"一分钟"正是香雪等姑娘们梦想的起点的课堂小结，甚至"一分钟"还会带来什么的绕梁余音，始终围绕"一分钟的改变"这一中心。好几次学生和听课老师都想鼓掌……张老师上课特别有激情，有鼓动性。这是语文老师应该具备的素养，我们应该向张老师学习，这种立足文本整体、抓文脉破解文本的方法值得大家借鉴。小说阅读乃至现代文阅读就应该像张老师这样上。

寇老师说："文本解读能力是语文老师的看家本领。"通过那次同课异构，我的文本解读能力提升了。十年来进一步整合梳理，形成了自己的教学模式和教学风格。

老师们听了我的课后，每每都有新的启发，在组内掀起新一轮的集体讨论。王老师说："每次听小张的课，都特精神，眼前发光，每次都有不同的收获。"李老师说："这与张炳秀坚持阅读专业书籍密不可分。"张老师也笑着纳闷："你怎么想出了这样的教学设计？"

今年，办公室又有两位老师自费订阅了《中学语文教学参考》《语文教学通讯》等。

答复着老师们或兴奋或疑惑的询问，感受着他们燃烧起的教学教研激情，看着年轻老师展示出的一个个新颖的教学设计，我的心里甜甜的。

我深信，是这些专业期刊，是这些优秀老师给了我智慧的启迪，引领我不断思考。高山仰止，景行行止，虽不能至心向往之。走在教学的大道上，前面永远是未知的奇伟瑰怪之观，哪里还有职业倦怠？

十年来，我先后在《中学语文教学参考》《中国教师》等杂志发表论文近十篇，主持完成山东省教育科学规划课题、滨州市名师工作室专项课题各一项，后者还被评为"优秀课题"，我个人也被评为"滨州市首批名师工作室先进个人"。连续三届获得滨州市政府社会科学优秀成果奖。

学习寇老师的自律和专注

十年来，寇老师给我的感觉是——自律、专注。

2020年11月初，我到浙江师范大学参加浙江省骨干教师培训，同去的有寇老师的同事张兰老师。张兰老师跟我讲了寇老师的好些好习惯，讲了寇老师的工作效率。寇老师无论冬夏坚持步行上下班，长年累月坚持锻炼；早睡早起，每天晚上10半准时休息，早上5点起床；惜时如金，坚持阅读；热心帮助同事，尽心带动青年教师……张老师边说边啧啧称赞。

寇老师的确是一个特别自律的人。"自律给你自由"，是的，要想自由必须先自律。反思自己，一直以来很内耗的。晚上躺在床上总是要想想明天的工作，想着想着就难以入眠了；早上起来又想着昨晚没有休息好……反反复复，很纠结，很疲惫。

参加工作十余年来，一直感觉压力特别大。工作上的压力和情绪常常发泄到家里，有的甚至一直压在身体和精神里。巨大的压力和不良情绪总是把好端端的生活搞得一团糟。总是想着哪句话又得罪领导啦，办公室同事今天看我的脸色没有平日喜悦啦，学生没有考到理想的成绩啦。检查作业学生会不会没有交完？考评能不能得到较高的分数？会不会因为在家忙活太多上班迟到呢？今天着凉了，会不会明天去不了学校而耽误学生的课程，怎么跟领导请假呢？放了假可以休息了吧，可以陪陪孩子啦……可是又给自己布置了读书和码字等。

一学期以来课堂上那些让自己怦然心动的瞬间平日里没时间整理，就盼着放假来梳理了。可是，假期前几天总要放松放松，追几天剧，彻底放空自己。然后就是家务，望着无从下手的厨房和杂物间就打怵。终于下定决心收拾，收拾整齐干净的那一刻拍两张照片，真是满满的成就感，虽然腰酸背疼手抽筋。然后准备整理教学反思梳理课堂实录，打开电脑翻开当时的手记，许久竟理不出头绪，一刷朋友圈半个小时一个小时就溜走了，是这些低级趣味收割了我们的注意力资源！苏联作家高尔基说："哪怕是对自己的一点小克制，也会让人们变得强而有力。"

这次浙江之行，与寇老师有了两三天的近距离接触，有我自己亲眼所见，有源自他身边同事的亲眼所见，真的启发良多，受益良多，感慨良多……

以往因为缺少自律，很多事情没有及时处理，越积越多，垃圾情绪也越来越多。大把时间都在拖延中浪费了。晚上又因为虚度年华而悔恨，睡眠质量得不到保证，又影响了第二天的工作效率。特奥·康普诺利在《慢思考：大脑超载时代的思考学》中称：30分钟不受打扰地处理一个任务，效率比3个10分钟要高3倍。集中精力处理一个任务的工作效率比多个任务并行高4倍。与不断切换任务的10个3分钟相比，连续不受打扰的30分钟能让你的效率提高10倍。

去年以来，我开始更专注地学习工作，不断获得"心流体验"，工作效率有了很大的提高。也开始坚持运动。每天课间操时间一到，立即放下手头的工作，挑战20分钟的踢毽子比赛。从一开始的不间断踢50个到100多个再到接近300个，在这样的挑战中，暂时抛下了手头的一切，大脑得到放松。投入工作后，效率更高了。

或许因为自律和专注，该干的事情都做好了，大脑里的垃圾就不会集聚，整个人充实了，精神了许多，幸福指数也上来了。同事们也投来赞赏的目光："你这几年真是变了个人，不仅专业方面，对生活的认知也更通透了。"

认识寇老师这十年，我的专业发展走上了快车道，生活质量也有了很大的提高。正如寇老师在语文教学杂志上读到我的《于矛盾处把握作者的写作意图》时所说："炳秀，你现在进步很大，比之前写得更深刻了！"

2022年12月于山东滨州

感动、感念、感佩！

江苏省南菁高级中学　王俊峰

感动

与寇老师相识在 2018 年的夏天，我刚调入南菁，担任高一（13）班班主任，寇老师任教我们班语文。为了让新入菁园的学生不惧怕写作，寇老师引导他们轮流叙写班级故事，用故事的形式记录崭新的校园生活，记载班级的有趣之事，引领班级成长，让我这个班主任收获不少的同时也轻松了不少。

书写班级故事，珍藏了一段段美好的青春记忆。菁园生活是丰富多彩的，有动人的生命成长故事，这也是学生成长的足迹。运动会上感人的场面、辩论赛中激烈的争锋、宿舍里的趣事、糗事、囧事……青春的故事就在身边，故事每天都在发生。寇老师让学生用笔写自己的生活，写真事、说真话、抒真情。只要真实，想写什么就写什么，想怎么写就怎么写。可以记录自己或班级愉快的事情，当然也允许抒写郁闷的事，但要求妥善表达自己的观点，以培养学生做一个负责任的表达者；可以记录课堂上某个同学出色的表现，并写下激励性的评论；可以记录师生双方对某个疑难问题的不同观点和因此产生的争执；可以在班级故事中写下自己生活中的趣事、乐事与同学分享；可以记录自己在学习和成长过程的故事……日积月累中，学生在司空见惯的平凡之处发现美、记录美、创造美，用朴实的文字记录感人的每一天、每一个故事，用文字播种精神，用故事存留成长的印痕。

班级生活从一开始流水账式地记载生活学习琐事，到后来有主题、有针对性的社会公共事件分析，诸如重庆公交车坠江事件的深入讨论等，我们能看到学生的心理、思想、情感正一步步走向成熟。寇老师不间断地刻意引导无不体现出一个"大先生"的智慧：用文字撞击思想的火花，用人文精神培养班级精神，既解决了学生惧怕写作的难题，又给班级生活注入了思想动力。久而久之，能形成民主和谐的班级氛围，形成班级正确的舆论导向。学生以文字点燃思想，以自由心态书写自由思考，以平等的态度对待同学，以宽容的胸怀熏陶人格，用班级故事传递正能量，班级文化也就悄然形成了。

初到菁园，感动于我们班的语文老师寇永升！

感念

寇老师是我女儿高一时的语文老师，女儿每天回到家都要和我们分享生动形象、活泼有趣的语文课堂，最让我记忆深刻的是，女儿回到家和我们分享的"沙枣"与"凉薯"的故事。

语文课学到了《现代散文选读》中刘鸿伏的名篇《父亲》，文中说，父亲送"我"到武汉上大学，用扁担挑着简单的行李，走出大山，一路步行，黄昏的时候才来到县城，"父亲让我去外面买一点吃食，他守着行李。我知道家里很穷，便只在地摊上买了几个凉薯抱回去……"担心现在的学生不能理解"凉薯"，寇老师利用到广西百色讲课的机会，专门买了一箱凉薯快递回来。课堂上，分享给学生每人一块……原来这凉薯是西南一带农家最常见、最廉价的食材，既可生吃，作为主食；亦可熟食蒸煮、炒菜等。时值酒泉跟岗学习的老师们在听课，于是乎，寇老师与同学、与听课老师一起，在语文课堂上品尝凉薯，大快朵颐，还吩咐孩子们不要忘了带回家和家长一起分享，这才让我们家长也开了眼、尝了鲜。

只是为了让学生们理解"凉薯"，寇老师就是这样"备足了课"。

寇老师为了让学生们深入理解课文、切身体会文中的深邃之处，常常"备课在课外"。教学高尔泰的散文《沙枣》，寇老师请家乡的同行们代买了一袋子西北特产沙枣，课上分享给学生先品尝沙枣，再阅读课文……学生们才明白了，在那个特定的年代里，高尔泰等一批知识分子是怎样艰难地活下来的。

学识渊博、幽默风趣、热情投入的寇老师彻底征服了孩子们，带领孩子们徜徉在知识的海洋里。

感念寇老师的引领与陪伴！

感佩

从教四十年，寇老师不抽烟、不喝酒、不打麻将、不应酬，所有闲暇时光都扑在阅读上，扑在如何提升自己上，成就了自己高山仰止的伟业。由大西北偏远小城市薄弱学校低起点的普通老师，杀进了江南名师的圈子，也成为江南教育界仰望的标杆。

作为寇老师曾经的搭班老师、作为寇老师所教学生的家长，时时处处耳濡目染，寇老师对像我一样的年轻同事的关心、指导和引领是全方位的，也是毫无保留的。

寇老师为助力家乡教育，在甘肃各地学校成立了很多的工作室，来培养青年教师，推广先进的教育教学理念，提升西北的教育教学水平。

作为寇老师的同事、作为家长，感动、感念、感佩！

2022 年冬月于菁园

（第二辑）语文情

高山景行　心向往之

甘肃省景泰县第二中学　张　岳

初识寇永升老师是在 2019 年 4 月底，也就是他第一次来我校义务讲学的时候。

记得在那学期开学的第一次教研组会议上，教研组长寇宗权老师向我们推荐了一本书《理念：教育的制高点——延安支教日记》，说作者是他尕爸，是江苏语文名师，无锡市语文学科带头人，教授级高级教师，浙江师范大学兼职教授、延安大学文学院特聘教授、陕西师范大学、福建教育学院"国培计划"专任教师、多次获全国范围课堂教学大赛一等奖……并且说，要"游说"罗校长，邀请寇老师来我校讲学。听了这些，心中对寇老师充满无限仰慕与敬佩，期盼他能早早来我校讲学。

经过学校邀请，寇老师如期而来。

第一次义务讲学，寇老师为我们带来了三堂示范课：高三复习课"读懂古代诗歌的思想感情"、小说阅读《被骗》和《扬州慢》；两场讲座：《高考语文可以掌控的几个知识点》《语文教师的核心竞争力》，每一堂课、每一场讲座都给人留下了深刻的印象。《扬州慢》是千古名篇，但要让中学生理解它、欣赏它，难度极大，寇老师教学设计既高屋建瓴又非常巧妙："《黍离》之悲，悲之具体内涵有哪些？"这个问题一经抛出，就开启了学生思维的大门，他引导学生从整理"七悲"开始，展开思考交流，让学生从全局把握词的思想感情。然后由"空城"一词来引导学生感受扬州物是人非的景况，从而激励启发学生从今昔对比的角度体悟作者的百感思绪。寇老师还注重从品词析句、典故运用等方面来提高学生鉴赏诗词的能力。整堂课不疾不徐，张弛有度，在与学生的对话中轻松地完成了教学目标，让在场师生真切地感受到了语文教学的魅力。

寇老师作的《语文教师的核心竞争力》专题讲座，结合自己的专业成长经历，从文本解读、常态教学与课堂作品、科研能力、课程开发等方面，对"语文教师的核心竞争力"做了详细的诠释。一场讲座，让全体老师为之震撼，感触颇深，收获满满。让我领略到了真正的名师风采！

2021年7月2日至9日，寇老师带领其工作室成员，在张掖中学、山丹一中、民勤一中、景泰二中进行同课异构教研活动，我有幸全程参与。一路走来，我一共观摩了26节语文课，其中有寇老师的三节精彩的示范课；其间还有幸聆听了寇老师的几场精彩学术报告。

可以说，这是我参加工作二十多年来，内心产生冲击极大、受益最多的一次教研活动。观摩各位老师的精彩课堂教学，我领略到了与众不同的教学风格，欣赏到独特的教学艺术；听寇老师点评，更是一场心灵和精神上的洗礼，很多问题经寇老师一点评，豁然开朗，茅塞顿开，我明白了应该学习哪些东西，避免哪些不足，更清楚地认识到了自己的不足之处，从而反思自己的教学，找到了努力的方向。

一路上，我在想，到底是什么成就了这样的一个寇老师？

今年10月，我很荣幸为寇老师《烂柯文集》"雄关情篇"校稿。这些文稿中有的是他的学生回忆师生之情，有的是他的同事回忆同事之谊。他们生动、深情的记录，让我对寇老师有了更多的了解，也让我更深地感受到了寇老师的人格魅力！

寇老师无疑是一位富有教学智慧的名师。智慧的教师能够明察秋毫、防微杜渐、化解很多教育难题。语文课代表不愿意背诵古诗文，寇老师没有简单粗暴地直接批评，而是很巧妙地以她语文课代表的身份，让她用墙报那样大的纸张把中国古代文学知识点归纳总结出来，包括每一个文学家的字、号、生卒年、相关文集以及被收录高中语文课本中的文章，而且要求连做四份，一份贴在教室后墙上，一份贴在楼道里供全年级学生学习，一份放在办公室，还有一份则留给自己。后来这位学生自己说：

做的时候我心里颇有怨言，不明白他为什么不交给那些脑袋灵光，古文学得超好的同学去做，却要交给我这么一个愚笨懒惰的人。四份做完之后，那些知识点自然而然也印了一份在我的脑子里，这时我才恍然大悟他的良苦用心；而我，从那以后，也自然而然地、心甘情愿地成了他

（第二辑）语文情

各项语文教学工作的小助手。

寇老师就是这样，在教育上富有爱心、工于匠心而又羚羊挂角不着痕迹。

寇老师不仅关注自己所教学科的成绩，还关注学生成绩的全面提高。为了激励一个学生爱上英语，一天早读课，寇老师没有让这个学生背诵语文课文，而是有意让她朗读英语课文《卡尔·马克思》。开始这个学生心中不解，但后来还是明白了寇老师的良苦用心。下面这段话就是这个学生的肺腑之言：

我心想，你是语文老师，又听不懂英语，我读得越快，你就越听不懂，我就很流利地把课文读完了。读完，他点了点头，我就匆匆忙忙地下去了。从那以后，我一有时间就读英语，生怕他那天再让我读课文。也是从那时起，我爱上了英语，英语成绩也开始越来越好。

寇老师的课堂不仅是轻松愉快的，也是深刻的。寇老师总能深挖教材，形成个性化解读，在授课过程中激发学生的兴趣，提升学生的认知水平。记得在河西研学之旅中，寇老师在示范课《登泰山记》中，设计了一个问题：作者为什么要和朱孝纯子颖这个人一起去登山？由这个问题牵出作者、朱孝纯的经历、人品、性情，自然而然地介绍了作者，并更好地理解了"桐城派"散文"义理"的特点。学生轻轻松松对文章有了深刻理解，并不觉得枯燥艰涩。寇老师带动学生精细品读文本，在潜移默化中，让学生养成良好的阅读习惯。他曾说，教学设计要弄清楚一个问题，那就是为谁而设计。设计教学的重要前提就是要把学生放在第一位，尊重学生，考虑学生的实际情况，只有如此，才能更多关注学生学了多少，而不是我们教了多少。把学生的积极性、主动性调动起来，课堂才是真实的、高效的、有意义的。

寇老师不仅关注学生的知识学习积累，也非常关注学生的心理变化和精神成长。有一个学生的母亲生病住院了，寇老师多次去医院看望，用他自己的方式默默地关心帮助，让学生从痛苦和颓废中慢慢走出来。可以说，寇老师对这位学生的关爱直接影响着她的成长。从许多文章中都能感觉到，寇老师对来自农村的学生多一份兄长般的关心，在学习上给予鼓励和帮助，让他们更有自信。为了了解学生的家庭状况，好针对性地做思想工作，利用寒假去农村家访，交通不便，就坐班车，骑摩托，骑自行车，不畏零下十几度的严寒起早贪黑……

在生活中，寇老师对学生的关心也无微不至。他的著作《理念：教育的制高点》中有这样几段话：

我有女儿，我想起来，初中那几年，妻子经常在家里和学校都为女儿准备有热水袋，家里用的大，保暖时间长，放在被窝里；学校里用的小，一巴掌大一点，给女儿装满热水，让女儿揣在怀里，度过那些身体特殊阶段的日子……

想到这些，趁下午没课，学校有车去县城办事，我停下手头的一切事情，乘车来到县城，逛了两家超市，买了两个我满意的热水袋。晚上，在办公室试着装满热水，焐了焐，挺烫的……叫来两个班的女生舍长，告诉她们："寇老师这个抽屉里有两个热水袋，你们宿舍有同学需要时，随时随意来取用，自己灌进热水；用完还放在这个抽屉里……"

几位女生点点头，会心笑笑，什么也没说，开开心心地走了……

看到这些，我心里充满深深的感动。正是寇老师慈父般深厚的爱，无声滋养着学生的生命。

寇老师的课魅力无穷，深受学生们的欢迎，这在很大程度上取决于他在教学上的一丝不苟，精深钻研。酒泉师范附小的程老师在文章中说：

他的《第二故乡送教回望》里这样写道："我们一起冒着一定风险徒步走进祁连山深处考察泥石流，只为了教好那篇《一次大型的泥石流》；我们穿越天山，希望在行走中读懂那时的语文课文《天山景物记》；我们在天寒地冻时节用自己的两只脚沿古长城去体验边塞风光，夜宿烽火台感受大漠孤烟……我们读完了杨显惠的《夹边沟记事》，相约走进那片沙漠，采访老农，察看遗迹；从发烫的沙子里抠出一块块砖头，细细辨认上边那些模糊的名字……"

孙维平老师的文章中说：

活动的最后一程是登泰山。按照这时节惯常的做法，夜晚凉爽登山，黎明到顶，看日出。寇出主意，按李健吾《雨中登泰山》路线，边背课文边走，背多者赢，输者山顶请客！于是，泰山道中，又出现了两个念念有词的夜行客。

为了读透一篇文章，为了教好一篇课文，寇老师不畏艰险，不顾辛劳，实地考察，亲身体验。只有教师自己感受深切，才能让学生最大可能地接近本真。

孙维平老师在文章中写道：寇老师热心于学科社会组织，竭力维持着当地的语文学会。两人曾自费坐着绿皮火车、忍着酷暑参加泰山脚下教学研讨。以下这段生动的文字让我看到了对教育有着无限热情的寇老师：

哆哆嗦嗦走进泰安，是因为这里的地面都是烫的，脚板不敢放平。东西南北来了近千人，泰安师范的那间教室都显小了，一个个变成冒着蒸气的锅。穿个白衬衣报完到，人就像从浴缸里爬出来。……接下来听报告，听课，背心裤衩，管他有没人侧目。见到当时中学语文教育泰斗级的人物于漪，见识报刊上总有名儿的山东程翔、安徽陈军、上海程红兵、四川李顺、江苏李震，等等一批高手，听他们个个说得那个好呀，真是天花乱坠；再看人家上课，那真是人人优游自如……几天下来，两人的脖子都好像长了一点，寇还学了句山东话，动不动就"俺的个娘嘞，恁咋这芋头！（你怎么这么笨呢）"可不是，白天的热，要我的一半命；夜晚的蚊子，要了我的另一半命，我已晕头转向，顾头顾不了尾。寇呢，湿漉漉的，在人群里挤出挤进，每天弄回来一大堆资料，晚上还拿出硬皮笔记本给我炫耀："哎，这是袁教授的题字，这是顾先生的签名……"

据我所知，寇老师经常利用节假日自费参加各地的研讨和学习，并且收藏有自晚清语文独立设科以来各个时代语文教材数千册，自费订阅并收藏80年代初至今的五大语文教学核心期刊并整理有目录索引，让自己永远处在语文教学的最前沿。

我想，这一切都源于寇老师对教育事业的执着和热爱。因为热爱，才有了他今天的卓越成就。

高山景行，心向往之！

2022 年 12 月

老寇和他的"班级故事"

江苏省南菁高级中学　陆　叶

张中行先生曾说，他写作《负暄琐话》，虽记小事，却是当作诗和史来写的。诗，简约深远；史，真实客观，不虚美不隐恶。在我高中时代也曾有这样一本被简单真挚似诗和史的册子，那是老寇的《班级故事》。

我可能是和这本册子关系较为紧密的几位同学之一，前前后后写了十多篇文章。记得从高一刚开学的时候，就在班级故事中记录下了自己在开学典礼上的所见所闻，主要是写了一位外教老师的得体穿着和对于仪式的认真态度。在老寇的引导下利用班级故事记录下来，与同学们分享，这在后来的语文学习中成了我的作文素材，很自然地就写成了几篇像样的考场作文。

基于对日常生活的观察思考记录，然后成文，是《班级故事》中比较常见的内容。同学们在班级故事里自发地写下学校、班级中发生的一些事情，往往因为故事本身就是发生在同学之间，所以大家反响都很热烈，在合适的群体中传达合适的内容，是容易收到好的效果的。我们那些记录日常学习生活的稚嫩文章，老寇都会认真批阅，在他的推动下，原本只是发生在同学之间的故事也传递到了老师们中间。

记得是 2018 年 10 月，重庆万州一辆公交车坠江，各种评论在报纸、网络上传播，老寇在语文课上提及了这件事，他布置大家在"班级故事"上写下自己的看法。我们写得各有角度，批评有理有据，分析各有见解。虽然许多内容和细节我今天已经记得不那么清晰了，但是文字中夹杂的稚气、热血让我深深怀念！后来还有同学的文章被老寇带动着发表在国家级的语文教学刊物上，我们班有同学看见过那本杂志！

同学们在老寇的引导下开始对社会管理、国家治理提出自己的建议，老师与学生都非常真诚。大家对远方发生的事件、对那些来自社会痛处的"遥远的哭声"都愿意去深入思考，寇老师把学生对重大事件的同理心引导至一个理性的轨道上，继而让它们成为一种对生活、对自身的深刻思索，是多么智慧！

用文字、用书写去传达自己的思考与观点，相比起在网络上的一键发送，区别究竟在哪里，我不得而知。但是在2022年的背景下回想四年前，回想老寇带着班里一帮同学用一种朴素的方法表达自己对社会的思考，并且通过和同伴的不断交流、互相诘问来推进自己思考进一步走向深刻和完善，想到大家落笔写下每一字时候的认真劲和责任心，我就感到当下舆论环境中的自己是不如高中时的，当下便利的信息传达所包含的诚意是不及高中时的，自己的迷惘是更甚的。不论是当下对社会事件的态度，还是思考的深刻程度，都在被各种不严谨的信息、碎片化的思考所替代。如果这时还能有一帮伙伴去一起写写心里的真实看法和想法，还能有老寇一般的老师用红笔批下寥寥几句却叫人茅塞顿开的话语，是不是我心中的迷茫与压抑也可以减少呢？可惜的是时间不会等任何人，很多事情是在离开以后才觉得珍贵无比。

上面所讲的还是初期的"班级故事"，毕竟2018年10月距离班集体组建也并不长，真正让"班级故事"成为我高中学习生活难以忘怀的记忆闪光的，其实是家长参与"班级故事"后写下的一些文章。

那已经是高一的后半段了，同学之间相互熟悉，"班级故事"也在老寇和课代表的推进下越写越好了。于是老寇发动了部分家长参与进来与我们一起写"班级故事"，其中就有小钱同学的家长。小钱在班级故事里写下过自己的学习压力和不被家长所理解的苦恼，她的家长阅读之后写下了自己的回应，工作的忙碌、生活的重担下自己忽略了小钱的感受，忽略了她在学习压力大时需要家长的陪伴，发自肺腑，情真意切……最后，这位家长暂时辞去了她忙碌的工作，用更多的时间陪伴学业关键时期的小钱。

我记得小钱在读这一篇班级故事时，漂亮的大眼睛含着泪水，座位上静听得大家也无不动容，我偷偷地抹了抹眼泪，发自内心地替她高兴，也羡慕和敬佩她的家长。更加感受到"班级故事"有一种不限于作业形式的意义，老寇把小伙伴们成长过程中内心深处的感受和思考以一种非常合适的方式途径传递给了家长，尤其是在今天这个时代；家长也由重视而予以真诚地回应，最后带来了相互理解和包容，浓厚了亲情，在文字和现实中都心心相印，旁观的人也能被爱打动，能分享和体味到间接的爱意。这种意义是超过我曾经历过的任何课堂的！高中正值青春期，自我意识强烈而有时会忽视和身边"具体的人"的相处、连接的时候，"班级故事"是一种柔性的、间接的纽带。

　　行文至此，我很想念讲台上和大家一起分享"班级故事"而大笑的老寇，想念捕捉到热点话题便说"写成班级故事不是很好嘛"的老寇。我一直认为老寇的语文课堂是有一种气质的，老寇任教的班级学习热情是非同一般的，这是有什么驱使的吗？或许是"班级故事"这样巧妙的方式。但我又想，更是源于老寇这位个性十足的语文老师的缘故，他足够博学，他有足够丰富的人生阅历和职业经历，所以可以将严肃的话题化解在温和的沟通中，把繁重的学习压力化解在一次次平等地对谈里。

　　这一切显得可贵。时至今日，在华东师范大学一年有余，听了许多场教育大家的讲座，才意识到曾经老寇课堂上的大智慧。

　　送给老寇！

　　也送给曾经在"班级故事"上相遇相知的 2018 级高一（13）班！

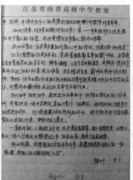

2022 年 11 月于沪上

班级故事——我思想的自留地

江苏省南菁高级中学　蒋佳祺

人们常说，成人有两种含义，一种是生理上的成人，一种是思想上的成人。我虽不敢自诩为思想上的成人，但至少也是思想上的青年。在促使我从思想上的孩童变为青年的过程中，"班级故事"功不可没。

在接触到寇老师之前，我并没有记日记的习惯，对写作这件事也并不是很感兴趣，其原因：一是受尽了考试时绞尽脑汁挤牙膏凑字数的苦；二是对积累天花乱坠的优美词句感到乏味，因此对语文学习也连带着感到味同嚼蜡，认为无非是机械性地背诵陈词滥调，阅读一些让人无法理解的文章，写一些过度加工而导致失真的文字。

而在遇到寇老师之后，这一切便慢慢发生了改变。

寇老师在语文教学方面有一个属于他个人的"小发明"，那就是写"班级故事"。

"班级故事"，顾名思义，便是让我们记录平时发生在班级里、宿舍里、学校生活中的一些小故事。他准备了三个厚厚的笔记本，在班级里流动写作。刚开始的时候安排人写，过了一段时间后都是谁有表达的欲望，谁拿去本子便写。寇老师会把每周下午第一节的那堂语文课拿出来，让我们分享班级故事，雷打不动，即便是真的年级里要统一安排作文等任务，他也会想方设法在其他时间把分享班级故事的机会还给我们。

关于班级故事，一开始我是拒绝的。最初我认为这就是老师变相地为

我们加作业。况且高一时有九门课都要布置作业，作业量极大的情况下还要腾出空闲来完成这种本不必要的任务，让人难以接受。

随着时间的推移，我开始逐渐改变了看法。班级故事的内容，从一开始的记录与老师的点滴，记录宿舍里发生的趣事，到后来逐渐开始

记录生活中的一些思考，对一些不良现象的批判；好友之间天马行空的想象，甚至青春期少男少女情窦初开的胡思乱想，寇老师都体现出极强的包容性，默许我们在班级故事中记载一切我们想记载的内容。我们的表达欲望开始有的放矢，我们的生活不再只是语数英物化生政史地。在班级故事本里，我们永远拥有着自己的一块自留地，记录下属于我们自己的生活。语文也不再仅仅是青年、国家、理想这些宏大主题，也有可爱的生活，也有肆意的想象。我也从一开始的抗拒，到后来爱上这样的自由写作，开始记录生活，开始深度思考人生。我是一名纯粹的理科生，对文科大都十分抗拒，但唯独对语文，从这一刻开始，产生了兴趣。

寇老师经常带着我们凝视社会，关注和评论生活中所发生的各种事件。还记得当时"重庆大巴车坠江"一事受到了全社会的广泛关注，寇老师也带着我们对这个事件进行了深入剖析。他先是让我们自己对这件事进行评论，再综合大家以及他自己的观点带我们全方位地解剖了这件事的前因后果，从各种角度对这个事件进行分析评价，最后还让我们的家长参与到班级故事写作中，随时随意发表他们的看法。这也让我养成了对身边的发生的事进行深度思考的习惯，也让我开始关注社会上发生的大大小小的各种事，而不再是"两耳不闻窗外事，一心只读圣贤书"。

我的思想，便是在一次次的班级故事写作中升华的。青少年多叛逆，这时我们不再对父母、老师的意见言听计从，在他人看来是顶撞，而对于青少年本人，这是自我意识的觉醒，这是自我个性的表达。我在成长的过程中并没有经历过顶撞他人的所谓叛逆期，但班级故事见证了我思想上的叛逆期。我印象最深刻的，是当时班主任下了禁书令，禁止我们阅读科幻、玄幻、悬疑一类的文学作品，理由无外乎影响学习。我是科幻小说的爱好者，在高一的空闲时间还阅读了两部长篇科幻小说，学习成绩不能说名列前茅，也还差强人意。我以为影响学习的只有学习态度，所谓的游戏、闲书、早恋等等，无外乎外界对教育失败的一刀切的借口罢了，于是在班级故事上洋洋洒洒写了两千余字的批判性文字，大有古人草檄文的豪壮感，这也是我有生以来第一次写如此篇幅的文章。

本以为，如此叛逆而大不敬的文字肯定不会得到老师的认可，最多也只是自己发发牢骚罢了；而寇老师在批阅班级故事时，在我的文章后面写下了"优秀，分享"四个大字，并且在我分享的时候还让同学把我的标题写在了黑板上。这对当时的我来说是莫大的鼓舞！对于一个思想开始成长的孩子来说，没有什么比肯定他的想法更令他感到激动的了。可以说，有了这一次的肯定，我才文字表达愈发地大胆、思维愈发活跃、思考愈发深刻，对于校园里、社会上发生的一些事情，也不再人云亦云，而是有了自己的理解。

可以说，没有寇老师，没有班级故事，也就没有如今的我。

时光飞逝，现在的我已经是一名大二学生了，同时也在学院新闻中心中任职。而加入新闻中心的很大一部分原因，是在高中阶段叙写班级故事过程中对文字工作产生了兴趣。但在新闻中心所发表的文章，无一不是经过了各级领导的层层阉割，最后的成品亦往往言不由衷。当新闻报道在真实性、自由性上打了折扣，我不知道这是否还是新闻。越是在当今这种舆论被层层约束的环境中，就越是会想起当初在班级故事中挥斥方遒的青葱岁月。

但愿自己在以后的生活中不会变成圆滑无聊的"大人"，而是当年那个思想叛逆、充满棱角的热血青年。

谨以此文献给班级故事，献给寇老师，献给曾经的高一（13）。

2022 年 11 月于苏州

表达的勇气和习惯

江苏省南菁高级中学　杨旻钰

写文章讲究开宗明义，所以第一句我便要讲，对于高一的语文学习我是很怀念的。

如果要细问怀念什么，我可能要答：哦，那可太多了，比如寇老师独树一帜的"班级故事"，比如周六早上，只有我们一个班去图书馆上的阅读课，比如可以畅所欲言的课前 5 分钟演讲，比如只有我们才有幸参与讨论的重庆大巴车坠江事件，还有如寇老师的酒糟鼻，以及那些本应该因为时间模糊、回忆时却惊人清晰的面孔，甚至于与应试最贴近的早读和默写都是我怀念的。

如果要再问，究竟在怀念什么？思索提炼后，我会回答：我在怀念那时候培养成的表达勇气和习惯——怀念并感激着。

我不是一个通常意义上的好学生，毫不夸张地说，在此之前的学习生涯中我是一个基本不阅读的人。有太多别的东西吸引我的注意，一场球赛、一部动漫、一部纪录片……阅读对我来说太过枯燥无味，且大多与应试相关，"考试要考"，多么冠冕堂皇的强制性理由！

叛逆和散漫造就了十五六岁的我，所以在一开始知道周六那节课要去图书馆阅读的时候，我甚至是带着点玩笑的想法：睡一节课多好啊，从英语和数学周练的凝视下逃开 40 分钟，哪怕只有 40 分钟。其余的书记不大清了，只记得那时候在读《乡土中国》和《杜甫传》，总之都超过了高一的我的水平和范围。我看书一向随意，那时候的表达能力又极差，所以会在老师点名分享的环节拼命祈祷：别喊我，别喊我！如果被点到了，其实也没关系，哪怕是支支吾吾地说点什么，寇老师都可以帮你圆一圆场，这就是我们的语文课——鼓励表达，且极具包容性。

应该就是从那时候开始的，不管是课上的临时讨论还是课后的专题探究，我发现 13 班真的是一个可以讨论时事、发表观点的平台，所以开始观察、开始思考。那时候，会因为出去买书时看到乞丐，讨论一下城市的生存环境和福利保障；会因为觉得班主任突然发布的新规定，写一篇班级故事仔细地指出其中的问题，最终那个规定也没有执行下去……

我写文章是很旁逸斜出的那一类，永远自命不凡，不屑于循规蹈矩地写一篇议论文。比如所有人都在讨论大巴坠江责任在哪方，我琢磨了挺久，突然就想到"讨论这个是为了什么，争论出谁对谁错真的有意义吗"，所以有了那篇另辟蹊径的文章。尽管这件事已经过去太久，相关记忆也已模糊，我仍然能回忆起优秀作文讲义发下来时，发现上面有自己文章时的那种得意与自豪。现在想来是很幸运的，我只是恰好想到了其余人没想到的一点，借题发挥，正好写得抓眼了，因而获得了肯定和赞赏，所以继续义愤填膺地关心着生活、关注着社会……

离开高中课堂这么久之后，得知寇老师对我的印象是"有点愤青、经常批评时事"的时候，其实现在的我是很愧疚的。大学生活好像已经将我从那个乌托邦里拉了出来，我开始消极，开始沉默，开始觉得我的发声不重要，所以放弃思考，放弃输出，我的思考能力被绞碎，最终和这个碎片化的时代"同流合污"了。

怀念母校南菁高中的语文课，怀念那个支持我自由表达的平台，怀念那个包容又风趣的寇老师；怀念给了我表达的勇气和习惯，也是怀念那个乐意思考、乐意表达的我吧。

我不知道接着还要说什么，但我很清楚，应该感谢南菁校园里寇老师的语文课带给我的财富。

谨以此文送给寇老师，送给令我怀念的 13 班，送给走过了 140 年岁月的美丽菁园！

2022 年 11 月于南京

《红楼梦》中觅宝典 寇师课堂漾春意

湖南省衡阳市第一中学　王红晖

收到热心公益的蔡伟教授在群里发的寇永升老师关于"《红楼梦》灾疫疾病描写片段赏析"讲座的通知，我很高兴也很期待，因为寇老师的讲座从来都不是虚无缥缈的，而是满满的真材实料，每次都能让我们收获颇丰，更何况此次他讲的是有关《红楼梦》中的灾疫疾病描写赏析，可谓是经典与时代的无缝对接。因为《红楼梦》是我国四大古典名著之首，被称为中国古代的一部百科全书，我们对它像对待神一样的顶礼膜拜。平时闲暇之余，经常翻看品读，可总觉得它高深莫测，难以领略其深层的精髓，所以当然很想听听才华横溢、学养丰厚的寇老师给我们讲讲其独到见解。

下午两点半，我们就早早地守候在群里，等待寇老师的直播课，生怕耽搁一分钟，漏掉了精彩部分。果不其然，寇老师依然是准时上课，而且一如既往的严谨，头发端然直立，一丝不苟，深蓝色的衬衫熨烫得非常挺括（想必寇师母一定很贤惠），连风纪扣都扣得很严实，系着一条淡粉色的领带，色调清新而柔和，衬托得寇老师神清气爽，愈发年轻。他的穿着更加深了我对他的印象：治学严谨，做事认真，稳重踏实，善良宽厚，满腹才学。他讲课声音雄浑厚重，很有磁性，声腔共鸣效果很好（可能是学过声乐），语速适中，字字铿锵，仿佛山寺钟鸣，让人有醍醐灌顶之感。

他娓娓地给我们讲述《红楼梦》中的三个有关灾疫描写的片段：巧姐得天花、晴雯得女儿痨、乌庄头进租。通过分析三个描写灾疫的片段，寇老师总结出了"天花""肺结核""女儿痨"这些疾病的病理和症状及应对措施，还透过现象看本质，分析了自然灾害给老百姓带来的巨大损失和他们生活的艰难，也从中看出贾珍等人的为富不仁、不恤民生、贪图享乐的剥削阶级形象。寇老师还分析了王熙凤对待瘟疫的果断决策：马上隔离——科学用药——饮食禁忌，让我们看到了王熙凤在应对瘟疫的非凡决断能力和科学方法。他还详细讲解了晴雯的死亡之惨：偶感风寒而得病——为宝玉深夜补金雀裘加剧病情——被王夫人赶出贾府——寄居哥家未得及时治疗——临终送宝玉信物——死后被王夫人命其哥嫂火化。从中我们看到晴雯的美丽、刚烈和凄惨，也让我们看到了王夫人的狠毒和贾府的罪恶。

寇老师通过他的娓娓讲述、旁征博引，以灾疫描写为依据，以科学分析为支撑，透过现象看本质，由表及里得观点；并且联系自己的生活实际和时事新闻，使得他的课既有文学性和科学性，还有时代性和针对性。我们沉浸其中，不觉时光流淌，两个小时转瞬即逝，蓦然醒悟，寇老师居然跟我们说"再见了"。

听完寇老师的讲座，我们特别佩服于他的深厚学养、扎实研究学问的探索精神、与时俱进的政治敏感性和服务于社会的家国情怀与担当精神。非常感谢寇老师奉献给我们的文化盛宴、应对疫情的"葵花宝典"，让我们在这居家隔离的严峻形势下不觉病毒惶恐，而感春意盎然。

最后我想用一句话来形容寇老师的课给我的感受，那就是《红楼梦》中觅宝典，寇师课堂漾春意。

再次感谢寇老师！

2020 年 3 月

《烂柯文集》校稿侧记

玉门市第一中学　赵　岩

　　清华大学著名校长梅贻琦曾对师生关系做过精彩的比喻："学校犹水也，师生犹鱼也，其行动游泳也，大鱼前导，小鱼尾随，是从游也，从游既久，其濡染观摩之效，自不求而至，不为而成。"本次我校一行28人来到南菁高级中学跟岗研修，正是应了此语。我等从游学习，时时听示范课、听讲座、与名师座谈，晚自习时交流心得，早已是常态化的学习形式；但本次活动的发起人，江苏省特级教师寇永升老师却别出心裁，让我们语文备课组的老师们在一项特别的研修任务中，开展更加富有人文情怀的研修学习。

　　研修第三天，寇老师将我们七位语文同行请到他学校图书馆三楼的办公室，将自己的《烂柯文集》原稿，分成5份，交给我和梁秉合、杨骥良、崔亚楠、万娅琦等人做最后一遍校对，这是对语文同行寄予的信任与厚望。我本人因工作另有安排，很遗憾未能全程参与校对工作，仅能以此文将自己所见、所闻、所感、所想写出来印证文集中那份教育人的赤诚之心。

　　研修第九天傍晚，我们第二次受邀前往寇老师的办公室，这是寇老师再次约我们去他那里，他要赠送书籍给我们。我在那座被寇老师视为宝藏之所的书架上取下一本本书籍的时候，有了一种取到经书的即视感。然而，什么是我们的"凌云渡"，我们何时又乘过"无底船"呢？一切都是寇老师毫无保留地送给我们的，他真心希望我们能珍视，真心希望我们能将这里的一切带回西北家乡，改变西部教育的现况。这一天恰是春分时节，酣畅的春雨一直滋润着江南的垂柳，我想，也许我们能带回一缕春风，为玉门关的垂柳染上春天的鹅黄。

　　接收赠书回去的路上，我们就随意聊着对寇老师的倾佩之情，我说到这样一位特级教师在生活上真是过于简单了，周末从余杭中学做完报告后返回江阴，因路程较长错过晚饭时间，寇老师就让我们一行人在车上垫点肚子。寇老师吃了一根香蕉，一个苹果，一小盒酸奶，一个凉鸡蛋，两个冬枣，若干把膨化小豆子；我吃了一个苹果，一小盒酸奶，三个冬枣，若干把膨化小豆子，并没有敢吃凉鸡蛋……崔亚楠老师接过话题说寇老师的儿子对他这样不注意身体的吃饭方式很无奈；接着我继续讲我们抵达南菁校园后，寇老师就和我告别了，说自己要去工作了。

我见他一手拉一个不大的行李箱，另一手提着电脑包转身而去，转身那一刻的背影不禁让人动容。因为我亲眼所见，这一整天他都在高效率地忙着工作：早上，他在三堂示范课休息的间隙，将他对高考写作的新思考增补入他在"浙江省40学时培训（高考专项）余杭班"讲座的PPT中；中午，他做完《让学生高考成绩提高5-8分，把学校高考成绩提升3-5分》的报告后，就和我们乘山观中学任春霞老师的车返回江阴。略显疲惫的寇老师，在车上稍微闭目养神了半个小时，醒来后就开始打电话安排下周末和4月份的讲课事宜，翟亮、张奇男、丁维佳三位老师下周去衢州一中讲课的事安排安帖后，细心的寇老师不忘让任老师开到服务区休息一下，他知道任老师是来余杭中学讲课的，一定没有休息好。到了服务区小憩片刻，他跟任老师说接下来的行程他开车，让任老师休息一下，我们一行人就继续行程了。这时万娅琦老师笑着讲了寇老师书稿里的一个趣事，说寇老师年轻时骑自行车上学校，因中午备课没睡觉，在自行车上打瞌睡，结果连人带车一头栽进路边树沟里，竟然就在软绵绵的树叶上继续安然睡觉了，吓得路过的学生赶紧找人"抢救"他……听到这里，我也是"惊"出一身冷汗……

分别时，我比较严肃地跟崔亚楠与万娅琦老师说，这部书对寇老师很重要，这是他一生教育情怀的汇聚；对我们来说也很重要，成为一名优秀教师的路，就写在这部文集中，一定要用心去体会，用实际的工作去践行，崔亚楠与万娅琦用非常肯定的语气说："我们一定认真阅读，仔细校对！"

研修第十天夜里，寇老师对崔亚楠与万娅琦两位老师校对其《烂柯文集》一事表达了谢意和高度肯定，寇老师在给我的微信里说："你们两位年轻的女老师校对得非常认真啊——已经好几遍校对没有发现的错误，她俩都发现了！请代我谢谢！"之后还要加她俩的微信，想听听她们最原生态的感受和批评意见。最后还略带惋惜地说自己明天出差，没机会面谈了。

其实，我关注这套文集的编辑很久了，寇老师也曾在名师工作室的群里征集过酒泉老师们的稿件，我也有过投稿的念头，却苦于没有值得叙写的事与感想就错过了。今夜，我感受到寇老师对这部文集的珍视，也感动于崔亚楠与万娅琦两位老师对这部书的认真负责，她们对书稿中每一处细微错漏的勘正，都是对寇老师深深刻在骨子里的教育情怀的高山仰止。

将崔、万两位老师的微信推荐给寇老师后，我便打开窗子透气。窗外，绵绵春雨肆意倾洒，白天走过的水塘泛起片片涟漪，我的思绪也飘得很远很远……

《左传·襄公二十四年》有"太上有立德，其次有立功，其次有立言，虽久不废，此之谓不朽"之言。立德指树立道德，即提高道德修养，给人们树立道德方面的榜样，寇老师曾说过"才须配位，德亦须配位"，他讲《江苏省特级教师评选和管理办法》时说过，自己在师德方面是经得起拷问的。2021年他参评江苏省特级教师获批，成为江苏省第十六批特级教师。这件大喜事，在江苏教育界具有三个突破性的意义：一是他的第一学历仅为两年制大专，二是他来自西北落后省份甘肃，三是他是没有任何行政职务的裸教师。立功的意思是为人民做了好事，立了大功。近年来，寇老师一直奔波于教育相对落后的西北诸省，建立了二十余个名师工作室，致力于引领当地语文教师的专业成长。不仅如此，他还积极协调南菁高级中学其他学科名师一同到西部送教，其中的一部分事迹汇聚成《理念：教育的制高点——延安支教日记》一书，已是我们学校老师人手一套的必读书籍。此次我们赴南菁跟岗研修班的顺利成行，又是寇老师从中全力协调的。立言，就是以救世之心著书立说。这部《烂柯文集》分"师生情""桑梓情""雄关情""匡园情""国培情""语文情""延安情""菁园情""青蓝情""山中情""闲情""亲情"十二辑，五卷，洋洋洒洒130余万字，字字皆是寇老师一生教育家般情怀的倾诉。分到"亲情""山中情""青蓝情""闲情"四个部分校书任务的崔亚楠与万娅琦两位老师极其认真负责地进行校对工作，发现了些许错漏之处，让寇老师很是感动，与她两人在微信上短暂交流后，希望两人能以书面的形式，写出完整全面的感受交付与他。崔、万两位亦是激动的，我妄自揣度一下，原因也许有二；其一自然是这四部分里记录了一位温厚笃实的长者对亲人、对同事、对弟子、对自我的一片深情厚意；其二也许是跟我一样感到"大鱼前导，小鱼尾随，是从游也，从游既久，其濡染观摩之效，自不求而至，不为而成"一份润物无声的美

跋

学之境。此次南菁研修，崔、万两位应该会从寇老师身上找到那份弥足珍贵的教育情愫。

子时已过，窗外的世界被浓重的雾气晕染得醉眼迷离，而我却愈发清醒。

我们从3000公里之外的边关玉门来到百年书院的大美南菁跟岗研修已是11天了，饱尝了南菁语文教师的大美育课堂，也痛饮了南菁文化建设的大美育讲座，总体感受是，自己被投入一片美育的汪洋大海之中，心中满是惊喜，心中亦是惴惴。一所百年老校何以做到生生不息，始终立于为国育才的潮头？学校正学亭上挂着南菁创始人左宗棠的对联："辅世长民莫如德，经天纬地之为文。"亭畔立体正楷书写着习近平总书记对青年的寄语："扣好人生第一粒扣子。"南菁杰出校友、著名教育家顾明远先生捐赠建成的"明远书屋"，著名书法家沈鹏先生捐赠建设的"沈鹏艺术馆"，也许可以告诉我们答案，那就是这所百年名校以其特有的教育价值追求和对师生精神的指引不断更新学校人文精神的沉淀与陶铸。此时，我眼前浮现起前往寇老师图书馆那个时候的经历，书柜里陈列着一百多年来的语文教材，半个世纪以来的语文教学期刊，这是寇老师为我们的母语教育收藏的活历史，而这部《烂柯文集》也必将被这座图书馆珍藏。也许，下一个百年，还会有人能在南菁校园茫茫春雨中读懂池塘里那几尾红鱼从游前行的美丽意境！

此时，我自己那颗惴惴的心，已被这场春雨抚平。

最后，祝愿寇老师《烂柯文集》付梓大吉！

2023年3月22日

南菁高级中学国际部公寓

南菁课程文化丛书　杨培明　主编

寇永升◎编著

烂柯文集

（第四卷）

松涛题

东方出版中心

南菁高中校园美景

南菁高中校门

南菁高中校园一角

山观高中校园美景

山观高中校门

山观高中校园一角

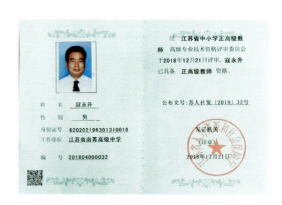

职称荣誉

职称荣誉

职称荣誉

职称荣誉

目　录

知天外有天，天外天，来天下有我

永丹雅正
北山冷溜書

曹谷溪　书法

与永升兄一起在延安支教

江苏省无锡市江阴市申港中学　张映军

2015年8月，当我们一行六人乘上开往西安的K376次列车时，我和永升兄的故事就开始了。

初识这名个子矮矮、一脸严肃且又来自名校的高级语文教师，心中泛起一阵阵敬而远之的涟漪——想必是个老学究，不好交往，因为自古文人多怪癖（笑）。

前往延安的第一站——黄帝陵，永升兄背着相机，一边用他渊博的知识为我们讲解黄帝陵的故事，一边用他半专业的摄影技术，为我们第一次踏上延安的土地留下美好的回忆。也就是这次初步交往，使我对这个文人有了不一样的认识——亲切、健谈、随和，这也注定了我们在接下来的一年里互相关心、共克时艰、情同手足。

后来的日子里，逐步了解到永升兄的更多信息，他是甘肃景泰人，陕西女婿，这更加深了我们的友谊，因为我也是陕西人，同在无锡教书，一起到延安支教；他是百年名校锡山高级中学的语文高级教师，浙师大的国培讲师……一大堆的头衔让我更加敬佩他，和这样的人交往，亦师亦友，人生大幸。

在延安一中单身宿舍楼，我俩住隔壁，我渐渐发现，永升兄是一个生活很有规律的人。他一直保持着长三角的作息时间，我们则入乡随俗，很快跟当地同行一样，晚睡晚起。永升兄每天早晨5点就起床了，锻炼身体自是必不可少的。等我们起床，他已经锻炼完了。他工作时非常专注，很少受到周围环境的干扰；休闲时热情高涨，锻炼时全身心投入。我最佩服的是，早饭和早读前，他竟然能工作一个多小时！后来才知道，他就是在每天的这一个多小时里，把延安支教中遇到的、看到的事都变成了文字。一年支教结束，他便孕育出了一个大成果：《理念：教育的制高点——延安支教日记》（后简称《延安支教日记》），六十多万字的书就这样写成了。永升兄也时常鼓励我，让我也写点什么；可是我一个理科生，虽然偶尔也有一些感想，但是真的难以下笔呀。

范课、作报告，把自己的光和热洒向他脚能踩到的地方。

　　作为一名数学老师，能时常与这样一位满腹经纶的语文专家聊工作方法、聊教学心得、聊各地的风土人情、聊古今中外的文人骚客、聊天文地理……我觉得自己似乎有点攀附风雅，但我总能从永升兄身上学到很多的东西，包括知识和为人处世之道。

　　这一年我们成了无话不谈的挚友，我只想说：永升兄，你是我的良师益友，感谢这次支教赐予我们相遇、相识、相知的机会。

2022 年 12 月于江阴

寇帅，您好！

陕西省延安市第一中学　段菊阳

这次衡水学习回来，好多朋友让我分享学习心得。

交流中，一位朋友问我："我们都一样，就这样教，一篇一篇教，年年月月就这样教，你为什么会想到走上专业成长之路，我就没有这个意识？"

朋友的这个问题，让我想起了一个人：寇永升老师！

寇永升老师，延安市第一中学第十二批无锡支教老师。2015年秋季，寇老师来到我们延安市第一中学。我们有幸成为同事，并且是一个年级，一个办公室！

感谢，遇见！

开学第一天，作为班主任的我第一个到了办公室开门。我正在打扫办公室卫生，一位很绅士的男教师进来了，他便是寇老师，相互自我介绍后，寇老师随即就准备在办公室开展工作，可是寇老师办公桌的位置没有拖线板，我就回宿舍把我闲置不用的拖线板取来了。就此，我们开启了在一个办公室共事的时光。

原本以为，教学工作就这样嘛，自己看课本，看教学参考，看优秀教案，再补充上自己平日的阅读积累和思考感悟，认真努力教，尽心竭力教，年年也都是优秀，就是这样教的，无锡老师年年都来，我们也是虚心学习无锡先进的教育理念和高效课堂做法，听课交流，感觉都差不多，总体上，我们该怎么教还就是怎么教，有啥嘛。

事实是：年年花开，今年那是别样红。还真是不一样。

不一样的感受是从听寇老师的课《大堰河——我的保姆》开始的。

我教了吗？教了。

我是这样教的吗？不是。

我有寇老师的课堂效果吗？弱弱地回答没有。

更大的理念刺激是"无锡教师公开课周活动"，这一周寇老师的教学内容是《鸿门宴》。星期一，听了一节课后，我们语文组就刮起了热烈后的最后，我们也就像无头的苍蝇在自己的教学认知领域乱钻。我们亟须像寇老师一样的专业引路人！

我们可能真的是没有"千里马"，可是我们有成就"千里马"的环境吗？我们有发现"千里马"的"伯乐"吗？即使发现了"千里马"，我们是把他派上用场，让他驰骋千里一展雄姿，还是打压他，怕他名气大振，势头猛过领导？我们是鼓励教师学习，我们是请进名师做讲座培训老师，我们是派老师们出去学习，我们做得非常好。可是我们鼓励过老师在不耽误教学时间的情况下或者暑假寒假自己出去学习吗？我们是不是这样的态度："你自己假期出去学习，又不是学校派你去的（潜台词：你自己爱去，爱逞能就自己逞能去），那就自己报销你的学习费用。再说，老师们都像你这样，学校能报销过来这些费用吗？"

还有，我们评价老师能力是根据学生的感受，还是根据领导的认识？我们定位一个老师是根据他的专业水平，还是根据他的校内人际关系交往能力？我们是唯才是举，还是任人唯亲？我们的整体环境是鼓励人人研究教学，努力向上攀登专业高峰，还是大家看不到希望，就这样一潭死水地、自己尽良心地、不愿辜负家长、不想愧对学生地憋屈地站在讲台上教着？

想到了韩愈的《马说》，说得太多了，牢骚太盛防肠断！

继续接着说，确实，在寇老师的引领下，我们办公室一派积极向上、欣欣向荣的景象。受寇老师的影响，王西奇老师发表了两篇文章，一篇是教学论文，一篇是游记散文。在寇老师指导下，赵玉宁老师发表了两篇教学论文，《包身工之"包"》和《宇宙的边疆》；我也发表了两篇教学论文，《浅谈〈动物游戏之谜〉》和《悲情英雄辛弃疾》。

王西奇、侯苏玲、王佩明、赵玉宁、冯锐、我，我们基本是天天旁听寇老师的课，课后谈感受，写心得体会。备课组会上，我们都积极交流研讨，高一语文备课组教学面貌焕然一新。全校掀起教学交流热潮，大家好像都在谈教学，一点都不夸张，大家好像都想成为教学专家。

寇老师为我们学校带来了一股教学、教研、教改的飓风，感谢寇老师！

南方人真的是很儒雅，很温情，对待学生和风细雨，始终是平等交流，有什么问题，把学生叫到办公室，让学生坐下，师生间慢慢说。办公室同事看到此，就都相互看一眼对方，在心里说："我们真的不能只是批评学生，我们也要反思我们的问题。"我们对待学生，无形中，多了一些宽容，少了一些指责；多了一些耐心，少了一些抱怨。师生关系越来越和谐。

后来我们才知道寇老师是甘肃人，2001年从甘肃引进到无锡。

寇老师不仅是我们教学教育的领路人，生活中也是我们学习的榜样。我们高一语文组，有一位年轻的女老师，孩子小，老是顾不上吃早饭，寇老师天天给她带一个煮鸡蛋，从未间断，寇老师说："她和我女儿一样大，那就还是个孩子嘛。"寇老师每次从无锡过来都给我们带礼物，我们组每人都有寇老师送的丝巾，至少两条。

寇老师离开我们学校后，写了《理念：教育的制高点——延安支教日记》，老实说，我都不敢看，没有勇气直面我们的问题。我告诉自己："真的猛士，敢于直面惨淡的人生，敢于正视淋漓的鲜血。"有什么怕的，不敢看，自欺欺人，我们就没有问题啦！硬着头皮看。真的是含着泪和微笑看完的，风趣幽默，不失犀利的锋芒。寇老师说了领导们不便说的、老师们不敢说的、同学们没机会说的。真是教育管理的活教材。

感谢寇老师联系无锡的爱心企业家为我校许多学生提供帮助！

感谢寇老师能在离开后，继续回来为我们做报告。

感谢寇老师去年带来一位校服企业家，为我校创新部捐赠校服200套。我们语文组每人一套，我那件粉色的"同桌的你"穿上年轻帅气。

我们都说："神通广大的寇帅！"

寇老师上课称呼学生"亲"，办公室称呼我们"王亲""侯亲""段亲"，其乐融融。我们称呼寇老师"寇哥""寇帅"。"寇哥"是说寇老师像大哥哥一样朝气活力阳光；"寇帅"是说他引领我们整个高一组向上向前，就像我们的元帅一样！

好久不见，还真是颇为思念。

思念那位引领我们专业成长的寇帅！

寇帅，您好！

希望寇帅能再来延安市第一中学！

2021年7月

寇永升2022年8月23日校订

不老的"老寇"老师

——读《延安支教日记》

陕西省宝鸡市水利干部进修学校　许丽子

三十年前机缘巧合，正读初中的我有幸成为风华正茂、踌躇满志，初出大学校门不久的寇永升老师极为宠爱的弟子之一。寇老师语文知识储备海量，腹有诗书气自华；教艺精湛，教法新颖独特；言语风趣幽默，待人慷慨热情。在小他六七岁的学生心目中，扮演着亦师、亦友，亦兄、亦长的多重角色。我们这帮口无遮拦的学生私下里都亲昵地称他为"老寇"。

丹桂飘香的金秋时节，"老寇"从太湖之滨的无锡寄赠新作——《延安支教日记》。这上下两册六十多万字沉甸甸的书，收录了他作为无锡市第十二批支教团队成员在延安市第一中学工作一年的所见所闻、所作所为、所思所悟、所感所得，是他在完成每周20节课的备课、授课任务之后挑灯夜战的累累硕果……篇篇引人入胜，读之不忍释卷！

一气呵成地读完这244篇日记，我的心情久久不能平静。曾几何时，刚刚年过四十的我便开始以"身体渐弱"为借口，以"记忆力减退"为理由，以"不再年轻"为托词，不再勤学习，不再求进取，不再有棱角，不再露锋芒，不再为人先，不再恐人后，并且美其名曰"抱朴守拙""荣辱不惊""淡泊名利"，丝毫不觉得这其实是在虚掷光阴、浪费生命，是在消极遁世、逃避责任……

而我们年过半百的"老寇"，却在2015年8月，毅然决然地舍弃江南无锡的安逸环境，隐去名校名师的耀眼光环，奔赴地处洛川的延安一中，开始了为期一年的自我"折腾"。他说："我们不能左右人生的长度，但我们有机会、有权利、有办法拓展人生的宽度。支教是一种折腾，折腾自己，折腾亲人，因为我要把家务重担全都转移到妻子柔弱的双肩……但是，无疑，支教是生命历程中一段奇特的经历，可以丰富人生体验，能够在专业上发起新一轮冲锋……"他是这么想的，也是这么做的。

在"老寇"老师的日记中，我看到了一颗敏锐的多思之心

他反思"全封闭寄宿制"学校带来的亲情缺失，分析西部与东部发达地区办学理念、学校管理、教学研究之间的差距，分析学校选址的意义，提出关心学生健康、丰富食堂菜单、改善教室通风、调整课间操时间等细致入微的建议，劝诫学校中层领导用心钻研教学业务而非把主要精力用于行政应酬……在目睹有的老师经常用写套色检讨书、站着听课等方式惩罚学生时，他写道："从勒令违纪学生站着上课，到这种双色套写检讨书，我明显感觉到，个别同行对犯错误的学生教育过于简单粗糙，不是注重教育本人认识错误改正错误，也不顾及检讨错误对其他学生的教育意义，只是一味地惩罚了之。任何教育方式都不是万能的，教育是一种极其复杂的脑力体力劳动，任何简单粗暴的教育方式，其效应都是短暂而有限的，都是治标而不治本的，都算不上真正的教育。"

在"老寇"老师的日记中，我看到了一颗不懈的探索之心

他认为"亲其师方以信其道。良好的师生关系胜过许多教育。没有良好的师生关系，教师教学效率势必降低"，"中学老师，需要在课堂上组织教学，即管理学生，但是不能靠提高声音分贝；中学老师，需要有良好的教学成绩，但是不能依仗提高自身的转速，加班加点消耗自己；中学老师，需要赢得学生的尊重、依赖、喜欢，而不是凭借自己火力猛"。在《教师为什么受学生欢迎？》这篇日记中，他感慨："上课，师生互致问候，学生发自内心地喊出老师好，老师给学生一个正规的鞠躬，这是课堂的有机组成部分。教师，如果赢得学生的尊重，受到学生的喜爱，教学效果就会更好。"他探讨"语文教师怎样备课，怎样才能写出专业论文""教师怎样讲评作业更有效""怎样引导学生阅读名著"。他发动学生书写班级故事，每天三人，题目自定，主题自选，以图打开写作思路，拓宽写作话题范围，引领学生观察思考学习、生活、学校、家庭、社会……

在"老寇"老师的日记中，我看到了一颗敬业的奉献之心

在无数次的公开课上，他发挥专业特长，精深研读教材，精准解读文本，精确选择教学内容，精心设计教学过程，课堂精彩纷呈。每节公开课都有几十甚至上百老师前来听课。他，"以延安一中为圆心，几度北上榆林，南下安康、汉中，向西到过宝鸡，往东去过渭南的许多县市……

在中学讲课，到大学讲座，从来不计报酬……"他，在即将结束支教工作的前几天，还带领四名学生参加了延安市中小学生规范汉字书写大赛，夺得了第一名的好成绩……

在"老寇"老师的日记中，我看到了一颗滚烫的爱生之心

他一人资助三名高一年级贫困学生，资助款达 12000 元；他给一名视力很弱的学生赠送高档应急台灯；他给住校女生购买热水袋；他给学生送黑板拖把；他把学校发的奖金全都买了文学名著和鉴赏辞典送给班级学生；他牵线搭桥，在无锡联系到了五位企业爱心人士，资助延安一中五名贫困或残疾学生……

在"老寇"老师的日记中，我看到了一颗柔软的易感之心

他说："我们的眼泪是一批高贵的客人，在我们邂逅高贵而心生感动的时候，他们往往不请自来。"在寇老师的日记中，记载了无数令人感动的人和事。他为延安孩子的吃苦耐劳感动，为他们的纯朴厚道感动，为他们的单纯友善感动，为他们的感恩之心感动，为他们对父母浓厚的依恋之情感动；他为为了让学生用上热水而下令禁止教师家属去锅炉房打水的校长感动；也为校长亲自带头为职工操持儿女婚事的人情味儿感动；为屡遭厄运而仍不失坚忍、热情、善良、无私的美德的同事感动；为无锡支教团队的兄弟姐妹在异乡同甘共苦、团结互助的精神感动；为在走访与《平凡的世界》这本小说有关的人和事时接触到的专家学者和凡人俗事感动……

在"老寇"老师的日记中，我看到了一颗不老的童稚之心

用他自己的话说，"我是一个'好事者'，对一切都很好奇，尤其来到一个新的环境"。他多次深入甘泉、陈家山煤矿、宜君县城、延川中学等地寻访路遥的足迹；他记录下了秧歌、腰鼓、窑洞、春节、"燎疳节"、婚丧嫁娶等黄土高原的风土人情、生活习俗。延安一中地处洛川，是盛产苹果的地方。寇老师把学校附近的果园作为晨练和黄昏散步的固定场所，常常采访果农、拍摄果园，体验拉枝、修枝、施肥、疏果、打药、套袋、下果等果农果事，一年下来竟收获了一部一万多字的《果农月令》……

读着这一篇篇朴实无华却又波澜起伏的文字，我感觉自己的心一次次

被涤荡着、升华着，震颤着、感动着……最后，我决心重新审视一下自己的存在方式和精神境界，好好咀嚼一下"老寇"老师永远不老的警句："人是需要一点自虐精神的。把每一个日子都过成闲庭信步，最终拥有的，只能是头顶的那片并不属于自己的天。为自己找一片荒野，给肩头荷上锄犁，去耕耘，去播种，去栉风沐雨，才能在秋风起处，既收获五谷与瓜果菜蔬，又收获强健的躯体与丰收的愉悦……"

2017 年 10 月

寇永升 2022 年 8 月 25 日校订

（第一辑）延安情

不期而遇的美丽

——追随《平凡的世界》的足迹

陕西省铜川市教研室　杜 斐

　　路遥离开我们已经二十多年了，可他的音容笑貌仍历历在目。追随着他深沉而又智慧的灵魂，2016年4月16日，我们来到《平凡的世界》所描写的大亚湾煤矿——铜川鸭口煤矿，体验孙少平当年的生活，探寻、体味平凡世界中的人、情、景、物。

　　车到鸭口煤矿，莫大的条幅映入眼帘，上面醒目地写着"像牛一样工作，像土地一样奉献"，这就是路遥人生的座右铭！路遥塑像位于中间，他叼着一根香烟，永远是那么深沉、那么睿智，似乎要洞悉一切。《早晨从中午开始》记录了路遥创作《平凡的世界》全过程。他创作的艰辛常人难以想象，他的执着感天动地。他自知不久于人世，夜以继日地工作、再工作，思考、再思考。他完全忘记了周围的一切，甚至吃饭睡觉，脑子里只有他的孙少安、孙少平、田晓霞……他在沉重地思考、快活地诠释之后轻松地离开了这方土地，离开了这方养他爱他、给他激励、让他奋斗、让他热恋挚爱的土地，连同自己那颗智慧的头脑、血和骨头，义无反顾地奉献给了土地。

　　沿着大路一直向下，来到沟底，便是那陌生而又熟悉的偌大采煤区，旁边是"大亚湾煤矿"职工宿舍、食堂、卫生院，脚底下一条可亲可敬的铁路一直伸向远方。啊！这不就是孙少平工作的地方吗？跟小说中描写的太像了！一阵兴奋随之而来。我们快速地来到路遥纪念馆，门锁着，向周围的人打听后，才知道今天是星期六，纪念馆不开放。顿时，我们的兴致大打折扣……

　　来自江苏无锡的寇永升老师，是我们今天陪同的主要客人，他是我们从延安请来给铜川师生做语文教学示范课的专家，从教三十多年，酷爱文学，尤其对《平凡的世界》情有独钟。报告会后，他唯一的要求便是去寻访大亚湾煤矿，体会路遥当年写作《平凡的世界》的情景。我的同事李建星和田坤连陪同带开车。出于爱好，也是语文老师的文学情结所致，我也一并前往。看到这番情景，寇老师失望极了。随行的李老师急忙打电话，联系老同学，寻找老同事，找到那个保管着路遥纪念馆钥匙的人……看了看周围，寇老师很想找当地人了解一些情况，询问了好几个人，没有自己想了解的内容，他随即四处走走、看看，若有所思。李老师不想扫寇老师的兴，这么大老远来，况且愿望又是这么迫切，加紧联系参观路遥纪念馆的事情。我理解寇老师的心思，当看见有两个干部模样的人从远处走过来时，我随即快步撵上，和他们攀谈了起来。他们说，路遥当年就跟过他们那个班，不太说话，一副沉默的表情。他的弟弟王天乐倒是和他们很熟识，一块吃饭，一块下井。路遥小说中描写的安锁子还在那栋楼上住着呢！我兴奋地大声喊着："寇老师，快来，这就是你要找的人！"寇老师急忙跑过来，一屁股坐在花坛边上，就和两位老人神聊起来……

他问矿工们当时的生活是否就如小说中描写的那样？工棚在哪儿？煤溜子怎么回事？火车道在哪儿？老人们一一回答，他们的交谈很是投机。这时，寇老师拿出相机，让我帮他拍摄聊天的瞬间。"啪"，一张几个人畅快交谈的照片抓拍到了，寇老师满脸认真、迫切的神情令人感动！

寇老师又问起煤矸山什么样子，田晓霞和孙少平谈心的那座山真有吗……其中一位姓王的师傅看寇老师这么执着，这么有兴致，随即笑笑："你要想去看看，我可以带你到山顶上走一圈。只是，我这会儿值班，走不开，等我叫一个人来替我。"寇老师激动得连忙道谢。

王师傅先让我们到值班室喝茶，接着就聊起以前他们矿效益多么得好，现在多么得萧条，许多有门路的人都走了，他是舍不得这个地方，恋旧！就一直在这儿找了个活干着。他原来是矿上的干部，对矿上很有感情……

说话间，那个替班的工友来到了。我们一行急匆匆上了车，在王师傅的带领下，一路左拐右拐，来到了一座山顶上。下了车，我们穿过一段土路，来到曾经堆矸石的地方。站在山顶，举目四望，这地方好大啊！黑灰色的矸石绵延好几公里，一条小河在远方若隐若现。脚底下的煤矸已经风化了，踩上去碎碎的、绵绵的，四周空旷的风儿呼呼作响，似乎在叙述这儿以前的辉煌。寇老师兴奋地说，小说中描写的就是这样的景象啊！随即，他大声朗诵起小说中的片段……我们沉浸在一片满足、充实的幸福中，同时又夹杂着一种理性和沉思，正如《平凡的世界》所弘扬的那种原始、质朴、厚重、纯真、美好的情愫。此时此刻，此情此景，我们无比激动，不由自主地留下一张张珍贵的合影！

走下煤矸山，在一处空地上，王师傅兴致勃勃地给我们介绍，这就是曾经出煤的地方，煤从井口运出后，送到高台上，再由履带输送一路向下，堆放在煤台旁。然后通过这里装到运煤的火车上。瞧，这就是往山上运送矸石的运输皮带，矸石山就是这样堆起来的……站在矸石山上，细细体味孙少平当年替师傅家捡煤渣的情景，寇老师若有所思地说，小说中那些矿工的家属就是到这儿来捡煤渣的。他让我给他拍照，他要和这个废弃了的运输皮带留影，要和矸石山留影，我从不同的角度留下了他的执着和热情。

接着往下走，我们来到一个高台上，王师傅指着一排排推成了梯田模样的山头说："当年矿工们就居住在这里，那一排排公房甚是壮观。前年，矿上才把这个地方推平的，你们来晚了！"随即，我们发现还有那么十几处小平房依然存在。寇老师更来劲了，迫不及待地跑到一家废弃的房子门口，翘着脚尖，努力地向里张望。呀，里面还有生活用品、锅、水缸、柴禾等，主人搬家时这些东西居然都没带走。这十几家的平方似乎在演绎着"王世才"们的历史，等待着后人们追随的足迹。

沿着山坡一溜烟向下，在一处僻静的角落，有几户人家仍然居住在这里。寇老师敲开门，自我介绍了一番，那些煤矿工人以及他们的家属都太热情了，尽管他们不知道《平凡的世界》中描写的孙少平、王世才是什么样子，可谁又能说这不是王世才一家人的再现呢？他们拿出香烟热情招呼我们，寇老师连说不会吸烟。他们却非得让寇老师把这包烟拿上，说，这么大老远来也没啥招呼。寇老师询问他们现在的生活如何，矿上的效益不行了都干啥，怎么生活？看着他们简陋的房子，简单的生活，听着他们质朴的谈话，我突然有一种酸酸的感觉。寇老师走到工房门口，在灶台前站定，对我说，当年惠英嫂（王世才媳妇）就是在这儿做饭，明明（王世才儿子）在里屋玩。孙少平一进来，就看到了这一切。并让我拍下他和这种古老的灶台在一起的合影，细细体味当年的情景。此时不知怎么地，我觉得寇老师作家情怀太重了，边带戏谑边带调侃地说："寇老师该不是要写一篇文学评论吧？赶紧写，以后成大家了，我们这些人还要跟着沾光呢！就像今天的咱们追随路遥先生的足迹一样。"一边的主人们也心照不宣地"咯咯咯"笑个不停。

王师傅格外耐心，他和李老师、田老师在一旁等着，看到我们饶有兴致地寻访回来，显得十分开心。这时，我才认认真真看了王师傅一眼，他身材魁梧，脸庞方正，又是浓眉大眼，因等我们时间太长了，头上冒出细细的汗珠。我突然有点感动，我们今天太幸运了，遇到了这么热心的好人，已经耽搁王师傅有2个多小时了！我们一个劲儿地道歉，表示感谢。王师傅倒有点不好意思了，连说："没啥没啥！"

该下山了，寇老师说，今天的收获太大了！很愉快，竟然有意想不到的收获！有几个江苏语文老师会有他今天这样的机会？碰到这样的好人？他一激动，就说，一会就在我们这儿吃饭，叫上刚才那位老师傅，看看能不能见见那个传说中的安锁子。这给王师傅出了道难题。安锁子一般不愿意见陌生人，他没文化，遇到这种事嫌烦，一般人请不动他。王师傅表示想想办法，让一位和安锁子熟悉的工友，连骂带嚷地把他拉出来，以满足这位远道而来的江苏老师的莫大愿望。

我们太感激了！随即，寇老师在"大亚湾煤矿"的食堂包间里，点了一大堆好吃的，什么鸡呀、鱼呀、羊肉呀，怀着一种恭敬的心情等待着安锁子到来。好大一会，田坤先走了进来，带着一种激动的语气说："人给你请来了！"

"真的？"我有点不相信似的问了一句。紧接着，那位老师傅和安锁子一前一后走了进来。安锁子一脸黝黑，有点拘谨，又带点腼腆，穿着大大咧咧，典型的老实本分的矿工形象。寇老师忙不迭地起身让座，恭敬地把安锁子让到上座。一番热情的开场白过后，大家端过酒杯，寇老师开始询问起井下作业的情况，安锁子说，路遥写的是他弟弟王天乐的煤矿生活，王天乐和他一个班。他弟弟并没有当过一天班长，倒是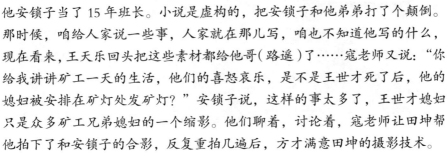他安锁子当了15年班长。小说是虚构的，把安锁子和他弟弟打了个颠倒。那时候，咱给人家说一些事，人家就在那儿写，咱也不知道他写的什么，现在看来，王天乐回头把这些素材都给他哥（路遥）了……寇老师又说："你给我讲讲矿工一天的生活，他们的喜怒哀乐，是不是王世才死了后，他的媳妇被安排在矿灯处发矿灯？"安锁子说，这样的事太多了，王世才媳妇只是众多矿工兄弟媳妇的一个缩影。他们聊着，讨论着，寇老师让田坤帮他拍下了和安锁子的合影，反复重拍几遍后，方才满意田坤的摄影技术。

我们需要返回了，寇老师仍意犹未尽，沉浸在刚才的兴奋中，对我们

识。在我眼里，寇老师不再是只能仰望的，而是非常接地气的，他是一位真性情人，敢于说真话，勇于办实事，是学生的良师，是同行的益友！可以说，认识寇老师，是我的幸运，是张中师生的幸运！

犹记得我们在拿到这部作品时的情景：大家看着厚厚的两本书，脸上是不满的，心里是抱怨的，工作这么忙，一天到晚上不完的课，做不完的卷子，批不完的作业，哪有时间去读这样高深的理论书籍，有人甚至做好了要将其尘封箱底的准备。但是，当我们打开这部书开始翻阅它的时候，我们发现之前所发的牢骚是多么的没有意义，这是一部非常接地气的教育教学著作，没有假大空的高深理论，一出出精妙的教材分析、一个个感人的教学故事，无不折射出寇老师的博学多识和人格魅力。读这部书的时候，我时而随着寇老师的精妙解读在脑海中设计自己的课堂教学，时而随着寇老师笔下的感人故事去回想自己的教学经历，一会儿拍手叫绝，一会儿泪流满面，一会儿掩卷沉思。之前从来没有如此用心投入地阅读过任何一部教育教学著作，寇老师的这部作品让我知道了教育教学著作可以这样读，教育教学著作可以这样写！

寇老师书中有一段话让我特别受触动："教育就是施爱。谁施与孩子的爱更多，谁就获得孩子的爱更多；谁能更巧妙地施与孩子爱，谁就更能获得孩子信任；谁施与孩子爱不求眼前回报，谁才会更加久远地得到孩子的尊敬和爱戴……"寇老师是这样说的，更是这样做的。给女学生买热水袋，不说一位男老师了，这份细心有几个女老师能做到？对安安同学的帮助，给霍霍同学买护眼台灯，对语文成绩差的小磊给予特别的奖励，给孩子们用心准备喜糖，一点一滴，无不折射出寇老师对学生的关爱和情怀。做一名教学水平高的老师容易，只要肯用心，有的是资料供自己研究琢磨，有的是机会跟同行请教学习；但做一名有情怀更有温度的老师不容易，因为爱是发自内心的，不是靠学习请教就可以拥有的。

随着寇老师笔下一个又一个温暖的小故事，我记忆的闸门也被打开了，那些我教过的学生，那些埋藏在记忆深处或感动或心痛或遗憾的经历，也一件一件跳出来，我想索性趁着写这篇读后感的时候将它们写出来，也算是对内心的一丝安慰，对遗憾的一点弥补。

有一个女孩子，我什么时候想起她来心里都特别自责，我想我要是有寇老师的这份细心，这个女孩的命运会不会被改写。那是我参加工作的第六年，高二分文理科，我任教的文科班上新进来了一批同学，其中有一个女孩长得特别清秀，感觉像影视演员罗海琼，尤其是那双眼睛，简直太像了。女孩文文静静的，平时不多说话，也不好动，跟周围的同学也不多交流，在同学们眼中有点高冷。到了高三，有一次早饭时间，我没有去食堂吃饭，正在办公室批作业，突然听到教室里一阵吵闹，过去一看，我被眼前的情景吓了一跳：教室后面扔着一地书，女孩拿着笤帚在劈头盖脸地打班里一名男同学！这是啥情况？我赶紧将混乱的场面制止，把两个人叫到办公室询问原因，但谁都不说话，女孩只是一个劲儿地哭。青春期的孩子，估计是谈恋爱引发的矛盾冲突。我先让男孩回教室，让女孩平复一下情绪再说，结果女孩告诉我的情况让我很是吃惊：被打的这个男生，在高二第二学期的时候追求她，每天小纸条不断，纠缠了半个学期，女孩终于答应做他的女朋友，结果男孩拒绝了，说自己追求她并不是因为喜欢她，而是和他的几个哥们打赌，只要将她追到手，他们每人在操场里跑50圈！还有这样涮人的，从未谈过恋爱的女孩觉得受了奇耻大辱，又不好意思将这一情况告诉任何人，所以她就在心里忍着、恨着、自我消耗着……

怪不得女孩上课经常发呆，成绩越来越差，越来越不爱说话，原来她在忍受着对她来讲人生最大的磨难！这些情况为什么我们老师都没有发现？虽然后续我也给女孩做了很多思想工作，把男生叫到办公室狠狠教育了一番，但收效甚微，女孩心里解不开这个结，情况越来越糟糕，甚至连续两次模拟考试，女孩都坐在考场里发呆，直到考试结束，也不在试卷上写一个字。对于这一情况，班主任身为男性，更是束手无策，只好叫来女孩的父亲，将女孩领回家休养。女孩的父亲是大字不识几个的农民，更不懂得自己的孩子有了抑郁症。高考的时候，女孩还算坚持参加了考试，成绩下来只考了两百多分。

这件事对我的触动很大，我们老师不能只追求成绩，一个孩子的成长是全方位的，哪一个环节有了问题，可能就会带来不可逆转的伤害。这个女孩，如果她不那么内向高冷，或许她会有好朋友倾诉心事；如果她的父母有文化且民主，或许她会向父母诉说委屈；更重要的是，如果我们老师在成绩之外，给学生再多一点的关心，或许她会在事情发生之时就告诉我们这个秘密。可是，一切都是"如果"，女孩的前程实实在在被耽误掉了。

看到寇老师不但为语文成绩不理想的小磊同学颁奖，还跟他握手、拥抱，我更是佩服寇老师的智慧，这番不需要什么说辞的行动，比得上千万句的批评教育，事实证明也确实如此，通过小磊在《班级故事》中分享的文章，我们看到了小磊的改变。我特别羡慕寇老师在学生面前的那份随性、洒脱，和同学们握手，跟同学们拥抱，真情流露，轻松自然。我在这一方面就做得不够好，工作这么多年，和同学们只有过唯一一次拥抱，而且还是学生主动要求的。那是2017年高考之前最后一节语文课上，当我把考场上需要注意的一些细节给同学们强调完之后，一个女孩子站起来对我说："老师，我想拥抱一下你！"有她开头，我便和班里的其他女孩都一一拥抱，班里的男孩默默地看着这感人的一幕，我看得出来他们也想得到我的拥抱、鼓励，但他们终究没好意思站起来，我居然也终究没好意思向他们张开我的双臂！现在想来，这也算是一个小小的遗憾。

　　总之，读完寇老师的《延安支教日记》，真的是获益匪浅，寇老师以朴实又幽默的语言向我们道出了教育的真谛和教书的精髓。老师不仅要教书，更要育人，做一名有情怀、有温度的老师，应该是我们每一位老师毕生的追求。

　　我想，今后我要更加努力，在三尺讲台上，尽自己最大的力量教育他人，成就他人！

（此文发表在张掖中学校刊《木塔晨铃》2020年第9期）

2020年11月

寇永升2022年8月23日校订

一个问题，两面旗帜，三味药方

甘肃省山丹县第一中学　梁虎民

　　作为一名语文老师，我平时也喜欢看看书，但大多是一种随意性的、娱乐消遣性的浏览，像这次集中时间、有所思考还要进行分享的专业读书，对我来说还是第一次！但也是收获颇丰、富有意义的一次读书过程。

　　我今天分享的题目"一个问题，两面旗帜，三味药方"，副标题是"读寇永升老师《延安支教日记》所思所感"，发言有不妥之处，敬请各位领导、同事批评指正。

一、一个问题

　　寇老师在《赴延安支教：我的准备》中说道："对于教育，我更倾向于观察和思考负面的东西，更倾向于看到问题而不是成绩。""延安市第一中学，是一个窗口；我希望，以延安一中为圆心，我能够有机会向周边辐射，向周边发展，向周边扩大，以我的有限能力观察思考西部教育。"

　　阅读这套书的过程中，我想在座的各位一定和我有一样的感受和认识，寇老师笔下的"艰难的延安一中"和"延安一中的艰难"，又何尝不是我们山丹一中的写照！寇老师观察和思考到的延安一中存在的问题，也正是我们山丹一中亟须着手解决的问题。尤其令我印象深刻的是，《教研活动侧记》《在延安一中听课》里面关于教研活动和老师听课时详细描述，以及公开课的任务式安排表现等，有很多现象简直就是针对我校的一个专项督导。

　　寇老师作为一名支教老师，仅仅用了一年的时间就能剖析和诊断出一所学校这么多的现实问题，为此，我就产生了一个问题：作为这个学校的当事人，领导或者老师，为何不能发现这些问题，分析这些问题，想办法解决这些问题？

　　是"不识庐山真面目，只缘身在此山中"吗？是我们见怪不怪了还是熟视无睹了？是我们思维僵化了还是理念落后了？是明哲保身、但求无过的自我救赎，还是多一事不如少一事的推诿扯皮？是社会大环境的原因，还是个人自身的问题……对此我困惑，我思考，但是还没有一个成熟的答案，今后我会继续思考并希望和同事们多多交流，以期解惑。

二、两面旗帜

限于自己有限的生活、工作交际圈子，从教三十年来，我遇到过师德品行高尚的同事，也遇到过教育教学水平高超的佼佼者，但是像寇老师这样德艺双馨的老师实为罕见。虽然只是听了寇老师的一节课、两场专题报告、五次听课后的点评讲话，但是因为详细阅读了他的《延安支教日记》，也算是与寇老师熟识了，不敢说对寇老师有多么全面的了解和认识，但是寇老师求知的精神和做人的品德，足以成为引领我成长的"两面旗帜"。

寇老师能够从西部边远小城引进到长三角发达地区成为专家型、学者型的名师，源于他的那颗跃动着的"永不甘于平庸的心"，换种说法就是"求知的精神"成就了他。他能够坚持自费订阅语文核心期刊四十余年，收集20世纪80年代至今的《语文教学通讯》《中学语文教学参考》《中学语文教学》《语文建设》《语文学习》等数千册；他能够携带一箱子的手写教案前去引进学校应聘试讲（尽管没有派上用场，可以想象这些平时上课的教案他都是花费了心血的）；他能够在"人生的巅峰时期"再次折腾到延安一中支教，以求"能够在专业上发起新一轮冲锋"……作为一名语文同行，读到这里，我每每汗颜，当然也有一种强烈的念头在自己的心头升腾：学习并践行寇老师的求知精神，以无愧于自己后续十几年的教书生涯！

求知精神固然难能可贵，做人品德更是令我钦佩不已。寇老师做人可圈可点之处不可胜数："具有生活激情与情趣""轻松活泼幽默风趣真诚""具有良好的生活习惯"、喜欢运动、兴趣广泛……都是满满的正能量。

但最值得我分享的是他的孝心、爱心与教育情怀。不论是回家乡为父母亲过寿，还是"老女婿、新上门"去看望妻子的娘家人，他的这种孝敬行为让我深受感动，他的这种做人做事风格让我由衷点赞。我一直有这样一种认识，孝其父母亲人的老师，一定也会爱他的学生、同事、领导、单位，而且是真心的。寇老师支教期间对学生的关爱、对延安一中的关心、对教育的热切情怀无不体现了这一点。

1.《种好自己的责任田》一文中，寇老师早读之后奔波上百里山路到生源地学校做招生宣传，宁可耽误吃午饭，也要争取赶下午回来上课！

面对学校中层领导的友情奉劝："咱自己学校的一节课，不给他上算了。"寇老师脱口而出："这可不行啊，上好校内课才是我的正业；延安一中无锡班学生的语文课，才是我责任田，无论如何，下午要赶回来上课……"

2.《一个特殊学生安安》一文中，寇老师了解到学生 2010 年被查出患有多发性大动脉炎、并发肝功能损害、肾结石等多种疾病，因为治病，家庭情况非常困难……寇老师拿出 2000 元交给班主任，资助这名学生。

3.《对手更有实力，我们只有靠努力——规范汉字书写大赛的经历与体验》中，寇老师指导学生参加延安市汉字听写大赛时表现出的敬业、负责、担当。

从这些叙述中我们能够感受得到寇老师的发自肺腑的至极真诚、源自教育情怀的无疆大爱。他只是支教一年的无锡老师，但是他把自己当成了延安一中的一员。他的这几件事诠释了什么是爱岗敬业，什么是教育情怀，什么是立德树人。他的孝心、爱心、教育情怀彰显出了他做人的厚重，衡量出了他处世的尺度。自从知道了他的几件孝敬之事，我就觉得他的爱岗敬业是一种必然，他的事业成功是水到渠成。当然，我们的身边也不乏这样的爱岗敬业者，我校易明欣副校长的以校为家，也正是这种爱心的外化行为，也是我学习的楷模。

寇老师的"求知与做人"，可谓"仰之弥高，钻之弥坚"，我把这两个方面定义为两面旗帜，不敢奢求达到什么高度，只是希望指引自己能够在这两方面有所提升，有所完善，也不负读了寇老师的书，听了寇老师的讲课、评课和专题报告。

三、三味药方

寇老师在《赴延安支教：我的准备》中说道："我的着眼点在观察，在反思，我的重点将放在观察思考东西部地区教育的差距。"他到延安支教，是想"深入彻底体验一番……延安为代表的老区、西部，教育究竟发生了哪些变革、有哪些进步，东西部教育的差距究竟在哪里"。我觉得，寇老师的"体验"就是诊断。

我校梁积功校长说过，寇老师的这两本书就是对我们山丹一中的一个全方位诊断，病症或问题是诊断出来了，那么怎么治疗或解决？寇老师说："我可能找不到答案。"是真的没有答案吗？其实不然，答案就在书中，就在寇老师身上，我于字里行间找到了这三点，就称之为寇老师的"三味药方"吧。

其一，精益求精，深入钻研，提升自我"说"的能力。

作为一名老师，说的能力至关重要。寇老师评课时用过一个词"碎碎念"，意思说话零零碎碎、啰啰唆唆。我觉得我和很多同事都有这个毛病，"碎碎念"这个词可谓切中时弊。"碎碎念"，会影响学生对老师的看法，会影响他人对老师乃至学校的评价。

其实说只是一种形式、只是外在表现，说的背后是一个人的学识多少、功底薄厚，说得怎么样与你肚子里的墨水是成正比的。梁校长评课时就我们语文老师阅读积累少、需要大力提升专业素养提出了具体要求。寇老师的讲课、评课、报告甚至他的即兴发言，无不条理清楚、层次分明、简明扼要、幽默风趣、形神兼备，堪称"说"的典范。

我校梁校长当年就职演说的一段话精炼精彩、鼓舞人心，令我至今记忆犹新。前几日看梁校长的美篇——回忆我在金陵中学学术论坛上的一次讲座《"逼"上讲坛，破茧成蝶》，虽然当时无缘现场聆听，但当品读昔日"自我超越"的精彩文字表述时，校长意气风发、文字激扬、表达流畅、文辞精美的魅力跃然纸上。

寇老师、梁校长这样的"说"是我作为一名语文老师所欠缺的，丞需要提升的。何以提升？唯有读书。现在我们正在进行的"知行阅读"打卡活动，让我的随意、间断、无序、零碎等读书毛病得到了矫正，我会以此为契机，给自己肚子里装点干货、注点墨水，精益求精，深入钻研，提升自我"说"的能力，杜绝"碎碎念"，努力适应今天的课堂、学生、教育。

我做过三年小学老师，在初中教过五年语文，之后到高中任教，我深切地感受到，就专业知识和学术素养而言，高中老师和小学、初中老师还是有比较大的区别的。加之我的学历水平又比较低（初始学历中专），我是由衷地羡慕和佩服那些科班出身的老师和老牌山丹一中人的。尤其是读了寇老师《延安支教日记》之后，我更加深切地感受到自己的缺陷和不足，更加真切地认识到高中教育教学应该有其高度和深度，高中老师应该有其宽度和广度，也更加坚定了我的迫切信念：认真读书学习，扎实多方位学习，努力提升自我知识水平、专业能力和师德修养，做一个名副其实的高中语文老师，做一个无愧于县域最高学府——山丹县第一中学的高中老师。

其二，从细小处入手，强化服务意识，提升自我"做"的能力。

光说不练空把式。说得好不如做得好。怎么做？寇老师在支教日记中用他的行动告诉了我们答案。

1.《延安一中擦黑板新闻》中写道："到延安一中已经两个多月了，我一直在寻找机会办一件事情，那就是解决学生们擦黑板的问题……"他在超市挑选了一种比较适合擦黑板的拖把，替代了毛毡条制成的黑板擦。

2.《在延安，第一次有学生来看望我》中写到一个叫"霍霍"的学生，"这个学生只有一只眼睛的视力，还近视一千多度"。当了解到"霍霍"看黑板困难时，寇老师"一改从前从右写起的习惯，坚决地写在黑板左边，即霍霍正前方，并且尽可能写大一些"。为买一个在教室这种环境条件下适合霍霍使用的台灯，寇老师"在一次周末，转遍了县城两家大超市，把所有的台灯一一看完"，最后在网上"找到一个比较满意的台灯，法国产，小巧轻便，非常适合霍霍，立即买下来"。

3.《给女学生们买了两个热水袋》……

4.《教师为什么受学生欢迎》……

5.《实地考察延安一中学生打开水》……

6.《良好的师生关系胜过许多教育》……

这只是一件件看似不起眼的细小之事，但是寇老师他看在了眼里，拿在了手里，他去做了。寇老师说"教育无小事，处处皆育人"，他做到了。

记得上学期梁校长看到高二有位学生腿脚受伤行走不便，就当即跟我们说：这个学生上下楼梯不方便，让他使用教学楼上的卫生间……"教育无小事，处处皆育人"，梁校长他也做到了。

反思自我，眼里没有活或者说看不到小事的现象时常发生，只注重教书不注重育人的问题随处可见，大事做不好小事不好好做的毛病一直存在……

如果我们能够如寇老师在《教师为什么受学生欢迎》一文中所说：不要"停留在管住学生上"，而是通过一件件小事"让学生敬佩信赖甚至喜欢"；不要眼高手低，没有大事做，小事做不好或者不好好做，而是把工作真正放在心中，拿在手里，那么教育的成效也许就会大不一样。

特别是政教处的工作，就是多如牛毛的琐碎事、细小事。如果我们能够如寇老师所说"教育无小事，处处皆育人"，从细小处入手做好育人工作，以"店小二"的服务意识和态度对待工作和学生，积少成多，厚积薄发，寇老师诊断出来的一些顽疾也许就会得到救治、改善甚至根本上得以解决，同时自我"做"的能力也会得到提升。

其三，世上无难事，只怕能够"坚持"之人。

目前我们学校许多工作都有了一些自我特色和突破，"翰墨飘香""知行阅读""我是演说家""系列化主题班会和学思观天下"、主动进行美篇自我宣传等活动的相继启动开展和教师专业发展平台的有序搭建，

《学校五年规划》的初步成型等工作的主动而为，标志着我们正在破茧突围、我们正在打破瓶颈，我们正在迎头赶上，我们正在奋然前行，我们正行进在路上……

当然，我们也有迷茫，我们也有困惑，今后的路怎样走？明天会怎样？

读寇老师的一再压缩了的这两本日记（《延安支教日记》），看寇老师自费订阅的几千本语文教学期刊，听寇老师说他几十年如一日地早起锻炼，答案就在这里！其实欣赏和品读梁校长每天在"翰墨飘香"群里的书法作品和教育名言，答案也在这里！世上无难事，只怕能够几十年如一日的"坚持"之人。

今后的路怎样走？明天会怎样？唯有"坚持"二字。寇老师说："闲着也是闲着。闲得无聊，一天24小时；忙得不可开交，还是24小时。"我想就让我们忙一些，忙起来，把听说读写练等好的做法、好的活动坚持做下去。世上无难事，只怕能够"坚持"之人。有耕耘就有收获，有付出就有回报。相信我们坚持做了，明天我们一定会获得丰硕的收获，今后我们一定会有别样的回报。

寇老师书中《责任与压力，机遇与挑战》一文中说："把单位的事情办好了，自己的事情就好办了。把公家的利益放在首位了，大河有水了，小河哪会干？田里有粮，锅里有饭，那就不愁我的碗里没的吃。为集体争得了荣誉，也就同步为自己赢得了荣誉。"

回首昨天，我虽然也取得了一点成绩，获得了一些荣誉，但这些成绩和荣誉是建立在山丹一中这个单位之上的，离开了学校这个集体，我什么都不是！立足今天，学校为我搭建了更好的舞台，唯有珍惜，唯有加速，唯有发力，唯有坚持，方不辜负学校的期望、领导的厚爱和自我的追求；展望明天，寇老师已经给我指明了方向，我会在反思中觉醒，为自己今后十几年的教育生涯清晰定位：老实做人，踏实做事，向教育的制高点前行、奋进！

寇永升老师其人、其书是一座宝藏，丰富、深刻，多样、厚重。限于本人水平、能力有限，就把自己的一点真实的想法感受与各位分享交流。其实所谓分享只是撷取其万分之一，尚感解读浅显、粗鄙，不妥之处，敬请指正。

2021年5月

读寇永升老师《延安支教日记》

甘肃省酒泉中学　朱庆龙

2020 年 8 月 10 日 酒泉 晴 32℃ 距离高考 300 天

寇老师的《延安支教日记》让我沉浸其中不能自拔。

初识寇老师是在 2018 年酒泉教育工作会上，全市教师能力提升工程邀请了无锡名师传播长三角发达地区的教育理念。会上寇老师以"新课改背景下教师的核心竞争力"为主题进行了情境讲座，讲述了教师在专业成长和教书育人中的核心竞争力，其中让我印象最深的是"当你不能换一池水的时候，请学会游泳"。近期集中精力读寇老师的延安支教日记，系统学习寇老师的教育思想，感受寇老师的教育情怀，学习寇老师的教育方法，理解寇老师的教育理念。

在最近的阅读中，我觉得寇老师的很多教学方法都值得我们借鉴和学习。

班级故事是学生成长的记忆，更是教师成长的钥匙。寇老师在延安一中支教时让学生撰写了近千篇班级故事，通过记叙班级故事引导学生观察生活、思考生活、记叙和描述生活。班级故事不仅能够训练学生的写作能力，还能够看见真实的学生，更能够发现学生的喜好，还能处理好与学生的关系。

教育的对象是人，是鲜活的生命个体，是有思想和情感的个体，而整齐划一的管理很难发现真实的学生，很难与学生进行心与心的交流。

我想起了大学期间全国模范教师汪金权的报告，他通过坚持学生课前演讲的方式培养学生的兴趣和爱好。这个看似简单的做法实际上坚持下来很不容易。

第一次当班主任时，我也很重视学生的周记，试图通过学生的周记来了解学生的内心活动，可能是引导不够，也可能是方法不当，最后周记成为学生记流水账、宣泄情绪、揭发告密、空头表态的文字堆砌，起不到育人的功能，最后只能作罢。寇老师的班级故事的做法再次让我燃起了新的希望，在最后 300 天的备考路上，也尽可能引导学生记录下备考路上的点点滴滴。

寇老师的早读方式值得学习借鉴。延安支教日记中，寇老师讲述了在延安一中无锡班组织早读的方法：老师全程跟踪，引领示范；学生齐读、自由读和默写，最大限度地提高早读的质量，追求早读时间利用效益最大化，寇老师讲这是集约化的教学方式，是有目标的学习方式，更是任务驱动的管理方式。

是啊，集约化的教学提高的不仅是效率，更是一个老师的责任心。我们现在有多少管理停留在表面？有多少学生是在真学习？我们年级从6月8号开始打造年级的品牌——早晚读，最开始的时候学生兴致很高，可是最近总感觉在降温。以我的观察，学生的早读多少有些浮在形式，早读的督促还不够到位，目标还不够明确，动力还不够充足。昨天晚上我的动员会上讲学生要真学习，切莫在形式上耽误了自己；今天在寇老师的书上我摘下一句话——"站立读书，肩平背直，双手捧书，全神贯注，用心用脑，书声琅琅"。

明天起我们班的早读要换个方式，学个新法……

2020 年 8 月

2022 年 8 月 23 日校订

我们的课堂为何缺乏语文味？

——读《延安支教日记》引发的思考

甘肃省民勤县教育局　闫晓花

这些天不是很忙，便捧起江苏省南菁中学寇永升老师的延安支教日记《延安支教日记》读起来。本来只是想完成阅读任务，避免交流时的一无所知与尴尬，谁知读着读着，那犀利的笔锋、朴实而幽默的语言、一针见血的见地、先进的教学理念……让我着实爱不释手，我便字斟句酌地去读，并深刻地反思我们教育教学滞后的原因及改进方法。

在寇老师笔尖的引领下，对比我们的语文课堂，从小学到高中，除了各学段的知识侧重点不同，执教的模式、方法出奇地相似：或为了突出情感价值观这一教学目标，上一堂煽情而空洞的思政课；或为了展现教师知识的渊博，上一堂波澜壮阔的历史课；或为了挖掘"考点"上一堂死记硬背的应考课……类型多，却鲜见突出语文课堂中应有的语文元素、语文味儿。从寇老师的点滴记录中，我深刻地认识到，我们的语文教学之所以上成了"大烩菜"，终归是源于理念的落后。就教学而言，很多老师依旧止步于曾经的分段、把握中心思想、概括主要内容等阶段，不能深层

次地解读文本、挖掘教材，不能与时俱进，与学生的特征、社会发展趋势同步共进。尤其值得我们思考的是，在落后面前为什么我们仍能安于现状、停滞不前，为什么我们没有从课堂的点点滴滴的细节中萌发改变的决心，为什么我们不能改变只为教书而教书的想法……那么，我们该如何正确地对待进而改变我们的语文教学呢？首先，我们得认识教学中存在的问题。

一、满堂问的"对话课"

当读到寇老师写的《探寻教材传统篇目的当代教学价值之一》一文时，被其中的一句"我通过富有思维驱动力的问题引领赏析"深深触碰，"富有思维驱动力的问题"，"思维"的培养，这不是我们语文课堂缺乏的吗？

阅读教学是运用语言文字获取信息、认识世界、发展思维、获取审美体验的重要途径。可是，怎样引导学生阅读文本、怎样指导学生有效地阅读文本、怎样让学生在有效的时间内开阔思维，获取信息……今年五月份，我参加了重庆举办的"第十届儿童阅读与语文创意教学观摩研讨活动暨全国第八届小学群文阅读现场课大赛"活动，听了崔云宏老师的一堂语文群文阅读《思辨与智慧》交流展示课，他设计的问题简单却切中要害，极具启发性：速读课文，发现文本的不同之处与发现文本的相同之处，表面看似笼统没有意义的两个问题却统摄了《自相矛盾》《田忌赛马》《跳水》三篇文章，很快学生投入到了文本的阅读之中，在阅读中提取信息、对比信息，最后总结归纳，形成了简明扼要的概括性语言。接着，在崔老师的引领启发下，学生厘清了事情的来龙去脉，最主要的是学生学会了怎样解决问题，在作文时怎样构思、怎样把事情的原委写清楚、怎样才能出奇制胜吸引读者。总之，一堂课下来，学生在快速阅读中获取有价值信息的能力得到了训练，思辨能力及逻辑思维能力也得到了提升。

再来看看我曾听过的一位老师在执教《月光曲》一文时提出的问题："贝多芬为什么要给盲姑娘弹奏音乐？""听见断断续续的琴声，他会想些什么？""从中可以看出妹妹怎样的心情？""哥哥的心情又是怎样的？""贝多芬想些什么？"……连珠炮似的提问，形成了师生之间的对话，看似很热闹，却始终游离于"语文"之外。老师本来是想在留白处引导学生思考、拓展学生想象力，实则与文本的教学目标相去甚远。这样的课堂让学生疲于寻找着答案，而忘记了通过学习这篇文章要获取哪些语文知识，怎样提升

语文素养；这种对话般的"问答式"课堂，并没有渗透多少语文元素，学生的语文能力也得不到培养，教师变成了提问者，而非师生共同学习的合作者。

寇老师说："备课的过程就是研读教材的过程，深入研究教材文本，精细备课，精心施教。精准文本解读，精确把握文本的教材价值，最大化转为教学价值。"一方面要"明晰教学目标，设计出有价值的、能够撬动教材文本的、富有思维驱动力的'问题'。抓住'主问题'，精美教学设计"；另一方面要"贴近学情，接近学生最近发展区设计'问题'，'驱动'学生更好地学习，课堂更高效"。在这一方面，我们确实应该向寇老师学习：一要重视备课，要自己动手、动脑去备课，而非照搬现成的教案；二要精心设计问题，如围绕课堂教学主题，抓住教学重点，突出教学难点设计明确、适度的问题，且能根据课堂的生成灵活调整。

二、观光式的"放映课"

寇老师在《语文教师怎样备课，怎样才能写出专业论文》一文中写道："有的人备课的过程是先从网络上搜索下载教学设计，复制粘贴PPT，不太注重独立钻研教材，对教参更是重视不够。"他还说"课堂上教师变成了电脑操作工，课堂推进完全靠PPT播放，学生成了观众和看客，

而不是课堂的主人，更遑论学习的主人"。近些年来，随着多媒体进入课堂，课堂教学形式发生了翻天覆地的变化，在方便教学的同时，也产生了一些负面的影响，一定程度上阻碍了老师的求知欲与上进心，限制了课堂生成，扼制了学生思维，具体表现在教师不拿书本与粉笔，只用一只遥控笔上观光式的"放映课"。课本搬家了，学生没有了读书的习惯，更谈不上"不动笔墨不读书"；教师的提问在屏幕上一一呈现，方便了学生的思考，却冲淡了学生注意力，问题有了"平台"，学生记忆的习惯却减退了；最有意思的是语文阅读教学中答案有了"归宿"，学生总是在寻求标准答案，唯恐自己表达的"有所偏颇"，语文非数理化课程，统一标准的答案限制了学生的思维，使教师不能够用发展的眼光了解学生，也使课堂缺失了挑战性。PPT的大量介入，使课堂必须按固定的形式行进，限制了课堂的生成。多媒体进入课堂，看似课堂容量大了、效率高了，实则增加了教师的依赖心，教学内容也如流星般划过，亮丽地一闪之后便无痕迹，看似课堂过程生动形象了、调动了学生的感观，实则入眼不入心。

电教媒体是教学的辅助手段之一，而非课堂的替代物，怎样正确合理地应用，怎样让它变成课堂教学的"神助攻"，还需我们进一步转变教学理念，克服依赖心理，深入研读教材，尤其是要养成"课读教材文本的习惯"，PPT也要尽量做到"白手起家"，即使借鉴，也应该是有补有删有修改，同时，要真正地把学生当成学习的主人，而非接受知识的机器。

三、变了味儿的"思政课"

"语文课就是语文课，其根本任务是培养学生运用祖国语言文字的能力。语言当然是精神的载体，任何课文都和文化有关，也和生命有关，但语文课不是'文化讲座'，不是'生命教育'，一切自以为是的'独到''深刻'的'挖掘'与'一针见血'，都不过是教师的自言自语。"（李镇西《得失寸心知——执教〈理想〉的回顾与剖析》）四月份，在某校听了一节"《喜看稻菽千重浪》——劳动托起中国梦"的公开课，执教老师将课堂分为"人物形象大展示""人物精神大探究""读后感想大碰撞"三部分进行。第一部分主要是认识人物。第二部分有两个问题引领，先是"本文写了哪些事和细节"，然后重点放在了让学生感知"表现了人物怎样的精神品质"，有点儿本末倒置之嫌。如果把这两个问题调换顺序，并换一种方式提问："你读出了人物怎样的精神品质？作者是如何表现人物的精神品质的？"这样就把教学的重点放在了"怎样描写上"，潜移默化中渗透写作人物的方法，是不是更能突出语文元素、体现语文素养？再来看另一节公开课"《喜看稻菽千重浪》——新时代劳动对青年的意义"，首先从选择"主题"看，就有点儿偏离，课堂教学是以此展开的，教师引导学生探讨了主人公"进行的劳动""坚持的理由""劳动的回报""精神品质"后，让学生对比三位劳动模范的劳动与我们自身所谓的劳动的不同。一堂课下来，主要教育学生懂得劳动的意义、要尊重劳动、要热爱劳动，把一节语文课活脱脱地上成了思想政治课，一堂思政味儿浓厚的语文课让语文元素变成了语文课堂的佐料，正如寇老师说的"种了别人的田，荒了自家的园"。

文学评论家特雷·伊格尔顿说："文学不是伪宗教，不是心理学，也不是社会学，而是一种特殊的语言组织……应该就其本身而被研究，而不应该简化为其他东西。"纵观我们现在的语文教学，听说读写等语文元素、文学元素似乎因"情感价值观"这一目标的设定而被曲解淡化了。叶圣陶说，学语文的基本功大体上是以下几个方面："第一，识字写字。

第二，用字用词。第三，辨析句子。第四，文章结构。"还说："看一篇文章要看它怎样开头，怎样写下去，跟着它走，并且要理解它为什么这样走。总起来一句话，许多基本功都要从多读多写来练。"

四、枯燥乏味的"应考课"

听过很多语文课，总体感觉是：小学段的语文老师大多数能够在课堂教学中重视双基的训练，渗透语文元素。到了初、高中，很多课就变成了"应考课"。一方面是很多老师常常依据教学参考、教案设计等现成的书籍进行教学，在教学的每一环节似乎都以考点为目标，如：如何概括文章主要内容、中心思想，怎样分析修辞手法等等，看似教给了学生学习的方法，其实所有的知识都变成了机械记忆，这种功利性的教学早已失去了它原本的教学价值。另一方面是依然受传统的教学理念的制约、教学模式的影响，导致学生对于语文阅读的理解就是"依据问题快速读文后怎样才能准确的回答"，而这一过程，严重地抹杀了学生学习的兴趣、阅读的快乐。究其原因还是在于应付考试，老师为了抓成绩，使本该或优美或风趣的语文课变成了枯燥的训练课、应试课。而学生之所以"孜孜不倦"地学习这些，也是在老师不断的"谆谆教诲"下变成了应试的机器，看似应试能力提高了，考试成绩提高了，但语文素养却早已边缘化了。

教语文就是要从听说读写的基本功教起，就是要教给学生积累、阅读和写作的方法；语文课就要突出语文元素，上出语文味儿，培养语文意识，就是要以提升学生的语文综合素养为目的。总之，语文课应该是人文性与工具性的统一，而不是思政课、历史课等等学科的融合，也不是现代化的电教媒体所能替代的，更不能为考试而教语文。

《延安支教日记》一书像警钟一样，让我深刻地认识到：我们教育落后的症结确实在于理念的落伍。要改变我们的教育、改变我们的语文教学现状，就要克服陈旧的观念，有挑战自我的勇气，有从头再来的恒心。

让我们的语文课多一些语文味儿！

2020 年 7 月

（第一辑）处处情

课堂需要仪式感
——读寇老师《延安支教日记》有感

甘肃省天水市第三中学　单志强

读寇老师《延安支教日记》一书，其中《教师为什么受学生欢迎？》一篇倍感受教，于是略谈一二。

寇老师提到：管住学生、压住学生，希望以此提高教学成绩；凭借讲课吸引学生，鼓舞学生的学习热情，依靠教师的人格魅力激发学生学习内动力，以提高教学效率来提升学生成绩、促进学生发展。我们更多依靠哪一种方法思路呢？毫无疑问，应该选择后者。略一思考，平时做得多的倒是前者。

那怎么转换这种矛盾呢？

我觉得寇老师此篇可以作为我们转换这种矛盾的切入点。从课堂的仪式感开始。

平时上课时，总觉得上课的"老师好"，下课的"老师再见"有点矫情，更别说给学生鞠躬，更是碍于我们自己心中的那种所谓"威严"，做不到。久而久之，我们现在的这种上课、下课的仪式感都处于敷衍和淡化的状态。更甚者进教室就开始讲课，下课就直接走出教室。读完此篇，感觉应该讲究这种仪式感。

有了仪式感的课堂，首先会让学生感受到老师对课堂的重视，这样他们对课堂会有真正的敬畏感；其次，这种仪式感不仅仅是例行公事，而且作为课间和课堂的过渡，是让学生调整状态的很好方式；最后，老师的那一鞠躬会让学生真正感觉到他们也被老师尊重与重视，进而激发学生听课的愉悦感。这种仪式感其实与我们自认为的威严并不矛盾。相反，仪式感会让我们觉得更幸福。所有仪式感，都是对人生的加冕。我们每年搞成人礼、毕业典礼等种种仪式，都会让学生受到很大的教育，对不平凡的成长节点有更多的感悟。我们所做的这些都是为最终教育所服务，这样的形式才真正地有了意义。

生活需要仪式感，课堂更需要仪式感。这些只是我们平时没有注意到，不是做不到，真正是一种理念的差距。寇老师对此部作品起名"理念——教育的制高点"，原因也应该是源于这些教育教学细节，我们不是做不到，就是理念还停留在最低端，我们教育教学的理念还没有占据我们教育教学的制高点。

发布时间：2021 年 4 月 18 日

https://www.jianshu.com/p/e9c5dbe4462d

来源：简书

身虽归去，心却长留

——读寇永升《延安支教日记》有感

甘肃省酒泉市玉门油田小学　段秀红

古人云："读书破万卷，下笔如有神。"的确，读书可以拓宽我们的视野，丰富我们的知识。尤其是作为一个教育工作者，肩负着教书育人的重任，更不能离开书的滋养。在上学期的青年教师成长会议中，当看到我的同仁读了四百多篇教育随笔时，我被震撼了。一样的三尺讲台，一样拥有教育梦想，为什么我们的差距这么大呢？只有热爱读书的教师，才能有效地教书；只有热爱读书的教师，才能有效地育人。正所谓"腹有诗书气自华，最是书香能久远"。

初识寇永升老师，是在《荷塘月色》现场课中，寇老师深入浅出的课堂仿佛让我置身在静谧的荷塘之中，我又回到了自己的高中时代。再见寇老师，是听他的讲座，最吸引我注意的是他说他的班级成绩总是很好的，究其原因，还是亲其师，才能信其道。上学期，当看到学校发给我们读的书中有寇老师的大作时，我的内心还是掀起了阵阵涟漪，回想寇老师的课堂，回想寇老师挥洒自如的讲座，再近距离拜读他的文字，对我来说何尝不是一件乐事。

一口气读完寇老师的《延安支教日记》，久久徘徊在我脑海的一个问题是：什么才是教育的制高点？带着这样的问题，再次细细研读，仔细品味。我认为，答案在于寇老师的专业积累！在平日的教育教学工作中，将第一手材料及时积累并且记录保存下来，才会有自己的东西，才会在留住自己的经历的同时，留住给自己思考的资料和机会！再加上恒心与信念的支撑，他已经站在了教育的制高点，因为教育的制高点是完成自我的修炼，他真的做到了。

这套书其实是寇老师在陕西延安支教一年的"杰作"，一年内完成全书六十多万字，这是怎样的一种恒心和毅力啊！在异地他乡完成支教是一项繁重的教学任务，因为作为江南水乡无锡的教师，他的身上是自带"光环"的，且不说带来了江南丰富的地域文化，更主要的是带来了江南先进的教育教学理念。来到黄土高原的贫瘠土地上，教育也是同样的贫瘠和落后，在这里寇老师除了要承担平常的教学任务，更是肩负着兼职教研员、汉字听写大赛辅导老师等重任，身体劳累可想而知，精神压力也显而易见。况且在长达一学年的支教过程中，每逢重大的节假日，他还要乘出租车、长途汽车，再转火车、飞机，两地奔波……一年下来，所拥有的空闲时间真是少而又少，但是就在这样紧张的日子里，寇老师竟然写出了六十多万字的两本书，日均近两千字！实在令我佩服！真的是我学习的榜样。

寇老师令我最佩服的是他的乐观。那天看到朋友圈里分享的好苹果与烂苹果的故事，让我感触颇深，我们好多人，不正是这样，每天在抱怨中生活；反观寇老师，在我的印象中，他背井离乡，一人从西北小城到拥有丰富教育资源的江南水乡打拼，开创属于自己的一方天地。这些年，他所经历的种种，要得到大家的认可，得付出多少的努力？他得变得多么苍老、憔悴。但当他坐在油田一中的阶梯教室为我们讲座时，我彻底被那神采奕奕、自信饱满、年轻的面庞惊呆了。尤其是寇老师开玩笑说他虽然五十几岁了，但可以现场给我们翻个倒立，让我也是刮目相看。

再读他的著作，在延安支教的过程中，条件应该是很艰苦的，但你从他的著作中，读到的却是真实、质朴的语言，苦中作乐的精神。这些不正是需要我们学习的地方吗？

看了寇老师的这本书，令我感触颇多，收获满满。寇老师书中说，支教结束离开延安市第一中学和那些朴实可爱的学生们后，他身虽归去，心却长留。我想说，读完《延安支教日记》，我身虽放下了这两本书，心却一直追随着、思考着……

希望自己能沿着寇老师前行的方向，一路向前，一路欢歌。

2019 年 11 月 18 日

寇永升 2022 年 8 月 24 日校订

读《我在延安教作文》有感

广西壮族自治区百色市祈福高级中学　黄楮瑾

记得网络上的几个梗："当你的生命还剩下八年，你做什么？""五年高考三年模拟""当你踏出考场的那一刻，你最想做什么？""吐槽高考作文题"。很多人一生都难以忘怀的高考题就是高考作文，无论高考如何改革，作文的地位都是不可撼动的。

高考作文，无论是对学生还是对老师来说都是大难题！我这个人比较肤浅，寇老师的《延安支教日记》一书对我来说就像是工具书，哪里不会翻哪里，看到《我在延安教作文：由规定动作到自选动作》，我简直就是两眼放光。

寇老师在延安遇到的问题正是我在教作文时遇到的问题，学生机械地练习写作会产生倦怠感，教师也会在批改作业的过程中产生倦怠感，怎么办呢？寇老师的解决方案是发动学生写作《我与无锡班的故事》，每天三人，题目自定，主题自选，除了考试，不再统一写作文。

方案实施的第一步是营造氛围，让学生放手写，寇老师的做法是让活动充满仪式感，从多个班级传阅故事笔记本，到每周安排专门时间朗读分享优秀作品，到将学生的作品输入电脑留存，既给了学生仪式感，又能方便自己搜集素材。确实，适当的仪式感是对活动和学生的尊重，学生需要这种尊重。

这个做法我在2020级高一（5）班实施过，当时是发动学生写一周新闻，从国家的大小事到校园里的大小事，甚至"学校饭堂打饭有感"都有学生写，也许是仪式感不强，也许是我看上去不够威严，学生不怕我，写了一个学期，我知道了班级里许多不能说的小秘密，甚至从一篇《论重组家庭中长女的地位》中发现那个平常看起来很阳光的孩子，她的缺乏安全感与痛苦挣扎，于是我只好充当起了"临时陪聊"。也正因此，到高二我发现更多人已经将小作文当作树洞，用作吐槽，甚至出现了《祈福神话故事》，当时我立马转变策略，让学生规规矩矩地用"高考套路"写法去写小作文，然后我就发现学生的积极性越来越低，一直到这个学期紧急调整开始微视频写作，学生才开始对写作重拾激情。

我一直没想通自己的问题，直到看到寇老师的书，我才明白我是如何把学生珍贵的语文热情消耗掉的。寇老师的书中提到：写作技巧和内容主题，这是下一个阶段的问题。千万不能把班级故事演绎成作文。当它蜕变为"作文""小作文""随笔"的时候，就可能成为学生的负担，它的末日也就来临了。

上周的高考备考专家讲座也说到，高一高二的作文和高三不能混为一谈。

我当时太心急了。

对此，寇老师方案第二步就很好地解决了我的问题，学生需要的不是套路，而是方向。寇老师在书中示范了他是如何对内容做出要求，引导学生进行选材，并在一定程度上予以指导的，这方面的内容真是给了我极大的启发。最有意思的是，寇老师在阅读后如果发现同一件事情，参与或涉及有其他学生，他会把其他学生也叫来，提示他们也写一写这件事情；有的话题，还要求学生写出续集。让学生觉得写作不完全为考试而服务，它也可以构建你的认知，表达你的想法。

读到这里的时候，我对自己说，及时止损为时未晚，将来一定要注意，虽然只是小片段的文字产出，也可以给学生满满的仪式感。

保护学生的热情，循序渐进非常重要。

2022 年 11 月

江苏南菁高中寇永升老师专著
《教育的制高点》发放仪式
2022年9月19日

（第一辑）定安情

既遇"烂柯"，云胡不喜？

陕西省延安市新区江苏中学　刘桂桂

与"烂柯"先生（寇永升老师）初次相识是 2020 年 8 月，时至我校（延安市新区江苏中学）建校第二年，依稀记得学校通知暑期培训中增加一期《新课改背景下中学教师的核心竞争力》的专题讲座。当时对寇老师了解甚少，只知道是领导从南京请来的。因为学校的办学性质，所以从江苏、南京来的培训较多，但是因为两地的教育教研有较大差异，所以学习起来颇具难度。

讲座开始了，寇老师做了简单的自我介绍，才明白他的"南菁"不是"南京"。我了解到他也是从大西北走出的，而且是一位语文老师。相同的地域、相同的专业让我对此次讲座充满期待。寇老师从成绩、课堂讲到科研再到课程开发，除了将"学高为师、身正为范"的思想贯穿于整个讲座，寇老师更是以自己过往的典型案例使我理解如何在教学中以学生为本，在教育中做到言传身教。虽然此次讲座给我留下了深刻的印象，但也没有想过还会有后续。

2021 年 3 月初，校领导鉴于延安新区语文教学及我校语文教学存在的问题，在延安与江苏两地牵线搭桥，拟通过名师引领有效提升延安新区语文教师教育教学能力。于是，我又一次有机会向寇老师学习。因为承担着学校语文教研组组长的工作，所以我也想借此机会带着全体语文教师一同进步。很快，基本的方案就敲定了，我们做了一系列的准备工作。4 月 2 日，我校举办了"寇"人心弦　聚力共行——江苏名师寇永升语文教学名师工作室授牌暨开班仪式。由于我担任组长，领导要求我起到带头作用，承担此次活动的同课异构公开课展示。接到任务后一直心怀忐忑，要与江苏名师同台展示着实压力山大，准备的过程中我也与寇老师做了交流。谈及自己的顾虑与不足，寇老师的一句话让我记忆犹新，他说："同课异构不是比赛，而是找出问题帮助延安的老师成长。"这样一来，我放下了思想包袱，尽己所能完成了公开课展示。这次公开课让我在专业能力与心理素质方面都有了很大的提升，此后无论面对怎样的场合都不会再紧张。

　　这一次的活动进一步深化了苏陕教育融合，也让我校语文教师在专业方面有了很大幅度的提升。活动结束后，语文教研组将全组的活动感悟与收获编集成册，形成《"寇"人心弦　聚力共行》的校本化教研资料，在全校引起广泛好评。

　　因为有了寇老师名师工作室的引领，所以我与寇老师的交集也慢慢多了起来。教研活动遇到困难时，课堂教学遇到问题时，我都会将老师们的困惑转达给寇老师，寇老师总是会及时耐心地解答。在语文教研组的读书分享活动中，我校全体语文教师集体学习了寇老师撰写的《延安支教日记》，老师们学到了很多具体且实用的教学策略与管理方法。

　　寇老师的名师工作室每年都会去各个地方交流学习，我也有幸参与其中能与各地的同行们学习交流。2022年4月我应邀参加浙江师范大学举办的第十三届全国"新语文教学"尖峰论坛，我的论文《语文教学困难解决途径小议》荣获二等奖；2022年7月承担新疆师范大学举办的新疆初中骨干教师培训公开课；2022年8月承担西航一中举办的"刘筱蓬研修共同体研修活动"公开课。每一次学习交流学习前，寇老师都会将具体方案要求发给我们；在我们确定课题后，他会帮助每位老师找到大量相应的备课资料。于我自身而言，之前走出去的机会较少，学习资料也相对比较单一，每一次接到任务后，我会先自行思考，接着认真学习寇老师提供的备课资料，初步形成自己的教学设计，紧接着进行磨课和无数次的修改，最终形成自己的教学设计终稿。可以说过程中如果没有寇老师提供的专业性指导我是没有底气跟各地的同行们站在同一个讲台上的。寇老师经常给我们说一句话："公开课上完了，并不代表结束，而是学习的开始。"每次公开课结束后寇老师都会细致认真地帮我们评课并给出有效的建议，督促我们写好课后反思，一步步促进我们的专业成长。

一位出自大西北的优秀语文老师，被引进到长三角发达地区后，依然不忘家乡的教育，在西部多地建设名师工作室，带动西北教师专业成长与发展。这位"烂柯"先生值得我们学习的不仅仅是他精湛的专业知识与敬业精神，更有他融进骨子里的教育情怀。

既遇"烂柯"，云胡不喜？希望今后有更多的机会向寇老师学习，也希望寇老师常回圣地延安看看。

2022 年 10 月

附：

"浅浅"读乡愁

——《乡愁》教学反思

刘桂桂

2022 年 8 月，应陕西省西安市"刘筱蓬名师工作室"邀请，我在西航一中讲授《乡愁》公开课。备课时我先裸读文章自行思考，后在寇永升老师的推荐下阅读了数篇关于本课的教学案例及论文，最后数次修改形成了自己的教学设计。

《乡愁》是部编版《语文》教材九（上）诗歌单元中的经典名篇。在教学中，教师既要立足于现代诗歌教学必须朗读传情的基点，又要注重理解情境情感的方法，在朗读的基础上，再现文本情境以及作者的情感。尤其要细读文本中看似平淡的语言，深入挖掘可见情感的凸显点与文本的可再生资源，力求最终推动诗歌意蕴的浮现及情感的升华，从而达到教学目标。所以我将本课教学环节设计为"走近诗人余光中——饱含深情读乡愁——字里行间品乡愁——放飞心灵抒诗意"。通过四个环节的整合在语文课堂上保证语文综合素养的基本训练。

课堂实践后，我认为教学环节较完整，整体能够遵循由浅入深的教育教学规律。以读传情方面做得较好，在教师的指导下学生初读文本时能够关注重音、节奏、语气和懵懂的初感，在交流情感的基础上又进行了分享式朗读，随后是配乐模仿音频中的朗读，最后的配乐齐读让学生逐步真正地读懂作者。

还需要改进的地方是"字里行间品乡愁"环节，课前在此环节设计的问题是"乡愁是一种抽象情感，再读诗歌说说作者通过哪些具体可感的事物来表达这种欲说还休、难以言尽的情感？这几种事物有没有相同的特点？"想要通过此问题引起学生对修饰词的赏析，明确本诗以小见大的写法，同时更深刻地理解作者的思想感情。课堂实践后我发现这个问题仅能引起学生对修饰语浅层次的理解，意识到课前的文本解读预设不够，当现实与预想之间有距离时，教师当时的处理略显牵强。但在此过程中，有一个课堂生成让我心生惊喜，在合作探究环节学生将"浅浅"一词与前文的"小小""窄窄""矮矮"做对比时，有学生发出疑问："为什么台湾海峡是浅浅的？"由此，我课后对教学设计进行了重构。将"字里行间品乡愁"环节的问题更换为"自读全诗，感受诗人怀念家乡的忧伤感情，你能发现诗中有不合常规的描述吗？作者为什么要这样写？"因为有前后的对比，所以学生能较容易找到"乡愁是一湾浅浅的海峡"一句。从自然意义上引导学生理解作者把又深又宽的海峡看得那么"浅"，其目的就是暗示人们，在现代技术条件下台湾海峡就像一个浅浅的海湾，是不能从空间距离上阻隔两岸人民的血肉相连、息息相通的。顺势再追问"既然不是自然意义上的空间距离隔绝了两岸人民，那么，到底是什么原因造成了两岸的隔绝，以致人们不得不产生萦绕一生的浓浓乡愁呢？"明确：真正阻隔两岸人民的不是海峡，让人产生乡愁的也不是物理意义上的空间距离；真正阻碍两岸血脉相通的，是那不许通邮、不许通航的政策，是台湾地区长达三十多年的戒严法令！正是这些人为的政策，阻隔着两岸的人民，阻断了两岸人民的血脉联系。正因为这些法令，海峡才成了中国人内部最宽的距离，它宽到骨肉一经分离便是生死两茫茫，便是一生一世无尽的乡愁。此时播放台湾老兵的一段视频让学生去体会这种浓浓的乡愁。最后引导学生理解，作者用"浅浅"一词实际上还在传达一种自信，台湾地区终将回到祖国的怀抱，也在表达作者的主观愿望。此外，引入余光中为《乡愁》续写的第五节诗"而未来/乡愁是一条长长的桥/我去这头/你来这头"，进而让学生体会诗人深沉的家国情怀。

　　有收获更有思考，此次课堂实践让我明白，文本解读的专业性决定阅读教学的有效性，作为一名语文教师要下功夫练好这一基本功。

沙漠中的指南针

陕西省延安市第一中学　冯调宁

2015 年 8 月，我初见寇永升老师，他身上自带西北人的气质，敦厚朴实，热情洋溢。那时我们不在同一年级，还在两栋不同的教学楼上班，见面的机会自然不多，我认识他，但他并不认识我。

那年，我担任高三（2）班班主任，兼高三两个文科班的地理教学工作，我每天总能在操场看到寇老师的身影。早上我来操场时，他已锻炼完毕，准备去餐厅用餐，我们早操结束刚到餐厅坐下准备用餐时，他已用完餐，准备起身上班。晚上，我经常能在学生宿舍楼看到寇老师，本来查宿只是班主任的事情，科任老师并不要求查宿，但他总是主动深入学生宿舍，关心孩子们的起居生活，并时常给予帮助。那时，我们见面虽然总是简单问候几句，但我已感受到了他是一个自律的人，是一个有教育情怀的人。

开学的第四周就是无锡教师公开课周。第一天下来，就听同事们说今年支教的这位语文老师课上得很精彩。我预估接下来的第二天一定人满为患，所以我决定早早去候课，果然如我所料，整个教室挤得水泄不通，我坐到了走道靠前的一个小凳上听课。寇老师整节课清新自然，引人深思，多次引起了我的头脑风暴。我想，让学生乐于、主动参与的课堂就是高效课堂。后来，受学校邀请，寇老师在全校做了一次专业讲座，听着听着，我突然意识到，我仿佛是沙漠之中迷失方向的石头……

那次讲座是我后来走向专业成长之路的指南针。我欣喜我终于找到了榜样，那时起，我决定学习先进的教学理念，并制定了自己的专业成长计划。

随着时间的推移，寇老师不仅认识了我，还记住了我的名字。一天中午，在餐厅，寇老师问起了我名字的由来，我给他讲了，这是一种地域文化，我的名字折射了中国几千年封建文化重男轻女的固有思想。那天，当得知我是榆林人时，他说他是榆林女婿，我应该称呼他姑父。从此，我就默认寇老师既是我前进路上的灯塔，更是我敬重的姑父、长者。

虽然和寇老师只有短短一年相处时间，但他对我的影响却是持久的，那种引领的力量无穷无尽。

他一年的支教结束了，我的专业成长也初步走向了正轨。那时的我已很少再受外界影响，心静如水，经常在办公室一坐就是几个小时，不知疲倦地钻研课堂教学，我沉浸在了专业成长的快乐之中。后来，寇老师还给我介绍了一位地理师傅，叶先进老师，江苏正高级、特级教师，无锡市高中地理学科基地专家，江阴市首批名教师。

在寇老师的指引下，在叶师傅的亲自指点下，在多位领导和同事的热心帮助下，我的专业有了很大的突破，在2019年洛川县教师专业技能考试中，我获得了全县高中地理第一名的好成绩。县教育局为了鼓励先进，2020年暑期，邀请我作为县优秀教师代表，和全县所有中小学优秀校园长一起参加为期三天的先进教育工作者培训大会。

2019年底，接受学校之命，我担任了地理学科组长。2020年11月，经遴选，我入选了洛川县质量管理评估专家团队，并参加了2020年全县初中学段质量管理和校本研修专项检查工作，随后又被聘请为县兼职教研员，并担任县高中学段地理工作室负责人。2022年，我顺利评上了高级教师，获得了县级教学能手的荣誉称号，在市能手比赛中以小组第一名的成绩，被确定为参加2022年陕西省教学能手大赛的人选。

因为遇到了寇老师，我才对课堂教学有了新思考；因为遇到了寇老师，我才走上了专业成长之路；因为遇到了寇老师，我才得到了地理名师的引领；因为遇到了寇老师，我才有了今天的成绩。

寇老师——沙漠中的指南针！我将继续朝着他引领的方向一路前行。

感恩相遇！感恩帮助！

无限恩情，永记心中！

2022年12月

（第一辑）定安情

寇哥：何时再回延安！

陕西省延安市第一中学　王　娟

寇老师是无锡来延安支教的甘肃籍教师，叫他老寇，其实一点也不老，四十多岁的样子，只是看起来老沉持重，外表颇具西北汉子的特点，待人真诚和气，同事们私下都亲切称呼他为"老寇"，我们这些小字辈们或称他为"寇哥"。

也许都是语文老师的缘故，虽然没有和他在一个办公室共事，但这并不影响我们的熟识。在我的眼里，除却他身上名师等光环，他是我教书生涯中不可多得的榜样。多次听他的课，印象最深的莫过于他对文本独到的见解与把握。他的课，已经完全颠覆了我之前对语文教学的认知，我感觉他站在了文本的"顶端"，俯视文本，能够像那个"以神遇而不以目视"的解牛庖丁一样，一下子抓住了文本的实质，仅仅扣住一个点，就可使语文课堂熠熠生辉，这样的境界，我再努力十年，估计不及其十分之一。

他对待学问的严谨，也曾让我顶礼膜拜。一次，我讲完《别了，"不列颠尼亚"》，兴致所来，写了一篇教后感悟，拿给老寇指点，多日不见消息，心下失落，想着老寇日理万机，一定是忙忘了。可有一天突然收到他反馈回来的电子文稿，我的妈呀！密密麻麻，各种颜色的批注，红色字体是评语，蓝色字体是建议，还有其他颜色的字体，写满了鼓励！那一刻，我对老寇真的是佩服到五体投地。一个人成功的方式有很多种，而老寇成功的方式我是有了切身的感受，他的成功一定与他严谨的治学态度有关系，一定！

老寇是一个有情怀的人，至少在我看来是这样的。即使如今已经离开延安了，但只要学校有需要，哪怕是一场短短的讲座，他都愿意风尘仆仆地欣然奔赴。在我的记忆里，他曾为这样的讲座或者观摩课重返延安四五次，每次都是我们鲁玮副校长一个电话，他便积极地安排行程，然后准时到达，从不推诿。

我记得曾经问过他为什么愿意这样做，他只是亲切又淡淡地说：学校需要，义不容辞。语言不多，但总能让我感慨万端。好多人支教来是为了镀一层荣誉之金，而他却是为了西北教育发展和同行们专业提升成长的故乡情怀。他总是会尽己所能，为学校、为学生提供支持或帮助。至今犹见，我们学校第一届创新班学生身上所穿的校服，是老寇从无锡拉来的赞助。当然，这些只是他为学校和学生提供支持和帮助的冰山一角，但足以说明老寇的情怀令人高山仰止。

老寇对人极好，办公室里的女老师，他都亲切地称呼为"亲"，如段亲、赵亲、侯亲，女性王老师就叫"女王"等等。平常有什么好吃的，他一定会与大家一起分享。他像邻家大哥一样的知心、热诚，哪个人有了解不开的心结，他会花上很长的时间去开导，愿意耐心地倾听他们诉说心中的烦恼和苦闷，并且中肯地提出可行性建议，直到问题解决，所以大家都愿意把他当成知心朋友。他结束支教返回无锡后，我们听说了一件事情，当时办公室里有位年轻老师，人生遇到了麻烦，大雪纷飞的夜晚，老寇硬是冒着风雪陪着这位女老师在学校操场上走了二十多圈，长达一个多小时，耐心地开导她，鼓励她，帮她出主意——这是怎样的一份人间大爱！

岁月荏苒，纸短情长。2019年高考结束，我们一行人赴无锡市第三高级中学学习，老寇约请了当年一起在延安支教的秦梅芳、张志刚、张映军、倪斌、周勇兵等几位老师，在无锡与我们一场相聚，宾客尽欢。

那次作别后，再也没有见到过老寇，但我时不时还会和别人提起老寇，每每这种时候总会在心里问一句：寇哥，别来无恙，何时再回延安？

2022 年 12 月

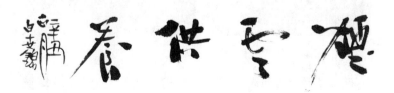

咱无锡（1）班伟大的语文老师！

延安市第一中学　张佩璇

前段时间整理东西，偶然间翻出来高中时的语文课本。打开第一页，上面写着："强迫自己做应该做而不愿做的事＝成功。"再看看落款时间：2017 年 7 月 7 日。

这是寇老师在时隔一年重返延安一中时留给我的话。

于是就想起高一寇老师教我们语文的那段美好时光。

我的脑海里就浮现出一系列场景：拖把、茴香豆、无锡班的故事、《雷雨》……寇老师的到来带给我们的不仅是江南先进的教学理念，更是带领我们体会到了语文学习的乐趣，引导我们看见了更大的世界。

高一开学没几天，课前寇老师走进教室时就拎了一把拖把，拦住我们正要擦黑板的值日生。当时的我们面面相觑，不知道寇老师葫芦里卖的什么药，只见他神秘一笑，用拖把在黑板上拖了起来，不一会黑板就干净了。我们这才反应过来，原来是寇老师给我们送了一个大号黑板擦啊！接着寇老师就说道："同学们擦黑板很辛苦啊，小板擦效率不高还粉末乱飞，无锡的同学们都已经这样擦黑板了，现在将这个办法也引进到延安来……"几天之后，无意间我发现我们这层楼的好多教室都换上了"寇

老师牌大号黑板擦"。

不得不说，这样擦黑板不仅节约了时间，提高了效率，更降低了粉尘污染。

学《孔乙己》的时候，课前寇老师把我叫到办公室，递给我两大袋包裹，

吩咐我分给同学们作为上课的教具。拆开袋子里面竟然是咸亨酒店的茴香豆！在别班同学还在偷偷摸摸带零食进教室时，我们班早已经实现了上课吃"教具"自由。

吃着孔乙己同款茴香豆，听着寇老师讲孔乙己的口头禅"温两碗酒，要一碟茴香豆"，仿佛我们自己变成了柜台上那个小伙计，真正走进孔乙己的一生，也感同身受地体会到了孔乙己的悲哀，体会到了时代的悲哀。

在寇老师的引导下，一篇又一篇无锡班的故事诞生了。有的深沉，有的轻松，在我们的青葱岁月里成为一个树洞，成为我们青春期成长的见证者。将那些或难过或快乐的时光记录在纸上，将那些或隐秘或明朗的心事永远留在青春里。

也正是寇老师让我体会到话剧的魅力，是他告诉我们，剧本是念出来的，是演出来的。在学完《雷雨》之后，戏瘾大发的我在宿舍演起了周朴园，演起了鲁侍萍。带着室友们一起扮演剧中角色，体会那一句深沉的"无锡是个好地方"……

在寇老师离开延安一中之后的一段时间里，我们一次又一次地代入《雷雨》，甚至背下了《雷雨》的台词。直到 2017 年 7 月 7 日，寇老师重回延安一中。早读上，为了欢迎寇老师回家，我们宿舍第一次在寇老师的面前演起了《雷雨》……

那天，寇老师还在我的书上写下："留别无锡（1）班伟大的语文课代表！"

同样的，此时此刻的我也感谢当时无锡（1）班伟大的语文老师——寇永升！

2022 年 9 月 19 日

感恩相遇

延安市第一中学　李亚婷

2015年9月，我来到延安市第一中学，开始了我三年的高中生活。开学第一天班会上，班主任组织选举班委和各科课代表。我初三的时候受到语文老师的青睐和鼓励去参加汉字听写大会，对语文产生了浓厚的兴趣，于是我想抓住这次机会竞选语文课代表，最终顺利成了无锡（2）班的语文课代表。

这是我高中生涯中做出的第一个正确的决定，我遇到了人生中的恩师。

来学校之前就听说一班和二班的语数英老师是来自江苏省无锡市的支教老师，成为课代表也就意味着在上课前我就要见到来自无锡的语文老师了，心中难免有些紧张，脑海里勾勒了一幅幅画面，幻想着是风度翩翩的绅士呢？还是似水柔情的江南女子？终于在上课前解开了这个谜题，是一位中年男士。

初次见面，寇老师穿着一件深蓝色的短袖，鼻头因为不适应黄土高原的气候和饮食而红红的，为人非常随和，当时脑海里只有"谦谦君子"这四个字，这是我能想到的对寇老师最好的形容。相处之后发现也的确如此，寇老师满腹才华与能力却时刻保持谦逊，关心学生的生活，乐于和同事团结合作。

第一次语文课是下午两点，上的是《沁园春·长沙》。寇老师先让我们自己朗读，随后他又示范了一遍。他站在窗边，读着"独立寒秋，湘江北去，橘子洲头，看万山红遍……"，那一刻，小小的讲台仿佛变成了橘子洲头。寇老师的神态和语调我至今都记忆犹新，每次读到这首词都会想起那天下午的场景。我第一次对语文课本上的东西有了身临其境的感觉，也第一次这么期待上课时间久一点。

从这天起，我语文学习的热情更高了。

第一单元的诗词学完以后，我们开始了第二单元的文言文学习，恰巧是学校组织的"无锡教师公开课周"活动，全校老师听课。寇老师在我们班讲《鸿门宴》的时候，教室后面坐满了老师，甚至还有很多想听课却没地方坐的老师。全校老师都想目睹一下这位名师的风采，都想听听大家口耳相传的语文课到底有多有趣、多精彩。

寇老师对文言文的教学更是改变了我对语文学习的认识，原来语文还可以这样学，原来文言文还可以这么有趣。以前学习语文都是依靠教辅，查一下生字的读音、生词的意思，标记一下文言文的注释，看看教辅是怎么赏析的，记在脑海里应对考试……寇老师的课堂，提出了很多以往从未思考过的问题，也有很多是教辅参考书上没有的内容。比如，《鸿门宴》中的座次为什么要这么安排？为什么作者要选择这些动词而不是别的词？这种全新的教学方式吸引了同学们，寇老师的语文课变成了同学们最喜欢的课，上课气氛和效果非常好。

国庆收假后，寇老师提出来一个新想法：希望大家可以轮流写点东西，记录我们的平时生活。大家都写在一个本子上传阅，有时候特别有趣的还会在课堂上读给大家听。一个学期下来，每个人可以写十来篇文章。就这样坚持了一年，成了厚厚的一大本《无锡（2）班的故事》。这个故事集不仅提高了我们的写作能力，更宝贵的一点是记录下了繁忙学业生活中的青葱岁月点滴，让一切过往生活都有迹可循。

寇老师回到无锡后，结合他自己在延安支教一年的见闻感受，从我们两个无锡班一百多名学生上千篇班级故事中精选了许多内容，编著成《延安支教日记》上下两册。书出版后，寇老师从远在上海的出版社专门快递给无锡班的同学每人一套。我当时已经分到了文科班，给我的这一套是寇老师单独寄过来的，他还送我了一本《精神的雕塑》，并留言"写作是阅读下的蛋"。

寇老师不仅教导我们知识，教导我们养成良好的学习习惯，同时也润物细无声地感化着每一位同学。寇老师欢迎同学去办公室面对面找他交流；在食堂会主动和同学坐在一起吃饭，一边把教师食堂的饭菜分给我们，一边强调着要注重营养。每次在校园里碰到寇老师问好，他总是很热情回复："李亚婷你好！"甚至很多时候还没来得及问好寇老师已经主动问候了。后来寇老师回到江苏后，每次在微信上发消息，开头总会是"李亚婷你好，问候你爸爸妈妈……"

寇老师对我个人的帮助是巨大的。在支教期间，寇老师曾两次来到我家。当时我家住的还是陈旧破败的土房子，条件非常不好。我的父母都是普普通通的农民，没有什么文化，不会说普通话。寇老师还能和他们一起聊天，我当时心里觉得暖暖的。虽然条件简陋，但寇老师并没有让我和家人尴尬。后来，寇老师联系无锡市五名爱心企业家，帮助延安市第一中学无锡班五名家庭经济困难的同学，我就是其中之一。这份爱心资助帮助我顺利完成了高中学业，缓解了家庭经济压力，我才有机会走出黄土高原，进入大学，继而再考上了研究生。我家也在2016年翻修了经历几十年风雨的土房子——真想有机会寇老师能够再来一次我家，看看我家的新房子。

此刻我坐在西北大学的图书馆里，写着这些东西，心中感慨万千。因为遇到了寇老师，我对语文学习的态度和方法有了转变；因为遇到了寇老师，我受到了来自无锡市至今未曾谋面的刘叔叔的资助；因为遇到了寇老师，我有了一个很好的榜样，引领我树立了正确的人生观、世界观，引导我向着榜样的方向不断前行。

虽然和寇老师只有短短一年相处时间，但对我的影响却是持久的，榜样的力量是无穷无尽的。仔细一想高一已经过去七年了，很多细节都已经记不清了，但是那种引领的力量依旧在，那种影响力依旧在。

感恩相遇！感恩帮助！无限恩情，永记心中！

2022年9月19日

第二辑

菁园情

白山书

長江一帆遠朝陽五
湖昇海闊憑魚躍天
高任鳥飛　育賢

菁园情

2017年，我年满54周岁，暑假，引进到江阴，任职于百年书院的大美南菁，正式加入菁园大家庭。

从秋季开学之初，我利用晚饭后休息的时间，步行或骑着自行车到南菁高中周围5公里范围内考察房源，准备买房子，用足江阴给我的几十万元安家费。一次从学校东南侧的定山上去，环视四周风景，走着走着天黑了，进入茂密的森林中天已经全黑，不由心生恐惧。捡了一根树枝，折成打狗棍，给自己壮胆，希望快点走出去，结果越走越不辨方向……最后走错了方向，竟然在学校相反方向十几公里之外的江阴周庄一个小村庄附近"重见天日"！

看见远处的灯光，我非常兴奋，跑步下山，向着光亮跑去；到了近处，发现是一个小型超市，进门后店主夫妇看见我大吃一惊，女主人显然受到了不小的惊吓——原来我头发上全是蜘蛛网，浑身上下满是灰尘、柴草等，我自己对着镜子看了看，确实有点像野人，想来与世隔绝的鲁滨孙亦不过如此耳！

问店主买了一瓶冰镇啤酒、一块面包、两根火腿肠，全都吞下肚、灌入肠胃。一边吃喝，一边听店主唠叨："老斯（师），你欧各走碗（反）了，你咯学堂在北边，鹅（我）这达斯（是）奴（南）边……"出钱请店主用载货三轮电瓶车把我送回学校，到了校门口已经是半夜11点，保安看见我狼狈样子以为我是遭到绑架或抢劫了……

2017年国庆节，我们全家开会表决，在我选定的几处房源中相中了位于江阴院子小区的一套精装修二手房。一周之内，我们在江阴正式安了家——位置正在我迷失方向的定山脚下，三面环山，风景秀丽，空气清新，幽雅宁静，距离学校2公里左右，正好适合我步行上下班锻炼身体。

后来给女儿买的房子正好与我们隔山相对，距离在3公里左右，我们夫妇晚饭后散步溜达即可去看一趟小孙女。

江阴买房还有一个重要原因，那就是我四十多年来收藏的上千册教材和数千册语文教学期刊要有地方存放。无锡的房子势必要卖掉，妻子

2021年下半年就要从锡山高中退休，自然要回到江阴。2017年新学年开学，女儿在家做全职妈妈带孩子，小孙女才一周岁，正好是学走路和说话的时候；儿子申请出国读大学面临雅思英语考试，需要有一个清净的学习环境……买房子解决了好几方面的问题。

但是入住以后很快发现了新问题，这套房子没有专门的书房。我把书籍都放在客厅的博古架和各个房间的柜子上，没想到这些架子和柜子不承重，竟然被书籍压得变形了！

发愁啊！

南菁高中聘请我担任图书馆长了！

图书馆三楼一间四十多平方米的办公室，装上了空调，按照我的要求打上了几十个柜子，配备了写字台、电脑等，我把所有的教材、教学期刊搬到了学校。

2022年金秋，南菁高中迎来140年校庆，新的南菁书院大楼建成，原来布局设置在图书馆的"明远书屋"（杰出校友顾明远捐赠个人藏书）搬迁到书院部大楼，杨培明校长几经斟酌研究，将这里改建成"百年母语教材陈列馆"和"中国语文教学期刊陈列馆"——我把这些珍贵资料都捐赠给了南菁高中。

2022年10月18日，杨培明校长以学校名义郑重邀请于漪老师为两个馆题写馆名，于老师愉快地答应了！

在菁园的这几年，我的工作分为几大块：语文老师、图书馆长、培养青年教师、引领团队建设。

2018年暑假，随着《普通高中语文课程标准》（2017年版）颁布实施，南菁高中抓住机遇，在图书馆三楼辟出一层楼，建成语文阅读基地。我们将新课标所列一百多种推荐阅读书每种购买10套，整本书阅读所需《乡土中国》《红楼梦》等一次性购买100套，供语文教师研究新课标、新教材的专业书籍一百多种悉数购买，建成了两个专业阅读教室，可供两个行政教学班学生同步开展阅读，在高一高二年级每班每周开设一节阅读课。

建设阅读基地正是暑假最热的时间，8月中旬的江阴，中午气温接近40℃，我带领后勤工作人、保安、保洁等十几人，连续奋战了两个星期，先把图书馆三楼原电子阅览室的电脑、桌椅搬走，再把防静电地板拆除；彻底清扫，摆放阅读课桌椅；设计展板；从一楼书库腾出书架，搬到三楼摆放好；布置摆放好新书；安装上空调……开学前一天晚上10点多，大功告成。半个月中，我与工人师傅、保安保洁一起干重体力活，我上身穿着跨栏背心，下穿中裤，脚蹬沙滩鞋，肩头再挂一条时时擦拭汗水的毛巾，全然没有了教书先生的斯文……上午，保安跟我开玩笑说："寇老师啊，这大热天里我们帮你干活，你请我们吃西瓜降降温吧……"下午，保洁员阿姨又逗我道："你给大家买水果解解渴吧……"半个月中，我没少请帮忙干活的同事们吃饭，提前把阅读基地建成了。

南菁高中的青蓝工程师徒结对可不是做做样子！

如果加上延安支教和北京挂职培训，菁园是我教师生涯四十年来工作的第六所学校，仅就青年教师培养这一点看，我以前任职的学校大多没有把这项工作落到实处，多数只是走走过场、做做样子。南菁高中是真抓实干这件事，在南菁高中带领青年教师成了我日常工作的重要内容。从2017年8月走进菁园，连续几年来新进的语文教师大多由我带一两年；青年同行们也大多乐意做我的徒弟，不管是否有正式的名分，不计较是否经过了师徒结对的仪式，我在菁园受到了同事们的尊重，我的价值得到了最大限度的发挥。我带出了陈彬洁、刘毅然、丁维佳等一批又一批青年教师，使他们第一轮就能胜任高三教学，使他们很快成长为班主任，使他们敢于并能够在各种层次的大型场合承担公开课甚至讲座，使他们在参加教学工作第一年就在国家级教学期刊上发表论文……

带新教师的成就得到大家认可的同时，我在引领团队建设、带动中青年教师专业发展和成长等方面也发挥了作用，我的资源和人脉得到了最大限度的开发和利用，为语文学科团队建设乃至整个学校的教师专业发展发挥了应有的作用。

进南菁之前，我已经在浙江师范大学等高校有兼职。以前，我是周五下班后独自一人乘上普通火车卧铺，睡一觉，天亮后到达目的地，简单洗漱，换上正装，走进教室讲课；下午结束工作，换下正装，继续上车，再睡一觉到家……不耽误正常课务，也不让领导和同事知道———一位领导曾经很严肃地对我说："我出去讲课是代表学校，是宣传学校！你到处讲课算干什么，想干什么……"我积累了评正高和特级所需要的讲课讲座证书，当然最重要的是在讲课和讲座中历练和提升了专业能力。

来到菁园，我没有再偷偷摸摸、茕茕孑立、形单影只地外出讲过课，也基本上没有再乘坐过火车卧铺……杨培明校长对我说："你一个人出去讲课有什么劲，你可以带一两个年轻老师去讲，让更多的中青年教师得到锻炼嘛……"2017年下半年开始，我每次外出讲课都带着至少两名同事，后来还增加了江阴兄弟学校的同行。目前南菁高中语文组近五十人中，有一多半同事跟我到外地讲过课，其他学科有两百多人次给外省市兄弟学校讲过课……南菁高中的老师在职称、学术称号评审中一般不会因为讲课讲座证明而受到限制。我在西北家乡、广西、四川多地的人脉资源被开发利用到极致。想想以前，领导和同事们带着我到西北家乡，仅仅是为了混两顿饭、省些交通费，是不是我成了一个工具——庄稼人不识货，但怎能不货比货？

在菁园短短几年中，我在全国各地建成了二十多个语文名师工作室，为西部语文教育发展和教师专业成长起到了很好的作用，也让我和同事们有了更多机会外出交流。

在菁园的这几年中，我联系对接家乡甘肃、陕西各地几十批次学校和教育行政部门同行到南菁高中考察交流，特别是促成了酒泉市教育局在南菁建成跟岗研修基地，先后接待了七批次数百位骨干教师在南菁高中跟岗研修；促成了江阴市从幼教、义务教育到高中阶段的十多位名师、名校长在甘肃建成工作室，把南菁以及长三角先进的教育教学理念带回西部，帮助和促进西部教育快速发展。

菁园情，进行时，还在续写中。

2022 年 10 月

初识南菁

2014年4月28日，对我个人而言，是一个值得记住的日子！

我参加江苏省第十三批特级教师评选，到了上公开课这个环节。这一天，上级主管部门安排我们高中语文学科的七位选手，在江苏省梅村高级中学讲课。

这一天，我的教师职业经历发生了转向；这一天，给我的人生带来了新的机遇……

我讲的是柳永的词《雨霖铃》。听课老师比较多，从座位判断，评委有五位：其中有两位，是我认识的同行；另外三位，我不认识。其余听课老师都是梅村高中的同行，多半是来给我捧场的。因为此前的2013年12月6日，我应邀在梅村高中大型对外公开课活动中，与该校以及宜兴一中的同行同课异构，开设过《伶官传序》示范课，反响较好，给梅村高中的同行们留下了较深的印象。

下课铃响起，我刚好讲完。正在收拾东西准备离开，评委席上一位同行大步流星直奔讲台而来。"寇老师好！我叫杨培明，南菁高中校长。今天你这堂课，作为评委，我不便表态；但是，我现在以校长身份邀请你，在合适的时候到我们学校来，把今天这堂课复盘一次……我们学校年轻老师比较多，需要你这样的备课态度，需要你这样钻研教材的精神，请把你的联系方式告诉我，过两天我让我们学校语文教研组长或者教导主任联系你……"

我和杨校长就这样认识了，建立了联系，开始交往和交流……

2014年6月16日，我第一次来到南菁高中新校区，复盘了《雨霖铃》，并对全体语文教师做了一次题为"现代教师的核心竞争力何在"的讲座。

这以后的两年多，我基本每学期到南菁高中讲一次课，渐渐地，我认识了这里的许多同行，这里的许多同行也认识了我。

我开始关注南菁高中微信公众号，开始和该校的语文教师频繁交流，开始利用一切机会认识、观察了解这所学校……

2016年12月30日，我在江苏省南菁高级中学微信平台上看到这样一则新闻：

全球南菁人共庆 2017 新年到

2016 年 12 月 29 日晚，江苏省南菁高级中学"大美南菁 幸福成长"2017 元旦文艺汇演在学校大礼堂隆重上演，全球一万七千多南菁人在线上、线下共同享受了这一场视听盛宴。南菁高中校长、党委书记杨培明在演出开始前为全体南菁人和关心支持教育事业的社会各界送上新年祝福！

此次"大美南菁 幸福成长"文艺汇演的准备，学校德育处充分发挥学生"自主为先"的优势，融合了艺术节的相关活动，学生、教师的个人特长以及学校的啦啦操队优势，精选了 18 个节目。节目形式多样，涵盖歌曲、舞蹈、器乐、舞台剧、英语剧、诗歌朗诵、大合唱等，学生演技精湛，节目异彩纷呈，充分展示了南菁师生较高的艺术修为与造诣。八国语言唱贺新春，多国南菁人视频传祝福，杨校长在视频中的"突然出现"让现场喝彩不断，特别是新进教师们的诗朗诵及 7 位老师的劲歌热舞将全场气氛推向高潮。晚会在全场合唱南菁校歌中落幕。

2017 新年的钟声即将敲响，海内外南菁人一齐在欢乐祥和的气氛中推开 2017 新年的大门。告别 2016，2017 华彩绽放！

一周之前，2016 年 12 月 23 日，我作为特邀代表，与华东师范大学专家、上海知名重点高中的校长一起，参加了南菁高级中学青年教师专业成长推进会，我发言的题目是"教师专业成长的核心要素"，介绍了自己专业成长道路上点滴经验感受与有效做法之后，作为结束语，我在 PPT 上摘录了舒婷《致橡树》中的几行诗句：

我必须是你近旁的一株木棉，
作为树的形象和你站在一起。

我们分担寒潮、风雷、霹雳；
我们共享雾霭、流岚、虹霓。
……

我加上的题目是：木棉的声音——致 YPM 君

语文老师对这首诗是再熟悉不过了，语文教材传统篇目嘛！但是参加会议的是所有学科的青年教师，不只是语文老师。一开始，大家没有反应过来；我边朗读，边讲解：作为学校的一员，只有当我们能够与校长一起"分担寒潮、风雷、霹雳"的时候，才有可能"共享雾霭、流岚、虹霓"，会场内掌声四起！紧接着，大家都反应过来了我的题目，杨培明校长率先会心一笑，全场的老师，甚至包括客人，都意会了我的玄机，掌声再次响起……

这次活动让我感觉到，南菁高中对教师专业成长是当作一件正事在做的，尤其是青年教师培养，不是停留在口号上和形式上，而是实实在在地关心他们的成长，是真心实意地为他们搭建平台。

就在看到"全球南菁人共庆2017新年到"的翌日，我看到了这样一条新闻：

陕西一中学禁办班级元旦晚会 近千学生烧书抗议

中华网   2016.12.30

原标题：武功普集高中禁办元旦晚会 引发近千学生"抗议"

在武功县普集中学，往年元旦，学校里都允许以班级为单位举办庆祝活动，而今年学校突然下了禁令不允许各班级单独举办元旦晚会，这让已经准备了很久的学生们很不满意，为此该校近千名学生在教学楼上集体呼喊校长名字，以示不满。并有部分学生点燃书本扔到楼下。

12月30日，有网友发微博爆料称：武功县某高中校长禁止学生班级庆祝元旦，因为以往都会班庆，今年被禁，学生纷纷不满，激起众怒。学生烧书从楼上扔下大喊校长名字，并在室内放烟花向校长示威。该微博还配有数张照片，可以看到有学生把疑似书本的物品点燃并扔下教学楼，楼下全是纸屑。几经了解，事发学校为武功县普集中学。

采访中，普集中学一名学生告诉华商报记者，他们学校每年都有班庆，今年高一的学生按照惯例，布置教室并购买了零食准备庆祝元旦。然而，一切准备就绪后，学生们突然接到老师的通知，学校禁止举办晚会。此举引起学生的不满，学生抗议无果后，晚自习期间近千名聚集在教学楼过道齐呼校长曹某的名字，还有一些学生点燃书本扔到楼下。

此外，在学生提供的一段手机视频上可以看到，教学楼所有教室的灯都关了，众多学生高喊："曹某某、曹某某……"，教学楼一楼有大量的白色纸片，几名学生点燃了纸片从楼上扔了下去，几位拍摄视频的学生喊："是纸！是纸！"

30日下午，华商报记者从武功县教育局，相关工作人员表示，事发于 12 月 29 日晚 8 点 30 分，是个别学生捣乱点燃纸片，并引发闹剧，持续了大概 2 分钟，立马就被制止了，并无网帖中传言的燃放烟花的情况。目前，学校已经处理了这几名捣乱的学生。而之所以要取消班级元旦晚会，主要是为了安全考虑，而且学校要在 12 月 30 日晚举办大型元旦晚会。

我可以负责任地讲，这不是有意识地拼接，完全是因为这两条新闻发生在同一时间。我把两条新闻制作在 PPT 里，作为热点问题，提供给我任教的高二学生们讨论，并以此作为作文的话题和材料……

除了这样的关注，两年多来，我几度陪同家乡来的同行，前往南菁高中参观考察，学习交流；数次与该校同行一起外出参加教研活动；积极牵线并策划，与该校教师一起前往我家乡讲课交流……

2017 年 3 月，我促成了一次酒泉、嘉峪关、敦煌之行，利用高二年级学生参加学业水平测试的机会，我和南菁高中五位老师一起到我家乡讲课。南菁高中一位领导带队，我们一行六人，历时六天，行程六千多公里。

这是一次难得的机会！我近距离接触南菁高中的领导，零距离观察南菁高中的干群关系，负距离深度体验南菁高中普通教师的职业心态心理……

领导和普通老师同乘一辆小型面包车到机场，同住一个房间，数日之中同吃同住，一起磨课，一起游览，相互拍照，随时随地开玩笑，毫无距离感。这些都让我觉得新鲜！我以前见过的领导可不这样！与领导一起出差，我们不知道领导住在哪里；领导有自己的应酬，几天之中，很少有机会与老师们一起吃顿饭；很少有老师敢跟领导玩笑，许多老师甚至会躲着领导，不敢或者不愿意与领导坐在一个餐桌上吃饭……

这次行程让我认识了一个不一样的南菁中学。

2017 年 10 月

2022 年 8 月 24 日修订

来到菁园第一次公开课

第一次，以南菁高中教师的身份开设校内公开课，反响还比较好！

最近几年，我在这所学校多次讲过课，对这里的同行们并不陌生，同行们对我也不陌生。但是，今天的性质不同。以前我是客人，现在我是主人；以前我是讲完就走，现在，我需要坐下来，与同行们细细交流，需要听取同行们的批评指正……

按照教材进度，刚好到苏教版必修一第一专题"向青春举杯"，现在是新学年上课第二周，高一语文教学进度正好是《致橡树》。

本校教研组内的公开课，我一直主张按照教学进度选取教材篇目，如果必修教材里没有需要讲的篇目，可以从读本上选取。非常不喜欢从课外找材料，坚决反对跳跃教学进度，去挑选教学篇目——只顾教师的个人喜好，只管教师个人才情的挥洒，甚至表演作秀，拈轻怕重，花拳绣腿……成熟教师，应该敢于和善于去啃教材中的硬骨头，敢于和善于在传统经典教材篇目上出新意，敢于上出"家常课"，公开课应该具有研讨性。

南菁高中从校长、书记到中层干部，有好几位行政领导都是语文教师，我发现，所有人都按照规定时间前来录播教室听课，不是做做样子，而是实实在在地听课；而且不管你是否还在任课，即使是眼前不代课的教师，只要是语文学科，就在听课。担任工会主席的老教师S，近几年很少任课。一次，不知因为什么事情，没有前来听课。我亲眼看见，校长玩笑问他："老S这家伙，上周教研活动怎么没有来听课指导……"

有的领导，还不是坐在教室后边，甚至教室隔壁的监控室里，而是搬个小凳子坐在教室里学生旁边。

9月初的江南，天气还是很热的，录播教室的空调出了故障，室内极其闷热，学生们浑身是汗，我衬衫湿透，所与参加听课的人都忍耐着酷暑，没有人拿起书本当扇子，也没有人中途借故退场。

有一个细节值得一记：

我在课堂上向学生提问，问题具有一定挑战性。提出问题后一时没有学生举手，正在我发愁并左顾右盼的时候，发现坐在教室前排的杨培明校长向我示意，原来是坐在他旁边的一名叫蔡宁的学生在举手，因为在教室前门第一个座位，基本在我的身后，视野死角，我一时没有发现……

两次听课，杨培明校长都坐在教室前边，既关注教师教，又关注学生学。

我在无锡名校十几年，最后的几年中，教研活动开展的难度越来越大，过程越来越形式化，数量越来越少。长达几年，主要领导基本没有参加过教研组的公开课活动。语文组内行政领导十多位，从校长、副校长、副书记到中层干部，很少有行政领导开设公开课。有一位担任中层领导的同行，将近十年没有开设过公开课，也不允许同事听他的课；参加教研组活动时，经常以各种理由和借口不参加；勉强参加时，常常以玩手机打发时间。一次我和一位老教师主动走进他的课堂听课，他竟然让学生阅读，很客气地把我们驱逐了出来……另一位行政领导，在好多年中只开设过一次组内公开课，教学内容和课堂环节都把控得比较好，但是在距离下课前几分钟讲完了准备好的内容，这位中年同行显得有点慌了手脚，不知道该安排学生干什么……后来据说这堂课是请别人备好的，PPT都是别人做好的，压根儿就不是自己备的！

有那么几年，教研活动有公开课，却没有研讨交流，学阀气息比较浓，每次评课只有一两个人讲几句无关痛痒的话，大多数人以沉默的方式参与。听课和评课过程中，有的人在批作业，有的人在应付备课笔记，有的人在复制别人的听课笔记，有的人在讲话聊天，有的人在闭目养神，还有的人在玩手机……

教研组内有的大咖大腕经常在校外讲课讲座，但是很少在校内组内上公开课……一些成熟教师，专业积累丰厚，但是无人欣赏，难以施展；有些老师时常被邀请到外校传经送宝，却不能在本校发挥作用。好几个学期，从头到尾，我没有得到过在组内上一节公开课的机会。

外出听课，学校公费派出的人本来就不愿意去听课；想去听课的人，轮不到你。一次全国性的公开课在临近城市举行，我是上完自己的课之后开自己的车去蹭课的，午饭自己到街上吃一碗面条；听课时发现学校公费派出的老师在宾馆里睡觉。返回时，公费派出的同事搭乘我的车子，再找了车票去报销；我从过路费到油料都是自费，同事觉得心安理得，领导一直装聋作哑假装不知道。

外出讲课参赛，老师们都不知道选手是怎样推选出来的，也没有机会听试讲。在全国或者全省的赛场上，同事讲课的视频等信息发布在几个QQ群里，我们才知道了这件事情；而各地的同行们还在开着我们的玩笑，你们学校的这堂课如何如何，你们是怎样赛前备课磨课的云云。

俗语云：庄稼人不识货，就怕货比货。雅言有：不识庐山真面目，只缘身在此山中。

在新的学校第一次上公开课，让我感慨良多！

2017 年 9 月 11 日

2022 年 8 月 24 日修订

在讲台上站立　在课堂上成长

一个教师应该在讲台上站立，应该在课堂上实现专业成长与发展。

课堂是我们的舞台，也是跳台

一个教师的成长主要靠课堂，成名也主要靠课堂。原江苏省教育科学研究院成尚荣老师说，教师要把课堂当作一块跳板，向上腾跃；当作一块试验田，不断播种而且有新的收获；当作一个没有天花板的舞台，充满无限的创新激情、不断开拓的创造空间。反之，如果把课堂仅仅视作每天的工作任务甚至是负担，那就不可能得到成长，不会有成功的收获与喜悦。课堂是我们的舞台，更是我们的跳台。

打造出自己的课堂作品

一个教师任教几十年，但是教学不是重复劳动，不是原地踏步，而是螺旋式地上升。每天的太阳都是新的，许多教学内容虽然一遍遍教，但应该是常教常新。在常态教学中精选那些自己比较感兴趣、有一定研究的教材内容，打造出属于自己的课堂作品。如同一个厨师有几个招牌好菜，一个歌手有属于自己的成名曲，作家有自己的代表作，教师也应该有自己的代表课，有属于自己的课堂作品。课堂作品是教师专业成长道路上的里程碑。教师专业成长的过程就是课堂作品不断从量的增多到质的飞跃的过程。打造一节节代表课，就意味着教师自身专业成长道路上树立起了一座座里程碑。

开出科研成果之花，结成专业发展之果

中小学教师的日常工作是上课，家常事务是管理学生，但是我们不能把自己掩埋在事务堆中，我们要埋头拉车，但也应时时抬头看路；要脚踏实地，但尤须时时仰望星空。每天的教育教学工作只是我们的规定曲目与规定动作，一个有追求的教师，应该有自选曲目与自选动作，这就是自觉自愿地参与教科研，在日积月累中结出专业发展的成果。脱离了

课堂与日常教育教学的科研，是无本之木、无源之水；没有教育科研成果的教师很难说得上专业有发展、有提升。中学教师上出好课，把科研建立在课堂基础上，才可能有科研成果；大学教授是先有科研，才可能上出好课。

成功是优秀的副产品

教学不是教师个人才情的展示甚至炫耀，课堂不是教师个人的跑马场。一个优秀的教师是把学生学习与成长摆在首要位置的。在高质量完成教育教学工作的同步，提升自己的专业水平，如同教育家马卡连柯所说，以不停地提高自己而教好学生。教师应该有所追求，应该追求成功，但是，脱离了课堂与讲台，背离了学生成长，远离了学校提升与发展，汲汲于个人待遇与地位，戚戚于名利与安逸，即使有了短暂的成功，也难以称得上优秀。成功只是优秀的副产品。把个人的成功建立在学生成长的基础上，以自己的进步与提升引领团队建设与共同进步，将自己的进步落实在学校发展与提升上，学生有成长，学校有发展，教师个人与整体队伍才会有前进。

一个优秀的教师，他的成功只是时间早晚的问题；一个并不优秀的教师，他的成功可能只是表面的名至，专业生涯之树难以长青。

后记：

应校刊之约而作，发表于《南菁教育》。

2020 年 12 月

2022 年 8 月 23 日修订

青年教师是学校的未来和希望

——2021—2022 学年度青蓝工程师徒结对仪式讲话

尊敬的各位领导，亲爱的同事们：

惊奇并倍感压力的是，本学年我要在正常的教学工作之余承担语文组两位青年同行指导老师的任务。欣喜于学校的信任与抬爱，今天我很荣幸代表青蓝工程教学师傅在这样一个庄重的场合发言。

我的题目是：你们就是南菁的未来和希望。

请首先学会备课

我教徒弟的第一步，把他们叫到我的办公桌旁边，看我怎样在电脑上备课。今天这个时代，不能高效使用电脑备课，终究难以成大器。如果我们只是将电脑用于搜索下载一些备课资料，复制粘贴一番人家的 PPT 和教学设计，只能说是一个搜商比较高的老师，难以成为教育教学方面的专家。

备课的时间精力不是用于研究课程标准和教材体系，不是用于研读教学内容或教材文本，不能结合自己当下的学情精准择定讲授内容；而是把大量宝贵时间耗费在网上搜索下载复制粘贴，你的教学内容是拼凑的，课堂也是拼凑的。陈彬洁老师的成功，一是在走上讲台伊始就学会了备课，特别是独立钻研教材文本，今天我们翻阅她正在使用或用过的教材，即可证明；二是学会了很有耐心地与学生交流。她的第一次公开课我指定的教材文本是课外读本上的《大地重现》，没有任何纸质教学参考资料，网络上几乎搜不到可以用于教学的材料。她把课文研读了二十多遍以后，对我说：寇老师，我终于读懂了这篇文章……她的第二次公开课，我们选定的是纸质和网络参考资料铺天盖地的传统经典篇目《长亭送别》，考验她能否跳出这些参考资料。她走上讲台第一年就在国家级期刊上发表的两篇论文，正是对这两次公开课从备课到课堂实施的深度反思。

王荣生教授说："课堂教学的成效，主要不是靠教师在课堂教学现场的发挥，甚至也不取决于教师个人的教学才能，而是取决于课前的教学设计，取决于教师课前对教学目标、教学内容、教学过程、教学方法的周密考量。"（《课文教学设计的四个要点》，见《语文建设》2020年第9期）那些过于相信自己的才情，甚至指望凭借着两片嘴唇就能把课讲好的同行，从个人专业发展的长远角度看，你可能想错了。

教学之前，精力和时间应花在文本和教学内容研读上；教学之后，要及时反思总结修改完善。对课堂实施中发现的问题、师生对话碰撞中产生的火花、学生作业练习的反馈，及时整理；对在平时阅读专业教学期刊中的新收获、听课过程中的新发现，及时归纳。教学资源只有处于"随时更新"状态，教学才能常教常新，专业成长也才有可能更上层楼。

备课不是一次性完成的，更不是一次性劳动。要让备课具有动态性、连续性、不间断性和持续生成性。

我离开西北家乡时，主管教学的校长要求我把手写的二十几本初中课本教案留给学校，直到今天那些教案都是新教师入职教育的一项内容。2001年暑假我被引进无锡面试时，校长看见我一行李箱的手写教案，用方言对校办主任说：这个老师能这样备课，教学效果不会差的，不用试讲了；天气这么热，大家去吃饭，边吃边聊吧……2017年，我通过"暨阳英才计划"引进到南菁高中，是因为杨培明校长在三年前听我讲课后对我说："我们学校年轻老师多，真应该都像你这样备课……"

备课，决定了教师能走多远！年轻的同行们，请你首先学会备课。

请学会管理自己的时间

有哲人说过，人的差异在于业余时间。教师之间的差异在于如何管理自己的时间，尤其是业余时间。

经历一定时间的教学工作之后，教学成就、个人专业发展与毕业院校、学历文凭并不一定完全成正比。杨培明校长20世纪80年代中期毕业于无锡教育学院，大专学历，从江阴最偏远的乡村学校走上讲台。我本人五年制小学，两年制初中，两年半高中，全甘肃省录取分数线最低的两年制大专，在西北偏远地区薄弱学校开始教书生涯。放眼我们身边南菁高中的许多优秀教师，他们的起点并不高，几十年如一日不间断的专业学习成就了他们的今天。你的学历只是你入职的门槛和起点，只是在你刚参加工作的几年有一丁点儿所谓优势。我们这种职业并不是吃青春饭，而是需要长期积累。

本学期是我教书的第39个学年。从前两天印晓明主任安排我准备发言开始，我就在思考：39年来我坚持的几件事情。我可以很负责任地讲，工作时间我很少在办公室里闲谈；也可以很坦诚地讲，我从来不在网上与任何人长时间聊天；还可以很八卦地讲，几十年来，我做到了不跟抽烟的同事在同一个办公室里共事（即使是西北边关冰天雪地、滴水成冰的冬天，我也宁可穿着大棉袄、大头棉皮鞋一个人坐在教学楼阴面的办公室里）。

那些工作时间喜欢闲谈的人，沉溺于网络聊天的人，大好时光不停地刷手机屏幕的人，你的时间都到哪儿去了？

它都从我们手指缝里溜走了！

到江南工作以后，我突然感觉到收入增加了，不再发愁出远门所花费的那几个路费了。二十几年来，我没有任何一个暑假悠闲地待在家里享受空调，而是自费到全国各地听课培训；我结识了几乎所有语文教学期刊的编辑，基本都是通过自费参加他们组织的教学研讨活动认识的，也几乎所有的编辑部都感动于我的学习精神而给我免除过会务费。

在快节奏的现代社会，一个不会管理自己的时间的人，一个理智的闸门不能钳住情感的洪流的人，特别是工作头绪繁杂、时间总是被切割成碎片的中小学教师，亲爱的年轻同行们，建议你学会管理自己的时间。

请学会利用教学期刊助力专业成长

我的小学老师多是代课或民办教师，中学教师多是中师毕业。1981年我上大学时，恢复高考后的第一届大学毕业生刚刚分配到大学里担任助教或者辅导员，我的任课教师多是从中学选拔调进的，还有一部分是平反恢复工作的。我刚参加工作时的同事中，中老年教师多数是学历不达标的——真的就是宋濂在《送东阳马生序》中所言："患无硕师名人与游。"以低学历、低起点，在边远落后地区薄弱学校走上讲台，如果一定要说是谁培养了我，我很自信地认为：是专业教学期刊！

从主要用于温饱的每月72元工资中，省吃俭用挤出来订阅教学期刊，近四十年来，我坚持自费订阅全国主要几种语文教学期刊——权作我用于抽烟消费了；而且一直坚持收藏，并动态整理有目录索引。

没有不读小说的文学家，没有不观摩体育比赛的运动员、教练员，同理可得：应该没有不订阅教学期刊的教师。要想成为教学期刊的作者，必定先做她的读者！一个不订阅教学期刊的老师，很难说对学科发展是了解的，很难说你是注重自己专业发展的，而且也注定你是很难发展的。

走进学校的传达室看看，有的老师前几个月的邮件——从牛皮纸信封就可以知道是订阅的杂志——还堆放在地上。每学年更换一次办公室，有多少杂志被当作废纸扔掉？我自己想订但发愁价格太贵的《课程·教材·教法》，学校花钱订阅分发给各教研组的，有多少人翻阅过？！

青年同行们，杖藜扶我过桥东，请从订阅期刊走上教研之路，学会利用教学期刊助力专业成长！

一个人的成功，一个成功的人，不可或缺的素养是强迫自己做应该做而不愿做的事情。

请把更多的机会让给青年教师，把徒弟当作亲人

2011 年开始，我受聘担任浙江师范大学兼职教授。来南菁高中之前，每次都是我自己单独去讲座讲课，自然每次都有报酬；加入南菁大家庭以来，我没有独自在浙师大讲过课，而是更多的机会让给年轻老师。四年多以来，语文组有十几位老师跟着我到浙师大讲过课。

去年，我给学校编了两本书：第一本，我积极建议学校，把作序言的机会交给当时语文组最年轻的湖北籍老师陈嘉英；第二本书，我教会了新入职的胡倩倩老师编书。

学校的明天寄托在青年教师身上，学校的真正希望在于青年教师，我衷心地希望和建议，学校为青年教师成长搭建更广阔的平台，师傅们把更多的机会留给青年教师。

今天的成绩证明我们昨天的努力方向正确、方法高效，今天的骨干教师正是昨天的青年教师；一所具有可持续发展力的高品质学校，她的明天和后天在于青年教师。今天青蓝工程的"青"才是百年菁园真正的未来和希望！

我今天的一切都是学校给我的，是学校给了我一切；我把自己的一切奉献给学校。随着年龄的增长，我们的职业生涯渐渐走向暮年，我希望把未来的时光奉献给青年教师培养事业，奉献给学校的未来与希望！

我在家乡带的徒弟在我离开那所学校时，接替我做了教研组长，我们几乎同时评到了正高级，今年 6 月份随团到南菁考察学习时执学生礼见我，令在场的每一个人羡慕与感动。我到无锡之初带的徒弟，如今是百年老校的教研组长、中层干部。

新竹高于旧竹枝，全凭老干为扶持。

热情、主动、真诚、负责，把徒弟当作自己的孩子一样去教。刘毅然

老师在办公室里说了两句不合适的话语，我把他叫到会议室里善意批评提醒……今年暑假带领李博文老师到浙江讲课，他穿着一件中裤上公开课，我在评课时以玩笑口吻提出批评，浙江师范大学公众号上一位老师的文章说：听寇老师批评他的年轻徒弟，就像一位姁姁长者在友善地训导晚辈！

把徒弟当作自己的亲人，把青年教师看成学校的未来和希望，把我的一部分时间、精力和心血，投注到青蓝工程中！同时我也真诚地建议，我的年轻同事们，把师父当作亲人——他就是我们生命中的贵人！雏凤清于老凤声。青出于蓝而胜于蓝，后辈超越前代，人类才会前行，社会才能发展，国家和民族才更有力量。你是草原上成长起来的一匹骏马！大学毕业了，你膘肥体壮，毛尖闪着光亮。入职如同你被高明的骑手相中并且用套马杆套住了；走上讲台，意味着你身上有了鞍鞯和笼头；接下来一段不短的时间里，最关键的是需要一位经验丰富、耐心和爱心满满的老把式调教你，让你具备成才为千里马的可能。如果你不接收这番约束与调教，很可能你成不了才。骑人，你尥蹶子；驾车，你跑偏；耕地，你不上趟。你职业生涯中的贵人，他们就是让你成为千里马的老把式啊！

请大家从丁维佳和叶静芝两位青年教师身上看！

谢谢各位！

2021 年 9 月 8 日

后记：

我发言结束走下讲台，陆续收到同事们的微信——

印晓明（教科室主任，仪式主持人）：今天您的发言让我深受启发，也在很大程度上提升了整个活动的品质。感谢寇老师！

李现宝（英语备课组长）：寇老师，讲得太好了。很感动，也很受感染。受益良多，也感受颇深！向寇老师学习！

宋华忠（物理老师）：听你讲话的过程中热血沸腾！

徐海龙（党政办主任）：寇老师发言太精彩了！我个人倍受教育，倍感鼓舞，非常感动！请把发言稿给我，我建议《南菁教育》刊发！

张心刚（数学教研组长）：我们数学组缺少你这样的老师，缺少你们语文组这种氛围……

刘 辉（教科室副主任，化学老师）：寇老师，你今天讲得太好了，为你点赞！真是南菁高中的福音啊。你什么时候有空，能不能把你今天下午讲话稿再发我学习学习？我需要再好好消化消化。

2022 年 8 月 23 修订

（第二辑）菁园情

2017 年的教师节

南菁高中召开庆祝第 33 个教师节表彰大会，全体教师参加，比较有氛围，细节比较精细，许多方面比我以前工作过的所有学校都做得好。

今天才是 8 号，距离教师节还有两天，但是南菁高中校园里早在两三天前就已经处处洋溢着教师节的热闹气氛。

最突出的发现和感受是，南菁高中把给教师过教师节这件事情完全交给了学生们去办，真有点像父母的生日应该由子女来张罗一样！

所有的班级都有自己的方式，校园里的所有地方，你都可以感受到学生们对教师节的祝福。

教学楼走廊里拉着横幅，过道里挂着气球组成的标语，各个班级教室里的祝福方式都是各出机杼。

有的班级把祝福摆放在了校园里主要通道的路口，一块展板，上面写着对任课教师甚至食堂炊事员的祝福与问候。"马莉女神！马莉女神！"这是高一（1）班学生对班主任、语文老师马莉的祝福！"潇洒君子，唯我潇哥！表白章潇！"——这是高三（11）班学生给语文老师章潇的祝福。"一定吃得饱饱的，心情美美的！"贺卡旁边，还用胶带纸在展板上粘着一枝鲜花——这是高二（5）班全体学生对所有任课老师的祝福。

吃饭途中过往的学生，有的在欣赏贴在展板上的贺卡，有的现场书写贺卡，欢笑着，热闹着……

在去食堂的路上，一个花坛里的标语，让我眼前一亮！花坛边上有一圈围栏，里面本来平铺着一层洁白的鹅卵石。学生们不知从哪里找来了许多黑色鹅卵石，拼成了"教师节快乐"几个大字，白黑相间，十分醒目，极具创意！因为天色将晚，光线有点暗，我用手机拍了一下，看看效果不很理想，打算改天拿专业相机去拍下这个创意；但是当我星期天下午拿着照相机来这里时却发现，那些黑色石头都不见了，还原了原来的白色鹅卵石……

教师节原本是一个极其平常的日子，我从参加工作的第三年开始，国家设置了教师节，我已经过了三十多个教师节，年年那一套，次次开个会；偶尔发点小东西，领导讲几句好话，媒体采访几个镜头……

我经历过好几所学校，学生们在班主任的"提醒"和"建议"下，象征性地给老师们一个节日表示，显得很勉强，很形式化。

南菁高中的最大特点，是把教师节还给学生，让学生们自由而有创意地给老师们过节。学生们的祝福方式八仙过海，各显神通，让人觉得，只有你想不到……我亲历和感受到的，完全是学生们的心声和行动，很少有老师去鼓动和替代。

这才是真正的教师节，才是有意义的教师节。

2017 年 9 月 8 日

2022 年 8 月 24 日修订

学校文体活动的主人究竟是谁？

——从南菁高中的校运会开幕式说起

2017 年 9 月 28 日，星期四，农历八月初九，经历了连续数日的绵绵阴雨，前两天连续几次强降雨，校园里水流成河，南菁高中校门口通往正学厅的一条通道，水深几十厘米，成了一条河。手机上看到，有的学校道路淹没甚至让师生没法走到食堂用餐，紧急请求消防部门抽水通路。晚饭前一个多小时，南菁高中所在的江阴市天气阴转晴，艳阳高照，气温 17—25℃；雨后初晴，天空澄澈；秋风送爽，丹桂飘香。

最近一个星期以来，每天上午的课间操和下午的活动课改为学生自主排练运动会入场式。南菁高中校园内，洋溢着一种喜庆、欢快而又紧张的气氛。所有班级的入场式表演都是学生自己编排演练，很少看到有班主任在场督促压阵，很少看到有老师在场指手画脚。

前天晚上我到田径场锻炼时发现，在足球场四周搭设了几个架子；后来发现安装上了各种照明设备。看台前搭建了很长的一个金属构架，上面挂满了照明和音响设备——给我的感觉这不是在准备一场学校运动会，而是在准备一场大型盛典。

今天下午，我看见操场边上有上百成年人，他们穿着统一的服装，手里举着各种各样的牌子，在篮球场上排练，有人组织，有人指挥，有人喊口令，我以为是学校请来的校外专业表演队伍。晚饭时间在教师食堂又看见了这些人，才发现这些都是家长，来为校运会开幕式助兴表演的，义务的！学校只是提供了一份简单的晚餐，有的家长宁可到学生餐厅，与自己的孩子一起刷卡吃饭。

晚饭后的南菁校园内灯光绚丽夺目，景色美不胜收，学生们如同过节一样兴奋开心，吃过晚饭后纷纷来到操场集中。几百名教师，孩子小的，带着小朋友来看热闹；所有班主任都和学生在一起；所有的班级都邀请了任课老师加入自己班级的入

场方队，有的教师还参与表演。好多的家长专程来到学校，观看孩子们的表演。一百米跑道的两侧，挤满了手里握着、脖子上挂着各种摄影摄像器械的人，有学生，有家长，还有媒体的专业记者。几乎所有的手机都在拍照，不难看出，这些人多数是家长。

新来的媳妇摸不着锅灶。我感到很惊奇——校运会开幕式放在晚上举行，夜间模式，邀请家长参与表演，我还真是大姑娘坐轿——头一遭经历。后来才弄明白，这种夜间模式是前两年由学生提出的，用意是改变以前白天开幕式单调的光线效果，使各种表演更加精彩纷呈；晚上也便于家长们前来参与助兴……学校只是花费一些钱租用照明以及音响设施而已。

我接受任教的高一（6）班学生的邀请，参加他们的方队，与班主任、一位家长、另外两位任课教师一起。两天前，我专程回无锡家中，拿来了一套标准的陕北服装，红肚兜，红腰带；白毛巾，白褂子——前年延安支教结束，陕北的同行们送给我的礼物之一！

临近入场前，学生们想起要把任教历史学科的副校长邀请来，可是副校长坐在主席台上，可能还要讲话什么的。我听见身后几个学生在叽叽喳喳讨论此事，一会儿就看见历史课代表和一个同学飞快地跑向主席台，把副校长拉来了。

我们入场，看台上下的许多老师并不熟悉我，一身陕北行头让他们一时难以辨认出来，有的老师只好大笑，有的老师指给自己的孩子看……通过主席台时，杨培明校长和其他领导惊喜之余，使劲鼓掌。我向主席台挥了挥手，我看见杨校长满脸笑容使劲向我们挥手，还在向他身旁的客人介绍……

南菁高中的校运会开幕式真是不简单！各年级各班同学都围绕"中华优秀传统文化"这一主题，身着带有传统文化特点的服饰或道具入场，精心准备了一分钟传统文化节目，把活动主题演绎得淋漓尽致。有的班级竟然能够表演舞龙这样高难度的传统节目。开幕式的高潮，我个人觉得是"绚丽青春，活力四射"

啦啦操和"如歌青春，梦想起航"校园啦啦操表演。在南菁高中第135个生日来临之际，同学们摆出巨型"NJ""135"字样，给南菁献上了真诚的祝福。晚上9点左右，开幕式才在嘹亮的校歌中圆满结束……

现在很多学校都有不少的外教，南菁也不例外。就校运会而言，南菁是把外教的文化意义和价值给挖掘出来了——活动现场举行了"百年南菁，薪火相传"火炬接力仪式，教师代表、外教代表、家长代表、校友和学生代表高举火炬，绕场一周，现场掌声如潮——这是校园微信公众号的报道，我因为站在队伍后边，海拔较低，并没有亲眼看见。

校长讲话，不是一声"我宣布……开幕"；没有从现代奥林匹克运动会的意义讲起，直到学校举办运动会的深刻意义；也没有甲乙丙丁，开中药铺，一二三四地罗列一堆；没有不看对象式的借此机会宣传学校，炫耀个人政绩……而是指向学生，指向对学生的鼓舞和激励，指向对此次活动的评价与总结；而且有情感投入，有血肉凝聚，用真心换真情，以真情唤真心：

这是一场令人震撼、令人难忘、令人回味的入场式；这是一场有文化、有特色、有水平的入场式；这是一场富有创意、多方联动、精彩纷呈的入场式；这是一场充分体现让体育彰显文化、让文化呈现传统、让传统展现魅力的理念的入场式，使我们享受了一场宏大的视听盛宴……

校长充分肯定了这次活动，感谢同学们带来这一场精彩纷呈的班级文化展演，"我一直是你们的铁粉，你们对体育的热情以及欢乐总是感染着我，我崇拜你们"。

杨校长也感谢家长朋友们、各位领导嘉宾、企事业单位的支持和参与。最后杨校长向全体观众阐释了南菁"文明其灵魂，野蛮其体魄"的体育精神，对本次活动的运动员和裁判员提出要求，对学校的体育事业的发展寄予了殷切希望……

开幕式从头至尾，都有爱好航模的学生和家长在使用无人机拍照摄像。地上学生们在表演，空中嗡嗡作响的航拍器在头顶上盘旋，有个学生干脆用无人机拖着一个可以发光的大月亮从田径场起飞；还有学生燃放了孔明灯，真是现代科技与古代文明无缝对接。

南菁学生在贴吧里的留言也很有意思：

英子：一年一度的南菁体育盛会，彰显时代主题，绽放学子青春。

HLS：名校何以出名，全方面育树选就人才，让孩子们学习中绽放青春活力！为你点赞！为你喝彩！

龙御沧海：南菁运动会，一年更比一年精彩。

……

国庆长假，无锡一所学校邀请我参加了他们的校庆。10 月 3 日，作为曾经在这里奉献过青春和心血的一员，我参加了几乎所有的庆典仪式，我依然把自己当作这里的一员，按照要求着正装，从头到尾参与其中；另一方面，我也是在给返校的历届学生传递一种信号，校庆是我们自己的节日。但是我发现，给校主敬献花篮时，才是上午 9 点多，队伍中就已经有学生心神不定，叽叽喳喳，左顾右盼，领导讲话的声音基本被淹没……

试想，这个环节如果有在校学生参与其中，或者代替领导鲜花，或者作为活动主持人，甚或作为学生代表讲话发言，效果肯定是不一样的。校庆，主要是给学生以体验与濡染，不一定全都是校内外领导们唱主角，反倒把校园的真正主人师生当成了群众演员甚或观众。

上午 10 点开始的庆典仪式，是此次校庆的主要环节，学生按年级着不同颜色的服装在操场上就座，班主任身着学生服装坐在学生中间坐镇……庆典活动开始不久，就有学生借故上厕所逃离现场，后来我看见有学生在篮球场打球，有几个我认识的学生，还跟我打了个招呼，其中一个跟我开玩笑说："老师，你可别告诉我们班主任哦……"路过体育馆时，我听见里面有大呼小叫的声音，无疑上面有人在打球……庆典快要结束时，国际部的学生大多已经不愿意参加，班主任们很为难。几个学生对着班主任大声吼叫说："这是法定假日，我为什么要坐在这里，跟我有什么关系，我要回家……"不得已，学校把原本晚上的活动提前到下午 2 点，匆匆举行完，让学生们回家过节。家长们则是被拒之门外，他们的汽车没有地方停放，心急火燎地等待着孩子早点出来……

一周之后，我再次走进校园的时候，操场还是一片狼藉，学生的椅子扔得到处都是，备用的凳子东一撂，西一堆。无论是后勤工人还是学生，庆典仪式结束甚或还没有结束，就有人走了，剩下这些东西，在操场上风吹日晒雨淋了七八天，但凡走进校园的人，都感到心疼。究其原因是学生觉得校庆庆典与自己无关，自己没有付出汗水和心血，就不懂得珍惜。试想，能提供机会让坐在操场上的数千名学生参与其中，给他们手中一个道具，参与表演，诸如翻牌拼字、拼图案等等。说到底，学校组织的文体科技等各类活动的主人，都应该是学生。学校的所有活动，都可以冠以"课程"的名字，有人把各种活动以及校园环境称为"隐性课程"。课堂的主人应该是学生，活动是为了育人。校庆主要是给在校学生以教育，正如祭奠已故先辈，目的是教育后人。而不只是给媒体提供一次机会，

（第二辑）校园情

不只是一次表演，不只是少数人的机遇⋯⋯

学校需要宣传，宣传学校需要机会，需要投入人力物力财力。但是，要看清对象，看准场合，瞅准机会，把握时机。如果不择手段，不分场合、地点、对象，那就令人厌烦。如同前几年的一位校长参加一次会议，发觉可以有机会展示自己的学校，就拿起手机，命令十数位中层领导、教学骨干，停下课务，放下手头的一切工作，紧急乘车来到会场，轮流登台表演宣讲显摆⋯⋯事后一直被人诟病。有的校长，在学科专业会议上，面对各地前来参加学科交流的普通老师，大讲特讲办学理念，大肆吹嘘办学业绩，让主持人左右为难，如坐针毡；令听众难以忍受，直到纷纷离去，上千人的会场仅剩下了寥寥几十人，还浑然不觉⋯⋯作为校长，只要有学生在场，只要是有学生参加的活动，讲话的对象首先应该是学生，否则就有点目中无人。因为有话语权，有机会，就不顾听众对象，就无视他人感受，某种意义上就是"学阀"作风，就是霸道甚至无赖。

当然，南菁高中的运动会开幕式主题比较分散，我觉得还有许多可以改进的地方。比如，这次以传统节日为主题，普高的学生表演中国传统节日，国际部的学生可以表演同步时间国外的节日习俗风情。比如下次以历史为主题，普高的学生按照中国历史朝代表演中国历史大事，国际部的学生可以表演同一时间段内世界历史上的大事。比如这次以服饰文化为主题，普高的学生表演中国各种服饰文化，国际部表演世界各地服饰⋯⋯高中政治、历史、地理等许多学科的知识都可以用表演的形式展示学习成果，还可以按照大洲、国家、省市主题表演，在这个过程中引领学生把课内外学习结合起来。

文化以及文化自信，其实就是各美其美，美人之美，让文化美美与共。

我们一直呼吁重视自己国家和民族的传统节日，但是我们不能仅仅停留在口头上、书面上，学校的各种活动，如果有意识、有计划、有目的地渗透这些内容，是不是也是一种教育，也是一种课程，也是一种文化⋯⋯

总之，学校文体活动的主人应该是学生，是家长，是教师；而不是上级领导，更不是媒体！学校应该给学生搭建一个个平台，创造一次次机会，让师生去表演，请家长来参与，来欣赏。校长宁可花钱给学生租用灯光设备，也没必要把钱花在媒体上做宣传。学校的口碑在师生中，在家长中；不在媒体上。媒体播放有关学校的新闻只是短短几分钟，可是留在学生心中的印迹却是几十年甚至终生都难以磨灭的；媒体是吃百家饭的，今天为你做宣传，明天也可以为你的竞争对手做宣传，况且还有可能比给你做宣传更卖力!

学校的一切活动,不能把师生当作群众演员和陪衬,更不应该把师生当作观众或看客,甚至把师生当成道具和摆设!

后来一天半的比赛我没有全程参加,但是我知道,南菁高中的运动会,工作人员、裁判员、服务人员主要是学生;比赛也不只是学生,有老师参与,有家长参与;运动会也不仅仅是体育比赛,同时还穿插了其他各种活动,真正做到了把场地和舞台让给学生……

2017 年 10 月

2022 年 8 月修订

后记: 我在批阅学生随笔时看到这样一篇文章,谨录于后。

人人参与,乐在其中

高一(6) 季叙言

记忆中的运动会,大多是搬了椅子,方块式地团坐,灼灼烈日下,只能捧书相对。除了难得的停课外,并没有多少"运动"的兴致。

早在进入南菁这所高中前,就听到其关于运动会盛大至极的种种描述。初入菁园,就可感受这里浓厚的学习氛围外的另一种独特文化,更加期待这场从几周前就开始筹备的盛会。

开幕式,开始在傍晚。许是背靠敔山湾的缘故,天上的云也诗意地散列分布,抬头就是一片粉色。天色渐暗,华灯初上,操场四周都是为灯光架起的支架,灰白相间的徽派建筑风格的教学楼上,打着南菁校徽,这时的校园是我从未见过的。看台上坐满了家长,左右两块大屏幕更为一切增添了气氛。无人机在头顶盘旋,人声鼎沸下只能听到微弱的声音。今年的主题,定为了中国传统文化,这一半乱哄哄的"后台",挤满了如妖魔鬼怪打扮的老师同学,在昏暗之下更显古怪。

入场式是漫长的,每个班都展示出了自己的风采。当我们班的背景音乐一响起,熟悉的节拍动作也一起跟了上来,一个礼拜前还乱哄哄的场面,经过几节自习课虽不情不愿但认真的排练,已变得整齐有序。看着前面领舞同学标准的动作,脑海中还会响起排练时她扯着嗓门一遍遍地让我们规范动作的声音。所有人,都把自己融入了这次运动会中。

全校同学都走向了主舞台，都已是疲惫不堪，却依旧热情饱满。主席台上宣布"运动会正式开始"，一时间，同学们撒了手中五颜六色的气球，忽快忽慢间，它们拖着长长的尾巴，在灯光映照的夜幕上飘向远方。一时间，旌旗挥舞，彩球摇动，兴奋的呐喊声，通透的孔明灯，肆意任性地霸占了整片天空。

这，只是开始。

运动会的主题，当然是人人参与。团体项目，是不可或缺的。生疏的跳长绳，又被我重新拾起。训练有素的一行十人，整齐地排在长绳前，一切，都是蓄势待发。绳子与地面有节奏地打出拍子，在眼前来回舞动。周围是嘈杂的，但眼睛却始终被绳子牢牢攫住。号角，正式吹响。

第一个人踏了进去，弯腿、跳跃，踩地，跑出，绳还未再次落下，后一人已踩着节拍，冲了进去。整个团队都紧紧地扭成一根长绳，击打出响亮而充满节奏的声音。每个人都洋溢着喜悦，小心翼翼地维护着这个旋律。

"嗒"，所有人都绷紧了的弦，如因绊倒而停顿的声音，被撩拨得发出刺耳的轰鸣。绳，停了下来，赶紧往外跑的同学脸上也充满了歉意。空白的音节在周围人不紧不慢甩着绳的旋律中，显得单调乏味，一下子，心开始焦躁。

计时还未归零，数字还未停止，一切皆有可能。只那一下，摇绳的同学又恢复了节拍，他们把绳挥得更高了，更快了，更有序了，并未发出任何多余的声音。下一个同学，以顺位补上了节拍。那短暂的空白，转瞬即逝间，悄悄溜走。

哨声响起，声音骤停，大家互相笑着看着彼此，气喘吁吁，是说不出的自豪与骄傲。早已心知肚明，多次地停顿，换不回一个好分数，但比赛所带来的快乐，是不需要用成绩来衡量的。

远处，只看见彩色的毽子在同学们的脚上翻飞，一次次被抛向空中，又一次次落到脚尖，一次次昂首向上，又一次次低头俯冲。他们的心如我们一样，都全神贯注，奋勇向上。

这才是运动会的真正意义吧，个人，团体，为了一个目标而努力。享受每一滴汗水，珍惜每一次跳跃。

开学典礼花絮絮语

一

南菁高中今天（2018年9月3日）早晨7点举行开学典礼，刚结束，学生回到教室，天开始下雨。有老师在微信和QQ群里玩笑："老天爷很给南菁面子哦！"学生们则喊叫："再晚几分钟我们就要淋雨了……"

我回到办公室，看到邻近兄弟学校同事们群里的消息：开学典礼安排在第二节课后，利用大课间活动30分钟，调整早读时间，以尽量减少耽误课务。但是就在9：10集合学生往操场走时，天开始下雨……不得已改为室内模式：授奖学生到剧场领奖，多数学生在教室看转播，教师则不参加……

开学典礼，是一种仪式，具有活动育人的课程意义，属于学校隐形课程的重要组成部分。与毕业典礼、成人仪式、运动会、艺术节等一样，旨在教育和影响学生，从这个层面讲，不应该只看到表面上耽误了一两节课；而是应该安排在开学第一时间举行。

记得前几年的一次开学典礼，学校为了减少对课务的影响，安排周六上午开学典礼，不料那天正好下雨。于是延期。一直等到9月下旬，才有晴天机会，于是学生们戏称：还不如连毕业典礼一起举行好了……

9月的江南，时令虽曰已届秋季，但是天气还是如同盛夏一样酷热难耐，太阳一出来，暴晒之下，实属难忍。

南菁高中的开学典礼安排从早读时间开始，是明智之举。毕竟早晨还不算太热，即使晒在太阳之下，也还不至于不能坚持。

二

学校通知教师穿着新近制作下发的西装，提醒具体到规定衬衫、西裤的颜色等。

开学典礼现场，只有我一个人打领带。多数教师不需要上台颁奖、领奖，穿浅色衬衫、深色西裤也就罢了；但是所有领导没有一个人打领带，就显得不够庄重。

可是，一位外教却整整齐齐地着西装，衬衫、领带，在8点多太阳的照射下，浑身出汗。有老师看见外籍教师的后背上汗水都从深色西装外套渗出来了，但这位外教一直忍受着，没有脱去外套。

西装的重要标志之一就是领带。

至少，活动主持人、有关组织人员、颁奖嘉宾以及领导应该打领带。

三

有老师用手机拍了照片，发在群里，其中一张是外教后背深色西装外套被汗水浸湿的照片，一张是副校长宣读完表彰决定时衬衫被汗水贴在后背上的情景。

表彰决定，按照公文性质属于红头文件，言简意赅，微言大义；凡受表彰者则分别按不同类别以某某某等若干位同学授予某某某奖励；具体名单则是以附件形式附后。宣读表彰决定的领导，并不需要读长长的名单。名单应该在颁奖时一一报出。如此，凸显出表彰决定的郑重，节省了时间，使开学典礼更加紧凑；受奖者上台领奖时观众才好将姓名与人对应起来；同时避免了上下场过程中的单调，让观众有可听、有可看，活动更加丰富有效。

当然也就避免了领导因为宣布表彰决定时间过长而汗湿衬衫的劳累。

还有一点，不知道同事们有无意识到，现在孩子们的名字都是稀奇古怪的，生僻字非常多。作为语文教师，我在新的班级里都不敢轻易读出学生的名字，常常是先让课代表读，问学生本人……

几百个名字，让一位非语文学科的老师读下来，如果未经过辛苦的"备课"，估计要错误百出，那是一定会让人笑掉大牙的！

以此推断，领导汗湿衬衫多半也是因为紧张，或者精力高度集中投入。

四

开学典礼是为学生举行的，主人是学生，这个舞台也应该尽可能多提供给学生机会。表彰名单完全可以安排学生主持人去读，这是给学生机会，从各个方面锻炼学生。学生需要查字典去读准同学姓名，需要训练朗读，体态大方得体等等；颁奖过程中有学生发表获奖感言，既锻炼了学生，又避免了颁奖环节的单调；开学典礼应该有学生代表发言，或者已经毕业的学哥学姐的嘱托，或者高一同学的新鲜感受……

教育是一门永远让人遗憾的艺术。逝者不可追，来者犹可鉴。

2018 年 9 月

2022 年 8 月 22 日修订

（第二辑）菁园情

非常时期：我们总得做点什么！

实在讲，春节前我还有点小庆幸。

引进到江南近二十年了，没有一次是在家过完正月十五元宵节才开学上班的！江浙一带的企业多是正月初八开工；国家法定假日总归不会超过正月初七——让我没有机会定定心心享受过一次生日。今年，我的农历生日——正月初七，与公历生日——元月31日恰好是同一天，太难得了！这是我自从有能力、有心情、有精力过生日以来第一次啊！

今年不用走亲访友，可以减少甚至没有应酬，好好待在家里，陪陪亲人，抱抱小孙女；看看书，休闲娱乐，而且做好了实实在在的健身计划与准备……

生日空前的开心！妻子做了丰盛的饭菜；女儿女婿辗转买来了蛋糕；小孙女抢先把王冠戴在她头上，蜡烛点起，一个汉字不会、一个英文字母不认识，无师自通地唱起了"哈皮……拔丝豆……吐油……"接着就与哈喇子一起吹向蛋糕。远在异国的儿子竟然逆向给我发来了红包；弟弟妹妹乃至老母亲都有问候与祝福，并且我也有时间接受与享受……

正月初一午饭时，我在电视上看到习近平总书记召集政治局常委开会研究抗击新冠——这可是多少年来从未有过的事情！中国人，谁会在大年初一开会呢！凭着一位老党员的政治敏锐性，我意识到了形势的严峻……

开始不间断地关注各方面报道，及时准确了解疫情，自己做好预防保护，动员家人积极响应单位与社区，配合预防工作……

搜集与新冠有关的视频、图片、标语公告、文字等信息，分类收藏。精选正面报道、励志、科普、宣传，动态分编成讲义，尝试分享给学生，分享给同事、同行，目前已经完成12份、发出7份，近二十万字、几十个视频、上百张图片；或等待日后所用。

1月28日，正月初四，我在微信里看到，家乡小村庄里一位年近九旬的老人去世了！他是我父母的同龄人；唯一的儿子是我儿时的玩伴，十几年前就因病去世了……老人的遗体被从县城拉到村子里，县级机关出具通行证明，需提供车牌号、随行人员身份与数量、往返时间等信息；

乡政府派疾控防治人员全程监督：参与丧事人员不超过50，不进村，不聚餐，不治丧，家乡的丧事习俗基本一切从简。村干部召集几位热心村民帮忙下葬。

正是这一天，我的弟弟妹妹们离开家乡提前返城，八十多岁的老母亲需要乘坐汽车近十小时前往嘉峪关……

我开始担心忧虑……

老母亲能不能挺过这段日子，万一……我这个长子在几千公里之外，将如何应急、应对……

2月6日，正月十三。此前，年前直到除夕上午，年后初一上午开始，我其实一直在学校，办公室里、整幢楼里，就我一个人，清清静静，阅读完了朱光潜《西方美学史》上下册，《朱光潜美学文集》第一卷。这天下午，看到学校通知：明天起，所有人员进校门须经过主管领导同意，并且不允许在校园长时间停留，门卫保安将开始测体温，意味着我不能继续在学校里躲清闲。

我的忧虑加重了！

归而谋诸妇。妻曰：老老实实宅在家里，书房门锁上，我们不让小孙女发现你在家里，她就不干扰你了。过惯了省吃俭用日子的糟糠之妻，一直舍不得倒掉剩饭剩菜，吃进肚子里，全都变成了馊主意——除非我不说话；难道我不上厕所、不喝水？女儿灵机一动："老爸到我们新房子里去，绝对清净。"

翌日晨起，我转移到女儿新居——刚刚装修好，担心装修材料有甲醛而正在闲置通风。15楼之高，户对青山，视野开阔，半山居雾若带。与吾宅邸仅一山之隔，漫步消遣，顷刻而返。途中可徜徉山间小道，可骋怀于旷野乡曲，可择山坡草坪小憩，可坐林间树下啜茗……俯瞰数行春韭、青菜，虽不规则整齐，亦颇可养眼护目矣。室内一应俱全，吃喝用度不愁。

没过三两天，龙定路通往敔山湾咽喉处被完全封死，步行已经没有可能性！

开车往返，进出两个小区都很麻烦……

自行车！——想当年，我从家乡骑到县城，一百多公里山路，也才三五个小时！

出江阴院子，向西环绕敔山湾，上长山大道由南向北，借道正在修建的芙蓉大道由西往东，拐到龙定路由北往南，再从西向东进乐府兰亭，单程45分钟左右，我每次都一身大汗——平时没有发现，这段路上有好几公里的山路，上坡下坡，开汽车根本不觉得；蹬自行车可就需要用力啦——正好锻炼了身体啊！

形势越来越紧张，我的时间也越来越紧张。为减少路途过多耗费时间精力！我每两天回一趟家，吃一顿老妻做的家常菜，陪孙女玩玩，然后带足两天的干粮……几天后，我发现自己又多出来了一项技能：早餐打玉米糊，我居然能精准到刚好一碗；午餐加热冰箱里的包子，我能恰当把握时间，绝不浪费能源——单身生活时期的很多能力又找回来啦！

我转而亢奋激昂振作起来。

恨自己不是医护人员，不能冲锋在抗击疫情第一线；但，在这个非常时期，我们总要做点什么！

疫情过去之后，如果湖北需要教师支援，我第一个报名前往！

近一个月以来，坚持每天写好自己和家庭的"抗疫日记"，以当下之心感受社会和国家的力量，记录所见所闻、心路历程，相信在这样一种宏大历史背景下我个人生命历程的原生态真实记录，会成为一份特殊的人生记忆，会为自己和社会留下"今生今世的证据"。

在学校安排上网课之前，我主动联系班主任，请缨关注学生学习，解答作业疑难……真没想到，16班的小伙伴们教会了我使用小鱼易连；9班一位平时不声不响的小女生教会了我使用钉钉视频会议系统——这些日子里被迫熟悉了各种网课途径，真的向学生们学习了不少现代媒介手段。

编写了几份讲义，逐渐收到反馈，批阅到杨骏、沈奕翔、卞岑怡、费子昂等小伙伴的随笔，我自觉浑身注入了一股新的力量；得知一位同学的妈妈作为驻澄部队医护人员奋战在本地抗击疫情前线，已吃了数十日方便面、快餐盒饭，除夕之夜都不能回家。女儿去给妈妈送饭菜，只能把饭菜放在大门口，等她走出十多米远，妈妈才走上前来拿走饭菜——我再一次坚信，我所做的这些事情是有意义和价值的！

13日晚，在微信里看到，有同事带领菁园朗读者社团的几位学生做了一件大好事！朗读自己的作品，分享振奋人心的文字与声音……我很激动地跟同事打了一个电话，本来已经躺下了，又起床，将同事的原创散文诗《免贵，中国人！》以及写作后记编入阅读讲义，时已14日凌晨。

西方哲人言，一个规则而理性的社会，是不需要英雄的；危难之际，有人站出来即英雄——人人都是英雄。

是的，非常时期，我们在不给社会添乱的同时，如果还能做点什么，不也是英雄吗！

　　我选择了中国古代名医华佗、孙思邈、鲁云谷、李时珍的传记资料，作为文言文训练材料，给创新班的伙伴们讲解……网课进行到一定阶段，我向学校申请：如果课时允许，建议学校给我增加 2 节网课，我给学生们讲解毛泽东《七律二首·送瘟神》和曾巩《越州赵公救灾记》……

　　网课对声音传输质量要求比较高，我专门置办了一个非常高档的带话筒专业耳机；需要环境清净，减少噪声音对学生的干扰，我翻遍家里找到了一个戴橡胶底座的水杯——每当我端起、放下，学生们都听不到声音。一次批评一个翻书找作业本的小伙伴噪声过大，他反问我：老师你那里怎么没有杂音？我通过视频让他们看了这个水杯，众小伙伴嘻嘻而笑……

　　在我这篇短文即将收尾的时候，收到浙江师范大学蔡伟教授留言：

　　各位老师、研究生好！经与 2011 届国培学员寇永升老师商量，明天请他给我们作个网络小讲座；25 日他将分享一堂高中文言课到本群，具体时间再告！敬请期待！

　　17 日上午，我通过钉钉视频，向好几个群里的全国各地数百位语文同行分享了"停课不停学：跨媒介学习助我行"，得到多数老师的点赞。我的国培导师蔡伟教授深情地说："相比寇老师，我觉得我这个寒假废了！"湖南一位老师留言："向寇老师学习、致敬！做您的学生一定很幸福！"

　　我都视作勉励吧！

　　在这个加长版寒假里，我们总得做点什么！

　　已经做了的，继续做好；还没有做而该做的，尽快做起来！

后记：

　　本文曾发表在校刊《南菁教育》。一次升旗仪式结束时，有位高三学生走到我身边说："您是寇永升老师吧？我也读过朱光潜《西方美学史》……"没有记住这位学生的名字，我当时任教高二。

2020 年 2 月 18 日

2022 年 8 月 22 日修订

（第二辑）菁园情

2022 菁园纪实之一：隔离

总觉得疫情距离我们很遥远，总认为防疫、抗疫只是宣传宣传而已……顷刻间道路封堵、小区封闭，怎不将先前那些玩笑想法——推翻！

5月3日大清早，我悠闲地散步来到学校。按原定计划，今天上午有几位工人来学校图书馆整理废旧书籍。我在办公室边看书边等到9点多，忽然听见校门口吵吵嚷嚷，趴在厕所窗户上观察了一番，推测是保安不允许一部分学生进校门。迅速打开学校微信群和QQ群，快速查看相关信息——天哪，我们生活的江阴出现了几十例核酸检测阳性！

学校接到教育局通知：

1. 4月29日后到过周庄的，已经在学校的师生员工，进行临时隔离观察。无单人单间条件的，尽量安排在空旷教室，注意个人防护。

2. 现在起，4月29日后到过周庄的师生员工，全部暂缓返校。已到学校的，临时隔离观察。

3. 周庄的所有学校暂缓开学。已经开学的尽量减少流动，等候通知。

4. 全市已开学的学校，摸排所有到校人员的核酸情况，跟踪结果。

紧接着，看到江阴市通知：

江阴市疫情防控通告

（2022 年第 23 号）

5月3日凌晨，我市周庄镇在核酸检测中，发现核酸检测异常人员。市疫情防控应急处置机制立即启动，全面开展流行病学调查、采样检测和隔离管控，并严格落实相关场所管控及环境消杀等防疫措施。对各类相关人员排查、检测、管控及环境样本采集检测等工作均在全力进行中。

为保障市民群众健康安全，有效阻止疫情传播，现就相关事项通告如下：

一、经市专家组研判，现对以下地区临时按照封控区管理：周庄镇华宏村、江阴市泰博实验学校、倪家巷村张家巷89号、光辉路84号诊所、三房巷轻纺市场和云亭街道弘扬昕悦府77幢，区域内人员严格执行居家隔离措施（足不出户，服务上门）。

二、周庄镇其他区域临时按照管控区管理，实施以下防控措施：

1. 区域内居民"人不出区、严禁聚集"，每户每天由1人凭出入证，可出入小区采购生活物资，外出时间不得超过2小时；

2. 区域内除生活必需的超市、农贸市场、医疗机构、药店（暂停销售"四类"药品）、餐饮企业（只提供外卖服务）等，其余各类营业场所、门店暂停营业，正常营业的各类单位要严格落实测温、戴口罩、扫"门铃码"等防控措施，杜绝人员聚集，做好场所环境消杀；

3. 区域内各级各类学校暂停线下教学，所有校外培训机构（含托育机构）、托管机构暂停线下培训（照护）活动；

4. 区域内暂时停运所有营运车辆，包括客运班线、城乡公交、出租车、网约车等；

5. 必要的社会运行服务保障人员、医疗卫生人员、公安民警等凭48小时内核酸检测阴性证明和"疫情防控应急通行证"出入管控区域。

三、对4月27日以来有周庄镇旅居史的人员进行"苏康码"赋黄码管理，请被赋黄码人员主动向所在村社区报备，并按要求主动到黄码采样点完成3天3次核酸检测，结果阴性后转绿码，外出期间全程做好个人防护，不乘坐公共交通工具，不前往人员聚集场所，不参加聚集性活动。对有封控区旅居史的人员要落实严格居家健康监测措施。

请广大市民增强防范意识，做好个人防护，坚持佩戴口罩、保持社交距离、注意个人卫生，自觉做到少出门、不串门、不扎堆、不聚集，一旦出现发热、干咳、乏力等症状，应立即前往就近的发热门诊就诊，并主动告知14天内活动轨迹及接触史，就医途中全程佩戴口罩，避免乘坐公共交通工具。

请广大市民朋友继续绷紧疫情防控这根弦，并密切关注官方权威发布，不信谣、不传谣，积极配合开展疫情防控工作。

感谢您对疫情防控工作的理解、支持和配合。

江阴市新冠肺炎疫情联防联控指挥部

2022年5月3日

打电话给总务主任，确认校外人员不能进校园……

——疫情真的来了！

安心备课到中午，准备回家吃饺子。我从家庭微信群里的图片已经知道，今天夫人和小孙女默契配合包饺子。对我这个地地道道的北方人来说，好吃不如饺子啊。

阳光明媚，晴空万里。江南的二十四节气是非常准的，说是立夏，马上就像夏天了。

我撑了一把遮阳伞，走到校门口，保安紧张而严肃地说：只出不进。再问了一遍，才明白，保安刚刚接到通知，现在开始校门口只能出，我如果出去，至少今天不能再进来。

在校门口沉思片刻，我还是不能回家，在学校食堂解决午饭再做合计。

到了下午，形势愈发严峻，各种通知在各个群里轮番轰炸。

傍晚，又在小区邻居群里看到通往敔山湾的龙定路也被封堵了——我即使想回家也难以步行或者骑自行车到居家所在江阴院子，只能安安心心住在学校公寓，明天再视情况而定。

学校公寓清净舒适，而且楼下芙蓉大道的车流量明显比平时少了，更显得安静了许多。

晚上，情况渐趋明朗：妻子和家里可爱的猫巴顿被封闭在小区家中；女儿女婿和外孙女三人被封闭在他们所在小区家中，我们两家、三代、五人正好是个三角形，真正的三足鼎立。

妻子和女儿看了后提醒我，怎么，把儿子忘了？

——是的，加上在南半球读书的儿子，我们家三代、六口、1：5，正在南北对峙呢。

2022 年 8 月 26 日修订

2022菁园纪实之二：帮学生拿书

早饭后在学校美美地转了一圈，实地侦察了一番平时不开的学校西门是否可以传递物品，寻找校园草坪、树林、河边等处是否有苦菜，听了两集《大卫·科波菲尔》，做了核酸，到语文办公室拿来了有关材料——今天是线上教学第二天，我上午第二节上课。

上完课我就开始研究备课。

午休后继续备课。

下午开始，有三个学生联系我——求助。

现在13班的李敏行——瘦一点；李静蕾——好像比李敏行个头大一些、壮一些？李敏行外向活跃；李静蕾严肃安静……应该不会错！

"老师，你可以帮我拿书吗？我的座位是进门第三排第三个。桌肚里的左侧所有书和右侧本子、课桌下面的历史书、数学书，历史世纪金榜，政治课时评价作业本（白色封面），麻烦寇老师了。"

还有江晴岚也需要拿书。

我从办公室里找了几个拎袋，就漫步来到13班教室。

按图索骥，很轻易就找到了李敏行的座位——哇，这丫头零食真丰盛！我边享用她的零食，边接听电话找她的书。找完了桌兜里的书，她说课桌底下书架上还有需要的书，我低头时发现课桌左边挂着两个粉色塑料袋，其中一个鼓鼓囊囊的——哇塞，又是零食！嘿，还有饮料！

正好我手里拿着三个拎袋，一个专门用来装零食——如果等到伙伴们返校，假如像2020年春季那样两个多月……

现就读于高三（2）班的卞同学，前年创新班教过的学生，他家长联系我：他需要长裤换洗，但是小区封闭，家长不能出来……请我找到卞同学，询问情况，解释原因。

我到了高三（2）班所在的五楼，叫出来卞同学，把手机借给他跟家长联系；随后安慰鼓励了几句，临了时说："小卞同学，这几样零食送给你……"

返校后介绍李敏行认识一下卞同学？

办完了卞同学的事情，正好李敏行的家长已经到了校门口，打了个招呼就交接办完了，李敏行的妈妈急匆匆离开了学校。

最难办的事情是语文课代表江晴岚的事。

不过给江同学办事情我还是比较愿意的。高一上学期教6班一直很开心，多亏了两个语文课代表。高一下学期选科分班，我一直希望任教江晴岚或者沈歌扬所在的班级。天遂人愿——我拿到13班名单一看，江同学正好在13班。半学期了，江课代表腼腆羞涩而细心负责；顾课代表声音高、嗓门大且能力超强。我在13班的语文课目前感觉还是很顺心的。

江晴岚的座位在窗户边上倒数第二个！我肯定能找到；凭她写的字，我都能找到她的书和笔记本。

她妈妈是江阴一所初中的语文老师，算是同行，我并没有见过。她家距离学校比较远，现在到处封路限行，天又黑了，要来学校拿一趟书的确是有困难的。

我在电话里说明了学校附近的交通情况，江同学妈妈雇了一个跑腿来取书。跑腿小哥走错了路，我从电话里听出来，那人从敬山湾美嘉城拐到了龙定路——那里山上的路已经封死，步行也难以过来。我建议那人倒回去，再从美嘉城转到芙蓉大道，看见"江阴市人民医院"几个大字，并且转到医院北边，再联系我。

时间已经是晚上9点。那人到了人民医院，却发现芙蓉大道往东行驶的地面路段被封堵了。于是，他把电瓶车停在桥下，从人民医院跑步往到南菁高中而来。我骑自行车从办公室往西门迎去。

从电话里的描述判断，那人步行到医院太平间附近，就无法判断方向了。我就大声说："你往东边看，有个冒蒸汽的地方……"那人又分不清哪个方向是东边！

等了十多分钟，芙蓉大道由西向东开过来一辆厢式货车，我问他有没有看见，他说看见了。我说："好好好，你就顺着汽车行驶方向往前走……"我俩的手机一直保持通话状态。

9：30，我看见一个人从匝道上跑来了，我就打开手机手电，像铁路工人发信号一样摇动手臂画圆圈，一边在手机里大声喊："往这边看，这边！"

近了，近了，他也看见我了。

来到面前，天哪，一中年男子，戴着头盔，满脸汗水，喘着粗气，冒着热气……言谈中能感觉到，是一个很厚道的人。隔着学校围栏把书递给他，转身骑自行车离开时，才觉得有点后悔和遗憾，刚才应该给他带一瓶矿泉水！

本想再给江晴岚送一本书——《风声雨声读书声》，这是我在2020年上半年给学校编的两本书。第一本当时的印数就比较少，给在校学生人手一册，课题中期评估、验收时又发了一部分，现在所剩不多，难得送人。书已经找好了，可是临出门时一着急给忘了，担心黑天半夜让那个跑腿的人在这个他并不熟悉的地方等我。

给江同学的妈妈微信留言，来人已经拿走了所需书籍，注意接收。

再次返回办公室，换好衣服，关灯锁门，我回到公寓正好10点。

2022年8月26日修订

2022 菁园纪实之三："狡兔三窟"新解

"狡兔三窟"这个成语具有明显的贬义色彩，是说狡猾的兔子会准备好几个藏身的窝，多用来比喻隐蔽的地方或方法多。实际使用中通常表示某人工于心计、为人狡猾。

但是，2022初夏，我切切实实感受到了"狡兔三窟"的必要性和重要性，故而对这个成语进行一番新解，以纪念壬寅初夏这场江阴抗疫保卫战。

2020年春节之后，江阴虽紧锣密鼓开始疫情防控，一夜之间教师都成了网络主播，学生们整天手捧电子产品——往日的违禁物品在停课不停学阶段恰恰成了学习的刚需配备。但是，2022初夏的南菁抗疫过程，我作为参与者和亲历者，真切地感受到疫情的"防"与"控"是有本质区别的。

"防"，说明疫情暂时还没有到我们身边，尚有时间和空间距离，我们只是防止它传播到我们所在之地或者自身；"控"就有了根本性质的不同，说明我们已经有了疫情，重在"控制"传播速度、范围和规模等，重在动态清零，重在保护重要行业、群体、区域等。

2022年"五一"，江阴就由三年以来的"防"转入"控"。

三天小长假结束，规定5月3日返校。我是这天早晨6点多步行到学校的，原计划上午与学校总务处一起解决图书馆一些问题，也已经约请好了校外的专业人员。我在办公室等到9点多，还没有动静，打电话给总务主任询问，才知道江阴疫情形势严峻，已经通知师生暂缓返校……

我准备回家吃午饭，到校门口时保安说："我们刚刚接到通知，只准出，不准进。你要是出去，不能再进来！"

——疫情真的来了，我必须食宿在学校，时间长短不由我决定。

图书馆需要有一个人值守；我的备课资料都在办公室里；我没办法在家里备课、上网课，小孙女在家会时时捣乱干扰……

吃饭？好办，学校有食堂，而且物美价廉，我本来一日三餐就在学校。午饭后在校园里碰到杨培明校长，他问我："你住在学校会有什么困难，有换洗衣服吗？"像我这样狡兔三窟的人，在学校住一段时间，会有什么困难!

我属兔,确实有"三窟"。

正宗的"窟"无疑是家。第二"窟"乃是学校公寓——多数同事只是把公寓当作一个午休的场所,我则是当作"窟"经营运作的。我在公寓里有冬夏卧具,有四季换洗衣服,有简单炊具;冰箱和洗衣机虽说旧而且小,但是应付我一个人使用,绰绰有余。而且我平时每周至少在公寓里住宿两次,每周一次的晚自修答疑辅导,结束时晚上9:30,如果步行回家,到家就得10点以后了——住公寓;遇到恶劣天气,或者晚上加班加点完成某些工作——住公寓。所以,我的公寓之"窟"可以随时入住,连拎包都省去了。

多数同事没有的第三"窟",则是我的办公室!上公开课,参加重要会议或活动,为了表示对学生的尊重、对课堂教学的虔敬,对活动或者会议的重视,方便同事们留下影像资料,我坚持着正装——我买了一个简易折叠式衣柜放在办公室,将不同季节的西装挂在里边。每次活动结束,我都是在厕所里将衬衣手洗干净,存放在办公室。经常出差,每每时间紧张到走出教室就直奔校门口上汽车,不但来不及回家打点行装,甚至来不及到三楼的办公室里拿行李(这一套出门的行头我很少带回家,存放在办公室)。我一般都是头天晚上在办公室打点好,翌日早晨将行李箱放到门房。现在疫情防控特殊时期,无疑无须出差,拿出来使用,正装与便服俱备,外套与内衣俱全;至于洗漱用品,足够支撑好几周。多年以来,我在妻子无锡任职的学校公寓里也有一套生活用品。2021年暑假,她退休时,我把这一套东西全都搬到了办公室,当时只是因为拿回家没地方安置,现在却发现能够派上大用场!

对我这样面部杂草遍布且长势迅猛的人而言,最紧要的日用品是剃须刀——有剃须刀的地方就是我的"窟"。

对多数男性同胞来说,这是"日用品";我刮胡子,不是以"日"计,得以小时计;超过一定的"小时"就难以用电动剃须刀作业了。相信男同胞们只要用过电动剃须刀都不难理解,电动剃须刀主要是靠微型马达带动刀头(片),或旋转摆动;隔着一层细小的网眼,或金属,或塑料,或其他材料;对准长胡须的部位逆着胡茬反复"磨"——这就简单了,胡子过短,网眼里的刀片够不着;过长,则不能扎进网眼。目前最先进的电动剃须刀,如博朗、飞利浦等也还没有超出旋转与摆动。由此也就好理解了,胡子长长了,像我,超过两天,那就只能用刀片割草,麻烦且耗费时间。小时候看电影，好人被坏人抓去坐牢，一个蒙太奇，镜头一切换，好人满脸胡须，意味着好人在坏人监狱里时间很长并且受到虐待等，那时候很不理解……我读权延赤撰写的《走近周恩来》，印象最深的细节是周总理晚年慨叹自己一生中把许多时间精力耗费在三件事情上，第一就是刮胡子！当然总理那个时代没有今天这么高档的电动剃须刀，只能是传统的几大步骤：打肥皂或者热敷——剃头刀刮——毛巾擦——涂抹护肤品……如果是用剃头刀刮胡子，一般人自己操作不了，要么到理发店，要么有人帮忙。剃头刀刮胡子有三大要诀：轻磨、重荡、紧扒皮。"轻磨"意思是说剃头刀必须极其锋利，剃胡子之前要在一块细腻的磨刀石上轻轻地磨几下，不能像磨镰刀和铡刀一样在粗糙的磨刀石上用力使劲去磨。"重荡"是说剃几下就要在一块特制的长条形鹿皮上重重地来回荡几下，可能也是为了使刀锋更加锋利，或者荡去肥皂、泡沫等。三大要诀中"紧扒皮"最为关键！就是剃胡子时不拿剃头刀的另一只手重重地绷紧脸上的皮肤，这样才能刮得干净。"紧扒皮"做得好，胡子长出皮肉手能摸到的时间会稍微晚个半天，这对那些特殊职业和行业的人来说是非常重要的！

现在有这种手艺的理发匠越老越少了，我们只能从影视作品或者民间歇后语诸如"理发匠的挑子——一头热"等去了解一星半点儿。

——嗯？马背上钉掌——离题（蹄）了！

不过，有没有觉得我对刮胡子很有研究？实话说吧，我本来虽然说不上"面皮白净"，但确实"没甚髭须"，在农村出生、长大，18岁外出上大学之前，也没有进理发店剃过头。从记事到离开家，我的头多是我妈给我剃的。我妈是农村里的能人，种收打碾、针线茶饭、家禽牲畜、多种民间手艺等等都是能手。乡间一般剃头匠都是男性，我妈就偏偏会剃头，而且是用剃头刀刮！我妈经常给村子里的人剃头，一直剃到20世纪八九十年代理发推子普及了的年代，她还能拿起理发推子推。去年腊月里，85岁高龄的我妈还给堂弟推了一次头，而且能把胡子刮得干干净净！现在你就可以明白了，我没有跑题——剃头是细致活儿，多数理发匠为了省时间，不会给客人剃鬓角、后颈和颔下的，尤其是下巴底下、喉管，太危险了！有一年高考题目阅读材料是《剃刀侠》，我读到时竟然激动得手舞足蹈！剃头并刮胡子，北京人叫作"全活儿"；相对应的则是只剃头，不刮胡子。"全活儿"的价格要高很多。你可以想见，我妈给我剃头肯定是毫不含糊的。从头顶剃刀鬓角，再到脖子前后，一丝不苟！

我妈给我剃了十几年头，二利一弊：一利，让我从小养成了良好习惯，不蓄长发，头发一长就难受，节省了多少生活成本和时间精力啊！二利，头发这东西越剃长势越好，尤其是用剃头刀刮。我的头发一直长势喜人，茂密、黑亮、粗硬，每三个星期必须理一次发，否则脖子里的头发居然把衣服领子磨烂了！直到现在年近六旬，依然是满头黑发，很少有白发。每当回到家乡见到儿时伙伴或者同学，总会有人在我头发上抓一把，验证一下我是否带有发套或者接片，查证一下我是否染发……一弊则是胡子越来越多，从男性都有的"髭"到"须"，到多数人少有的"髯"，并且在此"规定"的常规胡子之外，我还有许多人没有的"自选"胡子！

胡子这东西，更是越剃越多，越刮胡茬越硬，越割长势越猛——如同割草，草坪上的草是不是越割长得越好看！

有时想想，我要是生活在古代，那就是美髯公，我敢肯定我的胡子比关云长的胡子多而且长得快；要是在国外，我就是马克思或恩格斯再世，当然仅限于胡子！

上大学，参加工作，成家，引进江南，我离家越来越远了，我妈再没有机会给我剃头了！但我的满脸胡子已经是出了窑的砖——定型了！我逐渐开始用电动剃须刀刮胡子，但是20世纪八九十年代的电动剃须刀都是装电池的，后来有了充电锂电池，出门不仅要带上剃须刀，还要带上笨重的充电器，实在不方便。我花在买剃须刀、买电池和充电器上的钱，一直是一大笔负担！

我为胡子苦恼了几十年。三十一二岁的时候，我在北京重点中学挂职培训过一年。为了解决胡子的问题，我曾经大冬天凌晨4点钟起来，骑着自行车到首都北京最著名的医院排队挂皮肤科专家号，没吃早饭等到上午将近10点才轮到我就诊。一位很漂亮的中年女医生，一看我一个成年男子看皮肤科，立刻以警觉的眼神打量着我，我坐在她旁边就诊的凳子上之后，她赶快戴上了橡胶手套。我笑笑说，医生你别紧张，我不是来看你想的那种皮肤病，我来看胡子的……她稍微轻松了一点，笑笑说："胡子有什么好看的？胡子还会有病吗？骂人的话说胡子上长疮——毛病，莫非你想看毛病？"我耐着性子，仰起脑袋，脖子拧来转去给她看我脸上各个部位的胡子，问她："你有没有办法让我不长胡子？"她又笑笑说："美男子一身毛，成年男子不长胡子，那怎么体现你的性别特征呢？"她给我做了一番工作，训斥了我几句，最后才友善地说："我给你开一种药，是女性祛除腋毛的，涂上以后毛发就从根部脱落了，看看对你有没有效果。"我花大价钱买了药，涂在面部长胡子的地方。那种药膏能把胡子融化，涂上几十分钟后用水一洗，胡子跟药膏一起被洗掉了。但过几天胡子还是长出来了……

后来有一次，我看见我小妹妹拿着一套很精巧的修眉毛工具，我就毫不犹豫地据为己有，拿着那只精巧的弧形镊子，对着有放大功能的镜子，把看着不顺眼的那些胡子一一拔掉！忍受着皮肉之痛，耗费了很多时间精力，然而过了几天，拔掉胡子的那些毛孔里，不是长出一根胡子，而是两根三根……

对一个不习惯于蓄须的人来说，胡子长长了是一件很难受的事情，它比洗不上澡、洗不成澡要更加令人难以忍耐。所以对我来说，有剃须刀的地方就是一"窟"，更何况我有好几把剃须刀，那么"狡兔三窟"实不为过。

这些年，我不缺买剃须刀的钱了！我时刻准备着四把电动剃须刀，从价格一两百元的国产品牌到数千元的世界品牌。三把分置于"三窟"，一把连同充电器一起长年累月装在行李箱中。

某种意义上讲，有剃须刀的地方，我就可以安心作为一"窟"。

——是不是可以宽容我并没有离题或跑题？

我有"三窟"，一日三餐和每天的必修课刮胡子都不存在问题，本来可以无忧矣；但是到了5月下旬，我就有了新的烦恼——头发长了！我是4月30日下午骑自行车到学校附近的镇上理发的，已经三周了，得理发了！

南菁就是南菁！5月20日——距离我上次理发刚好三周这一天，我在学校微信群里看到总务处章成老师留言：

老师、同学们：

大家好！防控校园封闭管理，考虑到学生和老师在校时间比较长，经了解我们后勤工友中有位阿姨以前是开理发店的，愿意为大家免费提供理发服务，请需要的老师和学生，从5月21日开始每天下午3：00-5：30到游泳馆东侧的形体房理发（学生可以利用活动课时间前往）。

总务处

2022.5.20

出乎意料的是，需要理发的师生很多，总务处后来排了一个时间表（略），避免了排队等候，巧妙解决了疫情防控期间扎堆聚集的问题。

某日下午，我到南菁高中的"徐阿姨理发小屋"，把满头长发剪掉，顿觉轻松凉快了许多！

疫情突袭美丽富饶的江阴，我的第一"窟"有妻子和可爱的猫值守；我一个人在第二"窟"和第三"窟"之间穿梭，每天需要上网课，我不给学校增加麻烦，不耽误工作。万一我变成"小黄人""小阳人"，我可以不用到酒店隔离——整幢图书馆大楼就是我一个人的方舱医院，办公室就是我的隔离单间，而且在这里食宿一两个星期，没有大的困难与问题。一家三代，分别封闭管控在三处，减少传播感染风险，降低生活成本，确保正常有序应对疫情防控与工作——我有"三窟"，有何惧哉！

是为"狡兔三窟"新解矣。

2022 年 8 月 26 日修订

（第二辑）书园情

王濬楼船下益州　金陵王气

黯然收　千寻铁锁沉江底一

片降幡出石头　人世几回伤

往事　山形依旧枕寒流　今逢

四海为家日　故垒萧萧芦荻

秋

唐刘禹锡西塞山怀古

壬寅冬月永之书

2022 菁园纪实之四："好事者"自嘲

"黔无驴，有好事者船载以入，至则无可用，放之山下……"我就是那个好事者，虽已年届花甲，但童心未泯、玩心难改、贼心不死，用妻子时常训诫的口头禅就是"老没个老样儿"。

2017 年暑假加入南菁大家庭，我一直对学校南边那个耙齿山很感兴趣。每每饭后散步，从山脚下的校园大道上走过，总是听到那里边各种施工机械丁零哐当的声音，猜测那里边很热闹，总觉得它很神秘……

但是，我知道的三个进山大门都是长年累月锁着！

2019 年国庆节，发现学校西边那个门因为施工临时开着，我动员老妻一起去爬了一回耙齿山。夕阳西下时到达山顶，拍了很多照片，远眺江阴全貌，俯瞰南菁校园；敔山湖尽收眼底，居家所在的江阴院子近在咫尺……我付出了一条裤子的代价，妻子则付出了一双鞋子的成本——荆棘丛生，山石嶙峋，连羊肠小道都没有。西侧是峭壁，底下是新建的江阴人民医院；北侧是原路返回，好马不吃回头草，于是我们选择了从东南方向下山，途中目睹了几十年前江阴人采石留下的好几个大坑——有点像电影《色戒》中荒凉阴森瘆人的杀人场，妻子显得很害怕，不断地埋怨，扬言再也不跟着我瞎转了……

今年清明前后，连续好多天，我步行回家途中发现有大型自卸车往耙齿山里运土——这不是把石头往山里背吗，哪有往山里运土的？我恳求司机把我带进去周游一番，有位很好奇的司机同意了，谁知我刚上车时就被躲在旁边小汽车里的两个人拦住了，原来他们是这些大型工程车的管理者，好言婉拒了我……

作为一个地地道道的好事者，往往是会有意想不到的收获的。这两个年轻人看我戴副眼镜，也还文静儒雅，就试探着问我是干什么的，为什么想进山……当他们知道了我是山下南菁高中的教师，明白了我只是一个好事者的时候，相视一笑，主动给我介绍了他们的工作，告诉我一个很专业的概念"覆绿"。回到学校，上网检索，与地理老师讨论，总算大概明白了——所谓"覆绿"，就是指在裸露的地方种植上一些植物，来起到防风、防沙、固土或者美化环境的作用。眼前的耙齿山覆绿竟然是引进日本技术——大型卡车拉来厚重的水泥预制桩，有序排列在山坡上；电焊焊接成规则的正方形；填上土；种植物——天哪，当初挖山采石创造了多少价值，如今恢复青山得多大的代价？

4月30日下午，清明放假，我骑着山地自行车回家。途经学校南门，发现旁边那个从来不开的铁门——徐姚村林场的大门开着。天气很晴朗，不冷不热，我就冒冒失失地骑着山地自行车进去了。往里走，柏油路到尽头了，变成了泥泞，前两天下过大雨，到处是雨水；车辙里全是积水——我老夫想发少年狂，试图猛踩山地自行车冲过去，但是不能不服老——两个车轮被泥巴粘得结结实实，推着走都很艰难。不得已，我决定弃车步行，返回时再把我的自行车弄回家，反正这山里几乎没有人。

步行几十分钟，到了平时饭后散步时听见机器轰鸣的那个山湾里，看见了三个人，其中一位老者，年近七旬，自称是林场看护人员，姓徐，本地人，一口江阴方言，我能听明白七七八八。寒暄之余，发现他认识南菁高中很多教职工，我就自报了家门，他很友善地说："你不在学堂里好好做你的先生，跑到这里来贼（做）什么？"剩下两人：一位老太太是他夫人，来送饭的；一位妇女，说是来捡废铁的。

徐师傅带着我继续进山，我大开眼界，他不仅在这里种了好多种蔬菜，在雨水积成的坑里养了鱼，还利用山上原有的一个简易建筑物办了养猪场，喂养着好几头大肥猪，据说每头猪值八九千元钱。山坡上，用废弃的东西围了一个不规则圆圈，养着上百只鸡——标准的散养、纯天然、无公害……

我拿出手机加他微信，他尴尬地说："我这个是老年机，我不会用微信……"我就只留了个号码，回家了。

耗费了一个多小时擦洗干净我的山地自行车——两个轮子上的泥巴都是我双手一块一块抠下来的；又费了几十分钟擦洗好我自己，好好在家过"五一"。

作为一个好事者，总归会遇到好事的！

5月3日中午开始，江阴疫情紧张，我们家三代被封闭在三处。我吃喝拉撒睡全在学校，不用发愁；妻子在家里，小区属于云亭街道，每两三天免费送一次蔬菜、肉类，也没有问题；唯有女儿一家三口隔离在乐府兰亭小区，两个大人都是黄码，门上被贴了封条；冰箱里的食材维持几天生活无大问题，但是6岁的小孙女需要有新鲜蔬菜、水果、鸡蛋等。

我打电话给徐师傅："你有没有鸡蛋，卖给我？"

徐师傅每个星期给我5斤新鲜鸡蛋，有一次送来的鸡蛋中有两三个竟然还带有母鸡的体温。后来还买过他在山里种的韭菜，比市场上卖的真的好吃多了！徐师傅每次把鸡蛋等放在学校门卫，待我女婿外出采购物资时顺便带回家。再后来，我突发奇想，打电话给徐师傅："把你养的鸡买一只，要羽毛长得好看一点的，多少钱都行……"我让女婿把活鸡拿回家，给小孙女玩一会儿；宰杀后拔几根彩色的羽毛，给小孙女扎了一个漂亮的毽子，在家里锻炼身体，增添生活乐趣……

做一个好事者，有什么不好？在这特殊时期，我这个好事者是不是比别人多了一份保障！

本来还跟徐师傅商量好，如果新冠瘟神不退，市场上"二师兄"的肉涨价，我们把他养在耙齿山里的猪杀一头吃肉，他笑着说："你阿肯来帮忙的？假如说你来给我打下手，我们两个人是可以把一头猪杀掉的，我这里各种工具都有的……"

好在江阴人民战胜疫情的勇气胜过瘟神，没过几个星期，就解封了，我也就没有机会体验一把"屠夫人生"，更没有机会重温一下儿时把猪膀胱当气球吹的乐趣了！

2022年8月26日修订

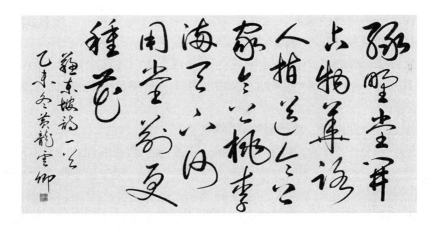

2022 菁园纪实之五：大白，真帅！

我在 5 月 7 日晚上就看到了"南菁高中教师"微信群里的这个通知：

志愿者招募：抗疫有我！南菁逆行教师"集结号"

疫情突袭，为保障高三师生有序返校，南菁吹响逆行教师"集结号"——面向在校园内的南菁党员教师、团员教师和广大青年教师招募志愿者，参与保障返校师生在校封闭管理期间物资配送、值班管理、核酸检测辅助、维持秩序等工作。

一、服务时间

每天早中晚餐时间、师生核酸检测时间、值班时间

二、服务内容

暂时封闭管理师生的送餐、核酸检测志愿者（辅助、维持秩序）、封闭管理期间值班、学生就餐时段协助维持秩序

三、具体要求

1. 志愿者本人身体健康，双码正常，核酸阴性；

2. 确认的服务时间要保证到位；

3. 参加早餐送餐服务的需没有早读课、第一节课，参加午餐送餐服务的需没有上午第五节课（请在报名时以"周几不安排某时间段"的形式一并说明）；

4. 一方面做好服务工作，一方面做好解释工作；

5. 具体工作任务由疫情防控小组统筹。

四、报名办法

请有意愿参加志愿服务的老师在 5 月 8 日 10：00 前通过 QQ、微信联系校团委书记贡丹老师。

让我们众志成城，共克时艰！感谢有你，携手前行！

中共江苏省南菁高级中学委员会

江苏省南菁高级中学团委

江苏省南菁高级中学工会

2022 年 5 月 7 日

（第二辑）菁园情

5月8日，母亲节，周日，这一天我没有课务，在图书馆办公室备课，从干燥箱里取出我的专业单反相机，仔细检查，充满电，做了一些简单保养，准备好摄影包，随时关注学校微信群和QQ群里的各种消息和通知。晚上10：30，我离开图书馆大楼，经过文德楼A座楼下时，看见二到六楼好多办公室的灯都亮着。二楼是学校总务处，三楼教务处，四楼德育处，五楼校长室，六楼是会议室。会议室这个时间还亮着灯，说明有人在开会。原本几千师生的校园，这个时候仅有高三的四百来位学生和几十名住校青年教师，本来就空旷的校园，显得更加寂然幽静，稍微驻足谛听，能感觉到有人在打电话……

9日早晨，语文早读＋第一节语文课，结束时间按照临时课表应该是8：20，我的计划是下课后立即背起相机到学各处去拍照，从校门口迎接高三学生到宿舍楼，我要用镜头记录下今天的所有环节……

7：30早读之后有10分钟休息，7：32徐海龙主任打电话给我："寇老师，实在不好意思，本来不想麻烦你；但是现在所有在校的老师全都有任务了，实在排不开，要麻烦你做志愿者，任务是1号公寓六楼高三男生宿舍值守，接应和安排学生入住。"

跟高一（13）班学生打好招呼，我可能随时离开空中课堂，去做志愿者，学生们很能理解。

坚持到正点下课，我一路小跑到防疫物资仓库领取了防护服。大姑娘坐轿——头一遭。我真的不知道该怎样把这件大作怪的衣服迅速穿到身上，并且起到防护作用。好在保管发放物资的一位员工悉心指导："老师，从脚和腿开始，往上穿……最后穿鞋套……"

我把手机递给她，请她拍了几张照片，记录了我穿着防护服的全过程。

考虑到接下来好几个小时中可能没法与家里联系，为了避免家里人担心，我在1号公寓楼下碰到同事时请他给我拍了这张照片，发到家庭微信群里，几秒钟之后，就听

到6岁的小孙女奶声奶气的声音："姥爷穿上大白衣服，真帅！给姥爷加油！"老妻也惊喜曰："哇，你要做志愿者啦！"

帮助学生拎了两件行李，我就一口气爬到6楼，江阴市教育局的三位

蹲点领导已经开始工作，一位负责联络协调各项工作，一位与我一起在六楼值守，另一位和我的同事在五楼值守。

与我一起在六楼值守的是组织人事科的一位领导，他拿着几张表格，手握一支笔，每上来一位学生，迎上去询问姓名、宿舍号等信息，做好记录，极其认真负责。其实这项工作南菁的年轻老师们都能完成，但江阴市教育局的领导就是以如此高度的责任心投入工作，真的令人敬佩！我负责将学生带进宿舍——只准进不准出，没有搬上来的东西只能等教师志愿者搬上来。

南方之学，得其精华！南菁高中的学生真的都是非常优秀的，他们一进宿舍，就迅速整理自己的床铺等，很快都投入学习中，无须老师督促，特别是601—606几个宿舍的男生，让我们做老师的看在眼里，喜在心里，能为这样好的学生出力，打心眼里高兴，再苦再累，我都心甘情愿！

我不时地向楼下张望，两辆汽车你来我往，穿梭搬运学生的行李，从早晨六七点一直到下午三四点。那些可爱的大白，都是我的同事们，从校门口到宿舍楼下，不停地帮学生搬运，凭声音我能听出来有石慧萍、陈嘉英，从身材我能判断出一个是娄琰，就配合默契程度讲莫过于王飞和曲宪春夫妇，他俩真是抢着干活又互相关心体贴，大件、重物品都是王飞老师一马当先……

9点左右，太阳近乎直射到楼道里，我开始感觉到闷热无比，原来这防护服不透气，防护眼罩戴在近视眼镜上边，眼镜和眼罩产生了双重雾气，防护手套更加难受……而现在并不是炎热的季节，今天最高气温才是23℃！想想那些医护人员真是不易，别说高强度工作，仅仅每天连续穿十几个小时防护服就不是一件容易的事情！

我躲进一间还没有进来学生的宿舍卫生间里，解开防护服，脱掉夹克上衣，才觉得稍稍能够忍耐。解了一次小便，发现难度真的不小。教育局的那位领导则坚持不喝水，以减少小便次数。

我的工作并不累，也不复杂：把学生带进宿舍，交代好要求；一个宿舍的同学到齐了，我清点人数后在门上贴上封条；如果有学生有事情，我打电话给班主任等。

下午3：45，我看到徐海龙主任发在教师群里的微信：

战况通报：高三校外学生返校攻坚战第一阶段战斗接近尾声，在校的师生员工全员上场，大家同心协力按照上级疫情防控规定严谨、有序、高效地将同学们送上了宿舍楼。

疫情压力、大白在身、阳光灼热、步履艰辛，所有的志愿者，包括班主任、行政人员、工友保安都付出了巨大努力。在此代表学校、代表家长感谢所有坚守一线的南菁人！

这意味着我们的工作可以结束了，但是我看见楼下还有那么多行李，心里想：这些物品或许学生们等着使用，这么多行李全靠几个年轻老师搬上六楼，那得费多少体力和时间！

围着这些行李看了一圈，我发现有几个学生书籍就这样露天放着，万一下雨呢？高三学生，分秒必争，这些书籍资料或许他们急等着要用吧……

中午没法休息，午后天气愈热，我们每个人都已经精疲力竭，走起路来双腿双脚沉重……但是，我还是强打精神，把男生楼下的三个书箱搬到了六楼，按照宿舍号找到了它们的主人，正准备离开，碰到了杨培明校长和教育局吴洁书记，他们一起来查看学生到校情况。他们看起来都是一身疲惫，坐在宿舍楼下简单聊了一会儿，我才知道，学校领导昨天晚上开会研究高三学生返校工作，本来已经到了晚上 11 点多，接到通知，教育局领导到每个学校检查，晚上 12：30 左右才能轮到南菁高中——再次开始逐项分析，一个一个细节重新考量，方案否定了一次又一次，修改了一遍又一遍，直到凌晨 1：30——休息时间就得到凌晨 2 点左右了！

今天早上 6 点多，我就在学校食堂里看见了杨培明校长，他已经开始了今天的紧张工作，从校门口到宿舍楼，从办公室到学生教室，不停地走动，不停地接听电话，要么在询问各个环节的落实情况，要么在布置安排新的任务……

我们一起来到女生宿舍楼下，我再次看见有学生的书籍资料露天放着，就搬起一个收集箱上六楼，杨校长叮咛我说："中途歇一会儿啊，你不是小伙子啦！"

这箱书籍是高三（11）班掌煜彤同学的，上到六楼我就大声喊"掌煜彤"，顺着声音很快就找到了——整个宿舍的同学高呼"哇，老师，太谢谢您啦！"也有学生说："老师，我也有书在楼下呢……"还有学生急不可耐地说："老师，老师，我的书籍装在一个绿色的行李箱里，放在……"

我连续搬了三趟，后两趟真的需要在中途休息一两次……

我才知道了"掌"还可以做姓氏，以前只知道马掌、驼掌，熊掌、鹅掌……

下午 4 点多，脱下防护服，我从手机上看到：

抗疫有我！南菁逆行教师"二次冲锋"

高三校外学生返校工作要求先确保学生有序上楼进宿舍隔离，目前尚有大量行李在宿舍广场留存。因预报有雨，拟晚饭后请志愿者搬运上楼。

第二轮志愿者招募集结号再次吹响：17：30搬运学生行李上楼，保底20人。请大家在线文档填写姓名、手机号！让我们振奋精神，鼓足干劲，决胜高三校外学生返校攻坚战！

抗疫逆行，南菁教工雄起！守护菁园，志愿服务有我！

【金山文档】抗疫有我！南菁逆行教师"二次冲锋"！

微信群里有老师留言：致敬所有坚守岗位的南菁人！

有老师跟帖：致敬逆行者——所有坚守岗位的南菁人

晚饭后，在校的许多年轻老师"二次冲锋"，把放在楼下的数百件行李搬到六楼，一一交给学生。

晚上8：42，徐海龙主任再次完美展示了他理科老师的文采：

高三校外学生返校攻坚战第一天任务基本完成，为所有参与的南菁人点赞！

简要回放今天的战斗：

1. 共有约310名同学依次进校，携带大小行李超千件。

2. 预定工作9点开始，实际学生8点就有到达，各岗位接引人员提前进入战时状态。

3. 北校门、老校门各有保安值守，各配3名志愿者老师配合班主任完成学生进校行李搬运、全面消杀、转移安置等工作。

4. 学生宿舍楼下各配3名志愿者值守，维持秩序。后发现学生行李较多，志愿者开始帮忙搬运上楼。

5. 男女生宿舍共4个楼层各安排两位志愿者维护秩序，防止学生串门。后学生行李上楼压力大，志愿者们开始"双肩挑"。

6. 在校师生核酸检测正常进行，志愿者参与配合。完成后，志愿者转战学生宿舍楼帮忙搬运行李。

7. 志愿者配合工友完成在校隔离师生午餐配送，因为战线长，工作量大，很多志愿者已经体力透支。

8. 下午战斗继续，多个岗位志愿者告急。工作侧重点调整为先保学生上楼。

9. 14：30左右，战斗进入后期，学生到位有序推进，学生携带行李物品集中在宿舍楼下篮球场。考虑夜晚可能有雨，再次吹响志愿者招募集结号，不少志愿者虽已精疲力竭，但都能坚持到最后一分钟，抽空在楼道里小憩片刻再次冲锋。

10. 下午核酸检测正常进行，志愿者参与配合。

11. 17：00左右，二十多位志愿者招募到位。

12. 晚餐配送开始，不少志愿者先完成隔离教师配餐，然后紧急加入学生配餐。

13. 17：30学生行李物品上楼攻坚战开始，保安、工友和志愿者们再上火线。

14. 18：00部分高三班主任、高三老师安顿好在教室学生后加入行李搬运。

15. 战斗，在夜幕中悄然结束。

以上文字记录，远不能尽现大家的辛苦，谨以此向坚守岗位的每一位南菁人致敬！南菁发展，感谢有您！

最近一段时间，我利用茶余饭后的闲暇时间在"学习强国"平台上观看《特赦1959》，杜聿明有几句话，我印象很深：共产党的动员能力令人惊奇而叹服！淮海战役动员组织了70万民工推着手推车支援前线……

南菁的动员能力是不容置疑的！南菁老师们的凝聚力是不容怀疑的！尤其是那些刚刚参加工作的青年教师，他们多是独生子女，他们长这么大或许是第一次吃这么多苦，他们在父母的眼中或许还是孩子……

这就是南菁老师！

今年是我参加教育工作第39年；南菁，是我工作的第四所学校。这几天我一直在寻思，如果把今天的这样的事情放在我以前工作过的学校……

大白，真帅！

南菁大白，更帅！

附：

返校接应、值守志愿者及上下午核酸检测助理安排

一、校门口配合班主任工作【需穿防护服，大白】

1. 北校门全天：李亚东（组长）李天颖、徐奚潇

2. 中校门（老校门）全天：印晓明（组长）陈彬洁、赵海英

二、宿舍楼接站（女生楼帮忙送学生行李物品上楼）【需穿防护服，大白】

1.女生3号楼接站全天：王飞（组长）曲宪春、王子多、张永琦、王炯杰

2.男生1号楼接站全天：娄琰（组长）张雪、徐新悦

三、楼层值守【防止学生进宿舍后再出宿舍门】【需穿防护服，大白】

女生3号楼值守（2楼东）施卓妮（组长）

女生3号楼值守（2楼西）冯卉

女生3号楼值守（6楼东）张舒月

女生3号楼值守（6楼西）柏杨

男生1号楼值守（5楼东）毛润东（组长）

男生1号楼值守（5楼西）陈光林

男生1号楼值守（6楼东）胡仁

男生1号楼值守（6楼西）寇永升

四、师生配送餐

王璐莹（组长）陈伟、陈霞、胡欣怡、陈嘉英、张荣荣

五、核酸检测配合【需穿防护服，大白】

1.上午：王旭辉、张荣荣、丁淑慧、王璐莹

2.下午：陈婧、毛润东、李博文、陈伟

请以上志愿者联系贡丹老师加入"集结号"群；请各位提前到唐医生处领取防护服！请组织统筹岗位人员，确保全程岗位有人坚守！先做核酸，做好个人防护！

2022年8月26日修订

朱山子书　忡其在乐

2022 菁园纪实之六：高三全面复课

东北多地以及我家乡甘肃好几个地方下雪！

2022 年 5 月 13 日晚上 6 点，9 日到校集中在学生公寓隔离观察的高三学生解封，全部回到教室里，明天开始全面复课。

307 名高三学生，9 日上午开始陆续到校，住进学生公寓，进门以后不允许再出来，每个宿舍人员到齐后，由教育局蹲点指导监督疫情防控的领导检查，1 号公寓 6 楼，十几间男生宿舍，是由我一一贴上封条的！多数宿舍住 6 人；每人一张零点几平方米的写字台，胳膊肘子相互紧挨着；身后是床铺；不可以走出宿舍门，三餐送盒饭；核酸检测隔着窗户进行；完全靠自主自学进行考前复习……

9 日午前，到 13 日晚上 6 点，4 天半，80 个小时以上，南菁高中 307 名即将参加高考的高三学生，安安静静地在宿舍里学习。

盼望着这个具有特殊意义的晚上 6 点！由老师带队，按照规定的路线，排队下楼，列队来到教学楼。从照片上可以看出来，他们各个喜气洋洋，面带笑容——尽管被口罩遮挡，但是难掩激动之情！

疫情防控要求规定，高三学生不能全都集中在高三教学楼，每层楼只能安排一个班级。他们分散到高一、高二教学楼。我们隔壁的 14 班，变成了高三（12）班临时教室。

14 班沈歌扬等伙伴们的课桌全都搬到了 13 班教室临时存放——沈歌扬如果需要拿书，方便吧？现在的 13 班教室是这样的：

站在江晴岚的座位旁边，以她放在窗台上的那些玩具为参照物拍照；站在薛亦涵座位前边，以她的语文默写本为前景，拍照……

伙伴们，根据江阴疫情防控形势，结合种种迹象分析，考虑到每个学校都要全力以赴确保高三和高考，高一高二学生在高考前返校学习的可能性很小！

如果你还以为上网课可以摆烂，居家学习可以不卷……想想是不是太天真了！

学正厅门口的两株树上的枇杷有个别成熟了，两位女老师在摘枇杷。

搬了一把椅子，一个踩在上边伸手摘，一个站在地上拍照，估计是家乡不产枇杷的——钓胜于鱼嘛。

晚饭后，我在校园里散步，碰到杨培明校长，寒暄了几句，我感觉浑身很冷——我是饭前剧烈运动了一节课——"五一"放假前一天直到今天，才碰到了一位羽毛球友，我们在球馆里酣战五个回合，两人都感觉到气喘吁吁，体力难支，毕竟十几天没有剧烈运动了！缺少对抗性的体育运动是很难达到锻炼目的的。这些天我的球友们大多封闭在家里，整个图书馆大楼上连续十几天只有我一个人，身兼保安、保洁、管理员、馆长数重职责，有老师需要领取教辅材料的、收取保管报刊等常规工作都由我一个人完成。偶尔飞进来一两只鸟，扑棱棱、扑棱棱在玻璃上撞上几次大多晕倒在走廊里。每天晚饭后，我抱个篮球一个人在空旷的篮球场运动上几十分钟，但毕竟达不到羽毛球的运动量！

看看手机上显示的温度只有十几摄氏度，刚刚剧烈运动完的我都感觉到冷飕飕的，就回到办公室里添加衣服。回头看看杨校长还是站在文德楼下，上身只穿一件衬衫，好像是在等什么人；后来才明白，他也冻得受不了，等待穿上外套，去了新安排的高三各个教室，先查看了同学们的用餐情况，接着到各个班级查看同学们在十几天分散学习之后集中到教室里的晚自修情况。

9日午饭开始，到今天13日晚饭，13餐，给这三百多名高三学生送餐，男女生都在六楼；南菁高中几十位教师作为志愿者，搬着装盒饭的沉重的塑料箱，一次又一次爬上六楼……

中午，女婿利用每家每户每三天可以有一人外出两小时购买生活用品的机会，骑着电瓶车到山观恒隆超市采购，还帮出门不便的邻居家买了蔬菜等。路过学校，约我到中校门，给我芒果、黄瓜、小番茄等——好多天没吃到水果了，看见都觉得喜庆！连续几个星期不吃肉类，我没有什么感觉；但是长时间吃不到水果，我总觉得生活中缺少了什么……知道我喜欢吃各种瓜果，女婿花大价钱买了一个西瓜；我从他在超市里拍的购物车上照片就看到了有一个西瓜，到校门口接应时就着意从办公室里带了一把水果刀，带了一个塑料保鲜袋——结果女婿想的跟我一样，西瓜一分为二，一半他拿回家，给同样喜欢吃瓜果的我女儿和他女儿，一半我一个人享受。

一个女婿半个儿啊！

妻子隔离在家中，属于云亭街道，每过两天收到免费派送的蔬菜、水果、肉类、牛奶，有一次竟然还有鱼，她一个人享用了我们全家的防疫物资！

带了几个芒果，来到高三，几经辗转，找到了已经搬到高二教学楼的小卞同学，问他有什么困难和需要帮忙之处，他笑笑说："老师，我现在已经习惯了，高考之前不指望回家了……"

晚上8：21，我正在办公室里批阅13班作文，看见"南菁高中教师群"里微信：

各位老师：

南菁高三校外师生返校大决战到今天可以说告一段落了。明天起，校内师生大部分均可解除封闭，志愿者参与送餐、物资配送等工作暂停，感谢所有参与的教职员工，感谢志愿者们！你们辛苦了！

短短几天，南菁经历了一次历史性的考验。众人拾柴火焰高，疫情就是集结号。在遭遇战、攻坚战、阵地战、精准作战等各种战役中，南菁教师交出了让人满意的答卷！大家再一次用行动证明，再艰难的路我们都可以征服！我们这一代南菁教职工是值得信赖的！！

再次感谢各位教职员工的辛苦付出，让我们共同祝福本届高三苦后即甜、捷报再传！

——又是教地理的徐海龙主任的手笔，难得文采斐然！

好几个老师跟帖：高三师生苦后即甜、捷报再传！

2022 年 8 月 26 日修订

2022 菁园纪实之七：网课是否开摄像头？

自 5 月 4 日线上教学至今，四个星期过去了，学生之间的学习差距日益明显；从两次线上检测初步研判，班级之间的差距也呈现拉大趋势。

线上教学，我在 2020 年已经有两三个月的实际经验，这几年一直在通过网络远程给新疆师范大学、浙江师范大学等高校和家乡的多个工作室进行线上讲座、授课等，深知和深信，开不开摄像头，教学效果大不一样；对高中学生而言，更是区别明显。所以，我在一开始就倡导学生上课开摄像头；当然我自己率先做到——为新师大承担五个半天、二十多个学时的培训，每次我都着西装衬衫、打领带，而且每次授课的领带都尽量换一下，以示对同行的尊重和对课堂的虔敬。（不过只是上半截显得很正式；下半截多是着运动短裤、拖鞋……一次有两位老师可能发现了我的上下不一致的奇异着装，在镜头里坏笑……）

主动开摄像头，不仅表现出尊重和信任，更能提升课堂教学效率。但总有那么一些小顽固，自以为是……我在提倡、示范、强求之余，也让学生体验过师生都不开摄像头的网课——专挑最难理解的课文并且尽量快速讲解；也试验过教师开而不要求学生开的网课，让小家伙们在比较中自己反省、自我教育。

后来我专门组织了关于网课是否开摄像头的视频会议，与班级里的几个语文学习积极分子商议，听取他们的意见，了解了部分学生的真实想法，于是一道很接地气与学情的作文题就产生了：

居家上网课，有人主张开摄像头；有人不愿意开；有人说，老师开我就开；也有人说，老师开是应该的，我没必要开……

你怎样看待上网课开摄像头，学习借鉴最近学习的课文，写一篇演讲稿，准备对同学演讲。不少于 800 字，题目自拟。

令我喜出望外的是，在四选一作文中，很多学生选择了这个题目，而且产生了很多佳作——关乎切身学习效果，有切身体验，有话可说。学生大多模仿正在学习的课文中的演讲词，写得比较轻松愉快，有的学生洋洋洒洒，字数远远超出 800 的限制……这也从一个角度说明，我们平时的作文大多不合学生的胃口，与学生学习现状距离较远，诱导学生写一些空话大话套话和正确的废话，写作训练与阅读教学油水分离……

这次演讲词写作训练一石多鸟，事半功倍。形式上学习了演讲词的写法等知识性内容，内容上教育了学生，尤其是那些对网课态度不端正、学习效率较低的顽固者算是一次提醒和告诫。

特精选学生佳作一二，附下水作文一篇，以纪念我们暂时结束的网课。

高一 13 班学生优秀演讲稿分享：

网课是否要开摄像头？

张浩然

同学们，现在我们在家上网课，在腾讯会议里，我们可以开语音，可以开摄像头，以此来和老师们互动交流。但是，很多同学，包括我，其实都不是很愿意开摄像头。那么，网课是否需要开摄像头呢？（**提出问题**）

先让我们来分析一下我们为什么我们不想开摄像头。第一个原因，有些同学在家里疏于打扮，自己觉得不好看，很不好意思让大家看到。第二个原因，有些同学觉得只要不开摄像头，老师就看不到他，就可以避免被叫回答问题了。第三个原因，有些喜欢搞小动作的同学掩耳盗铃，把摄像头关了兴高采烈地掏出另一台设备。很明显，这些理由都是非常不合理的，因为这些都是逃避学习的想法。如果说你是觉得不开摄像头比开摄像头更适合你学习，更能集中注意力，那么我觉得这是可以接受的。（**不开摄像头原因分析，条理清晰，言之有理，令人信服。**）

那么，网课开摄像头，又有哪些好处呢？在我看来，开摄像头有三个好处。第一个，可以督促自己不做小动作，认真上课。第二个，老师看到大家都在认真上课会得到激励，于是讲课会格外有精神。第三个，老师可以发现走神的学生，及时提醒。当然，如果你的自觉性很高，不需要摄像头来督促你，那么不开其实也无伤大雅。（**开与不开，正反对比，增强说服性。**）

实际上，开摄像头不仅仅有这些好处，它还是一个态度问题。在家上网课，要想有收获，最重要的是什么？是对待它的态度。打开摄像头，是对网课的尊重，是对上课的老师的尊重。如果说不开摄像头真的能让自己的学习效率更高，那当然可以不开，但是又有多少人可以做到呢？

实际上，我们在家大多数人都心不在焉。数学老师为了防止我们开小差，还想出了偷偷打开签到的方法，以此规范我们。然而我们在抱怨之余有没有想过，这种行为的产生是因为什么？还不是我们一开始就没能保持认真上课的状态，最终才失去了老师的信任？（**以上三段分析问题。**）

打开摄像头，让自己收获更多，让老师更信任，拉近彼此的距离，让网课不再孤单。大家都打开摄像头，有什么不好意思的呢？有些同学说，老师也得开摄像头，不然我们也不开。老师要是打开摄像头，大家看到后一定会被吸引注意力，更有甚者把老师做成表情包。所以，老师是没有必要开摄像头的。（**点明题意，强调论点，解决问题。**）

我的演讲到此结束，谢谢大家！（**符合演讲稿文体要求。**）

网课开摄像头利大于弊

邓天赐

同学们：

大家好！

我们的网课学习已经经过了很长时间，暂时落下一段帷幕。这种学习上课方式与在学校里的方式大相径庭，效果也不一样，或者说因人而异。这也存在一些问题，依我来看，就课开摄像头，这是利大于弊的。（**亮明中心论点**）

客观来讲，没有了老师们的监督、同学们的相伴，要在网课上做到真正自觉，不开小差是很难的，因为人人都有惰性，也不可能在这样的条件下始终如一地集中精力。开摄像头并不是老师的强迫要求，而是对同学们的监督管理，其根本目的是提高大家的效率和认真程度。而这只是一种形式，固然不可能真正改变什么。要明白，网课只是换了一个地方学习。平时在学校里天天六位老师盯着，为什么在家里就不可以呢？此外，开摄像头提高了课堂效率。有时老师会检查同学们的一些作业，这时就可以很快通过屏幕展示给大家。这也可以增强师生互动，让老师清楚同学们是否理解知识点，以推动课堂进度。若是只有老师一人开摄像头唱独角戏，那同学们都无法更好参与其中。

主观上来看，对于一部分同学，上课心不在焉已经成为常态，开摄像头与否并不能解决问题，不能从根本上改变原先的学习方式；但如果两者都不具备，那学习效率会更低下。对于另一部分同学，自控能力和学校习惯较好，开摄像头几乎没有影响。是故"圣愈圣，愚愈愚"。网课结束后差距必然会被拉大。（**主观、客观两方面分析，并列式结构。**）

当然开摄像头也会有一些坏处。大家都对自己的容貌比较在意，担心自己的隐私权，况且文科班女生多，都比较"爱美""爱面子"。但这种心理是不对的，要是大家都认真学习，哪里还顾得着去偷看别人呢？再者我们班也没有绝世美女、绝世帅哥。另一方面，开摄像头可能会引起同学的紧张情绪，增加压力。只要我们心态转变，把注意力集中在课上，把家里当作学校，这些心理都是很正常的。值得一提的还有，现在流行"虚拟背景"，于是一部分同学把一些不该当作背景的图片展示上去，如搞笑图片或同学们的表情包，这都会让同学们分心，对自己和别人都不好。（**正反对比，分析利弊，呼应了标题。**）

综上所述，开摄像头也会有一些漏洞，但这些都是主观方面的，是可以改善、避免的。因此，网课开摄像头利大于弊。（**总结全文，再次亮明中心论点。**）

我的演讲结束了，欢迎大家批评指正！

网课：摄像头开还是不开？

洪文凯

同学们，是否想过，为什么我们要进行直播网课形式，而非像小学一样直接上录好的视频网课，或是直接拿 PPT 自学。了解其中的深意才能再谈开不开摄像头的问题。

像我们这种直播网课形式，既费时又费力，还有要考虑到各种各样的设备问题，我们又为什么要坚持呢？因为这样的网课才有温度，才真实，才真正有效。为此我深有体会。我妹妹是一个一年级的小学生，在家中学习的这段时间，对着手机屏，和那个在手机屏中的老师，干瞪眼，看着上了一天的课，学习了一天，实际上在家作中所表现出来的，只是一堆鸡毛。一节课要反复听好几遍，才能完成学习任务，这样的学习看似便捷高效，然则相反，更不用说另一种自学的方法。（**举身边的真实例子，说服力很强，亲切感明显。**）

由此观知，适度的监督是十分有必要的。开摄像头的最主要目的也是为了起到更好的监督作用。（**总结过度。**）

开摄像头看似一个小小的举动却反映了一个巨大的现实问题。说是没有设备的开不了的，一味将原因归罪于外界原因的，难道是真的没有办法了吗？不见得。没法玩游戏的，没法追剧的，没法吃零食的，不都十有八九克服了吗。不想开也一样是不会开的，想开的也一定会开的，其背后的原因也是明了的。（**分析问题。**）

开摄像头，一定和在学校一样吗？也不见得。稻田中的草人，路上禁止标，一样的道理。上课时，一定有会时时刻刻监视你的人或许有，那也是少有的"善人"。那善人或许只有你自己，只有你自己可以时时刻刻盯住你自己的一举一动。这样的人纵使不开摄像头也一样的自律。可惜的是这样的善人少之又少，所以必须有一个像稻草人的东西盯住心中的那乱飞的鸟，这就是摄像头的最大的用处。"没有360°的奶妈"，自律是靠自己的。（**进一步分析问题。**）

开摄像头后的紧张或是拘谨，我认为都是正常的表现。这样的学习投入紧张的思想，意识其实是已经养成习惯的只不过在家中这样的思想淡化，而使得行为更为放松。在家开摄像头就像在家里来了很多人，不自然的感觉是必然的。这种不自然反而体现出你进入了学习的状态，如果没有，则在内心里还是在家的安逸之中，没有真正进入学习状态。（**解决问题，建议开摄像头。**）

调整心理状态，以正确的积极的状态接受一节节的网课，以自律的行为规范自己。或许在语文课上开摄像头措施强制意味十足，有弊端，但坦然接受，用心听课，是对老师备课，授课最基本的尊重。感谢老师在网课上的付出的时间精力，就打开摄像头吧，或许开摄像头还会打开一个新世界的大门。（**再次强调观点，倡议网课开摄像头。**）

我的演讲结束了，谢谢大家。

教师下水作文：

网课是否开摄像头发微

我的看法是，陌生人、不熟悉的人之间，如果开摄像头，无疑显得唐突和尴尬；但是，居家学习，云端上课，师生之间，开摄像头显得阳光自信，而且更利于交流，对于提高线上教学效率大有裨益。

中国的电大，在20世纪80年代初期弥补了成人教育之不足，让因为"文革"耽误了十多年的几代人圆了上大学的梦。一台双卡录音机，一间教室，甚至在自己家里就可以学习大学的课程；但是到了电视普及之后，录音机教学就自然而然淘汰了，因为只有声音没有图像，而人的记忆理解功能主要通过视觉。多媒体普及之后，电视机教学又淘汰了，因为即使有图像的电视，也只是单向交流，学习者只是一个坐在电视机前的接受容器，不能与屏幕上的人交流互动。所以，中国的电视大学一夜之间全都改为开放大学。

这足以证明，教学是双向交流的双边活动。居家学习的特殊时期，师生双方都开摄像头确保教学质量的手段，也是彼此尊重信任的体现。

基础教育的课堂，更是一种教与学的双向双边活动，教师的举手投足，一个手势、眼神，一个简笔画、板书，都是教学辅助；学生的表情反应有利于教师捕捉教学信息，有利于课堂生成，避免教师唱独角戏，避免把课堂教学变成单边单向灌输。——线上教学，摄像头既利于学生又方便教师，焉能不开！

教育从产生之日起，就具有一定的约束性。正如缺乏监督的权力必然招致腐败，没有掌控的课堂至少降低教学效率，因为中学生大多尚不具备成年人的自控能力，而网课的摄像头正好弥补了师生不在同一个空间范围无法约束、难以掌控课堂之不足。——线上教学，摄像头焉能不开？

老师开，我就开，老师不开我就不开。貌似追求平等，实则有点荒唐。老师可以看不见你一个学生；但作为学生个体的你，却一定要看见老师。

老师已经接受过高等教育，他们是来传授知识的；你呢，却要去面对高考，接受祖国和人民的选拔，是吸纳知识，提升自己。

不开摄像头原因分析：

有些人过于注重自己的颜值形象，认为开了摄像头会时时被人窥视，其实是虚荣心作怪。伟大的托尔斯泰早就说过：人不是因为美丽才可爱，而是因为可爱才美丽。何况，在中学求学阶段，一个学生的颜值很难与学业成绩产生直接关系。我们将来所从事的许多行业、职业，对人的颜值也没有过高的要求，高颜值也不一定与你的工作成就成正比。颜值只在漫漫人生长途中的某一些阶段有一定优势。爱情和婚姻是否美满，也不一定与颜值成正比。名人中颜值高的女性莫过于居里夫人，但全世界记住她并不是因为她的美貌。

起床较晚，没有打理好自己的生活，衣着不整，没有完成洗脸、刷牙甚至上厕所等一日常规；或者未及吃早饭，如此等等，成了不开摄像头上课的理由和借口，其实背后是自制力不够的表现，并不是摄像头是否开的表层原因。一个缺少自我约束力与自制力的人，如同一辆只有发动机而不能制动的汽车，那是不敢开上路的！

有的人一边吃早餐，一边听网课，不仅是对老师的不尊重，更表现出对科学的缺少虔敬，对学业的态度——态度决定高度。课堂是师生、生生之间的人际交往，是需要礼貌涵养的，平等、互信是基本原则。

中小学生的师生关系是世界上最纯真、最简单、最阳光的人际关系，来不得半点虚伪、做作、矫饰与功利。把世俗的心理带进中小学课堂，不是你成长了，用英国作家赫胥黎的话说，恰恰是你的心理提前硬化了……

如果承认教育是科学，那么科学使人求真。马克思曾经语重心长地告诫世人：科学面前来不得半点虚假。中小学生都是天真烂漫、纯洁自然的孩童。教师如果对待学生虚情假意、虚头滑脑、虚与委蛇，你可能也能把学生那几个阿拉伯数字弄得好看，但你只能育分，却难以上升到教育的本真——育人。你多半只能做一个平庸的老师，很难在自己专业发展与成长上有大成就。反之，中小学教师多数是从象牙塔出来再进象牙塔的书生，缺少社会世俗的人情练达与城府，作为学生和家长，如果以世俗的利益关系对待，你可能获得了分数，但是很难获得心灵的真正成长。

网课期间的一个摄像头，也可窥豹于一斑，透露着世相人心，昭示反射出我们积压在灵魂最深处的某些阴暗角落。

——有阴影的地方并不可怕，因为说明附近有阳光！

疫情防控期间，网课本来已经使师生陡增劳累，足不出户，人不下楼，如果还让自己久居阴影之中，试问复何求？

网课，还是开摄像头为好！

2022 年 6 月 21 日
2022 年 8 月 25 日修订

2022 菁园温馨花絮集锦

一

5月7日央视新闻联播报道：全国高考将如期在6月7、8、9日举行，上海高考则延期至7月7、8两日举行。

前两天在手机上看到，江阴十几所普通高中，还有很多学生不能返校进行高考前最紧要关头的复习。

南菁高中虽然多数高三师生5月3日上午都已经到校，但是随着其余355名学生和几十位高三教师即将返校，学校将承担更多压力。这几天教师食堂饭桌上，每每看到学校总务处几位主任坐在一起，一开谈话题不是如何保证一日三餐，就是怎样合理安排核酸检测等等。学校各个部门大小领导都承担着巨大的压力，每天的核酸检测几乎都能看到高海华、周新等中层干部，好几次我都碰到主管副校长冯德强。杨培明校长常常晚上十点还在办公室里忙碌……学校食堂显然人手不够，外面的员工不能进来，已经在学校的不能出去，每个人都承担着好几个人的工作；教师食堂原本有三四个员工，这些天负责早餐的只有一个人——他们都兢兢业业。

随着高三师生全体返校，南菁校园的各种压力将继续增大。昨天我在学校教师微信群里看到：南菁校园吹响"逆行教师集结号"——招募校园抗疫志愿者。实际上"五一"返校以来，南菁校园核酸检测主要是由校内教师完成的，医疗单位每天只派一两位专业医护人员采样，扫身份证、取棉签、收集采样样本都是由教师协助完成，尤其是中青年教师，在教学工作之余轮流承担志愿者。

为菁园众多响应"逆行集结号"的同事们点赞喝彩！

8日，星期天，早晨，我正写到这里的时候，看到学校党政办徐海龙主任发在教师微信群里的消息：

抗疫有我，南菁担当！

学校党委、行政向各位老师发出如下倡议——

1.自身做好防范，严格核酸并打卡交二码（健康码、行程码）；

2. 坚守育人阵地，关心关爱每一位同学；

3. 努力教书育人，认真开展线上线下教学；

4. 抓紧广泛阅读，专业发展谨记时不我待；

5. 尽力志愿服务，当大白、保运行功勋有"我"。

抗疫集结号，南菁在行动！我们共奋进，建功新时代！

这位80后的同事任教地理学科，正在我家乡的西北师大攻读博士学位，看看这文采，是不是老太婆的脸——文绉绉的！

高三师生，陆续返校了！徐海龙主任又发微信：

向奋战高三一线的老师们致敬！

向停课不停教、停课不停学的广大师生们致敬！

向疫情中默默奉献、竭尽所能保障南菁教育教学的志愿者、后勤工友、保安同志、家长朋友和社会爱心人士们致敬！

南菁发展，感谢有您！

二

吃住在学校，每天三件头等大事：核酸检测、上报二码、健康监测打卡。

5月7日，我忘记了打卡。上午连续两节课，下午因为处理手头其他事情过于投入，也没有注意到教师群里的提醒和催促……晚上9点多，突然接到杨培明校长电话——校长一般不会亲自给我打电话的，更不会这么晚了打电话——我瞬间意识到，肯定有重要而紧急的事情！

校长提醒我，一定记着每天打卡上报健康监测，明天开始，凡是逾期上报二码和健康打卡（核酸）数据的人员，名字将上报市疫情防控指挥部，并且追究责任，承担后果。每天下午3点学校统一上报数据，有人忘记打卡后给学校防疫工作带来很多麻烦，会增加后勤同志和志愿者同事很多工作量……

后来我弄明白了，我忘记了打卡，年轻的同事们不好意思批评我。不得已，校长半夜亲自打电话给我，名曰提醒，其实是批评！

我向校长道了歉，立即在办公室台历上大字书写下：核酸检测、上报二码、打卡！

三

昨晚饭后，我按照惯例在幽静美丽的南菁校园里散步半小时。漫步走到学生公寓楼下，食堂的十几位工人刚好下班回到公寓。可能因为疫情防控期间校园里人明显少了，这些平时很少有交际的同事都显得多了几分亲切。他们中的几个活跃分子跟我搭讪攀谈，我就停下脚步，与他们聊聊扯扯……

看到他们在宿舍门前小块空地上种的几种蔬菜，我说：这是韭菜，那个是大蒜，那边的是小葱——江南人叫香葱。

两位炊事员笑着说："老师你还认识不少农作物的？你想吃的话，拔一些拿回去……"

我笑笑，心里想，我在农村出生并长大，怎么会五谷不分？！况且我家是家乡远近闻名的韭菜世家。我祖辈、父辈种的韭菜，那是要拿西北人的主粮小麦以物易物的，是不论钱币卖的！我家的韭菜之好那是连省城兰州的人都知道！我这一辈人，兄弟姊妹中除了我十几岁离开家乡，渐渐四体不勤，不会种韭菜，我的弟媳妇都在我妈的亲传下成了村子里的种韭菜高手……

心里这样想着，身子蹲下来近距离欣赏同事们的韭菜，工人们就三三两两怂恿我："老师，拔一些韭菜，拔……"

他们是在看我笑话，看我会不会"拔"韭菜！

其实韭菜不能"拔"，只能割，而且有专用的韭菜镰刀！这个我肯定知道，我老妈骂我经常说的一句话就是，你们挣国家工资的人，就像我们割韭菜的，割了一茬很快就又长出来了嘛！费着些驴马粪而已，你们这个月的工资花完了，下个月又发了……

这真是朴素到土得掉渣的辩证法，是地地道道的哲理思辨！在我妈看来，我每月拿到国家工资，就像是她种韭菜费了一些驴马粪便（种韭菜最好的农家肥是驴马粪便），成本很低，劳动量很小，成长很容易且速度快……

我看看身边周围，有一把铲子，就拿起来"割"韭菜。十多个炊事员齐刷刷地笑看我"割"韭菜，两三男同胞就提醒我："老师，往上边割；别割根，根部的老了，不好吃了……"

这个我也知道，割韭菜不带根部，不就剩下一些韭菜叶子啦？怎么择拣，怎么淘洗……

我在炊事员们的嘲笑或鼓励下割了一斤左右韭菜，还割了一把香葱，回办公室。

可是，我该怎样加工才能把这些韭菜和香葱吃了呢？

四

今天早饭后，去办公室途中漫步穿过校园。在学生公寓楼下看到好多热水瓶，其中一个蓝色的热水瓶横躺在马路上——可能因为昨晚风大被吹倒并滚到了路上——我走近，捡起来，放到路边树下。看看上边还有名字，黑色记号笔，胡亚雯——胡亚雯，胡亚雯，胡亚雯？上学期高一6班的那个小女生？很文静，每每笑嘻嘻的，心地善良，性格开朗，颇有礼貌，学习习惯尤其好。一次周末返校后改换头像，剪了一个男式发型，被调皮捣蛋的李舒淇描写为"中分油腻男"的？

唉，热水瓶盖子呢？

我向周围找找，发现旁边的水渠里有一个蓝色塑料外盖；再仔细搜寻，找到了热水瓶内盖；都盖好拧紧，在路边放好。

但愿"油腻中分"的胡亚雯返校后能找到她的热水瓶！

五

今天周日，没有早读任务，我得先完成头等大事：核酸检测，不能像前天那样。第一节课后，我刚到监测点，检测人员正在脱下防护服……

看看文德楼A座下队伍不长，我就走过去排队。我前边有二十位左右高三学生，后边是胡洁老师。我正在和胡老师打招呼，前边一名男同学生转过身走到我俩后边重新排队，说："老师，你们先检测吧，我忘了带身份证，需要输号码，耽误时间……"

我立刻对那个学生说："同学，你先做，我们老师不忙，我今天没有课也没有早读。输身份证号码你就输吧，这时候的高三学生，时间多宝贵啊，你赶快到前边来，赶紧检测完好去教室里学习……"

那个男学生非常感动，一阵脸红，利索地走到前边做核酸检测。

些小吾曹教书匠，一枝一叶总关情！

为我们的学生如此优秀的品质与涵养而欣慰与感动！

祝愿这位同学今年高考顺心遂愿。

2022年5月8日

2022年8月25日修订

再回首
——致南菁高中 2021 届高三（9）班同学

再回首
也许你已是白领阶层
也许你还在寻找自己的位置
或许你有了心中的"他"或"她"
或许你还在茫茫人海中苦苦寻觅
但，我们不会忘记：
我们都有一个共同的名字：9 班

再回首
你已是一位贤良端庄的妻子
他已是一个值得信赖的丈夫
你是一个成功的父亲
她是一个温柔的母亲
但，你们不会忘记：
我们都曾经把你都看作自己的孩子
你们更不会忘记：
我们都是大美南菁百年书院薪火传承者

再回首
也许你已是主政一方的官员
也许你正是为国戍边的将士
也许你已是学富五车的泰斗
也许你是风华正茂的企业家
也许……
但，我们不会忘记：
我们都是 3314 的姐妹

我们都是 4315 的兄弟

再回首
你已做了外公
她已当了奶奶
我已暮暮垂年……
但，我们都不会忘记：
线上教学我们曾经见证
新冠疫情我们一起面对
驰援武汉我们共同感动
2021 激情燃烧的 6 月——
小伙伴们感动着我也感动着自己走进考场

后记：

　　2021 年 6 月 17 日下午，收到同事王俊峰老师微信：江苏省南菁高级
中学 2021 届高三（9）班诚邀寇老师 6 月 20 日中午参加毕业聚餐……一
时心血来潮而致 9 班小伙伴们！

2022 年 8 月 23 日修订

華燈照宴敞豪門
嬌女嚴裝侍玉樽
忽憶情親焦土下
佯看羅襪掩啼痕

魯迅

名师的讲究与将就

江苏省南菁高级中学　刘正旭

　　寇永升老师是学校以人才引进的方式招聘来的名师。一般名师引进的时候，只有同一个学科组的老师知道。老寇不一样，他引进的时候，全校教师都知道。这是因为在引进之前，他曾作为专家受邀给南菁的老师们做过关于专业成长的讲座——给老师们留下深刻印象的除了他近乎传奇的成长经历，还有他极其讲究的穿着：大热天他西装领带"全副武装"。金黄色的鲜亮领带和沧桑的面庞就这样刻在了南菁人的记忆里。我问他，那么热的天为什么还穿得如此正式。他说，这是对南菁这座古老书院和菁园同行们的尊敬！

　　第一次接触，我就觉得这真是个讲究的人。

　　如此讲究的寇老师引进到南菁之后，让我有机会对他有了更深刻的了解。

　　他对课堂是讲究的。

　　寇老师从参加工作开始，就坚持自费订阅语文教学专业期刊，四十多年来，收藏了近万册的各类语文期刊。教学期刊上和教材内容有关的文章，他都仔细阅读并分门别类作好整理。因此，哪一课已经有了怎样的研究，他清清楚楚；哪一个教学设计有个性有创新，他了如指掌。这是苦功夫也是真功夫。他的文本解读和课堂设计的高度大约就建立在阅读的广度和思考的深度上。所以，他的课常常在大家不在意的地方挖出新意、深意和美意，给人磅礴大气、厚重实在之感。

　　寇老师对自己在教学活动中的身份也是很讲究的，他的定位是"伙伴"。

　　对同事，以工作合作伙伴相待。因为寇老师是引进人才，所以大家对他一方面是尊敬，一方面也有不少的期待。寇老师倒也实在，对要到他课堂学习的同事，他总是来者不拒，有时甚至主动邀请同事到他班级听课。

　　对学生，一句"亲爱的小伙伴们"，加上浅浅地一笑，就将学生带进了语文的魅力世界。一段时间，寇老师教了一个理科教改班。学生大部分精力在理科竞赛上，语文于他们就是调节和休息。寇老师以支持教改实验的态度和胸怀，组织各种语文活动，在帮助学生调节、调整的同时，暗暗埋下学科核心素养的种子。那个时候，教改班的孩子们在语文课上朗读诗歌、创作诗词、进行演讲、组织辩论、排练话剧，将文言文变成舞台剧，将散文读成十四行诗，在平平仄仄、咿咿呀呀、抑扬顿挫、摇头晃脑、唇枪舌剑中，将语文化成了智慧的思辨、鲜活的表达和深刻的思想，学生们在收获理科竞赛成绩的同时，也丰富了语文学习的实践，在活动中获得了成长。

寇老师也很在意语文组团队建设，和他同一备课组的青年教师常常应他的要求上校内外的公开课，做教学设计、写反思文章。年轻人有时贪玩，面对这些任务，私底下也会抱怨寇老师几句。可当课堂得到认可，教学设计、论文得以公开发表的时候，老师们又打心眼里感谢他：亏得当初寇老师压得紧，否则，这堂课是不会如此出彩，这篇文章也是不可能写出来的。这样的经历多了，老师们有时倒也希望得到老寇的指点了。其实，寇老师要求老师们写作思考的时候，他自己也在不断思考、写作。他每年都能在各级各类语文期刊上发表近十篇文章！他以自己的努力推动了青年教师的专业成长，进而推动了语文组的整体发展。近几年，我校语文组老师承担的省教育规划课题，都有他的参与和指导。老师们专业成长和职称评定背后也都有他的汗水和心血。

寇老师极善于讲究抓住教育的契机。2020 年春夏，他看到国家和政府的坚定与决心，看到普通人的困难和无奈，看到教育人的执着和坚守，他觉得无论是对学生的阅读写作还是对他们的精神成长，这些都是不可多得的宝贵资源。于是，他主动收集各种宣传报道，搜集整理适合学生阅读的事迹材料，以跨媒介阅读与交流的方式分享给居家学习的学生们。复课之后，他又积极动员老师和同学们记录下各自的所见所闻所感，记录下这个特殊时期国家、社会为抗疫做出的努力，记录下自己为成长做出的拼搏。几个月之后，两本颇有纪实意味的《南菁战疫读本》结集出版，几年以来一直颇获好评。

在寇老师看来，语文学习的根本是阅读。所以，他接任学校图书馆馆长之后，就一直着手培养师生的阅读习惯和强化学生的阅读能力。新课标颁布实施虽已数年，但要将关于阅读的理念落地，还需要付出很多实际行动。在寇老师的坚持和努力下，学校高一、高二年级常年开设阅读课，开展师生读书报告会；学校成功完成江阴市阅读基地建设任务，以项目形式推进了教师专业发展。这个过程的艰难与不易，参与的老师有目共睹，但寇老师坚持下来了并且获得了成功。面对误解、曲解，他不做辩解，只是转过身子继续埋头做事。一次酒后，他说，引进我的时候，学校给过我任务，要我尽力帮助学校培养青年教师、发展语文组。这样的名师，你说，他到底是讲究还是不讲究呢？

讲究的寇老师也有将就的时候。或许是曾经沧桑的面庞越发沧桑，或许是时空的接近让人产生怠慢，不知道从什么时候开始，学校里称呼他"老寇"的人越来越多。他似乎并不在意这些，依然在他的语文世界和教学天地中里浅唱低吟、自得其乐。

偶有机会和寇老师一起外出学习，他挑了个相对便宜的酒店，说学校经费有限，咱们将就点省点就会让更多的老师有机会出来学习。让人不得不从心底里佩服他的格局和境界。到西部地区帮扶学校讲课、讲座，他不计报酬、不住高档宾馆、不到大饭店用餐。为了在较短的时间内辐射更多学校，他还常常不住宾馆，白天完成工作，晚上乘火车，既赶路，又解决睡觉问题。同去的年轻人都感到吃不消，他却说，我们将就一下，人家就能省出两三个老师的培训经费了……

但是，他但凡讲座、公开课、重要会议，那条黄领带总是打得端端正正。这样的老寇倒着实有些可爱了。

据说，今年寒假，他每天在学校读书写作，午餐常常从家里带来冷馒头果腹，春节几天也不例外。

或许正是这些"将就"才成就了寇老师这位很"讲究"的名师吧。

2023 年 2 月

精神灿烂的人

江苏省南菁高级中学　高海华

寇永升老师是我崇敬的精神灿烂的人。听他的课，总被他独到、深邃的见解吸引；听他的讲座，总能被他慷慨激昂的演讲感染；读他的书，总能找到一丝精神的慰藉，让我汲取力量坚守这方教育圣地。寇老师就是这样一个精神灿烂的人，他的那股教育教学的钻劲足见其精神之明亮，他的那份热忱暖心足以灿烂身边的每一个人。

既是"经师"更是"人师"

寇老师，历经五年制小学、两年制初中、两年半高中、两年制大专毕业，用他自己的话来讲是低起点开始教学工作的，但一直以来他坚持自费参加由语文核心期刊组织的全国语文教学活动，自费订阅语文教学期刊四十多年，自费搜集收藏各个时代语文教材两千多本。向专家学者现场求教，从专业期刊中学，在语文教材比较中悟，寇老师就这样用他的三个法宝让自己成了精通专业知识的"经师"，现在他成了语文核心期刊邀请的专家学者，他成了期刊论文的专业户，他成了语文教材收集的"第一人"。"经师"易求而"人师"难得，但寇老师给我的印象一直是"经师"和"人师"的统一者。学高为师，身正为范，寇老师用他丰厚的学识和高尚的品德感染着同行。我校语文教研组内年轻教师总乐意求教于他，他总是毫无保留、不遗余力地加以指导。寇老师用道德力量和人格魅力引领着青年教师，努力为我们开拓专业成长视野，明晰发展方向；寇老师主动申请赴延安支教，坚持回馈家乡支持西部教育，做到以德立学、以德施教，是真正的"人师"。

既是"名师"更是"明师"

寇老师，2001年以学科带头人、破格高级职称引进到江苏无锡；2017年通过"暨阳英才"计划引进到江苏省南菁高级中学。一路上，寇老师始终以追求教学上的至高荣誉为其奋斗目标，2018年获评江苏省正高级教师，2019 年获评无锡市学科带头人，2021 年获评江苏省特级教师。于他 58 岁的年龄来说特级教师这个"名师"称号似乎来得晚了些，但事实上，在此之前寇老师早就蜚声省外了，而这一荣誉的取得让他更名副其实了。由 2001 年来到无锡后的零起点，到 2021 年获评省特级教师，寇老师自身成长的经历特别励志，他的不设限的自我成长，充分印证了学习力是名师成长的生命之源，科研力和思想力是名师成长的必由之路。

如果说"名师"是对寇老师执着追求的最好回馈，那么"明师"则是寇老师实现教育理想的最好诠释。对内，寇老师不遗余力地关心扶持教研组内的年轻教师，以 2020 年为例，寇老师工作室成员中有 14 位老师在省级以上刊物发表教学论文，四十多位老师跨省市外出讲课交流，有十多位教师晋升了高一级职称。对外，寇老师在甘肃、陕西建成了多个工作室，一直致力于对家乡的回馈和对西部教育脱贫攻坚的朴素愿望。寇老师由"名师"走向"明师"，这是一种教育的自觉，实现了教育的生命关怀与精神引领。

英国教育家怀特海说："教育只有一个主题——那就是多姿多彩的生活。"寇老师的教育生活注定是多姿多彩的，这不仅在于他自身享受着他灿烂的教书生活，更在于他总能给他人带来精神的思索。

他是我心目中精神灿烂的人。

2022 年 9 月 5 日

（第二辑）菁园情

提携后进 温暖如春
——我眼中的寇永升老师

江苏省南菁高级中学　张卓君

"工作十多年了，你也应该担起骨干教师的责任来了。今年的高一备课组长，你来做吧。"刘书记笑着看着我。

"备课组长？我没干过啊，要做些什么呢？"我心里有些惶恐。

"不要着急，我们学校暨阳英才计划引进了一位名师，有问题可以向他请教。"

听刘书记这么说，我的心放下一半，我不嫌苦嫌累，只怕没人领路。既然有名家引领，我就大胆试试。"好！"我也干脆地回应了领导。

这是2017年开学初领导找我谈话的场景，至今记忆犹新。我比较安静，与同事交往不多。如果做备课组长，意味着不能只生活在自己的世界里。

我的心是惴惴的。

开学后，看到了满面春风的寇老师，是喜，也是敬。我想，有寇老师在，我做个办事的就可以了。接着，教学进度讨论、备课组计划制定、教师任务安排、讲义编制等等，我虚心向寇老师请教，寇老师毫不推辞，悉心指导，并且大力支持我的工作。寇老师说："把最难的部分留给我。"这样，备课组各项任务中，最艰难的、最累的都是寇老师在挑着。

印象最深的是作文讲义编制。说得好听些，作文讲义是所有讲义中自由度最大的。因为没有统一的写作教材，大家"公说公有理，婆说婆有理"；说得实在些，作文讲义是所有讲义中最艰难的。在寇老师的指导下，我们逐步改进作文讲义，从只有解题、优秀作文赏析到添加写作前的指导、问题呈现、优秀片段赏析、优秀名单表扬、升格指导等多种形式，最大限度地展现学生的精彩，也给学生实实在在的指导。

寇老师常和我说：要根据每个人的情况安排任务，班主任，尤其是任教两个班的班主任，事务比较多，要适当照顾。但同时又提醒我：适当照顾不等于不安排，尤其是老教师，不给任务某种程度上也是不尊重。记得高一下学期的月考试卷，我们采用拼卷的方式。起初我没有安排陆伟良老师，寇老师说："你可以征求一下陆老师本人的意见。"我忐忑地去和陆老师讲，不想，他欣然答应命制课内文言试题，且当天下班前就把试题和答案发给了我。

我从备课组长的路上一路走来，从磕磕绊绊到从容自如，是寇老师在默默协助、支持、指导、鼓励。同时，寇老师对我业务上的指导，让我的工作越来越有底气。

我以前上公开课的机会不多。做了备课组长后，各种课都来了。有时候点名要我上。我对公开课是畏惧的，单是粉笔字，就拿不出手。因为字拿不出手，所以很少主动上公开课。不想就此进入了恶性循环。

但做了备课组长，就不能推卸责任了。

我印象最深的两次公开课，一是《致橡树》，二是《一个人的遭遇》。《致橡树》是江阴市级的，当时江阴各个高中的高一备课组长都来听课。起初我一团乱麻。因为性格内向，偏重理性，我平常的教学设计注重逻辑，步步推进，最终得出某个深刻的理解。要我来教抒情诗，实在是挑战。记得第一次试上，寇老师找到了我课堂的亮点：一是文本解读，关注到了人称变化，从"我"，到"我、你"，再到"我们"。二是教学设计中用到的材料巧妙。当时我引用了流沙河《草木篇·藤》："他纠缠着丁香，往上爬，爬，爬……终于把花挂上树梢。丁香被缠死了，砍做柴烧了。他倒在地上，喘着气，窥视着另一株树……"寇老师让我调整思路，重新整合，最终的课堂获得了教研员和其他听课教师的一致好评。看着我成长的戴加成副校长还特地表扬了我……

没有寇老师的帮助，就没有这个突破。

第二次是应邀去锡山高中上课。课题是对方定的。代表南菁高中去锡山高中上公开课，以前我想也不敢想，但现在机会就在眼前，我在激动之余，也感受到了巨大的压力。《一个人的遭遇》这篇小说，以前上课就是一种感觉：看不懂。可公开课不仅教师自己要读懂，更重要带领学生读懂，课堂还要有特色，否则，别人为什么要观摩你的课呢？寇老师为我提供了不少材料，听我试讲，指出了许多我需要注意的问题。上课当天，亲自陪我到无锡，上完课后带着大家一起去北疆饭店吃烤全羊。最后，我的课在同课异构的几位老师中，获得了大家的认可，两年后锡山高中的老师说起我的那堂课，还是记忆犹新，连声称赞……后来我把那堂课的教学设计整理出来发表在《语文教学与研究》2019年12月上半月刊上。这些，都离不开寇老师的指导和帮助。

139

人生之路难行，有人相伴是幸福，有人领路则是幸运。寇老师就是这样一位温暖如春的领路人，让我前行的脚步不茫然，奋斗的进程不孤单，追求的路途越来越光明！

2022 年 9 月

水火有气而无生草木有生

而无知禽兽有知而无义人

有气有生有知亦且有义故

最为天下之贵也 荀子语

庚寅年 寺青书

人生得一知己足矣斯世

当以同怀视之 鲁迅

最严的师　最挚的友

——与寇老师交往二三事

江苏省南菁高级中学　卢红

"人家是投稿初审通不过就很难有希望了；你是初审通过了，自己没时间！"

"太少见了！发一篇国家级期刊文章不容易的，抓紧时间，按照编辑要求去修改。"

通过微信，我能想象寇老师失望的眼神、严厉的表情，这是寇老师在催促我尽快完成论文《以新闻的方式学新闻》第七次的修改。其实我和寇老师素未谋面，只是因人介绍，我希望能在核心期刊发表一篇论文，请寇老师提提修改意见。

第一稿发过去，只等了一两天，寇老师就发来了修改建议：你这篇文章教学反思部分比较有新意和深度，建议你有耐心修改完善，完全有发表的可能性。阅读教学期刊相关文章（他随之发过来写作主题相关的所有目录索引），可以再进行一次教学实践。

大受鼓舞之余，我打开文章，不觉得震惊，他用浅蓝色标出了论文中所有不规范的表述，大概有二十处之多；用红色在每一小节旁边做好了批注：存在什么问题，应该如何修改；用深蓝色标出了论文格式上的问题。这样细致的修改，印象中只在小学学写作文时才有过，感谢感动之余，我马上进行了修改，并再次发给寇老师。这样来来回回进行了六次修改，每一回他都是同样的认真严谨，每一次他都是同样的耐心宽容。总算，返还的意见渐渐变少了，我以为终于离发表不远了。

正在忙碌地准备学期末工作的我又收到了寇老师的信息，迫不及待地点开，看到的却是寇老师转发的杂志编辑对于该文的修改建议：

1.何谓"以新闻的方式"？要有一定的说明或者定义；

2.教学过程能否与论述部分结合起来，避免前后割裂；

3.新闻体裁多元，在论述过程中可以多涉几个课例。

我感到一阵失落，编辑给的意见，改动要求这么大，我觉得我似乎没希望了，以前期待发表的热情一下子烟消云散，我觉得实在不想修改了，

141

（第二辑）菁园情

况且现在正是忙碌的时候。一天两天，拖了很多天，突然，收到了寇老师的短信，就是开头的文字。

这是师长声色俱厉的批评，也是一顿当头棒喝。

"你要想发表一篇文章，就得经得起十稿以上的折腾；当然只要发表了，终身有用。"如醍醐灌顶，似拨云见日，寇老师虽严肃却真挚的话语点醒了我，我又找来了相关理论，有了这些理论的指引，有了寇老师的悉心指点，直至第九稿，我的这篇论文《现场·立场·在场》即将在9月份的国家期刊发表了。谨遵老师的教诲，我也不断在课堂实践与论文写作中去体会共生理论的奥妙，我走出单纯的写作，不断在课堂实践中去揣摩寇老师指点的匠心。因为有了第一篇论文的写作经验和寇老师高标准的要求，第二篇论文进行得就顺畅多了，我想这是我教育写作的开始。

和寇老师接触不多的日子里，我远远不止研修了论文写作。还记得暑假刚开始，接到寇老师的电话，里面传来极高亢昂扬的声音：学校需要推荐几堂初中的课，用录课的形式，发给共建的新疆某所学校。我有些忐忑，我的课关起门来听听尚可，走出校门，还要送到新疆，一下子就没了自信。但是想到寇老师的这份信任和期待，我还是及时上交了课堂实录。一个月后的某一天，寇老师发来语音，仍用那极高亢昂扬的语调，祝贺我的课在新疆播出后反响很好，他全程倾听了课的播放过程，并说我的课教学语言干净，课堂设计有创意。

我的心头一下子暖暖的，一位教授级的专家，为了我的一堂课堂实录，亲自观看，亲自点评，亲自反馈，这是何等的重视？无意中看到《南菁教育》中寇老师在学校青蓝工程师徒结对仪式上的发言《青年教师是学校的未来和希望》，文中他以自己的成长经历劝勉青年教师要学会备课，要学会管理自己的时间，要学会利用教学期刊助力专业成长。他认为自己的一切都是学校给的，他希望把自己未来的时光献给学校的未来和希望。

他是这样说的，也是这样做的。但我认为，寇老师对青年教师的指导和关怀，绝不仅仅因为他是南菁高中特聘的青年教师成长指导专家，不仅出于他对于工作的兢兢业业、恪尽职守，更是他本人对学问的精进与虔诚，老师让我心生敬意的，不只是他深厚的语文素养，更是他厚德载物的品行。

八月份，我调入了南菁高中，首次见到了寇老师本尊，朴素儒雅的外表，比我预想的还要年轻些，他仍用那极高亢昂扬的语调对我说："欢迎你啊！卢老师。"

陌生的校园一下子熟悉了起来……

2022 年 10 月

寇老师的精神小屋

江苏省南菁高级中学　张兰

走路带风，声如洪钟，头发乌黑，鼻头微红，说起话来带着笑意，一字一顿，慢条斯理，常常爱打手势，表情格外生动，西服领带极其鲜艳的，来者必是寇老师了。

寇老师是我的同事，我一直觉得他是一个很神秘的人，年届花甲，带着长者特有的威严，还有常常独来独往的个性，加上科研的硕果、名师的声名，总让人有点心生敬畏。

他是学校的图书馆馆长，在图书馆三楼有一间独立的办公室，这里简直是寇老师的精神乐园。推开房门，映入眼帘的是一张巨大的帷幕，也可以算是一个大型屏风，但背景绝不是人物画，也不会是风景图，而是一张寇老师自创的教材目录，上面清楚地标注着十几年来各种版本语文教材的具体内容，真的是一张教材地图，指示着小学、初中乃至高中所有教材的单元到具体课文内容，教材编辑体系一目了然。站在这张巨大的地图边，你由不得赞叹：这真是个金点子啊。想想平时查找课文，常常不记得是哪一册教材的苦恼，翻看半天的尴尬，寇老师一次就解决了，实在是"只怕有心人"呐！而且他还介绍说，家里还张贴着一张小型的教材地图，令人咂舌称赞。

这张地图也犹如屏风，将小屋巧妙地划区，前面是书案、书柜橱窗，工作区；背后是简单的休息区。

案台上，一两盆吊兰，盆里有白色的石粒，配在疏朗的绿叶中显得十分清雅。书桌上非常整洁，书本摆放得规规矩矩，案头有一方很古朴的砚台，像是文物，那是朋友送的，他很珍惜。他喜欢临帖，有空的时候他就临一张，还编上号，按次序整齐地挂在桌子一侧，写一段时间了，就翻看对比有没有进步。写字时他常常播放学习强国里的新闻联播，了解热点新闻……

散步的时候寇老师也爱听书，大部头的小说，尤其是外国小说，人名很长，记不住，我曾经提及听《百年孤独》，总听不下去，半途而废。

寇老师告诉我，他的方法就是打印下来人物关系图，先梳理一下，了解以后再听，听到又弄不清楚了再倒回去重新听，直到听清楚听明白了。寇老师善于利用处理生活琐事的空隙听书，听与读相结合，对读书做一个有益的补充。

书案的边侧有一只很高大上的转椅，寇老师骄傲地说：这是儿子特地为他买的，让他坐得舒服一点。寇老师是个特别重视亲情的人。甘肃老家还有年近九旬的老母亲，他说最欣慰的是母亲发黑牙好，身体硬朗，我猜想寇老师临近退休的年龄了，还是一头黑发，或许是遗传的缘故吧。每年寇老师总会回家住一段时间，陪伴家人，看望亲戚朋友，还不忘在家乡讲学，努力提携后生晚辈快速成长，提高家乡的教育水平。而在回到学校工作之时，寇老师又总是不会忘记学校的同事朋友，带些特产给大家分享。寇老师的夫人安老师我虽未谋面，却在寇老师屡屡的赞扬声中，能感受到安老师的贤惠、勤劳，对寇老师的默默关怀和支持。寇老师极其疼爱小外孙女，在周末、假日里，你若有事偶尔走在校园里，总能看见祖孙俩一大一小的远远的背影。他要么带着孩子水边看天鹅，看鸭，看游鱼；要么带着孩子认识花草树木。寇老师极有耐心，慢条斯理，慢慢讲给孩子听。我总觉得特别诧异：何以一个北方的汉子，走起路来如一阵风来，说话却如此沉着缓慢？或许是受"敏于事而讷于言"的影响？你从他的言谈举止间，能真切地感受到他巨大的内心，从容，沉着，深思，慎独。

对的，他总是独自一个人，一待就是一整天，寒暑假也常在学校，这间小小的屋子，简直就是他的家了。我曾问，寇老师你不觉得孤独吗？他简直要笑出来声了：不会呀，人家忙都忙死了，每天总有那么多事情要做，而且我这里也经常有同事来，要跟我交流研讨……再说我还会去打球，活动活动，我们一起打球的伙伴很多，像我这个年龄的，我敢说没有人是我的对手……是的，寇老师不爱热闹，不爱闲聊，不把时间浪费在家长里短上，也不会浪费在追剧刷小视频上，他在学校过的就是专业的生活，就是读书、教书，就是运动和健身，对工作和家庭的界限分得很清。

环顾一下小屋，这里洋溢着一种气氛，庄严、神圣，略微还带着那么一股诗意。小屋并不是寇老师的私有空间，其实把它称作百年母语教材陈列室似乎更合适。办公室里有寇老师整理收藏的百年母语教材，从晚清到民国，几乎所有版本，几千册教材都分门别类地摆放在书柜的橱窗里，你可以清晰地感受到百年母语教材演变的历史。如果你细心，可以发现这些多是旧教材，有的都已绝迹，很珍贵，寇老师自费花重金不知费了多少心力才购买到，这需要多大的决心才可以办到！

20世纪80年代初期至今的各种语文教学期刊，好几千册，密密匝匝，排列在好几个书柜里，四十多年的坚持积累，这得花费多少钱，又得耗费多少心血啊！

站在这间宝藏小屋，随手翻开一本书，触摸一个物品，你会发现她们都藏着一个动人的故事；和寇老师随意交流几句，你总会生出一股向上的力量，热爱教育，用心生活，这便是寇老师给我的一点生动的印象。

2022 年 8 月

最是那一声督促

江苏省南菁高级中学　刘艳萍

寇老师的教龄、年龄和职称都决定了他可以躺平，可寇老师仍然孜孜矻矻，这是我最佩服他的地方。

和寇老师同事五年多，眼前经常浮现的，不是一个从教将满四十年的老教师，而仿佛是一个茂腾腾的后生，带着西北的雄浑与遒劲。他早晨背着双肩包，从学校南面的山坡快步走向学校。那几年，我也还在敔山湾里栖身，每次睡眼惺忪开车到山坡，都能够看到陌上清晨的寇老师，似乎朝着明亮那方的急行军。

近几年，我为了活着颇耗神，往往看起来就不那么上进。寇老师有时会扮演那个引发我活着以外部分的人。当他和我交谈的时候，总喜欢说："艳萍，你其实还可以做成很多事情！"我知道他的真诚和恳切。

每每惊叹于寇老师和专业相关的敏感。有一次，苏教版语文读本上庞培的散文《森林与河流》引起了寇老师的关注。当寇老师知道庞培是江阴人时，马上嘱咐我，一定要争取约到作者，在聚谈中寻找备课的着眼点。这几乎是不计成本的备课形式了。成行的路上，寇老师说，《语文学习》杂志上，有"课文作者说语文"专栏，我们可以尝试着和作者往这个方面谈。一直认识并且熟悉这位课文作者，也一直关注《语文学习》，但真的没有把这二者联系起来的职业自觉，或者也可以说对专业的热爱程度还需要向寇老师学习。

寇老师对我的督促，让我反省自己的懒惰，哪怕只是看起来的懒惰。聚谈的小众书屋，是个很好的读书的地方，隐在民间巷陌，却在小众中很有影响。曾经，寇老师建议我去义务讲讲写作和作文。我一则太懒二来怕烦，就不了了之了。

2022年5月，寇老师嘱我录一节《与妻书》。一直到约定日子的前两天，我才把录像、课件和教学设计都发他。我头一回疑惑，为什么他不催我。录像课播出后，马上看到了寇老师发来近17000字的关于活动的长文。其中与我有关的文字是这样的：

《与妻书》是统编教材新增文本，既要考虑到在本单元的"实用性阅读与交流"学习任务群属性，又要兼顾到人文主题的中国革命传统教育，而且语文教学期刊上参考文章很少，教师教学用书的实际教学参考价值也很有限，一般在公开课上也少有人选择这样的文本……但是，我们团队要给新疆同行呈现的是单元专题教学研讨案例，不能绕过这篇课文……《与妻书》在"文言"上难度较小，教学在言语形式的文言、书信的实用性阅读、中国革命传统教育的人文主题之多层夹缝中求生、求新、求活……我比较有把握的是，艳萍是一位作家型的语文老师，她有大量真真切切的写作经验与独到见解。我读她的文章，读出来的是对生活的热爱，是一颗朴实善良的心，是一个没有一点脂粉气的女性……我深知、深信艳萍能把这节课讲出个人的特色，我甚至于没有提供任何所谓指导，以免干扰她的备课思路……

原来，嘱托背后是理解，理解深处是信任。

寇老师的督促，也并不总是和风细雨。我传给他的教学设计文档，文件命名不规范，当时自己以为怎么省事怎么来。寇老师发微信严肃地说，作为重点中学的老师，竟然不会命名自己的文件！我同样在寇老师的长文中确认了答案：文件命名＝题目＋作者单位、姓名＋几稿。设想，从文件名看不出是什么，不知道是谁的文件，如果投稿，可能编辑连打开你文件的机会都没有呢。这就是润物无声却无处不在的督促了。

前文说过我这几年颇为活着而耗神，其实当岁月对我不客气的时候，能有寇老师的一声声督促，倒也是温暖，毕竟大家非亲非故的。

2022 年 9 月

真正的语文人

江苏省南菁高级中学　顾红英

　　早在八年前就已闻寇老师大名，想象中应该是一位传统严肃的学者，然一见面恰是亲切平易，让人如坐春风。

　　旁听过寇老师很多的课堂，接受过寇老师在课堂教学和论文写作方面的悉心指导，深切感受到寇老师的语文教学智慧和人格魅力。寇老师让我拨云见日：曾以为，语文教学就是长风破浪，如今明白语文教学也可以是小楫轻舟；曾以为语文课是你来我往的热闹，如今明白语文课也可以是随风潜入的无痕；曾以为语文课是兵来将挡，如今明白语文课也可以是鸣琴垂拱……

　　寇老师的点化常让我有醍醐灌顶之感。

　　对寇老师最深切的感受主要有两点。

无半点匠气，又十分灵动

　　教学风格是由一个人的禀赋、性格、喜好、习惯、追求等因素综合形成。教学风格表现出浓郁的个人特色和艺术倾向，或以思想见长，或以架构取胜，或以切入点卓然……但寇老师的课堂常常让我想起金庸笔下《笑傲江湖》中的风清扬，化有形为无形，"讲究如行云流水，任意所至"，每一堂课都摇曳生姿，每一堂课都洒脱灵动，绝无半点匠气。听《赤壁怀古》，谈笑间便了然苏轼"小乔初嫁了"的精妙；听作文讲评，晤谈一室，如话家常，而精微穷奥义；听《左拉和左拉们》，庖丁解牛，游刃于字里行间，让听课者与庄严热烈的灵魂同频共振，产生多维的感动。思想的光芒、语言的留香、预设的智慧、生成的自然在每一堂课都相得益彰，自然融合，无斧凿痕，学生浸润其间，可谓徜徉文学的海洋，绝无负担，然必有收获。这种臻入化境的课堂源于老师深厚的学养，当然也离不开每日的孜孜以求。王阳明说："人须在事上磨，方能立得住；方能静亦定、动亦定。"常看见寇老师精研各类教学期刊上的论文，并分类汇编成 Excel 表格，以便不时之需。这种精耕细作、久久为功的精神常让我深深感动，果然"才智英敏者，宜加浑厚学问"。

有大智慧，是真导师

教师不仅要教给学生知识，更需点化学生，尤其是语文老师，一个字、一句话、一种思维方式就能让学生探幽析微，走出柳暗花明，步入别有洞天的境地，甚至改变一种生活的方式和人生的态度，这是学生的幸运，也是对教育的尊重。寇老师的课堂是知识的渊薮，从汉字的溯源到古今中外名家思想的关联，从相近相异的比较到抑扬顿挫朗诵的玄妙，每一堂课都是一道风景。但知识不是简单的传授，而是教师的循循善诱，授之以渔，是智慧的外显。寇老师的课堂还是学习活力的源头。应试教育下的学生往往机械被动，但是寇老师总能调动学生的积极性和强烈的探究欲望，从思想的争鸣，到文本的含英咀华，每一位学生都是一个机智生动的个体，仿佛课堂是每一个人的舞台。我想，学生的课堂智慧一定源于教师的教学智慧。寇老师将自己的人生智慧、思维品质都巧妙地融于教学，如盐在水。是课堂，又不仅是课堂，还是生活，给学生以人生的启示，给予其精神的引领。

在喧嚣中守住教育的净土，用学识和智慧给学生引路，寇老师是真正的语文人！

2022 年 9 月 6 日

《礼拜二午睡时刻》阅读教学探究

顾红英

（江苏省南菁高级中学，江苏 无锡 214400）

中图分类号：G632.4　　文献标识码：A　　文章编号：1002 - 2155(2021)06 - 0030 - 02

感谢，遇见！

江苏省南菁高级中学　冯慧萍

人这一生，会遇到何等人，接受何许教诲，内化何种体验……一切不得而知，但若有幸遇见，即是缘分。珍惜缘分，即是成长的开始。时值2022年教师节来临之际，真心感恩，菁园相遇教育"引路人"——寇永升老师！

"微笑"是寇老师最大的人生标配。"笑着"对待菁园的每一位师生，"笑着"对待生活里饯入的"辛酸委屈"，"笑着"对待每一位有缘相遇天南地北的语文人……在笑声里，你会感受到寇老师的真诚爽朗。2017年，苏州大学顾明远基础教育思想研究与推广研修班学习中，晚饭时，寇老师为了给大家助兴，即兴演唱的藏族歌曲《下马酒》："远方的朋友一路辛苦，请你喝一杯下马酒，洗去一路风尘，来看看美丽的草原……"洪亮的歌喉，自信的展示，随和，没有架子。"拿得出，放得开"，寇老师给我的最初印象便是如此。

进入南菁，我便有幸去往更多名校听课取经学习。更得幸跟随寇老师一起外出，所谓"听君一席话，胜读十年书"，听、学是一位教师得以成长的必经之路，若在此行进之路上，加之高师指点，明确方向，顿悟前行，那么，对于年轻老师而言，进步更将是迅速！在锡山高中的对外公开语文课堂中，寇老师也坐一旁，对这位老师教学中的优势和不足，他会在听课本上圈划，写上思考，并示意我看。因是在同一班级中教学几堂课，一节课下课后，他还微笑着示意我"偷师学艺"，看看这里孩子们的书桌、使用的练习册等等，很多时候，名校的课堂要学，平时的点滴更应当关注。

那一刻，心中便油然而生一种对寇老师的感激。

"艺术"便是寇老师给我的第二印象，每每有外出上课的机会，他便会"笑着"电话我"慧萍，告诉你一个好消息，现在学校领导又给了你一个机会……"，感谢学校的同时，我深知，这一切亦少不了他的培养。个性使然，虽然喜好写写画画，但却不太愿意对已成作品进行过多修改。寇老师便会"艺术"地要求我一改再改，并要求"冷却"一段时间，再作修改。这样的"要求"，对于一个随性惯了的人而言，是极为不舒服的，但也正是这样的"艺术"而"严格"要求，促使我不断调整自身对创写论文的态度和要求，当文字化为铅字呈现在期刊杂志上时，便由衷感到，付出的汗水和心血没有白费！

当然，他交代的有些事我做得不好时，他也会"笑着"如对待自家孩子般教诲我："女孩家家，怎么如此毛毛糙糙，大大咧咧，脑子里是少根弦啊……"每每收到他这样的言语教诲，便会哈哈一笑，暖意化开，注意自己在此事中的问题所在。

在多数人的印象里，寇老师是一个善于"积累"的大咖，他潜心搜集了几千册旧教材，从晚清时期，到民国时代；有"文革"期间各省市自编教材，有现在的各种版本的教材。他还是一个善于"钻研"的大咖，领衔省级重点课题，主持省级教育科学规划课题，出版专著，发表论文，在全国各地上示范课，举行专题讲座……但在我的眼中，他更是一个"慈父"，一个"慈祥的外公"，他每次外出，会给自己的女儿和外孙女带好吃的当地特产，会向学校附近的养殖户购买农家鸡蛋，周末会带着外孙女去住家附近的公园散步，每年秋季会购买陕西最可口的"脆苹果"给女儿和外孙女吃，当然，同办公室老师们亦少不了人人有份的……于是，在别人眼中近乎"神"的教育大咖，便活成了我身边最真实、最具有生活感的人。一个对家人重感情，一个懂得"人情练达皆文章"的教育大咖，便成了教育人敬重有加的大咖。也正因这样，作为一个跟随学习的晚辈，心中对寇老师的感激和敬重，自是随岁月的流逝递增不减。

寇老师决定整理自己的文稿，编辑出版《烂柯文集》，在江阴夏港汇雁城隔离的七天里，做了大量的事，同时，他发给我的随感文字中有这样一段文字，更是让我感动不已：

"我对这些可爱的大白们肃然起敬！每天做完核酸，每顿送来餐食，每次收走我门口的垃圾，尽管我看不出他们的性别、年龄，但我没有一次不虔敬地道一声'谢谢'！"

的确，在生活里，寇老师对待所有的南菁师生都是彬彬有礼，这是一个人的教养，更是一个人的学识外显。

当"尊重"长在一个人的心里，它一定会从这个人的眼睛里、面容间不断展叶开花开来。

生活里，有幸与寇老师这样学识渊博，德艺双馨的特级教师遇见，请允许我在2022年的教师节来临之际，深鞠一躬，道一声：感谢，遇见！

2022年9月

辉光自在笃实中

《南菁教育》编辑部主任　张静慧

我和寇永升老师的相识，起源于文章。

2017 年，寇老师调入南菁高中，他教语文，我教化学，平时并没有什么交集。大约是 11 月，我觉得那期校刊《南菁教育》收到的稿件，缺少一篇分量足够、适合放在第一个栏目第一页的文章。恰好中午在食堂里看到寇老师，我眼前一亮，想起听杨培明校长说起过，寇老师在语文教学上钻研很深，从教几十年以来，他收集了各种版本的语文教材和几十年来的语文教学期刊，撰写发表了不少教育教学论文。我于是上前作了简单的自我介绍，希望寇老师提供一篇稿件。寇老师很爽快地答应了，当天下午就发来一篇关于语文教材的文章《对教材"多纲多本"的质疑与反思》。由于版面问题，我又和他商量，请他能否将文中几个段落做些调整，修改到 5000 字左右。不到一天，寇老师又很快将修改后的文章发给了我，并且按照要求增添了摘要和关键词。我对其中几个词语和引用的段落有些疑问，又去找他请教，寇老师也耐心地一一给我解释了。

如此一来二去，几番接触交谈下来，寇老师热情地表示："要是校刊需要语文方面的文章，我一定协助提供。还有，我们组的年轻老师，特别是学校里让我指导的几位，一定会经常写论文、随笔、教学反思的，有合适的都可以提供给你们。"在后来的日子里，每每校刊需要语文学科的教学论文、教学随笔等，我向寇老师约稿，他从无推脱，总是二话不说地在第一时间提供他自己的文章，或者推荐其他年轻教师的习作，给了我实实在在的支持与帮助。

作为从教将近四十年的老教师，寇老师的教学工作可以说依然一丝不苟，每个环节都落在实处的。有一回，我由于有事晚饭后去学校，遇到寇老师背着双肩包，踏着夜色从图书馆出来，说是刚批完作文。我不由感叹一句，语文老师批作文可真是巨大的工作量。寇老师却说，学生的作文，老师往往是唯一的读者，师生间通过作文，可以进行心灵间的沟通，所以他觉得批作文不是苦差，而是很有意思的事。我后来偶尔见到寇老师批的作业本。那年，我们负责同一个班级的教学，有的课正好相邻，就会经常在教室门口遇到。有好几回，我走到教室门口，寇老师看见了，对围着他问问题的学生说："我们到外面去说，别影响后面的课。"把讲台让出来，让我可以做调试话筒、打开课件、摆放演示实验的仪器药品等准备工作。寇老师把学生领到走廊里，又回头笑嘻嘻地讲："等会我就在外面将这些课堂默写批了啊，这样，课代表可以早点发下去，让学生及时订正。我在外面会不会干扰你上课？"我开玩笑说："欢迎您一边批作业一边顺便听听化学。"下课时，我看到教室外走廊里的小桌子上，放着批好的作业本，顺手翻翻，只见红笔的勾画圈点，详细得让同是教师的我汗颜。

理科与文科，教学的内容不同，但教育原理是相通的，在和寇老师的几次交流中，我益发加深了体会。有一次我去上课，走进教室，听到有学生在说："今天我才知道，原来古诗词，是可以唱的啊。"原来在前面一节语文课上，寇老师和前来听课的两位年轻老师一起吟唱了古诗词，让学生兴奋无比。过后和寇老师聊起这件事，他说："诗词，特别是宋词，不唱，体现不出那种情感，唱给学生听了，他们才能更好地领悟其中的神韵。" 他认为语文教学就应该和学生一起入乎文本，品词论句，体味情感；出乎文本，知人论道，丰厚思想。我觉得每一门学科都有其最基本的东西，比如语文是文本，而我们化学则是化学实验和科学理论，这些最基本的东西才是最能吸引学生、最能让学生领略到学科魅力的，这一点，我们的观点应该是不谋而合。

一个在专业上有所建树的人，一定是善于学习的。有一次从食堂回办公室的路上，遇到寇老师，我想起他写的一篇关于去衡水中学参加研讨会的文章，就问起他对衡水中学的具体印象。他滔滔不绝地讲起自己利用会议休息间隙和午休时间，走遍衡水中学的角角落落，观察校园文化，观察学生的上课与课间情态，与学生交流，坐在学生座位上感受教室氛围，查看学生的课堂笔记与作业……他凭一位老教师的经验与眼光，认为衡水中学在教学与管理上很有独到之处，他们的教学非常精细，许多自编练习十分细致而有针对性，教师批改也大多及时仔细。我说："一个学校不会随随便便取得成绩。但我去别的学校参观，从没有能观察得这么深入仔细。"寇老师说，外面有些人对这所学校有点误解，认为都是靠把学生"抓得紧"，其实，在教育细节上，他们确实做得到位，学校也常态化地举办各种活动，学生教师和学生的精神面貌都是充满自信的，这骗不了人。"木秀于林风必摧之，我们不能人云亦云，我确实觉得这个学校有许多地方值得我们学习。"

寇老师老家在甘肃。我有一次说起自己在国内还有包括甘肃在内的几个省没去过。寇老师说："你得去，莫高窟、嘉峪关……都很值得一去啊，怎么能没去过呢。"感到十分遗憾的样子。疫情前每年有甘肃的老师和领导来学校挂职，寇老师总是前后张罗，绝对是发自内心的"家乡来了人"的喜悦。他会等着挂职老师乘坐的大巴车到来，让来宾第一时间见到"老乡"，消除陌生感；他会陪着来宾熟悉校园各处；他会匆匆来我办公室拿几本学校出的刊物，说是给甘肃的同行看看，增进他们对南菁高中的了解。2020年，江阴有企业去甘肃几所学校捐赠校服等物资，寇老师参与联系资助对象、安排行程，并且全程陪同，回来后写了一篇文章，记录整个行程中的点点滴滴，读来令人感动。生活在本土的我，或许不能完全体会远离故乡的人对家乡的情感。我想，见心知性，爱屋及乌，切切实实地爱着一个地方，才会切切实实地爱着这个地方的山山水水和人们。

爱因斯坦说：不必力求做成功者，而要努力成为有价值的人。但有价值的人，不就是成功者吗。像寇老师这样，本着一颗"笃实"之心，无论求知治学，还是做事为人，低头有坚定的脚步，抬头有清晰的远方，回头有一路的故事，真诚质朴，专志不虚，人生也就闪烁着光辉。

2022 年 10 月

南菁三课

江苏省常州市教科院　薛权开

　　清末的南菁书院是江苏全省最高学府，汇聚了学术界的各路精英，执教席的先后有黄体芳、黄以周、缪荃孙等先贤，书院还编辑出版《皇清经解续编》等书籍，在近代史上的影响之大，远超一般学校。江山代有才人出，南菁特别重视新教师的培养。2016年学校召开35周岁以下青年教师会议，我还能赶上青春的尾巴，便厚颜参加。这次活动学校请了一位优秀的语文老师给大家介绍成长的经验，他的奋斗经历是感动我的第三课。

　　这位老师是个"学痴"。为了完美地上好每一课，他收集了几十年的有关中学语文的教学刊物，并将之按照课例或教学法分门别类地有序装纂，做好笔记，贴好标签。多年来从不间断，直至现在仍然做这样的学术收集和整理。他的书房就是一个种类齐全的特殊图书馆！或者一部内容丰富的中学语文教学史！他藏有不少珍稀的孤本，有高校为了引进人才，不惜开出优厚的条件，他都不为所动，因为他的志向一直未变，做一名中学语文老师。处资源繁茂的信息时代，许多东西都可以通过网络搜索，似乎做这样的工作有点"迂"。但是，议者有所不知，在爬梳学术期刊的过程中，我们可以更细致地了解学界动态，比较教法得失，思考教育真谛，提升专业素养。虽然我也一直有阅读的习惯，偶尔也随性涂鸦，听了他的介绍，顿感自身懒惰渺小，志寡才疏。最后，他还特别提醒青年人要热爱单位，以自己为例说，"我所有的一切都是单位给的，包括老婆，我老婆是班级学生的姐姐，是学校（单位）介绍的"！年轻人要替单位分忧，多为单位付出，"我们分担寒潮、风雷、霹雳，我们共享雾霭流岚、虹霓，仿佛永远分离，却又终身相依"！坦诚直率的幽默话语，经典诗歌的别样解读，引起了一阵阵热烈的掌声。

　　这就是寇永升老师，现在南菁教语文，厚积薄发，学生特别喜欢他的课，是菁园师生的新偶像。今年南菁公开课，恰逢校庆135周年，历史学科声势浩大，慕名来听课学习的省内外老师有300人之多，评课总结的时候我的眼前忽然浮起寇老师解读《致橡树》的场景，于是情不自禁地肺腑流露："南菁，你我虽然相见太晚，但是你在我心中已经生根，无论走到哪里，我永远都是南菁人！爱我祖国，爱我南菁！"

旧时梨园行有句老话：戏比天大。我曾经一个礼拜七天之中四次去看北京人艺的话剧，台上每一位老戏骨对待角色对待演出的态度，真正体现了戏比天大。杨培明校长以戏喻课，说做演员要有"戏比天大"的信念，做老师要有"课比天大"的信念，我深深赞同！任何时代，任何岗位都需要敬业忘我的职业精神。行者常至，为者常成，总须用心用力去植一棵树，才可望开花结果。

近代著名学者、教育家夏丏尊先生对高僧弘一法师有一个简明的评价，即"做一样，像一样"。俞平伯也如是说："李先生的确'做一样像一样'：少年时做公子，像个翩翩公子；中年时做名士，像个风流名士；做话剧，像个演员；学油画，像个美术家；学钢琴，像个音乐家；办报刊，像个编者；当教员，像个老师；做和尚，像个高僧。"这种"做一样像一样"的评价用在南菁老师的身上其实最贴切不过。有人问南菁与其他学校最大的区别在哪里？我如实相告：无他，唯教师最像教师，课最像课！

"昔穆公求士，西取由余于戎，东得百里奚于宛，迎蹇叔于宋，求邳豹、公孙支于晋。此五子者，不产于秦，而穆公用之，并国二十，遂霸西戎！"李斯在他的名篇《谏逐客疏》中开宗明义地告诉秦王要广泛招纳人才。南菁始终开明开放，历任山长校长都是求贤若渴。"王者不却众庶，故能明其德。"除了徐守军、马莉、周瑛、寇永升，我所知道的还有杨培明、张敏军、陈亚、刘艳萍、王则莉、过家福、马俊燕、薛海燕、叶先进、梁干桥、陈忠明、贾晨宵、孙晓艳等一大批"最像老师"的老师，他们均非"秦士"，起于"五湖四海"，他们或工作出色，能力超群，或学有专攻，才艺惊人！

海纳百川，有容乃大。如果说悠久的历史是南菁的长度，那么优质的老师就是南菁的高度，包容有爱的教育胸怀就是南菁的宽度。一个长度远超同行，宽度和高度都奋力延伸的学校，她蕴藏的能量自然大得惊人，所以在我心中，南菁是全国最美的校园，没有之一。

云山苍苍，江水泱泱，南菁之风，山高水长。

2017 年 11 月

花会盛开的

江苏省南菁高级中学　周婧兮

八月底，大学通知我延迟返校，于是母亲叫我收拾了一半的行李又搁置下来，我只好拿着笔记本在家里安心上网课。有个没课的下午，阳光被浅蓝的的窗帘遮了一半，连空气都弥漫着惬意，我睡了午觉起来口渴，倒水的时候没找着杯子，懒洋洋的又不想回房间拿，于是我打开了旁边的柜子拿一次性纸杯，却一眼瞅见了那个黑色的变色水杯，一个和我的青春画等号的东西。

那是我高一分班的纪念品，滚烫的开水倒进去，黑色渐渐褪去，显露出白底黑字的手写体，满满的都是高一那一年教我的老师的签名，很朴素，但也很好看。这个杯子我用了高二和高三两年，直到毕业，怕弄丢没让它跟着我去大学，就被留在了家里，自那之后，任凭尘埃拂面，这一年我都没再想起它。

阳光暖暖地照在身上，我舒舒服服靠着椅背喝水，这样安逸的时光，显得高中那些忙碌的日子格外遥远，时隔一年，再度回想起在菁园的三年，有哭有笑，有过快乐自在，也有过彷徨无助，有骄傲的时刻，也有自卑的瞬间……但是论我最喜欢的时光，还是高一的那一年——丰富多彩的活动、伸手可及的机会、快快乐乐的13班以及和蔼可亲的寇老师。我并非不怀念高三的拼命，也并非不怀念陪伴我两年的14班和一起努力到最后的毕业班的老师们，但人的一生总有最令人动容的时刻，它埋藏于记忆深处，能在你面临崩溃的边缘成为救命稻草，为你指明方向，也能让脆弱的花骨朵不怕风雨，自顾自地奋力绽放。

至于最喜欢的原因，现在想起来，还是因为高一最快乐。不要觉得这样的想法很幼稚，大学和高中是两个完全不同的环境，人更成为一个独立的个体，在这样的基础上回忆从前，才会知道那时候快乐的难得之处。其实成年后，我对事物的看法改观很大，仔细回想我的高一和高二高三的心态区别，很大程度上并不是因为学业压力，而是班级氛围。不过并不排除学业压力，在当今的教育模式下，大家想要一直快快乐乐地学习基本上是不可能的，我们需要分数来面对高考竞争，所以我很理解我分班后在新的班集体压力很大的心态。我要强调的是，16、17岁的学生心智发育并不完全，他们处于心理状态快速成长的阶段，他们往往有着更敏感的心理，也比以前更容易共情，他们更懂事，也更善于隐藏自己的情绪来适应环境。所以在我一个感性的女孩子看来，在高中的学习生活中，在我的成长中，班级氛围对我的影响很大很大。而我高一那种少见的轻松又团结、努力又积极的班级氛围，对于学生的三观有着极好的塑造作用。我把它的功劳大部分归结于我的语文老师寇永升组织的班级故事活动之上。虽然现在许多老师强调分数不代表学生的一切，但应试教育还是所有的孩子正在经历的事情，而寇老师的班级故事淡化了这种紧张感，它是劳逸结合，也是自我的和解，它让我学会接纳自我，挑战自我；也让我学会接纳他人，团结奋进。

那时我还小，不喜欢写作业，寇老师一开始提出班级故事的时候我觉得很麻烦。但从一开始按学号轮着写到大家抢着写，不过几周的时间，生活里零零碎碎的小事情被用不同的可爱口吻叙述出来，一下子就让所有人都喜欢上了分享班级故事。这个类似于随笔的本子在同学之间传阅，然后每天早晨返回到老师手里，老师会选出有意义的故事让我们在课堂上分享。我们书写自我，阅读他人。这样的日记没有老师的刻意审视，甚至不强制要求署名，想说什么就写什么，大家的灵魂碰撞又碰撞，直至理解包容。不要觉得这好像很简单，在中国当代的教育中，不得不承认，学生的心理状态和人际关系是没有得到很好的重视和引导的，校园霸凌看似少有，但是师生、生生之间能够真正互相尊重的依然罕见，导致学生时代并非以美好为代名词，更多的是压力和不满。我高二的时候，新的班主任也尝试过让大家写班级日记来团结友爱，但是由于师生和生生的心理早有了隔阂，为了分数和自我，人人都不愿意吐露真心，人人都带着偏见去相处，所以这本日记最终成了形式主义的产物。而寇老师则用了更恰当的态度和方法，以身作则，抓住时机，以小见大，让大家真正的学会了尊重自我、尊重他人。所以班级氛围越来越令人舒适，大家都真诚又自在地相处，以至于在所有的大考前夕，大家都会不约而同自觉努力；在所有的活动里，大家都能一起讨论方案和行动上做出贡献。在这短短的一年里，没有任何一个学生落下自己的分享欲和参与感，这是多么可贵的事情啊！一本小小的本子，好像被施了魔法，让所有人的心都暖洋洋地靠在一起，这也是寇老师让我最为佩服的地方。

除却这样的教育方式，寇老师在教学上也是育人和抓分两不落下，由于老教师多年与众不同的教育理念和见识过许多风光的感触经验，寇老师能把一个知识点讲透不算，还能衍生出许多有趣的历史故事，也能轻松地带着我们学会怎样解读文章，同时还能让班级里总是充满欢声笑语，因此我们班的语文成绩一直都很好，和寇老师的关系也愈来愈贴近，大家叫他"蔻蔻""老寇"，好似一家人。教育的意义在那一年的语文课堂上体现得淋漓尽致，到现在还令人怀念和回味。如果要我形容我的喜爱有几分，我只能说，如果可以，我多想再听一节寇老师的语文课啊！

恰巧的是，翻出变色水杯后过了几天，9月5日便收到寇老师询问我在大学近况的消息，他很高兴我依然选择了自己喜欢的汉语言文学专业，我看着几条短短的问候，竟然有些泪目。思念无声，在忙碌的生活中也不常会有，但一旦涌现，便好似大河决堤，点点滴滴都从脑袋里争先恐后跃到眼前：从一开始的当他的语文课代表，到被亲亲热热地拉着手当成小闺女一样塞好吃的好玩的和学习用品；从一开始规规矩矩搬作业，到走在路上碰到寇老师还能被塞一个苹果吃，我真心觉得寇老师是天底下最可爱的老师啦！

对于班级而言，寇老师是好老师；对于我而言，寇老师就像亲人一样好。是寇老师和我说："周婧兮是我见过的最善良的女孩子。"于是我坚守初心；也是寇老师带着我一遍又一遍叙写重庆大巴车坠江事故，了解原委，分析人性，让我明白文章不是为写而写，而是为了活着的意义而写。

是寇老师支持我的发声，支持我写下长长的文章，我不敢读甚至犹豫是否要销毁，但是在他的鼓励下，我最后还是写下来了，并且读给大家听。这件事让我有了坚持自己的意愿的底气，因为我知道寇老师相信我，他的每一道目光都带着鼓励，像看着一支花骨朵，那些善意和关怀就好像阳光雨露，悄声哄着我说："快盛开吧，你盛开一定很漂亮。"

也是寇老师给我们办音乐会，带我们去图书馆，催着我们写随笔，把美好的回忆全都留下来。他开开心心买着零食和礼物给我们惊喜，叮嘱我要发给每一个同学，让大家都有份，最后再悄悄把我留下来，给我塞一大把糖果，然后乐呵呵地说："我之前给我家的小孙女买的，你也吃，她可喜欢了，你肯定也喜欢。"——我当然喜欢，我高兴得好像寇老师就是我的爷爷一样。我从小是妈妈带大的，并没有在外公外婆爷爷奶奶身边待过很久，但在那一刻，16岁的我好像看见自己变回矮矮的个子，挥着小短手，拿着满满的糖果，是被偏爱的小家伙，是有爷爷好好宠着的乖孙女……

回忆真的太多了，泛着酸涩而温热的湿意，从眼眶里落下来。

寇老师也会想吧，曾经胆小又不自信的小女孩，在鼓励和爱护中长大啦，他亲眼看着的青涩的小花苞，已经勇敢地开始绽放啦。

因为这些点点滴滴，母亲十分感激寇老师，在我心思最为细腻敏感的那一年，能有这样的引路人耐心地陪伴我和引导我，在家长无法弥补的领域里，让我健康又快乐地长大。在祖国庞大的花园里，有无数的园丁忙忙碌碌照顾着小花朵，总会有园丁粗心大意导致小花朵开的不尽如人意，但我可以骄傲地说，曾有寇老师这样的园丁照顾过我，我一定会开出漂亮的花朵。

我本以为我带着寇老师的拥抱和祝福继续认真地上课，度过自己这重要的三年，顺利高考进入喜欢的大学，然后回来看望恩师是顺理成章的事情。但是实际上高中的生活要复杂很多，女孩子并不一定能一直坚强和乐观，事与愿违是太正常不过的事情。分班后紧张的班级氛围的鲜明对比让我无法适应，尚未恰当处理好的人际关系让我在女生占比很高的文科班寸步难行，而到了在高三那段可以称为混乱的日子里，家里真的发生了很多的事情，伴随彻夜的失眠和胃病的，是快速的长大和成熟。那时我离自己的梦想很近也很远，笔下的忙碌并不真实，仿佛羽毛一般，怎么都抓不住，支持我努力做题的动力除了周围的压力，就是长辈的殷切期望了。但不论遇到压力再大、再难以抉择的事情，又或是再不公平的问题、再悲伤无力的矛盾，我都会想起寇老师期待又鼓励的眼神。他让我知道我是玫瑰，他希望我长成我自己的样子，希望我永存那份少女的善意，希望我可以像花一样无所顾忌地盛开，灿烂而朝圣，希望我开开心心并坚定我的选择，遵从自己的本心，勇敢地大步向前迈进。而如老师所愿，我确实没在挫折面前低下过头，也一直心怀热忱、热爱生活。高考失利是我没有想到的未来，可这并未否定我高中三年的努力，我计较失去，但我更爱我所得到的一切，我有很好的恩师，我有很好的母校，我有珍贵的善意和情谊，我有的足够多，在我心里，这太划算了，是一辈子的财富。所以我总是想着，我是花，我应该努力开放，不论好看与否。

因此，寇老师于我，不仅是我尊敬而又感激的老师和长辈，还是对我的少女时代影响极大的爷爷，让我明白自己的价值，也让我坚定自己的选择。

园丁是个高尚的职业，我向往成为园丁，而与寇老师相处的短暂时光，更教会了我另一个作为教师很重要的道理。做老师，成绩很重要，因为事关学生的未来。同样，对三观的教育也很重要，这并非告诉孩子"你要善良，你要正直，你要热爱"云云，而是在每一件小事上进行提醒来潜移默化地提高孩子们的素质。高一开学典礼的时候因为天气炎热，在漫长的各种讲话和表彰中，刚进入高中的学生都汗流浃背、心浮气躁，最后结束时闹哄哄地回教室发表不满。当时寇老师穿着T恤，满头是汗给我们上了第一堂课，不是课文，也不是互相介绍，而是讲了开学典礼上一个穿着西装打着领带的外教。在并不太严肃的开学典礼的颁奖仪式上，正式的穿着显得格格不入，但是却体现了个人极高的素质。寇老师带头反思，自己应该穿着更加正式，不能因为天气而懈怠自我。这堂课我印象极深，它告诉我礼貌和尊重的意义，告诉我人要做好自己，不能人云亦云，因此在这之后的许多小事上我都会注意自己的言行和形象，并不是为了好看，而是体现我认真尊重的态度，以此来提高自己的涵养和素质。这点完全可以移到家庭教育上，我想将来我也会举类似的例子来教育自己的孩子。如果大多数的应试教育中能穿插这样的素质教育，让所有的小花朵都能快乐地盛开，那该多么可贵！

感谢寇老师，一年的谆谆教诲并不多，但却条条发人深省，那份对后辈的爱比世界上无数的珍宝都要珍贵。高一短短的一年，却成了我此后做出坚定选择的极大影响因素。我不知道自己未来是否会改变，变好还是变坏，但是在现在的时光里，我知道自己要怎样去活，就像花知道自己应该在何时何地盛开一样。

年复一年，寇老师迎来又送走一批又一批的学生，年迈的园丁直起身子看向朝阳，笑容里是真挚又欣慰的祝福，他一定希望所有的花朵都能美好的盛开吧。我想，桃李满天下是件值得骄傲而幸福的事情，而作为他曾经的学生，也是一件值得骄傲而幸福的事情啊！

忆与寇老师相处的一年时光，我真正学会的东西，是教育的意义，也是花朵盛开的意义。

老师，花会盛开的。

后记：

写完此文，突然感觉还有一些想和老师说的话：进入大学后，我来到新的环境，学习新的课程，我开始接触到教育学的课程，也了解了很多同龄人的高中生活，菁园于我而言还是很好很舒适的环境了。在设施和师资力量较差的高中里，学生们的校园生活称不上"励志"，更多关注的还是"分数"，三观的塑造依然靠原生家庭的影响，更有很多花朵，因为学校里所谓的偏见排挤有了心理创伤，甚至凋零……

我从前并不关心这些，但是近来许多新闻事件令人揪心。我便开始思考，用寇老师教的方法思来想去，觉得还是教育上有问题，在无法改变现在教育模式的状态下，我觉得教师的素质教育更有待提高。当年高考时，师范的分数线很高，大家都奔着稳定的工作和好的待遇去学师范，当老师。这个问题很现实，也存在很多年，近年来问题暴露得更加严重。学习了一些国外的教育理念后，我更加疑惑，高分不等于高素质，高学历不等于高的教育水平，所谓的高教育水平究竟是教会孩子学习"课本知识""考高分"，还是教会孩子如何做人做事。当年很喜欢寇老师教我，无疑是在寇老师身上学到了太多做人的态度，想明白了自己要什么，坚定了为人处事的方法。可是我在一些比我成绩好的学生身上看不到这样的尊重和豁达的态度，即使他们"优秀"，我也无法融入他们，但不可否认，他们确实比我优秀。我以为，在观念这方面是不能比较的，但是在素质方面是很有必要的。我一直生活的环境里人们素质都比较高，但是实际上是少数，在整个教育的大环境里，这一方面真的有待改进。如果将来我有机会能做教师，是一定向寇老师的教育理念看齐的，跳出舒适圈来看，素质教育实际上比应试教育更重要。

还要感谢寇老师，让我重新回忆从前，有了新的思考，我不会停止思考的。希望寇老师身体健康，工作顺利，天天开心哦！

2022 年 10 月 3 日

忘不了那一声"伙伴们"

江苏省南菁高级中学　肖学思

相处一年，相别三年，相识四年。

我不知如何下笔，更不知这份回忆该从何点滴说起。如果大家愿意耐心看些文字的话，就让我从题目还是讲起吧……

"老寇！这对吗？"他笑得眼睛眯成了缝，慢慢地左右摇头望着班上的同学们，"小伙伴们！'老寇'和'寇老'，你们现在还感觉是同一个意思吗？"这可就有趣起来了，在寇老师举了个他自己的例子来讲解"老"的位置在称呼中的不同意义后，本来先前同学们还是老老实实称呼"寇老师"的，在这节课后，统统叫他"老寇"了，这是一波反向教学啊。

当然，这只是一个小玩笑，在心里，我们都叫他"寇老"。寇老，称呼得心甘情愿，因为寇老师是自我进学堂做学生以来，教过我的所有语文老师中最年长的一位。其次，寇老师的教学，在高中语文教学框架之内，但又跳出这个限制，上他的课，你时而感觉是坐在教室里上课；又时而出神，仿佛在与他面对面交谈。寇老师对于我的影响，是远超于高中语文之外的，他是我愉快的高一学年最重要构成，更是我三年高中的美好回忆之一。

分享完"寇老"的称呼由来，还想跟大家分享几个较为琐碎的回忆。

"小伙伴"这个词，应该是当时13班每一个同学都倍感亲切的。寇老师在课堂上，惯以"小伙伴们"来称呼我们。这个称呼，让刚入学的我们放下了心中的紧张，以较为轻松的心理状态进入课堂，更缩短了我们与寇老师之间的距离。在"小伙伴"这个词跳出来的时候，四十几岁的年龄差，瞬间消失，取而代之的是更多的交流和分享欲。这是我们走入语文世界的一个入口，也是对高中师生关系信任的开始。

还有一个很有趣的细节，寇老师独钟爱一条黄色的领带，只要不是极其严肃正经的场合，他都会将它搭配于各式西装。若要问及这条领带的由来，我只能依稀记得这是寇老师的女儿赠与他的，这让我顿悟是什么让一个近花甲的先生依然能够每天活力满满，天真童趣。至今，我还依然保留着那张我和打着黄领带的寇老师的合照。

高中的晚上有语文答疑。我也清晰地记得我和寇老师坐在教室外的小书桌旁，聊着我的作文，那天室外不是很热，却也不冷，但也谈不上凉快，亦或许是漫天的点点星光让我忽略了气温，我只是很确定，我和寇老师的头顶上方，是星空。这真的也是我高中最美好的回忆之一了，在这样美好的环境下，和寇老师一句一句地慢慢聊着，聊作文，聊语文，聊生活，聊人生……

在文章最后，我想代表很多小伙伴们，表达对寇老师语文教学方式的感谢。我们那时每次作文练习或是考试后，都会从每个班挑选出一篇优秀作文，编印成一份类似优秀作文集锦的讲义。我从未自信地想过自己的作文会有机会选入，毕竟南菁高中比我优秀的大有人在，我不认为自己在作文上有任何优势。但是，出乎我意料的是，在高一上学期，也可以理解是高中生涯开始不久，寇老师给了我一个意外的机会。在一节清晨的语文课前，寇老师拿着我的作文将我喊到他身旁，问我能根据他的建议修改好后，今天打出来吗？"意外""惊喜"这两个词用以描述我当时的心情可能有些过于片面了，但感激是彼时最直接的心理。

除我以外，寇老师还给予了许多小伙伴们更多的机会，让我们变得自信，爱上语文，乐于分享，这些是更深远的意义，对于人生的意义。

待我学成归来，寇老师，我们再相见！

2022 年 10 月

寇爷其人

江苏省南菁高级中　　汪慧泽

在教师佳节来临之际，礼物皆为家长朋友所出，吾等小辈暂无钱财，于是乎，吾以短文赠吾师寇爷，暨作礼物，还望寇爷莫怪此礼之寒酸。

说到寇爷，这个称呼是我在学长学姐的班级故事上看到的，乃寇爷本人自己要求，那我们必然要满足他，以示其威仪。

寇爷其人，怪哉。

怪在外。

第一天开学时，寇爷与我们见面，那时，他穿了件衬衣，鼻尖略抵在眼镜鼻托下，略显其苟延残喘（是鼻尖苟延残喘！）。寇爷说话好像口中有水，含糊不清。彼时我正处在未能被任命为语文课代表以蝉联三年语文课代表而沮丧，竟也连同对语文老师也丧失了兴趣，单单留下了如上的印象。如今，多节课下来，寇爷的衬衫再未穿过，每天以汗衫、凉鞋示人，大有文化人的风姿，倒是那红红的鼻尖一直红着，像是一个小三角形。有一次，寇爷讲话，讲着讲着，从口袋里掏出一张纸巾撸了一把鼻子，又把纸巾塞回口袋。于是我知为何他鼻尖总是红通通的。至于说话疑似口中有水，现在倒也觉得是类似于朱熹所说"为有源头活水来"中的那类"活水"了。

怪在内。

寇爷脑袋瓜里想的与其他老师不同。至于到底有哪里不同，是怎么个不同法，愚钝如我自然是表达不出来，也揣测不出。那我是如何得出这一结论的呢？自然也是因为一堂语文课，有节语文课，寇爷点到我身后一位仁兄回答问题（我觉得他是故意的），这位仁兄机敏过人，无奈面对老师的提问习惯于保持沉默。故唯听他站起来，未听他作答。过往的大多数老师遇到这位兄台"有口难言"的情况大多选择换一位同学。寇爷却大为不同，他站着先与仁兄大眼瞪小眼，几秒过后更换对策，让让仁兄迅速作答，仁兄大约为寇爷所感动，出声开始回答。要不为什么说他怪呢，寇爷既要求作答，又要求完整流利地作答。仁兄不习惯回答，说得吞吞吐吐，寇爷又更换对策，改为让仁兄上黑板书写，这招着实高明。是时，我心中敬佩，是所未见。

怪在行。

寇爷只有一种站立意识：一手端书，另一手自然下垂，两腿微微分开，臂膀躬成一个描写不出的弧度。从不用双眼正视他人，必偏侧一点角度，嘴角永远弯起、绷着智者的微笑。为何说"端"呢？因其也与常人不同，那书非倒非立，以奇妙的姿态在寇爷手中，自显出一派华贵气质，表面上看无甚奇异，但仔细一品却好像一本书拿在寇爷手中，立马显得更加重要，正应了"书中自有黄金屋"一说，仅此一举，旁人模仿不来。

怪在言。

说话着实含量丰富，什么"邪恶"啦，"猥琐"啦，"山里的核桃"啦，还有什么乌龟长痔疮等等的，寇爷好像什么都知道，上至大文大雅，下至粗鄙不堪（其实也没有那……么不堪），总归都能从一张嘴里蹦出来，令人防不胜防，也无法防。

虽然相处不过半月之久，却总觉得已然与寇爷相识甚久，大抵是总在期盼寇爷的早、晚读和正式课。能写的还有太多太多，但是我写不动了，反正寇爷自己肯定也知道自己有多怪，那我就意思意思算了。

寇爷，祝您教师节快乐，愿您与日月齐光，与天地同寿，愿在我也被尊称为爷的时候还梦聆听您的教诲。虽然有点像生辰贺词，但你我之间不必诸多拘束。再愿您笑口常开，阖家幸福。

2020 年 9 月 9 日

宿舍奇遇记

江苏省南菁高级中学　徐　理

也许大家一看到这个题目，就会产生如下疑问：宿舍遇见谁才能算奇遇？班主任？自己暗恋已久的女生？都不是！我认为，上个礼拜在宿舍中遇见老寇便能称得上是奇遇了。

说是奇遇，不如说成"遇奇"，老寇真是奇葩（褒义）！

周五下午，当我借着打扫宿舍的名义在6203和6204之间游荡之时，我那善于发现的双眼飘到了楼下小路上的一个人。定睛一看，只见他身材丰满，步履从容，目不斜视，一身正气。光凭他身上所散发出的强大气场，我就一眼认出他是老寇，毕竟老寇是全校最（不）猥琐的老师之一啊！

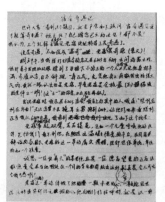
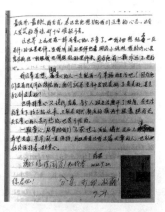

发现老寇时，我正在6203宿舍门口，我马上向其中的人喊道："烂柯，烂柯在外面！"又以迅雷不及掩耳之势跑到6204，让他们也来看烂柯，正当我从6204出来，我看到了如下这个场景：

老寇面向我们宿舍举起双臂，左右摇晃，正如一个儿童呼唤他的伙伴，生怕我们看不到他，在这温暖惬意的午后，在周围静谧的氛围，老寇这一举动属实滑稽，但却也很单纯，单纯的如一个孩童。

试想，一位快"奔六"的男老师，且是一位德高望重的正高级教师，竟会在与他相处仅一个月的学生面前做出这种事！真是令人可叹，令我可感啊！

老（小）寇这一举动，体现了一颗未老的童心，一颗饱经世俗污秽侵染却仍无瑕的童心。他向我们打招呼时，就是以一种最淳朴、最自然的方式，表达出他想引起我们注意的心态。这令人发笑的举动，却十分难能可贵。

这世界上如老寇一样的有童心的人不多了。我不由得想起另一位老师：孙远景老师。当我听闻孙老师也看网络小说时，我的内心是震惊的，但一转眼我也佩服起孙老师来，因为他也有一颗永远不老的心。

我经常在想，保持童心的人一定能有一个幸福的生活吧！因为他们没有什么可以烦恼的，他们就在生活中发现美好、享受美好，甚至自己创造美好！

但保持童心又谈何容易，多少人被生活磨平了棱角，在生活的重负下抬不起头来，只能在时代潮流的漩涡中被裹挟而去。失去童心的人是可悲的，也是可怜的。

一颗童心，能帮助我们"不获世之滋垢"，希望老寇、景爷能一直保持童心；希望所有阅读过我这篇文章的人，也能始终保持着一颗童心。

2020 年 9 月 20 日于南菁高中

我们祖孙两代的朋友

江苏省南菁高级中学　杨添雯

和寇老师初次见面是在我的高一。

初入菁园，我带着彷徨不安踏进了高一的课堂，从小到大，我对语文这一门课程的兴趣不过尔尔。寇老师担任我的语文老师，他通过各种方式使语文课堂活起来，改变了我对语文课的刻板印象，正是在他的带领下，我看到了语文的丰富多彩。

这一年中，我开始变得期待语文课堂。

寇老师并不十分严厉，他大多数是面带微笑的，上课从来不死气沉沉，我们都大胆发言。寇老师有时会讲一些时事，或者讲一些与课文有关的自己亲身经历的故事，或者一些课外知识拓展。一节课，很快就过去了，现在想想还意犹未尽。

寇老师教给我们的不只是语文，我们在课堂上分享班级故事；寇老师从不摆老师的架子，这时候我们就觉得他不是我们的老师，更像是我们的大朋友。犹记高一的运动会，寇老师穿着一套陕北服装参与我们的方阵，使我们班获得了声声喝彩。他也曾给班级中的一位幸运儿送上了生日礼物，让我们都有点小羡慕……

我们总是称他为"寇爷"，他总是使我们倍感温暖与亲切。

高二、高三，寇老师不教我了，我的课业也越来越紧张，我和他交流的机会越来越难得。寇老师想了一个好办法，每周请我在食堂吃一次饭。我把每周语文学习上的问题收集起来，并且带上一篇作文，我们利用吃饭的时间一一讨论，他往往几句话就能使我豁然开朗。

寇老师对我最大的帮助在于作文。对于作文的立意，我始终有一些把握得不够准确。每一次我都提前准备好本周作文上有疑问的地方，将自己的所思所想告诉他，寇老师总是能很精准地解答我的问题，引导我正确地审题立意。通过这种谈话的方式，我的作文从刚开始的偏题到后来的准确立意，能够透过作文题目的材料看到出题者的意图，逐渐写出优秀的作文。最后，也在高考获得了令我满意的语文成绩。

非常感谢寇老师对我的一次次悉心指导。和寇老师的每次交流，不仅轻松快乐，而且还能让我在语文学习上有所收获，这也使我越来越珍惜每周的碰面。在一次次的约饭中，寇老师竟渐渐地掌握我的饮食习惯，还发现了我不挑食什么都吃的优点。在快要高考的那个夏日里，每周一次的约饭也成了我校园生活中最为快乐的时光，为高考前的我缓解了不少压力。

我进入大学校园之后，至今和寇老师保持着联系。我与寇老师也从寻常的师生关系逐渐成为朋友，每学期放假回家，我都会邀请寇老师来我家做客。我和寇老师分享我的大学生活，把我每一阶段学习生活上的进步都告诉他。作为一名师范生，我积极学习寇老师的教育教学理念，也通过寇老师分享给我的工作经历与收获，去了解现在的学生。我将寇老师视为一位智者、长者和朋友，在我遇到困难或者身心迷惘时，寇老师总能使我在关键之时转危为机、关键之处茅塞顿开。

大学校园中，我们与当代高中生已经没有了太多的接触，也并不是非常了解现如今学生的思想。和寇老师的交流，往往能使我看到不同年龄阶段学生们的特点。

我还把寇老师介绍给了我的爷爷，两人年纪相差不大，很快便找到了共同话题，开始畅谈起了年轻时的经历——寇老师和我爷爷也成了好友，一段时间不见，爷爷总是催着我邀请寇老师。爷爷在退休之后成了一位农民，在乡下种着几方田地。寇老师是北方人，对南方的农作物了解得并不多，听说为此还闹过几次笑话，被小伙伴们善意取笑。爷爷给寇老师介绍南方特有的农作物，每次总是带着寇老师去田里转转，看看自己种的地，看看我们家养的各种家禽等。每次分别，爷爷奶奶总要给寇老师带上自家地里长的时鲜蔬菜。我爷爷还有一项引以为傲的技能——酿酒，带着寇老师参观了我们家中的大酒缸，品尝了缸里新鲜的葡萄酒、米酒，也让寇老师见识了我们江南人酿酒的流程与方法。

寇老师戏称，这何尝不是一种语文学习！

我目前就读的专业是师范类数学，选择了教师作为我的理想职业。寇老师十分关心我这位未来教师的成长，在潜移默化中影响着我的职业观、人生观和价值观。教师的专业成长和进步，对学生成长、对学科团队、对学校发展都有着至关重要的作用。今年6月，寇老师应邀到江阴市花园中心幼儿园讲座，盛情邀请我同去，他以"成功是优秀的副产品——谈教师成长的关键性因素"为题，结合自己从教40年的教育工作经历，分享了在教师专业成长方面的做法与思考，从备课、上课到教育科研、师德修养多个方面展开，对教师的成长提出了专业性建议。听了寇老师重新定义备课、在常态教学中打造课堂作品、让教学论文在课堂上产生、学会利用专业期刊助力专业成长、加强自身师德修养、在言传身教中以德育人等内容，我明白了教师成长的关键性因素，明确了将来做一名合格教师的努力方向。

　　寇老师即将退休，他没有选择躺平，更没有摆烂，而是依旧战斗在教学一线，一如既往地努力着、奋斗着。他像一个陀螺不停地高速旋转着，而这动力不是外界的"扬鞭"，而是他"自奋蹄"；他虽然已经59岁，但依然有一颗年轻的心，仍旧随时接受新的挑战，这不禁使我明白教师工作是需要持续学习的，要让自己处于"随时更新"（寇老师讲课PPT命名的必备信息）的状态。寇老师始终是我学习的榜样，更是我将来工作中的启明灯！

　　寇老师是我高中阶段倍感温暖与亲切的一位老师，他始终非常关心我的学习生活；我步入大学以后，依然关心着我的每一点进步。非常幸运，在南菁高中遇到这样一位优秀的老师，希望我今后也可以成为像寇老师一样优秀的教师。

　　寇永升老师，我们祖孙两代人的朋友！

2022年11月

后记：

　　我在参评江苏省特级教师时，材料中有一项要求是撰写三个育人小故事——杨添雯是其中第二个小故事的主人公。

　　感谢添雯同学在繁重学业与繁忙学生干部工作间隙写出了这样一篇文章。

雪壓竹枝低雖低不

着泥一朝紅日起依

舊與天齊　古詩一首

二零一九年初冬書於景泰　育賢

雪梅争春不相讓老

朽無聊再許量蓮池

荷花顯高低非遜非

輸各有長 育賢

把徒弟当自己的孩子

2018 年秋季学期开始，南菁高中语文组新进来一位大学本科刚刚毕业的年轻教师刘毅然，学校在青蓝工程结对活动中安排我指导他。

把徒弟当作自己孩子，帮助他们尽快胜任日常教育教学工作，引领他们逐步走上教育科研之路，并且在其他一些方面及时给予指导与建议，这既是作为青蓝工程指导教师的职责，也是南菁高中这样一所百年老校进一步发展提升的需要。

一、专业引领与指导

一学期来，我听了刘毅然老师的 16 节课，指导完成讲义 3 次，指导开设公开课 2 次，督促参加省级教学研讨 2 次。

南菁高中青年教师比较多，一些教师缺少自我发展的内驱力，对于参加教学研讨活动态度不够积极，行为不够主动，我对刘毅然老师的指导从日常教学到短期计划，到长远目标，实现一年熟悉教材，三年胜任教学。

青年教师不能仅仅满足于完成眼前教学工作，不能停留在只有眼前的成绩，而是要培养和具备可持续发展力。这种可持续发展能力，表现为对教材文本的独立解读能力、对教学内容的取舍决定能力、对课堂的把控掌握能力及对学生的指导帮助、能力等等。

刘毅然老师是一个比较勤快的年轻人。我在指导其完成教学工作的前提下，着意引领他能够在专业发展方面注重积累，督促他能够为教研组、备课组多做事情。

2018 年 11 月初，高一年级期中考试，作文题目是"转过身去"，批阅过程中，老师们发现问题比较明显，部分学生审题有误，内容空洞，缺少真情实感……备课组计划编制一份较高质量的讲评讲义，我负责列出提纲框架，另一位老师负责遴选学生优秀作文。为了督促刘毅然老师，我约请他为学生们写一篇下水作文。刘老师愉快地接受了任务，很快写出来下面这篇文章，在师生中引起了很好的反响，并且很快发表在《全国优秀作文选》上（2019 年第 1-2 期合刊）。

转过身去

刘毅然

在我刚出生的时候，我的父亲给我取名叫刘铁。

后来这个决定遭到了家人的一致反对，名字是盛满长辈们美好期望的容器，而"刘铁"这个名字显然过于草率和粗糙了一些。但是在我的童年里，这个名字却仍能经常作为呼唤我的咒语在我耳边响起，姑姑爷爷奶奶的咒语是"阿宝"，独独父亲一人叫我"阿铁"。

想来，是不是因为我不是父亲的"宝"呢。

我的父亲是一个总在我身后的男人，他总是在我身后，让我感受到他监视的狠烈的目光，总是担惊于他突然而来的冰冷的训斥。姑姑总是念叨，在我童年失去母爱后，我生性中的胆小谨慎都是被父亲吓出来的。她说我小时候跑步摔跤，她赶过来哄着我，父亲过来瞪了我一眼，告诉我不许哭。我立刻抿了嘴把声音关进嗓子里，用袖子擦去碎玻璃一般的泪水。姑姑很是不满，说我父亲太狠，扼杀天性。

父亲年轻的时候当过兵，他认为一个男孩成长为一个男人，先成为一名军人是最好的方法。军人的经历在一定程度上影响了他对我的教育，他坚定地认为男人要有男人的样子，体现在发型上那就必须是板寸。直到初中结束，我从来没有获得过一次独立去理发店理发的机会，我总是在父亲的看押下咬牙切齿地坐上椅子，听着割稻机一般的剃刀贴着我的头皮轰鸣而过。父亲自己已经理了十几年的板寸了，我的板寸不仅是他强权的体现，也是他所认为的意志的继承吧。

终于上高中了，两个礼拜甚至是三个礼拜才放一次假。以前是父亲站在我身后用灼热的目光和冰冷的语言鞭挞我，而现在，是我迈开双腿向前逃跑，把父亲甩在身后了。我不会转身看他一眼，这是一种报复。

期中考试完了，我打电话给他。我们的对话向来简洁。

"周六来接我，9点开家长会，高一楼四楼。"

"哦，好"停顿后"考得怎么样？"

"很不好。"

"嗯，知道了。"

开家长会的时候，我在宿舍等他。我想起初中的时候，作为优秀学生的家长，父亲被班主任请上台谈谈教育心得，父亲却在台上批评我学习不认真，早睡晚起，班主任尴尬地打断了他。这件事通过同学的家长到我的同学，最后辗转进入我的耳中。我一直无法想象在台上发言时的父亲的表情，是按捺着将溢出的骄傲呢，抑或是一如往常批评我时的那般军纪严明呢。我只知道，今天的父亲不会再有上台发言的机会了，他的儿子的糟糕成绩足以让他低下往日高昂的头颅，足以让他在瞥过一眼成绩单后迅速地团成一团塞进口袋，足以让他找到教室里最晦暗的角落数着秒针艰难度过这一个小时，热闹是别人的，光彩也是别人的。

等来了父亲，我拎着书包走在前面。

"你头发有点长了，去理个发吧。"

打湿头发坐在椅子上，我的刘海摩挲着我的眉骨。高中以后，我获得了头发的主权，而现在，我的父亲就站在我的身后，一言不发。我不用转身，在脱下眼镜后一片朦胧的镜子里，我可以看见他。我的父亲，今天穿着他最合身的西服，擦亮了皮鞋，无比骄傲和光彩地参加了作为一个残兵败将的我的家长会，而这一切，他早已有所预知。

理发师的剪刀步履匆匆，许许多多的头发擦着我的脸颊滑落，如同瀑布一般倾泻而下。从见面到现在，父亲对我的成绩只字未提，这反而让我感到局促、焦虑和愧疚。我的父亲变了吗，什么时候变了呢，他不应该咄咄逼人吗，不应该破口大骂吗，我多希望我的父亲把我骂出泪水来，然后又严肃地呵斥我"不许哭！"我多希望这时站在一旁的他对理发师冷冷地说一句"剪成板寸。"作为惩罚我的手段。而这些都没有发生，父亲仍是站在我身后，一言不发。

镜子里，我不用转身，我们就能互相看着彼此。

走出理发店，父亲仍是在我身后。

"爸，恨铁不成钢。我为什么不叫刘钢呢？"

"……，哪有人生来就是钢呢。"

我怔住了，当我准备转过身去时，父亲已经走在我的身边，把他的大手，搭在我的肩上。

二、其他方面的建议与帮助

南菁高中具有悠久的办学传统，具有深厚的文化底蕴，但是青年教师比例较高，教师队伍建设任重道远。一个年轻人成长为成熟的骨干教师，不只是在专业上精益求精，更重要是在综合素质上全面提升。因为中小学教师这项工作对一个人的要求是全方位的。

语文教研组是人数较多的大组，一个办公室里二三十人，教研氛围、学术风气、办公室文化建设等都是关系到学校发展提升的大事和要事。青年教师难免在讲话、开玩笑等方面比较随意。从去年的徒弟陈彬洁到今年的刘毅然，我都在许多方面给他们一些力所能及的善意提醒与建议。

我个人认为，一个教师的优秀，不仅仅是指他的教学业务技艺，还应该包括他的个人修养、为人处世及与同事友好相处等——所谓事业，从某种意义上讲，其实就是工作环境人际关系健康和谐，就是使自己成为一个能够让周围同事悦纳和信任的人——指导帮助青年教师，不仅仅限于工作上，还应该关注到全面成长。

把徒弟当自己的孩子。

附：

在庆祝第三十四教师节大会上的发言

刘毅然

尊敬的张董事长，尊敬的各位领导，亲爱的各位老师：

大家下午好！

我是 2018 年新进语文教师刘毅然，很荣幸能够代表新进教师上台发言。今天是 9 月 10 日，全国第 34 个教师节，在此，我衷心地祝福所有老师教师节快乐，您辛苦了！（鞠躬）

其实说来惭愧，当刘正旭书记把这个任务安排给我，让我代表新教师发言时，我是心虚的，因为我觉得我没有优秀到可以代表大家。历史李煜龙老师的踏实负责，英语季凌颖老师的春风化雨，地理王莹老师的和善可亲，生物陈伟老师的一丝不苟以及体育肖浪老师的雷厉风行，这些都是我所欠缺和将要学习的。但是，整体上，我还是优秀滴。我的师傅，寇永升老师，每每在向其他老师介绍我时，总是这么说道："这个小伙子很优秀的，高中天一毕业，本科南师大毕业，实习在省锡中，无锡顶尖的学校他都待过一遍了，现在扎根南菁。"在此我感谢寇老师的美言。我认为我优秀，不是因为我在哪里受过什么样的教育，而是因为我能笃定得像台下所有优秀的老师一样，选择南菁，扎根南菁！

加上上个学期的实习与暑期的军训，我在南菁生活已有三个月，这三个月中，我学习和感受到了许许多多。杨培明校长的演讲每次都无比精彩和深刻，在意志上激发了我，在情绪上感染了我。学校各个部门领导对于学校大小活动的安排滴水不漏，让我真正明白什么是"落小、落细、落实"。寇永升老师几十年如一日地收集整理教材和语文教学期刊，让我看到了什么是对教育持之以恒的热爱。语文组的王天勇老师和刘照建老师，同时也是两位非常优秀的班主任，他们的班级管理智慧点亮了我的新手班主任之路。我的大学师姐陈彬洁老师，每天都是最后一个离开办公室。只有一分耕耘，才有一分收获。除此以外，食堂煮面的胡阿姨，总是暖心地督促我"小伙子，多吃一点啊"。宿舍管理处的周师傅，用他彪悍的人生观给我上了一课又一课。全体保安尽职尽责的付出，都让我记在心里。南菁，不光有品质，有高度，而且有感情，有温度，我们的根要深深地扎在南菁的土地上。

军训时，吴宜军老师送了我一个南菁特色的布袋子，上面写着南菁人形象，四点分别是：理必求真，事必求是，言必守信，行必踏实。我想，"南菁人"不仅仅是指南菁高中培养出的万千学子，更是指我们所有的教师，当我们以此要求学生的时候，我们更要以此来对照自身，修炼自身。

请允许我就此谈谈自己的拙见，与各位新进教师共勉。

第一，将理必求真用在教育教学上。我们教师必须具有正确的知识，使用正确的方法，教授正确的内容，对教学一丝不苟，对待真理真知如同逐日的夸父一样，越山川，绝江河。

第二，将事必求是用在班级管理上。解决和处理学生问题时要兼听则明，从多个角度观察事件，多换位思考，多听取学生意见，探究事件真相，方能妥善解决问题。

第三，将言必守信用在沟通交流上。我们教师应当以诚信树立威信，再三食言会降低学生对我们的好感，破坏班级的纪律性，相反，只有获得学生信赖，才能获得学生理解。

第四，将行必踏实用在为人处事上。教师应当"行为世范"，在形象上切勿轻浮草率，做一个踏实稳重的老师。面对学校安排的任务，保质保量、细致准确地完成；面对家长的疑虑能耐心真诚、科学妥善地处理。

对于我们新教师而言，"守正"是"创新"的重要前提和基础。我们要在磨砺中成长，不断回望自己的过失，不断仰望前辈的荣光，不断眺望光明的正道。现在正值新课标改革之际，我们要将我们年轻的特点化为科研上的优势，敢于创新，勇于实验。今年，我校获得了基础教育国家级教学成果一等奖，这昭示着我校已经走上高位发展的道路。我们骄傲，我们自豪，但是"修路幽蔽，道远忽兮"，年轻的教师们，拼搏吧，前进吧。南菁需要我们，我们一定会珍惜机会、把握机遇，向南菁的前辈学习，贡献属于我们这一代人的热情与智慧！

最后，我再次代表全体新教师以学生的身份，向所有老师表达教师节的祝福，教师节快乐，您辛苦了！（鞠躬）也祝愿我们的南菁在高品质高中建设的征程中再传捷报，再创新高！

我的发言完了，谢谢大家！

（第三辑）青蓝情

2022 年 8 月 24 日二稿

指导徒弟上好新教师亮相公开课

来到南菁，我的工作重点之一是带领新教师。

与其他工作一样，南菁高中把这件事做得比较精心，比较正规。我在2017年9月7日的日记中写道："下午的青蓝工程结对仪式比较正规而且隆重，这一点远远超过以前任职的任何一所学校。"9月7日，是开学第一周的星期四，下午安排了这个活动。翌日，星期五的下午，安排了第33个教师节庆祝表彰大会。

"青蓝工程结对仪式"不是例行公事，不只是一个简单的仪式，也不是作秀表演。"青""蓝"教师双双坐在一起，每人面前一个席卡，红纸打印着"青""蓝"教师的名字；颁发聘书——比较豪华庄重；有正式文件提出具体要求；签订协议……给我印象最深的是叶先进老师的发言，他真正是把青蓝工程当作一项事业在做，这是我以前没有见识过的！杨培明校长的讲话更是让我眼前一亮，他不是没话找话，不是拼凑几个"关键词"，不是来应景的。很明显，他对青蓝工程有自己的思考，他是经过备课而来的。他手里没有讲稿，他的讲话可以整理成一篇有理论、有血肉的文章……其中一句话提醒了我：老教师，要把新入职的年轻教师当作自己的孩子来指导帮助！

而在有些学校，这项工作只是一张简陋寒碜的所谓聘书而已，开学后，不知何时、何人放在了你的办公桌上。有点决策权或者执行权的人，先把能写论文、能讲公开课的年轻教师圈定在自己名下"指导"，剩下的"青""蓝"教师，一顿拉郎配，乱点鸳鸯谱，完成任务而已。老教师很快就忘记了自己需要指导谁，年轻教师甚至心里就没有想起过自己还有个指导老师。没有检查，没有考评，从来不相互听课，很少有具体要求……新老师完全靠自己摸索磨炼，老教师你只是年龄老，而且是你自己老的……

来到南菁高中短短的两三个星期内，改变了我对这件事情的观念！

把年轻教师当作自己的孩子来指导帮助！学校安排给我的徒弟有三位，今天上午第三节课，新教师亮相公开课，徒弟之一的陈彬洁老师开课。

上周末，彬洁与我商议亮相课的教材文本选择。教学进度到了苏教版必修二第二专题文言文，或者《劝学》，或则《师说》，而且按照备课组开学初制定的教学计划，文言文即将上完，紧接着是校运会，国庆假期后是检测，不能开始新的专题课文的教学，也不能跳跃到更后边的教材内容——为了教师的一节教研组内公开课，而不顾学生的学习进度，站在教师的角度随意挑选文本，我认为，这过于自私，过于虚假，过于形式化。

我建议彬洁，选择读本上的文章。苏教版必修一读本，前几个专题，多是诗歌。我指定了两个散文专题，一共8篇文章，让她去挑选自己有感悟的文本。目的是两个：有机会研读读本上的几篇文章——读本是对必修教材的有效补充，读本中的文章，大多是因为各种原因未能进入必修教材而选进读本的；读本中的文本多是"素文"，没有现成的教学设计，很少有现成的PPT，一张白纸，更能考验年轻教师的文本解读能力，更便于训练他们的教学内容选择和确定能力。

彬洁在认真研读教材之后，选择了最难的一篇文章，刘烨园的《大地重现》。备课，拿出教学设计，我们一起研讨；昨天试讲，我去听课，课后讨论交流；昨天晚上，彬洁继续备课，我一直在办公室陪伴等候到夜间10点。我想，我要是离开办公室，这个小姑娘一个人，在这个空旷寂静的办公室里，可能会影响备课。准备好明天的课，批完了作业，我看了一会儿闲书，直到保安来催促要锁楼门。彬洁也备好了课，我们就一起离开办公室，各自回宿舍休息。

彬洁亮相课后，教研组长高海华老师组织了评课活动，高一备课组所有成员参加，朱焕老师参加，海华自己主持。几位老教师的评课都很精彩，发言都很真诚，真是这些年来我很少经历过的！

后来，我督促指导彬洁把这堂课整理成文字稿，基本就是一篇论文的雏形，我们再进一步打磨修改，就有可能发表。

2017 年 9 月 26 日
2022 年 8 月 24 日修订

（第三辑）青蓝情

附：

《大地重现》教学叙事

江苏省南菁高级中学　　陈彬洁

一、备教材、备学生

《大地重现》是苏教版语文读本必修一"寻找精神家园"这一单元中的一篇散文，作者是刘烨园。初读这篇文章，我自己感到难度比较大，阅读难度主要来自两个方面：首先，几乎通篇比喻，作者在谈论经典时并没有直接描写或论述，而是以"冬夜""榕树""大地""春雨"等喻体形象地展现经典的特质。其次，作者在述及自己对经典的态度时与一般的论述类文章旗帜鲜明鞭辟入里的分析不同，作者似是以意识流的手法，直接叙述了自己困惑彷徨的心理活动，几番自我否定又苦苦寻觅出路，着实让我困惑不解。这让我意识到，学生们在阅读读本时，遇到这篇文章或许会有类似"读不懂"的困难，所以我打算把这篇课文放到课堂教学中，帮助学生读懂这篇文章。

在备课的过程中，我给学生布置了如下的预习任务：1.熟读文章；2.写一写阅读感悟（包括困惑、不解）。在批阅学生的阅读感悟时，我发现几乎所有学生都能感受到作者形象化的写作特色，但是在对文章整体把握方面，只有少数同学能够大致把握文章的行文思路，大部分同学不理解作者究竟在讨论什么话题。在整理学生的提问时，我发现问题主要集中在三个方面，第一指向文章的题目（"大地重现"有什么含义、"大地"指什么）；第二指向文本中具体字句的含义（如"传统的传统"、为什么第一小节大书特书故乡的榕树、"走回语言的诞生"）；第三指向第五至第七小节作者表达观点的方式（为什么不直接呼吁阅读经典）。结合学生的预习反馈，我将教学目标确定为以下三点：

1.把握文章的行文思路；

2.鉴赏文中的关键词句及题目的含义；

3.体会作者表达观点的方式。

二、教学进度的迷思

师生在面对文本的时候，同为读者，地位是平等的，会有个性化的阅读体验。老师的人生阅历、阅读视野和学识学养方面或许比学生更丰富，在共同阅读时，在理解文章方面能够给学生提供一些参考，但是，老师并不完全掌握着真理，因此，在鉴赏品味词句时，我虽为老师但是不应该把个人的理解强加于学生，应该更多地让学生自己谈谈理解，当学生在理解上遇到困难时，可以从旁提供一些参考，沿着他的思路帮助他进一步去思考。比如，在理解"比活人更活人"这句话时，学生在之前对"传统的传统"的赏析基础上，已经能够意识到两个"活人"的含义是不同的，但是找不到合适的词语来表达两者的区别。这时候，我刺激学生联想臧克家的《有的人》，我一起头"有的人活着，他已经死了"，学生立刻接下去"有的人死了，他还活着……"，到此，学生回答：第一个"活人"就是指人活着，第二个"活人"是指人的思想和精神永存。我知道学生已经能够领会词语的不同意涵，但是在表述上，学生对第一个"活人"的解释稍嫌口语化，不是赏析所要求的语言，于是，我做了补充，"'就是指人活着'，仿照后一句的回答'人的思想和精神活着'修正一下你的表述"，底下有学生说道，"人的肉体活着"。至此，学生对于这句话基本有了理解，可以继续拓展比附于经典，讨论"这句话说出了经典具有什么特点"这一问题了。

其次，尽管课前已经了解学情，但是在课堂教学过程中，老师仍然要尊重学生的思维过程，"顺势而为"，适时地调整自己的教学进度。比如，在探讨第一个问题"为什么把经典比作榕树"之后，可以顺势跟进解决文中与经典相关的其他几个较为突出的比喻，让学生活学活用，而不必拘泥于预先的教学步骤，而错失课堂生成的机会。并且正如评课老师所指出的，在此可以设计环节让学生比较几个比喻之间的异同点，加深对喻体喻义的理解，而且掌握对比阅读的方法。亦步亦趋地跟随预先制作的幻灯片推进教学内容是不合适的，这并没有真正去解决学生们的问题。

三、抓住重点句子品读感悟，把思考空间留给学生

语文教学，读是根本，而读的形式是多种多样的（有声、无声，个别、集体，分角色，不一而足），并且读的活动不是孤立的，有意义的读必定是伴随着思考和感悟的。在本次教学中，我在读的环节上处理有失。我过分关注了品味和感悟，迫切地想要挖出词句的深层结构和意义，而忽视了真正的方法指引，多少有点舍本逐末了。其实，回想自己在初读文本遇到理解障碍时，何尝不是颠来倒去念了不知多少遍，才稍稍有一点突破呢？带着问题去读，这时候思维是活跃的，无数的知识、经验和联想在瞬间进行着复杂而精密的"运算"，读就好比是思维"运算"的

一个触发机制，何等的重要？在课堂上，我却恰恰剥夺了学生体会感悟的过程，而机械地做着对象化的思考，与文本不亲了。比如，在理解"走向语言的诞生"这句话时，我引导学生结合自己的阅读经验想一想有没有类似的体会：因为经典的某句话或某段描写而对习以为常的词语有了别样的认识和理解。看上去我似乎在引导学生调动自己的经验来进入文本语境，但其实在课堂上我并没有留给学生充分的思考时间，稍等片刻没有学生举手，我就迫不及待地和盘托出自己的一点经验，强行占有了学生思维的自由空间。其实，在这里可以让学生小组交流讨论，彼此的阅读经验相互启发激励，效果应该会比老师独唱更好。

四、教学设计应在素读精解的基础上做高一层

语文教学基本功方面，过去我比较重视文本细读，而对于教学设计虽然重视但感觉自己始终没有入门，不明白教学设计的意义和作用究竟何在。本次课堂教学，我在教学设计方面有着明显的不足。我太在乎文本背后所谓的"深刻含义"了，误以为教学的目的只是挖出隐藏的含义，把文章"读懂"就大功告成（"读懂"本身或许是个伪命题）。"鱼""渔"之辨众所周知，却不易实践，需要老师在精读文本的基础上站在更高层次，通过合理的教学环节设计，为学生搭建通向文本内部的通道。老师好比是一个建筑师，在文本的土壤上构建一个移动的城堡，让学生可以自由参观，从不同的角度观照文本，获得属于自己的阅读感悟。

另外，教学设计如同写文章，教师心中要有一个主线，集中解决一两个问题即可，不必面面俱到。比如，在本次课堂教学时，我应该首先帮助学生理清作者的行文思路，在此基础上切入文本细部的分析，鉴赏品读的重点放在第一至第三小节的几个比喻上面。而至于作者最后表达观点的独特方式可以留待课后探究，不必在课堂上逐一完成，课堂是一个整体，不能因为丰富多样而流于碎片化。

（陈彬洁老师此文后来发表在《中学语文教学参考》高中刊 2018 年第 5 期，此时她入职不到一年。）

情殷信 辭欲巧

喆永升雅正

逸人書於九四年小陽春

坐在寇老师旁边的两年里

江苏省南菁高级中学　　张舒月

　　寇老师一定不知道，我早在工作之前就认识他了。读研时我便已学习过寇老师的文章，那时候我就知道南菁中学的语文团队里，有一位教科研大佬。当时我想我们不在一个年级组，应该很少有机会产生交集吧，可谁又能想到我这么一个新手"菜鸟"竟然与寇老师在办公室做了两年邻居……

　　寇老师不是我名义上的师父，但这两年我却从寇老师那里学习了很多。对于一名新老师而言，提升自己的业务能力最为关键。我迫切想获得提升教学能力的"秘笈"，所以我时常留意办公室前辈们工作时的状态。据我观察，凡是在工作时间专注于自己的事务、潜心研究的，其教学成果都会比较突出，寇老师便是如此。我们总教导学生"学习时不要做无关的事情"，但于自身而言，又是否真的做到了呢？在工作并不清闲的状况下如何保证自己还有充足的时间去备课、研究？我想，拒绝闲聊、拒绝频繁翻阅手机是关键，否则，长期碎片化的工作模式留下的只有低效率与无限制的拖延。这是我从寇老师那里学习到的第一条。

　　寇老师因为还要负责其他工作，所以并不每天都在办公室，但只要他在，他就一定是在认真备课，或是批改作业，或是进行教学研究。寇老师不仅没有倚仗自己几十年的教龄呈"躺平"姿态，反而是表现出了比青年教师更踏实、更奋进的态度。除了踏实钻研的精神，寇老师的严谨细致也令我敬佩。这么多年的教案、一轮又一轮的资料、一篇又一篇的论文，按照各种文件夹一一排布好。我想，寇老师这是用这么多年的坚持建造了一个专属于自己的知识数据库，所以那次当我苦恼于《在〈人民报〉创刊纪念会上的演说》这样的新文章没有论文可以参考学习时，他立马打开了一层层文件夹，从中找到了这一篇课文的一系列参考论文。

　　真心感谢寇老师这些无声的帮助与教诲。

　　因为不在一个年级任教，所以能听寇老师上课的机会不多。去年9月，有幸听寇老师上了一节《复活（节选）》公开课。面对新教材中这个外国经典文学作品单元，我是一筹莫展。《复活》《百年孤独》这样的长篇，该寻找一个什么切入点？寇老师的那节课给了我很大的启发。寇老师选择了"读懂小说的侧面描写""读懂人物外貌肖像描写""玛斯洛娃的眼睛""聂赫留朵夫的哭""玛斯洛娃的笑""动词的运用"等一系列小点，牵引、勾连课内外，在阅读、比较、表演、思考、讨论的过程中教会了学生怎样读懂外国小说。此外，与我想象中严肃的课堂氛围截然相反，寇老师的课堂生动又幽默，40分钟的课堂容量大，但却轻松而不让人感到疲惫。我想，除却教师的个人魅力，课堂背后的精心设计更应该被看见。

经典文本如何创新教学？新文本怎样挖掘教学点？教、考之间关联点在哪里？一个又一个难题都需要我们自己在课前思考并完成。这篇课文我该与学生讲什么？大多数时候我都是参照教学资料来确认教学点的，但寇老师不是，有几次他喊我与他一起斟酌课件上的语言表达，看到那些"陌生"的内容，我才知道每一节课都是寇老师自己独一无二的运思。

今年9月，我任教高三，搬离了原来的办公室，寇老师也借调在他校上课，我不再常能见到寇老师，不过这又何妨？坐在寇老师旁边的两年里，我学习到的东西终身受用。

2022 年 9 月

做个多层次的教师

江苏省南菁高级中学　刘毅然

寇老师，是我的师父。

我 2018 年 8 月正式进入南菁高中任教，在我真正走上讲台前，还是一个实习生时，寇老师就已经是我的师父了。至今回想起五年前与寇老师师徒结对，心中仍觉得庆幸，谁人能在生涯刚刚开始时就能得到如此"武力高强"的前辈的指引？哪位师父能如寇老师一般真的像武侠小说中所写的那样"对掌传功"、倾囊相授？

与寇老师相处的几年，让我真正感悟到的是一名优秀教师的丰厚层次，让我真正领略到的是一名卓越教师的事业可能性，这比任何学科知识和教学技巧更加深刻和滋润人心。

第一层次：教"生"师

教好学生，是每个老师的本职工作，但是怎样把这个本职工作完成得出色脱俗，各自有各自的法门。站上讲台后，我常去听寇老师的课，收获很丰厚，真可谓"听君一节课，胜读十年书"。寇老师的课并不华丽，但质朴而直抵核心，一是直抵教材重心，一是直抵学生内心。

刚踏上讲台的我总觉得每学期、每周的课时不够，每一节课都时间不够讲，即使讲了很多，但心里还是不踏实。寇老师的课，节奏很好，详略得当，重点明确。他和我说："教材只是例子，你要真正想清楚，要用这个例子来说什么。"从此我放下了"求全"，而是转向挖掘教材最核心的价值，给自己定下"一课一得"的教学目标。

一次，我听寇老师上《念奴娇·赤壁怀古》，课前他邀请了一位学生在黑板上默写，那位学生错漏百出，底下的学生不禁发笑，寇老师圈点出了他的错误："浪淘尽"写成"浪涛尽"，"三国周郎赤壁"写成"三国周瑜赤壁"，"小乔初嫁了"写成"小乔出嫁了"……随后课堂的发展让我惊讶：寇老师开始讲起"淘"和"涛"的差别；为什么要用"周郎"不用"周瑜"；周瑜字公瑾的原因又是什么；"初嫁"的深层意味又是什么……这节课，完全可以称之为"化腐朽为神奇"，原本学生的"错误"，恰恰变成了课堂的重点与亮点。而最让我感动的是，课毕，寇老师要求同学们为这位默写出错的同学鼓掌，并对全班同学说："让我们感谢他的错误，不然没有我们的这堂课。"这就是"直抵内心"的一堂课，我想，寇老师的话，同学们的掌声，一定会给这位学生巨大的信心和力量。

第二层次：教"师"师

寇老师教学经验丰富，多年多次承担青年教师的师父，所有的徒弟基本都能在寇老师的指引下走上专业发展的康庄大道。但我认为，寇老师作为师父，所传授的最宝贵的并不是教学的技巧和方法，而是为师的品格和态度。

一次，寇老师来听我的课，下课后寇老师笑眯眯地问我："毅然，知道你刚才上课时有什么做得不好的吗？"我大脑飞速运转，思考教学设计的漏洞和课堂推进的失误，正准备组织语言表达时，寇老师爽朗地笑了，随即像个庄稼人要干活一样撸起了袖子，说道："你上课一直在撸袖子，看上去要准备干仗一样，气势汹汹，怪吓人的。"我看着寇老师边说边演示，自己也不觉笑了。寇老师接着说："教师站在舞台的中心，上课不能有多余的动作，更不能有干扰学生思维的举动。"我本以为，抓住了教学设计就抓住了课堂，但寇老师的话让我明白，教师的肢体语言也是课堂不可或缺的一部分，也对教学质量起到至关重要的影响。细节决定成败，做一个优秀的教师意味着在所有细节上都有自己精心的打磨。

2021年暑假，寇老师带着我和另一名年轻的李老师去浙江师范大学交流学习。暑天炎热，李老师上公开课时穿了一条运动中裤，寇老师严厉地批评了他，让他注意小节，尊重公开课的讲台。我和李老师都十分羞愧，要知道，寇老师平时但凡上台发言，领带都是打得端端正正！教学是有仪式感的，古人云："正襟危坐。"得体的着装是对自己教学状态的约束，也是对台下学者的尊重。

寇老师就是这样，一个教"老师"如何做"好老师"的"好老师"，一个在细节上撼动着我的好师父！

立行·观摩　教学路上　**33**

jrjx533@163.com　栏目编辑 吉萍

把"审美鉴赏与创造"落实在课堂

——《最后的常春藤叶》教学叙事与反思

刘毅然

（江苏省南菁高级中学，江苏　无锡　214437）

中图分类号：G632.4　　文献标识码：A　　文章编号：1002 - 2155 (2020)09 - 0033 - 03

189

（第三辑）青蓝情

第三层次：教"校"师

寇老师是一位很有使命感的教师。他自己曾在备课组会议上说："我愿意做大家专业发展的梯子。"寇老师总是关心关注语文组同事们的专业发展，也十分乐意提携后进。在他的带领下，南菁语文组的教学新秀、教学能手、学科带头人乃至特级教师、正高级教师真如雨后春笋。他的使命感不允许他只顾及个人发展，而是引领和带动大家"共同富裕"，学校发展已然成了寇老师自愿挑上肩头的担子。

我常和寇老师开玩笑说："您是南菁高中的外交官。"那是因为，寇老师总号召南菁老师们"走出去"，又总是邀请外部专家"走进来"。每年暑假，寇老师自愿担任浙江师范大学等高校的联络人，安排南菁高中的教师乃至江阴其他学校的教师走出江苏，研习进修。这是怎样的责任与担当？！每年秋季，寇老师还会邀请甘肃省的教师团队来南菁高中观摩"审美课堂"，并开展一系列教学研讨活动。甘肃教师团队往往"流连忘返""乐不思蜀"。近五年，寇老师心系家乡，情系两地，推动了东西部教育携手互帮互助发展，试问没有伟大的教育使命感，何以为此？！

寇老师就是这样一个老师，他教学生，教老师，更教学校。他的存在让我看到教师事业的多种可能和多重层次，让我发自内心地艳美和钦佩。

寇老师，是我的师父，这是一件让我觉得无比幸运和幸福的事。

2022 年 9 月

那个可爱的红鼻子老头

江苏省南菁高级中学　李博文

"老头"在中国的语境里，是个带着魔力的词。年长的男性没点"旁逸斜出"的特点，会被叫"老先生""老爷爷""老同志"，"老头"相比之下是有个性的，不一般的，是会让人发出亲切和会心的一笑的。

照片常常让人误会一些事。

第一次见到寇老师是在我参加南菁高中的面试时，在宣传册页看见的。照片拍摄的场景是寇老师在课堂上，穿着西装，眼睛笑得眯起来，像是生鸡蛋上敲开的两条裂缝，对一个学生竖着大拇指，旁边的介绍是"获评正高级教师"。当时那个照片上，寇老师看着只有四十岁，看起来很瘦，让人觉得很像个业务娴熟、沉稳干练的海归精英，感觉跟他谈话不整两句专业名词怕是"过不了关"。

进校实习那天，看见一个人穿着个背带裤，从门口晃进办公室，旁边老师说今年的新人到了，他问："哦？在哪里啊？"新环境里在低头假装研究教材的我感觉一个人朝我过来了，转头一看，先看见一只手掌，顺着格子衬衫的袖子我看见这个人不高，微胖，厚实，且穿着老式的背带裤，然后我看见了一张典型的"红鼻子老头"的脸。他的鼻子好红，像丹顶鹤的脑袋做成的一个鼻子。他的声音低沉，有点像在瓦罐里说话，他说："你好，你叫什么名字？"我赶快握住他的手，对这个老者弯腰，报上名字，并且狐疑这是哪位神仙。旁边老师说这是寇老师。我才在脑中把这个老头跟我脑中照片上的形象比对，感觉照片远拍不出生活的鲜活。我当时就觉得，眼前这个红鼻子的老头可比照片上的老师要有趣得多了。

然后新教师培训时，寇老师给我们讲文本的解读能力。当时是夏天，寇老师穿着浅蓝色的正装衬衫，把最上面一颗扣子都扣起来，并且打了一条深蓝色的领带，头发梳得行归行、列归列。"通过关键字词，揭示文字蕴含的思想情感和文化内涵"。

寇老师讲了把"六王毕，四海一，蜀山兀，阿房出"变成"六王灭，四海定，蜀山秃，阿房成"，让新教师们当场比较两种的优劣，说说自己的看法；讲了"明星荧荧，开妆镜也"一段由果溯因的写法；讲"独夫"在文学传统中的相似的"匹夫""一夫"等概念；讲"函谷举"其中蕴含的主动被动关系和局势扭转的迅速……我们变成了学生，被寇老师调动，旁边的数学老师显得兴致盎然，听得津津有味。

寇老师给我展现了语文老师的一种可能性——让学生喜欢上语文，引领学生通过学习语文走进文化的世界，走近世界的文化。提醒我语文老师不只有每天改作业，看教材的苟且，也有关于文化和人生的诗和远方。他用思考赢得学生的尊重，用专业打动学生。他给我展现了他理解的语文的智慧。

后来渐渐熟悉，寇老师是个羽毛球爱好者，拉了一个叫"老兄弟健身"的微信群，一高兴也拉我加入。我跟寇老师成了球友。寇老师打球穿打球的衣服，我有时上完课穿着牛仔裤跑步鞋到球场，看见一身球服的寇老师，常觉得画风不搭。寇老师演讲、上课穿正式的衣服，天热是衬衫配领带，天凉必然是西装一套，我总觉得穿上正装，他的鼻子就没那么红了，不知是不是我的错觉。

又一次我和寇老师去浙江师范大学参加一个教学展示交流活动，现场讲台上有张桌子，天气太热，我感觉站着看不见下装，就穿了条中裤，活动结束寇老师就指出我的不严肃、不慎重。现在想想，这是一老者对教师职业着装的严谨要求。对我来说着装是一件随意的事，对寇老师来说是一种礼貌，是对自我状态的调整，也是对他人的尊重，这无关外界的要求，是一种自觉。

生活中的自觉意识，寇老师常在这方面给我启发。一次听完他的课，从教室返回办公室，我跟寇老师正聊着上课的内容，边走边看这课本，寇老师突然蹲下去，我正诧异，他拿起一张纸站起来，我当时感觉局促和惭愧。没想到上楼梯时，他又在我犹豫的一刻弯腰捡起一张废纸。五十多岁的人在我一个二十多的家伙面前连捡了两次垃圾，我着实不好意思，满脸通红，一时语塞。从此以后，走在路上我见废纸都要捡，感觉天在看着。这弯腰，是习惯，是自觉，是修养。捡两张废纸的功夫，老一辈人朴实、自律的形象就被勾勒出来了。

寇老师是甘肃人，现在在江阴教书，也去各地讲学交流，东西南北间，可说穿越了大半个中国。年近六旬的人，生命充满着热情，精力旺盛充沛。他知道我做班主任的繁忙，跟我讲他当班主任时和学生一起看世界杯的事，讲对学生的态度。他跟我说要在课堂上解决学生的疑惑，要提升自己课堂的含金量，留给自己课后的时间。他说要认认真真备课，把大部分工作的时间用在备课上，切勿本末倒置。他给我们班上了一节《复活》，引得学生对外国小说充满了热情，还把那节课的课件发给我，署名叫"《复活〈节选〉》（寇永升随时更新）"……寇老师给周围人的力量是从他自己的生命中辐射出去的，他不是什么精英，是个充满生活气息、生命热情和幽默智慧的老头。他读万卷书，行万里路，这个过程中做了三件事——教好书，上好课，做好人。我总觉得这样的道路走得越远，他的鼻子越红，因此也越发可爱。

　　甘肃那里的人酒量都不错，寇老师也是。有幸有一次活动结束，第二日无事，我和寇老师及其他两位语文老师一同饮酒小酌。寇老师最年长，我年又最小，饮少辄醉，颓然沙发间，寇老师的手指粗粗的，频频举杯，笑声没有停过。记不得我们几个年纪相差很大的男人说了些什么开心事，寇老师意气风发，酱香的酒要喝就是干杯，只记得那个夜晚，买的几盘卤菜并不很香，酱香的酒很辣，辣得我眼冒金星，一片金星中，我看见寇老师的鼻子越发地红了，红得像颗宝石。我大约是扶着墙回自己房间的，记不清聊了什么，头昏脑胀却有很多醉醺醺的快乐。我记得当时约了下次再聚，只是从那天到写这篇文章，一直没有合巧的机会了。

　　寇永升老师，一个可爱的红鼻子老头！让人感到亲切，让人会心一笑。

　　何时再有机会，我再用我那可怜的酒量，舍掉一个清醒的夜晚，不自量力地陪您一醉呢？

2022 年 10 月

（第三辑）青蓝情

穿马甲的：果然都是人物

江苏省太湖高级中学　牟丽丰

大四实习那个秋天，我来到华庄高级中学，老寇成了我的实习师傅。

第一次师徒见面，寇老师穿一件那种口袋很多的导演马甲（后来知道那叫"摄影背心"），胸前明晃晃的八个袋子，有点鼓出，装着些什么法器吧。一个概念就出现在我的脑海中：穿马甲的，必定是个人物。慢慢也就了解到，老寇来自遥远的甘肃，喜欢摄影，同事们都叫他"老寇"。现在想来，当时寇老师应该是不到不惑之年的，我这个实习生竟也跟着称呼他"老寇"，觉得顺口至极（实在不够妥当）。

老寇既是我的学科指导老师，又是我的班主任指导老师。实习的两三个月我整天跟在老寇身后。老寇的课堂严谨而不失活泼、简单而不失扼要、紧凑而不乏趣味，听课学习的那段日子我也重回高中课堂，把学生时代的那些困惑一一解决。老寇把每节课作为自己的一个作品，向实习的我强调备课的重要性，他说："提高课堂效率的根本在备课，个人专业成长的起点也在备课。"正是在老寇的指导和鼓励下，我完成了职业生涯公开课首秀，二十年后的今天我还清楚地记得那篇《世间最美的坟墓》。

作为班主任的老寇是学生眼中的老男孩，他喜欢与孩子们打交道，他说："不管多内向的学生，都有一股青春气息，都不乏青春激情。"

工作之余，老寇喜欢摄影。

今天，我们对手持长枪短炮的摄影爱好者司空见惯。但在二十年前，手机于我还是拥有不起的稀罕物，老寇居然有专业级别的照相机，老寇居然是专业水准的摄影师。

穿马甲的，果然都是人物！

老寇很乐意给我们拍照，校园的凉亭下，小花园，宜兴善卷洞，陶都，和老寇同行的日子，他用镜头给我们留下了那么多美好时刻。今天再翻出那些老照片，当时老寇洗印出来给我们的那些照片，猛然想到当年的穷实习生连个洗照片的费用都没给过老寇，捂脸羞愧（倍感羞愧）……

后来，老寇调动工作，到省锡中，到南菁高中，到延安支教。从无锡市学科带头人，到正高级教师，到江苏省特级教师，我们见面的机会寥寥，但寇老师的各类展示课我总是会找机会去现场观摩，或者找来视频学习。寇老师有一句话也时常慰藉我这个留在无锡的异乡人，"我在哪，家就在哪"，简单一句话，洒脱通透，隽永弥久。

如今，寇老师即将退休，职业生涯虽然要告一段落了，但相信，他的人生还将有更多精彩的故事！

2022 年 9 月

（第三辑）青蓝情

我的师傅寇永升

江苏省南菁高级中学　丁维佳

2022 年 9 月 10 日，我的第二个教师节，我的学生们给我送了许多卡片和纸条，在上面书写着与我的情感。我很感激，也很幸福。我常常想，一个人的生命是很有限的，但教育事业让我们与年轻的心灵相遇，他们延展着我们生命的长度，拓升着我们生命的质感。而如果一位教师在点亮学子心灵的同时，以自身的教学艺术、师德风尚、高贵灵魂引领着身边的同事、业界的同行共同迈向教育至高至美的境界，那这样的生命又何其深厚、何其动人。

我的师父——寇永升便是这样的一位老师。

与寇老师初识之前，我就已在网络文章上、好友口中，听闻了他的事迹。印象最深的一点，便是他自费收集了几十年来的语文教材和语文教学期刊。但其时我对寇老师只是一种模糊的想象。2021 年初秋，我来到南菁高中参加工作，这也是寇老师工作的单位，我和他同在一个年级。开学没多久，学校便安排寇老师作为我的教学师父。在那次学校组织的青蓝工程师徒结对的活动上，寇老师作为师父代表发言。相较于大多数老师着便服参加活动，寇老师着好正装、打好领带出席了会议。从中可以看到他对这样一件事的郑重以及严肃严谨的做事风格。我至今犹记得寇老师在那次发言中讲述的从教经历，其故事之感人，其言辞之真切，让人难以忘怀。其中，最令我印象深刻的一点是，寇老师办公时少与人说闲话，年轻时在西北工作，在天寒地冻的冬天，一个人找了间背阳的房间独自备课……透过他的讲述，我似乎想见了一位年轻的小伙，独自忍受寒冷煎熬，可能时不时搓搓手、跺跺脚，伏案于桌前，却畅享于语文教学的天地。

2022 年，同样是初秋时节。我收到寇老师布置的任务，让我参与其文集部分章节的校对工作，我欣然领命。借助这份工作，我阅读了寇老师亲友、学生、同行所写与他交往的诸多往事。他们以深情的笔触记录下了寇老师教育工作、与人交往的点滴故事。这些看似琐碎的回忆，却洋溢着他们对寇老师的高度评价。我得以更为立体地还原了一个寇老师的形象。或家访到深夜，或畅游泰山，或踌躇满志意气风发，或胸有大爱眷恋乡梓。读文章而想见寇老师为人，我又获得了一次精神的涤荡。

寇老师编写文集中的文稿成文于这些年的工作闲暇之余。因为隔离的缘故，他竟然在很短的时间内就完成了文稿的梳理、整合与校勘，这在很大程度上缘于他对时间的珍惜和做事的雷厉风行。我性格上常有拖延的毛病。作为师父，寇老师总是直接点出我的问题。寇老师作为成名已久的大家，除了日常的教学以外，还承担着学校很多其他重要的任务，时间必然很紧张，但他总是将各项工作做到近乎完美。有好多个深夜，我远远地看到他背着一个双肩包从图书馆办公室走向校门。记得有一次，我和同事出去聚餐，当时已近夜里十点半，我们回学校的公寓。在校门口，我看到寇老师背着包在夜色中走出，步伐沉稳。那一刻，我觉得非常惭愧，都不敢和他打招呼。回头时，他已走出了很远。

还有一个小细节。寇老师常常利用午餐的时间和我们年轻徒弟交谈。我观察到，每次吃饭时，寇老师的餐盘中从未有过剩余的饭菜，这一点听起来很普通，但大多数人做不到。我猜想，这与寇老师的成长经历有关，同时，也是他心中对事物葆有的敬惜与敬畏。无论是对时间、食物的爱惜，还是对学生、徒弟的关怀，寇老师都展现出极高的修养与风范。

仁者爱人，寇老师便是这样的仁者。

在寇老师的课堂上，我也常收获良多。记得有一次他执教诗歌《芣苢》。在上课前，他将一个吟诵视频发给我和另一个徒弟叶静芝老师，让我们在他的课堂上共同参与吟诵，互相应答，展现出《芣苢》中所描绘的火热的劳动场面，也让学生体会其中的音韵之美。我和叶老师利用课余时间学习了，但我们都很不好意思在学生面前表演。真到了上课那天，寇老师果真把我们叫上去表演，我们只好小声地略带尴尬地在那边吟唱。但寇老师全然不是我们的模样，他大声动情地在那边吟诵，配合肢体的动作，似乎真把古人劳作的画面复现到了课堂上，学生也都听入迷了，掌声雷动。寇老师的课总是这样，生动热烈，"手之舞之足之蹈之"，对学生毫无保留，对课堂无比虔诚。中国古代哲学讲求"天人合一"，我生造一个词"人课合一"，或许能描摹寇老师上课的情态。这将值得我永远认真学习。

此外，寇老师对我们年轻徒弟总是无私地指导与帮助。从备课最基本的规范，到公开课时的揣摩研究，寇老师永远是不厌其烦地讲解指导帮助。

我们上了公开课，有时竟走不到办公室，他就在学校教学楼间的连廊与我们交流起来。2022新学年伊始，学校选我作为年轻老师代表在全校教学研讨会上讲述自己参加工作一年来的体会和收获。我向寇老师谈及了此事，他鼓励我一定要珍惜机会，把事做好。我把发言的稿子发给他看后，他提出了很多修改意见，一连好几天。到了临近发言的前一晚，寇老师仍与我在微信上交谈，晚上十一点钟的时候还给我发多条语音指导意见。修改完后，寇老师还让我再发给他审核一遍，其时我已经很不好意思，因为自己的事情耽误寇老师到这么晚，便提出明天上午再给他发吧。寇老师说，明天上午开始他又有新的工作，让我别不好意思，还是现在发吧。寇老师竟然关心爱护一个年轻老师至此，这件事让我极为感动。

寇老师就是我身边的大先生！

今年，我和寇老师工作的单位——江苏省南菁高级中学成立140周年。近一个半世纪的历史长河中，多少杰出的教师在此潜心育人、躬耕不辍。我想，一所学校，有寇老师这样的教育名家是幸运的；而年轻教师在职业之初便有幸向寇老师这样的前辈长者求学请教、效仿看齐，更是一生珍贵的财富。

2022年9月

感恩我生命中的"大先生"

江苏省南菁高级中学　陈嘉英

　　2022 年暑假我跟随寇老师前往他的家乡甘肃交流学习时，就有当地的老师问我："你是不是寇老师的徒弟啊？"我内心惴惴，支吾着不回答。一是唯恐自己在外上课的青涩表现给寇老师丢脸了，我不敢贸然承认；二是遗憾学校青蓝工程的师徒结对我没能正式成为寇老师的徒弟，我更不敢轻率承认。但事实上，我在心里早已悄悄地把寇老师当成了我的师父。因为在名师荟萃、大师云集的南菁高中，让我印象最深的是寇老师，对我影响最大的也是寇老师！

　　我始终忘不了我来南菁高中语文组实习的第一天。

　　那时，我一个人拎着东西局促地跟在学校人事秘书身后，怯怯地走进高一、高二语文综合办公室。就这样，我带着些许紧张和不安正式开启了在南菁一个多月新教师实习的日子，我的实习座位就安排在进门的第一张办公桌，办公室里的老师我一个都不认识，他们大约也都不认识我，大致只知道我是马上要入职的新老师，他们上下课进出办公室从我身边走过总是步履匆匆，谁也没有过多地注意到门口的那个新来的我，但越是这种沉默的礼貌，越令我感到拘束，我又哪敢多说一句话？我只是小心翼翼地翻看手边的书，想要借此强装镇静……但越是这种用力的假装，越发让人难过起来，再想到自己孤身一人离家千里在江阴工作，内心不免十分委屈……就在这时，我耳旁漾开来一阵浑厚亲切的声音："你就是陈嘉英哦，我记得你！"我这一听，内心自然是又震惊又惊喜。在南菁，竟然还有人认识我！我再定睛一看：是一位年长的教师，并不高的身材，但看起来很有精气神，他那戴着眼镜的脸上立刻就荡开了和蔼的笑容，就在我满脸狐疑之时，那个亲切的声音又漾开来："我就是你的面试官，欢迎你加入南菁语文大家庭！……"

　　那会，他一定不知道就在他转身回到自己座位、在我目光收回的那一刻，我的鼻头猛烈地翻涌起一阵阵的酸楚来，眼泪在眼眶里打转。就是这样看似稀松平常的两句话，已经悄悄地抚平了被我藏在情绪里的小小

（第三辑）青蓝情

褶皱，深深地抚慰了我这个异乡人。

这是我同寇老师在菁园的第一次正式会面。

谁也没有想到，在后来正式入职后的日子里，这位虽然不是学校青蓝工程结对，甚至也没有义务帮助我的"师父"却在时刻关注着我的成长。

"嘉英，你过来一下。"听到寇老师叫我，我急忙跟出去，在办公室外走廊的窗台边，寇老师最先询问起我最近的教学和生活情况，他关切的语气就像是一位放心不下的长辈在悉心关照着刚踏上职场的孩子，我内心十分感激。因为我知道，除了我的父母之外，其他人并没有义务要对我好，也没有义务要在工作中关照我，而寇老师就是能敏锐地发现我的问题并悉心地给予指导的那个人。那一次，他语重心长地告诉我："平日自修课时间尽可能不要喊学生来办公室背书或默写，一是跟学生说话时办公室里会很吵，这会影响到其他老师办公，造成不好的影响；二是要换位思考，被叫来的学生并不只学语文一门课，占用宝贵的自习课时间，这容易让学生产生逆反心理和厌恶情绪，不利于后续的语文教学。"寇老师建议我从自身找原因，学生记不住课文或写错字可能是我们自己备课不够深入、讲解不够细致导致的。他建议我把更多的时间放在钻研教材上，而不是每天从学生那里抢时间……他还以他自己的课堂教学为例来指导我的语文教学……这样的关心和提点总是很多，或是在楼梯口的偶遇，或是三楼食堂的碰面，或是饭后散步的交谈，在我教师生涯成长中关键的每一步，都有寇老师的教诲与指导！

我想，这位本不是师父的"师父"早已将"传道、授业、解惑"的师者灵魂都注入每次的交谈与关心。从这个意义上来说，寇老师也早已成为我的师父。

倘若我在向别人介绍起寇老师时，与其说他是我的"师父"，还不如说他是我生命中的"大先生"。

若要追溯我成长的起点，得回到两年前那堂砸锅的公开课和那次同寇老师的谈话。那堂公开课，我上的是文言经典《项脊轩志》，虽然前期精心准备了很久，也几易其稿，但那会我因为紧张大脑一片空白，说话毫无逻辑且啰唆，教学过程十分混乱，那一节课我上得很痛苦，手心全是汗，恨不得找个地缝钻进去。我那会只祈祷着早点下课好让我快点结束这一场难过的"示众"。后来，虽然老师们在评课时都极照顾我的情绪，挑选了一些委婉的词句，但对于我这个自尊心极强的人而言，这比公开处刑的效果更甚，他们越是这样我就越是难过懊恼……

那天课后，我的心情糟糕透顶，自信心备受打击，积极性也被严重挫伤。我第一次产生了强烈的自我否定怀疑情绪，对未来的教师之路也感到很迷茫，我甚至担心自己是不是不太否适合当老师……

　　就在我最难过时，我想到了寇老师。我跑到他跟前，话还没说出口，眼泪就绷不住了，寇老师见状立马起身走出办公室带我去校园里，一边在菁园散步一边耐心询问原因并开导我。我如实地告诉他我的困惑和想法。寇老师则以他自己如何从西北地区走出来不断成长成熟的故事告诉我："这是每位年轻教师成长的必经阶段，这甚至可能是你在教学专业发展上的一个关键性事件。"寇老师所言极是，在经过这一次公开课的沉重打击后，我开始认真研读课标和教材体系，深入钻研每篇文章的教学内容，并要求自己在裸读教材文本的基础上，再去翻阅教学参考书、查阅专业教学期刊上的研究论文、教学案例、课堂实录等；同时我也将目光落到学生身上，把握真实的学情。

　　后来，寇老师也针对我的教学设计和PPT制作提出了很多修改意见，他还慷慨地跟我分享他的备课思路并邀请我去听他上这节课……寇老师对我的帮助不仅这一次，他经常关心我学习备课情况，并邀请我去他们班上课精准地"诊断"我的课堂存在的问题……就这样，我在寇老师的悉心指导下不断成长起来。

　　如果那一次砸锅的表演是我职业起步期的一次重要转折性事件的话，那引领着我搀扶着我成长的寇老师就是我生命中遇到的第一位贵人，他是德行上的高尚者，思想上的领先者，业务上的领军人！他是名副其实的"大先生"！

　　这位"大先生"总是在我怯懦时给我勇气，在我刻薄时提醒我敦厚，在我迷茫时帮我打开属于自己的那扇门，在我遇到挫折和困难时帮助我站起来，再朝天一跃，再另起一行！

　　2022年暑假，我有幸接到前往酒泉讲座的任务，这对于我这个刚入职三年、菁园里最年轻的语文老师来说，无疑是一次全新的挑战，也更是一次难得的机会！因为以往只有讲课，我面对的是学生，而现在我能面向酒泉大市入职六年的教师开设讲座。我虽内心忐忑不安但也深知机会的来之不易，我不敢懈怠。在准备讲座的过程中，我时常叩问自己，我一个非名校出身的普通二本师范生，如何能在三年内就完成了一轮教学？当我借此机会认真地梳理自己在南菁高中三年的专业成长与发展时，我猛地发现，在南菁工作的三年里，在我三年成长的诸多细节里，都有寇老师助力我成长的点滴，都有合作奋进的团队共同帮助我成长的感动！我在这三年里取得的哪怕再微小的成绩和进步，都与他们密不可分！正是有像寇老师这样"大先生"的引领和助力，我才能站在大师的肩膀上前行，站在团队的肩膀上攀升！我深知这次讲座机会的宝贵，这也是多数跟我同龄的青年教师没有机会遇到的！寇老师很信任我，他将这个难得的机会给了我，我知道，他是在鼓励我更是在锤炼我！每次一有这种锻炼的机会，寇老师也总是会想到我：2020 年初让我为学校编订的抗疫读本《风声·雨声·读书声》一书写序言，2020 年底带着我到浙江金华参加第十二届全国"新语文教学"尖峰论坛和教师素养比赛，2022 年暑假带着我前往甘肃交流学习……像这样的事情实在还有很多。寇老师还时常为我们青年教师争取线上听课学习的机会……寇老师总是心系我们青年教师的成长，总是在我们需要时倾囊相助！

作为青年教师的幸福，在于拥有很多还没有被定义的时光；而作为"大先生"的寇老师的幸福，我想，在于用已定义的时光去照亮我们青年人的远方！

感恩生命中遇见的"大先生"，我将永远仰望，永远前行！

2022 年 9 月 10 日

我是幸运的

江苏省南菁高级中学　陈彬洁

寇永升老师，是我的师父。

2017年我从南京大学毕业进入南菁高中工作，寇老师也是同年从省锡中调入南菁高中的。我是一名刚刚步入工作岗位的"萌新"，而寇老师已是语文教学界的资深教师、专家级人物了，能与专家同在一所学校，还是一个备课组，我感到与有荣焉，但我从未想过我能如此幸运，竟然成了寇老师的徒弟！至今还记得2017年9月10日，"青蓝工程师徒结对"大会上，我看到邻座席卡上"寇永升"三个字那一刻心中的意外、惊喜和雀跃。后来，在和寇老师的接触中，我才知道这点"意外"，实在是因为我不了解寇老师，寇老师从来都是不遗余力地提携、支持、帮助青年教师成长的。

寇老师总能在我迷茫困惑的时候，为我指明方向；在我失落困顿的时候，给予我鼓励支持；在我松懈怠惰的时候，微言警醒我，鞭策我积极进取。盘点我工作以来所取得的成绩，大多和寇老师的指导息息相关。其中，寇老师有三句话对我的影响最为深远，获益最多。

第一句话："年轻教师要站稳讲台，先得在备课上下功夫！"

刚刚走上讲台的我，尽管带着南大研究生的光环，但在教学和教育方面实属门外汉。上课随意性比较大，常常是"一言堂"，课后和学生交流也缺少经验，种种状况让踌躇满志的我颇受打击。正当我内心饱受煎熬，精神极度焦虑的时候，寇老师成了我的师父，我可谓绝处逢生，一下子有了依靠。师徒结对当天晚上，我就向寇老师倾诉了我的苦恼，寇老师一语中的，指出我对教学的认知误区，"教学是教会学生学习，让学生学会思考，而不是告诉学生

（第三辑）青蓝情

老师的想法是什么"，这话切中我课堂教学的弊病，我意识到首先要转换角色定位。随后寇老师郑重地提醒我："在南菁高中要站稳讲台，必须抓住课堂四十分钟，在备课上下功夫！"说完，他打开电脑，把自己备课的文件夹打开，详详细细地告诉我他是如何备课的。寇老师的备课文件夹真是一个宝库，排列有序，层层嵌套，一篇课文的文件夹里包含了备课资料、教学设计、研究论文三大类文件。教学设计的命名还颇有讲究，除了课题名称，还有制作时间、教学侧重，一目了然，而且每个课件名称都缀有"随时更新"四个字。寇老师说，平时读论文、查资料看到新的研究成果他会随时补充到课件中，完善教学设计。我恍然大悟，原来备课是一个持续长久的过程，一个优秀的教师不是上好了一节课，而是一直在准备更精彩的课，从此"随时更新"也成了我的课件标志。

第二句话："文本解读能力是一个语文老师的核心竞争力！"

南菁高中有一个传统，新教师进校一个月后要上一堂亮相课。经过一个月的摸爬滚打，好不容易适应了南菁的工作节奏和强度，接到通知，我慌了，赶忙找到寇老师寻求帮助。我原以为寇老师会选一篇中规中矩的课文，甚至我还盼望着寇老师能把他的精品课件发给我做参考。没想到，寇老师竟然拿出必修一的读本，对我说："你选一篇《读本》上的文章吧。"《读本》上的文章？这意味着我失去了现成的教学设计和课件，期刊论文等参考资料也几乎没有，我不得不自己解读文本，确定教学重难点并设计教学方案，这也太难了。看着我困惑不解甚至有几分抗拒的神情，寇老师语重心长地说："文本解读能力是一个语文老师的核心竞争力！"寇老师借着亮相课的契机给我出了考题，也给我指明了教学能力提升的方向。

此后，在寇老师的督促下，每一篇课文我都坚持素读文本，记录下自己的阅读感受和困惑，独立完成教学设计。自己花功夫去钻研，是一个耗时费力、艰难甚至痛苦的过程。我遇到了各种各样的问题，有时候文本艰涩读不懂，有时候自己的解读可能和主流意见相左，有时候若有所得却不知怎么转化成教学设计等等，但也正是这些艰难的时刻帮助我一遍遍地理清自己的思维过程。而每当我纠结于文本细节时，寇老师总能从课程标准、教材编者意图等高度帮我把握教学的大方向，让我茅塞顿开。功夫不负有心人，2021年5月，我参加了无锡市青年教师基本功大赛，获得中学组一等奖。正是平日备课时记录下的点点滴滴成为了我选择课题和进行教学设计的资源，我才有勇气和信心参加比赛。回想起来，若没有寇老师的点拨，没有教研组内诸多老教师的指导，我恐怕根本没有参赛的勇气和底气，专业成长的道路不知要多坎坷。

第三句话："科研是一个教师的生命力所在！"

从高校毕业走上中学讲台，我以为从此和科研绝缘了，万没想到在上完新教师亮相课后，寇老师给我布置了一个任务："彬洁，你把这节课的教学反思整理一下，写一篇教学叙事。" 教学叙事是指教师们把教育教学实践中发生的有意义、有价值的故事记录下来，并加上理性的反思。和教育反思相比，教学叙事的研究性质更强。起初，我对写论文兴趣不大，一来认为自己才疏学浅，难有创见；二来在我的认知里中学教师的工作主要是教学，而做研究似乎专属高校教师，并不是我的分内事。而寇老师却给走上讲台一个月的我布置了这样一个"高档"任务，真是让我诚惶诚恐。在写论文的过程中，我自己一边研读相关教育教学理论，一边诊断教学中存在的不足，思考琢磨一番后，对课堂教学设计有了新的认识，也渐渐体会到寇老师布置这样任务的用意。对中学老师而言，未必有能力写出推动学科发展的扛鼎之作，但是写论文确实是一个总结提炼的过程，能够帮助一线教师深思自己的教学实践，同时也督促我们开拓视野，追求更高的教育教学理想，避免职业倦怠。我的小论文后来在寇老师的推荐下，发表在了《中学语文教学参考》2018 年第 5 期上，这是一个意外的惊喜，也是莫大的鼓励。

"科研是一个教师的生命力所在"，在我顺利完成一轮教学后，这句话寇老师对我说得更频繁了。论文的要求也从最开始的教学叙事和单篇教学设计，提高到群文阅读和任务群教学研究，寇老师总是在我想要"躺平"的时候，给我加码，让我意识到自己还有很大的提升空间，教师的舞台是宽广的，教师的世界是远大的。寇老师也经常和我分享他的科研成果，看着德高望重仍然笔耕不辍的寇老师，我想我更没有资格"躺平"了。

我回顾五年工作历程，寇老师的这三句金玉良言激励和鼓舞着我不断提升自我、超越自我。李白回首终南访友之路，写到"却顾所来径，苍苍横翠微"；我的职业成长之路也是一条攀山爬梯的上坡路，因为有师父寇老师的引领和指点，这一路喜乐相随，风光无限。

我是多么幸运啊！

2022 年 11 月

学者·长者

江苏省江阴高级中学　徐国洪

我对寇永升老师印象最深的是他身上的学者气质和长者风范，这种印象在我们的一次次接触中不断加深。

第一次见到寇老师，是在 2021 年 5 月，他到我们江阴高中做了一次有关教师教学研究方向的指导讲座，他并没有讲高深的理论知识，而是用精美的图片和翔实的数据讲述了自身的研究经历。寇老师不仅完整地保存了不同时期的语文教材，而且对教材之间的差异和变化了如指掌。他还几十年不间断地订阅了中学语文重要期刊，反复研究同行的教研成果。听讲座的过程中，我就在心里默默感叹：能在繁重的教学工作之余，几十年如一日地进行教学研究，并且取得那么多研究成果，寇老师真是一位学者型教师！

2021 年 6 月底，我有幸和寇老师同行去陕西省铜川市耀州中学上公开课。接到任务后，从选题到磨课再到上课，从课件的字体大小、颜色到上课的着装风格，我得到寇老师全方位悉心的指导。寇老师还亲自上示范课，课后又和参会的教师们一起总结经验教训，让大家都获益良多。这时我才知道，寇老师不仅在无锡和江阴有自己的工作室，在全国不少学校也都有工作室，寇老师通过言传身教影响着众多年轻教师，帮助他们在专业道路上尽快成长。分别的时候，寇老师鼓励我说："徐老师，上一次公开课，就是对自身教学能力的一次检验，要好好总结，争取写出一篇论文。"寇老师时刻不忘激励提携后辈，在他身上，我始终感到一种"淳淳如父语，殷殷似友亲"的温暖。

2021 年 10 月，我校举行对外公开课活动，我和特级教师陈兴才老师进行了一次"同课异构"，寇老师作为特邀嘉宾做了精彩点评。他在评课时，并没有顾及我的面子，而是直言不讳地点出了我课堂上的不少问题。对此，我并不觉得难堪，而是心存感激。因为我知道，像寇老师这样的名师对我严格要求，会更好地促进我的专业成长。更何况，寇老师的评课风格一向如此，他对事不对人，有着钻研学问的人可贵的直白。

2022 年 6 月，我参加无锡市中学语文优质课比赛，选题犹豫不决时再次请教寇老师。他二话不说为我出谋划策，提供资料和意见，最终我获得了无锡市一等奖。好成绩的取得，离不开寇老师的谆谆教诲。

　　明月入怀，远近皆安。虽然我和寇老师不在同一个学校，不常见面，但是我始终感受到的是他作为学者的刻苦严谨和作为长者的宅心仁厚，他似明月般照亮了我的成长之路。

2022 年 9 月

（第三辑）青蓝情

寇老师二三事

江苏省江阴高级中学　苏杭

初识寇老师

第一次见寇老师是在我们学校，当时他作为特邀专家给我们语文组的老师做讲座，其中有两个细节一直印象深刻。一是关于寇老师讲述自己被称"贼"老师的趣事；二是他跟我们分享他的资料库以及发表的论文，无论是在数量上还是在品质上都让人叹为观止，简直惊为天人！讲座结束后，很多人围过去想要认识寇老师，我胆怯，觉得自己就是个"菜鸡"，不知道该如何跟专家对话。

又遇寇老师

2021 年 10 月 20 日我们学校开设对外公开课，我去观摩陈兴才老师和徐国洪老师关于"劳动"单元的同题异构课，当时寇永升老师是评课专家，他点评了两位老师的课堂，实事求是，有理有据，绝不虚美；他还分享了自己的一些新设想，我记得其中有一点是从"采"的构字特点重新解读诗经中的《芣苢》，角度新颖，想法新奇，让人耳目一新。当时我觉得这位专家好像真的有点牛，始终精益求精，新益求新，我虽遥望，却已相形见绌。

再见寇老师

2022 年 5 月 17 日早上，我师父陈雪萍老师跟我说有个录课的机会让我去试试，我当时想都没想就答应了。但当我得知这件事情是由寇老师牵头组织的时候，我有点想打退堂鼓，一想到自己这么差劲要被专家一眼看穿，就如同芒刺在背。可我不能出尔反尔、言而无信吧，于是我硬着头皮给寇老师发了条微信，问了好，说了事情，正在思考接下来应该说些什么的时候，寇老师终于忍不住给我打了电话，他说："你都发了三条信息了，还没介绍自己！"接着他又说："我们这次参加录课的都是正高级教师和高级教师，你评一级了吗？"我尴尬死了，真想找个地缝儿钻进去，跟这么多大咖一起录课，我不是不自量力、自取其辱嘛！

当时我正在教高三，又逢江阴疫情要求闭环教学，压力特别大，白天基本没有时间，只能晚上备课，为了尽量缩小与各位大咖之间的差距，我熬了几个通宵才把课备好，然后发给寇老师寻求他的指点，没想到他一个电话打过来，条分缕析、直至要害，还特意给我发了很多备课资料，并且叮嘱我不要紧张，可以晚两天给他录课视频。

咦，寇老师好像也没那么严厉嘛。

但是碍于我能力有限，又低估了录课可能出现的问题，所以到最后录课的时候我才发现我的课只有31分钟，虽然我知道这14分钟的遗憾绝对是硬伤，但时间上实在来不及也只能草草交货。我心里一直在想，完了，我现在算是臭名远扬了，关键是连累我师父跟着丢人。寇老师肯定不会再理我了，没想到寇老师特意发微信嘱咐我去平台听课，并告诉我赶紧写教学反思。我深受鼓舞，趁热打铁写了一篇教学反思，前后改了12稿，每一稿都是寇老师亲自指导，字字推敲、句句斟酌。后来寇老师说有些格式问题可能需要当面说比较好，于是我前往南菁中学拜会寇老师，他特意从办公室出来接我，全程悉心指导我该如何进行学术论文写作，大到篇章脉络小到标点符号，临行前还热情地送我两本书并鼓励我订阅学术杂志。当他得知我要带孩子去医院时，他更是十分仗义地告诉我，有需要可以找他，并嘱咐我论文一周后改好就行，不用着急。

暑假接近尾声，寇老师又为我提供了去西安上课的机会，但由于时间问题，只能忍痛割舍。

我跟寇老师不算熟，一共才见过三次；但是我们好像又很熟悉，他总是知无不言，指点我提携我，亦师亦友。

2022 年 9 月 5 日

长者风范 大家之举

江苏省江阴高级中学　王文玉

2021年暑假，在我校陈亚副校长的推荐下，有幸得到一个与寇老师接触的机会——跟着寇老师去浙江师范大学上了一堂公开课。

我非常珍惜这次机会，工作十八年了，很少有这样的机会可以去大学上课，而且还能和寇老师近距离接触，可以说是既欣喜万分，又诚惶诚恐。之前听过寇老师的一次讲座，印象深刻。寇老师看上去应该有五十多岁了，但精神矍铄，眼神和善而坚定。来给我们做讲座时穿得很正式，一身挺括的黑色西装，带着红色领带。那次讲座他教我们如何研究教学，如何写论文。看到很多年轻老师在寇老师的影响下茁壮成长，把自己上课的灵感和火花转化为一篇篇省级论文，我非常震撼，也很感动。

那时我就想着，如果有一天也能得到寇老师的指点，那真是三生有幸啊。

所求皆所愿，幸福来得如此突然。在准备上课的过程中，我更是进一步认识到了寇老师的严谨和专业。每次修改教学设计他都提出非常中肯的建议，提醒我要结合新课程理念，重视教材文本研读，同时就设计的细节字斟句酌，在修改四次后我对这次的说课有了更深的理解，也修正了以往在教学中的很多问题。

三天的浙师大之旅很快就过去了，一年之后的今天再次回顾，依然有很多的细节历历在目，久久不能忘怀。如果说之前一直诚惶诚恐，短暂的三天相处之后，那种距离感消失了，带来的是亲切感、敬佩感。在日常生活中，寇老师是一个特别随和的人。在火车上，他会和我们聊聊家常，讲讲工作经历。饭桌上，看得出来寇老师的饮食习惯很健康，很注意照顾我们这些小辈。寇老师平时喜欢打羽毛球和游泳，难怪看上去总是神采奕奕，走路生风。热爱运动，生活自律，所有这些都在向我们传递一种健康积极的生活姿态。

听讲座时，愈发感受到寇老师的敬业和专业。寇老师的语言很有特色，例如他评价浙师大的研究生有水平，用了一句歇后语：屁股上挂暖壶——有一腔（定）水瓶（平），幽默风趣，既有浓郁的生活气息，又有厚重的文化底蕴。

寇老师那次的讲座从五个层面展开。一是生发审美兴趣，唤醒审美意识。这一部分寇老师结合《鸿门宴》进行了巧妙的举例。范增举起的玉玦，就这一个小细节居然大有深意。在古代玦通"决"，所以，它是一件表示决断的信物，暗示着此刻范增的良苦用心。而这些都是我们平时在文本细读时容易忽略的。寇老师在讲座中所举对文本审美解读的例子让我感触很深，在教学时可能被大多数老师忽视甚或忽略的文本细节，在寇老师的手下成了美育的教学资源。二是通过诵读，用声音呈现和体味文本之美。寇老师现场示范，男女老师合作诵读郑愁予的《错误》。三是品评语言，陶冶审美情趣。在这中间穿插了《祝福》描写祥林嫂外貌变化的片段，结合高考中有关语言文字运用的题型，以便学生加深理解。四是跨媒介阅读，显化审美场域。话剧演员演绎的《想北平》那一声叹息的一个"好"字，故事片《雷雨》中侍萍将周朴园的五千块钱支票一个"撕"字，现场模拟表演了《复活（节选）》中玛丝洛娃将十个卢布"伸、抓、塞"的系列动作，真是听着令人大开眼界、大饱眼福。五是活动助力，张扬审美创造能力。这一过程中提到的课本剧表演让人印象极为深刻。

听完寇老师的讲座，我感觉对语文教学有了新的认识，对审美鉴赏和文化传承有了进一步的了解，也深深折服于寇老师对语文事业的热爱和钻研。

这次来参加浙江师范大学展示课的，除了很多江浙的老师外，还有一批来自甘肃的同行。听说这些老师都是寇老师亲自挑选的西部优秀老师，通过层层筛选让他们能够走出本土，走向更广阔的天地。看得出来，他们对寇老师很尊敬，也很感激。这次展示课不仅是不同教学智慧的展示，更是不同地域之间教学理念的交流。

在评价老师们的展示课时，寇老师特别提到了这一点，新课标"语文核心素养"要求帮助学生形成"正确的审美意识、健康向上的审美情趣与鉴赏品味"。激发和提高学生的审美素养，既是我们语文老师教学的难点，某种意义上也是盲点。而在具体实施和操作过程中，东西部地区之间的差异还是比较大的。相比较而言，西部的老师更注重基础，而江浙的老师相对注重能力，各有所长。从甘肃到江苏，从陕西到浙江，寇老师的足迹遍及天南海北。他心中装的不仅是对语文教育事业的热爱和敬畏，更重要的是用一腔热忱推动西部语文教育事业的发展，加强中西部联动教研，实施教育扶贫。用寇老师自己的话来说就是"奉献教育，

（第三辑）青蓝情

不忘初心"。

在整个交流的过程中，我一直处于一种感动的情绪状态中，被这些老师的淳朴和热情所打动，被寇老师的大爱和智慧所感染。

作为完美且令人感动的浙师大之行的尾声，寇老师抽空带领着我们去了艾青故居，在大堰河墓前朗诵了《大堰河——我的保姆》——这是语文教师的一次研学旅行。至今想起那样的场景就觉得很激动：一位德高望重的长者，一群意气风发的语文老师，在艾青故居前，在炎炎夏日中，热情朗诵艾青的诗歌，表达对诗人的敬仰，对语文教学的热爱。其场面和盛况，堪比兰亭聚会和滕王阁盛宴，这才是真正生动活泼的语文教学啊！用自己的一片赤诚之心致敬经典，在平凡普通的生活中践行教育的伟大意义。

我眼中的寇永升老师就是这样，有长者风范、大家之举。

2022 年 9 月

在教育的原野上站成一棵树

江苏省江阴高级中学　彭亚英

三毛说："要做一棵树，站成永恒。"在我心目中，寇永升老师便是这样一位坚守在教育的原野上，将教育情怀、教育智慧和深厚学养融于一体，向下深深地扎根，向上不断地生长的大树，永远的挺拔，永远的质朴，永远的热情……

初识寇老师，源自一次论文写作指导的讲座。许是带着对论文写作的"偏见"，总觉得太过高大上，刻板乏味，我"例行公事"地落座，带着几分好奇打量着眼前的这位名师。黑框眼镜、深色西装和一条特别炫目的领带，庄重又不失点睛之笔。个子不高，但身姿挺拔，神采奕奕，全然看不出已年近六旬。一开口，浓重的西北口音扑面而来，满满的乡土气息。原以为会枯燥至极的论文写作，却不承想寇老师能将其演绎得如此有趣，如此接地气。一个教学灵感，一个大胆实践，甚而至于一次阅卷听旁边老师讲"小老鼠上灯台"，跟"玩儿似的"便整出了一篇篇核心期刊论文。再往后听，我深深地震撼了，为寇老师对学术和教学的满腔热爱，几十年如一日地潜心教材钻研以及对后生晚辈学术成长的关心提携……

第一次，寇老师将学术钻研的种子悄悄播撒我心中。

本以为和寇老师只有一面之缘，谁承想一个机缘巧合让我和寇老师有了更深的交集。教研组长说寇老师会从我校带一名老师去延安上课，我毛遂自荐报了名，于是我便幸运地成了寇老师在江阴高中的第一位入室弟子，寇老师为人和为学的品质深深地濡染了我。

第一次去延安上课，第一次远行，我的忐忑紧张可想而知。尤其在从寇老师那儿得知我还是以江阴名师的身份去延安送教上一节课，还要担任评课主持人、做讲座，我的压力就更大了。当我焦头烂额、不知所措的时候，寇老师一遍遍地帮我打磨教学设计，还不忘宽慰鼓励我，尽力而为就可以。而我当时所不知道的是，寇老师自己也在通宵达旦地忙着备两节课，一堂初中课，一堂高中课，他以独有的方式为我们诠释了"语文本色"。他将《谁是最可爱的人》置于单元体系背景下，深挖教材、研读文本、精准发力，以问题驱动课堂的方式引入叙述视角、叙述方式、情感、主题等激发学生纵深探究的兴趣。《复活（节选）》中最让我着迷的是寇老师细读文本的功力，对细节的品读细致深刻，比如玛丝洛娃堕落的细节，讲到精彩处，寇老师便让学生实战演练，妙趣横生，真正唤醒了学生的思维，唤醒了学生的审美，也让我见识到课堂真实的生长状态便是源于激发学生思维的活跃、表达的自由，而不是预设满满，条框束缚。在课堂上让自己站成一棵树，用心倾听学生的心声，点燃语文和生命的火花，所谓的大道无形、大道至简，寇老师便是如此吧！

这一次延安行，寇老师的平易近人、和蔼可亲、幽默风趣让原本忐忑的旅程多了很多乐趣和明媚。他戏称自己虽是江苏老师但也是甘肃儿子、陕西女婿，延安支教是他回报家乡的起点，也是他的初心使命。那一刻，我想我能理解为什么在本应"躺平"的年龄和资历之时，他却选择了将教育的种子播撒到西部教育的角角落落，那是源自骨子里对家乡的热爱和教育情怀！

在教育的原野上站成一棵树，这是寇老师作为语文人的精神写照，他把清风和明月播撒在每一间教室，从西北到江南，从杏花烟雨到大漠苍茫……

高山仰止，景行行止，虽不能至，心向往之。

生命因语文的遇合而美，我将紧随先生的足迹，继续奋进！

2022 年 10 月 1 日

遇见大先生

江阴市教师发展中心　王达星

大先生，首先是一位尊者，是德和智皆可为人师表的大师，更是大家羡慕、钦佩的人，寇永升老师无疑就是这样一位大先生。

初遇寇老师是在菁园的一次公开课上，同事指给我看，说那就是寇大师。我仅是远远一瞥：寇老师与一众语文老师挤在一起，着格子衬衫，灰色长裤，静静地坐着，素雅淡然，毫不张扬，任谁都想不到这是一位著作等身，远近闻名的正高级、特级语文名师。这么朴素低调，令人敬佩！

寇老师是新时代的大先生，他德才兼备，学识渊博，当下新一轮课程改革他勇立潮头，他能把深奥的教学理论用简洁明了的语言讲给老师们听。特别艰难的地方，他就亲自上课，用课堂演绎他对课程精神的理解。大家极喜欢听他的讲座，他的语言生动有趣，引人入胜；他的表情十分丰富，或慷慨激昂，或娓娓道来；他的思想见识深刻，启人深思，催人奋进。

他作为业界前辈，对后辈的提携总是不遗余力，经他指导成长的优秀老师不胜枚举。我与寇老师也因课结缘，有幸得其鼓励指导，获益良多！他听课时专注入神，笔记条理分明，评课时多表扬鼓励，对不足之处，则是温言相劝，且鞭辟入里指出问题，给出解决之道。寇老师对他人真诚善良，总能雪中送炭，温暖人心。我遇到难题难以判断时，总喜欢给寇老师打电话请教，他总是思虑周详，给出中肯的建议，那份拳拳之心，令人动容。

寇老师还是一位"课痴"，生活中那么低调的一个人，上讲台授课前必着正装，打领带，他说那是对课堂的尊重，对学生的尊重！三尺讲台上他神采奕奕，激情飞扬，诵读诗词，激辩观点，与他的学生在语文天地里徜徉。如今寇老师快到退休之龄，但他身体强健，精力充沛，主动请缨担负繁重的教学任务，他说："我一定要上课的，失了课堂的语文教师就如同丢了阵地的士兵，不上课的语文研究是没有灵魂的……"看来他爱课堂，已经爱得如痴如狂了！

寇老师心中有大爱，他常年在新疆、甘肃、广西、陕西、江苏、浙江等地奔波，建立名师工作室，推动沿海与内地的学科交流，尤其对边疆地区的语文教师的成长作出了卓越贡献。

其实寇老师的事迹还有很多很多，我也只能捡拾一二与大家分享，或许最精彩的一章不在过去，或在当下，或在未来！而我只能衷心说一句："何其有幸遇见寇老师，何其有幸遇见大先生！"

2022 年 9 月

观古知人思进退

读书养志识春秋

罗崇岳 书法

文质彬彬 然后寇老

江苏省南菁高级中学 叶静芝

外表平凡朴实的寇老师在西部甘肃、陕西、广西有二十多个工作室，在全国各地有许多弟子。我很荣幸能够成为其中的一员，作为最普通且平凡的那一个，是寇老师始终用最朴实但又最真诚的话语教导我一步步地站稳教师的讲台，越来越热爱自己的学生。渐渐地从应付日常工作，到知道发展自己的专业，最后对教师这份职业报以神圣的热忱之心。

"你的师父感觉很朴实、很平易近人嘛"，这是我家人第一次见寇老师时对他的评价。

寇老师平日里穿着比较朴素，但是整齐、有精神，遇到比较重要的场会会打上一条颜色鲜艳的领带，整个人就显得特别年轻有活力。

"文质彬彬，然后君子"，内心越丰盈，越有成就的人，往往越不会对外表有过多的装饰，他会在其中取得某种平衡。因为他们善于或者说是习惯于"向内求索"，他们思考的时间占去了装扮的时间，对内心的追求远胜过对物质的欲求。

生活中朴素近人的寇老师在治学上却是一位很严谨的学者。他收集保存有晚清至今的主要语文教材数千册，而且有许多珍贵经典版本。他还收集有自20世纪80年代至今的几乎全部语文教学核心期刊，并且建立了动态电子目录索引系统。他说："一个教师如果想在专业上有追求，他首先应该成为专业期刊的读者。一定程度上讲，我是专业期刊培养出来的名师。"

寇老师对于教师专业发展的求索精神深深震撼着我，成为我专业发展道路上的航灯。每每有怠惰之时，我的耳边就会响起他的谆谆教诲，一声声语重心长都浸透着他几十年的奋斗经验。每每此时，我都会逼自己走出舒适圈，打开知网，拿起期刊，开始阅读思考……

除了教研发展方面高屋建瓴的精神引导，在日常教学中寇老师更是给了我更为具体的建议。他教导我备课要认真、仔细，既要常备常新，又要系统化。他手把手教我如何建立文件夹，把不同时期、不同阶段的

217

备课笔记按序排列，便于随时、及时地反思、更新自己的备课内容。教后反思要及时、详细，一些不足之处要争取在下一次的教学中得到改善。这些都是非常具体且行之有效的意见建议。

寇老师还常常以南菁文化激励我。南菁高中继承百年书院的文化传统，坚持以发展科研来发展教师，以发展教师来发展学生，以发展师生来发展学校的教育发展观。尤其是对青年教师，学校更是重视其发展，提供了充足的空间与高质量的平台。我和寇老师的师徒缘分就是源于学校的"青蓝工程"。

寇老师激励我要珍惜学校给我们提供的平台，不断地去锻炼、提升自己。

除了"传道授业"的高度，寇老师还给了我"人情世故"的温度。在我步入婚姻这一新的人生阶段后，除了真诚的祝福，寇老师更是给了我一些建议，让我在工作和生活中能更好地平衡与协调。

如今的寇老师已经荣誉满身，但是他还是对自己高标准、严要求，他说："把简单的事情做成就不简单，把平凡的工作做好就不平凡。教师的工作平凡、生活简单，但若能有不平凡、不简单的教育追求，若能守住内心、不忘初心，不断磨砺，持续成长，每个人都能成就精彩的人生。"无疑，他几十年如一日，从事着平凡而简单的教学工作，然而，最终却成就了不平凡、不简单的精彩人生。一个人能在平凡中成就某种伟大，一定是他将自己放在了可持续发展的位置，一定是他坚定地抱有某种理想和信念，一定是他心中有比成绩、比获得某种荣誉称号更重要的东西。而寇老师就一直有这样的追求，他的一切成绩和荣誉都是水到渠成的。

"路漫漫其修远兮，吾将上下而求索。"教师发展之路道阻且长，但行则将至。寇老师的教诲会成为这条路上永远不灭的明灯，指引我"直挂云帆，乘风破浪"。

——文质彬彬，然后寇老。

2022 年 10 月

第四辑

山中情 高云

李双海 《春光》

山中情

第一次走进与南菁高中近邻的江阴市山观高级中学，我为校园里的一句标语而开心一笑："做一名合格的山中人。"此"山中人"非唐代诗人王维笔下的彼"山中人"，乃"山观高中人"之简称也。

我压根儿没有想到，在我即将走向职业终点的时候，还有机会再到另一所学校工作一段时间，却不用像延安支教那样，打飞的、乘动车、拼团顺风车等，千里奔波，抛妻别子——而现在的我全然不是延安支教时期，我已经升级改版为爷爷辈了，最难以割舍的是第三代了！我在家门口就可以丰富自己的职业经历与体验，就可以代表百年南菁援教兄弟学校，并且帮扶和带动那里我原本就认识的语文同行。按南菁不成文规矩，即将退休的老师，如果不能教完一个完整学年，可以不安排课务。我应该在 2023 年 1 月份到法定退休年龄，本学年可以不安排我上课，我正好可以腾出时间精力来定定心心地编辑自己的文集。办理退休手续以后怎么办，那是以后的事情，车到山前必有路。

2022 年暑假即将结束时，我被隔离在江阴汇雁城整整一个星期。开学在即，学校大多是一片忙碌景象。"山中"一下子少了三位语文教师，校长急得热锅上的蚂蚁似的，不停地向我们南菁高中求救，据说是天天电话或微信……南菁高中的领导几次跟我通话，不是微信语音被电话冲段，就是电话刚说了两句领导那边就被紧急事情打断，一句"稍等等，再联系你"，常常一天又过去了……

直到最后关头，学生到校了，翌日上午要上课了，我的领导再次电话说："你明天先到山观高中援教上课，剩下的事情开学后见面再说……"

我没再多问，解除隔离当天下午到办公室备课；第二天，以新的身份再次走进"山中"。

没有什么客套，第一节课，开口对高二（3）班小伙伴们说："我虽然是借来的猫，但是也要抓老鼠的哦……"伙伴们开心一笑。

我的新学期工作就开始了。

当然少不了让小伙伴们叙写班级故事，这可是保留曲目，越是学习基础薄弱的学生越需要。但是我想，要是用语言表述自由写作的意义和作用，口干舌燥地讲解叙写班级故事的要求等等，效率太低！——我把近些年来好几所学校不同年代不同班级学生写的四十多本班级故事用汽车拉到"山中"，有延安学生的，有锡山高中的，当然最多的是南菁高中的……喊了两个学生帮我搬上教学楼四层的教室里——每个小伙伴发一本，读呗。"山中"的小伙伴们一开始一脸懵逼，不知道这只借来的"猫"要让我们干什么；接着有人发出窃窃私语，有人拍案笑出声来，有人一目十行读得极其入神……

拿出我已经准备好的两个漂亮笔记本，一本男生写，一本女生写；临时找了两个在班级里比较活跃、人气指数高的小伙伴，一男一女，安排布置收取班级故事，开始吧！

从 2022 年 8 月 27 日走进"山中"，我每天上午做半天"借来的猫"，认认真真履行职责，勤勤恳恳教好"山中"小伙伴们。午饭后我就回到菁园，完成我在南菁的课务，履行我图书馆长的职责；每每到了课外活动，我还要和球友们大战几个回合羽毛球；晚饭一定要在我们菁园的食堂里自助餐一把。我的备课时间只能在晚上，整个图书馆大楼常常只有我一个人。在办公室里备课到十点左右，步行回家，边走边听喜马拉雅平台上的《百年孤独》连播……

9 月 30 日下午 5 点，第一次考试结果出来，我大吃一惊，理科班，怎么会语文在全年级排倒数！深感愧疚——难道我这只借来的"猫"没有好好抓"老鼠"吗——之余，拨通了语文课代表的电话，没想到小课代表抢先说话了："寇爷啊，我们太开心了，我们班同学 QQ 群里都炸啦！"我理解成了所有考试检测结束了，他们回到家了，开始安心享受国庆假期了，赶紧喝令："停！停！停！我有正事问你……"课代表才严肃下来了，我才弄明白，这个班以前语文成绩很弱，升入高二第一次考试就上升了两名，小伙伴们很开心……

于是就在班级故事里读到了汤博凡小伙伴《我们这只借来的猫！》，我正在看时，"山中"一位领导进来了，拍了一张照片，发给"山中"的同行们看，还引起了一点小涟漪……

接着有几位大伙伴写了文章。

我就临时决定，在个人文集中增加"山中情"单元，以纪念我做"借来的猫"的这段经历。

"山中情"正是进行时；"山中情"正在续写中……

2022 年 10 月

附：

如果我是班级故事本

如果我是班级故事本，我会很开心在今年与大家见面。托寇老师的福，以一种独特的方式闯入你们的生活，见证大家亲手写下的一字一句，体会大家真实流露出来的点滴情感，是 51 个人，是 51 个独特的灵魂，使我从一开始空空白白的纸张，变成现在有特殊意义的班级故事本。

如果我是班级故事本，我会很乐意看着大家以文字的方式记录下自己的生活。我看到的，是 51 个灵魂对于青春的诠释。在你们笔下，我看到了每个有特色的老师，看到了时而变态时而温馨的住宿生活，看到了你们对景物、对电影、对小说、对朋友、对知己、对偶像、对学习的不同见解，看到了你们丰富多彩的排球课，看到了你们一波三折却圆满成功的运动会开幕式，看到了你们的喜，看到了你们的悲……这才是真实的吧，对于生活并不止喜闻乐见，也有惆怅难过，也有不满宣泄，但还好，你们灵魂独特。

如果我是班级故事本，我会很美慕你们有自己的思想，并能写下自己所想。要是我能表达自己的话，我肯定会在美芝妈妈翻开我的时候对她说不，可惜我只是本子我什么都干不了。是的，经历了一些事，我也听到了有人说"以后都不敢写班级故事了"之类的话，听到后我也有一丝丝难过和担忧，真的怕大家不敢表达自己了，可还是希望大家放心，我的"保镖"也已经吸取了教训，她会保护好我的，也希望你们能在这畅所欲言，写下你们心中所想的，记录下你们眼中所见的。我不希望填满我的，是那些机械写下的违心空洞、逢场作戏的话，我想要的，是一个个热烈又活跃的灵魂表达出来的文字。

如果我是班级故事本，我会很欣慰，很欣慰看到你接过我时脸上洋溢的"开心的笑容"，仿佛比看到定时炸弹还要激动，当你双手颤抖地接下时，我明白，今夜的你一定是一个人、一支笔、一盏灯、奋斗到天明的勇士。所以，下一个幸运儿是谁呢？

如果我是班级故事本，某天我掉入河中，河神问你"你掉的是这本普通班级故事本，还是这本金班级故事本，还是这本银班级故事本？"时，你们会选择我吗？

可惜我不是，我只是守护班级故事本的"保镖"。我知道会有那么一天，教室的门一关，再打开就是别人的故事了，但这本本子不会，无论什么时候打开，它承载的，永远是我们3班的故事，是51个人的记忆。所以希望大家敢下笔去写，不要被一些外来因素困扰，表达自己，何乐而不为呢？再不济，就是被寇老师面批嘛，不过别担心，和一位慈善和气、善于理解的爷爷辈选手聊天可不是一件坏事儿。

女生班级故事课代表　　冯心怡
2022 年 11 月 5 日

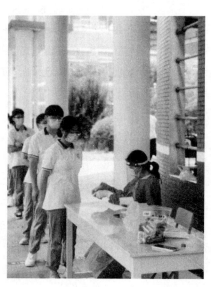

你就是传奇

江阴市山观高级中学　李　美

　　我听到寇永升老师的美名，应该有很长一段时间了，毕竟江湖一直有寇特的逸闻轶事，毕竟寇特还在江湖闯嘛，还在江湖占有一席之地。

　　不过，作为江湖中无名之辈，我对所有的武林高手都是顶礼膜拜敬而远之。你在你的世界里精彩纷呈璀璨绚烂，我在我的天地里平安喜乐碌碌无为，我们活成了两条平行线。

　　生活有时候就是不按照常理出牌，种种原因，我和寇老师坐在了一个办公室里，我们居然成了同事，真是莫大的惊喜和意外，但更多的是惶恐：就自己这点"三脚猫"的功夫，如何在高手面前装下去，三板斧用完了，该怎么办呢？

　　江湖都流行偷师学艺，现在高手就在面前，不拜师学艺，显得自己太没有眼力见了。我们端着小板凳走进了寇老师的课堂：十分钟学生自己的习作展示，学生朗读得声情并茂；语言时而诙谐幽默，见解时而另辟蹊径，观点时而振聋发聩，老师仅仅两三句点评，仔细回味一下，居然有画龙点睛之效。十分钟讲解练习，表扬一大堆同学，鲜少批评，只挑学生知晓答案还不明白的讲解，题干要求和文本内容一联系，消消乐出现了，学生有恍然大悟之感。十分钟说文解字，图文结合，上及文字结构，下涉内涵延伸，"国""家""室"的区别一目了然，学生在愉快的学习中获得知识，并且印象深刻。十分钟讲课文，几个重点字词，几个重要句式，几个思维难点，一篇文言文解决了。

　　学生展示习作不稀奇，我们身边的老师也在做，稀奇的是每节课堂都进行，而且学生由最初的完成任务变得开始乐于分享，语言表达能力在潜移默化中一点一点地进步，思维也在一点一点地深入（听的课比较多，亲眼，不，亲耳听到同一个学生的好几篇文章了）。"随风潜入夜，润物细无声"，随笔写作的效果或许就是这吧，老师也真是用心良苦啊。图文教学，既完成了课堂的教学内容，又宣扬了汉字文化的博大精深，图文并茂，寓教于乐，效果显著。我们比较惊讶的是十分钟课文讲解，平时我们都是"超级保姆"，总是不相信学生能掌握，然后就事无巨细亲力亲为地替学生思考和学习了。可是，看看寇老师的学生作业，我们发现学生掌握得也不赖。后来，发现寇老师的一个小秘密，他会时不时带领学生去复习古文的，而我们似乎都是等学生遗忘了才去复习，是为了唤醒记忆还是为了证明自己对学生的评价呢，不得而知。

大师教育学生都是智慧点播，大智若愚，大巧若拙；书匠教育学生大多是技巧传授，循规蹈矩，按部就班。

印象最深的是寇老师在全校老师面前上的一节公开课《别了，"不列颠尼亚"》。寇老师给这节课的大标题是"中国人有中国人的耳朵"，一则多年前的新闻立马有了时代的气息，立马有了独特的民族自豪感，我想起了《战狼》《红海行动》《万里归途》等。寇老师讲到"别了，'不列颠尼亚'"标题的特色，我身旁两个英语老师，他们从汉译英的角度怎么都体会不到这个标题的魅力，我只想告诉他们：语文人有语文人的耳朵。至于寇老师精心设计的几个主问题，他们更是没有看明白啊。隔行如隔山，这场饕餮盛宴，他们享用不了，真可惜！

寇老师的课堂已经是高山仰止了，可是他还极度神速高效。我亲眼看着他两节多课的时间把一个班的大作文全都批改了，有分数，有评价；有分类，有综合；有表扬，有鼓励。然后，一节课后，游刃有余地进行作文评讲。课后，寇老师居然来问我们他的课堂有什么要改进的地方。我在目瞪口呆、瞠目结舌之余，努力反思自己的作文批阅，反思自己的作文讲评，反思自己的教学模式……一节有效的课堂应该是趁热打铁，而不是搁置很久才去炒冷饭；一节有效的作文课应该是学生优点的展示，让学生在美的鉴赏中得到熏陶提升，而不是一味地找碴纠错；一节完美的作文讲评应该是百花盛开、百家争鸣，给更多的孩子展示的机会，有谁不希望成为舞台的主角呢！

寇老师的课堂对所有人都是敞开的，每节课都有崇拜的老师坐在教室的后面；寇老师的学术对所有人也都是敞开的，我们无论问他什么问题，他都乐于讲解。

有时候，我总在想寇老师是不是孤单寂寞的。第一次的作文讲义，你手把手地教编辑排版校对审核，给予我们的不仅是写作的系列连贯，更是对我们提出知识体系的建构整合；你甚至还在三五天里完成了一篇论文，第一作者是我们。第一次的语文活动，你提纲挈领地提醒组长部署一学年计划，短期目标和长期计划相结合，单个研究加分工合作，努力提升老师的业务水平和学生的语文素养；第一次的语文检测讲评，你自告奋勇地承担，PPT在国庆第二天就上传至语文群，学生问题分析得清清楚楚，讲评侧重点一目了然，教学建议也是切实可行……

　　寇老师，你是那谦谦君子，温润如玉。你想在语文教学的路上推我们一把，不仅教书育人，还要获得荣誉成就，这才是双赢的人生。毕竟一个人可能走得更快，但是一群人会走得更远。可是，原谅我们是一群有点扶不起的阿斗。我们有点安逸惯了，有点怕挑战，毕竟差距有点大，要付出的太多，有点患得患失……

　　寇老师，你是不是失望了呢？你参加同事的婚宴，欢快得像个孩子；你喝下冰凉的果汁，快乐得像个少年；你给凳脚贴上软垫，细心得像个妇人（不要笑哦）；你给我们盛满大虾，慈祥得像个长者。你的一举一动温暖着我们，感染着我们，更影响着我们。看到你一挥而就的论文，我想写论文不难，只是一直给自己找借口不起步而已；收到文件的时候，我感触很深，有天赋的人尚且在努力地奔跑，资质平庸的我们又有什么理由"躺平"甚或"摆烂"！你努力抓住我们的手，我们也应该努力拉住，那才是双向奔赴。

　　每一种职业都有自己的倦怠期，老师也不例外。工作的第五个年头，年级主任把那个天天一张《江阴日报》看完就午睡的我提溜成为班主任，这一干就是十年；工作的第十个年头，初中知识已经烂熟于心，学校却又提溜我到高中，这一待又是十年。正想混日子了，寇老师来了，老当益壮，老骥伏枥，我有何颜面凭着三板斧混日子呢？我想，寇老师，你应该是我生命中的贵人，和当初那个满世界捞我让我写研究生论文的王家伦（王一刀）一样。这不，我现在居然在课件后面写教学效果，并进行整改，当然离"寇永升随时更新"还有距离；我现在竟然在假期心甘情愿地分析学情，寻找学生身上可以突破的点；我现在还构思论文的框架了……

　　寇老师，你就是传奇。也许，我们，我成不了你那样的太阳，不过，借着太阳的光辉，活成月亮，照亮自己，照亮别人，似乎也不错啊。

2022年10月

先生老"Q"

江阴市山观高级中学　任春霞

　　"我夫人买衣服，就让人家忽悠说'哎呀，你这么好的身材，穿上件这衣服，至少年轻十岁。'结果，买了以后没穿上几次就感觉不能穿了。"这是寇老师在跟学生们讲"信言不美，美言不信"呢。学生们听了就笑，我们几个听课的女老师也忍不住相视一笑，颇有躺着中枪——"怎么说的就是我"的意味。

　　平时我们亲切地称寇老师为"寇特"，也就是寇特级教师的意思，而就在此时，不知是何原因，我更愿意称他为"寇先生"。吴方言喊"老寇"就像"烂柯"，于是"烂柯"就成了他的微信昵称和笔名。我倒觉得"寇"姓在江阴这个地方很少见，又特别；而"寇"音更似我们发英语字母"Q"的音，用现在时髦的话讲，"老Q了"就是"老可爱了"。

　　第一次见寇先生，是在我校沈颖怡老师的语文大组研讨课结束后，这次匆匆一见只记得他大致的轮廓：戴着一副眼镜，不到六十岁的样子，精神矍铄。如若不是匆匆一见，我也定不会上前与他交谈，自觉"鼠辈"遇上名师，则更显出"鼠辈"的"鼠"来。

　　2022年5月，我们高三师生因疫情被封控在校，也是我参加教师技能大赛到了无锡升级赛的时候，黄晓琴校长对我参赛一事非常关心，经她牵头，我有了"烂柯"的微信。

　　"你有空时联系我，打开你的教学设计文档。"这是寇先生在微信上跟素未谋面的我说的第一句话。这直入主题可真够直的，外加一句"我今天任何时候都有空"。打通电话后，一二三四五点建议，连空格、符号、字号都不放过任何一处，毫不含糊，并且效果立竿见影。"作为一个语文老师，怎么连……"，他温和的语气中明显带有批评，而我是极不好意思的。可这么务实严谨的一线专家，将一个"鼠辈"的事当成自己的事，急人所急，助人所难，那么我的羞愧比起我的幸运，后者则完全遮蔽了前者。

　　曾听说"寇特在南菁的图书馆"。什么？南菁高中特聘了个图书管理员？这是我作为"鼠辈"的猜想。大概"刘姥姥进大观园"说的就是我第一次去寇先生的工作室，也是我第一次正式见寇先生。

从晚清时期的语文教材到现在的各种课本，一排书架，密密麻麻。转身一看，另一面墙壁上又一排柜子，从20世纪80年代至今的语文教学核心期刊，《语文学习》《中学语文教学》《中学语文教学参考》《语文教学通讯》《语文建设》……他的工作室，简直是个"文物收藏室"。靠窗，是一个巨大的屏风——绝对不是装饰品，其实是一个教具，上面竟是几十年来各种版本教材的课文目录汇总，人教版、苏教版、北师大版、粤教版、鲁人版、北京版、上教社办、华师大版……直到现在的统编教材目录。

寇先生说白天太忙了，只有安静的夜晚才能在这里安心备课，看看最新的杂志，准备明天的课，等等。什么？教学专家还用如此煞费苦心地备常态课？寇先生说："专业提升和发展是自己的事情，不受时间、空间的限制……先成为教学期刊的读者，才有望成为其作者……"随后，寇先生与我分享了暑假去各地高校讲座、上交流课的情况。临走时，他特地送了我几本他们学校老师编写的书。

我知道，这是他对后辈的鼓励。

寇先生的工作室，寇先生的工作常态，寇先生的话和赠书，都令我开了眼。

每到南菁，都有种进入迷宫的感觉，连停个车都小心翼翼。可当晚，寇先生下楼到图书馆停车场指挥我停车，他称赞我这个女司机倒车一步到位。停车场到寇先生工作室要经过一段竹林泥石小路，前几天下过雨，小路并不泥泞，只是有些松软，寇先生领我上楼时他在前面打了个手电筒，回头对我说："任老师，这条路我每天都走，熟悉了；你可当心脚下啊。"我心想：这么直接的一个老花眼，竟如此细心，对我这么一个耳聪目明的青年人，其实不用打手电。

临别时，寇先生说图书馆后面的路不好走，执意打着手电送我下楼，手电微黄的光温暖而明亮，竟照清了我脚下的小路泥与石的分界，也照亮了远处的路……

这就是我所遇到的老Q先生。

2022年10月2日

近水楼台多得月

江阴市山观高级中学　高　洁

一、初识寇先生

2021年11月7日下午接到学校发出的通知，让我第二天下午2点到行政会议室参加"山观高级中学寇老师语文工作室"成立的会议，我不禁腹诽："又来活了！"心头莫名烦躁——临近期中考试，班主任兼两个班的课务，琐事连连，加之刚刚结束的无锡市优质课比赛才告一段落，身心俱疲。

透过办公室不算明亮的窗户，看着深秋淅沥的冷雨不停地敲打在摇摇欲坠的枯叶上，心中略带厌恶、咬牙切齿地反复念着"寇永升"三个字。彼时，寇先生在我这与"麻烦"二字等同。那时的我完全没有想到，这个被我在心中"嫌弃"为"麻烦"的"寇永升"先生将带给我怎样的影响力。

还记得那天开会时，黄晓琴校长向我们隆重地介绍了寇先生——江苏省特级教师、正高级教师，无锡市学科带头人，曾任职于江苏省锡山高级中学（无锡名校），现就职于江苏省南菁高级中学（江阴最好的高中），兼任学校图书馆馆长……这一系列的头衔砸向我们，让我不禁偷偷打量起坐在眼前的人来：五十几岁的样子，不苟言笑时，一脸正色；开腔发言时，眯起眼睛甚是慈祥；微微一笑，露出两个尖尖的小虎牙，居然令人觉得很可爱！被"寇特"名号唬住的我，不禁转拘谨为轻松。会议期间寇先生为了了解工作室的学员们，一一问起我们的年龄、任教的年限、所获的荣誉，教科研成果……当时的我甚是不解，甚至想这样的询问，假如我"颗粒无收"，该是怎样的尴尬！直至后来，我才知道，寇先生是在"因材施教"，谁更擅长什么，谁更适合什么方向的研究，只有了解了，才能更有效地进行指导。而这样的自报家门，虽有些难堪，但又何尝不是对自己过往的一种复盘，是另一种变相的督促呢！

那次会议虽然时间不长，但寇先生为我们的专业发展指明了方向，给大家推荐了专业发展的必读书目，于我们而言无疑是一盏指路明灯。此后半年，寇先生总是会空出时间来我们学校听课、评课，并动用自己的能量提供平台，让我们这些身处小县城三流学校的乡村教师走向全国去展示风采……这样的寇先生已然是我们专业发展的领路人，有时我不免为我曾经的"麻烦论"而深感愧疚。

二、"情境默写"的那些事

近些年，高考改革一直在推进，江苏高考个别科目从自主出卷转而开始使用全国统一命题卷。"江苏卷"和"全国卷"的差异对于江苏考生和江苏的教师来说是一次不小的挑战。从语文学科来说，题型发生了改变，以往的论述类文本变成了非连续性文本，语基题也发生了不小的变化，作文命题不再那么"诗意"，更务实了，名句默写更是从单纯的记忆型题型转化成了情境默写的应用性题型……单从情境默写题来说，以前的江苏卷只要求学生把课文背出来，考试时看上一句默写下一句，或者看下一句默写上一句。简单来说，在高三备考时，教师只要督促孩子使劲背，只要背出来了，解决掉错别字问题，那么，得分就如囊中取物，轻而易举。可是全国卷的情境默写让江苏的师生犯了难，仅仅停留于"背出来""解决错别字"，那是得不了高分的。而对情境的理解并提取与情境相应的课文内容才是准备全国高考名句默写的关键。这一点恰恰是最难解决的，也是我在平时的教学过程中比较困惑的所在。此时，寇先生给我指明了研究的方向。犹记得2021年圣诞节前后，寇先生突然加我私人微信（之前只有群），我带着好奇的心情加上了寇先生的微信，寇先生唧唧给我发来了两个文件，一个是部编版五册书的情景默写题的 word 版本，一个是相应的 PPT 版本。这样详尽的一手资料，全部搜集起来，然后汇总、挑选、修改成型，其实是需要大量的时间的，除了时间之外，还需要做个有心人。

果不其然，寇先生说这是他在平时的教学中一点一滴积累起来的。一般来说这么费心整理的资料必然珍而重之，绝不会轻易、全盘予人，但是寇先生却全部拿出来，与我一起合作完成了资料的再整理，并告诉我马上临近期末，给学生用起来，并在使用的过程中进行调整，学生错误多的一定要重点关注，并向学生了解错误的原因，及时给学生讲解。此外还要将相应的题目和错误的原因一一记录在案，做好整理，这样便可以写成论文。之后寇先生还专门发给我近几年核心期刊上有关情境默写的文章，指导我如何准备论文写作，只是自己不才，论文还在胎腹之中。

而寇先生的指导从未间断，期末各校统一阅卷期间，寇先生还将批阅过程中发现的典型的情境默写错误拍照发给我，为我提供研究素材；他还利用阅卷休息间隙跟我探讨相关问题。

从寇先生身上，我深深领悟到，想要在某一领域取得成就，那一定是数十年如一日地细心和坚持。而我也必然会向着寇先生的样子，不断前行。过后这份资料在我们两人的班级默写过后，还分享给了各自的备课组使用。期末考试，我校的情境默写均分竟然在江阴各校中名列前茅。寇先生无私的分享惠及两校，而这样的事又比比皆是，不胜枚举。

三、山中援教

说来也是奇怪，近两个学期我所任教的班级平时检测成绩还算不错，但逢期末总会出现滑坡现象，我百思不得其解，深感困扰。为此我通过微信向寇先生寻求帮助，寇先生说下次找个时间来听我上几堂课，然后帮我找找问题的症结。

当我看到寇先生的回复时，内心感动不已。半百的年岁，在南菁高中事务缠身，却依然对一个小小的一线教师的困扰这般重视。寇先生的为人让我深深敬佩。无奈，总也寻不到好的时机，但学习的心总也按捺不住，我甚至动过向学校申请在我没课的间隙跑到南菁高中去旁听寇先生课的心思。可是由于种种原因未能实现……

或许是我鸿运当头，这学期机缘巧合，寇老师在学校的邀请下来到我校高二援教一学期，而我正巧任教高二！于我而言，这是天降的大喜事，正是我近距离学习的好机会，于是开启我的"偷师"之路。短短两周的时间，只要我能听的课我几乎都去了，每次听课都会有不同的收获，常常感叹名师的风范果然名不虚传。

盘点了一下自己的收获，撷取其中印象最深刻的几处：

第一，高阶教育理念引领学生奋发学习。

我们的学校是一所资历不算深厚的四星级学校，学生属于江阴市前4000名左右（中考学生总数大概14000人），这类学生高不成低不就，却有着自己独有的自尊和倔强。他们往往在学科上有所偏科，对文科存在偏见，学习语文往往漫不经心，要么靠着基础"吃老本"，要么认为学习语文"性价比"太低，怎么努力也不一定有成效，故而"摆烂"，所以学习语文往往很被动。大都靠着老师的"洪荒之力"在奋力拉扯着，我和我的同仁们也倍感苦恼……

然而寇先生的一句话点燃了高二（3）班（寇先生在我校任教的班级）孩子主动学习语文的信念，他说："学习语文，无关乎智商，也无关基础，决定语文好坏的是'习惯'和'积累'。"这句话犹如阴霾中的一道光，让我醍醐灌顶！十五年的教学生涯，让我形成了一个理念：语文是一门"玄学"，跟学生的基础积累紧密相关，三年的学习很难改变现状。这道光让我重新审视自己对待语文教学的态度，我很认真地告诉我的学生，只要他们认真踏实，改掉懒散的习惯，养成勤积累、爱思考的习惯，定能在高考场上逆袭！而这样的论断确实让深陷语文学习"泥沼"的同学们对自己的语文产生了一些昂扬的期待。最近的早读似乎声音变得洪亮了，上课的互动变得频繁了，作业的质量也在慢慢提升……

第二，高阶教学理念带领学生进入语文。

　　"习惯"和"积累"的思想贯穿在寇先生的教学过程中。每天上课前的"班级故事"分享打开了学生考场作文的桎梏，让他们在生活中去发现作文的素材，从生活中去思考问题，让作文不再是考场的专属；轮流制的随笔方式也在慢慢渗透进学生的学习中，从"怕写"到"不怕写"到"写得好"再到"考场写得好"，我想那只是时间问题。班级故事分享的笔记本因为是全班轮流，这种隐秘式的"公开"也在一定程度上让同学们规范着自己的书写和措辞，真是一举多得啊！在这里我不得不感叹一声——寇先生真是了得啊！更让我佩服的是在语文课课时紧缺的情况下，寇先生居然舍得大把的时间让同学们在课堂上整理笔记，保证每课一整理，每单元一汇总，将"积累"的习惯深植入课堂，依循语文学习的基本规律，带着3班的同学走上语文学习的"康庄大道"！

第三，平易近人、幽默风趣、大开大合的课堂让同学们大胆表达。

　　寇先生在课堂上从不"拘着"学生，不管是"班级故事"的分享，还是课堂发言，虽内容各异，但只要精彩必然分享，如有不当，总能领着学生回归"正道"。换个思路来看，这样平易近人的态度，宽容的氛围，恰恰是学生敢于表达的关键所在，更是培养学生积极思考、主动表达的良方啊。两周的课堂，常常能听到学生的欢声笑语。寇先生的歇后语也是一绝，当同学们答非所问时，寇先生咧嘴一笑："马背上钉掌——离题万里。"欢乐的气氛中既委婉地批评了答非所问的同学，却也化解了他的尴尬。听课时，还有同学告诉我寇先生的经典歇后语"乌龟长痔疮——烂规定"，从同学笑弯的眼睛里我看到他对语文课堂的热爱！更让我惊讶的是，在最近的语文课上，寇先生的孩子们居然争着抢着举手回答问题。

对于高二的学生来讲，这是多么难能可贵的现象！

一堂《五石之瓠》，让我明白了寇先生对教材的极致利用，不管是对"石""说"读音的质疑，最后对惠子、庄子言外之意的解读，还是后续结合实际的拓展，无一不展现着寇先生深厚的底蕴和对同学思辨性思维的培养。大开大合的课堂，正是寇先生对新教材最深入的解读……

其实，寇先生令人印象深刻的事还有很多，但烙印在我脑海中的总是那神采飞扬的笑脸，年过半百依然挺拔的身姿和那坚定有力的步伐。他不仅是我专业发展路上的引路人，更是我生活上学习的榜样。我想这学期虽然只是过了两周，但我真愿这个学期能长一些，再长一些，让我能"近水楼台"多"得月"啊！

谨以我拙劣的文字在 2022 年 9 月 10 日教师节及中秋节祝愿我敬爱的寇先生双节快乐！

2022 年 9 月 10 日

时间·距离

江阴市山观高级中学　周丽芳

　　寇老师于我，是可亲可敬的师长，是德高望重的前辈，是一座令人仰望的高山。

　　初识寇老师，是在 17 年前。

　　2005 年 8 月，我去无锡参加苏教版教材培训会，具体在哪个地方记不清了，只记得是在一个会议厅，主席台不是高高在上的，我和同去的老师坐在下面，来自锡山高中的寇永升老师坐在主席台上给我们做讲座。寇老师的讲座别开生面，没有枯燥的说教，没有严肃的训导，而是循循善诱，让大家在他幽默的话语中悟出为人师者的道理。

　　寇老师学识丰厚，待人热情，不摆架子，他在培训会上给大家留了联系的 QQ 号，很多老师加入了他建立的一个语文群。我也进了那个群。

　　此后我们好多年未见，偶尔想起，总是想象一下他给我们做培训时描述的那间书房——他自费订阅的满屋子的教学杂志，令人神往。

　　真正和寇老师有联系，是在 2014 年 10 月。

　　那年我参加江阴市高中语文教学能手的比赛，最后一个流程是上课。上的是王羲之的《兰亭集序》。准备的时间很短，13 日晚上五点知道课题，15 日上午第一节正式上课。备课时忽然想起寇老师的满屋语文教学杂志。记得寇老师说过，他每年都会给他订阅的杂志编订电子目录，只要输入文章的题目，立刻便可以知道在哪一本杂志哪一期上面。我抱着试试看的心理在 QQ 上向寇老师求救。

　　其时寇老师与我素昧平生，他是无锡名校的久负盛名的老师，而我只是一所不知名的乡村中学的普通老师。我也做好了可能不会收到回音的准备。令我惊喜且意外的是，寇老师很快就给我回音了。他发给我两篇关于《兰亭集序》的文章的题目及刊载的杂志和期号，正好我家里有那本杂志，我立刻在书房翻出来，找到那篇文章，如获至宝。

　　那份无以言表的感动和感激，几乎令我要落泪。现在想起，依然对寇老师满怀敬意。不知从什么时候开始，人们常常觉得多一事不如少一事，有多少人能像寇老师这样无私地去帮助陌生的朋友呢？

第三次和寇老师有联系，是在 2017 年的时候。

那年某天寇老师突然出现在了江阴高中语文教师 QQ 群"澄色语文"中，我和群里的好多老师高兴地欢迎他的加入，后来才知道他被南菁高中通过"暨阳英才计划"引进，到江阴来工作了！久未谋面的寇老师，如今在江阴扎根了，如今他就在离我们学校车程不过 5 分钟的南菁高中了。

不记得是 2017 年还是 2018 年的一天，寇老师陪同南菁高中的一位同事到我们学校来做讲座。休息的时候，在会议室外的走廊上，我遇到了寇老师，满怀激动地走到他面前，向他郑重地道谢。其时，寇老师才真正地认识我。而此前，他就是那样真诚热情地帮助一位陌生的后辈。

近几年，和寇老师见面的机会渐渐地多了。

每逢期末，去江阴统一阅卷的时候和他聊上几句；在 2020 年疫情的时候，在蔡伟教授的直播群里学习了他关于《红楼梦》中的疫情描写的直播课；在我订阅的《语文教学通讯》和《中学语文教学参考》中时常可以拜读他的大作，见解独到，启人深思……

2021 年 11 月，寇老师在我们学校成立了名师工作室，我与寇老师距离更近了。

2022 年 9 月新学年伊始，我校短缺三位语文教师！远亲不如近邻，我们能干的黄晓琴校长频频向近邻南菁高中发出 SOS——紧急求助语文教师。令人惊喜的是，南菁高中杨培明校长选派寇老师到山观高中援教，任教我们学校高二年级一个班语文课。从此，我与寇老师更是零距离了。课堂上的寇老师幽默风趣，语文课让学生如沐春风；课堂外的寇老师严谨敬业，让年轻的同事们敬佩赞叹。校园中可以偶遇寇老师，他背着黑色的电脑包，大步流星，微笑着和我们打招呼。谁也看不出这是一位年近六旬的老人，他真的就是一位元气满满的年轻人。

想起寇老师，就会想起那句话："高山仰止，景行行止。虽不能至，然心向往之。"

祝福敬爱的寇老师，永远活力青春！

2022 年 10 月

别样"寇特"

江阴市山观高级中学　薛刘亚

　　2022年暑假前，我勉为其难地接手了高二语文备课组长，想着还有经验丰富的王达星主任在这个年级掌舵，还有好几位志同道合的同事一起拼搏，万事不怕。可是暑假还没结束，似乎就"变了天"，王主任要调去研训室做教研员……在祝贺王主任高升的同时，我一下子就蒙圈了，这学期的语文备课组工作该如何开展？没有组长经验的我，失去了"主心骨"，怎么办？

　　正当我坐卧难安之际，传来了好消息，南菁高中的特级教师寇永升要加盟我们高二语文组。

　　这下有救了，这个消息顿时就像给我吃了一颗"定心丸"。

　　从黄晓琴校长那里得到这个好消息的当天晚上，寇老师居然主动申请加微信好友，我受宠若惊，立马接受。在我同意添加的半分钟内，寇老师居然立马拨通了我的微信电话。我怀着忐忑的心情接听了，没想到电话中的他先主动问好，再指导我如何制定备课组计划，还提出要参加第二天的备课组活动……

　　接下来的一周，他提纲挈领地规划部署了一学年教学计划，短期目标和长期计划相结合，单篇教学和单元任务相渗透……他手把手地教我编辑排版作文讲义，给予我们的不仅是写作的序列化，更提出知识体系建构整合的高效率。他带头上组内研究课，课后一一听取我们的意见。他说他的课堂随时向我们敞开……

　　在寇特的带领下，我们备课组的工作终于逐渐走上了正轨。

　　更让人吃惊的是，第一次作文，他在一天里就完成了批改和讲评，这可是我们一般要一周才能完成的事情。作文批阅讲评之后的三五天里，他又完成了一篇结合本次作文的论文，附带上我们几位学生的习作，不到一个月就成功发表在《全国优秀作文选》（高中版）上，第一作者居然是我。震惊之余，更多的是感激——感激寇特的谆谆教诲与热情相助。论文撰写应随时、要及时，在批阅作文过程中有灵感时就把它记下来，

那最明亮的光芒

江阴市山观高级中学　任少冬

　　相逢，是人生的交织。逢人，逢景，逢书，逢时，每一次相逢，都会留下一段回忆，胜却人间无数。

与先生相遇有些意外

　　与寇先生初次相逢，是在 2022 新学年之初。开学之前，据闻有位专家将莅临我校援教，而且还正式带班，专家的头衔很"唬人"——江苏省特级教师、正高级教师，无锡市学科带头人，曾任职于江苏省锡山高中，现就职于江苏省南菁高级中学，兼任学校图书馆馆长——我一下反应过来是谁，6 月份高考监考时曾在南菁高中图书馆办公室门口偶遇过，先生知道我们是山观的语文老师，热情地邀请我们进他办公室去休息，不断朝办公室挥着右手，"来嘛！进来坐坐，我这里比那边安静多了！"我出于陌生和不便打扰而婉拒，当时就颇感诧异。先生五十多岁的样子，个子不高，很是爽朗，那时穿着深色 T 恤、灰色裤子和运动鞋健步从楼下上来，左手手腕缠着条毛巾，说起话来脸上的褶子里都堆着笑意，实难与那么多的专家名号对应起来。

与先生相识颇为开怀

　　与寇先生真正相识，是在学期开学之后。这些年从教，听过专家学者的报告讲座很多，真心想听听、看看专家们平时的上课、备课、辅导是怎样进行的，又有何高手妙招。而且先生所带的班级，正是我先前带过的高二（3）班，学生的脾性、学习习惯等我都清楚，他怎样尽快调动学生学习的积极性，提高他们对语文学习的兴趣，提升对课堂的关注度，从而有效提高班级成绩，尤其怎样改变几个"皮猴子"的懒散心理……一切的一切，我都充满了好奇和兴趣。

　　这样近距离接触学习的好机会，带给了我耳目一新的感觉，名师大家的学术功力，课堂问题处理的举重若轻，对学生学习习惯的引导培养——

都给我以诸多启发，为我在更有效地进行课堂教学上打开了又一扇窗。

作为理科班，高二（3）同学们对语文有着"天然"的偏见和漠视，学习动力不足，觉得努力了成效也不明显，不如做几道理科题更来得实在——当我拎着板凳虔诚地端坐于教室后面的时候，寇先生的课堂第一环节就点燃了同学们的上课热情！寇先生说："语文学习在于习惯和积累！"每节课前的"班级故事"分享开启了课堂活力新模式，轮流制的随笔交流让学生积极性爆棚，学生开始多方位地关注自己生活中有意义的事件，不断记录，不断感悟，不断积累，不断提高！写作不再是可怕的事，已经慢慢演化为自觉的学习习惯，每天课堂开始前的"开胃大菜"。学生从怕写，到敢写，再到想写，语文学习的精髓已经完美呈现其中，见微知著；更不用提课堂中寇先生亲近质朴的态度、幽默风趣的表达、扎实的训练、深入的解读和引领。

学生坐得更端正了，眼睛更亮了，读书声音更响了，发言更积极了，表达更有深度了……这些看得见的变化，正是寇先生一学期来教学智慧的闪光。一切都是最好的相遇，对于3班的同学和我们后学者来说，又是何其有幸！

工作中，寇先生是睿智的学者，也是个勤奋的教育人。早晨我经过他教室门口的时候，他已经带领同学认真早读，那一摞摞不断搬走的练习本，都留下了他批改的痕迹，一张张手抄报、一页页练字纸，都灌注了寇先生对学生学习习惯培养的心迹。

生活中，寇先生更是慈祥的长者、亲切的朋友，印象深刻的就是聚餐时他那一声声热情招呼："来啊！来啊！我们一起动手，把这个吃掉！""这个很好吃，我们一人几个把它分了！"他那朴素的言语，让人如沐春风！

君子温润如玉，应该说的就是这样吧！

得先生指点甚为受益

一次先生全校公开课后，路上相遇先生，拉住我就问："来，任老师你说说，今天的课请你点评一下！"让我大为意外并受宠若惊。先生的那一堂《别了，"不列颠尼亚"》，精彩纷呈。文本选择了英方撤离这样一个角度，并且把末任港督乘英国皇家游艇"不列颠尼亚"号撤离香港这一事件放在历史的背景中，突出了这一事件的历史意义。先生课堂中紧扣住一个个细节，把事情的因果、始末交代得具体清楚，带领学生丝丝入扣地体会了文本中包蕴的情感，将一篇新闻报道上出了语文味。

先生交代我，语文课就该这样，课堂要以文本为基础，扎根于文本，少关注一些花哨的东西，实实在在上好课，下周你来上一节试试！

在先生的指点之下，我尝试了两次公开课，《百年孤独（节选）》，《荷花淀》《小二黑结婚》《党费》群文阅读。先生一针见血地指出我课堂活动中存在的问题和不足，详细给我讲解批注式阅读方式该适用于哪些文本，具体怎样操作；《党费》中黄新的人物形象如何分析会更清晰明了，更贴合单元主题；多文本群文阅读如何寻找分析共同点；等等。经过先生逐个问题的剖析，一下子让我有拨云见日之感。备课之时，老师要做到手中有文本、心中有课堂，更要眼中有学生，不但要考虑教材，了解文本内容，且不能止于文本的解读和结论性的传授，不能只甘于做"二道贩子"；更要考虑学生的发展需要，了解他们现有的思想认识水平和理解能力，人与文的交集，是教学目标的定位，也是整堂课成功的关键。

先生一席话，让人茅塞顿开，让我明白了先生对教材、对课堂、对学生的最深入的解读。

先生之垂爱，我铭记于心！先生之教诲，我终身受益！先生之期待，我只争朝夕！先生的人格、思想、精神、境界都是我人生旅途上的灯塔，照亮我前行的道路！

珍惜与先生共事的每一天，珍惜每一节课。

2022 年 12 月

行走的教科书

江阴市山观高级中学　朱凤娇

如果说纸质的书本是孩子们的教科书，那么寇永升老师便是我们语文人的"行走的教科书"。

也许，这本教科书的扉页，还留存着源自黄土地的沟壑与斑驳，但当你越往后读，你就一定会迫不及待地告诉同伴们：这本书更有万山红遍的壮怀与灿烂。

书中蕴藏着不负时空的学者气。寇师治学，有如晴空下的大海，汩汩滔滔，汪洋恣肆。从甘肃景泰走向嘉峪关，从嘉峪关奔赴江苏无锡，如今又投身江阴菁园，无论身在何方，那里都有寇师白天备课上课、晚上科研写作的身影。挣脱面朝黄土背朝天的宿命，取得丰产高产的教科研成就，建设三十几个语文工作室，指导大批后辈青年教师专业成长……一路开挂的人生！寇师如果没有上下求索的艰苦奋斗和持之以恒的精神意志，又怎么可能有今天的丰硕成果！未曾听闻寇师宣扬自己治学的辛苦，但寇师的治学之道，一定足以让我们后生晚辈心生敬意。别人的屏风是为艺术美观，寇师的屏风是为展示不同时空、不同版本的语文教材目录，以便在教科研过程中随时查阅。寇师的治学功力，令我辈无法望其项背，但至少我也可以在以后的工作学习中学寇师删繁就简，让眼前手边的物件多些工作学习的元素，多些钻研思考的意趣。

书中难掩浑然天成的少年气。早睡早起不熬夜的生活习惯，打球、游泳、跑步等运动习惯，铸就了寇师强健的体魄、矫健的身姿。如果不告诉你寇师的年龄，你是万难将寇师与六旬之人联系在一起的。寇师早已名满学界，却从无好为人师的凌厉之势。寇师常笑语盈盈，总能传递着一种学者的博大精深，又不失少年的明朗与直率。我在延安支教时，寇师与我分享了写作班级故事——《无锡班的故事》的宝贵经验。开篇是寇师的大作，一千字左右的文章，用点睛之笔将班级每位孩子都写在了文中；后面则是孩子们叙写的班级师生的精彩故事。因为有了寇师的分享与赐教，我也曾效仿写作班级故事。写作班级故事，不仅提升了孩子们写作记叙文的热情，也成了我与孩子们思想交流的园地，让我全方位多角度看到了孩子们眼里的老师和同学，也增进了我与孩子们之间的情谊。

书中自有润物无声的天真气。寇师是享誉南北的大先生，而我只是一位籍籍无名的小老师，承蒙寇师教诲，实乃幸事。寇师待人，毫无高高在上的压迫感，用眼下流行的话来讲，寇师自带一种放松感。"凤娇，告诉你个消息，我被引进到你们江阴市南菁高中工作了……""凤娇，跟你打听个事，你对敔山湾这个地方熟悉吗……""凤娇，你对你现在正在做的工作是怎么想的……"寇师每次都亲切地喊我"凤娇"，一如我学生时代最要好的小伙伴喊我"凤娇"那样亲切。有一次，我请教教学上的困惑，寇师郑重其事地回复我："凤娇，你——写作吧……"于是，我真的开始拿起笔写作。我知道寇师说的写作，并不是我们通常所理解的写作，但眼下，我个人心情日记也写，工作上的琐事偶尔也写；这些年，孩子们的考场作文，我偶尔也会写——我自己写，也教学生写。我不确定，我到最后能写出什么有价值的东西来，但我坚信，世上没有白吃的苦——尤其是在自己的专业领域。我想着，有一天，我是否有可能写着写着，会在某一个瞬间突然就收获了某些不一样的领悟呢？

在南来北往的风雨里，在薪火相传的晴空下，寇师是不曾尘封的教科书，这本书对我们后生晚辈的影响是潜移默化的：从前我不重视研读文本，现在我正努力学习研读文本；从前，我怕上作文课，但现在我开始学着上作文课：学生写，我也写；从前，我从不关心教科研，但现在我意识到做教科研是专业成长的最佳演练……

桃李不言，下自成蹊。寇师是本永不过时的教科书，自带一种引人入胜而又催人奋进的魔力。

2022 年 12 月

我们这只"借来的猫"！

江阴市山观高级中学 高二（3）班 汤博凡

带着对上学期惨不忍睹的期末成绩的羞耻，看着同致远班基本一致的师资力量，我深吸一口气，满怀着憧憬之情，踏进了高二(3)班教室的大门。

本以为会被冷落，会被嘲笑，然而并不是这样。同学们都很热情，相互交流沟通的言语之中无不流露出一股股温暖，滋养着本已失去信心的我。

数学老师是备课组长，英语老师是备课组长，化学老师是备课组长，物理老师是备课组长，生物老师也是备课组长，很会揣摩同学们的小心思。重点来了，我们语文老师是来自南菁高中的特级教师。作为一个语文界的珍稀物种，这只"借来的猫"并没有摆架子，反而勤勤恳恳，每天按时组织早读，甚至来得比咱班主任美芝妈妈还早，可谓是尽职尽责。不仅如此，一开始同学们都以为特级教师都是些死板刻薄的唐僧，除了念紧箍咒就只剩一些大道理了。其实不然，上了课才发现，咱寇爷的课每天都十分活跃，完全颠覆了我们以往的认知，且寇爷口中总会时不时蹦出一些闻所未闻的奇特歇后语，例如，小腿肚子上挂瓶子——比较（比脚）有水平，茅坑里的石头——又臭又硬，等等，怎能不算是十分有趣呢？

正所谓跟着爷爷有肉吃。曾经的我语文学习不积极，不会试着去阅读、去理解，这也就导致了语文成绩始终无法突破100分大关，经常在70~90分之间徘徊，以至于让我都开始怀疑自己是不是一个纯正的中华儿女。自从借来寇爷这只"猫"以后，我下定决心一定不能再给老师们丢脸。我开始真正地融入课堂，揣摩作者的想法，琢磨人物的心理；我开始每天早读时间大声朗读、认真背书，用心理解文言文及古诗的中心思想；我开始上语文课也记笔记，不再像以前那样只是用耳朵"听"语文课；我和同伴们一样，开始认真对待每一次语文作业，不再把作文看作是心理负担……终于，在经过一个月的潜心修炼之后，我的语文成绩终于是"1"开头的了！虽说仅仅是102分，还不值得骄傲，但，这毕竟是属于我自身的一个小小的突破。

在浏览完整张试卷后，我认为自己还有许多欠缺的地方：名句默写，我虽然认真背了书，但这是理解性默写，不能只是死记硬背，还得搞懂语句含义，期盼期中考试时能一雪前耻，稳稳拿满 10 分；作文，一直是个大头，从它昂贵的 60 分总分便可看出，正所谓得作文者得天下，而我每次只能拿个"低保"，42、43 分的样子，完全不能与他人拉开差距——在接下来的一个月，我会多多积累词句，啃下议论文这根硬骨头，争取下次考试脱贫！

曾经有位老师对我说过"越努力，越幸运"，我也一直将其作为座右铭铭记于心，作为火箭班的一员，在接下来的日子里我必会静静沉淀，清除杂念，在我们寇爷这只"借来的猫"眼皮底下，与同学们一起勇攀高峰！

2022 年 10 月 2 日

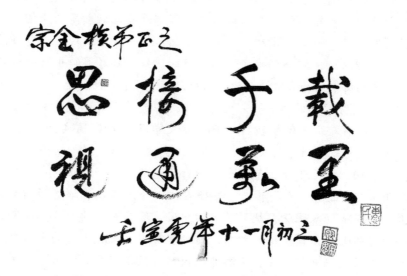

寇宗恩 书法

"邪恶"的扩张

江阴市山观高级中学 高二（3）班 张珂妍

看到这个题目，你也许会疑惑，什么？有邪恶势力入侵山中了？其实不然，"此邪恶非彼邪恶"，没有丘丘人作案，亦没有黑恶暴力在校园滋生，要说这"邪恶"的由来，还得是我们集帅气与智慧于一身的寇爷——寇永升老师。

新学期第一天，在同学的介绍下认识了我们班的新语文老师。我第一眼的印象——嗯，有点呆呆的爷爷级选手。我甚至已经为想象到课堂将会满篇"之乎者也"而感到哀叹。

"哎，想念派大星的第一天。"

好吧，说实话是我大意了。第一节语文课我便感到脸上发疼，爷爷级选手竟没有爷爷级的架子。一声"伙伴们"好，令人诧异，但更多的是惊喜。接下来的语文学习生活，让我真切感受到了何为"亦师亦友"。

寇爷说，"寇"这个字组不出啥好词，贼寇，倭寇……

"……"好像真没有啥好词。可是就是这样一个"邪恶"之人，却捕捉到了我们的不少"邪恶"事。

"伙伴们！你们看这个试卷能不能给他分？"屏幕上是一团歪扭的字，同学们扯着脑袋，却也难以从中分辨出几个字。

"不能！"

"能！"异样的声音再小也逃不过寇爷氏顺风耳。

"谁说的能？""吴同学！这样的卷子你能给他分？就想着在课堂上捣蛋——"寇爷突然停顿了两秒，战术性后仰，犀利目光将其瞬间锁定，本眯缝的眼睛倏地瞪大："你太邪恶了！"顿时，本不优越的隔音设备几乎让我们的笑声在整栋楼扩散，台下"邪恶"声此起彼伏。敢说，寇爷的诙谐式批评的成效是某些辱骂式批评所不能比的。

至于为何要说邪恶的"扩张"，因其作为寇爷继歇后语后第二大标志性语言在同学们之间广为流传，几乎成为只有高二（3）班人才知道的梗，亦是平时挑出同学毛病后的调侃，甚至已经蔓延至其他课堂。记住知识的同时又平添乐趣，寇爷独特的教学风格正潜移默化地影响着我们。

寇爷作为"借来的猫"，"抓老鼠"的活却从未懈怠。小到书写坐姿，大至考试态度、规范，抓到的"老鼠"不计其数。我们在寇爷妙趣横生的课堂中由"高质量的倒数第一"向前迈进。大概这就是"邪恶"之人行"除恶"之事罢！

爱因斯坦说过："一个人忘掉了他在学校里课堂上所学到的东西，那些剩下来的，才是教育。"我想，多年之后，我的高中不会仅被写不完的试卷填满，再次回想起寇爷这位老师，亦会如新墨入纸，晕开回忆。

2022 年 10 月

有書真富貴無事小神仙
澄江静如練餘霞散成綺
遠山含淋氣芳樹發春暉
思飄雲物外詩入畫圖中
養浩然正氣極天地大觀
経書趣有永翰墨樂無窮

己亥冬月習臨楷書於舍軒　寇宗和

第五辑　闲情

陆瑜　《牡丹》

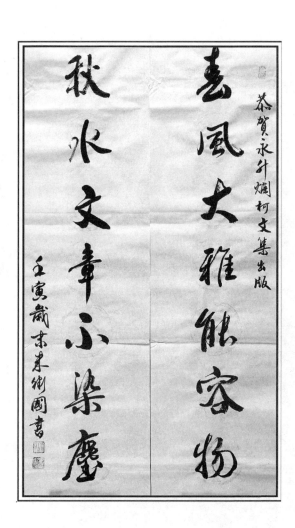

春风大雅能容物
秋水文章不染尘

恭贺永升㸌柯文集出版

壬寅岁末朱德国书

移锡杂感

一

2001 年暑假，一周之内，从下火车到再次上火车返回，千里奔波到无锡面试的五六个小时之中——我在仓促中做出了一个重大决定——举家迁往无锡，妻子儿女欣欣然。从遥远的西北移居到无锡前后不足一月——这符合我的本性。

从接到调令到赴任只一个星期，匆忙之中，不忘向数位老友打个电话道别，河西名校酒泉中学王永贤君——语文名师——第一句话就是："周朴园说了嘛，'无锡是个好地方'，祝贺，祝贺！"他随口而说的是曹禺《雷雨》中的一句台词，高中语文教材有节选，张嘴就离不开本行。教授吴兄砚右亦打趣道："永升老弟即将生活在'中国模范名城'里了，想必也会'洪福齐天'的了，恭喜，恭喜！"鲁迅在其杂文名篇《论"费厄泼赖"应该缓行》中曾经间接引用现代评论派陈西滢的话"无锡是中国的模范县"，而先生所批判的杨荫榆女士，正是无锡人，曾经留学日本、美国，其担任北京女子师范大学校长期间，发生了"三一八"惨案，被先生斥为"民国以来最黑暗的一天"（《无边的蔷薇花之二》）。

移锡月余，所阅无锡"漫话""游览""史话"之类书籍数本，介绍无锡名人多自唐朝"悯农"诗人李绅说起，一直到华彦钧（阿炳）《二泉映月》，乐以泉名，泉又以乐名，惠山泉又因《二泉映月》与阿炳而名，从东林党人顾宪成、高攀龙说到秦邦宪（博古），说到近代民族工业面粉大王荣宗敬、纺织大王荣德生。上周到钱锺书母校无锡二中参加教研活动，该校以"一国宝（国学大师钱穆 1929 年毕业于该校）九院士（两院院士中有九人中学毕业于该校）"，大幅图片介绍以激励现今学子，"今天我以二中为荣，明天二中以我为荣"。而且某位院士还说过，中国院士最多的是江苏人，江苏籍院士中无锡人居前。

无锡地灵，我体会首先"灵"在海拔低，空气含氧量高。我初到这里，尽管不适应因时差而带来的作息时间调整，也老转向，生活规律和生物钟都彻底打乱，倒总是每天睡眠六七个小时，人还精精神神的，不像在西北高原，睡眠不好人会感到头昏脑胀。1994年我在北京学习，半年中一直每晚只睡五六个小时，中午只在办公室眯一小会儿，看书学习写点东西觉得时间很充裕。学习结束时，北京五中校长、特级语文教师吴昌顺与我畅谈亦作临别教导，我还开玩笑说："你们北京五中这么多老师成为名人，既得益于地处京城且繁华地段，也离不开老师勤奋刻苦与校长的带头引路，但有一点你们自己没有体会到的，就是你们一天不是24小时，你们睡觉比我们花的时间少，我们西北高原人民躺在床上睡觉比你们东部居民身负几十公斤东西还累呢。我们睡觉花去的时间多，工作学习的时间少，是天时地利人和不如你们也。"吴校长开怀大笑："前所未闻，前所未闻！"

无锡几乎没有海拔，有资料显示太湖水面海拔3米，太湖里的山才几十米，也叫"山"，弥足珍贵，可供开发旅游。嘉峪关一个土堆堆也不知高出这几百上千倍！海拔低，人自然精神，睡觉花的时间少，若文人则读书学习时间多也。地之气"灵"，人才有可能"杰"，这是正常的，要是不成才才不正常呢！

我们高原上的知识分子都太亏了！

二

山川湖海是地球上最易养活人类的地方。最适宜人生存繁衍的地方非大山两侧，即大河两岸，不是沿海城市乡村，就是湖泊鱼米之乡，所谓靠山吃山，靠水吃水。以前与朋友一起冒险徒步穿越天山——几位语文老师想体验《天山景物记》之景之趣，我当时即慨叹新疆的千千万万人民和畜牧业是靠天山养活的。有了天山就有冰雪，有溪水，有草原，有畜牧业，有擅长游牧的少数民族，有生存依赖于农业的汉民族，况且天山上奇珍异宝应有尽有，非亲自穿越不可理喻也。没有祁连山就没有河西走廊，是祁连山养活了山北千里河西走廊、山南青海千百万人民。祁连山是河西走廊灌溉农业的巨大天然固体水库。1999年8月酒泉丰乐河发生泥石流时，吾与好游之徒、影友、同行浩军兄冒险勘察，想为高中语文《一次大型的泥石流》积累一些图片资料，我当时真正读懂了祁连山。访问了当地藏、汉、裕固族牧民，我们在村子里雇了一匹骡子驮上辎重，沿着泥石流之后的沟谷，徒步行进几十公里，来到祁连山主峰素珠链北侧，那是一座现代冰川，据说没有人上去过。那是一座固体水库，处女地似的，绝对无污染。地球上距人类居住区最近的冰川——"七一"

冰川，20世纪50年代中苏地质工作者共同发现，位处嘉峪关西南130多公里的祁连山腹地，我曾多次游览，那也是一座固体水库，白雪皑皑，终年不化。有一次，我们到狼柴沟访问藏族朋友马万勋，他带领我们看了采矿现场，告诉我们说，祁连山上松树林里、石头旮旯里，往下挖不多就能见水，那是肉眼看不见的固体水库——的确，矿坑里到处都是水……难怪汉时匈奴被逐出河西悲叹道："亡我祁连山，使我六畜不蕃息；失我焉支山，使我妇女无颜色。"唐开元天宝年间有赞"天下称富庶者无如陇右"；今天无论是民间戏称"河西酒廊"还是官封"千里模范拥军走廊"，总是谁也不能否认，是祁连山养活了千里走廊的绿洲农业。

移居无锡，本来就缘起于报纸上的一句话，我现在供职的中学"位于美丽的太湖之滨"。妻因大学就读于上海，对江南水乡山清水秀之处常神往之；在我自己则体会了近二十年西北黄土高原黄河文化与西域文化，领略过了戈壁瀚海、大漠孤烟，遍游冰川沙漠、胡杨海子，极欲在有生之年不被人嫌弃之时换个地方好好游游，于是选择了吴越文化发祥地太湖之滨的无锡——历史名城，全国十个主要旅游城市之一，全国15个经济中心城市之一，全国城市综合实力50强（之一）……

移锡之初，就看到一句啤酒广告："太湖水，我们的啤酒！"第一个星期，校领导为引进教师接风，畅饮"太湖水"，自是别有一番滋味在心头；第二周，高中语文组十几位同人专为我接风，在太湖之滨渔楼酒家，乘摩托艇夜游太湖之后，我们开始"尝鲜"——太湖三宝又曰"三白"银鱼、白鱼和白虾，果真名不虚传。数十道菜非鱼即虾，不虾则蟹（螃蟹）。鱼可以炖，可以烧，还可以片成肉片炒菜；汤中有手抓虾，篮中有干炸虾，又有虾仁；至于螃蟹，那真是怎么吃都香。去年在蓬莱旅游，看见海边善于做生意的当地人无暇吃午饭，生一小小蜂窝煤炉煮食螃蟹充饥，还暗觉简陋。现在想想那不如同天山上的牧民烤野羊腿一样的美味吗？那不正是我等在祁连山腹地红烧野兔子似的惬意哉！

我们吃惯了大块羊肉、牛肉和大肉，席间偶上鱼类，常以喝鱼头酒而剪彩庆贺，服务员都被训练得很有眼色，根据席间客人座次言谈判断尊者长者，定将鱼头对准之，而客人也不敢擅下箸于鱼而先饱口福，往往对该喝鱼头酒者以"头三尾四"劝之又劝，费了许多口舌，扳扳扯扯上大半天，菜常常凉了。某虽不常吃喝，然仅己所知喝鱼头酒之典故、笑话、酒令亦大可罗列许多。今番移居锡城，每道菜几乎都有鱼，大的小的，蒸的焖的；有名字的，没名字的，有俗名而不知学名的，有学名而对不上俗名的，土著居民尚且不能一一道明；汤里游的，盘子里爬的，碗里漂的，若像我们往常那样喝鱼头酒，不喝死才怪呢！

语文组同行尝鲜会以月夜湖滨合影而画上句号，而新的生活和工作却才开始。诸多不便与不适一一扑来，南蛮嘴舌之人，吴侬软语，乍听好像日本人在讲话。学生说话我听不懂，喝令站住训斥一顿；家长来访，妈妈的叫他儿子来做义务翻译；同事间讲话我连连摇头，万不得已时请用普通话翻译一番……倒是女儿接受快，在学校没几天就能听懂同学讲的无锡话，回家学舌，还真逗乐。

今年的酷暑虽已过去，但蚊虫叮咬令人难耐，儿子浑身都挠出了伤疤，蒙幼儿园老师指教才知道有一种名唤"蚊不叮"的东西可防，急忙买来涂遍全身，似有缓解。起初几天发现办公室同事晚上办公时在写字台下点燃蚊香，还暗自庆幸无锡蚊子真的同无锡人民一样对我很友好，结果我错了。没过几天，双脚被蚊子咬遍了，而且专咬脚。急忙效诸同行，在脚下点燃蚊香驱之，然时时提心吊胆，以防脚丫子被红烧或"胡辣"了（西北有菜名曰"胡辣羊蹄"，大概是把羊蹄汤洗干净，煮得较烂熟，然后在锅里烧了吃，风味独特），乃至别把自己给火化了。想想 2300 多年前"亚圣"孟老夫子就号召，舍鱼而熊掌，21 世纪中国模范名城里的无锡蚊子吃鱼虾多了，自然也要"舍鱼"而尝尝我们这些富态人的"掌"了。我在办公室里跺脚诅咒，同行中一位常不苟言笑的冷面女人 S 君却不无体贴地安慰我道："忍着点，让我们无锡蚊子也尝尝鲜嘛！"

好笑，我尝了太湖"三白"之鲜，偶一次玩笑说还是我们西部的大块羊肉、红烧猪爪吃起来过瘾，无锡人就要拿我的肥肉浓血让他们的土著蚊子尝尝鲜！

……

三

无锡人持吴方言，虽难懂，但却不难听，随着时间推移偶尔也能听懂，很有意思的。今天我们在大力推广普通话的同时，其实也要提倡保留和承传方言，因为它对研究古汉语、古代文学其意义非同小可，这是每个上过中文系的人都深有体会的。

我个人既是中文出生，又自幼对汉语独有灵气。自记事起凡骂人的话、歇后语、民间俗语之类，大多只要耳朵里扫掠过一次必能铭记于心。当老师二十年，最大恶名是好骂人、善骂人、会骂人，骂人有听头，故常有顽劣弟子沆瀣一气惹我生气骂人，他们则偷偷拿纸墨笔砚记载，曰"学两招以备用，老寇常教导耍大姑娘裁尿布——闲着预备忙使用呢！"

2009 年 3 月 22 日补记：

本学期开学初的 2 月 8 号，正好是正月十四，高二学生报到，我请来了 2008 届高三毕业的陈佳俊、刘晓晨、龚雨舜、胡振宇、沈康辉 5 位同学给学弟学妹们传授高中学习经验，谈与班主任配合的体会感受。陈佳俊深有感慨地说道："在寇老师班里做了三年学生，印象最深的是他的骂人。寇老师的确很会骂人，不带一个脏字，会把你骂得很爽，叫你心服口服。毕业了，才觉得当初老师骂得都对，现在想起来，多亏了老师当初的痛骂……"

——无锡人日常用语管老师批评叫"骂"，被领导批评几句也叫"骂"。

有一年我在平凉地区印刷厂监印中考试卷数月，常常夜间值班，无聊就读书——校对室正在校阅一部当地包括回族地区在内的歇后语、民间俗语大全的书稿清样，我就翻阅了一遍，很多。编辑把一些不健康的不文明的脏话类全用红笔画上了红杠子，令其删除。红色盖黑色，看起来也还是很清楚。奇怪得很，看完那部书稿，我把画了红杠子的句子全记在心里了，别的倒都给忘了。后来我的那些拿手好戏保留节目"四字歌"系列全是那本书上的"红杠子"。在我看来，那本书抽去了那些精华可读性与价值也就荡然无存了。

所以移居锡城，在语言交流上我也早有心理准备。至目前草就此文胡拉乱扯之时我还对此次草率盲目仓促移居没有产生怀疑和动摇，常向人表态，只要明年夏天我能活过去，就心安理得地做个无锡人。因以我之胖乎乎似熊掌之手脚、肉乎乎如此富态之身躯，天不怕地不怕，最怕热！——况且天气愈热，蚊子的生命力也就愈加旺盛。

无锡这地方最适合两种人生存成长，文人和商人。可能是有这个传统吧，且不说别的，单就大街小巷许许多多大大小小的工厂你都能看见有天车；许多农民家有车床，男人开汽车、拖拉机，女人们大多骑摩托，真乃不愧是近代民族工商业的发祥地，又是改革开放后我国乡镇企业的发祥地之一。

咱算是准文人，还是说文化吧。移居无锡，第一次专业感悟是教高一课文《杜鹃枝上杜鹃啼》。去年在嘉峪关，同事魏文晶公开教学正是执教此文，我当时不教新教材，也就未做深究，真觉得"东拉西扯""不知所云"（语文教参语）。今番则不同，我得亲自去做"二传手"和"摆渡者"。

我就初读之，再读之，又加仔细琢磨之；吟之，诵之，歌之，咏之；

歌咏之不足，又与同行切磋之。文中有一句话，如不是移居此地大概今生今世不得其解：

> 每逢暮春时节，我的园子里杜鹃花开，常可以听得有鸟在叫着"居起、居起"，据说就是杜鹃，"居起"是苏、沪人"归去"的方言……

"收割"在即的女同事黄蓓，挺着八九个月的"大肚皮"（无锡人把怀孕妇女称作大肚皮，音 da da pi），也在教高一，她用无锡话说"回家"即"居起"，与我在此间听到的那种鸟之"居起"相似之极——"居起"者，回家也，let's go home 之谓也。真乃茅塞顿开。原来作者周瘦鹃是苏州人，平生写作翻译兼喜欢栽花培草，种植盆景，开辟了苏州有名的"周家花园"，连周恩来、陈毅、叶剑英及许多外国贵宾都多次专程登门观赏。就写文章看，不能不说周瘦鹃是大手笔，以前受"左"的思想干扰，教材只选思想政治性较强的文章，现在提倡人文精神并加强之，这样的美文也就得以饱莘莘学子与吾等语文同侪之口福了。从本文看，周瘦鹃深谙杜鹃（尤其是作为鸟类的杜鹃）在中国民族文化心态中的独特内涵，古代的诗词典故、民俗神话以及现当代和外国杜鹃文化，在"东拉西扯"的貌似纯知识介绍中展现了作者渊博的知识和娴熟的文字表达技巧，令文化人读来不能不觉文章（尤其散文）理应如此：须以大量的知识和文化信息支撑其丰富内涵，而非无病呻吟，亦非矫揉造作似的"为赋新词强说愁"。

只是这个"居起"是苏沪人"归去"的方言，非久居此地何以解之；若不解此句，何以知"杜鹃是天地间的愁种子"，历代文人骚客闻杜鹃啼叫而生归乡之情的诗词名句又从何解之！

课堂上有时分不清前后鼻音，引得学子犯上，我就反唇学舌"居起、居起"，乌鸦落到猪背上，光屁股的还笑话穿烂裤子的呢，众学子哄笑了之……

"三日入厨下，洗手作羹汤"（王建《新嫁娘词》）。移锡到任当天就接到课程表，年级组长见面不待寒暄就直奔主题："先到教室里见见学生吧，这节我们班正好是语文课。"我当时身上还背着装有证件和钱款的小旅行包，妻子儿女还等在校门口。在招待所住了一宿，翌日我就上课了。看来不到三日就得"入厨"，当然我也不是新嫁娘，也就不必扳扯。但毕竟"未谙姑食性"，不得已偶尔亦做"先遣小姑尝"（同上）之效仿——听同事课，看一些教学资料。一日翻阅同僚教案，其《岳阳楼记》导入新课辞云：范仲淹受滕子京之嘱作文以记巴陵胜状与岳阳楼之大观，但他本人却未到过洞庭湖，怎么写成这篇千古名作的呢？老师就地取材，一语点津，原来这范仲淹是苏州吴县（现吴中区）人，与无锡隔太湖相望，自幼生长在太湖之滨，他把太湖之景移植到了洞庭湖，现在让我们来看看家乡的太湖在古代文人笔下有多美……

范仲淹写《岳阳楼记》未到过岳阳一节，我以前略知，但确不知与太湖有何干系。我等小知识分子也未铭记范氏为苏州人。今番所见真令人耳目一新。

查阅《古文鉴赏辞典》，引录范仲淹之后范公《过庭录》言："滕子京负大才，为众所嫉。自庆历谪巴陵，愤郁颇见辞色。文正（范仲淹）与之同年（同一年考中进士）友善，爱其才，恐后贻祸；然滕豪迈自负，罕受人言，正患无隙以归之。子京忽以书抵文正，求岳阳楼记，故记中云：'不以物喜，不以己悲'，'先天下之忧而忧，后天下之乐而乐'。其意盖有在矣。"

又查有关资料得到证实，于是几度骑单车来到太湖边上；教室在四楼，每日"登斯楼也"，尤在早晚天朗气清之时，眺望太湖，确也气象万千，上下天光，一碧万顷；今番国庆适逢中秋，自是皓月千里，浮光跃金……但我虽向东左迁了三千公里，终非"迁客"；粗通文墨，亦非"骚人"，览物之情，凡夫俗心。耳边马达轰鸣，未闻"渔歌互答"，更不见"虎啸猿啼"，此乐亦锐减矣。只是或日升月落，日出朝霞之时，太湖之美真令人"心旷神怡"，"其喜洋洋者矣"……

好在学校离太湖仅一二公里，想来未来的日子里，我能将《岳阳楼记》部分地移植在太湖之滨。

上中学时从地理课本上就知江南每年有梅雨季节。我还未领教。移锡当日，走出火车站迎接我们一家四口的即是瓢泼大雨，女儿和儿子在大西北很少见过如此大雨，高兴得从饭馆跑出跑进。上周某日早起发现阴云密布，天空灰暗，天公莫非"霪雨霏霏"耶？给女儿带了雨具、儿子添了衣服，以身居嘉峪关数十几年之经验，雨停于风，刮风必凉乃至寒冷。然亚热带海洋性气候的无锡却不是这样，时令正届中秋，秋雨亦"沾衣欲湿"，风却"吹面不寒"，怪不得南宋志南和尚有"沾衣欲湿杏花雨，吹面不寒杨柳风"的名句。漫步这所投巨资建成的现代化校园，眼镜片上水雾模糊，自然地想起中学课本里张志和名篇《渔父》：

西塞山前白鹭飞，桃花流水鳜鱼肥。
青箬笠，绿蓑衣，斜风细雨不须归。

回家翻开《唐宋词鉴赏词典》，竟读到如下内容：

张志和，唐肃宗时待诏翰林，做过左金吾卫录事参军，因事被贬，作南浦尉。赦还以后，绝意仕途。朝廷赐给他奴婢各一名，他把他们配为夫妇，取名"渔童"和"樵青"，自号为"烟波钓徒"，长期过着隐逸生活，徜徉于太湖一带的山水之间。

该书还有诸如"张志和由于徜徉太湖之上积淀而成"《渔父》之类的句子。怪不得呢，本来就写的是太湖嘛。尽管斜风细雨，但并非我眼前之深秋，而是桃花汛泛江南春色方浓之时，渔父式的文人也好，文人式的渔父也罢，尚有"青箬笠，绿蓑衣"，这等温柔可人的"斜风细雨"，何须归也。反正都不会冷，女儿会好好地回家，儿子更不必担心会冷，我且享受这无边的"斜风细雨"好了。

司马迁说过，读万卷书，行万里路。我读懂王维的《送元二使安西》是在游西安去长安区的路上。那是一阵雨后，真的，房屋上的瓦变得明亮了，树叶鲜活了，马路干净了，空气清新了，怎么不是"渭城朝雨浥轻尘，客舍青青柳色新"呢！我在拙作《烛光心韵》一书中多篇文章谈到在实际生活中、在实践中理解感悟了古人名篇佳句，多位名人尤其大学时代的几位老师看后皆"微颔之"。

"无锡是个好地方"，真的，多少名人生于斯，长于斯；文人骚客喜怒于斯，歌哭于斯。这是一个读书的好地方，庆幸我是瞎驴撞到草垛上——慢慢享用。

言既啰唆而意犹未尽。

办公室在一楼——土著人曰底楼——门前是植物园，樱花明春才能开放，枫叶红了，芭蕉尚绿，菊花正黄，塘荷已残，竹声沙沙，风移影动。读书备课眼困神乏之际，我常徜徉其间，认识了许多未曾见过的植物。窗后是草坪，植南方树木数棵。中有三口之家的鹿父母与一子，鹿羔跪乳母汁，鹿妈妈低头吃草，鹿爸爸做翘首望哨状，一家鹿雕状极可人，其旁又有蘑菇亭建筑。顽劣犬子常私闯草坪，骑上鹿背蹂躏之，揪住鹿妈妈头作小鹿状，惹人喜爱。"绿荫之声：请勿在我身上烙下您的印记"——我常不得已进去将其牵出。日前低头过树，似有"暗香浮动"，惊问同僚，曰："桂花树呢，现在开了的，校园还有某处某处，秋风微动，送来缕缕清香……"嚯，我还是第一次见桂花树！饭余课后不免常去摩玩，查林逋名诗《山园小梅》得，"疏影横斜水清浅，暗香浮动月黄昏"，原本化用五代南唐江为残句"竹影横斜水清浅，桂香浮动月黄昏"。本来就是写桂花的！大学时代读郁达夫小说《迟桂花》时留下的影子又浮起心头……

今晚农历八月十六，歌词云：十五的月亮十六圆。我于月夜来到这桂花树下，三五之夜，明月半墙；月色正浓，秋意正浓；树影斑驳，暗香浮动；近旁的名人苑，竹影横斜，风移影动，姗姗可爱……想坐此大厦之下，若好诵诗书，盖无奔走之劳，亦不患冻馁之苦，反不乏太湖鲜肥滋味之享，当业有所精，德有所成，方可慰平生之短志。

东拉西扯，罗列成文，窃以为非语文老师不忍心劳其眼神心力。三句话不离本行，在我等则有掉书袋之嫌，然我辈中小学老师，教书匠而已，本无多少"书袋"可"掉"，引来引去无非中学课本。想来教书二十年，满嘴倒腾的遍数多了，似乎也能记得一二，老鼠咬瓷缸——满嘴是瓷（词）儿。业余爱好了近十年摄影，立志将中学语文课本所见名胜古迹、实物佐证拍成照片，以待付样成书，或能为"天下寒士"们呕心沥血于三尺讲坛者聊作一笑，每每出门背负数十公斤照材之外，则已无力承受那十几本教材之重。拿起照相机记不起课文中的句子便无从下手。于是，背吧！竟也将中学教材大多成诵。某年贪玩弟子嫌《孔雀东南飞》太长，拒绝背诵，我一气之余还真的愤怒出诗人——从头背到尾；一次公开教学，教《纪念刘和珍君》，听课同事相传，寇老师能背下这篇文章；也有一届学生说我在课堂上背过《祝福》数段……真是书到用时方恨少，每每因忘记原文而又急得抱着相机冥思苦想。

把自己"卖"到无锡，工作安家之余，此间这位识才爱才且有才的硕士校长讲了三条：希望继续拍完中学语文图片，资源共享，还配给我一台摄像机；支持我出这本书，提供全部经费；为学校拍照保存资料，照片及洗印费用学校全管，再准备一间摄影工作室给我用。

西北、华北地区的我基本拍完了，还陆续在有关报刊上发表过一些图片，也得到上海《语文学习》杂志社的鼓励与支持；工作繁忙，工资养家糊口，身无一官半职，已虽算不得大丈夫，亦不愿放弃志向与爱好也。有条件要干，没有条件也得干啊！

——这也是移居无锡的重要原因之一。"无锡是个好地方"，隔太湖与苏州相望。那里诞生了张溥的《五人墓碑记》、叶圣陶的《苏州园林》；再东去上海130公里，那是鲁迅晚年战斗的地方，山阴路有鲁迅、瞿秋白、茅盾等文化名人遗迹，龙华还是左联五烈士被秘密枪杀的地方；西距省城南京180公里，移居无锡赴任时火车上女儿恨不能跳出车窗多看几眼长江大桥，那是我上小学就有的课文呀！至于与京杭大运河相通的杭州，那我还需读一些有关杭州的书籍方知一二。但"毕竟西湖六月中，风光不与四时同"的，是不可以不拍的。

"无锡是个好地方"——东南沿海襟带，长江中下游之中心，大江南北之分界，真的会令我欢喜任我游让我拍吗？！

四

我从嘉峪关被招聘引进到无锡，除了作为语文教师的硬件以外，我的业余爱好——摄影也起了很大的作用。当初在装寄应聘材料时，装入了几张我发表过的摄影作品，也随手装入了几张当时新拍的照片。材料被筛选合格后，校方电话通知我来无锡面试。校长在谈了其他问题之后专门谈了摄影：教育教学工作之外，为学校承担拍照任务，提供资料，整理保存资料；所需经费全由学校承担，从胶卷、电池购买到冲洗放大，在定点彩扩部由我签字记账；学校各部门需要照片，登记签名；准备筹建学校摄影工作室；我的工作归校长办公室主任领导……

"无锡是个好地方"——让我的业余爱好发挥了作用，同时在发挥作用中又使我的业余爱好得到了发展。11月份有一位嘉峪关影友到无锡来，还非常羡慕我的运气。搞摄影的人都知道，花许多的血汗钱给自己武装起照材——照相机如同自己的老婆，那是绝对要"一夫一妻"的，自己的相机不能借给别人使用，当然也不轻易用别人的相机；而且随着照相机技术的发展，新的照相机越来越复杂，这种摄影职业道德更应该自觉遵守——那只是万里长征才开始了第一步。因为接下来，你必须经常性地、不间断地花钱去拍，才能使照材发挥作用，也才能提高技术。养活和维持这种爱好，与首次投资比，你不知道还要花多少钱！况且照相机这东西，如果你长时间不使用，它就会如同学校的多媒体电教设备似的，是放坏而不是用坏。照材维护保养原理有一条就是这样说的，即使不拍照片，照相机也要每隔一段时间装入电池释放几次快门，越是潮湿地方越需要这样。许多搞摄影的人也都有这样一种经验，让照相机随时处于可拍摄状态。

如此说来，仅就摄影而言，生活工作在21世纪"中国模范名城"里的我，是不是真的也可以算是"洪福齐天"了呢！

这似乎是一个偶然机遇，但回想自己爱好并学习摄影的经历，我又不完全这样认为——

摄影——温柔的陷阱

大概是在 1992 年，我想买一台照相机，一位搞宣传工作的朋友，他在单位经常拍照片，对我讲："寇老师你要买照相机，你千万买一台机械手动相机，像你们老师，知识分子，有学历，有文化，要不了多长时间就能入门，操心学，很快就会拍出好片子的；可是如果你买了傻瓜相机，拍上多少年你还是傻瓜水平。"写这段文字的前几天，我还给这位朋友寄了一张明信片，表示在新年来临之际的问候，第一句话就是："感谢你把我带进摄影之门……"其实从某种意义上讲，这位朋友是烟囱里招手——把人往黑道上引。

我岳父母都是知识分子，很能理解这种比较高雅的业余爱好，在当时经济条件很一般的情况下，慷慨投资为我购置了国产 Seagull DF 套机，我自己又花了好几百块钱添置了照材配件：闪光灯、三脚架、摄影包、UV 镜以及各种小东西。

配备起照材，算是掉进摄影这个"陷阱"了。因为你不会让照材闲置，你就要在精力、财力、心力、眼力、能力等等方面做更多的投入，不知不觉地你在陷阱中越陷越深——使用中你发现照材不够用，与同行比较你又感到手中相机等次太低，翻阅摄影报刊你不会不对一代又一代新相机神往之，当然你就有可能鸟枪换炮，这不是你又得往深里陷吗！加之你要是运气好，偶尔发表几幅作品，别人再一抬你，你肯定会像阿 Q 一样，飘飘然起来；尔后省吃俭用，勒紧裤带。偷偷摸摸积攒起一点钱，再去买更好的照相机；有了好的相机，心里高兴，总想拿出去拍拍，如是则在陷阱里愈陷愈深……

而这一切又都是很温柔的，又都是你自觉自愿的，甚至不知不觉地……

摄影——"贵族"的爱好

1839 年摄影术发明，当时德国人就说过，摄影是贵族的爱好！十多年来，我个人在摄影上花掉的钱，大概是五万多或接近六万元。现有的照材，全套美能达，两万元（截至 2001 暑假移居无锡之前个人所投入），是我在几年中陆续购置的。我是标准的工薪阶层，上有老，下有小，工资收入必须完全意义上用于养家糊口。给自己"打油"了四项基本规矩：正常收入基本上全交老婆，额外收入基本上全不交老婆；发展业余爱好（摄影）基本上全靠额外收入，额外收入基本上全用于发展业余爱好。当今大多数男人所有的爱好，在我身上都找不出来。不会抽烟，不认识麻将——连上小学三年级的女儿都能叫出几个麻将牌名称，还常常取笑老爸；天南海北的老老少少都会用扑克牌扎金花，虽经朋友手把手教，交了学费，可是到目前我还是不会。2000年春节回到甘肃白银老家，因为父母年纪大了，亲戚朋友来的比较多，我发现招待客人的方式变了：不是像我小时候那样，把来客招呼到热炕上坐下，喝茶、吃饭；而是用酒、麻将、扑克来款待宾朋；客人进门，顾不得嘘寒问暖，捋袖上牌场，把酒话麻将。三位小客人，十来岁到十六七岁，小学或中学生，个个会"开拖拉机"，人人能"垒长城"……

可是我就什么都不会，如同一个多余人，在老家陪了几天父母，无聊之余，冬日去游黄河石林。

盛行"捣蛋"的时代，我没有摸过台球杆；歌舞厅最火的时候，我连一种舞步也不会；我身上穿的衣服，一般不会超过一百元，而且多数是弟弟、妹夫们单位发的劳保服装；一辆70年代生产的老式二八自行车，破旧是破旧，但唯有这辆值不了一百块钱的自行车，才能实现全家带的。移居无锡，我还特意把这辆自行车带到了这江南水乡。

如此说来，我无论哪个方面都与"贵族"沾不上边，却偏偏爱好上了真正的贵族的爱好，真是自不量力。当然只有省吃俭用，再加之以拿健康去换钱。

我就喜欢穷折腾，我就愿意无事忙嘛……我虽穷光蛋一个，但是就喜欢摄影这个"贵族"的爱好嘛！

2001年9月29日—10月2日

2022年8月24日修订

打柴的拼不住放羊的

我是打柴的。

打柴的人，须要早早地进山，抓紧时间找到柴，多打柴，打好柴。而这些都只是一天劳作的开始。他要赶紧把柴背到市场上，他还要四处张望打听寻求买主，还要低三下四讲价钱，以求多卖几个钱。即便是钱已经揣到腰包里了，他还不能松懈，他还没有到享受劳动果实的时候。他还要到市场上买上米、买上菜，赶在天黑之前回到家，交给妻子赶紧烧饭，以喂养嗷嗷待哺的孩子，以填饱全家人的肚子……

而放羊的人则不然。太阳出来了，他把羊群赶到山里就算劳动已经开始了。到了山里，羊会自己吃草，牧羊人可以晒晒太阳，可以抽袋烟，甚至躺在山坡草地上小憩一会儿……饿了，好办，主人家哪有不给羊户长准备干粮的！

天黑之前，他把羊群赶回主人家的羊圈，一个不少，主人家已经做好了饭，等待他吃。吃完了饭，他就可以呼呼大睡了。月末年底，按时领取工钱……

江南经济发达地区，生活节奏快，生存和工作压力都很大。人与人之间的交往都是短平快。单就吃饭看，会明显感觉到此地的人时间观念强，每次聚会顶多个把小时，很少像我们在西北那样，一顿饭吃掉五六个钟头，甚至午饭连着晚饭吃！

如果我们在这样的环境中不能适应快节奏，不能适应人际交往的约定俗成，不能按照规矩出牌，那我们只有被淘汰！还妄想什么站稳脚跟，还奢想什么进步提升，还侈谈什么晋升职称！

尊重源自实力。假如我们自己没有实力，谁能帮助我们！别人可以因同情我们而给我们一口饭吃，但没有人能给我们一份尊重。获得尊重只能靠我们有实力。就像《国际歌》唱的那样——"从来就没有什么救世主，也不靠神仙皇帝，要创造人类的幸福，全靠我们自己……"能拯救我们自己的只有自己！

人情从来就不是想做就能做出来的。整天忙于人情世故的人，恰恰是周围人们都不愿意接受的人。

病可医，俗不可医！

我们中学老师中那些不甘于俗而追求高雅的人，就成名成家了！如果追求庸俗，因心思所在不同，所以外在差异也较大。而那些追求高雅的人，往往就出人头地成名成家了！

以书香气熏陶书卷气！一位女作家说："如果把世间的女人简单的分成三类，那么处在玫瑰女人与白菜女人之间的，便是书香女人。书香女人，她们没有倾城的娇容，也不靠青春的艳美征服世界，她们也不甘于在平凡朴素中永远沉默。她们犹如散落沙滩的珍珠，潮起潮落，岁月变迁，你会悄然发现沙滩中不经意间凸现点点灿烂……"

作为知识分子，业务能力的提升，得靠持续十几年乃至几十年，永不间断地潜心钻研、悉心积累，个人勤奋、高人指引，方法正确、效率较高，才有望脱颖而出、鹤立鸡群、一览众山、成名成家……若沉湎于酗酒、麻将，时常出入于歌厅舞场，或则吹牛聊天侃大山而不知疲倦，抑或把大好时光用来傍上司、陪领导，以为抱住了上级的大腿就前途无量，最终有建树有出息的有几人欤！尤其是知识女性，本来就受生理、生育以及家务之累等更多，若想在事业上有所建树，只有比男性付出更多、牺牲更多。

人分男女性别，而专业技能、业务要求丝毫不会因为你是女性就降低标准，工作压力、职场竞争也不会因为你是女性就有所减弱。高三，不会因为你这个班主任是女性，学生就更听话、更好管，成绩就更好！干教育这一行，无疑女性比男性付出更多也比男性牺牲更多！

这已是无数例子证明了的。

梁捷，北京五中特级语文教师，是一位让我敬佩的女性，也是第一个给我许多启迪的女性同行。

1994年7月，我到北京五中学习，听完了该校初中到高中所有语文老师的课，我凭直觉判断出，梁捷是一位女中豪杰，功底深厚，积累丰富，追求高远，绝不只是个一般的语文老师。我到该校电教馆找有关老师，把那里梁捷的有关课堂实录视频资料等全都借出来，听完课后，我就钻进电教室看那些课堂录像。从那些课堂实录中可以感觉到，梁老师的课堂是一步步走向成功，一步步迈向有个性、有特色的。我开始特意接触她、了解她，慢慢进入正题采访她。

梁捷，中学毕业后在印刷厂做排字工人——今天的人很难想象排字工人的辛苦！我在20世纪80年代末有幸在甘肃平凉地区印刷厂工作了两三个月，亲眼所见，亲身尝试过。满车间都是铅字，大小不同，字体不同，一个个木头箱子里装着，又黑又脏又沉重。排字工人的活其实就是把这些装满铅字的箱子搬来搬去。我尝试搬过一箱，很沉重，而我当时是二十几岁的小伙子，还没有结婚，体力肯定比一个女人强。记得一位女工还过来制止我，怕我把字模给弄乱了。"这哪里只是个技术活，还是一项体力活！"

梁捷后来从工厂里抽来做了代课老师，按临时工对待。她开始自学，转为正式在编教师——北京市重点中学第五中学！继而走上自考之路，获得文凭。继而走上科研之路——我看到她的一篇文章，题目是《教育科研：教师成长的捷径》。她发表了大量文章，有科研论文，有文学作品，有电视专题片解说词……

我在五中期间，竟然问过她一个幼稚的问题："梁老师，你在家做家务吗？比如洗衣服、做饭、照顾孩子、收拾屋子……"记得她当时哈哈大笑，"那怎么能不做呢？不做谁做啊！买菜做饭，洗衣服，打扫卫生，女儿正在读高中，晚上陪孩子学习，很晚了我还要给她做夜宵，一大清早就要给她做早点……先生是工厂里的工人，整天干体力活，一回到家就得休息……"

梁捷是一个称职的妻子，一个慈爱的母亲，一个很有建树的教师，全都源于她不是一个俗气的女人。

我接触她时，她大概40多岁，从她的穿着看，极其朴素；而从她的气质看，极其高雅；与她交谈，极其开心。李景华给我说过，她如何参加自学考试，如何参加林崇德教授的心理学课题，如何与吴昌顺校长一起搞教育科研，等等。

苏立康，当今中学语文教学界最权威的人士之一。2009年3月之前，我对她的了解都是在《中学语文教学》杂志上，全国中语会理事长，著名的语文教育家。教师培训专家。虽已退休，但还在语文界奔波操劳。

2009年3月7日，苏老师在杭州参加完一个会议，锡山高中时任校长唐江澎邀请她来讲学。当时因为我在高二，学生正在准备小高考，语文课都停了，我比较有空闲，唐校长就派我去杭州把苏老师接来。

我和司机俞文彪用5个半小时驱车杭州一来回。接上苏老师，调头就返回。在来无锡的途中，我和她聊了两个多小时，基本都是有关语文和学校的话题。3月9日讲学之后，唐校长又安排我陪苏老师游梅园等地，聊的也是专业范围内的话题。9日晚饭后让我代表学校去送苏老师到无锡机场，她在此前的路途中对我说过，要带一些无锡特产回家。让我安排出时间，能在往机场去的路途中停车进超市购物。我就把她带到了刚刚开业不久的家乐福凤翔路店。

——这三十分钟时间，让我从另一个角度仰视了这位已经年届七旬的老太太！她在超市里购物极其熟练，全然看不出是一个教授、是一个名人。到了收银台，迅速地从自己的包里掏出一沓塑料袋，折叠得整整齐齐，一看就知道是经过多次使用的。她把那些无锡排骨之类的特产分装在自己带的塑料袋子里，按照食品、非食品分类，我注意到，她的那个陈旧而且并不时髦的手提包里，并没装一本专业书籍，也没化妆品之类的东西，只有一把雨伞，很多的塑料袋。

我问她带这么多塑料袋干什么，她说："这用处就大了！我在家整个一个家庭妇女，每天都得进超市，为一家老小的吃喝操心，这不方便实用吗？"

一个人干着这件事，不能顾及另一件事情，这个人永远是低效率的。工作生活如同弹钢琴，一双手各司其职，两只脚能予以配合，才会弹出和弦，才会是钢琴家！

旧时的家庭妇女都知道，聊天开玩笑不耽误做针线活。

打柴的拼不住放羊的！

我们都是打柴的。

2010 年 4 月 3 日补充
2022 年 8 月 21 修订

邂逅西栅 43 号

我是 7 月 18 日（2013 年）晚上到的乌镇，这本来就是一次邂逅。

我人还在嘉兴，就已经感受到了桐乡人对乌镇的自豪与喜爱。桐乡高级中学的同行朋友知我来浙江，邀请我一定来桐乡，一定要安排我住在乌镇，一位仁兄月夜驱车到车站接我，又送至西栅。

到西栅游客服务中心报上名字，未多言语，服务人员安排我入住西栅 43 号。我还在想，可能把好听吉利的房号都留给了那些讲究数字谐音癖好的客人们了吧，反正我只身一人，43 就 43 吧……

一辆电瓶车把我送到了弄堂口，指了指，我自己走进来了。

女主人交给我一把古色古香的钥匙，安排我住下，已过晚上 9 点。简单洗了洗，我感觉到了肚子饿，下楼找吃饭的地方。看我一身疲惫，房东夫妇就现有的原料烧了一个菜一个汤，我一个人坐在那张乌黑的八仙桌上狼吞虎咽……

翌日早晨 5：40 准时醒了，起床洗漱，来到河边晨读，晨风轻拂，乌镇在深夜至早晨的宁静中渐渐苏醒……收生活垃圾的小船，运厨房泔水的专用船，送被单、枕巾的船只，一一靠岸，摇几下铃，店家便知道了该干什么。我才发现，与前次数度来乌镇，这里的人已经把这个小镇管理得很上正路子了！

掇把小竹椅，坐在河边，头顶葡萄架，虽在炎炎夏日，两边摆了两条长长的美人靠的过道里，穿堂风时时送来丝丝凉意，游船过处，时不时带来习习河风……本来包里带了两本书，严格计划要在这两天读完的。但是在房间的抽屉里发现了几本与乌镇有关的书籍杂志，不知不觉被吸引住了，上午一口气读完了麦丁著的《乌镇东西》和钟桂松编的《与茅盾养春蚕》。快到中午了，男主人劝我，太阳照到了，热了，快搬到房间里去吧……也不向我招揽饭菜生意，倒是诚恳地介绍乌镇的特色面馆、招牌羊肉……

午饭后，女主人建议，午后很热，你到房间里休息一会儿吧，下午四五点钟后外边就比较凉快了……

午睡了一会儿，我翻开几本杂志，眼球又被《立志园》吸引了！——不同于多次入住酒店的那些商业气息很浓的宣传品，此书多是些精美图片、精美短文，文字与乌镇一样朴实厚重，图片像蓝花布一样充满乡土气息，本来只做午后消遣，却渐渐被她吸引而不能自拔。一口气阅读完了数本，才发现落日的余晖已经照到窗棂上，乌镇又迎来了暮色。

该吃晚饭了，嘿，一篇《夫唱妇随好房东——民俗43幢》的文字又拖延了我不少时间。这里真的是43号吧，图片上真是房东夫妇哎。我下楼喊了一声"王燕——"女主人也不吃惊，只是笑笑，"来一份你的八宝豆腐……"

男主人倪建良的八宝豆腐真是非同寻常啊！连续三天，我也不再到处去寻找特色美味了，几乎把倪建良的手艺尝了个遍。搬个小茶几，拎把小竹椅，濒河而坐，一边品着主人的饭菜，一边欣赏街景，西市河中过往的船上的游客有的把镜头对准了我，有的频频向我招手……我想好多的人则应是心生羡慕。

两口子张罗着这个民宿旅馆，儿子在杭州读大学。建良管厨房，王燕管客房，一天从早上5点多忙到晚上10点多，每顿吃饭时间，是我与他们交谈的最佳时机。到了第二天，已经与这家人颇为熟识了。

枕水人家，临河房间，一到下午室内光线就有些暗，读书写作，我需要一盏台灯。房东配备的床头灯有点暗，光色不适合阅读。我试着问主人，看他们能否解决。王燕一个电话，不多时，一位年轻帅气的小伙子，

身着工装，送来了一盏较大的台灯，打开一试，正好！

20日午后，雷电交加，大雨如注。我在餐厅里凭窗而坐，时而翻几页书，时而品茗赏雨，时而与忙里忙外的王燕拉拉家常。小两口都是多年前的下岗工人，现在凭着热情勤快经营着这个家庭旅馆，声誉颇好，效益也好。每每到了用餐高峰时间，王燕的两张餐桌总是一拨客人未离席呢，另一拨的客人已经等在旁边的"美人靠"上了。

雨后傍晚，我突发奇想，要坐在葡萄架下边赏景边用餐，我一个人不想占着那个八仙桌，端了一张茶几，还是那把竹凳，好不惬意！真是羡煞

了迁善桥上过往的游客，羡煞了船上那些男男女女们……

后来才知道，为了我一个人的这顿饭，建良的一张八仙桌一个多小时里只能闲置在那里——他们俩在严格地遵守着公司的规定，宁可少赚。

临离开时，发现王燕客房里那个乌镇小木梳很有意蕴，多年不见这样的梳子了！不是一般宾馆里的一次性聚乙烯梳子，我要是买几把带回去，老岳父这样年纪的人肯定喜欢，送送朋友，一定也是上乘之品。王燕大大方方地说，送你几把……

邂逅西栅43号，邂逅倪建良、王燕夫妇，乌镇再次给我留下了未曾想到收获。

2013 年 7 月

后记：

2013年暑期，送儿子到嘉兴学习，我有几天空闲时间，想来想去，就揣了几本书乘车到了桐乡——重游乌镇。被游客服务中心随机安排住在了西栅民宿43号，随手翻阅宾馆里的几本书刊，突然发现我住宿的这个43号竟然是乌镇民宿标志性品牌，女店主王燕多次在当地媒体上亮相，是服务明星；男店主的乌镇小吃手艺闻名遐迩，夫妻俩待人和善，十分勤快，生意热闹，尤其三餐饭菜供不应求……

几把乌镇木梳，送给我岳父一把，十年之后我再到嘉峪关时发现他还在用；途经上海时托表妹的儿子过年回家送给我姑姑一把，好多年之后，回家乡时看望我年届九旬的姑姑，她老人家还对我说："你让外孙子带给我的那个小木梳好使得很，你花了多少钱买的……"一把我送给我的老母亲；我自己的一把十年来一直装在电脑包里，随我游遍了几乎全中国。

2022 年 8 月 26 日修订

269

不喜欢看电视了

我看的第一部电视连续剧是《霍元甲》。

那是 1983 年前后，应该是最早在中央台热播的香港连续剧。民间武术高手霍元甲的爱国情怀，极富时代特色的个人遭遇、爱情纠葛、家族仇恨……无不扣人心弦，尤其是那首《万里长城永不倒》的主题曲，一时间响彻城市的大街小巷，大人小孩都能模仿粤语哼几句，连续好几年，在不同场合的联欢会以及演出中，总有人唱这首永远令人亢奋的歌曲。

我工作的那所学校只有一台彩电，每晚几十人挤在一间十几平方米的宿舍里看，住校学生、教师、教师家属孩子，自己带着凳子，孩子们晚饭后就去抢占座位。

我买了空白的盒式录音带，三块五毛钱，到商店里转录《霍元甲》主题曲，每转录一盘收费五毛钱。总共四元钱的代价，我月收入的十八分之一，一盘磁带中就为了学唱那首"昏睡百年，国人渐已醒……"

我一直觉得，直到现在，近三十年来的电视连续剧主题曲，能与《霍元甲》媲美的，唯有《亮剑》——"如果祖国遭受到侵犯，热血男儿当自强……"它十足的苏联战时歌曲风味，令人振奋！

从内容上比较，《亮剑》同样振奋人心，但总是没有《霍元甲》那样紧凑利落。

第一次在电视上看的体育比赛直播，是 1984 年洛杉矶奥运会，那是暑假。

这时学校里多出来了近千人，一队军人野营拉练，借住在学生宿舍。每晚 8 点，住在学校的老师、家属孩子就已经把那间电视机房挤得满满当当的了；可是这些士兵都是年轻小伙子，也还都是些孩子，他们浑身有使不完的劲。白天，太阳底下没完没了地高强度踢正步、突刺刺、四百米障碍跑……都没有消耗完他们的体力，每晚他们照样关心体育赛事。

窗户上趴着的，门口挤着的，连房顶上都吊着人，最可笑的是有两个小战士居然坐在门扇上看！水泄不通，出不来，当然一旦出来也就看想着再进去。老师家属抱在怀里的孩子睡着了，只好从后窗里递出来抱回家。

挤坏了门，打碎了玻璃，连窗框都变形了！后来差点把孩子踩伤压坏，一位老教师不得已去找带兵的头儿——你能想到可笑到什么程度！来制止批评战士的军官也被精彩的电视节目吸引了，一直站在那里伸长脖子看着，看着看着就忘记了时间，熄灯号响了，都没人理会……

过了几天，据说是该部队的大首长来视察，才严令全体官兵不得晚上去跟老百姓争电视……

我那时是一个单身，说实在的是因为馋着看电视，暑假没有回家。这就意味着，我得在大夏天里每天烧煤炉煮挂面吃。

那时候的体育比赛，怎么那样的激动人心！中国女排夺冠，我们把床单撕成条绑在笤帚上当火把，把饭盆当打击乐，把热水瓶扔到楼下当炮仗！

现在的体育比赛，味道变了，电视转播拖拖拉拉……

我那时是初中班主任，每每有学生因晚上看电视完不成作业，一次家长会上跟家长讲，要限制学生晚上看电视。一位家长发言反对，理由是看电视有好处，传播信息，增长见识，陶冶情操……后来我了解，这位家长是国有大型钢铁企业的高级工程师，五十年代大学生，留学过苏联，大知识分子啊，他当时四十几岁，育有二女二子。我二十来岁，一个人吃饱全家不饿。

我对看电视的一些偏见，还真的从他开始有了改变。

后来看日本电视连续剧《血疑》；一集不落地看电视连续剧《三国演义》《红楼梦》《西游记》……遇到要夜自修值班看不上，倒贴着钱转让给别人的事情都干过。后来，我干脆买了一台录像机，日本原装，托人从国外带来，可以随时录下电视节目，随时播放，代价是我一年半的工资！

有了录像机，就方便多了。我经人介绍有意结识了电视台管录像带资料库的人，假期里去问她借来盒式录像带，两三天看完，再去更换。那些外国文学名著，我差不多都是这样看的。

但近些年来，不喜欢看电视了，不管是新闻，还是钟爱的动物世界、军事天地等节目。而电视剧，我只看过有限的几部，《激情燃烧的岁月》值得一看；《亮剑》看后不后悔，而且还常常拿来教育学生；新版《红楼梦》看了一集，就不再有兴趣……而且我之所以能看完这有限的几部连续剧，还要归功于办公室同事们的推介，我一般是等到大家看了都说好之后的一段时间，我才去看。与媒体的炒作倒无丝毫瓜葛。

起先我以为是生活节奏加快了，不知不觉没时间看电视了；后来才发现，不是。

那年在江苏高考语文题中读了《波兹曼的诅咒》才明白过来。

美国文化传播学家波兹曼的《娱乐至死》是一部声讨电视文化的著作。……文字是抽象的符号，作为一种媒介，它要求阅读的同时必须思考。而电视直接用图像影响观众，它有时甚至忌讳思考，因为思考会妨碍观看。在波兹曼看来，做一个有文化的人，就是置身于人类精神传统之中进行思考。书籍能够帮助我们实现这个目标，电视却会使我们背离这个目标。那么，电视究竟把我们引向何方？引向文化的反面——娱乐。

电视本质上是娱乐，它旨在制造观众瞬时的兴奋。

看电视不需要也不开发任何技能，他把成人变成了功能性文盲、儿童化的成人。

电视对阅读影响是很大的，它不但排挤阅读，导致阅读率下降，而且在电视的强势影响下，印刷媒介纷纷向电视看齐，出版商的兴奋点不在出真正的好书，能够传世的书，而在当下的畅销，怎么样吸引你的眼球，怎么样造成轰动效应，怎么样强化娱乐功能，图书蜕变成了"电视性印刷媒介"。

如今孩子普遍早熟，青春期提前，电视——现在还应该加上网络——对此脱不了干系。当儿童能够任意接触成人的知识禁果时，他们就确实被逐出童年乐园了。（《周国平论教育》，华东师范大学出版社 2010 年版）

直到读了周国平的这些论述，我才坚定了信心：不再喜欢看电视了！

2015 年 6 月

不喜欢看报纸了

我记得小时候特别羡慕大人看报纸，以为那是有学问的标志，也是身份地位的象征。

小学低年级，每天上学路过大队干部的办公室，看见大队干部、保健站的赤脚医生慢慢悠悠地看《人民日报》，眼馋得不得了——这时候社员们面朝黄土背朝天在田里挥汗如雨呢。那时候的《参考消息》是半保密的，每个党支部可以订阅一份，党员干部才有资格看，看后必须锁进抽屉里。其他报纸可以送给妇女们糊墙、糊仰尘（用纸糊的室内屋顶，防止土木结构建筑房顶的尘土掉落，我寻思着这两个汉字应该是"抑尘"才对）、粘鞋底，唯有《参考消息》一段时间后必须上交……

小学四五年级时，我也有阅读报纸的能力了，几乎天天放学的路上都要站在大队干部的身后蹭着看一会儿报纸。其实那时候，每个大队只有"两报一刊"中的一两样。盛夏酷暑晒着，穷冬烈风冻着，吃不上午饭都在所不惜，尤其对那个神秘的《参考消息》，觉得能看上一眼，那就是同学中的人上人了，因为你就有了吹牛神侃的资本！

上初一时，一次冬夜代替妈妈去开社员大会，主题是给贫下中农学习《人民日报》社论。队长先对着我批评我妈不来开会，忙着做自家的私活呢，其实不过就是缝缝补补旧衣服而已；接下来，本已安排好生产队的保管员读报纸，队长可能是出于对我妈的惩罚，竟然让我给大家朗读社论！

保管员的大儿子和我是同学，也可能想检验检验我，就坐在我旁边看着我读。在老家农村是要论辈分的，保管员他虽然年龄与我父母相当，却比我小一辈，得叫我叔叔，故而在这样的正规场合也还不敢造次。昏暗的煤油灯下，地上燃着柴火，社员们围拢着，老年人打瞌睡、抽老旱烟，男人们边磕麻籽边织毛袜，妇女们边纳鞋底边听会……几次遇到生僻的字，估计我可能不认识，保管员都低声地告诉我，我就顺利地把那篇社论给念完了！

那个称赞呀，那份羡慕吧……须知比我们稍大一些的一大群姑娘、小伙子都没机会上学呢！第二天开始，就有人对我父母也肃然而有些起敬了，因为他们的学娃子会给社员念报纸了，不是睁眼瞎子了！

高中里的一件事使我对看报纸有了更深刻的认识——看报非小事，亦非只是休闲。农村学校，全校就只能订阅得起很少的那么几种报纸，偏偏那些老师们都喜欢看报纸。每天早饭后，乡邮员送来报纸，我的校长就把报纸拿到他的宿舍兼校长办公室的那间房子的山墙旁边，老师们就在露天里看报纸，冬日借此晒晒太阳，夏天就此乘乘凉……我那时候还是订不起报纸的人，蹭报纸看，不过比从大队干部那里得到的待遇好多了——毕竟老师都是爱学生的嘛，何况这也是学习呢。

一次校长读到主流媒体上一篇重量级的文章，他嗅出了某种时代气息，周末回家就跟村里一位遣送回家劳动改造的堂兄讲了。告诉人家说，你看看某年月日、某某报纸上、一篇某某题目的文章云云……这位在"文革"开始前"四清"运动时就蒙冤下放的知识分子，孤身一人，已经在家乡里劳动改造了十几年了，大学本科毕业，识的字都差不多忘光了，竟然就步行了十多里乡间小路，来到了学校，专门找着看那些日子里的报纸……

到底是知识分子！他马上准备盘缠，卖粮、借债，走上了上访平反之路。经过了一年多的奔波，他真的平反恢复工作了！补发工资，回乡搬家，进城工作，逢人便讲，都是我的校长及时给他提供了信息——也就是建议他看了报纸罢了。

上大学期间，我还是订不起报纸的人。不过大学里就好多了，报栏里各种报纸都有，我是端着饭盆子边吃边看，这样练了几年"站功"和"看功"，倒也从未把饭菜喂到鼻子里。

工作了就更好了，我端着茶杯坐在宽敞的阅览室里慢慢地看。说来不怕别人笑话，我被引进到长三角发达地区就是看报纸看来的！

一段时间里，与我们教育工作者关系最密切、最直接的那份主流媒体就常常登载招聘启事，有的招聘启事就刊登在报纸版面中最显眼、最神圣的位置！……我试着把简历、材料寄到几所学校，最终有人打电话让我来面试——秘密启程，火车过道里铺张报纸坐下来，长途劳累。到了江南的城市，举目无亲，人生地疏，公交车上一位少妇，用无锡话和我攀谈，得知我是一个教师，手里拎着皮箱背包，就抱起坐在她前排座位上的爱狗，给我让了个座儿……才有了今天……多亏了看报纸啊！

——据说，我走后，老校长下令，把学校阅览室的《中国教育报》全都交给他一人保管！……

客观地讲，许多知识都是从报纸上看来的。鲁迅独子周海婴写的《我与鲁迅七十年》，当正式出版的书籍还见不到的时候，我已经在报纸上读过了连载……《夏令营中的较量》从发表到那场笔墨之战鸣金收兵，我几乎全都有剪报，现在偶尔翻翻，亦颇觉珍爱……

说我这样的人是报纸培养出来的都不为过。我从黄土高原最贫穷落后的乡村中学出来，读高中期间没有复习资料，参加高考之前没有去过县城，没有乘过大轿车，参加高考上百里山路都是骑自行车去的，上大学之前没有坐过火车……1981年考上大学，作文题目"毁树容易种树难"，观点和材料全是看了半年《中国青年报》得来的，政治考试中的论述题，材料也大多都是从报纸上看来的，应该说，对报纸有感情啊……

但是，我现在却不喜欢看报纸了！

原来对开四版的报纸，紧凑精炼，真应了那句话：浓缩的都是精华！渐渐地各种报纸都争相扩版，对开八版，十六版，甚至更多，甚至有时候让你能感觉到，不像一份报纸，倒像一本杂志。有的报纸，如果你收集起来当废纸卖掉，那些钱都够再订一份报纸……

以前报纸上很少有空白，现在动辄大片空白。

以前报纸上的文章大多限制字数，现在动辄整版整版，难免给人一种视觉疲劳和心理负担。

因为限制字数，以前报纸的文章短小精悍，可读性很强；现在的文章太长，泡沫，稀释，无味，无聊……

看报纸不再是一种休闲方式，更不是一种享受了，而是浪费时间，看完一份报纸，每每后悔甚而生气。

一开始，我不敢对人讲，我像《皇帝的新装》中的那些大臣，害怕人家骂我忘本，更怕人家说我堕落到不像个读书人……

但是，读了下面这些文字之后，我就坦然地相告：我的确不喜欢看报纸了！

且看看读书看报比我多的同行王栋生老师是怎么说的——

"浮躁的时代，充斥的是纸醉金迷：明星昨夜在哪里喝酒，约了何人，做了什么眼神，都有狗仔队蹲点守候，全程跟踪，及时报道；名人的狗爱吃什么牌子的罐头，也有很多人关心。打开一张报纸，难得有穷人想看的信息——也难怪，穷人忙，没时间或许也没钱买报纸，而报纸得为商家广告找读者。"（见吴非《致青年教师》，教育科学出版社2010年版）

如果你还怀疑，那么请再看——周国平如是讲：

现在，电视成了印刷媒介的榜样，报纸和杂志纷纷向电视看齐，蜕变成了"电视型印刷媒介"。且不说那些纯粹娱乐性的时尚杂志，只要翻开几乎任何一种报纸，你都会看到一个所谓文化版面，所报道的全是娱

乐圈的新闻和大小明星的逸闻。（周国平《波兹曼的诅咒》）

歌德做过一个试验，半年不读报纸，结果他发现，与以前天天读报相比，没有任何损失。所谓新闻，大多是过眼烟云的人闹的一点儿过眼烟云的事罢了，为之浪费只有一次的生命确实是不值得的。（《周国平论教育》，华东师范大学出版社 2010 年版）

据说萧伯纳曾叹息：全世界的书架上摆满了精神的美味佳肴，可是学生们却被迫着只能去啃教科书，而我们教师呢？

——世界上可做可不做的事情是做不完的，我们连真正有用的专业书籍、经典都读不过来，干吗要花费有限的时间和本已疲惫的眼神去看那些可看可不看的报纸呢？！

最近，我读了《爱因斯坦文集（第三卷）》（主要收录爱因斯坦的讲话、书信等，非物理学论文，故而我这样的人还能读懂——如有兴趣不妨一试哦），他说："有的人只看看报纸，最多也不过再读一些当代作家的书，这种人，在我看来，正像一个极端近视而又不屑戴眼镜的人。"他还有这样的话语："我们要感谢古代的少数作家，全靠他们，中世纪的人才能够从那种曾使生活黑暗了不只五百年的迷信和无知中逐渐摆脱出来。没有什么还会有比克服现代派的势力俗气更要紧的了。"（商务印书馆 2009 年版）

前些年，我还力主高中学生看报读报，凭借班主任的一点权威，在班级里订阅一二种报纸，正经八百地买来报夹报架……可是报纸它并不都是登载正经八百的内容。当我发现学生们在争着抢着偷偷摸摸地看某些影响班风、影响学业的内容的时候，我就当机立断取消，剩下几个月的报纸我干脆不再让它流传到学生手中。

一二十年前，《报刊文摘》是我最喜欢看的报纸，不但看，年终还装订成册保存，至今还有几大本。今年不知哪根神经搭错了，学校给每个办公室订了一份《报刊文摘》。翻开看看，如今的《报刊文摘》，不再是当年那样精炼干净，不知什么时候变得臃肿膨胀，因而连把每个版面翻一遍的耐心都没了，怎还会收藏！

2010 年 11 月初稿

2012 年 1 月 7 日补充

2022 年 10 月修订

不喜欢听收音机了

以前我是低声下气，问人家借收音机听；现在钥匙一插，汽车上有几十个电台可供我选择。但是，挨个"扫听"了一遍，我都拒绝了！

以前我是低三下四，厚着脸皮像蹭饭一样凑近人家的收音机前"蹭听"，大气不敢出；现在走在校园里，移步换机，随处都是高音质的扬声器……但是，我恨不能捂住耳朵！

以前我是半夜半夜不睡觉，趴在被窝里听收音机。电影录音剪辑、小说连播是我们那个年代的人最喜欢的。《夜幕下的哈尔滨》就适合在夜深人静时趴在枕头上听，《黑三角》最适合在被窝里听……一集播完了，明明知道"这个时间的节目今天就播送到这里，请明天继续收听"，但往往不死心，人睡着了，收音机还开着，直到干电池耗完了电，第二天被大人责骂……有一个冬天，我记得是因为缠着听收音机而住在一位同学家里。每晚夜自修下课，快速回到他家。躺在热炕上，外面北风呼啸，窗纸哗啦啦、哗啦啦作响，黑暗中凝神静听，那种精神享受伴随着寒冬的热炕，一直是我童年到少年时代最美好记忆的一部分。

现在，家里到处都是收音机，台灯上有，笔筒下面有，电话机上也有，连手电都是多用途的，前段时间更换的手机居然都带收音机……再也不用担心电池耗完，更用不着为买电池尴尬——充电电池的，直接用交流电的……但是我就是不喜欢听收音机了！

上初一时，电台播讲评书《杨家将》。我们那个班只有一位同学家里有一台很小的收音机，死缠硬泡，大人同意他带到学校里来。每天中午12：30播出一集，一下课，我们飞快奔向食堂，买上饭，飞回宿舍，几颗脑袋凑在一起，"老令公杨继业来到李陵碑前，仰天长叹，泪如雨下……突然间……"我们一个个感叹唏嘘，一个个大瓷碗中的饭菜都还未动……

高中了，我们那个年代的学生没有任何参考资料。作业是老师把题目抄写在黑板上，只有遇到隆重的期中、期末考试，学校才会有油印的试卷——五颜六色的纸张，有人把妈妈过年剪窗花的红纸绿纸暂且透支了，有人拿来了价格低廉的包装纸，还有人用的是牛皮纸……

省电台请一位语文老师进行高考讲座，每天中午饭后播出。这消息的震动程度不亚于下个月县电影队来我们公社放映《渡江侦察记》！

我左思右想，搜肠刮肚，所有的亲戚朋友中，只有姑姑家有一个收音机，因为姑父在县城里工作，拿国家工资的。

得先回家跟我妈商量，我妈说："天哪，那么贵气的东西，你一个娃娃家，要张嘴借，还要拿到学校里听，学生娃们给弄坏了，我们能赔得起吗？！……"

我不死心，好几里路再跑回学校，一个中午没顾上吃饭，一路小跑到几里路外的姑姑家，嗫嚅着跟姑姑说……姑姑跟大表哥嘀咕了好一会儿，反正是把收音机借给我了。

每天中午三十几分钟高考讲座，从汉语拼音讲到作文，我几乎一次不落。几年之后我大学毕业分配到一所城市完全中学当语文教师，语文办公室唯一的一个文件柜，里面有一堆旧书。随意翻翻，无意中看见一本书皮和目录都不见了的书，看了几页，天哪，这不是当年那个广播讲座的底稿吗！

那个学期，中午听语文讲座，晚上可就热闹了，十来个人躺在宿舍的土炕上，屏声敛气——谁要出声，会成为公敌！——"现在播送传统评书《三国演义》，由鞍山市曲艺团单田芳播讲……上回书说到，刘备三顾茅庐……"那个激动啊，那份专注啊，那种外表宁静而心潮澎湃啊……

20世纪80年代初，到西北一个边远小城市任教，我在工作的头两年里，省吃俭用，连攒带借，首先置办的第一个大件就是买了一台当时最高档的双卡快录两用机，四喇叭，双声道，可以快速内录，带无线话筒……

每天中午的小说连续广播，宁可不去食堂吃饭我也不耽误。魏巍的长篇小说《东方》，张扬的《第二次握手》，陈祖德的《超越自我》，霍达的《穆斯林的葬礼》，陈忠实的《白鹿原》，路遥的《平凡的世界》……一个二十岁出头单身汉，宁可自己动手生煤炉煮挂面吃，宁可啃干馒头，宁可喝糊糊，小说连续广播不可无。

尤其是1986年的暑假，唐山大地震10周年，每天中午电台连播《唐山大地震》。这是亲历过1976年唐山大地震救灾全过程的钱钢花费了10年时间追踪采访上百位幸存者而写成的长篇报告文学：

8天7夜靠一瓶葡萄糖活下来的两个女护士……
用菜刀不断敲击、终于在3天后获救的新婚夫妇……

震后第13天，被从废墟中救出的卢桂兰："有一阵子，不知道饿也不知道渴，就觉得冻得难受。已经喝过两天尿了，尿也没了，冻极了，从心里往外发抖。我躺在那里，迷迷瞪瞪地净想这些事，后来，就再也喊不出声了。我对自己说，不着急，不着急，再怎么也等着，总能出去，不管多少日子。我就这么想，最后连舌头也干巴了，硬邦邦的，像块泥土块，一层皮被我撕掉了，血淋淋，还觉得滋润……"

我几乎是一字不落地听完的，那时在那个边远的小城一时买不到新书，一月七十几块钱的工资也买不起更多的书。收音机就是我们的书店和电影院啊。

至今，我没有见过钱钢《唐山大地震》这部书的印刷品，对它的一些印象全是听收音机的那点儿记忆。

这两个护士，我记得钱钢说是在1986年春节去找到她们进行采访的。坐定，尚未及寒暄，护士拿出糖果（在那个时代是稀缺物资）招待钱钢。客人出于客气，让让主人……一听说吃糖果，就这一下子，就把十年前经历了地震生死考验的这位护士的话匣子给打开了。哎哟，可别提吃糖，我呀，这一辈子都不想再吃糖了，连提起糖都觉得这心里堵得慌……

地震时，她俩在医院值夜班，天摇地动后，身边只有一瓶葡萄糖注射液。她俩每天用瓶盖喝，定量，定时；苦苦煎熬，等待，期盼……

二十多年后，我被引进到长三角发达地区，继续做我的语文教师。鬼使神差，苏教版高中语文教材开篇就有一文《渴生者》，说的就是卢桂兰！

近几年，我想找回当年听收音机的那份感觉。不全是因为怀旧，而是觉得现在眼睛每每超负荷使用，而耳朵的作用发挥不够。还有一些特殊时间，如饭前饭后漫步在校园里，早晚行走在回家的路上，坐在车上，等等，我试着打开收音机——要么就是收音机前的所有朋友都病了，凡电台都由某某医生给你推荐药物；要么就是凡男人都有常见病，一定有"某某主任"要给你介绍最新治疗方法；要么就是假定你遇到了爱情婚姻危机，一定有"专家"要跟你"对话"……至于广告，那早就耳膜感觉迟钝了，而对于大嘴男主持与小嘴女主持哆声哆气的调情斗嘴也见怪不怪了……

我一直拿捏不准，如果真的是一个专家，他会有那个闲工夫到电台去说那些忽悠人的闲话吗？如果真的是某科主任医师，他犯得着到电台去施展他的医术吗？

我一直在找，哪家电台还有小说连续广播，还有长篇评书；我打开收音机，就想听听新闻，就想听听歌曲……可是刚刚打开，只要听几个字，我就反感，于是我就没完没了地调台，调来调去，我还是把收音机关了……

——不知道我现在怎么不喜欢听收音机了！

你还喜欢吗？

2011 年 1 月初稿

2022 年 10 月修订

体检

B超检查室。女医生对我的男同事Q说："中度脂肪肝！……像你这样的体型，不得病才怪呢！……少吃点肥肉，少吃油腻的东西，尽量不吃油炸食品……"同事走出检查室，苦笑道："这不能吃，那不要吃，这人活着还有什么劲儿……"

"就是嘛，东坡先生说过，无竹使人俗，无肉使人瘦啊！"我在一旁帮腔道。

内科检查室。老医生看着X光片，慢条斯理地数落着S老师："年轻轻的，抽这么多烟，看你这肺和肝，都快成黑的了……"说着，老医生拿起洗手池边上的一块海绵，又脏又硬，一看样子就知道是擦洗瓷器或不锈钢的。"你看，人的肺其实就是一块海绵，鲜花店里海绵看见过吧？吸水分，养水分，透气，均匀……你看看我手头上这块海绵，干硬，结块，疤痕，又脏……你的肺就已经像这块海绵了！教师嘛，知识分子，又不是大老粗，怎么能这样抽烟呢！……"S老师脸红脖子粗，嘴角嗫嚅着走出检查室。

Z老师坐在大厅休息处的椅子上，点燃一支烟，享受着缕缕清香，有心无心地看着挂在房顶上的电视。看见S老师走过来，友好地递给他一支烟。"还抽啊！唉！都是你们这帮家伙害的，当初我根本就不会抽烟，你们一会儿这个给我一支，一会儿那个劝我一根……烟囱里招手——把人往黑道上引……今天开始我要从良！……"

Z老师从椅子上弹起来，吼道："啥个？男人不抽烟，活得像太监！医生的话如何能全信！你都听医生的，那人都不要七情六欲了！……"

外科检查室，两位漂亮的女医生，一位年轻的身材没的说，绝对黄金分割；一位年长的肤色极佳，一看就是美人胚子。

阿T老师坐下，"黄金分割"医生一看小凳子上那一堆肉就流露出鄙夷的眼神，"体重过大，你吸收的能量大都消耗在拖动自己的身体上了，你的心脏负担太重了——""美人胚子"医生人过中年，虽说稍有点发福，但也还可以算是匀称的，打断"黄金分割"的话问道："几岁了。

就已经胖成这样了！少吃多动！少吃多动！你这样胖下去，岂止是心脏承受不起，人体所有的脏器都承受不起的吧！阿是个？不要一天到晚总是坐着，多站起来活动活动……"阿T老师分辩说："我们一天很忙的，除了上课站在讲台上还能活动一会儿，其他时间都得坐着，备课要坐着，批作业要坐着，批评学生也要坐着吧……"

阿T老师和我一起走出诊室，"吃的灯草灰，放的轻巧屁……少吃多动！少吃多动！像我们这样，有时间动吗？……"

五官科视力检查，好几位同事视力下降；耳鼻喉检查，不少同事有慢性咽炎。颈椎病的，脊椎病的，腰椎病的，前列腺肥大的……

医生絮絮叨叨，不要老是盯着电脑看，多喝水，少讲话，尽量不吃或少吃辛辣刺激的东西……

大家一片哗然，牢骚四起——大会不发言，小会不发言，看看前列腺快要发炎了吧！

……

肝功能化验结果出来了，女医生一脸严肃地对我说："该阴性的不是阴性，该阳性的没有阳性，你是不是有酗酒的习惯？少饮酒！阿懂啊？酗酒是野蛮的，喝酒是对身体有害的……现在查酒驾查得这么紧，电视上都报道过几次严重事故了，还喝酒？"

"也没，没有，没，只是以前偶尔喝点……已经改邪归正了！"我没好气地争辩。

"我知道的，你们老师大多有车的……你们怎么能喝酒呢，还为人师表呢！"

……

体检结束了，没几个人不被医生数落，没几个人不发牢骚。

晚饭桌上，几位同事聚到了一起。该抽烟还抽烟，酒瓶也照样打开。

"今天我不喝酒——"我抢先声明。

"咋的了？我们是吃五谷杂粮长大的，又不是医院几个娘们吓大的！无酒不成礼仪，来来来……客人喝酒就得醉，要不主人多惭愧！"今晚做东的Z老师的声音。

教政治的Q老师说："不抽烟，不喝酒，这不瞎扯嘛，国家税收从何而来？GDP怎能增长？"

"来吧，干一杯！酒是粮食精，越喝越年轻。"体育老师W附和着。

"唉唉！干（gu）了！"Z老师看见我只是舔了舔酒杯，吼道："咋回事？看不起哪？感情铁不铁？铁！那就不怕胃出血！感情深不深？深！那就不怕打吊针！……不就一杯酒嘛，多大的事儿！看我的……"脖颈子一扬，全咕噜下去了。

几杯酒下肚，心跳急速加快，体内的血液直往上涌，端起酒杯，在桌子上狠狠地一砸："东风吹，战鼓擂，上了酒场谁怕谁啊！真是的，欺负人呢……"我也毫不示弱，全喝下去了。

"好，好，好啊！……吃肉不喝酒，不如撂给狗……"不知谁的声音。

前三十年人找病，后三十年病找人。人到中年，健康第一。健康地生活才能游刃有余地应付工作。钱并不在于能挣来多少，而在于能省下多少。今天从单位财会室领出钱，明天就交给医院的收费室，那就不叫挣钱了！

……

跟我们一批体检的，好几个人被医生警告批评，这些人没几个不发牢骚的。有没有不被医生批评的数落指责的？当然有，老 Y 看见医生对一个老人极尽安慰劝勉："建议你不要再把钱往医院里送了，花到超市里，花到农贸市场里，想吃点什么就赶快吃……"

微笑着面对吧，如果医生还肯满脸怒气地对你说不要吃这，少吃那，说明你还有救。等到医生没有表情地劝告你别再把钱往医院里送的时候，你还能笑出来吗？你还能吃得下去吗？

微笑着面对体检！

微笑着面对医生！

2015 年 9 月 5 日初稿

2022 年 8 月 23 日修订

（第五辑）闲情

当信任与信任相遇时

开学以来，江南春暖花开，处处草长莺飞，球友们健身热情高涨，我没几天就把羽毛球拍的线给打断了！

需要到专业门店穿线。

以往都是请住在江阴市里的同事们代为办理，有时候遇到同事不收钱，感觉久欠人情心里累得慌，这次下决心亲自到江阴体育中心一家体育器材店去穿！

周六下午4点多，我开车来到位于体育场附近的畅成体育器材店。把球拍交给老板——一位中年男子，我去游泳，讲好六七十分钟后来取货付钱。

游泳结束，6点稍过，肚子饿得咕咕叫。来到畅成体育器材店门口，发现门锁着，隔着玻璃向里边一看，空无一人，黑灯瞎火……

正在气不打一处来时，试着拨打玻璃门上的电话号码，"不好意思，您是南菁高中那位老师吧？来了两位朋友，我临时离开店里在附近吃饭……"未等我说出球拍的事情，这位老板赶紧说："老师啊，您在我门店门口看——有没有看到一个蓝色收集箱？抬头，往左上方——有没有看见一个广告灯箱？伸手摸——有没有找到一把钥匙？好——打开门……"

我按照他电话里说的，顺利找到钥匙，顺利开门、进门。

"看见了吗？您的球拍在一进门的纸箱上……两只球拍的手胶我都替您换了新的，一只的送给您……您一共付110元钱……向左看——柜台上有二维码——您自己扫码付钱就可以了……"

查看了我的两支球拍，没错，扫码付款。正准备锁门离开，进来一对父女，三十来岁的爸爸带着十来岁的女儿，进门就开口对我说："老板，我买两桶羽毛球，上次那种65元的……"

我笑笑说："我是来拿球拍的……你跟老板打这个电话……"

电话中老板告诉了人家，那种羽毛球放在店里什么位置，如何付款等，一对父女拿了两桶羽毛球，扫码付款，离开。我锁门，也离开了。

开车返回途中，一直在想，这老板叫真是相信我啊！他店里那么多体育器材，要是我顺手拿一桶羽毛球，顺便拿一个篮球，拿一件运动服，或者……好像也没有看见他的店里安装有监控摄像头之类……要是那一对父女拿了羽毛球未付款，他到哪里去找呢？找我？

当信任与信任相遇时……

2021 年 4 月 10 日初稿
2022 年 8 月 23 日修订

后记：

帮助我校对此书第一稿的有山丹一中的马朝霞老师——这真是一个认真的同行，不仅校对出我文稿中许多错误，还在每篇文章后留下了意见。马老师在本文后的留言是："好感人的故事啊，信任无价！人间有真情，世界充满爱。这位老板的生意一定很兴隆……"

还是坐着火车旅行好

所有的常见交通工具，我几乎都乘坐过。

京杭大运河里的夜航船——近几年已经绝迹，我却拽住内河客运的尾巴，真真切切体验过一把。那是2001年"五一"，我从苏州人民桥桥塆乘船，经过半天又一夜的航行，穿过太湖一角，沿京杭大运河南段，直到杭州。丰子恺笔下的运河风光，茅盾记忆中沿岸风土人情，虽多已不存在，但是运河风韵毕竟犹存一二。记忆最深刻的是低矮的船舱，我这种身高的人伸手就能摸着天花板。黎明来临时，晨雾共运河水天一色，真正有柳永笔下"杨柳岸、晓风残月"的意境。船主说是因为雾大，只得抛锚等待，本地乘客说："船老大不把船上预备的食材都变成粗劣的饭菜卖给乘客，是不会开船的……"我则心态平和地希望多在运河里待一会儿……

随着高铁动车时代的到来，随着小汽车的普及，生活节奏越来越快，苏州到杭州乘坐动车只需要几十分钟，这种船只能退出历史舞台。

现在还有多少人有耐心乘坐远洋客轮？！

1999年春节，我从上海乘国产远洋客轮到福州，全程三十多个小时，从黄浦江十六铺码头，到马尾港；擦过黄海的边沿，穿过东海，进入台湾海峡；向右看去，是蜿蜒的大陆架、海岸线；放眼左边，是浩瀚的太平洋。从傍晚时分上海开船，到翌日中午宁波靠岸短暂停留，到抵达目的地，我就没有躺在二等舱铺位上睡过觉！在黄浦江出海时，我背着摄影包偷偷爬上最高的桅杆，拍摄黄浦江和海上日落；在太平洋上航行时，我站在甲板上看海；晚上，我走进滚装船舱——那几十分钟，我亲历和深刻体验了《汤姆叔叔的小屋》里所描写的情景！机器轰鸣，噪声难耐，潮湿燥热，空气污浊，到处油污，空气里弥漫着柴油味……竟然还有一些中老年人拿着一张最简陋的芦苇凉席铺展开来躺在船舱里，经打听，滚装船舱的价格很低。

在太平洋边缘航行时遇到风浪，几十万吨的巨轮，如同一个簸箕在上下左右颠簸。许多人吃不下任何食物，我同一个船舱里有个室友竟然连胆汁都呕吐出来了……我则每顿正餐，亲自到餐厅，轮流点了我没有吃过的各种海产，从最腥的鱼类，到没见过的藻类，同样充满鱼腥味的不知道什么牌的啤酒，我挨个儿美餐……

我那次从西北出门时，棉衣裹身，有意挑选了准备丢弃的两件冬装。到了马尾港，自然一派南国风光，炎热难耐。我走进厕所，把一条毛裤、一件毛衣脱下来扔进垃圾桶……三个星期后回到嘉峪关，依然是冰天雪地。忍受着寒冷走出车站，挤进公交车，好几个人不停地打量我的着装……猜想：他们心里一定在嘀咕，这真是个二杆子！

实实在在说，无锡人钱钟书《围城》开篇描写方鸿渐乘坐子爵号回国的那些章节，适合坐在轮船上阅读……

现在早就没有人乘坐这种运输工具了，行驶过慢，耗时过长，只是其中原因之一。

宜兴善卷洞的朝天撑船——想来除非到此一游过的人，不会有此机会；我则体验过好几次，有一次对船工进行攻关，他还教我自己动手撑了一段水路。金华双龙洞的拉船，先从语文课本里叶圣陶老先生的文字开始了解，2011年在浙江师范大学参加教育部国培时实实在在体验了一回。那时船舱仅容4人，两人并排，与另两人四脚相对，平躺在船舱里，不能抬头、伸手、翻身等。轮到我上船时，正好与一位女老师并排。小船刚刚开始被拉动，她就吓得很紧张，紧紧地攥住我的一只手，直到靠岸后才松开。上岸后，她看了看我，笑了笑——不知是不好意思，还是表示感激……

家乡黄河里的羊皮筏子，小时候作为交通工具乘坐，现在当作旅游体验；农用三轮车，手扶拖拉机，我不但乘坐，还多次体验驾驶；西北家乡的毛驴车，江南水乡的小舢板……总之，我很自负地认为，我是乘坐过交通工具比较多的人。

飞机，只是一种抢时间赶路程的工具，并不是理想的出门旅行工具！我乘坐了二三十年飞机，各种型号的民航飞机，数十万公里，十几家航空公司，几十个机场，但，我很少在飞机上上厕所！一次看到学生微信群里吐槽飞机上的马桶，对女性不够卫生，对男性更缺少人性化，我深以为然！

如果时间允许，外出旅行，我认为最理想的交通工具是传统的绿皮火车。

火车能给人留下故事与回忆。

有一年我独自从兰州乘坐火车到无锡，途中需要二十多个小时。表哥罗勇送给我一扎上好的黄河啤酒，表嫂马霞给我买了一袋兰州腊肉、两份酿皮子、几斤兰州黑瓜子，我一路享用着，不知不觉就到站了，记忆中这是我在火车上对家乡美食最为享受的一次。

2012年清明节，我从长三角辗转到家乡上坟，返程前侄女寇宗梅送给我一袋子家乡特产麻腐包子，足足有二三十个。上车以后，越往东行，天气越热。麻腐包子不耐常温贮存，我就胃口大开，连续好几顿正餐就是麻腐包子——这是我一生中把麻腐包子享用得最美的一次！直到现在，我还没有发现家乡里谁的麻腐包子比宗梅蒸得好！

最近的一次乘火车旅行是2021年7月14日。前一天我在兰州中川机场延误了11个小时。凌晨2点多到宜昌三峡机场经停，居然被通知下一段航班取消了！宜昌机场除了出口处三两位地服人员，所有店铺打烊；往外边看，都是建筑工地，毫无人气可言。等到天亮，其他乘客坚持"维权"，我因为要在当天下午赶往浙江师大出差，就果断打车到宜昌火车站乘火车到无锡，与同事汇合后再乘动车到金华。早晨6点，宜昌车站竟然也没有吃的可以买。我已经连续几顿饭没有吃到正餐，本来就是平时按时按点吃饭的习惯，感觉有点难受……

幸好在景泰二中任职的表侄陈其彦、侄媳王生霞，送给我两箱特别好的家乡芦阳大接杏。这两箱杏子精准择时采摘，完全树熟；精心挑选，精细包裹——仅餐巾纸不知耗费了多少！一箱交给妻子与孙女带给嘉峪关的亲人们，一箱准备带回无锡给女儿女婿尝尝；结实打包的行李中还有老母亲带给孙女的几个烧馍馍。计算一下行程所需时间，我到无锡没有可能把这些东西送回家；联系女儿女婿来车站接应，似乎可能性也不大。那就顾不了那么多了，蹲在宜昌车站候车厅地上，打开行李，短短几分钟内取出烧馍馍，洗好杏子，开吃！

这次6个多小时的火车旅行，是我平生吃杏子最多的一次！家乡俗语云：桃饱杏伤人。我不但没受伤，还感觉很美味！

从1983年大学毕业分配到嘉峪关任教，到2001年引进到江南，这十几年中我在兰新铁路线上奔波过多少次，根本难以计数！那时挣钱少，80年代中期我在兰州买了一个很时髦的不锈钢茶缸，专门用作在火车上泡方便面吃，至今还不舍得扔弃……一次刚过完年赶往嘉峪关上班，从包兰铁路三等小站狼抱水上车，嫁在狼抱水村子里的姐姐，把家里整个一头猪所有的头肉都切好装入塑料保鲜袋送给我，甚至连各种调料都给我准备好了带上。那时的火车需要三十多个小时才能从兰州到嘉峪关。

这是我吃猪头肉最多、最美味、记忆最深刻的一次——每每想到姐姐、姐夫，仅这一次猪头肉，我就永远感觉到亲情的温馨！这些年来去都是乘坐飞机了，从兰州到老家中泉小村庄都是开着小汽车了，再也不用姐夫黑灯瞎火地雪地里用扁担挑着行李送我到狼抱水火车站了，也不用赶着毛驴车到车站接我了，但是，每当回家，我总是挤出时间，把小汽车开到姐姐家门口停几分钟，进门看看姐姐、姐夫。最近这次回家，他俩都在田里忙农活，我则把车开到田间地头看望了他们……

飞机上的乘客大多很少交流，左右邻座尴尬，前后乘客隔膜；火车上则可以与周边的旅客面对面交流。

引进到长三角初期的几年中，回西北常常是火车卧铺。食物多是泡面加榨菜，偶尔伴之以火腿肠。2001 年或者 2002 年的一次，我邻座是一位要去新疆的上海支边青年，年龄比我长十几岁。他从上海出发时，家里给他准备了两个大饭盒，装满了大排等美味——那时我们西北人还不知道拆烧！我在吃方便面；他拿出大排，吃米饭。吃着吃着，他把饭盒往我面前一推，直接而干脆地说："来，小伙子，帮我吃两块……"我一脸不解，他却笑笑说："看着你吃饭，真香啊，真羡慕……家里父母、岳父母觉得我在西北边疆受罪了，带了这么多大排，哪能吃得完啊……你帮我解决几块……"

这是我直到如今吃大排最多、最享受的一次！

并非都是因为吃，才认为出门旅行首选乘坐火车。关键是火车能给人留下故事与回忆！

20 世纪 80 年代，我在嘉峪关所任职的学校组织教师到新疆旅游过一次。返程时，我居然在柳园车站（现在叫敦煌站）跳下车，跑步出站，迅速到站外的广场上买过一次敦煌李广杏。急急忙忙拎着几袋杏子跑回站台，来不及找到自己的车厢，火车要开了！正在上高中的妻弟抓住餐车上料口的铁栏杆，我用头在他屁股上一顶，双手在他两只脚底一托，把他扔进了餐车。胖厨师伸手拉了我一把，我就乘势滚进了餐车；站台上工作人员连追赶带喊叫……

一条破旧床单，两张报纸。厕所门口，过道里，座位底下；餐车里买个座位；无座，站着；长途硬座；上中下铺的硬卧，软卧，包厢……我全都喜欢，全都亲切，全都能够享受。只有行李架上，我没有机会体验！好几次想偷偷摸摸爬上去体验一下，都未能得逞……

某一年春节前，从嘉峪关回家，在兰州车站我睡过了头。车厢里暖气停烧被冻醒来后，发现被拉到兰州东站停车场，背着沉重的行李——那时候回家常常给父母背几十斤家乡少见的大米、炒大豆等——夜间，只身一人，沿着铁轨步行数里，回到兰州站……

火车有活动空间和余地，累了可以站起来走动走动，可以到其他车厢串门，还可以到餐车购物，停车时到站台购物……不然，怎么能读懂语文教材里的《哦，香雪》！

我在火车上多次给学生们批阅考试卷，看书阅读是常事。一次从西安到无锡的动车上，看见邻座一位旅客正在看一本名叫《习近平的七年知青岁月》的书，三十多万字，我借过来，在行程中读完了。笔记本电脑里下载的电视连续剧、专题片，多是利用乘坐火车旅行时看完的，《三国演义》《水浒传》《亮剑》《人民的名义》《伟大的卫国战争》……眼睛累了，我就选择坐着或躺着听书，《约翰·克里斯多夫》《基度山伯爵》，托翁的三大名著……我基本是在火车上听读完的——我们的眼睛功能已经开发到了极致，耳朵则常常是个二流子！

我有一个可折叠的便携式泡脚桶，行李箱中随身携带。我在火车上照样像在家里一样晚间临睡前泡脚。办公室和家里能做的事情，我多能在火车上完成，比如这篇小文章。

乘坐飞机时，时间总是被切割成碎片，起飞前检查："请调直座椅靠背，打开遮光板，收起小桌板……"降落前几十分钟，再检查提醒……

我在火车上洗过衣服，甚至上不止一次洗过澡……

火车适合带着小孩长途旅行。

如果带着婴幼儿长途旅行，飞机是绝对不划算不说，更重要的是让小朋友难受——耳朵因压差产生的疼痛等，孩子自己不知道，只有哭闹……成年人，尤其是老年人，长距离、长时间乘坐飞机，实在是自找苦吃，自找罪受。

如果不抢时间，不是急着赶路，出门旅行，绝对还是首选火车！

后记：

近些年来，随着工作越来越繁忙，时间越来越紧迫，乘坐绿皮火车出门的机会越来越少。每每一出门，远则飞机，近则高铁、动车，再近距离则自己驾车，但是时常怀念乘坐绿皮火车旅行的那些时光。这一次从浙师大所在地金华到河北衡水，我本可以乘坐飞机，也并不需要我自己承担路费，但是计算时间行程，乘坐火车完全可以按时赶到，我就固执地选择了乘坐火车。并且一上车就到餐车美餐一顿，接下来打开电脑写作，只是为了找到那种感觉，写作起来更亲切、更顺手……

从1981年中秋节外出求学至今，我整整在外奔波四十年，到过无数地方，乘坐过各种交通工具，练就了一副好身体——没有我不能适应的交通工具；养成了一副好肠胃——我的同事们取笑我说：你这家伙是塑料肠胃！反正我出门在外从来没有吃坏过肚子，平时也很少有过拉肚子的体验，至今也没发现我不能享用的各地美味。

今年春节前，读到一位语文同行写的"坐着火车去旅行"的文章，我一直心里惦记着也写一篇文章，把自己乘坐火车的故事与记忆记录下来。今晚，在干净整洁清静宽敞的软卧车厢，我不觉得需要躺在柔软的铺位上睡觉，愿意坐在窗前，伴随着车轮与铁轨有节奏的咔嚓咔嚓声，一路自南向北，抬头时而望见天空一弯新月，我写写停停，吃一会儿水果，想一会儿心事……回忆起来了，就抓紧敲几行文字；眺望一会儿车窗外的江南风景，观察一下周边乘客有没有吃大排的……

前段时间从央视新闻知道，拉（萨）林（芝）铁路通车了，我曾激动地查看了解有关情况，决计要在近期内坐着火车游一回西藏！

无论如何，不管何时，如果时间允许，还是要乘坐火车出远门！

再记：

2022年暑假，我们夫妻带着6岁的小孙女，乘火车从嘉峪关到常州，全程三十多个小时，是又一次真正意义上的乘坐火车长途旅行。我是第一次带着小孙女出远门，发现她在火车上特别开心。隔壁卧铺有三个差不多同龄的小朋友，几分钟之内就玩到一起了，一起做手工，玩各种玩具，聊天……比跟着我们还开心！

我的开心除了小孙女的开心之外，还有不紧不慢地享受沿途风光。这几年很少有乘火车从戈壁荒漠到黄土高原再到中原大地、长三角江南水乡的体验了。习惯了快节奏的江南生活、工作，我们夫妻很少有成块的时间坐下来聊天，这次是一边观察小孙女玩耍一边谈天说地……

更开心的是一路美食。妻子的同事马莉英老师，夫妇都是回民，退休在家，一定要自己动手加工一些牛肉带给我们路上吃——一大饭盒牛肉，足足三五斤！还有好多个鸡翅。

我记忆中嘉峪关建设路市场有一个推着自行车卖卤猪头肉的老人，每天下午一出来，顾客就抢着买他做的各种肉。这次在嘉峪关数次经过那个市场，一直没有碰到。一次饭桌上问起来，诚实的大妹妹就在我出发的当天晚饭时间去买来了好多……

我在餐车上两次买听装啤酒，三十多个小时基本上是食肉动物，算是把牛肉和猪头肉彻底吃好了。

回到家，发现体重增加了2公斤！

2021年7月31日夜，金华—衡水火车上初稿
2022年8月23日，江阴汇雁城隔离期间修订

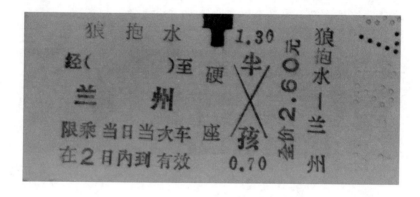

我的 2022 年

借助南菁高中平台，我组织参加《语文教学通讯》7月份举办的"部级精品课革命传统教育专题研讨峰会"和12月"部级精品课新教材新课堂专题研讨"，胡学英、刘艳萍两位同事面向全国承担示范课，我与杨培明、刘正旭等三位同事承担评课、专题讲座，二十多位中青年骨干同事参加培训。

依托杨培明劳模工作室，8月下旬，新学年伊始，我组织南菁13位学科骨干援教广西，对百色市新入职教师线上进行义务培训（参见南菁高中微信公众号《菁英·菁干·菁彩——杨培明劳模创新工作室援教广西革命老区百色市》）。希望这种模式能对西部地区教师培训发挥更大作用。除了新入职教师，还可针对各学科、各学段、学校管理各条线，以发挥南菁高中作为江苏省首批高品质示范高中的引领作用。

三次组织网课援疆，甘肃高培俊、龙菊才、寇宗权、吴杰和江苏王达星、顾红英等16位教师面对新疆同行展示新教材、新课堂。

我和南菁十几门学科的同事在酒泉工作室各组织十次线上教学研讨活动。

在景泰、张掖、山丹、民勤四所学校组织高三试卷讲评专题研讨活动，26位教师展示了示范课。

暑期，我在陇南、兰州、平凉、西安、张掖、山丹、武威、民勤、酒泉等工作室组织同课异构活动，79位教师展示了公开课，参与教师有数千人。组织南菁高中语文、物理、地理、生物及管理骨干教师，从课堂教学、学科团队建设到学校管理，全方位援教西安市西航一中，开展教学研讨活动三天。

我在家乡新建成西北师大附中、平凉、陇南三个名师工作室。

这一年，我在省级以上期刊发表论文5篇；推荐同事张兰、卢红等发表论文9篇；指导张掖中学曹淑桂、范丹等工作室成员在省级以上期刊发表论文11篇；修改、推荐江阴兄弟学校同行王文玉、苏杭等发表论文7篇；各地工作室成员中有17位中青年教师讲课获奖，其中景泰二中王生霞获第十三届全国"新语文教学"尖峰论坛精品课展示特等奖，张掖中学田婧获一等奖，西航一中尹丽获说课比赛一等奖，民勤四中李述国、马维兵获论文一等奖，山丹一中周建华获朗诵一等奖。

经过层层选拔推荐与长时间酝酿准备，我被推荐为《语文教学通讯》2023年第1期封面人物。

一年中我在浙江师范大学、新疆师范大学、陕西师范大学、江南大学等高校和各地教科研院所承担学术讲座32场，在校外展示示范课19节。

我和同事张兰老师主持的江苏省教育科学"十四五"规划重点课题"高中语文审美化教学范式建构研究"顺利开题，引领和带动十多位同事参与。

下半年，我代表南菁高中援教江阴山观高级中学，任教高二（3）班语文课，指导薛刘亚等3位同事在省级期刊发表论文，程雨欣等7位学生的习作推荐发表在省级期刊，为5位语文同事创造参加部级精品课培训机会；听了近20位老师的课，推荐数学教研组长孙彬等5位老师走出江阴展示公开课或承担专业讲座。

自8月下旬至2023年1月中旬放寒假，四个多月中，我上午在山观高中工作，午饭后骑自行车赶回南菁高中上课，晚上备课，没有耽误两所学校3个教学班任何一节课。

半年中所有的周末用于编辑我的个人文集，在领导、同事的鼎力支持下，年底完成文稿整理汇总和初步编排，有望在2023年上半年出版发行。人民教育家于漪老师为拙著题写书名，孙绍振、王尚文等前辈赠送题词；国培导师浙江师范大学蔡伟教授和南菁高中杨培明校长等为我作序；河西学院朱卫国院长，老校长寇宗恩，延安曹谷溪老人，我的小学恩师罗文举，母校景泰二中罗崇岳校长、宋坦军学长，第二故乡嘉峪关市第一中学周哲校长，寇氏著名书法家寇永杰、寇宗和等也都纷纷为拙著题词；景泰二中、张掖中学、山丹一中、西航一中、山观高中以及南菁许多同行帮助我校对文稿，甚为感激！

外甥大学毕业后到长三角就业，买车、买房、恋爱，虎年除夕日隆重举行了婚礼。

我的第三代——外孙女拿到了人生第一张毕业证，幼儿园毕业后高高兴兴上小学了！

感恩领导、同事、同行、同学和亲人们的加持与鼓励，寇永升在长江之滨的美丽江阴祝各位兔年吉祥！

2023年1月21日，除夕夜

留言精选：

寇老师，大专家、大作为，大手笔、大价值，大写的人，大写的人生！

——福建省龙岩一中　饶瑛

刚品读完寇老师这一年的成绩，叫常人想都不敢想。同样是老师，您的成绩显赫，我就纳闷了，您哪来这么多时间？现在想来，都说时间是挤出来的，这话确确实实。佩服您！一直在前进中，不断涌出智慧和灵感，脚踏实地去践行，做到了知行合一！大学之道，在明明德，在亲民，在止于至善！您属于得道之人！得道者自助！内力生发出智慧！您身上有着非凡的品质，和一般人难以模仿的气质！

——甘肃省景泰县中泉初级中学　常玉琴

热烈祝贺尊敬的寇老师2022年取得的卓越成就！

看到寇老师的这些成就，真是太敬佩、太震撼了！您真是了不起的大专家，在各地培养了这么多的中青年同行，建立了这么多的名师工作室。您对教育热忱和热爱，对家乡同仁关怀支持，对全国语文同仁引领与培养，更有您的超于常人的勤奋、执着与担当奉献，所以取得这样骄人成果和战绩！寇老师的精神及成就令我们所有同行学习！在欢庆新春佳节之际，闫桂珍携家人给尊敬的寇老师拜年！恭祝寇老师阖家欢乐，再创辉煌，兔年大吉！

另外，您和余党绪老师给嘉峪关市高中语文老师做讲座时，我正在云南疗养，失去宝贵学习机会，太遗憾了！我看看有没有录屏，如果有，我要补上这一课！我退休了，工作室日常事务都交给贺老师、朱华主任负责，希望以后工作室老师能多有机会向寇老师请教学习，以求得更好进步成长！

——甘肃省嘉峪关市酒钢三中　闫桂珍

寇老师过年好！过去的一年纵是疫情肆虐，也没有封控您成就自己、提携同行的脚步，因为您对教育的情怀依旧！新的一年祝您更加精彩！

——甘肃省酒泉市玉门市第一中学　王冤平

盘点我的本命年

2023 年 1 月 28 日，农历兔年正月初七，是我 60 岁本命年生日。妻子第一个向我祝福；儿子在凌晨 6 点多就祝贺我；女儿女婿张罗给我过生日，在本地上好的自助餐厅招待我夫妻；我的老母亲、岳父母及兄弟姊妹们、侄子外甥们以及小孙女都向我祝贺。席间，思索再三，颇有感慨……

1975 年，12 周岁，我的第一个本命年，我在村小学毕业，即将升入公社所在地正规初中，是同龄人中的幸运者和佼佼者；我的许多同学因为大人担心到公社初中上学路途远、需住校、上大灶、费用高等，留在初次试办的村小"戴帽初中"就读……感恩父母的远见与辛劳，感恩当年的初中老师，感恩当时在中泉中学学生食堂担任炊事员的隔山兄长温正德。

1987 年，24 周岁，经历了一轮初中教学循环，我胜任了班主任工作，担任了学校大队辅导员、团委副书记。本命年春节，我结婚成家了。繁重的工作之余，我一直在为参加成人高考实现脱产进修拿到本科文凭做准备。

1999 年，36 岁本命年，经过了两轮高中循环，我成长为成熟的高中语文教师、班主任、年级主任；我评到了嘉峪关市学科带头人，评到了首批甘肃省青年教学能手，评到了副高级职称，已经成为当地小有名气的高中教师。在工作经验和专业积累上，我已经为引进到发达地区做好了准备。我有了一儿一女，女儿刚上小学一年级，儿子一周岁。我带动和帮扶大家庭走出贫困，把两个妹妹、一个弟弟带到城市，培训技术，学会谋生，就业成家……

2011 年，48 周岁，是改变我职业走向最关键的一年——我参加了教育部国培计划，实现了在讲台上的华丽转身。我明确了未来努力方向——向正高级和特级教师发起冲锋；也准确找出了自己的短板，开始有计划地弥补，延安支教、示范课与学术讲座、课题研究、论文撰写与发表等等，专业发展与个人成长开始由量变积累向质变飞跃努力。我与弟弟妹妹们齐心协力，给父母盖起了一院砖房，给父母举办了隆重正式的祝寿活动，让年迈的父母平生第一次热热闹闹过生日。

2023年，60周岁。这十二年间，是我在专业上质变飞跃的关键性阶段：52岁赴延安支教，吃苦耐劳玩命奉献一年，写成了65万字的《理念：教育的制高点——延安支教日记》（上下册，重印四次），积累了职称荣誉晋升所需要的重要硬件；54岁，从百年名校锡山高级中学成功引进到大美南菁，给自己、家庭和子女带来了更好的机遇与条件；女儿成家并生育，我升级改版为爷爷；我夫妻双方还有三位老人健在——祭而丰不如养之薄，孝敬不能等待，我还有很多机会孝敬老人！我实现了职业跃升，以低学历、低起点而先后获评正高级职称和江苏省特级教师。大家庭里，我的重点转变为关心照顾引领带动侄子外甥们，帮助一个侄子进大型国企工作，关照一个外甥在江南就业、买车、买房、成家；小家庭里，我继续保持良好态势，并且树立长远目标意识，争取能为第三代成长发展提供坚实帮助。

学校给了我一切，我的一切都是学校给的——我把一切奉献给学校和教育！未来的日子里，继续拼搏，只要能直立行走，绝不"躺平"！只要能正常讲话，用于传道授业！一定要站立在讲台上，一定要帮助培养年轻的同事们，一定要帮助周边学校与同行，一定要对得起引进我的南菁高中，一定要对得起相遇相识相知的领导和同事！

2023年1月28日，正月初七

好事者自嘲

　　而立之年前后的十多年，我在天下第一雄关脚下教书。曾经在一年中不同的季节、不同的天气、不同的时间登上过嘉峪关，也曾经徒步绕关城游览过好几趟。向南，远眺祁连雪峰，多次骑自行车穿越戈壁，到讨赖河边的天下第一墩爬高下低考察体验过；往北，单车骑行几十公里，登上黑山顶上蜿蜒的悬壁长城……有一次，和摄影协会的一群发烧友们在秋季的月夜蹲在戈壁滩上等候了一两个小时拍摄边关明月。半夜时分，几十人分工协作，手持闪光灯沿城墙打光，所有的相机用三脚架架在最佳位置角度，专人负责一一按下快门……

　　那时的语文课本中有峻青的《雄关赋》，虽说写的明代万里长城东端的山海关，但完全可以放在西端的嘉峪关来读；那时的流行歌曲有"大漠边关的冷月""十五的月亮，照在家乡，照在边关……"每每听到，我就心痒、手痒、脚板痒！

　　对于一个好事者来说，机会总是不宜错过的。

　　正好三十岁那年的"五一"前，我在当地报纸上看到一则消息，说一名法国女医生，携带野外生存帐篷，独自夜宿关城之外的戈壁滩……晚上巡逻关城的警察（那时还没有保安，我记得嘉峪关关城内有一个派出所，专门负责保卫和守护）看到关外远处的灯光，引起警觉，于是调动警力，秘密接近目标，合围抓捕……当警察发现只是一名弱女子时，有点失望；于是行动性质变成了解救外国友人——以安全为由，把人家带到市区高档涉外宾馆登记入住；经翻译人员协助，警察终于明白了人家夜宿戈壁边关的动机——这是一名业余写作者，为写作而体验生活……

　　可能这位女医生躲过了夜宿戈壁的危险，但可以肯定和留有遗憾的是，世上少了一篇源于亲身体验的外国人版的"雄关赋"……

　　我虽则好事，但胆略气魄肯定比不上那位法国女医生。我担任高二班主任时，有一次曾策划和鼓动那个周末不回家的十来位住校男生，卷起行李，骑着自行车，夜幕降临时来到嘉峪关脚下。为了不惊动警察，我们从关城北侧的山路推着自行车步行绕到西边的关城之外，在最外层、最西边、最雄伟的嘉峪关关楼下的城门洞里安营扎寨。我在一本书上看到过一句话：练舞的功，门洞的风，都是世间最硬的东西——我就选择了睡在最里边、最靠近两扇铁皮包裹着的厚厚的木板门边，以为学生抵挡门洞的风。季节虽至5月，但是戈壁滩上的后半夜无疑是寒气沁人肌骨的，我带有狗皮褥子，身上衣服也比学生们的厚实，一位最结实高大的男生睡在最外边；并且把自行车一一排成一堵墙——我看古装戏《辕门斩子》得到的启发，加上少年之时跟着妈妈拾骆驼粪时发现驼群在夜宿时围成一个圆圈，各自头部向外，屁股朝内，以提防食肉动物的袭击。

河西走廊西段的嘉峪关，初夏的夜晚凉风习习，不冷不热，很是宜人，我们从9点左右开始海阔天空地聊天，有说有笑，完全忘记了这是在关城警戒范围之内。

大约11点，我们还在神侃冒聊的兴头上，突然，我旁边的城门大开；与西边的自行车外城门洞口同时有强烈的手电筒光照射进来，十来名警察手持电警棍、电击手枪，大声喝道"站起来""举起双手""头朝墙壁站立""不许讲话"，说着，我们每人身后站了一名警察。学生有点害怕和紧张，大多吓得不敢出声，乖乖的双手举过头顶抱在头上、额头顶住城门楼坚硬的条石站着……我经过短暂的琢磨才反应过来，警察把我们当作坏人包围起来了，他们也很紧张！

我大声对警察说："你们别紧张，我们是XX学校的老师和学生，我们只是来体验一下，没有做坏事……这几个都是学生，我是带队老师，你们跟我说；不要吓唬学生……"警察中的头头稍微松了一口气，语气缓和下来——多半是因为发现我们身边确实没有武器或者用于盗窃文物的工具——这才允许我们把手放下来，转过身来，一一检查了我们的身上——学生们多是只有一条内裤，当然一目了然，没有任何威胁。于是就把我们押解到了关城派出所，把我们安排在专门的审讯室里，把学生分批单独叫出去审问，最后结论一致，警察猫咬尿泡——空欢喜一场，凌晨1点只好放我们回去……

出于后续处理的需要，警察扣留了我的自行车，让我第二天工作时间去派出所接受处罚。一个学生带着我回到市区，我们就各自回学校、回家睡觉了。

我盘算着，警察发现夜晚有人在城门洞里藏匿，怀疑是偷窃文物或者已经做了坏事的人躲避，结果碰到我这样一位不着调的老师带着一群好事者学生，也会失望。推测他们深更半夜里应外合、两头夹击包围抓捕我们，这并非易事。从城内来的警察自然顺着内城中轴线、绕瓮城而来，步行一二十分钟即可到达我们身边那个大门，只要有钥匙打开城门，我们就在他们眼皮底下，难以逃脱；从城门外来的警察，那得绕多少路才能到这里！如果他们是开车来，灯光会被发现，声音可能被我们听到——原来他们是从二十几米高的城门楼上"夜缒而下"——太遗憾了，没有机会体验语文课文中须发斑白的垂垂老者烛之武"夜缒而出"的惊险！我寻思者，如果我们真是坏人，警察是不是有立功受奖的机会，会不会很有成就感，会不会成为当地的大新闻……

警察工作其实很辛苦，生活没有规律，上下班、一日三餐都不一定按时按点，其他行业节假日休息放松，警察却更加繁忙劳累……

翌日，我打电话给文化局一位领导，我们是邻居，比较熟悉。解释清楚了我们的动机目的，汇报明白了事情经过，那位领导哈哈大笑之余很轻松地对我说："寇老师，这种事情我们经常遇到，我们文管单位必须重视安全警戒的……没事的，我跟他们打好招呼，你去把你的自行车骑回来，就算是了解了……"

下午，我打车到关城派出所，几名值班警察推来推去，最后让我去找所长。那位所长午睡还没有醒来，有气无力地看了我一眼，心里很不乐意，想来是因为半夜未睡觉做了这么一件大事，还不能讨好，有点气恼。喊来一名小警察，挥手示意让他放我走。小警察心理不平衡，为难我说，不知道自行车钥匙在谁手里，一时找不到，让我等着……我出发时带了另一把钥匙，趁警察不注意，打开车锁，跨上自行车，瞬间就飞出关城了……

几年之后，我和酒泉中学王永贤、吴浩军几位好事者一起，终于在酒泉和金塔之间戈壁滩上的一处烽火台痛痛快快夜宿一宿，醍畅淋漓地感受和体验了大漠边关冷月和朔风吼叫的滋味；我们曾经雇请了一位藏民做向导，雇用农用三轮车拉上行李物资，徒步登上距离人类居住地最近的祁连山"七一"冰川，在海拔5000多米的山顶上夜宿一宿；我和同事孙维平按照李健吾《雨中登泰山》的线路夜晚冒雨登上泰山；和吐哈油田一中的袁宪章等同行一起，在新疆巴里坤由北坡登上冒险翻越过天山，以充分体验那时语文教材中碧野《天山景物记》的情景……有一年暑假，听说酒泉丰乐河发生了泥石流，我们几位臭味相投的好事者，从酒泉乘公交车到丰乐乡，在吴浩军的亲戚家雇了一头骡子，驮上足够我们五六人几天享用的吃喝食品，各自身背沉重的照相器材，沿着泥石流河道冒险逆行而上，找到泥石流发源地实地察看了一番——那时的语文教材中有一篇说明文叫《一次大型的泥石流》——我觉得世间语文老师多了，亲眼见过泥石流的，大概只有我们几位好事者！在酒泉东南方向祁连山一处被称作"雪泊池"的高山牧场，我们向牧羊人买了一只羊，在山顶上宰杀，与牧民一起吃肉喝酒，我喝醉了，晚上在羊房子地上身铺牲口鞍鞯蜷缩而眠，白天躺倒草原上被露天的风吹着，被阳光晒着，被草原上体型超大的绿头苍蝇吵着、叮着……两天之后才清醒过来，才能够直立行走……

一周之后，我们各个疲惫下山，手机有了信号，发现有几十个未接来电，几十条短信息。家里人为我们担心，以为我们失联了，怀疑我们遇到泥石流遇难了，猜测我们在祁连山深处遇险了……

语文教材中读到一篇文章，江苏人高尔泰的《沙枣》，写的是1957年酒泉夹边沟林场改造"右派"的事情，一位比我更"好事"的同行"顺藤摸瓜"买到了杨显惠的《夹边沟记事》，我借来读完。在离开西北的那个暑假，与好事者朋友王永贤夫妇等一起，从嘉峪关新城乡野麻湾村沿着长城徒步走到夹边沟，两次夜宿农家打麦场，后半夜天气转凉时，吴浩军发明了钻在胡麻草中间取暖的好办法。我们把胡麻草摊开铺在场院里，躺在上面，再拉一团胡麻草盖在身上，还真的起到了御寒作用。

到夹边沟附近一个村庄时，夜幕刚刚降临。我们打听在村子里投宿，王永贤在黑灯瞎火的乡村街道上碰着一个姑娘，就对人家说："小姐，请问一下，你们这里谁家房屋多，可以让我们几个……"那姑娘打断王永贤的话说："哎，王老师，你咋把我叫的是小姐……我是高二（3）班的……"（须用酒泉方言读出来，才有味道！）我们几位好事者同时尴尬相视而笑……

住在这个学生的爷爷奶奶家，好饭好菜款待了我们。后来的两天中我们实地考察了夹边沟林场，采访了好几位老年人——我在本书中有比较详细的记载，此处不再赘述。

夜宿嘉峪关城门洞的奇特经历，是我平生第一次与警察近距离接触。

三十年之后，我又有了一次与警察的近距离接触。

本来，我文集中有两篇文章，一篇是我自己写的《亲情·乡情·同行情——我为家族、家乡善事略记》，记述了我家乡一位语文同行Y，他最关键的人生经历我是知情者甚至亲历者，我不写出来，今生后世不再有人能知道或者能写出来，正如苏轼所言：有"言之不详"者；有"不

（第五辑）闲情

肯以小舟夜泊绝壁之下，故莫能知"者；有"虽知而不能言"者。从作为一名教师的角度讲，我把我所知道的 Y 写出来，有利于从事教育事业的同仁和后人借鉴，所谓"多谢后世人，戒之慎勿忘"也；也有利于为我们家族、家乡留下一份记忆。但是，我把初稿谨慎发给我信任的师长、亲朋、同学看过之后，他们大多认为："不可用也！"我主动联系 Y 在家乡的子侄中我的同龄人们，听取他们的意见建议，尊重他们的情感需求。为了慎重，我还在甘肃家乡和江苏各请教了一位资深执业律师。

老同学：认真拜读了大作，质量很高，语言很接地气，看着熟悉且过瘾。文中有二处疑惑……我认为就该文而言，从法律角度虽没有大的风险或麻烦，但逝者为尊，作文著书宜多宣介正面人或事。浅见，浅见！（甘肃著名律师）

寇老师好！文章已拜读。建议不要公开发表或出版。如确需发表，则不建议该文章中使用人物的真实姓名，且涉及个人隐私的相关内容尽可能略写，以免人物对号入座。

虽然该人物已去世，但他的姓名权、名誉权、隐私权等人格权利仍受法律保护，如有侵犯，其配偶、子女、父母等仍可请求行为人承担侵权责任。而隐私包含不愿为他人知晓的私密空间、私密活动和私密信息。以上建议供参考！（无锡著名律师）

接受如此真诚的意见，我在最后关头下决心删除这一篇。我们读书识字写文章，不是为了"发人之恶"，如同真正的摄影家都是将镜头对准生活中的美，而不是丑。

随之而来的另一篇文章也就必须删除。

当年 Y 恢复正常生活后，我曾多次建议他把看守所半年的经历感受写出来。语文教材中永远少不了鲁迅先生的名篇《药》，可是我们今天很难理解红眼睛阿义盘剥犯人的情节；统编教材中《复活（节选）》，托尔斯泰怎么写出那些活灵活现的监狱生活、法院审判过程等细节；《大卫·科波菲尔（节选）》中米考伯先生，尤其是"我"到楼上借刀叉的那个霍普金斯船长。鲁迅生前也曾经谈到，为了写好作品中有关牢狱的细节，希望有机会到警察局和牢房去看看，还跟朋友商量通过什么方式，诸如砸碎报馆的玻璃等等。

Y 的这篇文稿，至今只有我一个读者，收入文集中编辑时，因时隔三十多年，我感觉有些内容不很真实，有些地方难以理解，有些情节时代不同了……出于好事者本性，我就想找个机会再次近距离接触一下警察或者交警队、派出所、看守所。几次三番打电话请教家乡一位退休派出所所长，他给我提供了很多素材，帮我出了很多主意，我也真的付出了一定代价，平生第二次跟警察近距离接触了几天……

但是，最终将两篇文稿都删除了。

不过作为好事者，我的罪不会白受——所有的经历都是财富。虽说有些内容现在写成文章、印成书时机还不够成熟，但我相信，对于语文教材中的许多地方，我在未来的教学中会有更深刻的个性化解读。

2023 年 1 月

甘肃的麻雀……

江苏省太湖高级中学　杨　健

　　他，穿着一件摄影夹背心，背着一个摄影包，就这样从很远的甘肃闯到了我的学校——无锡市华庄高级中学（江苏省太湖高级中学的前身），脸带微笑介绍说："我叫寇永升，教语文的。"自此，他就和我成了同事，坐一个办公室。

　　接触了没多久，老寇有两个方面就让我印象深刻，时至今日亦如是。这两个方面如果放在教师身份的这一角度来讲，可能给人的感觉会是不务正业，但恰恰就是这样的"不务正业"，才能更显现出一名语文老师的真性情、真才学。

　　一是喝酒。甘肃人可能比较喜欢喝酒，但我没有做过调查研究，所以不能成为定论。反正是新教师来了，不管是年轻的刚进入教师队伍的还是有经验的骨干教师（寇老师是作为市级教学能手引进的），总归是要接接风、洗洗尘欢迎一下的，那么就要喝酒。

　　一个组里的老师们就这么有了一次聚餐的机会。在我们南方人的印象中，北方人总归要比南方人会喝酒，事实也果真是这样。寇老师会喝酒、能喝酒，酒酣之际就说了一句至今听来都很经典的话："我家乡甘肃的麻雀都能喝二两酒。"于是，甘肃来的老寇也就得了个"寇公斤"的雅号，看来老寇还是很有酒量的。

　　但是，无锡的老师却从中听出了另外的意思：无锡老师的酒量不行，还不如甘肃的麻雀！于是，请他喝酒的老师就比较多，有时是正好遇到节假日，大家要聚聚；有时是某人获了什么奖，也要及时庆祝一下，反正是喝酒的次数越来越多……但也逐渐发现老寇的酒量变小了，也时不时有喝醉的时候。据说甘肃那里是喜欢喝慢酒的，而且是喜欢行着酒令再慢慢喝的，会喝慢酒的"寇公斤"来到了无锡，然而无锡这个地方喝酒一般都比较快，老寇为了能够快速地和我们打成一片，也就想着早点能够入乡随俗，于是喝酒也就爽快起来了，但喝酒毕竟是喝酒，一爽快，人就容易醉。

俗话说，酒品即人品。喝酒爽快的人一般都是性格直爽，说话做事不会藏着掖着，待人坦诚相见。喝酒爽快的老寇逐渐被我们接纳而认可，成了朋友，更甚为知己。风度翩翩，每天都打着领带的老寇精神抖擞地出现在办公室、活跃在课堂上，总给人一副干净利索的状态，总给我们带来欢声与笑语，坦诚相待，微微而笑。

一是拍照。甘肃的自然风景比我们江南更有辽阔的意境，也更有入镜的魅力，这是我欣赏了老寇带来的照片时的第一感觉，也可能是自己"只缘身在此山中"，而忽然发现了另外一个世界。

拍照是老寇的挚爱，从他第一次踏进办公室所穿的那种有很多小口袋的衣服就能知道。那时的照片基本都是胶卷拍摄的，老寇就有很多本相册，翻开任何一本都能看到整整齐齐插好的照片（照片里面还藏着底片），而且分门别类地标示清楚，这张是什么时候在哪里拍的，是风景类的还是人物类的，甚至对于得意的照片还标志着打了多少光圈、曝光度是多少等专业的术语。

学校领导知道老寇会拍照，所以有时候外面来了客人，或者举办个什么活动，都会请老寇去拍照，于是拍照自然而然地就成了他的副业。但是我想，拍这种照片其实并不是他所擅长的和喜欢的；因为他所拍的照片有很大一部分是服务于教学的，是为学生服务的，这才是他所喜欢并乐意去拍的。

记得他刚来时，我们就喜欢去听他的课，一个重要的原因就是可以在课上看到他的那些宝贝的照片。有一次去听寇老师教王勃的《滕王阁序》，原先我们领着学生读"层峦耸翠，上出重霄；飞阁流丹，下临无地"，只能凭想象感觉滕王阁的高大雄伟；读"披绣闼，俯雕甍，山原旷其盈视，川泽纡其骇瞩""落霞与孤鹜齐飞，秋水共长天一色"，也只能遥想是怎样的美景，而寇老师的照片给了我们直接的视觉感，让自己的想象画面有了依凭，有了源头。如果是去听他讲边塞诗，就更不是问题了，大漠风光可以一览无遗，什么废弃的烽火台、茫茫的戈壁滩、唯美的胡杨林等等。

也有人曾经提出，利用实景化的照片辅助教学，会不会限制了学生的想象能力，但是我想在当时的教学条件下，没有笔记本电脑，没有办法做教学PPT，也没有智能黑板，只有一台老式的实物投影仪，这样的教学对于调动学生的兴趣，激发学生的共情，确是非常难得的教学手段。

还在想着高考结束后，老寇和我们一行人骑着摩托车到苏州西山去采摘杨梅和李子，一路欢歌，一路豪情。

仍然记得去江苏省锡山高级中学蹲点学习校本课程创建，老寇热情地招待我们的场景，热情不减，微笑依旧。

依然记得去江苏省南菁高级中学参加艺术教育课程基地联盟学校年会，聆听了老寇"语文名师工作室"的青年教师上的课，"大美育"理念与学科教学的融合让人耳目一新，老而弥坚，奋斗不止。

从华庄中学，到锡山高中，再到南菁高中，老寇怀揣着对语文教学的热爱，步步前行，永不疲倦。

穿着摄影小马甲，举着相机聚焦的那一刻，就是老寇定格的那个美好时光。

甘肃的麻雀老寇，期待相聚，再饮一杯无……

2022 年 9 月 27 日国庆前，于天鹅湖花园

《烂柯文集》排版手记

江苏知润教育文化发展有限公司　张　燕

　　本来，作为职业排版，我们更多地关注书稿的形式，很少有时间精力关注书稿的内容，但是这部《烂柯文集》确实打破了我的惯例。

　　烂柯？何为烂柯？为何有人会给自己的著作取这样的名字？

　　带着这样的疑问，我情不自禁地浏览起这部刚接到的文稿。文中时不时冒出来的充满西北风味的话语挺有趣，还时不时读到一些趣事，让我几度忍不住笑出声来。这位作者还挺幽默的嘛！

　　就这样，我在紧张的排版过程中竟也浏览完了全部文稿。

　　说实话，接到《烂柯文集》排版任务的时候，我的内心是"鸭梨山大"的，文体量之巨大，时间之紧迫，对我来说是个不小的挑战！

　　对文稿进行梳理排版后，我发现虽然书稿文体量巨大，但是作者整理得眉目清晰、井井有条。我按照目录，打开相应的文件夹，每一辑的文稿都编写了序号，让人一目了然，可见著者对自己著作之用心。一百多万的文字，需要花费多少的时间和精力去整理归纳……这个环节让我对本书著者寇永升老师产生了敬佩之心。

　　在整理编排过程中，我看到一张稚嫩笔体题写书名的照片，这幅"作品"与几位书法大家的题词放一起，显得有些格格不入，我的第一反应是，莫非弄错了吧？于是赶紧联系寇老师询问此张照片有何用意。当寇老师告诉我他要用这张照片来作为第五卷扉页题名的时候，我大吃一惊，我还是第一次碰到有人用这样幼稚的水笔手写字体来做扉页题名的！我再三确认，寇老师很肯定地告诉我："没错！就是这张！第五卷扉页题名！"而当我浏览完第五卷全部文稿之后，我明白了作者的用意：这是他对小孙女浓浓的爱啊！此时再看这稚嫩的手笔，倒是为第五卷"亲情"这个主题起到了画龙点睛的作用呢！

　　随着编排工作的进展，我对全部书稿有了更深入的了解，我看见了一位青涩少年通过自己的奋斗拼搏，凭着自己的真才实学，在教育战线上打出了一片属于自己的天地，最后从大西北被引进到江南名校的历程。

这一路上，他的许多亲人、朋友、老师都在背后默默支持他、鼓励他，他都铭记于心，一一记录在了文集中，以表感恩。他已在教育岗位上孜孜不倦、发光发热了四十余年，也达到了他教育职业的巅峰。

浏览完全部文稿，让我受益匪浅，那些努力的人就像夜空中一颗颗恒星，散发着耀眼的光，他们在自己取得令人羡慕的成绩的同时，还可以激励他人完成许多看似不可能完成的事，这其中最离不开的是一个人的努力与自律，这在本书著者寇永升老师的身上有着很好的体现，这在当下有许多值得我们学习借鉴的地方。

整部书稿编排了三个多月之后，我才第一次见到寇永升老师，真是文如其人，其人如文。

寇老师是一个特别爱书之人，从他对书稿每一个字词的斟酌就能看出他的严谨态度。在《烂柯文集》即将付梓的收官阶段，我们决心为这套五卷本大书的出版画上一个圆满的句号。

2023 年 4 月

寇永升教育教学活动简表

时 间	事 项
1970 年 3 月—1976 年 1 月	甘肃省景泰县腰水小学读书
1976 年 3 月—1981 年 7 月	甘肃省景泰县中泉中学读书
1981 年 9 月—1983 年 7 月	甘肃省张掖师范高等专科学校中文系读书
1983 年 7 月—1989 年 9 月	甘肃省嘉峪关市第一中学任教初中语文、高中地理
1985 年 4 月—6 月	在西北师范大学参加甘肃省高中地理教师培训班
1987 年 3 月—7 月	参加甘肃省初中毕业、中等专业学校招生考试命题制卷
1989 年 9 月—1991 年 7 月	甘肃省教育学院汉语言文学教育专业脱产进修
1991 年 7 月—2001 年 8 月	甘肃省嘉峪关市第一中学任教高中语文
1994 年 4 月	中共嘉峪关市委、嘉峪关市人民政府评为嘉峪关市先进生产者
1994 年 8 月—1995 年 1 月	北京市第五中学挂职培训
1995 年 12 月	中学一级教师
1997 年	嘉峪关市中青年教师课堂教学竞赛高中文科组一等奖
1998 年 8 月	中共嘉峪关市委组织部、嘉峪关市人事劳动局评为甘肃省嘉峪关市学术技术带头人
1999 年	甘肃省基础教育科研课题"提高语文素质及素质教育的研究与实践",获嘉峪关学科素质教育科研成果一等奖(课题负责人)
2000 年	著作《烛光心韵》获嘉峪关市基础教育教学科研优秀成果一等奖
2000 年 5 月	嘉峪关市教育委员会评为嘉峪关市学科带头人
2000 年 12 月	中学高级教师

续 表

时 间	事 项
2001 年 10 月	甘肃省教育厅评为甘肃省教学能手
2001 年 8 月—2004 年 8 月	江苏省太湖高级中学任教
2002 年	甘肃省文化厅评为"优秀读书家庭"
2002 年 10 月	无锡市滨湖区优秀德育论文一等奖
2003 年 1 月	无锡市滨湖区优秀德育论文一等奖
2003 年 5 月	无锡市教工摄影比赛一等奖第一名
2003 年 11 月	全国中语会语文"教改新星"称号
2004 年 8 月—2017 年 8 月	江苏省锡山高级中学任教
2006 年 3 月	无锡市惠山区学科教学能手
2009 年 4 月	无锡市第五批教学能手
2010 年 12 月	无锡市惠山区教育局嘉奖
2011 年 11 月	参加教育部国培计划（2011）中小学骨干教师研修项目（高中语文学科）培训
2011 年 12 月	无锡市惠山区教育局嘉奖
2012 年 7 月	公开课《祝福》获"教育艺术杯"全国中小学语文教师课堂教学大赛一等奖（A 组第一名）
2014 年 9 月	江苏省锡山高级中学"优秀教育工作者"
2015 年 4 月	无锡市惠山区教育局年度嘉奖
2015 年 8 月—2016 年 7 月	延安市第一中学支教

时　间	事　项
2015 年 12 月	延安市优秀教师（延安市教育局，延安市教育工会）
2016 年 1 月	无锡市惠山区教育局嘉奖
2016 年 3 月	延安市第一中学 2015—2016 学年度第一学期"最受学生欢迎的好教师"
2016 年 3 月	延安市第一中学 2015—2016 学年度第一学期"优秀教师"
2016 年 5 月	延安市五一劳动奖章（延安市总工会）
2016 年 6 月	受聘担任延安大学文学院特聘教师
2016 年 7 月	延安市第二届中小学规范汉字书写大赛优秀指导老师奖（延安市教育局）
2016 年 7 月	延安市优秀教师（延安市教育局）
2016 年 10 月	第八届全国新语文教学尖峰论坛"中国好课堂"教学大赛一等奖
2017 年 5 月	第十九届"语文报杯"全国中学生作文大赛获写作指导一等奖
2017 年 8 月—2023 年 2 月	江苏省南菁高级中学任教
2018 年 12 月	中小学正高级教师
2019 年 1 月	无锡市学科带头人
2019 年 10 月	宝鸡文理学院文学与新闻传播学院学科教学（语文）兼职硕士生导师
2020 年 5 月	"寇永升语文教学酒泉名师工作室"挂牌
2020 年 6 月	"寇永升语文教学渭南名师工作室"挂牌
2020 年 6 月	"寇永升语文教学庆阳名师工作室"挂牌

续 表

时　间	事　项
2020 年 7 月	"寇永升语文教学张掖名师工作室"挂牌
2020 年 8 月	"寇永升语文教学铜川耀州中学名师工作室"挂牌
2021 年 3 月	"寇永升语文教学嘉峪关市工作室"挂牌
2021 年 4 月	"寇永升语文教学延安（新区）工作室"挂牌
2021 年 4 月	"寇永升语文教学民勤工作室"挂牌
2021 年 6 月	"寇永升语文教学山丹工作室"挂牌
2021 年 12 月	"寇永升语文教学景泰工作室"挂牌
2021 年 12 月	江苏省第十六批特级教师
2022 年 6 月	"寇永升陇南语文名师工作室"挂牌
2022 年 6 月	"寇永升西北师范大学附属中学工作室"挂牌
2022 年 6 月	"寇永升平凉语文教学工作室"挂牌
2022 年 6 月	"寇永升武威语文教学工作室"挂牌
2023 年 1 月	《语文教学通讯》（A 刊）封面人物
2022 年 8 月—2023 年 1 月	江阴市山观高级中学援教
2023 年 4 月	编著的《烂柯文集》（五卷本）由东方出版中心出版

寇永升教育教学论文

序号	题　目	发表刊物	时　间
1	1987年甘肃省中考语文命题谈（合著）	《甘肃教育论丛》	1987年3-4期
2	唐人三首登高诗比较赏析	《张掖师专学报》	1995年第2期
3	罗敷不是贵妇人	《全国青年教师中学语文论集》	1996年10月版
4	考试作文的书写	《甘肃教育》	1998年第4期
5	记念刘和珍君	《语文学习》	1998年第7期
6	曹雪芹故居	《语文学习》	1999年第6期
7	好的习惯使人终身受益	《语文报》	2000年2月8日
8	拣破烂的启示——谈语文学习和积累	《少年文摘报》	总第61—65期
9	汉语语言歧义刍议	《甘肃教育学院学报》（社会科学版）	2000年7月
10	好的习惯使人终身受益	人大复印报刊资料《中学语文教与学》	2000年5期
11	全面认识"减负"	《嘉峪关报》（收入《中国教育改革与研究》）	2000年5月26日
12	谁来"减负"？	《嘉峪关报》（收入《中国教育改革与研究》）	2000年6月1日
13	二十四桥仍在	《中学语文教学》	2002年第5期
14	缺乏惩戒的教育苍白无力	《江苏教育研究》	2003年第4期
15	谈绍兴民俗 解读《阿Q正传》	《中学语文教学》	2003年第6期
16	鲁迅故乡绍兴掠影（图片7幅）	《中学语文教学》	2003年第6期

序号	题 目	发表刊物	时 间
17	用婚礼摄影练"拍功"	《中国摄影报》	2003 年 5 月 30 日
18	"阿 Q"之名来源四说	《中学语文教学》	2003 年第 11 期
19	名家笔下的阿 Q 画像	《中学语文教学》	2003 年第 11 期
20	这也是病句	《语文教学通讯》	2003 年第 10 期
21	韩老先生们，你错了！	《中学语文教学》	2003 年第 12 期
22	《药》中的乌鸦意象新解	《中学语文教学》	2004 年第 4 期
23	外国人眼中的阿 Q	《中学语文教学》	2004 年第 9 期
24	外国人眼中的《阿 Q 正传》	《中学语文教学》	2004 年第 10 期
25	"看"唐江澎老师的一节演讲指导课	《江苏省苏教版语文教师培训手册》（江苏教育出版社）	2005 年 8 月
26	《我的五样》教学后记	《江苏省苏教版语文教师培训手册》（江苏教育出版社）	2005 年 8 月
27	警策≠诗眼	《中学语文教学》	2006 年第 7 期
28	问题好＝课成功了一半——《一滴眼泪换一滴水》课例反思	《新语文学习》	2007 年 5—6 期
29	有效生成与文本细读——鲁迅作品词语品读摭谈	《中学语文教学》	2008 年第 12 期
30	让校信通一路走好	《班主任之友》	2008 年第 12 期

序号	题　目	发表刊物	时　间
31	析《阿 Q 正传》里的点灯	《中学语文教学》	2010 年第 5 期
32	"用教材教"，解读时相人心	《新语文学习》	2010 年第 5 期
33	也来点批《祝福》——兼与陈日亮老师商榷	《中学语文教学》	2011 年第 8 期
34	《流浪人，你若到斯巴……》主题再探	《语文学习》	2011 年第 9 期
35	"看"唐江澎老师的课	《教育研究与评论》	2011 年第 7 期
36	如果缺了儿歌这一课……	《新语文学习（中学教学）》	2011 年第 4 期
37	生命中的恩师	《岁月无悔》	2011 年 10 月
38	2010 年暑假回访母校记行	《岁月无悔》	2011 年 10 月
39	我的国培缘何精彩?	《语文教研》	2012 年第 1 期
40	杂说"东西""左右"	《新语文学习》	2012 年第 1 期
41	不可忽视的因素——也谈解读《流浪人，你若到斯巴……》	《新语文学习》	2012 年第 3 期
42	2012 江苏卷：释放出诸多新信息	《新语文学习》	2012 年第 4 期

序号	题 目	发表刊物	时 间
43	葛天一的三次选择	《江苏教育报》	2012 年 5 月 18 日
44	现代诗：诵读中感悟——《祖国呵，我亲爱的祖国》教学叙事与反思	《新语文学习》	2012 年第 6 期
45	《祝福》，今天该教什么？	《新语文学习》	2013 年第 1 期
46	《像山那样思考》的另一种讲法	《语文学习》	2013 年第 2 期
47	《药》批点八则	《中学语文教学》	2013 年第 3 期
48	《新语文教学研究》"新"在何处？——读蔡伟教教授新著有感	《新语文学习》	2013 年第 3 期
49	非选拔性考试网上阅卷的弊端	《江苏教育报·教育科研》	2013 年 4 月 12 日
50	《流浪人，你若到斯巴……》悬念艺术赏析	《新语文学习》	2013 年第 5 期
51	紧贴着文本飞翔——《一个人的遭遇》教学叙事与反思	《语文学习》	2013 年第 9 期
52	文本解读与教学内容的确定——以苏教版《品质》为例	《中学语文教学参考》	2013 年第 10 期
53	"看"唐江澎老师的一节演讲指导课	《唐江澎与体悟教学》	北京师范大学出版社2013 年 8 月版

序号	题 目	发表刊物	时 间
54	课程基地：给这所学校的语文教学带来革命！	《新语文学习》	2013 年第 6 期
55	好课不厌百回听	《浙江教育报》	2013 年 11 月 22 日
56	《流浪人，你若到斯巴……》教后思考	《中学语文教学参考》	2014 年 1-2 期合刊
57	诗，不该只剩下意象……——读《乡愁》教学艺术镜头有感	《语文学习》	2014 年第 3 期
58	语文教学低效，原因何在？	《语文教学通讯》	2014 年第 9 期
59	且看郁达夫如何消受"江南的冬景"	《中学语文教学参考》	2015.1-2 合刊
60	在专题与板块的视野内考量文本的教学价值——以《说书人》教学为例（与李庆莉合著）	《语文教学通讯》A 刊	2015 年第 2 期
61	"问题驱动"：问题从何而来？	《中学语文教学参考》	2015 年第 5 期
62	教材应该为教学提供学理依据（与袁晗毅合著）	《中学语文教学参考》	2015 年第 11 期
63	审视文本的教学价值是确定教学内容的前提（与袁晗毅合著）	《中学语文教学参考》中旬刊	2015 年第 12 期

续 表

序号	题目	发表刊物	时间
64	怎样的"问题"才能"驱动教学"？——《荷塘月色》与《指南录后序》教学案例比较谈	《语文教学通讯》	2015 年第 12 期
65	探寻教材传统篇目的当代教学价值——以《大堰河——我的保姆》为例	《语文学习》	2016 年第 4 期
66	教材应该为教学提供学理依据(《沁园春·长沙》)（与袁晗毅合著）	《中学语文教与学》	2016 年第 5 期
67	我在延安教作文：规定动作＋自选动作	《写作》	2016 年第 8 期
68	任务驱动型材料作文的审题	《全国优秀作文选》	2016 年第 11 期
69	对文本写作背景介绍的思考与追问	《语文建设》	2016 年第 11 期
70	"问题驱动"：需要规避的"问题"	《中学语文教学参考》	2017 年 1-2 合刊
71	教材的编辑误判与教师的教学误判	《中学语文教学》	2017 年第 2 期
72	文本的原生价值、教材价值和教学价值——以《中国建筑的特征》为例	《语文教学通讯》	2017 年第 5 期
73	教材的编辑误判与教师的教学误判	《中学语文教与学》	2017 年第 7 期

序号	题 目	发表刊物	时 间
74	让作者介绍助益作品解读	《语文建设》	2017 年第 8 期
75	节选文本：教材价值追问与教学内容确定	《语文教学通讯》	2017 年第 11 期
76	《扬州慢》教学再探究——兼与林卫飞老师商榷	《中学语文教学参考》	2017 年第 12 期
77	对"指向整部书阅读"的建议	《语文建设》	2018 年第 4 期
78	《大地重现》教学叙事（与陈彬洁合著，第二作者）	《中学语文教学参考》	2018 年第 5 期
79	教材价值转化为教学价值的途径与障碍（上）	《中学语文教学参考》	2018 年第 10 期
80	教材价值转化为教学价值的途径与障碍（下）	《中学语文教学参考》	2018 年第 11 期
81	对当前语文教材及选修教学的质疑与建议（与高海华合著）	《语文教学与研究》	2018 年第 12 期
82	基于核心素养的翻译文本比较研究——以《项链》与《在马克思墓前的讲话》为例（与陈彬洁 合著）	《语文教学通讯》	2019 年第 3 期

序 号	题 目	发表刊物	时 间
83	教材价值误判带来教学价值难以实现——兼谈《一名物理学家的教育历程》的文体	《中学语文》	2019 年第 4 期
84	《边城》整本书阅读的实践与思考	《语文月刊》	2019 年第 6 期
85	"转过身去"作文导写及佳作选评（附下水作文《转过身去》）	《全国优秀作文选刊》	2019 年 7-8 期合刊
86	"火种"写作指引（附下水作文《我们不是单靠吃米活着》）	《全国优秀作文选刊》	2019 年第 11 期
87	学术著作与文化论著"整本书阅读与研讨"的推进与反思——以《乡土中国》为例	《语文月刊》	2020 年第 1 期
88	停课不停学：跨媒介阅读助我行	《中学语文教学参考》	2020 年第 3 期
89	跨媒介阅读与交流：常规作文训练新样态	《语文教学通讯》	2020 年第 3 期
90	非常时期 非常读名著——《红楼梦》灾疫描写片段赏析线上教学及反思（与赵妍妍合著）	《语文教学通讯》	2020 年第 5 期

序号	题 目	发表刊物	时 间
91	《朝花夕拾》整本书阅读阅读教学指导及反思	《中学语文教学参考》	2020 年第 7 期
92	审美课堂理念与践行（上）（与高海华合著）	《中学语文教学参考》	2020 年第 10 期
93	审美课堂理念与践行（下）（与高海华合著）	《中学语文教学参考》	2020 年第 11 期
94	备课：决定教师能走多远！	《语文教学通讯》	2021 年第 4 期
95	甘做绿叶：以同课异构促进语文课堂变革——寇永升名师工作室建设、运作之反思	《语文教学通讯》	2021 年第 6 期
96	"当代文化参与"与写作融合研究（与刘毅然合著）	《中学语文教学参考》	2021 年第 6 期
97	劳动单元如何教学	《中学语文教学参考》	2021 年第 11 期
98	"象笏"何人所赠	《中学语文教学参考》	2022 年第 5 期
99	"评"出一堂语文课	《语文教学通讯》	2022 年第 6 期
100	教材选文应体现出编者之"编"——有关《在民族复兴的历史丰碑上》的商榷	《语文月刊》	2022 年第 7 期

续 表

序号	题 目	发表刊物	时 间
101	统编教材使用中的几种跑偏现象应予重视与纠正	《语文月刊》	2022 年第 9 期
102	受益者·收藏者·作者·批评者——感恩《中语参》的引领与陪伴	《中学语文教学参考》	2022 年第 9 期
103	怎样备出一堂好课?——《谏太宗十思疏》教学反思》（与苏杭合著，第二作者）	《语文教学通讯》	2022 年第 12 期
104	杖藜扶我过桥东——我的专业成长之路	《语文教学通讯》	2023 年第 1 期
105	备课应有的姿态（与陈嘉英合著）	《中学语文教学参考》	2023 年第 2 期
总计	105 篇，82 万字	30 种书刊	28 年间

寇永升教育教学论著

序号	论　著	出版社	时　间
1	《烛光心韵》（168千字）	香港天马图书有限公司	2000年1月
2	《烛光心韵补遗》（80千字）	香港天马图书有限公司	2000年7月
3	《理念：教育的制高点——延安支教日记》（上、下册，650千字）	上海书店出版社	2017年6月第1版（重印4次）
4	《烂柯文集》（五卷，1580千字）	东方出版中心有限公司	2023年4月第1版
总计	4种，2478千字		

南菁课程文化丛书　杨培明　主编

寇永升◎编著

烂柯文集

（第五卷）

刘一菲题

东方出版中心

2010 年春节为父母祝寿全家福

2010 年春节陪妈妈转娘家

《祝寿图》河西学院教授 张勇

家族情

目　录

专辑　亲情

专辑

亲情　寇宗恩题

祝世昆尔爷福如东海寿比南山

愚孙宗和恭贺　庚寅年宵初の

为《烂柯文集》力士版
添花

文化自信
立德树人

自号逸人 寇宗恩
公元2022年11月11日

掰开的馍馍不收气 不蒸馒头争口气

我是在十几岁的时候，听到老家两句俗话，一句是"不蒸馒头争口气"，另一句是"掰开的馍馍不收气"。后一句，我清楚地记得，那是与父亲同龄的二哥永常说的。他当时跟我谈论两个儿子分家的事情，以一个农民的人生经历与体验慨叹道："唉，掰开的馍馍不收气啊！"这家啊，你别看多少年在一起了，虽也有磕磕碰碰——谁的舌头还没被自己的牙齿咬过？但是你只要是已经分开了，再把它合到一起，那就像蒸馒头的时候掰开一看馒头没熟，赶快把它合到一起重新放进蒸笼里蒸，这馒头就怎么蒸也是不会熟的……

后来发现二哥在给两个儿子分家时着实慎重。

"掰开的馍馍不收气"，这是一个常识，家乡的农民以之来比喻兄弟姊妹亲情关系的敏感与脆弱；如果放在家庭之外，我们处理同事、同行、邻里等关系何尝不是如此呢！

"不蒸馒头争口气"，真的，没这句话我就不会考上大学，自然也就不可能是现在的我。仿佛只是抱着一个目的——为自己的父母争一口气——我在十六七岁的那一两年着实下了一番苦功，一定要考上大学！

不蒸馒头争口气！

我父亲体弱力小，前半辈子在生产队劳动、在外一直受人歧视甚至欺负；我母亲在生产队里虽然因为劳动卖力、针线茶饭手艺出人头地而比父亲有地位多了，但在她的娘家却是兄弟姊妹六人中最穷的一个。三个姨姨婆家条件都好，两个舅舅一直经济条件比较好。她回到娘家与兄弟姊妹一比，自己最穷酸。我在十多岁的时候，与母亲一起到外公家，母亲还在她的父母面前又哭又闹，埋怨父母没把她嫁好。我的外公是一位很有头脑的农民，经历丰富，年轻时走过江湖，做过小生意；也略识些字，粗通中医，吹拉弹唱都会一点，20世纪70年代他老人家七十多岁的时候还能敲锣打鼓登台演节目；他很善于料事，很会处理各种棘手问题。每次总是对我母亲说些好话，鼓励一番，说得最多的就是安慰我母亲："你儿子将来会给你争气的！"末了，母亲临走，外公在全家人的不满声中，尽自己最大的能力接济我母亲，从人吃的粮食到喂猪的饲料，从取暖做饭的煤到旧衣服……我清楚地记得，外公背上背着一大麻袋的猪饲料，怀里抱着我，步行十几公里送我们母子回来。

我母亲从十九岁嫁到我们家，到她近六十岁我外公、外婆去世，这四十多年中她非常喜欢回娘家。遇到她忙，我就是使者。我从十二三岁开始就能单独去外公家，从步行到能骑自行车……这几年在无锡，遇到节日我往家打电话，母亲还会提醒我别忘了给我舅舅打电话问候。她不止一次在我们兄弟姊妹面前说过："没有我娘家，我把你们几个拉扯不大……"我到后来也在反思，真的，没有我外公一家的帮助，就真没有我们兄弟姊妹五个！而且我舅舅家对我们的好处，也是我们村子里人和亲戚朋友们所共知的。

我后来大概是 80 年代末在嘉峪关对母亲说过："我外爷和外奶奶去世的时候，我给你出钱，多少都可以，你去料理丧事，在你娘家风光一把！如果眼下手头没钱，你先问人借上，我来还。"我甚至于还给当营业员的侄子宗勋安顿好，到时候一定要借钱给我母亲……

母亲得到一些安慰鼓励与实惠，回家投入到劳动中就没命地干活，"嫁得不好"的牢骚也就忘了。白天在生产队里干，收工了再打柴拾粪，半夜回家吃几口饭再干家务。她干家务真是一把好手，经常是吃完晚饭先在地上干，这个屋干到那个屋，屋外干到屋内；夜深了，就坐在炕上做针线活，尤其是冬天，往往一做就做到鸡叫头遍。

母亲对许多手艺都很在行，一些民间工艺我真担心要到我母亲这一代去世就失传了！直到现在，母亲近七十岁了，我每次打电话到家，她不是去这家的红事操持，就是到那家的白事帮忙，真个一大忙人！母亲在村里和亲戚中的地位源于她的能干，而之所以不要命的白天黑夜地干，是她相信了她爸爸说的——"你儿子将来会给你争气的！"这就是我母亲的精神支柱，也是我读书和工作的奋斗目标。

2005 年 5 月 11 日星期三上午，我从笔记本电脑上把这篇文章复制到办公室电脑，进行修改校订，读到此处，我依旧是激动异常，不能自已……

真的，前三十年我每时每刻都没有忘记，为父母活着！做一个长子该做的，尽到长子应尽的义务。不光在父母身上，还体现在对待弟弟妹妹上。大弟弟永强成家、买拖拉机我出钱出力，小弟弟永斌从初中毕业跟我到嘉峪关，一直照管到前几年我移家江南；两个妹妹的成家等等的事情我都管，弟媳妇娶进门后生育不顺利，我把弟弟和弟媳妇同时接到城里，请专家诊治，直到为我父母生下孙子！到目前为止，我在弟弟妹妹身上付出的精力、心力、财力比在我的儿女身上的要多。我有我的人生信念——为父母争气。因为供我读书，我四个弟弟妹妹没有一个读到高中毕业，最重要的原因是家里供不起，所有的钱都花在我一个人身上了。大妹妹三次读到三、四年级辍学，都是在冬天。1976年隆冬，在家乡最困难的时候含辛茹苦的奶奶死了，妈妈失去了一个得力的帮手。因为有了更小的弟弟妹妹需要大妹妹永春做保姆；因为我上学需要她做饭，母亲要忙里忙外地劳动；因为家里穷，供不起两个学生上学——我一直是这样认为的。可是前几年在嘉峪关老家，母亲才当着我妻子女儿的面说出了实情：大妹妹上学晚，在学校学习很出色，个性又强，小学四年级的冬天，她发育成熟了，可是妈妈没有给她用来换洗的裤子，穷得连内裤都穿不起。妹妹怕羞，不敢出门见人，换洗下来裤子数九寒天里一天两天干不了，她只得整天捂着被子坐在热炕上……她就这样几次失去了上学的机会！后来就成了家里的专职保姆，带大了一个妹妹、两个弟弟。

大弟弟永强，在我考大学出去、家乡包产到户、父母年老体迈等种种因素作用下，已读到初中，硬是被父母无奈地拉回家劳动。永强是一个好农民，特别是不怕脏。有一年我放寒假回家，我们一起去山里打柴，刚好赶上我们家一只母羊生产。刚生出来的小羊羔，浑身都是羊水，湿乎乎、粘乎乎的，我看着都嫌脏，可是他却二话不说，两手抱起小羊羔，解开棉袄就揣到自己怀里，怕把小羊羔给冻死了！

关心照顾甚至抚养弟弟妹妹们，一方面是因为我上学影响了弟弟妹妹上学，我欠他们的；另一方面，更重要的是，我要为父母分担压力，减轻父母的负担，让父母安度晚年。虽然弟弟妹妹也常常让我生气，但我们是"抱过一个奶头的"——这是我老家极富表现力的语汇，以形容同胞兄弟姐妹。所以，90年代初，我在兰州进修，工作收入还不算高，父母念叨村子里谁谁、某某，跟我们年龄差不多都做好棺材和寿衣了——是啊，农村人辛辛苦苦一辈子，到头来就图个六块板——妻子在家省吃俭用凑足了一千块钱，我托高正友兄买了一立方上好松木为父母做棺材。高正友找拖拉机把这根原木拉到公社有电锯的地方破开，罗福表哥又把它用粗铁丝捆扎在一起运到我家。我后来听村子里上了年纪的人讲，自打解放以来，我们村没见过这么大的木材。

按老家的风俗，父母的后事准备应该由我们兄弟三人分摊，但是我明确表示：兄弟姊妹中我读的书最多，占的便宜也最多，父母后事所有的费用全部由我来承担！现在，只要是给父母寄钱，我就一次寄上千元！让我父母在村子里、在亲戚朋友、在本家邻里、在我弟媳妇面前有地位、有面子！本来人们常说的是，为父母花钱都舍不得、为子女花钱都很大方，我现在是恰好相反。

我大妹妹永春在老家婚姻受挫，而且不能再生育，按老家农村的风俗，她那样性格的人，如此遭遇，如果继续生活在农村，非得把她愁死，并且也会把我父母给折磨死！1994 年底，在北京给她治了几个月病后，我特意从京包、包兰线返回，目的是回家处理她的事情。离婚手续办完，我说："把你带到嘉峪关去吧！"父母及永春本人都能想到我的困难和负担，都顾虑重重，我在父母面前表了态："永春跟我们家到嘉峪关去，今生今世，有我吃的、有我两个娃娃吃的，不管爸妈还在不在，就会有你吃的！"

十多年之后反思，这件事的妥善处理，让我父母多活了这十几年！我相信像罗福兄等人肯定会同意我的做法的。

为小妹妹永梅升学，我曾极尽一切所能去帮过她；后来把她带进城市，帮她在城市学会谋生，帮她成家。她的生育出了问题，年近四十尚无子女，我们两次把她接到无锡家里，花费数万元让她做试管婴儿……在四个弟弟妹妹身上，她让我费的心思最多！

为了让小弟弟永斌在参加体校考试时超常发挥，我在 90 年代初并不富裕的时候，奢侈地买上原装进口的雀巢咖啡，在家煮好，灌进水壶里，揣在我怀里，用我的体温保持咖啡的温度，好让永斌在比赛前三十分钟喝上。为了能让他在酒钢三矿学习汽车修理，我也是想尽了各种各样的办法……

批评弟弟妹妹，我就像老师在批评学生，我让他们站好。如果站立姿势不端正，我会骂；如果顶嘴，我还会动手打——印象中好像他们没有人敢跟我顶过嘴。

移居江南后，与弟弟妹妹空间距离远了。永斌有几次还对他媳妇说："好长时间没被我哥骂过了，心里咋觉得空朗朗的？"——这是弟媳妇罗秀燕打电话告诉我的。

长兄如父，永斌到现在有事还要问我。上周，他就打电话来，问我怎样腌酸白菜……

管好弟弟妹妹的事，也就是为父母减轻一些负担，好让父母无忧无虑地安度晚年。

——我心依旧！

男不娶，无以为家室，我之所以成家了，标志就是有了妻子，有了儿女；然无妻子，何以有儿女！

人说，女人生一次孩子就是在死亡线上挣扎了一次。为了我们家，她在死亡线上挣扎过四次，才为我生下了一双儿女。岂止是生下？生才一时痛苦，养乃十数载艰辛！妻子常常抱怨，她是我们家里带工资的保姆。的确如此，家务活基本上妻子全包，接送孩子，从女儿到儿子，十几年了！这学期到锡山高中新校区上班，我每星期须有三四天住在学校，需要自己洗衣服、自己收拾房间了，吃饭要自己洗碗了，才忽然感到这些家务活不但很费时间精力，还往往影响到我的工作情绪。十几年来基本上都是衣服脏了往床上一扔，能放到洗衣机里都是最勤快的时候；也很少收拾家，屋子多脏，我是近视眼，反正也看不见……

无锡同事周敏曾经开玩笑说，我们女人，在单位干得一点不比你们男人少，不比你们男人差，挣得也不见得比你们少，可是我们在家里肯定干得比你们多得多。

此言得之！

1998年10月7日，是我们家一个特殊的日子——我们的儿子出生了！这是妻子第四次生产，又是高龄孕妇了，鉴于前两次生孩子不顺利，为了我们的儿子、我父母的第一个孙子能平安出世，我们商量决定要求大夫施行剖宫产手术。手术准备工作的最后一项，要求家属签字——我平生第一次碰上这样的事情——这个签字意味着家属要对手术的后果承担责任和认可。按医学常识，剖宫产会有生命风险，有时大人小孩只能顾一个。我略加思索，在手术通知单上写下了两行话："须留青山在，亦怕没柴烧。"主刀医生看了后（估计是护士特意讲了这个特殊的签字），找到我开玩笑地说，做了多少剖宫产手术，还是第一次见到这样签字的，责备我开玩笑……

这位主刀的女医生叫和素芬，妇产科主任，是一位精干而漂亮的女人。手术很成功，青山依旧在，烧柴也砍到。守在手术室门口40分钟左右，护士陈渊惠——当时的同事孙维平的妻子——抱着婴儿到门口拉开门却没走出来，让我看了一眼，那家伙一只眼还没有睁开，只用一只眼斜着看了看我。医生和护士们忙着去缝合刀口了，我飞也似的跑到楼下抱起公用电话往老家给我父母报喜讯——那时候我们普通工薪阶层人士还没有手机——妻子的同事马莉英、李茂兰、文力等都在笑我！

因为打了麻醉药，妻子在数小时里下半身没有知觉，躺在病床上大便排泄出来，自己都没有发觉。我只闻到了异味，却也未能想到；陈渊惠当天并非当班，是专程来给我们帮忙的，帮她的同事忙完了手术室，又来到病房看望我们，也不知道她怎么发现的……记不清了，总之是陈渊惠二话没说就动作极熟练地动手干了，她一点嫌脏的表情都没有，我倒是站在旁边觉得不好意思。我们一直对陈渊惠很有好感，也心存感激之情。

一个好好的人，为了生孩子就要在身上挨一刀，拉那么长一个大口子。后来我在一篇文章里看到一句话："刀伤药再好，不如不拉口子。"的确，世间只有女性才富有这种牺牲精神！

女儿当初断奶是在一周岁自己不吃了，我观察是因为奶水越来越少——妻子一上班忙碌了、累了，自然奶水就少了。喂上老半天，孩子满身大汗淋漓还没吃饱肚子，加之雇请的保姆老太太也颇会照料小孩，于是就自然而然地断了奶。嘿，儿子可不是一盏省油的灯！这家伙断奶的经过写成一篇小说准精彩，六七年以来我想起来就激动。

三起三落！

第一次，儿子一周岁时，全家商定共同配合断奶，岳父母负责照看宗璞，在他们家；妻子上班，吃住在我们自己家。头一天下午回家，妻子奶水胀得难受，后来以至于疼痛，就哄着已经上小学一年级的女儿吃；心里还割舍不下儿子，一天打好几次电话，下班一进家门，直奔电话机！以至于晚上睡不着觉，口口声声念叨："我儿太可怜了！我儿太可怜了！这么好的奶汁白白流淌掉也不让我儿吃，你说我是不是太狠心了？……"半夜了还让我去岳父母家看看，儿子吃不吃饭，哭不哭……结果小家伙整夜哭闹，什么都喂不进去。第二天早晨，岳父说："这孩子太可怜了，你看这几天都蔫头耷脑的，一点笑容都没有，没有平时那么活泼调皮，不吃不喝的，又哭又闹……就再让吃上一段时间再说吧……又不影响什么的！"在母爱加父命的几重心理矛盾中，妻子回到娘家。儿子一头扎进怀里，撩起衣服，美美地吃了一肚子，又活蹦乱跳地玩起来了。好了，又吃上了——全家人脸上都有了笑容。

又商量好了断奶。上次之后大约两个月，妻把儿子送到了大妹妹永春家，这也是鉴于上次的教训，认为姑姑不会象姥爷、姥姥那样疼爱，而且他姑姑家也有一个小孩，可以做伴，会很顺利地断奶的。

妻子又是三番五次地打电话："豆豆吃不吃饭，吃多少，晚上闹不闹……"儿子哭得泪流满面，脸色发紫；岳父母是几乎整天待在永春家里做观察员，急得团团转，又气又骂，一会儿哄哄宗璞，转一圈又骂我们大人，电话打了好几个；妻子这边，奶水流在胸脯上，泪水流在脸颊上，好像有一种负罪感似的，一听到电话里儿子的哭声，那可真是：奶水与泪水顺其道而俱下，哭声伴怨声一时间充斥两家。我就成了两边痛骂而解恨的对象——我当年的日记有非常真实且原始的记载，这会儿懒得去翻……

末了，你可以想象，儿子接回来了——兔崽子轻车熟路，三下五除二就揪住了奶头，一阵猛嘬，一头大汗，那奶汁居然又被吃出来了。将近一个星期了！

又吃了不知多长时间，我记不大清楚了——9月23日晚，我在办公室续写此文，经查当年日记，是豆豆一岁半时。正好是2000年春节后——因为开学上班了，妻子第三次筹划断奶。鉴于前两次的教训，这次妻子到娘家去住，恰好我父母从老家来看孙子，就再换为爷爷奶奶带这家伙断奶。我再也不吵吵给儿子断奶了，爱吃多长时间吃多长时间，反正又不是吃我，再说咱也没那个设备不是！郁达夫上小学了还在吃奶，每天上学前当着同学的面，钻到妈妈怀里吃上一番奶才肯去学校。我上小学时同村寇永仪的小女儿，记得小名叫存兰的，吃奶吃到十二三岁呢。干我什么事，咸吃萝卜淡操心，头枕扁担睡觉——揽得宽！

是妻子自己提议的最后一次断奶行动。我几乎跑遍了大型商场买来了一种很先进的吸奶器，每天中午、下午下班回家，首先操起吸奶器吸一阵子，我亲眼所见，真的很痛苦，奶胀的滋味比屎尿憋要难受得多，因为它痛啊！

本来说好周五回家，可是她周四就回来了——理由是，再让我儿吃上最后一次吧，照张像，留个纪念……

我们几方面达成共识，分头监督安燕，只要超过一个星期让她不能见着豆豆，断奶就成功了！周四、周五是关键期——为了避免安燕下班时间回家看儿子，也考虑到中午我和邻居都要休息，我父母大中午抱着豆豆到外边去转。奶奶抱着孙子，爷爷提着奶瓶、水壶、水果等东西跟在后边……我心里一阵好笑，眼前立刻浮现出末代皇帝溥仪，他骑着自行车满紫禁城乱跑，身边的人有的抬着轿子，有的端着水盆；这个拿着扇子，那个打伞；抱衣服的，提马桶的，后边跟了一长串……

后来听我父母说，他们抱着豆豆，一直走到四五里路外的建筑工地附近，豆豆喜欢建筑机械，尤其是挖掘机、起重机、装载机什么的——听见机器轰鸣，看着翻斗运输车往来穿梭，兔崽子渐渐睡着了。估计到下午上班了，母亲抱着熟睡中的豆豆，一步一步走回家——初春的塞外嘉峪关，还是很冷的，中午的阳光倒又是颇晒人的！

星期四，这一天的白天算是平安过去了。晚上，我把奶瓶、水杯、热水瓶都准备齐全，祈祷着睡个好觉。凌晨1时左右，儿子发起了第一次想奶冲锋，攻势凶猛，哭声一浪高过一浪，一会儿撕奶奶的衣服，一会儿抓奶奶的脸。从卧室折腾到客厅，奶奶就抱着他从这个屋转到那个屋，找遍了阳台、厨房、卫生间，每到一个门口，先停止哭闹，伸长脖子，眼睛滴溜溜转，仔细搜寻，当确认没有妈妈时，重整旗鼓再一次掀起哭闹高潮……小崽子，找不着他妈就折腾我妈，一会儿用头撞我妈的胸脯，一会儿想要挣脱我妈逃跑似的。哭闹一阵子，让人明显地感觉到他喉咙干燥，舌头在嘴里打转，时不时地发出吧唧吧唧的声音，仿佛嘴里有个奶头似的专注……那种情景，令人心碎。

妻子在娘家跟她妈睡在一个床上，以便于监督。事后听我岳母讲，安燕躺在床上奶水顺着两肋流，泪水顺着脸颊滚，好几个晚上不能安眠。

一个星期坚持下来，豆豆情况就好多了。第二周的星期二早晨六点哭闹了半小时就停了，周三晚上哭闹了一小时，但总是没有前面那么凶猛。几天中常见他口干舌焦，动辄吧唧吧唧几下嘴唇，连睡梦中都在回味着吃奶的幸福。渐渐地，看见他嘴唇干了，快要做出吧唧的动作了，我妈就赶快把奶嘴塞到他嘴里，小家伙眼睛都懒得睁，就喝上一气；再到后来就自己抓起娃哈哈喝上一通，该睡睡，该玩玩。

断奶成功了！

像安燕这种人，算不算典型的良母？

日常生活中，我们家最少不了的就是她（当然大事肯定少不了我），因为她不仅是良母，也是贤妻；没她，家就乱套了。记不清是哪一年，她中午下班到娘家去了，我和父亲在家吃午饭，我居然把馒头蘸着洗洁精吃，一方面是眼睛近视，没仔细看；另一方面也由于洗洁精本不该装在盛菜的盘子里。可能是不小心倒出来太多了，怕浪费，妻子就把它临时装在盘子里。洗洁精是无色透明的，我把馒头放在盘子里热。拿起馒头，看见黏糊糊的东西，以为是馒头稍微有点坏了，当着一辈子勤俭惯了的父亲，我还不好意思扔了馒头，就把好的让给父亲吃，我拿起盘子最底下粘着洗洁精最多的一个，吃了第一口，觉得味道不对，还没往别处想，只当是发霉的味道，就鼓足劲吞下去了。这时父亲也觉得不对劲，我才戴上眼镜仔细辨别，再打电话给妻子核实是洗洁精……

估计没有人像我这样吃过那么多洗洁精，也就难以有直接经验。结果是我的肠胃被用洗洁精彻底清洗了一次，吃饭下去都滑溜了，特别是大便，本来是稍有痔疮，只要吃喝了刺激性东西就复发，大便很困难。现在可好，你想想，那洗洁精遇水必起泡沫，那洗洁精对油污有多大的杀伤毁灭力，拉屎的时候，大便拌油污而齐下，屁裹着泡沫而泄漏……那种畅快劲，唉，反正怎么形容呢？你没亲身经历，也只会是对牛弹琴——这么说吧，假如你患痔疮，根本无须听什么医生瞎说，吃那么多药，破费钱财还特麻烦人；什么"栓"硬往屁眼里塞，什么"剂"对准了镜子里的肥大屁股喷啊喷，又恶心人……我告诉你，花几块钱，买一罐上好的洗洁精，既治病，又能顺便清理多余的脂肪和油污污染，跟我一样脂肪过剩的朋友们，莫等闲啊！

没跟你开玩笑啊！

之后好多天中我都觉得肠子里没有油水，极想吃我亲爱的红烧肉。直到现在，你知道这次因妻子一时半会儿不在家误吃洗洁精的事件给我留下什么后遗症？我如今是对洗洁精过敏，我只要一闻着那种味道就恶心，从肠胃的旮旯拐角里。妻子洗锅洗碗时我总要骂两句："少放点洗洁精！……"我自己洗碗几乎是不用洗洁精。我对这种味道敏感到什么程度，给你讲一件事吧！

不是1997年就是1998年，我在学校西边贺承亮老婆那里理发，进来一个人，我说话的声音被他听出来。他说他是1986年我班里毕业的学生，叫杨利民。我躺在沙发椅上刮脸，也没戴眼镜，就有一句没一句地寒暄。单位发不出工资，他自己在做生意，生产洗洁精——我讨厌洗洁精，就像我女儿讨厌依维柯一样。我问了一些情况，现在记得最准确的是杨利民说他生产的洗洁精主要卖给各宾馆饭店。

"工厂有多大？"

"没多大，在我家院里。"

"你有多少工人在生产……"

"就我和我媳妇呗。"

"寇老师，赶明儿送两瓶拿回家用，甭管多少钱……"

约定杨利民改日把洗洁精路过时放在理发店里，我下班时顺便带走。当我过了几天拿到学生送我的洗洁精时，我只需拧开瓶盖，稍微闻一闻，立刻就断定是假冒伪劣。现在，卖洗洁精，我只要是鼻子凑上去闻闻，准能判别真假，没像我姑姑说的，被孙子媳妇花言巧语说上一番好话买了洗洁精，要回家一洗，一看不起泡沫才能判断是假的！结果还思想斗争上老半天才很难为情地去"换"……

治好了我多年的男性常见病，培养了我一种特殊的技能，这样的妻子还算不上贤妻吗！

像我这样家庭背景的人，身在城里，心系家乡，弟弟妹妹，父母亲戚，与老家农村有千丝万缕的联系。别的不说，就说从1987年开始，一个又一个的妹妹、弟弟接二连三地来到嘉峪关，吃住打工，后来加上妹夫、弟媳妇，更甭提老家的父母，经常到家里来。同事中常常听说过的，老家来人小夫妻必定生气吵架或打架，甚至妻子与婆家人大骂大打起来。而我这些年中从未在这件事上生过气；相反，安燕与我弟弟妹妹及弟媳妇关系处理得比我好，他们没一个不说嫂子好的。对我这个长兄他们能说出许许多多的不满，但对长嫂，他们没一句微词。

这样一个贤妻良母，这样一个贤惠的嫂子，一个每月带几千元工资的称职保姆，长得比我好，个头比我高，以前还挣得比我多，家庭条件更比我好许多倍，怎能不珍惜！当然生活中不可能没有矛盾，家里夫妻有矛盾是正常的，真正的生活是七味的，倒不一定是七彩的。什么是爱情，按我们十几年前教育学院"河西帮"的研究成果，有人做饭，有人洗衣服，能正常过日子就是爱情！这是我们普通老百姓实实在在、真真切切的爱情。

大概是在2000年的上半年，我们发生了一次矛盾，我把妻子气得回娘家了，事后也觉得悔恨。妻子回娘家了，岳父母也出面了，从长辈的角度出发，批评我、骂我乃至于打我，都是可以承受的，谁家父母不心疼自己的子女！可是我岳父他在气头上就说："照我看你们离婚算了，寇蔻归你，安燕正好把豆豆带上……"我当时就义正词严地反驳道："离不离婚又不是你说了算，那得我们自己决定；至于怎么离，还得靠法院调解，你做长辈的……"

青山依旧在，矛盾还会有，离婚我不干，儿女得有娘！

——我心依旧！

儿女，是父母生命的延续。从20世纪70年代初期，我们国家开始实行计划生育政策后，50岁以下的人群中，有两个或更多子女的人已是凤毛麟角，尤其是作为国家公职人员，你不可能冒险去超生。自我参加工作以来，仅在同事中所见，因违犯计生政策而丢掉饭碗的已是好几例了。

我们中国，无疑是世界上最重视生育的国家和民族。我曾经带领妹妹在北京最好的妇产医院、找全国最好的妇产专家看过不孕不育症，也曾帮弟弟和弟媳妇做过全面的生育检查，我自己都快成了妇产科医生了。我在北京妇产医院看见，来自全国各地的不孕妇女怀着期盼的心情走进首都大医院，不惜巨大代价，只是为了圆她们做母亲的梦！就连外国有的妇女都到我们中国来看病，我曾经抱着好奇的心情去了解过，外国人也那样重视生育吗？外国妇女不能生育也受到歧视吗？有位七十多岁的老专家对我说，那是因为外国人都知道，中国是世界上看妇科不孕不育症最好的国家，也可以说是妇产科最发达的国家，咱中国人最重视生儿育女了……

为了给我妹妹挂上北京妇产医院一个名叫张松泉大夫的专家号，我半夜12点骑着自行车来到该院，而排队我才排到第三个！一直守在铁大门外边，那是北京的11月份！凌晨5点，大门开了，我们的队移到了门诊楼的大庭里继续排。我们一会儿站着排，一会儿坐着排；有的人家是两个人换班排，还有老头老太太带着小板凳、甚至躺椅来排……

7点半开始挂号，那位专家每星期仅有半天在门诊看病，每次只挂15—20个号。我排队是第三名，可是到挂上号却发现是当天上午倒数第三个！平时看报纸、电视说大城市看病就医难，我还不理解，总算是领教了！还好，我们当时毕竟是在北京有个落脚处，我在北京五中学习，距妇产医院不算很远，而且我还有辆破自行车骑着，更何况我揣着一张地图，白天我先实地去认一趟路，到半夜我还能找得到妇产医院。我记得我带了两个馒头、几个水果，背着一个军用水壶，有吃有喝，那时年轻，也不知道累的。现在也回忆不起来那时有没有害怕，按理说，只身一人，偌大北京，人生地不熟，加之半夜三更，穿大街，过胡同，应该会感到害怕的。我每到十字路口，先停下车看路边标牌，进而以地图验证。在一个路口我看见有人活动，就骑车过去问路，倒把那个半夜起来撒尿的生意人给吓得够呛！

我妹妹和一位同病相怜的新疆妇女，早晨四五点钟就起来乘车往医院赶。我们没有电话，不能随时随地联系，既但心她们乘错车、走错路，又担心她们或堵车什么的误了时间。那时的经济条件，打出租车如同剐肉放血，有一种负罪感似的。

总算按时到了，看过病的人都知道，要空腹。她们已经六七个小时没有吃东西了，也不能喝一口水。上午11点多才轮到我妹妹永春。张松泉，人称"送子观音"，望闻问切了一番，就开始开药，我记得主要是"河车再造丸"——我不知道中医管胎盘叫"河车"，永春就赶紧跟大夫说她吃过不知多少胎盘了，经常像吃炒面似的，听见这词儿就恶心！永春为生育几次差点把命都搭进去，为能生孩子，她把世间最难吃的药都吃过，从二十来岁到四十岁我在无锡见着她还念念不忘生孩子！——大夫边听永春讲，边写着药方，郑重其事地说："我开给你这几服药吃了如果不见效，就劝你别再到处去投医问药了，怕是白花钱，全中国都不会治好的……"后来的事实证明了大夫说的没错，我后来也在有关的权威资料上看到，这位叫张松泉的"送子观音"的确是国内有名的妇产科专家。

有多少人就为了能做爸爸妈妈，他们或在北京匆匆路过，或在北京忍痛住宾馆饭店，甚或是以车站、地铁为家，比我们条件还艰苦。找不到医院，挂不上号，干等没钱，走又不死心，背负着婆家老人和娘家老人的期待与重托；还有多少人没有机会到首都甚至到省城、县城就医，多少人终生不能圆了一个最基本的为人父母的梦！

我出生在西北农村，成长于黄土地上，对祖祖辈辈在生儿育女方面的追求，太了解、太理解了！

我在做教师的二十多年中，与无数的家长打过交道。有一位家长曾经在我们办公室说，孩子上学不争气，大人走路脚后跟都抬不起来，吃饭都没胃口。一位汽车司机出了车祸，他说，听到自己的孩子在学校表现不好，连活的心思都没有了，怎能集中精力驾驶！有儿女，仅仅不争气，或者竟是一时表现不好犯错误，家长就如此，那让 L 兄们还怎么活？

我大弟弟永强，一开始找对象不顺利，1996 年"五一"好不容易娶妻到家，妻子不能生育还三天两头打架，最让人头痛的是那女人动不动就跑了，曾数次惊动本家邻居半夜翻山越岭手持灯笼火把追几十里路去找过，害苦了我父母！1997 年暑假我们回老家时，父亲无奈地说："我们寇永强要是娶一个像寇宗珠媳妇那样的女人，生下个一男半女，我和你妈就是到山里挖个土窑窑爬着，那心里也高兴啊！"——宗珠是我本家二哥永常的老二，娶来的媳妇是一表人才，里里外外一把好手，裁缝手艺尤其好，生下一个胖小子……

我女儿出生，其实我父母心里是很失望的，只是他们不在我面前流露出来而已。后来在女儿几个月时发现左侧手和脚都有些毛病，我听母亲说，有一年（推测应当是 1998 年）的清明节上坟时，父亲大清早天不亮就独自一个人去给我奶奶上坟了，赶到本家们来集合出发，他已经回来了！

估计他得最晚在凌晨 5 点之前动身。来到我奶奶坟头，他哭诉道："妈，爸，和我年龄相同的人，人家都有了孙子了。寇永升在外工作，生了个女儿，还有点毛病；寇永强娶了女人又扔掉不要了，现在虽说又捡了一个……老小永斌还吊儿郎当，没成家，你们总要睁睁眼，让我活着能抱上孙子……"我最能理解父亲的这种心情。

天意难违。我奶奶生前，用她自己的话说，人生三不幸——幼年丧父（母），中年丧偶，晚年丧子——都占全了。在十几个孙子中，毫无疑问，她最喜欢我，对我寄予的希望也最大。我直到现在都常常唯心地认为，我在人生最关键的几步，好像都得到过神灵的庇佑，总感到有人在暗中曾助过我一臂之力，使我在办几件大事的时候都极其顺利；而这几件事情都是关乎我个人的前途命运及全家人的生存发展。

就说生二胎，我连做梦都没想过。丢了饭碗，我肯定不干，我父母也不会同意；罚款，别说几万、十几万，我们连几千块钱也有困难。我已经是认命了，女儿就女儿吧，都什么时代了，还那么愚昧！

说来就巧。1995 年我分到了园丁公寓一套楼房，在当时是最好的住房，楼层也非常满意。我用了几个月时间装修好，在 1996 年元旦之前搬进去住下，在春节前后分几次请同事和领导来吃饭喝酒，因为我们住新房子了。请当时的市教委领导，因为一把手主任对我很友好，他来了，其他领导也就多来了几个，偏偏中间就有个吴星海——办公室主任。我记不清怎么说起来生二胎的，反正是吴星海主动说他爱人在市计划生育委员会，也是办公室主任，他回家问问，看看有没有什么办法……

让我填了一张表格，再后来带着女儿到计划生育委员会去做医学鉴定，在座 7 名专家，其中有几个是我的朋友，他们也都当场就认出了我，有的还点点头——事先我们可是互相一点儿不知道今天的事情。加上安燕单位的女工委员王秀荣也是个热心人，她帮忙办成了不少具体手续。

结果，我得到了一张二胎准生证！

应该是在 1996 年的下半年，我们还并没有打定注意生，也考虑到抚养负担重云云。后来我们夫妻就合计，多少人想生二胎，政策不允许；我们有这么好的机会，如果放弃，将来是对不起祖宗的。而且我一想到老家农村的乡情民俗，从为父母着想的角度就决定了，生！

1998 年 10 月 7 日，我们的儿子出生了。元旦前后，永斌帮人开车到兰州，顺便回老家接来了我父母。寒冬腊月，近 1000 公里路程，天不亮出发，晚上 10 点多到嘉峪关。终生没坐过那么长时间的汽车，颠簸了十几个小时，我父母几乎不能自己下车行走，我记得是我把老父亲抱到楼上的——父母全仗着见孙子的一股精神，硬撑着来的。100天之后，永强也生下了琛琛。1998年，我们家增添了两只老虎，我父母有了两个孙子……

俗话说得好，一儿一女活神仙！我没被开除公职，也没有挨罚款，一女一儿，三十几岁就成仙了，还不知足吗！

——前三十年为父母活，后三十年，我得为我的一双儿女活！

——我心依旧！

高中我有了一辆崭新的红旗牌自行车。那是我父亲随生产队的副业队在白银公司露天矿每天六毛钱卖命挣来的几十块钱，加上我母亲卖生猪，还有大侄子宗勖借了几十块，总共145块钱！我现在一个月的工资足够买几十甚至上百辆自行车……唉，那时我们中国人真是太贫穷了。

有了自行车，不用步行跑路了，但照样锻炼身体。每天来去好几趟，自行车技术绝好。不仅是骑车技术，还跟着大侄子寇宗勖学会了修理保养自行车。这次国庆节，我就把家里的三辆自行车都修了一遍。只要有时间，有配件和工具，我现在把自行车所有的部件拆了重新装上不在话下。到现在我就喜欢骑自行车出门，最长一天骑过数百里路。我还喜欢步行，特别是走山路，那可是一绝——羊肠小道，健步如飞，又说又笑。可是很长时间里我却并不知道自己的这种特长，好像是1987年过教师节，学校组织大家到刚修成的嘉峪关悬壁长城游览，下山时我连蹦带跳，带领一群小孩把大部队落下老远。我听见后边有同事在喊，提醒我们注意安全，要求我们走慢一点，怕把孩子给摔着。但是我当时压根儿没觉得有什么危险，跑到山下休息了几十分钟大队人马才下来。同事中孙武老师等许多人不可思议地问我："你咋不害怕？这陡的路，你不要命了！"我实在感觉不到那路有什么陡峭。90年代有许多次，我们登"七一冰川"，海拔在5000—6000米，许多比我年轻的人都上不去，而我每次都上到最顶端。1994年国庆节在北京八达岭长城，我怀里抱着两岁多的女儿，一路登到最高处的北七峰，把那漫山遍野的中外游客羡煞了！常年在北七峰工作的管理人员说，我女儿是当时为止登上北七峰年龄最小的游客！

下午在青龙桥车站等车，离开车还有一个多小时，我看见南边一段长城，蜿蜒屈曲在高山之巅，巍峨壮观……按我的性格，极富探险兴趣，就想攀登一趟这段长城。可是有牌子告示：这是一段尚未开放的长城，看上去还真有点陡峭危险。反正我还不急着赶火车，也没顾那么多。上！不久被保安发现了，他们手舞足蹈地喊话，我装作没听见。不得已，两个保安，年轻力壮的小伙上山追我，我一看是戴着警察大盖帽的人，就做贼心虚地绕道让他们看不见我。到山顶站定喘气，着实是万山红遍，层林尽染，好一派长城秋景，想来有几人享受过！

那两个保安费了好大的气力才追到山顶了；而我已经返回到了车站，站在站台上。妻子埋怨而又不无得意地说："你说上厕所的时候，我猜你就是登那座山；我老远看那爬山的速度，就断定是你——养狗的人，还不知道狗毛病了！"赶到保安下山来，我估计我们的火车早开出"人"形的京张铁路了。找去吧！

有一年，教职工田径运动会，我在35岁以上的中年组，100米第一，200米第一，到4×100接力，别的队一看有我，干脆弃权，不想让我们队得分拿奖。那次我记得我奖品多得拿不完。可惜啊，每个人限报三项。今年暑假，太湖高中组织党员去井冈山学习，连续数日长途乘车，大家都很疲劳。但是仅在井冈山住宿的8月5日早上，我4点多就起床，5点钟不到，我一个人背着照相机去登上井冈山纪念馆的那座山峰拍照，赶到同事们吃早饭我已经回来了。吃完早饭照样继续游。我游过许多地方，常常是早起随当地晨练的老人免费游览一两处景点。收门票的工作人员上班时，我已经游完了！

工作了二十多年，我一直是一个农民的饭量。我家之所以不能早日步入小康，多半是被我给吃穷了！前几周在新校区食堂吃饭，我端着饭盆往外走，有的同事问："你这是几个人吃呀？"有的人惊叹："哎呀，一个人吃这么多！"有多少？四两米饭，两个菜，一份汤——这是我多年在食堂吃饭的定量；如果是在家吃，米饭两碗，面条四碗。刚参加工作的时候，每天早餐吃馒头，是头天晚上从食堂买好，早晨放在办公室火炉上烤，上完早自习吃。人家一次吃一个馒头，二两；我吃两个。一次同事曲芝惊奇地说："哎呀，小寇，这凉馒头什么菜没有，你就能吃得下！"废话，白面馒头，还有热水喝，还怎么会吃不下，还要什么菜！

1991年赵淑娥从山丹调到嘉峪关一中，与我搭班三年，她常常说："看着寇永升吃饭，别人都觉着香，真是一种享受啊！跟这种人一起生活、一起吃饭，别人都有好胃口……"

1997年到2000年前后，寇永国常住嘉峪关做生意，一次他提出要吃老家的糁饭。在我妹夫家做饭，他出钱让我弟弟永斌买来凉拌猪头肉，别无其他菜。他们先吃，我上完周末的四节课，晚去了一会儿，永斌和小妹夫苏继宁说给我留一大碗饭——吃牛肉面的那种碗——寇永国说我吃不了那么多，他们几个人就打起了赌。我回去也不知道背景，肚子饿了只顾吃。寇永国坐在旁边边聊边抽烟，眼睛不停地望着我吃饭……后来他回到老家逢人就讲："寇永升的吃手，了得！牛肉面的大碗，满满的一碗糁饭，都咥下去了……"

没肉，最多坚持到第三天，我经过多次验证。两三天吃不着肉，我就瞌睡，打哈欠，眼睛都睁不开，好像长时间没洗澡一样，浑身不舒服，无精打采，工作、学习效率极低。所以，食堂打饭，有红烧肉我决不买炒肉丝什么的。红烧肉、梅菜扣肉、大排都是我最亲爱的朋友，有感情啊！这么说吧，2001年"五一"，我从上海坐火车返回嘉峪关，硬坐车厢，比较拥挤。我泡上方便面，加上火腿肉，旁边一个老同志，他从上海去新疆，家里人给他烧了几块大排带在路上吃。看样子是经济条件不会很好，五六十年代支边到新疆，几十年了调不回上海，头发都已斑白。他看我吃饭就从行李架上取下饭盒，嘿，还带了米饭。他愣是让我吃他带的大排，按常理，出门乘长途车，绝不该吃喝陌生人的东西，这可不是闹着玩的！可是这人有时也怪，看这老头一脸的诚恳，不吃反倒不好意思了。我这种人见了肉还有什么说的，抬头看了几眼老人家，吃吧。午饭吃了三块，晚饭继续吃，第二天还吃。到头来，主人倒没吃。你猜他怎么说？"我看着你吃，比我自己吃还香啊！"

二十多年了，干着干部的活，吃的是农民的饭量。我这饭量，它怎么也不减少一点？跟人家一起吃饭，从来没有交往的人，对我的第一印象就是我能吃。暑假去南京学习，我跟新同事周生金住一起，才吃第一顿饭，老周就说："你一顿饭能吃我三倍！真羡慕你啊，能吃能睡是福气……"

至于睡觉，那就更容易了。让你听个小故事，有一年冬天，中午在外边吃的饭，没顾上睡觉，骑着自行车往学校走。结果我在自行车上给睡着了，连人带车翻进树沟里，没受伤。正午的太阳，暖洋洋的；树沟里有些树叶，软绵绵的；身上穿的是羽绒服，棉乎乎的。真是一顿好睡……2：30过了，有学生陆续上学了，一个叫郭宏坤的学生，他跑来摇醒我，"寇老师你是不是病了，怎么躺在树沟里？"

每次乘火车卧铺，快到目的地时我先收拾好行李，然后肯定要躺到卧铺上再睡一觉；不然，那就像陈奂生似的，心理不平衡——我花钱买了卧铺，干什么的！一次就在兰州车站睡着了，被拉到东站的车场里不知多少时间才醒来——有什么大不了的，不就走回去吗！行李？背，还没有骆驼粪那么重！反正瞌睡总算是睡醒了，这不也是一大收获吗！

坐公共汽车，只要是到终点站下车，我总抓紧时间睡一觉。有多少次被司机喊醒我自己也不清楚。本学期到堰桥校区上班，来去乘大巴，单程40分钟，刚好睡一个午休的觉。常常是车还没出杨市街上就进入梦乡了，直到汽车开到教师公寓楼下，人家都下车了我才醒过来，又是最后一个。有什么大不了的？他们下车还得补睡午觉，而我，进门先搞卫生，一会儿工夫，我已经坐在办公室里开始工作了，省多少时间啊！

在家睡觉，夫妻两个人还说着话，只一句："睡吧！"头往枕头上倒去的工夫，就着了。等到头靠上枕头，妻子再说一句话时，回答她的就是呼噜了！

不是说人是铁饭是钢吗？没错，睡眠则是人体这架机器的润滑剂。

教书，我赖以维持生活的最基本方式，养家糊口的唯一手段。我为我父母、为我儿女而工作，工作首先是为了我的家庭。

我的一切都是学校给的，是学校给了我一切。没有学校，就没有我的现在和现在的我。我没功夫看电视连续剧，除非与专业有密切关系，我还怕耗费视力，但是《激情燃烧的岁月》中的石光荣，他最知音的人除了军人，肯定是我。妻子儿女看时听到的这两句台词，让我心动了已经好几年："啊？当兵，你说当兵有什么不好？我的一切都是部队给的，是部队给了我一切……"今生今世我就心满意足地当个教书匠，来世有机会我还当老师，儿女若有本事读到大学毕业，能当上老师我就心满意足了。老子有才使七分，留待三分与子孙。

我曾有过机会，可以跳槽出去——教师还没有地位的那个时代，现在也就不划算了。

以不停地提高自己而教好学生，是我的追求。教师职业，不是一种纯技术性操作的活计，支撑点在于博而杂的学科专业知识。

　　我常常自信，这世间没有我吃不了的苦，当老师才有多累！来去乘着空调大巴，提着笔记本电脑，玩着高档照相机，住着空调房，现在开着摩托车，将来我坚决买一辆好轿车……总没有我父母当年那么累；备课，讲课，批作业，辅导学生，也决不可能比我的两个弟弟长年累月外出打工累；业余时间看看书，时时刻刻不忘提高自己，给自己一些生存的压力，30 岁学摄影，35 岁学英语，40 岁学开车，偷空学会用电脑，肯定不会比我的兄长如永农、罗福、富军等人的生存压力大；中学教师，说到底不过是个小知识分子，哪里就像大知识分子的老同学陈其峰说的那么劳累！

　　掰开的馍馍不收气，不蒸馒头争口气，话虽粗糙，理却深刻！

2004 年 11 月 6 日晚 9：45 至此，兴尽而止；或许会续

永升记于省锡中鸳鸯楼家中

2022 年 8 月 22 日修订

祭而丰不如养之薄也

传说，欧阳修《泷冈阡表》刻成碑后渡江运送时，突然神龙兴风作浪，船只即将倾覆。船上之人为了活命，情急之下把沉重的石碑投入江中，瞬间便风平浪静……然祭奠时却见石碑已置于墓侧，人们惊异地发现，神龙用朱笔圈出碑文中的八个字——祭而丰不如养之薄！

——题记

2010年，永升离别家乡负箧曳屣赴甘州求学30周年，甘肃教育学院脱产进修毕业20周年，全家4口移居江南10周年！

三十年来，我有愧于生我养我的这个小山村——中泉庄子！

因为我很少能有机会参加庄邻友舍的红白喜事；年头节下，我几乎没有给庄子上的老人拜过年；长辈过寿，兄嫂生病住院动手术，近邻亲戚突然去世，等等，我都是在电话里听听而已……仅有的几件事情是：有一年朱振明姑舅哥盖房子我碰上了，吃了一顿；一次，寇世元爸的一个女儿订婚我碰上了，喝了一场；芮执松出嫁小女儿，我正好赶上，照了几张相……

三十年间，中泉庄子一二十位老人过世我没有进去磕过一个头；几十个媳妇子娶进来，我未曾挑过一担水；好多人家盖起新房子，我没有搬过一块砖；许许多多的后辈学子考上学了，我都不认识……

现在的家庭多是空巢家庭，维系亲情的只有一根电话绳！近些年来，不管多忙多累，我都坚持每隔一两天给父母打一个电话，每每只能是上下班或去食堂吃饭走在路上的时候才有时间和空间……

一二十年中，对家乡的了解，仅限于这根电话绳！

好几次电话中，我妈说道：庄子上有老人去世了——寇世元爸过世了，我妈在事情上帮忙架火，她说元爸的事情办得非常阔气，小车停了几里路长，中泉庄子从来没有过，你看寇永统这个老大当得多好！寇永文七哥过世了，她说，你看一下，寇宗元请来的外地厨师做的清汤羊肉，我们见都没见过。寇永川兄弟盖房子，她说，出力的活我做不动了，我该走上个人情……

每每说起这些事情，我妈总忘不了教训我："你们弟兄们都常年在外呢，谁家的红白喜事你们都不来嘛，没有谝下工，我们死了你们弟兄们个人背上埋去呢吗？……"为一件事情，我妈几乎骂了我三年：2008年清明节，适逢周末，我决定回家上坟——三十年中仅有的一两次上坟。星期五下午5点放学，我开车赶往上海虹桥机场，乘当晚航班到兰州。因虹桥机场空中管制，飞机晚点。到兰州已是星期六早上，从兰州赶到中泉已是上午8点多。而我们中泉庄子的一位老人——寇宗新的母亲是早上6点下葬的……"人家今早上6点钟埋人着呢，你呢，8点多才来着呢。你把它稍微赶紧些嘛，大场合关注着些嘛，（讲究）是念下书的嘛……"

三十年间，我有愧于我爸、我妈的亲戚六眷——大大小小的事情我几乎都没有帮过忙！罗家孕姑父猝然谢世，我还在上学；温家大妈去世，我在千里之外；外爷、外奶送葬，我在事后数日才知道；腰水陈家三个姑舅爸、三位姑舅婶娘，都是我爷的外甥，四位先后终老，没有一次我能在灵堂前烧一张纸！王家六位姑舅爸，都是我爸的血脉源头，四位已逝，他们先后给儿子娶媳妇、给孙子娶媳妇，几十件事情，我连时间都不知道；红岘上的二爹，临死前嘴里一遍一遍念叨着我的小名……去冬腊月刘子花大嫂病痛折磨而死，我拼搏在高三，离放假还有一个多月呢！长嫂如娘，我是吃着温家大嫂做的饭上中学的……

兼兄弟姊妹皆在外谋生，每每想起，我总是有不尽的遗憾与愧疚，总感觉到欠了家乡亲朋好友许多许多！

但是近些年来，我爸、我妈的许多大小事情却是全由亲戚朋友、当家七社、左邻右舍乃至我的同学帮助照应。

怎能不知，我爸我妈生病了，第一时间先跑进来看一眼的是三哥永农！买一块肉，我妈胳膊痛拿起刀切不动，能随时帮忙的是三嫂常秀梅！烧几个馍馍，揉不动面，捋起袖子给我妈助一臂之力的是我奶奶外孙女的女儿高秀梅……

穷冬烈风，家里几个炉子都年久破烂，在条山买上炉子送回家的是大侄子宗勋！喂了个羊羔子，我建议我爸我妈把它杀掉你们吃肉，不嫌脏、不怕麻烦，操刀屠宰的是朱振炎表弟！

五黄六月，家家忙碌，出钱都找不上人帮忙，开上拖拉机给我妈打场的是老哥寇永红，是侄子寇宗章，甚至是我连正式的名字都叫不出来侄子"尕娃"!

近几年来，每逢半夜浇水，都是我干妈的儿子朱振明连我妈的田地一起照管上。我家一块田与朱振宝的连在一起，农忙时节，朱振宝姑舅哥是先干完我妈地里的活，才干自己地里的活！

而我，二十几年了，未曾在我爸我妈的地里送过脚步，我连我爸我妈的地头子在哪里都不知道！——我却每年要吃上我妈烧的馍馍，要吃上我妈压的长面，要吃上我妈做的炒面，甚至炒麦子、麻子……

清明时节，漫山遍野都是上坟扫墓的，但郭凤丛姑舅嫂子却在我家的锅台上帮我妈给我们这个大家族六七十号人做饭，一干就是一整天，十来个小时，自己却忙得吃不上一口！

隔三差五，能走进我们这个大门，坐下和我爸我妈喧一会儿，聊聊天、解解闷的，不是我们做儿女的，而是我妈的同龄人尚美兰、魏烈春……

我每年往家里邮寄物品钱款，少说也有一二十次，大到麻袋、纸箱，小到一个布包；重到千元现金，轻到一盒药品，只要我妈喊一声，任何时候，寇明泰都放下自己手头的事情，摩托车一脚踹开，一顿饭工夫就从脑泉拿回来了……而我在街上即使碰着也不一定认识寇明泰！

焉能一一列举，又焉能是我全都知道的！这些仅仅是我妈在电话中说起，而且我也至今有记忆的。挂一漏万，肯定难免，万望亲朋好友谅解——有的事情，因我妈上年纪了，时间长了忘了，没有对我说起；有的是我妈说了，我自己忘了。

我爸突然瘫痪在炕上了，我一个电话，表弟陈仙贤二话没说，小车派来，把我爸接到白银，亲自找医生，亲自带路做各种检查，不厌其烦，四处托人找来进口药品……因为治疗及时，我爸又多活了这好几年！我岂能不想，若不是仙贤帮忙，今天我想尽这点孝心，地点就不是在这个院子里，就可能是在黄羊垴里，或者柳树沟沟里！用我妈时常骂我的话说就是"娃娃，你有吃饭肚子就要有想事的心呢！"——今天我看见的我老爹，就不是坐在上房炕上的那个老者，而是山间的一个黄土堆堆，冷冰冰的，不能言语……

随着年纪增长，我妈再也不是前些年那个不怕苦、不知道累、连明昼夜里里外外逞强能干的人了。动辄腿疼、胳膊痛，常常伤风感冒……我发个短信，卢昌世车开上来拉到城里，求医买药不说，还要连吃喝都管上，还要买上菜、买上水果、买上牛奶让我妈回来带上；隔一段时间还要再来探望一下……我妈说："我们这几年吃的大米、带鱼差不多都是卢昌世拿来的。八九月里，人肠子上都没有油水了，中泉庄子有几家子能吃上肉呢？卢昌世一次一次成十几斤肉着割上给我们往来呢送着呢！"

一次昌世给我打电话，想给说我妈检查的情况，我却说："我这会儿忙着呢，马上要去上课了。我父母就是你父母——一切全听你的，你看着办……"

2004年寒冬的一个夜晚，我走在校园里，身上感到很冷，打电话给我妈，问家里现在冷不冷。我妈说："冷得很！扬风搅雪，门都不敢出……"我就安慰我妈说："你们把炉子架上，火生好些……"我妈说没有好煤，煤块块子都不多了，还要省着些，过年娃们都来了，冷冻寒天的怎么办呢……

挂断我妈的电话，已是晚上10点多了，我立即拨通昌世的电话——几天后，昌世给我爸我妈拉来了一大车煤。庄子上有老人称赞说："自打解放到现在，中泉庄子有几家子一次拉来过这么多的煤！"

而我到如今，还没有见过昌世双亲的面！

含辛茹苦，一把屎一把尿，把儿女们拉扯长大了；省吃俭用，给各自都成家了，谁忙谁的事业去了。翅膀硬了，都飞了！我爸我妈舍不得吃5分钱一根的冰棍，舍不得穿一件像样一点的衣裳，把孙子们也抱大了，都到城里上学去了……最后我们这个一二十号人的大家庭，这十来间的破旧土房子，连续几年就只剩下了我爸我妈在给我们看家，还要给我们务庄稼呢——害怕他们死了我们拿钱去买粮油米面让人笑话呢，害怕让我多花不该花的钱呢！结果三天两头，不是这个事就是那个事，心情不好了，身体不舒服了，无论冬夏，大老远骑着摩托车来看望我爸我妈的是我舅舅！动员我爸赶紧把针吊上，说服我妈赶紧吃药……好像照看我爸妈的任务落到我尕舅的头上了！

温正德，我奶奶的一股血脉，孙子都十几岁了。年年正月里带领弟兄们来看望我爸我妈，认认真真地趴在上房地上给尕爹、尕妈磕头拜年……

罗勇平时工作也比较忙，但是这几年都是一年中能来看望我爸我妈好几趟。碰着八月十五正好是周末，一半天时间，回家看看我尕娘，匆匆忙忙吃几口，就带着我娘娘来转娘家……而我三十年间，没有一次的中秋节是在父母身边团聚的！

陈权贤，是我的姑舅，也是我的老师，去年中秋节还和仙贤、海贤等兄弟一起，带着大盒的月饼来看望我爸我妈！我妈说："我们还从来没见过这么豪华的月饼……"

车世普表兄，也是五六十岁的人了。我三姑父和三娘都去世多年了，一个农民，靠放羊养活全家，靠几只羊供儿女上学，生活压力多大！还要抽空来看望我父母，还要住上一夜，和舅舅、舅母暄一暄……

寇永久两口子也都五六十岁的人了，在脑泉住时就是年年来，这几年搬到条山了还是年年来！寇永久从大门里一进来，就大喊："尕爹，尕妈，我看你们来了！"

十几年前吧，我想给我爸我妈把那六块板准备好——这在家乡也是老年人的一块心病，应该让老人心理上得到少许安慰！可是，我不认识木材，我不会买木头，也没有时间。我给高正有兄写了一封信，他帮我买了一立方上好松木；罗福兄考虑到木头太大，拉回家后难以施工，先在脑泉用电锯破开，再用铁丝捆绑好拉到我家。我听说了，庄子上的几位老人不无羡慕地谈论着："打我记事起，这是中泉庄子买来的最大的一块木头……""好木头啊，做两幅子棺板还有余头呢……"

请来木匠做好棺材，再到我妈的姑舅来油漆，我没有端过一杯水，没有点过一支烟；而从大哥到三哥，我的几位兄长却是天天来看看；材房落成，他们又是上香，又是磕头；罗福兄等亲戚还来"交粮"……

弟媳妇三芳，从小父母双亡，孤苦伶仃，是在哥哥嫂子屋檐下长大的，人间的辛酸寒冷，她是同龄人中遭遇到最多的了。这几年三芳在白银陪琛琛读书，节假日还要赶回来帮助我妈到地里劳动。三芳个人没有收入，四五月份，青黄不接之时，身上有几个零碎钱，买上一把韭菜、四根黄瓜，都舍不得吃，在汽车站等上半天，找着个熟人，请人把这一点新鲜蔬菜带给我爸我妈！

有一年三芳病了，难言之隐，没有钱，有钱也舍不得花到医院里去。我给了她一千块钱，她不好意思接受，我说："这一千块钱是托你给爸妈买菜的……"

弟媳妇罗秀艳，娘家母亲脚受伤，出进靠爬行……她带着年幼的侄儿宗琦回到家乡，总共两三天，看完自己的妈，还要赶紧来到我们家。只住了一宿，还要给我爸我妈做两顿饭吃，电话中对我说："我应该尽到一个儿媳妇子的责任，只是做饭手艺不好……"

大妹夫刘光辉，儿子上中学了，永春又没有多少收入，家境也不宽裕。但一听说我们兄弟姊妹商量给父母祝寿，就主动要求全家回来，给我们帮忙，给我爸我妈长精神……

2009 年 10 月份，小妹妹永梅来到无锡，我招待她吃了几顿饭，多是江南水乡特产。临走前，永梅对我说："哥，能不能把这些东西给爸和妈带上些？我在兰州转车，把东西送回家，再回嘉峪关……"永梅就顾不上自己尚在襁褓中的孩子，千里迢迢带上了螃蟹、甲鱼以及十几条鳊鱼、鲤鱼，从江苏往甘肃拿，为的是让我爸我妈尝一尝……当时江南天气还热，她和安燕在家把各种鱼洗干净，放在冰箱里冷冻好，我买来几个保鲜袋，她带上火车后求人放在车厢里比较凉爽的地方，夜间还要时时察看……若是我，可能嫌带这么多东西搬上搬下累，嫌麻烦等等。

我在江南吃了十来年螃蟹、甲鱼、河豚、白鱼、白虾、龙虾……我就从来没有想过，把新鲜螃蟹带到中泉庄子给我爸我妈尝上一口！

不要说亲戚朋友，弟媳妇、妹夫们，姊妹们，与我的女儿寇蔻比，我都有愧！

2008 年暑假，寇蔻（初中毕业）向我提出，想回家看看爷爷奶奶、外爷外奶。因为我们夫妻二人都很忙，无奈之下，我就打发她一个人坐火车从江苏回甘肃。在老家里爷爷奶奶身边住了十几天，把爷爷叫鸡儿的声音，把奶奶吆喝毛驴子的声音、唱歌的声音，都录下来，回家放在她的 MP4 里，像听流行歌曲一样时时欣赏，还每每边听边笑、边听边流眼泪……十几岁的女娃娃，平生第一次出门，手脚还不利索，烧馍馍、炒面、长面、苹果、瓜子、炒麦子、麻子，一个人带了十几件行李！因为这些东西都是我喜欢吃的……

回到无锡，叫我和安燕坐下，郑重其事地对我们说："老爸老妈，我们再给我爷爷奶奶买东西，我认为最实用的是买一个电冰箱。哎呀，你们不知道吧！爷爷奶奶太俭省了，剩饭剩菜都舍不得倒掉，家里又不养猪呀狗的，就把那些剩饭菜放在厨房的案板上，那个苍蝇叫多呀，我从来没见过……你们想想，爷爷奶奶如果吃了不卫生的饭菜，对身体多有害呀……"

我的儿子、女儿，每人拿出一千块钱来——这是他们积攒了多年的压岁钱。我打电话给卢昌世，几天后昌世亲自把冰箱送来，安装好，还把菜和肉都买上放进里边！

永强、永斌这几年一直在外打工，抛妻别子。但是只要我们的大车一回到白银，就尽可能到家里看看父母，比我做得好！有时父母有事，只要我一声令下，随时就能回家……

而我这个长子，近十年来没有在家过过年，连续十几年没有在父母身边陪过一宿！

我有愧于中泉庄子，有愧于亲朋好友，更有愧于父母！

今二老年事已高，若等到父母后事突然来临，我去请乡邻亲朋帮忙，恐与礼有亏！故借这次给父母过生日，把亲戚朋友、庄邻老者请来喝碗汤、敬杯酒，实为应该！

我爸生在 1935 年，属猪，今年 76 岁；我妈生在 1937 年，属牛，74 岁。年前的牛年当为我妈本命年。父母自出生至今，没有机会过生日，一则因为家乡农村前些年尚未兴起过生日之风；再则每逢父母生日，我姊妹皆在外。孩子的生日是自己吵吵要过的，现在的孩子没有不过生日的，或者家庭聚会，或者请老师同学赴宴，我的一双儿女没有一年落下。而父母的生日是需要子女张罗的。父母已过古稀之年还没有过过一次生日，责任全在我兄弟三人，而作为长子的我更难辞其咎。

巴金说过："我们不是单靠吃米活着！" 父母虽年事已高，但还是有精神生活的需求，人老了也有攀比之心。我爸我妈也时常说起，谁家老人过寿了，谁家老人后事都准备好了……让父母在有生之年享受上一次红火热闹，让父母在生命历程中有一次关于生日的美好记忆，这是我们今天的人给我父母这样年纪的人能够做到的。

我爸前几年就耳朵聋了，我往家里打电话只能跟我妈说话，时常觉得心有遗憾。有时请我爸在电话上说几句话，我听听他说话的声气，判断他说话时底气还足，以此猜测他的身体还可以支撑几年。只要给我的兄长们打电话，我总要问："你们看着咱爹气色怎么样……"我爸没文化，在中泉庄子当了一辈子弱人，但他有几句话对我有非凡的教育意义——"前三十年看父待子，后三十年看子待父……"

我们家乡习惯于老人过世了才把各路亲戚请来！能不能让父母在有生之年和他们这一代人的亲戚六眷聚一聚？是否创造一次机会，让父母在他们还没有癫钝糊涂的时候，跟一起劳动过的同龄人坐在一起暄一暄？按我爸的说法，"我们死了，你烧掉多少，祭上多少，吃喝掉多少，那都是闲的，白白花钱着呢……"

闻乎，祭而丰不如养之薄也？我不能等到父母不能言语了才明白：悔也，哭而哀何及言之恭乎！

何为孝也？生，事之以礼；死，葬之以礼；年节岁时，祭之以礼。前年开始，我时常牵挂于心，一定要在父母有生之年给他们正式、隆重地过一次生日！我爸的生日当在农历十一月二十一，我妈的生日当在农历腊月二十一——今之所以合并在虎年春节之际，是因为我拼搏在高三，不忍心以一己之私事而误百十来学子之前程；又为图我兄弟姊妹时间上方便；借过年之际，亲戚朋友出行也方便。权宜之计而改在虎年正月初四。

又因近些年来，家中之事已全部由永强夫妻照料，而永强在诸多事情上都受到庄邻及亲戚们的帮助照顾。作为长兄，我也有意帮永强夫妻在乡邻亲朋中更有人脉、更活人气，进一步联络感情，故由永强出面请来庄子上他的同龄人，吃顿便饭，喝两杯酒，以表达我的一片感激之情，亦拜请亲朋好友今后更好地照应永强。

不仅仅是对亲戚朋友的一次感谢，还因为我双方父母都年事已高，我在兄弟姊妹中为长，妻安燕在她娘家也为长。我们都已在外漂泊多年，久不习家乡红白喜事，乡风习俗好像都淡忘了，年轻一些的亲戚朋友，我见面都不认识了……这样一个难得的机会，我也把它看成求教学习的过程！

我出生于农家，父母大字不识，能走出家乡有今朝之一切，全仗小学到大学各位师长厚爱关照。寇永升今天的一切，都是学校给的；是学校给了我一切！如今的年代，是当教师最好的年代。与教过我的老师比，我生得逢时、逢世、逢地！我在教师岗位上工作了近三十年，虽无大建树，亦每每受到学生抬举。为答谢老师训导之恩，决意诚邀曾在我人生之路四个求学阶段给与我教育与帮助的数十位师长。

所幸小学阶段的老师今多健在，罗文举，崇德达，陈尊贤……一个月前，就请我的启蒙老师兼本家兄长寇永珠代为邀请召集。

中学阶段，寇宗恩是我的恩师！没有他当中泉中学校长，就没有我们这一批人！至少没有我寇永升的今天！火毓花，马勇，寇永贵，张仲炎，贺友家，赵红，尚有伟，陈权贤……惜陈经奎老师已作古！年前我已拜托宗恩代为邀请。考虑到电话中一时说不明白，我专写一信，对宗恩说："请您一定向各位老师说明缘由，一是没有他们的电话，亦无具体通信地址可以邮寄信件；二是永升今年适逢高三，现已临近期末，十分繁忙。不及一一当面邀请，还望各位老师见谅！如有遗漏，请提醒我……"我还对他开玩笑说：你是当年的校长，你有号召力，你又不缺时间……论师生，你是师长；在家族里，论辈分我以叔自居，安排你这点小事，务请你能帮我办好……

我在1月13日——距农历腊月三十整整一个月前，写信给朱卫国院长："河西学院各位恩师，永升心里很矛盾——既是我求学路上最为关键的两年，也是我求学路上留下记忆最为美好的两年，是我今生今世受到老师关爱最深、最多的两年；然路途遥远，向叙典老师、刘懋德老师、方步和老师、杜审年老师、康舒泰老师、柳兴华老师……多已年近八旬；罗茂林老师远在湖南，姜德望老师多年联系不上；两位班主任，张伟德老师移居上海，杨国学老师更在岭外……若请不到这两年教过我的老师，我觉得是我的一大遗憾！我当然最期盼朱老师能来——教授、大学校长来到永升家乡的小山村了，自古及今未之有也！但也觉得话到嘴边口难开——朱老师一家三口三处，在这新春佳节之际，学生怎好让老师骨肉难聚又鞍马劳顿！或则请朱老师安排顾长兆等学弟作代表，永升亦觉颜面颇大。"

我万万没有想到的是，当时远在湖南出差的朱老师，当晚就回复我短信："永升，接到你信，看完你的文章，令我欣慰感动！你对父母的一片孝心，你对母校老师的一份感恩之心，你对家乡父老的一片赤诚厚爱……回去后我一定把你的文章和信打印出来交给懋德公等……正月初四，若无要事，我尽量前往，为二老祝寿！"我还没有想到，朱老师还把我的文章批改了一遍，就像当年教我们时批作文一样，指出几处错误之处……

省教育学院的两年脱产进修，使我由一个初中老师提升为高中老师，揭开了我职业生涯新的一页。毕业20年来保持联系和有过交往的是班主任程金城老师和王源老师。程老师今已是名牌高校兰州大学文学院院长、博士生导师，虽相隔千里、分别多年，但我们师生之情未因时空而淡退。省城兰州距离永升家乡相对不远，我诚邀程老师在可能的情况下也来我家一聚。

我在给各位老师的信中说："请我人生四个求学阶段的老师来我家一聚，让靠卖鸡蛋供我上学的爹娘今生今世能有机会向教育过我的各位老师当面致谢，是我的心愿。"

我还请几位擅长书法的老师给我写对联：父母养育之恩重如山当报答，师长训导之情深似海不敢忘。

……

我向我的老师和老同学们承诺：永升把这件事当作一次喜事来办。赖同窗好友相助，供职于县府的中学同窗、开裆裤弟兄寇明哲已请定一名厨——康星顺，在景泰县内外专以烹大碗羊肉闻名；任职于白银的大学同窗卢昌世，情同手足，在职场中专管接待多年，已在白银一宾馆订制凉菜六道；表弟陈仙贤已安排接送车辆；人称"张罗"的表兄罗勇，自荐承担了司仪……还有诸多亲戚、朋友及老同学相助，我相信一定成功！

永升倾力筹备：吃大碗羊肉，喝天下第二泉惠泉黄酒；品太湖翠竹（新茶），抽江苏名烟；讲乡村土语，叙别情旧谊……宴前饭余，游黄河石林，乘羊皮筏子，坐毛驴车，睡热炕头，吃农家饭；把牛九掀翻，将相片拍断……

今天为我爸我妈办这样一件高兴事，能不能把好事办好？能不能办得我们兄弟们合力、各自夫妻和睦、姊妹妯娌们和和气气？

去年暑假，我在北京有十来天空闲时间，打电话给永强："你们想办法到北京来一趟，我们兄弟三人在这里开一次会，商量几件重要事情，也好趁机带你们游游北京……"昔日同窗老侄寇宗乾，安排我住星级酒店，我们兄弟三人，商定给父母祝寿，商议了……

事情谈定，接下来就是筹措经费。我当时对永强和永斌表态："你们两人，量力而行，三十块、五十元都是孝心；你两个姐姐，她们是亲戚，给爸和妈做一件衣裳，就是她们的孝心……我拿大头，或者我全力承担！"

2009年10月在无锡，与小妹妹永梅说起我们的打算，她说："爸和妈拉扯我们做女儿的，和拉扯你们做儿子的耗费的心血是一样的！现在男女都一样了，爸和妈的事情我们5个人共同承担！再说了，你也不能剥夺我们对父母尽孝心的权利和机会嘛……"

但是，我不能等到我妈眼睛一瞪，牙叉骨上都带着劲儿骂我："你该没有把书念到驴肚子里去嘛……"我要是到那时才表态，那就晚了！

回家后谈起这件事情，安燕说："我看你还是不要搞摊派。永斌、永强全国各地四处打工，风里来雨里去，能挣几个钱！他们一年四季，吃不到时间上，睡不到时间上，常常一两个星期、十天半月甚至几十天，

连女人娃娃的面都见不上……你一个月的收入是多少！你有多累！你总是在空调办公室里坐着呢……你是长子，我是长媳，爸和妈一辈子辛辛苦苦，第一次过生日，费用我们全部承担掉……多少年不回家了，你还应该在三十晚上给每个侄儿子、外甥给上压岁钱。爸和妈需

要的东西我买，你多带上些钱……再把工资卡带上，不够了就去取！……兄弟妹妹们都对你这个哥哥够过得去的！你想想，你为了吃几个死瓜蛋子，让永斌大雨中大汗淋漓，从家里背了一麻袋瓜籽瓜往兰州火车站挤……你人在无锡，却异想天开要吃嘉峪关的沙葱！小妹夫苏继宁给你用编织袋往来背过，永梅一手抱着孩子，一手给你抱着一坛子沙葱，我在无锡车站看见的那一瞬间，眼泪都快流出来了……你对弟弟妹妹们说话就像批评学生一样，你的话就是命令，就像圣旨一样……兄弟妹妹们离家近，对老人照顾多；我们离得远，出的力少，尽的孝心少……"

是啊！在父母身上，钱就能代表一切吗？我爸我妈躺在炕上，要喝一嘴水的时候，能及时端上去的是永强和三芳。我在父母身上花钱，花多少都是应该的。不是因为与兄弟妹妹们比较我挣得稍多——被引进到长三角经济发达地区工作十年来，我的收入确实提高了。但是，两个孩子都到了上学花钱的关键年龄，与我的同事比，我是负担最重的——也不因为我是老大，而是因为我比弟弟妹妹们读的书多。我爸我妈在那个年代，勒紧裤带，靠亲戚朋友们帮忙，也只能供得起我一

个人上学。因为供我上学而耽误了兄弟妹妹们读书！今天，当我学业有成、事业有成、个人小家日子过得滋润的时候，分担一些姊妹们的义务，不是天经地义的吗？！

想想看，我爸我妈，两位古稀老人——农忙时节，我爸在家看门、磨锅台；我妈在田间劳作，腿疼得蹲不住，趴在地上锄草，膝盖上包一块旧帆布跪在田里收割……顾不上做饭，涮一碗炒面糊糊，啃几嘴干馍馍……每年都能给我们打好几千斤粮食！前些年，我妈还要每年给我们喂一口大肥猪，过年我们姊妹几个每人分一条猪腿——我一直觉得我妈喂的猪，肉最香！我在外面怎么买肉吃，总觉得不如我妈喂的猪肉好吃！养几个鸡儿，我爸我妈一辈子连鸡蛋都舍不得吃，而我们来了杀生害命，又吃又拿。白面成袋子往城里背；纯胡麻油，在城市里花多少钱根本就买不到，我们每个人来了成桶地装！门前一棵树，结上几个酸杏蛋子，我爸我妈挂念着这个孙子没吃上，留几个！秋天几斤枣儿，脆生生的时候舍不得吃，惦记着那个儿子太远，晒干了邮上些！——在我们做儿女的眼里，都好像不是钱似的，都好像是田里自己长出来似的……我们就

31

（专辑） 亲 情

这样年复一年地往城里背，我们十个做儿女的，没有人想过，这是我爸我妈汗滴禾下土才得来的！年终岁尾，我们沾沾自喜地摆各自的功劳——"我今年给了爸和妈多少多少钱呢，我的贡献比你大……"而我爸我妈却想的是：今年的白面这个女婿到现在还没吃上；以前没有葵油，今年有了，那个媳妇子上次来也没有多带上些……到了需要在田里下苦的时候，我们这个也忙了，那个也有事情了；我觉得自己离家太远了，回来一趟不划算；他嫌田里劳动太脏太累，你又怕把自己晒黑了……

我们的几个钱就那么重要？我爸我妈的黄米、白面、清油难道就都不是钱？！

孰轻孰重？！……

寇宗莲、何斌是我在无锡最亲热的家乡亲人！他们已在这几年中经历了多次红白喜事，经验丰富；对家乡的风土习俗、人情世故比我要熟悉得多，诚心实意，多次为我出谋划策。何斌给我推荐了名厨康老板，还跟我开玩笑说："你老人家这件事情很好办！中泉庄子——一个尕庄庄；你老又是老大，说了就能算；这么点事儿花上你一两个月的收入足够了！你根本用不着收礼……"

是啊！姐姐们来了，一斤糖，就是你们的心意！姑舅们，磕两个头，就是你们的祝福！侄儿子们，挑一担水，端半天盘子；嫂子们从早到晚爬锅台，侄儿媳妇子们大冬天冷水中洗碗；兄弟们又操心又跑路，娃娃们放炮、吃糖……与寇永升出钱，所表达的心意完全一样，没有区别！

祭而丰不如养之薄也！我爸经常教育我说：厚养薄葬啊！让我父母在有生之年，更多地享受到儿女的孝心，享受到亲情的温馨；让我爸我妈在眼珠子还能转动之时，与亲朋好友一起，分享人生的乐趣，是我应尽的义务。我不能等到父母都叫不答应了，再哭哭啼啼，叫爹喊娘——就算是发乎心、伤乎情，一把鼻涕、两把眼泪，哭得死去活来，除了释放我们自己心中的悔恨与怨愤，除了发泄我们人生的失意与不满，与逝者又有多大意义呢？！

以姑舅爸为代表的我爸的娘家人们，以舅舅为代表的我妈的娘家人们，以伯叔、婶娘为代表的长辈们，本家兄长、嫂子们，寇永升给你们

敬上一杯酒是应该的；中泉庄子和我爸我妈一起劳动过的老者们，把你们请来喝上我的一碗汤，是我的一点心意；中年人进来抽支我的烟，年轻的趁红火喊两拳；老同学们，姑舅们，侄儿子们，有车的，把你们的车开上来，在我爸我妈的大门口停上一会儿；酒量好的，把你们的胃揣在怀里来畅饮；爱吃肉的，把你们的嘴扛在肩膀上来豪吃……

——都是给我爸我妈长精神，都是给我寇永升面子！

祭而丰不如养之薄也！

2010 年 1 月 18 日，农历牛年腊月初四于无锡

2022 年 8 月校订

没有搞成一次吃喝聚会

——为父母祝寿活动后记

朱老师：

近好！

之所以这么晚了才跟您联系，才向您汇报我祝寿活动的情况，是因为：我在等待将所拍照片和录像资料整理出来，还因为我在等待把几幅字画装裱出来……而这些事情的拖延都因为我今年任教高三，正月初八早上，火车一过南京就开始我的新学期工作了。我只能抽周末的时间一点一点办理，包括写成今天这些文字，也是因为明天开始，我的学生们将参加苏锡常镇一模考试，我们在停课复习。

一直到了"五一"，二模考试停课复习，我才能继续做此项工作。

越写想法越多！到了5月底、6月初高考前停课复习，我才能继续找回思路，补充完善成此文。

世博会开始后，老家陆续有亲朋好友来聚，闲谈中又了解了一些信息，产生了一些新的感悟。高考结束，学校组织高三教师赴海南学术休假，又耽搁了十来天……

最后的一次启发与激励是，6月18日，也就是前天，任职于县人大的本家兄长寇永统来无锡，带来了祝寿活动的视频光盘，我仔细地看了两遍，重温当时的场面，才又下定决心了结此事。若再拖下去，下周高考成绩出来，填报志愿，忙得昏天黑地，怕是不知耽搁到何年何月了！

还请老师谅解，并请向长兆等做一解释。

——2010.3.23致函河西学院朱卫国院长

一、与时俱进的成功邀请方式

此次祝寿活动成功，主要标志是人多、热闹、喜庆。原本准备招待300人以内，结果仅正月初四这一天我们就招待了450–460人。厨师做出来的饭菜全都吃完了，少数帮忙的人直到下午三、四点还没有吃到午饭。晚饭时间，我们家十几口人和村子里来帮忙的二十多个人，每人一碗肉汤泡了馍馍充饥……

幸亏，年前我到家后经过再三斟酌，最后还是又买了一头猪，在腊月二十九这一天宰了。初三厨师到位后，我以可能有人不吃羊肉为由，建议他再做一锅猪肉。他把一只猪的所有排骨、所有瘦肉全都剔下来做了。

来客如此之多，可能与我的邀请方式有关——老师、老同学及亲朋中的工作人员。我把我的文字性材料以电子信函方式发给他们看，大家都理解我的心意。许多意思要是在电话中口头表达，一方面内容和想法比较多不易说清楚，而且有的想法也不好口头表达，还会让朋友们产生误解，觉得我是否借此机会收礼；一方面我也没有那么多时间，一一打电话是要费些时间的，且不说电话费得多少。

对于老家几位重要的长辈亲戚，我在腊月二十八这天亲自去看望。有的亲戚，安排我弟弟妹妹们分工去请。还有一些亲戚朋友，我回到家里打电话邀请，委托人邀请……最为成功的是本村乡邻人，我在正月初一这一天，带领两个弟弟、三个子侄，挨家挨户拜年看望。有老人的家里，我都上香磕头，坐下来暄一会儿……我是十几年没有在老家过年了，农村人

朴实，觉得我这个远客能到他们家里拜年，能在他们的土炕上坐一会儿，能在他们家里喝杯酒，能在他们家里吃顿饭，都是看得起他们，都是不摆架子……

二、让小村庄里充满浓厚的文化气息

按照我家乡从村子里的长者到县里的干部的说法，我为父母祝寿，在家乡是史无前例的，是开了一个好头。但是我没有把这次活动搞成一次吃喝活动，没有搞得很俗气；而是让它有一定的文化气息，彰显出书卷气息。

做展板，图文并茂——我的初衷基本在《祭而丰不如养之薄也》这篇文章中，离开无锡回家乡之前，我把这篇文章通过网络传给侄女宗莲夫妇看，听取他们的意见。他们认为不适合像开会一样念，而是采取张贴阅读的形式展示。（宗莲是在我们那个村子里长大的，对乡风民俗理解透彻。在县委机关任职时间很长，从县政协副主席的职位上退休，社会经验丰富。侄女婿何斌也是一直工作在家乡，他们双方四位老人都已

去世，经历过多次红白喜事，成功的经验和失误的教训都有。最为关键的是，他们这几年随儿子定居无锡，就是我们在江南最亲近的家乡亲人，都毫无保留地指点我，诚心实意地帮助我。）后来在与表兄罗勇联系中，他建议制作成展板。经过斟酌，我们又增添了图片内容，我把近些年来的许多照片传给罗勇，他在广告公司制作了8个展板，其中4个展板全是照片，现场效果非常好。

《祭而丰不如养之薄也》这篇文章，我不是在一个时间写成的，是在日记中陆续记录点滴完成的，许多内容我尽量用老家的方言土语表述。做成展板挂在院子里的墙上，现今农村大多数人可以看懂。我在现场几次看到，观者无不唏嘘，多人次感动落泪，甚而泣不成声。初三晚上，社火队散去，观众也纷纷离去之后，我看见几位年长的亲戚还在灯光下吃力地阅读我的文章——识字少的人阅读靠的是念，只有念出声才会解其意，遇到不认识的字，就只有靠上下文语境来蒙或猜。我看见有年近七旬的老兄寇永久，有视力不好的兄弟寇永川……我邀请召集了魏家的三位表姐，温家的大姐等——这些人都是不怎么识字的人——克服连日的劳累疲劳，我给他们从头至尾念了一遍，历时一个多小时。永川弟一直在擦眼泪，几位表姐感叹唏嘘……墙里说话墙外有人听——躺在西房炕上的厨师康星顺，翌日早晨三四点就得起床劳作，之前社火队又唱又跳，他难以入睡，本来这时夜深人静正是抓紧休息的时候。可是他竟然一直在听，他后来对我说："我一年四季在人家红白事情上呢，我第一次经历你家这样的事情！昨晚上，开始我躺在炕上听，心不在焉地，听到一句是一句；后来越听越觉得对咱们胃口，我就趴着听，再后来我干脆坐起来听……说实话，我很受感动……"

我还让妹妹永梅把这篇文章的打印稿，连同我的其他几篇文章以及宗璞两篇作文，一起粘贴在一个大红被面上，我看见永梅在西房里一边阅读一边哭泣……

第一次出现了书画作品——在我们这个小村子里，以前只有过红白喜事，祝寿的事情是第一次。就红白喜事的风俗，从来没有人看见过书画作品。这次的几幅字画，给祝寿活动增添了不少文化气息，也让家乡人大开眼界。

1.还是在腊月里，宗恩老校长看了我的《祭而丰不如养之薄也》一文，挥毫完成了他的几幅字画，自己花钱在县城里装裱制作成镜框，在年前掸尘节之后亲自送到我家，用意是让我们能在年前挂起来。

　　上图右侧篆体字"福如东海寿比南山"是我在无锡的学生姚溢十年前写给我的，那时他读初中。左侧金黄色边缘装饰的即为宗恩所赠。照片上谈笑风生的老人是我大哥永纲，左右两侧的是他的两外孙——我修改这篇文章的时候，我大哥永纲正在放命。（家乡土话把老年人临终前生命垂危的一段时间叫作"放命"，我用这个词语只是为了让家乡的父老乡亲们更好理解，也更形象。）（2021年2月8日，腊月二十七晚）

　　非常遗憾的是，我在家里时竟没有想起来为之拍张照片，近日为写作本文，才在上面这张照片的背景上看出一点来。

　　中堂：水火有气而无生，草木有生而无知，禽兽有知而无义，人有气有生有知，亦且有义，故最为天下贵也。——荀子语，庚寅年春节（宗恩没有署名）

　　对联是：父母养育恩重如山当报答，师长训导情深似海慎铭记。（把我的原文稍作修改而成）

　　2. 我舅舅建议我们布置一个寿堂，我在初三这一天还发愁，怎么布置一个寿堂呢！

　　初四早上，先是小学恩师罗文举带来了他的两幅字画，中间一个特大的"寿"字，两边对联曰："椿萱喜并茂，松柏庆长春"——令人激动而出乎意料的是，罗老师把这幅字准备了同样的两套，让我一套现场挂，另一套留作纪念——他怎么能想得如此周全！把罗老师写的字粘贴在一个被面子上，很快寿堂的主题有了；而罗老师写的另一幅，我就带回无锡装裱成了下面的样子，挂在我家。当时罗老师还当面展开给我指点，哪副装裱，哪副现场使用，等等。

可惜的是，当时并未想到着意把它拍好以作纪念。

后来我仔细辨认，他建议我装裱的这幅字画上面有他的印章，另一幅则没有。

罗老师的另外几幅字画都是很有纪念意义的，我都进行了装裱并收藏。

罗老师在腊月二十九这天打电话给我，专问我父母年龄，他即是在为此事作准备。下面是他书写的朱元璋这首诗，很符合我的家境及成长经历，我尤其喜欢。

朱元璋《咏雪竹》："雪压竹枝低，虽低不着泥。一朝红日起，依旧与天高。"

3. 我父母这一辈的人，在我们家族中已不多。寇世权和寇世贵，是我着意邀请的长辈代表。他们都居住县城多年，早过古稀之年，车马劳顿，不辞辛劳，不为来吃一顿饭，而是以亲情为重。我没想到他们准备了我急需布置寿堂的材料。

遗憾的是，当时我也没有想到应该拍照留念，现在只好从几千张图片中去一一查询。只是在下面这张照片上可以看出大概而已。

下面这幅祝寿中堂画，非常符合我们老家风俗习惯，后来挂在我家的上房里。

4. 供职于县委党校的宗和佺，在县城以书法小有名气，接到我的书面

邀请，即着手准备，很快完成了左边这幅《百寿图》，可以看出是有一定功底的。永斌非常喜欢，拿回嘉峪关挂在自己的新居里了。

5.字画之最、祝寿仪式的高潮之一，是我的母校河西学院院长朱卫国老师送的《福寿图》。

年前朱老师安排，母校美术系张敏老师挥毫泼墨完成了这幅画。腊月二十八，张勇副院长到中川机场接客人，专程送到景泰县城。我因在老家农村忙于活动筹备，难以到一百多里之外的县城去接应，就拜请老同学刘在元接待张院长一行。

在原本准备初四前来，可是临到这天，他突然有事走不开。只得把这幅珍贵的字画带在从县城通往我家乡的公共汽车上。老同学尚可臻开车在乡政府车站等候。接到字画立即赶往我家——祝寿仪式正在进行！可臻未及停好汽车，从人丛里挤进，看见我侄子宗军——也是河西学院校友，就交给了宗军。宗军一听是河西学院的礼品，就赶快挤过来悄声告诉我："四爹，河西学院的东西……"我说："是一幅字画、一件工艺品，赶紧打开，安排在仪式里展示……"

宗军是一个非常有眼色的人，他在人丛中迅速打开包装，拿出字画，与主持人罗勇耳语了几句，就出现了下面这样的场景——

照片上，我老母手捧朱老师代表母校老师赠送那件张掖工艺品，我老父回头看画，中学校长宗恩和侄子宗军两边站立展示。在场的几百人非常震惊——因为此前所有字画作品均已挂出来，大家都看得见，现在突然冒出了一幅让大家眼前一亮的美术作品，而且是出自大学老师之手、我的母校老师所赠，我能感觉到，来宾都极其羡慕而感慨。

因为当天人多而乱，宗军担心有所闪失，就把这幅画仔细包装起来，藏在了我家一处隐秘地点。晚上十点多了，我才想起，河西学院那幅画呢！急忙发短信给宗军——他藏的那个地方，连我都想不到。

回到无锡，我把这幅字画送到南禅寺书画一条街专业店装裱。店主也是一位书画家，一看就赞不绝口："超出一般的祝寿图画，创意不凡，出手不凡，古雅而通俗，庄重而活泼，值得珍藏……"

6. 我曾在一篇文章中说过："我的一切都是学校给的，是学校给了我一切；没有学校就没有我今天的一切！我喜欢学校，我愿意把自己的所有心血和精力都奉献给学校……"

我曾经在《祭而丰不如养之薄也》一文中说："与教过我的老师比，我生得逢时、逢世、逢地……"宗恩老校长对我说："我看你不光是逢时、逢世、逢地，你到江南关键是进了一所好学校，遇到了一位好校长……"这符合我现在的实际情况。

我觉得唐江澎校长是一个可信赖的朋友，毕竟我们是一方水土养育出来的，有着相同的文化背景，许多相同的人生经历，又是同龄人，而不因为他是校长。我在年前腊月里把我的那篇《祭而丰不如养之薄也》的文章发给他看，他看后做了这样几件事情：

安排校长办公室主任张克中（语文同行，也有许多相同的经历）写了一篇贺寿辞，代表锡山高中以校长个人名义向我父母表示祝贺——我把副本安排宗和侄在祝寿仪式上宣读，正本装裱后放在我家上房，这个贺词为祝寿活动增添了许多文化气息。

唐校长个人给我父母送了一件精美工艺品——灵山梵宫木雕，这是他自己参加政协会议获得的纪念品。我安排我儿子宗璞（锡山高中在校学生）在祝寿仪式上做代表赠送给爷爷奶奶。满院子的来宾都想看看这件纪念品，传来传去，好不热闹……

唐校长安排总务处批给我一千个纸杯，一百个纸袋，还有学校百年校庆纪念邮册、纪念光盘、纪念画册等，部分物品象征性地收了一点钱。

纸杯和纸袋都是印有学校名称等内容的，单就那一百个纸袋，意义就是非凡的！试想，如果我把那些礼品装在一个塑料袋子里送给来宾，那是什么效果？而现在，装在印有"江苏省锡山高级中学"之名的那个花花绿绿的袋子里，多么大气，何等阔气！

——这几件事情，都给我的活动增加了浓厚的文化气息！

记得唐校长当时对我说："我对我父母都没有尽上这份孝心……"他生母去世得很早，他是羡慕我能在父母有生之年尽到这份孝心，他是能理解我，当然也是在支持我！

设置留言簿，准备笔墨纸砚——腊月二十四我到兰州后，表兄罗勇建议，买一个留言簿，买一沓宣纸，准备上毛笔墨汁及签字笔，像寇宗恩等人来到现场写几个字、留几句言都是可以助兴的。我委托昌世准备了这些东西，果然效果非常好。初四早上，从十点多直到下午4点钟，一直有人在留言题词还有来宾请寇永珠、罗文举等人题字留念。我准备的两小瓶墨汁用完了，村子里的小商店没有墨汁卖，还留下了许多遗憾。

因为有关留言比较多，一大本不好携带，也需要留在家里做纪念，我只是拍了几张照片，选几张以一斑而窥全豹——

中学校长寇宗恩在题词留言

侄子寇宗军在留言

小学老师、九哥寇永珠写下了他的土"七律"，我经过装裱，挂在墙上，也还是很有欣赏价值的。

寇宗和侄墨宝

数十位白发苍苍的老人，他们有的青壮年时期就在我们村子里那个简陋的小学里当老师，后来进城了。今天的来宾中一半的人是我们这个村子里的，许多都是他们的学生，多年不见，倍感亲切。还有几位是在中泉中学任教多年的老教师，前些年退休定居县城，来宾多是我们这个乡附近的人，多数人都认识这些老人的。我的这些老师，他们满头银丝，颤颤巍巍，在我家的土院子里，露天之下，熙熙攘攘，吵吵闹闹，挥毫泼墨，兴致极高……这本身就是一道亮丽的风景，就是一道文化大餐！

有一个镜头是非常有趣的！我的表兄周占江，七十多岁，四五十年前在中泉中学读过书；在我家的上房里见到七十多岁的老师寇宗恩，两人都满头白发。周占江抢上前去握住寇宗恩的双手，非常激动地喊"寇老师……"，而寇宗恩并未认出眼前这位跟自己一样苍老的人。周占江介绍说："那一年我在中泉中学读书，你刚从靖远师范毕业分配来，教我们自然的……"宗恩说："你叫啥名字？……"
在场的人都看着憨笑。我想起来，在苏州甪直参观游览时，一幅图片吸引了我的眼球：叶圣陶九十几岁重返家乡，在甪直古镇乘小船来到他当年办学校的那个地方，弃舟登岸时在岸边迎接他的也是几位八九十岁的老人，叶老不解，一听人家一个个喊他"老师"，才明白这些耄耋老人都是当年的学生。从照片上看，那种高兴祥和，那种激动热烈，是让每一个参观者都过目难忘的！

这次的活动，文化气息浓厚，除了上述的书画作品等等之外，还有一个重要的标志就是接社火和两次文艺表演。

接社火——去年国庆前夕，表弟陈仙贤一行来无锡。多年不见，非常亲热！三天中，只要有机会，就说到我的这件事情。他主动承诺把他们腰水村的社火队带到我们家里来助兴。我腊月里到白银，他和纳贤兄招待我吃饭，又谈了具体实施方案。

原定初四祝寿活动当天接社火，大东魏正新要求改在初三下午。我临时短信与仙贤联系，成功了！

我没有料想到接社火的效应！

锣鼓噌噌地敲着，二百多人的队伍，穿红戴绿的，从腰水村逶迤来到我家，1.5公里的路程，本来就是看得见炊烟的两个相邻村庄，单那锣鼓声就已经在替我邀请满村子的男女老幼。大门外落鼓时围了一个大圆圈，我搀扶着年迈的父母来到外边看热闹。社火队中有好多亲戚，一一问候致意，他们给我父母拜年；我就给他们敬烟。进到院子里，开始舞狮子，社火头之一的陈和贤兄问我："要不要安排姑舅爸钻一下狮子？"我还不懂得这个民俗，请教了一下和贤兄，他说图个吉利。他还准备了许多用红布条做成的"金锁"，先给我爸戴了一个，接下来凡是我们家钻狮子的大人小孩，他都每人给戴一条，一下子就热闹起来了。

我抽空观察了一下院子里外，里边挤得水泄不通；外边挤不进来的人就隔墙观看，站在拖拉机上的，踩在木头上的，真是邻人满墙头啊！我从后来的照片上辨认，才发现不光是我们村子里的人，还有各家各户来的亲戚，许多嫁出去的姑娘我还能认识，见面能叫出小名……

舞狮子结束，安排了文艺演出。纳贤递给我一个节目单，一看吓我一跳——印制精美，一点儿不比我们学校教师节、新年联欢会的节目单差！二十多个节目，舞蹈、独唱、表演唱，美声、通俗、民族，应有尽有，纳贤让我选一些表演，时间不允许把那些节目都表演完。我看了看，男声独唱《父亲》《母亲》《儿行千里》，我都喜欢，最适合在这个场合演唱；藏族舞蹈《神奇的九寨》，我喜欢；独舞《天竺少女》，我想看看农村人是怎样跳这个高难度舞蹈的！

几百人围在那里看，土院子里竟然跳起了独舞！男女老少屏声敛气，一位我不认识的中年人竟然能把郁钧剑的《儿行千里》唱得很专业，让在场的所有人都受到感染，让我在晚上联欢时不敢再唱这首歌！

我赞助了500元钱，送了几包南京烟，他们匆匆撤走了，没有招待晚饭。

我们村的队长、朱振明兄对我说："姑舅，我们庄子上也有个社火队呢，虽说节目没有腰水村的好，但十几个妇女排练了好长时间了，也还是可以娱乐娱乐的，晚上喊过来跳一跳唱一唱吧？"我当即就说："太好了，全都请来，所有的节目都上演，赶快做准备！"

大东魏正新安排人生了两个超大火炉子，院子东西各一个。东边的围坐的是观众，西边的是演职人员。我的中泉庄子上的十几位中年妇女，在电灯泡的灯光下演出他们的节目，虽说没有专业的演出服装，各自穿着自己的红毛衣，裤子也只是统一了一种颜色而已，但是她们表演得很认真。这次演出据说是她们这个农村妇女业余自费社火队自组建以来最为正规的一次演出。整个晚上，全村的男女老幼都来到我家围炉观看，我就乘此机会敬酒、敬烟，表达我的谢意。

演出结束，我赞助了600元钱，对队长朱振明说："肥水不流外人田——我给腰水社火队都赞助了 500 元，我们中泉自己的社火队应该比他们多，祝我们中泉社火队越办越红火……"实际上我们村的社火队从任何一个方面都难以和人家比的。朱振明说："我代表中泉村全体村民向寇永升表示感谢，我们一定把我们的社火队越办越好……"

农村人缺乏文化生活，即使这种土得掉渣、简陋得不能再简陋的娱乐节目，也是他们的文化大餐！

两次接社火，是临时穿插的，开支也是我提前没有预算的，多花了一两千元钱，但是其社会效益是无法衡量的。

三、我兄弟姊妹、侄子、外甥都经历了一次心灵洗礼

1. 正月初六早上，我们兄弟姊妹告别父母，离别家乡。我特意安排在这天早晨拍摄全家福。之后全家人在院子里列队，我让小弟永斌朗读了下面一段文字：

想想看，我爸我妈，两位古稀老人——农忙时节，我爸在家看门、磨锅台；我妈在田间劳作，腿疼得蹲不住，趴在地上锄草，膝盖上包一块旧帆布跪在田里收割……顾不上做饭，涮一碗炒面糊糊，啃几嘴干馍馍……每年都能给我们打好几千斤粮食！前些年，我妈还要每年给我们喂一口大肥猪，过年我们姊妹几个每人扯一条猪腿——我一直觉得我妈喂的猪，肉最香！我在外面怎么买肉吃，总觉得不如我妈喂的猪肉好吃！养几个鸡儿，我爸我妈一辈子连鸡蛋都舍不得吃，而我们来了杀生害命，又吃又拿。白面成袋子往城里背；纯胡麻油，在城市里花多少钱根本就买不到，我们每个人来了成桶地装！门前一棵树，结上几个酸杏蛋子，我爸我妈挂念着这个孙子没吃上，留几个！秋天几斤枣儿，脆生生的时候舍不得吃，惦记着那个儿子太远，晒干了邮上一些！在我们做儿女的眼里，都好像不是钱似的，都好像是田里自己长出来似的……我们就这样年复一年地往城里背，我们十个做儿女的，没有人想过，这是我爸我妈汗滴禾下土才得来的！年终岁尾，我们沾沾自喜地摆各自的功劳——"我今年给了爸和妈多少多少钱呢，我的贡献比你大……"而我爸我妈却想的是：今年的白面这个女婿到现在还没吃上；以前没有葵油，今年有了，那个媳妇子上次来也没有多带上些……到了需要在田里下苦的时候，我们这个也忙了，那个也有事情了；我觉得自己离家太远了，回来一趟不划算；他嫌田里劳动太脏太累，你又怕把自己晒黑了……

我们的几个钱就那么重要？我爸我妈的黄米、白面、清油难道就都不是钱？

孰轻孰重？！……

除了年幼的外甥苏果果，我相信，其他在场的人无不受到教育！

图片外，我在拍照，永斌在朗读。最右侧穿黑色外衣的兄长温正德，近七十岁的人了，一边听一边感叹唏嘘，多次揩擦老泪……

2.因为购买火车票第一次实行实名制，主要还是我在高三太忙，忘记了需要提前十天购票，还担心学校放假离校的时间不能确定……总之是没有买到卧铺票。两张硬座，临时加班车，四十多个小时才能从无锡到达兰州，比正常的车多出来了十几个小时。上车后人满为患，整个过道里、卫生间、车厢连接处都是人……十几年了，我没有受过这种罪了！幸好，我们父子有座位。因为太拥挤，不能随意走动，不能玩，连吃碗方便面都困难……儿子心里不平衡，向我发问："为什么我姐姐暑假回家的时候来去都乘坐卧铺，我就坐硬座？……"我对儿子说："姐姐是女孩子，第一次单独出远门，她手脚不利落，爸爸妈妈、爷爷奶奶、姥爷姥姥都不放心……我们是男子汉，两个人有说有笑，有吃有玩。我们没有买到卧铺，是要在旅途中受点罪，但是我们省钱了！我们省下这几百块钱，多给爷爷奶奶几个，他们手头就宽裕一些，说不定就够他们一年半载零花……"儿子很惊讶，若有所思，就再也不说什么，一路也高高兴兴到家了。

我还有意识让他给站在旁边的人让座，让人家站时间长了稍微跨在边上歇一会。儿子没有提出反对意见，主动让座，赢得周围旅客的赞扬……

在兰州车站下车，凌晨6点多，天都还没亮，我们俩的行李很多，一位一路站在我们周围过道里的回民老乡，主动帮我们把两个沉重的纸箱提到广场上出租车候车点。

3.除夕晚上，祭奠过祖宗，给父母磕过头，应酬完家族里的兄弟侄子们，我就召集我父母的五双儿女（我妻子安燕缺席）、五个孙子孙女（本为六个，我女儿寇蔻因为开学参加江苏高考学业水平测试，不能前往为爷爷奶奶祝寿，她妈妈也就只得留在无锡家中照顾她），我讲了给父母祝寿的意义，以统一全家人思想；我给各自进行了分工，以使事情办得有条有理；我统筹了时间安排，以让大家明确什么时间干什么事情……人人有事做，事事有人做，时时做事情。

我拿出了所有礼品的样品，让兄弟、妹妹、妹夫们都仔细看过，也承诺事后给他们每人都有份。和他们商量了礼品发放赠送细节，协调了其余各项工作，听取了他们的意见建议……

我还安排了初五到我舅舅家去拜年的事宜，我把我的想法全都如实地讲给他们听，大家都很赞同。

多少年了，我们很难有这样一次机会聚在一起，围坐在我爸我妈的热炕头，和和气气地商量事情，有说有笑地拉拉家常，其祥和温馨，其甜美热闹，至今令人回味无穷！

四、安全祥和，大小车辆安全，大人小孩平安

说实在的，在我的记忆中，我家乡的所谓红白喜事，其实就是一次吃喝聚会。困难时期是为了填饱肚子；五黄六月里，农村人肠子上都缺油水，正好可以解解馋。这几年条件好了，农村人又都喜欢上喝酒了，而且还爱好上了啤酒。大冬天的，几杯啤酒罐下去，人就浑身打哆嗦——家乡人喝酒从来不考虑身体健康！

我在一开始就不想搞成一次纯粹意义上的吃喝，给人留下我是在显摆的误解。既要招呼来宾吃好喝好，又要防止出现喝酒滋事，喝醉了吐天泻地，哭爹喊娘，胡喊乱叫……这是我妈最反感、最容不得的事情！她还多次给大东魏正新叮咛嘱咐。

通过这次活动可以看出，魏正新的组织能力在我们那个小村庄里是堪称上乘的。每桌客人入座，先摆干果碟子，寒暄几句，就上凉菜；酒过三巡，就上热菜；热菜吃完，就腾开地方。他就在院子里拿着话筒大声指挥调度，想继续划拳喝酒的人就被请到专门的酒场上来施展。

所以这次没一个人喝醉出丑，没有一个人酒后驾车出事。我准备的几十捆啤酒消耗了不到一半，十几箱茅台国宾宴白酒消耗了三分之一。而大家都感觉吃好喝好了，都开心了！

让人欣慰的还有，我们姊妹五个都带来了各自的孩子，最大的上中学，最小的尚在襁褓之中。之前我们都很担心，饮食改变，水土不服，取暖条件有限，卫生条件较差，人多杂乱，事多忙碌……如果对孩子照顾不好，万一生病，农村就医不方便，又是大过年，不仅会给我们带来许多麻烦，

甚至还会打乱我们的所有计划——城里来的宝贝孙子都生病了，我父母还怎么会有心思庆贺自己的生日！

老天帮忙，神灵庇佑，祖宗有灵，我们的几个孩子无一生病，各个高高兴兴，互相打打闹闹，整天玩得很开心，直到分批离开家回城没听说哪个孩子不舒服。

五、最明智的环节是不收礼而赠送纪念品

2009 年 8 月在北京，我们兄弟三人商量给父母祝寿，基本意见统一后，几个方面的细节还没有敲定，其中包括是否收礼。

年底在跟宗莲夫妇商量时，何斌直接向我建议："我看你根本用不着收礼，也不划算收礼……"

腊月二十四到兰州，招待永琇、永城等人，兄嫂们也就是否收礼跟我商量过，他们觉得不收礼也会让来宾为难……

除夕晚上，我们全家人一起开会商量分工等事情时，是否收礼还没有最后达成共识。

我的初衷是把这次好事办好，办得让我父母高兴，办出兄弟和气，办出姻娅和睦，让亲戚朋友来宾畅叙友情亲情，目的不在经济效益而是着重在亲情、友情，或曰重在社会效益。当然最关键的人是我们兄弟三人，两个弟弟一直经济条件不太好，我不想增加他们的负担；但也要打消他们借此机会占点便宜的念头。

到了除夕晚上会议的最后，两个弟弟还下不了决心时，我就未再"民主"，而是由我一个人"集中"了——不收礼！我说服包括父母在内的十几个人：收礼对大多数农村亲戚来说是一个负担，他们能在大过年的时候来我们家看望我们的老人，就是给我们最大的面子。现在人都不缺一顿饭吃，亲戚朋友们自己花上车费，乡路颠簸，再让人家掏钱搭礼，或者手里拎上礼品上车下车，于心不忍。况且你就是摆开摊子收礼，20 块，30 块，50 块，我们家乡的农村人能有多少经济实力呢？我还开玩笑说了一个流传在网络上的段子："现在这时代，最牛的人，不是经常被领导当众表扬，而是被领导当众批评；不是你有钱借给人家，而是人家向你讨债；不是有人请你吃饭，而是你能请得到人来吃饭……"意见统一了，不收礼，不设礼簿；如果来宾中一些人一定要有所表示，那就是何斌说的那句话："城市里工作的人社会交往经验多，人家有人家的处理方式，你根本用不着担心！"

没有设礼簿，不收礼，来宾进来一看，再一打听，也都明白了。个别来宾带点东西，一箱牛奶、一盒水果什么的，都是人之常情，其乐融融。

而赠送纪念品则是我在这半年之中就在着手准备的，兄弟妹妹们都不知道。

我是费了一些脑筋的！

200件精品紫砂。紫砂壶、紫砂杯，是无锡的标志性特产，产在宜兴丁蜀镇。比起惠山泥人，它有实用价值；比起油面筋，它可以长期收藏，况且油面筋我们家乡人也不习惯吃；与无锡酱排骨比，那可真是一言难尽——非常好吃的酱排骨，我们家乡人觉得如同吃药一样，我刚来到无锡时也是这样的感觉！无锡的茶叶，又是季节性很强的东西，只有春季才有，也才有意义；太湖大闸蟹，只有八月十五秋风一起，才蟹黄飘香……这些年在江南，每每有家乡亲朋好友来，我都尽量送一两件紫砂。因为她高雅不俗、大气而有收藏价值，有纪念意义。前几年我都是亲自开车到丁蜀厂家批量买来，随时使用。

这两百件精品紫砂壶，无锡市场价300元。我提前三个月通过朋友直接从宜兴厂家订制，包装按我的要求，并贴上题词，他们负责发货托运，每件实收80元。为了不走漏风声，我把这批紫砂壶托运到白银陈仙贤处，我估算在腊月底到达。请他安排车辆运送到我家，三个超大托运箱，包装未打开，我们家的人也不知道里边装的是什么东西。

100条丝巾。无锡明丽雅集团生产的，每条80元，是一位企业家朋友赞助的。我自己通过邮局寄到家里，叮嘱我妈收藏好。

100把削皮刀。我一直觉得我们家乡人吃土豆不削皮是极其不卫生的。以前土豆种在山里的旱地里天然长成，现在，化肥，农药……污染多多。我就请一家开杂货铺的老板，按照我提供的样品在工厂里加工了100把，每把1元钱！今年清明节前夕，我和我姑姑通了一次电话，她在电话中极力称赞的不是我那些高档的精美紫砂，也不是明丽雅丝巾，而是这把只值1元钱的削皮刀！姑姑说："你给我的那个削皮刀好得很，我削山药（老家里长辈人把土豆叫山药）、削苹果，好使得很……"前两天"五一"期间，寇永琇、魏宝莲夫妇自兰州到福州，经浙江等地一路旅行来至无锡，席间闲聊，嫂子魏宝莲说："你今年送亲戚朋友的那些东西中，最实用的就是那个削皮刀，小巧玲珑，削个东西方便得很。你咋不给我一把？我在老家里看见我嫂子在削土豆皮，我问你怎么有那么好的一把刀，我嫂子开玩笑说：'这不是你们寇永升送的嘛，你没有吗？'后来我嫂子看着我喜欢，就把她的那把刀送给我带回兰州了……"我已经在准备，再加工200把削皮刀带回老家，我父母去世后，凡来客中的农村人每家一把。

100 把竹勺。我在陪夫人逛超市时，没有耐心东转西逛，总是喜欢到一些顾客很少光顾的角落里清静清静。春节前一次在家乐福，无意中看见一种竹制的铲子，商品单上写的是"竹勺"。我想想跟我们家乡糁饭板子差不多，又可兼用做舀糁饭用的铲子。我的乡思之情就一下子把我拉回到了三十多年前……

我奶奶活着的时候，我们家穷得连个多余的碗筷都没有。我妈动辄给我们讲起："我结婚来到这个家，你奶奶、你爸两口人刚和你大哥分开家，娘俩在磨坊里三个石头支着一鼎锅做着吃饭着呢，三双筷子、三个碗，连个擀面的板板子都没有……我第一次回娘家哭着给你外爷诉说，把我嫁到这么穷的家里，来个客人连吃饭的碗筷都没有！临走，你外爷给我给了几个碗、几双筷子……"我清楚地记得，我十来岁的时候，我奶奶七十多岁的时候，她求人给我们家打一个铲糁饭用的铲子——老家叫作"铁片子"。那时，她的外孙女婿寇永虎（四十几岁就因为癌症去世）在公社的加工厂里做铁匠，每年过年，寇永虎来看望她，她就问人家，"你给我打个铁片子吧？""你给我打的铁片子呢？"至少三年，寇永虎才给我奶奶打来了一个"铁片子"，很厚实，很长，一时不习惯用；而旧的已经磨损得剩下一少半了，软兮兮的，用起来让人担忧会折断了。

寇永虎打的这个铁片子可能我妈现在还在用！

眼前的这个"竹勺"完全可以取代"铁片子"，一把一两元钱。我蹲在地上开始挑选，除了少数歪歪宁宁不合格的，我把家乐福超市所有的竹勺一百多把都买回来了，邮寄回家！

老家不产竹子，竹制品在我家乡是比较稀罕的。用这种竹勺来盛糁饭，干净卫生，不会伤锅底，比"铁片子"肯定好！这一百把竹勺，分送给亲戚朋友，反响很好。

有人对我父母说，宁可要一把竹勺、一把削皮刀，都不要那个精美的紫砂壶……

25 条毛围巾。2010 年元旦，我们全家自驾游来到杭州，看望了我大哥的孙子寇明荣（第一年来到杭州读书），安燕在杭州的"中国丝绸城"逛了半天，按照老家的实际需要买了这些围巾，让我带回家送人。我在当时已经心中有底——老家过红白喜事，最辛劳的是在锅台上忙碌的妇女们，三九寒冬，洗洗涮涮，冰冷刺骨；盛夏酷暑，烟熏火烤，大汗淋漓。可是老家的人都很憨厚朴实，只求把事情做好，很少计较劳动量，也根本没有人会想到报酬……我是给父母祝寿，是在办喜事、办好事，不同于一般的婚嫁喜事。

2005 年春天，寇永琇、寇永城两位兄长和两位嫂子来无锡，在闲聊中他们说起一件事情，我还记忆犹新。数十年前他们的父母去世，置办丧事中，他们看到在锅台上忙碌的妇女们很辛劳，王桂英嫂子就自作主张从村子里的小卖部买了十几条毛巾，每人送了一条。她当时的想法是，这件小事无须跟长兄寇永璞汇报，也没有跟大东商量，反正觉得是自己掏腰包，心甘情愿，只是作为儿媳妇觉得自己不能出力，就送条毛巾给村子里来帮忙的妇女，也是一点心意，鼓励人家把事情做得更好。

好心不能办好事！王桂英嫂子被兄长、被丈夫、被大东都挨个批评了！理由是她擅自改变了家乡红白喜事的规矩，破坏了约定俗成——你是城里人，挣工资的，买条毛巾一送，事情过完你抬屁股走人了；下次村子里的红白喜事，锅台上帮忙的妇女都要一条毛巾或是一件围裙，事主家没那个经济实力，没那个闲钱怎么办！你这叫显摆，叫耍人，叫破坏了村子里过事情的行情规格……王桂英和魏宝莲两位嫂子说起这件事来喊冤叫屈，怒气冲天，情绪激昂；两位哥哥轮番数落，轮流责骂，好不热闹！

这就很明白了！我们兄弟姊妹都是常年在外，没有在人家红白喜事上帮过多少忙。而我们的父母将来都是要在家乡办后事的，我们是要请村子里的人来帮忙做事情的，尤其是锅台上的事情，是非得请这些妇女来帮忙不可的。如果在我父母的后事上我们出于好意给帮忙的人有所表示——哪怕只是一条毛巾、一件围裙——这也使村子里的红白事情涨价，是破坏规矩的，是开不好头的，是会遭人唾骂的……

于是我就想到，利用这次机会，借给父母祝寿，先做好这种人情，给厨房里帮忙的妇女每人一条高级毛围巾！

除了我父母和弟弟妹妹，事先没有任何人知道这次帮忙会有纪念品。初四下午客人散去，厨房里洗涮完备，十几位妇女仓促离开，她们都要回家忙她们的家务，大正月过年了，或许家里有亲戚来了，或许还要准备回娘家……我妈提醒我说："锅台上帮了忙的妇女们都要回去了，你准备怎么办？"我赶紧把他们拦在大门口，对为首的姑舅嫂子吴玉菊说："请你把锅台上帮忙的妇女们召集一下，先等等，我有一份纪念品送给你们……"

一二十个妇女围了一圈，我边分发围巾边对他们说："给我两位老人祝寿，本来应该我们家的几个媳妇子洗锅刷碗，安燕因为女儿开学参加小高考，离不开，不能前来效力……作为一点心意，她在杭州买了几条围巾，让我带来，送给这些天帮忙的嫂子、侄媳们，让你们劳累了，谢谢你们的帮助！"那是一种非常适合我们家乡冬天使用的毛围巾，色彩华丽，款式新颖，家乡妇女许多人生来都没有见过。后来我听说，有几个人年前几天来帮忙烧馍馍蒸馒头之类的，恰巧初四这天没有来，没有得到这条毛围巾，还很遗憾，很眼馋，有的问我妈要，有的问我弟媳妇要……

一千多元钱，买了二十多条毛围巾，送给这些妇女——不久的将来，谁知道哪一天，我父母躺倒在家里了，我还要请这些人来帮忙的，我爸我妈的三个媳妇子，没有一个能提得起老家农村锅台上的那些琐碎而繁杂的事情。而我又不能到那时候给她们送一条毛巾！

40支毛笔。我这个人可以算是一个好事之徒，童心未泯，异想天开。元旦驱车杭州，从宁杭高速返回，中途经过浙江湖州市，我就想起来文房四宝中的毛笔是以湖州为最，所谓宣纸、徽墨、端砚、湖笔，而且湖州还有个"中国毛笔博物馆"，这里还是元代著名书画家赵孟頫的故乡……我就临时决定在宁杭高速湖州出口下，去湖州转一转。

几经打听，弯弯绕绕，最终找了一辆出租车带路，我们一家四口人来到"中国毛笔博物馆"，参观了一圈，又看了看赵孟頫故居纪念馆。最后，我决定买一些湖笔，送给我的那些终生喜欢舞文弄墨的小学、中学老师们，我坚信这对他们来说是最为有意义的礼品！

事实证明了我的想法是正确的，是不落俗套的，毕竟我是从那一方水土中长大的。

100支牙膏牙刷。年前腊月二十九，卢昌世安排老同学付仲俨把在白银饭店加工定制的凉菜送来，从车上往下搬东西时，我看见仲俨汽车后备厢里几个纸箱，以为都是我的东西，就往下搬；仲俨不好意思阻拦……原来那是三箱牙具，每箱100份，每份装一支牙刷、一管牙膏。他就临时决定送给我一箱。

——这是一个意外的收获，我就将计就计，也作为礼品赠送给来宾，不过时间上灵活了一下，是从初三晚上开始。我深知，我家乡的人们是不会在走亲访友的时候随身携带洗漱用具的！我把那些牙具分送给年长的老人，他们舍不得打开使用，而是装入口袋；送给小孩子，他们觉得新鲜而好玩。老少咸宜，长幼皆喜，让农村里来的亲戚们都很开心。

这件事也是雅而不俗，颇有创意的。

我不能像江南人，婚宴之后，每人带一包糖果、鸡蛋；宴席之后，每人送一份糕点；豆腐宴之后，每人送几个馒头包子；更不能像前些年困难时期，亲戚来了带两个花卷做礼品，主人家也回赠两个花卷；当然也不会像出去开会一样，一个纸袋子里拎回来一沓废纸、一支劣质笔、一个派不上用场的笔记本……我要把这件事办得不俗气，办得尽量少让人家埋怨、抱怨，办得有创意、有特色、有文化气息。

六、此次回家最龌龊的一件事情：没有给我奶奶上一次坟！

祭而丰不如养之薄也！对父母，我的心愿是厚养薄葬，以我的最大能力让两位老人安度晚年。因为他们的青年和壮年时期太苦了，他们在那个艰难困苦的时代含辛茹苦地把我们姊妹五个拉扯长大委实不易。

每当想起我第一次买自行车、第一次买手表，都觉得今生今世欠父母的太多了，是怎样偿还都难以还清的。

1979年，我读高中，住在学校付不起伙食费。五六里路来去步行时间上太紧张，冬天还不安全。我父母计划了好几年，打算给我买一辆自行车。当时红旗牌自行车145元钱，全村子里没几户人家能买得起自行车。我记得我爸在白银公司露天矿搞副业每天挣6角钱，大概干了半年，好像是领回来六七十块钱。我妈把一口大肥猪卖给公社的供销社，四十几块钱！全家人舍不得添一件新衣，积攒起来，给我买了一辆崭新的红旗牌自行车。临买时钱不够，大侄子宗勋在供销社做营业员，帮忙借了几十块钱。我每每想起，我爸在田地里劳累了一整天之后，半夜半夜在昏暗的电灯泡下，往那个新自行车上缠绕塑料电线，红的、黄的、绿的，一圈一圈挨得紧紧地，各种颜色距离相等，把一个自行车装扮的花花绿绿，不知耗费了多少心血！

而我父母一辈子不会骑自行车，甚至于连推行都不会。

一辆自行车，帮助我完成了高中学业，总算考了个学，改变了我的人生轨迹。

1981年，在张掖读了半年书，我父母又省吃俭用给我买了一块手表。105元钱，上海产的红旗手表。举全家之力，大约一年的所有收入外加借债。包产到户了，父母种了几分地的西瓜，那年收成还好，舍不得吃一个！我大舅联系，全卖给了野营拉练的解放军，七十几块钱，再加上宗勋的帮助。

而我父母，一辈子没有戴过手表，也不会从手表上看时间。

这两件东西，那时是我们家最值钱的、最显眼的家产，都是我这个长子先享用。

自行车，在我考学走了之后弟弟妹妹们才相继学会，我在家时他们是不能碰的。一块手表，我工作几年之后，城里已经不时兴戴手表了，才"禅让"给弟弟……

而对我奶奶，我只有留下一辈子的悔恨与遗憾！因为我连"丰祭"都做不到！

人生有三不幸：幼年丧父（母），中年丧偶，晚年丧子。我奶奶全都遭遇了！年幼之时就沦为孤儿。人生最美好的中年时期，丈夫死去，三个女儿出嫁、一个儿子都成家了，家孙子、外孙子都成群结队了，她却迫不得已改嫁到我们家。而那时的我们家，我爷爷三个女儿已经出嫁，因为连续的疾病瘟疫，全家十几口人死得只剩下了两代四口人。不久一个儿子（我大爹）去世，留下一个中年守寡的儿媳妇（我大妈）。我奶奶嫁到我们家，我现在按年龄推算，她和我大妈婆媳一起生育——我二爹和我大哥同龄，我爸和我二哥同岁。

好不容易供出来一个中专生，我二爹，兰州农业学校毕业，在县粮食局工作了，拿工资了。据说我二爹成家费了好多周折。几次张罗亲事，一次正准备结婚呢，女方突然死了……正式娶进门的我的第一个二妈，本来随我二爹在县城里参加工作了——那时女人做国家干部可是风光啊！结果生下了两个女儿就死了。接着1957年"反右派运动"，我二爹又被打成"右派"，下放回家劳动改造。我爸又因为犯错误被押送新疆劳教六年……这时我奶奶的家——大哥与我爸分家了，我爷爷和他的大孙子、我大哥一起过，我奶奶与我爸一起过，等于奶奶和爷爷分居了。

我奶奶一生就没过上几年舒心日子！

儿媳妇死了，留下两个年幼的孤女，一个还要吃奶。一个儿子丢了工作，整天在生产队里被监督劳动，动辄夜晚拉出去批斗。我们可以想象，像我二爹这样一个知识分子，突然被遣送回家，遭受那些不公正待遇，受那些罪，我奶奶可不就是出气筒！可是我奶奶还在操心着儿子的婚事，即使是"右派"也需要再成家啊！一个儿子判刑劳改，家里留下一个刚过门新媳妇（我妈）。

这时我奶奶的家庭成员就是：她自己一个小脚老太太；一个丢掉工作整天在外规规矩矩、回家大发雷霆的儿子；两个没妈的孙女，其中一个靠吃羊奶维持生命；一个等于守活寡的儿媳妇……外在的社会环境又是20世纪50年代末到60年代初，三年困难时期，国内经济困难……

没几年，我奶奶留在先房温家的唯一儿子死了，一个已经出嫁的女儿生下六个姑娘，带着农村人最大的遗憾死了，奶奶在中晚年之时多次遭遇白发人送黑发人的悲哀。

我稍微记事开始，我奶奶就和我们家生活在一起。她晚年最大的愿望就是盼我快点长大，从第一次帮妈妈捎信取磨面的工具，第一次能帮助大人从泉里抬水桶回家，第一天背着书包上学……在孙子辈里她最喜欢、最牵挂的就是我。

奶奶去世前三两年，我已经很记事了，她躺在上房的土炕上，几次对我说："我死了要大孙子把我的引魂幡打到坟地里，温家的你大哥虽说也是我的大孙子，但毕竟是外姓人；中泉你大哥只是名义上的大孙子，不是我亲生的；你三哥和你之间，我希望你把我的引魂幡打到坟地里。到时你要力争，即使哭着闹着也要争取……"

1976年冬至之日，天寒地冻，家乡和家庭都是最为艰苦的年代，她走完了自己一生80年的艰难岁月，埋在了黄土地下。

那一年我在中泉中学读初一，早晨课间操时间，我们在校园里做广播操，二哥寇永常骑着自行车来学校里找我，见面直接说："奶死掉了！赶紧回家啃干脚把……"我家乡把为老人送葬叫作"啃干脚把"。他安排给我的任务是去找着寇永久，我俩一起把我奶奶的棺材从脑泉温家大哥家里拉到我们家。

埋葬我奶奶是在寒冬腊月一个半夜，凌晨三四点钟。几公里的山路，全靠人肩膀把棺材抬到山里的坟地。那时人们都太困难了，连御寒的好衣服都没有，我妈怎么都不让我去坟地。我当时也没有向我妈说明我奶奶的"遗嘱"，时至今日，只要说起，我妈还一直很自责，总认为是她没有让我去给我奶奶打引魂幡，致使我奶奶在黄土地下都不得安身，才造成了三十年后的迁坟……

我也一直为此而自责。我奶奶一生含辛茹苦，我的福她一点也没有享上。我妈说："你奶奶晚年一直苦于嘴里总是苦味，吃什么都觉得是苦的。"其实就是农村人一辈子不刷牙，口臭而已。她最奢侈的欲望是有几块水果糖，经常能含在嘴里享受一点甜味……我奶奶晚年最痛苦的事情是眼睛几近失明，其实就是她生来倒睫毛，过一段时间请人用镊子拔一下，一段时间又长出来了。经常流泪，两眼模糊，她就不停地用手绢揩擦，两眼常年发炎。加之连续不断的不如意事情，她动辄一个人坐到沙河沿上去哭嚎，寒冬腊月里，夜色降临时，一双小脚加一根拐杖，下身穿一层单裤，在冰冷的沙地里坐上几十分钟，常常是我们听到哭声了才跑出去把她连拉带劝才能弄回家。我记得她好几次都是冻得全身麻木。

她活着的时候，我只是一个懵懂少年，还常常惹她生气。放学回家饭还没有做熟，我就发脾气，打骂大妹妹永春；把不喜欢吃的剩面条连锅打翻在地，她用自己干瘪的双手一一捡起来，喂鸡喂猪……我挣钱了，有条件孝敬她了，她却已经不能享用了。正所谓"子欲养而亲不待也"！我妈时常说："唉，你奶奶把你盼了半辈子，拉扯了半辈子，连你的一个糖棒棒子都没有吃上……"

这些年来，我一直想把在我奶奶身上欠的孝心弥补在我父母身上，弥补在我奶奶最喜欢、最信任、最省心、最引以为豪的子女——我姑姑身上。这也就是我为什么要邀请三个人来江南游一趟的缘由——三人者，温正德、罗福、我舅舅李国珠也。

让温正德替温家我大爹大妈享上一点我的福，大爹大妈是我奶奶的一股血脉，我上中学时在他们家里吃住过。那时我大妈两个媳妇子，一大家十几口人，每顿饭都得做一大锅。我大哥温正德在中泉中学学生食堂做炊事员，农民待遇，每月挣三十天的工分、十几块钱，千方百计地接济我读书。我们家能省吃俭用交给学校食堂米面，但却无力支付每斤粮 3 分钱的加工费。可以说没有温正德在中泉中学做炊事员，也就没有我能够在中泉中学读完初中。

让罗福替我姑姑、姑父沾上我的一点光，算是弥补我对我奶奶的亏欠，而且我姑父生前连我的一支烟都没抽过！

我长大后每每读到艾青《大堰河——我的保姆》，每每读到蒋士铨《鸣机夜课图记》，我就总是想起我奶奶。真的，她一生，哭父母，哭丈夫，哭子女，人生的所有不幸遭遇她都尝到了！她就是现实生活中的蒋士铨之母，她就是我们身边的大堰河！

三十年来，今年是我爸我妈的儿孙们集聚最全的一次，18 口人中到了 16 口，我们完全可以抽出时间到我奶奶坟上去一次！可行性方案至少有两种：一是在正月初四下午，留下亲戚中我奶奶的孙子、孙女、外孙子等等，诸如温家各位弟兄，魏家几位姑舅姐，温兰香、温兰翠等，相信他们都是极其愿意的，如果我出面张罗组织，是完全可以实现的，全程最多不超过三个小时。下午两点多宴席就结束了，客人都离开了，我们可以在五六点赶回来的。退而求其次，我们可以在正月初二下午或初三下午去，就只是我们一家老小十几人。

而我们宁可在沙河里用柴火烧鸡蛋、土豆玩，宁可去爬四娘庙凹，宁可步行十几里路去朱家湾沟爬石窑！

我们举手之劳，就可以让先人们高兴一年半载，而我们却没去做！

这个遗憾，我一直存到现在，不知将来是否还存着！

七、最满意的一次意外收获

与之相反，最让我心安的一件计划外事情是，我们临时决定给我外爷上了一回坟。

正月初五，我们全家 12 人去看望我两个舅舅，举行完仪式，吃完午饭，我们去看望王家的两位姑舅哥。他们的新居都盖在南边的山脚下，那里正好是进山的道路，他们大人都不在家。出来后，我对我大舅、表兄李福军、表弟李福斌及我两个弟弟说："这里距离外爷的坟不远了（2002 年我去过一次），我们去给爷上一次坟吧……"没想到，几乎所有人都非常高兴地响应，甚至连我大舅都极其有兴趣。我们立刻回到舅舅家，分头准备用品，十几分钟就齐备了。我们一行十来人，开车十几分钟就到了我外爷的坟上，说说笑笑，吃吃喝喝，逗逗乐乐。好不开心！

八、附带的一次有意义活动

正月初五去看望我两个舅舅，这是我在筹备父母祝寿活动中的一项活动，也是从去年下半年就开始着手准备的。

我先是在 2009 年 7 月份小舅舅的大儿子李富文表弟结婚时，给我舅舅打过去了 6000 元钱。1000 元是我恭喜表弟婚事的礼钱，5000 元我代表我们姊妹五个每人 1000 元赞助舅舅的。

年底回家之前，我已经制作好两面锦旗，那四个字"视甥如子"也是我想了好几年想出来的。除夕晚上，我把两面锦旗拿出来给全家人看，从父母到弟弟妹妹都出乎意料。

今年正月初五，是五十年来我妈回娘家最为风光的一次。

最早我妈回娘家交通工具是两条腿。常常是在朱家湾沟劳动时晚上收工后往我外爷家赶，十几里山路，黑天半夜才到。那时的人生产队里挣工分是正业，家务活只能利用早晚来做。没有钟表，只能看月亮、听公鸡打鸣来判断。有一次我妈没有把握好时间，可能是早上三四点钟就起床往娘家赶了。反正是到我外爷家里天还没亮，他们都还没有起床。站在大门外喊了几声，把我外爷吓得，以为有什么重大事情发生了。进门一看，弄清楚了缘由，我外爷老泪纵横！

后来包产到户，我们家有了架子车，有了牲口，我妈自己可以赶着毛驴车去。我们也多次骑自行车带着我妈去，再后来弟弟们有了拖拉机开着去……

今年我们是开着汽车去的！

今年也是我妈五十年来回娘家阵容最为壮观的一次，三代，共十二人，浩浩荡荡，气派非凡！

前半辈子，我妈回娘家都是半讨饭的性质，生活过不下去了，有困难了，回娘家去能得到一些贴补就得一些，颇有点刘姥姥的味道。这些年，我妈回家是用拖拉机、汽车往娘家拉！

正月初五，这个时间我是早就定好的。初六我们纷纷返城上班，初三之前我们忙于准备祝寿活动，年前没有节日氛围。我只在电话里问过我舅母名字是哪几个字，我只对表兄李福军说初五我们要来给舅舅拜年，还让他请好我舅母的娘家父母（一个村子里的），请好我舅舅的外家姑舅一两人作代表，通知魏家和周家的姨表兄弟们来见见……舅舅和表兄、表弟也能估计到我们来有个仪式活动。

整个进程我都提前周密计划过，在车上就和我妈及弟弟妹妹商量过的。进村第一步，先到我大舅家，上香磕头拜年，叙旧寒暄，稍坐一会儿就到小舅舅家——这里才是我外爷外奶生前的家，隆重地上香磕头拜年。吃过午饭，安排布置场地——天公作美，这个春节从年前二十九到正月初六我们离开家，一直晴朗温暖，没有黄风大作，未见飞沙走石，初四我们的几十桌饭菜基本都是摆在院子里的！初五这天，格外响晴，风和日丽，纤尘不染，农家小院，祥和喜庆。一张饭桌，两把靠背椅，几个小凳，两面锦旗我只好让两弟弟各举一面站在那里，主席台就都搭成了。

我给两个舅舅每人一条上好的毛围巾，这是早就准备好的，我亲自围在他们脖子上；给舅母一块大红的被面子，这是我们老家最为惹眼的礼节，所谓披红挂彩！

我就开始即兴讲话：

没有李家人，就没有我们这个家！没有外家，就没有我们这姊妹五个！我们的父母在那样困难的年代、那样贫穷的家庭，或许是不能养活我们这么多子女的，更不要说我们一个个都上学读书……

从外爷外奶那一代人起，对我们就关爱有加。外爷背上背的是猪饲料，怀里抱的是我，把我妈送回婆家……年前腊月，菜窖里总共几十个土豆，我妈来了，总要给我们家几个，好让我妈过年能给我们蒸几个包子吃。外爷叫尕舅下菜窖去取土豆，我没有见过菜窖，觉得好奇，也要下去玩玩。尕舅把大的、好的、圆的都挑着拣出来。拿回屋子里，外奶再把坏的挑出来，留着削削挖挖自己吃，拣好的给我们装上……

外爷外奶去世了，这个家风被舅舅们继承了！

因为村上线路改造，大姨和大姨夫的家里没有电灯了。尕舅左一个电话，右一个口信，三天一次好言相劝，两头又一次对外甥们大发雷霆……最后还是尕舅自己掏钱买上材料，亲自上门，自己动手给姐姐、姐夫装上电灯！

二姨胳膊疼痛，不能和面，不能擀面，这对于祖祖辈辈吃惯了面条的家乡老人来说，无异于断了生路！二姨的子女们谁都忙于各自的事情，不能每天都在身边伺候。尕舅让舅母在压面机上把面条压好，成箱子送到白银市二姨和二姨夫住的地方……

我爸生病了，我妈心里不舒畅了，都是尕舅几十里山路无论冬夏骑着摩托车来看望。劝说我爸赶紧吊针吃药，劝慰我妈把心里的疙瘩解开……

如果不是尕舅在电话里骂我，我两个弟弟永强、永斌也就不可能买来一辆载重几十吨的新卡车！

尕舅真真是把外甥当自己的儿女一样看待，他不怕把我们这些长大了的外甥给得罪了。近几年尕舅多次在电话里骂过我，当时虽也生气，但是我事后想想，他都是为了我们好，为了我们都能过上好日子，为了我们都对父母好，为了让我们的父母能过上几天舒心日子。尕舅只是个农民，生活在农村，说话嗓门大一些，言语粗一些，直截了当一些，但我觉得尕舅没有坏心，没有私心杂念……

尕舅在兄弟姊妹六个里边排行最小，可是他却几十年如一日，把几个七八十岁的老姐姐、姐夫都时刻放在心上，让我们的妈和大姨、二姨都时时刻刻感觉到娘家的温暖与关怀！在今天的农村能做到的有几人？

姑舅们，两姨们，我的兄弟姊妹们，尕舅为什么能做到这样？当然一方面是外爷外奶的熏陶教育与传承，亲情浓厚是外爷外奶的良好风范，这个接力棒传给了舅舅们。但是，我们不要忽略，最重要的、最为关键的原因是，我们有一个好舅母！——我们都成家了，大家想想，尕舅靠农业收入维持他的五口之家。经营着一个小卖部，时时离不开人。十几亩地，他的田里没有农活吗？他的家里没有家务活吗？三个儿子，有的该成家了，有的还在外读书，一个远在陕西当兵，生活的压力多大！他一年四季把那么多的精力时间投入管姐姐、姐夫的事情，甚至于管外甥的事情，如果没有我们这个好舅母，如果不是这个贤惠、善良的舅母在背后默默地支持，就算尕舅有这份心，他能尽到这份力吗？！如果舅母时常脸皮子不展，如果舅母每每发发牢骚，如果舅母经常吹吹枕边风，如果……我们的尕舅还有这份心意与心情吗？！

我记得，尕舅只比我年长五六岁，尕舅母差不多和我同岁，他们在姐姐、姐夫们身上付出的心力与体力，他们在外甥们身上耗费的口舌与心血，在今天的农村，在今天这个亲情日益淡薄的时代，堪称楷模！

——这就是今天我们来给舅舅拜年的意义，这就是自年前我们就筹备今天这个仪式的用意，这就是我在几年前就想给舅舅、舅母送这面锦旗的初衷！

这也就是今天把尕舅母的娘家父母请到这里来的意义——请寇宗璞、寇宗琛、寇宗祺给舅奶奶的娘家爸爸敬酒祝寿！

在这个环节之前，我两个舅舅一直都很激动，很高兴。尕舅多次滚下激动的泪珠；舅母时而擦眼泪，时而开心一笑；尕舅母的老父亲双手颤动，脸上洋溢着喜气与激动之情……

接下来，大舅讲了几句话，激昂慷慨！尕舅母的老父亲讲了几句，因为农村人很少经历的激动与感激，竟说不出语意连贯的话来。

末了，我说："其实今天我们这么多人来给舅舅拜年，今年我们姊妹五个齐刷刷地来转外家，今天举行这个仪式，最风光、最高兴的是我们的妈，下面请妈来讲几句话！"

我妈这个人，你还真不能小瞧了她，没文化，农村老太太！但是，反应对应能力，表达能力，都能让人意想不到。比如，这时候，我预计，她说几句客套话也就好了。没想到，她手一挥，像个大领导似的果断地说："我不说！过年着呢，上正大月的，在你尕舅的家里，今天我一说我就淌眼泪呢，我就想哭，我不能大过年的在你尕舅的这个院子里哭天抹泪的……"

自20世纪50年代末至60年代初，长达八年当中（我妈是1955年嫁到我们家，我是1963年出生，我父母生育的第一胎没有成活），我奶奶、到我外爷外奶、到我父母，最大的期望就是我的出世。我出生在国家、民族、家乡、家庭最困难的时期，我外爷安慰我妈最重要、关键的话题就是我将来能给我父母争气，将来我父母能享上我的福。我外爷是一个略有文化而社会阅历丰富的人，看事情颇有远见，很看重亲情，处理各种问题都很有头脑。可以说他和我奶奶一样，盼望了我半辈子，也帮助我父母拉扯了我半辈子，但是他去世的前几年，我在嘉峪关刚参加工作，收入也少，成家、养家，能力不够，也未能尽到一丁点孝心，一直引以为恨！

我外爷生前喜欢喝一点酒，我记得我十来岁的时候，第一次喝葡萄酒就是在外爷家里。大概是在一次年前的腊月，他把他的小女婿从陕西给他带来的红葡萄酒打开，一个250毫升装的小瓶子，用我们家乡那种最小的酒杯——小到没法再小，本来是猜拳喝白酒用的——我们每人喝了一小杯！若是我外爷活到今天，我可以孝敬他一拖拉机葡萄酒，用茶杯喝……

我外奶生前喜欢抽烟，一个粗糙的木制祖传烟盒，极其劣质的烟叶，农村人自己种植的旱烟叶，晒干碾碎，烟叶夹杂着秸秆，远闻就是一股刺鼻的呛味，一个锈迹斑斑的烟袋锅子。她自己不会用纸卷烟筒抽，只要我去，第一件事情往往是给她卷烟筒，就是人们常说的喇叭筒，我也就是在那时不知不觉学会了卷烟筒，到现在还很熟练，可惜我一直不习惯和不喜欢抽烟。偶尔亲戚朋友送她一两包雪茄烟，她就是视若珍宝，抽得很投入，很享受的样子。若是我外奶活到现在，我能给她送一箱雪茄烟抽！

对我外爷外奶的亲情亏欠，到何处去弥补呢？！

树欲静而风不止，子欲养而亲不待也！

把我在外爷外奶身上不能尽到的孝心，弥补在舅舅们身上，是我现在唯一的一点心愿。

在我有空闲时间的时候，把我舅舅和罗福、温正德请来江南一游，让他们在我家里住几天，坐着我的汽车到沪宁杭游几天，抽几支我的烟，喝两瓶我的酒，叙叙旧，聊聊天……

我们不是单靠吃米活着，在这个竞争日趋激烈、节奏愈加忙乱、亲情日益荒漠、心态越来越浮躁的时代，更多的是为我们自己寻得一份宁静的心灵，为自己的灵魂寻得一块自留地！

这幅照片记载了当时的情景，我忙于讲话和主持，请小妹夫苏继宁拍的照。

2010 年 4 月 3 日（农历二月十九）初稿
2010 年 6 月 21 日完稿
2021 年 2 月 8 日再次修订
2022 年 8 月 20 日再次修订

（专辑）亲情

老年人是一部书之一：父亲

我父亲生于 1935 年，属猪；2014 年元月八十岁去世。

父亲是老实巴交的农民。我上中学以后能利用节假日在生产队里参加一些劳动，给家里挣少许工分。就在那些次数有限的集体劳动中，我感觉到父亲总是受欺负，而且他这个人在外边受了欺负总是不敢反抗，而是回到家里发脾气。初一时我曾与同学结伴步行了几十公里路，来到他为生产队放牧的地方。那是包兰铁路线上的一个三等小站，叫作"赵家水"。车站距村庄还相当远，只是取这个村庄的名字来命名罢了。后来我读完大学参加工作以后读到有关红军西路军长征的材料，才发现这个今天依然不起眼的小村庄，当年却是徐向前的司令部！

父亲不是亲自放羊，而是做后勤服务工作，就是积肥和为牧羊人做饭。

我们家乡把牧羊人叫"羊户长"——含有极其明显的贬义：文盲，不了解社会，不谙人情世故。所以大人骂娃娃不好好念书，没出息，就说将来做"羊户长"去吧！如果现实一些看，从褒义的角度讲应该称之为"牧羊倌"，挣的工分稍多，比父亲的工作职务略高，也有一定地位和实惠。

轮到"羊户长"谁家中有事什么的需要回家，父亲就替人家放羊，而且常常是这个"羊户长"回家刚来，那个又要回去，所以父亲总是没完没了地替人家放羊。当然他自己的

本职工作必须完成。

那年暑假，我在那个三等小车站旁边的羊圈房住了好些天。我第一次看见了铁路上的流动生活供应车，第一次旁观了铁路工人下班后来到羊圈问"羊户长"们要野菜吃，第一次目睹了父亲在蒸汽机时代的铁路线上捡煤核、扫煤渣……我观察到，"羊户长"们每天早饭后出发前商量好晚饭吃什么，用一杆小秤把小米或面很准确地秤好交给我父亲，然后用一把锁锁住装米面的小木箱。父亲就把每个人的米面集中起来，极准确地做饭。有一天晚饭，父亲已经做好了我们家乡一种叫作"糁饭"的主食，"羊户长"中有一位是父亲表兄弟，我们称呼为"姑舅爸"（普通话该称呼为"表叔"）。别人都已经吃上饭了，他不知跟我父亲说了句什么，我还没反应过来，就见父亲在把锅里本属于姑舅爸的那份糁饭往自己的碗里盛，准备腾开锅，还要洗干净给姑舅爸做饭用；而我转身看唯一还没吃饭的姑舅爸正捋起袖子在和面。我趁父亲到外边倒洗锅水，小声地问，"我姑舅爸他为什么不吃糁饭了？"父亲淡淡地说："人家该是想吃拉条子了嘛。"说着这句话的时候，爸，你怎么一点也不生气呢！

太不公平了，这不是欺负人吗？学校食堂里周末各班统计上报吃饭人数，如果你报了名却没有来吃饭，粮照扣、钱照扣，而且到了下一顿也不会补给你。早晨交了米面，等于认可和订购了晚饭，怎么能饭做好了却反悔呢！就算不吃糁饭了，想吃拉条子也至少剩饭归他！为什么剩饭还要让父亲明天早晨再吃？——我在40岁前后一次回到家乡还与父亲谈起这件事，他无奈地低下头，抹一抹眼角……

2014年春节前抬埋老父亲，正月初一，我带领弟弟妹妹陪同老母亲专程驱车到赵家水车站附近的这处羊圈凭吊。

我老母亲一遍遍地感叹："当时只是听说你爸他们在赵家水，还以为在村庄上呢，谁知道还是在山圈上……那时候步步脚走着呢，天不亮就出门，半夜才能走到这个地方；每次回家都是半夜才到家……你不带路，我根本不知道这个地方……"我们姊妹五人仔细寻找当年羊圈的痕迹，寻觅我爸住过的土窑洞——年久塌陷，除非爬行，已经不能进出，拍了几张照片，以存纪念，我的兄弟妹妹们都很有感慨。

父亲不是那种心里不清楚的人，在我十几岁的时候，他好几次着意地跟我说过一句话："前三十年看父待子，后三十年看子待父。"这就是他一个农民复杂心理的表白。

20世纪70年代后期，有那么几年，家乡非常困难。我们家是孩子小而吃饭的口不少，劳动力少，工分少，分到的粮食也就不会多。父亲几乎是常年在外，就为了多挣一些工分。有一年的寒假，我又来到朱家湾沟他劳动的羊圈。利用工余时间，父亲把一种可以喂猪的草籽从山坡上扫回来，主要是在粮食稀缺的那个年代做猪饲料，但我清楚地记得我们家人曾经也掺和吃过几顿。我帮助父亲扫这种名叫"三角子"的草籽，看见他用手把扫起来的草籽往簸箕里刨，我也就用手刨——可怜哪，我的右手所有的地方都扎上了那些三角子小刺，特别是骨节缝里细嫩的地方，竟是那般钻心地痛……父亲心疼地看看我的手，让我别用手，教我用笤帚往里边扫。我问："爸，你的手为啥不扎？"他伸手给我看，我发现他的手上的老茧厚得连指头都不能完全弯曲，怎么会扎啊！

许多件小事，让我这个大咧咧的少年明白了，父亲在生产队里是受人欺负的。可是往往是为了多挣工分，有时为了挣每天2角钱的补贴，他不惜忍气吞声、低声下气、看人脸色，本来就矮小体弱，还要在劳动中抢着干，生怕被人家嫌弃而不愿意搭伴。

我写这篇文章初稿时父亲近70岁，我40岁，他这一生、我这半生中，我们父子只有一次一起洗过澡，我仅只给他搓过一次澡，但让我直到现在还辛酸了十多年。腰弯，背驼，耳聋，大半生中只有一只眼睛的视力，四肢关节都不能伸直，自己不能给自己挠痒痒，吃饭抓不住筷子，穿衣扣不上扣子，开电灯摸不着拉线开关的线绳而不得已在一头系上一个显眼且笨重的东西……他曾经告诉我说："生产队里劳动的时候，别人出七分力，我得出十一分、十二分力甚至更多，浑身的力气早就使完了。不然人家体力好的人嫌弃你，骂骂咧咧地，有些出外挣钱的活还不要你……"这我能体会到，他这个人干活从来不偷懒，很少在劳动方面被人指责偷奸耍滑。

我想起来，我们中泉庄子与父亲一样的还有一个人——火玉清，我只记得他的小名叫寇娃。70年代举家搬迁到草窝滩，因为不顺利，又回到中泉来。一时没有地方住，就借住在我们家的小房里，一家5口人挤在一间黑黑乎乎的房子里，睡觉、做饭、存放东西。一年的腊月里，我们都在红湾里平地，我印象中是把山上表面的一层土铲起来用架子车拉、用背篓背到地里铺上。活不算很累，火玉清因为一条腿残疾，不能拉车，不能背背篓，是干散土的活，大概算是最轻松活。中午，我们都跑回家里吃饭。火玉清用一个小小的干粮袋子，装少半袋子干炒面，在山的阴面找一些积雪，用嘴吹掉上面的尘土，把雪沫装进炒面袋子，两只手来来去去地揉蹭一会儿，就捏成一个个炒面棒吃，也没有水喝。一个人坐在陶有仁看菜的那个破房子里，晒晒太阳，烤烤火。

我那时候十二三岁，还太幼稚，根本不能理解一个腿脚残疾者的苦衷。我问过他："你怎么不回家吃晌午饭？这么长时间一个人待在这里干什么！"他说："腿不方便，路上来回跑太费事，下午就没有力气劳动了。中午吃上些，稍微缓一会儿，先干上些，你们别的人来了我就轻松些。我做活不如人嘛，就先干一会儿，多干一会儿，不能叫人家嫌嫌憎憎地……"

我还问过他为什么拿雪拌炒面吃，记得他的回答是，干炒面吃起来不方便，稍微用水拌一下，就好吃到嘴里了……

我爸也就只是比火玉清稍好一些，他在生产队劳动遇到的情况和个人心态应该都差不多。

——以上有关火玉清的几段是我在2009年3月20日夜补写的。昨天参加同事钱桂荣父亲葬礼，听了逝者单位的悼词和桂荣的讲话，我一路心酸，流泪不止，决心把父母、姑姑、舅舅等亲人的点点滴滴都记下来，以免将来他们去世时我措手不及。为了这件事，我翻阅了2004年的这篇旧作，稍作补充。

上高中时我有了一辆崭新的红旗牌自行车。我父亲每天挣六毛钱，在白银公司露天矿随生产队的副业队卖命挣来了几十块钱；加上我母亲卖生猪四十几块钱，一分舍不得花；还有大侄子宗勋借了几十块，总共145块钱买的！那时我们中国人真是太贫穷了。我爸和他的同龄人在露天矿搞副业时，我有机会去过一次。火毓灵、朱发成、寇永林，是现在我还能记得最清楚的几个人。他们住在露天矿最大的矿坑的边上，大夏天里生煤炭火自己做饭吃。火毓灵姑父住在靠炉子的地方，大家都轮流做完饭了。要睡觉了，煤火太热，火毓灵提来一桶水倒在燃烧旺盛的煤炭火上，顷刻间火灭了，一股蒸汽夹杂着烟尘滚滚而起，弥漫了整个房间，年轻人都躲在外边，火毓灵姑父能好端端地坐在炕上喝茶、抽烟，不怕呛，不怕脏。尘埃落定之后，人们回到房子里，床铺上一层黑灰，我问我爸，这么脏的炕怎么睡觉，他把褥子提起来抖了几下，再铺上，就算是打扫干净了。

我跟火毓灵姑父开玩笑说："你住的这个地方靠火炉子近，大夏天的又热又脏，人家做饭还影响你，你也不觉得吃亏？"姑父说："是占便宜了，不是吃亏了。没有这么好的煤火，我们拿啥做饭？用啥打茶呢？就像在朱家湾沟劳动，中午休息的时候，和国胜老汉烧一把草草子打茶拌着吃炒面？相比较，这个条件该是好多了吧！"

我跟着大人们下过一次矿坑，上下一趟在十里路以上，尤其是上行，一直是沿着弯弯曲曲的羊肠小道爬山，像我爸的体力，每天走那两趟路都够累的了，而他还要在矿坑里劳动一整天。挖掘机轰鸣；进口柴油自卸车冒着黑烟吼叫着、挣扎着爬上盘山公路（20世纪70年代后期，有一幅年画，题目是"我与轮胎比高低"，那种自卸车的轮胎直径大约两米，据说主要系统是从美国进口的，装载着几十吨矿石能从几百米深处的矿坑开上地面。当时我们国产的解放牌卡车下行时拉上炸药等物资，空车上行都很艰难）；爆破声彼伏此起。一会儿工夫人身上就一层灰尘，眼睛都睁不开。鼻子里都是矿石粉末，吸入肺部，人不停地咳嗽，污染极其严重。而我们腰水大队当时像我爸和火毓灵一样年龄的人，就为了那一天几毛钱在污染最严重、生命最危险的地方拼命，都是为了养家糊口，为了供子女上学。

我还跟着大人们去看过一次电视，那是我第一次看见电视机。记得吃完晚饭步行了好几里路，来到一处矿山工人生活区，在一间很大的房子里，摆了十几个长条靠背椅子，一台黑白电视机，图像质量很差。房顶上照明的是霓虹灯，我们老家里那时管这种灯叫水银灯。人在霓虹灯光的映照下，皮肤颜色变成了又绿又黄，好像是得了大病，脸色极其难看而吓人。六哥寇永林是一个非常老实的人，他突然之间对我爸说："孕爸，我看你像是人不对了，脸色这么难看……"说这话时他自己已经吓得脸色都变了，神情紧张，周围的人都围过来看我爸怎么了。我仔细一看，每个人脸上都很难看，就对大人们说："可能是这里的灯光的原因，你看我们每个人脸上都是一样的。"大人们都才笑笑了事。

我考上大学，我爸希望我有一块手表戴上。当时也就是百来十块钱，但在我们家是一个天文数字。种了几分地的西瓜，舍不得吃，卖了几十块钱；养一口猪，卖了几十块钱；又向寇宗勋借了几十块钱，才买了一块上海表。这是我们家的第一块手表，是第二件最值钱的东西。我戴了好多年，最后送给了寇永强。唉，我现在一月的收入，按 1981 年的价格，可以买两百多块手表！而当时我爸和我妈却要省吃俭用上好几年！

2005 年底我在无锡买了新汽车；2006 年第二次在江南买了新房子，装修好后 2007 年春节前入住。我们全家四人一起商量，应该接我爸我妈来江南过一次年，应该让他们在有生之年来一趟我们在江南的家，应该来坐一坐我们的汽车，来住一住我们几十万元买的新房子，应该来江南游一游，上海、杭州、南京、无锡、苏州，都应该去看一看。我打电话跟我尕舅商量，打电话跟兄弟妹妹们商量，我爸我妈有许多的顾虑，还怕让我多花钱，增加我的负担，推辞再三。我对我爸说："我是你的老大，我走到哪里，哪里就是你的家。万一你不行了，总是死在了自己家里，我会把你运回家乡葬在祖坟里的……"我对我妈说："我已经挣了二十多年钱了，现在有这么好的条件，有房有车，但是我的福我奶奶没有享过，活的时候就连我的一个棒棒糖也没吃上——我奶奶生前一直说嘴里苦得很，希望有个水果糖吃一吃……我外爷和外奶半辈子眼巴巴地盼望着我长大，但是我工作了挣钱了，他们也去世了……温家我大妈没有享过，罗家尕姑父没有享过……现在你和我爸就是代表，你们把我的福多享上些……"

我妈笑笑，最终在永斌的陪同下来到无锡。

我是 2001 年 8 月被引进到无锡，起初在太湖高级中学（当时叫华庄高级中学），当年 10 月份就在太湖边上买了一套 150 平方米的楼房，装修好后，2002 年暑假之前住进去的。2003 年大妹妹永春到过无锡，2004 年春节我岳父岳母在无锡过的年。2004 年暑假，我们全家都进入江南名校江苏省锡山高级中学，正好女儿寇蔻上初中了。2004 年下半年就把华庄的房子卖掉了。2005 年国庆节在锡山高中新校区周围又买了房子，年底买了汽车。新家就在学校门口，寇蔻在我所在的学校上学，豆豆的小学与我们高中门对门，可以说我们上班上学并不需要汽车。我的想法是，一定要在父母活着的时候实现我们家的有车计划，一定要让他们活着的时候坐上我们的汽车。本来买房子、装修房子已经花了很多钱，我们必须贷款了。但是我先把买车的钱预留下来了。我不但要买来车，还要开熟练，还要尽快认识周边的道路。让父母坐上我的新车，让父母住上我的新房子，让他们在美丽的江南过一次年，让爷爷奶奶和两个孙子团聚团聚……实现了这些愿望，父母将来死了我也不留下什么遗憾！

我爸我妈一到无锡，我就先买了一个轮椅，平处我们把我爸放在轮椅上推着走；遇到有门槛台阶的地方我就和弟弟永斌抬着走；人多的地方，抬着走不方便，我和永斌就轮流背着走。

在南京，我的学生安排我们住在梅花山南京植物园招待所，正月里正是江南梅花盛开的季节。我妈生平第一次见到漫山遍野各种颜色的梅花，感慨道："年轻的时候扎花，绣了多少梅花，就是没有亲眼见过梅花，要是早几十年见过这么好的梅花，我肯定能把花扎得更好！"

南京总统府，是我爸最感兴趣的地方。

回忆一下，我工作了近三十年，印象中，我爸只给我提过几个小小的要求。80年代，有一次回家，我问我爸：你希望我下次来带些什么东西，我爸的回答是："你把那个带鱼买上几条来我们尝一下。"1997年在嘉峪关过年，我爸提出的唯一要求是："你想办法把我领到敦煌去游一下，叫我看一下这个莫高窟究竟是个啥样子……"2007年在江南过年，我说我们过完年要开车出去游，你有啥要求。我爸就说："你把我带到蒋介石的总统府叫我看一下；再到孙中山的坟上看一下；再到南京长江大桥走一走，我看一下它到底有多好……"这些地方都是我来过许多次的，比较熟悉，我就是一个合格的导游。

来到总统府，因为是民国时期建筑，门槛、台阶特别多，我和永斌时不时地就要抬起轮椅，还要请旁边的游客让路。我爸站立时间长了腿疼得站不住，只能坐在轮椅上参观；认识的汉字并不多，对那些介绍文字，不是阅读，而是要念出声音来才能知道大概意思，所以就特别慢。我们所到之处，无不引起周围人的注意，人家一看，都很惊讶，两个农民：一个老头，一个老太太，看文字介绍是念出声来，还用土话念的，让人听不懂，还这么认真地在看，旁边还有一个戴眼镜知识分子模样的人在不停地介绍。有人就好奇地问我们："你们从哪里来的？""两位老人多大年纪了？""你是他们的什么人？""为啥要这么远来看总统府？"我就给那些好心人解释："我父母这个年龄的人，是出生和成长在民国时期的，他们希望看一下蒋介石工作过的地方，希望亲眼看一下人民解放军占领总统府的那个标志性的门楼……"

游南京中山陵，考虑到周围范围大，景点多，节日期间游客多，我们一大早就开车到了大门口。游览中山陵是一件很费体力的事情，仅从牌

坊开始上达祭堂，就有石阶 392 级，还有 8 个平台，合起来是 4 公里路程，我和永斌轮换着把我爸背上去的，一个背人，一个背轮椅，遇到台阶陡的地方还要有一个人来搀扶我妈。背一个人上下中山陵，来去 8 公里，

16 里路，相当于爬了 80 趟中泉庄子的四娘庙凹！约等于背着百来十斤烧柴往返朱家湾沟三趟；相当于我外爷背着一大麻袋猪饲料从陶家窑步行到我们家……许多的游客都主动给我们让路，一个老年旅游团的几乎所有成员都站在路边啧啧称赞，有几个老人在议论，"这两个老人肯定是父母，那两个年轻人肯定是儿子""看样子两个老人是农民，大概是儿女们接到城里来过年的""唉唉，人和人不一样啊，一娘生九子呢，这两个年轻人一看就是孝顺的儿子……""这一对做父母的真是幸福的人啊，让人眼馋啊，养下这么好的儿女"……有电视台的记者把摄像机镜头对准了我们，有人把路边的座位让给我们休息，有人劝我和永斌稍微缓一会儿，还有人给我们拍照……后来，一位在南京工作的我嘉峪关任教时期的学生打电话给我说："寇老师，我在南京的电视上看见你了，你在中山陵背的那个人是谁？是不是你父亲？"

在杭州除了游览西湖，我专门带我爸和我妈到楼外楼餐馆吃了一顿饭。

2006 年"五一"我也在这里请我岳娘以及罗勇、马霞吃过一顿饭，2004 年春节我在这里请我岳父母吃过一顿饭，2003 年安燕还请永春母子吃过一次。

杭州楼外楼菜馆是一家名闻中外、有几百年历史的名餐馆，坐落在美丽的西子湖畔，无论白天还是夜晚，都可以一边进餐一边欣赏西湖美景。浙江省政府认定杭州名菜 36 只，其中有 10 只就是楼外楼提供的——这 10 只名菜就是：西湖醋鱼、排面、叫花童鸡、油爆虾、干炸响铃、番茄锅巴、火腿蚕豆、火踵神仙鸭、鱼头汤、西湖莼菜汤。因为名气太大，任何时候都要提前订餐或排队等候。我们正好是在过年时候到的，更是人满为患。我让永斌陪着父母在楼顶阳台上休息一会儿，我在二楼排队等座位。楼外楼的一位中层干部看见两个农民在阳台，引起了他的注意，来这里吃饭的大多是高消费群体，两个农村老人站这里干什么？……大声问："这两位老人是哪位顾客的？"订餐的服务员指着我说："是这位先生的……他已经排了好长时间的队了。"

楼外楼的工作人员被我们的孝心所感动，很快地安排布置好一张临时

餐桌，靠近窗户，可以边吃饭边欣赏西湖夜景，热情地请我们坐下用餐。

从杭州取道上海，登东方明珠电视塔，排队的人很多，看见我们又是老人，又是轮椅，工作人员把我们带到一边，让我们乘坐内部工作电梯瞬间直接登上 108 米大厅。

人心都是肉长的，人人都有父母老人，在春节这样一个隆重的节日里，这些人或许不能回家侍奉自己的双亲，但他们都有一颗善良的心。圣人云，老吾老以及人之老，把爱心奉献在别人的老人身上，是不是也可以弥补自己的孝心呢！

2007 年春节，我们一家三代第一次在江南团聚，我父母第一次坐上了我们自家的小车……一次开车外出，我打开车门，在往后备厢里装东西，我妈很利索地自己上了车，端端正正地坐好，准备开开心心地去游览；可是当我准备上驾驶座时，发现我妈已经坐在那里，我女儿笑着说："奶奶，你坐在那里，你准备开车吗……"

南京，上海，无锡，苏州， 35 天，吃住行用游，我花了 13000 元，是我有生以来第一次在父母身上花这么多钱——心甘情愿！比我爸妈给我买第一辆自行车，比我爸妈给我买第一块手表，孰轻孰重？

快要过正月十五了，我们要开学上班了，父母该回家了。我主张从南京禄口或上海虹桥乘飞机到兰州，两位老人辛辛苦苦一辈子，虽则因我们兄弟姊妹孝心天南海北都去过了，但还没有乘坐过飞机，应该在有生之年享上这个福！父母的心，永远在儿女身上！我爸我妈坚决不同意，怕让我多花钱呢！我打电话给我舅舅，本来想请我舅舅说服我妈，就乘上一次飞机！可是我舅舅也是站在我爸妈的立场上，觉得儿女们尽到孝心就行了，火车安全啦，火车舒适啦，我爸妈又不着急赶时间啦，以后还有机会啦……

最终错过了这次机会——我老父亲一辈子没有近距离看见过飞机，没有乘坐飞机——给我们留下了永远的遗憾！

2007 年前后，是我经济上压力最大的时候。但是我还是在父母临走的时候给了他们一万块钱现金。我爸不解，说："我们现在要钱干啥呢？"

我妈说："天哪，你给我这么多的钱嘛，我往哪里放着呢？……"我有我的想法！我爸妈一辈子从来没有见过这么多钱，手里从来没有过这么多钱。80年代，全国人民都在为"万元户"拼搏的时候，我们家乡没几家能达到，我们家更是想都不敢想。今天，让我父母在有生之年实现"万元户"的梦想，让他们在有生之年也风光一把，让他们有一定经济基础，有一定的积蓄，让他们心里踏实！

这件事，我只跟我尕舅说了，跟我尕娘说了。只有罗勇知道，我的弟弟妹妹们都不知道。

我让我妈把这一万块钱存在村子里的信用社，我想让他们体验到在银行里有存款的味道，我想让他们体验到能吃上存款利息的感觉……

礼，与其奢也，宁俭；丧，与其易也，宁戚。（《论语·八佾》）

子曰："今之孝者，是谓能养。至于犬马，皆能有养。不敬，何以别乎？"（《论语·为政》）

父母之年，不可不知也。一则以喜，一则以惧。（《论语·里仁》）

巴金说：我们不是单靠吃米活着！

2010年正月祝寿，是近三十年来我在家里住的时间最长的一次，也是与父母一起生活时间最长的一次，我明显感到父母已经进入老年。农村人生活中最难的事情是什么？看病就医，有病硬撑着，舍不得花来之不易的钱看病。我把钱打在医院院长的卡上，父母随时看病……我没有办法代替父母承受身体上的病痛，但可以减轻他们心理上的负担。

购物，记账！大宗商品，不让父母付钱，我托人买好送到家中。

2012年上半年，我们兄弟姊妹齐心协力，有钱的出钱，有力的出力，

（专辑）　亲　情

给我父母盖了一院砖房。2020 年到 2022 年，每个暑假，我妻子安燕都带着我们的小孙女夕夕去老家里住一段时间，陪陪我妈。安燕很快发现，家里这套房子需要一个室内卫生间，需要安装抽水马桶，需要有热水器，一定要让我妈能在家里随时洗热水澡，冷夜寒天里能在室内上厕所……她联系从事专业装修的侄子寇宗臻，花了七八千块钱，给我妈办成了这些事情。后来连防滑垫、坐着洗澡的塑料凳子都买好寄给我妈……

2021 年 5 月，永强几十亩田地的玉米长势喜人。我妈开始担心，秋天打下了玉米没有地方存放，跟我说：给永强帮忙盖一个彩钢房，并且把大门外边几百平方米的地方用水泥预制。我负担了大部分费用，请同学等人相助，办成了这件事情。

智能手机普及了，微信成了最便捷的通信方式，我妈竟然会使用微信视频了！我每每能从她的声气、表情判断出她心情好坏。2022 年 5 月，我在一次微信视频中了解到我妈有一件发愁且闹心的事情——化肥涨价！我打了好几个电话，详细了解好，腰水村陈其康专卖各种化肥。我联系到陈其康，请他把我妈需要的几十袋子化肥送到我们家，所有费用我负担；并且告诉他：今后但凡我妈需要的东西，你只管送货，我只管出钱……

父辈是一部书！

从我父母身上，我时时刻刻能触摸和体味到家乡父老乡亲们劳作的艰辛、生活的节俭、度日的艰难和人心的良善。不该忘掉的农村人本色，我始终没有忘记；不该沾染的不良习气，我始终没有沾染。四十年教师生涯，近三十年班主任经历，引进江南以来一直任职在当地一流名校，但是我始终没有学会抽烟、酗酒、打麻将等。我从来不去洗浴中心泡澡等，从来不到歌厅等处休闲娱乐。学生家长请老师相聚，我一直坚守底线；先后在多所学校任职，我没有给赏识我、抬爱我的领导惹过大麻烦；也没有让嫉妒我、打压我的领导抓住过大把柄。在江南教育发达地区评到省特级和正高级，我觉得其中并不次要的原因就有：时时刻刻、事事处处阅读父辈这部书。

慎终如始，则无败事。

父辈是一部书。

2022 年 10 月

老年人是一部书之二：母亲

我们家祖传擅长骂人！

从我爷爷开始。据说，全中泉庄子的人给他帮忙杀猪，他能从早晨骂到晚上……

我妈也擅长骂人。

我到四十多岁的时候，我妈还像我小时候骂我一样骂。一次，在嘉峪关我们家中，我妈越骂越生气，连跳带骂……我给我妈倒了一杯热水，说："妈，你喝口水，润润嗓子，歇一会儿再骂吧……"

我从小记得，我妈骂我最多的一句话是："你该没有把书念到驴肚子里头去嘛？！"直到现在，我妈只要张嘴骂我，必定还有这句话！

我妈不识字，但是表达能力超好，用我们农村的土话说就是嘴很会说。有时叫我这个当老师的都感觉到惊奇，我一年四季都在讲话，工作几十年都在琢磨语言，还在大学里学了好几年。但就是没有我妈说的那么生动形象，那么通俗易懂。

有一年在嘉峪关过年，我的一位同事来家里做客，我就买了一包好烟招待他。这位比我年轻几岁的通渭小伙子喜欢抽烟，农村出来，刚刚成家，条件也有限。过年期间也不忙，碰到了一包好烟，坐下就不走了，一直到他一个人把这盒烟抽完，前后也就两个多小时。

同事走后，我妈说："你的这个同事，年轻轻的娃娃，没见过烟一样，吃烟就像炕洞里冒死烟的……"我妈把不停地抽烟形容为"炕洞里冒死烟"，多形象啊！只有填过炕的人，才会说出如此生动的语言！

据老年人说，我们家世代种韭菜，有祖传的经验。1989 年到 1991 我在兰州进修，几次见到李常谦的老母亲，她还对我说过："六爷那会儿有韭菜园子呢，我打小就端着麦子去换韭菜，你们家的韭菜就是和别处的不一样，尤其是和腌下的猪肉炒着吃，那真是再好不过了。现在根本吃不到那么好的韭菜了……"我还听好几个人说过，我们家解放前后的韭菜园子是脑泉川里独一无二的。我妈对韭菜也是情有独钟。她把我们挣工资叫作"割韭菜"。我妈不止一次地说，你们挣的那个钱儿嘛，就像我们割韭菜的，割掉一茬子，不到一个月就又长起来了嘛，只不过费些驴马粪而已嘛⋯⋯

你挣着几个呢，总比农村里人来钱容易。一个农民的来钱路在哪里呢？那是要四股子蹶地里苦去的，一年三百六十天，面朝黄土背朝天，人受苦了，还要看老天爷给你成给不成给呢；即便是地里打出来粮食了，还要看卖得上卖不上好价钱；就算是卖上几个钱，死水怕勺舀呢，一个农民的几个钱根本就经不起花，屁股一抬就是钱！

在我妈眼里，我的工资就像割韭菜，我挣钱只是费了些驴马粪！

我妈有许多生活格言，都是非常富有哲理的。多数是我外爷遗传，有的是从我奶奶那里学来的。下面是我临时想起来我妈经常说的一些俗语：

野鸡养死不恋，家鸡打死不野。

先是人情后是债，人情逼住把锅卖。

亲戚盼着亲戚富，当家子盼着当家子穷。

前三十年看父待子，后三十年看子待父。

吃不穷，穿不穷，计划不到一辈子穷。

天天待客不穷，夜夜做贼不富。

有闲钱，才置办闲货。

油缸跌倒，脚步不乱。

谁家都有个碟儿大、碗儿小呢，谁的舌头没有被自己的牙咬过！

但凡在弟兄们另家时候多占、多拿、多分的，最后都没有好的；但凡从羊牲口嘴里克扣过的人，晚半年都没好的。

一烙二擀三拌汤——这句话是我妈从我奶奶身上学来的。我奶奶一辈子生活在贫穷中，磨了一辈子锅台，总结出了一整套省吃俭用的方法。同样一斤面粉，如果你把它烙成饼，只够一个人吃饱；如果擀成面条，可能够两个人吃饱；假如掺成拌汤，说不定够三个人吃饱！

作为一个农民的我妈：珍惜土地，爱惜牲口

我妈一辈子劳动，七十多岁还能种地，她的理由是现在粮食蔬菜的价格越来越贵了，不能她死了叫我们兄弟姊妹拿上钱买粮办丧事。她经常教育我们说，以前农村里白事情上没有人喝酒，现在无论红白事情，首先是拿烟和酒过着呢，过一次事情，烟酒糖茶的消费是大投资。这没办法，只有花钱买；菜也没办法，得买。但是米面粮油至少应该地里能出来。她舍不得土地，十几年来始终要把家里的土地全都种上庄稼。从

六十几岁开始到近八十岁的十几年间，有时我们子女们顾不上帮忙，她宁可出钱雇人也不能叫地荒着。用我妈的话说就是：宁叫牛挣死，不能把车翻过！

惭愧啊，我妈七十几岁的时候，五黄六月在大热天里，天还没有大亮，抄起镰刀，武凶凶地一路小跑，赶到地里，只管低头割麦子，一连几个小时不吃一嘴，不喝一口，连庄子上的中青年人都赶不上——而我妈的儿子媳妇子们有人因为嫌农村里脏，有人因为怕热，整个暑假住在城市里，宁可穷嘴魍魉地求爷爷告奶奶借钱，都不肯在田里出力出产！

我妈一生六次生育，养活养大了三男二女，现在加上三个媳妇子、两个女婿，又有了家孙子、外孙子男男女女共六个，在这个十几口人的大家庭中，我觉得我妈的儿女们真是很少有人理解她。最近一二十年，兄弟姊妹们都出去了，家里的数十亩田地，我妈的儿女们都动辄就劝别再种了，谁的日子谁过，谁的办法谁想，谁的困难谁克服……我能理解我妈这个年龄的人，作为一个农民，他们对土地是有特殊的感情的。土地绝对不能荒芜，让本来能长粮食的地荒掉，这在我妈心中是不能容忍的事情。我到了四十岁以后，才能理解我妈了。有那么几年我和我妈约定，地里的投入从化肥到水费，全部由我来负担，产出多少我不计较。八十岁左右，我妈时常腿疼得不能下地劳动，我就说，种和收的重体力活，能叫近处儿子媳妇子来帮忙就帮，如果不能你就拿钱雇人，所有花费都由我来承担。我明白，只有有了田地，只有有了农活，我妈这样的人才能在老家里待得住。至于地里产出多少，那是由天不由人的；至于种什么，是经济作物还是粮食，我不计较。只要妈有事情做，只要我妈高兴，只要我妈愿意就好。

中泉庄子和我妈年龄相当的许多人都记得我妈扫麻子，真是一把高手！秋天地里的麻子收掉，地埂边上有散落的麻子，都在土和沙子里头，叫我看很难找出麻子。但是在我妈眼里，那麻子就多了。她把那些土和沙子用老笤帚扫起来，用筛子筛，用簸箕簸，站在风底下扬，渐渐就剩下了麻子。扫出来的麻子反而都是好麻子，比较饱满，炒着吃特别香，榨出的油也多。

我到现在都还记得我妈扫麻子的情景，还觉得我妈把扫来的那些麻子拿到石头碾子上压，半夜在锅台上煮，那个油沫沫拌炒面好吃，那种清油比现在的任何色拉油都香啊……

当了一辈子农民的我妈，一直爱惜牲口，超过常人，许多细节让我这个读书人不可思议，到了一定年纪，我才能理解，爱惜牲口是庄稼人的一种美好品质！

我妈小时候，娘家住在宋家梁上，吃水是最严重的困难。我妈十来岁开始，就和我大舅一起赶着一头毛驴子驮水，除了自己家里十来口人生活用水，主要是在白银公司露天矿卖水，两木桶水卖5角钱。井深，坡陡，路远，翻山越岭时人要帮着牲口扶稳驮桶。

我们家里第一次有牲口大概是1982年，我外爷把一匹马送给我们，我爸和我妈对这匹马的爱护超过对我们兄弟姊妹们。

今天的年轻人们可能有点不相信！

我爸我妈先是坚持一定要给牲口圈里安装电灯，理由是晚上要给牲口添草，没有灯看不清牲口吃草的情况，而当时我们家买不起一个拉线开关、一个灯头、一个15瓦电灯泡，连人住的房子里都没有完全装上电灯！

我妈说，不能让牲口吃长草，喂牲口的草一定要铡细。我上大学寒暑假回家，我妈还要教会我给牲口铡草，我当老师工作十来年了，回家还要给牲口铡草。在我记忆中，我们家养牲口二十来年，从马，到骡子，到毛驴，从来没有吃过长草。

驾车外出转亲戚，到朱家湾沟耕地，到红岘台车站接我送我，我爸和我妈都是先强调给牲口带上草料，然后才能想起来给人带上晌午干粮。到地点要先把牲口照顾好，我记得最清楚的一个要求是，在火车站，永强和永斌一个人把牲口拉在怀里，看着吃草料，防止被火车惊吓；一个人接送我上下火车。

我假期回家，和我爸睡在上房炕上，一觉睡到大天亮，根本不会半夜醒来。而我爸每天晚上都半夜起来两三次，无论冬夏，为的是给牲口添草。一次，我问："爸，你怎么知道牲口把草吃完了？"我爸的回答是："从声音都知道草吃完了……"我始终不知道他是凭什么声音的！

我们家最困难的时候，只有一些黄米，连苞谷面都没有了。我妈在黄米里糁饭里头糁的是三角籽面面子——糁饭不再是黄澄澄的，而是黑乎乎的，我大妹妹哭着不吃，说看起来就像狗屎……而当时我们家的牲口一直吃的是大麦料，按我的想象，大麦一定比三角籽好吃。但即使在这样的时刻，我妈就是不把牲口料减下来，她的理由是，到了田地里，牲口的苦比人的苦要大得多呢！

1990年左右，我在省教育学院进修，把我爸和我妈接到兰州游过一回。返回时是在红岘台下火车。永强赶着骡子车来接我们，上午10点左右下火车，从红岘台到中泉，下午5点前我要再返回红岘台，坐上火车，晚上9点多到兰州，再步行十几里路，凌晨一两点我才能到学校，时间很紧张。一路上我催促着把牲口赶快些，又是下坡路，我从家里骑着自行车往红岘台赶时就可以宽松一些。我妈坚决不行，几次骂我："你把牲口挣死了！你骑着自行车，它总是两个辘辘在路上滚着呢，你最多两条腿蹬着几下，牲口是要四个蹄蹄在路上跑的……"唉，哭笑不得！我妈一辈子不会骑自行车，她一直以为自行车辘辘是自动在路上滚的！

我妈很少心痛自己的儿女们，她从来不认为人会累；但是从来不能把牲口太累。今天，养牲口的农民越来越少了，也越来越难以有人能理解我妈这一代农民爱惜牲口的美好品质了！

在养牲口上，我爸和我妈有一件最不能理解的事情是，有一年，外甥罗斌不认识自己的驴了，关在圈里好多天不给草料，差点把自己的驴饿死。我爸的观点是，听声音都能认出来自己的牲口；我妈的理由是，能认得个人的娃娃，就能认得个人养的牲口！

作为媳妇子的我妈，怎样伺候我奶奶的？

我妈伺候了我奶奶几十年，我奶奶活的时候我妈还年轻，性子急，脾气不好，快人快语，对我奶奶也是常有言语冲撞。我奶奶也是一辈子闲不住的人，虽到老年还爱操心，我妈就经常说："你去炕上睡上一会儿，不要挡挂我们就行了！"我奶奶说："我睡不住啊！"你能猜出来我妈会说什么？"我就不信，睡不住还会滚掉不成？这么大的炕滚也滚不到哪里去的，你放心去睡吧……"我奶奶说："唉，你们还年轻，还没有到睡不住的时节呢！"我妈晚年经常说起这些话，她越到晚年，越想念我奶奶，越像我奶奶，对我奶奶的感情越深。凡是与我奶奶有关的事情她都很积极，很热心。

2000年春节，我去腰水看望几位姑舅婶婶，陈和贤正在准备盖房子。当时三姑舅婶婶已经是八十多岁的老人了，手里拄着拐杖，对我说："舅母活的时候经常给我们说，孥媳妇子的炕煨得特别好，只有我睡的那么一小块儿，烫烫的，热热的，一点都不浪费煨炕的（燃料）……"三姑舅婶婶说的"舅母"就是我奶奶，孥媳妇子就是我妈。我能记得，70年代是我们中泉人最困难的时候，不要说吃的穿的，许多家庭穷得就连煨炕的柴草都没有多的。我们家因为我们姊妹们都还小，上有我奶奶一个老人，下有三四个学生上学，就我爸和我妈两个人劳动，我们之所以能度过那一段艰难的岁月，除了亲戚朋友的接济，尤其是我外家的帮助，最重要的就是我妈这个人非常勤劳，非常会过日子。秋天来了，天气稍凉，我奶奶就需要热炕；到了春天，我们都已经换上单衣了，我奶奶还要睡在热炕上。数九寒天最冷的时候，我妈就用羊粪煨炕，当然炕就很烫了。冬天热炕是最少不了的。可是我们家一到正月里就没有煨炕的材料了。我妈在许多农活方面都是好手，早饭前她拿上扫帚和背篼出去，个把小时，她能从羊群走过的地方扫起来很多羊粪。水渠里，地埂边，她能很快地扫来几背篼树叶子、柴草煨炕。

我奶奶生活在最困难的年代，但是没有受过多大罪，至少没有挨过饿。我小时候，中泉庄子许多人家缺吃少穿，寇永统、火荣炎十几岁能从宁夏中卫一代换来大米的时候，我才不到十岁，但是我奶奶没有吃过草籽，很少吃黑面、苞谷面，哪怕一碗麦面拌汤总是细粮。

2000年之后的几年，我记得我妈一直主张给我奶提坟。她说她做梦都梦见我奶奶给她说话，我们烧的纸我奶奶拿不到手，我奶奶是我爷后娶的，生前就没有地位，就分开家另过的；我奶奶死后和我爷埋在一起是不合适的，要赶快提坟……按常理，这些事情是我二爹、我爸操心的，下来还有我三哥弟兄们和我们弟兄们。多亏了我妈的努力，2007年我奶的坟提了。新坟埋在我们家的地头上，地方是我妈找人选的，整个事情从头到尾是她张罗的，那时我妈已经是七十岁的老人了！

她竟然还能把温正德、温正法都叫来出钱又出力，一次她为我奶奶提坟的一些具体事情征求在场的人的意见，我亲自听见温正德大哥说："尕妈你说了就算着呢，你说怎么办就怎么办，我们都听你的。"

这几年，我妈常常对我们说，她死了要和我奶奶埋在一起，她要给我奶抱脚。这可以算她给我们的遗言。

我妈怎样供儿孙们念书的？

1976年春天，我开始到中泉中学上学，住在学校宿舍，但是每斤3分钱的米面加工费交不起。寇宗忠和寇明奎有自行车，分别带着我和寇明哲，我们四个人每天回家吃饭。上了高中，我步行过一段时间，和陶生贵、寇宗香一起走路，陶生贵走路特别快，把我练出了，我至今走路很快，而且不怎么累。我妈为了能让我更方便上学，先后安排我在温家大妈家里住过，在罗家娘娘家里住过，但是那个时代家家都有难处。最后，在高中的关键时刻，我妈下决心，给我买一辆自行车专用来上学！

红旗牌自行车，145元钱，是我们家历史以来购置的第一个大件，比我今天买汽车更加贵重而有难度！我妈喂了一头肥猪，卖给供销社，得45元钱；我爸在白银公司露天矿搞副业半年多，那个大坑里，粉尘漫天，严重污染，各种机器轰鸣，国产卡车空车都爬不上来，以我爸的体力每天上下步行一趟，都够累了，每天几毛钱，总共挣了70多元钱；还差二三十元钱，我妈问当时在公社商店里当营业员的寇宗勋借了。没有这辆自行车，可能就没有我考上张掖师专，也就没有我的今天。但是我爸和我妈一辈子不会骑自行车，连推着走几步都不会！

1981年，我考上了张掖师专，只需要不到10元钱的路费，只需要给我做一身衣服，买几件生活用品，总共不到100元钱的开销，但是，我们家负担不起！

拿到录取通知书，我爸和我妈忧愁多于高兴，多少个难眠之夜，他们从家里到地里，一直走在路上，都在唉声叹气，苦思冥想……一天早上我妈去泉上担水，记不清是谁跟她开了一个玩笑："你的老大考上大学了，好是好嘛，但是你怎么供得起呢……"这句并无恶意的话可是把我妈的火气和志气都给带上来了，她站在水泉上，扯着嗓门喊："哼，不要把人看扁了，把人羞死了，我李家女子就是砸锅卖铁、拆房子卖烧柴也要把我珍宝供出来……"

罗家娘娘姑父最能体谅我爸和我妈。高考结束，姑父介绍我在县城一条山宁夏人的工程队当小工，每天3块钱，我竟然挣了40多块钱！尕娘亲自给我做了一件军绿色的确良上衣——她一个农民，不识字，刚刚学做裁缝，难度可想而知！这件衣服做得非常合身，我穿了将近十年，直到工作后好长时间。冬天，套在棉袄外面；春秋，当作单衣穿着。星期六晚上早点洗了衣服睡觉，星期天早上晚点起来，等衣服干了才能穿上出门。我教的学生们在作文中笑话我："我们寇老师无论冬夏，上身都是一件黄褂子……"

我的舅舅们、姨娘们以及各路亲戚，从几斤粮票到一个茶缸，两元钱到一个笔记本，七凑八凑，把我送进了张掖师专。

好多年当中，我妈舍不得吃一个鸡蛋，舍不得穿一件新衣裳，没明没夜在田地里劳作，养羊，喂猪，挤出几分地种瓜，连一个都舍不得尝全部卖掉……

侄子寇宗琛小学高年级时，需要到脑泉小学上学。虽然已经修通了公路，家里也不缺一辆自行车了，但是随着汽车的增多，我妈认为让孙子骑自行车上学存在安全隐患，寇永强在外打工，三芳忙于农活……新的困难面前，在孙辈面前，我妈又一次像几十年前一样拿出勇气和志气！在脑泉小学旁边租了一间房子，吃的喝的、烧的用的、锅碗瓢盆、柴米油盐全部运到，陪孙子读书！各位亲朋高邻，你听说背起爸爸或妈妈上学吧？！这时候的我爸已经七十多岁，已经靠药物维持生活好多年，已经没有单独生活能力，我妈既要陪孙子读书，每天三顿饭，洗衣服，收拾房间；还要照顾我爸。冬天填炕、生火、取水，夏天隔三岔五步行回家拿菜取米面……

我没有亲眼见过，但是我妈的精神感动了在脑泉小学当校长的我的初中同学王宝山，多次在电话中对我说："老同学啊，你妈这老太太真了不起，让我们许多老师都感动……"我的同学罗崇阳一次去看望我父母，买了几斤羖羊肉，带着龙湾的苹果，后来他见到我时说："你妈不光是一个好母亲，更是一个伟大的奶奶，为孙子上学付出这么大代价的老人，在我们这一道川里算是最突出了……"

寇宗琛在中泉中学读初中三年，我妈经常到学校里和老师交流，询问情况，我妈能说出寇宗琛所有任课老师姓名，见面全都能认识，还时常打电话联系……2013年10月，我邀请中泉中学十来位老师到江南学习考察一周，几次交谈中，我发现这些同行从校长到老师全都认识我妈，几天当中说得最多的话题竟然是关于我妈，我妈的面子比我大！

作为妇道人家，我妈怎样对亲房当家子的？

农村人，矛盾最多的是当家子；但是，关键时刻，亲情最浓的也是当家子。

当家子，不可能没有矛盾，因为打的交道多。过去人穷，弟兄们多，还要另家，势必产生矛盾。

我妈与当家子矛盾了至少三辈子。我妈从来都是只记着别人的好处，尽量不记别人的不好，尤其是在处理与当家子的矛盾上。

2014年春节前，我二爹病重了，我三哥寇永珑需要到县城去照顾，三嫂在兰州伺候儿媳妇坐月子——一大院房子，得有个可靠的人照看！腊月里年关将近，谁家都有忙事情。三哥永珑求上门来，我妈没有任何多余的话，住在我三哥的院子里看门、喂鸡……数九寒天，每天晚上起来几次，从我三哥院子里跑到我们院子里，看看我爸是不是出去上厕所了，会不会从炕上摔下来了，甚至担心我爸还动弹着没有、还出气着没有……一次晚上近十点，我打电话时才知道这个情况，我就埋怨我妈："妈你这么大年纪了，黑天半夜、天寒地冻的，你连你自己的门都看不好……我三哥、三嫂……"我妈打断我的话，开骂了："娃娃，你该没有把书念到驴肚子里头嘛！你三哥不到条山伺候他爹，人笑话他呢，他心里也未必过意得去；常秀梅不到兰州去帮媳妇子的忙照看孙子，她心里也过意不去，现在养的娃娃少了，都是宝贝……寇永珑五十好几的人了嘛，一年四季在外打工着呢；常秀梅一个妇道人家，犁、耙、种、收，全凭她一个人干着呢，打上些粮食，又要人吃呢，还要考虑卖钱呢，两个人都出去几十天呢，没个人看门，眼睛能看着就是几口袋粮食嘛，如果叫人偷走掉了，你叫他们两口子喝风把屁去呢吗？哦，亲房当家子，平时吵着呢，关键时刻了，就是不一样！人总要有个亲疏远近呢，这会儿，寇永珑有了难处了，来找我给他看门是最合适的，你该能把里外辨过来呢吗！我们也不能叫你三哥在中泉庄子找旁人去嘛……我也知道冷的，我也知道麻烦的，但是，我现在不给他帮这个忙，别人也笑话我们呢……"

这几句话，可能只有我一个人听到，因为打电话时我妈一个人在我三哥的厨房里。

我妈就是这样对待当家子的，这就是我妈的思想觉悟和境界！

2014年1月26日，我爸过世。腊月二十六晚上6点多我接到寇永强的电话开始，到正月初一早上，六天五夜，我几乎没有合过眼，我的手机不是电话就是短信。二十六晚上开始，直到二十八凌晨3点我到家里，火车、地铁、飞机、汽车，几千里路，几十个小时，我连喝水的工夫都没有，基本上没有吃上过正餐——凡经历过父母去世的人相信都有体会！我是平生第一次经历，从来没有如此劳累过！

二十九早上埋掉我爸，三十过年，初二早上我们一家四口人就要往兰州赶，中午上火车返回无锡，四张硬座车票。在家里有限的几天中，每天傍晚步行送水火，初二大清早天不亮就到我爸坟上烧"头七"纸，中间我还要安排半天时间去一趟白银，还要和兄弟姊妹们商量处理许多事情……

初一早上起来，我还没有洗漱呢，我妈一声令："今年过年你们也不能到别人家拜年，今天你们姊妹五个都在呢；也有汽车呢，你们几个都会开……你们赶紧到条山去一趟，去把你二爹、二妈看个一下，这样的机会不多了……安燕还从来没有见过他们……你们戴孝着呢，再谁家都不要去！快去快回！"我们五个人相互你望望我，我望望你，谁也没有说话，出发，去条山，看望我二爹、二妈！

汽车发动了，我妈追出来，隔着车窗对我说："我给你说，你听着啊！寇永贵的两个娃娃如果在你二妈跟前，你可要把压岁钱给上呢……你前两年给我们祝寿，寇永贵买来了那么多的沙发垫子，我到现在还用着呢！人嘛，好是好换的……把大人且放旁边，娃娃的面子大啊……"

我妈命令我、教训我、骂我，从来不考虑我的年龄在增长，反正我是她儿子，我就永远得听她的！我妈也不考虑我身上是否有钱，是不是有路费能回到无锡，反正你挣的钱就像割韭菜的……

我有时觉得，把我妈的故事写出来就是一本书；把我妈与当家子的故事写出来，就是我们家族的"土房房梦"；把我妈与亲戚朋友的交往写出来，就是我们小村庄中泉庄子的"平凡的世界"……但是，我现在只能挑选我记得清楚的几件事写写。

某年暑假回家，我从江南带回来两箱无锡水蜜桃。当天晚上，我们家几个人，加上亲房当家子几个人，坐在院子里边乘凉暗谎边品尝桃子，大人娃娃合起来，每人平均不到一个桃子。我妈派寇宗琛专程从中泉庄子最北面把寇永常尕哥请到我们家里来，临走，我妈拿出一个最大最好的桃子，交给寇永常，"你给王春莲带上一个，叫尝一下……"我尕哥知道桃子不多，不好意思拿，推辞说："我吃上了，就行了……"我妈立刻命令："叫你拿上你就拿上！王春莲腿疼着走不动嘛，这么大年纪的人了，黑天半夜的，高一处低一处的，一个桃儿，它把你累不到哪里去……"

对嘴里吃的东西，我妈从来宁可自己不吃，也愿意让亲戚朋友吃上。从我记事，但凡家里来人，我妈没有不尽其所有、热情招待的。

2007年冬天，寇宗勋的妻子车菊兰病重住院，我在往家里打电话时，我妈多次对我说，车菊兰可能不行了，你要给寇宗勋打个电话，问候一下，给你大哥、大嫂也打个电话……后来车菊兰病逝了，我问我妈怎么办？我妈说："若是再谁的事情，或是别的什么事情，你在外面呢，装个不知道也就罢了。寇宗勋的这个事情那可不行啊！你上学的时候寇宗勋帮过你，你该还记得吗？寇宗勋那会儿是亦工亦农的营业员，一个月才挣着一二十块钱，养活一大家人呢，你买自行车他帮过，你买第一块手表他也帮过，现在出了这么大的事情，车菊兰害病几年了，把寇宗勋连累得垮垮掉了。如果是按农村里的行情，我出上二三十块钱，人笑话不说，你心里能过意得去？我们心里能过意得去？寇宗勋的事情，你非帮不行的！"

结果，我给我妈1000元钱，她给寇宗勋给了500元，并且再三说是我赞助的，不能记人情的——我妈怕以后在我爸和她的后事上给寇宗勋增加经济负担呢！

我妈安顿吩咐的事情，我只有老老实实按照她的意思去办，从我四五岁，到我五六十岁。我不能等到我妈指着我的眼窝子问我："娃娃，你该没有把书念到驴肚子里头去嘛！"那就一切都晚了！

对温家几个侄儿子、侄女，我妈从来就是当作自己人看待。

1995年，温正德大哥娶第一个媳妇子，当时是比较困难的，又盖房子，又说亲事，没有积蓄。大哥读过几年书，但是平时很少用得上，也就忘得差不多了，写一封信是很吃力的。好不容易给我写了一封信，想借些钱，我当时因为刚刚从北京给女儿寇蔻看病回来，半年多花了很多钱，多数都是从我丈人家借的，给大哥借钱确实不现实，不像现在在江南。后来我妈一直觉得遗憾，每次说起来都会念叨："你上学的时候，你大哥帮过你多少？那会你大哥养活一大家子人呢，十几口子呢，你大爹死得早，你大妈的多少事情都靠温正德办的。你大嫂子给你做着吃过饭的！他们四十几岁上才另开家，一另开家就要盖房子呢，眼明看着两个儿子都大了，就要娶媳妇子呢，你大哥又没有啥手艺，年龄大了也不能出去搞副业，你想一下，困难有多少？"我说："以后我大哥有事情我尽力帮。"我妈却说："哼，你该没有把书念到驴肚子里头去嘛！你大哥以后就是有事，也就不是他的事情了，成了他儿子们的事情了。温家的这一支人，是你奶奶的血脉，你大爹活的时候对我们唏不好（特别好），你奶奶的许多事情都是你大爹办的，我连你爸的婚事都是你大爹出钱出力办成的。养下你的时候，我们家里穷得像啥呢，你奶急得地上团团转着呢，没吃头啊！你奶奶把奶娃婆娘叫的是一个嘴吃着呢，两个屁眼门子把着呢。大人吃不上，奶水从哪里来呢？你奶没办法，就知道叫我喝酸汤，说是喝得酸汤多了奶水就多了……唉，到现在我想起来酸汤都觉得硌硬呢！多亏了温家你大妈几次烙好锅盔背的，筛子一样大的锅盔，背来了几回，

（专辑）亲情

都是你大妈挪着小脚背来的！你大妈那会儿十几口人吃饭呢，两个媳妇子了，直接拿米面来怕落抱怨呢，多为难！温家的这个关系，到你们这一代人往下，也就了结了……"说着这些话，我妈无限伤感。

我知道，在近十几年当中，我妈尽最大努力帮助过温家的侄儿和侄儿媳妇子们。四嫂张翠从小没有妈，有了难处，到我妈这里来哭着诉些苦，她就给张翠借些钱；二姐温兰香有了困难，寇永久跑来说上些好话，她又给寇永久借给几百块钱；老五温正明盖房子，家里只有我妈和我爸，没有人去帮工，我妈把钱带到；老六温正新结婚时，我大妈已经过世了，我妈提前几天就住在脑泉，坐镇指挥，就像自己娶媳妇子一样操劳；老二温正法远在兰州，她也经常打听……90年代我在兰州进修两年，每次回家都要问我见过温正法没有，见过王子花没有；温正林三哥吃上吃不上，她爱问，穿的衣裳有没有，她爱管……

1999年暑假，我到兰州和罗勇一起去过一次甘肃工业大学（现兰州理工大学），专程看望温正法两口子。我让罗勇先躲起来，看看王子花嫂子能不能认出来我是谁。我来到她的小卖铺窗口，她在低头干活，我说："老板娘，买两节电池。"王子花拿出电池，在递给我的一瞬间就惊呼："啊，尕妈的老大！"——血浓于水，亲情是永远割不断的！王子花二十多年没有见过我，也不知道我名字，但是她能在情急之下脱口而出："啊，尕妈的老大！"那种亲热之情，可以把我从小留在心底深处对这个嫂子的隔膜生疏全都一笔勾销！

我爸和我妈在晚年，最喜欢在嘴上念叨的经常是温家大爹、大妈。有几句话，不怕大哥弟兄们、嫂子们生气，我爸常说："温家你大爹死得太早了，不然能叫儿子们都成现在这个样子？！你大哥、你二哥都是你大爹亲自教育出来的，你看就是不一样啊。你大爹叫他们出去谁家办事情，就先叫儿子站在眼前教，说你去了先怎么怎么称呼人，接下来你说什么什么。如果他问这个你如何如何回答，他问那个你如何如何回答。事情办完回来了，还要叫到跟前，问一遍，把刚才经过讲一遍给他听，一边听一边又教着呢。你大爹在庄子上、在亲戚朋友中间威信唏不好，唉！就是死得太早了……胃癌，吃不成饭，一直饿死、疼死了。从年轻的时候就喜欢烧着、烤着吃东西，抓住个麻雀他都要放灶火里烧着吃上呢……在我的记忆中，你大妈自从去到我们家里，四五十年没有转过娘家！"

我问，为啥。

我爸说："你大妈一直生养稠得很，大的还没有断奶呢，小的又养下来了。又是小脚，那个时代脑泉到陈家梁上多艰难，唯有骑驴嘛！"

我妈常说："你大妈宁是被儿子、媳妇子们的事情气死的！老三为啥当兵去了？和老四两个打架互相往死里打呢，你大妈受不了那个气，把你三哥从学校里书没有念完送出去当兵的……谁知道老三又……"

2009年3月初，寇永久和温兰香的老大寇宗礼在新疆被警察拘留，原因是曾经在内蒙古出过车祸，没有及时处理。我听说了这件事情，在和我妈打电话时说起来，我爸和我妈说，儿子被公安局抓走掉了，这在我们老家农村那就是天塌下来的事情，怎么得了呢！对我说：我们还是想办法帮一下寇永久和你尕姐吧，钱多少是小事情，关键是给温兰香长点精神。温兰香这几年和娘家哥哥兄弟们关系处理得不好，活得是独人，况且温家的弟兄们也没有这个能力帮。寇永久那些人们龇牙子话多，遇着事情就满庄子喊去叫去了，我们不帮，光叫寇永久多把温兰香多骂上几回嘛，多说些便宜话嘛。温兰香是个老实人，没有啥主意，遇着事情光知道哭鼻子……我想也是：寇宗礼是给我们开车到新疆被警察抓的，我们应该尽道义上的责任；而我们寇永强的观点却是：寇宗礼他出车祸是去年在内蒙古出的，又不是给我们开车时出的。原因主要是他没有按交警要求及时去处理，打电话他不接，公安局上网通缉才抓走的。现在车祸多了，又不是什么大不了的事情。寇永久的媳妇子都不急嘛，寇永久两口子急得团团转干啥呢……

——我们做儿女的比我妈的觉悟差了多少！

另一方面，温兰香也是我奶奶的最喜欢的一个孙女子。果然，我妈最后在电话里干脆地给我命令："你应该帮，你们常年在外，寇永久两口子年年来看我们着呢，都几十岁的人了，年年正月里趴地上磕头着呢；年年秋里果子成箱子往来拉着呢……再说了，你奶奶活的时候，孙子里头最偏心的是你，孙女子里头最偏心温家你尕姐，现在温兰香遇到这么大的事情，我们应该给她长个精神。娃娃，你该没有把书念到驴肚子里头去嘛！看开些，人是活的，钱是死的。你就当报答你奶奶，你是在给你奶奶给面子着呢，给你爹和你妈长脸着呢……"

我准备给温兰香寄一千块钱，事到临头，安燕说："一千块钱我们拿不出手，农村老家的亲戚们还会笑话。

这么大的事情，一千块钱能干什么？从我的卡上再取上一千赶快寄去。"我当天就把2000元钱打在尚可臻的卡上，请他转交给温兰香。我又几次打电话给尚可臻，以他执业律师的优势条件尽最大努力帮助寇永久和温兰香……

2009年冬天，我妈一直在想办法与温正德联系，没有电话号码，只得用农村人最便捷的方式，捎口信。一次腊女姑舅姐回娘家，我妈就让人家代信给温正德，说让他们来一下。结果腊女回来说：刘子花病着呢，肝癌，已经到了晚期，扩散了，家里正忙着做棺材，可能现在都在油漆了……

当天晚上，我妈就立即召集寇永珑和常秀梅，约定明早上去看望刘子花。第二天早上，我妈一个73岁的老太太，天寒地冻的大清早，乘坐公交车去脑泉看望我大嫂子。

大嫂刘子花，那年才63岁，比我妈小10岁，一向会说能干，心灵手巧，多才多艺，针线茶饭，剪纸，看书，样样都在农村里是佼佼者。今年秋天感觉身体不适，几次前往兰州检查，经省肿瘤医院等多家医院检查，确诊为肝癌。现并不疼痛，只是不能正常饮食，每天只能靠饮用少量稀饭维持生命……

我妈在看望大嫂子的时候就说，回来要给我打电话，让我知道这件事。大哥和大嫂再三阻止，中午回到家我妈还是给我打了电话。

我妈在电话里对我说："你大嫂子过不去今年冬天，人已经脸都黄了，吃不进去五谷了嘛，你打算怎么办呢……你上中学的时候，你大哥在中学食堂里做饭，一月挣十来块钱，你大爹死得早，一大家子十几口人吃饭穿衣呢，生活压力多大，还帮助你上学呢；你上学时在你大哥家住过，你大嫂子给你做过饭的……寇宗道的爹妈死掉都几十年了，寇宗学七八十岁到中泉来还给弟媳妇火玉兰给钱呢，理由是火玉兰给爹妈做着吃过饭呢……再说了，你们都是一个奶奶的孙子，温家你大爹和你大妈对你奶奶唏不好呢，你奶奶活的时候大大小小的事情都是你大爹办着呢。我养下你的时候，我们屋里没吃的，你奶奶唏不难辛，温家你大妈空心锅盔背着来了几回，你大妈小脚，步步脚走着呢，娃娃！温正德和刘子花是你大爹和你大妈的一股血脉，我们和一般的亲戚关系不一样，这个亲情到你们这一辈子人之后也就罢掉了！……"

我妈越说越伤感，催促我说："你赶紧给你大哥打个电话，你再想一下看你怎么表示你的心意呢，我今天和你三哥、三嫂一起去看，我们是一家50块钱，我觉得买个啥去也像是不好买……"

我非常能理解我妈的心思，我立即就说："我给我大哥邮上几百块钱，你说多少合适？"

我妈说："少于500块钱你该拿不出手嘛！"

我说："我邮上600块钱，祝我大嫂顺顺当当！明天就办……"

晚饭后，五点半，我开始给温正德打电话，30分钟，先后跟大哥、大嫂以及他们的老大、大媳妇子都暄了。在和大哥暄时，我把前面我妈说的话中拣重要的说了几句，我分明感到我大哥泣不成声，言语哽咽，我甚至能想象到他老泪纵横……

晚上回到家，夜里十点半了，我给安燕和寇蔻讲起了这件事，安燕能记得大嫂子给我们烧过馍馍，寇蔻能记起我大嫂子给她剪过窗花……安燕拿出家里所有现金，让我明天寄出去，同时给爸妈也寄上1000元。

2010年正月我们给我爸和我妈祝寿，因为来的亲戚朋友超出预计，我们准备的饭菜全都吃光了。到了下午，我们家里老小十几口人吃饭时，只剩下了半锅羊肉汤，我们泡着吃了些馍馍。在厨房里帮忙的嫂子、侄儿媳妇子们在切凉菜时发现酱猪肘子和烧鸡风味独特——当时请我的同学卢昌世在白银饭店订制的——就藏下了一个肘子、一只烧鸡，意思是让我爸和我妈也能尝一尝。结果下午，温正新临走时，"三马子"已经发着了，我妈跑进车库，从一个纸箱子里拿出那个肘子和烧鸡，二话没说，喝令温正新："你上去路过带给你三哥，叫那个娃也吃上一嘴……"当时在场的人，个个眼泪花子在眼窝子里打转转呢……

几十个酱肘子，几十只烧鸡，我爸我妈始终没有尝上一口。

2014年暑假，我在兰州开几天会，抽空回了一趟中泉。这个暑假，我爸去世已经半年，我妈在嘉峪关。家里只有三芳和寇宗琛，是三十多年来我回这个家感到最冷清的一次！父母不在，我感觉不到家的温暖，在我爸睡过的炕上躺了一晚上，疲劳之极却难以入睡。晚上10点多到家，早上7点多就离开了。

7月30日我要返回无锡，因为妈不在家，我没有任何可以带的东西，也是三十多年来第一次空着两手离开这个家！红岘上的当家子们听说我要回家，知道我妈不在家里，问我喜欢老家的什么东西，让我带上……寇永家嫂子压了一箱子长面，寇永才嫂子烧了一箱子馍馍，寇宗军侄子买了一袋子白兰瓜，专程开车送到兰州车站……

吃着当家子嫂子烧的馍馍，我觉得很香，也很亲切；我和儿子每隔三两天吃一顿长面，我觉得很开心。我的儿子从来不吃老家的糁饭，但是对这两样东西却是很喜欢。我打电话给远在嘉峪关的我妈，高兴地说："妈，你不在家，我还是吃上了老家的烧馍馍和长面，而且我嫂子们的茶饭手艺一点儿不比你差，特别是寇永才嫂子的馍馍烧得真的比你好……"我妈说："那是因为红岘上当家子们用的面是和尚头麦子面，比我们的面要好得多；红岘上的当家子们人都实在，给你的是最好的东西，你好好珍惜吧……"

我知道，这全是我妈的面子，我妈从来对当家子们实心实意。

我妈怎样对待亲戚

我妈一辈子虽说是个穷人，但是对亲戚对当家子都非常有亲情。她处理人际关系、亲戚关系的许多风范都是我们的传家之宝。吃的东西，她宁可自己少吃甚至不吃，她都愿意拿出来招待客人。永远是生活的强者，一辈子是个厉害人，说话永远是很硬气，但是心里永远对人火热。我孨娘说，我妈是刀子嘴，豆腐心。

对我姑姑

1999年春节，我爸和我妈来到嘉峪关看第一个孙子寇宗璞。我和两位老人有过多次的长谈，其中几次说到孨娘，我妈总是说，唉，你奶奶的几个儿女里头，我们以前总觉得你孨娘命最好，前些年是眼馋你孨姑父挣钱着呢，这些年是觉得你的姑舅们都大了，对你孨娘都还孝顺，现在才觉得你孨娘是心里头最苦的……我就打断我妈的话头问："那你说我孨娘她心里头有啥苦的？""天啊，你真是个娃娃！你孨娘

不满50岁的时候，你孨姑父就死掉了，临走连一句话都没有说上，一把屎一把尿把儿女们拉扯大了，眼看享福呢，你孨姑父就在外头死在单位上了，你想你孨娘心里头苦不苦？她心里头的苦给谁说去呢！娃娃，你把书念到哪里去了！"

2008年清明节，我从无锡赶回老家来上了一次坟，因为我奶奶的坟提过之后我一直没去过，我爸和我妈在电话中给我说，你奶活的时候在孙子里头最偏心的就是你，你应该来给你奶上个坟了。我们应该把你孨娘、张家和赵家你两个姐姐、温家你大哥弟兄们都请来在你奶坟上去一下……

正好赶上第一次清明放长假，当时我在学校教高三，时间非常紧张，我连续多年担任高中班主任感觉比较累。但是我觉得我爸和我妈说的是对的，在他们有生之年，我也应该满足他们这个愿望。星期五下午放学，我没有顾上吃饭，开车到上海虹桥机场，乘坐晚上9点多的航班，凌晨1点多到兰州中川机场。早上天不亮就和罗勇往老家里赶，上午8点多赶到家里，将近20个小时，我才吃上饭。我们来到我奶奶的坟上。我爸和我妈点名让我必须邀请来的人中只差一个温兰香。

我还清楚地记得，回到家我给我妈1000元钱，把这次上坟的事情办好。500元买了一只羯羊，我们领了一下杀了吃了。烟酒是我从无锡带来的。

——我尕娘终于圆了一个梦，到我奶奶的新坟上看了看。

2006年"五一"，我刚刚买了汽车，罗勇有机会到江南出差，我们两姑舅商量说，把尕娘带到江南来游一趟吧，让寇永升有机会给尕娘尽一份孝心。

我打电话和我爸我妈商量说："我尕娘今生今世恐怕也就到我江南的家里来上一次，我想给我尕娘给上几个钱……"我妈说："娃娃，你该没有把书念到驴肚子里头去嘛！你应该给你尕娘给钱，多给些才好呢。你奶奶活的时候身上穿的里里外外，几十年中都是你尕娘管着的。你是你奶最喜欢的孙子，你是替你奶报答你尕娘着呢。"我爸说："我们旧上房的房梁都是你尕姑父的，从我们烧的煤到家里用的木头凳凳子，你尕姑父和你尕娘不知给过多少，把你现在的个一半千块钱，你觉得能干多大的事情！你上学念书，你尕姑父和你尕娘帮了多少？"

在无锡我家里，安燕代表我们全家给尕娘给了1000元钱。当时尕娘很高兴，对罗勇开玩笑说："这是我这一辈子中，人给我钱最多的一次，1000元呢！你们弟兄姊妹们还没有谁一次给过我这么多钱……"我笑着对尕娘说："尕娘，不是我姑舅们没有给过你这么多钱，只是他们给你钱是陆续给的，合起来肯定比寇永升给的多得多。我长这么大才第一回给你给钱，而我已经挣了二十多年钱了……"

我在电话里跟大表兄罗福说："尕娘到我这个地方来了，或许今生今世就这么一回，我给尕娘给一千块钱，希望姑舅们不要有想法……"罗福笑了笑说："你该给得越多越好嘛！"

我和罗勇轮换开车，姑舅嫂子马霞、侄子罗文健陪同，我们带着尕娘在无锡、苏州、杭州、上海一带游了几天。

我妈对她的娘家

我外家祖祖辈辈生活在宋家梁上，最缺的就是水，一直是靠牲口驮水维生。我外爷年轻时做些小本生意，大概是有一年路过中泉庄子，爬在我们水泉上喝了一肚子新鲜、干净、清凉、甘甜的泉水，欣喜不已。经打听，知道这个独水涝坝竟然是属于我们一家的，又羡慕不已！

就是这个原因，我外爷把他的三姑娘嫁到了中泉庄子！独水涝坝，十几亩水地，韭菜园子，不是靠天吃饭……

我妈从十九岁嫁到我们家，全家三口人：我奶奶，我爸。三石一顶锅，磨道里做饭吃……

我爸另开家单门独户过日子的前十几年，我妈一直没有厨房。直到我十几岁的时候，我大舅帮助了椽子，才盖起了原来的东房做饭。但是多年中都没有木头做门窗。我外爷放牧骆驼时在白银公司露天矿捡了几根废旧枕木，我妈才给厨房做上了门窗。

我妈出嫁的时候，我外家从宋家梁搬到陶家窑时间并不长，家里人口多，那个时代的人都很困难。我外爷给我妈的嫁妆中，最值钱的是一个木箱子。二十几年过去了，我十几岁了，我尕舅准备结婚了，我外爷给我舅母做嫁妆柜子，还特意给我妈补做了一个，并且油漆好，毛驴车子拉着送到中泉——这个柜子，我妈一直用到现在！

我后来大概是 80 年代末在嘉峪关对我妈说过："我外爷和外奶奶去世的时候，我给你出钱，多少都行，你去料理丧事，在你娘家风光一把！如果眼下手头没钱，你先问人借上，我来了还。"我甚至于还给当营业员的侄子宗勋安顿好，到时候一定要借钱给我妈……

20 世纪 70 年代，最困难的时期，我妈每次从我外爷那里得到一些安慰鼓励与实惠，回家投入劳动就没命地干活，"嫁得不好"的牢骚也就忘了。白天在生产队里干，收工了再打柴拾粪，半夜回家吃几口饭再干家务。她干家务真是一把好手，经常是吃完晚饭先在地上干，这个屋干到那个屋，屋外干到屋内；夜深了，就坐在炕上做针线活，尤其是冬天，往往一做就到鸡叫头遍。我妈晚年常常回忆起我奶奶骂她没白天没黑夜的劳作的话："狼吃的，别连小命都不要了！"

最近几年，我妈老了，舅舅们也老了，我妈又喜欢转娘家了。只是现在，我妈再到陶家窑上，已经不再是为了"赚"娘家一点实惠！好多次，我妈会在电话中问我："你最近有没有给你舅舅们打过电话？"遇到舅舅们娶媳妇子等等的事情，我妈总是很积极，我理解我妈，她是在报答她的娘家。我也明白，我外爷外奶生前还来不及享我的福，现在我的条件好一些了，应该把孝心补在舅舅们身上，应该让我妈喜欢转娘家、多转娘家，并且风风光光地转娘家。因为，我知道，要是等到我妈眼睛一瞪、牙叉骨上都带着劲儿骂我的时候，我就差不多承认了，我是把书念到驴肚子里去了！

可以肯定，我妈是世界上最喜欢转娘家的人！

这几年我们兄弟姊妹都有车了，我妈转娘家的兴致越来越高了。2019

年春节，我妈正月初一大清早就转娘家；而且是腊月二十八才从嘉峪关两千里乘坐汽车奔波回到家乡中泉。以前是讲究过完三天年才转娘家，前几年一般是初四。

我记忆中，我妈曾经怀里抱一个、手里领一个娃娃转娘家。以前想不通，抱一个娃娃能有多累！当我做了爷爷的时候，抱着孙女走几十米就很累；往往是我们几个大人换着抱，而且有腰凳等现代设备……我才渐渐明白，我妈那时候抱着吃奶的娃娃转娘家是多么不容易！

我妈转娘家不一定有非常重要的事情。最简单的时候，腊月里给我外爷带几个麻腐包子；秋天，送给我舅舅几个胡萝卜或者糖萝卜……

我妈转娘家从来不知道辛苦劳累！朱家湾沟背一天沙，汗流浃背，但是，我妈可以在下午收工以后一路小跑，赶天黑到陶家窑娘家；夏天日子长时，我妈天不亮就从家里出发，天麻麻

亮就到了娘家，吃完一顿早饭，还能返回朱家湾沟，按时参加生产队劳动。

我隐隐约约记得，一次我妈带着我做伴转娘家，那时没有钟表，掌握不好时间，早晨起得太早。一口气跑到陶家窑，我外爷全家人都还没有起床。站在院子里喊了几声，我外爷外奶起来，把我们迎进屋里，看见我们母子眉毛上都是白花花的一层霜，外爷两股眼泪哗哗直往下流……后来我才明白，他担心我们母子在朱家湾沟一带被狼吃掉呢……

外爷外奶在世的时候，我妈转娘家是看父母；我年轻时候曾想，爹妈都去世了，我妈该不再喜欢转娘家了吧！

但是，我又错了！我妈还是一如既往热衷于转娘家！有那么几年中，

我妈和我舅舅们也有一定矛盾，见面也争吵生气；但是，丝毫不减少我妈转娘家的兴趣。这二三十年，我妈转娘家是看兄弟侄儿子们。最让人感动的是，我妈跟我舅母永远有拉不完的家常，永远有叙不完的亲情。固然因为我有一个贤惠的舅母，完全继承了我外奶的一套；但是，我几个姨娘就没有像我妈一样对娘家人那么热心。

对我两个姐姐

我有两个堂姐姐，从小生母就去世了。

1998年或是1999年，小姐夫赵安福把腿摔断了，这又是一件天塌下来的事情，我尕姐打电话给我，泣不成声。几万块钱的手术费，成年累月地用药治疗，四个子女，三个学生，住的还是窑洞……我立即打电话和我爸我妈商量，我们怎么帮，帮多少？

在外工作近三十年，每当家里兄弟姊妹有事情，每当老家亲戚朋友有什么事情，需要我做什么，我一般都先征求我爸和我妈的意见，能让他们高兴的事情我都会尽力去做，能给他们面子的事情我都会乐意做。

面对我尕姐的这场意外灾难，我爸和我妈表现出来的大度，表现出来的亲情，真是让我们晚辈惭愧之余永远回味享用不尽！只有他们这一代从那个困难环境中经历过的人，才会非常看重亲情！我妈说："你大姐和你尕姐从小妈就死了。尕玲，我拉过一场，是我和你奶奶用羊奶子喂大的。虽然她的婚事上我们生过些气，但是现在她遇着这么大的灾难了，我们应该帮，看着她生活过不下去，我心里也难受。我把她一直就当我养下的一样对待着呢……你奶死的时候最后一口气咽不下，就是两个没妈的孙女子，吃不饱，穿不暖，还没有长大成家呢。你还小着呢，不记得……唉，十冬腊月的，马上就过年了，你两个姐姐从草窝滩回来都穿的是单裤子，寇宗仁和谁用自行车捎来的，一路跑一会，自行车子上坐一会，等来到丧葬地下，两个人都冻僵了，话都说不出来；缓过来了，又哭得死去活来，几次哭到晕死了……你奶奶的丧事上剩下了十几块钱，我们四大家子，几十口人眼巴巴地等着分些过年呢。头道沟你大姑舅爸来当娘家人说的啥，你们知道不知道？——'请你们给我娘娘的两个没妈的孙女子把晌午装上，再剩下的，你们随便怎么分，我们娘家人都不参与意见'……"晌午者，干粮也。干粮者，含蓄的说法而已。在分钱上对我两个姐姐略有照顾，看在死者的份上……为了突出这一要求，能够满足这一要求，大姑舅爸别的一切意见不参与。陈芳姑舅爸是总管，寇世元爸是大东，最后给两个姐姐每人分了三块钱，她们后来每人做了一条最便宜的蓝色丝布的裤子，还是她们长到十几岁第一次自己做主穿上了新衣服！

我18岁离开家乡，没有过当娘家人的记忆，也很少有机会在老家参与过丧事，对老家习俗中的"给娘家人下话"这一环节也没有多少记忆。但是我知道，这是我们家乡最经典的娘家人言论。虽则一半句话，若不是具有非常丰富的人生阅历，若不是具备大智大爱的高尚品德，谁能说出这么几句话？！

不管我是在打长途电话，我妈没完没了地教训我："看在你奶奶的面子上，你尕姐有困难了，我们应该帮。你尕姐没妈啊，我们得让头道沟人知道她还有娘家人呢，她娘家人还能看着她呢。娃娃，你总挣着几个呢！你尕姐别的兄弟们来钱的路在哪里呢？一个农民的几个钱，那是要在田里去受苦呢。女人们一年到头忙里忙外，男人们一年四季四处打工；地里长出来的还要卖上好价钱呢，打工虽说出着一把臭力气，还要能把钱儿要来呢！农民挣上几个钱能做个啥？一个萝卜几头子切着呢……再说了，头道沟是你奶奶的娘家，有你姑舅爸们呢，以后还有你爸的后事呢……在农村里，男人就是一个家庭里的顶梁柱，赵安福把腿摔断了，这就是天塌下来的事情。赵安福还有几个娃娃呢，那是要嘴张着吃饭的，叫烟囱里都把烟冒着些。把赵安福权且放过，几个娃娃都是你尕姐的骨肉，都是寇家外甥嘛，娃娃，你的书念到哪里去了！你想一下你外家怎么对待你们姊妹们的……"

我当时也不宽裕，刚刚买房子，装修房子，又刚生下儿子宗璞……但是，分三次，给我尕姐借了近5000块钱，其中有一次，我尕姐两口子困在兰州医院里，我打电话给罗勇，先给我借2000元，送到医院交到我尕姐手上。

1993年我大姐买拖拉机我曾经一次借过4000块钱，直到10年之后才还给我的，都是我爸和我妈同意的！

我两个姐姐，我从小记忆最深刻的镜头是：她们两人经常走到我们家里，进门后都往门背后一站，两只手一抱，就开始掉眼泪……我奶奶把碗里的饭拨一半给我大姐，我妈把碗里的饭拨一半给我尕姐，她们从来不会嫌弃，一直与眼泪一起咽到肚子里……

我妈怎样处理人情世故

80年代，我还有机会趁寒暑假经常回家，只要碰上庄子上谁家红白喜事，我妈都会告诫我，一定要去帮忙。特别是老人过世，不管多忙都要去。理由就是，别人的老人过世了你们不去抬埋，我们死了谁抬埋呢？眼前的例子已经好几个了（说的是有的人爹妈死了，庄子上的人都站在墙根底下不动手，以报复他从来不给别人抬死人；在外工作的兄弟们没办法，手里拿着香烟一个个求爷爷告奶奶地请着呢！）所以我在嘉峪关工作的几年里，只要回家碰上机会，我还是都参加的。我考上大学，毕业以后当老师了，我还多次抬过棺材。2000暑假好像是寇永红的某个妹妹出嫁或是订婚，我在事情上帮忙到中午饭后才往兰州赶的，结果到兰州附近天下大雨，我下了长途汽车，打的到兰州火车站，还是太晚，误了火车卧铺票，等到半夜才改签了硬座。

2008年清明，寇宗莲的母亲死了。清明早上6点埋的，我是8点多到的。没有赶上，我妈把我批评了好几年！

2009年正月，寇宗莲的父亲死了，当时宗莲两口子也在无锡。我接到寇宗莲的电话，就赶紧打电话给我妈，征求她的意见。我妈当即就表态："你考学的时候在寇宗莲家里又吃又住，我们是一个庄子上的，你爸以前和你寇永珍四哥放牲口好几年，虽说他们后来搬到城里去了，人的根还在中泉庄子里。如果是我在家里走人情，最多50元，一般都是20元；如果是你走人情，这个数字你拿不出手……"

大概是2013年下半年，寇宗恩九十多岁高龄的老母亲去世。这个人情可走可不走，要说走人情也是该我走，因为寇宗恩是我的老师。远在千里之外的我，不可能及时知道这个消息，我妈也是听说了这个消息，就派寇宗琛去寇宗恩家里，据说坪上村好多人都感到惊奇……

中庄王家一个姑舅爸过世，一位姑舅婶婶过世，我们兄弟姊妹们都不在家里。我妈问人借钱，替我们走人情，给我们长面子着呢！

对庄邻上的人

我工作的头几年，每次回家，我妈都会安排我去看望庄子上人，哪家的老人不行了，我必须去看望；谁家遇过事情了，我一定要去看望；过年了，我非得到有老人的人家去拜个年……其中多次督促我看望我干妈，看望过陶生云的父母，看望过陶秀芳姑舅婶婶，看望过朱发国姑舅婶婶，看望过朱发文姑舅爸姑舅婶婶，看望过魏正新的奶奶，看望过寇宗清的老妈，看过王彩花——是我奶奶娘家侄女，看望过寇永旺三嫂子……有一年我问我妈："为啥要看望寇宗清的妈？"我妈说："娃娃，书念哪里去了！我养下你的时候，寇宗清的妈坐在月房里陪了我几天几夜，把你抱在怀里几天几夜没合过眼，你知道不知道……"

我快五十岁的时候，一次在老家里过年，正月初一到庄子上去拜年，临出门，我妈说："我给你说啊，你听着！你要先从庄子最东边的下尖尖上开始，火玉祥坐过的那个院子，你知道不知道？现在坐的是寇永旺家，你那个老三嫂子还活着呢，年龄都跟我们差不多，你进去要磕头的！"我妈一辈子是个穷人，但是最惜贫怜弱，最看不起嫌穷爱富，把这种人骂作嫌穷爱富的骚孔雀！

我们穿过的衣服，我妈都要求寄回家，前些年大人的给弟弟妹妹们穿，给弟媳妇们穿，小孩子的给侄子们穿。后来送给罗斌大人孩子穿，送过其他的亲戚朋友。有一年在我们城里的家中，我妈帮助整理旧衣服，把我所有的冬天、夏天的袜子检查缝补了一遍，十几双经过我妈一针一线缝补的袜子，我又穿了好几年。对一些衣服，在我们看来已经没再穿的价值了，花邮费寄回家没有多大价值，我妈却不这样认为，她说："你都给我邮来，我送给你寇永旺三哥的六平穿，这都是好衣服……"

有一年暑假，我从无锡回来，千里之外带来了四箱无锡水蜜桃——无锡特产，非常名贵，不耐储存运输。我爸我妈几次去无锡都是冬天，没有见过水蜜桃，我是想让他们尝一尝。我进门，屁股还没有沾着炕沿子，一口水都没有喝，我妈就命令说："寇宗安没事了（病危，不行了），刚刚从兰州拉来，在寇明会家屋里呢，你赶紧去看个一下，把你这么好的桃儿拿上一箱子……"我明白我妈的意思，寇宗安的妻子葛文兰来了，她和葛文兰是好朋友！我妈不止一次给我说过，我小的时候，凡是体面一点的新衣裳，都是葛文兰点灯耗油给我做的，虽说我妈以她劳动挣的工分换来的，用我妈的粗话说就是，驴啃脖子呢，工谝工着呢……但更重要的是，她们是同龄人，一起劳动过的，有情谊呢！

2012年暑假，魏振军遭遇横祸，住在兰州医院几十天昏迷不醒。我是在某一天的早晨6点多从嘉峪关乘了一夜火车到兰州的，打算当天回到中泉，住一个晚上，陪陪我爸我妈，多吃一两顿我妈做的饭，在我妈的炕头上多睡一个晚上觉。第二天中午之前就得赶到兰州返回无锡。连续十来天的奔波、讲课，时间非常紧张。途经兰州，我没有时间到表兄罗勇家里吃顿饭；路过白银，我不能和我的同学卢昌世等人打个招呼。

从兰州上车，经过二十几个小时路途颠簸，回到无锡，我没有时间回家换件干净衣服，在车站等一个多小时就要再上车，必须在第二天早上7点之前赶到浙江，在浙江师范大学给上百位老师讲一天课……我的行程往往如此紧张，我从无锡出门，到酒泉、嘉峪关时，得背着十天之后去浙江讲课用的书籍资料！

电话打给我妈，说我中午之前能回到家，一听我在兰州，我妈二话没说，立马打断我的话："魏家老三出的事情你知道不知道……魏保民和我是两姨，你前年给我们祝寿，魏家老汉、老婆子都来给我们长精神着呢！你小的时候和魏家老三打锤玩过的；还有我们寇家女子呢，寇宗梅在医院里已经一个多月了；寇宗升都年年来看望我们着呢……"最终结果，罗勇在车站接上我，我们一路直奔极其难找到而且路又难走的兰州武警总院。我在一路给罗勇讲我妈给我说的话，罗勇一声都未言语。到医院见着寇宗梅，我帮了侄女1000元，罗勇都掏出200元钱给宗梅。走出医院，罗勇对我说："唉，尕舅母这个人能想到的事情，我们都想不到……"

我妈给我们教会了什么？

我妈早就给我铺开了一条人生大道

1983年，我20周岁，大学毕业，由于学校老师的疼爱，得以分配到嘉峪关。走出火车站，我身上仅有5分钱，同学陈帆用自行车把我带到市区。我就靠这五分钱开始在嘉峪关打天下，何其难哉！然而，天无绝人之路——李常谦一家在嘉峪关工作。我找到他家里，李常谦恰好在兰州开会，我又不认识他妻子高清民，她也不认识我。按我们农村人的观念讲，这是非常难为情的事情。我硬着头皮来到李常谦家，两句话的寒暄与介绍还没说完，你猜高清民说啥？——"啊呀，你就说你是李国兰的儿子，不就一切都好了吗！你看我们炕上放的那个枕头，还是我结婚时你妈给我们做的呢！"我注意看了看，那是我们农村人当时（可能是20世纪70年代之前）最常见的，用五颜六色很小的布片一块一块缀缝在一起，非常费工；但做成后花花绿绿，好看且耐用。高清民的大女儿跟我同岁，这一对枕头到那时为止她至少用了20年！

因为我是李国兰的儿子，高清民顾不得劳累，骑上自行车，给我一辆自行车，7月份的毒日头底下，穿越在戈壁滩上的这个小城市，找老乡们帮忙，给人家说好话，硬是把准备分配到乡下初中的我留在了城里的市一中。

在嘉峪关工作的开头几年里，李常谦夫妇是给过我许许多多的帮助的，没有他们一家，或许我不能在戈壁滩上扎根！等到几年后，他们全家搬到兰州，我已经在嘉峪关站稳脚跟了！

我从李常谦这个大孝子身上学到的东西何其多也！

1999 年暑假，我带着女儿到新疆去玩。在乌鲁木齐，我跟寇永琇取得了联系，他当时在空九军担任老干部处主任，请我和寇蔻到家里吃饭，我在他家又看到了同样的一对枕头……

20 世纪 80 年代，我有一次出差到了平凉，到寇宗学家里去过一次。我记忆中根本就没有见过寇宗学的妻子，可是这个年龄比我妈大的人，眉开眼笑地惊呼："啊呀，你就是李国兰尕奶的儿子啊……"

不要以为我妈一个农村妇女，不识字，没有出过门，不可能把我领到大学里去，更不可能把我抱上讲台……但其实，我妈在她的前半辈子，已经给我铺平了一切道路，我只要端端正正地走就行了！

就说最近几年的几件小事吧。

2015 年清明，我回老家上坟，给我爸烧周年纸，顺带换孝。我从中泉庄子对面的庙沟口走出来时，老远看见沙河里红艳艳的一大片……走近一看，天哪，二三十人在等候我！

我妈的老朋友陈香莲两姨婶婶，手里抱着一块鲜红的缎被面，双手披在我身上，笑呵呵地说："娃娃，吉吉利利，顺顺当当……"

我干妈，朱振明的老母亲，比我妈年龄还大，把珍藏了多年的一条上好大红毛毯，挂在我身上。我的兄弟和姑舅们说："我们脑泉川里还没有见过换孝送这么隆重的礼的……"

返回无锡，我需要在火车上耗费三十来个小时，几十年来我已经吃伤了各种各样的方便面，吃伤了火车上的饭菜……侄女寇宗梅蒸了几锅麻腐包子，全都送给了我——我一路吃着家乡最好的特色小吃，也是我妈最拿手的美食，我外爷最喜欢的食物，开开心心到了无锡……这应该是我今生今世吃过最香、最过瘾的麻腐包子！

我妈给了我健康的体魄与良好的生活习惯

日本人有一个很现实的观点，储蓄金银财富，不如储蓄健康美容！尤其女人，最需要储蓄美容；而无论男女都需要健康。虽然一年半载我最多也就有个头痛脑热，但越到中年，我越感到健康之可贵。

我之所以有个健康的体魄，自我感觉有三个主要原因：一是出生成长在农村，二是吃饭睡眠好，三是一直喜欢体力劳动。七八岁开始走山路，常常跟着我妈去外家。那是三十里山路，还常常背一些东西。十来岁到考上大学，最多的是冬天早晨起来去山里拾骆驼粪。因为冬天要煨炕，树叶、柴末、骡马粪便是最好的燃料。70年代农村最贫困的时候，中泉庄子许多人家到了冬天别说煤炭取暖烧饭，就连烧热炕都缺少燃料。我妈是个过于勤快的农村妇女。冬天来临，她在傍晚打探好生产队的骆驼卧在什么地方，第二天天不亮就背起背篓出发。一路小跑，走上数里山路，翻几座山包，准能找到骆驼。天蒙蒙亮，打起正在反刍咀嚼的骆驼，把天然冷冻着的骆驼粪用手装进背篓——那些骆驼粪核桃大小，乌黑发亮，溜光滚圆，模样甚是可爱，绝对是巧夺人工。凡食草类反刍家畜，它们的粪便都是农村人最好的燃料！——孔繁森初到西藏阿里担任地委书记，他的部下第一个给他送来的就是半麻袋干牛粪——想想，在藏北高原，这不是最实惠的礼物吗！

背上骆驼粪蛋，迎着朝阳回家，满头大汗，数九寒天连棉袄都脱去，现在晨练绝对达不到如此效果。我妈扒拉几口早饭就去生产队里上工，我则再步行去上学。这样的日子持续过近十年，最初是我给我妈做伴，渐渐我也能背得动一二十斤，到中学以后我就背得比我妈多。记得初中时在学校农场劳动，我已经能背得起一百多斤重的原粮麻袋。在嘉峪关的十几年中买米面、买西瓜我喜欢买大袋，几十上百斤，我能一口气背到四楼！到江南十年，家里用电梯了，但我在学校里我还是抢着把几十斤重的纯净水往楼上扛……

1987年暑假，我新分配到一套楼房，当时嘉峪关人都有挖菜窖的习惯，而且菜窖也非常实用：冬菜必须储藏，苹果在那个年代还是奢侈品，别说冬天在塞外边关的嘉峪关买不到，就是市场上有，我们怎么能买得起？最实惠的办法是秋天成批买一些，存放在菜窖里，过年时候好有水果吃。

同事大多雇人或找学生家长挖菜窖，我在那个暑假正好没什么事，决定自己挖菜窖！2米深，3米长，2.5米宽——15立方，戈壁滩上的沙石。从地面垂直往下挖，到一米多的深度后，人站在坑里用铁锹往上扔沙石，这是强度很大的体力劳动，况且还要先用镐头刨松那些沙石。我每天早晨起床先去挖菜窖，干一个多小时后上楼吃早饭，权当早锻炼。上午我就学习，午睡起来我再挖一会儿，晚上睡觉前我再挖……两个星期，菜窖挖成了，我只请工人干瓦工活而已。可把周围楼上的邻居给羡慕的！我记得当时的目的是复习一下农村体力劳动的苦头，检验一下自己还能不能劳动。

体力劳动好啊！真的不是唱高调，至少，在我们知识分子来说，体力劳动是难得的锻炼身体的机会。

2004 年暑假，我们全家从无锡太湖高中调到锡山高中。8 月的江南，我得收拾房子——繁重的体力劳动！亲自干。我带着儿子，让他玩，看我干活；别在家闹得他妈妈和姐姐学习不成。谁能想象得到住过学生的宿舍有多脏，还是放假前刚刚做过女生宿舍的！买一张凉席，席地而睡，没有空调，两台电风扇，我们父子完全是蚊子的红烧肉。我从房顶扫到墙上，从地面擦到墙面，铲，拖，洗，刷；纱门、纱窗，厨房，卫生间，拆、修、改、装，全都是我自己动手。我从市场上买了一把锯，带来榔头、钳子、螺丝刀、扳手等工具。一个星期，我把这 120 多平方米，四间房子搞得像个"家"了。目的只是让老婆孩子搬到这个完全陌生的环境里还有一点"家"的感觉。

这年的国庆节，岳父打电话来，再三叮咛我们，一定要在厨房装上换气扇。放假几天，把门头窗的尺寸量好，我抽空买了一台换气扇，自己动手把它安装好，完全能用。也就不到两个小时工夫，解决了问题，锻炼了身体。

本来像我这样的纯北方人，根本就没法忍受南方的炎热。但是，那一年暑假的驾驶员培训与锡山高中安家，这两件事既考验了我，又让我对将来的安安心心做一个南方人没有后顾之忧。

在学校学习工作近三十年，我记得每到一个新的宿舍或办公室，我都以勤快而受到认可，打扫卫生和打开水，我干得最多。在嘉峪关一中，我打了好几年开水，就是为了名正言顺地锻炼身体。早自习时间，我手里拎着两个 8 磅热水瓶，步行几百米到水房；走回来的路上，我就模仿少林寺的和尚，两只胳膊平直地伸开提水。而跟我共事过整整两年的一位刚分配来的大学生，给我留下的最深印象竟是两年中未曾打过一次开水！这位年轻人最终因为同事们的不喜欢进而受到排挤而离开了！

移居无锡，不需要打开水了，改为扛纯净水。一桶四五十斤，我曾经扛过三年，不管到哪个办公室，我都喜欢承包扛纯净水。因为我抢到了锻炼身体的机会。陈景龙老师说："你这个人干活不发怵，一桶水看你很轻松地就拿起来了……"

萨菲尔说："劳动是食欲的父亲，是消化的祖父，是健康的曾祖父。"体力劳动是最有效的安眠药。你睡不着觉吗？体力劳动是催眠之爸爸，体育锻炼是催眠之爷爷！

不管怎么说，随着年龄的增长，我明显感觉到，精力已大不如从前。老人言，人过三十天过午。健康与年龄有着必然的关系，再也不能像以前那样逞能而不顾身体。健康是数字"1"，事业等等是数字"0"，有了健康这个"1"，"0"才有意义和价值；有了高质量的"1"，后边的"0"越多，意义也才越大，价值也才更高。没有了"1"，"0"再多也是闲扯淡！现在，我还想，我们在年轻的时候拼着健康去挣钱，而到老了又拿钱来修补健康——这是前几年中学时代的恩师寇宗恩在通信中教诲我的，当属名言！——但是，拼却健康可以挣钱，钱却未必就能修补健康。我们是在中年时期玩命多挣了一些钱，因为我们眼前急需要钱，人在中年注定是最累的时期，连小说都有《人到中年》。然而换一种思路，假如我们退休多活一年，要多拿多少工资，还抵不上我们现在以牺牲健康为代价多挣的那些吗！

有健康的体魄，人就不怕吃苦，人就比较耐劳，工作上就更容易有业绩。而且健康的体魄与家庭幸福也成正比，一个家庭，如有常年病号，对全家人是一种情绪污染。

2004年南京大学生运动会口号："每天锻炼一小时，健康工作50年，幸福生活一辈子。"

清华大学健身口号是：为祖国健康服务50年而锻炼！

我的健身锻炼习惯，体力劳动习惯，健康的体魄，都是我妈留给我的财富，让我今生今世享用不尽！非此，我怎敢只身来到江南？

我妈给了我们比钱更重要的东西

我小的时候，庄子上老成些的人经常开玩笑说，我奶奶存下私财着呢，有白元（白坨子、银圆、袁大头）呢，全都留给我爸我妈了……以至于有人怀疑，如果没有我奶奶存下的白元，我爸我妈哪里来的钱供我上出大学！

我第一次见到银圆，已经是2003年在无锡了，我已经四十岁了。我岳父母第一次到江南，在我们家里过年。两位老人带来了几块银元，是他们上代人的遗物。我岳父母年纪大了，把几块银元给家孙子和外孙子分了，以作纪念。我岳母把自己娘家妈用过的一个梳妆匣子留给安燕，以作念想……

直到现在，我没有在我爸和我妈的手里看见过白元，也从来没有看见过我妈柜子里有啥宝贝。这些年，如果我妈手头有几个钱，多半是我们姊妹们给的，大概数字我是知道的。

2006 年，我买了汽车，住上了 150 平方米的新楼房。年底，我们接我爸我妈第一次到江南过年。我给我妈 10000 元现金，原因只有一个：我妈她一辈子是个穷人，她手里从来就没有过闲钱。而我爸是一辈子从来不管钱，家里的一切事情都是我妈管。我妈把这 10000 元钱存入信用社，本来能生几个利息。寇永强经营货运汽车，遇到手头紧张，我妈就毫不犹豫地拿出来给寇永强了。其实，除了我，兄弟姊妹们，包括安燕，谁都不知道我妈手头有 10000 元现钱。这件事，我妈给我的答复是："手心手背都是肉，我总不能把钱攥手里，眼看着把寇永强急得转圈圈吧……"

我妈一辈子穷，但她不是一个爱财如命的人！她看不起贪钱小气的人，鄙视嫌穷爱富的人，无论是当面还是打电话，经常提醒教育我的有一句话是："你千万不要克扣学生娃们，不要占学生家长的便宜……"我工作四十年，没有犯过大错，而且一直进步，这不能不说是一个原因！我不但不贪财，不占学生小便宜，反而经常帮助家庭困难的学生。我刚参加工作时挣七十几块钱，多次帮助家境贫寒的学生交讲义费。有一次，批评一个学生上学迟到，了解到是因为家里买不起一辆自行车，我把安燕新买的自行车送给了这个学生。那时，买一辆自行车，需要我们两人一月的工资。到江南工作，一位高三学生病了，学生食堂的饭菜不好。我把我的工作餐饭卡给他，让在教师食堂吃了三个月，这个学生后来顺利考上大学。2012 年高三一位同学，本来就没有爸爸，距离高考还有一百多天的时候，妈妈因不治之症去世了，我管了他一学期伙食费；他考上大学，安燕给了他一千块钱，临近中秋节了，还送给他两盒月饼……

不贪财，不占小便宜，可以算是我妈留给我最值钱的教诲！其实，我们姊妹们都可以算是不贪钱财。

我妈最反感抽烟，所以我一直坚持不抽烟。三十几年来，我一直在担任班主任，多数在教高三毕业班级，尤其是到了江南，任职老牌省重点中学、国家级示范高中、百年名校，我教的学生中，多一半的家长是私营企业家，好多次碰到过亿万家产的家长，至于官员，那就更多了，从省市级到区县、乡镇，如果我会抽烟，我可能不需要自己花钱买烟。

但是，我要是抽上烟了，我妈就会拿出她的杀手锏了——你该没有把书念到驴肚子里头去嘛？

我妈让我们明白：世间还有比钱财更重的东西

2008 年，我在无锡抵押汽车和房子，给寇永强贷款买了一辆大车；没过多久，经营赔本了。车卖掉，还欠账。在我妈看来，钱，不过就是几张纸纸子，我们只是赔了几个钱，人好好的。只要有了人，啥都会有。

"你们总归是一个妈生的嘛，寇永升你想办法！"

我养活着一个残疾女儿，我供着两个学生上学。抬埋掉我爸，剩余 30000 多元钱，我和安燕把身上的零钱全都掏出来，把两个孩子的压岁钱都借出来，凑够一个整数 40000 元，交给永强去还账……

2012 年上半年，在陈仙贤、寇永统、高正有、罗福、寇宗臻等众多亲友的帮助下，我们给我父母盖起了眼前这一院砖房。最后关头，没有做门窗的钱了。我妈对我的同学付仲俨一声令下："你先找人来给我把铝合金门窗做好安装上，钱，有人出呢！"

几个月之后，永强和三芳无力偿还门窗的 18000 元钱，年关将近了，付仲俨很为难。我妈一句话："给寇永升打电话，他挣着几个呢！国家干部的钱嘛，割韭菜地嘛……"

我乖乖地付了 18000 元钱！

我妈动手能力很强，对许多手艺很在行，一些民间工艺我真担心到我母亲这一代去世就失传了！我妈 80 岁前后的几年中，我每次打电话到家，她不是去这家的红事操持，就是到那家的白事帮忙，真个一个大忙人！我妈在村里和亲戚中的地位源于她的能干；而之所以不要命地白天黑夜地干，是她相信了她爸爸说的——"你儿子将来会给你争气的！"这就是我妈的精神支柱，也是我读书和工作的奋斗目标。

我们姊妹五个，都有一定生活能力，我妈的儿子们都会做饭，我妈的媳妇子们都能操持家务，我两个妹妹针线茶饭手艺都不差，我还会做简单的针线活，擀面条，包饺子，揪面片子，蒸麻腐包子，酿酒醋子，我都会做。

为父母争口气，后三十年让人看我这个儿子的面而看待我父母。为此我自己又丰富和发展了我爸爸的理论：前三十年为父母而活，后三十年为儿女而活！虽然我现在按理应该"将工作重点从农村转向城市"——该为我的一双儿女活了，但是只要父母健在一日，我就有义务、有责任继续为他们争气，让我父母的期盼在他们有生之年继续成为现实，也为了维护九泉之下的外公的一世英名——"你儿子将来会给你争气的！"——让他的预言继续安慰和鼓励他没有嫁好的、最穷的女儿，还像以前几十年一样，满怀希望地度过晚年！（写到此处，我已是泪流满面，双手轮番不停地擦眼泪，不时地拿纸巾，以至于手忙脚乱，在键盘上每每按错。同事们都在备课，旁边坐的小毛老师不时地看看我，始终没好意思问我。我最希望这些文字被李富军姑舅哥读到，他与我最是心有灵犀一点通。）

为父母争气而活着——本周日，2004 年 9 月 12 日下午，坐在通往堰桥校区的车上，我给远在西北老家的父母打了一个电话——我爸前几年就已经失聪，每次电话都是我妈接听，她在电话中对我讲，现在老家的煤炭价格很贵，今年冬天的取暖用煤还没有着落……是啊，农村人穷惯了，要么没钱买煤，要么就算有钱，像我父母这一辈的人，又怎能舍得花几百上千去买煤炭呢！

当天晚上，我在夜自修之后，走在空旷的校园里，拨通了在老家城市有着一官半职的老同学卢昌世的电话。我们聊了三十多分钟，我请他代我尽一次儿子的职责，给我父母买一汽车上好的煤炭送到我家……

我妈的养老安排

2014 年我爸过世之后，我妈总觉得家里空荡荡的，甚至于一个人睡在上房炕上有点害怕。加上寇宗琛 2014 年 9 月开始到嘉峪关上大学，我妈一直割舍不下她亲自带大的这个孙子，多数时间实际在嘉峪关养老。2018 年春节前我妈到无锡过年，"五一"后我到酒泉讲课，才把她送到嘉峪关，中途在西安停了一天，看望了我妈最小的妹妹，她们老姊妹二十多年没有见过面，好好喧了两天。

2019 年猪年春节前，我妈坚持要回到老家养老，原因之一是永斌年后即将出国务工，我妈担心万一自己生病，身边没有儿子照料，上千公里之外，紧急送回老家不方便，坚决要求回家；加上这个春节前后，宗琛的工作也有了着落，我妈一颗心落到了实处。

其实，我妈的心思我能猜到七八分，她长年累月住在在嘉峪关的主要目的是陪伴寇宗琛，或者说监督我的兄弟妹妹们。她担心宗琛远离父母在亲戚家里受委屈……果然，后来我妈把这些想法跟我尕舅说了：女子、女婿，儿子、媳妇子，谁要是言辞中对宗琛重一些，谁要是不关心宗琛，我妈就几天不跟他说话，长时间不到他们家里去，拉着脸，甚至不吃饭……

我妈回家养老，意味着三芳不能再和永强一起外出务工，只能守在我妈身边照顾；意味着永强一个人驾驶大车到处送货，或者雇人跟车，收入减少……

正月初二早晨，我妈在白银我舅舅家，我们兄弟姊妹五个与我妈、我舅舅，远程视频会议，关于我妈养老安排达成一致意见：

从 2019 年 2 月开始，我妈在老家养老，三芳负责照料日常生活；我们兄弟三个分摊生活费用，给三芳一定劳务费。商量到具体钱数时，两个妹妹还是坚持她们在我爸在世时候的观点：爸妈拉扯我们做女儿和你们做儿子的付出的心血是一样的，并没有因为我们是姑娘就让我们少吃一口、少穿一件；父母养老，儿女都有义务和责任。我舅舅也坚持，男女都一样。决议：大妹妹永春每月 100 元，小妹妹咏梅 300，永斌 400，我 800。我妈坚持：寇永升你念的书最多，你应该多承担；总共每月 1600 元，每月 20 号至月底前打到永春账上，她负责交给三芳。

如果我妈出现大病，我承担大头；头痛感冒等小病，永强和三芳负责。

我妈穿戴主要由安燕负责，其余兄弟姊妹尽孝心随多供少自觉自愿，不强制、不拒绝。我妈一辈子骂人懒惰比较经典的一句话是：睡炕上等着大媳妇子伺候呢吗！等着大媳妇子给你端来了吃呢吗！——我妈身上穿的，二三十年当中主要由大媳妇子安燕带头负责，我两个妹妹也经常给我妈买衣服。

我们姊妹五个与我妈、我舅舅商量这件事时，没有邀请我妈三个媳妇子和两个女婿参加；后来三芳知道这件事后说：我不要钱；前一二十年都是老妈给我帮忙，给我干了不少活，从地里干到场上，场上干到锅台上；现在老妈还能给我做饭呢，就是将来需要背、抬、抱，我也应该养活和伺候老妈……

于是，我妈养老的事情就安排妥当了。我因为距离遥远，四十多年来基本没有伺候过父母。我爸我妈到嘉峪关是永斌夫妻和妹妹、妹夫们伺候，在老家是永强和三芳照顾；我只有多出钱，只有带头，只有与兄弟姊妹和气商量……如果等到我妈眼睛一瞪：娃娃，你该没有把书念到驴肚子里头去嘛！那就一切都晚了，一切都完了！

我们中泉庄子已经有好几家因为父母养老问题没有解决好的前例，我们家的亲戚朋友中没有办好父母养老事情的更多……我讲我妈养老的事情，主要目的并不在于向我妈的娘家人汇报——因为这些情况我舅舅姑舅们基本都知道——而是在于向各路亲朋好友、向左邻右舍、向子侄晚辈们树立一个榜样。

树欲静而风不止，子欲养而亲不待。礼，与其奢也，宁俭；丧，与其易也，宁戚。——这是我念过的书中圣人的教诲。

"今之孝者，是谓能养。至于犬马，皆能有养。不敬，何以别乎？"（《论语·为政》）许多人以为供给吃穿用度就是养活父母，就是孝敬父母……

何为孝顺？按照父母的心意行事做人是为顺，言辞行动上尊敬父母是为孝。

我妈供我上学不容易，直到现在，我还可以自豪而且负责任地讲，我的书也没有白念——用我妈的话说就是：我没有把书念到驴肚子里头。

许多人都想知道，我是怎样做到团结兄弟姊妹们，共同孝敬父母的；经常有人问我，你不就是个普通老师吗，怎样做到让弟弟妹妹们都听你的？

2019年中秋节，正好我到酒泉讲课。安排了半天时间到嘉峪关陪老母亲过一次八月十五——考上大学到出门工作以来，四十年多中，我只有1990年在兰州进修时专程回家陪父母过过一次这个团圆节日。

我让妻弟安小利在嘉峪关找最好的饭店订一桌上档次的饭菜；中午，我请了岳父母——一个女婿半个儿，半子即子；老吾老以及人之老嘛；请了妻弟一家三口。我老母亲，我兄弟姊妹、侄子、妹夫、弟媳妇、外甥，合起来十几人，满满一桌。

我敬酒时说："父母平时都靠兄弟姊妹们照顾，我夫妻作为长兄、长姊感谢你们的付出；今天借此机会正式表达我们的歉意和谢意……"

晚饭，我们家的姊妹们到另一处农家乐小聚，邀请了寇永谋全家。临近结束时我对兄弟姊妹侄子们说："让老妈在城市里养老，要让妈一直敢骂我们中的任何人，一直有尊严感，有经济实力，要心情舒畅，不许让老妈生气！老妈的朋友就是我的朋友，谁对老妈好我就给谁帮忙办事；老妈的敌人就是我的敌人，谁得罪了老妈，就是得罪了我。你们都给我小心着点！"

憨厚朴实的永谋兄弟笑呵呵地说："啊，四哥，我才明白了，这才是你今天请大家吃饭的真正原因啊……"

当时永斌不在场；漂亮的弟媳妇罗秀艳赶紧让寇宗琦拿出手机，"把大伯说的录下来，回头放给你爸听……"

当局者迷。其余的原因，还是留给弟弟妹妹弟媳妇们去总结吧。

安燕娘家只有姐弟俩。公正地说，我妻弟两口子个别时候对老人让我不很满意；只是他们是亲戚，我不能像训斥我弟弟妹妹们一样训斥，而且他们都是社会上有头有脸的人，但是，我有我的办法，准确地讲，我一直在影响着他们，在给他们做表率——这方面还是留给我岳父母和妻子安燕去说吧。

我不会抽烟，不认识麻将，不擅扑克棋牌；除了必要的应酬，对酒水糖茶、歌厅舞厅、泡脚洗浴一无兴趣。一方面是洁身自好，确保自身健康安全；一方面乃因职业所限——我这个职业最不能容忍的其实就是道德底线。

许多人也有不解。2020年春节，我跟远在新疆过年的罗福一家微信视频暄了十几分钟。善良朴实的姑舅嫂子张菊花得知我的工资收入，很惊诧地问我："天哪，你不吃烟、不喝酒、不打麻将、不打牌，你的钱都到哪里去了……"我突然想起2018年11月份我到成都学习考察时见过罗福的女儿女婿一次。坐下来吃饭的几十分钟内，罗福的女儿罗文娟感慨道："啊，姑舅爸，你这个人太自律了！从我记事起，你到我们老家看我奶奶，我坐在灶门口烧火，那时候我就记得你到我们家不抽烟……没想到你现在……你是怎样做到的……"

我今天作一解释吧：我妈极其厌恶痛恨抽烟、喝酒、打麻将！

我要是等到我妈眼睛一瞪，牙叉骨上都带着劲儿骂我："娃娃，你该没有把书念到驴肚子里头去嘛！"那就一切都晚了！

现在想来，有个人经常骂骂我们是一件很幸福而且很幸运的事情！

有恩于我的表兄火荣贵，如果有人敢骂他，当然他也能够容忍骂，可能不至于害了自己又害了兄弟姊妹们。我爸我妈经常跟我说的一件事情是，中泉庄子上念过书的人中，只有芮执松人家一生走得端、行得正！啊哟，你不记得，芮执松二三十岁了，已经结婚当爹了，在商店里大灶上吃了一顿肉，他爸拿着鞋子满院子追着打呢，因为儿子花了八毛钱吃了一顿肉。贫苦家里长大，时时有人骂着些，好处多着呢！

如果父辈这本书合上了，谁还能骂我呢！

如果我能时常听到"你该没有把书念到驴肚子里头去"的断声呵斥，我的人生道路就不会偏差太多！

后记：

写作只是我的一种业余生活方式，一种习惯，往往没有什么目的、计划，只是觉得读过大学中文系的，识了那么多汉字，学了那么多语法、写作、文学理论，还是用在正道上更有意义。

在今天这个时代，与其把大量的时间精力耗费在刷手机屏幕上，与其在各种微信、QQ群里发一些有用无用的文字，不如自己动手写一写，既可以充实自己的生活，丰富自己的心灵，丰盈自己的精神世界，又可以给学生以示范——这部书中有好几篇是我给学生们写的下水作文。

编辑这部文集的时候，2022年8月，我在江阴一个叫汇雁城的地方隔离了7个昼夜，单人单间，三餐送到门口，我有大量整块的时间，有一个非常清静的环境。有机会把自己这些年陆续写的一些非学术性文章编辑在一起，也没有什么目的，这些随笔、杂感类的文字也登不了大雅之堂。唯一的私心就是将来老母亲去世后给她办后事时分发给家乡的亲朋好友们，可以纪念和告慰我家乡的父老乡亲们，免得事到临头我没有时间和精力办这些事。

这个时候，我老母亲86岁，身体尚健，精神尚好。我只是觉得，老年人就是一本书，从国家记忆到家族历史、父辈点滴，如果我不能在恰当的时间将之一一记录下来，将来就是一种缺憾。我妈就是一部书，我不能等到她合上时才想起来去阅读！

2022年8月26日修订

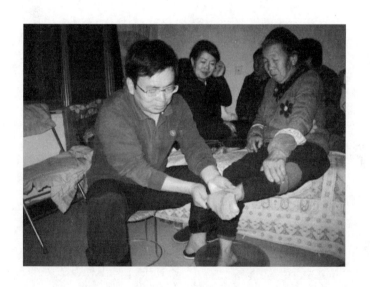

老年人是一部书之三：岳父

2011年9月13日，农历八月既望，窗外皓月当空，室内洒满半地银辉。

连日中秋忙碌，只听安燕在电话中说起二位老人来无锡度假，今夜我俩才仔细斟酌商议。看见二哥安茂盛几条短信，我已睡意全无。起床披衣，穿过小区，漫步校园。来到办公室，打开电脑，时已14日凌晨1：05矣！

二哥如晤：自家兄弟，竹筒倒豆子，开门见山——

二爸今年七十有五，本命虎年。10月4日，农历九月初八正值华诞（翌日九月初九乃重阳佳节）。人生七十古来稀！七十三，八十四，阎王不请自己去啊！年届八旬，有今朝，我辈不敢保证有明年。故而事不宜迟。便利今年内，良吉黄金周。弟永升诚邀二哥忽悠、护送三爸、四爸、五爸及探胜兄前来无锡相聚。祝寿实有必要，叙旧令老人幸福，畅谈亲情更乃人间大享乐！弟倾己所有，美酒招待，且安排畅游太湖！

弟理由如此：

诚如二哥给安燕短信中所言，二爸对你们这个家族是有难以用语言估价与表述的贡献的。虽则老一辈都会有一些矛盾隔阂，然谁家没有个碟儿大、碗儿小，谁的舌头没有被自己的牙齿咬过？！

父母双亲都离世了，兄弟姐妹就是世间最亲密的骨肉了。孰能代之！今老弟兄三四人，子辈成家立业，己辈含饴弄孙，尽享天年之时，想来已非前数十年物资匮乏之时代。渡尽劫波兄弟在，相逢一笑泯恩仇！今日相聚，老人们定当比当年更加亲热！而我辈晚生，今皆已长大成人，体面风光，唯恐尽孝承欢之时少，又安能有一言半辞之不快哉！

我举家迁居江南，今已逾十载。2004年立足未稳之时，二爸老两口来过一次。那时，弟初来乍到，尚无汽车，亦不熟悉江南习俗风土。自我二人调入今供职之锡山高中，八年了，二爸未曾来过无锡，我们也未能回过嘉峪关。安燕每每念叨："我都八年没有见过我爸了……"每闻斯言，辄令人感慨唏嘘，几至汗发背沾衣，泪涕泗滂沱，夜不成寐……

况，犬子宗璞，两位老人一手带大，能自己吃饭了，能自己穿衣服了，能上幼儿园了，正值可使老人聊慰晚景、欣享天伦了，我们却远走高飞了……人到老来多有隔代亲呀！

近些年，我们时常催促二爸来江南颐养天年。

我们的新车都变成旧车了——

犹记得：2004年，二爸、二妈来无锡小住，看见我楼下邻居一辆崭新别克凯越，二爸感叹唏嘘："咋这家人都有一辆别克了？！……"不到一年，弟购买新车，着意在别克系列挑选——此弟之一段私心也，从未表于言语也，即使妻子儿女也未知我心也！

想当年买车之时，弟多次前往汽车城察看之，试驾之，讨价还价之……实心中早已打定主意，非别克不买。仅在一个假日，携妻子儿女前往别克专卖店一游，观察妻儿喜欢何种颜色，暗记于心。月余，我将新车开到学校楼下，电话呼妻儿下楼，幼子满眼望去，并无老爸在视野之内，口中嘟囔："坏老爸，放我们鸽子……"我自车窗伸手招呼，一双儿女连蹦带跳，欢呼雀跃，"我们家有新车了！我们家有新汽车了！"

——最终，咱自己也有了别克！

其实，在我自己，对于我的小家庭而言，并无买车之必要。出家属小区大门，正对面即学校。我二人上下班、子女上学都用不着汽车，自行车、步行皆数分钟即达。之所以抢先买车，之所以在2005年国庆节买到房子就着手装修，之所以在2006年底就最先迁入新居，全因为弟打算在2007年春节接我父母来江南过年——是年，弟老父七十五岁寿辰也！我与幼弟永斌轮流驾车，游杭州，进上海，下苏州，住南京……中山陵几千台阶，我和弟弟轮流背老父上到最高处，沿途行人游客多为我兄弟驻足让道，老年人大多啧啧称赞。我身背老父气喘吁吁爬上灵谷塔，引来外宾好奇，再三询问……灵山大佛，几百米之高的山巅，我兄弟再次轮流身背老父登临佛脚之下，惹记者无数镜头。后来，我的学生来电话说，竟在电视上看见了我……我意，定要让父母在有生之年坐过我这个长子的汽车，住过我的高楼，游过我的江南，一言蔽之：享过我的福！

今岳父亦七十五岁大寿也，岳父母者，自己亲爹娘也！尽尽孝心，实属人之常情与天之常理！

况我们的新房子也住成了旧房子……

无奈，二爸他老人家在嘉峪关的那套破旧平房割舍不下！我能理解，那是他老人家的家业，是他离开省城兰州、委屈自己西走边关小城，组织给他的最大照顾之一。

今秋，平房被收走了，他可以无牵挂纠结了，才正式提议来江南过年。

因联系不及时，二爸他们事前只决定来无锡，并不知你们已打算前往嘉峪关。本来那条线路上能从嘉峪关直达无锡只有一趟火车，每天只发售 7 张卧铺，车票确很难买。后来车票已买好，但与上述和下叙理由相较，乃区区小事也！

大漠边陲的嘉峪关，国庆一过，朔风吼叫，草木萧瑟，黄沙弥漫，降温寒冷颇迅疾于内地也。且周边近处了无可游览之处，最近距离之敦煌亦在 370 多公里之外！现二位老人所居，还是上世纪的 1995 年市教育局分配给我的园丁公寓，两室两厅一卫，建筑面积也仅 80 平方米左右。小利一家虽在边城有房有车，然，两代两家相距较远。且夫妻二人工作较忙。加之二人生性憨厚腼腆，都不喜社会交往，弟妹在娘家本是老小，亦不擅人情世故。况弟妹也有二老在嘉市，姊妹数人几大家亲人，节假日亦当有交往应酬。

而弟与安燕所居之江南鱼米之乡则不然。中秋过后，金风送爽，丹桂飘香，蟹黄虾肥；橘子红了，石榴熟了……太湖山水，天造地设；灵山胜景，见之忘俗；央视基地，人文荟萃；天堂苏杭，沪、宁、扬（州）常（州），正是江南好风景！ 150 平方米居室，四室两厅双卫。且距学校教师公寓仅饭后散步之距离，届时暂借一、二间小住，动动嘴唇而已。我二人居异乡多年，此地除三兄健胜一家外，并无家人亲戚，节假日无须互为应酬走动，正好陪陪几位老人。弟在江南名校任职数载，结识了少许朋友，熟悉了风景名胜；又生性好客，亦善交往应酬。弟之力，足以安排几位老人度假旅游。

小利乃弟之学生，二哥可知？我二人情同手足，无半点间隙隔阂。2009 年小利全家在无锡过年，畅叙别情，其乐融融。二十几年了，小利还是张嘴闭嘴呼我"寇老师"，从未以"姐夫"称之。我又发觉，其妻毛倩也以"老师"呼我！也就罢了，顺口呗。然你定不可思议：他们的女儿也乎我为"寇老师"……莫非我真的没人叫"姐夫"、没人称"姑父"哉？

——老安家三辈子才出了我这么一个女婿、姐夫、姑父！

想来，在我处为二爸庆贺寿辰，小利一家亦无不悦。

弟二十多年来亦常想在长辈们有生之年前往陕北一游，此心切切，此情切切！然，有牙齿时没干粮，有了干粮又没了牙齿，此事古难全！前些年在甘肃谋生，薪俸无几，养家糊口，囊中羞涩，手头拮据。常常屁股还没抬起时，就发愁于路费，辄纠结于食宿……自举家移居江南来，长三角发达地区，百年名校，弟正值壮而有为之年，早已不再担心出门的几个车船费了，也不羞涩吃顿饭的几个小钱了。我恨不能逢年过节都能够回家看看，哪怕陪老父聊聊天、帮老妈刷刷碗……但是，重点高中，全寄宿制学校，工作要求高，竞争压力大。弟一个农村娃，能吃上今天这碗饭，都是偏享了祖宗的恩荫，多赖了老师的偏爱，沾尽了生得逢时的那点光，又岂能以一己之私心而误人家之子弟乎？！

况弟与安燕育一女一子，现皆到了求学的关键年龄段，往往是孩子比大人还忙。回家乡看看，实心有余而力不足矣！

今年，这样一次天赐良机，岂可轻易错失！

"绥德史家湾老安家，三代男丁，安燕乃第一女。俺爷爷没姑姑，俺爸没姑姑，俺没姑姑……你是我们老安家几世几代来的第一个女婿啊……"此言出自兄长之口乎？一个女婿半个儿！弟以一介寒酸书生，身揣5分钱走出嘉峪关火车站，形单影只，举目无亲，开始在那个边关小城打拼，成家立业，儿女双全……非二爸老两口视婿如子般关爱照顾，能有弟之今日乎！岳父母与自己的生父母一样，今弟有义务、有责任在岳丈大人七十五岁寿诞之时倾尽孝心，也有义务在三爸、四爸、五爸等有生之年重叙亲情。而且，安燕也非常想念几位老人，常常夜不成寐，泣不成声，泪如雨下……前些年还只是偶见白发，近年来犹思家心切，工作繁忙，儿女拖累，常睡眠质量欠佳，满头黑发几已花白矣……

闲言少叙，务请兄速与三爸、四爸等联系，尽快与大哥沟通。（如无不妥，希望把我的上述书面邀请给他们阅看）不能等到明年，365天，旷日弥久！在尽孝心上，我辈须只争朝夕。建议你安排在10月1、2日到达无锡，6、7日离开。从速定夺，我也需要在此地联系订购车票。

此行若成，定当感谢二哥殷殷之情，弟当以江南特产慷慨酬答；若不成，全怨兄不给力、不尽心也！

时9月14日凌晨4:45。在给您写成此信的同时，我已向我的朋友发出短信：定了10月2、3日到6、7日的宾馆，尽量在风景比较好的太湖之滨或者相对较为清净的地方。我可以不因个人口体之奉向朋友们张嘴伸手。但，尽孝心，皇天后土，实所共鉴；事父母，人神敬我，定皆相助！让老人们风风光光、畅畅快快聚一次。对二爸老弟兄们而言，怕是此生最后一次相聚的机会了。对我来说，当面报答岳父母也可能就此一回了。

我的这些想法，三哥健胜肯定会赞同的。

多年来，只有 2005 年的一次，因为一篇重要的文章，我像今晚这样熬过夜……

附一：

茂盛兄因工作在兵工企业，与外界联系受限，在同事邮箱中代为收阅。

9 月 14 日 13：30，茂盛兄阅后回复：心之切、意之真尽显妹丈之文工，情之实、言之华彰显吾弟之人品。我为祖上有你这样的贤德佳婿而骄傲和自豪！我尽力与叔父、大哥他们协商此事。若成行乃我老安家之幸事、之盛事也！

14：00 又回：弟此信是一篇值得我老安家所有人一睹的文章，尤其是对后生进行亲情孝心等传统道德教育的有力佳作。

附二：

茂盛兄致安燕的几条短信：

彼此同感：相隔三年才相逢，常怀儿时兄妹情。悉心协夫育子女，上苍永佑贤德人。

——2011 暑假致安燕

二爸是咱老安家最年长的人了，是我们共同可敬的人。我和大哥讲好了，我今年先去嘉峪关给二爸祝寿，来年大哥去。感恩尽孝是一种责任，更是一种享受。你家有中文老师，问他然否！

——2011 年中秋致安燕

我自幼学习功底差，加之在农村劳作耕种五年，连书本啥样子都很陌生，眼看前途无望十分沮丧之时，是二爸和四爸不倦教诲，每人半天，数学、物理，一对一辅导，耐心指教，使我从头学起，终以名列全乡前茅的好成绩被录取。求学时虽家境十二分窘迫，靠大爸一个工日几毛钱的收入，尽管那时国家供给，但连回家路费都成大问题……是二爸和四爸把我们似亲生看顾，克服令人至今不愿回忆的辛酸。特别是二爸，要承受更多的压力，省吃俭用照顾爷爷和二爷他们，还要操心侄子们的学习生活——当时家中因此发生的一切往事，你比我们更加记忆深刻！

二爸是我们家最吃力而又最不被人理解的人。不是他老人家无私奉献，就没有今天老安家大家族的兴旺。虽说他也一度被所有人责备影响兄弟和睦，但无论何时，我常记得大妈的遗训："今后不论发生什么事，一定要念你二爸的好，他是老安家的功臣。弟兄之间的矛盾多不隔夜，更不能传代……"为报答二爸的恩典，在他七十五寿辰之时，在我工作三十年之际，特约四爸去嘉峪关给老人家祝寿……然既已买好车票，就让他先成行无锡……明年再择机而定。

——2011 年中秋致安燕

燕妹：适逢二爸七十五寿辰，正巧我工作三十年之际，本来特约三爸四爸他们一同去嘉峪关，一则祝寿，二则叙旧。既然去无锡车票已买好，只得以后择机再议。

为兄我自幼学习功底差，加之在农村劳作耕种五年，眼看前途无望，恰喜逢盛世开科。是二爸和四爸视侄如亲生，在单位请假，不惧路途迢远、车马劳顿，专程回家悉心执教，使我终以全乡名列前茅之成绩考中。西安求学，家境窘迫，是二爸和四爸从自己口中、身上挤出钱来接济我……特别是二爸，他承受了令人永远不愿回忆的辛酸，你不曾记忆的艰难，本不应担当的责备……父辈们为我们的成长忍受了多少心灵的委屈和肉体的饥寒！

二爸是孝子，时常挂念着爷爷和二爷他们。二爸是咱老安家的顶梁柱，他呵护关心着晚辈的成长、成才。由于性格孤僻，不善交流，一度铸成家庭矛盾，让许多人为此心痛……大妈遗训还有："弟兄之间争吵本是平常之事，你们做晚辈的不可乱加评说。况且你二爸自小脾气不好，连我都不计较。你们一定要对他好，你二爸也不容易啊……"

记得埋爷爷奶奶的时候，大妈和二爸他们几兄弟当着我的面相互敬酒问候，那种场面让人感动，那种手足深情令人敬佩……我们的先人相互包容的宽广度量，为我们树立了为人处事的榜样，也正是我安氏之门兴旺的基石之所在！我们兄弟爱自己的父母，也爱二爸！没有他的精心指导和无私帮助，就没有我五娃这三十年的工作，就没有我今天的尊严与体面之所在！

——2011 年中秋致安燕

弟永升感言：二哥这些短信，发自肺腑，出乎性灵，抒写真情。仅编制这一千一百文字，非常人所能用心也！

2011年国庆节，我们在无锡为岳父庆祝75岁生日，二哥安茂盛从西安专程赶来无锡，三哥安建胜和嫂子从常州赶来，上图一是我岳父母、安茂盛、安建胜、梅黎、安燕合影；图二是我岳父接收外孙寇宗璞赠送的鲜花一起拍照——据两位兄长讲：能让二爸接收鲜花的人，除非孙辈；咋我们都不敢……

以上文字是当时联系对接的一些往来信函，那时只有手机短信和QQ邮箱。

岳父兄弟五人，排在第二；陕北绥德农村出生、长大，家境贫寒，天性聪明，英俊帅气，耿直善良，学业精专。1963年西安建筑学校中专毕业，分配到兰州工作，参加过甘肃省许多重大工程建设。刚毕业就到今天的404基地，那时是保密单位，参加核工业基地建设。岳父在戈壁深处长达7年时间里担任测绘任务，长年累月早出晚归，肩扛测绘标尺，身背仪器干粮和水壶，不是在戈壁滩上风吹日晒，就是在河谷沟底艰难跋涉。404基地主体工程完工后，其他建设人员都撤走了，上级命令修一条备用引水渠。岳父继续留在戈壁大漠，从祁连山脚下适合地段确定水源，绵延52公里，明暗渠交错，直抵基地水库，他承担了几乎全部测绘任务。这条引水渠至今还在使用。

1970年开始，岳父所在单位奉命东移，在平凉一处山沟里继续修建保密工程。平凉距离陕北绥德老家空间距离虽然近了，但是因为工作保密、交通不便、收入微薄，岳父常常很难得回家。

1978年左右，平凉基建工程完工，岳父才有机会随单位到了省城兰州。为了解决全家户口，岳父1982年从省城到嘉峪关定居……

岳父生活极其简朴。一个白色搪瓷洗脸盆用了几十年！在单位食堂多数情况下买5分钱的土豆丝、1角钱白菜，从来不在生活上奢侈。

岳父曾经与担任过甘肃省委书记的阎海旺共事多年，阎担任队长，我岳父担任工程师。阎在甘肃省委书记任职期间曾经到嘉峪关视察工作，向市委书记、市长、城建局长询问了解我岳父情况，市委书记当即派车派人从建筑工地上把我岳父请到市委大楼相见叙旧……

但是岳父从来不为自己的事情求人或向组织提出要求，也从来不为子女托关系找门路。

岳父主业建筑工程师，专业精湛，一专多能。凡建筑行业所需皆能潜心钻研，设计、预算、审图，施工、水电、安装，起重、锅炉、供暖……还会修理手表及各种钟表、收音机等，会简单木匠活，擅长石匠活，会吹唢呐，能拉二胡，精通中国象棋……他在戈壁滩上单独搞过测量，在野外独立施工，在条件艰苦的工地工作，在充满危险的现场指挥……但是他一辈子没有受过大小伤，毫发无损！

20世纪90年代，嘉峪关开始集中供暖，岳父所在单位承担了我家附近一处供暖工程施工，我站在四楼隔窗户就能看见他的工地。大型锅炉运抵施工现场前，岳父先把安装位置测算计划好，安装底座建好；高价雇用的特殊车辆把锅炉拉到现场，他指挥当时嘉峪关只有酒钢公司才具备的大型吊车将锅炉直接吊装到位；然后才开始土建。当时很多人不理解，以为我岳父只是为了省却吊装的费用；后来土建工程逐步进展，人们才发现，如果厂房建起再安装，实际上没有办法施工的，不只是费用问题。

我从1986年走进岳父家，到2001年离开嘉峪关，这十几年间，我岳父一直负责好几个建筑单位的施工指挥与技术指导。他的日常工作之一是审核图纸，就是把一幢楼房或者一个建筑物的所有图纸放在一起，一张一张检查，一项一项计算，有问题之处一一修改，需要注意之处逐个标明……因为图纸比较多，铺开来需要占用很多空间，还不能有人打扰，他一直是在家里完成这项工作。床上，各个柜子上，窗台上，地板上，到处都是展开来的图纸。令人惊奇的是，岳父独自一人在家里干这项工作，没有人监督，但他的作息时间比到单位上班还严格！每天中午，我们回家吃饭时，他还在工作；午休之后，比上班时间提前十来分钟，他起来喝杯开水，戴上老花镜，开始工作，直到我们下午下班回家，他的工作姿势都没有变！有两次，我中途回家找东西，看见他不是全神贯注看图纸，就是在按计算器，或者在图纸上做标注，就像是一个军事指挥员在做大战前的准备！他没有时间跟我打招呼。为了减少上厕所耽误工作时间，他很少中途喝水。

1995年，我在嘉峪关分配到一套新楼房，面积比较小，装修时把阳台封起来改成了简易书房，需要加装暖气，才能抵御西北腹地冬季的严寒。我以为岳父会安排一两名专业工人来施工，可最终是他自己带着钢钎、管钳等只身一人骑着自行车来了。他用一根很短的钢钎，手握笨重的大铁锤，一个人很快地在墙上打通了管道孔；暖气片和管道对接安装时让我打下手帮助扶稳而已；接下来的涂刷防锈油漆等，都是他自己一个人完成。时间已经过去了近三十年，至今没有发现他安装的暖气有漏水等故障。

我初见岳父时，发现他随身口袋里装着一个小本子，早晚时间老是在本子上记着什么。一次我好奇地问他，原来是记录每天的天气——从兰州到嘉峪关，地域不同，气候有别。一两年之后，他能比较准确地预测天气变化，在秋冬季节组织施工时有效避免了诸如打混凝土结冰等损失。他在嘉峪关建筑公司办楼上有单独的副经理、主任工程师办公室，我去过好几次，但他很少坐在办公室里指挥，总是在各个工地上，需要找他，只能打电话到各处施工点。他身上永远离不开三件东西：一支电笔兼圆珠笔的东西，总是别在中山装上衣左边口袋里；八九十年代几元钱到后来几十块、上百块的电子计算器，他必定装在口袋里；安全帽，出门必定夹在自行车后座货架上——大夏天戈壁滩上烈日炎炎季节里，岳父草帽上必定戴着安全帽。

我岳父这个人的安全意识是我见过所有人中最突出的！他在随时随地充满危险的建筑工地工作了五十多年——从二十来岁到七十几岁——竟然毫发无损，我以外行看，安全意识是最为关键的。我修改这篇文章时，跟岳父通了半个多小时电话，采访他有关安全的问题。他说："在建筑单位，不仅要注意自己的安全，还要时时关注施工安全。"他给我举了一个例子：他们这个年龄的建筑工程师，以前很少遇到过电梯井；后来电梯普及了，但是时常有工人不小心踏进正在修建的电梯井，摔伤甚至致残、殒命……岳父很快发现这一安全隐患和漏洞——他解决的办法是，每层楼主体施工完成后封堵电梯井！我还能理解的是，岳父这个年龄和那个年代的人，他们伤不起、病不起，他们要凭借微薄的工资养家糊口，要从自己的牙缝中和身上穿的衣服中省了又省，除了解决自己的温饱、养活自己的小家，还要接济大家庭，怎么能让自己受伤了躺在床上养伤呢？！

岳父生于1938年，属虎，我修改这篇文章时他85岁，家里除了网络、电视、冰箱等现代化东西，凡水电暖、门窗及家具坏了，他都能修理。传统的管钳、老虎钳、手动钻等工具，他都有，而且熟练使用。一个用

线绳系住扣在眼睛上的简易放大镜，既可以用于修理手表等精密用具，又可以在修理管道、阀门时保证看得清。

岳父写得一手好钢笔字，也能提起毛笔写大楷字，而且书面表达的文笔很好。我曾经好几次建议他把自己的人生经历和工作感悟写下来，这是一笔财富，但前些年工作时他太忙没精力，这些年专心养老了又没心力……最近一次电话中，岳父接连感慨三遍："不堪回首……不堪回首……不堪回首……"

在我的亲人中，岳父是一个建筑行业的全才，工作中没有能够难住他的。我大哥寇永刚是一个农业全才，凡是农业生产方面的活计，没有他不会的。（见《大哥永刚——农民的楷模！》）我妈生于1937年，属牛，现在86岁，针线活没有她不会的，绣花、缝衣服、做鞋，从我记事起，村子里、亲戚中红白喜事没有不请她的；厨房里的活，没有她不会的，至今村子里有人家过事情她虽然不能亲自掌勺了，但还是现场指导。最擅长擀长面、调臊子汤，尤其是做羊杂碎，一手绝活。我但凡所到之处，尤其是陕北、宁夏、青海、新疆，只要有专卖羊杂碎的，我都不问价格贵贱，品尝过，至今没有发现比我妈做得好的！

我以两年制大专学历、西北偏远小城薄弱学校的低起点，被引进到长三角发达地区，先后任职于两所百年名校，论职称我评到了正高级，说荣誉我评到了省特级，讲学术称号我评到了学科带头人，中学教师这个行业我就算是到顶了。可以自负地讲，中学里需要的文字性材料，没有我不会写的，从实用性的公文（我曾经在中华会计函授学校连续好几年专门任教过财经应用文，悉心钻研过），到学术性文章（至2021年底，我在省级以上刊物发表论文正好100篇），再到文学性散文随笔（比如本书中的多数文章）。但是中小学老师得是万金油、万能型的，班主任这个角色需要我们在音体美诸方面都要有一两下子。二十几岁时我继续教育接受的培训是田径裁判，把开运动会的那些条条框框基本都搞明白了，至今走进田径场，看到那些线条我都知道是何种用场、什么意思。

而立之年脱产进修的两年中，在体育上我选修篮球，弥补了小学和初中阶段体育空缺分不清篮、排、足的先天缺憾；公共课我选修了中国艺术史，同时自学了音乐，体验式学习了两种乐器的简单演奏，认识了简谱，学习了合唱的组织与排练……课外我练习毛笔书法，足够应付农村过年和红白喜事写对联之类，足够应对学校里的黑板报等；专业课上我结合美学史研修，了解了中国绘画史，对美术虽不能画但能欣赏了……

"再也没有比婴孩的第一声啼哭更能提醒你已经进入中年的了"——我上初二时从优秀作文选中记下来的一句话，1977 年恢复高考时参加考试的不少人是已经为人父、为人母的中年人。海淀区教师进修学校编的语文复习资料优秀作文的开头就是这句话。我正是在女儿出生的当年——虚岁三十时，开始学习摄影。在跟着摄影协会的发烧友们实际练习的同时，我从一所名校图书馆借来了当时全世界最权威的摄影教材——美国纽约摄影学院四年制本科教材，好几百万字，除了显影部分涉及化学知识、暗室布置涉及光学物理，我没有条件、物理化学知识欠缺学不懂，其他有关拍摄的知识技能，我基本都掌握了。至今我在听课、制作课件等过程中只要用到拍照，只要跟图片有关，我一直得心应手。尤其在听课中，我能把上课教师的板书、PPT 等用手机拍下来，传到电脑，复制到文档，或者瞬间修改图片保存在文档中以备评课之用，或则转换成文字以提高听课效率。我为两所学校开设实用摄影校本课程十多年，很受学生欢迎，一点不亚于我的语文课。

在江南名校，我主动承担了校本课程游泳，其实那时我不会游泳。我的任务是学生进出游泳馆时点名，确保进去多少人一定直立行走出来多少人；但是这个过程中我学会了游泳——学生在前边跟着专业教练学，我在学生后边偷偷学，就像若干年前坐在学生教室里跟着英语老师偷偷学英语一样，我竟然学会了蛙泳！

父辈就是我们身边一本书，甚至是名著，是经典；等到他们都合上时才想起来去阅读，那就晚了……

2011 年中秋于无锡
2022 年 8 月 23 日修订

老年人是一部书之四：姑姑

我在中泉中学上初一的时候，因为填表格要写社会关系，经向我的老同学刘子荣询问，才知道姑姑的正式名字叫寇发英。

年长的人都知道，我奶奶从温家到寇家，一共生育过六七个儿女，姑姑是最小的女儿，更是最让她放心的儿女，是最没有让她伤心生气的儿女，是最为她增光争气的儿女，是最让她自豪的儿女。

姑娘时代，姑姑在我奶奶身边长大，乖巧听话，勤劳踏实。针线茶饭，田间场院，凡农家活计，样样能干，泼实麻利。从小到大，足不出户，口无是非。我奶奶生前对我说过："你尕娘长到十四五岁我第一次带她到脑泉参加交流会，人们惊奇地问：'你还有长这么大的一个女子，怎么没看见过！'"

嫁给姑父罗廷环，姑姑上有半生寡妇拉娃娃的婆婆——我们慈祥善良的姨奶，中有两个哥哥嫂子，下有十多个侄子侄女。她和姑父生育有三子三女。

我还能记得姨奶的点点滴滴。姨奶中年丧夫，能把三个儿子、两个女子拉扯大、教育好、成了家，全靠勤劳耐苦。多靠没明昼夜给别人家做针线活度日。所以姨奶生活极其勤俭，她只要坐在炕上，手不停地到处摸，一会儿摸到一粒麦子，有时摸到一棵麻子，也常常摸到馍馍渣子，虽则咬不动，也不忍心丢弃……我一直记得姨奶的嘴里总是咀嚼着某种东西。吃过饭的碗，盛过菜的碟子，一遍一遍地用舌头舔，一点汤汁菜水都不浪费。拌过炒面的碗舔不干净，姨奶用指甲一点点扣下来吃到嘴里；吃过炒面的筷子，嘴嘬不干净，姨奶也是用指甲一点一点抠来下吃掉！

姑姑这个年龄的女人们，未嫁之时，妈就是师傅加领导；嫁到婆家，婆婆就是领导加师傅。姑姑终身吃苦耐劳，勤俭度日，与婆婆姨奶的教育好和影响有直接关系。

姨奶虽说是农村妇女，不认识字，但毕生特别爱看戏、看电影。对她而言，这比过年过节还隆重。隆冬时节，姑姑借来生产队的架子车，铺上麦草、毛毡、褥子，围上被子、皮袄，还要在架子车上生上火炉子，先去占好场地，伺候姨奶吃好饭、去看戏、看电影，然后才回家吃饭、干家务活。

我清楚地记得，姨奶后半生时间患有痔疮，当时农村医疗条件很有限，请不起医生，农村也没有肛肠专科。每每发病，都是姑姑用热水洗、热毛巾敷，用艾蒿子针灸，动辄大肠头子掉出来。都是姑姑用手填进去的……就我从小记得的一鳞半爪，姑姑从来没嫌弃过姨奶，也从来没有发过牢骚。大爸、二爸、姑父都已作古，比我年长的姑舅们可曾听上辈说起过，或许是还有记忆？

无疑，姨奶是一个命苦的人。她以含辛茹苦的一生换来了儿女们的孝顺。姑父和哥哥嫂子们都对姨奶很好。如果说姨奶晚年还享了少许儿孙们的福，这与我姑姑是分不开的。因为二十多年中，姨奶的生活起居都是由姑姑照顾的。

在姑姑的几个儿女当中，就照顾姨奶讲，罗燕也是做了很多工作的。姑姑在生产队劳动，罗燕这个最小的妹妹，从小就在家承担大量的家务劳动，姨奶晚年的吃喝进出多是由罗燕照顾。她没自由，不能出去和同龄人玩。姨奶喊一声"九菊"，她常会跑步到眼前，否则会拧她身上的肉。姨奶喊她若没有听见姑姑往往会更大声地喊，只要姑姑大喊一声"九菊——"她总是先吓得发抖。我长大之后，每每读到《红楼梦》，觉得罗燕非常像那里面的丫鬟。罗燕为伺候奶奶，挨了许多的打骂，小时候经常身上青一块紫一块的，也没有读多少书，不知她现在心中可有怨言？比我小的姑舅们自然是不知道这些，比我年长的姑舅们，你们应该还记得！

姨奶的儿女们现多已作古，孙辈的姑舅们，我认为，单就看在罗燕曾经伺候命苦的奶奶的份上，今生今世，如果罗燕生活过不下去了，如果她有困难了，我们都应该伸出援手，就权作报答姨奶吧。

大爸罗廷瑞曾经对我二爹说过："我们他杂妈，把我老妈伺候得真好，我们做儿子的都比不上。你这个妹妹人聪明得很，很会处理家庭矛盾，从来不和妯娌们闹矛盾、生是非。可惜没有文化，如果稍微读过些书，少许识几个字，我们这些男人们都比不上。"听到这些话时我大概十三四岁。

姑姑终生没有大的疾病，七十多岁还能劳动。2022年春节，我去看望她时，感觉她还耳聪目明，精神很好！听我妈说，姑姑九十岁的人了，至今没有卧床不起过，没有进过医院，平时很少打针吃药，没有让儿女们端过屎尿，没有像她当年伺候姨奶那样让人伺候过。

姑父多年工作在外，姑姑白天生产队劳动，早晚操持家务，半夜还在油灯下做针线活，上有婆婆需要伺候，下有6个儿女吃穿上学。除了大姑舅姐罗秀没有进过学堂，在接受教育方面给姑姑留下终生遗憾，其余的儿女们，姑姑不管自己多忙多累，都未曾影响过他们的读书前程。

2006年"五一"，姑姑在杭州游览时对我说："我的六个儿女，在念书上最亏了你大姑舅姐罗秀，到现在都还给我揭短呢……唉，那会儿刚另开家，你姑父在外面工作呢，生产队里劳动锻得雷吼呢，你姨奶还需要伺候，你姑舅们都还小，就把你大姑舅姐拉下来劳动呢，挣工分呢……"说这些话的时候，尕娘很是伤心。

20世纪80年代之前的生产队时代，二爸罗廷珮一家罗贵姑舅们是住在后沟口上的。生产队打粮分草都在脑泉进行，后沟口离脑泉几十里路，有时二爸不能赶来分粮，都是姑姑代为办理的。姑姑常常是先把二爸家的粮食分上背回家放好，才能顾上分自家的粮食。

我初中时代在姑姑家住过半年，亲眼所见，二爸来来去去，姑姑像伺候长辈一样照顾二爸。蒸了馍馍，二爸和姨奶一样吃白面馍；擀了面条，二爸和姨奶一样吃白面，姑姑和姑舅们吃黑面、喝拌汤。姑姑给我说过："我伺候你姨奶半辈子，一直是让你姨奶吃的箩儿底下的，我和你姑舅们吃的是箩儿高头的……"我从出生到18岁离开中泉，就我在家乡所见所闻，对大伯子哥如此敬重，我姑姑在脑泉川古今第一！

我妈对我说过姑姑一生中最难辛的几件事情：

20世纪70年代在生产队背沙，需要每人有一个木头做的架子，以我的年龄始终没有见过这种农具，听我妈说是能把背篓放在上面，用铁锨上满沙，人站着就能背走，无须蹲在地上，在劳动极其紧张的时代，适合一个劳动力单独操作。做一个背沙架子需要木匠动手，姑父是木匠，但是工作在外，远水不解近渴。姑姑四处求人才做了一个背沙架子。所求到的木匠都会开玩笑说，你们家有木匠呢还求人……

我妈始终觉得家里有个木匠很好，还曾经希望我学个木匠手艺。

生产队时代，凭工分分粮食。姑姑家人口多，劳力少，每次分粮都要先向生产队交钱，在别人的白眼甚至辱骂中等到最后才能分到粮食。虽说姑父在外挣钱，姑姑属于公干属，但是姑父的每月几十块钱，姑姑从来都是花得很艰辛。手里攥着现钱，手心里都出汗，赔着笑脸，先给别人帮忙抬口袋，装车子；说着好话，看着人家的眼色，常常是等到最后才分上粮食，回到家还偷偷地哭鼻子……

我妈说，你姑姑那些年为在生产队里打粮受了那个气了！人们都说起来，你姑父挣钱呢，你姑姑受的那个艰难谁知道？

最小的姑舅罗斌，结婚后开始养了两个女子，姑姑像所有的老人一样，为此倍受折磨，生活在家乡的人，都比我知道得详细而真切。我所知道的都已经是二手材料，都是我妈给我说的，而且许多都是电话中听来的一鳞半爪。姑姑曾经偷偷地带着罗斌的一个女子，躲在亲戚家里，六七十岁的人了，还像一个年轻力壮的好劳动力，给亲戚家里场上干、地里干、锅台上干、院子里干，看门、做饭、淘麦子、推磨，铡草喂牲口、拔草喂猪，扫地、扫院子、洗衣裳，比在自己家里还卖力，还吃苦，还劳累。看人眼色，干活在前，吃饭在后，锅底菜水子……这一切都毫无怨言，"只要我的罗斌和钟华能给我养下个孙子，我就高兴得很。在亲戚家里住呢，帮着干些活，我当了一辈子农民，没有啥苦的！"

1999年春节，我爸和我妈到嘉峪关看望第一个孙子——我的儿子。我和两位老人有过多次的长谈，其中几次说到姑姑，我妈总是说，唉，你奶奶的几个儿女里头，我们以前总觉得你姑姑命最好，前些年是眼馋你姑父挣钱着呢，这些年是觉得你姑舅们都大了，对你姑姑都还孝顺，现在才觉得你姑姑是心里头最苦的……我就打断我妈的话头问："那你说我姑姑她心里头有啥苦的？""天啊，你真是个憨娃娃！你姑姑不满50的时候，你姑父就死掉了，临走连一句话都没有说上，一把屎一把尿把儿女们拉扯大了，眼看享福呢，你姑父就那么就走掉了，你想你姑姑心里头苦不苦？她心里头的苦给说去呢！"

2008年清明节，我从无锡赶回老家来上了一次坟，因为我奶奶的坟提过之后我一直没去过，我爸和我妈在电话中给我说，你奶奶活的时候在孙子里头最偏心的就是你，你应该来给你奶上个坟了。我们应该把你姑姑、张家赵家你两个姐姐、温家你大哥弟兄们和两个姐姐都请来在你奶奶坟上去一下……正好赶上第一次清明放长假，当时我在学校教着高三，时间非常紧张，我连续多年担任高中班主任感觉比较累。但是我觉得我爸和我妈说的是对的，在他们有生之年，我也应该满足他们这个愿望。星期五下午放学，我没有顾上吃饭，开车到上海虹桥机场，乘坐晚上九点多的航班，凌晨一点多到兰州中川机场。早上天不亮就和罗勇往老家里赶，上午八点多赶到家里，将近20个小时，我才吃上饭。我们来到我奶奶的坟上。我爸和我妈点名让我邀请的人中只差一个温兰香。我还清楚地记得，嫁到头道沟赵家的我尕姐在奶奶的坟湾里说："唉，我们小的时候都羡慕姑姑，觉得她是我们寇家女子里头命最好的，姑父挣钱着呢……"我在那一瞬间就想起了10年前我妈说过的话，打断她的话问："那么现在……"老姐姐叹气说："唉，好兄弟呢，姑姑该享福了，姑父就死掉了！"

我姐姐有这样的感叹不足为怪，她在40岁左右她男人腿摔断了，她在农村也算是一件大不幸的事情。

我想起来一件事情。大概是1993年，我生下女儿几个月或不到一岁，姑姑专程到嘉峪关，她有一件心事要和我的妻子安燕说一说。有几次我和姑姑喧得比较多。时隔十几年了，但有一个话题我记得非常清楚。姑姑说："珍宝（我的小名），不知你记得不？你奶奶活的时候，动不动就到沙河沿上哭，不管白天晚上，很多时候全庄子的人都能听到，你爸、你妈在屋里干家务活，听着哭声了才知道你奶奶出去了。你奶哭的时候，拉都拉不起来，把拉的人都听着难辛的。唉，我想起就伤心……"

我怎么能不记得！从我记事到1976年冬至我奶奶去世，我印象最深的就是我奶奶的哭。地里有庄稼的时候在沙河沿上哭，冬天就坐在沙地里哭，尤其寒冬腊月时节，坐在冰冷的沙地里，穿得又单薄，哭到浑身都冻僵了，我不知道去劝过多少次，往往是一边哭一边拉，连拉带抱才能把奶奶拖回家。我奶奶生前说过：人生有三不幸——用老家的话说就是"三欻"，她全都占上了，幼年丧父母，中年丧配偶，晚年丧子女。奶奶一生的确是命苦的，我几岁的时候就记得，嫁到魏家台子魏家的女子养了6个女子没有儿子，刚到中年就死掉了。这件事情大人们都瞒着我奶奶，不让她知道，我跟着我妈去魏家台子给我奶奶在温家养下的这个女子烧过一回纸，魏烈兰等姑舅姐哭得让人心碎，至今想起还令人非常伤心。再后来是温家大爹死掉了，我奶奶的儿女们依然瞒着她，我妈为了把奶奶骗过，我记得是把麦子拿到脑泉来代替三献馒头的。

纸里面是包不住火的，瞒得了一时，瞒不了一世。我奶奶不是个笨人，她凭直觉都知道温家里养下的儿子女子死掉了。大放悲声地哭，一声又一声地哭喊着："我的温成才啊……你把妈叫上……"这是她唯一能释放悲痛辛酸的方式！

司马迁说过："夫天者，人之始也；父母者，人之本也。人穷则反本，故劳苦倦极，未尝不呼天也；疾痛惨怛，未尝不呼父母也。"我奶奶终生劳苦倦极，加之身心疾痛惨怛，叫天天不应，呼父母则爹娘已逝，她比司马迁、比屈原还忧愁幽思，因为她还外加了白发人送黑发人痛楚……姑姑几次跟我说，一个家里，若要大人娃娃平安，总不能见哭声，尤其是成年人大放悲声地哀号……

我和我爸我妈，和我二爹，和温正德大哥，都探讨过这个问题，我奶奶活着的时候，我们这家人是不会好到哪里去的！奶奶因为心里的苦水太多了，实在无处去倾倒，以她那个时代的人，唯一可以选择的就是哭。但是奶奶的哭声中让人听出来的是不祥，是不吉利。

二十多年前，我把这个观点和我二爹说的时候，这个硬气了一辈子的坚强老人，眼圈发红，声音哽咽，无奈地说，这些话嘛，你们做孙子辈的人说出来了，也就说明你们明事理、懂道理，我们做儿女的就是知道也不能说出来啊！

姑姑不过一个妇道人家，她心里有许多的苦楚，但是我知道，她为了儿女们的平安幸福，把个人的辛酸悲苦都深深地藏在心底里，我从来没有看见过姑姑哭天抹泪……

2010年清明，姑舅们张罗给姑父烧三十年纸——姑父去世整整三十年了，不知道姑姑有没有像我奶奶那样哭过！

2000年暑假，我到过一次头道沟，看望了我奶奶的娘家人们，我爸的姑舅们，在我姐姐家里，我请她把嫁在头道沟的中泉寇家女子都叫来让我见一见，喧一喧。

我知道，这样的机会是很少的。

中泉本村的一位叔父，一辈子命苦人啊！他有一个女子，小名叫犇儿的，嫁在头道沟。我记忆中这个妹妹是叔父子女里头最文静腼腆的一个，自从她出嫁，近二十年中我是第一次见。她说了几句话，我一直在心里思索。她说："不敢转娘家，不愿意转娘家，觉得很难为情的……"

回到家里，我问我妈："犇儿为什么不喜欢转娘家？"我妈解开了这个谜底——那两口子都是命苦人嘛！你该记得，你那个叔叔一直是又喊又叫，让人听了怪喳喳的，自从大儿媳妇娶进门才稍微好些了；你婶婶一直是哀号嘛，动不动就大放悲声地哭，出嫁掉的女子们来看他，她就是哭，娃们觉得难为情呢，时间长了，该就不来了。叔父的喊叫、婶婶的哭嚷，真的让人不寒而栗！

一个家里要平安顺利，总不能经常见哭声，尤其是那种大放悲声的丧音。姑姑说过，胳膊折了往袖子里藏——这是我姑姑的人生经验，是她的忌讳，我觉得我们作为晚辈都该记住！

姑父过世的时候我正在上学，暑假我回家的时候，先到我外家，我舅舅对我说："罗家的你姑父去世了。"我当时对我舅舅说："你听错了吧？我尕姑父身体好好的，没病没灾的，怎么会就突然去世了？"

是啊！1981年我在县城参加完高考，姑父既怕我考不上，又怕我如果考上家里怎么能供得起上学。他在工程局学校里给我找了份打工的差事，跟宁夏中宁包工队维修学校，每天挣3块钱。一个暑假，也挣了四五十块钱。姑父托当时学校借到县文教局的一位老师，经常打听我高考的消息。录取通知书拿到了，姑父非常高兴，对我说："珍宝，这一下你爸和你妈就算熬出头了，就算有盼头了。你爸和你妈的命运从现在开始就变好了，你们家从现在开始也就有转机了……"工程局学校给参加华山旅游的老职工每人发了一个茶缸，姑父把他这件唯一的纪念品送给我，祝贺我考上大学。这个茶缸子，从条山到中泉，到张掖，到嘉峪关，到兰州，到无锡，我用了二十几年，烂了一个洞，放在橱柜里舍不得扔掉！

离开条山前夜，姑父给了我4块钱，4张崭新的1元面值人民币，算是给我上大学恭喜。今天的人可能会笑话，才4块钱！我相信，只要比我年长的人都记得，4块钱，在当时的购买力，不低于今天的40块甚至400块！4块钱，是我姑父当时一月工资的十分之一！

中泉乡实行包产到户大概是1979年，我们家分到了一副新的架子车轱辘，但是无力置办车排，没有那么一点木头。姑父了解了这些情况，就对我说，包产到户了，连个架子车都没有，你爸和你妈就没有办法种地了，你们吃啥呢？他把两个废旧车排拆开，凑了两个车辕条，连车排的撑子都一根一根计划好，只要拿回家安装上基本就能用。姑父把这些东西绑在自行车上，让我一个十五六岁的娃娃从条山捎到中泉。早上4点多就做饭让我吃饱，又给我装了几个馒头，打发我启程。当天南风比较大，骑到兴泉堡我就精疲力竭了。在路边一个人家喝了些水，吃了两个馒头，休息了一会儿再出发。一路缓、一路骑。下午四五点钟才到中泉，从腰水村的红坡上下去，中泉庄子的好多人都看见我自行车上捎着一个架子车！回到家，因为车辕条较长，大门里进不去，就在大门外卸下来，好多人都来围观，眼馋、羡慕、夸赞、怀疑，种种心理都有。我爸和我妈不相信这么多东西是我从条山自行车带来的，又高兴又生气。高兴的是我们家里有了架子车了，不用再向人借了；生气的是姑父让我这么远捎如此大的东西，一百多里路太危险……

我时常在回想，我从我们家的环境中长大，我爸和我妈并没有给我多少有关社会知识、人际交往、做人经验的教育。但是，从我记事起，我就有印象，姑父只要见到我，总要把我单独叫到他身边暄一会。他盘腿坐在炕上或工作单位宿舍的床上，抽着他的小烟锅子，能跟我进行长达几个小时的"暄谎"。有一次我妈问："你和你姑父蹲那么长时间干什么呢？"我说："我姑父和我暄谎着呢。"我妈就感叹道："你姑父真是吃上没事情干了，和你这些憨娃娃有啥暄的呢！"

姑父跟我讲过，个人生活要俭朴，衣裳外边穿光趔一些，里边就将就些。姑父经常个人动手缝补自己的内衣，一边拿针线缝一件背心，一边对罗勇开玩笑说："这个衣裳好好的，缝几针穿上，在身底下穿着呢，人又看不着，怕啥呢？给我们罗勇白板子，这件衣裳早撂掉了！"

姑父还跟我说过，工作最好不要在家门口，离家远些好。说得最多的话题，是怎样为父母争气，如何给先人争光。

我有今天，与我姑父的教育是分不开的。姑父很看得起我，认为我懂事早，认为我能成才，认为我长大肯定能给我爸和我妈争气，其实是鼓励我；而更重要的用意，他是在有意识地帮助我爸和我妈。

我考上大学，庄子上有好心人曾经发愁说："把那么个家庭嘛，考上了是考上了，拿啥供呢！"我妈发誓说："不要把人羞死了，我们这么多的亲戚六眷，有的是看着我们的；再说，我李家女子就是砸锅卖铁也要把我珍宝的学供出来！"

80年代，刚刚包产到户时代，生活多困难！娘家人终于出了一个大学生了，姑姑比谁都高兴。省吃俭用，买了当时最时尚的布料，求人裁剪，点灯熬油，亲自给我做了一件军绿色的的确良上衣。这件衣服是我长到18岁穿过的最高档的一件衣裳，是我姑姑做得最好的一件衣服，我姑舅们那时还没有穿过正宗的的确良衣裳。这件衣服我一直穿到工作后好几年，星期六晚上脱下来洗干净，星期天早上起晚一些再穿上。长达几年中，除了这件的确良上衣，我没有换洗的衣裳。

姑姑没有文化，四十岁左右，家里才有了一台缝纫机，她很快学会了为全家老小做衣裳。如果姑姑生活在现在这个时代，她有机会上学，肯定是一个好学的人，肯定不会嫌上学苦！

多数人都认为我姑姑脾气好，性情温柔，慢性格。在我眼里，姑姑是一个性格非常急的人，她一辈子吃饭特别快。我曾经问过姑姑："你吃饭那么快干什么？"她说："啊呀，年轻的时候，农业社里劳动就像打仗一样的，家里老的老小的小，伺候着老的吃上，还有娃们呢，还要喂猪儿鸡儿呢，洗锅刷碗呢，个人吃饭常常是叼着抢着呢……"

姑姑性格其实很不好，教育子女都非常严格。姑舅们小时候淘气了，姑姑生气的时候打得很重的，可能没有哪个姑舅未曾挨过打。但是姑姑对个人的子女之外的所有人都很少发火，我没有听说过她对哪个亲戚朋友发过火，没有听说过她对亲房当家子发过火，没有听说过她跟长辈红过脸！

两个姑舅嫂子，一个弟媳妇，我能肯定：姑姑没有打过她们，也没听说脸红脖子粗骂过她们。姑姑曾经和我喧过："使唤媳妇子和女子不一样，女子是个人养下的，打一顿骂一顿，她不会使心的；媳妇子不一样，对媳妇子要像对亲戚一样，对媳妇子要比对女子还亲，对媳妇子要信任。婆婆媳妇子有矛盾，胳膊折了往袖子里藏，都不能四处去说，越说矛盾越多……"姑姑只是一个农村妇女，不识几个字，她的这许多的经验，充满了哲理，是一笔精神财富。

姑姑一生对所有长辈晚辈、婆家娘家、亲戚朋友、街坊邻里、侄男哥女都关照得过去，年头节下，走亲串友，红白事情，嫁女盖房，娃娃上学，添丁增口，该看的看，该请的请，从不嫌穷爱富，从不厚此薄彼。这一点，我后来在外工作多年时时在想，真的不容易！

姑父生前与我二爹有过些矛盾隔阂，非常正常。姑姑表现出来的风范，足以让我们这些后代们学习几辈子！有一次姑姑到我二爹家转娘家，我二爹正在气头上就说："谁叫你跑我们家里了？滚！"姑姑笑脸相迎，和气地说："哥，是罗家人把你得罪了，这是我娘家，我来看我嫂子、看我侄儿子们还不行吗？"我二妈照样茶饭招待。我从来没有听说过姑姑在背后编憎过我二爹，没有说过过头的话；对我三哥弟兄姊妹们也一如既往。我也没有听见我二妈骂过我姑姑，骂过罗家人。

温正德和寇永久也产生过类似的矛盾，就比不上我二爹和我姑父；刘子花和温兰香就比不上我二妈和我姑姑。

罗斌的儿子出生之后的这些年，我知道姑姑的生活还是比较安定和顺心的。前几年，条山、兰州、陈庄，姑姑愿意到哪里就到哪里；大姑舅、二姑舅、尕姑舅，儿子、媳妇、子孙子处，女婿、女子、外孙子家，愿到谁家到谁家；北京、南京、上海、苏州、杭州，该游处都游过了；中泉转娘家，成都看孙女子……姑姑过了几年清闲日子。

2022年春节，我在老家完完整整过了一次年。正月初二，我们兄弟姊妹五人一起专程看望过一次姑姑，是这么多年来比较难得的一次。看到姑姑在罗福兄县城新楼房中安享晚年，张菊花嫂子和弟媳妇钟花联袂做的长面姑姑还能吃两碗，碰到一个叫罗勤的姑舅——二爸的儿子，罗贵兄的弟弟——来看望姑姑，我很开心。回到家说给我妈听，她连声说了好几遍："我也想去和你姑姑喧一会儿……等天暖和了吧……"

后记：

这篇文章不是一次性写成的，是在二三十年当中一点一滴拼凑而成的。我每回一趟家乡，听闻一些有关姑姑的消息；或者饭后散步时跟我妈打上一次电话，了解一点；有时是自己的一些记忆或感悟……陆续写成了这样一篇文章，很松散。虽然有句无篇，但是真实。要是改成一篇很像文章的"文章"，我觉得就失去了原来的本真，所以保留原样。

胳膊折了往自己袖子里藏，眼泪咽到肚子里去……人生的不如意事情十有八九，兄弟姊妹、亲戚朋友、同事邻里之间不可能没有矛盾，但我能做到过去就让它过去，不记恨，不倒闲话。在单位，尽量不发牢骚；在家里，不放声悲哭；永远与人为善……

长辈是一部书，趁它还能翻阅的时候尽快读。

2022年10月修订

后记二：

我写了关于姑姑的这篇文章，校对编辑好之后就投入新的工作了，没有想很多。

11月份，全书进入第七稿校对，我突然想到，教过我的老师中寇永贵兄能写文章，我的书中多处写到他……可否请他写一篇文章以作纪念呢？

联系到永贵兄，他很谦虚地答应了。看了我发给他的全书目录，希望我发一两篇文章给他参考，并且点名把这篇文章发给他看看。

11月24日半夜，永贵兄微信留言给我：

永升：你的《老年人是一部书之四：姑姑》，写尕娘的言行举止，惟妙惟肖，非常真实；字里行间渗透着你的情感，很到位。我读了好几遍，时而泪流满面，时而笑出声来……尕娘和我是一个生产队的，小时常去她家，见过罗家姨奶，大多与尕娘的长女罗秀姐一起玩。

你实话实说，充满了真情实感。佩服，老弟！

我发了一个表情，以示对兄长加师长的感谢与回应，几分钟后，再次看到永贵兄留言：

尕娘的苦和累，以及所享到的福，兄弟，叫你给写活了，真实得很！这三天晚上，我每天晚上看一遍你这篇文章，每看一遍，都热泪盈眶……尕娘真真是一个伟大的人物，真真是我们中国农村妇女里面的一个表率，是个铁杆妇女。

尕娘百年，我送挽联：贤名达于乡里，懿范示在宗亲。

2022 年 11 月

老年人是一部书之五：李常谦

李常谦，1938 年生，是我们中泉小村庄新中国成立后第一个本科大学生，17 岁初中时就发展为景泰县第一批学生党员，1958 年初中毕业保送兰州师范大学，1961 年兰师毕业又保送甘肃师范大学政教系学习，1965 年 7 月毕业选干到甘肃省委组织部，1968 年 1 月至 1984 年 3 月，先后在位于嘉峪关市的酒钢中学任教，在酒钢机修厂担任副科长、科长、党支部书记，后任酒钢教育处副处长兼酒钢二中校长。1984 年 3 月调任甘肃省商业学校党委书记兼校长，1987 年 11 月调省委老干部局担任办公室主任，2000 年退休，2016 年去世。

常谦是景泰打狼英雄李巨珍之长子。李巨珍是我外公给我妈结拜的娘家人，是我们寇家女婿，"永"字辈，遵照我外公的意愿，我从小被称为舅舅，李常谦自然就成了姑舅（据我妈和我舅舅们讲，我外公年轻时在靖远、景泰一带做些小本生意，一次路过我们村子时，趴在我们水泉边上喝水，碰到了李巨珍，互通姓名之后，我外公就认李巨珍为本家，希望以后对我妈多有照顾）；我在 1983 年张掖师专毕业分配到嘉峪关市任教时，李常谦担任酒泉钢铁公司教育处副处长兼酒钢二中校长，我们同属教育行业，只是他们是企业系统，我们是地方学校。李常谦全家调到兰州后我们的交往没有间断，一直保持了近四十年。

从李常谦是寇家外甥角度讲，我辈分大；从年龄和资历讲，他与我的父辈是同龄人；内心里我宁愿把他当作是长辈。要说我以贫困家庭出身、两年制大专学历起点，在人生地不熟的嘉峪关站稳讲台，后被引进到江南教育发达地区再度创业，直到评为江苏省特级教师、正高级教师，一路走来，李常谦是对我影响很大的一个人。

对待工作：永远具有满腔热情

常谦对工作的热爱、投入、认真和吃苦耐劳精神，在我见过的人中是非常突出的。我认识他时，他已经是县处级干部，已经在好几个单位工作过，每到一个单位都拼命工作，从不偷懒，他的能力、口才和文笔都是很让人称道的。

1985年春节前，我从嘉峪关回家过年，途经兰州，到当时的甘肃省商业学校看望他。当时的商校在一个叫深沟桥的地方，常谦从嘉峪关调来就担任了一把手校长。他在电话中告诉我乘车路线等，我从兰州火车站换乘了三四次公交车，历时两个多小时才到他的学校，正好赶上吃午饭了。他拿了两个大瓷碗，到食堂里买了两碗机器压的面条，开水煮熟而已；在食堂里给每个碗里倒了些醋，调了一些辣椒，端到他的校长办公室，我们两人以生铁炉子为餐桌，每人一碗，开始吃。我二十岁出头，吃一大瓷碗面条不在话下；他奔五的年龄，一大瓷碗面条，没有任何菜，辣得吸溜吸溜的，数九寒天，满头大汗，而此时他办公室的炉子里煤火并不很旺。

这就是当时一校之长、县处级干部的李常谦。

饭后，常谦带着我到他的学校里简单看了看。学校规模很小，仅能容纳一百多名学生，只有三四十个老师；校舍很不正规，我记得好像是由一个什么仓库临时改建成的，教室采光、校园环境、硬件设施种种方面都不像个学校。最艰难的是，下了公交车，步行一二十分钟才能到学校，一路沟沟坎坎，曲里拐弯，到处泥泞，连个像样的校门都没有……

他出去打饭的时候，我已经把他的校长办公室兼宿舍细细地端详了一番，办公室桌上、单人床上到处铺开摆放的是正在草拟的各种规章制度，钢笔写的，油印的，毛笔修改的……常谦那时住在办公室，从来没有节假日，寒暑假都不休息。硬件上他测量、规划、新建起了学生宿舍楼、教学楼、食堂、礼堂、职工家属楼；软件上他规范学校管理，改进教学秩序，制定各个岗位规章制度。到他离开时，学校初具一所普通中等专业学校的规模，有10来个班，1000多名学生，100来位教职工。

他在酒钢教育系统和机修厂工作的情况，我在嘉峪关任教18年，好多次机会，碰到当年一起共事过的老同志，一听说我是景泰人，第一句话就是，你知道不知道你们景泰那个李常谦，那个人干起工作来真是不要命……我在担任初中班主任时，开家长会之前自我介绍中提到"景泰人"几个字眼，一位家长会后专门留下来跟我聊了很长时间，他一直工作在酒钢机修厂，是一位老师傅，和常谦共事过十几年。他说，李常谦那个人虽然是个知识分子，能吃苦得歹！我们工人三班倒，他一个人"三班不倒"，生产任务紧张的时候都是吃住在车间里。交接班时，他到各个工位认识工人，了解情况。加工车间，好几百人，一百多台各种机床，他能叫出所有工人的名字，知道我们各自是什么工种、岗位，他能说出所有机床的名称和功用，就差会操作了……

对待工作，常谦永远具有满腔热情。

对待家庭：充满浓浓的亲情

1989—1991年我在兰州进修的两年中，我和常谦又有多次见面机会。这时候常谦担任省委老干部局办公室主任，我经常利用周末节假日到省委大院他的家里做客，主要是跟他暄一暄、聊一聊。我一直有一种感觉，他这个人在工作上从来不气馁，生活上从来不奢侈，待人上从来不敷衍、不虚假，正好我也可以从他身上吸取一些能量。那时候，常谦正好把八十多岁的老母亲接到兰州养老，我也时常跟这位老姐姐暄暄。有一次，常谦老母亲坐在床边上，我坐在椅子上，暄着中泉庄子的近况，常谦进来说："妈，你这样坐时间长了腿脚不舒服吧？我搬一个小凳子来，你把两只脚放在上去，舒坦一些……"说着就抱过来一个小凳子，放在老母亲脚下，然后蹲在地上，恭恭敬敬地抱起母亲的两只小脚，轻轻地放在凳子上。整个过程非常自然，非常娴熟，没有丝毫的表演与做作！

就孝敬父母这一点讲，常谦是我长大以后见过的人中做得最真诚、最自觉、最实在的人，他对父母的孝敬是发自内心的，绝对不是做给别人看的。

常谦是一个很注重亲情的人，这一点也很少有人能跟他比。

常谦老母亲跟我讲过一件事情，常谦有个妹妹嫁在靖远县东边很远的地方，20世纪的五六十年代，交通、通信很不发达，老人们很想念这个远嫁的女儿，但是很难见面。还是学生的常谦代表父母去看望妹妹，自行车骑到靖远，乘坐羊皮筏子过黄河，巨浪旋涡，行李全部掉入水中，常谦一手紧紧抓住自行车，一手紧握羊皮筏子栏杆……自行车坏了，推着步行了几十里山路……常谦老母亲说："哎，我们那时候太年轻，来去几百里山路，到处都是狼……"

常谦和高清民嫂子育有三女一子，全凭两人的工资收入，养活一大家子六口人，那个时代是要拿钱买高价粮的。他时常接济在老家农村的父母以及兄弟姐妹，清民嫂子最小的弟弟高清林，长我三五岁，中学毕业从景泰到嘉峪关，看病就医，上学就业，成家生育……常谦没有少操过心。

敬重岳父母这一点讲，常谦也是我见过比较突出的一个人。

在农村的外甥女考入中专，每年学费 4000 元，还有书本费、伙食费等等，常谦家里有两个孩子上大学，两个子女面临成家，上有老人，工资不算高，他出租住房，接济外甥上学……

常谦不管何时，永远把孩子的事情放在第一位，子女们的成长、上学、就业、成家、生育，永远是他生活中的大事。儿子李俨钧在江西抚州上大学时，常谦夫妇给他准备了西北特产沙枣，让来自全国各地没有见过沙枣的同学非常惊喜和羡慕——这需要多么细心周全才能做到！俨钧的同学想买西北特产雪莲，常谦不怕麻烦，托人从医药公司买到，连同发票一起寄到学校……晚年退休之后，孙辈的健康成长又是他永远的牵挂与惦念。

与一些不很愿意给孩子的同学、朋友帮忙办事情的人比，常谦可谓是一个亲情背后很热心的人。

对待朋友：永远具有真情

常谦所到之处，都有很广的人脉，他的交际和办事能力极强，并不是因为他担任领导手中有权，而是他对待任何人都永远很真诚，能帮忙办的事情不辞劳苦，办不到的事情，以实情相告，从不遮遮掩掩、拖拖拉拉。

1983 年 8 月到 1984 年 4 月，我经常在周末时到他家里吃饭，那时他是副处长兼校长，找他的人特别多，晚饭时间，周末节假日，来客不断，常谦永远具有耐心。他一般都是端端正正坐着听客人诉说，不会时而站起来、时而坐下、时而来回走动，也不会去打个苍蝇啊，浇个花之类的心不在焉地应付。人家说完了，他笑呵呵地给人家答案，不管问题能不能解决，是否可以帮忙，他至少都有一颗真诚的心。我在兰州进修期间，发现他的这个待客优点不但没有减退，反倒更加专注了！

引进到江南之后，某年途经兰州，我陪老母亲看望了中泉庄子移居兰州的几位同龄人，有葛文兰、高子玉、寇永成等。我妈让我联系常谦，那时我们普通人都已经用上了手机，我打了好几次，电话通的，没有接听。时间行程限制，第二天我们就离开了兰州。后来常谦来电话，原来是手机交给外甥去修理，他未能及时接听，一再道歉并深表遗憾。这时候他是省委退休干部，我妈只是一个农民。

对待生活：永远具有激情

常谦工作的前一二十年，政治运动、各种关系错综复杂，他虽然家庭出身根正苗红，但是嘉峪关是一个人员构成比较复杂的地方，全国各地五湖四海的人都有，各种矛盾其实比较多，但是我发现常谦很少把工作中的不良情绪带到家中，很少见他在家里垂头丧气、唉声叹气、粗声大气；后几十年，到了省城他一直在担任领导职务，但很少见他在家里端起领导干部的架子颐指气使。

常谦没有什么不良生活嗜好，不是靠陪吃陪喝陪玩陪聊当官，而是踏踏实实、勤俭节约、艰苦朴素，很少见他闲得无聊，很少见他无所事事。从省委老干部局办公室主任岗位上退休之后，他没有闲着，十几年间，他所做的两件事，足以让人刮目相看！这其中一件就是把几十年间与父母、兄弟、子女、亲戚朋友、同事通信的信件编辑成了一部书！我看到这部书时，确实惊呆了！六七十年间，数百封书信，保存了手写原件，变成电子稿，印成纸质书！对于一个出生在 20 世纪 30 年代的人来说，这该是一件需要多少精力和毅力才能完成的事情！

我编辑这部文集时，为一篇文章中的时间等记忆不准而致电高清民嫂子，她居然很快将我在 1984—1989 年间写给常谦的几封信拍照给我！我看到 20 世纪五六十年代常谦外出求学时与父母的书信，每每提到"大舅"代为写信和读信，不明白"大舅"指的是谁，经询问李常明，才确定正是中泉村最早的读书人、寇宗道之父寇永祺文祥也——文祥老汉七十多年前的手迹该是文物了吧！

常谦的这本书名曰《情意满人间》，因为他是一个很重情义的人！

我在好几所学校任职，可以毫不亏心地讲，我从来没有敷衍过工作，备课讲课批作业，我从来不偷懒；集体阅卷，流水作业，我从来不糊弄。随着年龄增长，职称升高，近几年常常有年轻的同事给我少分任务，我

宁愿多干！宁可多出两把臭力气，也不能遭人当面白眼背后指指戳戳！我在近十来年为父母和兄弟姊妹办了一些力所能及的小事情，我很真诚地讲，都是看着常谦这个榜样学的。作为长子，我趁父母健在时给他们张罗了一次热闹喜庆的生日，我能把老父亲的后事办理得兄弟姊妹们和和气气，就是照着常谦学的——四十年前常谦给他老父亲李巨珍办后事时，我是全程亲历者，记忆犹新！将来我退休了，一定要老有所为，一定要继续以常谦为榜样！他编辑而成了《情意满人间》，我决心编著成《景泰口述教育史》（暂名）。

嘉峪关工作时期，我收入很低，大家庭负担沉重，小家庭刚刚组建，相继生育一双儿女，女儿出生时略带残疾，我们花费了九年半时间，两人所有收入的一大部分，用于给女儿治疗康复，恢复到最佳效果……

刚到嘉峪关的几年中，学校办不起食堂，我们一批又一批单身老师先后在蔬菜公司、物资局、汽车运输公司食堂吃过饭，遭白眼，受冷遇，被刁难……现在我已获得中学教师的最高职称，收入也较过去有很大提高，但是我从不自己单独去下馆子，外出吃饭，要么是同事之间应酬，要么是招呼家乡来的亲朋好友，或者一定是一家人，一定是带着老婆孩子，带着小孙女……如果有好吃的，或者特产，我首先想到应该给父母、岳父母尝一尝，应该让全家人一起分享才开心。我自己总结出的两句话：烟酒，交际之需；糖茶，待客之道。我挣了国家四十年工资，一直远离父母，很少有人管束我、监督我；也曾管过单位的小钱，我始终不会抽烟、打麻将……都是常谦那一大瓷碗面条的功劳！

我刚成家的时候，岳父只身一人回陕北老家，我用自行车送到嘉峪关火车站，花了不到十元钱——我那时收入水平和经济承受能力的最上限——买了两包很普通的香烟，两包糕点，以便他在火车上几十个小时旅途中享用。三十多年后，我在延安支教时到绥德看望岳父的弟弟和侄子们，他们说虽然没见过我这位女婿，但是多年前已经抽过我的烟，我非常诧异……原来我岳父没有舍得抽那两包极其普通的香烟，一直带到了家乡，分发给亲人们……

从给儿女的老师、同学帮忙，到今天给小孙女办事，我从不推辞。外孙女上幼儿园时，老师给我打电话：

"刘一菲外公啊，你能不能给我们做一次教师继续教育的讲座……幼儿园小单位，没什么……"我打断老师的话说："没问题，具体时间？不提报酬的事情！""那你有什么要求啊？""要求？给我一张讲座证明，到时候请刘一菲到台上发给我……"

常谦并不是一个脾气性格很好的人，他一生"素面朝天"，用我们家乡一带的方言土语，常谦不是一个"笑面虎"；用今天时髦词语表述，他没有做过也不会"道德美容"与"人格化妆"。与其阴阳品行、两面人格，对上谦卑敬畏，对下颐指气使，在外夹着尾巴，回家原形毕露，不如天然芙蓉出清水！经历了多次政治运动，掌握过实权，从基层到省级机关，但是他没有犯过政治性、原则性以及经济方面的错误，他为儿孙后辈做出了榜样，也给我以人生能量。

2022 年 12 月

父亲三十年祭

罗 勇　寇永升

父亲，今天是您的忌日，您已经离开我们三十年了。

父亲，您的离去，是我们心中永远的痛。三十年了，儿子一直想跟您说说话，可不知怎么说，从何说起。

一

三十年前的今天——准确说是 1982 年 6 月 28 日——武威师范读书的我正在进行毕业考试。上午考完试后我在操场上和同学们一起活动，班主任宁老师让一个同学很含糊地告诉我，说您病了，让我赶快回家……当时，我大吃一惊，怎么可能呢？您的身体平时很好，头痛感冒都很少有……再说，即使您真的病了也不需要我立即回家呀。身边还有姐姐、哥哥去照顾您的……

前一天晚上，一种莫名的焦急、烦躁、加上闷热的天气使我彻夜难眠。一种不祥之兆袭上心头！

当时交通不便，等到晚上 6 点多才乘上火车。第二天凌晨 4 点到景泰车站。刚跳下火车就听见有人在大声喊我的名字："罗勇——罗勇——尕姑父回中泉老家了，你赶快再上火车到红岘台下车……"瞬间，我又转身爬上了南行的列车。在火车继续行进的一个半小时里，我头脑里一片空白，只觉得像过了半个世纪一样漫长、难熬。

终于下车了，找同学寇文德借了辆自行车，飞也似的往家赶……

（后来我才知道，那天在景泰车站等我的是姑舅哥王会功，因为怕耽误时间，是寇永亮姑舅哥安排他专门到车站告诉我直接回老家。）

二

终于到家了！

走进家门，只见一家人都哭得昏天黑地。母亲对我说："你爹撂下你们不管了……"刹那间，我泪如泉涌，我才意识到，您的离去，对我们家庭来说是一个天塌地陷的大事！

可我就是不能相信，您就这么永远地走了，总觉得您似乎只是像往常一样，出一趟远门，过一段时间就会回来的。

我怎么也没有想到，您会一去三十年，竟一次也不回来看看我们。人们都说，日有所思，夜有所梦。我总是不停地想您，盼望能梦中见到您。

终于有几次也梦到了您——

梦到您的时候您还穿着那件青灰色的卡中山装，我记得的，那是托人从北京买来的。在我的记忆中，那是您一生中最值钱的一件衣服，也是您最喜欢穿的。以至于在您走后的很长一段时间里，我把它当文物一样保存在我的身边。您身着那件中山装的身影永远定格在我的记忆中。但是梦见您的时候，您没有和我说过一次话。父亲啊，您不知道我多想再聆听一次您的教诲，再多看一眼您那慈祥的面容和熟悉的身影，哪怕在梦中！

父亲啊，三十年来，您的形象无时不在我的脑海里显现。您曾经是温暖的被窝，给我甜甜的梦乡；您曾经是宽宽的肩膀，给我坚实的依靠；您曾经是我的榜样，给我一个努力的方向；您曾经是一座山，引导我攀登却又难以逾越……现在啊，父亲，您是我永远的怀想，永远的呼唤……

这三十年中，虽然与您阴阳相隔，无由见面，但是又似乎无时不与您联系在一起，您时时关注着我、影响着我。其实，何止如此，父亲啊，我就是你的化身，就是您生命的延续。

三十年后，今天的我，虽然没有什么惊天动地的成就，但是可以说是无愧于天地，无愧于先人，也无愧于您对我儿时的厚望与期盼。

三

父亲，你知道吗？您走后，我们就开始了苦难的日子。

您走的那年地里收成不好，我们家吃饭都成问题。是姐夫张承祖专门从陈庄拉来了两麻袋麦子，帮助我们度过了那段最艰难的日子。俗话说："没了给一口，强如有了给一斗。"直到现在，几十年间，姐夫、姐姐对母亲的孝敬和对我们兄弟姊妹们的关照，点点滴滴，难以计数……

我永远都不会忘记姐夫、姐姐的宽厚和仁爱。

父亲，您走的时候，除姐姐、哥哥外，我们兄妹四人都还没有成家。我虚岁二十二，小弟罗斌才十三岁。二十三岁的哥哥，就从那时候起，在母亲教诲帮助下，用他还稚嫩的肩膀挑起了全家近十口人生活的重担，带领着我们坎坎坷坷地向前走着……

父亲，您走了，对我们来说，长兄如父！

哥哥在您走后最初的十几年时间里，为了我们这个大家庭的生计四处奔波，为母亲分忧解愁，靠农业收入供弟弟妹妹们读书。小妹罗燕读完了初中，小弟罗斌读完了高中。哥哥、嫂子十几年如一日，面朝黄土背朝天，忍辱负重，无怨无悔。特别是弟弟、妹妹先后到了成家的年龄，哥哥、嫂子就开始四处张罗，为我们的婚事操心出力，跑路求人，费尽口舌，竭尽全力，其中艰辛一言难尽。

1988 年，我们家还盖起了新房。1992 年罗斌完婚，直到 1994 年，哥哥才和罗斌分了家，才开始经营谋划他的小家，买房子，供儿女读书……家里的事情我从来没有操心过。

父亲，您走后，我觉得哥哥就是我们的靠山了，家里有什么事情，只要有哥哥，我的心里就踏实多了。事实也证明哥哥就是我们家的支柱，不仅我依赖着哥哥，母亲遇事也总是依赖哥哥拿主意，哥哥是我们一大家子的主心骨呀！在哥哥身上，总是有您的许多影子。俗话说，长兄如父！三十年来，我是实实在在体会到了这句话的含义与实质了！母亲也说，这个家要是没有你哥哥，当初的日子真的很难想象啊！

哥哥，我如父的长兄，你是我们心中永远的支柱与依靠。弟弟妹妹们永远敬佩你，尊重你，爱戴你！

四

父亲，三十年的时光弹指一挥间！

您可知道我们如今都过得怎么样！

如今母亲已是满头银丝，在小弟罗斌处颐养天年。俗语说，不怕天，不怕地，就怕病。身体是本钱。珍惜生命，热爱生命，善待自己，是人生必须注重的首要课题。没有健康的体魄，就等于丧失了一切。好在母亲虽已耄耋之年，却也还精神矍铄，身体安康，多少弥补了一些我们在您身上未能尽到的孝心！

姐夫张承祖与姐姐罗秀，勤俭持家，儿女均已成家立业，子孝媳贤、安居乐业，已是儿孙绕膝。去年又盖了砖房，一家人其乐融融。遗憾的是，姐姐小时候由于我们家生活困难、还要帮助母亲把我和哥哥带大，没有进过一天学校门。对此我和我哥都是心存感念与愧疚，兄弟、姊妹们也都会永远地敬重和爱戴姐姐的。

哥哥罗福今已届知天命之年，自打嫂子张菊花嫁到我们家，两个人就含辛茹苦，历经磨难，拉扯大了一双儿女，劳累了大半辈也该享享清福，恭喜已经当外公、外婆了。

我在三十年的摸爬滚打中也是实属不易！1982年毕业分配到工程局学校，那里是您曾工作、生活过很长一段时间的地方。很快地，我在那里娶妻生子了。1987年阳春三月，经岳父鼎力相助把我从景泰调来省城兰州工作，先当了近十年老师，后又到教育局机关工作十多年，前年又调到城关区文化广播局，还当上了副局长，成了名副其实的国家干部。妻马霞为人诚实，贤惠、善良，勤俭持家。我可以说是事业有成、家庭和睦、妻贤子孝。

大妹妹罗芳随单位迁居省城兰州，相夫教子，乐此不疲。妹夫彭世平，甘肃省水利水电工程局建安公司副经理、监理工程师。儿子彭程今年参加高考，一举取得500多分的好成绩。我们都祝愿他今年能考上一个理想的大学。

小妹妹罗燕和妹夫尚双选都在景泰水泥厂工作，安居乐业。小日子红红火火。知道孝敬公婆，两口子隔三岔五去陈庄看望母亲。一双儿女都在兰州读书，今明两年相继完成学业。

弟弟罗斌和弟媳妇何乃英1996年结婚，两口子吃苦耐劳、勤劳致富。在姊妹们的帮助和支持下，1998年就盖起了新房，生活有奔头也有了新的希望，对母亲也孝敬有加。2006罗斌从中泉老家迁居陈庄，现在种十几亩水地，还有几亩苹果园。三个孩子都未成年、大姑娘读初中、小姑娘和儿子正在读小学。

父亲，您还不知道吧？如今您的孙子辈有几位已经长大成人了！

您的大孙女罗文娟大学毕业，得其舅舅张巨林厚爱，工作安排在四川成都昆仑润滑油有限公司，就其工作和生存环境而言，成都是一个"人去了就不想离开的地方"，是联合国教科文组织首推的最适合人类生存和居住的地方，那里有他的事业和爱情。我们相信她会事业有成的。

您的大孙子罗文青，大专毕业，自强自立，自谋职业在新疆奎屯中石化下属企业，虽然离家远，但知道孝敬父母，工作环境和收入也都不错，也算是个补偿吧。好男儿志在四方，已经到了男大当婚的年龄，我们大家都在关心他的婚姻大事、盼望他早日成家，事业更上一层楼。

您的二孙子罗文健大学毕业，现和未婚妻孙婧婧共同就职于城关区酒泉路小学，一个教语文，一个教英语，小两口政治上要求进步，工作上比翼双飞。双双都已是中共党员，工作已小有成就，新房子也已经在兰州买好了，计划今年暑假完婚。

父亲啊，子欲养而亲不待！今天当您的儿女们都成家立业、生活如意的时候，正是能够孝敬您的时候，而您却已经离开我们整整三十年了！我们共同的愿望是，把对您未尽到的孝心，尽我们最大的努力，弥补在我们的母亲身上，让她老人家在有生之年，尽享天伦之乐，尽享儿孙之福。您放心吧，父亲！

今天，您的儿孙们，从四面八方齐聚一起，来祭奠您！

献上我们菲薄的祭品，带去我们对您的思念和缅怀，愿您在天堂里安享神仙的逍遥与快乐。

清明又至，纸灰纷飞，祭亲人绵绵不断乡间路。

春夏易节，麦苗青青，六兄妹盈盈含泪念先父！

尚飨！

子：罗福、罗勇、罗斌

女：罗秀、罗芳、罗燕

庚寅年清明（公元 2010 年）

后记：

1982 年 7 月，我在张掖师专读书的第二年，暑期回家，经过武川乡陶家窑外家，我大舅对我说："你罗家姑父去世了，你知道不知道……"我记得当时回答我舅舅说："你听错了或者记错了吧？我姑父身体很好，年纪又不大，怎么会去世……"

回到家，我问我父母的第一句话是："是不是我尕姑父去世了……"我爸和我妈谁都没有正面回答我，互相看了一眼。我爸低头叹了一口气，擦了一把鼻涕……我妈借故走出房门，我看见她的背影在抹眼泪……

2010 年清明前夕，适逢姑父罗廷环三十年祭。表兄罗勇写了此文初稿，我代为增补润色。

今收录文集，以纪念我亲爱的姑父罗廷环。

2022 年 8 月 30 日

马氏姨母祭文

罗 勇　寇永升

维：公元二〇一五年正月初五日，不孝男马元、马育、马俊，孝妇汪希萍、谢国锦、张芳，孝女马霞并婿罗勇等，虔具清酌庶馐之奠，致祭于吾母之灵前而哀曰：

吾母，吴凤兰，公元一九四二年农历十一月廿四日出生于家乡兴泉农家。公元二〇一五年正月初四日上午九时五十六分在兴泉家中仙逝，享年七十有四。我等儿女率孙辈含泪泣血，洒泪哭祭母亲在天之灵！

吾母生于农家，自幼勤劳耐苦。在外祖父、外祖母养育调教之下长大成人，针黹茶饭、田间劳作，样样在行。在极其艰难的年代，还能进学堂读书识字而臻于知书达礼。

青年时期，母亲一手执教鞭，一手握锄头。20世纪七八十年代在教育战线默默奉献二十个春秋。妈妈，您的青春岁月，您人生最美好的一段年华，全都献给了乡间小学的一代又一代农家子弟们！虽只是每月十来块钱的工资，民办教师身份，但您一直勤勤恳恳，任劳任怨，严谨治学，拼着一颗良心执教，长期以来得到学生和家长的好评！

20世纪60年代到70年代，在兴泉乡最困难的岁月，在全中国最艰难的时代，妈妈生育抚养了我们姐弟四人。父亲多年工作在外，一家人聚少别多。妈妈在家中尽孝于爷爷、奶奶膝下，您是爷爷、奶奶的好媳妇；照顾子女，宁可自己少吃少睡。白天忙学校的事情，早晚务田间农活，每每深更半夜一盏油灯之下为我们缝缝补补……几十年里，我们这个十几口人的大家庭里，大事小情，多赖妈妈您操持；几十年间，您起早贪黑，勤俭持家，为儿女们成家立业费尽心血，对孙辈呵护有加……终其一生，妈妈您没有忘记自己农家妇女的本色，没有忘记自己相夫教子的职责，没有丢掉您勤劳节俭的习性。

改革开放了，我们长大了，全家进城了，妈妈您本该享福了！可是一大家子人的一日三餐家常饭成了您新的工作，家庭主妇成了您新的职业。天天买菜，顿顿做饭；家乡风味，城里特色；爸爸要怀旧，我们要尝鲜，孙辈要花样……一年四季的迎来送往，亲戚六眷的红白喜事，样样都要从妈妈您的心里过、手里过、眼里过。寒冬酷暑买菜途中的漫天尘土让妈妈您黑发尽白，几十年的烟熏火燎带给妈妈您满脸皱纹，一家老小的洗洗涮涮把妈妈您的一双手变得粗糙枯瘦……

儿女们都事业有成了，家业有成了，孙辈大多长大成人了，有的开始挣钱了，正赶上了好时代，好日子才刚刚开始了，病魔却悄悄地向妈妈您靠近了。虽然，天命有常，人皆归天有时；尽管，病魔无情，人事有时而穷。儿女们也知道，我们只能尽人事、听天命。但是，妈，您走得太早，您应该再多享几年福啊！妈，您也走得太苦！在最后的日子里，缠绵病榻，吃，吃不下；睡，睡不实，辗转难安，病痛难忍……我们陪着您痛，陪着您苦，陪着您熬。眼看着妈妈您一天天消瘦下去，我们苦于束手无策，唯心如刀割，恨回天乏力！作为儿女的我们怎能不恨啊？无情的病魔竟然要从我们手中、心中夺走了妈妈您的生命！我们怎能不痛啊？儿女们懂得和珍惜孝敬您了，妈妈您却什么也吃不下了！

妈妈您就这样走了，留给儿女们的，只有无尽的悔恨、无限的伤悲……树欲静而风不止，子欲养而亲不待啊！妈妈，您为儿女们辛苦操劳了一辈子，我们还来不及完全报答您的养育之恩，您就匆匆走了。

妈妈您生我时，
剪断的是我血肉的脐带，
这是我生命的悲壮；
妈妈您升天时，
剪断的是我情感的脐带，
这是我们做儿女的生命的痛和悔……

妈，您是我们的好母亲。在那艰难的岁月，您养育我们子女四人，已是特别不易。不仅如此，您把让我们接受教育，看得比什么都重要，只要我们能读书，再苦再难，您都要供我们一直上学。现在我们家有了大学生并考取了研究生，您应该感到自豪啊！我们今天能知书识理、体面立世，全是因为妈妈您，执着于让我们读书学习。

妈，今天您的儿子、儿媳、女儿、女婿、孙子，跪泣于此，为您送行。因为您的言传身教，我们做人，都堂堂正正、清清白白；我们做事，都认认真真，尽职尽责。我们都有自己的事业，虽说未必给您长多少脸，但也绝对没有给您抹半分黑。我们兄弟姊妹团结友爱，妯娌和睦相处，孙子都有所教，也必将各有所成。自从您一病不起，儿子儿媳、女儿女婿多方求医问药，夜以继日，分班陪护，争相尽孝，未曾稍有懈怠。得知您生病，省城的亲戚邻里，家乡的亲朋好友，往昔的学生同事，前来探视者，络绎不绝，无不记挂您的好处，大家都为您祈福，愿您早日康复。

妈，您是一个平凡的人，但在儿女们心目中，您是一个伟大的母亲。在平凡、普通、简单的几十年里，您的所作所为，诠释了一个中国传统妇女的优良品质。在娘家该如何做女儿、做大姐，出嫁后该如何做妻子、做媳妇，为人母该如何教子、持家，走出家门该如何与亲戚往来、与邻里相处……方方面面，您都给我们留下了取之不尽用之不竭的遗产。正是因为这一切，您才有如今的殊荣！妈，无论过去，还是今天，以至将来，您都是我们做儿女的心中的骄傲、眼中的丰碑！

西方谚语说，上帝不能分身亲自去操持所有的家庭，所以世间才有了慈母，派她们到每一个家庭默默地付出。妈，您就是上天为我们派来的慈母。这一辈子，您为我们付出了太多、太多。甚至您这一病不起，也未必不是为了成就儿女：一者，自您生病以来，无论是在住院治疗，还是在家调养期间，我们轮流在您床前侍候，凡事商量斟酌，力求让母亲称心。兄弟姊妹，比以前更加亲密了；妯娌叔伯，比以前更加和睦了。二者，母亲病重，为人子、媳，理当床头尽孝，做得再多，做得再好，都是本分，但令儿女们没有想到、惊喜之余倍感愧怍的是，我们竟由此博得了孝名，不仅母亲娘家上下老少、父亲宗族长幼大小，而且周边邻里左右、亲戚朋友，但凡我们相识见面或见面的，都称赞我们是难得的孝子。妈，您放心，您安心，您的儿女们会更加亲密相处，直到永远。您用自己令常人难以忍受的病榻之苦，您以坚强到令常人难以置信的毅力，为儿女们换来的这个孝名，让生者情何以堪！妈妈，我们会把这份孝心，传给我们的后辈；我们会把这份孝行，奉予我们的岳父母及其他长辈！

> 妈妈给孩子再多，
> 总感到还有很多亏欠；
> 孩子给妈妈很少，
> 都说是孝心一片。

妈，您就这样走了。在这诀别的时刻，我们在您的灵前扪心自问，我们为您做过多少？甚至，我们为您做过什么？我们说不出来，我们曾经以为可以拿到人面前说的，在您的灵前仔细思量的时候，我们才发现，全都不值一提！妈，您为了儿女，一生一世。我们不敢求您下辈子还做我们的母亲，能有这一世以您为母的福分，我们已经是侥天之幸了；如果真有来世的缘分，请让我们用一生一世来回报以还！

祭而丰不如养之薄也——妈妈走了，好在我们还有爸爸。妈妈，您放心吧，没有在您膝下面前尽到的孝心，我们会加倍弥补在爸爸身上，让爸爸安享晚年，尽享天伦之乐。

千悔万悔悔不转，
千诉万诉诉不完。
千寻万寻寻不见，
千哭万哭哭不还。

伏食尚飨。
惟愿吾母一路走好！

男：马　元　马　育　马　俊
媳：汪希萍　谢国锦　张　芳
女：马　霞　婿：罗　勇
孙：马玮良　马宝昆　马宝晨

后记：

愚侄永升受托含泪代笔于千里之外江南无锡。念马氏姨母早年我在省城兰州进修期间多有关爱；吾老母几次三番途经兰州、专往兰州治病之时，姨母每念亲情……今因山川阻隔、时日不宽，不能亲祭于姨母灵前，洒泪手书拙辞如上。聊表哀悲，伏维享祭！

乙未正月初四（公元 2015 年 2 月 22 日）

再记：

马氏姨母，表兄罗勇之岳母。2015 年春节逝世，时罗勇受其三位妻弟之托，邀我著祭文以悼念。我在三天过年中含泪完成此文，马元诸孝子孝孙等经专业店铺制作成巨幅展板，展示于姨母灵堂院落，观者多有称颂。盖因文不甚深，言不甚俗，乡间邻里多能读懂；加之我对马氏姨母稍有了解，文中有诸多细节，有亲朋点赞曰：吾乡间少有接地气之祭文也……

2022 年 8 月 30 日再记并校订

水火有气而无生草木有生而无知禽兽有知而无义人有气有生有知亦且有义故最为天下之贵也 荀子语

寇宗恩 书法

事父母，敬而不违，劳而无怨！

兄弟姊妹们：

　　我们的父母一辈子盖过三次房子（都不是靠我们姊妹五个之力！）现在却住的是破旧的土坯房子，房顶漏雨，中间炕塌，地上坑洼不平……

　　1954年农历十月，爸和大哥寇永纲分家。爸和奶奶两人，分到祖宅三间西房。分家的契约（家乡俗称"分关"）上可以看出，当时的家产一分四股，大哥分了三股——爷爷、大妈、大哥三代长房；爸只占了一股，单身加老小。妈1955年嫁到我们家，爸和奶奶在磨道里三石一鼎锅做饭，连吃饭的碗筷都是我妈娘家给的！1955年农历七月十九日盖成现三哥永珑院子里老东房，才搬出了祖宅老院子单门独户过日子。

　　1957年上半年盖成现在三哥院子里的老上房。这是父母第一次盖房子，也是最为艰难的一次。水是一担一担双肩挑来的——尕娘曾经对我说："你爸年轻时盖房子，水一直是靠肩膀担来的，把右肩膀压歪了……"爸曾经说，老院里的上房木头是从龙湾买来的。那时没有车路，全靠驴驮来的。一头毛驴子一趟驮四根椽子。从龙湾崖头顶上来，人走在驴后头，双手扶住椽头子，时时提心吊胆，转弯处一不小心，要是椽子碰到崖上，驴和椽子就都滚到崖底下去了……石头是爸和妈从沙河里背来的——2011年春节，妈在无锡过年时对我说："每天早上天不亮，你奶奶就把我们两个喊起来，先到沙河里背石头；石头背来，吃罢饭再到生产队里劳动……老院子里十几间房子的石头，我们两个背了几个月，全部是背筐背来的。"

这院房子没住多长时间，二爹寇世裕蒙冤打成"右派"，遣送回家改造，受尽了人间的辛酸折磨。1966年爸和二爹分家，爸是弟弟，上房又归二爹。

1968年农历四月，爸和妈把房子盖在了现在的宅基上，其艰难程度不低于第一次。

那年我5岁，永春3岁，妈肚子里怀着永梅，连续干了几个月农村人眼中最劳累的活计——做泥活、拉土、担水、拓土块，没有一样轻松的。我能记得，最艰难的事情是，我们家现在上房位置的地下，有一条浇泉水的隧道（俗称洞洞渠）；盖房子之前，先从地面上把渠挖开，取出那些沙石头盖房子用。然后填平水渠，打成地基；还要把渠道改造好，即现在我们家门前的水渠。

这院房子极其简陋，俗称"土搁梁"，是拆了老院子东房三间拼凑的。事到临头，缺一根房梁，价值只是几十元钱，爸和妈束手无策，眼看房子盖不起来——罗家尕姑父雪中送炭，借了一根房梁——四十多年过去了，尕姑父早已作古，这根房梁至今未还！

三间上房加西面一间小房，我们家三代五六口人生活了十几年。人口增多了，实在没地方做饭了。1971年妈怀着永强，挺着大肚子拓土块和泥巴，在娘家的帮助下盖成了东面三间厨房。厨房盖成好几年了，却做不起门窗！妈晚上把几根烂木头棍子、铁锨、叉、扁担、抬水杠子横七竖八地挡在门帘子上，防止西北风把门帘子吹起来房子里冷得睡不成人！几年后，外爷从白银公司露天矿捡来了几根废旧枕木，才拼凑做成了门窗。

——这是爸妈第二次盖房子。虽然不算好，但总是解决了吾乡最忌讳的一个难题：分开家的兄弟妯娌在一个院子住！

爸和妈第二次盖的房子住了22年，在这里生下了永强、永斌，在这里送走了命苦的奶奶。

因为地基塌陷，墙壁严重裂缝，基本成了危房。不得已，爸、妈于1989年第三次盖房，才有了现在的房子。当年爸55岁，妈53岁，还像年轻时一样，白天在责任田里劳作产粮，早晚在家里做泥活盖房子。

今年，2011年，我们姊妹五个没有一人年龄超过五十岁！

1989年上半年，我已经在嘉峪关市一中工作了6年，准备参加当年的成人高考进修本科。盖房子在农历四月，正是成人高考的5月份，我没有出一点力！永强、永斌都还在上学，永梅在嘉峪关经营一个亏了本的小卖部；苦活累活反倒大妹妹永春干得最多。

我们和寇世元爸家一起盖房子，元爸慨叹："那么个家庭里嘛，还盖房子呢嘛，老的老，小的小，谁做泥活呢？！"结果，我们比元爸家先搬进新房子。

客观地说，是大妹妹永春以她一次极其失败并让她抱憾终身的婚姻换来了这院房子。高正有兄弟侄儿子门，从拉石头到拓土块，到搬进住上，出尽了人力、物力、财力！

今年，这院房子也正好住了22年。顶漏、炕塌、墙裂缝，从屋内到院子里外都是溏土包。雨天里外都泥泞，狂风四起黄土飞……

父母长年累月在这个院子生活，我们将来还得在这个院子里给父母办后事。永强眼看儿子长大了，宗琛马上读中学了，现在不盖房子，对他来说负担越来越重了。兄弟三人中永强最吃亏，初中没有毕业，就被父母拉下来劳动种地，至少操持了这个大家庭，支持了我上学读书，支持了兄弟姊妹们外出打工……现在我们四人都在外谋生，帮助永强就是孝敬父母；孝敬了父母，也就帮助了永强和三芳。

2010年正月，我们给父母祝寿，腰水陈家的姑舅们笑话我们："今年寇永升弟兄们给父母祝寿，事情办得很漂亮嘛，就是和他们家那几间土房房子不般配嘛……"我的老同学们也在电话中对我说："你们家里的那几间房子嘛，的确有点破旧了……"

安燕批评我说，你这几年对老家全搞了些面子工程，图了些虚荣。从请父母到江南来旅游过年，到异想天开给父母祝寿……这些钱花在盖房子上，早几年就盖好了！

我反思，这些年帮助弟弟妹妹的钱在十万元以上，如果用来盖房子，足够了！

2010年5月，寇永统大哥一行到无锡，寒暄中我说打算为父母盖几间砖房，大哥说："好事情啊，早就该办这件事了！老哥鼎力相助！"大哥提供了设计图纸，帮助解决了十几吨水泥……

今年春节我跟老同学们打电话拜年，说起盖房子，尚可臻马上赞叹："你这是在搞孝心工程，我完全理解，绝对支持！马上把你这件事情当正事来办……"卢昌世主动承担了招待施工人员的蔬菜、肉食采购工作。舅舅们、温正德、罗福无不出力献策。

无论人品还是能力，高正有在吾乡都是受人称道和信任的，虽然亲戚不做了，也虽已一二十年不见面了，但在电话中说起我的想法，他立即说：

"姑舅啊，你对父母老人的孝心中泉乡尽人皆知，你在兄弟姊妹们身上所作所为令人感动……我支持你给两个老人盖几间砖房！到时候，我把大工给你派来，脚手架等工具都派车给你送到施工现场……"

今天我们给父母盖几间砖房，不会再有当年那么难！对我来说，仅仅是花些钱而已；对永强夫妻来说虽需体力劳作，但也绝非父辈当年靠驴驮、靠肩挑背筼背。

父母今生今世不能住上儿子们的房子，是我们做儿子的一种失职，将来只会留下遗憾与愧疚！

让父母住上几年砖房，大势所趋，人心所向。而在父母也是心有向往，却口中说不出来！希望我的兄弟姊妹们扪心自问，这件事情是否该办？

圣人曰："事父母，敬而不违，劳而无怨。"在父母身上花多少钱，出多少力，都不能报答父母的养育之恩。父母老人的要求，就是我们做儿女的追求和理想，就是我们的责任。

按照吾乡习俗，封闭式拔檐房子固然时髦新潮，也显然干净卫生；但是，常年能晒着太阳的机会较少，爸、妈坐在上房炕上看不着院子里的鸡狗猪羊。故而我觉得还是尊重父母心愿，盖成传统的样式。

永强建议盖成全钢筋水泥房子。考虑到家乡父母一代老人的传统观念，房宅是要传给子孙后代的。木质房子，将来拆下来还有几根木柴烧！且不说，钢筋水泥房子夏天热、冬天冷——按照爸妈的说法就是一个"石拉牌"。

事父母，敬而不违，劳而无怨——按照父母的心愿，盖成传统砖木结构房子。

附：

我的同学尚可臻说：我给父母盖砖房是孝心工程，以别于官员的形象工程等。我颇有感悟……

设计：寇永统

技术：罗福 寇宗臻

施工：温正德

后勤：卢昌世 付仲俨

工长：寇永强

感谢：高正有 寇永统 陈仙贤 苟三花……

2011 年 2 月 6 日，农历正月初四，星期日。我大清早起来修改上面的文章，趁我妈在我这里，有的事情她记得清楚，写成这篇文章比较容易。

这一年，我第二次接我妈到江南过年，大妹妹永春陪同。

最好今天老母亲回去时让带上此文，给两个弟弟看看。

2011 年 2 月 6 日，正月初四于无锡

2022 年 8 月 21 日修订

冬至有感

　　冬至，吾乡习俗曰"送寒衣"——为已逝的先人烧冥币祭奠，以让亲人们准备越冬御寒衣被。因为冬至以后乃入九了，真正的寒冷就开始了。

　　吾移居江南十来年，冬至日每每见其间乡人吃团子、包饺子、亲友聚会等等，虽记忆中十来年间也没有一次冬至日是在周末或假日，但是吾家每年必记着这个节日！

　　今年的冬至日是在星期三。

　　上个周末，与妻一起去超市购物。妻为我父母购置了棉袄、背心，又买了许多糖果及年货。妻子是了解我父母的，他们拿着钱多数情况下不会舍得去买吃的东西的。妻子坚持要寄实物，坚持买各种糖果，尤其是老年人喜欢吃的软糖。

　　父母膝下三男两女，我为长子。吾乡人有句俗语，言人特有福气是"有大媳妇子"呢！老年人发牢骚、骂晚辈，亦常常是口必称之。诸如劳累了，会说："我躺在炕上最好嘛，可是得有大媳妇子给我把饭端来吃上……"婆婆骂儿媳妇会说："你睡着，我伺候你，我是你的大媳妇子嘛！"我小时候常常听到这个字眼。妻子是我父母的大媳妇子，每逢年节，寄钱寄物，村里人常常打趣我妈，"看啊，这老太太福气大的，大媳妇子把什么都往来邮着呢……"言语中不无羡慕！

　　家乡不产藕粉，而我父母前些年来过年偶尔吃了几次竟觉得很好。我一直觉得藕粉看上去像是某些颗粒状的中药，用开水一冲，那样子怎么看都觉得像是小时候常在邮局看见的那种浆糊，故而我多不喜欢吃。

　　这些东西上千元，我把衣物装在一个大型的蛇皮袋子里，加上大人孩子的一些旧衣物，满满一袋子；吃食装在一个纸箱里，恰恰在今天寄给了远在西北家乡的父母。还寄了1000元钱，让我年迈的父母过年。

　　前段时间给岳父母寄了棉衣、年货及本地特产，老人来电话说，刚好在冬至前收到了。

我离家乡过于遥远，每年除非除夕夜，不管是清明还是冬至，我都难以做到祭祀祖宗。圣人论孝曰："生，事之以礼；死，葬之以礼，祭之以礼。"年年除夕夜，我必率领儿女向远方的祖宗祭祀。其实说白了，所谓清明节、冬至日、除夕夜，无非就是给后人们规定了一次次缅怀已逝亲人的机会而已，本身是有积极意义的。鲁迅说过："死者倘不埋在活人心中，那就真的死掉了！"

我们常常看见，亲人逝后，有人兴师动众、大肆铺张地操办后事；而对于健在的亲人，往往忽视了精神赡养。我是过了不惑之年，才渐渐觉得在这些传统节日，还是应该优先顾及到尚活着的亲人。我不能等到父母都入土了才能靠扫墓来寄托我的思念，才能靠烧纸钱来表达我的孝心……

让父母亲人活着的时候，哪怕吃上几个糖果，穿上一件背心，踏上一双棉鞋……每年的冬至前后，给双方父母寄上寒衣年货，孝敬给活人，比孝敬给死人，我觉得更实惠。

况且如今洋节纷纷登陆，抢占市场。青年人们过洋节的积极性高于传统节日，节日又往往意味着吃喝玩乐乃至狂欢。

我是喝着蓝墨水长大又变老的。冬至大如年，我要在冬至这一天先想着我还健在的父母和岳父母。

——2010 年 12 月 24 日下午完成

距离 2011 年冬至还有 10 天左右之时，我突然意识到，如果通过邮局给父母寄钱已经不能确保在冬至前一二日收到，况且父母年纪已大，步行去乡镇邮局取钱委实不便。

我赶紧拨通老同学卢昌世的电话，"昌世，我这几天忙的，忽略了一件事情，冬至节马上到了，应该给先人们送寒衣了。而还健在的父母只得由我们自己送寒衣了。好像通过邮局寄钱已经来不及了，我明天上午就在你卡上打上 2000 元钱，请你能在冬至前一两天想办法送到我父母手中……"昌世笑了笑，说："没问题。应该的！"

不知是说他帮我把钱送到是应该的，还是我的做法想法是应该的。

后来昌世在周末把钱送到了。他在忙于白银市里有关他这个系统的一个什么会议，脱不开身，请景泰县有关领导在晚饭后回县上时专程送到我家。此时距冬至还有四五天。

收到 2000 元钱，我父母买过年猪肉 140 斤，花费 1700 元。

几天后，我与妻子赶紧准备了年货若干寄出：丝巾 150 条，木耳、香菇、藕粉、奶粉等等，茶叶在此前已由牛银喜寄往家中——牛银喜已是两次往我家中邮寄云南普洱茶。

2011 年 12 月 27 日补充
2022 年 8 月 23 日修订

宋坦军　书法

没人替代你

不到而立之年，被抬举为大市重点中学的中层领导；辛辛苦苦了六年，我发现，这个差事任何人都可以干，况且觊觎这个位子的人还很多……

而另一个职务却没人替代我。

老校长骂我，你这小子，替你家里办起事情来你就不嫌累了，为你的那个小圈子操劳你怎么就有那么多耐心……

是的，因为在家庭里没有人可以替代我，在日渐衰老的父母面前，我是他们的唯一，不会有人能替代；在日渐长大急需成家的弟弟妹妹门面前，我是他们的唯一，不可能有谁能替代我；在妻子儿女面前，没有人可以替代我……

一

跟多数空巢家庭一样，维系亲情多靠一根细细的电话绳。每隔一两天给父母打一次电话，我多是走在路上完成。问问家长里短，聊聊鸡鸭牛羊。我常常能凭讲话的语气判断出老母亲心情是否愉快。老父亲多年前失聪，只有跟他面对面大声喊才能交流。我每隔一段时间让他在电话中给我说几句话，我能从讲话底气判断出老父的精神状态乃至身体状况……去年底，老父亲三四天不能进食。两个妹妹都是四十岁过的人了，一听老爸不行了，电话中语句未成哭声先到。

我们姊妹五个，都长大成人了，都有自己的小家庭了，离开父母都能过好自己的小日了，却都急得热锅上蚂蚁似的。我对弟弟妹妹口头上说，老爹老娘都这么大年纪了，人间的福该享受的都享受过了，我们作为儿女也都尽到自己的孝心了，现在他们随时躺倒，我们都可以当喜事来办……

但从内心来讲，我还是极其盼望年迈的爹娘多活几年——父母去世，家乡对我来说就不再像现在这样了！

我每天长途电话询问，责令弟弟妹妹赶往家中探视……

那些日子，那些声音，谁人能够替代！

二

前几天收到母校寄来稿费 1000 元——历年来最多的一次了。我干脆没从邮局取出那笔钱，直接填了一张汇款单，转寄给了父母。

三十年前的 1982 年秋，我获得一等奖学金 100 元，当时全校仅两人。

100 元，在 20 世纪的 80 年代初，对我一个来自农村的穷学生来说，是一笔大数字！

同学要求我请客，读大一的表弟问我借钱度日，我自己更是如遇甘霖……

记得借给表弟 30 元，请同学喝酒花了不到 5 元，最伟大的举动是给父母寄了 40 元——那是我的第一桶金！ 40 元钱，够我父母当时一年的农田水费，或者全年的化肥费用……

全村人都眼馋我的父母，全村人都夸奖我。我父母很自豪，弟弟妹妹都很高兴。与一年多以后我第一次领到工资寄给父母 50 元比，更有轰动效应，因为那时我还是个学生。

三十年后的今天，因为两篇感恩老师怀念母校的文章，我又得到了来自母校的奖励，老师的厚爱，让我一次性得到稿费上千元……给老师打了一个电话，讲了我的上述想法，给老师汇报了我的近况，老师很高兴，我很开心。

我年迈的爹娘或许不再缺 1000 元钱；但，这笔钱、这份情不是可以替代的。

三

晚饭后与女儿一起在河边散步，想起来给老母打个电话，让女儿跟奶奶聊聊天。

电话接通，女儿喊了一声"奶奶！"老人很开心地应答，女儿说："听声音你这两天心情不错嘛！"

说着说着，老母亲身边的公鸡长长地一声打鸣，让走在女儿身边的我比听老母讲话还清晰，那个亲切哦，那份乡情乡思哦……我和女儿不约而同地笑出了声。老母亲却在电话里问："你们笑啥呢？"

有一次我一个人在河边漫步，在给老母亲打电话时，也曾听到公鸡打鸣。我当时觉得那肯定是我妈喂养的公鸡，那声音，那嗓门，那干脆，那爽快……竟是那样的像我妈！

我以前曾经在一篇文章里说过，我妈喂的猪，我能吃出来那肉味与别人家的不一样，与市场上买的更不一样。

一次妹妹从老家来无锡，路过无锡给我带了一些烧馍馍（甘肃河西走廊叫烧壳子），从火车站出来，我就急不可待地打开包裹，拿了一块到车上，边开车边享用。妻子骂我，老没个老样，就不能等到回家再吃！

我吃了一口，立马就判断出来，这次带来的烧馍馍不是我妈亲自烧的！

跟妻子说，她骂我神经病，没事找事儿，故作玄虚……

我立刻打电话给我妈，我说："妈，这次的烧馍馍不是你做的吧？"

"你怎么知道的？！"

"我一吃就知道这不是你做的！这些馍馍上没有你的味道啊……"

在亲情面前，谁能替代我！谁能替代你？

2012 年 5 月

后记：

2012 年夏天，江苏苏锡常镇高三第三次模拟考试作文题目是"没有人替代你"，我给即将走进考场的学生写了这篇下水作文。

2022 年 10 月

（专辑）亲情

孝敬不能等待，用心呵护亲情

　　亲们：羊年春节已经过完了，正月初八此起彼伏的爆竹声传递的信息，就是江南人各行各业正式开工了！明天我就开学上班了，算是对这个群的一个总结吧，发几段文字，有对亲们的感恩，自然是期盼一如既往地关注和相互加持；也有对亲们的建议，当然不希望伤害到亲们……

　　今年春节，因为建立了这个微信群，因为亲们的积极参与、热情鼓励，我们的亲情更加浓厚了。虽在数千里之外，但是我天天看到我妈熟悉的身影，每天几次听到我妈亲切的声音；看到了我二妈无奈和忧愁的面容——懂事明理的永贵老弟毕竟是在省城兰州混了这么多年的，即使是城隍阁上的雀娃子，那也是经过风雨见过世面的——觉得二爹目前的身体状况不适合在过年时节搅扰了亲人们的喜庆祥和；我看到八十岁的姑姑不再像以前那样眉开眼笑；让我最伤感的是，在我心目中能抬起生产队半截子马车的永刚大哥，如今苍老衰颓、手拄拐杖、满脸银须；让我难以控制泪水的是，永常兄站在先人桌子面前上香时驼背弯腰苍老孤寂的身影，以及永常兄与孕嫂这两个与我爹娘同龄的老人头对头吃长面的镜头……

　　正月初一，兄弟、妹妹、妹夫、侄儿、外甥一行十几号人，浩浩荡荡陪我妈去陶家窑转娘家。我看到我舅舅们开心欢笑，我看见我舅母忙前忙后，我听见我的姑舅们吆五喝六……我妈的大姐——我的大姨娘，九十高龄了，悠闲地抽着纸烟，对着手机通过微信问我好……

　　远在新疆的永琇哥给我祝贺生日，当了一辈子农民的温兰香姐姐通过微信和我暄了半个小时，我们在微信群里开罗福表兄父子的玩笑；亲们像真的新闻报道一样，拿永龙兄、永高弟和宗勋侄开涮；最小的孙女寇潇婧载歌载舞向长辈们拜年；半夜十一点多了，我的亲爱的妻侄女安怡然忽然发现今天是姑父生日……

　　姐姐们叫着我的小名，孙辈们喊我"四爷"；将来时的亲戚——女儿寇蔻给我准备

了高大上的生日蛋糕，总归是亲人的儿子寇宗璞抢先操刀分享；糟糠之妻年过半百了第一次学会了擀长面！正月初七的夜晚，刘文涛从家乡返回无锡上班，我妈和弟媳妇三芳给我带来了家乡风味的羊肉——一条羊腿，超过整只羊四分之一的分量，不知道我妈怎样把一只羊给我们姊妹五个分的！馋嘴女儿还说："奶奶怎么不带点儿她做的羊杂碎来啊……"我妈亲自炒制的臊子，铆上长面，我还没有把长面咽到肚子里，眼泪已经先流到碗里头。并非沾亲带故的寇德玲，仅仅是儿时的玩伴，还给我带来了一大箱子龙湾苹果、一箱龙湾红枣……

亲戚关系是先天的，但亲情并不是天然生长发育的，需要亲们用爱心不断呵护和培育。所以，我在发起这个微信群的时候，命名为"孝敬不能等待，用心呵护亲情"。深深感谢各位亲人的加持维护，感谢亲们的参与分享，感谢永贵老弟的鼓励肯定，感谢宗军贤侄代表红岘上的亲们互动，感谢明姝、明经主动加入……

与时俱进，手机在今天的农村都已经成为生活必需品，我妈、我尕娘这样的农村老太，纯粹不识字，好多年前就开始使用手机了。移风易俗，发起微信群聊，原本是为了亲人们联系方便，联络省事。我没有想到的是，竟然也带来了烦恼、悲伤甚至生气与失望……

本来过年应该喜气洋洋，表兄罗勇的岳母生命垂危，年前就已经折腾到兴泉老家，着手准备后事……马家姨娘只有马霞一个女儿，罗勇是唯一的女婿。岳母亦母，半子即子。罗勇几头奔波忙碌，马霞一直守候在母亲身边。老人走了，按照罗勇的性格和能力，应该也最适合给他三个小舅子帮忙料理……

没有想到，去参加丧事给亲戚长精神、给面子的亲们中有人醉酒，以至于酒后打起来了，害得罗勇开着汽车到处找醉鬼、救伤员……

生活总是有喜有忧。回忆以往过年，亲们有人因为打牌搓麻将手足兄弟反目成仇，因为几杯酒下肚叔侄失态——还好，鉴于长幼有序不好动手，那就动脚，就拿先人桌子出气……中泉庄子自我寇家女婿魏正军酒后出事以来以至于将来，我觉得所有乡亲们都应该引以为戒了！

我们这个群里的亲们，除了寇永琇、寇永城两位兄长，多数我们都还有父母健在。永琇兄在微信群里分享了一篇文章，题目是"有一种幸福叫上有老下有小"，感兴趣的亲们不妨一阅。我猜测，永琇、永城两位老兄正是因为这个微信群，在"羡慕嫉妒恨"我们这些还有父母可以孝敬的亲人们呢！

每个人的身体发肤都是受之父母，真正孝敬父母的人，自古至今，没有不对自己的身体和生命负责的。

夏侯惇，粗人罢了，战场上被一箭射中眼睛，疼痛难耐，情急之下，拔出箭头之时连眼球一起拔将出来……"父精母血，不可弃也！"夏侯惇吞下自己的眼球，催马上阵。这位三国英雄，千百年来受人敬仰，并非因为他征战有功，更多的是因为"拔箭啖睛"这件事所表现出的对自己身体和生命的珍爱，对父母养育之苦的敬畏与感恩。

吃亏受委屈，遇挫被羞辱，无过于司马迁。可是屈辱地活下来的司马迁，比壮烈地投江明志的屈原更伟大，更令后人敬仰！

在我们的亲人中，人生经历之艰难困苦、委屈磨难，莫过于我二爹寇世裕——20世纪50年代中专毕业走上工作岗位成为国家干部，在人生最精彩的年华被打成"右派"，遣送回家接受劳动改造，沉冤二十一年，是历次政治运动中中泉庄子唯一的"运动员"，多次被折磨得半死不活，身心备受摧残……事业付诸东流，握惯了笔杆子的一双手得尽快适应锄头镢头的高强度体力劳动；家庭不幸，缺吃少穿……如此艰难情境之下，和同样命运艰难的二妈一起，把七八个儿女拉扯长大……我们这个家族现有的上百人口中，若论蒙羞受辱，谁人超过我二爹！

永常兄兰州师范学校即将毕业之时，眼看端上国家干部的饭碗，却遭飞来横祸……王春莲嫂子在整个社会女孩子很少有进过学校门的时代高中毕业，嫁到我们家里时无论身材还是脸蛋，都是脑泉川里最靓丽的新娘，还在我们村校教过小学，我小时候还见过她给农村妇女扫盲教识字，可是很快就被生活的艰难磨成一个地道的农民、全职的家庭妇女。永常兄人生最精华的岁月献给了中泉生产队的石膏厂，长年累月驻守在大水磴，每天挣两毛钱，是中泉庄子最早买上红旗自行车的少数人之一。我记得他有一次扒火车回家摔伤，满头满脸都是血迹，休养了好长时间才恢复。尕哥和尕嫂两个人含辛茹苦抚养了五个儿女，各个送进学校……若论受委屈，咱这家族中还有谁能跟他们比？

在我们一个爷爷的十来个弟兄中，若论头脑聪明，我最佩服大哥永刚。他很小年龄就慈父见背，作为长子、长孙，十三四岁就承担起操持三代之家的重任。再想想吧，大哥以一个农民的能力，不知耗费多少心血，在20世纪70年代末80年代初那样的时代，把长子寇宗勋抬举到供销社任职……我们兄弟们年龄最小的也都做了爸爸了，换位思考一下，大哥大嫂抚养大了八个儿女，还要肩负起抚养孙辈的责任——寇明喜可是我大嫂用炒面糊糊灌着长大的！我大学时代一次假期回家，大哥坐在老院子旧上房的门台子对我说："现在开始，我和你大嫂就把全喜（寇明喜）当成小儿子来养……"那时，我十九岁，全喜一岁多，大哥多少岁？

我们这一大家子的妇女中，若论受委屈，若论生活的艰辛苦辣，我觉得没有任何人超过我妈……没有我妈娘家的帮助关照，我爸我妈不可能把我们姊妹五个拉扯长大！

……

罗家乑姑父突然之间离开人世的时候，我乑娘还不满五十岁！——今天乑娘最小的儿子罗斌也接近五十了吧？姑父六个儿女当中，我记得当时只有两个成家了。且不说，比罗勇小的几个姑舅们如何长大成人，成家立业经历过多少奋斗与波折；单说为了罗斌能生下个男娃，我娘娘受了多少熬煎！今天或往后的亲戚朋友们，只有到莫言的小说里去了解了！乑娘六十几岁的人了，给亲戚爬锅抹灶，五黄六月在打碾庄稼的场上像青壮年劳力一样挥汗帮忙……

我今天有限的知识阅历见识，不完全来自书本；我对家乡、家族、父母长辈的体谅理解，也并非先天具备。在我的人生历程中一位最重要的老师，就是我姑父罗廷环！我十五六岁的时候，乑姑父每次见到我都要和我暄一暄。我们两个盘盘腿坐在一起，他抽着那种装一次只能吸一口的什么烟，给我讲我爷爷奶奶的经历，我爸妈一代人的磨难；有一次，在条山工程局学校的门房，我们两人从晚上暄到天亮……我到四十岁左右的时候，才明白当年乑姑父是在有意识地教育我，是让我明白父母长辈的不容易。根本不是当年我妈骂我说的："你乑姑父是闲得没事儿干了！和你这些憨娃娃有啥暄的呢……"我考上大学，第一个得到喜讯的亲人是乑姑父，最高兴的也是乑姑父！

我们这个家族，现在从辈分、年龄最长的我二爹寇世裕，到寇明喜的儿子寇德馨，已经是五世同堂，可谓人丁兴旺，家族繁盛。如果上有老下有小真的是一种幸福，我们各位亲正生活在幸福之中，需要我们好好珍惜。

亲们，年头节下，见到老人们多暄一暄吧！"……领着孩子，常回家看看，带上笑容，带上祝愿……生活的烦恼跟妈妈说说，工作的事情向爸爸谈谈，老人不图儿女为家做多大贡献呀，一辈子不容易就图个团团圆圆，一辈子总操心就奔个平平安安……"这首歌被唱红，陈红这位歌手被捧红，不是因为年轻的歌迷们和追星族，而是因为20世纪90年代初直到今天的老年人，因为这首歌说出了老年人的心里话，这首歌唱到了老年人的心坎里去了！

我一直期盼和向往的一种过年方式是，除夕晚上与兄弟妹妹们一起陪父母坐在上房炕上，聊聊家常，叙叙一年的收获与失落，喧喧孩子们成长的话题，说说各自的酸甜苦辣……今年我没有能够回家，却在三十晚上借助这个微信群一大家子人喧了一个多小时……

我觉得陪年迈的母亲转娘家是让好几家人、几代人甚至舅舅家整个村庄都感到幸福和荣耀的一件事情！我发现，陪妈妈、舅舅到外公外婆的坟上磕个头，把带去的饼干、蛋糕、馒头、罐头吃得一干二净，大冬天里把带着冰碴子的水果都啃掉，在野地里对着瓶子把啤酒白酒都吹光，把水果糖吃得一颗都不剩，算得上一次很有意义的野炊，实在是一件让老年人们能深藏好长时间的美好回忆！我主张回到家乡走访一下左邻右舍，炕头坐坐，田间聊聊，寒暄几句，都是给自己的父母兄弟长精神、给面子、活络人缘……

我很感恩我的两位妹妹，从十几岁二十岁到现在四五十岁，千里之外奔波、几十个小时的路途颠簸，途经县城抓紧时间挤进农贸市场给父母大包大包买菜、整袋子整箱子买水果，走进家门一头扎进厨房和面淘菜、洗锅刷碗，寒冬腊月里从父母身上穿的到炕上铺的全都洗得干干净净，年关将近了还要把爹娘接到城里住在宾馆里好好洗个热水澡，吃顿肯德基，按老人的心愿置办年货；我很赞赏和感激我的两位妹夫——在妹妹们的感召和带动下，妹夫们走下汽车就捋起袖子，燎猪头、翻肠肚、烫羊蹄子、剁排骨，苦活、累活、脏活和难度大的活计年年都是由他们承担；把我们的父母当作自己的亲爹娘，从来不摆城市工作人员的架子，从来不把自己当成客人；年夜饭每人做一两道拿手好菜，一大家子老老小小一边品尝美味一边开开玩笑……尽管他们做的手揪面片我总能吃出一丝难闻的香烟焦油味道，但是话说回来，家中饭菜的亲切正是因为有了亲人的味道，否则我们为何不省下路费去下馆子呢！

家乡人都称赞我的妻子安燕，在有限的几次回家机会里，给我妈挑水、洗锅、洗衣服，最感人的是给我妈洗脚、洗头。中泉庄子有老年人看见安燕在泉边担水，惊呼："哎哟，看看，李国兰的大学生媳妇子来了还担水着呢……"就连我的宝贝女儿蔻蔻，虽然身有残疾，但也能给奶奶洗洗锅碗……

弟媳妇苟三芳，很小时就失去父母，一个没娘的孩子，在哥哥嫂子房檐下长大，想想经历过多少心酸磨难！嫁到我们家里时还很拘束，进屋子就躲在门背后，吃饭总是最后一个，连汤汁菜水子都打扫干净，除了田里下苦是一把好手，其他方面可以说眼中无活。现在的三芳，亲们都看见了吧？真是脱胎换骨、翻天覆地啊！2014 年暑假，我利用在兰州开会的空隙，挤出十几个小时回了一趟家。看见院子里晒满了新打的麦子，三芳一个人把家里、田里、场上、猪圈、羊圈的活计打理得井井有条……听见庄子上的老人们对三芳的夸奖称赞，我当时下定决心，要想尽一切办法、不惜代价办好侄子寇宗琛上学的事情，以报答这位弟媳妇！

最小的弟媳妇罗秀艳，在娘家是最小的女儿，从小深得父母疼爱。嫁到我们这个家时，还比较娇气，也不太懂得孝敬父母，亲情稍有淡薄。但是经过这些年的熏陶感染，她已经判若两人！今年春节，从嘉峪关大老远赶回来，忘掉自己的疲劳，立即到娘家伺候生病的父母——一个出嫁了的女儿，给爹娘做几天饭吃是否也是一件让老人很感幸福的事情？

媳妇子是跟着儿子学的，女婿是随着女儿转的。媳妇子娶进门，就换了一个新的环境生活，她的生活习惯、情感世界、人情交往以及心态等等方面都随着婆家而改变。女婿虽为亲戚，但肯定受到女儿的影响濡染。如果儿子和女儿带了好头，我相信，媳妇子和女婿不会差距太远。不能保证我们的下一代孝敬他们的父母，但是我们可以以孝敬我们的父母，为我们的下一代做出榜样。

2015 年正月初一那天早上，我并不知道我的弟弟妹妹们陪着我妈去转娘家，我是在给我舅舅打电话拜年时才知道的。从微信中看见听到我的兄弟妹夫们和姑舅们一起大声划拳喝酒，我当即叫永斌接电话，妈能够去转娘家的机会越来越少了，我们兄弟姊妹们一起陪着去的机会也难得。既然去了，就把好事做得更有意义，立即张罗到外爷、外奶的坟上去磕个头……永斌在电话中说："哥，你说得对！你不说这些，我们还想不到……哥，你不来，许多事情我们就没有主心骨了，就没有领头羊了……"

身居城市，"爸爸张罗了一桌饭菜"，是正常的。但是，在我们家乡的黄土高原上，还让年迈的父母为我们张罗饭菜吗？回家看望父母老人不是作秀，不是搞形象工程，不是走过场。如果我们回到父母长辈身边，都成了老人的负担，增加嫂子、弟媳妇伺候照顾的负担，是不是传递了亲情的负能量？"妈妈准备了一些唠叨"，可是如果老人没有机会向儿女们诉说，那是一种怎样的失望与心寒啊！

　　我们能不能把先人们勤俭持家、吃苦耐劳、能屈能伸等等的优点多传承发扬？先人们拿不出手的、提起来就让后辈难以言说的那些家丑就尽可能避免吧，至少不要再继承光大了吧。现在亲坊当家子居住都分散了，亲戚们空间距离都远了。过年过节，打着看望老人的旗号，进家门顾不上给先人上炷香，却先给自己点支烟冒起来；还没有给在厨房里忙碌的老人问个好，兄弟、叔侄、姑舅、姐夫小舅子先打牙撮嘴起来；一见面就支起牌桌，锅碗没有洗完就安顿酒场。叔老子与侄儿相互算计，公公和侄儿媳妇子同桌共赌，姐夫小舅子六亲不认……胡吹冒聊，横吃海喝，不分长幼，不管大小，面红耳赤，吐天洼地——给晚辈们传递了些什么？

　　今天的时代，父母长辈已经不再缺吃少穿，更多地需要儿孙们的精神赡养。所谓精神赡养，是说亲人后代、身边周围甚至外界（比如敬老院、颐养院，甚至邻里乡亲）用合适的方式满足老年人的亲情、心灵和精神需求，以让老年人保持持续的精神完好状态。

　　孝敬父母，更重要的并不一定体现在给爹娘提供吃穿用度上，而是重在减少、减轻父母的心理负担。作为父母，如果儿女们身患病痛，即使山珍海鲜，也是食不甘味；如果儿女们家庭人生事业不顺利，就是高枕也难成眠。

　　作为儿子，到了一定年龄，生活能够自理，人生能够自立，学业技术手艺能有成就，成家减轻父母负担；干好自己的工作事业生意营生，经营好自己的小家庭，管教好子女，就是对父母最大的孝敬。作为女儿，出嫁以后生儿育女，自己的日子过得红红火火，夫妻和睦，与婆家老小能够友善相处，再没有比这更让爹娘心里安慰踏实的了。

　　对父母最大的不敬，并不是言语冲撞，人都有个性脾气，一时言语行为不妥，亲人之间完全可以原谅的；天下父母最熬心的莫过于为儿女担惊受怕、忍羞受辱。

　　我不希望看见我的亲兄弟永强头破血流，更伤心我的老娘心痛到又哭又喊——毕竟永强是我妈身上掉下来的一块肉！也理解弟媳妇苟三芳生气发火，还替侄子宗琛心里难过……但是，我也完全理解体谅表弟罗斌。我也醉过酒，罗勇表兄也时常醉酒……然而，我最最不愿意、最担心、最痛恨的是，因为姑舅之间酒后失态失德，就让我那一辈子含辛茹苦忍气吞声、几十年有泪只能流在心里的八旬姑妈，一颗老娘泪落在上正大月的过年时节！

　　酒是正常的迎来送往之需要，饮酒本为联络感情、增进友情，无酒不成席。醉酒伤身，酒后失言、失态、失手都是正常现象，承受身体伤痛在所难免，进而破财受损情有可原。如果把小失误演绎成大错误，在清醒之时重铸糊涂之时的过错，无异于匹夫之怒，以头抢地罢了。

参加亲戚朋友、街坊邻里红白喜事，本为给主人长精神，为亲戚给面子，为主人家帮忙。适度喝酒活跃气氛，适当娱乐增加喜庆，适时开几句玩笑以助兴，都是必不可少的。最低限度，帮忙而不添乱！主人家需要我们陪陪客人，既要热情主动，又不失礼节。酒喝到高兴为好，如果存心不善，硬要把客人喝倒灌醉，无异于给主人捣乱；假如劝酒言语不当或者失敬，引起争吵不和，无异于给主人找难堪；最无节操的，莫过于没有把客人招待好，反倒把自己喝倒，纯粹是给主人惹麻烦。我们多数人都不止一次遇到过红白喜事了，作为事主，大事小事，千头万绪，连日操劳，精疲力竭；尤其丧事，还要伤心悲痛，越到后期操劳越多，心力愈加交瘁……作为亲戚怎能忍心再为主人制造麻烦？！

姑舅这种亲戚，源于舅舅、姑姑，如果舅舅、姑姑不在了，也就很淡了，可以形同陌路，可以互不往来。酒后玩笑拌嘴以至于面红耳赤，都是常见；如果大打出手，已经成为旁人的笑柄，已经让父母长辈伤心，已经伤亲戚和气，也已经在晚辈面前丢人现眼。当事人酒醒之后，不是痛定思痛，挽救损失，弥补过错，等于一错再错，雪上加霜；周围的亲戚朋友不是善言相劝，以最妥善方式解决，就成了好心办坏事，抱柴去救火。姑舅之间的上一辈可是有手足之情的，可是一口锅里搅过勺的，不能因为我们晚辈今天翅膀硬了就给这些耄耋老人脸上抹骚、心上添堵……

人生一世，前半辈子为父母而活，后半辈子为儿女而活。人心世相，前三十年看父待子，后三十年看子待父——这两句话不是出自书本，亦非圣人言论，而是我爸这个老农民说的，从我二十来岁说到他离开人世！一个男人，到了上有老下有小的年龄，不仅仅是孝敬父母，还有养儿育女。如果实在子欲养而亲不待，或者心有余而力不足，不能更多地孝敬父母，至少也应该为子女着想，在儿女面前树立一个正面的形象，给儿女以正能量。子不嫌母丑，狗不嫌家穷。我们可以接受和忍受父母长辈的贫穷寒酸，可以理解父母长辈的落后狭隘；但是，谁都不愿意，在自己成为父母时，在儿女心目中没有做人的尊严，没有成年人应有的形象、体面与受人尊敬。

亲们，

生活是一条空旷的山谷

我们喊出了什么

它就回应了什么

心有多大，舞台就有多大

度量多大，事业就多大

宽容多少，就得到多少

感恩多少，生活就回馈多少

人品多高，成就也就多高

一如我们站着有多高，躺倒也就有多长

……

　　亲人永远是亲人，山川不能阻隔，时间不能洗刷。若干年前，生活在新疆的寇永忠兄夫妻之间生了些气，嫂子祁万英一时郁闷就独自从乌鲁木齐乘火车回娘家。她一路思来想去，如此眼泪汪汪回到娘家，除了让年迈的父母伤心失落，别无它益。于是就在酒泉站下火车，打听来到叔叔婶婶家暂避。永忠哥四处打电话询问，最后打听到我的电话，让我到酒泉去找找。我下班后找了一辆客货车来到酒泉，进门寒暄了好一阵子，才吞吞吐吐说明来意。祁万英嫂子的尕爹只抽烟不言语，尕妈一遍一遍说："那没来过嘛……我不知道……你们哪里找赶快找去……"我听着话中有话，就耐心等待。结果祁万英嫂子听出了我的声音，拖着病体、面容憔悴、步履艰难、眼泪巴叉地从卧室里走出来，对我说："兄弟啊，我在这儿呢……请给你忠哥打个电话……"

　　2014年暑假，永忠兄突然患病来到上海长征医院就医。祁万英嫂子在新疆打电话说："你赶紧找寇永升，只要永升来了，我一切都放心了……"

　　亲人们，亲戚们，我们的爷爷名字叫"寇学孝"，我没见过他，他也没见过我；我不认识他老人家，他也不认识我小人家。猜测，他的形体容貌就是现在寇永刚大哥的样子；推测，他的名字应该是"学孝"，而非"学校"，因为那时中泉庄子没有学校，数里之外富贵人家子弟读书的地方那时也

并不叫"学校";取名"学孝"想来是父母长辈希望他学得孝顺即可。作为学孝爷的后辈们，我们尽可能生不辱于先人，死不愧对后代。

眼下，学孝爷亲自抚养长大的子孙们仅有八位健在，他们大多出生在兵荒马乱的年代，成长在烽火连天的岁月，成家在贫苦动荡的时代，养儿育女拉扯我们长大在中泉庄子乃至全国都艰难困苦的年月。他们一生与牲口一起流汗，一辈子面朝黄土劳作，人生都已经到了风烛残年，身体都已经到了灯油耗干，生命都已经是有今无明，心理都已经是脆弱不堪，生活大多药比饭重要，日子已经进入倒计时……让他们在瞑目之前安静些吧，让他们进入黄羊趟里黄土层之后能安生吧！

恳请亲们读给身边不识字、不会摆弄手机微信的老人、长辈分享——我都不怕笑话，你还害羞吗？！

开始为我们的生计忙碌了，这个微信群已经完成使命了，群主打算打烊了！

祝愿各位亲羊年"羊"眉吐气做人，"羊羊"得意工作，喜气"羊羊"生活；前程"羊"关大道，烦恼"羊"长而去，心情"羊"光灿烂！

2015 年春节后
2022 年 8 月再次修订

167

（专辑）亲　情

五辈亲人聚张掖　把酒共话家族情

恢复高考以来，我们大家族里先后出现了好几个大学生。20 世纪 80 年代初期，家乡贫穷且又劳动力最紧缺的年代，我与宗军很有幸，先后都考上了大学，叔侄两人上的同一所高校，学校就在张掖市。

2020 年 7 月 9—12 日，我在张掖讲课三天。虽西距嘉峪关仅 200 多公里，但时间行程紧张，我不能前往看望在那里养老的老母亲与岳父母，没有机会与兄弟姊妹们相聚。

加上 5 月份出差在内，两个多月里，我已经两度到张掖；但是也没有机会到金昌看望长兄、长嫂，尽管侄子宗军每次都发出真诚邀请，尽管张掖东距金昌也仅仅 200 来公里，驾车仅需两三个小时……

我试着联系老母亲，问她愿不愿意让弟弟妹妹们陪同到张掖来一趟，想不想见见在金昌养老的我大哥大嫂……老母亲满心欢喜，不辞辛劳，在两个妹妹陪同下，小妹夫驾车，高高兴兴来到张掖。我再试着联系大哥、大嫂，能不能借此机会我们在张掖一聚……

很快收到侄子宗军回复："四爹好！与我爸妈商量了，如果我伲奶去张掖，我们都去；我们也想看看你……"

7 月 10 日下午，我们三路人马齐聚张掖，统一住在张掖中学安排我住宿的都城假日酒店。晚饭时间，宗军召集我们这个大家族五辈、十几人聚餐。

我与宗军虽曰叔侄，但宛如兄弟，情同手足。我从来没有把宗军仅仅当成侄子看；宗军也只是在称呼上把我当作长辈——从至今被族人"诟病"的一件事，即若干年前的大正月里与寇宗宝一起把我压在炕上灌酒的"恶劣行径"看，也不因为我是长辈就敬而远之。大家族中我们二人年龄相近，一起苦读，在参加高考之前一起把所有祖坟祭扫了一遍。先后考入张掖师专，我经过两年苦读以优异成绩毕业，受到正直善良老师们的照顾，学校把分配到嘉峪关城市工作的唯一名额给了我；宗军则完全凭借个人努力，以杰出的学生干部工作和优秀的组织协调能力，获得了省委组织部选拔干部的机会。宗军在行政岗位上任劳任怨，38 岁就提拔为副县长，是当时最年轻的县处级干部；我在教师岗位上努力拼搏，35 岁就评上高级职称，是当时最年轻的副高。我们两人在干好自己的本职工作之余，一直在竭尽全力帮助兄弟姊妹们以及侄子外甥们，一直尽心尽力安排父母养老，一直在不遗余力地帮扶大家庭。几十年来，宗军把多个兄弟姊妹拉扯到金昌成家立业，费尽心力照顾安排哥哥姐姐们的后辈，多年前把父母接到金昌养老，为我们家族脱贫致富做出了巨大贡献。我与宗军做了同样的事情，妹妹们的婚姻生育、弟媳妇的生养，侄子外甥的升学就业婚恋成家……我们叔侄互相鼓励，一起为家族办实事、办大事、办难事。

我们在河西走廊最富裕的两个工业城市金昌和嘉峪关，为我们家族开辟了一片天地，让我们寇家人在这两座城市读书、就业、生活、养老。

我与宗军参加工作的最初几年中，每月只有几十元钱工资，除了养活自己，还要贴补家里，尤其是那个时代刚刚包产到户，化肥、水费、学费是每个农民家庭面临的三大负担。我到金昌出差，宗军在家里做了一大铁锅永昌名吃"羊肉垫卷子"，招待我与我的同事们。时隔多年之后，我到嘉峪关教育局办事情，一位领导依然回味无穷地说："那年到金昌，你侄子招待我们的那顿羊肉真香啊……"我在嘉峪关成家时请人手工做了一个折叠沙发，展开来就是一张床，非常结实实用，尺寸是按照宗军的身材做的——目的就是时刻准备着宗军来嘉峪关时有地方睡觉……

2013 年暑假，我在外地出差之后前往兰州，辗转天祝、古浪、武威，途经金昌，到张掖参加同学聚会，宗军给我准备了整箱的礼品，让我到张掖看望老师……

三四十年来，我们一直从外边往大家庭里带东西、补贴钱，很少从家里索取。我们在城市成家、买房，到子女买房、成家，我们都没有"啃"过父母。

宗军人生不如意处我多能理解；我生活中遇到的困难宗军都能体谅。我们家族里的大事，我们两个人商量，多能意见一致。

我可以算中学教师中收入较高的人，但是挣了 40 年钱至今没有学会抽烟、酗酒、搓麻将、打扑克；宗军当了几十年领导，多数情况下主管商务与烟酒，吃喝应酬不会少，但也没有学会抽烟，也没见嗜酒如命。

我一直生活工作在城市，任职于当地最好的学校，近二十年在富裕发达的长三角腹地百年名校从教，接触的人多是给我敬烟的，而且多是名牌高档香烟；但是，我始终抵挡住了诱惑！我们家族里的一些吸烟爱好者看到此处，是否有所触动？！透支健康乃至生命，一年四季在外奔波，不能正点吃饭，没法按时休息；但是烟不离手，吃六谷（烟草是农产品加工而来，渗透着农民辛劳与汗水！）比五谷抓得紧、花得多！好像也没有发现比我更有人脉……宗军大学毕业就在行政干部岗位上工作，接待应酬不可能少，始终没有学会抽烟，没有忙于搓麻将、打扑克，更不可能参与赌博，也没感觉到宗军缺少社会资源！

四十年教师职业生涯，二十八年班主任工作经历，而且多数是在城市重点中学，在百年名校；但是，我永远能守住职业底线。前些年常有家长请客，我只吃饭，吃完就起身回到学校上晚自修或回家，我从来没有接受和参与家长吃饭以外的其他邀请或安排，哪怕是钓鱼。宗军在行政领导岗位几十年，而且是在工业城市，相信饭局以及之外的机会不会少，但我没有听说他被社会和官场这个染缸染上什么颜色，没有发现他被职务和地位所俘虏。我们家乡里，我们的同龄人中，有多少人是栽在了官位和权力上！我在教师行业先后评到了江苏省特级、中学教授，所有的评审，师德一票否决。不管是现在还是以前的学生，无论是家长还是同事，只要有人举报投诉，哪怕是一个电话，全都靠边搁置。宗军从普通职员做起，在金昌没有任何背景关系，一路提拔，在县处级岗位上二十多年，如果有把柄被抓在人家手里，怕是早就被掀翻落马了。我和宗军的同学中又有多少人被查出、法办，几乎每年都有，从地市级干部到县处级、科级……

宗军是至今我们家族里行政职务最高的人，我是技术职称最高的人。中泉庄子官职比宗军高的人应该有好几个了，不见得为家族做的实事比宗军多；家乡里职称收入比我高的人更多，也没见为兄弟姊妹们助力多少！

宗军的业余时间精力用于健身锻炼，小时候只能玩毛蛋、滚铁环、跳方方，工作以后乒乓球、羽毛球都能来两下，象棋与围棋水平都足够娱乐。我的业余时间、寒暑假几乎都交给了书本，没有一个暑假，我从头到尾在房间里吹空调；我在江南学会了游泳等多种健身本领，打羽毛球同龄人一般陪不住我；不管是嘉峪关的冰天雪地，还是江南的高温酷暑，我一直坚持上下班步行……人的差异在于业余时间。宗军年近六旬尚未见发苍苍、视茫茫；我比宗军长一岁，亦未齿危发秃、老态龙钟、老气横秋。我们始终保持旺盛的精力和体力，既为国家多做贡献，也为家庭多出力。

如何花钱比如何挣钱更能见出一个人的品位高下。怎样挣钱，只是社会分工不同、地理区域优劣与能力大小差别；但是怎样花钱就是生活品位与价值追求高下的差距！

10日晚饭，我们五辈、十几人第一次在异乡同桌吃饭。宗军发表了简短的开场白，酒过三巡，我开始敬酒。我说："非常高兴，我们的几位老人都还精神矍铄，都能够乘车数小时，相聚在我和宗军读过书的张掖，这是我们晚辈的福气……祭而丰不如养之薄，孝敬不能等待，亲情需要用心呵护……"我给老母亲敬酒，并孝敬了一个红包。给大哥永刚敬酒，给他讲了我老父亲生前能用电话交流时给我讲的最后一件事情：他在20世纪70年代，徒步从中泉庄子到那时的县城芦阳治疗眼睛，大概是在兴泉大水磅石膏场的车马店碰到了永刚。得知尕爹去治眼睛，永刚把身上仅有的10元钱悉数掏出来……老父亲对我说，他去芦阳治眼睛，碰到了两个好人，一个是侄子永刚；一个是县医院的高院长（大名高振祯，中泉村李常谦之岳父）。医生得知他身上只有十几元钱，诚恳地说："你是个农民嘛，一只眼睛好着呢，能分开路，不影响农业劳动就行了。做一次眼睛手术，几个十几元都不够，还不能保证成功；我让你保住好的一只眼睛……"

我端着酒杯对大哥、大嫂说："我挣了几十年钱了，你们从来没有花过我的钱，这次相见，兄弟给大嫂孝敬1000元钱……"我大哥老泪纵横，泣不成声，数度哽咽；大嫂一时没有反应过来……

大哥襁褓之中父亲病逝，几岁就开始在爷爷的指导下参加农业劳动，农村里所有的活计，我大哥都是行家里手；尤其是生产队时期，赶马车、使牲口更是一把好手，对好牲口都爱护备至！大哥一直劳动到古稀之年，无疑是农民中"工龄"最长的人；与大嫂一起辛劳一生，养活了五代、几十口人……

我问在场的人，你们说我大哥一生中最大的优点是什么？但令我非常遗憾与失望——我大哥的儿孙后代们没有一个人能说得准确！

我大哥最大的优点表现在待人接物上！他一个孤儿、没有进过一天学校门、自识字，竟然能读懂"文不甚深、言不甚俗"的章回小说《三国演义》；以一个农民的能耐，却能在20世纪70年代末，把长子宗勋抬举到计划经济时代人人羡慕的供销社营业员岗位——这可不是一件小事！我上高中时，正是"文革"结束，百废待兴，各种物资比较紧缺的时代，尤其是学校里油印讲义和试卷的纸张，花钱都买不到。老师们常常是把学生的钱收起来交给我，令我去公社供销社商店找侄子宗勋购买，因之常常免去我的讲义和试卷费用……那个时代在偏远西北的家乡，天津生产的红旗牌自行车属于紧缺商品，宗勋不但帮我买到，还在临时钱不够时借了几十元钱——这在那个时代可是一笔大数字！张掖师专读书时，我父母打算给我买一块手表，那个时代的上海表也是紧俏商品——最终都是宗勋帮忙买的。包产到户以后，从农村日常生活品购买到农民种田急需的化肥、农药等，宗勋都为家庭和家族做出了相当大的贡献。

我从记事起，大哥的儿女中比我年龄大十几岁、好几岁的三个儿女——新会、新德、新兰，从来没有直呼过我名字，人前人后永远是"四爹"；大哥大嫂称呼我，永远是"你四爹"；直到"他四爷"——我是在奶奶、父母、哥哥嫂子们的期盼、护爱中长大的；是在侄子、侄女们的"四爹"声中成人的；是在哥哥、嫂子的孙辈们一声声"四爷"的甜美叫喊中走向成熟的……

我大哥在待人接物方面的优点，中泉庄子上至今难有人与之媲美；我大哥儿孙后辈中，至今我还没有发现谁能比得上，更毋庸说超越！

大嫂与我妈在陶家窑娘家是姑舅——大嫂娘家是我妈的外家。大嫂娘家成分不好，父母在政治运动年代受尽屈辱、折磨；父亲英年早逝，小脚老母亲含辛茹苦拉扯孩子……大嫂18岁嫁到我们寇家，一辈子勤俭持家。

两姑舅成了当家子，不可能没有小纠纷；但是，在我们这个大家族，先辈们留下来的传统就是，永远看重亲情，永远具有家族情谊，在大事情上、在疾病灾难面前永远伸手相助——用我妈的口头禅土话说就是，"我们任何时候要把大场合管住……"我妈与我大嫂永远是姑舅。大嫂永远不叫我妈婶娘，我妈从来不把姑舅仅仅看成侄儿媳妇子。

我妈给我说过的家族里的大小事情中，我最感动的是她和我大嫂的一件惊天壮举！

寇明喜的生母是我中泉中学高中时代的同班同学，嫁到我们家做了侄儿媳妇，我没有见过几次面，没有说过几句话，在我张掖读书期间她就遭遇不测，骑着摩托车前来报信的朱振武说："大人没了，娃娃在呢……"我大哥、大嫂难以相信，再三追问，身强力壮的大人尚不可保，嗷嗷待哺之孩提者安可冀其活命焉……大嫂决定前往百多里之外的县城去抱回尚需吃奶的明喜。我妈主动站出来说："张玉花，我们两个去！"我打断我妈的话说："抱个几个月大的吃奶娃娃，哪里还需要两个大人？我两个娃娃小时候在家里我一个胳膊底下夹一个，外出旅游时我能把两个娃娃摞起来背在后背上，骑自行车我前后各带一个……"我妈立刻呵斥我："你真是个瓜娃娃！我和你大嫂在娘家是姑舅！她这会子遭了这么大的难，两条人命呢！你大嫂要是到时候一头栽倒晕死呢？几个月大的娃娃，抱在怀里，大热天，坐几个小时车才能到家；一路上还要吃喝拉撒呢！热水、奶瓶子、屎毡子、尿布子都要拿在手里呢！你大嫂怀里抱着娃娃，是不是还得有个人搭个手？况且，这是个剩下了半条命的娃娃啊，万一路上有个三长两短，你觉得你大嫂能不能承受？……这个时候，这种事情，中泉庄子，只能我陪着你大嫂去嘛，我们在娘家是姑舅嘛……"

虽说后来亲戚朋友中的年轻人们帮着大嫂抱回来了襁褓中的明喜，但这几句话听着就让人感觉温馨。

我妈和我大嫂那个时候都是四十多岁。

寒假回到家里，看着我大嫂坐在老院子厨房门槛上给明喜灌炒面糊糊，我大哥坐在上房门槛上抽烟，我感叹说："这个没娘的娃娃以后怎么办呢？"我大哥把烟头往脚底下一踩，坚定果断地说："有啥怎么办的！我和你大嫂就把他当小儿子一样拉扯大嘛！我把八个娃娃都拉大了，我还能劳动呢……"

寇明喜这条微弱的生命，我大哥与大嫂用炒面糊糊喂活了，用热水瓶加奶瓶喂大了。随着年龄的增长，大哥教会了他许多农活，赶毛驴车，喂

牲口，农田里的活，家务劳动等，都会干一些。长大后，宗军把这个没妈的侄儿子接到金昌念书，当作自己的亲生骨肉一样抚养，供出高中，供出了名牌重点大学。明喜毕业后在北京大学任职，成家后在大庆市自主创业，现在已经成为当地有名的青年企业家，多次受到表彰奖励……十几年前，明喜出差路过无锡逗留一两日，我放下手头的一切事情，陪他游了一天太湖，畅谈了家族里的许多事情……

这次张掖相聚，虽然时间紧凑，人数上也仅仅是我们家族中十分之一不到；但是，老少各自开心。老人们叙旧话新，晚辈们亲历目睹了我和宗军对家族、对父母、对亲情的看重与付出，相信也会各有所获！

更为难得的是，翌日，宗军陪同带领我们家族里的十几位亲人，到我们当年发奋读书的河西学院游览了一圈，带着几位老人游览了张掖的名胜古迹与新增景点。我妹妹感叹说，这次张掖之行，才发现，当家子多年不见，依然是如此亲热……12日上午，我有一个多小时机动时间，我

临时决定，带着老母亲去张掖师专看看我的师母——师母如母——两位老人平生第一次相见，感慨唏嘘，异常激动、开心、感激……让我妈看了我当年的教室，看了我住过的宿舍……在宽敞的教学楼里漫步，老母亲感慨地说：我娃当年在这么好的地方念书，遇到这么好的老师，老师的家属都这么好……唉，那些年，收到你的信，我就哭半夜，一直担心发愁好几天，怕把你饿着、冻着……

正当离开我当年的教学楼时，回头一瞥，在楼梯间看见一样熟悉的东西——我走近仔细辨认，竟然是我当年教室里的讲桌！拍照以作留念。

离开中泉庄子近四十年，近两年我才知道，庄子上人把我们家族统一称之为"前场上的"——我至今不清楚这个称谓是褒义还是贬义；但是，就重视亲情、家族观念强这方面看，中泉庄子所有"后场上的"乡邻们应该不会不认可我们"前场上的"吧？！

参加此次聚会的亲人有：

世字辈：李国兰，84岁，永升母。

永字辈：寇永刚，88岁；张玉花86岁；宗军父母。

寇永升与两妹妹寇永春、寇永梅，小妹夫苏继宁。

宗字辈：寇宗军，寇宗翠。

永刚外孙：宗翠之子，东北师范大学在读学生；金振玉之子，张掖供职。

永刚女婿陈其玉之外孙，河西学院在读学生。

2020年7月15日

写完这篇文章，正在修改完善，我在张掖师专同学微信群里看到：7月31日早晨，师母去世了！紧接着，师母的女儿来电话，未成语调先哭诉："寇哥，我给你磕头，我们妈今天早上走了……上次你来看过之后，就不能吃东西了……"

我打电话给老母亲，寒暄中说到我的师母去世了，老母亲叹息道："幸亏你把我带上去看望了一下，让我这辈子终于见到了你生命中的恩人和贵人……"

2020年7月31日补记

附：

在纪念爸妈进城养老五周年座谈会上的讲话

寇宗军

今天，我们全家欢聚一堂，喜气洋洋地召开这么个大圆桌酒会，意义十分重大。爸妈都分别83和81周岁了，身体还比较好，精神也很爽朗，这是我们很大的福气。

2010年12月19日，农历十一月十四，这是一个难得和难忘的日子。这一天，我们年近八旬的爸爸妈妈下了很大的决心，从老家景泰县中泉乡中泉村搬到了金昌城来。中泉村距这里将近800里，皮卡车行驶了近六个小时，可是爸妈的心不知忐忑了多少个日日夜夜……他们担心来金昌不适应，担心老家的房子没有人管理、老家的土地没有人种，更担心来金昌会给我们兄弟姐妹添麻烦，用他们的话说就是：在城里生活干什么都要烧钱，自己又没有退休收入。

爸妈都没有上过学。爸爸自学扫了盲，基本上能读书看报；妈妈纯粹不识字，两个都是地地道道的农民，但应该说都是优秀的农民。爸爸自幼丧父，妈妈十四岁进我们家，两人凭着自己的好身体，辛勤劳做了六十几年，养育了我们姊妹八个，还带大了几个孙子。爸妈78岁前没有让我们儿孙伺候过，还种地种果园，尽着一个农民最大的本能，这就是我们的爸爸妈妈——世界上最伟大的农民。

爸妈到金昌来，突然没有农活，就开始把精力放在了做饭上，我等又享受到了儿童时代的幸福。爸妈做的饭不但最好吃，而且很准时，我一进门就能吃到香甜可口的饭菜。这时候，爸妈学会了用电炒锅、电磁炉，享用上了自来水、暖气和抽水马桶。这些都使我们欢欣鼓舞，使我们进一步领教到了吃苦耐劳的农民本色。

80岁的父母与我们生活在一起，重要的不是再能给我们做些什么，而是在给我们展示和教会些什么，我们儿孙们应该去用心体会和感受。爸爸妈妈的健在，就是一面旗帜，儿女孙子们始终就会团结在一起，时常见面、时常欢笑、时诉衷肠，在各自干好工作的同时，各自家庭和睦，生活蒸蒸日上。这几年来，我们的生活都芝麻开花节节高，我们从内心里感到高兴，感谢党的好政策，感谢爸爸妈妈一如既往地好教导，我们必当继续努力和工作。

在爸爸妈妈生病和住院期间，我们姊妹们和儿孙等亲友们，争做孝子孝女和孝孙，精心陪护照料，使得日常起居和吃饭有了充分保障，彰显了我们家庭的传统家教与优良家风，也弘扬了中华民族的传统美德。特别是我的姐姐和妹妹们，一顿饭一顿饭地做，一件衣一件衣地洗，确实让我们很感动。我们感谢今生的爸爸和妈妈，也感谢我的姐姐和妹妹们，有了你们的孝心和亲情，我们的生活才更精彩，全家的生活才美好，我们的爸爸和妈妈才有第二个五年和第三个五年的养老，甚至更多……

再说说爸爸和妈妈的期望与意义，爸妈是典型的唯物主义者，信奉艰苦创业、勤奋劳动、踏实做人、宽于待人的原则，这也是当今社会主义核心价值观的基本要求。

我们兄弟姐妹人多，受过高等教育的人不多，有的姐姐妹妹还几乎不识字，知书达理也就更谈不上，但有一点是很好的，那就是爸妈教给我们的"身教胜于言教"。我们不知道很多书理，但知道该怎么做，兄弟姐妹们之间要互相尊重和相互谦让，有困难多帮助，有问题多担当，不说气头话，不做过分事，争争吵吵过后还是亲人；夫妻之间更是要互敬互爱，多体谅对方的劳苦和用心，要善于看到对方的长处和优点，不用脏话责怪对方的缺点和不足，凡事先从自己身上找问题，心情不愉快时，想想爸和妈是怎样相处的……说到容易做到难啊，要克制自己的急躁情绪，提高个人的知识修养，努力做到工作生活双丰收；要耐心教育自己的儿女和孙辈，这是一门永无止境的必修课，没有人做到最好，只有人追求更好。

社会在发展，人类在进步。兄弟姐妹们，想想我们小时候，饿着肚子在背沙，弯腰弓腿拔粮食……今天的生活就像天天在过年，吃苦耐劳要努力，知足常乐笑开怀。我们不要把话留在老人百年之后再说，我们兄弟姐妹们必须把美好生活创造在今天。

干杯！！

宗军写于 2015 年 12 月 19 日晚
永升 2022 年 10 月 8 日修订

2020 年的中秋与国庆

几十年不遇的国庆与中秋同日！

引进到无锡以来二十年中难得的双节同步！

当教师三十八年来第一次国庆长假整整一周！

1981 年的中秋节，我背着行李卷乘坐了几十个小时的火车到张掖去上大学——离开中泉庄子整整四十年中，我第一次感觉到了中秋节的家乡味道……

10.1，星期四；农历八月十五；江阴，晴，20—27℃

不到 5 点，江阴各高速进出口就开始堵车，我是绕道往返位于江阴市中心的游泳馆的……大清早开车去游泳，没想到 6 点就到游泳馆健身的人很多，几乎游不开，足见江阴这座全国百强县市里人们生活水平的改善与理念的更新！

下午 4 点，我们夫妻带着孙女夕夕，开车来到敔山湾草坪。带好了月饼、瓜果、开水、茶具；为了让小孙女开心赏月，我特意携带了二十多年前省吃俭用从北京购买的德国雪鸟牌帐篷等。我们三人一起动手，摆开阵势，欢度国庆，喜迎中秋，赏月品茗。

夕夕玩得最为开心，附近亦有一家人，搭建帐篷，三个六七岁到十一二岁的小姑娘，与夕夕互赠食物，互相串门，好不快乐。

晚上 7 点多，我们正在纳闷，月亮怎么还没有出于东山之上，为何还不能爬上柳梢头……忽然之间，月亮从云层里露出半个脸来——原来月亮已经升起来，只是被云彩遮住了——草坪上顿时再度活跃起来……

赏月、吃喝、游玩。佳节思亲，我们与远在南半球的儿子视频了半小时，又给舅舅、岳父母等都一一打了电话。将近 9 点，江南大地夜已阑珊，我们才收拾帐篷等物品回家休息。

10.2，星期五；农历八月十六；江阴，晴，21—29℃

中午，我们夫妻带着小孙女，到江阴一个农民家里做客。

在无锡二十年，我们在本地没有亲戚、本家，很少同学、旧友，每逢佳节，总觉得单调冷清孤寂……我着意结识了好几个农民朋友。无锡水蜜桃成熟了，会有阳山脚下的桃农喊我们去吃桃子；腊月里乡村佳酿米酒熟了，总有乡间的朋友们给我送两桶品尝；到江阴三四年来，结识了一名学生的爷爷奶奶，每当捕捉、打捞到江鲜美味，每逢春节、五一、端午、八月半，总要约请我们去家里品尝地道的农家风味，我吃到了从来没有见过也叫不出名字的各种水产。我们尽情享用各种鱼虾，品尝农家美酒，孙女则跑到农家小院里看公鸡、兔子、鸭子、鹅，或者跑到田间拔萝卜、挖竹笋、砍茭白……

这次，我们带足了本地的、西北家乡的各种特产，10点开车出发——因为校门口的芙蓉大道重修竣工，全程畅通，行车极其方便，比原计划提前了几十分钟就到达了。

这名学生高中三年，我教了高一学年；此后的两年中时时关心鼓励，语文学科遇到问题时我随时答疑辅导，每次考试结束，我都会仔细研究一遍她的试卷，当面分析指导一次。高三学年，她的时间越来越紧张，压力越来越大，我每周二利用午饭时间给她辅导一次。我要提前十多分钟到食堂，在学生们大批拥挤到买饭窗口前买好饭菜，还逐渐掌握了她喜欢吃哪些饭菜，与她一起边吃饭边聊天谈心，更多的时候是分析讲评试卷、作业；我准备好练习材料，打印成纸质文件，与她交流探讨……使这位语文学习原本比较薄弱的学生，高考语文考出了较好的成绩，考入了理想的大学……

但是我从来没有收取过补课费。

我们不是单靠吃米活着。

与学生一家三代吃喝聊到下午1：30，我也在田间转转散散心、消消食——因为在餐桌上暴露了我不认识长在水里的茭白，被学生取笑，决心认识一下这种蔬菜在餐桌以外的长相！

10.3，星期六；农历八月十七；江阴，早晨小雨，下午中雨，19—26℃

约请在张家港工作的外甥刘伟豪到家里来过节，连续两天来吃饭，从酒店吃到家里。这孩子一个人在外地工作生活，长假休息八九天，单身一人，佳节思亲则必然矣。舅母安燕送给外甥各种吃食，月饼到水果应有尽有；外甥带来的礼物，从汽车上搬下来我看了看就放回了他的后备厢——孩子的心意到了就好，刚参加工作，挣几个钱还要买房成家……

突然想起了李常谦和高清民！

1983 年我从张掖师专毕业来到嘉峪关参加工作时身上只有 5 分钱和一套衣服，买不起一辆自行车……每逢周末、节假日几乎都是在李常谦家里度过的。高清民嫂子常常派孩子们骑自行车来接我，后来打电话叫我，逐渐成了习惯——不用请、无须叫，我自己就去了。我常常是吃饱了再拿……

常谦兄前几年去世了，这个节假日应该给高清民嫂子打个电话问候一下……只有常谦的手机号……试了试，不通了。

在微信里看见，表兄罗勇带着我年近九十、满头银丝的姑姑到我们家里转娘家；看到外甥马腾宇专程开车拉着我年近九旬的老姐姐来看望我老母亲……忽然想起，马腾宇应该知道李常谦儿子的电话——果然！

中午，我在江阴国际大酒店 25 楼旋转自助餐厅请客，边吃喝，边叙旧，边欣赏江景。邀请的有寇永统大哥的朋友、景泰老乡王金安夫妇（双节之际从家乡赶来看望在无锡工作的宝贝女儿），王金安主任的朋友，无锡江南大学老师，景泰老乡李天强主任一家，外甥刘伟豪……

落座以后，发现多出来了一位客人！

三十多岁，面皮白白净净，身材匀称；眼睛虽小，但很有眼色；满身书卷气息，举止温文尔雅，言谈大方且礼貌……我一眼就看出来了，这是中泉寇家人！只是不能断定辈分身份等。

到底是寇家人，"尕爹好！我叫寇宗森，是中庄寇永贵的老大，我在北京工作生活；国庆节陪岳父母、妻子、孩子回江苏启东家乡，从大学同学李天强口中知道了你请客，我就把家里人安排好去旅游，专程从无锡来看你……"

真是天降喜讯！

寇永贵兄是我在中泉中学念初中时的数学老师，那时才是二十岁左右的小伙子，民办教师，挣不了几个钱。我数学学得很烂，在他任课期间考过 0 分；但是永贵兄没有看不起我，并没有放弃我，只是批评教育，讲课时照样关注我鼓励我……前十几年我们在一次清明上坟途中相逢于家乡对面的黄土山中，他一眼就能认出我！近几年，我每每遇到家乡里比较棘手的事情，离家时间长了对家乡的乡风习俗不是很明白时就打电话请教永贵兄……愧疚于一直没有机会看望一下永贵兄长！今天能见到侄儿子真实太好了！

更惊人的喜讯还在后头！

宗淼侄子给我带来两个很大的家乡籽瓜！从景泰发运到北京，再从北京汽车一路拉到无锡，仅有的四个中就分给我一半！

王金安兄嫂带给我两个手工蒸的家乡月饼——我的最爱！

1982 年，我的中秋节在张掖师专度过的——第二次离别家乡、远离父母过中秋节，记得当时特别想念妈妈亲手蒸的发面月饼，姜黄金灿灿一片，苦豆叶子香气扑鼻；面团做的小兔子等各种动物让人舍不得下手动嘴，有红红绿绿的圆点点，软软的、美美的……

这世上最了解我的莫过于母亲！

表弟陈海贤考入张掖师专，我记得是在中秋节后两三天到校的。我在张掖火车站接他时，发现在松松垮垮的行李卷上还挂着一个布袋子——他见到我的第一句话是："这是姑舅婶婶给你带的月饼……"——我妈做好月饼专程步行送到海贤家所在的腰水村，让他带给我，让我在八月十五吃上她亲手做的月饼！

拿到手，已经没有了月饼的形状，只有一布袋子馍馍渣子；我分几次全吃完，依然觉得很香！

我们在江阴国际大酒店吃喝到下午 2 点，服务员开始收拾餐厅，准备下午的自助餐……

后来的三天中，我很少在家里吃正餐，每天月饼就籽瓜，籽瓜泡月饼，再加上女儿女婿从安徽淮北带来亲家自家院子里产的柿子，甚至于早饭都是家乡籽瓜＋家乡月饼＋柿子。

妻子、女儿都不解，玩笑说，我把学校发的月饼送了人，偏偏喜欢吃手工蒸的月饼！家乡来的王金安主任，怎么知道你喜欢吃月饼的，怎么就想到带月饼的……

认识王金安兄嫂将近十年了，每年只是在节假日聚聚。记得是寇永统大哥介绍的，说家乡有个朋友女儿工作签到无锡了，近期要到无锡来，需要联系我……我很痛快地对永统大哥玩笑说："大哥的朋友就是兄弟的朋友，大哥的领导就是兄弟的领导，大哥的部下……当然不是兄弟的部下，但是一定全心全意招呼好……"

有一年清明节我回家乡上坟，王金安兄亲自驾车到机场接送我……

10.4，星期日；农历八月十八；江阴，阴，小雨，16—22℃

这个双节长假，就晴朗了一天，国庆、中秋当天！

连续四天，早晨我起床后直接去游泳，然后上午一个人在办公室工作半天，本月有两次外出讲课任务，需要备课。

下午参加了在江阴生活工作的景泰中泉老乡贺昭组织的宴会，其母亲、女儿、外甥，我的初中班主任火毓花老师的儿子贺德建、儿媳妇、孙子，以及贺德建的大学同学夫妇……数十人相聚，气氛热烈和谐，尤其是贺昭的母亲，竟然是我堂嫂子王自花娘家妹妹，比我长七八岁，我们初次相见，双方都感觉有说不完的家乡话，有叙不完的家乡情。说一会儿，在我腿上拍一巴掌，过会儿又在我身上打一拳。"我的姑娘给我说江阴有个景泰老乡，寇老师，寇老师，你就是珍宝嘛……说珍宝，脑泉上下知道你的人就多了嘛……"

这位老姐姐没有读过《哨遍·高祖还乡》："猛可里抬头觑，觑多时认得，险气破我胸脯……只道刘三谁肯把你揪捽住，白甚么改了姓、更了名、唤做汉高祖。"貌似我本名"珍宝"，白什么改唤做"寇老师"……

我今天是冲着我的火老师去的。几个星期前，火老师的侄女贺昭对我说，火老师的孙子考到常州大学了，开学前会由其父母陪同来江阴……我赶紧打通了火老师的电话，希望火老师借此机会来江南一游，邀请她到江阴我家里做客……我知道火老师目前的年纪已经不允许单独出远门，寄希望于她这次能和儿子、儿媳妇、孙子一起来……给贺德建敬酒时我情不自禁，语无伦次——"要是我这个学生提前十年有现在的出息，火老师肯定能来江南享到我的一点福……还有寇宗恩等老师，还有张掖师专的刘懋德老师以及师母……还是我这个学生出息得太晚了……"不能在恩师面前尽到感激孝敬之心，只好都寄托在老师的亲人身上。

离开中泉中学四十多年中，我没有机会见过老师的几个孩子。火老师担任我初中班主任时，我和她的两个儿子几乎就是玩伴，我还记得一个叫国国，一个叫东东……虽然已经是五十多岁的人了，但是我瞬间就能认出面前这个跟我一样胡子拉碴的老男人就是火老师的儿子——我幼年时期的记忆中，脑泉贺家人，无论男女，都是大眼睛而且双眼皮，大多皮肤较黑……至于是国国还是东东，暂时不能肯定……

我们像兄弟一样，毫无拘束感与陌生感。

这顿饭，我印象最深的另一个细节是火老师的儿媳妇对我说的几句话："我读过你写我婆婆的那篇文章，很真实感人……我婆婆真的是一个善良的人……二十多年了，我们婆媳没有吵过架，很少红过脸……"我相信这番话是发自内心的，我能判断，她不是一个善于表演的女性。

善良孕育善良，良善换来良善！

10.5，星期一；农历八月十九；江阴，晴，多云，16—21℃

因为今年难得的国庆中秋双节实足休息一周，除了邀请我的火老师趁孙子上大学之机来江南游览，我还真心邀请了在上海带孙子的堂姐姐（嫁到武川乡新安头道沟赵家，小名尕玲），我喝令外甥："你亲自专程送你妈到无锡来转娘家……"

老姐姐是个命苦人，出生三个月生母离世。我奶奶和我妈用羊奶、炒面糊糊喂养大……十来岁就参加生产队劳动，没有进过一天学校门，寒冬腊月穿着单衣在草窝滩平整土地，经常缺粮断炊——我长大后听家乡年长的人说：没有同村乡邻李常青一家接济，没有老姐夫马国璧一家的帮助，我两个姐姐可能连命都没有了……

苦命的姐姐好不容易长大成家了，在新疆最偏远的阿勒泰谋生近十年，一次被小偷偷了钱包，几十个小时长途汽车颠簸没有吃到东西，怀里抱着吃奶的孩子，碰到一位并不认识的景泰老乡接济了5元钱，算是救下了全家的性命！好不容易儿女齐全了，老姐夫车祸一条腿折了……好不容易把儿女拉扯长大并且儿女都有儿女了，我老姐姐却又遭遇白发送别黑发人……

我有空闲时会进行各种猜想与推测：一个不识字的农村妇女，不会说普通话，听不懂家乡以外的方言；要么身上背着几十斤家乡禾墒头小麦面粉，要么怀里抱着几个月大的孙女子，几千里路程，不是几十个小时的火车颠簸，就是大型机场进出港，她怎么打印登机牌的，怎么找到登机口的；不会使用智能手机，不会地图导航……来到大上海，无论是火车站还是机场，几十个出口，纵横交错的地铁与公交，她怎样才能保证不走错……

儿子、儿媳妇每天上班，一出门就是十多个小时，江南人大多中午不回家吃午饭；孙女送进幼儿园，到再接回家，这中间又是七八个小时，老姐姐每天的二十四小时都是怎么度过的？寄居大都市，不认识周围任何人，几乎鲜少机会与人交流聊天；不看书，不用"学习强国"，不知道"喜马拉雅听"；不忍心花钱游览，不敢天天逛超市；不会跳广场舞，也不会下棋打扑克、搓麻将……她怎么度过成年累月的日子……

老姐姐到底是农民，任凭我怎么说、说什么，也不到江阴我的家里来住一两天、来吃一顿饭，总觉得自己是农民，我是城市人；还要担心，兄弟固然没得说，可是弟媳妇……

山不过来，但是我可以过去！

我要让我苦命的奶奶这几个苦命孙女感受到她们有娘家，她们娘家有人，她们娘家人时时能看着她们！

我们夫妻早晨7点出发，避开热闹而可能拥堵的沪宁高速，绕道张家港保税区上了高速，走沿江高速来到上海郊区；全凭导航指引，经过了十几条有名没名的道路，终于找到了位于上海东北角、紧邻着浦东国际机场的外甥一家租住的小区。

老实的外甥骑着电瓶车到附近超市买来了四五个苹果、半斤葡萄、一二十个冬枣招待我。我不关心外甥夫妇招呼我吃什么，也没时间去大上海游览。刚刚成家并生育孩子的外甥，小两口在上海滩打工谋生，是非常艰难的！我只希望在有限的时间里多陪老姐姐说说话，多听她聊聊她的艰难与辛酸……

每次听姐姐们倾诉一番她们生活的艰难与心酸苦楚，我都觉得心灵受到洗礼、灵魂受到拷问；比我接受政治学习受到的教育更直接、更实在，比我参加红色旅游受到的震撼更难忘、更长久……

从我记事起，我的两个堂姐姐表达内心真实情感的唯一有效方式就是哭！我们要离开上海了，老姐姐拉着娘家人弟媳妇的手，进电梯就开始哭，走到楼下还是哭；步行到小区门口停车场，一二十分钟里一直哭……一边哭，一边聊；哭一会儿，说笑一会儿……我打开车门，示意妻子先上车；妻子伸手相握的瞬间，老姐姐再度泪崩……妻子重新下车，两人四只手拉在一起，老姐姐新一轮哭开始了……我关闭发动机，下车安慰姐姐，拍了几张照片；外甥也劝慰他妈妈——老姐姐终于放开手了。我们再次上车，点火启动，降下车窗，没敢起步——果然，老姐姐上半身爬进车窗，抱着弟媳妇再哭……我明白，她不全是伤心，还有激动，有高兴，有感动……外甥把他妈妈拉住，退后了两步；我从倒车镜和后视镜中确认，他们与车辆保持有安全距离，我才挂挡起步……

整个送别过程持续了三四十分钟。

几十分钟内，我们夫妻谁也没有开口说话。我从后视镜里看到，妻子一直在擦拭眼泪……

往返驱车700里，10小时，到上海看了一趟老姐姐。给苦命的姐姐一点安慰和鼓励，对年轻的外甥进行了一番指导和支持，给第一次见面的外甥媳妇和孙子送上祝福……回到江阴家中，我觉得很开心，做了一件有意义的好事；善良的妻子再三感慨唏嘘……

2020年的国庆与中秋双节，我几乎没有休息，在应酬与奔波忙碌中度过，但是收获了亲情、乡情、友情……

人类是杂食、群居动物，我们生命中不能没有柴米油盐，不能缺少酸甜苦辣咸；生活中不能没有手足情、师生情……

无情未必真豪杰。

没有手足情，何来家国情？

一屋不扫，何以扫天下！

附：

2020年10月16日下午，在广西百色饭店，将修改稿发到各个微信群里，获得广泛好评：

寇宗哲：满纸烟火，一往情深。

寇宗权：往返驱车700里，10小时！只为看望一趟老姐姐！感动！善良孕育善良，良善换来良善！

寇宗哲：人生得意马蹄疾啊。热忱、好客、重情、重义，乃永升之本色；温暖、爱家、顾上、顾下，是人间之赤子。

结束广西百色讲课，18日下午赶往巴马机场，刚刚登机，看到"景泰中泉寇氏"微信群里寇明英的留言（来不及细看，一直到深圳机场降落等待转机时才细看并复制。我没有见过明英，见面也不一定认识，只是近几年在微信里打个招呼）：

寇永升尕爷，我几乎是流着泪读完您的《2020中秋与国庆》的，深深地被您对家乡的眷恋、对家乡长辈、师长以及他们的后代子孙的牵挂和顾盼的深情厚谊感染和感动。您的字里行间透出的不仅仅是一颗游子的"赤子"之心，也是一颗博大精深的"仁者"之心。

"人类是杂食、群居动物。我们生命中不能没有柴米油盐，不能缺少酸甜苦辣咸，生活中不能没有手足情、师生情……"

"无情未必真豪杰。"

"没有手足情，何来家国情怀？"

"一屋不扫，何以扫天下！"

丞爷，孙女明英由衷地敬佩和感恩您在家族群里传播良善的家风和家道，让手足之情和师生之情如沐春风，温暖每一个寇氏宗亲。

榜样的力量是无穷的，相信您和丞奶良善厚道的家国情怀会默默感染和影响我们群里每一位寇氏亲人！

2022 年 8 月 21 日江阴汇雁城修订

有書真富貴無事小神仙
澄江靜如練餘霞散成綺
遠山含淋氣芳樹發春暉
思飄雲物外詩入畫圖中
養浩然正氣極天地大觀
経書趣有永翰墨樂無窮

己亥冬月习临楷書於含軒 寇宗和

姑舅似手足

我的父辈姐妹多，我妈娘家兄弟多，我的姑舅多。

众多的姑舅中，有三个与我年龄差距不大的，对我的影响很大，亲切温馨的记忆值得回味。

上姑舅中的李富军，下姑舅中的罗福和罗勇。

李富军是我大舅的独子，长我一岁稍多，三岁多时舅母就病逝了，主要由我外爷和外奶拉扯长大，我们两人几十年交往未断。

我18岁离开家乡，外出求学、工作，在上大学和参加工作之前，李富军姑舅哥就是我的人生导师，就是我的人生教父，我在农村的知识见识、人情世故、生存能力都与他有密切关系。

20世纪六七十年代，我们家所在的中泉乡一带各方面都比不上外家所在的武川乡，他们靠近白银公司露天矿，可以和矿山上的工人及其家属们做一些小生意，还可以捡一些废铜烂铁变卖成现金。身上有了几角钱，就可以在矿山工人食堂里买两块苞谷面发糕吃，就可碰到推着自行车走街串巷卖冰棍的买根冰棍吃——我第一次吃冰棍，就是在露天矿，一根5分钱！

我在小学毕业之前，过年过节就喜欢往外家跑。腊月里，人问我："你多会儿回去呢？"我答曰："过罢了正月十五我就回家。"……正月里到外家，人问我："你怎么还不回家？"我的答案就是："我过完八月十五才回家呢……"原因是那时候，我们家里经常吃不饱，只有到了我外家，我才能放开肚皮吃。

我外爷在众多的外孙中尤其喜欢我，我尕舅在一二十个外甥中特别偏心我，加上与富军兄在一起乐趣多、见识多。

我第一次品尝葡萄酒就是在外家，1972年春节，我九岁。那是我小姨夫和小姨当时在宁夏青铜峡工作生活，带给我外爷外奶的礼物。四两小玻璃瓶装，今天常见的啤酒瓶盖子。过年时，我外爷用牙一咬就打开了，让李富军姑舅哥把酒倒在啤酒瓶盖子里，每人喝一小口……我大舅有个很小的收音机，我们坐在热炕上，一边听着尼克松访华的新闻，一边享受着过年的欢乐。我听惯了"美帝国主义"的称呼，不理解新闻中说的"美利坚合众国"。我尕舅那时正在读中学，他的知识面比较广，会用四角号码字典，写一手好钢笔字，手也巧，能把书皮包得很好看，把一开白纸裁成16开或32开订本子，是拿手好戏……他说"美利坚合众国"才是美国的正式国名，就像我们中国全称是"中华人民共和国"一样——我才第一次知道美国的正式名字并不是"美帝国主义"，而是"美利坚合众国"。

十岁那年腊月里，我外奶派我和富军兄去白银市附近一处叫"八八四"的工地，给在那里务工的我大舅送米面。我们两人各自背着一二十斤重的粮袋子，步行几十里路，翻山越岭，到露天矿；乘上通勤火车，半夜到白银车站——那时候的白银车站，破破烂烂，到处是垃圾与污水结成的冰块——下火车，出站，辨方向，问路……我们两人跟了一个自称去"八八四"的工人，黑灯瞎火，深一脚浅一脚地向西北方向走去。越走感觉越远，越走我们越瞌睡，越走身上的东西越沉重。与那个人拉开一定距离，富军兄对我嘀咕道："这狗日的好像骗我们着呢……他肯定是一个走夜路害怕了，骗着让我们给他做伴呢……"我们就返回到白银火车站，天气太冷，再上火车。反正通勤车不要车票，我们两人就在火车硬板椅子上睡觉，从白银拉到露天矿，再回到白银；从白银拉到狄家台（即现在包兰线的白银西站），再从狄家台拉到白银，直到天亮……

这是我第一次近距离见火车，第一次乘火车。

几十年后，我有机会开着汽车经白银回家乡中泉，路过所谓的"八八四"，才明白过来，当年的方向是对的，只是距离比较远，我们背着十几斤重的米面走不动了；如果再坚持两三公里，肯定就到目的地了……

今天，谁敢跟着一个十一二岁的少年这样出远门！

唯有我富军兄！唯有我寇永升。

农村人生活艰难，我外奶每年秋天腌制野菜图省钱，不用商店里卖的食用盐，而是用山里的盐土。我十一二岁就跟着富军兄去山里打盐土——他可真是一个有能力的人！看见山岩上白花花的石头，食指上沾一点自己的唾液，在那些石头上抹

一下，放到舌头上舔一下，就能判断出含盐量！于是，钢钎、榔头一起上！几十分钟，就能敲下许多盐土——记得那时候大人们把这叫作"石盐"。我们各自背上半袋子，回家，就交差了！

回到自己家，我跟我妈说："你秋天腌菜时我帮你打石盐，能省不少钱呢……"我妈毫不含糊地回答："靠屁吹灯呢，靠猫念经呢……你还能得上天呢！"我偷偷地找了一个毛口袋，拿了铲子、铁锨，跑到村子北面的山里，学者富军兄弟的办法，真的打来了半口袋石盐。我妈放在铁锅里煮了半天，尝了尝，果真有很重的盐味儿；而且腌出来的野菜味道更浓，于是就连续几年每到秋天派我去打石盐……

现在想来，那时跟着富军兄学会了打石盐，解决了家里很大的困难。

后来我在酒钢镜铁山矿看到 20 世纪 50 年代中苏专家联合发现铁矿石的照片，在酒泉丰乐河看到温家宝担任技术员在祁连山脚下修建水利工程的图片，啊，富军兄当年就是这个样子找石盐的！只是我们都没有安全帽！

我在农村学会的那些生存技能，多数都跟富军兄有关。诸如，给简易的煤炉子生火，往自行车上捆扎行李，从井里打水，打柴，拾驴粪蛋；没有锅灶餐具的条件下怎样不至于挨饿……

我上高中时，没有任何课外参考资料，除了课本，就是各科老师用手推油印机印制的作业。高三复读的 1981 年上半年，富军兄有机会到过一次省城兰州，站在东方红广场的毛主席像前照了一张相，我觉得特别神气、无比羡慕。那时我们身上的钱往往以角为最大计量单位，富军兄身上有几角钱，他在兰州一家书店给我买了一本地理复习用书，定价 0.34 元。我把这本书认真复习了三遍，好多地方都能背下来，当年以地理最高分考入了张掖师专——地理弥补了我数学的先天不足。

我上大学了，富军兄开始劳动了。起初在家乡小水利工程单位上班，后来到城市里打工。

富军兄是一个生存能力很强的人。仅我知道的，开手扶拖拉机拉沙子，从乡里收购鸡蛋转卖到城里，走街串巷收废品；在乡镇企业炼铁厂学会了电工、铆工、焊接等；企业倒闭了，破过石料，搞过运输，修过马路；像《平凡的世界》中的孙少平一样，烈日与寒风中站在市场上寻找打零工的机会……清洗油烟机，装修，建筑工程安装——竟然在实践中学会了看图纸，既是技术员，又是工人……什么活计能挣钱，他就赶快学会它！

就是靠着到处打工，在各种行业打工，富军兄与吃苦耐劳的嫂子一起，把两个儿子供出了大学；接着资助买房、买车、成家……

我们两姑舅平时很少联系，但是，永远心有灵犀！

手机普及后的有一年腊月里，我知道了富军兄的手机号。晚饭后走在江南百年名校美丽的校园里，拨通了他的电话："李老板吗？洗一下油烟机……"富军兄瞬间就笑着说道："你那个地方太远毬了，我挣的钱还不够路费，吃不肥反倒跑瘦了……拆下来，拿来，我给你洗，免费……"我们两人都哈哈大笑了好一阵子，才开始说正事儿……

上一代老了，下一代长大了，第三代出生了，四代人的担子压在富军兄嫂两个农民的身上。农村的田地不能丢，城里的后辈都得照管；来到城市担心乡下，回到乡里又分心于城里……二三十年间，富军兄嫂就是这样城里、乡里两头忙，家里、家外都得顾。他有很多无奈和苦衷，我都能想到，也都能理解；但是，我永远相信：富军兄是一个生存能力很强的人，在他眼里，办法永远比困难多，生活的重担压不垮他，多大的困难也难不倒他！

我们最近一次相见，是在 2022 年春节前的腊月里。我在白银饭店招呼舅舅们吃一顿饭，算是给舅舅、舅母和姑舅们团体拜年。约好客人，订好餐，我就打电话给富军兄，告诉他，我到白银了，晚上一起吃饭……话没有说完，电话被打断了。到约定时间，多数客人到了，我们就准备开宴，我一看，我最想念的富军兄还没有到场；掏出电话拨通，他张嘴就说："你没有给我说具体地点啊。"我说：白银饭店。他说："你只要说哪个包厢就行，我就知道你在白银饭店呢，我已经到饭店大门了……"

姑舅如手足。我与富军兄几十年来情同手足，从儿时玩伴，到如今鬓已星星……

罗福是我姑姑的长子，长我四岁；我到中泉中学上初一时，他读高二。

我与罗福兄有说不完、写不尽的故事。

高一那年，甘肃人民广播电台播出当时全省知名语文教师李自功的高考语文辅导讲座，每天中午半小时，可是我没有收音机，家里绝对没有能力短时间内买一台一二十元钱的收音机；宿舍内几个同学都是农家子弟，家境贫寒；班上同学中住在学校附近的一两个人，家里有收音机，每天中午回家吃饭时听上几句，下午到学校给我们显摆，越发让我急得难受。

那时没有复习资料，任课老师多数是中师学历，还有民办教师，能教给学生的课外知识少之又少。马无夜草不肥，要想学好，必须有课外补充。

高考语文辅导之后，有半小时小说连播。《说岳全传》《杨家将》《东方》《三千里江山》《超越自我》……在那个没有课外读物可以阅读的年代，小说连播、电影录音剪辑，就是最好的名著阅读。

姑姑家有一个收音机。我说出了理由，罗福兄毫无推辞，拎起收音机就交给了我。

收音机、自行车、缝纫机是那个时代的大件。

我高中的语文知识和名著阅读多来自听收音机，至今还喜欢在手机喜马拉雅等平台听书，尤其是上下班步行途中，就是我美好的听书时刻。许多文学名著我都是听读，弥补了眼睛使用频率过高、过度劳累而耳朵闲置无聊的缺憾。

1981年参加高考，我最为难的是没有一块手表。那时候作为考场的教室里没有挂钟，更不可能有电波钟，也没有广播播报时间；多数监考老师也没有手表……掌握考试时间是我们当年的一大难题！我们家族几十口人中好像还没有能戴得起手表的。我骑着自行车，从家里到县城，120里，多数是山路，途经包兰铁路一处叫作骆驼巷的地方，碰到了在那里务工的罗福兄。张嘴说："姑舅哥把你的手表借我用几天……"罗福兄没有任何推辞，赶紧把手表从手腕上退出来，交给了我……我记得当时有近百人在那里干活，所有的人都停下手里的活计，看着我们两姑舅……

那上百人中，戴手表的只有一二人！手表是那个时代的高端配置！

把罗福兄的手表借到，心里踏实了许多。我戴在手腕上，发现表带长而我的手腕细；装在衣服口袋里，又担心破破烂烂的衣服和同样破破烂烂的口袋……

当年我考取了张掖师专，9月份入校，春节回家。经过一学期的学习，发现同学中我是最寒碜的，宿舍内我的行李是最简陋的。我只有一身衣服，好几个星期才能洗一次，没有可以换着穿的衣服，只得周六晚上早点洗了衣服就睡觉，周日早晨晚点起床等衣服晾干……最难的是没有一个装书本等用具的小木箱，捡了一个纸箱装杂物，搬来搬去，已经破烂不堪，严重影响到集体宿舍的形象和观瞻。

寒假回到家，想跟父母说吧，觉得太为难爹娘；不说吧，下学期到学校就得继续为难自己……

过年时节去看望姑姑和姑父。姑父长年累月出门在外，生活经验比较丰富，说："出门在外，怎么能没有个箱子呢……罗福，你给珍宝（我的小名）钉上个木头箱子，把你的本事使一下……"罗福兄那时候正在学习木匠手艺，还没有出师，就在姑父和他的师傅寇世清叔叔的指导下，给我做了一个木头箱子。半包箱盖，上了一层褐色油漆，安装了当时最时髦的锁扣——我带着这个箱子到张掖，开学后，同学发现，我的箱子是全班最阔气的！

这个书箱，后来跟随我到嘉峪关，再到兰州进修；引进无锡，走南闯北，我把多少家具和厚重衣物都送给弟弟妹妹们了，唯有这个小小的书箱，我在搬家时用集装箱托运到了江南——这是罗福兄作为木匠的第一个作品！

我的姑表、姨表中比我年长的人，都对我很好，不只是罗福兄一人。比我年幼的，我18岁离开家乡后交往的机会少了，没有共过患难，很难产生深入骨髓的感情！

我初次到张掖求学时，是我孕舅、姨表兄周成和两个表姐用自行车把我送到包兰铁路的窦家沟火车站。在我们家出发前收拾行李时，周成兄发现我没有单人毛毡，而当时我父母总认为学生宿舍会像中泉中学一样，是土炕，我爸甚至担心会就像他大半生牧羊放牲口那样在山圈上席地而睡……家里仅有的两三条毛毡都是双人的，只适合在农村土炕上铺……周成兄那时候当兵复员回家时间不长，他主动大方地说："三姨娘，你不用担心了，把我当兵时发的毛毡给你珍宝带上去上学……"路过武川乡独山村，周成兄瞬间到他们家拿出来了毛毡——那是用机器擀制的，大小正适合学校里的床板；像卷纸一样卷得紧紧的，挂在我的行李上。

从窦家沟车站上车，周成兄担心我不能与同去张掖上学的同学汇合，他看着我的简单行李，让我满车厢去找同学；找到同去张掖的景泰同学时，火车已经快到下一站红沙岘了，他跟我的同学交代了几句，就匆匆跳下了火车。

这时候下午6点多，距离他家里还有几十里山路，他得步行回家，到家就得半夜了！

四十年后的2020暑假，我利用到张掖讲课的机会，把我老母亲带到张掖游览过一次，特意带着她和我两个

妹妹找到了我当年的宿舍楼，在走廊里张望了几间宿舍，看到那些高低床，我妈很有感慨地说："哎呀，这么好的条件，木板床，还有暖气……你到张掖上学的时候我们还担心没有毛毡把你潮下病呢……"

姑舅、两姨的情感是时光难以磨灭的，也不是岁月可以淘洗尽去的。

2011年从4月到7月，我张罗在老家给父母修建了一院落砖房。房子造成什么样，我相信罗福兄，他几十年在农村生活，熟悉乡风民俗，又是木匠，对盖房子肯定是行家里手。正是在盖房子的过程中，我得知罗福兄这一年要给儿子娶媳妇。我跟妻子安燕商量，虽然我们盖房子要花很多钱，但是罗福姑舅哥娶儿媳妇我们一定要给他长精神，一定要尽最大努力支持和帮忙！

农村人，最缺的就是钱！我给罗福兄转了一万元，电话中说："你儿子结婚，我肯定不能来吃喜酒，给你借一万元，如果还有困难，随时联系我……"

2021年，罗福兄在县城里买了新楼房，精心装修好，入住了。我到景泰讲课时，一心一意要抽空看看他的新楼房。新楼房位置极佳，视野开阔；宽敞明亮，干净整洁；各种现代化设施，应有尽有，与大城市没有两样。能干的姑舅嫂子张菊花把里里外外收拾得一尘不染，井井有条。我到每个房间都细细参观了一番，把所有的柜子都拉开看了一遍，四季衣服分类叠放——姑舅哥再也不是农村时期，衣服往炕上一扔，鞋子在房檐下随便一脱……

厨房、卫生间、餐厅，都是很现代化的，姑舅哥与姑舅嫂子已经很快学会并适应了高层楼房的城市生活！

2022年春节我再去景泰时，罗福兄电话中告诉我，姑姑正在他的新楼房过年；我推脱掉所有应酬，再次来到他的楼房里看望姑姑。年届九旬的姑姑，一辈子在农村，土里生，土里长，土里劳作，没想到鲐背之年了还能到如此现代化的楼房享受天伦之乐。我在罗福兄的新楼房里和姑姑一起吃了一顿姑舅嫂子做的长面，我觉得比坐在餐桌上吆五喝六地应酬更有意义。

喜哉！善哉！

姑舅如手足。

罗勇兄比我长一岁稍多，在姑舅中，我们两人交往最多。

我人生第一次下馆子是和罗勇兄一起，1979年，景泰县城。他身上只有8角钱，我们两人在一个小饭馆里，一份回锅肉5角钱，一碗西红柿蛋一角五分钱，1角钱买两碗米饭，他先把大片的肉搛到我碗里，大片的蛋花捞给我；菜汁我们两人平分，汤每人半碗——那时觉得特别香，直到现在我都喜欢点菜时点上一份回锅肉。

1981年高考之后，我姑父担心我如果考上大学家里没有钱供我上学，连路费都难以凑齐。他当时在工程局学校修理课桌椅，正好学校需要维修校舍，工程承包给了宁夏中宁的一个农民包工队。姑父就介绍我去打工，每天三元钱。工程队中有一个叫刘国胜的小伙子，刚刚学校毕业打工，比较调皮捣蛋，经常欺负我、为难我；可是我的身材没有人家高大强壮，初到县城，不敢得罪人家，一直忍气吞声……暑假，罗勇兄放假后来到县城，得知我受欺负，他沾了些自来水，把头发梳得光光的，穿上最新的衣服，领着我在一个正在维修的教室里找到刘国胜为我撑腰。

从此以后，中宁人包工队再没有人欺负过我。我打了一个多月工，挣了四十多元钱——这是我人生的第一桶金，上学的路费肯定是够了！

我上张掖师专第二年，罗勇兄武威师范毕业分配到县城参加工作了，起初在水电工程局子弟学校任教，每月工资四十来元。他五元、十元、二十元……接济我，让我度过了艰难的大学生活。

我分配到嘉峪关任教后，每年有一两次回家机会，必须经过兰州。那时候罗勇兄一家定居于兰州，他在西北新村小学的宿舍就是我的车马店。一张折叠式行军床，就是我的专用卧室。1989年秋至1991年夏，我在位于兰州雁滩黄河边的甘肃省教育学院进修了两年，这时候罗勇兄在兰州伏龙坪山上的家就是我的车马店。我几乎每个周末都进城，几乎每次都在他家，管吃管住。

我在嘉峪关任教时期，经常往老家带东西，大米、挂面、水果，我都带过。每次经过兰州，罗勇兄必定到兰州车站帮助我换乘时搬运行李。

1987年春节，我和安燕结婚时，她从上海到兰州，我从嘉峪关到兰州。我带的东西特别多，结婚用的好几箱白酒都是我在嘉峪关找人批发的，糖果多是托人买的，好几个大大小小的纸箱，罗勇穿着那个时代最高档的呢子大衣——只好当作工作服——把一个个纸箱搬到车上，头上直冒热汗……

引进到江南后，我回家每次路过兰州也必定打扰罗勇兄一家。我在长途火车上度过的美好时光，大多与罗勇兄和马霞嫂子有关。黑瓜子、酿皮子、黄河啤酒、陇西腊肉、和政路市场的猪蹄子、籽瓜、白兰瓜、安宁区的桃子……他俩都知道我喜欢吃什么，从来不会有差错。

罗勇兄和侄子罗文健的文章中都写到过，我姑姑到嘉峪关转娘家，他们一家三代几次到无锡由我招呼……在我看来，与罗勇兄嫂几十年中在我身上所付出的相比，真的是九牛一毛！况且，我还要回报姑姑和姑父对我的关爱与呵护，还要替我父母偿还姑姑和姑父对我们家几代人的帮助与接济之情！

姑舅如手足。

李富军、罗福、罗勇，我们情同手足，今生今世，永不改变，永不后悔！

2022 年 12 月 22 日 15 时

后记：

伯父寇世裕、李常谦，三个姑舅哥，这几篇文章，我已经想了好几个月，只是一直难以下笔成文，毕竟我的正业是教书，我得先把学生的课上好，得确保学生成绩，心有余力时才能完成这些自选动作，才有必要和可能展示自选曲目。

本篇文章草就之后，发送给了三位兄长，我就忙我手头别的事情去了。三天，整整 72 小时之后，我在微信中收到李富军兄的语音留言："姑舅，我看了你写的这篇文章，姑舅哥没有那么强，也不是什么人生导师。你把我们小时候的事情记得这么清楚，写得这样具体真切，太难得了……我们两个从小像亲兄弟一样，甚至比现在有些亲兄弟要亲得多……几十年来遇到多大的困难，我都没有留过泪；看了你写的这个文章，姑舅哥流泪了……再看，我只有流泪了，多余的话我就不说了……"

我能从微信语音中真切感觉到，李富军姑舅哥泣不成声，哽咽无语……

2022 年 12 月 25 日

怎样避免学习生活中的一些小麻烦

儿子：

集体生活中，以不影响他人、方便自己为好。

试想，你坐在教室门口，交通要道，课上，老师需要走过你身边的过道到学生中间，随时、及时掌握同学们的学习情况的；课间，你身边那个狭窄的过道是同学们的必经之咽喉要道，大家需要去上厕所，需要去走廊上呼吸新鲜空气，课代表需要去老师办公室，班干部、值日生都可能有事需要进进出出……

你的一个袋子挂在课桌右侧，半张着口，走道的三分之一就被你占了；你的书包放在地上，走道的二分之一又被占了——老师同学经过你课桌旁边，难免碰到，或踩踏损坏你的东西，或被绊倒……不愉快也就由此产生。而学习是一种情绪投入式的劳动，没有了愉悦的心情，难以投入不说，即使勉强去做也可能错误百出，效率低下。

学习用品，课本教辅、工具书、文具等等，以够用为要，一些不常用东西，尽量不要放在课桌里。你现在每天回家，许多东西可以带回家，需要时再带到学校。重要的常用工具书应该每个学生自己具备，你没有必要、也无义务为周围同学提供工具书。课堂上，借来借去，影响班级纪律，影响自己学习。课桌，以整洁为要，本来就空间有限，如果不能合理利用，就会显得乱糟糟的，造成你每次找东西就得花费一定的时间精力，耽误自己、影响他人、分散老师的注意力……

如果你被老师没收了课外书，那不妨在合适的时间去找老师认个错，道个歉，做出承诺，注意改正，以良好的心态换来自己愉快轻松的心情，给别人一个台阶下，自己就上了一个台阶。

老师没收学生的东西，一般出发点是给学生以警示教育，是为了督促你养成良好的习惯，不会是为了留着自己用。老师会缺少文具吗？老师会以没收学生的书而读书吗？你还没有出生的时候，老师就已经在读书，那时候的书也是没收的吗？

老爸也是班主任，有时也会在教室里没收学生的课外书、计算器，只是我没收了学生的东西从来不拿回办公室，而是存放在讲桌的一个专用抽屉里，到了一定时间再还给他们，以免个别像你一样心态不好的学生与我产生对立情绪。

能够把每一件简单的事情做好，就是不简单；把小事做好，才有可能做成大事。一屋不扫，谁人的天下让你扫？连自己课桌周围这样一片方寸之地都不能打理好，一个学生还谈何学业？

学业是一个综合性的概念，不只是完成老师布置的作业那么简单，也不只是几个阿拉伯数字那么单纯，一定包含优秀的习惯、良好的心态、和谐的师生人际关系等等。

建议你，定期清理自己的学习用具，整理自己的课桌及周边区域，使自己方便，让别人方便——如果需要帮助，爸爸妈妈会来协助你！

爸爸妈妈在暑假里做出重大决定，投入很大精力，不惜辛苦劳累，不计成本费用，每天晚自修下课接你回家，早晨送你上学，是为了更好地保障你的初三学习，让你休息得好一些，早餐吃得好一点，学习时间稍微宽松一些……你可以感觉到，你妈需要每天凌晨 5 点起床，为你准备早餐；每天晚上看你已经入睡，11 点过了才能睡觉……我们希望你每天回家高高兴兴，有一天学习的成就感；希望你每天早晨开开心心去教室，开始新一天的拼搏。

男子汉，要善于处理自己生活学习中的一些小事，善于调节自己的情绪，能够掌控自己。现在没有看见阳光，不一定太阳就不存在；今天阴沉，明天可能阳光明媚；眼下淫雨霏霏，明朝依然春和景明……

生活是一条空旷的山谷，我们喊出了什么，它就会回应什么；人品多高，成就也就多高；姿态有多高，人生的高度就有多高；心有多大，人生的舞台就有多大；度量多大，事业就多大；感恩多少，生活就回馈多少；宽容多少，就得到多少；习惯有多优秀，人生就有多优秀——一如我们站着有多高，躺倒也就有多长……即使我们自己不是一个发光散热的恒星，那我们也要善于吸收反射太阳的光芒！

祝愿我们的宗璞能够改进习惯、改善心态，优化过程——过程优秀，才有可能结果优秀。

相信你不会是一个平庸的人，你也不会一直处于低谷。

心若在，梦就在！

2013 年 9 月 12 日初稿
2022 年 8 月 24 日修订

宗璞准六年级汉字笑话"集丑"

2010年暑假，因与宗璞一起学习数日，发现多次误读，甚为可笑，聊记以娱。

一日，宗璞在书房里做暑假作业，问我："老爸，治金工艺介绍，怎么打出来一个书名？"

我百思不得其解，拿过来一看，哎呀！这家伙把"冶（yě）金"读成了"治（zhì）金"……题目是冶金工艺介绍——打一名著书名，谜底是《钢铁是怎样炼成的》。

某日早读，陆游《游山西村》："……从今若许闲乘月，挂杖无时夜叩门。"我怎么听着怪怪的，就问："你刚才读的什么？""从今若许闲乘月，挂杖无时夜叩门呀。干啥？……"而原文是："拄杖无时夜叩门。"

过了没几分钟，又读出个"僵卧孤村不自哀，尚思为国茂轮台……"，你道是为何？他把"戍"（shù）认成了"茂"（mào）！

知其子者莫过于父。人家读错字，是不认识复杂字，就偷懒认半边字，读成了简单字；宗璞则不然，看字只看半边，竟能把简单字认成复杂字！"戍"与"茂"，"拄"与"挂"为证！

一日我在开车，来电话了，请宗璞代为接听，电话是同事佟柠老师打来的，他说："冬柠是谁？"而宗璞和佟柠之子于佟瑶是多年的同学加死党！

别人遇到自己不认识的字，都藏拙，羞于露丑。宗璞则不然，多会厚着脸皮问。一次在车上问我："老爸，'违者施戈'是什么意思？"

我不明白，就说："你在哪儿看见的？"

"刚才路边的牌子上啊……你不是语文老师吗，这个都不认识……"

"下次看见这样的牌子你提前告诉我！"

又到了这个路口，我一看上边写的四个字是"违者拖拽"！我无语……

一日走在街上，该吃午饭了。宗璞对姐姐说："老姐，我们吃'华莱士'吧……"他把"华莱士"读作如此。人都笑破肚皮了，还怎么吃饭！

其他诸如"奢侈"读"著移"，"酝酿"读"娘坛"……杨万里《过松源晨炊漆公店》："莫言下岭便无难，赚得行人空欢喜。正入万山圈子里，一山放过一山拦。"在宗璞的口中就成了"嫌得行人空欢喜"……

读温庭筠《商山早行》"枳花照驿墙"道"泽墙"，陆游"驿外断桥边"成"泽外"……

——均不一而足！

写作文"祝暑假愉快"是"住暑假愉快"；写成语"两袖清风"是"两袖轻风"，"不折不扣"是"不拆不扣"……

——乃家常便饭！

其母曰："你尽给你老爸丢脸！"

我求宗璞曰："儿子，你出去千万别说你爸是语文老师啊……"

宗璞则嬉皮笑脸地狡辩："我是我们班字典最多的人……只是懒得查……"

其姐曰："就是嘛，你刚上小学时，书包里填得满满的，各种字典、词典合起来比书本都多，那都是压驴不赚钱啊……"

2010 年 8 月 24 日三人回忆记

2010 年 12 月 12 日再记：

宗璞今日突然问我曰："老爸，suì yú 综合征是什么病？"我一时反应不过来，没法回答。寇蔻问："你说是哪两个字？"答曰："一个禾木旁，一个岁数的岁呗……"哦，原来是"秽语综合征"，他不认识"污秽"的"秽"，（huì）就说成了"岁语"！

一次我们开车路过江阴徐霞客镇，路边停着一辆微型面包车，上边写着"陈氏面瘫"几个字以及联系电话等。宗璞就问我："老爸，'陈氏面瘫'是什么面，牛肉面吗？我们要不要试吃一下？"我差点笑岔气，赶紧靠边停车……

前段时间宗璞突然冒出了个"洗条"，我当时就反应过来，他应该说的是"洗涤"。

还有一个典型错字，更为可笑——今天晚饭间，汤面片里调有白萝卜和胡萝卜。安燕说，"还是白萝卜比红萝卜有味儿……"我纠正说是"胡萝卜"。宗璞问："为何是'胡萝卜'？"我就跟他讲，葡萄、核桃、胡萝卜都是汉代张骞出使西域以后才带到中原地区的，是胡地出产的——中国古代为把北方少数民族蔑称为"胡"，而把南方少数民族蔑称为"蛮"……所以有一个脑筋急转弯就说,秦始皇贵为皇帝,但是没有吃过葡萄、核桃、胡萝卜——对吗?答案:正确!

宗璞听到此处,马上问道:"哪个张骞……是张塞吧……"我们家四人中有二人为之喷饭!他一直把"张骞"叫作"张塞"!

要说读错字,并不稀奇,也不好笑,因为汉字太复杂了;但是要论读错字时心理素质过好(贬义则为脸皮厚),则世间非我儿宗璞莫属!

2022 年 8 月 24 日修订

(专栏) 亲 情

打造这段树根

20世纪八九十年代初的边关小城嘉峪关，绝对不像现在这样子，那还是小山弯弯里一个单门独户的逃难人家，不知哪年为生计所迫，流落至此。虽有几间房子，也种了几棵树，各样农具用品齐全，已经几代同堂，还有比一般人家高而且粗的烟囱在昼夜冒烟，仿佛专为了证明这里有人烟似的。但周围还是荒凉、死寂，走出家门几步就来到了原始的戈壁滩。

老树夫妻在戈壁滩上散步，夕阳西下，空气澄澈，南边的祁连雪山像镀了一层金。西边天空橙红色的晚霞，似火一样燃烧着……

看见大自然都镀金，老树夫妻也抓紧时间给自己镀金。

晚霞给大地镀金只是几秒钟的事情，那都是给摄影发烧友们准备的美好瞬间。可是老树夫妻的镀金就长达四年，从东南沿海的大都市，到西北省城，空间距离两千公里以上，距离老树那个刚刚筑起的巢穴，一个一千，一个三千……

一年之后，两老树在这个边关小城遇到了一棵小树，太珍贵了！

搬回家抚育照顾，希望她能够临风玉立，能够开花结果，能够为老树家族带来一片绿荫甚至遮风挡雨……但是很快发现，这棵树不仅不能临风玉立，连长大、长直的希望都落空。然而，她毕竟是一棵树，哪怕将来做了烧柴，那也实现了一棵树的价值。生活中需要栋梁、檩条、柱子，也需要烧柴！

老树们把这棵小树抱到全中国最好的育苗专家那里，请教问题之所在，商量救助措施……土专家有土方法，洋专家有洋办法。那就土洋结合吧，不过不管你是土是洋，你的办法要先在老树身上试试，不是验证是否灵验，而是顾虑小树的承受程度。育苗专家们很感慨："凡来我们这里的，把树交给我们就行了，我们自有办法，你的任务是按时提供所需营养费用……"

那可不行！

毕竟育苗专家们自己也都是从树过来的，都很通情达理，理解老树的情怀。树嘛，无论高大挺拔，还是风中摇摆；不管她长在山巅招人显眼，还是生在谷底蜗居一生，总有她作为一棵树的价值的嘛。

小树渐渐成长，除了看上去不挺拔，别的都还像一棵树。那就让长呗！该送到温室过冬就送温室，该放养在大自然就放养；到了应该与其他树一起接受园丁修剪的季节，那就毫不吝啬地交给园丁……

五六年过去了，一次饭桌上，几棵大树酒到酣时，话到嘴边，情到深处，意在心里，箭在弦上，不可不发……"啊呀，你们家这棵小树将来怕难以开花结果，仅就传粉授粉就够让你操心的……"

"嗨，这有啥难的嘛！我老婆在苗圃任职，我让她再给你们家一棵树苗，多大的事儿嘛！"

——这是大树海兄的酒后之言啦。

没想到海兄真的归而谋诸妇，一阵子枕头风，就把自己给吹醒了，却把老婆给吹迷糊了……

数日，海兄清醒之后给老树来电话，过来填表，准备检验你家的小树……

有了可以另育一棵小树的资格与机会，两老树抓紧时间完成选种育苗工作。

比上一棵小树晚六年，另一棵小树来到了老树家族。两老树喜欢得不得了，四棵老老树更是树逢喜事精神爽。其中两棵老老树寒冬腊月千里跋涉，平生第一次被塞进一个小铁笼子里，从鸡鸣到夜半，经过十几个小时的颠簸，来看望小树。小铁笼子停在楼下，两棵老老树竟然坐硬了，不会走路了。老树把老老树从铁笼子里抱到楼上……另外两棵老老树，刚刚从物竞天择、适者生存、竞争激烈、狼虫虎豹各种病虫害防不胜防的森林里退出，本来在公园里闲适养老，但自小树出生，便重新上岗，不计报酬，奉献余温余热，好几年如一日，尽心尽力照看伺候小树，寸步不离，形影不分；舍不得吃的给小树吃，舍不得喝的给小树喝，小树自幼能吃能喝，自然苗壮成长。

看树苗，是一棵好苗，粗壮，结实，有活力，很招人喜欢。对水分、肥料和其他各种营养来者不拒，能吃能睡，能动能闹；风来了不怕，雨来了，高兴；放在露天，疯长；移到室内，能生；移植在森林里，对各种动植物都不惧怕，都能相处；搬进公园里，爱参观参观，想拍照拍照……

但是，到了与园丁打交道的年龄，对付起园丁来，那可是其他植物根本难以望其项背的。5岁，敢跟幼儿园园丁闹别扭顶嘴；6岁，能够把各种动物植物模仿得惟妙惟肖；10岁，能独自在北京的大街上找到书店，能自己打得找回住地；14岁，敢深更半夜独自步行十几里路回家；16岁，能够独行几千里去会会别的树……

眼看即将长大成一棵真正的树，小树却改变了成为一棵树的想法。既不愿意成为用材树，也不愿做景观树，根本就看不上做烧柴……老树每每语重心长地说："那你做个沙漠里的胡杨吧，你看春天青翠茂绿，夏日浓荫匝地，秋来一片金色招人眼球，冬天那一片片落叶都能装点大地，听说过化作春泥更护花吧……即使这些都是空的，你去过内蒙古大草原上，看见蒙古牧民的羊圈用什么围成的了吧——做个树桩总可以吧……"

"不，不，不……我是一棵树，但不是你想要的那棵树，我长成啥样由我决定，不由你决定！走出温室和公园，我就成了大自然的一员，与你一样，有成为一棵什么样的树的自由和选择……你爱要要，不爱要，我就回到森林里去了……"

一棵老树只管水分肥料，把小树养得白白胖胖的；另一棵老树侧重营养修剪……

现在看来，这棵小树连个树桩都做不了，还要耗费沙漠里有限的水分，还要和另一棵树争夺可怜兮兮的养料与地盘。

两棵老树都是凡人，觉得木头嘛，用来盖房子最好，顶天立地，横空出世，为主人遮起一片生存空间，管他风来雨落！其次用材，哪怕被破成木板，打成家具，就算是个矮凳子，也可以让人坐上去歇息片刻……

但是，小树都不愿意。

莫非这只是一段树根？老树没有艺术细胞，一直不喜欢木制工艺品，原因？除了屈才，还有就是生存空间有限，没地方摆放啊……

然而，理想很丰满，现实却骨感。小树确实只是一段树根！

没什么形状，没什么美感。既不小巧玲珑，也不沉稳厚实。对于缺乏艺术想象能力的老树来说，可是费尽脑力了。逼得老树去研究根雕艺术，本来一见什么《盗墓笔记》气就不打一处来的雄树，喝惯了汨罗江上游的蓝墨水的，焉能喜欢你那些《斗破苍穹》！既无文学性，又缺乏艺术性，就像陕西人民吃辣椒，除了当时的一些快感和刺激，剩下的只有拉屎的时候屁眼痛！但是老树耐心地去看……老树你还必须去接受，树苗原来也不可选择。你不喜欢，他是一段树根；喜欢，他还是一段树根。雌树可是有耐心的，就算他将来是一堆烧柴，总比没有柴烧好吧，生活中本来就需要烧柴的……

老树耐心地观察树根，一有机会就专程细看那些根雕。浙江东阳木雕城数万平方米的营业空间，成千上万家店铺，数不清的商品，全都是与木头有关的，原来木头还有这么多用途！彻底颠覆了老树认为木头只能用来造房子和打家具的理念！

从几十厘米厚、几十平方米大、售价上百万元、名贵木材做就的大型会议桌、办公桌，到几块钱的一串手珠、一根孝虫，甚至一个穿鞋用的鞋拔、一把牙签，哪个不能卖钱，哪样在生活中没用！

一打问，唉，卖得最快的恰恰是小商品，是生活中有实际用途的小玩意儿，就算是手里没几个钱或者生活最节俭的老头老太太，来这里转一圈，总归会买几个牙签的嘛；连和尚道士来了还要买两个念珠捏在手里玩玩的嘛……一位精明商人说："这张老板桌价格几十万，卖掉就能赚一大笔，可是我已经放了好几年了，没人买啊！生活中有几个大老板呢，即使老板做得很大，谁又有那个闲钱呢……"

认了，这只是一段树根。

正在这时，老树读到了三十年前一位同事的文章。那是一位出身农村的穷学生，自己就只是半个男子汉，连一袋面粉都抗不到楼上，终生不能奔跑，遇到阴雨天就像是死刑即将来临似的难受……经过一二十年的打拼，农村种过地、城里做过烧锅炉的临时工，仅高考考场就进过好几回……考上大学到就业，成家到生育，生了丫头片子！

那位老兄发短信给兄弟姐妹们："今年 11 月 13 日，本人喜得千金！小天使降临，母女平安，本人荣升为美女她爹。现在起，本人毕生将为打造黄土高原美女而奋斗！"

老树亦曰："现在起，本树就将余生奉献给树根，用毕生精力打造一个根雕！"

2016 年 8 月初稿
2022 年 8 月 25 日修订

附一：

送给宗璞的亲子礼包

儿子：

所有的一切都是能量，包括物质、光线、声音、语言、文字、图像、思想……它们呈现不同的形态，是因为振动的频率不同。所以，真正的我们在我们之内。

在当下我们的周围，有许多我们感觉不到的世界存在。我们无法感知它们，是因为我们的五官感知能力是有局限性的。我们的每一种感官都只能感知到非常窄小的频率范围。

我们的 DNA 只有 5%-10% 在运作，我们的大脑也只有 5%-10% 在使用。大脑和 DNA 的其他部分一直处于休眠状态，或者说，剩余的部分并不在我们所在的层次运作。想一想，大脑和 DNA 是身体结构的重要部分，但它们为什么不适用于《进化论》。我们生活在无数的平行现实里。宇宙里有无数个你我的存在，只要我们有思想和心理活动，我们就在穿越不同的平行现实。我们之所以感觉不到这个过程，是因为我们五感的局限性。

时间并不存在。所以真正流动的并不是时间，真正流动的是空间，或者说是我们的意识在以极快的速度不停地流向一个个未知的空间。当我们内心产生抗拒时，意识的流动会变慢；当我们内心臣服时，意识的流动会变快。所以当我们痛苦的时候，感觉上时间会过得很慢；而当我们心情愉快的时候，时间就过得很快。

正在试着走入灵性世界的妈妈

2013 年 11 月

豆豆：

你知道有些画面是在妈妈的脑子里永远也挥之不去，念念不忘的。记得三岁时，有一次你正兴高采烈地吃着苹果，看到我抱着一袋大米进门，你丢下苹果急忙跑过来帮我抬大米。那一刻心花怒放的定格现在想起依然甜蜜窝心。有一次，你无故被同学打了，回来很委屈地告诉我："妈妈，同学打疼了我，我拿起板凳追打他，可我又不敢把板凳扔出去，怕万一板凳把他砸坏了咋办。"我被那时才一年级的你如此理性感动着，内心欣赏着你的男子汉气概，大度又绅士的品格。

更让我内心发颤和今生难忘的一个画面是我在学校加班回家晚了，走到半路，看到你光着脚拖着鞋站在雨中等我，老远就听你在喊："老妈，你咋这么晚回来。下着雨，我在家越等越着急，担心你在路上出什么事……"（每每想到这里我都是泪流满面，心里又温暖又感动）。

初一的第一学期期中家长会，我们许多家长在教室外的走廊上等你们下课，你下课冲出教室就拥抱我，笑眯眯地对我说："老妈，你来了，太好了，太好了。"这是你第一次在众目睽睽之下，给我大大的拥抱，我好感动，好骄傲，心里特别温暖。真想此时此刻是可以定格或静止的。还有就是上初二时的"三八"妇女节，你坚持要给妈妈洗脚，你绵绵的手搓去了妈妈一身的疲劳，让我一下子全身感到很轻松，那一刻我是世界上最幸福、快乐的妈妈。

你的到来给了我前所未有的幸福和快乐，当然也有特别多的体验与修炼。

爱你的粉丝老妈

2013 年 11 月

豆豆：

记得昊姐无数次在各大大小小公开场合中，当着很多人的面认可和欣赏你独特的视野视角，以及对自己酷爱的东西可以一头扎进去深入探索和研究的精神。还有那种独立自主、特立独行的思考力、创造力和自我管理的能力。每次听到我都是那么享受同时也是那么无奈。灵魂如此优秀的儿子，我和你老爸怎么可以帮到你让你顺顺当当走上自己的人生之路。

我承认，当你封闭自己、不与人交流、不参与集体活动时；当你出去会友，不打电话告平安时；当你把自己锁在房间里，不让父母知道你在干什么时；当你沉浸在玄幻小说里，不愿意上学，要自谋生路时……对于普通而深爱你的父母来说，这些时刻都是特别难以跨越的坎，因为你的这颗种子一旦种下去的话，今后所有的结果都会与现在相匹配。

最近都在听昊姐阐述魔性世界正在扩张势力，不断地对一些优秀卓越的大灵魂进行腐蚀分化。主要的入口和通道大多来自游戏、网恋和一些电子刊物。魔性世界就像赌场一开始会让你尝点甜头，以至于你被刺激、惊险、好玩、竞技等无所不能的感觉（或者说是幻觉）迷惑；你开始欺骗、遮掩、躲藏，让你身边所有帮助你的磁场和能量都远离你、屏蔽你；而当魔性世界把你彻底孤立起来后，就开始让你品尝史上最丑陋、最难闻的果实。殊不知让人眼花缭乱的网游世界里的制造者和设计者都是有着超高学历、超多人气、超大影响力的人。他们是先学会了驾驭自己的情绪、情感和控制自我懒惰后，才用高科技的程序结合人类的贪婪和惯性思维将人脑机械化、程序化、模式化，将游戏者在麻木的惯性中和虚拟世界里沦陷为游戏的一部分。

吴姐说，高质量、高纯度的灵魂一定是不会受到这种高度频率的辐射的。因为这些新新人类是不受这种魔性桎梏的，但是他们会假装沉迷、沦落体验一下，用最好的演技蒙骗了魔性世界的高手，让他们认为魔道已经得逞。这种例子在凡姐、博文、鑫野等人身上都实实在在发生过。最令人振奋和费解的是，当他们回到原有跑道时，就立即启动了自己的灵性装置，用反歼灭的更高智慧和保护系统将其颠覆。做到这些，要有团队合作，大家群策群力；也要有知识的累积。今天之所以还有学校的存在，不光是为了学习，还有就是寻找今后的最佳搭档，组建团队，提高自己本源的能量，找到破译魔性世界入侵的密码和规律。

听到这些时，我突然好像有点明白了，我儿子是不是也被赋予了这种拯救新新人类不被摧毁的使命和重任，所以你才有了现在的策略和一般人都看不懂的障眼法来武装和掩护自己的身份？所有经过这个阶段的人，回到学校都是让老师学校震惊和重视的，因为他们在各方面的能力和能量太突出了，突飞猛进的速度和内敛强大的魅力让每个人都如鱼得水，因为他们最擅长发现真理、揭露本质、找到规律……原来我儿子是公平公正的捍卫者和谋划者。

想到接受完使命，再次回到学校里的儿子带着那种帅气、快乐、智慧、神秘的能量，我内心也无比汹涌澎湃……

你永远的粉丝和仰慕者妈妈
2013 年 12 月

附二：

致冲刺中考的宗璞

儿子：

你好！很想与你一起分享下面的小故事。

有个老木匠准备退休，他告诉老板，说要离开建筑行业，回家与妻子儿女享受天伦之乐。

老板舍不得他的好工人走，问他是否能帮忙再建一座房子，老木匠说可以。但是大家后来都看得出来，他的心已不在工作上，他用的是软料，出的是粗活。房子建好的时候，老板把大门的钥匙递给他。

"这是你的房子，"他说，"我送给你的礼物。"

他震惊得目瞪口呆，羞愧得无地自容。如果他早知道是在给自己建房子，他怎么会这样呢？现在他得住在一幢粗制滥造的房子里！

我们又何尝不是这样。我们漫不经心地"建造"自己的生活，不是积极行动，而是消极应付，凡事不肯精益求精，在关键时刻不能尽最大努力。等我们惊觉自己的处境，早已深困在自己建造的"房子"里了。

把你当成那个木匠吧，想想你的房子，每天你敲进去一颗钉，加上去一块板，或者竖起一面墙，用你的智慧好好建造吧！你的生活是你一生唯一的创造，不能抹平重建，即使只有一天可活，那一天也要活得优美、高贵，墙上的铭牌上写着：生活是自己创造的。

人生由许多个阶段组成，每个阶段都有不同的任务，对你而言目前这个阶段的任务就是学习。如果把下个年龄段的事提前到现在来做，就意味着在两个年龄段都做了不该做的事，而且两件事都做不好。你要考虑现在这个年龄段最应该做什么，不要错过了学习的最佳时机，学习就是现在最重要的事情，其他任何影响学习的事情都应该放一放。你的目标是中考，你不努力不行，就像上楼梯一样，得一步一步地走。你是一个现实理智的人，应该清楚自己的目标，即使对现行教育制度不满，也必须接受并适应它，消极应付无助于目标的实现，反而会浪费时光。初三的学习是很紧张和沉重的，如果你能够经受住考验，就会变得坚韧起来，这份坚韧将使你在以后的人生中笑傲任何困难！所以，不管中考结果如何，你都要坚持到底，因为这个过程本身就是一笔财富。

求学如登山，在漫漫征途中，时时考验我们的不是别的，是我们能否始终如一地拥有一颗执着的心。

拥有这颗心，我们就能忍受失败，忍受困惑，忍受烦恼，忍受病痛，忍受贫困，忍受歧视，忍受打击，忍受诱惑，忍受一切……

拥有这颗心，我们就能穿透迷雾，看到远方。

拥有这颗心，我们的生活就不会枯燥，就会充满激情。

进入初二后，你的心态一直没调节好，没有学习目标，感觉学习很苦很累。是啊，一个人如果没有自己的奋斗目标，干什么就没有动力，就会萎靡不振。转眼间到了初三的期中，有点进入状态的你，常常熬夜到很晚。妈妈担心你的身体吃不消，而且熬夜期间所学的知识记不牢，第二天也没有精神上课，如此恶性循环，你会始终处于一种疲惫而低效的学习状态中。要想提高学习效率，必须每天保证一个小时的锻炼和八个小时的睡眠。你要储备好足够的精力，才能更好地投入紧张的学习。考试不仅是检验，也是经历，你要在考试中学会勇敢、坚强，学会承受考试的失败，承受挑战。你会更加坚强起来，坚强是一种超越任何事物的财富。所以，你要学会承受，更要勇于承受。妈妈对于明天的你，充满信心，因为你勇于承受，你会幸福快乐的，在承受和幸福中走向成熟。

最后，妈妈送你四句话：对人懂得感恩，对事知道尽力，对己知道克制，对物懂得珍惜。希望它能伴你走过健康、幸福和快乐的一生。

爱你的妈妈

2014 年 11 月 21 日夜

转过身去

转过身去，我们可能会有意外的惊喜，我们可能会有一次华丽转身，可能是解题换个思路，可能是思考换个角度，做事换个方法。

儿子面临体育中考时，15岁的小伙子，800米跑不过我这个50岁的老伙子；实心球不是抛出去，而是近乎自由落体……自己打算放弃，找各种理由申请免试……

转过身去，面对现实，走出盆地！我们父子每天早晨6点到学校田径场，先锻炼，再吃早饭、上课。我对儿子说，练，你先做到800米超越老爸……一个多月后，儿子各项技能超过了我，体育中考满分。

十七八岁的男孩子，觉得自己已经是男子汉了，一度对抽烟很向往。我从来不抽烟，对抽烟极其敏感和反感。工作几十年来，我不跟抽烟的同事在一个办公室办公。大妹夫是老烟民，我总觉得他们家的餐具都有一种焦油味道，我一般不在他们家吃饭喝水。但是，我必须转过身去！我对儿子说："感觉抽烟很好玩？没事儿，老爸给你买包烟，在家里抽，千万不要躲在外边偷偷摸摸抽。抽烟没什么丢人的，是你长大和成熟的标志。"我买了一包三十几元的烟，笨拙地打开，抽一支递给儿子；整个家里找不到打火机，最后是在煤气灶头上点燃的……抽到一半，儿子说："不好抽。"我说："那可能是这种烟不好，咱再买好的！"

转过身去，我再次买了一包七十几元的软中华，在我看来，这就是最好的香烟。又抽了两支，儿子终于发现，抽烟并不好玩。我把两包拆开的香烟放在冰箱里，对儿子说：你想抽的时候，随时抽……结果几天后香烟全都发霉了——更不好抽了！

学校有位男老师留了长发，扎成辫子，学生们都觉得时髦、帅呆了。儿子坚持要留长发，理由是体验一下长头发的感受。我半辈子痛恨长头发，一般每三周理一次发；别说我这个男人，即使家里的两代女人也都是短发。但是，面对成长中的男孩子，我们必须转过身去——好吧，现在这个时代，剃光头没有什么，留长发自然也没有什么，纯属个人兴趣爱好。

儿子留了8个月长发，足够扎辫子。游泳时，长发从游泳帽里飘出来；吃饭时，长发飘到菜盘子里；卫生间里，长发堵塞地漏……

一天，儿子剃了光头回家，进门感叹：头发长麻烦事比较多，增加了生活成本……

面对成长中的孩子，我们必须转过身去——转角思考，遇到阳光。

转过身去

刘毅然

在我刚出生的时候，我的父亲给我取名叫刘铁。

后来这个决定遭到了家人的一致反对，名字是盛满长辈们美好期望的容器，而"刘铁"这个名字显然过于草率和粗糙了一些。但是在我的童年里，这个名字却仍经常在我耳边响起，姑姑爷爷奶奶叫我"阿宝"，独独父亲一人叫我"阿铁"。

想来，是不是因为我不是父亲的"宝"呢。

我的父亲是一个总在我身后的男人。他总是在我身后，让我感受到他监视的狠烈的目光，总是担惊于他突然而来的冰冷的训斥。姑姑总是念叨，在我童年失去母爱后，我生性中的胆小谨慎都是被父亲吓出来的。她说我小时候跑步摔跤，她赶过来哄着我哭，父亲过来瞪了我一眼，告诉我不许哭。我立刻抿了嘴把声音关进嗓子里，用袖子擦去碎玻璃一般的泪水。姑姑很是不满，说我父亲太狠，扼杀天性。

父亲年轻的时候当过兵，他认为一个男孩成长为一个男人，先成为一名军人是最好的方法。军人的经历在一定程度上影响了他对我的教育，他坚定地认为男人要有男人的样子，体现在发型上那就必须是板寸。直到初中结束，我从来没有获得过一次独立去理发店理发的机会，我总是在父亲的看押下咬牙切齿地坐上椅子，听着割稻机一般的剃刀贴着我的头皮轰鸣而过。父亲自己已经理了十几年的板寸，我的板寸不仅是他强权的体现，也是他所认为的意志的继承吧。

终于上高中了，两个礼拜甚至是三个礼拜才放一次假。以前是父亲站在我身后用灼热的目光和冰冷的语言鞭挞我，而现在，是我迈开双腿向前逃跑把父亲甩在身后了。我不会转身看他一眼，这是一种报复。

期中考试完了，我打电话给他。我们的对话向来简洁。

"周六来接我，9点开家长会，高一楼四楼。"

"哦，好，"停顿后，"考得怎么样？"

"很不好。"

"嗯，知道了。"

开家长会的时候，我在宿舍等他。我想起初中的时候，作为优秀学生的家长，父亲被班主任请上台谈谈教育心得，父亲却在台上批评我学习不认真，早睡晚起，班主任尴尬地打断了他。这件事通过同学的家长传到我的同学，最后辗转进到我的耳中。我一直无法想象在台上发言时的父亲的表情，是按捺着将溢出的骄傲呢，抑或是一如往常批评我时的那般军纪严明。我只知道，今天的父亲不会再有上台发言的机会了，他的儿子的糟糕成绩足以让他低下往日高昂的头颅，足以让他在瞥过一眼成绩单后迅速地团成一团塞进口袋，足以让他找到教室里最晦暗的角落数着秒针艰难度过这一个小时，热闹是别人的，光彩也是别人的。

等来了父亲，我拎着书包走在前面。

"你头发有点长了，去剪个头吧。"

我打湿头发坐在椅子上，刘海摩挲着我的眉骨。高中以后，我获得了头发的主权，而现在，我的父亲就站在我的身后，一言不发。我不用转身，在脱下眼镜后一片朦胧的镜子里，我可以看见他。我的父亲，今天穿着他最合身的西服，擦亮了皮鞋，无比骄傲和光彩地参加了作为一个残兵败将的我的家长会，而这一切，他早已有所预知。

理发师的剪刀步履匆匆，许许多多的头发擦着我的脸颊滑落，如同瀑布一般倾泻而下。从见面到现在，父亲对我的成绩只字未提，这反而让我感到局促、焦虑和愧疚。我的父亲变了吗，什么时候变了呢，他不应该咄咄逼人吗，不应该破口大骂吗，我多希望我的父亲把我骂出泪水来，然后又严肃地呵斥我"不许哭！"我多希望这时站在一旁的他对理发师冷冷地说一句"剪成板寸"作为惩罚我的手段。而这些都没有发生，父亲仍是站在我身后，一言不发。

镜子里，我不用转身，我们就能看到彼此。

走出理发店，父亲仍是在我身后。

"爸，恨铁不成钢。我为什么不叫刘钢呢？"

"……哪有人生来就是钢呢。"

我怔住了，当我准备转过身去时，父亲已经走在我的身边，把他的大手搭在我的肩上。

后记：

2019 年 4 月，南菁高中语文教研组给高一学生的作文题目是：

阅读以下材料，以"转过身去"为题，写一篇不少于 800 字的记叙文。（60 分）

为了逃开那头怪兽，你一直跑，一直跑，但是这样是没用的，你不能一直用后背对着它；你要勇敢地转过身去，才能看清那头怪兽的本来面目。——阿加莎

众里寻他千百度，蓦然回首，那人却在灯火阑珊处。——辛弃疾

我和同事在编写作文讲评讲义时，发现很少有学生写记叙性文章，精挑细选出来的几篇记叙文缺乏真情实感；多数议论性习作缺少思考深度与广度……我为学生们写了一篇示范性记叙文，并且邀请徒弟刘毅然老师也为学生写作下水作文……我师徒二人的文章编印进作文讲义，在本校乃至周边学校传为美谈；两篇文章均后来发表在《全国中学生优秀作文选刊》上。

2022 年 8 月 30 日修订

示诸子侄

因为修理眼镜与买眼药水，我今天（2020年2月18日，农历正月二十五）终于上了一趟街——腊月二十几至今第一次。

除了水果店、药店，几乎所有的店铺都锁门歇业。邮局、银行的工作人员都穿着防护服，摆一张桌子在门口，但凡能替顾客办理的事情，一概代办，不允许走进营业厅大门……

眼镜店的门锁着。玻璃门上贴着一张纸，仿佛写着什么。于是我停车查看，正准备拨打上边留的电话，一位四十多岁的中年人走出来，开门请我进去。

他很热情地问候、让座，很谦虚地跟我商量："我要把卷闸门拉下来、关闭……我开灯、开空调……"

老板一开始就盯着我的眼镜看，用眼光询问我。

"我修理一下眼镜，换个镜架吧……"

一般一百来块钱。

"您是老师吧……你这眼镜戴好多年了吧……你配一副新的吧……我给你最大优惠……"

"我这个眼镜还可以继续戴，换个镜架就可以了。"

这位老板一脸无奈，很是伤感，开始给我找眼镜架。500元，300元，180元……

我挑选了一副160元的，看见他难堪的表情，想来内心极其失望，他慢慢悠悠地拿出一副新的眼镜架……

这一刻，我突然改变了主意，"我还是配一副新眼镜吧，这副眼镜时间长了，也该更新换代了……找你店里质量最好、厚度比较小、价格高的镜片……"我果断地说。

老板几乎是两眼放光，连声说："好好好，老师，您先坐下休息一下；我用最快速度给您配好，打四折……"

加工镜片过程中，老板热情地跟我聊天——

"您看我这店面房租每月7000元，房东不会因为疫情减免房租……我是丹阳人，一家四口，全窝在这里……您是我今天第一个顾客……"

着意看了他店里整个一圈——坐南面北，朝着街道的北侧是门面，南边都是墙壁，没有一丝阳光，冬日不取暖的江浙一带，的确阴冷潮湿……玻璃柜台上好几处灰尘，看样子好多天没有擦过；里间一个最多能坐两人的简易沙发上堆着一件棉衣；一个功率很小的电热取暖器，紧挨着沙发；小茶几上放着方便面、水杯，唯一有亮色的是几颗红色草莓……

不到半小时，新眼镜就加工好了。我试了试，很合适；支付宝扫了600元，准备离店。

老板一路小跑去给我开门，一边说："老师，你等一下，我送你一瓶镜片清洗剂……"

送我到门口，连说三遍："老师，你以后随时来我这里来拿清洗剂，拿眼镜盒，拿眼镜布……您慢走啊；我要赶快把卷闸门拉下来……"

……

子侄们：有工作可干，有班可上，有生意可做，有钱可挣……在这个非常时期是不是一件很幸运、很幸福的事情？！

不是工作需要我，实在是我们都需要一份工作；不是国家离不了我，实在是我们需要这个国家；不是社会离了我就不行，而是我们离了这个社会就没法生存！

从腊月二十三放寒假到今天正月二十五，我没有正式上过班，最多就是坐在家里对着电脑上几节所谓的网课，就是给青年教师们建议一下讲什么内容，偶尔抱着手机解答一下学生们的问题……编写了几份讲义，表面上看义务为学生服务，实际上各地都有很多问我讨要讲义的学生、家长、老师甚至很多时候是校长……况且以后这就是一本书，可以算作成果。

工作不是给单位干，不是给领导干，不是给别人干；我们付出的一切，终归都是我们自己的！

那些认为上班就是给领导做样子的人，有职业，可能没有事业；认为打工就是为老板卖力的人，只能一辈子打工，永远成不了老板；认为工作只是为了挣钱、种庄稼只是为了今冬不挨饿的人，永远只能解决温饱，无望小康！

我今天的一切付出与辛劳，都是给明天和后天的我打基础、蓄力量。一定要让明天和后天的我肯定和感激今天的我；而不是悔恨、否定甚至诅咒今天的我……

以与各位晚辈共勉。

2021 年 2 月 18 日晚

后记：

当晚，我把这篇小文章分享在我兄弟姊妹的微信群里，陆续收到反馈，精选如下——

刘青松（女婿）：老板也难，工人也难，庆幸自己有班上，好好工作，做好自己，不给家人、社会添乱！（两张图片）

刘伟豪（外甥）：感触良多！以前觉得放假是件好事，想放长假，想多休息……这次真的放假了，我发现了很多问题，个人的理财能力，生存能力等，深刻地体会了什么叫人无远虑、必有近忧。

还好我来得早，很多同事到现在都无法出门，无法上班。

寇蔻（女儿）：你姐夫9号晚上回无锡的时候我都不敢睡，直到他说过了无锡界……那天晚上老妈也一直悬着心呢；庆幸你早早从嘉峪关回来。

刘伟豪：嗯，还好来得早！这边也没人管我，我徒弟今天来的，到无锡被劝返了，坐车去苏州过来的，部门一共10个人，到现在还有5个人不知道什么时候才能来上班。

寇永梅（妹妹）：现在除了水果蔬菜店、药店、微商和保险，别的行业基本都歇业了。如果目前疫情得不到控制，上半年就没有收入了，所以庆幸吧！估计全面开工到四月份了，大家做好防疫，保护好自己，保护好家人！啥都不易。

寇宗琛（侄子）：工作不是给单位干，不是给领导干，不是给别人干；我们付出的一切，终归都是我们自己的！以后每天去上班要把这句话带去！

安慧：感谢姐夫分享非常时期的感悟！"有工作可干，有班可上，有生意可做，有钱可挣……在这个非常时期是不是一件很幸运、很幸福的事情！"读了姐夫的文章，想起我今天农民工家长给我说的话"去年这个时候我已经把几个娃娃开学用的钱挣下了，今年快连烟也抽不起了……"

虽然可能是夸张的话，但也说明生活都不容易啊。"我们付出的一切，终归都是我们自己的！"干工作就应该踏踏实实地努力去干。自己不努力，就别怨人家小瞧你！

安龙（妻侄）：文章已拜读！真情实感。我们每个人皆应为有事可做而感到庆幸，每一项任务的完成终将会使自己有所提升、有所收获。

正文曾发表于校刊《南菁教育》

2022年8月22日修订

批评开车玩手机的人

昨天（2015 年 3 月 12 日），我们小区里发生一起车祸：邻居出嫁女儿，租用婚庆公司一辆加长林肯。为了表示对司机的谢意，主人给每辆车发两包好烟，车辆停在小区门外等待接新人。这位司机沾沾自喜吞云吐雾享受着香烟……鞭炮响起，新人下楼，车辆掉头，加长林肯司机忙于点燃手里一支香烟的瞬间，发生车祸——林肯车的右侧车门撞坏，打不开了！

主人立即打电话给婚庆公司老板另派车来；司机赶紧打电话给保险公司来勘查现场；新娘又哭又喊：这家婚庆公司的车我不要了……

一场热热闹闹的婚礼被搅乱了……

一个司机体面的饭碗丢掉了……

一个婚庆公司的牌子被砸掉了……

据说本地的 4S 店都修不了这辆加长林肯，只能拉到大城市去修——代价昂贵，时日漫长，耽误生意……

前两年，我开车去浙江嘉兴游览两处古镇，高速公路上看到一起大巴车事故。后来得知，大巴车司机行驶过程中低头点烟，没有发现前边正常行驶的小型客车，就直接追尾撞上去了。小客车基本报废，后排座三人全部当场殒命……这辆旅行社高档大巴车上几十位乘客，有喊的叫的，有发牢骚的……这位司机的饭碗肯定保不住了！

我在电脑里有上千张关于车祸的图片，有一个专门的文件夹保存。这些图片全都是我在车祸现场拍摄的。每每遇到车祸，如果现场允许停车，我的时间也允许，我一般就会停车拍照。

我的亲人中，有人开车打瞌睡出过车祸；有人驾车途中因为点烟双手离开方向盘，把汽车开到了路基之外——我接到电话后要求对方用手机拍照片给我看，从照片上推断出事故原因，肇事者不得不低头承认……汽车少的时代，有人给单位开车，或者给私人开车，还扬扬得意；后来到了有车时代，有人觉得开着自家的车很牛，趾高气扬，忘乎所以。有在高速公路遮挡号牌行驶的；有一边开车一边微信聊天，甚至视频的；还有汽车行驶途中拍一段视频上传，以示炫耀的……

越是颗粒饱满的麦穗、稻穗，越是低头弯腰、谦恭厚重；昂头傲视的，可能只是一株草而已。

好吃的水果，果树并不高大挺拔，开花朴素大方。高大挺拔好看的树木，很少结出可以食用的果实。

成为好木材的树种，大多成长缓慢；成长快的树木，大多不能用材。

开出艳丽花朵的植物，多数是观赏性的。

野生动物中最有生存能力的那些，像老虎、狮子、狼，大多不擅长叫，即使叫了声音也不好听；叫声好听的动物，大部分没有超强的生存能力。

——人也是这样，有内涵的人不张扬，有成就的人不炫耀，有底蕴的人不显摆，有远大目标的人不任性……有了一点权、有了一点钱、有了一点地位、有了一点成就就任性的人，大多只顾眼前利益，缺乏长远目标，缺乏责任心。

司机，手里握的方向盘，其实就是自己的身家性命，就是父母和妻子儿女的期盼和希望。汽车轮子一转，方向盘不止把控着汽车行驶的方向，也驾驶人员生活和人生的方向。

后记：

这篇文章不是一次性写成的，动机很简单。

我兄弟姊妹五人，加上弟媳妇、妹夫，同辈十人；再加上外甥、侄子、女婿已经二十来人；还有妻子娘家的弟弟、弟媳，多数都会开车。有好几个职业司机是给单位开车，多数人是驾驶私家车。十几年来，大大小小的交通事故或曰车祸难以计数。前些年，车祸频现，虽说都是些小事故，但麻烦不断。我父母和岳父母时常揪心熬煎，经常给我们念叨他们听闻的交通事故……我作为长子、长兄，一直在思考着怎样让弟妹子侄们避免和减少交通事故……

我的办法之一是听闻了弟弟妹妹们的交通事故，就在微信群里发一段类似本文中的文字，旁敲侧击地批评一番，逐渐积累而成这篇不成文章的文章；另一种办法则是把我拍摄到的交通事故现场图片发到群里，让大家吸取教训。倒是很有效果，这几年，各种事故逐渐少多了。

我到高速公路服务区，必然仔细观察研究停放在警示教育区域的车祸报废车辆，也曾经拍成图片，甚至在上课中都能做到PPT中——2022年暑假在山丹一中讲《五石之瓠》时就用上了这一招。我到汽修厂保养维修汽车，对那些车祸车辆很感兴趣，总要围着事故车看两圈，缠着维修人员问这问那……其实修汽车的人只修车，不修人。事故车送到汽修厂的时候，司乘人员未受伤者去正常生活工作了，伤者去医院了，逝者……修理人员多数情况下只能从车辆受损部位与程度、车内血迹等推断车祸情况……

遗憾的是，我拍摄收集的那么多车祸图片难以在书中分享，权且以上述粗浅文字替代之。

2022 年 8 月 24 日补充修订

高尚是高尚者的通行证

小亲戚（外孙女——我称之为小亲戚；两个妹妹是老亲戚，女儿是大亲戚）四岁多了，2020年下半年，经人指点，发现腺样体肥大。一家人都是第一次听说这么一种病！于是上网查看，联系医院专家……

2021年春节前，无锡市儿童医院耳鼻喉科门诊一位女医生确诊小亲戚是腺样体肥大，建议住院手术治疗。我们预约好了正月初五住院、初七手术。

住院伊始，夫人陪床三天，让小亲戚熟悉、适应、喜欢医院环境；大亲戚负责后勤保障和办理各种手续；我负责攻关和交通运输；女婿放弃春节休息抓紧上班，好在手术当天下午开始向公司请假陪床，初八早晨我们三位在学校任职的都要开学了——学校这种行业比较忌讳在开学和临近放假阶段请假，委实是影响工作、耽误学生。

跟儿童医院打了几天交道，我深深体会到，这里的医护人员更加辛苦！几乎所有的儿童患者都是小学或者幼儿园学生，都希望门诊治疗、住院手术安排在寒暑假；几乎所有的住院患者都至少需要有两名大人陪床护理；几乎所有的儿童患者都哭闹喊叫……

儿童的寒暑假等于儿童医院医护人员一年中最繁忙、压力最大的时间。门诊所有的科室，大清早7点左右就人头攒动，热闹非凡……哭的，喊的；吃的，喝的；拉了的，尿了的；带着各种玩具的，手机上看着动画片的、打着游戏的……所有的电梯，都需要等待好几分钟才能停在你的楼层；挤进去之后，不是抱在怀里的，就是拉在手里被挤到屁股后边看不见小宝贝……

小亲戚能在这个时节住进儿童医院，已经不易！耳鼻喉科主任亲自手术，也不易，据说最多的时候一天当中连续好几台手术……作为病人家属，都希望医生能把手术做好，都盼望手术顺利、成功……

手术前一天，我凌晨5点起床，6点发车，一上高速就按最高限速狂奔，7点就到了儿童医院，7:30之前就守在了主任医生诊室门口的走廊里——我从医院走廊墙壁上的各种信息，加上网上检索到的信息，已经很有把握，能够凭借照片认出这位医生了！

主任换好白大褂，走到他诊室门口，我主动打招呼；他不认识我。还没有到正式上班时间，分诊台还没有安排患者进来就诊。我跟着他走进诊室，简短说明情况，我就掏出包里准备好的礼物，对主任医生说"表达一点心意"……这位医生瞬间就明白了我要干什么，一手摁住我的皮包，不让我掏出来；一手拉住我往外走……

我只得快快地回学校上班。

老妻也很失落，埋怨我攻关不力，给小亲戚这么点小事情都办不成。万一不能按时手术，拖延时间……如果不是主任亲自手术……假如手术不能安排在上午，前一天下午就不允许进食，不把小亲戚饿坏了！

晚上，我苦思冥想：明天早晨手术之前再去送？用快递寄给医生？从诊室门缝里塞进去……

假如是我，在大医院，已经干到主任了，专业发展等诸多方面正处在向上、向好的最佳阶段，做好本职工作是为了自己，我犯不着接收人家那一点点好处，搞得我心不安、理不得，见了人家矮半截；况且我们现在的收入水平也并没有多大必要接收红包……

我是个教师，与医生一样，都是知识分子，凭借专业知识和技术吃饭，专业技能的背后是人品素质……社会上有些职业能使出来的手段，我没有那种脸皮与心理素质……如果不能正常合理表达心意，至少也不能给人家医生添乱……手术结束、出院回家，并不是治疗结束，以后还要与医生打交道……

这样想了一番，我也就释然了。

一切都比较顺利。

小亲戚的手术被安排在当天第一台。手术进行中，我微信里收到主刀医生发给我一张照片——从小亲戚腺样体和扁桃体各切下来黄豆粒大小的一块肉——医生建议在腺样体手术时把扁桃体手术也做了——将两次住院、两次手术变成了一次！

我的想法也在改变，与时俱进。

小亲戚出院前，我写了一封信向医护人员表示感谢。

感谢信

无锡市儿童医院耳鼻喉科全体医护人员：

春节前我家小朋友刘一菲在门诊经邹凤医生诊断，腺样体肥大，建议手术。牛年正月初五住院，初七庄强尔医生实施腺样体与扁桃体肥大切除手术；经过耳鼻喉科医护人员精心治疗与护理，今已基本痊愈，准备出院。

感谢庄强尔医生医术精湛、医德高尚！

感谢曹可欣医生耐心周到解答病人家属疑问，医心仁德！

感谢护士热情主动，繁重工作之余还能够给我家小朋友扎小辫儿！

感谢儿童医院营造了让小朋友喜欢的温馨、活泼、人性化的医疗环境！

刘一菲外公、江苏省南菁高级中学教师　寇永升

2021 年 2 月 23 日

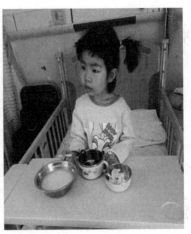

　　我头天下午专程找了好几种彩色 A4 纸，打印了几份不同颜色的感谢信，希望给三位医生每人一封，希望在耳鼻喉科住院部张贴一封。

　　我不能肯定有的医生大名是哪几个字，就让在医院里陪床的女婿到走廊里找到墙壁上的医生介绍给我拍照片……听女婿说，住院部有一位医生说话语速比较快，比较急躁；但是看到感谢信后到我们小亲戚离开住院部的一两个小时里，态度明显好转……

　　按医嘱，出院一周后要回医院复诊。我提前网上预约挂号；三个大人提前安排好工作，请假，准备专程去儿童医院。因为没有挂到专家号，我继续联系那位主任医生——庄强尔。很快收到微信回复：

　　一般出院后一周要看一下创面，验一个血常规。当地医院也可以看的。

（专辑）亲情

——这就省事多了！原本至少需要半天、驱车往返一百多公里，我们在江阴学校隔壁医院里几十分钟就搞定了！我没走出医院就把化验单拍照给庄医生看，他很快语音留言，告诉我：后续吃什么药，饮食要求，下次复诊时间等。

小亲戚恢复很好，不几天就可以上幼儿园了。

我突然想到了诗人的两句名言，稍做改动，以为本文标题与结语：

高尚是高尚者的通行证。

按医嘱，小亲戚需要在出院一个月之后到儿童医院口腔科诊疗。我发微信给耳鼻喉科主任庄强尔医生："麻烦介绍一位像您一样的口腔科医生。"真没想到，庄医生介绍我联系上了口腔科主任。

学生们正在月考，我任教两个创新班，一个跟高三参加苏锡常镇一模考试，我要独自研究清楚每一道题目，全程手工批阅完语文试卷；另一个班跟本校高二考试，我要完成备课组统一网上流水阅卷任务。不是拿出手机上网阅卷，就是面对纸质答题卷批阅……我家小亲戚第一次在无锡儿童医院口腔科接收诊断：上牙的牙弓未发育完全，较窄，需要等到8-10岁之间恒牙长好后看发育情况再做定夺，8岁之前每年来门诊看一次。如果恒牙长出后牙弓还是没长宽，就需要进行矫正；长宽的话就不需要治疗。矫正时间在12岁左右……

我致信庄强尔医生："庄主任好！昨天上午傅晓峰主任亲自诊断了，小孙女现在情况良好，不需要矫正；以后每年找他检查一次，8岁以后根据情况再定是否需要治疗和矫正——果然是一位跟您一样的好医生。谢啦！"

高尚是高尚者的通行证。

2021 年 3 月初稿
2022 年 8 月 23 日修订

装满浓浓的亲情、友情、乡情离家

自 1981 年离开家乡，整整 40 年间，我在老家过春节的次数是很有限的，尤其是引进江南二十多年来仅有的三次中，今年的虎年春节是我在家乡过年时间上最奢侈的一次。

农历腊月二十，公历 2022 年 1 月 22 日出门，到正月十一返回，我在家乡里的时间长达二十天，这是十多年来未曾有过的。

原本计划好的给老母亲祝福八十五岁本命年寿辰、举行父亲去世十年祭奠活动，都因为弟媳妇在使用电锯锯木柴时不慎脚受伤而改变。我与兄弟姊妹们商议，正月初三全天，以邀请亲戚乡邻们唱歌娱乐的方式让老母开心一刻。出乎我意料的是，腰水陈家姑舅们非常给力！白银有名的女书法家、陈仙贤姑舅的妻子张梅，亲手书写了一个大大的"寿"字作为中堂，并以"云霞五色春无限，松鹤千年寿有余"作联，我们将卷轴展开，挂在我妈的上房墙上，喜庆气氛立刻弥漫农家小院……爱好文艺的陈存贤表兄拉来了他新买的全套卡拉 OK 设备，还带着儿子、女婿作为专业技术人员，全程设备调控保障服务。更让我惊奇的是，我的小村庄里有那么多唱歌高手！我的初中同学顾明芬母女联袂，歌声高亢嘹亮而甜美……魏振新兄嫂用一个黑色塑料皮笔记本，工工整整抄写着了几十首歌词……王自梅嫂子接到电话家里来了亲戚，丈夫寇永新兄和孙子寇明田已经坐在电瓶车上挨冷受冻等着发车，她却拿起话筒说："（加）叫亲戚们在门上等个一会儿，让我把这个歌唱完……"寇德荣孙坐在院子里数杯酒下肚才来了激情，高歌数曲，很有风度……之前我从来没有发现我的弟弟永强会唱歌，竟然左拧右扭像模像样……陈和贤兄的小曲充满了乡村古风韵味，火玉强外孙女的舞蹈热辣优美，永龙三哥的孙子才是小学一年级学生，虽不认识繁体字歌词，但也能断断续续、羞羞答答地演唱……尤其是并不识字的我妈还能拿起话筒高歌儿时的流行歌曲……

高潮莫过于永川兄弟的提议：我妈坐在中间，我两个妹妹和弟媳妇苟三芳左右依偎在我妈身边，我们兄弟三人站立在我妈身后，合唱了两遍《世上只有妈妈好》……

　　我的收获是，以后侄子外甥们的喜事，甚至于给我老母亲办后事，我们完全可以吃喝之外突出娱乐！高手常常在民间，乡间并不缺少文化娱乐！唱歌跳舞更有节庆气息！

　　这个不得已的临时之举，让我们兄妹五人都收获了浓浓的亲情与乡情。

　　今年家乡之行的另一重要任务是看望我妈的娘家人。腊月里，我联系我尕舅李国珠，请他把原来宋家梁上我妈的娘家人们邀请到一起；腊月二十七中午，我请人在白银饭店预定了一个能坐二十人的大桌，我妈的兄弟们、两个姐姐、好几个侄子和外甥，汇聚一堂。舅舅们都不善言辞，但是有一位舅母能说会道，站起来讲话如同开会发言，思路清晰，言简意赅，真诚感人，遣词造句令我这个语文教师惊喜！特别是我儿时的人生教父李福军表兄，几十年来或种地或进城务工，举杯祝福时饱含着浓厚的亲情，让我顿时回味起少年时代的酸甜苦辣……

　　二十八全天，我开车，带着我妈和李国珠舅舅，来到靖远刘川，看望了世代居住在那里的我妈的娘家人。八十多岁的妈，和她那些同样七八十岁的娘家人们有拉不完的家常；最年轻的舅舅李国珠六十多岁，与他那些平时难得一见的老弟兄们，总有叙不完的往事与旧事……

　　二十几位舅舅，我在从江阴动身之前就寄来了近三十罐江南茶叶，每人一罐。

　　解放初期的景泰县打狼英雄李巨珍，是我外爷给我妈结识的娘家人，我兄妹从小以舅称之。李巨珍是我寇氏女婿，"永"字辈，但既然是我妈的娘家人，其子李常谦、李常青、李常明我们都一直以表兄称之。

　　没有李家人，我爸妈很难把我们兄妹五人拉扯长大！"文革"时期，李巨珍出生贫苦，李常青根正苗红，父子长期担任生产队、大队领导，保护我父母没有受到明显的欺负。我上中学时，李巨珍是中泉中学贫管会主任，多次关心我，学校里也没有人欺负我。因为李常谦夫妇，我张掖师专毕业走出嘉峪关火车站身上只有五分钱，却在戈壁滩上成长成才……

正月初一下午，我兄妹五人，遵照我妈的命令，驱车到陈庄看望了李常青一家四代几十口人。耄耋之年的李常青见面就能叫出我们的小名，蔡秀英嫂子更加热情激动："啊，娘娘的儿女们看我来了……"

这次有机会路过兰州，我联系常谦之子李俨钧，希望见见高清民嫂子。正月初四，在兰州的我妈娘家人二十多位，齐聚一堂，令我喜出望外的，这不是一般的过年聚会，而是庆祝高清民嫂子八十岁生日！

李俨钧主持并进行完主要议程后，我拿出我的著作，工工整整签名，恭恭敬敬送给高清民嫂子。从家里出发前我妈就叮嘱说："你到兰州肯定能见到李常明，我带上两双鞋垫子，你替我送给他……"我也敢肯定，李俨钧电话里对我说的家庭聚会，肯定少不了他尕爹尕妈李常明夫妇，少不了他四舅高清林夫妇……

闪回到1983年暑假，我被分配到嘉峪关市，李常谦外出开会，高清林嫂子听我介绍了半天突然笑呵呵地说："你这个娃，你只要说你是李国兰的儿子就行了……你看，我炕上那个枕头顶子是我和李常谦结婚时你妈做的针线……"回到眼前，他们几人见到我妈送的鞋垫子，都是六七十岁的人了，各个激动不已！

高清民嫂子全家在嘉峪关时，周末节假日，都让儿子李俨钧或长女小宁骑着自行车接我到家里吃饭。1984年"五一"节，他们全家搬到兰州，接力棒传给了高清民嫂子最小的弟弟高清林兄和妻子袁祖芬，那时他们夫妻两个都是工人，收入很有限，女儿高蕾才三四岁……如今高蕾亭亭玉立，儿子高原清华大学研究生；儿女双全，高蕾属鸡，高原属龙，真的是龙凤呈祥（清民嫂子的次女小红告诉我，高清林夫妇这些年一直是省委大院里的接送亲专业户）……

我妈的娘家人就是娘家人！临别时李常明拉着我的手郑重地说："娘娘老半年后，你可真的要告诉我……"

为了到兰州看望高清民嫂子，我们夫妻做了较为充分的准备。除了几千里路背了我的著作《理念：教育的制高点——延安支教日记》一套，安燕从浙江嵊州丝绸厂家买了十条高档丝巾，精心策划在正月初三下午或者最晚初四上午快递到兰州李俨钧处，由他带到现场。到我赠送礼物的环节，打开一看，全场惊艳！中国传统花鸟画喜鹊报春的精美外包装。色彩鲜艳到素雅的各种颜色，现代气息图案与传统元素皆有，中国风味与欧美风情具备。给在场的女士们，从高清民嫂子到常明嫂子，到清林嫂子，到清民嫂子的女儿、儿媳妇、侄媳妇等人人有份……

女士们全都打开包装，围上了丝巾，清林嫂子袁祖芬提议，高清民坐中间，她和常明嫂子两侧，开拍视频，表示对安燕的感激与祝福——后来俨钧把这段珍贵的视频发给我，我存在了电脑里，以作纪念。

正月初一下午，中泉—陈庄—景泰—中泉的紧张行程安排中，除了看望李常青一家，我挤时间看望了大侄女寇宗香、侄媳妇寇宗章妻子、妹妹寇永艳、兄长寇永常、九十高龄的姑姑，返程途中还在脑泉和腰水转了几家亲戚。

亲情和友情是主动交往、交流、走动和叙写出来的，不一定全部是天然生长的。农村里的庄邻友社，无非是遇到打个招呼，年头节下在他们炕头上略坐片刻，或抽支烟，或问候寒暄。年长的，磕个头；对遇到不顺心事情的家庭，安慰几句……与其埋怨别人看不起你，犹如家乡俗语说的："人人都是看得见有钱的……"不如主动记住、时常联系并感恩于人生中的每一个亲戚朋友。亲兄弟，可能形同陌路；非亲非故，可能情同手足。珍惜感恩，他乡所遇或成为故旧知交；薄情寡义，同胞手足甚或虚与委蛇。离开家乡四十多年，我在家乡的许多事情都是我的同学给我办的，红白喜事人情多由寇明哲代办。卢昌世、高子堂、尚可来都先后给我父母成好几吨拉过取暖煤炭。尤其是在2012年春夏给我父母新盖砖房的几个月中，卢昌世每隔一两天就在白银替我父母买好各种蔬菜、熟菜，付仲俨每过一二日利用下班后的时间开车送到中泉，尚可臻美其名曰"孝心工程"……二十几年前，我爸突发脑梗死但没有瘫痪在炕上，而是健健康康多活了十年，专车接到白银医院，联系专家诊疗，连夜到兰州陆军总院购买药品及时使用……多是我的同学和姑舅们出力甚至出钱的。我多次听到庄子上人们的议论：寇永升的这些同学像亲兄弟一样！

可以肯定，我的同学给我办事情绝对不会希望有所回报，因为我只是一名普普通通的中学教师，没有能力和机会给他们办任何事情；即使是我想请他们吃一顿饭，他们中的大多数也不可能有机会常到长三角。

初一这天上午，我穿着皮鞋步行了三四个小时，把庄子上所有人家走了个遍。简单午饭后，无暇休息，只是热水洗了脚，换了一双袜子，驱车出发，全程我驾驶早已不习惯了的手动挡汽车。之所以看望我大哥寇永刚的长女寇宗香（小名新会），还是出于我妈的心愿。她们一起劳动过好多年，时常说起。我十三四岁时第一次到陈庄，寇宗香已经是几个娃娃的母亲，放下手里的活，撸起袖子赶紧和面，请人在当时的手摇压面机上压了凉面招待我……我大哥的老二寇宗章和我从小一起长大，小学同学五年。20世纪80年代，一次冬天在他家里我差点被炕烟熏死，早晨起床不能行走，他把我背到院子外面，急得满头大汗，满庄子找冻果子等救治我……他的儿子在杭州读书时，我开车带着全家到杭州看望过不止一次……宗章前几年因病早逝，我只是电话里听说过；他的妻子我好像并没有见过，至今也不知道名姓，只是有一次给我大哥打电话，她一听喊"大哥"，连忙问："你是哪个叔老子，几爹？叫大哥嘛，肯定是叔叔辈……"

按照我们家乡有些人的狭隘心理，晚辈不看望长辈就拉倒，哪有长辈看望晚辈的？！

我不这样想！情义与辈分没有任何关系。

寇永艳是我伯父寇世裕最小的女儿，小我十多岁，我离开家乡时她还是个幼儿。但是我听她的哥哥寇永贵说：永艳虽说成了人家媳妇子二十多年了，但就像没有出嫁一样，父母的大小事情从来不推辞……我妈时常对我说："你二爹的几个娃娃中，现在寇永高最孽障，失了家不说，还成了残疾人，这几年在养老院，主要是寇永艳操心照顾着呢……"腊月二十五我与永龙兄妹一起到坟上给伯母烧纸的一个多小时里，能够明显感觉到永艳对父母、对娘家的一片真挚情义。听我妹妹们说，永艳为了养家，干两份工作；作为儿媳妇和女儿，照顾两个家庭的老人十几年……我下决心带着兄弟姊妹们去看望一下这个妹妹，以示鼓励与点赞。果然，永艳大出意外，娘家这么多的兄弟姐妹正月初一来拜年，几度泪眼婆娑……

听说一个爷爷的二哥寇永常在县城养老，我让弟弟永强联系，找到住址，我一定亲自去看望一下与我父母同龄人的兄长。老嫂子前不久因病去世，我千里之外未能奔丧，利用这个机会看看兄长，也算弥补歉疚。虽然我也听到了不同的声音：永常兄的儿子们从来不给我拜年，我反倒到侄儿子家里拜年……我不这样狭隘！侄儿子不给我拜年，那是他们人生修为不高，人情练达不够，与我给我老哥哥拜年完全没有关系。我到一个侄女、两个侄子家拜年后，好像也没有矮半截！

以前几十年都是到农村看望姑姑，这次是到表兄罗福在县城新买的楼房，多少让我有点激动！罗福新装修入住的楼房采光充足、宽敞明亮，室内设施与布局完全是城市标准，我到各个房间细细观赏，拉开所有的橱柜看了看，从内心里为罗福兄嫂感到高兴！他们二人辛辛苦苦一辈子，如今儿女都成家立业了，应该在城市买一套房子养老。而且住进新楼房的第一个春节就能把世代生活在农村的高龄老妈接来享受，弟弟、弟媳妇一起来陪老妈过年，妯娌俩忙手忙脚给我下长面……这样的兄嫂难道不令人崇敬与感念吗？！且不说与我父亲同胞的亲姑姑，也不论我妈怎样喝令我每次回家必须看望姑姑，甚至也可以忽略罗福这个表兄，单就是张菊花这个姑舅嫂子为我老嬢嬢所做的一切就足以让我觉得值得点灯耗油记录下这些美好记忆。

腊月里，我在景泰最高档的宾馆招待在乡间的几位老同学相聚，美中不足的是罗崇阳缺席。

初中时代，我们家里是一天三顿苞谷；或者苞谷炒面——炒过了颜色是黑的，颜色正常时多数情况下里边夹生；或者苞谷面馍馍，学校食堂里则是苞谷面搅团……罗崇阳家在龙湾，条件比我们好多了！每周回家背来一筐筐花馍卷子，挂在宿舍房梁上，用龙湾话对我说："你多会儿想吃就吃！用得着我回去多背一些而已……"老同学好多年前就双目失明了，出门委实不方便，乘车到县城吃一顿饭的确不现实。本来电话中约好，他由家里人陪同，初三到我家相见。但是直到初三晚饭时，还没有等到他来，山不过来，但我可以过去啊。

晚饭桌上，我对小弟永斌说："饭后我们俩人去一趟龙湾，我看看罗崇阳，你迅速去舅子哥家拜年——"我妈突然喝令："到龙湾一定要去看看你尚家姑舅姐（尚可臻母亲，是我爸的外甥女，比我妈长两岁，她们娘家都是陶家窑村子，是儿时的伙伴）。"

来到罗崇阳家，我对用双手摸着把我们领进厨房的老同学说："请你到景泰县城吃肉，你不去；我给你打包带来了！吃不了，就兜着带回来嘛……"我把装在编织袋里的一只羊放在他院子里门台阶上，他看不见，不知道是啥东西。他里里外外一把手、朴实能干的妻子，听说我要来，立刻开上电瓶车到窖里拉苹果去了，准备送我，也没有时间关注；他的一双儿女已长大成人，懂事明理，热情周到，尤其是女儿，笑着说："哇，你就是我们家最困难时候给我爸借 5000 块钱的那个寇永升啊……"直到我离开，他一家四口不知道我放在台阶上的是一只羊。

腊月里商议给我爸烧十年纸，我出钱买了一口肥猪、一只羊。我妈把猪肉都分给我的两个妹妹两个弟弟，四家人每家一条腿；一只羊我回来时才屠宰的，本来准备我们过年吃。我跟老母亲与兄弟姊妹们商量，猪肉你们都吃了，这只羊我完整地送给罗崇阳……全家没有任何人反对，连弟媳妇苟三芳都非常支持，说过年我们就不吃羊肉了……

就这样，我把一只羊打包送给了我那位双目失明的老同学罗崇阳。晚饭后7：00出发去龙湾，8：30到罗崇阳家。罗崇阳妻子冒着冷风从苹果窖里拉来两箱苹果送我，我弟弟永斌坚持不让我接受，留着罗崇阳卖钱。罗崇阳全家一再坚持，急得生气了。我折中了一下，带回来一箱苹果、两袋子红枣和果片子……

正月初一晚上，我到寇明泰的别墅里（小卖部，等同于庄子上男人们喝酒抽烟闲谝聚会公共场所）和村子里的中青年男人们聚了聚。乡里的红白喜事都需要左邻右舍出力帮忙，需要村民撑面子，我四十几年在外，几乎没有参与过村子里的人情世故，都是弟弟永强负责。这次本应邀请他的几位好友到家中招待一下——我拿了两瓶好酒、几包软中华，连过两关，庆幸我划拳的功能还在，虽然输多胜少，但还能勉强支撑。离开时我又就地买了一条黑兰州分发完，一箱酸奶大家解渴，一箱锦绣陇南白酒他们继续喝……寇明泰算完账，几百元；我直接支付了1000元——让永强下次再消费！

回来后全家皆大欢喜，尤其是老母亲非常快乐，表扬我为兄弟姊妹们拓宽交往空间、拓展人际平台……我倒没有想这么多——回到江南一定要寻找机会练拳，人体器官用进废退。江南人只喝酒，不划拳，害得我对划拳很生疏了。

下次回家，拳打孙辈喽啰，酒喝中泉庄子。

这次家乡过春节的另一大收获是，我利用早晚零星时间阅读完了《景电之父——李培福》一书。

前几年，家乡父母官侄女寇宗莲陪着我参观过景电一期工程一泵站和景电纪念园等处。我们在无锡相聚，只要有机会，我总是向侄女婿何斌了解有关景电一期工程的见闻感受。他们夫妻都是亲历者。我爸生前经常说起在沿寺做工的经历：好几个冬天在猎虎山干活，每每谈到这里冬天很冷，有一次把两只耳朵冻坏了，过年时回到家一直在淌水……几年来我一直在找机会，亲自到我父辈们奉献过青春和汗水的传说中的地方看看。

腊月二十三下午，景泰二中副校长卢有刚外甥精心安排，我邀请了当年参与景电工程建设的我的初中老师寇永贵兄做导游，与寇宗权侄、达选霞等老师驱车前往猎虎山。没想到，那个时代父辈们赶着毛驴车从家里步行两天才能到的猎虎山，汽车出县城二三十分钟就到了。永贵兄给我详细介绍了几十年前中泉公社农民在这里的艰苦卓绝的水利工程会战情况，很专业地解释清楚了为什么猎虎山会把我爸的耳朵冻坏……天色尚早，我们又驱车来到刀楞山，参观了二泵站和三泵站，爬上了当年起重难度极大的渡槽，寻觅当年中泉营民工所住地窝子的痕迹……

加上以前两度到一泵站，现在我终于大概清楚了1969年开工建设的景电一期工程一至四泵站的走向与线路。

我一直有个心愿，阅读到有关景电一期工程的文字资料。天遂人愿，我在卢校长办公室里看到了这本《景电之父——李培福》，家乡两位语文同行王寿岳、徐定福几易其稿辛苦完成的，虽然比较粗糙，但真的具有传记的真实性与文学的趣味性，十分耐读。从腊月二十四到家到正月初四早晨离家，我多利用早晚时间阅读，初四凌晨4点起床读完全书——想想带着这么一本书，再奔波一个多星期会很麻烦，况且到了张掖需要投入高强度、更紧张的工作。

读了这本十几万字的书，不仅仅是真切感受到了景泰人民的功臣、老一辈革命家李培福的伟大风范（有一年我在庆阳讲课时饭桌上碰到一位华池老师，跟我说起过李培福的许多经历），了解了景电一期工程建设的艰辛，也知道了家乡土话中好多会说也能懂意思、但就是不知道该怎样用汉字表达的一些词语，诸如"舔尻子""冷夜寒天"等，以及像"铁大钳子小"这样生动形象的词语。

可惜的是，等我弄明白了这些情况的时候，我爸已经埋在黄土下近十年了！

父辈都是一本书。

正月初五中午离开兰州时，天空飘下了美丽的雪花，让我感觉新鲜好奇。引进到江南二十多年，虽然也常回家，但没有遇见过下雪。兰州饭店前台服务员可能是从身份证判断出我是家乡人，很热情甜美地提醒我添加衣服。初四下午，三十多年未见面的学妹作陪，儿子驾车，带我游览了昔日母校甘肃省教育学院（今日的兰州文理学院）周边，虽然很有《牧马人》中许景由游览母校的几多失落，但是短暂的晚宴是我此次家乡之行最温馨、最轻松的一次聚餐。我一个人几乎吃完了一份酿皮子，一碗灰豆子、一盘青菜，啃了半个猪蹄子。没有烟熏，未沾滴酒。侄子在旁边拿着手机点菜布让，我们师兄妹回味昔日青葱岁月……我走进兰州火车站，雪越来越大。收到学妹微信：天气变了，注意保暖……昨天上午看望高清民嫂子，为了礼貌和郑重，我从家里出门时穿着西装，打着领带，棉衣外套装在行李箱中，学妹以为我没有带棉衣，关切地提议我在兰州买一件棉衣……

一二十年没有到过兰州站，竟然还是二十多年前的老样子，配套设施和服务系统还比不上长三角一个县城车站。旅客进站后竟然不能打印车票，只能出站再进站，往返需要十几分钟……

一个月前的 2022 年 1 月 8 日，青海省海北藏族自治州门源回族自治县发生 6.9 级地震，造成兰州经西宁到河西走廊的动车停运，这让我体验了一把乘坐火车去张掖的感觉。四十年前，501/2 次慢车，这段路需要十几个小时，我能按顺序说出张掖到兰州每一个三等小站的名称。如今好像只是在武威等一两个站停过。河西走廊一片银白，我给小孙女拍了几段雪景视频，美美地睡了一觉。起来感觉到肚子饿时，正准备走向餐车美餐一番，卧铺车厢的列车员高喊：张掖下车的旅客准备下车……

夜色中，我一身轻快地走出当年求学之地的张掖站，回眸凝望，温馨依旧。

正在利用一切间隙完成此文时，看到一位仁兄的《田荒不见种田人》：

过年回乡村，归来泪满巾。田荒藏野兔，不见种田人。难寻儿时伴，多见老少孙。青壮搓麻将，翁姬带幼孙。儿童多留守，未见爹娘亲。偶见两书生，手机玩不停。蓝天依旧在，碧水无处寻。乡音虽未改，面容已陌生。红砖碧瓦青，豪宅空无人。父母今犹在，病痛缠枯身。儿女回故里，盛待如上宾。偷拭双流泪，强忍哽咽声。辞别送村口，嘱托一声声。袋箱已塞满，全是故乡情。深吸清新气，奔向雾霾城。穿的化纤衣，吃的转基因。异乡难留心，家乡难留人。生计迫无奈，年年乡愁情。

虽也多有实情，但未免悲观失落。

我在上述活动之外，利用正月初一上午近四个小时，带着最小的弟弟永斌和正在上大学的侄子宗琦，到村子里所有人家拜年问候，有老人的家里磕头祝福，收获了浓浓的亲情、乡情和友情。连续十来天，我兄弟三人最小的五十岁，每天晚上争着抢着给我老母洗脚。我两个妹妹都五十岁开外，千里奔波，从嘉峪关乘坐好几个小时汽车而来，一进门就扑进厨房，爬锅抹灶。除夕下午，我看见小妹妹给小弟媳妇洗头，灵机一动拍了一张照片发到群里……

2022 年 2 月 6 日下午于张掖

楚恒华：

浓浓的乡情亲情，很感人。你还是那么朴实。这一幕会永远滋润着心灵，温暖人生。

你很幸福，在这样的年龄还能陪老母亲过年，把大家凝聚在一起，把珍惜的情谊都回味一遍，其实也是给自己的一份安慰。

我们以前也是姊妹们年年团聚，我母亲过世后聚得少了。你有时间多陪陪老人，不留遗憾。

李常明：

表弟早上好！已经到家了吗？一路顺利吧！一早就收到你发给我的上文，天冷也未起床，就在被窝里拜读了你的家乡行。没有华丽的辞藻，写的全是实际的点滴，满满的正能量。我从文中看到了姑舅的为人！从初四的接触，到今天看到你的抒情，我才真正了解到了姑舅的为人，实在，真诚，值得交往。你现在也是我们中泉以至景泰的名人了，但在家庭环境的熏陶下，在父母的教诲下，你一直低调做人，我对你敬佩不已，有一种相见恨晚的感觉！这也是你能在中泉、景泰留下深刻好印象的原因！几十年了，你对国兰娘娘的话牢记在心，对大舅舅母、常谦、常清微不足道的帮助牢记在心，确实感人！真是个有心人啊！我会在家中聊天时给他们没微信的人转达你的深情！

没有嬢嬢的联系方式，请你转达我对她老人家的问候，祝她健康长寿！也请你转达我对弟妹的问好！祝她身体健康，事业有成！问候全家好！

今年有机会回景泰，我会去中泉看望嬢嬢，以后有事情还望姑舅联系我们，以便沟通！

祝弟妹事业再攀高峰，全家生活幸福！

寇明哲：

读完速记，感受颇深。至爱亲情，念及友情，不望乡情，帮样无穷。

张　勇：

昨天今天看了两遍，满满的亲情、友情、乡情，很感动。家长里短的小事但不琐碎，真情自然流露，让我想到了《项脊轩志》，但情绪截然不同。

刘筱蓬:

娘在哪里,家便在哪里;还乡的日子唤醒了沉睡的记忆,拜年的行程里潜藏着儿时的向往、少年的感激;馈赠的礼物饱含着深情,寄托着四十年奋斗的奇迹!年少时所得呵护源于父母淳朴良善,如今母亲享受着儿子的荣耀与尊严!

2020 春夏：我家三代人

严格地说，2020 年的春夏，正视疫情，做出长远坚守准备，是从 1 月 25 日，正月初一中午——这天吃午饭时，我看到央视新闻报道，习近平上午主持召开政治局常委会议，研究疫情防控……

大年初一，中央领导开会，肯定事关重大！午饭餐桌上，我们开了一次家庭会议，决定：积极响应，坦然面对，做好长期坚守的物质与心理准备……

三代，五口之家：小孙女三岁半，我们夫妻与女儿都是在学校工作，正常寒假；女婿在无锡一家企业工作。

初四，动员女婿抓住机会，不要犹豫，连夜出发，凌晨 2 点多到达公司……事实证明，再晚半天，不能出行，无班可上；长期待在家里，无事可干，影响心情，减少收入……

家里一定有余钱、有余粮

正月初一午饭后，我所做的一件大事是，了解清楚冰箱里还有多少食材，女儿家还有哪些可吃的东西；厨房里以及储藏室里还有多少可以度日的东西，全家每个人单位发的年货都有哪些……

随后查看盘点了银行卡、支付宝，检查了现金数额，做到心中有底。

一定要有几个朋友

故乡甘肃几位同行朋友，三次寄来家乡特产，酒泉金塔的面筋、粉皮子，好几箱；一位寄来一个完整的羊胴体；老同学任国民寄来半只羊……

要是往年，这些东西没地方存放，粉皮子之类可能送人……

今年，若不是这些东西，我们家三代人难以度过这艰难的一百天！金塔粉皮子，整整吃了两个月。省吃俭用的妻子，每天晚上睡觉之前取出一些粉皮子、面筋浸泡在盆子里；翌日中午，加入适量绿色蔬菜凉拌，新鲜、清脆、爽口，极大地调动了全家人的胃口。一段时间里，小孙女把粉皮子当主食吃，口称是面条……

金塔粉皮子是用祁连山雪水浇灌的优质小麦精细加工而成，我以前在家乡生活工作时就喜欢吃。年前看着这么好几箱堆在地上，还有点担心，不知道赶年后上班能否吃完……

至于上好的西北草原羊肉，在今年这个猪肉让人心痛加肉痛的季节，都不用多说了……

关键时期，保持敏锐、清醒、淡定

妻子在年前已经买好动车票，大年初二去南京转娘家。初一早晨，收到娘家哥哥微信，专程开车来接。在南京两天中，全程宅在家中，没有任何外出。叙旧之余，时时关注疫情。初四，当机立断，提前返回，哥嫂专车送回来，到地下车库连我们家门都不进，即刻返回。

后来我写一篇短文：点赞英明的哥嫂。有点后怕，假如妻子乘动车往返南京？假如……

是敏锐、清醒、淡定所然。

孩子最重要的是生存能力，能够自己吃上饭

儿子在国外上大学，回不了家。购置了几样炊具，联系妈妈在手机视频中指导烧菜做饭……国内实现零增长了，国外却情况紧急了。儿子能够迅速独立应对，换住处，搬房子，治家具，整理收拾布置，置办食材……学校停课，孤身一人居家学习，每每视频连线，能够发现和感觉到，小家伙离开父母，竟然不再是神兽，有了生存能力，能够自己做饭吃了。

不挑食，尊重做饭人员劳动很关键

时时了解到一些信息，好多孩子觉得家里的饭菜单调，想念外卖、餐馆、小吃……

我三代人连续几十天一日三餐同桌，我才发现，不挑食的孩子是多么好养啊！小孙女，给什么，吃什么。一家人，不管主妇做了什么，大家都能够敞开胃口美餐，时而赞美，时而建议……

对做饭者最好的点赞与尊重就是不挑食！

不挑食的孩子将来外出学习生活适应能力强，兼容性强……

家庭成员之间能够互相体谅、包容、谦让……

批阅学生作文随笔，能感觉到；网络上一些信息，也可以推测出，战疫期间，家庭成员之间产生了亲情审美疲劳，矛盾增多，个别到了难以相容的程度。

人如刺猬，不可长时间距离太近。

女儿晚睡晚起，妻子早睡早起；大人中午要午休，孙女中午要玩；年轻人有空就看电视，老年人闲下来就难受；我希望按时按点吃饭，女婿则是高兴了才开始准备做饭……

一个家里要有一个润滑剂似的成员，我虽不能至，但一直在努力，总算是基本平静地度过了居家时光。

非常时期，一定要有非常作为

我从1月22日开始，每天关注新闻报道，收集文字、音频、视频、图片等各种资料信息，逐渐萌生念头——编辑成跨媒介阅读讲义，分享给学生们阅读，几十天之后竟然凑成三四十份，几十万字；坚持写自己和家庭的抗疫日记，竟然也凑成了十多万字……

1月28日，正月初四开始，我给创新班学生上网课，向他们分享我搜集的资料信息……在学校通知上网课之前10天，我已经熟悉了网课的各种形式、途径。

在做中学，在学中做。我把上网课的一些做法整理成了题为《停课不停学：跨媒介阅读助我行》的文章，修改了10稿。2月29日下午发给《中学语文教学参考》高中刊副主编张万利老师，并留言：请继续指导，我继续努力！

48小时之后，收到张万利回复："老兄好！《中语参》3期紧急改版，设抗疫专栏，您的文章是首篇！特告！"接着，编辑部曹海英老师联系我，需要有关信息；我顺便了解到：《中语参》把已经送到印刷厂的第3期，紧急撤回，编辑部所有人员奋战数个昼夜，"给语文人立此存照"记录下语文人"对这场疫情的思考与感悟"……真正表现出了语文人"与祖国同心同脉""不敢缺位"的勇敢担当。（《中语参》第3期"抗疫专栏编者按"）

不是白衣战士，但可与天使同步护佑湖北

2月2日，看到《武汉疫情之后，中国即将发生的10大变化！》一文说："线上教育"对"传统教育"的加速代替。经历这次疫情，很多人已经习惯了在家里学习，传统的学校、培训机构必须加速转型。就像互联网改变了产品的流通路径一样，互联网同样也改变了知识传播的路径，以前知识传播只能在教室里发生，每个老师只能面对几十个最多上百个人授课。而现在一个老师可以在线上给上万人乃至几十万人授课，而且这些学生来自全国各地，包括落后山区（只要有网络）。

同日，15个省市明确开学时间，对家长最担心问题，教育部给出新通知——教育部"要求中小学延迟春季开学，坚决阻止新冠肺炎疫情进入校园……希望老师通过电话、网络等线上形式帮助学生辅导假期学习"。多数学校对学生发出的倡议是"停课不停学"。为了防止窄化和狭义理解执行，教育部有关负责人强调："停课不停学"不是指单纯意义上的网上上课，也不只是学校课程的学习，而是一种广义的学习，只要有助于学生成长进步的内容和方式都是可以的。2月7日，时任教育部部长陈宝生在教育系统疫情防控视频会上针对在线学习特别强调指出："教学过程中要注意青少年身心健康，把握好教学内容的适量和教学时长的适当。"实际情况则是：对学生居家学习期间的教育目标缺乏科学分析和定位——以"线上教学"代替学生"居家学习"，以学生"居家学习"代替学生"居家生活"……

我及时准确全面地掌握信息，科学解读，挑选重要的推荐给有关人员。浙江师范大学迅速开通"语文名师与研究生直播群""浙派语文研究中心直播群"；家乡多地教育部门调整策略；有关领导做出进一步决定……

承担校内两个教学班工作量的同时，我开发出《红楼梦》中的灾疫疾病描写片段赏析、选修教材《越州赵公救灾记》、跨媒介阅读与交流等特色课程。

在为浙师大线上直播讲座之后，我通过浙师大、陕师大联系到湖北各地十几所学校，从2月17日—3月25日，义务为宜昌、荆州、黄冈等地偏远地区和武汉城区薄弱学校线上援教，总计16次示范课，23节，平均每天1节网络直播示范课；为湖北教师讲座3场，每场3课时。合计32课时，38天中校外32节课——虽不是白衣战士，但线上援鄂支教，以实际行动声援湖北战疫。

正月初一下午开始，我着意搜集整理，动态编写出了几十万字的阅读

讲义，随时分享给本校学生和湖北同行，对学生起到了很好的鼓励、引导、教育作用。进入3月后，时有各地学校问我索求讲义……（后来我们在这些跨媒介阅读讲义中精选内容，借助于"江阴阅读再行动"课题经费，编印成两本书，既可以供学生阅读以积累写作素材，又作为课题成果使用。）

2020年4月2日

点赞英明的哥哥、嫂子！

三哥健胜兄一家，是安燕在无锡这些年空间距离最近的娘家人！

这两年，随着我们都当了爷爷奶奶，更忙了！三哥和三嫂平时在南京帮助带孙子；我们家也在 2017 年移居江阴——与原来的无锡、常州比有点远了……

可是安燕时常挂念着娘家……

今年春节，安燕一定要转一回娘家。

原本，安燕已经买好了无锡—南京往返动车票。正月初一，三哥健胜兄独自驾车来江阴接安燕回娘家；初三，与三嫂一起专车送安燕回到江阴，并且坚持不上楼，不进我们家门，立即返回……

安燕转娘家赚回来了很多好吃好喝的。

紧接着，疫情紧张，封城、封路；再接着，排查外出人员；同时，乘坐过公共交通工具的人逐一登记—筛查—隔离，人心惶惶……

我们一家三代，始终平安地宅在家里，该吃吃，该喝喝，该睡睡，该玩玩……

该上网课了，我们立即响应。

如果，三哥没有接送安燕；如果安燕乘坐过公共交通……

为哥哥嫂子的英明点赞！

2020 年 2 月 20 日

（专辑）亲 情

我是老师，更是家长

非常时期，我在给学生们编辑阅读材料时，发现有些适合推荐给家长阅读。经过一段时间的积累，现在专门编辑一期，推荐给我认识不认识的家长朋友们阅读，希望对这个特殊寒假里的家长们有所助益。

人是群居、杂食动物

人最需要交往的是同龄人，是同业者；家长永远不能替代孩子的同学、同伴。不妨鼓励孩子多与同学视频联系，聊天说笑；多和老师联系交流。

平时在学校，学生们总是抱怨学校食堂的饭菜不好；在家时间长了，也难免对爸爸妈妈的厨艺产生审美疲劳，而这个非常时期，又不能随时到外边去一快朵颐……想来，对每个家长都是一个考验。

把孩子当孩子与不当孩子

不管年岁多大，在父母眼里和心中，孩子永远是孩子。他们的人生历练、社会经验、生活感悟一时难以超越父母。但是我们一定要放下自己长辈的架子，不要只是把孩子当作教育对象甚至喂养对象。

如果我们的工作不是特别忙，请参与到孩子的学习事务中。9 班李晋安和 16 班徐可悦，这两位同学的家长做出了积极的努力。李晋安是一个叛逆的孩子，学习薄弱，但是这段时间进步非常明显；徐可悦是一个优秀的孩子，这个特定的寒假，我发现，她更加优秀了。

16 班家长每天早晨拍视频给老师看早读情况，已经坚持了好几周。我正是通过这些视频片段，发现了学生们读文言课文出错的地方；仅仅几十秒钟的语音留言，上课时几乎所有学生都读正确了……

这个世间，有两样东西，每个人都没有能力抢回来据为己有：父母和子女。

老师面对不听话的学生，可以盼望着你毕业了，我换一批学生来教；但家长是终身制……

孩子多不好，他都是我们自己的；别人的孩子多优秀，那只是别人的。

孩子，不可以与别人家的横向比较，只能与他自己纵向比。

如果您已经复工，请多跟孩子讲讲你目前的工作与防疫情况；如果您的工作与防治疫情有关，那就更应该多给孩子介绍情况，让他们意识到党和政府的责任，国家的担当，社会的力量……假如您所从事的工作并不是保密性质的，多跟孩子分享交流，不无益处。本来有一种教育方法就是"带着孩子去上一天班……"

家庭氛围

非常时期，我发现了妻子的艰难——实在不知道该做什么饭菜……看不惯女儿晚睡晚起……对小孙女也产生了亲情厌倦综合征……

母女之间常常口水仗硝烟难尽……女儿训斥她的女儿，妻子训斥她的女儿，三代女人，好戏连台！

面对妻子，我每次都讲我此时工作的意义和价值。我要为学校担当，要为同事分忧；要对学生负责，要让家长缓解压力；要发挥老教师的作用……我把自己写的文章、编辑的讲义适时发给她，把学生中好的随笔分享给她……想方设法宽慰妻子："好在我们三代人没有一个挑食的啊，不管你做了什么饭菜，你看我们不是吃都得很香吗……"

对已经出嫁的女儿，我多找出她装修布置新居的亮点——"厨房布置整理很合理，食材归类存放很科学，得到了你妈的真传并且青出于蓝，不像你妈和你妈的妈，很多好吃的都存放坏了还没有让我们吃上……""衣柜整理很有条理，大人小孩不同季节衣物分类存放……""多亏了你们当初坚持打掉阳台的那一堵墙、拆掉厨房的那一道门，让房间面积扩大了不少……"我需要什么东西，女儿能在短时间内清楚地告诉我在哪个房间、哪个柜子或抽屉，这都是值得肯定和表扬的。

我把平时很少用的健身自行车搬出来，随时锻炼，又添置了健身器材；带着小孙女一起学会了一套简单且适用于家庭的健美操，继而带动妻子……家庭气氛祥和了，家庭成员心情舒畅了，就好相处了，工作效率自然也提高了。

妻子理解了我的付出，她每天听书、看名著影视、锻炼，开始随时与我分享她的阅读收获。

我编进讲义的有的内容还是她推荐的。

女儿渐渐协助家务劳动；孙女整天拿着各种健身器材摆弄……

包容·面对·担当

如果要说叛逆，我教了三十多年书，几千学生中，我还没有见过比我儿子更叛逆的孩子。

我每三个星期必定理一次发，见不得男人留长头发；我儿子一度8个月不理发，不男不女……

我们夫妻都没时间精力伺候宠物；我儿子却在中考的关键阶段提出要几千元买一只猫养，而且要给自己的房间门上打一个洞能让猫随意进出……我骂你把你这个"爹"管好，儿子从此管猫叫"爹"……

高二开始，儿子突然不上学了，宣称在家自己学习……

那时，小孙女刚刚学会走路，刚开始说话，女儿做个全职妈妈也很劳累；我们上班走了，家里的环境适合儿子学习吗？！

2017年国庆节，我当机立断，在江阴买一套房子，带儿子来学习，给他一个清净的环境……但是，精装修的房子，我儿子单独一个房间，睡觉不要床，在地板上睡……

2018年春节，一场大雪，我们父子俩出不了小区大门，汽车留在无锡家里，食材全都消耗殆尽……

一天晚上，我们每人一个双肩包，徒步一小时踏雪到美嘉城购物。美餐一顿，背满两包，一路打着雪仗回家，坚守了好几天……

当年，儿子顺利考入大学。

叛逆的孩子，更有个性，更有主见。一点儿叛逆精神都没有的男孩子，将来怎么会有创新精神呢！

学习成绩好看，只是孩子优秀的一个方面，而且多数情况下只是在上学的短短几年内和入职之初有优势。

父母，任何时候不能嫌弃自己的孩子。子可不子，父不可不父。

我们的女儿出生时带有残疾。半岁发现，开始治疗。北京住院治疗将近一年。所有治疗手段，先在我身上试用一遍，我体验了，觉得女儿能够承受，才接受……

女儿9岁前，我每天下午4点出校门，一辆半旧的老式二八自行车，大架上一个木制小坐板，不管风吹雨淋、冰天雪地，坚持陪女儿到医院康复训练、按摩治疗……

渐渐地，儿女恢复到了最佳状态，上学，高考，就业，恋爱，成家，生育……尽管平凡、平庸、平淡，但总归是抚养成人了，让孩子有了一个完整的人生。

当地最大、最权威医院的院长，夫妻都是主任医师，都是高收入者，儿子与我女儿同样的遭遇；但是，他们没有信心与耐心，安排儿子在医院接电话……多年之后，他们老了，没有权利地位了，儿子……

去年暑假，我接待了大学同学夫妇，家里腾出一间房子给他们住。他的女儿出生时带有残疾，儿子正在上大学，妻子刚刚退休，两人有时间一起出来游一游，散散心……

近一个星期中，我们聊得比较多，也比较深入。

老同学夫妇都比较要面子，女儿小学阶段就辍学在家，因为同学取笑、欺负……学校和老师也不是很欢迎……我听出来了：这是客观原因；但是主观上他们夫妻俩觉得每天接送一个残疾的孩子上学放学比较难为情，孩子学习成绩不好总是被老师找麻烦，宁愿养在家里，给她买一些玩具，提供一些绘画图书、工具，养花养宠物，看电视、唱歌……

近三十岁的女孩子，难以谈婚论嫁，成为两人的心理负担……

我有意识叫来我女儿，陪同游览、外出用餐，一起多交流，目的是让他们了解我女儿目前的身体、工作以及婚姻家庭状况。老同学夫妇感叹唏嘘……

我从来没有因为女儿身体有残疾觉得不好意思。女儿小学二年级时，我带着她外出旅游了四十多天，那年正好学校里轮到我外出疗养，可以报销不小数目的路费和住宿费。我把女儿打扮成男孩子，跟我一起住宿。一路上，我一直让她点菜、登记宾馆、退房、买票，每一两天找到公用电话给妈妈等亲人打个电话……几十天下来，女儿游览了许多名山大川，增长了见识，锻炼了能力，更加增强了生活信心与技能。

女儿从小学到高中，一直是学习比较薄弱的学生，而且也常常被同学欺负，压力是可以想见的。但是，我一直鼓励女儿，因为你在名校，排名靠后正常的。高考是全省竞争，如果把你放在大市、全省，你肯定不是最落后的……

最值得一提的一件事情是，女儿刚进初一，与校长的儿子同班。男孩子调皮是完全可以理解的——小家伙在教室里模仿我女儿走路姿势，以与其他同学开玩笑……女儿回家哭哭啼啼，不想上学了，不想在这个班级了……我勇敢地找到校长，友善地以玩笑口吻说："你儿子在教室里学我女儿走路……"校长是经历过人生磨难的人，本身也有残疾；只是抬头看了我一眼，没有说一个字……此后，女儿再也没有说过被同学欺负的事情。

我们是同事，是上下级；但是，都是父亲，而且都是称职的父亲！

女儿至今记忆犹新的一件事是，她初三时问我："老爸，你说到了高中，同学会不会也有人欺负我、取笑我……"我说："肯定不会！小学和初中时，学生年龄小，喜欢拿别人的身体缺陷开玩笑，不一定有恶意；高中生都比较成熟了，知道尊重别人了……"可能这件事给了女儿上高中的信心和勇气。

如今，女儿将近三十岁了，已为人妻，为人母；每每外出还习惯性地牵着我的手，小别重逢时还扑上来拥抱我……

面对十五六岁的孩子，父母需要大爱与智慧，需要坚强的信念与毅力。

我儿子 16 岁时受了一次重伤，在医院救治了 37 天，其中重症监护室 11 天。我们夫妻轮流值守陪护，不耽误学校工作。汽车开到医院楼下不熄火，迅速换岗交接……感动了几乎所有医护人员，难道就不能感动自己的孩子吗？

家长朋友们，居家学习肯定还需要持续一段时间。非常时期，谁能担此教育重任！

唯有我们自己！

2020 年 8 月

大哥永刚——农民的楷模！

我大哥寇永刚，出生于 1933 年 12 月 2 日，农历十月十五日下元节，癸酉年，属鸡，时民国二十二年。

逝世于 2021 年 2 月 11 日，农历腊月三十，凌晨 3：45——时节令已过立春，庚子岁尾，辛丑在即，按旧俗，我大哥刚好九十岁！

我大哥终生身体健壮，未曾遭受重大疾病折磨。今年岁已高，心肌梗塞，心肺功能衰竭，年前在金昌已经多方治疗，本打算手术，安装心脏支架等，地市级三甲医院主任医师建议：不宜手术，担心下不了手术台，与逝者不体面，让家属更为尴尬被动，与家乡景泰一带民风乡俗亦不相合。遂于 2021 年 2 月 7 日，农历腊月二十六日，凌晨三点金昌出发，六点到陈庄。三个多小时行程中，长子宗勋一直陪护在救护车上，全程悉心照料；宗军、宗春等驾车随救护车同到。

回到家中数日，又请景泰多位名医到家中诊断治疗抢救，名贵药品及医疗器械从金昌购置使用；子女精心护理照顾——我从视频上看到，老二媳妇一日三餐精细、精致、精美；大姑娘新会亲自抱来我大哥一直喜欢吃的籽瓜；小儿子宗春连续数日侍立身边伺候；老三宗军多方联系，尽心竭力；我大哥坐在上房炕上，身上盖着崭新的大红色毛毯，浑身洋溢着幸福与喜庆……

树欲静而风不止，子欲养而亲不待！

正值春节，路途遥远，为弥补未能亲赴老家送别之遗憾，我把自己对大哥的印象点滴，把大哥对我的教育影响形诸文字，以作纪念。

我大哥寇永刚，无论从传统角度还是现代意义上考量，都是农民的楷模！

我大哥是中泉庄子的现代愚公

生产队时期，我大哥一直是最强壮的劳动力，一直承担着集体最繁重、最危险、最艰巨的劳动任务！景泰县到中泉乡几乎所有的水利、水电工程，他都是建设大军中的一员！大水磴石膏厂，留下了无数的汗珠子；草窝滩平整土地的那几年，出尽了浑身的力气……几十年中给生产队赶马车——马车就是 20 世纪 50 年代到 70 年代每个村庄的重器与大件，需要身体强壮、精细操心的男劳力承担；马车经常外出，动辄百里之外，或冰天雪地，或烈日当头，或遇狂风吼叫，或遭倾盆暴雨——我大哥前半辈子长期替生产队外出务工，把最好的年华献给了社会主义建设，献给了集体，献给了生产队的马车！

我大哥一生在各种劳作中小心谨慎，从来不曾莽撞冒险，对人、畜、车辆器具、农具都能精谨慎稳、居安思危，他的身体发肤从来没有受过轻重伤损。

作为农民，身为车户，我大哥最优秀的品质是什么？那就是爱惜牲口！牲口是 20 世纪八九十年代之前庄稼人最得力的帮手，我大哥与牲口打了半辈子交道，就爱惜牲口这一点，我至今没有发现比我大哥更令人敬佩的人！

生产队里一头套马车的漂亮骡子，在朱家湾沟铲沙地午休放牧时从陡峭的山崖上滚下来摔成重伤，我大哥与村民一起把受伤的骡子从山上抬下来，与时任生产队长朱庭有一起请来当时中泉公社唯一的兽医朱发仁诊断治疗……骡子后半截身子不能站立，疼痛而死……正值中泉人最贫穷、最苦难的年代，家家户户缺吃少穿，男女老少饥肠辘辘……好多人眼巴巴期盼着吃这头年轻骡子鲜嫩的肉以充饥，我大哥抱住骡子的尸体，几近哀求与哭诉：这头骡子为生产队里立下了汗马功劳，再没有比这更好的套马车骡子了……亲自养大、手底下使惯了的牲口，怎么能吃得下去它的肉呢！我也不忍心眼看着任何人剜它的肉吃……为我大哥所感动，饥肠辘辘的乡民们把几百斤重的骡子尸体抬上架子车，越过沙河，爬坡跨沟，最终把这头骡子安葬在火家大沙地旁边一处废弃的土窑洞里了！（2022 年 8 月 21 日晚，我在修订这篇文章时，为了确保这一细节真实，通过寇明泰问到了朱庭有的电话。采访他二十来分钟，并且保留有录音。）

包产到户以后，我大哥靠牲口助力务农二十多年，拉车、耕地、打碾粮食作物，永远精心操心牲口；无论寒冬酷暑，半夜起来喂牲口是常事；劳累一天回家，宁可自己顾不上喝一口水，一定要先操心牲口吃草料饮水……

可以说，我大哥一生把牲口当亲人一样呵护照料！

这是不是作为传统农民的优秀品质之一？！

我离开中泉庄子整整四十年，数度听闻过家乡里竟然有人不认识自己家里喂养的牲口！与我大哥比，真乃天地悬殊！

改革开放以后没几年，经济发展，人口增加，为了不占用有限的田地，为了宅院和打碾粮食的场院宽敞，我大哥年过半百时盖起了一院新房子！更令人感动的是，我大哥盖房子的地方原本是两座小土山、一道黄土梁，为了靠近中电提灌工程的黄河水渠，他靠铁锨和架子车硬是把两座小山挖平，房屋院落宽展，打碾粮食作物的场院平整，水窖实用……更为难得的是，在院子东边营造了一个果园，种植了树木——杨树成长为椽子、房梁，给儿子们盖房子用；还有各种果树，是中泉庄子最早有自产的苹果、杏子、枣、李的农户！

我为大哥写这篇祭文，经过了对家族、庄邻上好几位老年人的采访，最重要的采访对象是我妈！谈到这次盖房子，我妈说："盖那一院房子，把你大哥和两个女子（新梅和新翠）差点挣死了，全靠铁锨挖、架子车推出来的……"

我大哥的这一院房子，在今天看来也并不过时！大哥没有读过陶渊明的诗文，但是这个农家院落的景致能够让人有福消受陶渊明笔下的田园风光：方宅十余亩，新屋八九间。榆柳荫后檐，桃李罗堂前。绿树宅边合，青山郭外斜。开轩面场圃……时而眺望暖暖村庄，偶或可嗅依依炊烟……

四十年来，我给学生们讲过几十次《愚公移山》，每次我都觉得我大哥就是现实生活中我们身边的移山愚公！

我离开家乡整四十年，长期生活、工作在城市，对家乡很多乡风民俗有所淡薄和生疏了。在我看来，我大哥这一代农民，生前可以移民，可以进城养老；但内心深处是希望身后叶落归根的，是期盼魂归故土家园的。他一生中最有感情的长辈是爷爷，他一直记挂着爷爷留下的祖宅。2020年因为国家政策，祖宅拆除了，我大哥专程赶到夷为平地的祖宅凭吊，我从寇宗勋拍摄的视频中都能够看出来大哥眼神里的失落与怅惘，他双手紧紧握住拐棍，站立在空荡荡的祖宅基地上，一阵风掀起他银白的胡须，他的泪流在心里……

我们的祖宅建成于 1923 年，民国十二年，农历七月十二，正是学孝爷 32 岁生日当天；至 2020 年春夏间拆除，历经近一百个年头！如若能够保留下来，房屋院落就是西北黄土高原上晚清到民国初期传统民居的样板，室内很多设施、家具、器具都可视作文物，将来就是脑泉川里的寇家大院，就是发展乡村旅游的一道亮丽景点……

我大哥是家族中待人接物的榜样

同辈的八个兄弟中，我大哥是唯一没有上过学的人；我是学历职称最高的人，但就待人接物、长幼有序讲，大哥永远是我的榜样，我们至今没有任何一个人能与大哥媲美，中泉庄子上我也没有发现谁在这方面比我大哥强！

我在家乡长到 18 岁，我没有见过大哥对守寡半辈子、含辛茹苦的老母亲有过半句言语顶撞；几十年中，我没有听闻过大哥在家族中与两个叔父——我二爹寇世裕和我爸争吵嚷仗……罗家我嬢嬢与我大哥同岁，这些年每次见面，大哥永远是紧忙赶上去拉住老嬢嬢的手招呼道："尕娘好！赶紧到屋里坐……"大哥年前回到陈庄，弥留之际还想着要见见老嬢嬢……

大哥八个儿女中有四个比我年龄大，从我记事起，比我大十几岁的新会、大好几岁的新兰以及寇宗勋，从来没有喊过我大小名字，人前人后永远是"四爹"！

无论亲疏远近、不管长幼老少的亲戚朋友、邻里客人到家里，我大哥在招呼接待上永远能做到礼数周到、殷勤大方！

从我大哥身上，我们要明白一个道理：如果我们在社会上混得不明白，更多的原因是我们不够优秀，是我们待人接物与为人处世修炼不到家；不一定是我们才华能力不够。

我大哥是供儿孙读书受教育的老黄牛

对世代农民家庭来说，耕田、读书是两件大事。

我大哥在三年困难时期到"文革"初期那段最为艰苦的岁月里，靠生产队挣工分供长子寇宗勋读完了高中，成为那个时代中泉庄子少有的高学历！这个阶段的大哥是二十到三十多岁的小伙子。包产到户以后，是所有农村家庭都需要劳力的年代，大哥却省吃俭用供老三寇宗军读出了大学，供老四寇宗春读出了中专，这时候我大哥是年富力强的中年人。我大哥的八个子女中有六人接受了正规教育。特别令人感动的是，我大哥大嫂从五十到七十多岁的二十多年中，把寇明喜这个没有了妈妈的娃娃养活、拉扯大并且供出了重点名牌大学！

寇明喜离开生母仅仅八九个月，半条性命，气息微弱，朝不虑夕。在没有奶粉、牛奶的年代，我大哥、大嫂用炒面糊糊把这个没妈的孙子喂活、养大！何其艰难！

我还在张掖师专读书的时候，明喜的生母去世。寒假回到家里，看见我大嫂坐在老院子厨房门槛上给抱在怀里的明喜一勺、一勺耐心地灌炒面糊糊，我大哥坐在上方门槛上一脸愁容地抽烟，我感慨道："唉，这个没娘娃以后怎办呢……"（记得当时我刚刚学了韩愈的《祭十二郎文》，其中有两句极其敏感地戳到了我涉世不深的内心：身强力壮之成年人尚不可保，"如此孩提者又可冀其成立邪？呜呼哀哉！呜呼哀哉！"）我大哥把烟头狠命地往脚底下一踩，坚决果断地说："有啥怎么办的呢！我和你大嫂就把他当小儿子一样拉扯大，我把八个儿女都拉扯大了，我至少还能劳动一二十年呢……"

如今，寇明喜不但长大成人，成家立业，而且已经成为我们家族中第一个民营企业家，为社会做出了突出贡献，多次受到当地政府表彰奖励，接二连三地被各种媒体宣传报道！

我可以肯定而且负责任地讲，天下没娘的孩子多了，但寇明喜是极其

罕见的没有受到歧视、伤害、虐待的幸运儿！不仅如此，寇明喜反倒受到更多呵护、关爱与良好教育！寇明喜就是我大哥留给家庭、家族和社会最杰出的作品，就是他一生耕田供儿孙读书的最高成就！

十多年前，我大哥进城养老，终于在人生的最后十来年享到了儿孙后辈的一点福气；这是我大哥终其一生省吃俭用、吃苦耐劳、呕心沥血供儿孙读书的回报！

大哥一辈子没有进过一天学校门，却把儿孙中几十人供出了中学、大学！

且不说在大家族里，我大哥与我爷爷一起，解放前后的一二十年中，靠最原始的劳作方式耕田供出两位学生。客观公正地讲，我大哥为我们大家族里四代读书人做出过不小的贡献。今天我们家族里的各位是否认可：我大哥也是家族里的"老黄牛"！

总书记在新年献词中提倡和赞扬"三牛精神"，我大哥就是我们身边的拓荒牛、孺子牛和老黄牛！

我大哥是苦水中泡出来的强者！

人生三不幸中我大哥遭遇两大不幸，而且不止一次！

大哥两岁时，父亲寇世杰病逝。三十多年前，我二十几岁，在兰州进修时见过李常青的老母亲几次——我喜欢和老年人暄谎聊天——当时八十多岁的老太太对我说："你们家里那时候十几口人死得只剩下三四口人了……我升子里端着粮食找六爷换韭菜，不敢走进你们那个院子，站在大门外边就能感觉到一股阴森吓人的气氛……"（六爷，即我们的爷爷寇学孝，以滴水崖独水涝坝和韭菜园子为乡人所广泛知晓。）

我大哥正是在这稍后出生的。襁褓之中慈父见背，我大哥由爷爷和二十几岁就守寡的母亲拉扯长大，十来岁就开始参加农业生产劳动，十三四岁就能提耧下籽，十五六岁开始当家，一直劳作到七十来岁，他养活了五代人！

亲朋好友们是否承认：我大哥于农业生产是全才！凡种地需要的技艺，没有他不熟练精通的！

他是农民中的强者，更是生活中的强者！

中年时期，我大哥两度遭受白发人送黑发人的悲伤，但是那个时候，我大哥年富力强，默默地承受下来了！把我大哥由一个满血复活的壮汉摧残成步履蹒跚的暮暮垂老之人的最大打击，无疑是晚年丧子——老二寇宗章的病逝!

我大哥是不是苦水中泡大并且泡到老的!

人生的不幸,更多是无奈,尤其是在早年医疗条件并不发达的情况下,尤其是面对突如其来的疾病或灾难;但是,我大哥承受了比他人更多的苦楚,他后半辈子经受住了诸多的折磨,坚强地挺过来了,除了祖宗在天之灵的庇佑,唯一可以解释的原因就是我大哥永远是一个内心强大的人!

鲁迅先生说过:死者倘不能活在活人的心里,那就真真死掉了!

生命可以消失,良好的精神风范应该永留人间!

难道我们就不应把我大哥这些优点总结出来、形诸文字、传承下去?!我大哥没有上过学,不能提笔著文,难道我们上过学、读过书的人,识了那么多字,就仅仅用来玩玩微信、聊聊闲天?!

我之欣慰于点滴者,仅在微信朋友圈看到明喜寥寥数语,兹录于后,以慰我大哥在天之灵,亦打算将来编入我个人文集:

辛丑年悼祖父

生于群山布衣家,眠于黄土福地间。
来时战乱饥荒年,苦贫勤俭辅四世。
恨天不能再增寿,留却儿孙无尽憾。

长孙　寇明喜

我记录下大哥的点点滴滴,是我的职责。从腊月三十到正月初三,我打了几十个电话,采访了十几位亲朋故旧,连续奋战了几天几夜,夜不能成寐,昼不思茶饭……我双手在键盘上流淌着对我大哥的思念哀悼文字,每每顾不上擦去不停地流淌着的眼泪——我们的泪水是一批高贵的客人,只有遇到感动、善良与高贵时,他们才不请自到。

希望我们永远记住我大哥的优点与好处,但愿我大哥的后辈儿孙们能够认真总结并踏踏实实学习我大哥的精神风范,让我大哥永远活在我们心中!

2021 年 2 月 15 日于江南

（专辑）亲情

后记：

我写这篇文章目的有二：其一是借大哥丧事机会，素材信息来源比较广泛，我有激情与灵感，趁春节假期完成，不留遗憾——我一直在思考并着手把我们大家族老一代们的精神风范记录下来，传承后辈，算是我读了这么多书对家族里的一个回报；其二是我期望能够对大哥辛勤劳作的一生总结概括比较全面，对大哥后代及族人都有一定教育意义。

一位语文同行看了之后留言说："您的这些写寇家事务的文章，感觉目的是引领一个家族健康、积极、向上前行，这种眼光真的比较长远！如果我们读了这么多书，却只致力于经营自己的一亩三分地，那书籍给我们带来的影响就太有限了！"

当然，这篇文章还可以写得更好。腊月二十六，我大哥从金昌回到陈庄，连续两三天内其实他是清醒的，只是讲话比较累，喘气艰难……如果我能够在电话中跟他聊一会儿，效果肯定不一样……

现收入我个人文集，以作为对大哥永刚的一份纪念。

2021 年暑假补记

2022 年 8 月 21 日删改修订

我的 2021 辛丑年春节

2021 年，辛丑年春节，立春已十日，江南大地春暖花开，红梅绽放，连日晴朗。江阴我的小家三代齐聚，我这个常被同事们取笑的并不衰老的姥爷，整日含饴弄孙；我的大家庭已是四世同堂，八十五岁的老母亲神采奕奕，眉开眼笑，依旧健步如飞，电话里、视频中讲话干脆利落，教训起我来依然头头是道，一套一套……弟弟、妹妹及弟媳妇、妹夫们在孝敬我老母方面都很给力，事事处处做得比我这个长子更好……岳父母健康平安，心情愉悦，除夕年夜饭，视频中看到妻弟——我的学生，专业技术精湛，高级工程师，不到四十岁就成为国企处级干部——杯举茅台好酒为父母祝年节快乐，妻弟媳妇亦在去年提拔为副处级干部，侄女越长越标致可爱……

家乡酒泉、嘉峪关、张掖的老同学和朋友们寄来了金塔粉皮子、张掖沙枣面饼、焉支山羊羔肉……妻子陕北老家的亲人们把套数饭（陕北"八宝粥"，数种杂粮熬制而成）所需各种食材都大包寄来……两个妹妹完全传承了我妈妈一手好茶饭技艺，竟然做出了血灌肠等家乡美食，冷链快递，让我在正月初一中午就大快朵颐……延安的学生们早就邮来了甜脆可口的洛川红富士……

应疫情防控要求，我们不能离开无锡市，无走亲访友之劳累应酬；整个校园里花香鸟语，整幢图书馆大楼仅我一个人，清清静静；在远方一位热心同行的加持和鼓励下，我着手编辑个人文集，进展顺利，效率颇高……

每天清晨，我一边听书，一边步行晨练就到了办公室；中午阳光明媚时，我沿着绿草青青的山坡，晒晒太阳，就回到了如同公园的小区家中；午睡之后，稍事工作，我或与妻女、孙女坐在敔山湾草坪上品茶休闲，或驱车到江阴体育中心游泳，把政府照顾给我的高层次人才免费健身卡用活用足……

我正准备好好享受一番这个难得的寒假！

然就在除夕早晨，正准备帮助妻子包饺子，微信中看到侄子宗军留言：

"四爹，我爸走了，凌晨三点四十五分……"我们堂兄弟八人中的兄长，我可敬的大哥永刚以九十高龄神仙般升天长逝了！

我本已准备在有时间精力的时候，把我们家族中的几位老人的点滴事迹与精神风范都一一记录下来，以便给家族留下一份记忆，传承一些有价值的能量，目前已基本完成了父亲、母亲、姑姑等的文章。原想等我退休了，我有的是时间精力，慢慢完成它！

今大哥仙逝，恐此事不宜迟延——时过境迁，我就写不出来了！

从腊月三十到正月初四上午，我打了几十次电话，采访了十几位亲朋故旧，连续奋战了几天几夜，夜不能成寐，昼不思茶饭……初一下午完成初稿，我分别联系好几人，发给他们电子稿，征求意见……我数易其稿，增删十多次，在初四上午定稿。

其中寇永成兄在内容方面提出的恳切指正，家乡一位同行在表述方面的真知灼见，都让我感动不已！三稿发给侄子寇宗军，翌日收到回复："四爹，我看了。你费心啦，真实透彻。我是接受批评的。我也催促我哥与全喜看后酌定。"

我一边增删修改，力争臻善；一边了解我大哥丧事的进展情况，叮嘱弟弟代表我们姊妹五人前往吊唁；还要随时关注微信群里亲朋好友的留言反响，读到寇明喜的《辛丑年悼祖父》，我毫不犹豫地增加到我的文中，尽管它既不像诗，也不是挽联；看到远在新疆的寇永琇兄留言，亦立即整理收录，以作备用：

永琇弟辛丑孟春悼念永刚兄一路走好

生于穷乡僻壤间，自幼耕耘广种田。

未进学堂把书念，自学文化不一般。

耄耋之年精神好，思维正常表达全。

视频祝福逾百年，突然不适归故里。

人生长短难预料，纲兄魂魄上九天。

完成了7000字的《大哥永刚——农民的楷模！》，我意犹未尽，趁热打铁，整理本文——记录下2021辛丑年春节我一段悲伤的心路历程。

正月初二，我带着外甥，按照年前约定，前往相亲。

大妹夫的独子刘伟豪大学毕业时，我力主到江南工作生活发展，说服老实巴交的妹夫与妹妹。外甥在张家港一家合资企业，两年来，发展很好，收入颇丰，生活能力、为人处世诸方面都有了长足进步。半年前，我帮助外甥买了一辆车——节省了数万元不说，我坚持按照江浙一带人的汽车审美眼光与心理，主张外甥买下了一款越野型奔驰。稍有妥协，这小子就会以西北人的眼光买一辆适合我这个年龄和职业使用的老爷爷汽车！

外甥到了谈婚论嫁的年龄，得有一辆车了。这是现代婚恋的第一步。

给外甥介绍过我的同事，甚至我自己带的徒弟，未成；拜托初中、小学的同行介绍；恳请其他行业的老乡或朋友介绍……

终于，按江南习俗，约定初二中午相亲。远在嘉峪关的妹妹妹夫不可能专程赶来，我们夫妻自然而然成了男方家长。

从就业工作，到买车，眼前是相亲，将来还要买房，妹夫和妹妹好像把我赖上了！

我叮嘱外甥，该有的礼节不可少——机灵的外甥买了鲜艳的红富士苹果和吉祥的福橘；动员妻子，着正装，化淡妆，提皮包——表示对人家的尊重；我自己则西装革履，打着粉红色领带，拿出了外出讲课的全套行头——以示我们对这件事的重视！

时间观念一定要强，不能迟到，亦不能过于提前——我们三人与女方家三人竟然在媒人家楼下相遇了！互不认识，但是女方家的笑容让我们三人都判断出来了，他们是来跟我们办同一件事情的，他们跟我们一样，眼前都在按照微信位置、街景标志、门牌号码确定最终目的地！

我们先上楼了。

媒人打开房门的第一眼，笑容灿烂，对我们非常有好感，极其热情地招呼我们落座；接听女方电话，爬在阳台窗户上张望……

等待女方上楼过程的数分钟交流，媒人都很开心。

女方三人进门，几乎同时都对着我们莞尔一笑！三方，七人，入座。经二三十分钟交流，我离席接听了何乃宇电话的一会儿工夫，两孩子已经互留微信，满面笑容……我就跟女方父亲留了联系方式，转移话题，告辞，返回……

一个多小时之后，我们正坐在草坪上品茶休闲，受我之托的初中同事来电了："哎呀，我说寇老师呀，您真是老将出马，一个顶俩……您怎么这么会办事呢……哎哟，我那个朋友（媒人）刚才来电话跟我聊了半天，人家女孩儿可开心了，她爸爸妈妈可高兴了……"

我在接听这位音乐老师装饰音颇多的电话时就想起了一句俗语：同行做媒人，同事通语言；我老奉使命，言谈大有缘……

翌日中午，本约好外甥来吃午饭，体验一下擅长做饭的女婿的手艺与风味；我在办公室里等到近 11 点，饥肠辘辘了，微信问女儿："午饭？"女婿回复："刘伟豪约会去了……"女儿留言："我们简单吃了点，放风筝去了！你和老妈……"

虽然错过吃饭点回家吃了点剩饭，但是心中喜不自胜！

初三早晨，我 6：00 出门，步行到敔山湾龙定路山坡，天刚蒙蒙亮。一辆电瓶三轮车停在山路半坡，上面拉的是烤红薯的器具，估计是不能翻越这段山路了。我绕道走到车子前边，车主紧张地双手握住车把，脚紧紧踩住刹车踏板，不能松手，不敢下车。看见我戴个眼镜，身穿皮夹克，他面露难色，显得尴尬……我主动询问："需要帮助？"他眉开眼笑，"请……请，请帮我一把……"

他启动电源开关，我在后边用力推，十多米，就到了坡顶；车主将车停在路边，下车，立刻掏出香烟，"请抽支烟！"

"不会，真的不会。"

他硬往我手里塞，我诚恳地说："不客气，我是南菁高中老师，从来不抽烟；你碰到困难了嘛，帮一把，应该的……快去忙吧……"

一位六十多岁的人，可能是赶着去村镇上做点小生意。

这时，一辆面包车迎面开过来，两位司机打招呼——看样子面包车司机是电瓶车老人的亲属……面包车司机看着我，在用眼光询问我：这里刚才发生了什么事情……

想起了小时候学习雷锋做好事！没想到今天还有这样的机会！真是幸运！如果带着小孙女一起去做，该有多么开心！

亦可乐也！

2021 辛丑年春节，祖国山河无恙，华夏国泰民安；我个人亦悲、亦喜、亦乐！

2021 年 2 月 15 日初稿

2022 年 8 月 22 日修订

北国风光　千里冰封　万里雪飘　望长城内外
惟余莽莽　大河上下　顿失滔滔　山舞银蛇　原驰
蜡象　欲与天公试比高　须晴日　看红装素裹　分
外妖娆　江山如此多娇　引无数英雄竞折腰
惜秦皇汉武　略输文采　唐宗宋祖　稍逊风骚
一代天骄　成吉思汗　只识弯弓射大雕　俱往矣
数风流人物　还看今朝

毛泽东作于一九三六年词沁园春雪

录毛主席咏雪之记抄录联一付贰条
连五四毛平常余兴笔抒此词一首
一九九五年五月四日　以致笑纳　堂雅正
农历乙亥年闰五月初五

己亥（2019年）春节寄语永升弟

寇永琇

寇氏祖先本江南，跟着肃王到祁连。
陇中辗转数百年，落户临洮到中泉。
辅国之后名永升，关外奋斗到江南。
教书育人并著书，中泉子弟帅江边。
己亥之岁江南聚，海南游子赞一赞。

后记：

2019年春节，寇永琇兄在海南过年，作诗一首发到"景泰中泉寇氏"微信群里。

寇永斌：太深奥了，理解不通！哥，你通俗点说嘛？

——弟弟永斌在我家小群里留言，意思是让我把这首解释或者翻译一番，好让他们几个能明白大意。

我做了如下解说：

我们寇家的老祖先本来就是江南人，数百年前跟着肃王运送粮草来到祁连山脚下落户安家。后来因为灾荒与战乱等原因，曾经在甘肃大地上辗转了几百年，最终从临洮逃难到中泉。

寇辅国的后代子孙中有一个叫寇永升的，几十年前大学毕业本来在关外嘉峪关教书。全靠着个人奋斗，有了一定成就后，引进到江南老祖宗的发祥地，继续拼搏努力，干好教师育人本职工作的同时，还能够著书立说。在长三角人烟阜盛之地，在太湖之滨，为我们中泉滴水崖的寇氏子孙后代们争了光！

上一个己亥年年（2006），寇永琇、魏宝莲，寇永成、王桂英，我们到江南相聚，永升兄弟和弟媳妇安燕盛情招待我们，吃住在家里；在美丽的锡山高中校园里散步；乘坐着永升的崭新别克到太湖边钓鱼……

今年，又是一个己亥年(猪年)，我(寇永琇)在海南过年，谨作诗一首，为永升兄弟点赞；顺便算作我的春节感想……

2019 年春节

我眼中的丈夫

安 燕

丈夫寇永升在我的眼中一直是忙忙碌碌的，要有事找他，我还没开口，他就说，啥事，快点说，我还忙着呢……我常说他是"无事忙"，不知他在忙啥。2022年暑假我住院，他陪床。他把病床上简易的折叠饭桌当书桌，坐下就不动了，头也不抬地在电脑前工作，查找资料，备课，做PPT，该吃饭了，还不把餐桌让开。感觉他是找了个清静的地方来备课的，我只是个陪读的。

我们夫妻在同一所学校工作过十几年，有时在校园里碰到了，最多的一句话，今天吃什么饭？

结婚前，我给他说，我不会做饭，他说："没关系，结婚以后，你不用进厨房，饭我来做。"这是我听到的最美丽的谎言！现在，我做好饭了，他都不能按时回家吃，等得我地老天荒。

家里的卫生，他每年只给我干一天——过年擦玻璃。他担心我擦玻璃不安全，又舍不得请家政来擦，只好自己上阵了。

延安支教了一年，他学会了洗衣服。自己的换洗衣服，等我发现时，已经洗好了。感谢延安支教，锻炼人啊。

今年暑假，他外出参加教研活动，回来后按照要求需要隔离7天，他很开心地告诉我，这7天他干了不少的事情，完成了许多任务……至今还留恋那7天，没有人打扰，带给他充实的生活和高效率的工作。

他从来不在家里备课、写作，他的繁重工作多在学校就能完成；他也鲜少熬夜，早睡早起，工作任务繁重而紧张时，他宁可早晨四五点钟起来干，也要保证按时休息。引进到南菁高中的几年，是他在工作上成就比较多，专业发展上成果比较多，也是个人获得各种荣誉头衔比较多的时期，在我看来，一个并不次要的原因是，南菁高中给他在图书馆大楼里安排有一个独立的办公室。我去过两次，那是一个可以清静读书、学习、写作的好地方——感谢南菁高中。

永升评到正高和特级教师后，常有同事跟我开玩笑说："你当初是不

259

（专辑） 亲 情

是看上了寇老师的才能和学识，是不是看中了他的名誉和地位……"我只好报之以苦笑。真是天大的冤枉！我们认识时，他又黑、又瘦、又土，学历只是大专；他家在甘肃最落后贫穷的农村，兄弟姊妹多；那时候我们民办学校的待遇比他们公办学校要好得多。他是我弟弟的老师，我是他学生的姐姐。一个老师，能让学生敬佩乃至崇拜，从课堂上到生活中，我相信，他一定是一个热爱教育、热爱生活的人。

我最敬佩他的是，到了即将退休的年龄，还有干不完的工作。用他自己的话说就是，工作不是越干越少，而是越干越多了；知识不是越学越多，而是越学越觉得少了。生无所息，学无止境。几十年来，他每天都是斗志昂扬，充满正能量、激情和活力，这可能是他最可爱的一面，也是他在工作上取得些许成就的主要原因。

在我的记忆里，他从没有睡过懒觉，无论冬夏，每天5点起床，6点上班，晚上10点左右回家，生活很有规律。他从来没有悠闲地坐在沙发上看过电视，很少在家里闲得没事干；而是喜爱运动，羽毛球、游泳、爬山、自行车等都是他的长项。

在我的印象中，他这个人一直不怕冷。在西北嘉峪关生活工作时冬天需要棉衣，到无锡这二十多年来，他在冬天很少穿厚重的棉衣。他这个人特别耐冷，可能跟良好的身体素质与良好的生活习惯有关。我是天气一冷就缩成一团，他是天气越冷越精神。

穿衣不挑拣，饭菜不挑拣，是我们两人的最大公约数，也是我们家的特点。寇永升出生成长于农家，深知稼穑艰难，他这个人，无论是在西北做个小老师每月只挣几十元钱的时期，还是引进到江南，成为教师中收入比较高的老教师的现在，都能节俭生活，勤谨工作，实在难得。

没有任何不良嗜好，就是寇永升最大的嗜好。

在我们家里，最难得的悠闲放松机会，就是他带上我和外孙女，到敬山湾的草坪上，以天空为幕，席大地而坐，品茶、野餐、与亲人视频聊天，看着小孙女在草坪上奔跑玩耍，尽情享受大自然的美好。

寇永升是一个非常重视亲情的人，也是一个善于经营、温暖亲情的人。在他的带领下，弟弟妹妹们都很孝敬父母，都比较团结友善。我一直受到两个小叔子、两个小姑子以及弟媳妇和妹夫们的关心、爱护和帮助，我们在一起总感觉到很亲热。特别是两个小姑子，对我这个嫂子尤其亲热，每每都让我很感动。这是寇永升很与众不同的一个方面，也是很让他家乡人点赞的地方。

我和公公婆婆几十年来没有任何矛盾，尤其是跟婆婆，总有说不完的知心话，一段时间不通电话，婆婆想念的不是儿子，而是我这个儿媳妇。婆婆在八十多岁时学会了微信视频，这对不识字的农村老太太来说，非常难得！每逢周末和传统节日，婆婆都要跟我们微信视频，拉拉家常，逗逗我的小孙女，问问我们的工作生活情况……

我离开陕北老家四十年了，很少有机会回过家乡，路途遥远，两个孩子相继上幼儿园、上学，但是我一直魂牵梦萦的事情中总是少不了家乡的山川河道，少不了家乡的各色小吃美味，少不了起家乡的亲人朋友们……2015—2016学年度，寇永升在延安支教一年，他所在的洛川县城距离我老家绥德还有好几百公里，可是他在一个周末的早晨，从教室里出来直接乘上汽车，赶中午赶到了我家乡史家湾，赶上了参加我堂弟弟的婚礼。据说，汽车到村口，他听见唢呐和锣鼓声，就停车询问，结果正是我们老安家在娶新媳妇，全村没有一个人认识他。他虽是老女婿但第一次上岳丈家门，也不认识我们家的人，一进门就掏出钱包搭礼，惹得满院子的人都纳闷……

我爷爷、奶奶、外公、外婆的坟墓都在山大沟深的黄土梁上，汽车、拖拉机都开不到的地方，只能靠两条腿翻山越沟……寇永升利用清明节之际，专程去给我爷爷奶奶和外公外婆扫墓，还拍成视频给我看，让我非常感动，数度泪目……舅舅、舅母进城养老了，他们的院子和窑洞都荒芜了，寇永升邀请了我表弟做向导，找到了我外公家的旧居，把废弃的窑洞、院落、碾盘、枣林一一拍成照片给我看……我出生和长大的窑洞里，他也拍成图片；我跟着做民办教师的妈妈上小学的地方，他竟然也找到了……我和爸爸共同的母校绥德中学，他曾经义务去讲课送教，找到了我当年的教室、宿舍，竟然认识了我妈妈教书时的课代表……我在老家的几个叔叔、哥哥嫂子，还有几十个弟弟、妹妹以及他们的下一代，寇永升一一去看望，给他们全都带去了我们的问候与亲情，也给我带回来了亲情和乡情……

我最亲近的大姨，九十岁了，两耳失聪，住处和我家故居有一定距离，寇永升不辞辛苦，一定要代我去看望，在他并不熟悉的山路上驾车前往，并且从他有限的支教补助中省吃俭用给了我大姨上千元零花钱……

人都有缺点；但我，更看重寇永升的优点。

2022 年 11 月

我的"好温暖"感恩短信

安 燕

致亲爱的爸爸

亲爱的爸爸：

　　这几天，我一直在回忆小时候的事情。

　　爸爸常年在外工作，我们一年中只有一个月和爸爸相处的日子，每次您回家我既开心又害怕，不敢和您交流。但我从村里人的问候和眼光中读懂了他们对您的敬重。您对爷爷和奶奶的孝顺是全村人都敬佩的，那时您的工资不高，听您的同事讲，您每次吃饭都买价格最低的菜，平常就一身工作服，只有探亲回家才穿自己的衣服……就这样您省吃俭用把省下的钱用来帮爷爷盖房子，给三叔娶媳妇，供四叔和五叔上学。

几个叔叔们都工作、成家了，您还关心照顾他们。您的担当和对家人的无私奉献一直潜移默化地影响着我，学会做人的优秀品质，懂得给予别人的幸福快乐。

　　1983年，您为了和家人团聚，放弃省城兰州刚刚稳定的优越的工作生活条件，带着我们全家到条件比较艰苦的嘉峪关市工作。那时，我对您的工作才有了真正的了解。您是一位比较有权威的建筑工程师，每天早出晚归在工地上指挥施工，进行技术指导，解决技术难题，有时连续几天画图、审图。您对工作一丝不苟、兢兢业业的态度一直感染着我，使我能够认真对待每一份工作，干好自己的本职工作。您不善交流，不会表露自己的情感。一直以来，您在我的心中都是一个沉默严肃的形象，但您对我们的爱是细致周全的。寇寇几个月大时，您和妈妈每天上班那么忙，可您担心我上班太累，每个周末都骑车到我家，然后步行着把寇寇抱回去帮忙照看，现在想起您对我们点点滴滴的关爱，我都心里暖暖的。

寇蔻四岁多要学骑自行车的时候，您害怕她摔着，在自行车后座上绑了一根长长的木棍，寇蔻骑着车，您拽住木棍跟着跑。每每想起这些画面，我都无法控制自己的情感，一直感动着、温暖着……

寇蔻开始上小学了，我们上班忙没办法接送她，您上班那么辛苦，但每天寇蔻放学时您都会悄悄地跟在后面护送她安全到家。这样跟踪式陪伴了一个多月，您感觉寇蔻在上学路上能够注意安全了，才放心。

父爱如山，您的关怀与爱如同大山一般，头顶着威严，但心里却流淌着浓浓的亲情与真情。您的爱是那么的深厚、宽大、细腻、柔和，这种爱是我一生的财富。

无论多远，无论多久，您的爱会照亮我人生的路途。

女儿：燕

2013 年 10 月

致一直温暖我的妈妈

亲爱的妈妈：

我是一个不善表达情感的人，率直的性格在您的面前很随意，从来没有对您说出："妈妈，我爱你！"但在我心里您是一位非常勤劳、善良、有爱心的好母亲。

父亲常年在外工作，您既要上班又要带着我和弟弟，家里家外的一切事情都要您操劳。那时，我们家的经济条件不是很好，你总是很有计划地安排好全家的生活，自己省吃俭用，一定把最好的给我和弟弟。亲戚朋友庄邻友社，只要人家有困难，您总是宁可苦自己也要慷慨解囊热心帮助。

你的这种美德一直影响着我，能够给予别人是一种幸福。现在物质条件好了，希望妈妈身体健康，每天开心快乐。

女儿：燕

2013 年 11 月

致一直温暖我的婆婆

亲爱的妈妈：

你好，记得我和永升结婚时回老家，由于水土不服，我天天拉肚子，那时家里条件不好，没有大米可以熬稀饭，根本见不到水果……可每天我还没起床，你就给我的床头放个苹果，尽管那个苹果是我见过长得最小、最丑的，但那是我吃过最纯、最真、最香甜的苹果，那种味道永远定格在我心里——妈妈爱的味道。

每次我们回去，你都倾家中所有，使出你最佳的厨艺给我们做很多好吃的，生怕我们在外吃不上、吃不好；每次离家，你总做我们最爱吃的烧壳子给我们带上，冰箱里常年有你做得好吃的，妈妈的爱总是满满的。

我们婆媳这多年无话不谈，每过几天总要通个电话聊聊。近几年，年过八旬的您竟然学会了微信视频，每逢周末节假日，我们都会视频交流，暄暄农家收成，聊聊鸡狗鸭鹅……

即使我做得不够好，您也从来不指责我，还逢人夸我好，感恩你的认可和信任。你的勤劳、善良、宽容、大度、无私、大爱……都是我要学习的，是我们的榜样。

祝你身体健康、万事如意、幸福快乐！

儿媳：安燕

致弟媳妇毛倩

亲爱的弟妹：

你好！这些年，我们远离家乡，远离父母，凡是父母的事情，小到平时一杯水、一餐饭的生活照顾，大到年头节下送寒问暖，都是你们替我分忧解难。你们为了不影响我工作，不让我操心，就连妈妈有病住院都不告诉我。我感到非常惭愧，我对妈妈的关心远远比不上你。你对公婆、父母的那份孝顺、体贴、细心、周全，你对小利的那份宽容、大度、信任、支持，对每个亲人的那份真诚、真情、真心付出，你工作的好学、能干、认真、执着，一直是我借鉴和学习的榜样。

感恩弟弟娶来一位端庄、秀丽、善良、贤淑的知识分子妻子，这是我们全家前世修来的好福气。感激你在我们遇到困难时，每次都慷慨解囊及时帮我们渡过难关；感动你对孩子们无微不至的关心和爱，无限感恩你。

爱你的姐：安燕

致一直温暖我的三嫂

亲爱的三嫂：

嫂子，我的闺蜜，好想你。

每次打电话，你甜美的笑声驱走了我的一切烦恼，静静地听你说着家长里短，是一种享受；和你在一起时是多么的开心、随意、快乐。

记得第一次去你家，看到你做了那么一大桌的菜，我都惊呆了。你做菜是如此讲究，色、香、味俱佳，厨艺平平的我真的很膜拜你。

看到你们一家说说笑笑、其乐融融，为你们的幸福感到快乐，这种氛围辐射着我、感染着我……

你们在常州、我们在无锡的好几年里，每个春节前最繁忙的腊月里，你都辛苦好几天，卤制好各种肉菜给我送来。吃着你亲手做的卤肉，慢慢享受着嫂子的温馨，享受着娘家的味道，真的好幸福！

生活中有你真好，非常非常感恩！你的勤劳、善良、温柔和贤惠，一直感染着我，无限感激和珍惜这份犹如亲姐妹的情感！

在此深深祝福你幸福、快乐、顺畅、顺意每一天，美一天！

妹：燕
2014 年 1 月

致一直温暖我的三哥

亲爱的三哥：

看到微信里你年轻时的照片，想起儿时的我们。

那时的你好有组织和领导能力啊，经常组织一大帮小伙伴到处玩，上山挖野菜、割草，下沟找蝌蚪、抓蛤蟆，让我好生羡慕，总是想法跟随你。我们在山上做游戏，烧玉米、土豆吃，好开心啊。你很有思想、富有创意、做事沉稳大气，聪明才智远远超过同龄人。

爱好广泛的你，自制二胡、吹笛子、游泳都是无师自通，听到你优美的二胡声，看到你从水库这边游到几百米的那边时，我好膜拜你，同时为有这样的哥哥自豪。

上高中后，你更是展露出聪明过人之处，高二你就考上了大学，是学校的唯一。你上大学到毕业后在外地工作，我们联系少了。2001年，我和寇永升从嘉峪关市一中转到无锡太湖高级中学任教，没想到你也来常州工作，感谢上帝，让我们相聚在江南。虽然，我们的模样变了，但我们的亲情更浓了。每次你来我们家都给孩子们带许多东西，时常牵挂着孩子们，关心他们的学习，指引和开导他们，帮助他们

走出叛逆期和青春期的困扰，非常感谢你对孩子们无微不至的关爱。每当我在生活、工作中碰到有些自己解不开的纠结时，你总会在第一时间帮我排忧解难，每次都给我带来别样的温暖和幸福。在此祝愿你的生活、生意、生命都棒棒的！

妹：燕
2014 年 1 月

致一直温暖我的二哥

亲爱的二哥：

你来电话让我快点加微信，要分享你十个月大的孙子学会了自己站立起来的图片。是啊！一直以来，你总是把自己的幸福和快乐与我分享，感恩在我的人生路上有你的关爱和帮助。当我有什么烦心事、遇到什么困难时都会向你倾诉，寻求你的安慰和帮助，在我心里你永远是我的精神支柱和依靠。你的宽厚待人和善解人意就像一座彩虹桥，架在家人的心与心之间，不论什么事你总是可以用你智慧的语言起着调和的作用，每个家人都受到你的关心和照顾。

你在我们老安家是有威望的，受到大家的敬重。你对老人的孝顺更是值得我们学习的，2012 年 10 月二爸来无锡，你专程从西安赶来给二爸过生日，连不善表达情感的二爸都被你感动了。只要提起你，二爸就很开心，

（专辑）亲情

经常说你多么多么的优秀，称赞你工作能力强，做事沉稳、周全，对人厚道、大气。

你是我们老安家的楷模，我们学习的榜样。

妹：燕

2013 年 1 月

致一直温暖我的四弟

亲爱的四弟：

每次你喝多了酒就会给我打电话："老姐，好想你。"生性腼腆、内敛的你，有些话不好意思说出口，状着酒胆道出你的心里话。听着你的醉话，把我拉回童年的往事。那时，我每次从学校回来，你都会跑到家门前的一段坡路上帮我推车，你飞跑过来的那一刻永远定格在我心里，感恩你的热心、善良、爱心。不论我干什么活，你总会默默地陪着我，你有什么好吃的都会悄悄地送我。有一次，我的脚受伤了，你心疼地为我流泪，到处找推车把我送到乡医院治疗。脚上的伤疤依然在那，你为我治伤的感人画面已烙在我心里，一直感动着我、温暖着我。

1983 年初，随着二爸工作调动，我们全家离开老家到嘉峪关。临走时，你眼泪汪汪地对我说："姐，有我在老家，你一定要回来。"每每想起这些，我都无法控制自己的感激之情。后来，我女儿寇蔻出生后有病，你是那么着急、那么关心，刚参加工作的你，第一份工资就寄给我，让我给寇蔻看病，你的这份情义永远感动着我。

你每次打电话都会说忘不了我对你的好，我感到很惭愧，是你的善良、你的厚道、你的大气、你的无私、你的大爱带给我最美好、最感人、最温暖的亲情。

姐：燕

致丈夫

亲爱的老公：

这几天你辛苦了，每天早上六点多就到校，带领学生冲刺高考，晚上十点多回家还要给儿子辅导中考，每天你都斗志昂扬、能量四射，使我们家充满激情和活力。感谢你为我们家付出的一切，感激你给我们家的温馨和温暖，感恩你带给我们的幸福和快乐。

过去的一年，是我们家最不平凡的一年。老婆更年期、女儿青春期、儿子叛逆期，在这"三期"包围之下，我感到很苦闷、迷茫，心情一直处于低谷，甚至对生活失去了信心。是你经常陪伴儿子学习，和他谈心，你们一起爬山、远足、打羽毛球，使儿子走出叛逆期的困扰。父爱如山，儿子又回到了以前的活泼可爱，看到你们在一起学习、探讨和亲切的交流，我感到很欣慰。谢谢你给孩子们的包容、帮助、关心和爱，我们一定会环抱大山走向幸福的顶峰。爱，是你我用心交织的生活；爱，是你我共同承担的责任，让孩子们成人。

祝老公身体棒棒、硕果累累、爱心多多、幸福满满。

妻：燕

致小叔子永斌

永斌：

那年，你初中毕业走出家乡，来到我们身边，从学技术到谋职，从成家到买房、买车，看着你一路走来，日子越过越红火，真的为你高兴。你的豪爽、大度、智慧、霸气、努力、善良、责任心、不畏艰难，为了梦想而去奋斗的精神值得我们学习和敬佩。

十几年在同一个小城市里生活，我的许多苦活、累活、脏活都是你帮我干。我们一家四口离开了那个城市，你还每年春节前去帮我父母擦玻璃、打扫卫生，平时时常去两老人处看看聊聊……非常感动、感激、感恩你！

在此祝愿你幸福、快乐、顺心顺意！

嫂子：安燕

致小姑子永春

永春：

你好！我们来无锡13年了，蔻蔻对你还是那么地依恋。

是啊！蔻蔻是你带大的，你对她的宠爱胜过我这个做母亲的，你对孩子们的关心、照顾和爱心是他们的福分，孩子们永生难忘，感激不尽！

每次我们相聚，你都忙里忙外买菜做饭，从来没有怨言。感谢你任劳任怨为我们付出的一切，你善良、大度、好学、能干、孝顺、周全，把全部的爱奉献给家庭，用你的爱滋润着我们，让我们感受亲情的温暖。

这么多年，我们就同亲姐妹一样无话不说，无话不聊。感激你对我的信任和照顾，我要好好珍惜这份犹如亲姐妹的情感。

深深地祝福你，每一天都充满着欢乐和幸福。

嫂子：安燕

致女儿

亲爱的宝贝：

你好！你从小到大与爷爷奶奶在一起的机会很少，但血浓于水，亲情是时间和空间难以隔断的！

你高中毕业那年，只身一人，踏上西去的列车，代表爸爸妈妈去遥远的西北家乡老家看望爷爷、奶奶。在爷爷奶奶身边刚刚过了几天，就在

电话中对我们说："老爸、老妈，以我观察，爷爷奶奶现在最需要一个冰箱！他们好不容易买一点、换一点蔬菜瓜果，只能放在厨房地上，不到半天就蔫吧了！现在家里不养鸡狗了，爷爷奶奶从来舍不得把剩饭菜倒掉，天气热了，容易吃坏肚子……"

你把自己几年来积攒的压岁钱全都拿了出来，还说服弟弟也拿出自己的零花钱，在家乡给爷爷奶奶买了一台电冰箱。

感恩女儿，替我们孝敬老人！感动你的善良、孝顺、细心、周全，感激你懂得给予和付出的优秀品德。愿你一切顺心顺意，不断绽放！开心快乐美一天！

爱你的妈妈

致儿子

儿子：

上周你们多上了半天课，我就感到有好几个月没见到你，盼着你回家。见到你又唠叨多，惹你烦心。你上学走了，我的心若有所失，经过几个不眠之夜，我决定给你写这封信。

回想起，你期中复习的时候，我俩在一起挑灯夜战，你埋头学习的专心状态，让我看到了什么是努力、勤奋。你每天睡得晚，早上我都不忍心叫你，可你自己定好了闹钟，不到六点就起来学习了。虽然，心疼你的身体吃不消，但我心里高兴。我感到儿子长大了，你的学习目标明确了，自觉性也提高了，让我很宽慰。

你通过脚踏实地认真复习，孜孜不倦地努力，期中考试取得班级第七名的好成绩，妈妈真为你高兴。你的进步如此之大，说明你有这个实力，你有很强大的潜能需要你去挖掘。儿子，我想告诉你的是，人生也是如此。没有人为你等待，没有机会为你停留，只有与时间赛跑，才有可能会赢。早起的鸟儿有虫吃，赶在别人前头，不要停下来，这是竞争者的状态，也是胜利者的状态。

是的，如果成功也有捷径的话，那就是飞，时刻准备飞。所以，我们要做"早起的鸟儿"，就是"课前预习，上课听讲，课后消化，阶段复习"。学习的关键在于平时，平时不抓紧，考前复习的时候就会感到没有头绪，手忙脚乱的心里没底，考试也会心理紧张。如果平时能够抓紧学习，考试的时候就胸有成竹，一定会考出好成绩的。妈妈相信你一定会再创辉煌，在妈妈心里你是最棒的。

学习状态决定着一个学生的学习成绩。最近几次小考，你没有考好，妈妈没有责备你的意思，一次没有考好并不能说明什么。但你要找出你出错的地方，把错题认真分析一下，到底错在哪儿，究竟是因为基本概念不到位，基本公式没记住；还是基本技能不过关，基本方法掌握不到位；或者是你考试不细心，差错多……找到原因你就能进步，找到借口你只能退步。

（专辑） 亲 情

勤动手才能少出错，特别是数学，不动手想学好是不可能的。基本技能是需要训练的，不是看或想出来的。好多的技巧，好多精彩的地方，好多未被你发现的遗留问题，往往都是在动手的过程中才发现的。人最容易原谅自己，事情没做好，想办法找一些原因，让自己心安理得，这是一种坏习惯。它会让你软弱，让你偷懒，让你逃避，让你丧失勇气，让你不去反思，不去分析错误的原因，不去总结经验，结果你丧失了智慧，从找借口到编借口，最终会丧失诚信。记住：拥有一个好心情，拥有一个好心态，并具有适度的压力，考试就成功了一大半。

上次开家长会，浦老师表扬你会关心人，我非常高兴。从小你就会关心和体贴妈妈，这一点妈妈很欣慰，也很感动你在我心情不好的时候能体谅和理解妈妈。妈妈更希望你能珍惜别人的优点，宽容别人的缺点，学习别人的长处，理解别人的难处，赞美别人的成功，谅解别人的失误。要长存一颗感恩之心，拥有一种美好的处世品格。

爱你的妈妈

2012 年 5 月 22 日晚

儿子：

妈妈谢谢你能陪我出来玩，这是你长大第一次陪我们出来游。我不知道下次什么时候你还愿意陪我旅游，但这次的游玩，我是终生难忘的。随着新年钟声的敲响，你就长了一岁。看着你长大的背影，我有一种喜悦和自豪。儿子长大了，不再是那个让我牵着手走的男孩了，能够独立在外面做好自己的事情了，妈妈感到很宽慰。你已经不愿接受父母的呵护和唠叨，可妈妈的心永远放不下你，牵挂着你。请你体谅一个做母亲的心情，儿行千里母担忧，在妈妈眼里你永远是孩子，对你的关爱也是情不自禁。

作为男子汉，对一切有责任，才能担当一切。妈妈希望你能相信自己，超越自己，做一个有担当的男子汉。

记住！将来，不论你喜欢干什么事情，只要有益于社会，有利于自己，妈妈永远支持你，家门永远为你敞开。家，永远是你歇息的港湾。

永远爱你的妈妈

2013 年 2 月 9 日除夕夜

儿子：

今天已经 3 月 18 日了，可我还被 3 月 8 日的幸福包围着。当你给我端来热水洗脚，你的胖手给妈妈搓脚的时候，你绵绵的手搓去了妈妈一身的疲劳，一下子全身感到很轻松，觉得心里暖暖的。那一刻，我是世界上最幸福、快乐的妈妈。我的儿子长大了，能够关心和体谅妈妈的辛苦。妈妈因有你而感到幸福，感谢上帝把你赐给我。

幸福其实很简单，也许别人的一个微笑，一个举手之劳的帮助，都是我们幸福的源泉，当一个人懂得感恩，他就会因为别人而感到幸福。

这个"三八"妇女节，我深深地幸福了，为我的儿子长大了而幸福，而这也是我最温暖的一个"三八"妇女节。

爱你的妈妈

2013 年 3 月 18 日

（专辑）　亲　情

"书"中的姐夫

毛倩

先生与其姐夫是师生关系，因之时常以"寇老师"称呼。入乡随俗，结婚二十年来，我也就自然而习惯地称姐夫为"寇老师"。

与寇老师初次见面，却也是分别之时。

那时还在谈恋爱阶段，有一天，他告诉我，寇老师作为高层次人才被江苏无锡的一所省级重点中学引进，他姐一家要离开嘉峪关，即将举家搬到江南去……听到这个消息，我有些震惊，一惊，我们甘肃这样教育欠发达地区，能向教育极度发达、人才济济的长三角地区输送人才，委实难得；二惊，未来的老公家里还有这等人物，着实让人引以为傲。

第一次走进寇老师在嘉峪关的家，正值他搬家的时候，满屋的书籍，从一个房间到另一个房间，无他，还是书籍。

2009年冬天，我们一家三口去了寇老师在无锡的家。引进江南近十年，寇老师工作事业风生水起，生活待遇尤其是居住条件非嘉峪关时期可比。四室两厅两卫的居室，步行数分钟即可到达他与姐姐任职学校；独立车库，上层储物，下层停车，遥控卷闸门——那时嘉峪关还没有见过这样高度智能化的车库。这时候的寇老师有了一间专门的书房，四面墙壁全是书柜，进门只见满屋的书籍。

这次江南之行，寇老师开车带领我们全家畅游了太湖山水，在无锡央视影视基地三国城、水浒城，看着许多小朋友跟演员一起参与表演，正在上幼儿园的女儿心里痒痒却又不敢走上前。走到姑父跟前胆怯地说："寇老师，我，我也想……"寇老师笑笑说："你刚才管我叫啥？""寇老师……"惹得我们大人小孩忍俊不禁……

女儿即将上小学，寇老师给我推荐了著名教育家王金战的一本书，后来真的让我受益匪浅，一直推荐给亲朋，大家都觉得在教育孩子上很有裨益。

与寇老师的关联，还是书籍。十几年来，我女儿每成长到一个节点，寇老师会精选各种书籍赠送，从人文社科到自然万物；有围绕课堂教学的，有励志成才的；有中外文学名著，有学习参考读物，对孩子的帮助非常大。可以说，是寇老师的书籍陪伴着我的女儿成长。

寇老师不仅读书，还能著书。凡有新著出版，都亲手签名送给侄子外甥——当然也包括我的女儿。

腹有诗书气自华。生活在书籍世界里的寇老师并不是一个书呆子，而是一个很重亲情、富有人情味的人。

在江南成名成家后，寇老师这几年经常到全国各地讲课，每次到张掖、酒泉、嘉峪关一带，哪怕中间仅有短暂停留，有时甚至去机场途中，他都会回家看望老人。尊老爱幼是他心中永远的大事。他所到之处，都有条件住宾馆，但他每到嘉峪关都会舍弃宾馆的舒适，住在家里陪伴老人。

生活在书籍世界里的寇老师，那些书可没有白读。他很执着，几十年初心不改，从低起点起跳，一步一个脚印，一点一滴积累，在教育大省奋斗到特级教师、教授级教师，不仅自己练就成了名师，还和姐姐一起，在教育成本很高的江浙地区，精心抚养两个孩子长大成人，第三代都已经上学读书，给全家四代人创造了美好的生活。寇老师是从西北戈壁滩飞到东南的孔雀，但他没有忘记故土家乡，父母老人、弟弟妹妹乃至侄子外甥们的事就是他的事。不管是在老家景泰的，还是在第二故乡嘉峪关的，以及他带到江南工作生活的，升学、就业、买房买车、婚恋成家，他能帮的都尽最大努力帮。成为江南名师后，他也没有躺平摆烂，不待扬鞭而自奋蹄，在陇原大地，从东到西建成了十几个工作室，每年暑假辛劳奔波一个多月，到各地指导他的同行们进步提升……

于我而言，这位生活在书籍世界里的姐夫，最为感动的记忆莫过于下面这篇文字。

那是2022年11月，钢城冰天雪地，久病在床的爸爸走完了他84岁的人生，永远离我们而去了。按照疫情防控政策，亲戚朋友同乡故旧一概不能前来吊唁，不能举行任何仪式，家属前往殡仪馆送别不超过六人……我们姐妹悲伤之余一筹莫展，怎能对得起含辛茹苦艰难抚养我们成人的爸爸，如何面对耄耋之年的妈妈……情急之下，作为教育同行的二姐夫王玉胜提醒和建议我们，请寇老师写一篇祭文，既可以解眼前之困，又可以作为永久纪念，待将来疫情退去时机成熟之时，再行举办吊唁或者纪念活动。

正值学校最繁忙的时间，寇老师放下手头的一切事情，顾不上回家，没时间到学校食堂吃饭，在电话中与我妈妈聊了一会儿，问清楚了爸爸的求学和工作经历等，倾听了我们姐妹的叙说……当天晚上，就将这篇文字发给了我们，既充满人间烟火气息，又典雅蕴藉。我们姐妹再三读之，无不潸然泪下、泣不成声……

谨录于文末，以作为对九泉之下爸爸的永久纪念；也作为对生活在书籍世界里的寇老师的感谢与铭记。

正式地叫你一声：姐夫——生活在书籍世界里的寇老师！

附：

祭父文

父，讳恒文，1940年7月29日，农历六月十六，出生于历史文化名区甘谷县磐安镇，时维庚辰，癸未之月，甲子之日。2022年11月28日下午三时零三分，岁在壬寅冬月初五，辛亥月乙酉日，因病仙逝，享年八十有四。

父亲出生在烽火连天岁月，成长在甘肃中部干旱地区，求学在三年困难时期与国家极度贫困时代。兄弟姐妹七人，下有三弟并三妹，全赖农田收入。父亲年少之时，常身背干粮步行数里求学，穷冬烈风无阻，盛夏酷暑不惧，克勤克俭，勤奋好学。1960年9月，父亲以优异学业考入兰州铁道学院，五年制本科，修铁道运输专业。20世纪60年代，西北干旱地区，父以世代农耕之家，入省城大学本科，实寥寥凤毛也。1965年7月毕业，父亲分配至三九公司，参加三线建设，长期任职于酒钢公司运输部，主管铁路运输，保障生产生活。后任职酒钢公司纪检委委员，严于律己，秉公行事。三十多载职业生涯，父亲始终孜孜求索，潜心钻研，敬畏知识，修习专业，于1994年2月评为高级工程师。1997年以县处级干部光荣退休。

父亲一生，勤于事业，热情诚恳待人，为国家钢铁工业发展，为酒钢公司建设呕心沥血，深受组织信任，深得同事信赖，多次获得表彰奖励。1986年2月，评为酒泉钢铁公司先进工作者；1986年12月，获得酒泉钢铁公司"双文明"先进个人称号；1990年7月1日，再获嘉峪关市优秀党务工作者殊荣。

父亲出生成长于农家，与母亲一起育有我姐妹三人，无论是条件简陋的乡间农村，还是雄关脚下钢铁之都，一直粗茶淡饭，朴素着装，为我等后辈树立表率与典范，实乃我辈之财富。

退休颐养天年以来，父亲与母亲又为我等哺育抚养下一代历经艰辛，洗衣烧饭，晨起晚睡。孙辈健康成长与学业上进。始终是父亲生活中大事要事急事正事，后代的家庭与事业永远是父亲心头的急难愁盼与重中之重。

子欲养而亲不待。历经数月病痛折磨，父亲以坚强之躯与数种病魔抗衡，凭顽强毅力战胜病痛，以减少影响后辈工作、学业。

祭而丰不如养之薄。今父亲已驾鹤西归，我等唯愿勤谨侍奉老母安享晚年；唯愿铭记父亲嘉言懿行，勤于事业；唯愿传承父亲良好家风，教育后辈。

维：2022年冬月初六日，苍天流泪，大地戴孝；晨曦微露，朔风凛冽。齐毛静、毛洁、毛倩等，虔具清酌庶馐之奠，致祭于先父大人之灵前而哀曰：

哀哀吾父，生我劬（qú）劳。哀哀吾父，生我劳瘁；抚我畜我，长我育我；顾我复我，出入腹我。无父何怙（hù，依靠）？欲报之德，昊天罔极！

哀哀我父，寿登耄耋。奔波劳碌，终生勤业。风雨无阻，不避艰辛。勤俭持家，朴素度日。教育吾辈，克己恭人。待人接物，和气有加。无奈不测，疾病缠身。一卧不起，年余辞尘。

今遗恨者，正值我姐妹皆事业有成，后辈学业有成且渐至成才，正颐养天年、尽享天伦之时，我父撒手西去，魂归九天！新冠瘟神肆虐，钢城静默，亲朋无由致祭于灵前，好友不能扶柩而告别。

呜呼吾父，百喊不应。肝肠寸断，泣落沾巾。哀号祭奠，悲痛难陈。黄泉有觉，来品来尝。

呜呼哀哉！

伏惟尚飨！

女：毛　静　毛　洁　毛　倩
婿：黄　利　王玉胜　安小利
孙：黄健欣　王悟彬　安怡然
叩首
2022年古冬月初六日

为我安府女婿点赞

安茂盛

2022 年 12 月的一天，收到妹婿永升微信：

二哥好！

2023 年，我从教 40 年整，即将到法定退休年龄。我任职的百年名校江苏省南菁高级中学拟将我收藏的课本和期刊辟专门场馆建成"百年母语教材陈列馆"和"中国语文教学期刊陈列馆"，并支持我出版一部个人文集。请查看目录，欢迎您写一篇文章，收入我文集，以作纪念。有具体事情和细节，有真情实感，有可读性即可；不限文体、篇幅、字数哦。

我的第一反应是，愚兄太不才，数年不曾动笔，回个微信都是前言不搭后语……转念再想，为我老安家有这样一位亲戚而骄傲。多数人的退休是职业打烊，以妹婿在业内的资历声望和修为口碑，一定是学堂转段升级，一定是开辟新天地继续发光发热。感慨之余，顺诌几句回复：

师者似陈酿，越老越醇香。

游走各名校，开辟新学堂。

桃李遍九州，誉满南北方。

我能从微信交流中感觉到，永升是一个很忙的人。他的微信多在下午或者晚上回复，上午都是在忙工作上的事情。大约一周之后，永升语音留言，再次恳请我动笔著文，以期在他的文集中留下永久的纪念。不得已，我回复道：

永升弟，晚上好！

你的抬举，愚兄实不敢当，的确力不胜任！期待你的文集早些出版。

我写东西根本无套路，文理不通，是我人生一大短板。你好好想想，我仅仅是在"文革"时期学了一点所谓的语文课，1978 年再进校门是中专，学的是通用工民建中的"管道工程"，后来工作需要动笔写些"现代八股"之类的东西……也只有安燕妹子时常欣赏一下我那些逗乐的文字——切不可以辱没贤弟文集。

说实话我钦佩二爸和四爸的文笔，他们毕竟有"文革"前正规学校教育的功底。曾经求四爸花点时间动笔整理一下我们安府的家谱，为后人留传先祖淳朴、真诚、仁爱、善良和尊师重教的家族文化，我俩几经讨论，终因欠缺笔墨之力而搁浅……说实话，谁不想给后人留点值得传承的东西，但又有几个人能做到！

此刻的我更加仰慕你的文笔，却不敢鲁班门前弄大斧、孔府门前弄笔墨。欣慰府上因你而出彩，愿《烂柯文集》早日问世，激励我府后辈对标奋力，人才辈出！

永升的回复真是老太婆的脸面——文绉绉的：

二哥是摸着胡须上船——谦虚过度（牵须过渡）！那就等我文集出版了奉赠指教。

咱这老安家人都实诚嘛，每天晚上思来想去，总觉得还是有些话想拉一拉（说一说），我就断断续续回复永升：

永升妹婿，我对您的确只能仰慕，十几年的交集，兄弟们的情感更加深厚。

在我的记忆中，我们安府每遇红白大事都是自己家人操办，原因是没有女婿和外甥。从我们这一辈向上追溯三代没有姑娘。爷爷兄弟俩人，二爷膝下无子嗣；父辈兄弟五个，我父为长，所生又是我们哥儿四个。自幼很是羡慕人家有姑姑、外甥登门拜访，更体面的是嫁姑娘、嫁外甥女时娘家人、舅家人那种热闹场景……

自从你们在无锡安家以来，安府的人去你们家做客，除你三哥安建胜一家常居常州与你们相邻外，我可能是次数最多的一个，受你高规格地迎送宴酬，举杯掏心挖肺交流，唯有我也。几次享受到尊重，体验到尊贵的娘家人的美好感觉，将你我的距离拉得更近了！犹记2016年我与同事去无锡出差，你远在延安支教，却能远程联系宾馆酒店，安排我们食宿，非常周到妥帖，我的领导与同仁各个称赞感激。

四爸多次在我们面前说起你，说你热情好客，2016年5月他和四妈去华东几日游，当时你远在延安支教，专门联系无锡的朋友给二老预订太湖鼋头渚景区内的疗养院，以最高规格接待四爸和四妈，适逢"母亲节"，永升特意给四妈送上"母亲节"祝福，让我们安府两位老人惊喜万分——从来没有过过什么母亲节的四妈，在水乡无锡享受到假日温馨，也让我们所有家人为此而心暖。

我与人交往有一种天生怪癖，喜欢踏踏实实的乡下农家子弟。记得

高中时代是在绥德一中，当时班上城里娃、乡里娃基本上各占一半，那些所谓的城里人，实则小市民子弟，对我们农家子女多有歧视。后来在西北建工学院上学也是如此，尽管我当时已经是三好学生标兵、连续几年三好生，又是为数不多的学生党员，并且担任班长，然而那些家庭户口是城市的同学，总瞧不上咱土得掉渣、满口方言的陕北人。二爸一直口音未改，深受家乡人的赞赏。所以我就从来没有改变"乡音"的念想。再说22岁来到西安，邯郸学步，东施效颦，改不好会成了"北方的骡子学南方的驴叫"，整个一个南腔北调，那才叫非驴非马、不伦不类……再后来，到了谈婚论嫁的岁月那就更惨了！陕北农家孩子，满口乡音更不合伍。当然主要还是陕北穷得让人家害怕……怎么也没想到，今天陕北成了中国的沙特，陕北是土豪的世界，陕北话更成为富人语言的象征！

当年可不是。记得一次去幼儿园接孩子时，到路边一小卖部买点食品，店主很热情听我说话后，主动认老乡，说他也是陕北人；话音未落却又马上改口，以鄙视的口气对我说，他是西安生、西安长、西安户口人，我听后别提有多憋屈，干脆不买了！指着还坐在自行车前横梁上的儿子，心里想：我儿子和你一样，也是西安市民！

33岁时，我被组织破格提为副处级干部。在东方厂机关部门中，我主政的部门有"人才发源地"之说，农家子弟有抱负无后台，负责任不推诿，敢担当不买嘴，有善意无花招，这就是我的农民情怀，也正是二哥对妹婿"先入为主"的感性认识。从地理纬度看，我们的出生地平齐；家庭出身都是农民，我们是典型穷乡僻壤的农民子弟，从对家庭的责任和付出方面，我高度认同你。你竭力承担着家庭、家族责任的同时，从不懈怠社会责任，赢得身边所有人的广泛赞誉。你我人生轨迹相同，敬业精神相同，为人处世相同，时尚"三观"正相合，彼此欣赏。

我们家族历来崇尚文化文明，爱惜人才尊书重教是我们家的传统。史家湾小学是当年爷爷任村支书时，与金家沟、捞柴沟、塔上四个邻村联合办的一所完整六年制小学。记得爷爷担任过多年学校理事会会长，他有句名言：不求万贯家财富，只求子孙个个贤。老人家为我们留下了这个家训，可谓与时俱进，永不落伍。记得爷爷、奶奶合葬奠礼时有父辈共同编撰的两副挽联：

贫未短志竭力供读恩重如山，
穷不苦子含辛抚养情深似海。

一生勤劳艰苦耕读教子，
终生正直和气礼义待人。

这不仅是爷爷、奶奶的人生写照，更是我们家族文化核心之所在！

爷爷身后，安府一门子孙中曾经和正在从事教育工作的12人，接受中高等以上教育三十多人，其中不乏硕士研究生，正高、副高、中级职称25人，成为有理想、有抱负、有成就、受尊重的安府后辈。

妹婿四十载教书育人，辛勤耕耘于三尺讲台，未谋求转行，不希图名利，热心培养祖国的未来。听你三哥讲，你敬业爱岗，忠于职守，对业务一丝不苟、精益求精，博览群书，学识渊博，把教书育人视为人生使命，崇尚师德，广受学生和家长爱戴，在教育发达、竞争激烈的江南被评为教授、特级教师、学科带头人等；也曾到革命老区延安支教，为陕北带来长三角地区的先进教育经验；成名成家后辗转南北传道授业，深受业内广泛赞赏……这些更让愚兄我钦佩不已，为安府有你这一位"夫子"而高兴和自豪。

老眼昏花，掉字、错字、窜行等在所难免。虽说文理不通，但基本要意表达清楚了。

让妹婿见笑了。

永升说："我就把二哥这些微信留言连成一篇文章……"我赶紧回复：兄弟千万别……我真的是对你有特殊情感，我曾多次和大哥、四爸讨论，你有广交善缘和调动人心的天赋，你勇于负责，敢于担当，积极进取，从不言败，敢于挑战，直面困难。凭你的才学，当老师一定是名师，凭你的修为，若从政一定大有前途。真的如老话所说：不是一家人，不进一家门。

我以为，兄弟你是一个有作为的男儿，你身上具有三个责任与担当：其一，家庭责任，竭尽全力赡养和孝顺父母，与我妹子一起尽心竭力养育子女；其二，家族责任，竭力维护大家庭的友善和睦，团结和带动弟弟妹妹，荣辱与共，患难相依；其三，社会责任，遵纪守法，爱岗敬业，扶危济困，乐于奉献，尤其是近几年，竭力回报生养你的家乡，感恩师长教诲，助力西北教育，提携同行后辈。

我和四爸曾经讨论过，深知你居家江南创业不易。远离家乡但不忘孝顺父母、照顾弟妹；两个孩子养育艰辛，从不言弃；精通业务施教有方，传道授业走南闯北，支教老区爱心助学，精神可圈、可点、可赞！

加油，我的兄弟！

我俩之所以相互认同并欣赏，除了"三观"相合，更多的是我和安燕妹的情分。自小在同一个家庭文化氛围中成长，彼此非常了解，说实话在同辈中交往最多的是大哥和安燕，有时候闲下来时，总想和安燕妹子拉拉话，有些心里话总想跟她说说……

说到家庭文化，我很自信。几十年前爷爷创办学校，崇尚教育，正所谓积德之为。二爸是史家湾第一个中专生，四爸是第一个工农兵大学生，你三哥是第一个应试中第的大学生。现在我们家族有硕士，有海归，职称多为正高、副高或中级，正所谓前人栽树后人乘凉，应该感激祖辈开创的家风，祖辈积德行善，恩泽晚辈后生。

想想1978年恢复高考，我们兄弟三人一同考中，当时在全绥德县产生了轰动效应。但是对于家境极度贫困的父辈们而言却是喜忧参半，尽管当时是公费教育，然仅日常生活必需品和每年几趟往返车费就压力山大。几个叔父和当时还没有过门的四妈，对我们三侄儿视为己出，克服本来已经很拮据的经济困难，省吃俭用、竭尽所能给予我们极大的帮助……今天，体会到大家庭的温暖和爱心，不仅丰富了家族文化内涵，更坚定了我们的家族文化自信，相信也必将引领家族后辈珍惜并发扬光大之。

　　书面表达是我的短板。少小不努力，暮年常伤悲。那个岁月连拼音都没有学过，整天万岁不离口，语录不离手，课堂老三篇，学农田间走。我有尊严和体面的今天，要感激二爸和四爸当年不知疲倦的辅导和点拨。尤其是四爸和我每周一次复习题作业往返邮寄，批阅指正，悉心教导。而今我在家族也是叔辈之人，侄儿侄女、甥男甥女，总共二三十人之多，我爱他们，更关注他们的成长、学业以及成家立业，但对标二爸、四爸对晚辈的关爱还是自愧不如，用范伟小品中的一句经典语：做人的差距咋就这么大呢……

　　因我安府女婿自豪，为我安府女婿点赞。

2022 年 12 月于西安

在那遥远的地方……

陕西省榆林市食品检验检测中心　安全

我爷爷辈只有男孩，我的父辈们没有姑姑；父辈老弟兄五人，我们这一辈也没有姑姑；我同胞兄弟四人，没有姐妹。

盼望着，盼望着，二爸和二妈终于头胎生了个女儿——安燕，她长我七岁，我长她胞弟安小利两岁，我是第一个喊她"姐姐"的男孩。她也是我们老安家第一个女孩，大家都喜欢她。她像我奶奶、我妈妈一样，温和、善良、孝顺、对人友善，总能替别人着想，我们有现在的家风，和她们为人处世、待人接物的风格有很大关系。记得有一句话说"一个好女人幸福三代人"，我们在她们的影响下都能善待老人、关怀小辈、家庭幸福、邻里和睦，形成有正气的家风，她们是我们的榜样。

从我记事起，妈妈就有病；到我十一二岁时，爸爸也开始有病，不能干重活；在我七八岁时，三个哥哥相继到西安求学、工作。我们是农村人，田地的活基本上靠别人帮忙，家里的活要我帮母亲完成。那时候我还小，就是干些小事，记得最清楚的是姐姐帮我洗衣服。几十年前在农村洗衣服，春夏秋天到小河里洗，冬天在井子边上洗。姐姐去的时候叫上我，我是个男孩子，贪玩，都是姐姐帮我洗好后才洗她自己的。夏天还好，冬天陕北的天气很冷，冻得全身发抖，就要费上好多时间才能洗完。

父母有病，哥哥们又不在家，我觉得最重的活就是去井子担水。大概从十岁开始，每天下午放学到吃晚饭前就要去担水。担一趟水需要十来分钟，姐姐去的时候我就去，每次她都先把我家的水担到离家几步远的地方放下，再让我担回去；她再去给她家担水，要费很多时间。

我从小就很顽皮淘气，做过很多小孩子做过且让大人很无奈的事，还常常和别人家的孩子斗阵，姐姐总是护着我，总觉得我最好，总认为我还小，以后一定能变好，她从来没有训过我。记得一次我和邻居孩子打架，现在想可能是我吃亏了，姐姐就训那个孩子，惹得那孩子的姐姐和她吵架，为此还惹得别人记恨她……但她都不在乎。

大概在我上初中的时候，姐姐和我分开了。她随着二爸二妈去了一个遥远的地方——甘肃嘉峪关。从那时候起，我只知道，在那遥远、遥远的地方，有我的姐姐。

受到那个时代交通通信条件的限制，又因为各种原因，我们联系少了；但我还是想着她，希望遥远的地方的姐姐能够幸福。长大了，希望姐姐能遇到她人生中的另一半，祝福她开心美满。

后来，知道姐姐找到了她的人生伴侣，我有了姐夫，有了两个外甥；但只是对遥远的地方的一种牵挂、一份思念……

2001年，从那遥远的地方传来了消息——姐姐全家迁居江南水乡无锡——中学教师的姐夫引进到了长三角百年名校。从地图上看，从陕北家乡到无锡，比到嘉峪关更远了。其他人都在为姐姐祝福，我则伤感——姐姐离我更远了。无锡是一个更遥远的地方……

再次见到姐姐，是在2013年，我们系统组织工作人员到杭州中国计量学院培训学习。我和我堂弟安龙在一个系统工作，一块出去培训学习，学习结业后，因离姐姐家不远，交通又方便，很多年没有见面，所以想见见姐姐，看看她现在生活得怎么样，就联系她——到无锡去看望姐姐一家人，我心情很激动。

姐姐开车到车站接我们。见面时感觉她变化很大，和我想象中的不一样了。姐姐变老了许多，我坐在车上心里有说不出的感觉，不知道是什么情绪，就想流泪，有弟弟在旁边，我也说不出什么思念的话语……

姐姐和姐夫热情接待了我们，聊了老家当时的许多事，也知道姐姐他们一家的生活，姐姐姐夫他们关系很好，心里也很欣慰。拉家常很晚了我们才休息，总有很多的话想说，但我们老安家的人在感情上都放不开，许多话都藏在心里说不出口，总希望姐姐他们一家人健康幸福。

因为工作，第二天我们就要离开无锡，姐姐又开车把我们送到车站，临别时姐姐的一句话又让我泪崩："小时候我骑自行车带你出去，现在我开车送你回去。这一别不知什么时候才能再见面……"

后来，我儿子到江苏上大学。2018年去看儿子时，我去无锡看望姐姐，姐姐又开车到车站接我们一家，热情接待我们，让我们感受到好像又回到了久别的父母家，很温暖。姐夫也在百忙之中开车带我们游玩了无锡的名胜古迹，每到一个地方，姐夫都会以他广博的知识给我们介绍景点相关的历史文化，比导游都厉害！让我们一家都很赞叹，羡慕他一个语文老师的丰富文化知识。第三天，姐姐和姐夫又把我们一家人送到常州我三哥家。

2016年5月，四爸、四妈到江苏旅游，姐姐热情接待，带他们到各个旅游景点游玩。姐夫当时在延安支教，联系了无锡太湖边的疗养院让两位老人住下来细细观赏太湖风光。令人喜出望外的是，四爸、四妈入住后，安顿好一切，准备外出游览时，四妈忽然发现写字台上有一张粉红色纸，拿起来细看，原来是姐夫送给四妈的母亲节祝福——那天正好是母亲节……四爸和四妈每每说起，都是满满的感动、感慨。

也是在这个5月，姐夫第一次来到绥德老家。他利用到榆林讲课的机会专程到绥德，说替我姐看望在家乡的所有亲人，还到我们老坟烧了纸。我们老安家在榆林的所有亲人大聚会，姐夫给我们每个人都带了江南特产，很感动——不忘亲情、乡情、友情。

时代发展，社会进步，通讯便捷，遥远的地方只是地理空间上遥远，我和姐姐联系得比较多了。

父辈一天天老去，后辈一年年长大；工作有压力，家庭需负担；为夫，为父，为员工，直到作为社会一分子，都有无尽的责任……

姐姐和姐夫一直任职在江南百年名校，从事中学教育几十年，从长城尽头到长三角腹地，由做子女到为人父母，都已经有了第三代，他们都有着丰富的职业经验与人生阅历……

远在江南遥远地方的姐姐，就像我妈妈一样，成了我的情绪垃圾桶。每当我在工作、生活中遇到纠结或困惑没法宣泄时，就打电话向她诉说、发泄，姐姐都耐心听，从不用教导的口气说教我，而是用她丰富的人生经历开导我，如何和同事相处、如何对待工作、如何善待老人、如何对待妻子，随着孩子年龄的增长如何改变和孩子相处的方式方法，如何看待生活、如何过活等。姐姐总能带给我积极乐观的人生态度，让我的负面情绪得到释放；但自私的我却不知会给她带去多少负面的影响，很愧疚——但她是我最亲的姐姐。姐夫把长三角发达地区先进的教育理念和教学方法带到我们家乡，让我们一大家中从事教育的弟弟、妹妹、弟媳以及作为学生的后辈们都受益匪浅。

在那遥远的地方，有着我亲爱的姐姐、姐夫，祝福他们幸福、健康快乐、退休生活更加充实。

2022年12月

为表弟珍宝点个赞！

罗 勇

回想起来，至少已有40年不曾喊你的乳名了，但今天叫你的乳名——珍宝，依然感到很亲切。

在众多的表兄弟姊妹中，我和珍宝的关系应该说处得最好。从上小学到中泉中学同学，从上大学到成为教育同行，20世纪90年代初我刚调到兰州、他在甘肃教育学院进修两年；从毕业分配到嘉峪关参加工作，再到他作为人才引进到教育强省江苏无锡……我们书信也好，电话也好，见面也罢，交往比较多。不知不觉中，这些年我们的联系中少了些许什么，但心中仍然有很多割舍不断的牵挂，因为我们除了挚友，还有亲情作为桥梁和纽带，维系着我们彼此魂牵梦萦的关怀和惦念。

表弟珍宝，大名寇永升，小时聪颖好学，是姥姥最疼爱的孙子，上学后尤其擅长文科，也写得一手漂亮钢笔字。我们近六十年的交往中，上小学前没什么印象，从小学开始，我就经常跟着母亲去转外家，那时候才开始和表弟有少许的接触。我长他一岁，但凡去外家，我们俩都能玩到一块。

印象最深的一次，在一个烈日炎炎的夏日，我们光着屁股在他家门前的涝坝里戏水，还有很多小伙伴。那个场面，那个热闹，那份愉悦和陶醉至今难以忘怀。还有他们村子里有很多碗口粗的白杨树，高大挺直，非常适合荡秋千。为了能够荡秋千，我过年时专门到姥姥家，和他一起偷偷拿上家里的麻绳，拴在树上，不怕天寒地冻，不顾破衣服四处漏光……在我的记忆中，那是我最快乐的童年，也是最难以忘怀的美好时光。

珍宝是一个念旧也知道感恩的人。

20世纪七八十年代生活艰难的时候，我们家虽然也和大多数农村家庭一样困难，但我母亲或多或少接济过他们家，珍宝一直知恩图报。我母亲是他亲姑姑，接济亲戚本是应该做的，但是他至今念念不忘我老母亲对他们家的帮助照顾。后来大学毕业工作了，他在嘉峪关安家立业，专门邀请母亲去嘉峪关转娘家——天下第一雄关嘉峪关留下了母亲一个农村老太太的足迹。

母亲和侄儿珍宝促膝长谈，亲情又一次得到了升华。后来珍宝引进到江南又一次邀请我们全家带母亲去江南游玩，让母亲第一次坐飞机，表弟珍宝再一次有机会给我的母亲、他的姑姑尽了一份孝心。

我们飞到南京玩了两天，第三天到无锡，珍宝的妻子安燕代表他们全家给我母亲给了1000元钱的红包。母亲当时很高兴，对我开玩笑说："这是我这一辈子中人给我钱最多的一次，1000元呢！你们弟兄姊妹还没有谁一次给过我这么多钱……"珍宝笑着对我母亲说："尕娘，不是我姑舅们没有给过你这么多钱，只是他们给你钱是陆续给的，合起来肯定比我给的多得多。我长这么大才第一回给你给钱，而我已经挣了二三十年钱了……"

此后几天，我和永升轮换开车，马霞、罗文健陪同，我们带着母亲在长三角一带游了几天。太湖山水、灵山大佛、西子湖畔留下母亲的脚印；杭州楼外楼国宾馆，珍宝请我们全家品尝了西湖醋鱼、叫花童子鸡、宋嫂鱼羹等名菜，所到之处母亲都非常开心。遗憾的是，我们从兰州到南京乘坐的是晚上11点的航班，没有能看清楚万米高空的美丽景色。

第三次到珍宝江南的家是2017年春节，我孙女刚1岁多。我们全家正月初二从青岛自驾到无锡。得到了珍宝全家的热情款待，不但对我和我妻子热情有加，对我儿子、儿媳以及两个孙子，都一样热情，给两个孙子给了压岁钱，给我儿媳妇送了一套价值不菲的玉石雕刻纪念品。第二天租车带我们去华西村、鹅鼻嘴、江阴长江大桥等处参观旅游……

珍宝这些年来经过不懈努力，家庭事业双双丰收。家里妻贤子孝、儿孙绕膝；工作事业风生水起，尽善尽美，桃李天下，正高级、省特级教师的殊荣实至名归，人生和事业到了巅峰与极致。

亲情需要呵护，孝敬不能等待，这是珍宝的座右铭。尽管教师工作忙碌且责任重大，但他在孝敬上始终不含糊。记得2010年春节前他抽时间回老家探望父母，想借此机会给父母过一个像样的生日。他把此想法说给锡山高级中学校长唐江澎后，唐校非常支持。珍宝征求我的意见，可以说我们两姑舅心有灵犀，一拍即合。我提议，要办就给父母办一个超凡脱俗、别开生面的生日派对，既要有热闹祥和的仪式，还要有文化内涵，不要办成简单的吃喝聚餐。受邀前来的客人除亲朋好友，还有珍宝的小学启蒙老师和中学老师，全村父老乡亲倾情捧场，三百多位宾客参与。我们准备了纸墨笔砚和喷绘彩页，气氛非常热闹，更重要的是没有收任何人的寿礼，还给所有来宾送了一份纪念品，珍宝此举得到了众乡亲和亲朋好友的一致好评。

珍宝在景泰二中建成了名师工作室，每年义务到家乡讲学送教，分文不取，连路费都不让家乡学校承担。珍宝两次给我们共同的母校中泉中学学生捐赠校服，听说还资助过家庭困难的学生；2021年给母校全体教师每人赠送一台笔记本电脑，以方便坚守在我们家乡学校的同行们办公备课。更为难得和令人钦佩的是，教过他小学、初中、高中的老师，即使健在，也多是八九十岁的老人了，珍宝邀请他们到县城相聚，小车接送，每人一台笔记本电脑，就连当年给他做过饭的学生食堂炊事员都未曾忘记！

珍宝成了名师，有了人脉和社会资源，但他没有用于个人享受或挥霍，而是解决父母的困难，帮助弟弟妹妹，竭尽全力照顾侄子外甥们的学业、就业与成家立业——珍宝有一句"名言"：关心帮助弟弟妹妹，就是孝敬父母！在长三角等发达地区百年名校成长为正高、特级名师了，珍宝并没有忘记养育他的家乡，更没有忘记培养的师长，他关心家乡教育事业，提携家乡同行专业发展和进步……家乡从县城到中泉上下川里，很少有不知道珍宝的人，许许多多的人都为他的孝敬之心和教育情怀点赞。

我也为表弟珍宝点个赞！

后记：

永升你好！你给我布置的作业我只能完成到这个程度了，做与不做是态度问题，做得好与不好是水平问题！我也就这个水平了，平铺直叙，尽力而为。

从我的视角，就我所知的情况，添加了一些你回报家乡教育的事，是否更好些？

文字方面你再费心修饰一下。

2022年11月于青岛

（专辑）　亲情

寒门学子　江南名师　桑梓情怀
——我与表兄寇永升

陈仙贤

　　人生就是相逢、相知、相交、相离的过程。亲人带给我们温暖，伴我们成长；朋友带给我们友谊，丰富着我们的生活；同事带给我们充实，携手中走向拼搏。大多数相逢是短暂的，匆匆而过，如过烟云；有些相逢是长久的，刻骨铭心，难以忘怀。

　　我和表兄寇永升的相逢就是长久的、温暖的、难以忘怀的。我们都是从山乡走出来的人，始终铭记着故土亲恩。

一

　　我和永升出生于陇原大地的同一个山野小村，景泰县中泉乡腰水村，分属两个自然村落，腰水和中泉，相距不到一公里，毗邻而居。我家和他家是世亲，我奶奶是他姑奶，我父亲和他父亲是姑舅，世称表兄弟，因此，我们也以表兄弟相称。他长我一岁，生于1963年。我小时候上小学，在他们村，可同校不同班，相交较少，但都认识。那时候经常步行上学，路过他们村，渴了爬在中泉的泉眼喝水，也知道他们家住在村前的沙河沿上，土坯房，简陋贫穷。

　　生于20世纪60年代的人，记忆最深刻的是小时候的忍饥挨饿，广大农村普遍贫穷，连孩子吃饱饭这个最基本需求都满足不了。记得小时候，永升的父亲母亲，为了养活他们兄弟姐妹五人，常常四处寻找帮助，也到我们家借粮要煤，求柴讨菜。最困难时，数九寒天，他的母亲带上他去靖远县沿黄河较富的乡村去乞讨粮食，战恶犬、迎风雪，遭白眼、顶辱骂，品尝了生活的艰辛……

　　作为长子，永升最早体味了父母的不易、生活的不易，为他的立志发奋上了人生第一课。他的父母亲都是厚道朴实、勤奋善良的农民，尤其他的母亲李国兰吃苦耐劳，聪慧能干，热情待人，善于言辞，虽说受的教育有限，却懂大道、识大体，善沟通，目光远大，生活再艰难，也要让孩子上学，再苦也不能苦孩子。缘于此，永升才得以上完初中、高中。在中泉中学上高中时，永升比我高一个年级，上学的路上碰见了打声招呼，很少交流。那时候永升学习偏科严重，文科成绩很好，数学很差，英语空白，考大学时吃亏，应届没考上，只好复读再考，连考三年才考上了张掖师专中文系。这在偏远落后的乡村也是不易，金榜题名，虽不是山窝里飞出了金凤凰，也算是雄鹰展翅，翱翔蓝天。

二

教育可以改变一个人的命运。教育也是成才的必由之路。农村孩子走出山乡，考学是主要通道。上了大学，大都珍惜这个来之不易的机会，勤学习善读书，想用知识改变命运。永升上大学后，充分发挥他的潜能和特长，如饥似渴地学习中国优秀文化，钻研文学领域专业知识，钻研教材教法，古今中外，广泛涉猎，拓宽知识面，为他后来的成长打下了坚实的基础。他爱好广泛，尤爱收藏各种地图和语文课本。从上学时就注意积累，而今收获颇丰，收藏有晚清语文独立设科以来的代表性教材数千册。

大学毕业后他被分配到嘉峪关市一中担任语文教师。他热爱教育，热爱学生，善于钻研，向老教师学，向《语文教学通讯》等期刊学，在实践中总结提高，很快成为当地的名师。2001 年风华正茂时被引进到无锡锡山高级中学，2017 年年富力强时又被江阴市南菁高级中学引进。在江南这片土地上，永升辛勤耕耘，经过多年的拼搏奋斗，很快成长为江苏省特级教师、正高级教师、无锡市学科带头人，建设名师工作室，撰写专著，发表论文，在全国各地高中甚至高等院校讲课讲座，名气越来越大，收获越来越丰。

从他的成长经历看，热爱是最好的导师，勤奋是成功的法宝。他不是名校毕业生，可自我钻研，从普通教师成长为一代名师。他从山乡走来，寒门学子，没有任何背景，却靠努力一步一个脚印，迎来了人生的辉煌。他的骨子里浸透着农村人的勤劳善良，血液里流淌着父母的殷殷希望和对美好生活的期待。

三

懂得感恩，学会感恩，回馈社会，回报家庭是一个成功人士最重要的品德，也是其价值的体现。永升深知自己是如何从贫困的家庭走出来，父母是如何在艰难困苦中养育他们兄弟姐妹五人长大，也深知长子提振家声的责任。自他在嘉峪关参加工作以来，开阔了视野，利用自己的人脉，将弟弟妹妹带出来补习文化，学习技术，成家立业，靠技能吃饭，成就他们的人生。

走上工作岗位后，我和永升南北一方，见面次数相对较少，常通过电话或微信问候沟通。记得2009年，我在白银市教育局担任副局长期间曾带领一百多位高中教师赴江苏南通挂职学习，途经无锡，永升兄热情接待，为我安排了宾馆，请我品尝了太湖"三白"以及龙虾等，晚上我们开心畅谈，就孝敬父母、加强无锡和白银地区教育交流、回馈社会等话题进行了深入探讨。从那时起他就把自己的想法和愿望逐一付诸行动。

永升在孝敬父母、回馈家庭上，着力改善父母生活条件，改善兄弟妹妹们的经济条件。2012年，他帮助弟弟建起了新瓦房。他还常常利用假期接父母到江南过年并游览苏州、杭州、南京、上海，经常回家陪侍父母。好多次春节时开上车过来，拉上父母，买上礼物，邀请亲友聚餐，走亲串户，看望拜访曾经帮助过他们的亲朋好友。父母有病，他想方设法治疗，情况危急时也曾打电话给我，让我帮忙找车、找大夫，接到白银看病就医。父母八十大寿，为了使老人们高兴，他请来邻里亲朋，按照家乡礼仪和风俗祝寿，从宜兴带来精品紫砂壶分送亲朋，赢得好口碑。今年春节回家，在正月初四，老母亲八十五寿诞，他和兄弟姐妹们举行了一个小范围的庆祝活动，我也去参加了，白银市女书法家、我的妻子张梅用红色宣纸写了一副寿联，"云霞五色春无限，松鹤千年寿有余"，表达我们对老人的祝福和这一家人美好的祝愿。

师恩难忘，永升始终没有忘记老师的教育之恩，逢年过节或是出差，都挤时间抽空看望师长，也曾邀请中小学的几位恩师、大学老师赴无锡一带观光，赠送笔记本电脑和礼品，报答他们的恩德。

为了提振景泰家乡的语文教学水平，永升利用自己的名师效应，在景泰二中建立名师工作室，加强了无锡、江阴和景泰的教育交流和合作。他还多次邀请家乡同行到长三角参观考察，提高家乡教师的教育教学水平。2021年，永升带领江苏企业家来到景泰，为母校中泉中学每位教师捐赠一台笔记本电脑，为所有学生捐赠两套校服，资助贫困学生上万元。

永升兄是一位有爱心、有情怀之人，是一位辛勤耕耘奉献不已之人。从教40年，担任班主任28年，桃芬李芳，名满天下。他充分利用自己的学识和人脉，在张掖、武威、酒泉、民勤、白银、景泰、延安、平凉、陇南等西北贫困地区建立了多个名师工作室，开展义务讲学送教活动，促进教育交流和合作，进行教育扶贫，培训提升教师工作水平。

一分耕耘一分收获。而今，永升之家兴旺发达，兄弟姐妹团结友爱，互帮互助，各个以技立身，在城市买了楼房，后辈们享受着城里的教育，日子过得红红火火，老母亲心情舒畅，享受着儿女们的孝心，安度晚年。永升兄的教育事业也在不断发展，在奉献中升华，在耕耘中实现自己的人生价值。

四

有爱就有一切。有爱就有温暖，有爱就有亲情，有爱就有友谊，有爱就有事业。爱托举起了我们从苦难走向坚强，从贫困走向富裕。我常想永升兄和我等20世纪60年代出生的这批学子，大多数从贫困山村靠勤奋学习走出来，爱的力量、信念的力量支撑是关键。父辈们忍饥挨饿，望子成龙，在贫瘠的土地上耕耘，秉承耕读传家的古训，再苦再累也用微薄的收获支持儿女求学，渴望光宗耀祖，过上美好生活，无怨无悔。他们物质上贫困而精神上并不贫困，永远有一种积极向上的力量。这对儿女们是一种言行示范。后辈们经历了根子上的贫困，懂得生活的艰辛，渴望通过自己的勤奋学习走出家乡，创另一片天地，有另一种生活。这是一种积极的动力源泉。爱的关怀，对美好生活的渴望成就了我们的理想。人生难得有爱的关怀，有发自内心的原动力和追求。人一旦失去了希望和追求也就没有未来。从这个意义上我们要感恩农村，感恩父母，让我们在贫困的农村品尝生活的艰辛，在广袤的田野收获人生的成长。

爱需要奉献，也需要回报。农村的贫困是时代顽疾，寒门学子大多数刻苦学习，用才智奋斗，事业有成，懂得感恩，善于回馈。永升兄可以说是寒门学子的代表，而今是教授级江南名师，可以说功成名就，收获颇丰，但仍不忘初心，不忘桑梓，教育情怀难能可贵。

奉献的人生最精彩，相信永升兄会发挥余热，不断奉献，书写自己的人生精彩。

2022年11月2日至4日于白银家中

姑舅·同学·同行

陈海贤

寇永升是我的姑舅。

在我们老家，把表亲分为姑表亲和姨表亲两种，称呼时也是分得清清楚楚，明明白白。比如姑表哥（姐）那就喊作姑舅哥（姐），姨表哥（姐）就喊作两姨哥（姐）；至于表弟、表妹那就直呼其名了。因为永升的姑奶奶嫁给了我爷爷成了我奶奶，我爹跟他爹就成了真正的姑舅兄弟，我和他也就连带着成了姑舅兄弟。他长我两岁，我还得叫人家姑舅哥；但他却能直呼我名，这不公平但也没治，这叫乡俗，这叫规矩。本来叫就叫吧，反正他比我大两岁呢，交集应该不会很多，我的姑舅多着呢，吃亏也不在多一个他。

可巧的是偏偏他跟我还是一个大队（现在叫村）的，我们这个大队虽叫腰水大队（现腰水村），可大队部（现叫村委会）却不在我们庄子上而在他们中泉庄子上，因此也就不可避免地会在一个村小学上学，虽然他跟我五哥伟贤在一个年级一个班，但我起码也成了他的校友。这校友关系到了高中也就继续着，但对他除了偶尔见面勉强地叫声"姑舅哥"外，也再没啥交往，更没啥了解。

直到我上高二时，我俩成了同学，接触慢慢多了起来，了解也才多了些。永升这姑舅哥学习真不咋地，我实在有点瞧不起这个姑舅哥，这个大我两岁的同学。一年的时光匆匆而过，姑舅哥的补习成绩一般般，尤其数学成绩特别差。眼看又要高考了，看着他那毫无起色的数学成绩，班主任马勇老师可能比他还着急，于是就有了下面的场景："寇永升，我看你的数学成绩今年考学怕又没相了。"姑舅哥尴尬地看着马勇老师："马老师，我也想把数学成绩提上去，可我实在学不懂啊……"马老师一听气得骂道："咋咋咋，咋你脑袋就一个榆木疙瘩吗？咋这么办吧，我思谋着今年文科数学还是要考证明题呢，咋我给你猜上两道题，你给我背会……""真的吗，马老师？那太好了，我保证背下来……"

哎呀，还真让马老师猜中了，那年高考数学还真考了余弦定理证明。

就这样，永升姑舅哥这个学不懂数学的"榆木疙瘩"，在高考中连蒙带背写居然数学拿了几十分，顺利考上了张掖师专中文系。

永升姑舅哥鲤鱼跃龙门，农村户口改城市户口了。没想到的是我这个一向自信、在文科班成绩还不错的人竟然连个预选都没过，只好灰溜溜地去上高三了（从这一年开始，高中由两年制改为三年制）。

我想我和永升姑舅哥的同学关系也就到此了。谁知我第二次高考又发挥失常，最后虽是当年中泉中学文科班唯一考上高校的学生，但也只考了个张掖师专。

我极不情愿地踏进了张掖师专中文系1班。永升姑舅哥又成了我的同学，还是我的师兄——我们的任课老师大多是相同的，比如向叙典主任、刘懋德老师、龚志孝老师、尚延龄老师、杨国学老师等。

姑舅，同学，师兄，在离家乡千里之外的学校再次相遇，自然是格外地亲，交往也就多了起来。他为我接风洗尘最起码吃个红烧肉总是免不了的，周末相约去西关农垦俱乐部看个电影是免不了的。平时同在一栋宿舍楼上住，又是同一个专业，同在一栋教学楼上课，抬头不见低头见，自然地熟络起来，亲密起来。"姑舅哥"叫得也心甘情愿了，叫得也自然亲切了。

随着交往的深入，我才发现永升姑舅哥对文学真是热爱呢，学习真是刻苦认真呢。他做的笔记我看过的，他写的作文我也是看过的。那个认真、那个工整、那个漂亮真叫人佩服！

学自己喜欢的专业，又肯用功，永升姑舅哥的成绩自然比中学时优秀多了。他在大二第一学期还获得过一等奖学金呢。奖金整整100元，20世纪80年代的100元那可是一个大学毕业生两个月的工资啊。姑舅哥不仅学习好，而且人缘也挺好（那时还不知"情商"这个词），不但同学关系处得好，老师们也很喜欢他。

在师专同学的一年中，姑舅哥除了学习上堪称我的榜样外，在生活上也给予过我极尽所能的帮助。

第一件事自然是到张掖火车站接我。17岁的我第一次出远门，连个铺盖卷都不会打，加上一路上下火车拥挤，等到张掖火车站下火车时铺

（专辑） 亲 情

盖卷几乎都散包了。姑舅哥接到我时一看我的狼狈样，一面笑话我："啊呀，这谁打的铺盖卷？松松垮垮的这是个啥呀？"我尴尬地说："是全贤姑舅哥（我三哥，也是我高一时的物理老师）打下的。"他一听笑得更厉害了："全贤姑舅哥！他出门十几年在外上学、工作，咋连个铺盖卷都不会打？这褥子、被子分开卷能紧凑吗？这得上下铺在一起再卷才能卷得紧嘛。"他一面笑着说着，一面又替我重新打好铺盖卷。然后看着我带来他母亲做的家乡月饼，哭笑不得地说："这月饼咋都揉碎了？"一边说，一边抓起一把月饼渣丢到嘴里："嗯，好，这月饼虽说碎了，但姑舅婶做的月饼的味道就是好。"我知道他是在安慰我，但我们在离家乡千里之外吃着家乡的月饼，心里还是充满了温情和亲情。我心里想，在这儿有个姑舅哥真好。

第二件事是他还曾在经济上接济过我。我俩的家境都很贫困，我在家是老小，上面有哥哥姐姐接济，还好点；而他是家中老大，姑舅爸的身体又不是很好，所以他家比我家还困难。那时上大学，伙食费虽然由国家承担，但日常的生活杂费对我们这些来自贫困山区的学生来说也是一笔不小的负担。由于不会理财，上学没几个月，我就把带来的200元生活费花完了。正在发愁之际，姑舅哥的一等奖学金发下来了。当时他们家里农田交水费出现了困难，姑舅哥就给家里寄了40元钱，这是他第一次在汇款单上写下他父亲的名字——每每读到《平凡的世界》中孙少平第一次给家里寄钱，我们这些学过中文的人都感慨系之！正在高中复读的侄子寇宗军经济也发生了困难，他又给寄了20元；他同学嚷嚷着让请客，又花了5元。这样他手里只剩了35元了。可当我把自己的难处一说时，姑舅哥竟毫不犹豫地借给了我20元，解了我的燃眉之急。这样100元的奖学金他自己手里就剩下15元了。你说这样的姑舅哥哪儿找去？

还有一件事给我留下深刻印象。我上师专之初，因考虑不周没带上衣箱，给日常生活带来很大不便。虽说那时穷也没几件衣服，但住在8个人的宿舍里，一年四季的衣服也没法放呀。于是1982年放寒假时，我试探着问姑舅哥，回来时能不能帮我从我们家给带个木箱子来（那年寒假我报名为班级看行李没回家），没想到他一口答应了。

春假过后，姑舅哥真地帮我把木衣箱带来了。那可不像现在带万向轮的拉杆行李箱一拉就轻轻松松拉走了，那是一个长约1米，宽约60厘米，高约50厘米的木箱子呀。从我们老家景泰县中泉乡腰水村到张掖师专，先坐拖拉机，甚或自行车，走30里，到包兰铁路距离我们家最近的三等小站红岘台火车站；再坐401次火车硬座4个多小时到兰州火车站；然后再倒兰新线的501次慢车，硬座18个小时才能到张掖火车站。1000多里路程，20多个小时，火车上说是硬座，其实根本就没座，全凭个人抢座。不带多少行李兴许还能抢个座，带上那么大的木箱不要说坐，能抢着把箱子放上行李架，能找个地方站着都不错了。我真不知姑舅哥仅凭一米六几的个头，不很壮实的身板，带着偌大个木箱子怎么挤上了火车，怎么把木箱子放上行李架，怎么挤出个站的地方，又怎么熬上18个小时到张掖的……

我第一次去张掖上学没带箱子挤在人空空里，18个小时站到张掖下车后，天旋地转地晕了一个礼拜，脑子才清醒过来。可表哥把箱子交给我时只说了一句"这破箱子可把我带了个费劲"，就再无半句怨言。我看着箱子，虽口里不说谢谢，但内心里暗自佩服姑舅哥的吃苦精神。

一年的同学时光匆匆而过，1983年暑假到来之前，姑舅哥以优异的成绩毕业，分配到嘉峪关市一中去了。临行前，他还把他的洗脸盆等生活用具留给我了。"我这就要挣工资了，这些东西就给你做个纪念吧。"他笑着说。分别时依依不舍自不必说，姑舅哥的形象早已被师兄的榜样取代。

今后还会有在一起的机会吗？

姑舅哥走后的一年里，我也曾努力向他学习，也曾获得过三等奖学金，毕业实习成绩也是优，毕业时还被评为三好学生。眼看毕业分配在即，是回武威地区呢，还是往西走呢？武威地区是回老家的方向；往西走，西出阳关无故人。

不，嘉峪关不还有姑舅哥在吗！

先去考察一番如何？

于是在毕业实习后我请假上了嘉峪关。此后的几天的时间，姑舅哥日扳小弟环谒于同学之间，登高怀古于嘉峪关城楼，环酒泉公园畅谈霍去病马踏匈奴的壮怀激烈……回校之后，西去的志愿基本确定，就主动申请了去酒泉地区工作。但就在离开学校的前一天，忽然得到金川公司招人的信息，想法瞬间改变。这也是我多次神往而无可能去的地方，毕竟金川公司工资不低，毕竟金昌离老家比嘉峪关要近得多。

于是，第二天我毅然大漠歌罢掉头东，坐上东去的火车背姑舅哥的方向而去。

到金川公司总校报到，拿着一个月的工资回到家乡后，即使听到我被酒泉地区教育局分到酒泉师范了，但仍然出于"好马不吃回头草"的想法，就死心塌地地去金川公司总校教书去了。

我与姑舅哥、同学永升成了同行。

此后的岁月，我们分处两地，虽有联系但也越来越少。他在嘉峪关教育战线干得风生水起，又是著书又是立说；而我在金川的讲台上平平淡淡，默默无闻。差距拉得越大，越是羞于跟他联系了。

后来听到他被江苏无锡的一所重点高中人才引进后，我是既为他高兴又自感酸楚。无锡可是我的祖籍呀，我们的家谱上赫然写着"原籍江苏省常州府无锡县大柳营"，祖先陈灵通公在明洪武年间作为肃王朱楧的御前护卫保驾来甘。六百多年过去了，江苏无锡陈氏在甘肃兰州、景泰、靖远等地繁衍的后代成千上万，祖籍在我们心中是梦萦魂牵的地方。没想到永升兄竟然一个"孔雀东南飞"就实现了我回到故乡的梦想。

从此以后，永升兄在江苏那样人文荟萃、人才济济的地方照样干得如鱼得水、红红火火。最终干成了江苏省特级教师、中学里的教授级老师。

永升兄的天资、学历都不算高，甚至有些低。他后来为何能发展得如此之好呢？我发现，他身上具有的一些品质是一般人包括我所欠缺的。一是他的勤奋认真，从他上师专期间的笔记、作文本的完整、工整、干净、漂亮就可看出。俗话说勤能补拙，此言不虚。二是他的执着坚韧，他自从教书开始就立志要做一个不平凡的教师，他咬定青山不放松，终于从西北一隅走向长三角的广阔讲台。三是他的刻苦钻研精神，为钻研教材教法，他花大价钱收集了中国不同时代的语文教材，几十年坚持订阅多种语文教学杂志，他的钻研精神可见一斑。

在家庭里永升兄是一个很重亲情的孝子贤兄。他在嘉峪关成家立业，日子过得稍有起色后，就把两个妹妹和一个弟弟带到嘉峪关，务工、创业、成家、立业，让他们过上了城市生活；后又帮助留在老家的父母、弟弟新建砖房，添置农业机械，改善他们的生活。

对社会，他是个知恩图报的人。他每每回家总是不忘抽空去看望他中学和小学的老师（有些也是我的老师）。前年，他还专门把小学、中学能请到的老师请到景泰饭店招待一顿，并给每人赠送了一台笔记本电脑。

这件事在家乡一直传为佳话。

姑舅、同学、同行的永升兄成名后，经常被邀请到全国各地讲学，并在多地建有工作室。即使如此忙碌，他也不忘提携培养家乡的同行新秀。前年他在景泰二中建起了工作室，开始把长三角地区的先进教育理念和教学方法带回家乡。家乡的语文教学因他的带动而有了新的变化，家乡的语文教师后辈正在他的帮助下茁壮成长。景泰二中语文老师王生霞的成长经历就最能说明问题。

王生霞是我的侄儿媳妇，西北师大毕业分配到景泰教语文后，虽也勤勤恳恳，但教学水平和教学成绩一直平平淡淡。姑舅哥在景泰二中建立工作室后，第一次听王生霞的公开课，就对她教学中存在的问题毫不客气地指了出来并进行了批评（当时也不知道她是我侄儿媳妇）。王生霞当时面子上就有些挂不住，事后大哭了一场。后来他们的寇宗权组长教导："人家寇老师，是你姑舅爸呀，他能毫不保留地指出你教学中的问题，对你的成长是好事。"至此，王生霞振作精神，主动、认真地接受我的姑舅哥她的姑舅爸的指导，教学水平和教研水平迅速提高。一年多以后，她在浙江师范大学举办的全国新语文教学尖峰论坛赛课中获得了特等奖。

姑舅、同学、同行寇永升是我今生值得学习而已无机会企及的标杆，但我仍然为有这样一个姑舅、同学、同行而骄傲、而自豪。

2022 年 12 月

哥哥——我的榜样

寇咏梅

　　我的哥哥寇永升，长我五岁，家中排行老大。我家姊妹五人，我居中，上有哥哥、姐姐，下有大弟永强、小弟永斌。

　　我们出生在甘肃景泰一个贫穷的小山村里。在这片贫瘠的土地上，我们家世世代代都是农民，爸妈都没有文化，我爸认识不多的汉字，我妈不认识自己的名字。我们祖祖辈辈都这样生活着，因为我爸身体不好，常年不能参加生产队的重体力劳动，所以生产队就让我爸春天和冬天去遥远的山里看羊圈，给放羊的大叔做饭烧炕；夏天和秋天就安排我爸看守生产队堆放和打碾粮食的场院。我妈带着我们几个加上患病的奶奶一起生活。

　　靠天吃饭，常年干旱，家庭贫穷，冬天家里的口粮就不够吃了。哥哥不满十岁时就被妈妈带着去靖远沿黄河一带乞讨。隆冬时节，天气寒冷，衣服单薄，妈带着哥哥和大伯家的大姐，三人步行乞讨，讨到的粮食随身背着。晚上，或住看瓜守菜的小棚子；或蜷缩在废弃的旧房子，尝尽了人生的艰辛与无奈……

　　都说穷人的孩子早当家，我真的相信！

　　哥哥八九岁的时候，因为家里没有柴烧，他时常跟我妈一起去山里刨柴，那时候山里有很多狼，据说也有鬼。听我妈说，一次去山里刨柴没带水，我哥口渴了就去大概一公里之外的枯井里面打水喝，我们当地人都知道那个地方叫朱家湾沟，据说当年马家队伍很多人死在了那里，传说有鬼。作为一个懵懂孩童，他还不懂得害怕，拿了一个茶缸，拴上绳子，在茶缸里面放一块石头，茶缸就不会只是浮在水面而打不到水。他把水打上来了，虽说是苦水，但他喝了再给我妈端了半缸子。一公里崎岖不平的路程，一路上摇摇晃晃，所剩无几……

　　哥哥很聪明，我们都很怕他。小时候，经常趁我妈不在偷一个鸡蛋，用一个舀饭的铁勺子，鸡蛋和上面粉，在农家土灶台里烧着麦草炒了吃。给我们每人指甲皮大的一点"封口费"——不能告诉妈妈他偷吃鸡蛋！

因为缺吃少穿，所以觉得炒鸡蛋太好吃了！

那时候老家很穷，但是老家出产的瓜确实很好吃，偶尔有瓜丰收的年份，生产队里按照劳动力和人口分，我妈把瓜领回来舍不得让我们吃，就把白兰瓜偷偷地放在空的腌菜缸里，盖上盖子，等熟透了给我奶奶吃，但是每每没有等到熟透就被我哥偷吃了，只剩一个空空的瓜壳子！

转眼哥哥就上中学了，学校在好几里之外的公社所在地。那时候没有闹钟，我妈和奶奶叫我哥上学，都看天上的月亮和听公鸡打鸣来估摸时间，好多次哥哥步行到学校才发现还是半夜。那时候大人都没时间送孩子上学，也没有交通工具，都是村子里好几个孩子一起结伴步行。

哥哥上了高中，住校了，只有周末才回来，每周回家带来好多发霉长毛的馒头、锅盔、花卷等，都是学生们扔掉的，他不怕同学笑话，一一捡回家来，我妈看能凑合吃的就边吃边唠叨：糟蹋粮食，将来会受到老天的报应！那时候我就在想，哥哥每周回来带来这么多发霉的馒头等，我家的鸡和猪就可以享福了！

都说知识改变命运，努力让人幸运！我相信寒门出贵子！哥哥是个特别努力的而且很有骨气的人，凭着自己的努力考上了大学。记忆中他是我们家族中第一个大学生，拿到录入通知书的那一刻，我们全家都沉浸在开心和激动中。我爸妈更是深感骄傲，虽然不是什么名牌大学，但是在20世纪的80年代真是不易！

收到录取通知书不久就开学了，我妈准备了几样简单的行李，但学费是最大的难题。这一年爸妈种了好几分地的西瓜，卖了50多块钱，让哥哥带着走进了大学，这是他长这么大见过最多的钱，也是上大学期间仅有的一次从家里拿钱。这次之后，直到现在，哥哥从未从家里拿过钱；他永远是往家里拿钱。

后来哥哥自己勤工俭学挣自己的学费，省吃俭用尽量不问爸妈要钱。暑假基本不回家，或者勤工俭学赚钱，或者在学校里学习，省却路费。寒假回家看看爸妈，每次都背回来很便宜的特产。老家干旱少雨，好多瓜果作物都不能生长，我们不认识许多水果。一次寒假，哥哥带来了几个香蕉，那一年我16岁，第一次见香蕉。香蕉受冻后外表就会变黑，我以为是茄子，纳闷哥哥为何把生茄子给我们吃……

哥哥大学毕业后被分配在边远的嘉峪关市工作，20世纪80年代只能乘坐最慢、最廉价的绿皮火车回家，每次坐三十多个小时，经过中转倒车才能到离家几十公里的三等小站，要么步行回家，要么我们用毛驴车、自行车接回家，不是黎明，就是半夜……那时候嘉峪关就是一片戈壁滩，人口稀少，条件艰苦。哥哥凭借着他的勤奋努力在嘉峪关市拼出了自己的一片天地，找到了他人生中的另一半——我的嫂子，有了自己的家庭。

嫂子出生在知识分子家庭，她的父母善良和蔼。都说一个成功男人的背后有一个愿意牺牲的妻子，嫂子就是这样任劳任怨的人，上班、做家务、带孩子，对我的父母真的无可挑剔。人们都说婆媳不和、姑嫂难处，但是我的嫂子就是我们这个大家庭的黏合剂，不论我爸妈，还是我们兄弟姊妹，只要有事嫂子总是倾囊相助。我们不仅是姑嫂，很多时候更是闺蜜，无话不说，无事不谈。因为嫂子，我姐有了幸福美满的家庭和一份工作；因为嫂子的热情帮助，我在而立之年生了聪明可爱的儿子；因为嫂子，侄子宗琛中学毕业在嘉峪关上大学，大学毕业在大型企业有了安稳的工作！嫂子在我心里很伟大，我们尊敬她，我们爱戴她！

如果歌颂嫂子，我一定给她唱一首《嫂子颂》！

2001年暑假，哥哥举家迁往江南无锡，我们都恋恋不舍地送他们一家四口坐上了远去的列车，那一刻泪水不由自主，一切的不舍，一切的爱都被他们带走了，好久好久觉得心里空荡荡的。

在美丽的江南，哥哥奋斗了20年，前几年被评为教授、特级教师，他没有背景，没有靠山，靠的是他对教师职业的敬畏，靠的是自己的努力和奋斗！

哥哥成了名师，但他不忘生他养他的家乡和家乡落后的教育，曾无数次为家乡父老乡亲的孩子们义务授课，支援家乡教育——哥哥懂得感恩，懂得给予！

2018年春节，应哥嫂邀请，我带上年过八旬的老妈飞往江南欢度春节，大年初一就开始每天出去周边旅游，老妈有点累了出去玩走不动，哥哥背上我妈，我偷拍了那一瞬间的温暖与孝顺，让这份温暖永存！

对于父母，对于兄弟姊妹，哥哥从无不帮忙的！

我从初中一年级就来了嘉峪关，虽然没有学历文凭，但是因为哥哥的教育引导和嫂子的关心呵护，我在这里成家立业——我今天所有的一切都来自哥嫂的帮助，幸福的家庭、聪明懂事的孩子、收入不菲的工作、宽敞明亮的房子，还有名车，这一切都是我生命中的榜样——哥哥的赐予！

哥哥是职业教师，也是我人生中第一位老师！

下辈子我们依然做兄妹！

2022年11月

我和我哥

寇永斌

我哥叫寇永升，听我爸说取这个名字就是为了让我哥个头能长得高一点，上学的时候能高升，以后的事业能永升。

我记事起我哥已经上大学了，那时候最开心的事就是盼望寒暑假哥能回家，想想其实不是为了盼望哥，而是盼望哥从学校带回的大豆（哥当时是在张掖上大学）。那时哥每次回来的时候都会带好几斤炒熟了的大豆，只要哥到家我那又破又脏的口袋里就有好吃的大豆，我出去同村的很多小伙伴就围在我身边问长问短，他们眼里有美慕、嘴里流口水……

小伙伴们还美慕我有一个大学生哥，暑假回来会带我去黄河水渠里爬水。

我哥带我到水渠边上说："来，哥背你下去游泳……"

我那时候小，不敢下去。

我哥说："没事，有哥呢！你怕什么？"

我说："怕淹死就吃不到大豆了，还有那么多没吃呢！"

我哥说："没事，哥不会让你淹死的……"

我就听话地让他背着我，可是到水里后他就把我扔开，任凭我在水里扑腾，他就在边上看着我笑，一会他感觉我喝饱了就把我抱出来。

喝饱了一肚子黄河水，可心里还惦记着我那又脏又破衣服口袋里的大豆。我哥把我骗开心了，就再多给我一把大豆——我可以给更多的小伙伴解解馋。

我就是这样学会了狗刨式游泳的。

后来我上学了，但是学习成绩一直不好，这时候我就又欢迎又怕哥回家。哥回来会看我的学习成绩，因为考得不好，他每次回来我的屁股都会开花，好几天都不敢和小伙伴们一起奔奔跳跳顶牛。但是他回来可以带好多好吃的，记得有一年春节前，哥回来时带了香蕉，因为天气寒冷，家乡离城市很远，香蕉到家就变成黑色了，看见我爸在吃香蕉，我就给我爸说："我哥怎么拿个死茄子来骗你？"

有一年的暑假里，哥骑车带我去家里的瓜地，吃瓜后，哥就问我：想不想有个嫂子？我当时听到这个话特别高兴，就问哥说，哥你有对象了？哥就从上衣口袋里掏出一张黑白照片，我第一眼看到照片人的就觉得特别漂亮，脑袋有点歪着，露出两个很白的前门牙，在笑。哥问我："好看吗？"我说："好看是好看，就是两个门牙太大了……"哥用手摸摸我的头说："我怎么没看出来？"我看完照片后，哥特别小心地又把照片装进了他的上衣口袋。

记得是我上初二的时候，哥参加工作好多年了，暑假他回家后听说我不上学了，他就很耐心地问我为什么不去上学了，我说学不进去就不去了，当我偷偷用眼角的余光看到哥的瞬间，就发现他的脸色变得特别难看，接着看到泪水止不住地从他那又黑又亮的眼里流了出来……因为从小就怕他（我哥比我大 11 岁），不敢看他。过了一会，我只听到他很失望地叹了一声，就走出了家门。

1993 年，我不上学后就来到了现在生活的城市嘉峪关，当然因为哥在这里工作。

11 月份的嘉峪关，下午 6 点左右天就已经黑了下来，我在楼下遇见嫂子，她下班后先去接孩子，怀里抱着寇蔻。嫂子看到我时显得很惊讶，我看到她的表情后，不好意思地叫了一声嫂子。她很热情地问我："怎么在这里，什么时候来的嘉峪关，为什么不上楼，楼下这么冷，你看看你又穿得这么少，当时雪下得特别厚，你哥已经在家做饭呢，赶紧跟我到家里去……"我嘴里嘟囔到："我不敢，我哥就会收拾我。"对嫂子说："你先回家，我明天来家里。"嫂子问我在哪里住了后，才慢腾腾地抱着寇蔻往楼上走去。

回家后她就告诉我哥说，在楼下碰见永斌了，我哥说："你眼花了吧，永斌来我肯定第一个知道。"我嫂子肯定地说："我都和永斌说话了，还能眼花？"后来听我嫂子说我哥扔下正在做的饭菜，手都没洗就直奔我住的地方去了。当我开门看到我哥的时候，他只是说一句话："跟哥回家！"

到家后，我哥只是摸了摸我的头说："这么冷的天，你看看你怎么棉衣都不穿，是不是冻坏了……"我哥的话音还没落，我就看到嫂子抱了换洗的衣服进来了，有毛衣、棉裤、棉拖鞋，让我洗了个热水澡，换上了暖和、干净、舒适的衣服……我到嘉峪关后，哥对我以后的生活影响很大。哥特别干净、整齐，他对待工作、生活的态度，直到如今，对我的影响时时刻刻、方方面面都在。

在对待父母上，我哥更是一个有名的孝子，家里不管大事小事，我哥都会处理得让弟弟妹妹们心服口服。我们兄妹五个我哥是老大，我爸身体不好，我两个姐姐、我二哥、我的大小事情都是我哥在操心处理。现在我们都有了各自的家庭，但是我哥还是一有空就会关心我们各自的生活、工作等，问有什么需要他帮忙的……

后来我哥因为工作调动，去了南方的无锡。

2007年春节，我哥说父母没有去过南方，让我带父母去无锡过年。这一次陪同父母的南方之行，我至今记忆特别深刻。
我和父母到无锡我哥家里后，看到嫂子为我们准备的东西，换洗的衣服从里到外一应齐全，都是崭新的；洗漱用具每人一套，全是新的……因为我爸腿脚不便，行走吃力，我嫂子还特意买了一个可以折叠的轮椅，说是我们出去转的时候让爸坐着轮椅，我和我哥推着，这样就比较轻松。饭菜以各种水产为主。我和哥轮换开着他们的新车，带着父母去了南京、杭州、上海、苏州，不管到哪里，我哥都会问我父母想吃什么？在南京，我爸要去中山陵，因为台阶太长、太高，我哥说："我们两个人轮着背！"我爸看到了他想看的孙中山先生陵墓，一路上的游客都在纷纷点赞夸奖我们。

在上海，我哥带父母去了浦东新区，登上了她们向往已久的东方明珠塔。在杭州，我哥带父母去当年周总理接待外国国家元首的楼外楼，品尝了国宴；去了灵隐寺，看到了岳飞墓，乘船游览了西湖……

我哥这个人对父母，对弟弟、妹妹们，我只能说无可挑剔！这几年，对侄子、外甥们更是关爱有加，从升学、就业到恋爱成家，完全当作自己的骨肉一样看待与关心帮助！

哥，感谢生命中有你。因为有你，生活才精彩；因为有你，我们才能更好。

2022年11月于嘉峪关

（专辑）

亲情

后记：

　　永斌是我们姊妹五人中最小的，从小受到父母的娇惯，初中未毕业就辍学。

　　1993年11月，嘉峪关已进入严寒的冬季，天降大雪，永斌上身穿单薄的棉衣，下身竟然是一条单裤，在我们楼下冻得直打哆嗦……

　　找关系，托熟人，先是送到酒钢一处矿山上学习汽车修理，后来拿到了驾照；定居嘉峪关，在兄弟姊妹们的帮助下成家，生子；三十多岁招工到大型企业，有了一份固定的工作。

　　我在张掖师专读书时，学生每个月的口粮中有三五斤粗粮，城市里来的同学都不喜欢吃。关系要好的同学就把杂粮饭票送给我，我积攒起来在学校食堂买成大豆（蚕豆，张掖产的，并且机器炒熟的），每学期放学回家时背二三十斤到家。

　　我们家乡那时候不种蚕豆，但是大人小孩都很喜欢吃。

　　我当年只是想，家里困难，好端端的杂粮，扔了可惜，不如背回家让父母和弟弟妹妹们尝尝。我没有想到，这个小小的举动在弟弟永斌心中留下如此深刻的记忆。

　　永斌在酒钢矿上学习技术时受过一次伤，他的一位领导电话打到我所在学校，只是告诉我：你弟弟受伤了，现在人在酒钢医院外科某某床。我想，从几百公里之外中蒙边界的矿山上汽车拉回来，在医院外科住院了，肯定伤势不轻……我骑上自行车去医院，可是路上怎么也蹬不快，两腿一点儿劲都使不上；接着浑身打战，两手扶不稳车把……一路上心里着急，这可怎么向父母交代……跌跌撞撞来到医院，忐忑不安找到病房，进门一看，永斌坐在病床上喝饮料，吃面包！原来只是伤了一个手指头！

　　永斌是兄弟姊妹中我付出时间、精力、财力最多的人，也是受我影响最大的人。

　　2007年春节，我在江南第二次住上新楼房，我们两人带着父母游遍了长三角，我在书中多有记载。

　　　　　　　　　　　　　　　　　　　　　　　2022年11月

责任担当 家国情怀

——记我在无锡的娘家人寇永升

寇宗莲

寇永升老师跟我是一个村的人，按照辈分是我小叔。由于年龄的差距，我参加工作时他还在读小学，见面机会很少。机缘巧合，他参加高考时，和我一个堂弟到我家借住，以后（之后）他毕业被分配到甘肃省嘉峪关市从事教育教学工作，再无联系。

人生有时就是不期而遇。我儿子一家在无锡工作，他也正好引进到百年名校锡山高中任教。我从景泰县政协退休后每年都要在无锡住一段时间，我和老伴在儿子、媳妇、孙子的陪伴下，每年都要和他家相聚一两次，常常实现了我远在异乡的转娘家愿望。同村、本家，千里之外的他乡相见，畅叙亲情、乡情，无话不说，每次都十分开心快乐，从而相互了解，彼此信任。

永升叔是一个生活很自律、热心工作、乐于助人的人。

一、特殊的爱好

第一次到他无锡的家里做客，给我的影响是他的兴趣很广泛但又独特，柜子多、纸箱子多、书籍多，照片也不少，还有没打开的几捆子期刊和各个时代的语文教材等。他给我们介绍了柜子里、纸箱子里的东西，照片多数是景泰老家、嘉峪关和全国各地拍摄的，很有收藏价值。特别令人惊讶的是他还收藏了一双清朝小脚女人穿的绣花鞋，做工很精细。当时我就想：我这个娘家人不简单——眼光独特，好学习，喜收藏。

去年，我和儿子参观了他在江南百年名校南菁高中的办公室，面积很大，整齐地摆放着十几个大柜子，里面全都是他收藏和积累的各种书籍和资料，令人叹为观止。

二、特别的父爱

永升叔有一个幸福美满的家庭。妻子善良贤惠、积极肯干，也在省重点高中任教，女儿有一份安稳的工作，儿子在国外读大学，小外孙女已经上小学。

这个幸福美满家庭的背后，他和妻子承受了常人难以想象的压力和担当。女儿在一岁时被医院查出患有先天性左侧肢体残疾，当地医院无法治疗，大城市、大医院治疗费用相当大。他们夫妇为了让女儿能够生活自理自立，为了让女儿能够和同龄小伙伴一起开开心心上幼儿园，带着女儿到北京著名医院治疗近一年。女儿年龄比较小，大夫很担心，但他没有放弃，在女儿身上所用的治疗手段，他都要在自己身上体验一下——深深地感动了京城医院的大夫和护士。在他们的积极配合和精心照顾下，女儿的治疗效果非常好。回到嘉峪关，长达九年半的时间里坚持康复训练，女儿不但生活能完全自理，还能正常上学，直到大专毕业后参加工作，结婚后还生了一个聪明、漂亮、可爱的女儿。

这就是他作为父亲给女儿的特别的爱。

三、孝道的传承

永升叔到无锡工作后，多次接父母、岳父母到江南过年，到长三角一带旅游。父母在农村生活惯了，到南方来生活不习惯，他就抽时间陪父母聊天、散步。碰到节假日或周末，就带父母到上海、杭州、苏州、南京和周边旅游。老父亲年龄大了，加之腿脚不太灵便，碰到上下楼或是走的路多了就有困难。遇到这种情况，都是他背着老父亲的。有时老父亲感到为难时，他尽力安慰"你养我小我敬你老，祭而丰不如养之薄"，想方设法尽一份孝心。

他家在农村住的房子是年久失修的破旧土坯房，为了让老人安度晚年，他新修建了五间砖瓦房，从备料到施工，从装修到购置家具，大部分资金都是他筹集的。长达三个多月的施工中，他虽不能到现场参与，但每天好几次电话，联系材料，找人从白银买肉、买菜并按时送到家中……

利用父母八十岁生日之机，他组织了一次祝寿活动，除招待好亲朋好友吃喝外，还给亲友们回忆了父母大半生经历，有抚养拉扯他们兄妹的艰辛不易，也有过去生活的酸甜苦辣。他没有把祝寿活动变成简单的吃喝聚乐，而是充满了文化气息，弘扬了传统孝道，从而使大家很受启发和教益。

四、家乡情结

情重教育。君从家乡来，方知家乡事。对教育教学工作有着执着追求的他，自从 2001 年凭自身实力被引进到无锡任教后，一直在发现和思考南北教育的差距，只是为了能更精准地为家乡教育尽一份力。他利用假期走访了解、实地考察，先从他原来任教的甘肃省嘉峪关、酒泉入手，把先进的教育理念和名师课堂教学方法传递给家乡的同行，并采取多种形式推广应用，在甘肃、陕西成立了二十多个"寇永升语文名师工作室"，分享教育发达地区的智慧和经验，引领提携西部青年才俊成长发展，效果显著，声誉渐长。他在景泰二中成立工作室以来，带动教师更新教学理念方法，学习备课讲课，座谈交流切磋，并组织了八十位高三老师到无锡几所重点名校学习考察，社会反响很好。

乐于助人。他利用在无锡良好的人际关系和人脉资源，在学校领导的大力支持下，积极为家乡办好事、实事。据我了解，去年他邀请和组织本地几位著名企业家，给我们共同的母校景泰县中泉中学在职教师每人捐赠一台笔记本电脑，给一百多名在校学生每人捐赠两套校服，资助一名特殊家庭学生一万元现金；给景泰二中捐赠了一万只口罩……深受大家好评。

家乡一名家庭比较困难的学生考入地处无锡的江南大学，他知道情况后，找到江南大学的有关部门和领导，经过多次协商，学校决定给这名学生每年资助一万多的元学费和生活费。

师恩于心。我能感到，永升叔每年寒暑假回家都很忙，看望父母和亲戚之余，还总是带有关心和帮扶家乡教育的工作任务，尽管行程紧张、时间有限，但他每次都能抽时间去看望一下曾经给他带过课的老师，如现在年事已高、退休在家休息的罗文举、火毓花、马勇、寇宗恩等老师，都是他每次必定要去看望的。一次我和老伴去看望我的叔伯兄长、初中老师寇宗恩，他拿出好酒招待我们，自豪地说："这是寇永升送我的，他看望我好多次了。"并且很有感慨地说："像寇永升这样的学生很少了……"

人生理念主旨清，自信育人在行动。永升叔从一个贫困地区走出来的农家子弟，成长为教育发达地区的特级和教授级教师，上百篇论文、好几本专著、各地几十个名师工作室，四十年教育生涯，学生桃李满天下，他把平凡的事做到了不平凡，把简单的事做成了不简单——大多因为他的家国情怀，主要源于他的责任与担当。

为我在无锡的娘家人而开心、骄傲！

2022 年 12 月于无锡

（专辑）　亲　情

我与可亲可敬的四爹

寇宗军

前言

2022年11月初，接到四爹的电话与微信，先是让我看看与我相关的两篇文章，之后邀我写一篇文章，内容是关于从农村考学出来与工作方面的。我完全理解四爹的心意，四爹要出"文集"，最好能有侄子我的发声，至少一小篇。我几天没有动作，四爹又开始要求我："只要你有个大概内容，我负责修饰润色，这是件有意义的事。"我勉为其难只好答应："我试着写一篇……"

四爹著书立论我很高兴，一辈子教书讲学、博览群书，很有成就，加之又有中文系毕业的扎实文字功底。关键的关键，四爹是名副其实的功成名就，声名远播，桃李满天下。作为我们家族的代表之一，我发自内心支持并期盼着。

"出书"，是中国知识分子传统的清高嗜好。文人墨客与创造型人才把文学文化发展与知识成果记录载书，我敬之。普通百姓为记录家族史、树榜样、引导教育后人而出书，我赞之。

曾经问过一位退休的朋友："闲了是不是在论著写书啊？"回答曰："没有惊天动地之事可写，写了也没有人看呀！"这也许是大多数普通百姓之心态吧。我觉得，只要拼搏奋斗过，只要努力创造过，只要参与过这个时代的变迁，只要有过深入的思考，都有该写之处，这样才能不枉十年寒窗苦读，才能不愧对我们的恩师，才能不羞对我们的父母，也才能交代给我们的家族后人。

我本没有华丽的文笔，也多年不从事文字工作，更不会娴熟运用电脑，抱着赶鸭子上架的心态，试着完成一下四爹布置的作业，肯定多有不妥之处，敬请所有看到本文者包涵。

一、关系：亲亲血脉情

永升四爹比我年长一岁，是我亲叔叔。我的曾祖父寇学孝，先后两个夫人，先妻常氏，是我的嫡系太太，生育了我的爷爷寇世杰；爷爷、奶奶生了我父亲寇永刚与二叔寇永常。曾祖父的后夫人王氏，是我四爹的亲奶奶，生育了我二爷寇世裕与尕爷寇世昆，二爷的长子寇永珑在永字辈排行老三，我称三爹，四爹永升正是尕爷世昆的长子，这些族谱关系在《中泉寇氏宗谱》（2004 年修订）里有着详细记载。

曾祖父寇学孝今年诞辰应该 131 周年了，出生于 1891 年，比伟大领袖毛泽东主席大两岁，他的大半生就是带领着两个儿子和两个孙子在艰难困苦中操持着一家的生计。我的爷爷寇世杰英年早逝，我的爸爸与二叔分别与二爷和尕爷年龄相近。这就是太爷身后兴旺的一家人。太爷 70 岁去世后好几年，四爹与我都才降生，大家庭才分成四个小家庭，前后四个院落，其乐融融几十年，我与四爹就是在这样的家庭共同长大的。二爷夫妇、尕爷夫妇四人与我的父母还有尕爹、尕妈四人，我们在近年统称为八位老人，五位已安然离世，健在三人，我的妈妈与尕爹，同为 1935 年出生，属猪，尕奶（永升四爹生母）1937 年出生，属牛。

就是在这样一个普普通通的农民家庭里，八位老人同龄不同辈，在太爷太太的悉心呵护教诲下，传承发扬了很好的家风，勤劳朴实，团结友爱。不论是太爷主持下"一锅搅勺"时代，还是太爷离世后分成四个家庭过日子。几十年过来，八位老人从来没有吵过架，闹过事，同甘共苦，互敬互帮。我的父母辈四位，把二爷与尕爷尊敬叫了一辈子"二爹""尕爹"。我与四爹亦是同龄不同辈，受先祖先辈们的言传身教，四爹与我自幼就把亲情关爱深深印刻在脑海当中，出门求学与工作，亲情这面无形的旗帜始终在我们经历风雨的耳边飘扬。四爹时常鞭策鼓励着我，我也经常提醒帮助着四爹。作为我们这个大家庭较早出来的大学生，四爹与我责任重大，既要把握好自己与家庭的发展方向，还要奋力带动大家庭脱贫致富。多年来，亦叔亦侄情同手足，亦师亦友情逾骨肉。

二、求学：上下求索路

我与永升四爹都出生在 20 世纪 60 年代初期。

从不懂事的幼年到青年时代，四爹与我都赶上了两大幸运：

第一，我们的家庭虽然穷苦，但我们的父母都认识明确，砸锅卖铁也要供我们上学读书。我的爸爸没有进过一天学校门，后来通过"夜校"

扫了盲。四爹家里也一样，吃了上顿没下顿，但对上学从不言放弃。小学就在我们村上（那时候叫生产队），不算太远，但上得很是不容易，物质条件匮乏呀，从学校到教室再到自己的书包，什么都是自力更生，水泥台子当课桌、土坯垒的火炉子等等，现在的年轻人根本都听不懂这些。记得上

小学三年级的时候，有一个寒冷的冬天，该我"值日"，早上五点半我就独自出门了，天还黑着，不到十周岁的我背着书包，手拿着笤帚，借着微弱星月径直走着，突然一只大白狗狂叫两声，"我的妈呀！"我的七魂六魄瞬间没有了，差一点跌倒，本能地缩起手，拔腿就跑，好在那是一条家养的温顺大狗，没有追我而来，真是吓死我了！这才知道了真正的害怕。在班里值日的第一职责是早上去生炉子，柴火烧旺了烧煤块，窗子打开放出烟，这是七点半上课之前的必须准备。

读完了小学和初中，1979年秋天，不满十五周岁的我以优异成绩考进了在全县统一招生的景泰县第一中学，分班在高一（3）班（当时学校在老县城芦阳镇）。

四爹上初高中应该比我高两级，他是家中的老大，家里劳力不多，经济条件更差些，每年都有交不起学杂费而辍学的危险。他上高二的那年，五元钱的学费交不起，老校长寇宗恩（我们的同族人，我们共同的恩师）又舍不得这么优秀的学生辍学，亲自跑到我尕爷家，一边做工作鼓励我四爹继续读书考大学，一边了解家里的境况，得知尕爷家里当年只种了三分地的籽瓜，宗恩就对尕爷深情地说："小爷爷，过几天了让永升自行车带上一口袋瓜到学校来。"四爹用自行车驮了一百多斤籽瓜，连推带拽，一个多小时才到了距家四公里远的中泉中学。宗恩校长叫来了几个老教师，用他习惯性的动作，边把右手拇指朝天竖起，手臂一下一下往前剟，边说："同志们，每人抱一个回去，只能一个，这就是寇永升同学今年的学费。"

我们先后考入张掖师专，毕业后，我与四爹都当上了光荣的人民教师。后来我转了行，四爹在讲台上坚守了四十年。我们到一起时，每每回忆起中泉中学，时常说起来宗恩老校长，他讲课神采奕奕，他的忠厚品德在景泰县教育界乃至景泰县各行各业影响深远，意义重大。也是后来我们才懂得，他去我尕爷家里，是家乡教育史上一次最成功、最伟大

的"家访"。事隔三十多年后，我又在四爹的相关文章里读到关于他这次学费的记述，我当着我爸妈的面，情不自禁地放声大哭，读一遍哭一遍，八十多岁的爸爸问我怎么了，我说只有我能读懂四爹的心声，四爹与我在那个时候求学太难了，我爸语重心长地说："年代不一样，那时实在太苦了……"

第二，恰逢其时，四爹与我都赶上了恢复高考的好时代。从我曾祖父（太爷）到四爹与我这个辈分与时代，我们大家族没有出过一个正式的干部与工人，因为都没有条件读过像样的书。20世纪70年代，恢复高考，这是一场轰轰烈烈、史无前例的教育大革命。高考的核心是以知识水平真才实学论英雄，高考的英明是不限民族、不论家庭出生，都可以在考场上平等竞争。高考的魅力是考取大学后户口就"农转非"了，大学毕业后国家是负责分配工作的，不是各行各业的干部，就是当教师，再者就是工厂的工程师、技术员等。总而言之，在那个年代，也只有通过"高考"才能改变中国农民一辈子"面朝土地背朝天"的命运。中国从此迎来了"知识改变命运"的时代，激发了全体中华儿女自强不息、奋发读书的极大热情。

我与四爹一样，都是中国农村大地上长出的小草，先天营养不良，后天缺肥少水，但我们的生命力很强，无论风吹日晒，无论雨雪霜打，我们始终有着顽强的毅力。从上高中起，四爹与我就暗下决心，再苦也要读完高中，再累也要考大学。现在回想起来，那时我们的志向虽然没有《觉醒年代》里的陈独秀、李大钊那么宏大，但是"壮士一去不复返兮"的豪情斗志肯定是有的。

四爹在中泉中学寄宿制读高中，因为家庭经济条件比较差，交不起学校食堂每斤粮食3分钱的加工费，早饭和晚饭骑自行车回家吃，好多时候没有午饭，是个标准的"煤油灯苦读生"，但四爹始终省吃俭用，虚心好学，尊敬老师。记得有一次周末，还是个什么节日，我跑到尕奶家"寻好吃的"去了，尕奶刚蒸出来十多个拳头大的馒头，全都是黑面的（粗粮或杂粮），她悄悄地把我叫到跟前说："给你一个吃上，学生娃念书要吃饱呢，我都舍不得吃，这几个是你四爹下一周在学校的口粮……"傻乎乎的我只顾自己吃上跑掉了。现在想来，实际上尕奶不是偏爱心疼我，而是偏爱心疼我和四爹一样饿着肚子坚持上学读书的人！那个时代，我经常性地跑到尕奶或是尕妈跟前，讨欢心、找好吃的。

我15岁背上行李去景泰一中（当时县城在芦阳镇）读高中。距我们中泉乡中泉村的家80多公里，只能寄宿，周末回现在的喜泉镇南滩村（20公里左右），由我尕姐寇宗兰（当时她在那里开荒，尚未出嫁）给我备口粮。学校的伙食很一般，但教学水平与师资力量当然是全县一流的。只可惜，我在县一中只读了一个学期，因病休学。可能是水土不服导致身体上长了一个硬块，县医院治疗也不当，前后用了两个月时间。第二学期开学都两个多月了，我又鬼使神差地跑到中泉中学去读书了，可能是父母的引导使我顺从了。后来回想起来，那是我人生当中最糟糕的一个决定，我为什么没有回到景泰县一中去继续学业，当时的中泉中学与县一中教学力量相差太远了，单就英语课程来说，县一中的老师很专业，我也学得很扎实；而到中泉中学后，居然没有英语老师，此门课程也不开设。之后读完高二我高考无望，又读了一年高三也名落孙山。再之后，大哥对我说："考不上大学就回家种地……"那时候虽说是我爸妈身体健壮，但似乎是大哥当家。听到回家种地的话后，我如同雷击般地如梦初醒，我没有资格反驳，也不能怪大哥，高考是很残酷的，差0.1分都不行。

我苦思冥想着，在家劳动，艰难地度过了一个多月的暑假。那是1982年8月中旬的一天，我的内心终于爆发了，我身无分文，也没有告诉爸妈与大哥，乘坐了一位乡邻的拖拉机前往一条山镇（景泰县新县城），我要去苦读，我不甘心！

我先是投奔南滩村的大姐家，大姐夫陈其玉特别支持我，"我坚决支持你复读考大学，别人家的孩子'八年抗战'考大学，你才开始复读，一年不行来两年……你这个大学生我来供"。随后，我穿着大姐夫的一件白色长袖衬衣跟着他走进了景泰县二中的大门。

在二中的一年时间里，我很清楚自己该干什么，白天学晚上想，每天早上的五公里跑步少不了，一日三餐除了无菜的馓饭就是盐水面条，很难见到肉末与绿菜叶，土豆与白菜能多一点就算改善伙食了。这一年，我骑自行车来往中泉家里两个来回，一个来回120公里。乘坐火车回中泉数趟，红砚台火车站到中泉村整整16公里，我步行过数趟，骑自行车数次……

功夫不负用心人。1983年7月，我幸运地拿到了张掖师专（现今河西学院）的录取通知书。特别要说的是，时年的高考录取率3%左右。而在此时，四爹已经完成张掖师专两年学业，以优异成绩毕业。值得一比的是，当年景泰县一中高一（3）班我的四十多名同学，一多半都先于我考入了兰州大学或西北师大等名校就读。这就是我高中时期走弯路的差别。

三、大学：奋斗正青春

1981年秋季，四爹步入了张掖师专，读中文系，开启了大学生涯新生活。不久就给还在读高三的我写来了书信，简单介绍情况后多以鼓励为主，还给我寄来了一本《古文观止》。应该说，这是我人生当中收到的第一份书信，来自四爹的亲笔，当属我们家的第一封"家书"。他使我时常备受鼓舞，更多的是发奋苦读，不用扬鞭自奋蹄。"路漫漫其修远兮，吾将上下而求索"，1983年秋季，我进入了张掖师专数学系。

那个时代考大学很难，每个人的高中都应该说是苦读；进了大学校门却容易，学分不多，课业不重，基本上都能顺利毕业。能把自己的头脑武装到什么程度全凭自觉与自学。四爹寒暑假回来与我见面很少，因为我还在学校苦读。四爹给我的印象有三个方面：一是在学校的粮票不够吃，每月28斤粗细粮，15.5元的菜票，大多数农村来的男生都不够。我也是一样，放开吃的话，晚饭一顿就能吃一天的总量。所以，待我进入张掖师专读书时，四爹很是理解，主动从微薄的工资收入中，先后三次给我寄来现金，并在信中嘱咐："我知道你也有时吃不饱，给你补贴一些。"二是在学校完成好基本课业后多读书，图书馆是他常去的第二课堂。三是尊敬师长，多学、多问、多往老师家跑，打煤砖、清理打扫烟筒、扛煤气罐等等的活儿他都会干，从不怕苦怕累，因之，主要的上课老师都成了他的恩人和贵人。多年后，四爹还与老师们保持联系，还常常抽时间看望老师，这是四爹自懂事起就养成的良好习惯。两年制大专时间太短，四爹没有浪费一天，以很优秀的成绩毕业，得到了老师们的一致好评，分配时获得了唯一一个到嘉峪关城市中学工作的名额。那个时候的师德师风很正，校领导与老师们分配学生绝对是公平的。

我在张掖师专读书的两年中，有几件事情终生难以忘怀，点点滴滴影响着我的一生。到校第一天去宿舍楼水房接水，一个人没有玩转那个像发报机按钮式的"水龙头"，待学兄进来请教后才打上水。到校入班第一个月，由于高考志愿滑档后被录取到专科院校，思想郁闷，本来性格很内向的我开始主动找班主任何万生老师沟通，好几次在班集体座谈会上倾诉苦衷……在何老师的耐心帮助引导下很快走出了阴影，积极调整心态面对现实。到学期末，我的成绩已位列前三名，何老师安排我参加全校演讲比赛，好几百人的大礼堂，我迎来了阵阵掌声，回到班里，受到了同学们发自内心的赞许与鼓励。不久后，我被推荐到校学生会工作，一年时间从委员到副主席再任主席。兼职工作，事务不多，最大的福利是在教学楼上给了我一间专门的办公室。

大学期间的家庭情结就是牵挂父母，爸爸妈妈当农民劳作太苦了，思念时就给大哥寇宗勋写信，大哥一来转达父母安康与忙闲之意，一来鼓励我认真学习诚实待人，大哥经常性的嘱托就是"害人之心不可有，防人之心不可无"。也就是在那个时期，我就坚定了帮助弟妹与侄儿等思想，也更是下定决心要让爸爸妈妈随我在城市过过日子。

在学校最后一个学期，我应该满20周岁了，我高傲地拒绝了两位女同学抛出的爱情橄榄枝，一个是同班的，一位是同级中文系在学生会的同事。至今想起来，我也说不清楚那是对还是错，因为情感的魅力实在是太无穷了。

1985年，毕业前夕的6月份，系团委书记张铭老师受党委指派与我谈话，交流思想一个小时，我被组织接纳，光荣地加入了中国共产党，系主任王利民老师（后调西北师大并升任校长至退休）找我征求意见并谈话："你是学生会干部，系里有一个选调优秀大学生分配名额，你去吧。"我欣然接受了。老师们骨子里的正直而且热腾腾的心不掺一点杂念。可在当时，我竟然没有说出半句感谢的话来……

四爹与我都上张掖师专两年，虽然学习时间太短，开设课程少，专业视野比较窄，尤其是数学系开设大学语文与人文地理等课程太少，但我们对得起老师，对得起父母兄弟姊妹，没有乱花过钱，学业上没有"进了保险箱"的思想，真正学到了知识，掌握了教书育人的基本要领，也提高了怎样学习与思考认知世界的能力。

四、创业：迈开新征程

1983年秋季开学，四爹在嘉峪关市第一中学正式挥起了教鞭。我上学期间去过几次，专程去看了他所在的教研室，住过四爹的宿舍，吃过他亲手做的饭，还在四爹的带领下第一次登上嘉峪关城楼，准确地说这是我平生第一次旅游参观。

当老师教书育人，在那个年代好多人是不愿意的，社会地位不高，工作又繁忙而辛苦。而四爹从一开始就喜欢上了教师这一崇高的职业，在我的记忆中，他没有想方设法去转行；相反，他把传统知识分子的"脊梁"挺得很直，"我凭本事吃饭，凭所学知识教书"。四爹也把我们寇家祖先的传统发扬得淋漓尽致，骨子里有不断钻研的精神，性子里有着老黄牛的执着，实际工作中始终有着不甘人后、不服输的倔犟，单打独斗的实力很强，教学成绩突出，科研成果颇多。

四爹在最初几年的教学过程中，首要任务是胜任眼前工作，积累经验，丰富专业知识，准备进修本科。四爹走上讲台就担任班主任，老师的业绩在很大程度上都是通过学生的成绩与表现来体现的。四爹也曾被领导批评，被家长威胁，听说有一次差点被醉酒家长打一顿……但他在教学第一线兢兢业业，任劳任怨一干就是40年，付出了一辈子的青春与心血，埋头苦干，孜孜以求，燃烧了自己，照亮了别人，真正的桃李满天下啊！

四爹在事业上的奋斗有两点难能可贵：第一，在西部边陲小城嘉峪关从教18年，博览群书，放开眼界，向经济发达地区的教育先进省份看齐。2001年"五一"，江苏无锡一所省级重点中学在全国选贤，四爹抱着必成的信心去了。厚厚的一大摞证书与奖状摆在校长桌前，"这是我在甘肃嘉峪关的一点成果"，校长被折服了，"讲一堂课，我们听听吧！"校长看着四爹打开整整一拉杆箱的手写教案，用无锡方言对办公室主任耳语了几句，招呼四爹吃了一顿饭，派小车把他送到了车站……四爹的一箱子手写教案征服了同行！

很顺利，四爹全家四口，一次性落户太湖之滨的大美无锡。

人生无止境，四爹开始了新的追求。

第二，四爹在尽心工作的同时，注重教学研究与青年教师的培养。江苏是教育发达省份，锡山高级中学与南菁高级中学均是全国一流省级重点高中。四爹在这样的学校里被评为中学正高级教师、学科带头人、特级教师，都是干出来的。更加难能可贵的是，近年来，四爹利用节假日，把毕生所学与在发达省份总结提炼的教学经验带回家乡，带回甘肃，带回母校景泰县二中与中泉中学。我没有了解到四爹出了多少专著，也没有注意去看他有多少论文在全国或多省级专业期刊发表，但从酒泉、嘉峪关、张掖、景泰县等好多中学都设有"寇永升语文名师工作室"来看，从听到各地老师对"寇永升老师示范教学"的评价与崇拜推测，我觉得四爹的成果开花了。作为一名普通教师，四爹以各种方式回馈家乡、回报家乡父老乡亲，着实意义重大，也必将载入甘肃教育史册。作为教育界一名普通园丁，四爹在甘肃与江苏乃至中国教育界都播下了种子，并在教育一线站讲台奋斗到60周岁，这又是多么难能可贵的精神！

这几年每当说起四爹，我就给同事与同学、身边的同龄人、家人亲戚朋友讲："当好中学老师一辈子，我四爹寇永升当属楷模。"

1985年7月，我毕业离开亲爱的母校，"高调"步入社会开始工作。

先是到省委组织部报到，在省委党校参加"选调生"集中培训班两个月。这一年，甘肃省委决定，在全省14所高等院校选拔应届优秀大学毕业生到各级党政机关工作（充实乡镇基层为主），全省总共100名，这是在前一年试点后的正式第二批"选调生"，这项创新的改革工作至今还在延续。在党校培训的最大感受是兴奋与时代活力。青年是朝气的代表，大学生是知识的代表。这一刻，时代的最强音符奏响在兰州，年轻的力量与知识的动能在这里蓄势待发，我们唱着"年轻的朋友们，明天来相会……"，跳着"金锁与银锁我们在穿梭……"的集体舞奔赴全省各市县区与乡镇，我等五个人登上了开往金昌市的列车。

起初，我在金昌市教委（现教育局）所属电大工作，从事辅导员式教学工作一年半，之后到教委人秘科从事秘书、人事、团委等工作，真正的机关事务性工作开始了，除了组织与具体事务办理外，核心工作是起草各类总结与领导开会讲话稿等文字工作，那时候称为"爬格子"，一遍一遍地手写初稿，领导一遍又一遍地修改，既要说工作，又要体现领导思路，不但讲（念）起来朗朗上口，措辞新颖，还要有文学艺术式的绣花艺术，还要把工作成绩总结得适度"丰满"，把问题指出得或恰如其分或轻描淡写，等等，正如那个时期流行的"段子"所言："领导政客讲话比理论功底，教授讲学比实干精神。"而在此时，我被考验得"满头大汗"，每个领导的喜好与风格都不一样，我几乎每天晚上加班"爬格子"，秘书行业称之为"闭门造车"。我身上优秀大学生的光环光芒四射，而我的文笔并不帮忙，所学专业太专了，代数几何的ABCD与高等数学、微积分等知识全然没有用武之地，需要的是基本的文字功底，这就是新的残酷现实。书到用时方恨少，我只能重新再学，边干边学，永无止境，公文写作类《秘书》《演讲与口才》《汉语言基础知识》等书刊便成了我的案头贵宾，八小时以外的闲暇时间在办公室开辟第二课堂，好在住办公室、住单身宿舍四年半，"一个人吃饱全家不饿"，几年的发奋学习与埋头苦干后，1991年我被组织提拔为副科长，时年26周岁，当时属于比较年轻的。

社会是个大染缸。我先后工作六个单位：金昌市教育局、金昌市经贸委（现工信局）、金昌市金川区人民政府、金昌市商务局、金昌市供销合作社、金昌市政协。从事社会事业，经济管理、综合经济、商贸流通、农村经济，四大机关等工作，具体从事了社会事业管理与第一、二、三产业发展协调指导工作，先后在农村驻村一年多，参加过省级与国家级培训数次，也去过欧美发达国家考察学习。人生经历算是丰富，对社会发展体制机制与综合管理自认为认知清楚。2002年走上副县级领导岗位，担任金川区人民政府副区长，2011年起担任正县级一把手领导至今，再有一年多满60周岁退休，享受二级巡视员职级待遇（副厅级待遇）。工作四十个春秋，努力奋斗了几十年，感慨多多，收获多多，"比上不足，比下有余"。在这里只强调一点，风雨兼程几十年，对得起列祖列宗，对得起培养过我的恩师。

我和四爹一样，都是从很穷的农民家庭出来，一个人走向他乡城市，从不懂事到完全懂事，可以说是从黑暗中摸索过来的，吃过苦流过汗，掌过实权做过贡献。我没有受过一次党纪政纪处理，更没有违过法，特别是2012年党的十八大以来，我身边同事还有同学，银铛入狱的不在少数，我始终坚守住底线，农家弟子的本色没有丢。"反腐不是隔墙扔砖头"，为人诚实、不贪不懒的信条是从刚参加工作就树牢的。四爹二十多年前全家到无锡，能在教育发达的长三角百年名校站稳脚跟，能在竞争激烈的江苏评到正高和特级教师，我很清楚地知道，他没有任何背景，他是全靠奋斗拼搏出来的。如果说正高级凭借专业领域的学术成就与影响力，特级教师的头衔想来全国都一样，师德一票否决。如果说四爹在职业道德上有一丁点儿污点，可能就没有他特级教师的光环了。

我与四爹，以两年制大专学历的起点，在千里之外的陌生城市，举目无亲，远离父母兄弟姐妹，迈上新征程，开启创业路，干好了自己的工作，帮助了兄弟姐妹，带动了全家。即将退休之时，我们都为国家奉献了整整四十年，我们没有违犯过党纪国法，我们都对得起父母亲族。

五、孝道：眷念父母恩

四爹与我都在离家较远的城市工作，特别是工作前20年，回一趟老家看望父母都不容易，没有直达的火车、汽车，更不可能有私家车，只有通过火车再转两次汽车，两天才能到达。在没有手机的时代，我们平时多以书信联系，由哥哥弟弟代转父母之温暖，有重大事情或是春节必然回到父母身边。四爹与我每次回到老家，四家的院落都必定进去转转，大年三十磕头敬拜，平日时节嘘寒问暖，特色礼品、长幼礼节从来不少。我爸妈晚年喝茶的紫砂壶与紫砂杯就是四爹从江苏宜兴厂家亲手挑选、购买、邮寄来的。四爹也经常说，大嫂（我妈妈）做的饭菜是最香、最好吃的……

　　四爹亲兄弟姐妹五人，只有他上了大学；我亲姊妹八个，只有我一个上了大学当干部。我们在工作后，无论是自己结婚成家还是购买商品住房，都不敢向父母伸手要一分钱；只能省吃俭用给父母减轻一点经济负担。我们参加工作初期的月工资只有六七十元，更多的是帮助弟妹们读书、打工或"走出去"。四爹谋划了很多，把两个妹妹与一个兄弟都带到嘉峪关创业成家，还时常把尕爷、尕奶领到嘉峪关、无锡旅游度假过年，对全家人的关照关爱不是简单的经济数字可以计算的，更多的是心血与亲情，对父母发自内心的孝顺，总想着自己的物质生活条件都必须让父母享受到，总是竭尽全力帮助弟弟妹妹甚至侄子外甥。几十年过去了，起初经济特别困难时代以出钱为主，而今对健在的耄耋老母以亲情陪伴与悉心照料为责。

　　四爹在追求事业的同时，做到了尽孝心，忠孝两方面都做得很好。近年来有微信了，四爹建了个"孝敬不能等待"的家庭微信群，引领弟妹子侄们，亲情时常在激荡，家风永远在传承。

　　四爹是我学习的榜样。家族孝道的优良传统我也不敢丢。我在金昌市工作近四十年，始终牵挂着爸爸妈妈与兄弟姐妹。小妹妹寇宗翠1990年来金昌帮我带女儿寇洁，时年20岁，之后招工上班成家；弟弟寇宗春1991年来金昌上初中，毕业考上小中专，之后在金川公司（金昌市）上班成家立业；侄儿寇明喜，1995年来金昌读初二年级，我视为己出，悉心培养，2000年以优异成绩考入全国重点大学（河北秦皇岛燕山大学）。供出大学，明喜起初在天津一家A股上市企业从事计算机辅助设计工作，后因参与该企业与中国航天集团、北京航空航天大学合作的"863项目"经常往来京津，被引荐至北京大学从事机器人研究工作。在数年积累后，明喜选择大庆市成家立业，从事大数据、云计算与软件开发，成为当地小有名气的民营企业家。我的女儿及女婿们也都大学毕业后在兰州市成家立业，有了温馨的小家庭。

　　最令我欣慰的一件大事情是，2010年12月，我为父母买了单独的楼房，把爸爸妈妈从老家农村接到金昌市，安排他们正式进城养老，这是爸妈今生给我们最大的"面子"。爸爸在城里生活了11年走了，妈妈至今还在暖心地呵护着我们子孙后辈。这两年，读到四爹有关亲情的文章，我也试着写了《爸妈进城养老五周年座谈会上的讲话》《忆父文》《妈妈领我长大，我陪妈妈老去》等文，记述了爸妈晚年与我们共享天伦的温馨点滴。得知四爹将我的文字收入他个人文集，我们叔侄又一次因亲情与孝敬父母而同频共振。

人无礼则不立，事无礼则不成，国无礼则不宁，百善孝为先。从这个意义说，四爹与我很好地传承了先祖们的遗训，家风家教发扬光大，从老家中泉乡腰水村拓展出来，在甘肃大地乃至全国各地撑起了一片天。此时此刻，我想起了先贤圣哲"修身齐家治国平天下"的训诫，四爹与我从苦读到上大学再到走向社会，进入了改革开放新时代，经历了从计划经济到市场经济轰轰烈烈的历史潮流，时而仰望潮头，时而被浪花掀翻，时常在夜晚无助地凝望星空，流着泪期盼过，流着汗梦想过。我们的意志品质经受着一次又一次磨炼，我们的内心也越来越强大，我们的思想也越来越成熟。我们没有沾染坏毛病，更没有堕落。四爹从不抽烟，偶尔小酌少饮，业余爱好就是游泳与跑步，生活作息很有规律，几十年不改变。我不及四爹，抽过几年烟又彻底戒了，喜好喝酒有时还醉，偶或玩麻将但不赌，业余爱好是象棋与围棋，有一定的水平，围棋达到业余三段，锻炼身体的项目是乒乓球、羽毛球，至今年近花甲，每次羽毛球场上挥拍还能两个小时。

感谢先祖们给我与四爹遗传的好基因与强壮身体。

六、感悟：漫漫人生路

人没有理想不行，不切实际的理想也会害死人。我们生在新中国，长在红旗下，从小听老师经常讲，要树立远大理想报效祖国，要当科学家，要发明创造，要善于破坏一个旧世界敢于创造一个新世界。这些听起来应该都是对的，然而，大多数人的一辈子奋斗下来，不是跳起来摘桃子，而是幻想着天上掉馅饼，梦想着第二天不得到高官厚禄就是一夜暴富，到头来气急败坏玩世不恭，岂不知幸福生活是一步一步艰辛奋斗出来的，正所谓"理想很丰满，现实很骨感"。再者，受几千年儒家传统文化影响，达官显贵出人头地，仍是莘莘学子毕生追求的目标。司马相如当初入长安时，曾在家乡城门题词豪情壮语"不乘高车驷马，不过汝下"。然而，历代学者犹如司马相如信誓旦旦者多也，实现了雄心的又有几何。

当今时代的主旋律是"不忘初心，牢记使命"。中国共产党的初心和使命是为中国人民谋幸福，为中华民族谋复兴。我们经常学，入脑入心并为之践行。我也经常想，我们个人的初心与使命是什么呢？回顾一生，纵观天下，我们始终是家庭里的一员，每个家庭命运永远系着国家。初心：刻苦学习考大学跳出农门，彻底改变一辈子面朝黄土背朝天的家庭（当时）

命运。使命：诚实待人听党话发奋工作，孝敬父母养老送终，培养子女成为对社会有用之人。

人生真的是一趟旅程，行稳致远最重要，沿途风光皆美丽，错过的多欣赏的少。人是百态人，事是万千事。吃饭是为了活着，活着不是为了吃饭。行行出状元，做成一件即为真。人生三部曲，相互交融，辩证贯通才彰显成就。一是年轻的时候多学一些知识与本领；二是壮年时候多学一些为人处事之道，家庭中用好了和睦，工作中用好了施展本领，社会交往中用好了才叫搞好"政治"（团结自己的人越来越多，反对自己的人越来越少）；三是中老年时多学一些养生之道，健康是第一，自己不受罪，给子孙少添麻烦。

最后，让我再背诵几句最喜欢的诗句与我亲爱的族人朋友们共勉吧："君不见，黄河之水天上来，奔流到海不复回。君不见，高堂明镜悲白发，朝如青丝暮成雪。人生得意须尽欢，莫使金樽空对月。天生我材必有用，千金散尽还复来……主人何为言少钱，径须沽取对君酌。五花马，千金裘，呼儿将出换美酒，与尔同销万古愁。"了解了诗人李白的人生经历，完全读懂了《将进酒》，人生真谛自显眼前。

后记：

利用一月工作之余、茶余饭后之闲，抱着急切完成作业之心态，边思考边奋笔，写完了以上文字，来不及过多修改，只能匆匆"交卷"，没有预期那么称心，只能算一个凡夫俗子的粗浅文字回忆，都是自身经历与亲眼看见的，没有华丽辞藻，比起舞文弄墨者之妙笔，只能高山仰止自愧弗如。

我猜，拙文一旦编入四爹文集，少不了同龄同仁学者之非议，首要读者当属我族精英寇宗哲（宝子）等高才，更多的是四爹的同事同学同行，还有我们家族的亲人们，乃至后世几十上百年的同族后辈或是文人墨客等等，我们必须接受历史的考验。当面指正我者，吾师也；当面夸赞我者，吾友也；当面谗诼我者，吾贼也；后世责问我者，共思也。

我双手赞成四爹的出书计划与行动。人总是要有些精神的，历史长河的传承亦必须有思想，国家兴衰之命运亦必须有典籍，宗族血脉之光大亦必须有家书。故此，写一点文字，传之于后人，有益于中华民族文化发扬光大，有益于传教后人行稳致远，有益于优良家风家教传承。四爹是我们这个家族百余年来的首位学者，奋斗一生硕果累累，值得留一些论著给后人，意义重大。"无冥冥之志者，无昭昭之明；无昏昏之事者，无赫赫之功。"

用文字记录我与可亲可爱的四爹，另外有一个必须提到的人，我们都是同一方水土养大的，基本是同龄人，小时候的贫穷与求学之路也多有共同之处……

寇宗哲，乃我五府以上的同族兄弟，与我高中同学，真正的文学才子，高中时期就写过三十来万字的小说。复旦大学研究生毕业，现居住上海，当年中学阶段与四爹齐名，我们三人在景泰县被称为小有名气的中泉"三寇"。宗哲笔名"豆官"，不是同胞弟胜似亲兄弟，我期待拜读他的大作。（关于宗哲，在别的随笔文章中详述）。

言归正传。四爹与我得益于先祖光照，我们的父辈八位老人在最困难时期一个屋檐下抱团取暖，一辈子同甘共苦，共克时艰，靠的就是亲情这个根。四爹与我虽几十年在外但传承并发扬光大之，这是家族魂！还在老家种地或创业打拼的亲人们，也是在赓续家族魂。我们还会时常回去，就像四爹当年考大学前带着我一样，在先祖们坟头上押一张黄钱，桌子前烧送一些冥币，再磕三个虔诚的响头。

四爹与我即将告老退休，享受天伦之乐尚不敢当，还有带孙子、育外孙的责任与义务。无锡与江阴，我肯定还会去的，太湖三白也还必须由四爹再带着我去品尝的；四爹肯定还会来兰州和金昌的，大块头的羊肉，江南是吃不到的。金张掖地肥物美，是我们共同的第二故乡，要去大佛寺里还个愿："我们没有成为绅士，但我们把毕生所学用在了刀刃上，我们把从张掖拿到的一手牌打出到了最佳效果。"

——这些活动少不了我的"宝子"兄弟寇宗哲，当年在金昌围着火炉子吃肉喝酒，踏雪漫步大街吟诗感慨的情景，至今历历在目。

感谢可亲可敬的好四爹，墨落暂止，然总觉意犹未尽。

我们都很快满60周岁退休，吟诵一首白居易的《快活》诗吧：

> 可惜莺啼花落处，一壶浊酒送残春。
> 可怜月好风凉夜，一部清商伴老身。
> 饱食安眠消日月，闲谈冷笑结交亲。
> 谁知将相王侯外，别有优游快活人。

2022 年 12 月 13 日收笔

（专辑）亲情

我眼中的"寇老师"

寇 蔻

得知寇老师又在编书的时候，我就知道，周末的饭桌上又看不到他了。接到要写一些感想的任务的时候，我刚刚和女儿坐在了晚饭的桌子上，脑海中第一个画面是他的书房。

我们家无锡的故居，有一间书房，里面放满了书。那些书大多是当年搬家的时候从甘肃运过来的，里面多数是手工线绳装订的语文教学杂志。当然，我那时候对这些不感兴趣。真正走进这间书房，是在读了《红楼梦》之后……

小学的时候，看《西游记》比较多，因为是先看动画片，容易接受。另外的三部名著，反而被冷落。直到初一的暑假，放假前，不知道怎么就动了看《红楼梦》的心思，问寇老师借原著第一本想自己先看看，结果他听了之后说："趁这个假期，我陪你把87版《红楼梦》电视剧看一遍，边看边讲，然后你再自己看原著。"我很意外，因为家里一直没有看电视的习惯，现在有了正大光明看电视的机会，还能长知识，太好了！

于是，寇老师每天下午陪我看一集，看到一个知识点就暂停，讲解，然后下一个……

直到有一天下午，寇老师有事出去。前一天就"警告"我不要自己看，但是我没忍住，而且我记得很清楚，偷偷看的那集正好是元妃省亲。结果第二天的时候，我打开下一集，他发现我已经看过了，就问了一个问题："贾元春临走的时候，对贾府众人说了什么？"我没答上来，寇老师生气地告诉我答案，后来在高中语文加试的卷子里还做到了这个知识点。直到现在，我都记得这个情节。

我眼中的寇老师，绝大部分是生活中的，是家里的。

我有先天性肢体残疾，虽然生活自理没有大问题，但是在初中期间，也遭到了班级个别同学的歧视和冷眼。

印象最深的一次是在初一。当时几个教师子女同在一个班，其中也有校长的小儿子，他天生半边脸上有红色胎记。按理说，他应该和我有一样的敏感心理。有一天地理课，老师讲到三大肤色人种，另一个同为教师子女的女生说："老师，有第四人种！"随后说出了校长小儿子的名字。下课铃一响，他二话没说，直接冲到女生课桌面前整个掀翻！这还没完，大部分同学已经走到体育馆准备上课了，他又突然朝这个女生狠狠砸过来一个篮球！原以为这件事此为止，没想到过几天，不知出于什么心理，波及我身上了。

我被同学嘲笑、歧视、欺负是从初中开始的，最严重的当属这次。有同学学我走路、说我是怪兽，孤立我，我都一一忍下来了，忍不了就骂回去。可是，有相同感受的人也来欺负我，忍不了！回家哭着告诉了寇老师，当时他说他会解决的，让我好好上课。

第二天，寇老师说了他解决这件事的经过，他找到校长办公室，笑着说："你儿子在教室里学我女儿走路……"校长平静地抬头看了一眼寇老师，什么话也没说……这位校长也有先天性肢体残疾，跟我一样，走路难看，年少上学时也被人嘲笑……

后来，至少我再没被这个男生欺负过。

这是我第一次真切地感受到来自寇老师的保护。

从初中到高中，一直跟寇老师在一个校园里，碰到认识的熟悉的老师，开口叫叔叔、阿姨，碰到寇老师，顺口就叫一声"寇老师好"，迎面走来的班主任笑着叫了我一声"寇同学好"。

跟寇老师很熟悉，我晚自习结束特地去一趟他办公室，如果他有空，还能一起回家。

大学的时候，学校在无锡最西面，每周日下午，寇老师开车送我返校。一直到大学毕业，工作就业，恋爱结婚。婚礼是在男方家办，乡下农村。当时寇老师已经申请去延安支教，提前请假坐火车回来，还给我婆家带了几箱最好的洛川苹果。

我婚后怀孕，寇老师远在延安支教。我和老公为了省却乘坐地铁、公交的麻烦，索性在家门口一家医院做了几次检查。一天从医院出来，我把1000多块钱的账单拍照发给了寇老师，一转身电话来了："你是不是没动脑子，那是一家私立医院，检查多，收费高！下次去人民医院……"等他放假回来，带着我走进了人民医院妇科。接下来的8个多月，寇老师只回来了一两次，并且对我及未出生的小外孙女没有过多额外的言语，因为一切尽在他掌握之中！

寇老师延安支教一年，我怀孕10个月，吃掉了寇老师快递来的80斤

（专辑）亲情

黄龙核桃——女儿生出来，头发比正常婴儿稍多，且黑。助产士阿姨说：嘿，没见过刚出生就头发这么好的孩子……女儿一头秀发，乌黑发亮，光泽润滑。

小时候的事大多是听我妈讲的。

记得一年回老家看姥姥，家门口有一家幼儿园，我问：为什么当年不把我送到这家，这么近；反而要送到离家较远的一幼？老妈说，对面就是寇老师上班的市一中，接送方便……

那些年，为了给我按摩，寇老师加班加点干完工作上的事情，一辆老式的二八自行车，驮着我飞奔在医院和学校的路上，不管酷暑严冬……

7岁时，我去过新疆，上过天山，游过天池，骑过骆驼，吃过手抓饭……8岁时候，我已经会点菜买单，登记住宿、退房结账……9岁那年暑假，我游遍了环渤海湾各地，乘坐过穿越渤海的远洋客轮，参观了北京的曹雪芹纪念馆和大观园……这些年，每年吃着中国最好的洛川苹果、黄龙核桃……

跟着寇老师有"肉"吃！

我眼中的寇老师，我女儿叫他"姥爷"，我称其为"老爸"。

2022 年 11 月

泰山如岳

刘青松

三尺庙堂授真理，门生芸芸遍九洲。忆往昔孔丘微老，那海浩瀚难收，那山宽广无际。望其项者唯泰山也！

——题记

寇蔻跟夕夕开玩笑时说过：爸爸是她采草莓采来的……

转眼7年过去了。

风风雨雨，一路相随，夕夕也一天天长大。

那是个阴天的下午，我在宿舍休息，突然手机铃声响起，原来是同事寇蔻打来电话，邀我去采草莓。想着闲来无事，便爽快地答应了。过去后才发现她父母也在，这让我很吃惊，简单聊了几句，得知他们是老师，又让我小心翼翼，倍加谨慎，小时我就对老师很惧怕的。随着了解深入，发现他们和蔼可亲，不像传统的学究式老师那样难以接近。寇老师身穿西装打领带，风趣幽默；安老师黑色上衣，脸上总是挂着笑容——这一面我成了女婿，他们成了丈人丈母娘，也不知道谁捡了谁！

这之后我跟寇蔻谈起了恋爱，相处中发现寇蔻脾气不好，且为人处世之道很是缺乏，这让我很是犹豫！

直到有一次我感冒发烧，起初没有很重视，随便买了药吃，几天后越发严重了，浑身起满了红色疹子，上吐下泻。撑着到了诊所，医生直接拒诊，让我尽快去大医院看。四下观望，举目无亲，心中凄凉……回厂里请了两天假，刚好碰到寇蔻，她看到我满脸红疹子，问了情况，当下就要陪我去医院。我说："不用，我自己可以的，你安心上班吧。"说着我就独自出发去了皮肤科专长的无锡二院，到地方又被拒诊。出了门大诊楼，再次接到寇蔻的电话，让我去无锡人民医院，不要去小医院。电话里跟我说，她已请了假，马上到医院来找我……心里暖暖的。

在寇蔻的陪伴下，顺利地挂上了号。

医生说我是药物过敏，嘱咐我不要乱吃药，挂了点水，这时候才注意到，寇蔻额头已经隐隐有了汗水，心中感动：今生今世就这姑娘了！

医院出来，寇蔻接到电话说他爸妈到了，我牵着寇蔻的手走向他们，对他们深深掬了个躬，心里满满地都是感动。

独自一人出门在外，漂泊打拼，第一次被关怀到，被亲情感动到！

转眼间，我跟寇蔻到了订婚的日子，双方家长齐聚一堂。寇老师特地在德宝酒店里举行了订婚仪式。丰富的菜肴摆满了一桌子，寇老师又拿出了珍藏多年的茅台好酒，长辈们席间推杯换盏，交谈甚欢。

我与寇蔻的结婚日期定在了 2015 年 12 月 30 日。本来我妈一直担心彩礼的问题，不是不给，只是新建新房，左右前后全是用钱的地方。给少了拿不出手，给多了又实在拿不出。安老师和寇老师心思细腻，席间全程未曾开口提及彩礼的事，给足了我妈面子，让她放下了心中这一沉重的包袱。

2015 年国庆节长假，经同事推荐，我们去苏州拍了婚纱照，由安老师赞助经费。婚期临近，安老师给寇蔻置办了婚纱等结婚用品。按照规矩，这些东西应该由男方家里采买，这每样东西里都有安老师沉重的母爱与殷切的希望！

寇老师准备了大量的香烟、婚床用的娃娃、气球。别的老师看见寇老师买那么多香烟到男方家，很不理解地说道："你们是嫁女儿，不是娶媳妇，不用带香烟吧？"寇老师说："女婿家里条件不好，我们就多帮一些，婚礼也能增色不少……"

婚礼上，寇老师把他女儿的手交到了我的手上，嘱咐寇蔻要孝顺公婆，了解公婆的喜爱，多跟小姑子交流，和睦妯娌等。每一言每一语都是对女儿的关爱与良好祝愿。

这一刻，我有了丈人丈母娘，有了一个家。前路坎坷，新的希望，重新起航。

婚后，我们有了可爱的女儿。2019 年底，在岳父母的扶持与众多亲戚的帮助下，我们买了房，总算有了自己的小窝。对我们的宝贝女儿刘一菲，岳父母同样花费了巨大的心血，为了我们这个小家操碎了心。

这就是父母对子女的爱。说归说，骂归骂，有我们扛不了的事，他们都第一个冲在前面。从岳父母身上，我学到了做父母的经验，也学到了孝敬父母的经验。

向你们看齐，努力做好一个好丈夫、好父亲。

父亲走得早，我的记忆已经很模糊。泰山如岳，对我和我的大小家庭一路照顾扶持，让模糊的记忆逐渐清晰，看到了一个父亲的身影！

我现在才越来越切身体会到做父母的不易。

泰山如岳。

谢谢你们！

2022 年 11 月

听大舅的：就有肉吃……

刘伟豪

想要写写我大舅这个人，我竟一时间思绪万千，不知如何落笔。我在来张家港之前，生活中和他接触并不多，学习和工作上也和他很少有交集，毕竟他离开嘉峪关二十多年了，还能有多少记忆？

现在想来，我对大舅最早的印象就是 2003 年左右和我的母亲去无锡游玩，那时对他的印象，大概就是魔鬼吧。为什么？逼着一个小学二年级的孩子看高尔基的《童年》，还要每天和他汇报都看了些啥，那时候的我哪能看得懂这种书，高尔基童年凄惨不凄惨和我有啥关系，我只知道我现在过得很凄惨！还要写日记，每天都写，这不是魔鬼是什么？但是我也记得那年去无锡、杭州、上海等地游玩的快乐，记得在无锡三国城关老爷骑马带着我兜风的刺激，记得黄浦江畔给我拍照我不笑挨骂的场景，记得南京长江大桥上车辆经过时桥梁的震动……

那段记忆，痛并快乐吧。

后续十几年，大舅这个人就像消失在了我的记忆一样。但是，每每想到他还是不由得一阵心悸。

再对大舅有印象，大概是我从山西回嘉峪关后上初中吧，应该有 15 年了。

2010 年春节在大舅家乡给姥爷、姥姥祝寿，我见了很多人，也通过这些人了解了很多事，比如我在中泉村子人厌狗嫌，提起我幼时在中泉村那短短不到一年的时间，全都摇头吧唧嘴，仿佛我是什么混世魔王。我心里暗想，我小时候有这么混蛋？看着四十多岁的阿姨领着二十多岁的女儿，过来对我一个十三四岁的孩子叫叔叔，我就想笑，才知道了姥姥、姥爷他们在寇氏宗亲里辈分很大。那时候我只知道玩，看着热闹丰盛的寿宴，姥姥姥爷像两个提线木偶，好像其他人都很开心；至于姥姥、姥爷开不开心好像没什么人关注，可能他们觉得是开心的吧。其实作为一个晚辈，这种事情我没有插嘴的资格，但是后面我看到了大舅写的一篇文章《祭而丰不如养之薄也》，我想他可能也是有所感，而那时的我可没时间在纠结这种事，我只知道这次大舅没有给我安排学习，可能是他没空搭理我吧。

再后来我进入青春期，叛逆无比，觉得钱好挣，挣得多花得少，要我出去挣钱，我分分钟挣个万八千的，而我每天开销也就网吧、泡面，怎么会不够花？在日益膨胀的"野心"的促使下，我不想上学了，打算自主创业！我刘某人，天选之子，别人都不行，只有我行，我就是下一个巴菲特，下一个比尔·盖茨……现在想来简直可笑，但是这就是当时的我的真实想法，觉得天下人都是一堆愚笨之人，只有我最聪明。

最终，在所谓的好兄弟的蛊惑下，我真的不去学校了，高二就退学了。我一个人坐火车去西安投奔他，本来说好的一个月四千多的工作他没给我找，而是把我丢到一个餐厅端盘子，做传菜生，白天上班，晚上网吧。就这样坚持了大半个月，最后坚持不下去的原因不是累，而是觉得自己实在太脏了……要知道大半个月不洗澡，在9月的西安，白天十多个小时餐馆，夜晚十几个小时黑网吧，我整个人从身上的衣服到身体感觉都馊了！痛定思痛，决定换条路，网吧代练，刚好自己也喜欢打游戏，将爱好变成事业，我觉得挺好，可是我辛苦奋斗一夜，最后卖了五块，还不够网费，我就知道这不是一条可持续发展的道路，是一条慢慢等死的路。但是在这一系列的打击下，我也想清楚了，自己年少轻狂，还是把事情想得太简单了，钱难挣，屎难吃！还是学习香，哪怕摸鱼也好。

但是，我又拉不下脸和家里说。认错，是不可能的！我就这样又扛了半个月，在网吧、吃喝费用和"好兄弟"的共同"帮助"下，我没钱了，天天蹲网吧里，看谁不玩了，我跑去玩一会，看哪里有剩饭，我去吃两口。最后"一分钱难倒英雄汉"，我这个狗熊当然也没扛得住，向家里求助了……

家里把我弄回去了之后，我觉得以后的我可能就是个高中肄业的打工仔，端盘子、递毛巾之类的，毕竟我都退学了。

可是，回家后我通过母亲才得知，当初我辍学时，大舅建议和托人给我办了休学手续，而不是退学，我来年可以继续去上学！

我的心情复杂，一方面觉得还好是休学，不是退学，我还有机会，很是激动；另一方面觉得还是大舅有眼光，要不然办了退学，我这辈子可能就定格了，很是感激。

没有大舅，我现在可能在某工地、某餐厅干着体力活，不可能像现在这样坐在办公室光鲜惬意。

重返高中校园，浑浑噩噩挣扎了两年，我居然也考上大学了。就结果而言，现在看也不算差。但是人嘛，总是不满足现状的，很多时候我就在想，要是当时听了大舅的建议，去江苏句容或者泰州学宠物医学之类的会不会更好；而不是听我父亲选择铁路、光伏行业——他们认为，我一个男孩子，学什么宠物医学，一听就不是个正经行业，将来肯定不会有个正经职业……

但是，人生没有如果和假设，也没有后悔和返程。

大学毕业即将来临时，我要去实习了，又麻烦大舅帮忙找工作。我那时想在老家附近实习，最好是新疆。可是，新疆实习没有工资，我还要倒贴钱，当我知道这个消息的时候是很震惊的，这都2017年了，怎么感觉这公司还活在上个世纪！最后选择了学校安排的一个小公司，在温州的山沟沟里，上六休一，每天八小时，3500元的月薪，好不潇洒快活。

实习结束，该找正式工作了，又是大舅帮忙，找在了江苏张家港。

这次我铁定了心，要听大舅的！不能在南方上完大学再回到西北去就业，一定要在南方发展！

我在张家港一家光电科技合资企业工作。其实我一开始没想着自己会干这么久，想着两年左右就会换工作，甚至我可能干不了两年。但是，我现在已经干了四年，从一开始的干体力活，到现在坐办公室，而且现在这个小组氛围特别好，领导吴思姐很照顾我，前辈苏敏也很照顾我，我觉得我这辈子应该找不到比现在更舒适的工作了（以我现在的文化水平和工作能力）。这个行业最难得就是入门，没有经验很少有大厂要你，而我一毕业就混入大厂，少走一两年的弯路，每次想到现在的工作都不由得感慨一句：多亏当初听了大舅的！

在后续的生活里，大舅、大舅妈一家逢年过节叫我去他家吃饭，每次走的时候都是大包小包，连吃带拿，我都觉得不好意思，虽然大家平时上班都很忙，但是我感受到了浓浓的亲情。我也更加依赖在南方唯一的这一家亲人，人生大事都找他们帮忙，比如买车、买房。

我买车买房的时候，大舅、大舅妈每次都在百忙之中抽出半天时间来帮我物色和参谋。

买车时，我以西北人的眼光和思路，觉得轿车好，坐或者躺在里面四平八稳……但是大舅坚决让我买越野车，坚持认为，那款轿车不适合我的年龄和职业。最终我听了大舅的意见，买了越野型奔驰——我的同事和同龄人们好不羡慕啊！现在想来，还是大舅理念更超前、眼光更时髦！

且不说，大舅出面，还给我省了一两万元！

到了谈婚论嫁的年龄，买房，谈恋爱，我没啥经验，事事处处都靠大舅、大舅妈。在张家港买房子时，大舅告诉我一个理念，生活幸福指数三要素："钱多、事少、离家近。"也记得他让我买房时考虑噪声、地域位置等因素。盛夏酷暑，大舅几次三番从江阴来张家港与我一起看房子、谈价格……春节家家户户团圆过年的繁忙时节，大舅和大舅妈带着我去相亲……

姐姐在她的文章中说："跟着寇老师有'肉'吃！"我现在越来越意识到：听大舅的就有肉吃！

不光是我依靠大舅他们一家，大舅的兄弟姐妹们也依靠他，甚至我父亲的兄弟姐妹都对他有不同程度的依赖。

作为一个大家庭的老大，不能说大舅做得多么完美，但是绝对不差，他担得起这个"大"字。他是家庭里的老大，是顶梁柱，他让我看到什么是亲情，让我知道什么是能力越大责任越大。虽然有的时候他也瞎指挥，也挺让人烦的，不过这种事烦不到我，有我小舅那个"怼王"，很多事我都没反应过来，小舅已经怼完大舅了；而大舅也有意思，从来不会和他们争吵什么，只会宽容地一笑，笑骂一句"你小舅这人真是猥琐又邪恶"，好像一切瞬间就烟消云散了。

我大学毕业，来到张家港谋生，和大舅一家的接触越来越频繁，我对他们一家的感情越来越深，感觉自己也越来越依赖这个亲戚。大舅的担当和责任感，大舅妈的温文尔雅，姐姐的单纯善良和弟弟的努力上进，有句老话"积善之家必有余庆"，看着他们一家日子越过越好，我也很是感慨，希望我能学习到他们的一部分，希望自己以后的日子也能越过越好。

2022 年 11 月

父亲的精神维生法

寇宗璞

亚伯拉罕·马斯洛（Abraham Maslow）曾提出人的需求有高低顺序之分，会先满足生理和安全等物质的需求，再满足归属感、尊严和自我实现等精神追求。这一整套理论虽然还有待实验论证，但结合老祖宗"饱暖思淫欲，饥寒起盗心"的古语，现今的人们还是颇有共鸣。

生理上的需求，人们解决起来大都是殊途同归的：温饱不愁，不怕坏人。但是，精神需求的满足，为了自己的生活而做出的努力，在人与人之间是有大不同的。

这种人与人精神维生法的大不同，也理所应当地体现在我父亲身上。

父亲似乎在人生道路选择上有着很好的结局：他的职业似乎也是他所热爱的，他常常以某种很平衡的心态描述着自己的工作，一种好事与坏事发生频率很自然又理性的平衡，一种真实而又使人神往的平衡。工作和兴趣高度一致的奢侈，在他的身上有着完美地体现。不论严寒酷暑还是人声嘈杂，他总能以一种于当下环境最合理的方式读书写作，兴趣之浓厚、意志之坚定不亚于赌徒输光裤衩之前不会善罢甘休的精气神。正是职业投其所好，使他不论在工作中还是生活中都有着一种人们会希望看到的精神上的亮闪；而不是像饥饿艺术家一样，只有道路，没有目标。

父亲的情感寄托在家中的庙堂与江湖上。父亲本来可以在小家中占据唐僧的地位——毕竟，家中大小事务大都需要首要经济来源的首肯才能进行，就像唐僧不走了，其他人到了西天也没用一样。父亲没有唐僧对家庭事务绝对的控制欲，但也不像八戒一样遇到困难便要散伙，不像悟净一样唯唯诺诺，卑微地维持团队；而是像悟空一样，忍不了就要逞凶斗狠，但斗得有底线。或因此，家中既没有发展到恨不能手刃了对方的战略相持，也没诞生出老死不相往来的冷战对抗，其中可见庙堂对父亲的重要性。

家中的江湖上，父亲讲究的是亲情和义气。本来离开老家、离开北方，都是从人的社会性绑定的家庭责任与义务中退出来的良机，但一直以来父亲都从这些责任与义务的完结乃至完成中汲取着精神的养分。虽说买了好些通货膨胀率无限大的货币往火里打水漂，囤出了能让杜牧都觉得秦始皇还是保守了的大宅，甚至把钱借给了曼萨·穆萨（Mansa Musa）看了都直摇头的投资对象。但是，正同所有用物质货币兑换精神食粮的人一样，若是都用比"爷乐意，关你屁事"稍微礼貌的言语捍卫其撒币的正当性，则可以应证"人皆可以为尧舜"的妄言了。父亲的这种"不做智者"的智慧选择，理性地满足着他的情感需求。

于我而言，父亲的精神维生法挑战着人们对满足精神追求方式的多样性的残缺印象。

严格的作息规律，无论冬夏，早睡早起，从不睡懒觉，父亲美其名曰作息有规律，在我看来是自虐。饮食清淡，不吃辣、不享受海鲜，不抽烟、不酗酒——美其名曰"烟酒，交际之需；糖茶，待客之道"，拒绝世间美味，实则亏待自己。从来不在家里办公，大小事情都要跑到学校办公室去处理，吃不肥反倒跑瘦了，实则是折腾自己。很少独自一个人到饭馆里吃饭，宁可吃泡面、喝稀饭、啃干粮，美其名曰不忍心拿着钱自个儿下馆子享受，实则是对不住自己。坚持运动了几十年，花甲之年还经常参加羽毛球等体力消耗很大的剧烈运动；冬季，不取暖的江浙，很多人冻得棉衣裹身，父亲很少着厚重棉衣，还能跳进游泳池游泳……这自然无异于找虐！

少儿、少年围棋俱乐部会是什么样子？四周是大小教室，配有空调、课桌椅、饮水机，光线充足……少儿或者少年根据年龄大小与围棋水平分散在各个教室里。中间的大厅自然是陪同护送人员等候休息室，炎热的夏天只有房顶的几个并不给力的电扇，隆冬时节门口的冷风直往进灌……那些爷爷奶奶、大叔大妈级别的退休赋闲人员，打扑克的，聊天的，玩手机的，看电视的，好不热闹……我们的围棋课常常一上就是一个多小时。我出恭或者课间休息时，常见父亲在大厅里某个地方坐下来就能工作、读书，或者写作，他的很多文章都是在这样嘈杂的环境里完成的。

小时候学乒乓球的几年中，父亲将我送进球馆，教练、队员一起练球，每每两三个小时。馆内冬夏都开空调，即使开到大功率，乒乓球这样的重体力运动，夏天赤膊上阵也是汗如雨下，冬季每每短裤背心也是汗流浃背……他，竟然能够坐在校园的大树下清清静静地看书——父亲的消暑办法是：一个折叠塑料小凳、一个旅行用保温水壶、一杯清茶；冬日，找一处阳光充足、背风的地方，打开电脑，就能专心致志写作……

自律乎？

自虐也！

2022 年 11 月

永远看重亲情的大伯

寇宗琛

我初中以前见过大伯的次数很少，但是我从他跟爷爷奶奶的电话中，从他每次匆匆忙忙回家的短暂接触，都可以看出，他是一个十分看重亲情的人。

大伯姊妹五人，我记事起，大伯、小叔和两个姑姑都在嘉峪关生活工作，只有我父母在家乡景泰农村，与爷爷、奶奶一起，春种秋收，艰难地维持着生活。我爸爸在他们兄弟三人中居中，在姊妹五人中排第四。大伯有一句话：帮助弟弟妹妹，就是孝敬父母——可以证明他是一个很重亲情的人。

后来对大伯印象深刻是在我初中毕业没考上高中的时候，因为大伯解决了我的学业问题。

我初中毕业没有考上县高中，当时面临两种选择：一种是去天津的一所职高就读，另一种就是在位于嘉峪关的酒钢职大就读。那时的我想位于大城市的学校会好点，于是我想去天津读高职，但是大伯和父亲、小叔三人商议后，替我选择了酒钢职大。

大伯在嘉峪关工作过很多年，在这里广有人脉，认识酒钢职大很多老师；大妈离开嘉峪关之前曾在当时的酒钢技校任教，他们一起努力，将我送进了酒钢职大上学，让本来只有初中文凭的我有了一个能拿到大专文凭的机会，对于当时只有16岁的我来说，我还不能理解大伯和大妈对我的帮助有多大！

初到嘉峪关，我对酒钢职大一无所知。经过五年学习之后，我慢慢对这所学校有了一些了解，渐渐地，才明白大伯、父亲、小叔三人当时的决定有多正确。

2018年，大伯又为我的就业问题操了很多心，找了很多认识的亲戚朋友了解、商量……经过了几次三番地努力，我进入了酒钢集团——西北一家大型国有钢铁企业实习。

当时的我毫无社会经验，对于在酒钢集团就业真是一叶障目，只觉得离家有点远。

　　我在实习的那一年中，才对酒钢集团有了进一步的了解。我的很多同学，当时有去江苏参加实习的，也有去新疆参加实习的，我问了问他们的实习情况并和我的情况对比之后，我想能留在酒钢就是最好的结果了。

　　实习一年后，学校告诉我们，酒钢来学校招人了。我当时很着急，和大妈通了电话，大妈告诉我让我正常参加面试，要相信自己……

　　现在，我已经在酒钢集团工作了四年，对于所在工作单位也有了更深入的了解，再回过头看，才明白大伯一家对我的帮助是多么巨大！如果没有大伯和大妈的帮助，或许我此时正在某个小城市打着零工，甚至无法解决自己的温饱问题……或许我此时正在家乡小县城干着一份鸡肋式的工作……或许我此时正在某处开个小店糊口……

　　正是有了大伯一家的帮助，才使我有了现在这样一份稳定的工作，拿到一份稳定的薪酬。

　　今年7月，我在嘉峪关买房时，父母能拿出的首付不足，找了很多亲戚朋友借钱……虽然大伯当时需要很大的花销，但，最终在我大姑家经过了两个多小时的商议，大伯拿出了一万五千元来帮助我付首付，让我在嘉峪关也有了一个稳定的居所。

　　我的升学、就业、工作、买房，都离不开我大伯的帮助。

　　我明白，大伯帮助我，是在减轻我父母的负担和压力，是在孝敬和帮助我爷爷、奶奶——因为他是一个很重亲情的人。

2022 年 12 月于嘉峪关

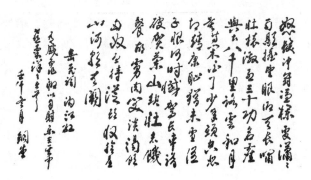

寇宗棠　书法

人生大事

刘伟豪　陆蓓蕾

人生大事，无非生死。

2022—2023 年，短短一年，我经历了很多人生大事，从中看清了不少世相人心，明白了许多人情世故。

2022 年 2 月，父亲和我打电话，说奶奶脑出血中风昏迷了，医院连下四次病危通知，希望让我通过视频问候一下奶奶。看着手机屏幕上躺在病床上的奶奶，我很心酸，再次问过父亲后，才知道此次奶奶为什么会出现在武汉的医院中，原来是二爸自作主张带奶奶去武汉玩了（二爸就是我爸的大弟弟，方言称呼）。在家里所有人的反对下，他自觉自己更孝顺，更有能力照顾好奶奶，于是带着八十多岁的奶奶南下武汉，没想到到了武汉的第二天，奶奶就突发脑淤血进了 ICU。疫情当下，我甚至连去武汉看一眼都做不到，隔离政策 14+7，我能做的只是通过视频看一眼奶奶……

往日场景历历在目，虽然奶奶只带了我半年，后续再很少有过接触，但是终归是亲人，血浓于水！我不由感慨，原本能吃能喝能跑的老太太现在躺在医院，身上插满了各种各样的管子，紧锁眉头，昏迷不醒，说不出的各种滋味涌上心头。后来经过医生医治，情况有好转，她左手和头能动了，但其他再没有能动的地方。虽然活着，但很痛苦。

2022 年 4 月，二爸给我打电话，说他女儿要结婚，希望我能回嘉峪关参加婚礼。此时恰好我刚转入单位新的部门，不方便请假，而且非常时期，如果回嘉峪关去参加一次婚礼，我最少要请假 20 天，火车来回 4 天，两边隔离各 7 天，加起来 18 天。南方的大型企业里，领导再看好我，也不可能一次让我请假 20 天。于是我谢绝了二爸的邀请，和他说明我现今的情况，虽然他还是希望我来参加，但是也算理解我。我和他女儿发了微信，恭喜她新婚快乐，送上红包。虽然她没收，但是我的心意表达到位了。

2022 年，我也遇到了自己的人生伴侣，相识相知相恋，感觉一切发生得都那么突然又水到渠成，感觉两人像相识很久一样，情投意合，于是在双方父母的祝福下，我俩领证结婚了，婚礼经定在虎年大年三十这一天。原本计划在腊月二十二张家港女方家先办婚礼，大年三十我们男方在嘉峪关办，但是突然放开疫情管控，导致这边很多亲戚朋友无法参加，于是婚礼改为家宴，而男方父母的角色就要由离这里最近的大舅一家登场扮演。

在这之前，还需要回老家见我的父母、订婚、拍婚纱照等，于是我请假，带着女朋友回老家面见父母。几千里路途颠簸，到嘉峪关后居家隔离三天，第四天是我俩在老家的订婚宴。这段时间我母亲的兄弟姐妹都很热情，小姨咏梅忙前忙后订饭店、安排行程；小舅永斌帮忙准备东西、出主意。订婚这天，原定时间为12点半，12点不到小姨小舅他们就已经来到饭店，又开始忙碌起来，准备各种东西、点菜等；而二爸、小叔他们几家迟迟不见人，过了四十多分钟才来。我父亲没有说什么，但是我心里很难受，我不由在想，我是姓"刘"还是姓"寇"？后来从姑姑处了解到，姑姑上午9点就去照顾奶奶，以让二爸他们早点来饭店参加我的订婚宴，但他们还是晚了，而且全程没给我好脸色，妹妹甚至没和我说过一句话，我跟她打招呼她也只当听不见、看不见，甚至都不知什么时候把我微信删了，我不知道这样的亲戚有啥意思！这还是亲戚吗？尤其当我把他们跟我母亲这边的亲戚形成鲜明的对比的时候……

2022年12月初，二爸的女儿诞下一女儿，全家的目光都集中在这个第四代人身上，新生儿的喜悦冲淡了奶奶瘫痪在床的愁云。

2022年腊月二十三，奶奶感染新冠，再次命悬一线，在是我母亲和小姨的奔赴下，奶奶住进了酒钢医院，用上呼吸机续命。母亲和小姨再三央求医生：无论如何都要将老太太的命保到大年三十过完。久病床前无孝子的道理大家都懂，而且换位思考，要是我瘫在那里，别说一年半年了，几个月我就疯了。

同天，大舅和大舅妈跟我俩视频电话，商量回嘉峪关操办婚事的事，询问我的意见，问我需不需要他们一起回去……2700公里，我真的感受到了温暖，和新婚妻子商量再三，决定不用大舅一家人千里迢迢回去，大舅一家帮我操办好张家港的事项就好。接下来，大舅、大舅妈又和我父母视频商议，了解他们的想法和困难。当天夜里，大舅紧急拉了一个小群，他们兄弟姐妹五个人开会协商我的婚事如何操办，要让女方父母和来宾感受到我们的热情，同时在经济条件允许的情况下不丢面子……

看得出来，他们把我的事当作自己孩子的事在操办。二舅永强本在四川跑货车，跟老板请假，放下工作，买火车票连续转车，来到嘉峪关，参加完婚礼的第二天，也就是大年初一大清早，他就匆匆地回去了。后来我听说了他们兄弟姐妹五人开会的时候的一个小插曲，小舅说："刘伟豪结婚，我们是亲戚，按老家风俗我们去吃喝就行，其他事情就不掺和了……这是他们刘家的事情……"最后还是大舅拍板决定说："不不不！我们要发挥主人作用，把刘伟豪的事当作我们自己的事办……办好刘伟豪的事情，是在给刘光辉帮忙和长精神，是在给我们永春给面子……我们兄弟姊妹们近几年来已经多次亲历过红白喜事和重大活动，都有了一定经验，刘光辉兄弟姊妹可能没有这方面的经验……还有，刘光辉的母亲躺在病床上将近一年了，他们兄弟姊妹们没有时间和精力，也没有这个心情。"其实我和我小舅的想法一样，坐等老刘头丢人，哈哈……之后的一周，我的母亲、小姨、小舅等人忙前忙后，帮助我们协调场地、租借婚纱、聘请司仪、邀请亲戚朋友……

2022年腊月二十九早上，我们小夫妻俩、我岳父母和妻子的阿姨，一行五人抵达嘉峪关。休息一天后，大年三十，是我们举行婚礼的日子，我们小两口和父母一直站在门口迎宾，请帖上写的11：00，而实际11：58开宴，我们在门口从10：00站到11：30，见了一波又一波平时没见过的亲戚朋友，脸笑到僵硬，可是心中却在想，我们刘家的亲人去哪了？怎么就只有小叔一家？甚至其他两家没来的亲戚都没有和我说句新婚快乐，和现场忙碌的小姨、小舅他们对比，我真不知道该说什么，生气？有点，同时也暗暗下定决心：他如何对我，我便如何对待他们，我做不到以德报怨。我也是人，不是什么圣贤，做不到名垂千古、流芳百世……

我们的证婚人是安小利舅舅，以前在母亲老家见过，离开甘肃近十年了，再没有联系过，要不是因为是我大舅妈的亲弟弟，我不可能有这么大的面子请到他这样级别的领导来证婚。

婚礼结束后我母亲也松了口气，对我家来说人生一件大事算是完成了。

医院接二连三传来不好的消息，初一、初三、初五，基本隔一天医院就要下一次病危通知。每次接到病危通知所有人都去看，只有这时候我才能看到我父亲家的亲人们。面对他们，我每次都做到有礼貌地打招呼，和他们对我的爱答不理形成强烈对比。

2023年1月28日晚9点半，奶奶停止了心跳，我看着他们哭，我哭不出来。看着他们，我感觉格外怪异，人活着时候你们在干吗？都不想和奶奶住一起，都不愿意照顾她，现在又何必假惺惺地在这里哭哭啼啼！二爸此时提出，秘不发丧。我没想明白为什么，其他人也没想明白；后来又说发丧，一会说打幡，一会说不打，反正就是现场格外混乱。

29日早上7点，我、母亲、小姨、小姨夫和小舅去奶奶的房子里，家中就只有姑姑一人，姑姑安排让我去买黄菊花，要单数。过年期间很多花店都没开门，我跑遍了半个嘉峪关市才凑够数量。回到奶奶的房子后，没想到第一个来吊唁的亲戚是安小利舅舅，他工作很忙，他能第一个来我是真没想到，很给我们面子，看来人的素养真是有高下之分的。

事后我才了解到，原来安舅舅来参加白事是因为大舅妈给他打了电话，大舅、大舅妈他们听说我奶奶去世的事后，连夜开会叫我小舅、小姨他们几家来帮忙，安舅舅作为我们在家乡职位最高的亲戚，肯定也是要来给我们长长脸的。

接着，我在母亲家族微信群里看到大舅发的消息：

亲们：刘光辉母亲去世了，我们一定要全力以赴给光辉帮忙，给永春长精神、给面子！兄弟姊妹们平时可以有争吵、有矛盾，但是在后代婚姻大事、老人丧事等场合要倾尽全力，用我们老母亲的口头禅就是要"把大场合关注"，我们要做得比我们的前辈更好！

我们家安老师说了算，大家庭由永斌全权负责，建议大家都听永斌安排调度。

这次一红一白事情结束后，我和我的父母促膝长谈，跟我的父亲讲了两次事情上我所看到的两家亲人之对比，希望能唤醒他，不要再区别对待。

我们离开嘉峪关返回江苏的第二天，我在火车上看到父亲在家族群中发了可能是他平生写的最长的一段文字：

大哥、大嫂你们好！感谢你们这么多年对我们一家人的照顾，从刘伟豪上学、工作安排、买房买车到结婚成家让你们操碎了心；同时，对我大家族的事情也无私奉献，我弟弟孩子上学、母亲住院及病故，你们都呕心沥血、伸出援手……这一桩桩、一件件事情我记在心中。由于口才不好，虽心中感激，但无法用言语表达出来。大哥、大嫂，千言万语，万语千言，衷心地说一声谢谢！

同时也感谢咏梅一家、永强一家、永斌一家对我们的无私付出，不计较个人利益，在刘伟豪的婚事跑前跑后、尽心尽力，不但出力，还出钱帮助我们。我母亲生病后你们多次看望探视，病故后一直帮忙料理；永强寒冬腊月年关将近时不远千里，从四川赶到嘉峪关来参加刘伟豪的婚礼……这份情我记下了！

兄弟之情，姐妹之义，铭记于心……

父亲的这篇"长文"，讲述了这次春节前后几乎连在一起的红白两件事上寇家人对我们的帮助，反思了自己的过错，衷心感谢亲人们。我感觉很骄傲、很开心——我一直觉得父亲是个固执的倔老头，没想到这次他能说出这些话，有勇气承认自己的过错，是多么大的改变啊！尤其对他这么一个好面子的人而言，更是难得。

可能有我和他深入交流的原因吧，而此时，我更想说：做父母的真的很不容易。

我母亲娘家的亲戚们，不管是在嘉峪关本地，还是远在景泰老家，还是数千里之外的江苏无锡，在这次我们家春节前后的一红一白大事中都发挥了重要的作用。

事死如事生，事亡如事存，孝之至也。生前没有尽孝，死后混乱一片，忙着分家……作为一个小辈我无法评论这些事，都说家丑不可外扬，但对比下明显能感觉到刘家是大难临头各自飞的那种场景，唯有我父亲还幻想那一丝丝的血缘亲情——可是它可能从根上就烂了吧。

奶奶从瘫痪到去世整整一年，2022年正月初七瘫痪，2023年正月初七去世。我也从这次的红白事中吸取了很多的教训，家风很重要，一个大家族中需要有一个顶梁柱，而不是一盘散沙。大舅就是我母亲家族的顶梁柱，引领者如是，家风如此，其他的人顺势而为、照章办事即可；而我父亲镇不住他的弟弟妹妹，所以只能任由他们各自为政、率性而为，十五个吊桶打水——七上八下，喇叭、唢呐，各吹各的调儿……

人生大事，无非生死。

钱再多最后也只是一捧黄土，维系好亲情才能让自己体面；人再好看最后也不过红粉骷髅，善良心灵的价值高于好看的皮囊。

娶妻娶贤不娶色，嫁人嫁心不嫁财。

2023年2月17日于张家港

陆蓓蕾补记：

农历2022年的最后一天，我们结婚啦！

一开始只想和老公来一场"不被定义的婚礼"，后来婆婆说："结婚必须办婚礼，必须穿婚纱。女孩子出嫁，一定要穿一次婚纱才算完整。"感受到了来自妈妈的爱，那就办一场吧。

婚礼的筹备、策划、嫁娶风俗，男女主角全程没有参与，全部由两个妈妈各自操办完成。结婚前一天我们赶到了嘉峪关，马不停蹄地试婚纱、走流程。第二天一早天还没亮就起来化妆，等着新郎官来接亲，和伴娘策划的小游戏都是临时加戏。妈妈送我出门前的最后一碗糖水鸡蛋，她哭成了泪人，我也差点没能忍住。老公背着我从四楼下来走到家里，累得腿直打战，一进屋子满满当当地都是人，家族可真庞大！

稍做休整出发去酒店举行婚礼，天公作美，结婚当天是个大晴天，开心。婚礼上老公走向我的时候突然鼻子一酸："这个男人就是我共度今生的人，这会正式昭告天下，说了我愿意，戴上戒指就是一辈子喽。"婚礼当天小姨忙前忙后，小舅全家总动员，我俩真的是全程"工具人"，什么都不用想，听小姨安排就行。远在江苏江阴的大舅、大舅妈婚礼前给我俩开了个"小课堂"。

都是源自家人们满满的爱。

婚礼几天后老公的奶奶因为有旧疾再加新冠感染没能挺过来，而我有孕在身，也没能见到奶奶的最后一面，没能送送她。前不久回老家订婚见的一面未料成永别。婆婆给我感觉就是有事全家上，做什么事都能齐心协力，全家还特别能高度配合，可能婆婆的家族都是这样。

遇见我老公很幸运，能成为这个大家庭中一员更幸福。

2023 年 1 月于张家港

后记：

外甥刘伟豪，从小体弱多病，我大妹妹永春抱着他四处求医问药，从正规医院到民间偏方，由塞外边关到长三角腹地，专科医院的专家治疗到家乡民间医生的土法试验……总算是在正常的年龄正常上学堂读书了。

好不容易考上高中，受到同学诱惑和蛊惑，要下海挣大钱，穿着正装跑到古城西安，几个月后剩下短裤和拖鞋狼狈回家……

那几年中，大妹妹永春和妹夫刘光辉受尽了煎熬、折磨甚至摧残！

生，乃一时苦痛；养，须数载艰辛。

刘伟豪上高中在我嘉峪关工作期间任教的学校。

我引进无锡后，与原来的同事们还时有联系，他们出差或旅游到无

（专辑）亲情

锡时，从领导到普通老师，我都以太湖三白等江南特产热情招待——按照我老母亲的言传身教，天天待客不穷，夜夜做贼不富；人情要做在平时，而不是急忙才抱佛脚。我的大多数工作可以留待明天再完成，但是大多数亲戚朋友不能等到明天再吃我一顿饭。西北家乡一位多年前曾经帮助过我大妹妹永春的老乡，儿子是我以前的学生，有一年一家三代人途经无锡，正好我外出。得知他们在太湖鼋头渚游览，我就打电话给朋友，麻烦他中午在景区饭店安排便饭，招待他们，就餐费我转账给景区饭店……我们家族中那些因为怕麻烦劳累而不愿意做一顿饭招待来客的人们，不知有何感想！分发自己菜地里出产的几个西红柿、茄子都要存点小私心的人，送两包毒害他人的香烟都要动点小心眼的人，是不是格局有点小！

我们的父辈在缺少柴米油盐、吃糠咽菜的年代里，家里来了亲戚时，宁可去问邻居家借米借面借油，都要好好招待。今天我们生活在这个不缺食材、不缺小钱的社会里，招待亲戚朋友来客有何难哉，只是待人接物之常情而已。人情须做在平时，而不是需要时才急忙抱佛脚。我读大学教材中清代文人蒋士铨的《鸣机夜课图记》，最感动的情节是，家里来了宾客，"吾母脱簪珥，治酒浆，盘礴间未尝有俭色"，这是怎样的伟大的母亲！

外甥辍学打工，妹夫和妹妹一筹莫展。我做了两件事：一、劝说妹妹和妹夫，男孩子，放开让他去认识和体验社会，让他去尝试创业和人生，吃点苦头，尝点酸辣，没有坏处，星光不负赶路人，浪子回头或有时，我们所有吃的亏、受的苦都不会白吃、白受，所有的人生经历都是财富……二、打电话给我原来的同事，保留外甥学籍，可以最长休学两年。

每个孩子都是一朵花，即使如米小之苔花，它总归有绽放的那一刻；每个孩子都是一棵小树苗，尽管它可能长不成栋梁、檩条，哪怕它将来只是一堆烧柴，但，它总归也是生命！外甥身无分文、灰溜溜地回家的一年多里，出于男孩子的自尊与倔强，始终不肯低头认错。颓废、苦闷、难熬……但当得知自己还有高中学籍时，他很快振作起来了！重新上学，两年后，竟然也考取了远在江西的一所高校。

填报志愿时，我了解到，他很喜欢宠物，鼓励他报考宠物医学专业；但是深受传统观念束缚的妹妹和妹夫认为，这不是个正经学问，一个男子汉，学个伺候猫儿、狗儿的技术，受人耻笑，遭人白眼，将来找不到工作……

刘伟豪大学毕业在即，他的父母认为，回到西北，找到一家企业有个班上，每月能挣两三千块钱，就心满意足了……这时候的刘伟豪，经过几年在南方的读书生活体验，已经能够初步感到南北差距了，从内心深处已经不愿意回嘉峪关工作，希望在江南发展。我适时相助，该出手时才出手，不愤不启，不悱不发嘛。正好我也从无锡引进到了全国百强县市的江阴，于是我帮忙参谋，伟豪最终在张家港找到了一份专业对口、待遇不错的工作。接下来，买车、买房、恋爱、成家……我都当作自己的孩子一样对待，一步一步引导，一点一点进步，工作稳定了，收入提高了，人也长大成熟了，终于迎来了花开绽放的时刻——2023年1月，农历虎年腊月三十，外甥在嘉峪关举办了隆重的婚礼。

我在跟我舅舅视频时、在跟刘伟豪视频时都说道："我舅舅怎样待我的，我也怎样待外甥……"我能想到妹夫一个企业工人和妹妹一名临时工的艰难，提前把1万元礼金转给他们；外甥和新婚的外甥媳妇从江苏出发去嘉峪关前，万元左右的烟酒糖茶及江南特产，我如数带给妹妹……

有兴趣的朋友，可以从刘伟豪的两篇文章有更多惊喜发现。

兄弟姊妹们长大了，各自成家了，既能够干好自己的工作事业，经营好自己的小家庭，过好自己的小日子，抚养教育好子女；又能在必要的时候抱团取暖，在大事情上，比如父辈丧事上，在下一代的婚姻大事上，像石榴籽一样紧紧地抱在一起，这是值得每一个人深思的事情。今天乃至将来的孩子，都会或多或少面临亲情的匮乏，我们作为长辈，应该给他们营造亲情氛围，应该做出表率！

刘伟豪，这个长大了的孩子，他在自己婚事和祖辈的丧事上的见闻感受，虽然也可能会刺伤、刺痛一些人，但是我们也要能从中看到一个孩子眼中的成人世界、成人亲戚关系与亲情，所以我鼓足勇气保留了他原文的原汁原味，希望读到此文的亲戚们能够多反省自己——与其挥起钉耙把镜子打碎，不如试着改变自己。

寇永升

2023年1月

腹有诗书气自华的大舅

苏铂铭

　　我大舅寇永升，个子不高，戴一副高度近视眼镜，皮肤很白，精神抖擞，不知道的人都认为他只有四十多岁。可能因为大舅生活上没有不良嗜好，可能因为他一直喜欢运动，也可能因为他的职业，所以显得特别年轻，岁月基本没有在他脸上留下太多的痕迹。

　　我对大舅的初识基本不记得了，因为他在南方工作，所以平时很少见面。

　　我从小就知道大舅特别忙！待我到13岁的那年春节，应大舅再三邀请，我和小舅家的哥哥一起坐上火车，去大舅所在的城市过春节，这也是我第一次离开爸妈。我和哥哥特别开心，因为不用做作业了，没人管了，可以无拘无束了。

　　一路的火车颠簸到了无锡，大半夜了，大舅开车去接我们。可能因为半夜，我觉得好久好久才到他们家。因为兴奋，我和哥哥也不觉得累。

　　过了好久，到了大舅家，舅妈做好了美味的饭菜等我们，好吃好喝一番，我就洗漱睡了。

　　南方没有暖气，大舅妈老早就把电热毯都插好了，拖鞋、洗漱用品一概都是新的，那一刻我感觉好温暖！

　　大舅关心我和哥哥一路的所见所闻，舅妈负责我俩的生活起居，每天都有不同的收获。我特别喜欢大舅妈，和蔼可亲，善良贤惠。据说我一岁多的时候，我妈妈因为业务需要到无锡出差，顺便就带上我，把我寄放在大舅家妈妈就去工作了，只有舅妈带着我。舅妈脾气和性格好，我很听话的，乖乖地待在她家，等妈妈回来接我。

　　妈妈说，当年如果不是舅妈坚持说服她并积极热情相助，就没有我的存在。我妈妈38岁才生出我。所以妈妈家所有的人都很稀罕我，那时候我没有啥记忆。

　　再见大舅，都是他偶尔出差到嘉峪关才能匆匆相聚，用"腹有诗书气自华"形容大舅是最合适、最贴切的。

大舅家房子很大，很宽敞，尤其大舅的书房，四周都是书，各种关于教育和语文方面的书都有，当然还有中外各种名著。大舅的书每一本都有固定的位置，放得特别整齐，大舅眼睛近视，他取书如果不戴眼镜就可以用手去摸到他每本书放的大概位置。20世纪八九十年代的《读者》文摘都是用线绳装订的，据说都是我妈妈帮助做的。看大舅的书房是一种享受，让我特别震惊，我从来没有见过哪一个人的书房能跟大舅的相媲美！

他才华出众，职业习惯和自己的勤奋努力，使他对书情有独钟。我想每个人看到大舅的书房都会有感而发，感叹！佩服！羡慕！

那是书的海洋，那是知识的摇篮！

晚上休息好了，第二天，大舅带我和哥哥去了他任教的南菁高中。这所学校处于环境优美的江阴，校内干净整洁，有湖水，有天鹅；有池塘，有游鱼；有晨读的走廊，有散步的小道……

参观游览过校园，我们又去了大舅的公寓和办公室。

大舅平时都不回家，吃住、办公都在学校，学校有食堂，食堂的饭菜做得不错，各种炒菜都有，就是没有北方的辣味。中午跟大舅一起吃饭，因为大舅不吃辣椒，所以我觉得没味。虽然没味，但是大舅吃过的盘子，连一颗米粒都没有浪费。

转眼春节过完了，我们要返回嘉峪关了，舅妈买了太多的好吃的带给我们火车上享用。

回来我就上初一了，几年都过去了，我现在是高中的学生，哥哥已经考上了心仪的大学。我现在就读的就是大舅当年工作的嘉峪关市一中，我看到我们学校的墙上有江南名师寇永升的大幅照片和介绍，我无比自豪！我就给我同学显摆一下，满足我的虚荣心！

我真的很期待，在我高中这三年中大舅能来我们学校，也是他曾经奋斗过的地方，在我们班讲一节课，给我们学校做一次讲座——我就更风光、更有面子了！都说外甥像舅舅，我妈妈说我的聪明就有他们家的基因！

我想好好学习，期待考上理想的大学，未来和大舅一样，做一名英语或者化学老师。

如果有可能，我也想成为大舅一样的名师！

——腹有诗书气自华。

2022年11月于嘉峪关

做姑舅爸一样的人！

罗文健

我奶奶的侄子，即表叔，在我们家乡一带称之为姑舅爸。

听我爸说，我奶奶娘家有八个侄子，意即我有八个姑舅爸。

奶奶的众多侄子里面，我接触最多、给我影响最大的当属寇永升姑舅爸！

我小时候还不能真正明白"姑舅爸"这个称呼该怎么定义时，就已经和他很"熟悉"了。每当听到他要来我们家时，我就特别高兴，虽然他是长辈，年龄只比我爸小一两岁，但和他在一起，我从未感受到那种长辈所给我带来的威严感，有的只是无尽的开心快乐。

他带我去黄河边，去五泉山、白塔山公园玩，带我爬到皋兰山顶上登高望远，带我去兰州的城隍庙逛，用网络词语来说，带我把兰州所有的地标建筑都打了不止一遍卡——有些地方不是去了一次，而是每年都带我去。这对于儿时的我来说是一种"福利"，那高兴劲不亚于现在的孩子去一次迪士尼乐园。

现在回想起来，姑舅爸真是给我的童年留下了精彩而美好的记忆。

当然不仅仅是小时候，我现在都快四十岁了，自从姑舅爸全家到了无锡，我们全家到了青岛，这么多年里，虽然因为时间、空间等和姑舅爸联系和见面少了，但在仅有的几次相见中，姑舅爸依然让我感受到了小时候的那份温暖和幸福，每每甚是感动，眼前不禁又浮现出一幅幅温馨的画面——

记得那年，我大概一二年级，姑舅爸邀请我奶奶到嘉峪关转娘家，顺便带上了我嘉峪关玩。踏上旅途的那一刻，我别提有多高兴了，因为那是我长那么大，除了回老家外，第一次去外地，就好比现在的孩子渴望去北京天安门甚至出国一样。

在嘉峪关姑舅爸家里，姑舅妈也很热情，给我买了一套新衣服，至今我都记得衣服的颜色和款式，我穿着新衣服在号称"天下第一雄关"嘉峪关城楼上留下了开心的笑容……回想这次嘉峪关之行真是让我大开眼界。

随后几年，姑舅爸作为一名优秀教师，被引进到江南百年名校，把全家从西北戈壁小城迁到了太湖之滨的美丽水乡无锡。从此以后，我们都感觉在江南有了亲戚，有了念想。家乡的亲朋好友们，不管公差还是私事，只要到了长三角，姑舅爸总是迎来送往让所有人都尽量乘兴而来、满意而归。

2006年"五一"，姑舅爸一家在无锡站稳了脚跟，刚买了新车，再次邀请我奶奶到江南转娘家——说起我们家乡农村老太太转娘家，我觉得我奶奶可以上吉尼斯世界纪录了！往西，她到过明万里长城最西端的嘉峪关，顺便在酒泉一带都游过；我姑舅爸带领学生到祁连山深处裕固族牧场社会实践，我奶奶都跟着去过，至今说起来，她还眉开眼笑。往东南沿海，我奶奶转娘家转到了天堂苏、杭。这次江南之行，正值莺飞草长，杂花生树，不冷不热，风和日丽。与上次嘉峪关转娘家不同的是，那时奶奶带着我；这回是我奶奶需要有人陪同。于是乎，姑舅爸邀请奶奶转娘家，我们全家也跟着沾光。我爸妈陪着奶奶飞机到无锡，我乘火车从大学到无锡汇合。姑舅爸放弃黄金周仅有的几天休息时间，开着他的新车，全程管吃管住，从无锡到苏州、杭州，品太湖三白，赏西湖美景……我记忆特别深刻的是，姑舅爸带我奶奶在杭州西湖边有名的"楼外楼"餐馆吃了一顿饭，参观了周恩来总理生前宴请外国国家元首的地方，夕阳西下时在美丽的西子湖上荡舟游览。我们不但一分钱没花，临走时姑舅爸还给奶奶包了大红包，让我们全家感动不已。

2010年10月，我公派去无锡学习，领着几位同事，姑舅爸还是不辞辛苦，给予关照。2017年春节，我们全家开车从青岛前往无锡，姑舅爸一如既往地热情招待……至今我还没有机会偿还这份情谊，在此也诚邀姑舅爸您和家人来青岛游玩！

说了这么多，其实姑舅爸让我佩服并不全因为这些，热情只是他的外在，坚韧才是他的内在和本质。

姑舅爸从一个贫穷落后的小山村出来，两年制大专学历的起点——我在大学毕业刚参加工作的头几年，从事过一段时间的教育，仅仅是教小学课程，我就明显感觉到学历和知识积累的不足，给自己的专业发展和成长带来的限制——姑舅爸是经过自己的不懈努力，凭着坚韧的毅力，靠知识改变了命运，从荒凉的戈壁小城来到了如诗如画的江南名城，这成功背后所付出的心血估计我们都很难想象！

我奶奶、我爸经常给我们说起，姑舅爸出生成长在困难家庭；但他的脸上永远洋溢着自信、乐观的笑容。这笑容永远深深地感染着我、引领着我。

身为长子，他团结兄弟妹妹们，积极调动每一个人的积极性，诚邀亲朋好友给父母过寿，在他出生的那个小村庄里办了一件别开生面的喜事。当时和以后的这许多年里，都经常有人谈论起，很多人不能理解，只是一个普通中学教师的姑舅爸，怎么会有如此之大的号召力和组织力，怎么会有这么广泛的人脉资源……我跟我爸讨论过这个问题。我爸认为：你永升姑舅爸这个人，他有一颗火热的心，兄弟姊妹但凡需要他帮忙的事，他从不推脱，仅就这一点，邻里乡亲没有不给他点赞的。身为家里的顶梁柱，他不遗余力地为大家庭奋斗，兄弟妹妹，不管是城市里的，还是留在老家农村的，他都能带动起来，一起脱贫致富，共同创造幸福生活。你舅爷和舅奶后半生所有的一切，都是因为永升姑舅爸而彻底改变的……

这个我相信，我爸非常了解姑舅爸；姑舅爸与我爸交往几十年。从我奶奶，到我大爹、大妈以及姑姑、姑父，没有不对姑舅爸竖大拇指的。

身为教师，姑舅爸几十年如一日，倾情投入，用心积累，从未离开过讲台，教师行业最高的职称、最高的荣誉、最高的称号，他都拿到了。这些年，在无锡市、在教育大省江苏乃至全国都享有盛名，深受学生、家长和社会的好评。更让人感动的是，他在自己成功的同时，心系家乡教育，不但自己经常在百忙之中抽空把先进的教学理念以讲座、公开课等形式传递给家乡的同行们，还发动江南爱心人士为家乡教育捐钱捐物，在家乡传为美谈，几乎家喻户晓、妇孺皆知。

转眼间，我年届不惑，姑舅爸从教四十年，即将退休，他关心呵护我的一幕幕，他孝敬我奶奶的许多细节，他与我的父辈们情同手足的亲情，如在昨日；而且这样的温馨与美好还在持续着，一直是现在进行时……

还有好多事、好多话不知该怎么表达，只想在此衷心说一声：姑舅爸，谢谢您！您的热情爽朗，您的乐观自信，您的勤奋好学与坚韧不拔都永远激励着我前行。

做一个像姑舅爸一样的成功人士！

2022 年 12 月于青岛

怎一个情字了得
——《烂柯文集》编辑手记

东方出版中心　黄升任　钱吉苓

《烂柯文集》终于可以付梓了。作为责编，一个项目如期顺利完成，自然感到十分高兴，同时又有些意犹未尽。

去年我们报送选题时，希望这部文集尽量控制在 50 万字以内。因为现在人们的生活节奏越来越快，获取信息的渠道越来越多元，从读图到刷视频，骎骎乎"一部手机打天下"，大有"你能抵挡他吗"之势，故"大部头"的纸质图书要吸引人们的阅读兴趣，愈为不易。所以当拿到寇永升老师《烂柯文集》的完整书稿，发现其字数超过了 130 万，比原先预计的翻了一番还多，着实吃惊不小。

当时心里惊呼，寇老师不愧是语文特级名师，不仅已在各种学术期刊发表了 100 余篇论文，出版了《烛光心韵》《理念：教育的制高点——延安支教日记》等专著，如今又要推出这部超百万字的鸿篇巨制。一个长年累月承担着繁重教学任务的高中语文老师，竟能忙里偷闲，笔耕不辍，坚持不懈，在科研和写作上取得如此丰硕的成果，实在令人钦佩！

同时，脑海中也升腾起郑板桥的一句诗，"删繁就简三秋树，领异标新二月花"。心想接下来该怎样对书稿进行编辑呢？

在内容上，原书稿大体按时间为序，主要收录寇老师本人在求学和工作各阶段有关中学教学教育实践与思考、自身专业成长与发展、甘为人梯带教青年教师进步、反哺家乡支援西北教育事业等方面的教育随笔，同时还有叙写其师生情、家乡情、亲情等的真实故事。寇老师说，文集是对自己从教四十年的工作和生活的回顾总结，要真实、有料、有趣、好读，所以已经发表的专业性学术论文、工作中应付各种差事的"公文"，一律不收。而人是一切社会关系的总和，要识"庐山真面目"，当然不能回避"他者"的视域，所以文集也收录了寇老师不少的同事、学生、亲友等撰写的文章，涉及与寇老师的交往共事、受寇老师的指导提携、对寇老师的印象评价等内容，意在互为补充、相互印证。

在结构上，原书稿初步编排为13辑，以"亲情""乡情"居前，其次为"师生情""雄关情""语文情""匡园情""国培情""菁园情"等，另有"编外"殿后，拟分为上中下三册出版。

随着审读工作的逐步深入，对《烂柯文集》有了全新的认识和理解。从某种意义上讲，这部文集不只是寇永升老师个人的工作和生活的随笔，而且更是"小人物走过大时代"的奋斗者之歌。

寇老师的家乡在大西北，他出生成长的20世纪六七十年代，生存生活条件是十分艰苦的。这部文集里有不少文章，叙写当时真实的生活情景，读来令人唏嘘。奋斗是奋斗者的通行证，他在全家甚至整个家族的全力支持和求学各阶段老师们的悉心教导帮助下，通过自己的奋斗拼搏，幸运地考上了师专，跳出了农门。两年制师专毕业后，他在嘉峪关的一所普通学校走上三尺讲台，开始了笔墨写春秋、赤诚育桃李的人生故事。为了更好地胜任教学工作的需要，寇老师又通过努力获得了进修本科的机会，同时在教学上刻苦钻研、孜孜以求，很快在当地成为颇有名气的学科带头人。正是凭着真才实学，2001年寇永升老师被引进到教育发达的江南地区，在无锡、江阴两所百年名校任教，并成为无锡市学科带头人、江苏省语文特级教师、正高级教师。这位从大漠戈壁走出来的关西汉子，在诗情画意的烟雨江南，手挥铜琵琶、铁绰板，唱响了一阕大江东去。

江苏省南菁高级中学杨培明校长说，寇永升老师是靠读书读出来的，诚哉此言。寇老师收藏有晚清语文独立设科至今的数千种母语教材，而且自20世纪80年代初以来长期自费订阅几大语文教学期刊，仅此即可窥见其在语文教学研究上所下的功夫。寇老师行的正是"结硬寨、打呆仗"之策。厚积而薄发，自然之理也。如此焉能不成功？

然而，在审读书稿中，引发我更深思考的，是寇老师他们60后这一代人与时代的关系，以及如何由此形成他们这一代人的精神世界。换句话说，时代如何在他们身上打下时代的独特烙印，他们又如何为时代标志上他们独特的标志。仅从勤奋、刻苦等等维度和层面去理解寇永升老师和他们同时代人可能是不够的，至少从《烂柯文集》中，我们读到了更多的东西。比如，寇老师在讲述自己和当年老师的故事后，有感而发地写下了这样的一段话："师德何在？那就是作为知识分子的教师具有悲悯的情怀，对学生、对学校、对工作具有责任心，对子女、对父母、对家族具有浓浓的亲情与爱心……"又比如，在谈论班级教育管理时，他写道："教育就是施与爱"；"班主任是心灵对心灵的工作"。寇老师特别重视亲情，在叙述他们的家庭、家族的故事时，反复强调"亲情是永远割不断的"，他说："我今天有限的知识、阅历、见识，不完全来自书本；我对家乡、家族、父母长辈的体谅理解，也并非先天具备"，当为时代和生活所赐。类似的"金句"在文集中尚多，虽言语平实，而情真理明。孟子论君子三乐："父母俱存，兄弟无故，一乐也。仰不愧于天，俯不怍于人，二乐也。得天下英才而教育之，三乐也。"寇老师可谓得此三乐者也。

也许从上面提到的情怀、责任心、亲情、爱心等关键词，我们才能找到打开寇老师和他同时代人的精神世界的钥匙，才能读懂《烂柯文集》为什么要以一个"情"字来串起各辑内容。寇老师对家人、家庭、家乡的热爱，对师生友朋特别是年轻同行的关爱，对语文教学教育事业的挚爱，实来自他的一颗赤子之心和一片纯真之情。

怎一个情字了得！抓住了这条红线，就抓住了整部文集的灵魂。由此，我们与寇老师商量，对文集各辑顺序作了些调整，而有些文章只能忍痛割爱，形成了如今的五卷本、共12辑的结构体例。前四卷讲述了寇老师在教育园地辛勤耕耘四十载，从普通教师走向特级教师的修炼进阶之路及其对工作、人生、社会的思考和感悟，其中又有"他者"之言说，从而使寇老师作为"师者""大先生"的形象得以充分展示；寇老师的人生道路与其家庭、家族密不可分，读者若"读其书，想见其为人"，则当细细品味第五卷"亲情"篇。也许读到寇老师妈妈的那句经典"名骂"："你该不会把书念到驴肚子里去了嘛！"联想到陈忠实《白鹿原》中的那句："你把书念到狗肚子里去了？"进而会心一笑，或可为"读书得间"之一例。

作为责编，我们希望读者用心阅读《烂柯文集》，相信你一定会从中得到教益和启迪。

2023 年 4 月

353

跋

寇老师与"季常之癖"

——《烂柯文集》封面设计后记

江苏省南菁高级中学　朱颖佳

两年前，我在教室里的黑板上画了寇老师上公开课的图画；两年后，我在这里回忆两年前发生的事。

2022年秋新学期伊始，寇老师告诉我他的个人文集即将出版，请我给他设计封面——就用两年前我画在班级黑板上的那幅画——让我尽快把画稿交给他……

再画此画，只觉"情随事迁，感慨系之矣"！

那是一个不用出操的大课间，上节课寇老师在黑板上留下的"惧内""季常之癖"的字样还未被擦除。当时，某位同学（已记不清楚具体是谁）将学校网站上寇老师那张最具代表性的照片——着西装，打金黄底色、鲜绿图案领带，跷起大拇指对学生点赞——设置成了班级电脑的桌面壁纸。

那时我们班一向有在黑板上画老师照片的"习俗"，而那时的我又是一向闲不住的，便走上讲台给寇老师画像。其实准确点说，我们那些并不能叫作画，顶多算是描，所以称之为"画作"，我是受之有愧的；老师夸我画得传神时，我更感有愧。

怎么描呢？将可移动黑板盖在希沃投影白板上，光影透过黑板映出来寇老师的照片，影像便大致显现在黑板上。先描轮廓，再画五官。画出主要线条，再将头发、外套的大色块潦草涂抹上，全过程仅靠一支粉笔，或横或竖。末了，还觉得差点味道……哦，是寇老师标志性的酒糟鼻子没被表现出来。希特勒不能没有那撮小胡子，蒋介石不能没有光亮的脑袋，寇老师不能没有他的酒糟鼻！红粉笔加上那团红，大功告成矣！

我在黑板上胡乱涂抹的过程中，几个同学围了过来。笑闹之下，寇老师的嘴角被一神秘同学改成了时下流行的"嘴角战神"样式，而"惧内""季常之癖"的板书也被箭头划拉指向了寇老师。

于是画像成了现在的样子。

平时同学们作画，主角一般是下一节课的老师。若是比较严肃的老师，哪怕同学画的时候嘴里念叨着"怂什么"，也会在老师进来前擦掉；若是随和些的老师，便大抵会留着等老师来上课时看见。那天，我虽是课后画的，却不巧在未擦除之前被班主任看到，并忍住笑拍给了寇老师……

寇老师一向与学生相互玩笑，我自是不担心他看到的，只是不曾想到他会如此喜欢，并留下了深刻印象，并且还要特意作为自己著作的封面设计！

两年后，我无论是手机上画还是纸上画，总觉虽形似，但韵味总是少了些。寇老师道，这就像王羲之写《兰亭集序》，酒醒发现有遗憾之处，连续写了好几遍却怎么也写不出当时的韵味，大概是心境不同吧。

我们早已不在黑板上画老师了，高一时的恣意张扬，到了眼前的高三时几乎尽数敛去。当初的事停在了当初，那时的心境留在了那时……

虽然寇老师不教我已一年有余，但"季常之癖"背后的故事我会一直记着；寇老师对我语文学习的影响、帮助也会一直延续。

祝寇老师在接下来的教育生涯中继续发光。

2022 年 9 月 11 日

补记：

2020 年春季的某一天，我在给创新班学生讲苏教版《唐宋八大家散文选读》，正好讲到苏轼的《方山子传》，为了给小伙伴们留下更加深刻的印象，我随口讲了方山子陈季常怕老婆的典故，投示了苏轼《寄吴德仁兼简陈季常》中的这几句：

> 龙丘居士亦可怜，谈空说有夜不眠。
> 忽闻河东狮子吼，拄杖落手心茫然。

目的是让家伙们记住"河东狮吼""季常之癖"等典故，增强语文课堂的趣味性等。

担心伙伴们听不懂"季常之癖"，我在这几个字旁边又板书了两个字"惧内"，毫无悬念与躺着都中枪的征兆，就回到了办公室坐在沙发椅上喝水……

忽然，看到班主任颜小华老师微信发给我一张图片，点开一看，就是这张！

355

跋

我惊叹于学生把我画得这样传神，工具仅仅是黄、红两种颜色的粉笔，材料只是教室里的黑板！我立刻赶到教室里——全班学生都在坏笑，以为我要发脾气……

我拿出手机，精心拍照——班主任拍给我的有前排座位一两个学生的脑袋。我让坐在座位上的学生离开座位，仔仔细细地拍了好几张，留在电脑里……

一直在想着让这张画像发挥作用。

2021年新学期全体教师大会上，颜小华老师在班主任工作交流中将这张照片制作在PPT中，全校教师都看到了，大家都笑着说：画得好！像！鲜亮的领带是老寇的标配。是寇老师，尤其是红鼻头的那点睛一笔……

编辑这本文集，我在一开始就想好了：我用不着请专业人士给我"设计"封面；朱颖佳的这幅画最有纪念意义！

——是以为封面设计后记。

寇永升

2022年9月19日

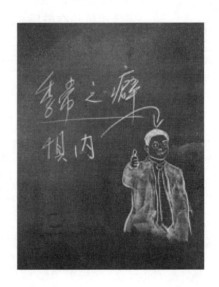

惊喜·感动·遗憾

——《烂柯文集》编纂后记

没想到，编辑这部文集的过程竟然如此有意义！

我自觉不是一个性格脾气温和、自身修为很好、言行谨慎的人，过于心直口快，长期大咧咧，说完的话、做过的事多数不放在心上，即使与领导、同事或亲戚朋友口角争执或言语龃龉也不存在心里，日常工作中免不了被小伙伴们不敬或顶撞甚至取笑，也都很快烟消云散。但是，编辑这部文集时竟然看到朋友们笔下的我优点多、缺点少！

惊诧之余，更加坚定了"保持晚节"的信念。

语文教学中的一些尝试性做法，本来自己就心中没底，诸如叙写班级故事之类长期坚持的，或是临时兴之所至组织的一些小活动，完全没有想到给历届的学生们留下深刻美好的印象——真的应了爱因斯坦那句名言："所谓教育，就是一个人把在学校所学全部忘光后剩下的东西。"我在南菁高中的杨培明校长在鼓励学生课本剧演出时说："若干年之后，你不一定记得你学过的课文，甚至不一定记得当初教过你的语文老师，但我相信，舞台上的这些人物一定会成为你们共同的菁园记忆——尽管瘦弱，但演起项羽来同样霸气十足；不乏阳刚，但将吕雉刻画得惟妙惟肖；舞台下的那些努力更会成为你们永不磨灭的人生烙印——熬夜写剧本的热情，凑不齐演员的焦急，制作道具的欢乐，排练时的混乱，夺魁后的喜悦，失利后的愤怒……"南菁杰出校友、著名教育家顾明远先生有一个重要的教育理念：没有兴趣就没有学习。学生成长在活动中，真的不应该停留在墙壁上做装饰用。

惊喜之余，越发坚信了已有的语文教学理念，慎终如始，奋蹄前行！

从事教师职业 40 年，我基本没有请过病事假，源于坚持锻炼身体。西北戈壁小城的冰天雪地，江南腹地盛夏的桑拿天气，我都能步行上下班。与球友们挥拍酣战羽毛球，大冬天穿着跨栏背心和短裤；酷暑难耐之时运动起来因生风而能坚持，若停下来反倒炎热难捱……我留给历年学生们的印象，从二十来岁到年逾花甲，竟然都是很精神、很干练、满血复活、精力充沛……

惊叹之余，愈加自信：锻炼身体不仅要长期坚持，更需要青年时期就开始！因为我的好多同龄人到了认识到锻炼的重要性时已经不能剧烈运动了……

我以低学历、落后偏远地区引进到长三角，任职于两所百年名校，在工作中取得的些许成就，同事们在庐山之外看得比我更全面清楚：长期坚持订阅专业期刊、钻研语文教材、潜心阅读专业理论书籍，笔耕不辍，工作时间很少在办公室里闲谈聊天，一般也很少在网络上与人聊天……

惊奇之余，才发现，上班时间专心备课、阅读、批阅作业是多么重要！

近些年在西北家乡建成二十多个工作室，不辞辛劳、不计酬劳，每到之处必定坚持上公开课，而且常常不怕出丑坚决与年轻同行们同课异构，没想到对于推动西部同行们专业成长作用如此明显，对家乡学校和教育的发展有如此重要意义……

惊讶之余，重振决心，不待扬鞭更奋蹄！

职业生涯的最后几年里，我的一定工作量是带徒弟。我只是按照学校安排和要求，响应学校"把徒弟当自己的孩子一样教"，也付出了一定努力和心血；但总是时刻反省和提醒自己，总觉得对年轻同行们要求过于苛刻急遽，批评过于直白尖锐……

阅读和编辑几位年轻同事的文章，惊愕之余，我下定决心独立设置"青蓝情"专辑；当然也更加坚定信念：未来的时间精力献给学校的青蓝工程——新竹高于旧竹枝，全凭老干为扶持。

甘做人梯，无怨无悔！

也没想到，编辑一部文集会惊动、打扰、麻烦到很多人！

感戴。

鲐背之年的于漪老师，为我题写了书名，还亲笔回了一封信——连同给南菁高中题写的"百年母语教材陈列馆"和"中国语文教学期刊陈列馆"两幅墨宝，我们都视作珍宝予以专门保存。做梦都没有想到，我电话中邀请孙绍振、王尚文两位老先生为我题词时，孙先生说："这个好办……"数秒钟之内，就用手机拍给了我！王先生则谦虚地说："对你们国培学员帮助大的是蔡伟教授，请他题写是不是更合适？"听了我的解释，先生思忖片刻，最终发来了简、繁两体题词。我的国培导师蔡伟教授，尽管教学工作十分繁重，但拨冗亲自动笔写了篇长序，并且没等我的文集使用时，急性子的蔡老师就已经发在自己的公众号上了，而且不允许我做任何改动。我任职的南菁高级中学的校长杨培明，本学期开学以来一直忙于学校高品质高中验收和140周年校庆的筹备，工作之繁忙、压力之大是可以想见的，但很热情诚恳地为我作序，并且几次电话叮嘱文中有关细节，从个别措辞到标点符号……文集中语文教学专业的内容比较多，按照出版社要求，需聘请一位教学期刊编辑承担审稿工作。《语文教学通讯》（A刊）主编王建锋老师在审稿过程中竟然写出了一篇序言，可谓意外之喜。族侄寇宗权，接到我的约请，很快就将序言发给了我。诸位先生、老师和友朋的题词、序言，对我是极大的鞭策和鼓励，内心的感激之情实难以言表。

感发。

我的族兄，甘肃省黄埔军校同学会会长，书名书法家寇永杰，已91岁高龄，为我题词并撰写了两幅书法作品。我的中学校长寇宗恩，满头银丝，精神矍铄，兴味盎然，为我题写卷名，并对文集中有关内容给予指导性意见。我年逢花甲，我的小学老师得有多大年龄，您可以想见了吧——罗文举老师在本书中"出镜率"颇高！我的大学老师张维德、杨国学两位老师都著文为我文集增色。大学校长朱卫国老师擅长书法，题写书名之余又有书法作品惠赠。西北家乡好几位校长，刘筱蓬、罗崇岳、石振业、梁积功、周哲都给我以鼓励，或著文，或题词。我将这些都当作是对我这个普通教师的激励。

我文集中有"延安情"一辑，本来已经约请好了延安名人曹谷溪题写，可是年前腊月里开始，曹老师就染恙，一直难以握笔……排版印刷在即，时间紧迫，我请求延安的朋友杨旭春："请给我推荐延安有名的书法家……""白世锦！"我就冒昧地拨通了陕西省著名书法家白世锦的电话——听说我是甘肃儿子、陕西女婿，还在延安支教过，白老师用亲切的陕北话还不含糊地说："没问题，我这就给你写。"——白老师寄来了五幅书法作品！我们素昧平生，至今未曾谋面。这些我都视为鼓励。

感奋。

编一本文集，起初的想法只是按照时间顺序把有关文章凑到一起，大约分了几个单元。但是当我遇到国家级出版社东方出版中心黄升任这位责任编辑的时候，一切都从头开始啦！黄博士以其专业素质和敬业精神，对文集的体例和结构作了调整优化，对文稿进行了细致审读；另一位责编钱吉苓老师在封面设计优化、文稿审校和出版规范等方面也做了许多工作。这我的文集从体例和质量上一下子升格了！金马印刷有限公司承担了排版、印刷等任务，遇到了吕国兴经理以及他的团队，文集从封面、版式到印刷、装帧设计等方方面面，都升格了！张燕女士在排版过程中对文集的内容很感兴趣，书稿杀青之时，她写出了一篇排版手记，令我欣喜。

感奋之余，我就进一步修正、补充、完善文稿，使之更加精益求精。

感激。

寇氏著名书法家，我的族侄寇宗和，年龄长我许多；家乡著名书家宋坦军，也是我的学长；初中老师，族兄寇永贵；在嘉峪关任教时期的领导唐学照，家乡父母官，侄女寇宗莲；妻兄安茂盛，球友刘强，家乡同行、外甥卢有刚，等等；他们得知了我出版这部文集，无不以实际行动点赞称贺。

我任职的南菁高中和我建有工作室的学校，全都支持和鼓励我早日出版这部文集。

感谢。

历届的学生，曾经的同事，外校的同行，现在的同仁，他们听说了我在编辑这部文集，欣然命笔，或回味当年的语文课堂，或回忆学生时代的校园生活，或加持鼓励我的语文教学实践，或探讨谋一节课、某一二具体问题，无不情真意切，多有真知灼见。

感动。

到了校对环节，南菁高中同事范丙军、翟亮、丁维佳、陈嘉英、叶静芝老师承担了大量工作。我写的有关家乡人和事的文字，有着比较浓厚的西北方言土语气息，高中母校景泰二中达选霞老师拉起了一个"校对小分队"，巧妙地为我节省了大量时间精力。宋莉娜、杨蕾、罗丽秀、朱凤娇几位老师，不仅校对，还有校对感言或随文评点，有的我已收入文集之中，还有一些精彩的点评因为时间紧迫，难以整理出来，实在可惜，只好留存底稿以作纪念。

感恩。

我的亲人们，大到七八十岁的兄长，小到刚上小学一年级的小孙女，凡能执笔为文的人，几乎都写了文章，收入到这部文集中，这是对我最大的鼓励和支持。一年级学生在"烂柯文集"四个字中，只学了"文"这个独体字，其他三个合体字都没有学到。我利用节假日，教会了外孙女这几个汉字，她用孩子稚嫩的笔体为我题词。

编纂这样一部体量很大的文集，自然难做到十全十美，多少会留有些遗憾。

　　编辑整理文集的这半年，恰逢我教学工作任务极为繁重，每天上午在江阴市山观高中完成高二年级一个班级的教学工作；午饭后骑自行车返回南菁高中，完成本校的教学工作；晚上则用来备课。因此，我只能将周末和节假日的几乎所有时间，全部用于本书的编辑整理，近五个月没有离开过江阴。

　　尽管如此，我的师长、亲朋、同事中还有许多可以执笔为文的人，未能一一约请，深感遗憾！

　　我写伯父寇世裕，写嘉峪关交往多年的族亲寇宗元，还有宗元的一篇文章，以及有关材料，因为各种原因，最后都未能收录文集中，令人深感遗憾……

　　这部文集由于涉及的时、地、人、事众多，难免有疏漏错误之处，敬请亲朋、同学、同事们予以理解谅解，也请读者不吝批评指正。

寇永升

2023 年 3 月